WOLFGANG LESCHHORN

ANTIKE ÄREN

HISTORIA

ZEITSCHRIFT FÜR ALTE GESCHICHTE · REVUE D'HISTOIRE
ANCIENNE · JOURNAL OF ANCIENT HISTORY · RIVISTA
DI STORIA ANTICA

EINZELSCHRIFTEN

HERAUSGEGEBEN VON
HEINZ HEINEN/TRIER · FRANÇOIS PASCHOUD/GENEVE
KURT RAAFLAUB/WASHINGTON D.C. · HILDEGARD TEMPORINI/TÜBINGEN
GEROLD WALSER/BASEL

HEFT 81

FRANZ STEINER VERLAG STUTTGART
1993

WOLFGANG LESCHHORN

ANTIKE ÄREN

ZEITRECHNUNG, POLITIK UND GESCHICHTE
IM SCHWARZMEERRAUM
UND IN KLEINASIEN
NÖRDLICH DES TAUROS

FRANZ STEINER VERLAG STUTTGART
1993

Die Deutsche Bibliothek - CIP-Einheitsaufnahme
Leschhorn, Wolfgang
Antike Ären : Zeitrechnung, Politik und Geschichte im
Schwarzmeerraum und in Kleinasien nördlich des Tauros /
Wolfgang Leschhorn. - Stuttgart : Steiner, 1993
  (Historia : Einzelschriften ; 81)
  Zugl.: Saarbrücken, Univ., Habil.-Schr., 1991
  ISBN 3-515-06018-9
NE: Historia / Einzelschriften

INHALTSVERZEICHNIS

VORWORT

Die vorliegende Arbeit ist die nur wenig erweiterte Fassung meiner Habilitationsschrift, die im Januar 1991 der Philosophischen Fakultät der Universität des Saarlandes vorgelegt und im Sommersemester 1991 angenommen wurde.

Für Anregungen und Kritik bei der Entstehung dieses Buches danke ich den Herren Professoren P.R.Franke und K.M.Girardet in Saarbrücken. Zahlreiche Wissenschaftler unterstützten mich bei der Zusammenstellung des Materials. H.Malay (Izmir) stellte mir eine Liste unpublizierter Inschriften, die er im Museum Manisa und während seiner Surveys in Lydien fand, zur Verfügung. D.H.French (Ankara) erlaubte mir, im Katalog auf neue noch unpublizierte Inschriften, die er im Gebiet von Amaseia aufnahm, hinzuweisen. S.Mitchell (Swansea) gewährte mir Einblick in sein Skizzenbuch mit neuen Inschriften aus Ariassos. In der Kleinasiatischen Kommission der Österreichischen Akademie der Wissenschaften unter Leitung von G.Dobesch (Wien) durfte ich die Scheden und Skizzenbücher auswerten. Nina Frolova (Moskau) ergänzte die Liste der datierten Münzen des Bosporanischen Reiches mit unpubliziertem Material. Weitere Hinweise verdanke ich H.Freis (Saarbrücken), J.Nollé (München), G.Petzl (Köln), S.Şahin (Köln), R.Schmitt (Saarbrücken), E.Schwertheim (Münster), G.Stumpf (München). Allen genannten Wissenschaftlern bin ich zu besonderem Dank verpflichtet.

In einigen Münzsammlungen konnte ich mit Unterstützung der dortigen Kollegen die Bestände überprüfen und auswerten. Dafür danke ich Carmen Arnold-Biucchi (American Numismatic Society, New York), M.Price (British Museum, London), C.Howgego (Ashmolean Museum, Oxford), G.Dembski (Kunsthistorisches Museum, Wien), D.Klose (Staatliche Münzsammlung, München). M.Amandry (Cabinet des Médailles, Paris) sandte mir Photographien unpublizierter Münzen aus Tavion, P.Herrmann (Hamburg) Photographien der lydischen Inschriften. D.Morche (Saarbrücken) stellte die übrigen Abbildungen für die Tafeln her.

Besonderen Dank schulde ich Herrn Prof.Dr.Heinz Heinen (Trier), der mir bei der Einarbeitung der russischen Literatur behilflich war und für die Aufnahme des Buches in die Historia-Einzelschriften sorgte. Beim Lesen der Korrekturen unterstützten mich Thilo Leinenweber und meine Söhne Andreas und Stephan.

Ich widme das Buch meiner Frau Dorothea sowie meinen Kindern Andreas, Katja und Stephan, die seine Entstehung mit Geduld begleiteten.

Saarbrücken, Dezember 1992   Wolfgang Leschhorn

I. VORBEMERKUNGEN

1. Zum Thema und zur Methodik

Wer sich mit epigraphischen oder numismatischen Zeugnissen Kleinasiens und des Vorderen Orients, aber auch des Balkanraumes beschäftigt, trifft fast unvermeidlich auf Jahreszahlen, die nach einer der zahlreichen Ären, die sich im östlichen Mittelmeerraum finden, zu berechnen sind. Man wird zunächst mit Hilfe von Handbüchern zur Chronologie, Epigraphik oder Numismatik die Jahresangabe in unsere Zeitrechnung umzurechnen versuchen, findet aber dort, wenn die Ära überhaupt aufgenommen wurde, meist nur allgemeine, oft ungenaue Angaben über ihren Ausgangspunkt, mit denen eine genaue Ermittlung der betreffenden Jahreszahl nur auf Umwegen und mit vielen Ungenauigkeiten möglich ist. Daß bei solchen Umrechnungen viele Fehler vorgekommen sind, war zu vermuten. Dennoch war es bei der Überprüfung der Zeugnisse erstaunlich, wie häufig falsche Jahresangaben in Publikationen eingegangen sind[1]. Zum Teil beruhen solche Fehler auf dem ungenau angegebenen Ausgangspunkt zur Berechnung einer Jahreszahl, zum Teil auf einfachen Rechenfehlern, zum Teil auf Druckfehlern, die bei Zahlenangaben wohl unvermeidlich sind. Dabei kann sich der Verfasser selbst nicht ausnehmen, auch wenn er sich bemüht hat, soweit wie möglich die Lesung der Zahlen in Inschriften und auf Münzen zu überprüfen und nachzurechnen. Da ein großer Teil der hier behandelten Zeugnisse nicht abgebildet bzw. unzugänglich war, konnte diese Überprüfung am Original nur teilweise erfolgen. Primäres Ziel der vorliegenden Untersuchung war es auch nicht, jedes mit Jahreszahlen datierte Zeugnis zu überprüfen, wie wünschenswert dies auch wäre, bedenkt man, daß Inschriften oder Münzen leicht in einen falschen Zusammenhang gebracht werden, wenn sie in der Datierung nur um ein Jahr differieren.

Es war auch nicht angestrebt, das in der Chronologie als historischer Hilfswissenschaft oft nur knapp angesprochene Thema "Ära" generell zu behandeln. Dazu hätte es größerer Untersuchungen über die zahlreichen unterschiedlichen Formen dieser Art von Jahreszählung bedurft, angefangen mit den "gelehrten Ären", den von Gelehrten erfundenen und auf die Wissenschaften beschränkten Jahresreihen, bis zu den "sakralen Ären", die erst spät und aus religiösen Gründen konstruiert wurden, wie etwa die christliche Ära. Im Vordergrund sollten zunächst historische Fragen stehen. Warum führte ein Herrscher, ein Staat oder eine Stadt eine Ära ein oder änderte sie? Warum

---

1 Vgl. z.B. unten S.113ff.

wurde eine Ära beendet? Welche historischen und politischen
Ereignisse wurden als so bedeutend empfunden, um mit ihnen eine
neue Zeitrechnung zu beginnen? Wie änderte sich die griechische
Zeitrechnung durch die römische Herrschaft[2]? Welche politischen
und historischen Vorstellungen waren mit solchen Veränderungen
verbunden? Warum verwendeten einige Staaten und Städte
Äradatierungen, andere nicht? Läßt sich aus der Verwendung einer
bestimmten Ära auf das Geschichtsbewußtsein der Bürger und auf
ihre politische Erkenntnisfähigkeit oder gar auf Servilität
schließen[3]? Oder wurden Ären aus Gründen der Praktikabilität
übernommen und weitergeführt? Gibt es Zusammenhänge zwischen
dem Ausgangspunkt einer Ära und dem Zeitpunkt ihrer erstmaligen
Anwendung?

Der Untertitel "Zeitrechnung, Politik und Geschichte" soll nicht
nur auf die politisch-historischen Ereignisse hinweisen, die mit dem
Epochenjahr einer derartigen Zeitrechnung verbunden sind. Damit
soll auch angedeutet werden, daß bei der Verwendung von
Äradatierungen drei Aspekte eine Rolle gespielt haben können.
Eine Ära kann aus praktischen Gründen als bequemes Zeit-
rechnungssystem verwendet worden sein, besonders wenn sie
schon lange eingeführt war und dann gewohnheitsmäßig weiterlief.
Eine Ära kann aber auch aus politischen Gründen geschaffen und
angewandt worden sein. Eine dritte Möglichkeit ist die historische
Verwendung eines derartigen Rechensystems, wenn man damit das
geschichtliche Alter der Stadt zu dokumentieren versucht oder an
das für die eigene Geschichte bedeutende Epochenjahr erinnern
will. Von diesen drei Merkmalen der Ära, die sich in einigen Fällen
nicht voneinander trennen lassen, sind die beiden letzteren bei
den meisten Ären kaum nachweisbar oder nur aus Analogien zu
erschließen, da uns die Quellen hier im Stich lassen.

Für die politisch-historische Fragestellung war es notwendig,
das genaue Ereignis, ab dem eine Ära rechnete, und den Zeitpunkt
für ihre Einführung oder Beendigung zu ermitteln. Es zeigte sich,
daß eine systematische Aufarbeitung des Materials die
Voraussetzung war, um zu versuchen, aus den in diesen Punkten
wenig aussagekräftigen Quellen zu Ergebnissen zu kommen. Dabei
ergaben sich weitere Fragen zur praktischen Anwendung der Ära.
Wo innerhalb eines Gemeinwesens wurde eine Ära angewendet, in
den offiziellen Urkunden und auf Münzen oder in privaten
Inschriften, nur innerhalb der Stadt oder auch in der zugehörigen
Chora? Inwieweit läßt sich aus dem Vorkommen einer lokalen Ära
auf die Ausdehnung des Territoriums einer Stadt schließen?
Vielfach war aber die umgekehrte Vorgehensweise nötig. Die

2 V.Chapot, La province romaine proconsulaire depuis ses
origines jusqu'à la fin du Haut-Empire, Paris 1904,382ff. hat die
These von einer "transformation de la chronologie sous l'influence
romaine" aufgestellt.

3 W. Den Boer, Political Propaganda in Greek Chronology,
Historia 5, 1956,162 warf der Forschung vor, zu wenig die
politischen Hintergründe der Zeitrechnung zu berücksichtigen.

Ausdehnung des Territoriums einer Stadt mußte erst untersucht werden, um die Zeugnisse mit Äradatierung richtig zuweisen zu können[4]. Zu berücksichtigen war dabei die häufige Verschleppung von antiken Denkmälern in der Antike und in moderner Zeit.

War zunächst geplant, die Ären in der gesamten griechischen Welt zu untersuchen, so wurde dann bald deutlich, daß das Material zunächst einmal chronologisch eingeordnet werden mußte und zu umfangreich war, um es in vertretbarer Zeit bearbeiten zu können. Da für die lokalen Ären im Vorderen Orient schon einige jüngere Einzeluntersuchungen vor allem von Henri Seyrig[5] vorliegen, schien eine Beschränkung auf Kleinasien ratsam, um zu versuchen, mit den so verschiedenartigen Ären, die in diesem Raum zu finden sind, die gestellten Fragen zu beantworten. Bei der Beschäftigung mit der Zeitrechnung im Norden Kleinasiens wurde deutlich, daß die dort in hellenistischer Zeit verwendeten Ären nur unter Berücksichtigung der nördlichen Schwarzmeer-gebiete zu behandeln sind, weil man zur genauen Berechnung der pontischen Königsära die im Bosporanischen Reich angewandte Jahresrechnung heranziehen muß. So kam der Teil über die Ären im Bosporanischen Reich und in den Städten an der nördlichen Schwarzmeerküste hinzu. Andererseits waren die Ären im südlichen Kleinasien nur im Zusammenhang mit den Jahrzählungen im syrischen Raum zu verstehen. So wurde die Untersuchung der Ären Kilikiens, Pamphyliens wie der des Vorderen Orients auf einen späteren Zeitpunkt zurückgestellt.

Mit Joseph Justus Scaliger beginnt Ende des 16.Jh. die Chronologie als selbständige Wissenschaft, nachdem zuvor bei den Humanisten nur einige chronologische Exkurse zu finden sind[6]. Scaliger wurde in vielen Einzelheiten verbessert von dem Jesuitenpater Dionysius Petavius, der im 17.Jh. eine Reihe von Werken voll chronologischer Gelehrsamkeit verfaßt hat[7]. Einen gewaltigen Fortschritt für die chronologische Wissenschaft bedeutete Ludwig Idelers "Handbuch der mathematischen und technischen Chronologie" vom Beginn des 19.Jh.[8]. Zum Thema

4 Vgl. W.M.Ramsay, The Cities and Bishoprics of Phrygia I, Oxford 1895, 202 n.3: "It would be more scientific to take district by district, and seek in each for some determining inscription."

5 Z.B. H.Seyrig, Sur les ères de quelques villes de Syrie, Syria 27, 1950,5-56; Id., Sur une prétendue ère Tyrienne, Syria 34,1957,93-98; Id., L'ère de Scythopolis, RN 1964,65-67.

6 Ein historischer Überblick zur chronologischen Forschung bei W.Soltau, Römische Chronologie, Freiburg 1889,3ff. Unter Scaligers Werken zur Chronologie ist sein "Opus de doctrina temporum", 2 Bde, Paris 1583 am bedeutendsten.

7 D.Petavius, Opus de doctrina temporum, 2 Bde, Paris 1627; D.Petavius, Rationarium temporum, 2 Bde, Paris 1633 u.a. Zu den "Heroen der Chronologie" Scaliger und Petavius vgl. W. Kubitschek, Grundriß der antiken Zeitrechnung, München 1928,8ff.

8 L.Ideler, Handbuch der mathematischen und technischen

"Ära" richten die Werke dieser frühen Zeit[9] ihr Hauptaugenmerk
auf die Gruppe der "gelehrten" und "astronomischen" Ären, die
von Chronologen und Astronomen als wissenschaftliche
Recheneinheiten ersonnen wurden, oder auf die "sakralen" und
Weltschöpfungsären, die wie etwa die christliche oder die
mohammedanische Ära an Lebensumstände bedeutender
Religionsstifter bzw. wie die jüdische Ära oder die byzantinische
Weltschöpfungsära an das angebliche Erschaffungsjahr der Welt
anknüpfen. Auf die uns hier interessierenden Ären, die im
praktischen Leben der griechischen und römischen Welt Anwendung
fanden, wurde in der älteren Literatur nur vereinzelt und sehr
kursorisch eingegangen.

Lediglich die Seleukidenära wurde schon immer in den
chronographischen Werken behandelt, weil diese im Seleukidenreich
entstandene Jahresrechnung bis in die Neuzeit hinein angewandt
wurde[10]. Den Begriff "aktische Ära" hat Scaliger eingeführt. Vor
der Mitte des 19.Jh. wurde er aber nur im Zusammenhang mit
Ägypten und den syrischen Städten diskutiert[11]. Mit lokalen Ären,
besonders mit den pompeianischen und caesarischen Ären in den
syrischen Städten und mit den Ären im pontisch-bithynischen
Raum, beschäftigten sich zuerst die Numismatiker des 18.Jh. und
frühen 19.Jh.[12], weil man damit die Münzen einiger Städte und
Regionen besser datieren konnte. Der Begriff "sullanische Ära"
dagegen entstand erst Mitte des 19.Jh. in der epigraphischen
Forschung[13].

Einen Überblick über die Ären im hier behandelten Raum um
das Schwarze Meer und in Kleinasien geben dann aber der RE-
Artikel "Aera" Kubitscheks vom Jahre 1893 in Paulys
Realencyclopädie der classischen Altertumswissenschaft[14] und

Chronologie, 2 Bde, Berlin 1825-1826. Vgl. dazu Kubitschek,
Grundriß 14f.

9 Z.B. auch das alte Handbuch "L'Art de vérifier les dates des
faits historiques, des inscriptions, des chroniques, et autres
anciens monuments, avant l'ère chrétienne", das mir in der
Ausgabe von De Saint-Allais vom Jahre 1820 vorliegt. Weitere
ältere Werke sind bei W.Kubitschek, RE I 1,1893,611 angeführt.

10 Vgl. Norisius, Annus et epochae Syromacedonum, Florenz
1689; Ideler I 446ff.; Kubitschek, Grundriß 70ff.

11 Vgl. etwa Ideler I.156.470.

12 Z.B. J.Foy Vaillant, Achaemenidarum imperium, sive regum
Ponti, Bosphori, et Bithyniae historia, Paris 1728; F.Cary,
Histoire des Rois de Thrace et de ceux du Bosphore Cimmérien
éclaircie par les médailles, Paris 1752; F.A.Graf von Khevenhüller,
Regum veterum numismata anecdota aut perrara notis illustrata,
Wien 1752; J.H.Eckhel, Doctrina numorum veterum, Bd.II und
Bd.III, Wien 1794; B.Borghesi, Sull'era Bitinica, in: Id., Oeuvres
complètes II, Paris 1864,345ff.; Id., Dell'era efesiana, ibid. 436ff.
Vgl. auch Ideler I 458ff.

13 Vgl. J.Franz, CIG III, Berlin 1853, p.1103f.

14 W.Kubitschek, RE I 1,1893,606-654 mit Nachträgen in RE

Ginzel im "Handbuch der mathematischen und technischen Chronologie"[15] von 1914. Seither liegt kein umfangreicherer Beitrag über die Ären der antiken Welt als Ganzes vor. Diese Artikel sind längst überholt. Das Handbuch zur antiken Zeitrechnung von Kubitschek[16] behandelt das Thema Ära nur anhand von Beispielen und im Rahmen der Entwicklung der Zeitrechnung, ebenso die jüngeren Standardwerke zur Chronologie von Bickermann, Grumel und Samuel[17], die auf nur wenigen Seiten über alle Arten der Ära von der gelehrten bis zur sakralen einen knappen Überblick geben.

Bezeichnend ist die Aussage von Samuel (S.246): "The number of eras which came into use and then expired to be replaced by yet other eras during Hellenistic and Roman times is probably not infinite, but I have not been able to find the end of them." Es wäre längst an der Zeit gewesen, einen umfangreicheren Beitrag zum Thema Ära vorzulegen. Nur wenige neuere Untersuchungen beschäftigen sich mit einzelnen Ären[18]. Diese gehen in der Regel

Suppl.3,1918,24-30.

15 F.K.Ginzel, Handbuch der mathematischen und technischen Chronologie. Das Zeitrechnungswesen der Völker, Band III, Leipzig 1914 (Nachdruck Leipzig 1958), 35-52.

16 W.Kubitschek, Grundriß der antiken Zeitrechnung (Handbuch der Altertumswissenschaft 1.Abt. 7), München 1928.

17 E.Bickermann, Chronologie (Einleitung in die Altertumswissenschaft III 5³), Leipzig - Berlin 1933,31-36; E.Bickermann, Chronologie, Leipzig ²1963,44-50; E.J.Bickerman, Chronology of the Ancient World, London 1968,70-77; Id., Chronology of the Ancient World. Revised Edition, London 1980, 70-78; V.Grumel, Traité d'études byzantines I: La chronologie, Paris 1958,207-226; A.E.Samuel, Greek and Roman Chronology. Calendars and Years in Classical Antiquity (Handbuch der Altertumswissenschaften I 7), München 1972,245-248. Ebenso knapp der Artikel von H.Kaletsch, in: Der Kleine Pauly V,1975, 1481-1489 s.v. Zeitrechnung. Kaum für das Problem der Ären verwendbar ist H.Herrli, Zahlen, Ziffern, Zeitrechnungen. Ein numismatisches Handbuch, Köln 1989.

18 Z.B. G.Perl, Zur Chronologie der Königreiche Bithynia, Pontos und Bosporus, in: J.Harmatta (Hrsg.), Studien zur Geschichte und Philosophie des Altertums, Amsterdam 1968,299-330; F.S.Kleiner, The Dated Cistophori of Ephesus, ANSMusN 18,1972,17-32; K.J.Rigsby, The Era of the Province of Asia, Phoenix 33,1979,39-47; B.C.McGing, The Kings of Pontus: Some Problems of Identity and Date, RhM 129,1986,248-259; Chr.Marek, Katalog der Inschriften im Museum von Amasra. Mit Anhang: Die Inschriften von Amastris und die angebliche Pompeianische Ära der Stadt, EA 6,1985,133-154; E.Schwertheim, Zu Hadrians Reisen und Stadtgründungen in Kleinasien. Eine neue Gründungsära, EA 6,1985, 37-42; H.D.Schultz, Megalopolis-Sebasteia, in: Kraay-Mørkholm Essays. Studies in Memory of C.M.Kraay and O.Mørkholm, Louvain-La-Neuve 1989, 259-266.

das Problem entweder von der epigraphischen oder der
numismatischen Seite an. In der vorliegenden Arbeit wurden aber
beide Quellengattungen ausgewertet. Insofern handelt es sich hier
um die erste systematische Aufarbeitung des gesamten Materials für
einen wichtigen Anwendungsbereich der Ära.

Um das genaue Ausgangsdatum einer Ära, von dem aus die
Jahreszahlen berechnet werden können, zu ermitteln, mußte immer
wieder auf das Problem der lokalen Kalender eingegangen werden.
Denn nur bei einem gesicherten Jahresanfang ist auch Genauigkeit
in der Jahresrechnung zu erreichen. Dennoch war in den meisten
Fällen nicht der genaue Epochentag, der erste Tag des ersten
Jahres, zu ermitteln, sondern nur das Epochenjahr, das Jahr 1
der Ära, weil im hier behandelten Raum der lokale Neujahrstag
zwar in der Regel im Herbst lag, aber das genaue Datum häufig
von uns unbekannten lokalen Gepflogenheiten abhängt und nicht
eindeutig zu fixieren ist. Auch wenn man das historische Ereignis,
das einer Ära zugrunde lag, kennt und es genau datieren kann,
besitzt man damit noch nicht eindeutig die Epoche, den
Anfangspunkt der Jahrzählung. Da die meisten Ären erst einige
Zeit nach dem sie bestimmenden Ereignis eingeführt wurden, sind
drei Möglichkeiten denkbar, das Ausgangsdatum der Zählung
festzulegen: 1. Mit dem genauen Tagesdatum des Ereignisses, das
als so bedeutend empfunden wurde, damit eine neue Zeitrechnung
anzufangen, begann rechnerisch das Jahr 1 der Ära. 2. Der
Epochentag war der Neujahrstag des auf das Ereignis folgenden
lokalen Jahres. 3. Man setzte als Jahr 1 der Ära das lokale Jahr
an, in welches das "epochemachende" historische Ereignis fiel,
bestimmte somit rechnerisch als Epochentag den lokalen Neujahrstag
vor dem eigentlichen Ereignis.
  Die erste Möglichkeit scheidet deswegen aus, weil damit die
lokalen Kalender außer Kraft gesetzt würden. Diese traditionellen
Formen der Tages- und Monatsrechnungen mit meist religiösem
Hintergrund hat man nicht so leicht geändert wie die
Jahrzählungen[19]. Es ist kein Fall nachweisbar, in dem die Ära den
traditionellen Kalender beeinflußt hätte oder die Einführung einer
Ära dazu geführt hätte, einen Kalender durch einen anderen zu
ersetzen[20]. Es bleibt die im Einzelfall zu klärende Frage, ob das
Epochenereignis im Epochenjahr, dem Jahr der 1 der Ära, oder im
vorangehenden Jahr zu suchen ist, beziehungsweise, wenn das
Ereignis, das für die Ära ausschlaggebend war, gesichert ist, ob

19 Bei der Übernahme des iulianischen Jahres in der Provinz
Asia im Jahre 9 v.Chr. konnte der Neujahrstag ohne
Schwierigkeiten auf den 23.September, den Geburtstag des
Augustus, gelegt werden, weil dieser Tag dem Jahresanfang des
makedonischen Kalenders am ersten Neumond nach den
Herbstäquinoktien sehr nahe kam; vgl. dazu S.273.
20 In Ilion wurde beispielsweise der seleukidische Monatsname
weiterverwendet, als dort die sullanische Ära eingeführt wurde;
siehe S.229.

die Ära mit dem laufenden Jahr oder mit dem folgenden Jahr ihre
Zählung begann.

Folgende Grundregeln für die Berechnung eines Epochenjahres
und für die Rechnung mit Jahreszahlen einer antiken Ära können
festgehalten werden: 1. Eine Inschrift oder Münze, die sowohl die
Jahreszahl einer Ära aufweist als auch eine möglichst genaue
andersartige Datierung, etwa das Regierungsjahr eines Kaisers
oder das Amtsjahr eines Beamten, ist zu suchen. 2. Um das
Epochenjahr zu erhalten, ist von dem ermittelten Regierungs- oder
Amtsjahr die Jahreszahl der Ära zurückzurechnen, das heißt
mathematisch zu subtrahieren. Wird bei dieser Rechnung die
Zeitenwende nicht überschritten, ist es wegen der inklusiven
Zählweise (die Ära beginnt mit dem lokalen Jahr eins und nicht mit
dem Jahr Null) notwendig, ein Jahr hinzuzählen, um das
Epochenjahr zu erhalten. Da das Jahr Null nicht existiert, erübrigt
sich diese Addition der Zahl eins, wenn man von der
nachchristlichen Zeit in vorchristliche Zeit zurückgeht.
3. Entsprechend gilt bei der Umrechnung einer lokalen Jahreszahl
in christliche Zeitrechnung bei vorgegebenem Epochenjahr, daß
man, bleibt man innerhalb der vorchristlichen oder der
nachchristlichen Zeit, ein Jahr addieren muß, das heißt also
Epochenjahr minus Jahreszahl plus eins. Überschreitet man die
Zeitenwende, entfällt diese Addition der Zahl eins. 4. In den
seltensten Fällen beginnt das Jahr einer Ärarechnung entsprechend
dem julianischen Kalender am 1.Januar. Man wird oft, um bei einer
Umrechnung genau zu sein, Doppeljahre angeben müssen. 5. Kennt
man nicht den genauen Jahresanfang eines lokalen Kalenders, ist
bei der Berechnung des Epochenjahres ein weiteres Jahr (minus
einen Tag) zurückzurechnen, um den rechnerischen terminus post
quem für den Beginn des ersten Jahres der Ära zu erhalten. Denn
der Beginn des Regierungs- oder Amtsjahres eines römischen
Kaisers oder Statthalters muß nicht mit dem Beginn des lokalen
städtischen Jahres identisch sein. 6. Liegen, wie es häufig der
Fall ist, als Synchronismen nur die Regierungs- oder Amtszeiten
von Königen, Kaisern oder Beamten vor, muß durch termini post
quem und termini ante quem versucht werden, das Jahr
einzugrenzen, ab dem eine Ära zu berechnen ist. Dabei
versprechen Zeugnisse aus den ersten und letzten
Regierungsjahren eines Herrschers oder eines nur kurz
regierenden Königs bzw. Kaisers den größten Erfolg. Hier müssen
in der Regel mehrere Belege herangezogen werden, um zu genauen
Ergebnissen zu gelangen.

Aus diesem Grunde und weil sich die Ärarechnung eines Staates
oder einer Stadt im Laufe ihrer Geschichte ändern konnte, werden
im folgenden möglichst viele Zeugnisse der Äradatierung
zusammengestellt und auf Synchronismen untersucht. Mehrfach und
zu unterschiedlichen Zeitpunkten ist eine Ära zu berechnen, um
ihre Kontinuität festzustellen, Genauigkeit zu erreichen und die
Gefahr zu verringern, durch einen der nicht seltenen Fehler der
Steinmetze oder Stempelschneider zu falschen Resultaten zu
gelangen. Der Katalog im Anhang besteht aus Listen für jedes
Reich, jede Stadt oder Region, die in chronologischer Reihenfolge

die Zeugnisse für die Ära (oder unterschiedliche Ären) aufführen und Synchronismen angeben[21]. Nur durch solche Materialzusammenstellungen werden zeitliche Dauer und räumliche Verbreitung einer Ära deutlich, auch wenn die Überlieferung unserer Quellen auf vielerlei Zufällen beruht.

Inschriften bilden den größten Teil der hier zusammengetragenen Äradatierungen. Jahreszahlen finden sich dabei entweder über dem Text oder darunter oder innerhalb des Inschriftentextes. Bei Münzen können Jahresangaben im Feld des Münzbildes, im unteren Abschnitt, innerhalb der kreisförmig angebrachten Legende oder gar in einem nachträglich eingeschlagenen Gegenstempel zu finden sein. Bei vielen Zeugnissen ist die Lesung der Zahlen nicht ganz einfach, wie einige Beispiele in den am Ende beigegebenen Tafeln zeigen.

Nicht nur die Zeugnisse für Äradatierungen sollen hier gesammelt und die Epochenjahre der in den verschiedenen Königreichen, Städten oder Regionen angewandten Ären berechnet werden. In jedem Falle soll versucht werden, das historische Ereignis, von dem die Zählung ausgeht, zu ermitteln, den Beginn und das Ende der Jahreszählung zu bestimmen sowie die auffälligen Lücken in den Reihen der nach einer Ära datierten Münzen und Inschriften zu erklären, weil auch dies hilfreich für die Berechnung der einzelnen datierten Zeugnisse sein kann.

Zur Unterscheidung wurden für die Münzaufschriften in der Regel große Lettern verwendet, für die Datierungen in Inschriften kleine Buchstaben. Aus technischen Gründen erscheint das Zahlzeichen für 6 als ϛ, das Zeichen für 90 als ϸ oder Ϸ, obwohl die Schreibweise in den Inschriften und den Münzlegenden oft sehr unterschiedlich ist[22]. Für die türkischen Ortsnamen wurde möglichst die Schreibweise aus den neuesten Publikationen übernommen. Die russischen Buchstaben wurden nach der deutschen Bibliothekstransliteration wiedergegeben.

2. Die Ursprünge der Äradatierung

Die Jahresrechnung, die erst verhältnismäßig spät in der griechischen Zeitrechnung erscheint, ging wie bei vielen Kulturvölkern ursprünglich auch bei den Griechen von Naturjahren aus, die durch den regelmäßigen Wechsel von Winter und Sommer

---

21 Wenn Herrscher, wie die meisten der bosporanischen Könige, nur mit Hilfe der Ära chronologisch einzuordnen sind, liegt kein echter Synchronismus vor.

22 Vgl. V.Gardthausen, Die Schrift, Unterschriften und Chronologie im Altertum und im byzantinischen Mittelalter (Griechische Paläographie II), Leipzig ²1913,363ff.

definiert waren[1]. Daneben wurden durch die Beobachtung der Gestirne[2] und vor allem des Mondes kleinere Zeiteinheiten wie die Monate gewonnen. Erst allmählich brachte man Sonnenjahr und Mondjahr in eine feste Relation, die aber den Kalenderwirrwarr in der griechischen Welt mit unterschiedlichen Schaltungen und uneinheitlichen Jahres- und Monatsanfängen zunächst nicht beseitigen konnte, da in diesen Fragen Religion und Kult oft ausschlaggebend waren und schnelle Veränderungen verhinderten[3]. Entsprechend verlief auch die griechische Jahresrechnung sehr unterschiedlich.

Die Jahre wurden in vorhellenistischer Zeit regelmäßig nach den eponymen Beamten benannt, und diese Datierungsform wurde häufig auch noch in der römischen Zeit weiterverwendet[4]. Die Zählung nach Regierungsjahren der Herrscher, wie sie schon lange in Ägypten und im Zweistromland üblich gewesen war, konnte sich in der griechischen Welt erst durchsetzen, als die Polisstruktur durch das hellenistische Königtum abgelöst wurde. Diese Form der Jahresdatierung nach dem Herrscherjahr ging dann sowohl in die Chronographie als auch in das Urkundenwesen ein. Alexander der Große übernahm die Datierung nach Regierungsjahren von den Achämeniden für sein Reich. Seine unmittelbaren Nachfolger setzten dies zunächst fort[5]. Wenn solche Regierungsjahre über den Tod des Herrschers hinaus weitergezählt wurden, war eine Ära in unserem Sinne geschaffen[6], die vor allen anderen Jahresbezeichnungen einen großen Vorteil besaß. Es genügte, den Anfangspunkt zu kennen, um damit die Jahreszählung ohne große Probleme fortsetzen zu können. Die Kenntnis und das Führen von Beamten- oder Königslisten wurden dadurch überflüssig.

Erst als das Jahr und seine Länge fixiert waren, konnte eine solche regelmäßige und fortlaufende Jahresrechnung, wie sie bei einer Ära gefordert ist, entstehen, die von einem Festpunkt, der sogenannten Epoche, ausging. Bezeichnenderweise geschah dies zuerst im Vorderen Orient, in dem durch den babylonischen Schaltzyklus von 19 Jahren die Länge des Jahres reguliert war[7]. Als Seleukos I. seine Satrapenjahre weiterzählte und Antiochos I. diese Zählung auch nach dem Tode des Seleukos fortführte, war

1 Siehe beispielsweise die Einteilung der politisch-militärischen Ereignisse nach Winter- und Sommerhalbjahren bei Thukydides. - Zur sehr alten Generationenrechnung und ihrer Problematik vgl. W.Kubitschek, RE I 1,1893,606; Kubitschek, Grundriß 42ff.; Samuel 241f.

2 Vgl. z.B. die Bestimmung der Termine für die Landarbeit nach Sternbeobachtungen in Hesiods Erga 383ff.

3 Vgl. dazu u.a. W.Sontheimer, RE IX A 2,1967,2455ff.; Samuel 57ff.

4 Vgl. Bickerman, Chronologie 39f.; W.Sontheimer, RE IX A 2, 1967,2459f.; Samuel 195ff.; R.K.Sherk, ZPE 88,1991,225ff.

5 Siehe unten S.12ff.

6 So definiert auch Herrli 114 eine Ära.

7 Vgl. dazu Bickerman, Chronologie 13; Samuel 42ff.

die erste dynastische Ära entstanden, die seleukidische Ära, die sich am weitesten verbreitete und sich teilweise bis ins Mittelalter hinein gehalten hat[8]. Die angeblichen früheren phönizischen Ären auf Münzen von Tyros, Arados, Sidon oder Akko[9] sind wahrscheinlich eher Zählungen nach Regierungsjahren der lokalen Fürsten oder Emissionszahlen als Ären in unserem Sinne[10]. Auch die Zahlzeichen auf Silbertetradrachmen des sizilischen Messana vom Anfang des 5.Jh.v.Chr. können noch nicht als Äradatierungen bezeichnet werden[11].

Der Begriff "Ära" wurde erst verhältnismäßig spät im heutigen Sinne verwendet. Die Etymologie des Wortes ist immer noch nicht ganz sicher. Es scheint mit Deklinationswandel als weibliches Substantiv aera von der Pluralform aera (=Geldsummen) des lateinischen Wortes aes, aeris abgeleitet zu sein und zunächst eine gegebene Zahlengröße bezeichnet zu haben[12]. Doch hat man auch versucht, es aus dem Arabischen, Gotischen, Hebräischen oder Iberischen herzuleiten[13]. Erst bei Isidor von Sevilla[14] kommt der Begriff aera zur Bezeichnung der Jahrfolge vor, während ab dem 1.Jh.n.Chr. aera in der Bedeutung von stipendia auf Soldatengrabsteinen und bald schon in spanischen Inschriften das Wort era

8   Zur Seleukidenära vgl. u.a. W.Kubitschek, RE I 1,1893, 632ff.; Ginzel III 40ff.; Kubitschek, Grundriß 70ff.; Grumel 209f.; Bickerman, Chronologie 44f.; Samuel 245f.; A.Mehl, Seleukos Nikator und sein Reich I, Löwen 1986,140ff.

9   W.Kubitschek, RE I 1,1893,633; Th.Reinach, RN 1887,350 = Id., Trois royaumes de l'Asie Mineure, Paris 1888,131; Ginzel III 45.47; G.F.Hill, Nomisma 4,1909,1ff.; Kubitschek, Grundriß 71f.; Grumel 209.214. – Diese Auffassung wird noch von M.J.Price vertreten; siehe Anm.10.

10   Vgl. die Diskussion dazu bei H.Seyrig, Sur une prétendue ère tyrienne, Syria 34,1957,93-98; Bickerman, Chronologie 47f.; A.Lemaire, RN 1976,11ff.; M.J.Price, On Attributing Alexanders, in: Essays in Honour of M.Thompson, Wetteren 1979,241ff.; F.Millar, PCPhS 209,1983,61f.; J. u. A.G.Elayi, Abbrevations and Numbers on Phoenician Pre-Alexandrine Coinages: The Sidonian Example, NAC 17,1988,27-33.

11   So interpretiert von J.P.Barron, The Silver Coins of Samos, London 1966,40ff.178ff. I.Carradice und M.J.Price, Coinage in the Greek World, London 1988,60 sehen in den Zahlen Jahre, die seit der Ankunft der samischen Exilanten zu zählen seien.

12   Vgl. dazu W.Kubitschek, RE I 1,1893,611-613; Kubitschek, Grundriß 77f.; A.Walde – J.B.Hofmann, Lateinisches Etymologisches Wörterbuch, Heidelberg[3] 1938, s.v. aera; A.Ernout – A.Meillet, Dictionnaire étymologique de la langue latine, Paris 1985[4] s.v.aera.

13   Vgl. Ideler II 426-429; W.Kubitschek, RE I 1,1893,612; Kubitschek, Grundriß 77f.

14   Isid.orig.5,36,4.

entsprechend dem lateinischen anno neben Jahreszahlen der spanischen Jahreszählung zu finden ist[15].

Eine Ära im heutigen chronologischen Sinne beruht auf demselben Zeitmaß[16] und bedingt eine gleichartige und regelmäßig fortlaufende Jahreszählung von einem allgemein anerkannten Ausgangspunkt, der "Epoche", aus[17]. Ein wesentliches Merkmal der hier behandelten Ära ist ihre öffentliche Verbreitung und Anwendung über einen längeren Zeitraum hinweg. So sind Jahresrechnungen gelehrten Ursprungs nach unserer Definition auszuscheiden. Solche "literarische oder gelehrte Ären"[18], die vor allem von Astronomen und Historikern als eine leichtere Rechenform für einen größeren Zeitraum von Jahren erfunden wurden, gingen von einem beliebig gewählten Anfangspunkt aus, blieben aber auf die Wissenschaft beschränkt oder fanden nur gelegentlich im öffentlichen und privaten Verkehr Anwendung[19]. Zu dieser Art der Zeitrechnung gehörte als bekannteste die Olympiadendatierung, die auf der Namensliste der Olympioniken beruht und erfunden wurde, um die variierenden griechischen Zeitrechnungen durch den Bezug auf die gemeingriechischen Festspiele in einen gemeinsamen chronologischen Rahmen einzuordnen. Die Olympiadenrechnung hat sich aber nur in der Chronographie und Historiographie durchgesetzt[20]. In Inschriften kommt sie nur in solchen agonistischen Inhaltes vor[21]. Andere zyklisch stattfindende Agone hatten nicht die Bedeutung für die Zeitrechnung wie die Olympischen Spiele[22]. Nach ihnen wurde aber gelegentlich in agonistischen Inschriften gezählt, so in Kyzikos[23], Hypaipa[24], Tralleis[25], Ephesos[26],

---

15 Vgl. W.Kubitschek, RE I 1,1893,611-613; Ginzel I 89; Kubitschek, Grundriß 77f.

16 So schon A.Mommsen, Chronologie, Leipzig 1883,190 Anm.3.

17 Zur Definition siehe W.Kubitschek, RE I 1,1893,606f.

18 So die Bezeichnung bei W.Kubitschek, RE I 1,1893,615 bzw. bei Bickerman, Chronologie 48. Vgl. dazu Grumel 207ff.

19 Beispielsweise findet man gelegentlich pseudohistorisch-mythologische Jahresangaben, die aber selten in Inschriften zu finden sind, z.B. IvStratonikeia II 1, Nr.1044.

20 Vgl. dazu W.Kubitschek, RE I 1,1893,626ff.; Kubitschek, Grundriß 82ff.; Grumel 211f.; W.Sontheimer, RE IX A 2,1967, 2460f.; Samuel 189ff.

21 Z.B. in Magnesia am Sipylos: Th.Ihnken, Die Inschriften von Magnesia am Sipylos (IK 8), Bonn 1978, Nr.6. Vgl. auch M.Lämmer, Olympien und Hadrianeen im antiken Ephesos, Diss.Köln 1967,14ff.

22 Vgl. dazu W.Kubitschek, RE I 1,1893,629f.

23 Vgl. W.Kubitschek, RE I 1,1893,629.

24 Vgl. L.Robert, RN 1976,34ff. = Opera Minora Selecta VI, Amsterdam 1989,146ff.

25 IvTralleis Nr.125ff.

26 Siehe unten S. 289.

Smyrna[27] oder auf Münzen von Aspendos und Magydos in Pamphylien, die aus Anlaß solcher Spiele ausgegeben wurden[28].

Die vorliegende Untersuchung beschränkt sich auf die Ären, die praktische Bedeutung im öffentlichen und privaten Leben gewonnen und auch öffentlich angewandt worden sind. Kubitschek bezeichnete sie als "politische oder bürgerliche Ären"[29]. In einigen Fällen wird es zudem notwendig sein, die Anwendung von Zahlzeichen auf Münzen zu untersuchen, ob es sich nämlich um rein technische Seriennummern handelt oder um die Datierung nach einer politischen Ära. Den Großteil der Zeugnisse stellen aber die Inschriften dar.

3. Datierungen nach Regierungsjahren in Kleinasien

Eine frühe Form der Zeitrechnung war die Benennung der Jahre nach den Herrschern. Die Zählung nach Regierungsjahren eines Königs kam in Ägypten und Babylonien auf und wurde auch in der griechischen Welt übernommen[1]. In griechischen Urkunden aus Kleinasien findet man zum ersten Mal Zählungen nach Regierungsjahren unter den Achämeniden. So sind in Mylasa mehrere Dekrete der Zeit des Satrapen Maussollos nach Regierungsjahren der persischen Großkönige Artaxerxes II.[2] oder Artaxerxes III.[3] datiert. Auch in Sardeis wurde eine Inschrift in das 39.Ja des Artaxerxes II. datiert[4], ebenso ein Text in Tralleis in das siebte Jahr eines Artaxerxes[5].

Unter Alexander dem Großen findet sich die Zählung nach Regierungsjahren in einer Pachturkunde, die wohl aus dem Gebiet von Gambreion in Mysien stammt[6]. Die Inschrift ist ins elfte Jahr Alexanders, unter dem Satrapen Menandros, der auch literarisch

27 IvSmyrna II 1,656.659f.

28 Vgl. W.Kubitschek, RE I 1,1893,630; F.Imhoof-Blumer, Griechische Münzen, München 1890 (ND Graz 1972),680; Kubitschek, Grundriß 86f.; Index Aulock 168.

29 W.Kubitschek, RE I 1,1893,608.632. Der Begriff "bürgerlich" in diesem Zusammenhang schon bei Ideler I 71.

1 Vgl. Kubitschek, Grundriß 57ff.; A.Heuß, Stadt und Herrscher im Hellenismus in ihren staats- und völkerrechtlichen Beziehungen, Leipzig 1937, 200 mit Anm.1; Bickerman, Chronologie 40f.44f.; Herrli 115ff.

2 IvMylasa 1: Jahr 39 = 367/6 v.Chr.; IvMylasa 2: Jahr 45 = 361/0 v.Chr.

3 IvMylasa 3: Jahr 5 = 355/4 v.Chr.; IvMylasa 5: Jahr 7 = 353/2 v.Chr.

4 L.Robert, CRAI 1975,306ff. = L.Robert, Opera Minora Selecta V, Amsterdam 1989,485ff.

5 IvTralleis 3.

6 Syll.³ 302.

bezeugt ist[7], sowie auf lokale Art und Weise nach dem Prytanen datiert. Nach dem Tode Alexanders wurde in einigen Städten weiterhin nach Regierungsjahren der Könige und nach den Satrapen datiert, so etwa in mehreren Städten Kariens unter Philipp III. und dem Satrapen Asandros[8]. Offensichtlich nach Regierungsjahren eines gewissen Pleistarchos, wohl des Bruders des Königs Kassandros, sind zwei Inschriften aus dem Heiligtum des Sinuri bei Mylasa in Karien und aus Hyllarima datiert, ohne daß man die Herrschaft des Pleistarchos in diesem Gebiet konkretisieren könnte[9]. In Karien findet sich in einem Brief des makedonischen Königs Philipp V. an den dortigen Dynasten Olympichos die Datierung in das dritte Regierungsjahr des Königs, und in Panamara wird eine Inschrift ins 23.Jahr Philipps V. gesetzt[10]. Aber dabei handelt es sich um das Datierungssystem dieses Makedonenkönigs, das auch außerhalb Kleinasiens angewendet worden ist[11].

In den ptolemäischen Gebieten Kleinasiens, vor allem in Karien, Lykien und Pamphylien[12], wurde die in Ägypten übliche Zählweise nach Regierungsjahren der Ptolemäerkönige verwendet[13], so schon unter Ptolemaios I. in Limyra[14], unter Ptolemaios II. Philadelphos in Amyzon[15], Stratonikeia[16], Labraunda[17], das zu Mylasa gehörte,

---

7   Vgl. H.Berve, Das Alexanderreich auf prosopographischer Grundlage II, München 1926,255 Nr.501.

8   Syll.³ 711 = IvStratonikeia II 1, 501 = L.Robert, Etudes anatoliennes, Paris 1937,570; J.u.L.Robert, Fouilles d'Amyzon en Carie I, Paris 1983,99f. = SEG 33,872; Robert, Amyzon Nr.2; IvStratonikeia II 1, 503; IvMylasa 21. Vgl. auch das Ehrendekret der Polis Pladasa in der rhodischen Peraia, das ins sechste Jahr Philipps III. datiert ist: E.Varinlioglu - A.Bresson - P.Brun - P.Debord - R.Descat, REA 92,1990,59ff. und W.Blümel, Die Inschriften der rhodischen Peraia (IK 38), Bonn 1991, Nr.701.

9   L.Robert, Le sanctuaire de Sinuri près de Mylasa, Paris 1945,55ff. Nr.44: Jahr 7; P.Roos, MDAI(I) 25,1975,339: Jahr 3. - Nach Robert, Bull.épigr.1976,631 eine entsprechende Datierung auch in Euromos.

10   IvLabraunda 1,7 und IvStratonikeia I, 4.

11   IvLabraunda 1, p.51f. Vgl. z.B. IG IX 2,517 Z.9 aus Larisa in Thessalien.

12   Dazu W.Huss, Untersuchungen zur Außenpolitik Ptolemaios' IV., München 1976,190ff.; R.S.Bagnall, The Administration of the Ptolemaic Possessions outside Egypt, Leiden 1976,89ff.105ff.110ff.

13   Zur Umrechnung vgl. zuletzt M.Wörrle, Chiron 8,1978,212ff.

14   M.Wörrle, Chiron 7,1977,43ff.

15   Robert, Amyzon Nr.3; vgl. auch Nr.5 und Nr.6.

16   IvStratonikeia II 1, 1002 = L.Robert, Opera Minora Selecta V, Amsterdam 1989,452 = SEG 15,652.

17   IvLabraunda 2, 43; vgl. IvLabraunda 1, p.34.

in Xanthos[18], Lissa[19], Telmessos[20] und Termessos[21], unter
Ptolemaios III. in Lissa[22] und in Telmessos[23], unter Ptolemaios IV.
und unter Ptolemaios V. in Xanthos[24]. In allen diesen Inschriften
sind offizielle Urkunden aufgezeichnet, die in der Datierungsformel
das Regierungsjahr des Königs und dessen Namen nennen. Eine
Ausnahme bildet die Kopie eines Beschlusses der Stadt Araxa in
Lykien, die in Rhodos aufgestellt war und ohne nähere Erläuterung
ins Jahr 8 datiert ist[25]. Nach dem Herausgeber Maiuri fehlt die
Nennung des Ptolemäerkönigs (seiner Meinung nach Ptolemaios
II.[26]), weil die Inschrift in der freien Stadt Rhodos aufgestellt
war.
    Die Zählung nach Regierungsjahren wurde auch im Pergame-
nischen Reich eine verbreitete Datierung. Als erster Beleg für
diese Datierungsform wurde häufig die Ehreninschrift für den
Epistates Apollonios genannt, die in Bakir am oberen Kaikos
gefunden wurde[27]. Die Inschrift ist in das erste Jahr eines Königs
Attalos datiert. War man zunächst davon ausgegangen, daß es sich
um das Jahr 241/40 v.Chr. handelt, das erste Regierungsjahr des
Attalos I.[28], so hat später Louis Robert mit guten Argumenten die
Inschrift in das erste Jahr des Attalos II. oder gar des Attalos
III. gelegt[29]. So kann die Behauptung[30] nicht aufrechterhalten
werden, die königlichen Urkunden des Attalidenreiches seien seit
der Annahme des Königstitels durch Attalos I. nach

18   Robert, Amyzon 124ff. = SEG 33,1183; TAM II 262.
19   TAM II 158 = OGIS 57; TAM II 159 = OGIS 58.
20   M.Wörrle, Chiron 8,1978,202ff.; L.Robert, Documents d'Asie
Mineure, Paris 1987,55 = M.Segre, Clara Rhodos 9,1938,185
(vgl.M.Wörrle, Chiron 8,1978,218 Anm.85).
21   Robert, Documents 53ff.
22   TAM II 160 = OGIS 727.
23   TAM II 1 = OGIS 55.
24   J.Bousquet, REG 101,1988,14ff. und REG 99,1986,31f.
25   A.Maiuri, ASAA 8/9,1925/6,313ff. Nr.1.
26   Aber auch Ptolemaios III. und Ptolemaios IV. kommen in
Frage; vgl. W.Huss, Untersuchungen zur Außenpolitik Ptolemaios'
IV., München 1976,192 Anm.100; M.Wörrle, Chiron 8,1978,237
Anm.193. Für Bagnall 106 ist das achte Regierungsjahr des
Ptolemaios II. am wahrscheinlichsten; ebenso L.Moretti, RFIC
105,1977,361.
27   OGIS 268.
28   So z.B. OGIS 268 n.2; A.-J.Reinach, RA 12,1908,209;
E.Meyer, Die Grenzen der hellenistischen Staaten in Kleinasien,
Zürich-Leipzig 1925,98.
29   L.Robert, Villes d'Asie Mineure, Paris² 1962,36 n.6 und
H.Bengtson, Die Strategie in der hellenistischen Zeit II, München
1944,248f. Vgl. auch D.Magie, Roman Rule in Asia Minor II,
Princeton 1950,980 n.14; R.E.Allen, The Attalid Kingdom, Oxford
1983,105f. mit n.120. 198f. - Zur Zählung der Regierungsjahre
Attalos' II. und Attalos' III. vgl. jetzt G.Petzl, ZPE 30,1978,264ff.
30   Vgl. A.-J.Reinach, RA 12,1908,209.

Regierungsjahren datiert. Aus der Zeit des Attalos I. gibt es kein sicheres Zeugnis für eine entsprechende Jahreszählung[31]. Die angeblichen Zahlen auf pergamenischen Ziegelstempeln[32] sind sicherlich nicht Regierungsjahre des Attalos I.[33]. Das erste sichere Zeugnis für die attalidische Jahreszählung ist der Brief des Attalos, des Bruders Eumenes' II., der in Soma im oberen Kaikostal gefunden wurde. Er ist ins zwölfte Jahr des Königs Eumenes II. datiert, das heißt ins Jahr 186/5 v.Chr.[34]. Danach werden unter Eumenes II., Attalos II. und Attalos III. derartige Datierungen in den Inschriften innerhalb des Pergamenischen Reiches sehr häufig[35]. Aber auch in Regionen außerhalb des Attalidenreiches, die aber unter attalidischem Einfluß standen, sind sie zu finden[36]. Nicht nur in Nakrasa in Lydien wurde in einem städtischen Volksbeschluß nach Herrscherjahren der Attaliden datiert[37], sondern beispielsweise auch in Telmessos in Lykien[38]. Im 14.Jahr des Eumenes II., das ist 184/3 v.Chr., wurde ein Vertrag zwischen dem Attalidenkönig und kretischen Staaten geschlossen, der inschriftlich in Gortyn überliefert ist[39]. Darin wird sowohl nach dem lokalen Beamten von Gortyn datiert als auch auf attalidische Art nach dem Regierungsjahr des Königs: ὡς μὲν [βα] σιλεὺς Εὐμένης ἄγει ἔτους τετάρτου καὶ δεκάτου, μηνὸς [Π]ανήμου (Z.9). Dies zeigt, daß damals für die Attaliden

31 Vgl. Allen 198f.
32 So IvPergamon II Nr.661ff. Vgl. auch MDAI(A) 24,1899,203 Nr.7 und MDAI(A) 27,1902,144f.
33 Vgl. E.Boehringer - Fr.Krauss, Altertümer von Pergamon IX, Berlin-Leipzig 1937, 79-81.132ff. und Allen 199; dagegen immer noch K.J.Rigsby, TAPhA 118,1988,125 n.9.
34 C.B.Welles, Royal Correspondence in the Hellenistic Period, New Haven 1934, Nr.47. Vgl. Allen 199 mit n.15; F.Piejko, Historia 38, 1989,395.
35 Welles Nr.65-67 = OGIS 331; OGIS 268.325.330; M.Segre, Clara Rhodos 9,1938,190ff. = F.G.Maier, Griechische Mauerbauinschriften I, Heidelberg 1959, Nr.76; M.Segre, RFIC 10,1932, 446f. = Allen 211f. Nr.7; TAM V 2,1188 = OGIS 314; TAM V 2, 1189.1190.1253; TAM V 1,222.441. 486b.530; MDAI(A) 29,1904,170ff. Nr.14; MDAI(A) 32,1907,427 Nr.272; MDAI(A) 37,1912,277 Nr.1. Vgl. auch Keil-Premerstein I p.46. II p.82; TAM V 2,1307; TAM V 1,648 und den Überblick bei Robert, Villes 36. Möglicherweise war eine Inschrift in Karahüyük im südlichen Phrygien in das 19.Jahr eines Attalidenkönigs datiert: G.Cousin - Ch.Diehl, BCH 13,1889,334 Nr.4 = Ch.Michel, Recueil d'inscriptions grecques III, Paris 1898, Nr.544. Siehe unten S.368f.
36 Siehe einen der Briefe des Eumenes II. und seines Bruders an Attis, Hoherpriester von Pessinus: Welles 55 = OGIS 315. Vgl. E.V.Hansen, The Attalids of Pergamon, Ithaca - London² 1971,126; Allen 142ff.
37 OGIS 268. Vgl. Heuß, Stadt und Herrscher 201f.
38 Allen 211f. Nr.7.
39 Syll.³ 627.

die Zählung nach Regierungsjahren die offizielle Jahresrechnung war.

In der Münzprägung des Pergamenischen Reiches wird ebenfalls die Datierung nach Regierungsjahren angewendet, dies aber erst recht spät. Auf den Kistophoren, die in Ephesos geprägt wurden, finden sich die Zahlen 1, 2, 20 und 21, und zwar auf der Münzrückseite oberhalb des Gorytos[40], an derselben Stelle, an der auf den ephesischen Kistophoren römischer Zeit die Jahreszahlen der Ära ab 134/3 v.Chr. stehen[41]. Dies bestätigt die Interpretation, daß die Buchstaben auf den Kistophoren der Attalidenzeit Jahreszahlen sind, obwohl der ausdrückliche Hinweis darauf, etwa durch ΕΤΟΥΣ, fehlt[42]. Wie Kleiner gezeigt hat, handelt es sich um die Jahre 20 und 21 des Attalos II. sowie um die Jahre 1 und 2 des Attalos III.[43]. Auch auf den Kistophoren, die in Apameia geprägt wurden[44], finden sich Jahreszahlen, das Jahr 21 des Attalos II. und die Jahre 3 und 4 des Attalos III. (Tafel I 1)[45]. Die Jahreszahl 3 findet sich offensichtlich auch auf einem Unikum, dem Kistophoren mit den Initialen ΚΟΡ, die wohl für einen Prägeort im Pergamenischen Reich stehen[46]. Die Verwendung der Regierungsjahre bestätigt die Annahme, daß es sich bei den Kistophoren um königliche Prägungen handelt[47]. Diese Zeitrechnung zeigt aber auch die Abhängigkeit von Städten wie Ephesos und Apameia von den Attaliden[48]. Warum diese Datierung auf den Kistophoren erst am Ende der Regierung des Attalos II.

40   F.S.Kleiner - S.P.Noe, The Early Cistophoric Coinage, New York 1977,50f. Nr.44-52; F.S.Kleiner, ANSMusN 18,1972,20f. Nr.1-9.

41   Siehe unten S.204ff. Vgl. auch Kleiner - Noe 94.

42   Als Jahreszahlen überzeugend mit numismatischen Argumenten interpretiert von Kleiner - Noe 51f. und F.S.Kleiner, ANSMusN 18,1972, 17ff. Vgl. auch G.Le Rider, RN 1977,205; O.Mørkholm, ANSMusN 24,1979, 48; J.P.Adams, Historia 29, 1980,311f.; zweifelnd aber W.Szaivert, Litterae Numismaticae Vindobonenses 2,1983,34 und G.Le Rider, BCH 115,1991,369.

43   Kleiner - Noe 51f.; F.S.Kleiner, ANSMusN 18,1972,18-23.

44   So Kleiner - Noe 93ff. und F.S.Kleiner, ANSMusN 25,1980, 48ff. Dagegen denkt O.Mørkholm, ANSMusN 24,1979,53ff. an Parion oder Apollonia als Prägestätte. Für Apameia sprechen die Kistophorengegenstempel mit den Anfangsbuchstaben von Apameia; vgl. W.Leschhorn, in: Side. Münzprägung, Inschriften und Geschichte einer antiken Stadt in der Türkei, Saarbrücken ²1989,39f.

45   Kleiner - Noe 93f. Nr.42-45.

46   Kleiner - Noe 100f. Th.Drew-Bear und G.Le Rider, BCH 115,1991,373ff. denken an die bei Plinius, n.h.5,195 innerhalb des conventus von Synnada erwähnte Gemeinde der Corpeni.

47   So Kleiner - Noe 124f.; F.S.Kleiner, ANSMusN 18,1972,23; O.Mørkholm, ANSMusN 24,1979,47; F.S.Kleiner, ANSMusN 25,1980, 46; O.Mørkholm, Historia 31,1982,300f.

48   Kleiner - Noe 124f.; F.S.Kleiner, ANSMusN 18,1972,23. Vgl. G.Le Rider, RN 1977,205; K.J.Rigsby, Phoenix 33,1979,44f.

einsetzt, bleibt rätselhaft[49], ebenso ihr plötzliches Ende, wenn man der chronologischen Ordnung der Kistophoren, wie sie Kleiner und Noe aufgestellt haben, vertrauen darf[50]. Warum wurden die Kistophoren aus Ephesos, Apameia und Kor...[51] mit Regierungs- jahren datiert, nicht aber die gleichzeitigen aus Pergamon[52] oder Tralleis[53]? Dies hängt wohl weniger mit der unterschiedlichen rechtlichen Stellung der Städte zusammen[54], sondern eher mit lokalen Gepflogenheiten. Die Stadt Pergamon beispielsweise hat nicht (auch nicht in den Inschriften) mit Jahreszahlen datiert, sondern das Jahr nach dem eponymen Prytanen oder Priester benannt[55]. Ausnahmen sind nur die königlichen Schreiben und die Inschriften, die eine Beteiligung oder ein besonderes Interesse des Attalidenkönigs beinhalten[56]. Es gab offenbar keine festen Normen in der Datierungsweise[57].

Die Zählung nach Regierungsjahren auf den Kistophoren wurde vom Thronprätendenten Aristonikos unter dem Namen Eumenes fortgeführt[58]. Die Prägungen des Aristonikos in Thyateira[59] sind ins Jahr 2 datiert[60], was 133/2 v.Chr. entspricht[61], die in

49   Vgl. J.P.Adams, Historia 29,1980,311f. F.S.Kleiner, ANSMusN 18, 1972,23 sieht möglicherweise einen Zusammenhang mit dem 20.Thronjubiläum und dem 80.Geburtstag des Attalos II.

50   Nach Kleiner - Noe wurden vor dem Ende der Attalidendynastie, aber nach den datierten Exemplaren weitere undatierte Kistophoren in Apameia (S.95 Nr.46-48) und in Ephesos (S.52 Nr.53-56) geprägt.

51   Ob die datierten Kistophoren von Apameia und Kor... tatsächlich in der Münzstätte Pergamon geprägt wurden, wie Kleiner glaubt (Kleiner - Noe 93ff.100f.; F.S.Kleiner, ANSMusN 25,1980,48ff.), ist nach den Feststellungen O.Mørkholms, ANSMusN 24,1979,50ff. sehr unsicher.

52   Kleiner - Noe 33ff.

53   Kleiner - Noe 72f.

54   Dazu Heuß, Stadt und Herrscher 200-203. Vgl. W.Szaivert, Litterae Numismaticae Vindobonenses 2,1983,39; K.J.Rigsby, Phoenix 33,1979,43f.

55   Vgl. IvPergamon II p.269; G.Cardinali, Il regno di Pergamo, Rom 1906,283 n.7; Heuß, Stadt und Herrscher 201; K.J.Rigsby, TAPhA 118, 1988,131ff., der aber die Existenz eponymer Priester in Pergamon abstreitet.

56   Vgl. K.J.Rigsby, TAPhA 118,1988,133f. zu drei Inschriften vom Gymnasium.

57   So Heuß, Stadt und Herrscher 202f. bezüglich Inschriften.

58   Zuerst von E.S.G.Robinson, NC 1954,1ff. gezeigt. Vgl. Robert, Villes 252ff.; Kleiner - Noe 104ff.; M.Kampmann, RN 1978,38ff.; J.P. Adams, Historia 29,1980,302ff.

59   Kleiner - Noe 103, Series 1.

60   Ob es das Jahr 1 auf einem Kistophoren aus Thyateira gibt, ist unsicher; vgl. M.Kampmann, RN 1978,38ff. und J.P.Adams, Historia 29, 1980,302ff.

61   Vgl. dazu J.P.Adams, Historia 29,1980,310 mit Anm.26.

Apollonis in die Jahre 3 (=132/1 v.Chr.) und 4 (=131/0 v.Chr.)[62] und die in Stratonikeia ins Jahr 4 (=131/0 v.Chr.)[63]. Es müssen Prägungen einer beweglichen Münzstätte gewesen sein, die mit Aristonikos zog. Durch diese überzeugende Interpretation der lange mißverstandenen Münzen wurde die These Imhoof-Blumers[64], daß eine Ära ab der Ausdehnung des Pergamenischen Königreiches 190 v.Chr. bestehe und diese Kistophoren danach datiert seien, obwohl schon von Louis Robert abgelehnt[65], endgültig hinfällig.

In Kappadokien war die Zählung nach Regierungsjahren weit verbreitet. Teilweise sind die Münzen der kappadokischen Könige entsprechend datiert, zumindest die Prägungen der letzten Könige im 1.Jh.v.Chr. und zu Beginn des 1.Jh.n.Chr.[66]. Die Zahlzeichen auf den Königsprägungen müssen aber nicht immer Jahreszahlen sein, wie Mørkholm gegen Simonetta[67] gezeigt hat[68]. Dennoch erscheint auf den Münzen keine Zahl, die höher ist als die historisch nachweisbare Zahl von Regierungsjahren der einzelnen kappadokischen Könige[69]. In einigen Fällen sind aber auch Emissionsnummern nicht auszuschließen. Dafür, daß die Zahlen auf den Prägungen zumindest der letzten Könige Regierungsjahre sind, spricht das Vorkommen entsprechender Datierungen in Inschriften aus dem Königreich Kappadokien[70] sowie die Fortsetzung der Zählung nach Regierungsjahren auf kaiserzeitlichen Münzen Kappadokiens[71]. Sichere Regierungsjahre sind die Ziffern auf den Bronzemünzen von Kaisareia-Eusebeia, die unter König Archelaos

---

62 Kleiner - Noe 103f., Series 2 - 3.
63 Kleiner - Noe 104, Series 4.
64 F.Imhoof-Blumer, Die Münzen der Dynastie von Pergamon, APAW 1884,3, 14.29ff.
65 Robert, Villes 33ff.253ff.
66 Von Ariobarzanes I. an bis zu Archelaos wird man wohl Regierungsjahre annehmen können.
67 Z.B. B.Simonetta, The Coins of the Cappadocian Kings, Typos II, Fribourg 1977; dazu die Rezension von O.Mørkholm, NC 1979,242-246.
68 O.Mørkholm, NC 1964,21-23; Id., NC 1969,26-29; Id., NAC 4,1975,109f.112.126; Id., SNR 57,1978,145f.150f.; Id., NC 1979, 243f. Vgl. auch F.S.Kleiner, ANSMusN 19,1974,12f.; F.Coarelli, Su alcuni proconsuli d'Asia..., in: Epigrafia e ordine senatorio. Atti del Colloquio internazionale I, Rom 1982,436; J.W.Rich, JRS 87,1987,244; B.C.McGing, The Foreign Policy of Mithridates VI Eupator King of Pontus, Leiden 1986,172ff.
69 Vgl. McGing, Mithridates 174.
70 Z.B. SEG 1,466 = L.Robert, Noms indigènes dans l'Asie Mineure gréco-romaine I, Paris 1963,492f. aus Tyana oder Robert, Noms indigènes 457ff. aus Anisa. Vgl. besonders Robert, Noms indigènes 479ff. und Samuel 248 n.1.
71 So auch Index Aulock 168 und Herrli 118f. Vgl. auch W.Leschhorn, "Gründer der Stadt", Stuttgart 1984,294 mit Anm.1.

geprägt wurden[72], und auf den königlichen Silberprägungen des Archelaos[73]. Nach der Eingliederung Kappadokiens in das Imperium Romanum 17/8 n.Chr. sind die Bronzeprägungen Kaisareias nach den Regierungsjahren der Kaiser datiert, beginnend mit Kaiser Claudius bis zu Gordian III.[74]. Ebenso werden auf den Münzen der kappadokischen Städte Tyana[75] und Kybistra[76] die Kaiserjahre angegeben. Auch einzelne Inschriften dieser Region aus römischer Zeit sind entsprechend datiert, so IGR III 121 aus Komana zur Zeit Hadrians[77].

Datierungen nach den Regierungsjahren der römischen Kaiser auf Münzen sind regional begrenzt in Kleinasien verwendet worden[78]. Sie finden sich außer in Kappadokien auch bei den Prägungen des lykischen Koinon[79], vermutlich auf Münzen des Koinon von Armenien und der Stadt Nikopolis in Armenia Minor[80], ebenfalls, obwohl nicht ganz gesichert, auf Münzen der Stadt Komana in Pontos[81], weiterhin auf Münzen der kilikischen Städte Anemurion[82], Seleukeia am Kalykadnos[83] und Titiopolis[84] sowie auf Münzen des pisidischen Isinda[85]. Als Regierungsjahre können auch die Zahlen auf späthellenistischen Münzen von Isinda in Pisidien[86] angesehen werden, die wohl in die Zeit des Königs Amyntas und des Augustus zu datieren sind, obwohl hier teilweise auch eine

---

72 E.A.Sydenham, The Coinage of Caesarea in Cappadocia, London 1933, Nr.31ff. Vgl. Leschhorn 295.

73 B.Simonetta, The Coins of the Cappadocian Kings, Fribourg 1977,46.

74 E.A.Sydenham, The Coinage of Caesarea in Cappadocia, London 1933. Vgl. P.R.Franke, Chiron 9,1979,378ff. mit Anm.11.

75 Z.B. SNG Aulock 6536ff. Vgl. Cl.Bosch, Numismatik 2,1933,63.

76 Z.B. SNG Aulock 6535. Vgl. Cl.Bosch, Numismatik 2,1933,42.

77 Vgl. auch IGR III 125; SEG 6,794 und R.Sherk, ZPE 88, 1991,242f.

78 Dagegen ist dies die übliche Datierungsform im hellenistischen und römischen Ägypten und teilweise auch im Vorderen Orient in hellenistischer und römischer Zeit; vgl. dazu Herrli 121f.

79 Z.B. SNG Aulock 4265.

80 Siehe unten S.146ff.

81 Siehe unten S.126ff.

82 Z.B. SNG Aulock 5521ff.; SNG Levante 483.492ff. Vgl. Cl.Bosch, Numismatik 2,1933,37f.

83 Z.B. SNG Levante 720. Vgl. Cl.Bosch, Numismatik 2,1933,61.

84 Z.B. SNG Aulock 6083; SNG Levante 524.528f. Vgl. Cl.Bosch, Numismatik 2,1933,63; E.Levante, The Coinage of Titiopolis, NC 1982, 134ff.

85 Vgl. Cl.Bosch, Numismatik 2,1933,40; H.v.Aulock, Münzen und Städte Pisidiens I, Tübingen 1977,31.89ff.

86 v.Aulock, Pisidien I Nr.497ff.

Ärarechnung möglich ist[87]. Die Zahlen auf späthellenistischen Münzen der pisidischen Stadt Kremna[88] sind wahrscheinlich Regierungsjahre des Amyntas[89].

In den Inschriften Kleinasiens sind Datierungen nach kaiserlichen Regierungsjahren auf bestimmte Regionen konzentriert. Ein Zentrum für diese Form der Jahreszählung war Bithynien. Fast jede Stadt und Region dieser Landschaft weist derartig datierte Inschriften auf. Diese beginnen mit der iulisch-claudischen Dynastie und gehen bis in byzantinische Zeit[90]. Zeugnisse dafür finden sich auf der bithynischen Halbinsel zwischen Nikomedeia und Kalchedon[91], in Prusias ad Hypium[92], in Klaudiopolis[93], im Gebiet des mittleren Sangariosbogens[94], in der Region um Nikaia[95], in Apameia[96], in Kios[97] und im bithynisch-phrygischen Grenzgebiet[98]. Geht man weiter nach Süden, kommt die Datierung nach kaiserlichen Regierungsjahren noch in Hadrianeia in Mysien vor[99]. Auch auf einigen Kleinasien vorgelagerten Inseln wurde manchmal nach Regierungsjahren gezählt, so auf Kos und auf

---

87   Vgl. v.Aulock, Pisidien I 30 und unten S.395ff.

88   H.v.Aulock, Münzen und Städte Pisidiens II, Tübingen 1979, Nr.933ff.

89   Vgl. v.Aulock, Pisidien II 38f. und unten S.397f.

90   Vgl. z.B. IvApameia 126; S.Şahin, Bithynische Studien, Bonn 1978, Nr.II 2.

91   TAM IV 1, 15-18. 23. 26. 35. 49f. 59f. 63. 67. 73. 78. 82. 87. 89. 98; IvKalchedon 103 = TAM IV 1, 79.

92   IvPrusias 31.38.

93   IvKlaudiupolis 62.

94   Vgl. die Liste bei S.Şahin, Katalog der antiken Inschriften des Museums von Iznik (Nikaia) II 1, Bonn 1981, S.39-44; siehe auch IvPrusias 83; SEG 34,1264f.; M.Cremer - S.Şahin, EA 1,1983,142ff.

95   Dort mit dem Kaisernamen im Genetiv, so daß die Interpretation als Kaiserjahre sicher ist; vgl. S.Şahin, Katalog der antiken Inschriften des Museums von Iznik (Nikaia) II, Bonn 1981, 701.726.1035.1127.1129.1161.1206f.1209.1503.1514.1551.

96   IvApameia 59; vielleicht auch in einer lateinischen Inschrift: IvApameia 51.

97   IvKios 7.15f.27.115.

98   S.Şahin, in: Studien zur Religion und Kultur Kleinasiens. Festschrift F.K.Dörner II, Leiden 1978,775 = SEG 27,980.

99   IvHadrianoi 135 = IGR III 239 = Le Bas - Wadd. 1044. Vgl. auch IvHadrianoi 172. - Ob die Inschrift aus Tralleis (IvTralleis 32) mit dem Zahlzeichen für 17 nach dem 17.Regierungsjahr eines Kaisers datiert wurde, ist unsicher. Auch eine Datierung nach der sullanischen Ära kommt hier in Frage, falls die Inschrift überhaupt nach Tralleis gehört; vgl. dazu S.211. - IGR IV 1190, angeblich aus Thyateira in Lydien, weist eine ägyptische Datierungsformel auf, wie der Monatsname Tybi zeigt.

Samos[100]. Ob in zwei Inschriften aus Arneai in Lykien und Dorylaion in Phrygien mit dem Wort τό und einer Zahl Regierungsjahre ausgedrückt werden, ist unsicher[101]. Auch der Ausfall eines Teiles der Kaisertitulatur ist denkbar. Die üblichere Datierungsform in den Inschriften und auf zahlreichen Münzen der Kaiserzeit war aber die Zählung nach Consulat und tribunicia potestas des Kaisers[102]. Dies aber gehört nicht mehr in den Rahmen der vorliegenden Untersuchung.

---

100 Vgl. IGR IV 1102 aus Antimacheia auf der Insel Kos. Zu Samos siehe S.377f.

101 TAM II 759 = IGR III 639; SEG 32,1271. Vgl. dazu unter Komana S.126ff.

102 Vgl. Herrli 120ff.

II. DIE SELEUKIDENÄRA IN KLEINASIEN

1. Die seleukidische Ära zur Zeit der Seleukidenherrschaft

Da große Teile Kleinasiens im 3.Jh.v.Chr. zum Seleukidenreich gehörten, wurde die seleukidische Ära als erste derartige Jahresrechnung in Kleinasien eingeführt. Im Westen des Seleukidenreiches ist der rechnerische Ausgangspunkt dieser Ära der Herbst 312 v.Chr., da dort, wie die Monatsnamen zeigen, der makedonische Kalender mit seinem Jahresanfang im Herbst zu finden ist[1]. Das Epochenjahr für die zahlreichen Zeugnisse dieser Ära in Kleinasien ist also 312/1 v.Chr. Wenn Name und Titulatur eines Seleukidenkönigs zusammen mit einer Jahreszahl in Inschriften erscheinen, kann man sicher sein, daß es sich um eine Datierung nach der seleukidischen Ära handelt, da dies die offizielle Datierungsform unter den Seleukidenkönigen war.

Das früheste Beispiel für die Seleukidenära in Kleinasien ist die Weihung an Apollon Pityaia aus Thyateira in Lydien (Katalog Nr.1), die ins seleukidische Jahr 37 (=276/5 v.Chr.) datiert ist und den König Antiochos I. sowie dessen Sohn Seleukos als Mitregenten nennt[2]. Nach der Schlacht von Kurupedion im Jahre 281 v.Chr. hatten die Seleukiden die Herrschaft im größten Teil Westkleinasiens errungen und noch unter Seleukos I. in Thyateira eine Militärkolonie gegründet[3]. Entsprechend der Regierungszeit des Seleukos, Sohn des Antiochos I., müssen die Inschriften, die ihn in der Datierung nennen, in die Jahre zwischen 279 und etwa 268 v.Chr. gehören[4]. Einen weiteren chronologischen Anhaltspunkt

---

1 Zur Entstehung der Seleukidenära siehe oben S.9-10. Vgl. zu dieser Ära u.a. E.Bikerman, Institutions des Séleucides, Paris 1938,159 n.4; Bickerman, Chronologie 61; Samuel 245f.; J.Seibert, Das Zeitalter der Diadochen, Darmstadt 1983,80f.; B.Z.Wacholder, The Beginning of the Seleucid Era and the Chronology of the Diadochi, in: Nourished with Peace. Studies in Hellenistic Judaism in memory of Samuel Sandmel, Chico 1984,183ff.; Mehl 140ff.

2 Keil - Premerstein II Nr.19 = TAM V 2,881. Vgl. auch W.Otto, Beiträge zur Seleukidengeschichte des 3.Jahrhunderts v.Chr., München 1928,46 Anm.5. 89; Magie II 731 n.11; M.Wörrle, Chiron 5,1975,63; W.Orth, Königlicher Machtanspruch und städtische Freiheit, München 1977,140 Anm.7; R.Meriç - J.Nollé, EA 5,1985,23 (dort wie bei Keil-Premerstein fälschlich ins Jahr 275/4 v.Chr. datiert).

3 Vgl. Orth 140 mit Anm.7; R.Meriç - J.Nollé, EA 5,1985,23.

4 Vgl. Bikerman, Institutions 22; J.u.L.Robert, La Carie II, Paris 1954,96 n.1; Chr.Habicht, Gottmenschentum und griechische

liefert die Angabe in der Inschrift, daß ein gewisser Phanokritos aus der Gewalt der Galater gerettet worden sei (Z.9ff.). Der Einfall der Kelten fällt in die Zeit um 277/6 v.Chr., weil sie in diesem Jahr auf das Heiligtum von Didyma übergriffen[5]. Die in der Inschrift aus Thyateira erwähnte Rettung des Phanokritos liegt also zeitlich passend kurz nach dem Galatereinfall. Es ist bezeichnend, daß die erste bekannte Datierung nach der Seleukidenära in Kleinasien in die Jahre gehört, in denen sich König Antiochos I. dort aufhielt und Sardeis seine Residenz war[6].

Die zweite Inschrift, die nach der Seleukidenära datiert ist, stammt aus Tabai in Karien (Nr.2)[7]. Die fragmentarische Inschrift, die wohl einen Beschluß des Demos von Tabai enthält, ist ins Jahr 44 (=269/8 v.Chr.) datiert und führt in der ersten Zeile Seleukidenkönige an, von deren Namen nur der Anfang erhalten ist, nämlich die ersten Buchstaben des Namens Antiochos. Wie in der Inschrift aus Thyateira muß hier wahrscheinlich der Name des Mitregenten und Sohnes des Antiochos I., Seleukos, ergänzt werden, der wohl auch in Zeile 4 der Inschrift genannt war, wenn der Ergänzungsvorschlag Louis Roberts stimmt.

Eine neu gefundene Inschrift aus Stratonikeia in Karien (Nr.3) ist ebenfalls ins seleukidische Jahr 44 datiert, erwähnt aber neben Antiochos I. nicht mehr Seleukos, den älteren Sohn, sondern Antiochos II. als Mitregenten seines Vaters[8]. Die Inschrift gehört in den (zehnten) Monat Loos des Jahres 44, das heißt etwa in den Juli 268 v.Chr. Die eben erwähnte Inschrift aus Tabai, die den älteren Sohn Seleukos noch als Mitregenten nennt, müßte dann früher entstanden sein, nach dem Ergänzungsvorschlag Louis Roberts entweder im (fünften) Monat Dystros oder im (vierten) Monat Peritios des gleichen Jahres. Man wird daraus schließen müssen, daß Antiochos II. schon 268 v.Chr. zum Mitregenten seines Vaters erhoben wurde[9]. Die babylonischen Keilschrifttexte nennen noch im Jahre 45 der Seleukidenära Seleukos als Mitregenten. Das heißt, dieser regierte mindestens noch im April 268 v.Chr. mit seinem Vater[10].

Städte, München ²1970,91 Anm.1; M.Wörrle, Chiron 5,1975,61 mit Anm.2.

5 Vgl. Otto, Beiträge 22ff.; Magie II 730 n.11; A.Rehm, Inschriften von Didyma, Berlin 1958,260; M.Wörrle, Chiron 5,1975,63.

6 Vgl. Otto, Beiträge 21f. und 46 Anm.5.

7 L.Robert, Etudes anatoliennes, Paris 1937,321 Nr.1 und Robert, Carie 95 Nr.3.

8 S.Şahin, ZPE 39,1980,212 = IvStratonikeia 1030 = SEG 30,1278.

9 So auch E.Will, Histoire politique du monde hellénistique I, Nancy² 1979,150f., obwohl er auf die neue Inschrift noch nicht eingeht.

10 R.A.Parker - W.H.Dubberstein, Babylonian Chronology 626 B.C. - A.D.75, Providence 1956. Vgl. Chr.Habicht, Gottmenschen-

Dagegen scheint aber das von den Komai Neonteichos und Kiddiukome, die in Phrygien am Lykos zu lokalisieren sind, aufgezeichnete Ehrendekret (Nr.5) zu sprechen, das in den Monat Peritios des Jahres 45 datiert ist. Dies entspricht etwa Januar 267 v.Chr.[11]. Hier ist noch als Mitregent Seleukos genannt. Es muß also entweder ein Fehler in der Datierung einer der Inschriften vorliegen, oder die Nachricht vom Wechsel im Seleukidenhaus war bis Januar noch nicht in das abgelegene Gebiet Phrygiens gedrungen[12].

In einer Inschrift aus Pergamon (Nr.4)[13], die einen Vertrag zwischen Eumenes I. und seinen Söldnern nach einer Meuterei und die gegenseitigen Eidesschwüre enthält, findet sich folgender Passus (Z.10f.): ὅπως ἂν ἡ ἀτέλεια ὑπάρχηι ἡ ἐν τῶι τετάρ-τωι καὶ τεσσαρακοστῶι ἔτει. Während der Erstherausgeber Max Fränkel noch an Abgabenfreiheit ab "dem 44.Dienstjahr" (S.16) dachte, sah schon Dittenberger[14], daß dies sprachlich nicht zutreffend sein kann, und schlug die Datierung nach dem 44.Jahr der Seleukidenära vor, das 269/8 v.Chr. entspricht. Offensichtlich hatte schon der Vorgänger des Eumenes I., Philetairos, den Soldaten die Abgabenfreiheit zugesichert, und zwar im Jahre 269/8 v.Chr. Dies wurde nun in der Inschrift noch einmal von Eumenes bestätigt[15].

Diese Inschrift ist das einzige Zeugnis für die Anwendung der seleukidischen Ära im Reich von Pergamon, in dem später nach

tum und griechische Städte, München ²1970,91 Anm.1; M.Wörrle, Chiron 5,1975,61 Anm.2.

11   M.Wörrle, Chiron 5,1975,59ff. Vgl. auch G.M.Cohen, The Seleucid Colonies, Wiesbaden 1978,25ff.; St.M.Burstein, The Hellenistic Age from the battle of Ipsos to the death of Kleopatra VII, Cambridge 1985, Nr.19; L.Robert, JS 1983,248.

12   Letztere Auffassung bei S.Şahin, ZPE 39,1980,212. Vgl. auch SEG 30,1278 n.

13   IvPergamon I Nr.13 mit den Nachträgen IvPergamon I p.XIX und IvPergamon II p.507 = OGIS 266 = H.H.Schmitt, Die Staatsverträge des Altertums III, München 1969,481. Vgl. auch A.-J. Reinach, RA 12, 1908,176ff.

14   OGIS 266 n.14.

15   So ebenfalls G.T.Griffith, The Mercenaries of the Hellenistic World, Cambridge 1935,285 n.1; M.Launey, Recherches sur les armées hellénistiques II, Paris 1950,744f.; Hansen, Attalids 232 n.414; H.H.Schmitt, Die Staatsverträge des Altertums III p.148, wenn er auch bei der Frage, ob es sich um die seleukidische Ära handelt, schwankend ist; M.M.Austin, The Hellenistic World from Alexander to the Roman conquest, Cambridge 1981, p.322; H.-J.Schalles, Untersuchungen zur Kulturpolitik der pergamenischen Herrscher im dritten Jahrhundert vor Christus, Tübingen 1985,32 mit Anm.215. – Die Anwendung der seleukidischen Ära wird mit Nachdruck von Allen 24 vertreten.

Regierungsjahren der eigenen Könige gerechnet wurde[16]. Man hat angenommen, daß die Inschrift vor dem großen Bruch zwischen Attaliden und Seleukiden, der nach der Niederlage des Antiochos I. bei Sardis zwischen 263 und 261 v.Chr. erfolgte, aufgestellt wurde[17]. Damals wurde auch auf den Tetradrachmen des Attalidenreiches das Porträt des Seleukos I. durch das des Philetairos ersetzt[18]. Wenn unter Philetairos noch das Porträt des seleukidischen Dynastiegründers auf den Münzen erscheint, ist es nicht verwunderlich, daß die Seleukidenära auch in Pergamon angewendet wurde. Ob aber mit dem Verschwinden des Seleukosporträts auf den Münzen schon gleich die seleukidische Ära beseitigt wurde, ist nicht sicher. Die Kontinuität dieser eingeführten und in der Praxis am besten anwendbaren Ära war größer, als man bisher glaubte. Die einzige im 3.Jh.v.Chr. verbreitete Äradatierung war die seleukidische, die auch bei politischen Veränderungen nicht so schnell aufgegeben wurde. Die politische und propagandistische Bedeutung der Äradatierung wurde erst später deutlich und war im 3.Jh.v.Chr. noch nicht ausschlaggebend. Insofern ist das Weiterleben der seleukidischen Zeitrechnung im Pergamenischen Reich auch nach der Niederlage des Antiochos gegen Eumenes nicht auszuschließen, zumal wenn - wie in der hier behandelten Inschrift - auf eine ältere Abmachung der Zeit vor der vollen Unabhängigkeit verwiesen wird. Es ist aber vielleicht ein Zeichen der politischen Loslösung, daß die Jahresangabe und die damit verbundene Ära zu Beginn der Regierung des Eumenes I. nicht näher definiert wird.

Abzulehnen, weil sonst nicht nachweisbar, ist die von Reinach[19] vorgeschlagene Rechnung ab dem Tode Alexanders des Großen oder ab dem Tode Alexanders IV.[20]. Außer der Seleukidenära gab es in der ersten Hälfte des 3.Jh.v.Chr. in den Inschriften nur die Rechnung nach Regierungsjahren oder die Datierung nach lokalen Beamten.

16   Ob OGIS 268 in die Zeit des Attalos I. oder eines der späteren Könige mit Namen Attalos gehört, ist unsicher.

17   Allen 20ff., bes.24; ebenso H.-J.Schalles, Untersuchungen zur Kulturpolitik der pergamenischen Herrscher 32.

18   H.v.Fritze, Die Münzen von Pergamon, APAW 1910,1,7; E.T.Newell, The Pergamene Mint under Philetaerus (Numismatic Notes and Monographs 76), New York 1936, 33; U.Westermark, Das Bildnis des Philetairos von Pergamon, Stockholm 1960,6. Vgl. auch Hansen, Attalids 22 und Allen 24.

19   A.-J.Reinach, RA 12,1908,209-211. Vgl. auch G.T.Griffith, The Mercenaries of the Hellenistic World, Cambridge 1935,285 n.1.

20   Für unwahrscheinlich gehalten auch von M.Launey, Recherches sur les armées hellénistiques II, Paris 1950,744 und von Hansen, Attalids 232 n.414. - Die Rechnung nach Regierungsjahren Alexanders IV. endete spätestens 304 v.Chr.; vgl. B.Z.Wacholder, in: Studies in Hellenistic Judaism in memory of Samuel Sandmel, Chico 1984,183ff.

In einer Inschrift aus Didyma (Nr.6)[21] ist der Text eines Briefes enthalten, den König Antiochos II. an seinen Strategen Metrophanes richtete. Der Brief enthielt Anweisungen bezüglich des Verkaufs von Ländereien am unteren Aisepos bei Zeleia und Kyzikos an die Königin Laodike, von der sich König Antiochos getrennt hatte[22]. In der Zeile 25f. des Textes B[23] wird bestimmt, daß die Einkünfte aus den Ländereien vom Jahre 59 an der Laodike gehören sollen, in Zeile 37f.[24], daß die erste Rate des Kaufpreises im Monat Audnaios des Jahres 60 zu bezahlen sei[25]. Der Brief des Königs ist also im seleukidischen Jahr 59, das ist 254/3 v.Chr., geschrieben und in Didyma, wie in anderen Städten, aufgestellt worden. Die Jahreszahlen sind wie in fast allen offiziellen Urkunden dieser frühen Zeit ausgeschrieben. Schon allein dadurch ist die Ergänzung der Jahreszahl 59 in Ziffern, wie sie Welles sowohl am Ende des Königsbriefes an Metrophanes (Nr.18, Z.36) vornehmen wollte, als auch am Ende des Briefes, den Metrophanes mit den Ausführungsbestimmungen an den Oikonomos schickte (Nr.19, Z.16), eher unwahrscheinlich. Entsprechendes hat auch Rehm aus dem fehlenden Raum in der Inschrift erschlossen, der eine ausgeschriebene Jahreszahl nicht zuläßt[26]. Die an diesen Stellen angegebenen Monatsnamen sind Kanzleivermerke[27]. Rehm vermutete[28], daß der Text C derselben Inschrift, der die Vollzugsmeldung enthält, mit der Jahresangabe ἔτο[υς νθ'] beginnt (Z.52). Diese Ergänzung ist wegen der nicht ausgeschriebenen Zahl aber wohl nicht korrekt. Allerdings würde der Platz in der Lücke ausreichen, um dort die Jahreszahl 59 in ausgeschriebener Form zu ergänzen oder auch die Jahreszahl 60, dann sogar mit einem Monatsnamen.

Eine umstrittene Datierung findet sich in der Inschrift, die die Polis Telmessos für einen gewissen Philtis an seinem Grab anbrachte (Nr.7)[29]. Die Datierung lautet: ἔτους ε' μηνὸς Λώου α'. Hier fehlt jeglicher Hinweis auf die Art der Jahreszählung.

---

21 IvDidyma 492. Übersetzt von R.S.Bagnall - P.Derow, Greek Historical Documents: The Hellenistic Period, Chico 1981, Nr.25; St.Burstein, The Hellenistic Age from the battle of Ipsos to the death of Kleopatra VII, Cambridge 1985, Nr.24; M.M.Austin, The Hellenistic World from Alexander to the Roman Conquest, Cambridge 1981, Nr.185.

22 Zum Inhalt vgl. Th.Wiegand, MDAI(A) 29,1904,274ff.; A.Wilhelm, Neue Beiträge zur griechischen Inschriftenkunde III, Wien 1914,40ff.; Otto, Beiträge 46; Welles Nr.18-20; D.Musti, ASNP 26,1957,267ff.; Ph.N. Lockhart, AJPh 82,1961,188ff.; Orth 149f.

23 Bei Welles Nr.18 Zeile 9f.

24 Bei Welles Nr.18 Zeile 21f.

25 So A.Rehm, IvDidyma p.294.

26 A.Rehm, IvDidyma p.294f.

27 A.Rehm, IvDidyma p.294f.

28 A.Rehm, IvDidyma p.295.

29 TAM II 42.

Der Monatsname gehört zum makedonischen Kalender, der in hellenistischer Zeit fast überall in Kleinasien angewendet wurde. Da die Buchstabenformen und - nach Meinung des Herausgebers Kalinka - auch der Name des Verstorbenen in das 3.Jh.v.Chr. weisen[30], hatte Wilhelm zunächst an die Seleukidenära gedacht, die hier angewendet worden sei, nach Bedenken Kubitscheks aber die Konjektur der Jahreszahl zu ε' vorgeschlagen und damit die Inschrift in das Jahr 5 eines Ptolemäerkönigs datiert[31]. Abgesehen von der methodischen Problematik, eine doch ziemlich sichere Lesung zu verändern, spricht gegen diese Konjektur die Tatsache, daß genau 400 Jahre später eine andere Grabinschrift aus Telmessos[32] mit Sicherheit nach der seleukidischen Ära datiert ist[33]. Wenn die Lesung ἔτους ξ' korrekt ist - und nichts spricht dagegen -, bleibt im 3.Jh.v.Chr. wohl nur die Datierung nach der seleukidischen Ära, die hier verwendet worden sein muß und die ja auch sonst in Karien und Lykien bezeugt ist, allerdings nur unter seleukidischer Herrschaft. Die Jahreszahl 60 führt dann in das Jahr 253/2 v.Chr. Daß im Gegensatz zu allen anderen mit Jahreszahlen datierten Dokumenten dieser Zeit, sowohl mit ptolemäischer als auch mit seleukidischer Datierung, die Angabe des Königs fehlt, sollte nicht stören, da es sich hier weder um einen inschriftlich überlieferten Königsbrief noch um ein königliches Dekret oder einen staatspolitisch wichtigen städtischen Beschluß handelt. Bei einer Inschrift über einem Grab konnte man darauf verzichten, die Datierung umständlich und ausführlich anzugeben, auch wenn es sich um eine von der Polis errichtete Grabstätte handelte. Offensichtlich spielten auch Platzgründe eine Rolle, wie die Verwendung von Zahlzeichen zeigt.

Die Urkunden aus Telmessos sind bis in die Zeit zwischen 265/4 und 257/6 v.Chr. nach ptolemäischen Regierungsjahren datiert[34], dann wieder im Jahre 241/40 v.Chr.[35]. In diesem letztgenannten Jahr hatte König Ptolemaios III. Telmessos dem Ptolemaios, Sohn des Lysimachos, zum Geschenk gemacht[36]. Aber auch in der fragmentarischen Ehreninschrift, die wohl aus dem Jahre 258/7

30   Ein Philtis, Sohn des Tlepolemos, in einer Tempelinventarliste aus Delos im Jahre 279 v.Chr.: IG XI 2,161, A 32.

31   Vgl. den Kommentar Kalinkas zu TAM II 42. - Die ebenfalls geäußerte Vermutung (außer Kalinka auch W.Ruge, RE V A 1,1934,412 s.v. Telmessos 2; Magie II 762 n.56), es handele sich um eine Lagidenära ab 285 v.Chr., ist abzulehnen. Für eine solche Ära gibt es keinerlei Beleg. Auch die sullanische Ära, die Franz in CIG 4199 annahm, ist in Lykien nicht zu finden und würde zu einer viel zu späten Datierung in augusteische Zeit führen.

32   TAM II 41c.

33   Siehe unten S.42.

34   Siehe die Inschrift M.Segre, Clara Rhodos 9,1938,183ff. Vgl. Robert, Documents 55. M.Wörrle, Chiron 8,1978,218 Anm.85 datiert die Inschrift in die letzten beiden Jahre dieses Zeitraumes.

35   TAM II 1 = OGIS 55.

36   Vgl. M.Wörrle, Chiron 8,1978,218-221.

oder 257/6 v.Chr. stammt, wird Ptolemaios, Sohn des Lysimachos, erwähnt, ohne daß jedoch daraus seine Herrschaft über Telmessos schon zu diesem Zeitpunkt hervorgeht[37]. Wie die Herrschaftsverhältnisse in Telmessos in dieser Zwischenzeit, von etwa 257 bis 241/40 v.Chr., aussahen, wissen wir nicht. Aber auch ohne die Identifikation des Ptolemaios, Sohn des Lysimachos, mit Ptolemaios "dem Sohn", der um 259 v.Chr. in Ephesos von seinem Vater Ptolemaios II. abfiel[38], annehmen zu müssen[39] und damit den zeitweiligen Anschluß seines Herrschaftsbereichs an das Seleukidenreich, ist die seleukidische Vorherrschaft in den Jahren während und nach dem Zweiten Syrischen Krieg in Telmessos nicht auszuschließen. In diesem Krieg verlor Ptolemaios II. Teile seiner kleinasiatischen Besitzungen. Vor allem Antiochos II. gewann neue Gebiete für das Seleukidenreich hinzu[40].

Wenn die Seleukidenära in Telmessos angewendet worden ist, muß dies aber noch nicht unbedingt bedeuten, daß die Stadt in dieser Zeit an das Seleukidenreich angeschlossen, wohl aber daß sie aus den Besitzungen der Ptolemäer ausgeschieden war. Eine Parallele könnte die Autonomie der pamphylischen Städte unter seleukidischer Vorherrschaft in der Zeit von ca.255 bis ca.241 v.Chr. sein[41]. Die Ausstrahlungskraft der Seleukidenära, der bequemsten Jahreszählung dieser Zeit, kann aber auch dazu geführt haben, daß sie in Gebieten, die nicht zum Seleukidenreich gehörten, angewandt worden ist. Hingegen ist die Datierung städtischer Urkunden nach Regierungsjahren von Herrschern nur bei abhängigen Gemeinden zu erwarten[42].

Der nächste inschriftliche Beleg für die seleukidische Ära in Kleinasien kommt aus Apollonia Salbake in Karien (Nr.8)[43]. Schon im Jahre 44 (=269/8 v.Chr.) war in Tabai und Stratonikeia in Karien die Seleukidenära verwendet worden (Nr.2 und Nr.3)[44].

---

37   Vgl. z.B. gegen H.Volkmann, RE XXIII 2,1959,1597f. s.v. Ptolemaios 13, gegen Bagnall 106f. und gegen W.Huss, Untersuchungen zur Außenpolitik Ptolemaios' IV., München 1976,192: M.Wörrle, Chiron 8,1978, 220 und M.Wörrle, Telmessos in hellenistischer Zeit, in: Actes du Colloque sur la Lycie antique, Paris 1980,68f.
38   Vgl. zu ihm H.Volkmann, RE XXIII 2,1959,1666f. s.v. Ptolemaios 20.
39   So vor allem J.Crampa, Labraunda III 1,97ff., aber auch W.Huss, Untersuchungen zur Außenpolitik Ptolemaios'IV., München 1976,203f. mit Anm.195 und Anm.197. Vgl. dagegen z.B. Chr. Habicht, Gnomon 44,1972, 167ff.; Orth 130f. mit Anm.31 und Anm.34; M.Wörrle, Chiron 8,1978,218 Anm.85; Will, Histoire politique I² 236.
40   Vgl. Bagnall 93.114; Will, Histoire politique I² 239ff.; H.Heinen, CAH VII 1²,1984,418f.
41   Vgl. H.Seyrig, RN 1963,38ff.; Will, Histoire politique I² 240.
42   Vgl. Heuß, Stadt und Herrscher 200.
43   MAMA VI 154 = Robert, Carie 285 Nr.165.
44   Robert, Carie 95 Nr.3 und IvStratonikeia 1030.

Das Dekret aus Apollonia ist zwar nur fragmentarisch erhalten, aber der Anfangsbuchstabe des Königsnamens in Zeile 1, ein Sigma, und die Ergänzung zu Seleukos sind sicher. Von der Jahreszahl ist nur ἔτους ἐνάτου καὶ ε... erhalten. Die drei Zehnerziffern εἰκοστοῦ, ἑξηκοστοῦ, ἑβδομηκοστοῦ oder die Hunderterziffer ἑκατοστοῦ könnten ergänzt werden. Die erste Möglichkeit, die zur Jahreszahl 29 (=284/3 v.Chr.) führen würde, kann aber deswegen ausgeschlossen werden, weil Karien erst nach der Schlacht von Kurupedion 281 v.Chr. zum Seleukidenreich kam[45]. Die Jahreszahl 69 ergibt das Jahr 244/3 v.Chr.[46], als Seleukos II. herrschte[47]. Dies würde zur Inschrift passen. Auszuschließen hingegen wären als Ergänzung das Jahr 79, weil damals, 234/3 v.Chr., Antiochos Hierax über Karien herrschte[48], und das Jahr 109, das in die Zeit des Antiochos III. fallen würde und damit ebenfalls nicht zu dem in Zeile 1 stehenden Königsnamen paßt. In der Inschrift ist also ἔτους ἐνάτου καὶ ἑ[ξηκοστοῦ zu ergänzen. Das Dekret aus Apollonia stammt aus dem Jahre 244/3 v.Chr. Zumindest das Innere Kariens gehörte damals zum Seleukidenreich, und deswegen verwendete Apollonia in den offiziellen Dokumenten die Seleukidenära[49]. Dies bestätigen die Interpretation der oben behandelten Grabinschrift aus Telmessos und ihre Datierung nach der seleukidischen Ära.

Der inschriftlich erhaltene Brief einer seleukidischen Königin Laodike an die Stadt Iasos, in dem sie Geschenke und Privilegien ankündigt, ist nach der Interpretation des Herausgebers in das Jahr 84 der seleukidischen Ära, das ist 229/8 v.Chr., datiert[50] und wurde somit der Gemahlin des Seleukos II. zugeschrieben. Louis Robert hat aber gezeigt[51], daß diese Datierung unzutreffend ist und das Schreiben von der Gemahlin des Antiochos III. verfaßt wurde. Die Inschrift aus Iasos, in der der Brief verzeichnet ist, ist unter dem eponymen Beamten der Stadt zeitlich eingeordnet. Eine Jahreszahl kann nicht darin gestanden haben und ist auf dem Photo der Inschrift auch nicht zu erkennen.

Ein Grenzstein der Eordoi (Nr.11)[52], wohl einer Katoikia auf dem Gebiet von Synnada in Phrygien, trägt die Zeichen ΡΑϚ . Wenn

45 Vgl. MAMA VI p.56.
46 Nicht 243/2 v.Chr., wie in MAMA VI 154 und bei Robert, Bull. épigr. 1939, Nr.362 angegeben ist. - Korrekt: H.Bengtson, Die Strategie in der hellenistischen Zeit II, München 1944,104 Anm.2; Robert, Carie 285.
47 Vgl. Will, Histoire politique I² 257ff.
48 Vgl. MAMA VI p.56; Otto, Beiträge 75; H.Bengtson, Die Strategie in der hellenistischen Zeit II, München 1944,104ff.; Robert, Carie 285; Will, Histoire politique I² 297; H.Heinen, CAH VII 1²,1984,420.
49 Vgl. Robert, Carie 301.
50 D.Levi, ASAA 45-46,1967-68 (1969), 445 Nr.2.
51 Robert, Bull.épigr. 1971, Nr.621.
52 MAMA IV 75. Vgl. L.Zgusta, Kleinasiatische Ortsnamen 170.

man das einem Stigma ähnliche letzte Zeichen als Abkürzung
für ἔτους ansieht (Taf.IV 9), wie es die Herausgeber im vierten
Band der Monumenta Asiae Minoris nach zahlreichen Vorbildern in
Papyri interpretieren, ergibt sich aus dieser Zeichenfolge die
Jahreszahl 101. Wegen der Buchstabenformen kann der Grenzstein
nicht in die römische Zeit gehören und somit nicht nach der
sullanischen oder aktischen Ära datiert sein. Für diese Region
kommt in der frühen hellenistischen Zeit nur die seleukidische Ära
in Frage, die den Grenzstein in das Jahr 212/1 v.Chr. datieren
würde, nicht in das Jahr 211/10, wie fälschlich in MAMA p.24
errechnet wurde.

Der Brief des Königs Antiochos III. an Zeuxis, seinen
Stellvertreter in Kleinasien[53], sowie zwei weitere Briefe, in denen
Zeuxis die Anweisungen an einen gewissen Philotas und dieser an
einen Mann namens Bithys weitergeben, sind in einer Inschrift aus
Pamukçu bei Balikesir in Mysien enthalten (Nr.12)[54]. Alle drei
Briefe sind in den Monat Dystros des Jahres 103 datiert, was nach
der seleukidischen Ära dem Jahre 210/09 v.Chr. entspricht.

Zeuxis erscheint auch in neuen Inschriften aus Sardeis, von
denen zwei datiert sind (Nr.9 und Nr.10)[55]. Die erste ist auf den
5.Xandikos des Jahres 99 datiert, das heißt ins Jahr 214/3 v.Chr.
Darin gewährt Antiochos III. der Stadt das Recht, Holz für den
Wiederaufbau zu fällen, und gibt ihr das Gymnasium zurück. Dies
muß in die Zeit gehören, als die Stadt von Antiochos im Kampf
gegen Achaios zurückerobert worden war. Der Kampf um Sardeis
mit der langen Belagerung der Akropolis fand zwischen 216 und
213 v.Chr. statt[56]. Im Jahre 214/3 wurden dann auch der Königin
Laodike kultische Ehren in Sardeis eingerichtet, wie die zweite
auf den 10.Panemos des seleukidischen Jahres 99 datierte Inschrift
zeigt[57].

Die Inschriften von Amyzon in Karien enthalten drei Belege für
die seleukidische Ära. Ein Brief offensichtlich von König Antiochos
III. an die Amyzener nennt als Datierung den Monat Daisios des
Jahres 109 (=204/3 v.Chr.) und bezeugt die Einnahme der Stadt
durch die Seleukiden (Nr.13)[58]. Eineinhalb Jahre später ehrte die
Stadt in einer Inschrift den seleukidischen Statthalter in Alinda
namens Chionis (Nr.14)[59]. Diese Inschrift ist mehrfach datiert,
einmal nach seleukidischer Weise in die Regierung des Antiochos
III. und seines Sohnes Antiochos, in den (ersten) Monat Dios des
seleukidischen Jahres 111 (das ist Oktober/November 202 v.Chr.)

53 Vgl. zu ihm zuletzt Robert, Amyzon 178ff.
54 Vgl. H.Malay, Letter of Antiochos III to Zeuxis with Two
Covering Letters, EA 10,1987,7ff.; SEG 37,1010.
55 Ph.Gauthier, Nouvelles Inscriptions de Sardes II, Genf 1989,
Nr.1 und 2; vgl. Nr.3. Siehe Robert, Amyzon 177 und 188.
56 Polyb.7,15-18. 8,15-21. Vgl. auch Gauthier, Inscr.Sardes
15ff.; F.Piejko, AJPh 108,1987,707ff.
57 Gauthier, Inscr.Sardes 47ff. Vgl. Robert, Amyzon 177.
58 Welles Nr.38; Robert, Amyzon Nr.9.
59 Robert, Amyzon Nr.14.

und nach den Oberpriestern des Königskultes sowie des gemeinsamen Kultes für Zeus Kretagenetas und Diktynna, zum anderen in
der lokalen Form von Amyzon nach der Stephanephorie Apollons
und dem Monat Thesmophorion. Die lokale Datierung wird durch
die Formel ὡς δὲ ὁ δῆμος ἄγει eingeleitet[60].

Im folgenden Jahr wurde das Dekret für Menestratos in Amyzon
aufgestellt (Nr.15)[61], wie der lokalen Datierung in die zweite
Stephanephorie des Gottes Apollon und der fragmentarischen
Jahreszahl nach der seleukidischen Ära [δω]δεκάτου καὶ
ἑκατοστοῦ zu entnehmen ist (Z.4 und Z.2). Auch diese Inschrift
ist mehrfach datiert, außer in den (zweiten) makedonischen Monat
Apellaios des seleukidischen Jahres 112 (das ist November/
Dezember 201 v.Chr.) und in die zweite Stephanephorie Apollons
ebenfalls in die Regierungszeit des Antiochos III. und seines
Sohnes sowie nach den Oberpriestern des Königskultes und des
gemeinsamen Kultes für Zeus Kretagenetas und Diktynna und nach
dem Priester des neugeschaffenen lokalen Herrscherkultes.

Die beiden Inschriften von Amyzon aus den Jahren 111 und 112
sind die ersten, die in die gemeinsame Regierungszeit des
Antiochos III. und seines gleichnamigen Sohnes datiert sind.
Dieser älteste Sohn wird in der babylonischen Königsliste als
Mitregent in der Zeit von 210/09 bis 193/2 v.Chr. angeführt[62].
Beide Inschriften erwähnen auch den Vertreter der Könige in
Kleinasien Zeuxis, der schon in den Inschriften aus den Jahren 99
und 103 (=210/09) zu finden war. Jetzt in Amyzon trägt König
Antiochos III. aber den Titel Megas, der Große, den er erst nach
seiner Rückkehr aus den Oberen Satrapien führte[63]. Dies alles
sind Synchronismen, die die Datierung nach der seleukidischen Ära
bestätigen.

Zwei weitere Inschriften mit seleukidischen Jahresdaten
erwähnen ebenfalls sowohl Zeuxis als auch die Doppelherrschaft
des Antiochos III. und seines Sohnes. In Euromos in Karien wurde
1968 eine Inschrift mit der Datierungsformel Βασιλευόντων
Ἀντιόχου καὶ Ἀντιόχου τοῦ υἱοῦ ει' καὶ ρ' Γορπιαίου
gefunden (Nr.16)[64]. Die Jahreszahl 115 entspricht 198/7 v.Chr.,
wobei die merkwürdige Hinzufügung von καί zwischen Zehnerund Hunderterziffer von Errington damit erklärt wird, daß "bei
der Übertragung von ἔτους πεντεκαιδεκάτου καὶ ἑκατοστοῦ
in alphabetische Zahlen" das καί stehengeblieben ist[65]. Diese
Inschrift, die einen Vertrag zwischen den Euromäern und Zeuxis

---

60 Robert, Amyzon Nr.14, Z.3f. Nr.15, Z.3f.
61 Robert, Amyzon Nr.15.
62 Vgl. H.H.Schmitt, Untersuchungen zur Geschichte Antiochos'
des Großen und seiner Zeit, Wiesbaden 1964,13 mit Anm.5; Robert,
Amyzon 163.
63 Vgl. Schmitt, Antiochos 13 mit Anm.5 und Robert, Amyzon
163f.
64 M.Errington, EA 8,1986,1ff.
65 M.Errington, EA 8,1986,1.

erwähnt, ist in den Monat Gorpiaios, den elften Monat des makedonischen Kalenders, des Jahres 115 datiert, das heißt in den Spätsommer 197 v.Chr.[66], wenige Wochen nach der Niederlage Philipps V. bei Kynoskephalai, zu dessen Machtbereich die Euromäer, die sich hier noch Philippeis nennen (Z.5), gehörten. Zur gleichen Zeit unternahm Antiochos III. seinen Kleinasienfeldzug und eroberte die Küstenstädte[67], die größtenteils zum ptolemäischen Machtbereich gehört hatten. Dies war sicher der passende Augenblick für die Euromäer, um mit den Seleukiden zu verhandeln.

Dreizehn Monate später, im Monat Hyperberetaios des Jahres 116 (=197/6 v.Chr.), wurde ein Dekret in Xanthos in Lykien aufgestellt (Nr.17), das ebenfalls nach Antiochos III. und seinem Sohn datiert ist, aber auch auf lokale Art und Weise nach eponymen Priestern[68]. Hieronymos nennt ausdrücklich auch Xanthos, das bei dem Feldzug des Antiochos im Jahre 197 v.Chr. in die Hände des Seleukiden gefallen sei[69]. Die seleukidische Herrschaft und damit die Anwendung der Seleukidenära in Xanthos muß in die wenigen Jahre zwischen 197 v.Chr. und dem Frieden von Apameia gehören.

Eine in Dodurga in Phrygien gefundene Inschrift (Nr.18)[70] enthält einen Brief des Königs Antiochos III. an seinen Statthalter Anaximbrotos, in dem die Einrichtung von Kulten für die königliche Schwestergemahlin Laodike angeordnet wird, und den Brief, mit dem Anaximbrotos diesen Befehl an einen gewissen Dionytas weitergibt. Der Brief des Anaximbrotos war zunächst in das Jahr 205/4 v.Chr. datiert worden, weil man am Ende die Jahreszahl ηρ'=108 erkennen wollte[71]. 1948 und 1949 wurde dann eine Inschrift aus dem Iran publiziert[72], in der dasselbe Edikt des Antiochos bezüglich der Kulte für Laodike aufgezeichnet war,

---

66   M.Errington, EA 8,1986,2.

67   Liv.33,20; Hieron. in Dan. 11,15. Vgl. Schmitt, Antiochos 271. 285ff.; Robert, Amyzon 156ff.

68   Robert, Amyzon Nr.15B = SEG 33,1184. Vgl. auch H.Malay, EA 10, 1987,14f.

69   Hieron. in Dan. 11,15.

70   L.Robert, Hellenica VII, 1949, 8ff. Vgl. auch M.Holleaux, BCH 1930,245ff. = M.Holleaux, Etudes d'épigraphie et d'histoire grecques III, Paris 1942,165ff.; Welles Nr.36-37; L.Robert, CRAI 1967,281ff. = L.Robert, Opera Minora Selecta V, Amsterdam 1989, 469ff.; A.Mastrocinque, La Caria e la Ionia meridionale in epoca ellenistica, Rom 1979, 157f. - Zum Fundort siehe S.367ff.

71   So M.Holleaux, BCH 1930,257 = M.Holleaux, Etudes d'épigraphie III 176. So auch noch bei F.Taeger, Charisma I, Stuttgart 1957,314f. und A. Mastrocinque, La Caria 156ff. - Welles p.164 hielt statt ηρ'=108 als Jahreszahl auch γιη' =113 für möglich.

72   Chr.Clairmont, MH 5,1948,218ff.; L.Robert, Hellenica VII, 1949, 5ff. Übersetzt bei M.M.Austin, The Hellenistic World from Alexander to the Roman Conquest, Cambridge 1981, Nr.158 und bei J.Pouilloux, Choix d'Inscriptions grecques, Paris 1960, Nr.30.

dieses Mal aber an den dortigen Statthalter Menedemos gerichtet. Dieser Brief des Königs an Menedemos ist sicher in das Jahr 119 (=194/3 v.Chr.) datiert: ϑιρ', Ξαν[δικοῦ] (Z.33), der des Menedemos an einen gewissen Apollodoros, an die Beamten und die Stadt Laodikeia, mit dem er den Befehl weitergab, in dasselbe Jahr 119: ϑιρ', Πανήμου ι' (Z.10). Der Brief des Anaximbrotos, der in der Inschrift aus Dodurga überliefert ist, beruht auf demselben Edikt, muß also ebenfalls ins Jahr 119 gehören. In der Inschrift aus Dodurga wurde die Anordnung des Königs im Monat Artemisios weitergegeben. Es muß ϑ]ιρ', Ἀρτεμισίου ιϑ' (Z.11) in der Datierung heißen. Das Schreiben des Königs Antiochos III., das im (sechsten) Monat Xandikos des seleukidischen Jahres 119 (=194/3 v.Chr.) verfaßt worden war, ist von Anaximbrotos in Kleinasien im siebten Monat Artemisios desselben Jahres, von Menedemos im Iran im neunten Monat Panemos dieses Jahres an ihre jeweiligen Unterbeamten geschickt worden[73]. Ein drittes Exemplar des Ediktes wurde 1967 im Gebiet von Kirmanschah im Iran entdeckt und von Louis Robert publiziert, ebenso wie der Weiterleitungsbrief des Menedemos an einen gewissen Thoas[74]. Auch hier ist der Königsbrief deutlich in den Monat Xandikos des Jahres 119 datiert, der Brief des Menedemos an Thoas auf den 3.Panemos desselben Jahres[75]. Dies bestätigt die Datierung der Inschrift aus Dodurga in das seleukidische Jahr 119, das ist 194/3 v.Chr.

In dieses seleukidische Jahr 119 (=194/3 v.Chr.) ist auch das Dekret des Antiochos III. an die seleukidische Militärkolonie Kardakon Kome bei Telmessos datiert (Nr.19), von dem nur noch zwei Zeilen erhalten sind[76]. Auch diese Inschrift kann nicht vor der Eroberung Lykiens durch Antiochos III. im Jahre 197 v.Chr. errichtet sein.

So spiegeln die Zeugnisse für die Seleukidenära in Kleinasien die Herrschaftsverhältnisse wider. Zwischen dem Sieg von Kurupedion 281 v.Chr. und der Herrschaft des Antiochos Hierax 241 v.Chr. finden sich im westlichen Kleinasien Inschriften, die nach der Seleukidenära datiert sind, die letzte von 244/3 v.Chr. (Nr.8). Als Antiochos III. in den Jahren 216-213 v.Chr. das kleinasiatische Binnenland wiedergewonnen hatte[77], wurde wieder nach der seleukidischen Ära datiert, 214/3 in Sardeis und 210/09 in Mysien (Nr.9.10.12). 204/3 v.Chr., als Antiochos seinen Zug in

---

73 Vgl. L.Robert, Hellenica VII, 1949, 14f. Die neue Datierung auch bei Schmitt, Antiochos 11 mit Anm.6, bei M.M.Austin, loc.cit. und Pouilloux, loc.cit.

74 L.Robert, CRAI 1967,281ff. = L.Robert, Opera Minora Selecta V, Amsterdam 1989,469ff.

75 Vgl. L.Robert, CRAI 1967,288ff. = L.Robert, Opera Minora Selecta V, Amsterdam 1989,476ff.

76 F.G.Maier, Griechische Mauerbauinschriften I, Heidelberg 1959, Nr.76. Vgl. M.Segre, Clara Rhodos 9,1938,190; Schmitt, Antiochos 279f.; F.Piejko, Chiron 18,1988,60 n.12.

77 Vgl. Schmitt, Antiochos 43.

die Oberen Satrapien siegreich beendet hatte, und vor seinem
Angriff auf das ptolemäische Syrien wandte sich der Seleukide
gegen die Außenbesitzungen der Ptolemäer in Kleinasien. Karien
fiel in seine Hände. Damals entstanden die Inschriften aus Amyzon
(Nr.13-15), die nach der seleukidischen Ära datiert sind und in
die Zeit vor den karischen Feldzug Philipps V. gehören. Ab dem
Jahre 197 v.Chr., als Philipp V. von den Römern geschlagen war
und damit der seleukidische Einfluß in Karien wieder wuchs und
Antiochos III. seinen Kleinasienfeldzug begann, setzen erneut
Datierungen nach der seleukidischen Ära ein. Im Spätsommer 197
v.Chr. verwenden die Euromäer in ihrem Vertrag mit dem
Seleukidenreich die Ära der Seleukiden (Nr.16), ein Jahr später
die Xanthier [Nr.17). Nachdem Kleinasien diesseits des Tauros den
Seleukiden verlorengegangen war, finden sich dann aber kaum
noch Zeugnisse für diese Ära im ehemaligen Seleukidengebiet.

Datierungen nach der Seleukidenära sind nicht nur in
königlichen Briefen, sondern auch in städtischen Dekreten (z.B.
Nr.2) oder in Weihinschriften (z.B. Nr.1) oder gar in Grabinschriften zu finden (Nr.7). Dabei ist die Ära völlig uneinheitlich
verwendet worden[78]. Manchmal wird die lokale Datierung neben der
seleukidischen angegeben (z.B. Nr.14.15.17), manchmal steht nur
die seleukidische Datierungsform (z.B. Nr.8.18). Andere
Dokumente der seleukidischen Zeit in Kleinasien weisen überhaupt
keine Datierung auf[79]. Die unterschiedliche Verwendung der
Datierungsformen hängt sicherlich zum großen Teil mit den
verschiedenen lokalen Gebräuchen zusammen. Es gibt aber offenbar
nirgendwo eine feste Form. Die Mehrzahl der griechischen
Gemeinden Kleinasiens bewahrte auch unter seleukidischer
Vorherrschaft ihre traditionelle Datierung nach eponymen lokalen
Beamten[80]. In den offiziellen seleukidischen Schreiben wurde wohl
die seleukidische Datierungsformel durchgehend verwendet. Aber
es war für die Gemeinden Kleinasiens nicht zwingend, diese
Datierung in den oft abgekürzten Inschriften zu übernehmen.

Meist wird angenommen, daß die Anwendung der Seleukidenära
die Zugehörigkeit einer Stadt oder Region zum Seleukidenreich
anzeige[81]. Es gibt aber Zeugnisse für die Ära nach dem Ende der
Seleukidenherrschaft in Kleinasien und außerhalb des Seleukidenreiches, wie im nächsten Kapitel zu zeigen sein wird. Die
Doppeldatierung nach seleukidischer und lokaler Form muß nicht
einen Hinweis auf die Stellung der Stadt innerhalb des Reiches

---

78 So Heuß, Stadt und Herrscher 201f. Vgl. dagegen Robert,
Carie 301 n.6. - Zu Belegstellen für die Seleukidenära vgl.
Kubitschek, Grundriß 71ff.

79 Vgl. z.B. Welles Nr.15.31.32.

80 Vgl. Bikerman, Institutions 144f.; R.Sherk,ZPE 88,1991,225ff.

81 So Bikerman, Institutions 144f. 206; Robert, Bull.épigr.1971,
Nr.621 p.503; Robert, Amyzon 161; H.H.Schmitt, in: Kleines
Wörterbuch des Hellenismus, 1989,729.

angeben, wie vermutet wurde[82]. In dem von Errington publizierten Vertrag zwischen Euromos und den Seleukiden (Nr.14) nennen sich die Euromäer zwar noch nach Philipp V. Philippeis, datieren aber nur nach seleukidischer Form, obwohl Euromos damals wohl noch zum Machtbereich Philipps V. gehörte[83]. Damit wird, zumindest was das 3.Jh. und den Beginn des 2.Jh.v.Chr. betrifft, Heuß in seiner Meinung bestätigt, daß die Art der Datierung keinen sicheren Hinweis auf die rechtliche Stellung einer Stadt gibt[84].

2. Die seleukidische Ära außerhalb des Seleukidenreiches

War man bis vor wenigen Jahren davon ausgegangen, daß die Seleukidenära im hellenistischen Kleinasien nur auf das seleukidische Reichsgebiet und die darin liegenden griechischen Städte beschränkt war, ist jetzt die Anwendung dieser Zeitrechnung im pontischen Reich noch während des 2.Jh.v.Chr. aufgezeigt worden[1]. Eine Inschrift von der taurischen Chersones, die ein Abkommen mit König Pharnakes I. von Pontos enthält (Nr.5)[2], ist in das Jahr 157 der Zeitrechnung, "die König Pharnakes verwendet", datiert, was nach der seleukidischen Ära 156/5 v.Chr. entspricht. Eine Ehreninschrift der Stadt Abonuteichos (Nr.6), die im pontischen Reich lag, gehört in das Jahr 161, das ist nach der seleukidischen Ära 152/1 v.Chr.[3]. Eine verschollene Tetradrachme des Königs Mithridates V. (Nr.8) war möglicherweise in das Jahr 173 (=seleuk.140/39 v.Chr.) datiert[4]. Für diese beiden letzten Zeugnisse ist allerdings auch die Anwendung der pontischen Königsära nicht auszuschließen.

Einige Tetradrachmen und Drachmen von Alexandreia in der Troas sind mit Jahreszahlen von 137 bis 236 datiert (Nr.1-4.7.12-30)[5]. Die Münzen vom Typ Apollonkopf auf der Vorderseite, Apollon Smintheus oder Lyra auf der Rückseite gehören in die Zeit der Unabhängigkeit der Stadt vom Seleukidenreich (Taf.I 2)[6].

82   Robert, Carie 96. 301 mit n.6; Robert, Amyzon 167. Vgl. Bikerman, Institutions 144f.

83   Vgl. M.Errington, EA 8,1986,1ff.

84   Heuß, Stadt und Herrscher 200ff. - Die Anwendung der Seleukidenära ist auch nicht unbedingt ein Zeugnis für die Existenz einer seleukidischen Kolonie; vgl. G.M.Cohen, The Seleucid Colonies, Wiesbaden 1978,26f.

1   Siehe unten S.78ff.

2   IOSPE I² 402.

3   Th.Reinach, NC 1905,113ff.

4   L.Robert, JS 1978,153ff.

5   Vgl. A.R.Bellinger, Troy. The Coins, Princeton 1961,93ff.; SNG Aulock 7548; SNG Fitzwilliam 4253; SNG Lewis 862; SNG Lockett 2731.

6   Vgl. H.v.Fritze, Nomisma 6,1911,28; L.Robert, Monnaies antiques en Troade, Genf - Paris 1966,50f.

Welche Ära auf diesen Münzen angewandt wurde, ist umstritten[7]. Man hat sowohl die seleukidische Ära ab 312/1 v.Chr. angenommen[8] als auch eine lokale Ära ab der Umbenennung Antigoneias zu Alexandreia etwa 300 v.Chr., was einer Gründungsära gleichkäme[9]. Nach der Seleukidenära wären die Münzen zwischen 176/5 und 77/6 v.Chr. geprägt, nach der Gründungsära zwischen 164 und 65 v.Chr. Dabei hat man offensichtlich ziemlich willkürlich 300 v.Chr. als Epochenjahr angenommen. Der genaue Zeitpunkt der Umbenennung der Stadt steht nicht fest[10]; es muß nach dem Tode des Antigonos in der Schlacht bei Ipsos geschehen sein[11]. Ob aber das lokale Jahr, in dem diese Umbenennung geschah, 301/300 oder 300/299 v.Chr. oder gar einem noch späteren Jahr entspricht, ist ungewiß[12].

Die etwa 12 Jahre Unterschied zwischen beiden Rechnungen sind ein zu geringer Zeitraum, um aus stilistischen Kriterien eine Entscheidung über das Alter der Münzen fällen zu können[13], zumal Wroth[14] wegen der Ähnlichkeit der letzten datierten Prägungen Alexandreias mit der letzten bithynischen Tetradrachme von 74 v.Chr. die seleukidische Ära vermutete, während hingegen Regling[15] aus dem Stilvergleich der frühesten datierten Münzen von Alexandreia mit einer Tetradrachme aus Priene auf die Gründungsära schloß. Wegen des geringen zeitlichen Abstandes zwischen beiden Ärenrechnungen hilft auch die Identifikation der Münzbeamten mit inschriftlich belegten Personen nicht weiter[16]. Denn ob der Philitas auf den Münzen des Jahres 221, wenn er mit dem inschriftlich bezeugten Philitas des Jahres 77 v.Chr. identisch

7   Vgl. H.v.Fritze, Nomisma 6,1911,27; Bellinger 94 n.18; Robert, Troade 59 n.1; Chr.Boehringer, Zur Chronologie mittelhellenistischer Münzserien, Berlin 1972,40 Anm.1.

8   Vgl. W.Wroth, BMC Troas etc., London 1894, p.XV; Kubitschek, Grundriß 73; B.V.Head, Historia Numorum, Oxford² 1911,541.

9   W.Kubitschek, RE I 1,1893,645; H.v.Fritze, Nomisma 6,1911,27f.; G.F.Hill, NC 1923,223; K.Regling, Die Münzen von Priene, Berlin 1927,35; K.Regling, ZN 38,1928,117; Bellinger 93ff.; H.B.Mattingly, NC 1990,70. - Als falsche Ära abgelehnt von Samuel 248 n.1; von Robert, Troade 59 n.1 ebenfalls in Zweifel gezogen, obwohl er die Daten Bellingers übernahm.

10   So Bickerman, Chronology 75.

11   Strab.13,1,26 p.593.

12   Ab 301/300 v.Chr. wird z.B. gerechnet in SNG Fitzwilliam 4253, ab 300 v.Chr. bei Bellinger 94, ab 300/299 v.Chr. bei H.v.Fritze, Nomisma 6,1911,27; Regling, Priene 35 und K.Regling, ZN 38,1928,117; Boehringer 40 Anm.1.

13   So auch H.v.Fritze, Nomisma 6,1911,27.30.

14   W.Wroth, BMC Troas etc. p.XV.

15   Regling, Priene 35.

16   Vgl. Robert, Troade 58ff.

ist[17], im Jahre 80 oder 92/1 v.Chr. auf den Münzen erscheint, ist nicht zu entscheiden.

H.v.Fritze[18] sprach sich für die Gründungsära aus, weil Alexandreia sich schon früh von der seleukidischen Vormacht gelöst, sich sogar gegen Antiochos III. gestellt hatte[19]. Deswegen habe es keinen politischen Grund gegeben, die seleukidische Ära zu wählen. Boehringer[20] dachte an eine Ära, die ab Gründung der Stadt datiert und sich an die römische Rechnung ab urbe condita anlehnt: "Man versuchte, die sentimentale Bindung Roms an Ilion durch Anbiedern auch für sich zu mobilisieren". Warum aber sollte die Zeitrechnung des fernen Alexandreia ab der Umbenennung der Stadt durch Lysimachos eine Anbiederung an Rom sein? Ilion selbst kannte auch keine Gründungsära, weder in den Inschriften noch auf den Münzen. Bickerman hat darauf hingewiesen[21], daß eine Ära ab urbe condita, die in Rom eigentlich keine wirkliche Ära war[22], ohne Parallele in der Antike ist. In der hellenistischen Zeit gab es in Kleinasien keine Ära, die ab der Gründung oder Umbenennung einer Stadt rechnete. Noch weitere wichtige Argumente gegen die Existenz einer Gründungsära in Alexandreia Troas hat Bickerman zusammengestellt[23]. Es wäre wohl eher zu erwarten, daß die Stadt ab der tatsächlichen Gründung durch Antigonos um 310 v.Chr. als ab der Umbenennung durch Lysimachos zählte. Da Alexandreia im 3.Jh.v.Chr. Teil des Seleukidenreiches und sogar eine seleukidische Münzstätte war, ist es nicht unwahrscheinlich, daß die Stadt die Datierung nach der Seleukidenära im 2.Jh.v.Chr. fortsetzte, als sie autonom wurde, auch wenn uns aus der Zeit zuvor keine Inschrift aus Alexandreia bekannt ist, die eine Jahreszahl nach der Seleukidenära trägt, und die dort geprägten seleukidischen Münzen nicht datiert sind.

Die Annahme der seleukidischen Ära in Alexandreia wird durch numismatische Überlegungen gestützt. Im Fund von Babylon vom Jahre 1900, der um 155 v.Chr. unter die Erde kam[24], befand sich eine Tetradrachme von Alexandreia mit der Jahreszahl 138 (Nr.70). Da der Babylonfund aber Münzen aus mehreren Jahrzehnten enthielt, läßt sich daraus keine sichere Entscheidung zwischen beiden Umrechnungsmöglichkeiten fällen. Dagegen könnte die

17 Vgl. Robert, Troade 62; IvIlion Nr.10 S.39; H.B.Mattingly, NC 1990,70 n.10.

18 H.v.Fritze, Nomisma 6,1911,27ff.

19 Vgl. dazu Schmitt, Antiochos 263.267.284.

20 Boehringer 40 Anm.1.

21 Bickerman, Chronology 74f. und E.J.Bickerman, Chronology of the Ancient World, Revised Edition, London 1980,74f. Auch schon E. Bickermann, Chronologie (Handbuch der Altertumswissenschaften, 3.Auflage, Band III 5), Berlin-Leipzig 1933,34.

22 Vgl. Bickerman, Chronologie 49f.

23 Siehe Anm.21.

24 K.Regling, ZN 38,1928,92ff. Vgl. S.P.Noe, A Bibliography of Greek Coin Hoards, New York 1937, Nr.116; Boehringer 70 Nr.13.

Feststellung Boehringers[25], daß autonome Tetradrachmen Ilions im Schatzfund von Latakia, der gegen 164 v.Chr. vergraben wurde, zu finden sind und damit vor 164 v.Chr. geprägt sein müssen, dafür sprechen, daß auch die ersten autonomen Tetradrachmen Alexandreias vor 164 v.Chr. geprägt wurden. Dann müßte man von 164 v.Chr. als erstem Prägejahr abgehen und die Münzen nach seleukidischer Ära ab 176/5 v.Chr. datieren. Es ist nicht zu erwarten[26], daß Alexandreia erst 24 Jahre nach der Autonomie eigenständige Münzen herausgegeben hätte, nämlich erst 164 v.Chr. Bei einem Prägebeginn im Jahre 176/5 v.Chr. kommt man hingegen in die Zeit, als nach neueren Erkenntnissen im Attalidenreich die Kistophorenprägung einsetzte[27]. Die monopolartige Einführung der Kistophoren mag in Alexandreia den Anstoß zu einer eigenen höhergewichtigen Tetradrachmenprägung gegeben haben. Auch das Wiedereinsetzen der Alexandreia-Prägung nach siebzehnjähriger Prägepause im lokalen Jahr 183 paßt gut in die Zeit gleich nach der Übernahme des ehemaligen Attalidenreiches durch die Römer, besser jedenfalls in das Jahr 130/29 als 118 v.Chr.

Bellinger[28] wunderte sich, daß die autonome Münzprägung von Alexandreia während des Mithridatischen Krieges, in den Jahren 88 und 85 v.Chr., weiterging, und schloß daraus, daß die Stadt zu den Römern gehalten habe. Nimmt man hingegen die seleukidische Ära an, kommt man zu dem Ergebnis, daß die Prägung mit dem Kriegsausbruch im Jahre 89/8 v.Chr. eingestellt wurde, nachdem in den vier Jahren zuvor jährlich geprägt worden war. Man hat dann die Prägung erst wieder 85/4 v.Chr. nach dem Ende des Krieges aufgenommen und dann jedes zweite Jahr oder sogar jährlich bis zu ihrem Ende 77/6 v.Chr. fortgesetzt. Dieser Endpunkt 77/6 v.Chr., vorausgesetzt man nimmt die Seleukidenära an, fällt ziemlich genau mit einer Inschrift aus Ilion vom Jahre 77 v.Chr. zusammen[29], in der die Städte des Koinon der Athena von Ilion, und dazu gehörte Alexandreia, sich über ihre Verschuldung sowie ihre Notlage beklagten und sich auf ein Sparprogramm einigten[30]. Das Ende der Silberprägung von Alexandreia würde sehr gut in die Notzeiten der Städte der Troas um 77 v.Chr. passen. Bemerkenswerterweise ist diese Inschrift aus Ilion nach der sullanischen Ära datiert, nennt aber noch den Monat Seleukeios (Z.3), der zum Kalender von Ilion gehörte. Zum einen wird daran deutlich, daß der Monatsname noch lange traditionell

---

25   Boehringer 15.

26   So auch H.v.Fritze, Nomisma 6,1911,28, ohne daß er aber Schlußfolgerungen daraus zog.

27   Vgl. O.Mørkholm, ANSMusN 24,1979,47ff.; W.Leschhorn, in: Side. Münzprägung, Inschriften und Geschichte einer antiken Stadt in der Türkei, Saarbrücken ²1989,40.

28   Bellinger 101f. Nach R.Bernhardt, Imperium und Eleutheria, Diss.Hamburg 1971,127 blieb Alexandreia frei.

29   IvIlion Nr.10. Siehe dazu S.228ff.

30   IvIlion Nr.10, Z.13ff. Vgl.auch Bellinger 10.102.

weitergeführt worden war. Warum sollte dies nicht für die
seleukidische Jahreszählung in Alexandreia gelten? Zum anderen
zeigt dieses erste inschriftliche Zeugnis für die sullanische Ära in
Asia aber schon den Übergang zu einer neuen Jahresrechnung an.
Wenn eine Ära, die ab der Umgestaltung durch Sulla rechnete,
erst einmal in einer Region eingeführt war, ist die offizielle
Fortführung der seleukidischen Ära dann auch nicht mehr zu
erwarten. Wie leicht hätte dies von den Römern als Affront
aufgefaßt werden können. Somit ist das Ende der seleukidischen
Ära in Alexandreia zu dem Zeitpunkt verständlich, als in der
Nachbarstadt Ilion die sullanische Ära als Jahresrechnung
eingerichtet wurde. Vieles spricht also für die seleukidische Ära
auf den Münzen Alexandreias. Dagegen wäre eine Ära ab der
Umbenennung der Stadt ein Einzelfall.

Vielleicht ist auch die kleine Münzprägung der Kamoener nach
der Seleukidenära datiert (Nr.31). Insgesamt sind nur sechs
Münzen einer Gemeinde mit dem Ethnikon ΚΑΜΟΗΝΩΝ publiziert[31],
die offensichtlich alle neben dem Ethnikon und einem Beamtenmonogramm die Buchstaben ΗΝΣ aufweisen (Taf. I 3)[32]. Diese
werden allgemein als Jahreszahl 258 aufgelöst[33], und ihre
Anordnung auf der Rückseite eines der Typen[34] unterstützt diese
Annahme.

Die Gemeinde der Kamoener ist nicht zu lokalisieren[35]. Da die
Münze, die Löbbecke publiziert hat, aus Südrußland stammt und
eine Ähnlichkeit zu Münzen aus Pompeiopolis in Paphlagonien
gesehen wurde, hat Friedländer vermutet, daß die Münzen der
Kamoener am Schwarzen Meer geprägt wurden[36]. Seitdem hat man
Kamos häufig nach Pontos gelegt, ohne daß dies bewiesen worden
ist. Die Münzen gehören vom Stil her in das 1.Jh. v.Chr. Von den
Ären, die wir kennen, würden die bithynische oder pontische ab
297/6 v.Chr. passen, was auf 40/39 v.Chr. als Prägejahr der
Münzen führen würde, oder die seleukidische Ära ab 312/1
v.Chr., die das Jahr 55/4 v.Chr. ergäbe[37]. Mit der Ära der
bithynischen Städte ab 282/1 v.Chr. dagegen käme man schon in

31 A.Löbbecke, ZN 10,1883,83 Nr.50; F.Imhoof-Blumer, Zur
griechischen und römischen Münzkunde, Genf 1908,285 Nr.26; SNG
Aulock 119-121; Auktionskatalog Schulten Köln, April 1987,138.
Vgl. auch unten S. 90 Anm.36.

32 Die Münze Imh.-Bl., Münzkunde 285 Nr.26 ist entsprechend
zu verbessern; bei A.Löbbecke, ZN 10,1883,83 Nr.50 sind die
entsprechenden Buchstaben zu ergänzen.

33 Als Jahreszahlen schon von Imh.-Bl., Münzkunde 285 Nr.26
erkannt, aber falsch entziffert.

34 Vgl. SNG Aulock 119-121.

35 Robert, Villes 17 n.1 und 369f.; Robert, Carie 335 n.6;
E.Olshausen - J.Biller, Historisch-geographische Aspekte des
Pontischen und Armenischen Reiches I, Wiesbaden 1984,106.

36 ZN 10,1883,83f. n.1.

37 So im Kommentar zur neuen Münze im Auktionskatalog
Schulten Köln, April 1987,138.

die augusteische Zeit, was wohl zu spät für diese Münzen wäre. Die Verwendung der pontischen oder bithynischen Königsära nach dem Ende beider Reiche ist kaum zu erwarten. Eher ist noch die seleukidische Ära möglich, die offensichtlich weiter verbreitet war, als man bisher annahm, und auch noch nach dem Ende des Seleukidenreiches zum Beispiel in der Münzprägung von Alexandreia/Troas vorkommt[38]. Um einigermaßen Sicheres behaupten zu können, wäre es aber notwendig, die Lage von Kamos zu kennen. Eine lokale Ära ist jedenfalls auch nicht auszuschließen.

Aus dem bithynisch-mysischen Raum sind mehrere Jahresangaben bekannt, die man nicht sicher einer Ära zuweisen kann. In einem fragmentarischen Dekret der Stadt Prusa am Olympos in Bithynien (Taf.VI 1) sind von der Datierungsangabe nur wenige Buchstaben erhalten, darunter die Zehnerziffer δεκάτου[39]. Nach den bisherigen Feststellungen über die Verbreitung der Seleukidenära in Pontos ist es nicht ausgeschlossen, daß auch hier eine Jahreszahl dieser Zeitrechnung vorliegt. Man müßte dann wohl ἔτους διακοσιοστοῦ κ]αὶ δεκάτου... ergänzen und käme schon an die Wende vom 2. zum 1. Jahrhundert v.Chr. Doch ist dies nur eine von verschiedenen Möglichkeiten, über die ohne sichere Zeugnisse aus Prusa nicht entschieden werden kann.

Aus Triglia an der Propontisküste, etwa 7 km westlich von Apameia-Myrleia gelegen, stammen drei Votivstelen eines Kultvereins, die Jahresdaten aufweisen. Sie wurden von Corsten Apameia zugerechnet[40]. Dagegen glaubt Schwertheim, daß die Stelen nach Kyzikos gehörten, wo entsprechende Kultvereinigungen nachzuweisen sind und auch eine parallele Inschrift gefunden wurde[41].

Die Inschriften auf den Stelen aus Triglia sind in die Jahre 174, 177 und 178 datiert (Nr.9-11). Man hatte hierbei an die Anwendung der bithynischen Königsära ab 297/6 v.Chr. oder auch

---

38 Siehe oben S.35ff.; vgl. Herrli 82.
39 Robert, Etudes anatoliennes 228ff. mit pl.IX 1; IvPrusa Nr.1. Dazu M.Rostovtzeff, The Social and Economic History of the Hellenistic World III, Oxford 1953,181 n.75; G.Vitucci, Il regno di Bitinia, Rom 1953,61ff.; F.K.Dörner, RE XXIII 1, 1957,1078f.; G.Perl, Zur Chronologie der Königreiche Bithynia, Pontos und Bosporos, in: J.Harmatta (Hrsg.), Studien zur Geschichte und Philosophie des Altertums, Amsterdam 1968,299 Anm.3. Siehe dazu ausführlich unten S.189ff.
40 IvApameia Nr.33-35. Vgl.L.Robert, Hellenica VII, 1949, 41ff.
41 E.Schwertheim, in: Studien zur Religion und Kultur Kleinasiens. Festschrift F.K.Dörner II, Leiden 1978,818; vgl. auch Cremer 38. - Ein Cippus aus Kyzikos trägt angeblich die Jahreszahl 176 (A.H.Smith, Catalogue of Sculpture in the Department of the British Museum III, London 1904,224 Nr.2151) und gehört nach G.Mendel, BCH 23,1899,595 deswegen zu den Triglia-Stelen. Nach Th.Corsten, MDAI(I) 37,1987,188 n.7 weist die Inschrift im British Museum aber keine Jahreszahl auf.

der sogenannten proconsularischen Ära der bithynischen Städte ab 282/1 v.Chr.[42] gedacht. Aber diese Ären kommen sonst nicht in Inschriften vor, sondern nur auf den Münzen, die bithynische Städteära gar erst Mitte des 1.Jh.v.Chr.[43]. Ären mit späteren Epochenjahren wie etwa die sullanische, lukullische oder aktische oder eine Rechnung ab Gründung der Kolonie Apameia[44] dürften ausscheiden, da die Stelen nicht in die römische Zeit passen[45]. Nicht nur die Darstellungsweise gehört in den Hellenismus[46], sondern auch die von L.Robert[47] festgestellte megarische Dialektform ἱερωτεύειν, die auch in einer Inschrift des 3.Jh.v.Chr. aus Kalchedon vorkommt[48].

Von den bithynischen Ären kommt am ehesten die sogenannte proconsularische Städteära mit dem Epochenjahr 282/1 v.Chr. in Frage, die zu passenden Daten führen würde. Da diese Ära, wenn auch erst Mitte des 1.Jh.v.Chr., auf Münzen von Prusa zu finden ist, wäre ihre Anwendung besonders für das Dekret von Prusa eine verlockende Möglichkeit, auch wenn diese Ära in Inschriften sonst nicht belegt ist. Offenbar kam im hellenistischen Kleinasien die Ärarechnung nicht so umfassend in Gebrauch, daß sie sowohl in die Münzprägung als auch in die Datierungsformeln der Inschriften eingegangen wäre. Dies ist nur für das Seleukidenreich und die dort geltende seleukidische Ära bezeugt. Man wird demnach lieber versuchen, die vereinzelten hellenistischen Inschriften mit Äradatierungen, die im nördlichen Kleinasien gefunden wurden, nach der Seleukidenära zu datieren.

Da im 2.Jh.v.Chr. in Pontos offensichtlich die Seleukidenära zu finden ist, könnte sie auch in der Region von Prusa und Apameia in Bithynien gelten. Die seleukidische Ära ist die einzige Ärenrechnung, die sich in vorsullanischer Zeit in Inschriften des westlichen und nördlichen Kleinasien nachweisen läßt. Dadurch könnte sich die große Ausstrahlungskraft dieser neuartigen und bequemen Zeitrechnung vom Seleukidenreich auf Pontos und das benachbarte Bithynien erklären, zumal wenn die Zusammenarbeit zwischen Seleukidenkönig und bithynischem König bei der

---

42 Vgl. L.Robert, Hellenica VII, 1949, 43 n.4; Th.Corsten, IvApameia S.55 und schon A.Conze, Reise auf der Insel Lesbos, Hannover 1865,63f.

43 Vgl. unten S.191ff.

44 Vgl. L.Robert, Hellenica VII,1949,43 n.4; Th.Corsten, IvApameia S.55f.

45 Vgl. E.Pfuhl - H.Möbius, Die ostgriechischen Grabreliefs I, Mainz 1977,43, die aufgrund der allerdings ungeklärten Jahreszahl eine Datierung versuchen.

46 Vgl. etwa die gleichartige Apollondarstellung hellenistischer Zeit aus Pylai, IvApameia Nr.177. Siehe auch L.Robert, Hellenica X, 1955, 136 n.2 und 150f.; F.Naumann, Die Ikonographie der Kybele in der phrygischen und der griechischen Kunst, Tübingen 1983,254f.

47 L.Robert, Hellenica VII,1949,43.

48 IvKalchedon Nr.13, Z.3.

Ausweitung des bithynischen Reiches tatsächlich so eng war, wie es Schmitt für die Zeit um 198 v.Chr. annimmt[49]. Ob Triglia damals, als die Stelen aufgestellt wurden, zum Königreich Bithynien gehörte, ist aber ungewiß. Denn der Anschluß dieses Gebietes an Apameia kann auch erst in der Kaiserzeit erfolgt sein[50]. Ebensowenig ist die Zugehörigkeit der Region um Triglia zum Seleukidenreich nachweisbar. Falls die Stelen aus Triglia zu Kyzikos, das einst im Seleukidenreich lag, gehörten, wäre die Seleukidenära als traditionelle Datierung noch leichter erklärbar.

In der römischen Kaiserzeit wurde in Telmessos in Lykien an einem Grab eine Inschrift angebracht[51], die sowohl ins Jahr 460 (ἔτους υξ') als auch unter den eponymen Kaiserpriester Q.Veranius Tlepolemos[52] datiert ist (Nr.32). Das Priesteramt des Q.Veranius Tlepolemos im Lykischen Bund ist durch eine Inschrift aus Kyaneai in den Consulat des Scipio Salvidienus Orfitus und des Sosius Priscus datiert[53], das heißt ins julianische Jahr 149 n.Chr. Das lokale Jahr 460 reichte also von Herbst 148 bis Herbst 149 n.Chr. Dies bedeutet, daß noch im Jahre 149 n.Chr. in Telmessos die seleukidische Ära angewandt worden ist[54]. Ob dadurch aber seleukidische Sympathien noch im 2.Jh.n.Chr. deutlich werden, wie Allen glaubt[55], ist kaum anzunehmen. Eher zeigt diese Datierung das Traditionsbewußtsein der Städte und die Rückerinnerung an die eigene Geschichte, was gerade im 2.Jh.n.Chr. verstärkt wiederauflebte. In den Zeugnissen der 400 Jahre zwischen 60 und 460 fehlt in Telmessos aber jeder Hinweis auf die Seleukidenära.

L.Robert hat im Museum von Manisa die Inschrift auf einer Graburne kopiert (Nr.33)[56], die die Datierung ἔτους φ', μηνὸς Ὑπερβερεταίου δωδεκάτη aufweist (Taf. V 1). Woher die Inschrift stammt, ist unbekannt. Der Name des Verstorbenen, Kokarion, weist auf Lydien, Phrygien oder Ionien. Nach Robert[57] kommt die Anwendung der sullanischen Ära in dieser Datierung nicht in Frage. Man müßte damit nämlich in das 5.Jh.n.Chr. gehen, was viel zu spät ist. Robert dachte an die seleukidische Ära, die das Zeugnis ans Ende des 2.Jh.n.Chr setzt, was zu dem

---

49   Schmitt, Antiochos 276ff., der glaubt, daß Antiochos III. die Phrygia Epiktetos Prusias I. geschenkt habe, als der Seleukide die Makestos-Region besetzte.

50   Th.Corsten, IvApameia p.1f. 48f.

51   TAM II 41c.

52   Zu ihm vgl. E.A.Gordon, RE VIII A 1,1955,964f. s.v. Veranius 16.

53   IGR III 705.

54   So auch W.Ruge, RE V A 1,1934,412 s.v.Telmessos 2; Magie II 762 n.56; E.A.Gordon, RE VIII A 1,1955,965.

55   Allen 98.

56   L.Robert, Noms indigènes dans l'Asie Mineure gréco-romaine I, Paris 1963,313 mit Pl.VI 2.

57   Robert, Noms indigènes 313 n.5.

Namen (ohne Aurelius) passen würde. Robert hat aber keine Entscheidung gewagt, weil er nicht sicher war, ob in dieser Zeit noch die seleukidische Ära verwendet worden sein kann. Nach dem Zeugnis von Telmessos ist es nicht unwahrscheinlich, daß die Inschrift auf der Graburne tatsächlich nach der seleukidischen Ära datiert ist und ins Jahr 188/9 n.Chr. gehört.

III. DIE NORDKÜSTE DES SCHWARZEN MEERES

1. Die Jahresrechnungen im Bosporanischen Reich

Eine neu publizierte Inschrift aus Phanagoreia am kimmerischen Bosporus, eine Bürgerrechtsverleihung an Söldner im Dienste der Stadt, ist gleichzeitig in die Regierungszeit des pontischen Königs Mithridates VI. Eupator und in das Jahr 210 datiert[1]. Die Herausgeber gingen davon aus, daß die aus dem Pontischen Königreich bekannte Ära ab 297/6 v.Chr.[2] in der Inschrift angewandt wurde. Sie setzten sie damit in das Jahr 88/7 v.Chr. Es könnte sich hier um das erste Zeugnis dafür handeln, daß die in Pontos bisher nur auf Münzen bezeugte Ära unter Mithridates VI. in das Bosporanische Reich eindrang und dort auch auf Inschriften verwendet wurde, obwohl die seleukidische Ära, die man im 2.Jh.v.Chr. wohl auch im Schwarzmeerraum findet[3], nicht auszuschließen ist und in das Jahr 104/3 v.Chr. führen würde.

Jahreszahlen einer Ära finden sich dann erst wieder auf den seltenen Goldstateren des Königs Pharnakes II., nämlich die Zahlen 243 bis 247[4]. Pharnakes II., der Sohn des pontischen Königs Mithridates VI., war als Nachfolger seines Vaters zum Herrscher über das Bosporanische Reich ausgerufen worden[5]. Unter ihm lebte das Reich des pontischen Königs Mithridates VI. weiter, wenn es auch auf das Gebiet des schon früher bestehenden Bosporanischen Königreiches beschränkt war. Nachdem sich Pharnakes mit der Bitte an Pompeius gewandt hatte, er möge ihm entweder die Herrschaft über das väterliche Reich oder über den kimmerischen Bosporus zugestehen, durfte er das Bosporanische Reich mit Ausnahme von Phanagoreia regieren[6]. Daher ist es sicher die auf den pontischen Königsmünzen des Mithridates VI. gebräuchliche Ära mit dem Epochenjahr 297/6 v.Chr., die am kimmerischen Bosporus weitergeführt wurde. Daß Pharnakes II. sich weiterhin als Erbe des Pontischen Reiches betrachtete, zeigt sein Versuch, während des Bürgerkrieges zwischen Caesar und Pompeius das väterliche Reich in Kleinasien zurückzugewinnen[7]. Entsprechende

---

1   J.G.Vinogradov - M.Wörrle, Chiron 22,1992,159ff.

2   Siehe unten S.86ff.

3   Siehe S.35 und S.78ff.

4   K.V.Golenko - P.J.Karyszkowski, NC 1972,25ff.; Anokhin, Bospora 76f. Vgl. Rec.gén.7; Minns 611; Perl 302f. mit Anm.12. Bei Zograph 301 steht fälschlich 244 als erste Jahreszahl. Bei Gajdukevič 323 findet man irrtümlich die Jahreszahlen 247 bis 250.

5   Vor allem App.Mithr.111.

6   App.Mithr.113. Vgl. Hoben 11ff.; Sullivan 155f.

7   Cass.Dio 42,45,2. Vgl. Gajdukevič 323; Hoben 14ff.; McGing, Mithridates 166f.; Sullivan 156ff.

Ansprüche, die mehrfach erwähnt werden[8], könnten durch seine
Verwendung der pontischen Ära gestützt worden sein.

Im Zusammenhang mit dem Versuch, den Beginn der Goldprägung und die Annahme des Titels ΜΕΓΑΣ ΒΑΣΙΛΕΥΣ ΒΑΣΙΛΕΩΝ
durch Pharnakes II. damit zu erklären, daß er die politische
Nachfolge des armenischen Königs Tigranes antreten wollte, ist die
Auffassung vertreten worden, daß die Prägungen des Pharnakes
nach dem Vorbild der Tetradrachmen des Tigranes von Armenien
datiert seien[9]. Die Münzen des Tigranes mit den Jahreszahlen 241
bis 243 hätten im Jahre 55/4 v.Chr. genau zu dem Zeitpunkt
geendet, als die datierten Prägungen des Pharnakes II. begannen.
Die Münzen des armenischen Königs mit den genannten Jahresdaten
sind aber nicht nach der pontischen Ära datiert, sondern nach der
Seleukidenära, die in der Prägestätte Damaskus üblich war[10]. Sie
wurden also zwischen 72/1 und 70/69 v.Chr. ausgegeben und nicht
zwischen 57/6 und 55/4 v.Chr. Eine Verbindung zwischen den
Münzen des armenischen Königs und denen des bosporanischen
Herrschers besteht also hinsichtlich der Äradatierung nicht.

Während Pharnakes II. seinen Eroberungszug nach Kleinasien
unternahm, erhob sich im Bosporanischen Reich Asandros, den
Pharnakes als Statthalter für die Zeit seiner Abwesenheit
eingesetzt hatte. Asandros hoffte, mit Hilfe der Römer der neue
Herrscher am kimmerischen Bosporus zu werden[11]. Als Pharnakes
von Caesar bei Zela besiegt worden war und daraufhin in sein
Reich zurückkehrte, wurde er von Asandros geschlagen und
getötet[12]. Caesar erkannte aber Asandros nicht an, sondern
beauftragte Mithridates von Pergamon, das Bosporanische Reich zu
erobern. Mithridates wurde von Asandros besiegt[13], der Herrscher
am kimmerischen Bosporus blieb.

---

8   Z.B. Cass.Dio 42,9,2. 42,45ff.; App.Mithr.120; Bell.Alex.
34ff.; Flor.2,13,62.

9   K.V.Golenko - P.J.Karyszkowski, NC 1972,25ff., besonders
31f., die in der gesamten Goldprägung des Pharnakes nicht eine
wirtschaftliche, sondern propagandistische Maßnahme sehen.
Dagegen aber Anokhin, Bospora 76f. Vgl. auch C.Foss, NC
1986,37 Anm.59.

10   E.Babelon, Les rois de Syrie, Paris 1890, p.CCIII;
G.MacDonald, NC 1902,200f.; E.T.Newell, Late Seleucid Mints
95ff.; H.Seyrig, RN 1955, 114; P.Z.Bedoukian, Coinage of the
Artaxiads of Armenia, London 1978,15. 48f.Nr.12-14; C.Foss, NC
1986,26.31.34.

11   Cass.Dio 42,46,4f. - Zu Asandros vgl. A.v.Sallet, Beiträge
5ff.; U.Wilcken, RE II 2,1896,1516f. s.v. Asandros 4; R.Hennig,
BMBL 1908, 85-92; Minns 589. 591ff.; Gajdukevič 324ff.; Hoben
26ff.; Bowersock, Augustus 50f.; A.A.Barrett, TAPhA 107,1977,2;
Anokhin, Bospora 77ff.; McGing, Mithridates 167; Sullivan 158ff.;
B.Funck, Altertum 32,1986,27ff.

12   Cass.Dio 42,47,5; App.Mithr.120.

13   Cass.Dio 42,48,4; Strab. 13,4,3 p.625. Vgl. Hoben 28f.;
Sullivan 159.

Bezeichnenderweise hat Asandros nicht wie Pharnakes II. die pontische Ära weitergeführt, sondern eine eigene Zeitrechnung begonnen, wie die Jahreszahlen auf seinen Goldmünzen zeigen[14]. Damit setzte er sich bewußt von der pontischen Dynastie ab[15], ebenso mit dem Titel eines Archonten, der offiziellen Bezeichnung der alten Spartokidenkönige[16]. Auf den ersten Goldstateren, die alle datiert sind, führte Asandros drei oder vier Jahre lang diese Bezeichnung[17]. Die Münzen, auf denen er sich dann König (Basileus) nennt, reichen mit kleinen Lücken vom Jahre 4 bis zum Jahre 29[18]. Asandros herrschte also mindestens 29 Jahre über das Bosporanische Reich. Er behielt seine eigene Jahreszählung auch dann bei, als er Dynamis, die Tochter des Pharnakes II. und Enkelin des Mithridates VI., heiratete[19], um damit seine eigene Stellung zu stärken.

Umstritten ist der Zeitpunkt, ab dem die Jahreszahlen auf den Stateren des Asandros zu berechnen sind. Im allgemeinen werden sie als seine Regierungsjahre angesehen. Dies ist naheliegend, weil diese Jahreszählung nach seinem Tode nicht fortgesetzt wurde. Damit hat Asandros eine neue Form der Jahreszählung an der Nordküste des Schwarzen Meeres eingeführt. Aber unter vielen Königen Makedoniens, Kappadokiens, Ägyptens und des Attalidenreiches war schon auf diese Weise datiert worden[20]. Eine

---

14   Daß die Zahlen auf den Münzen Jahreszahlen sind, wird durch die Aufschrift ET A bewiesen; vgl. z.B. Zograph pl.XLIV 4.

15   Vgl. E.Diehl, RE XIX 2,1938, 1852. - Es war aber nicht, wie Hoben 32f. meint, ein romfreundlicher Akt.

16   Vgl. R.Werner, Historia 4,1955, 430. 434.

17   Die Münze des Archonten Asandros aus dem Jahr 4 im British Museum (vgl. A Guide to the Principal Coins of the Greeks, London 1959,98 und BMC Quarterly 15,1952,49f.) ist umstritten. Anokhin, Bospora 146f. Nr.221 liest die Zahl als 1, ebenso K.Golenko, Chiron 5,1975,607. Nach Meinung von N.A.Frolova (laut brieflicher Mitteilung) ist die Lesung als Jahr 4 korrekt; vgl.Taf.I 6.

18   Listen der datierten Münzen des Asandros unten S.439f., bei A.Bertier-Delagarde, Numism.Sbornik 2,1913,49ff., bei Anokhin, Bospora 146ff. und in Roman Provincial Coinage I p.330f. Vgl. auch N.A.Frolova, SA 1978,2,49ff. - Die angeblichen Jahre 7 und 8 des Archontats beruhen offensichtlich auf falschen Lesungen; vgl. v.Sallet, Beiträge 19ff.; A.v.Sallet, Die Münzen Asander's, Berliner Blätter für Münz-, Siegel- und Wappenkunde 6,1888, 95-97; K.Golenko, Chiron 5,1975, 605 zu Nr.448. 608 zu Nr.463.

19   Cass.Dio 54,24,4; IOSPE II 25. - Zu Dynamis vgl. Macurdy 29ff.; A.A.Barrett, TAPhA 107,1977,2f.; Sullivan 159f.; B.Funck, Altertum 32, 1986,27ff.

20   Siehe S.12ff.

Ära im eigentlichen Sinne des Wortes ist diese Zählung aber nicht[21].

Die Schlacht bei Zela fand am 2.August (21.Mai nach julianischem Kalender) des Jahres 47 v.Chr. statt[22]. Die Erhebung des Asandros geschah einige Zeit früher, spätestens in der ersten Hälfte des Jahres 47 v.Chr.[23] oder am Ende des Jahres 48 v.Chr.[24], also spätestens im bosporanischen Jahr, das von Herbst 48 bis Herbst 47 v.Chr. reichte. Der Jahresanfang lag nach dem lokalen Kalender im Herbst[25]. Nach Cassius Dio (42,46,4) revoltierte Asandros, als er hörte, daß sich Pharnakes von seinem Reich weiter entfernt hatte. Dies kann allerdings schon wesentlich früher als im lokalen Jahr 48/7 v.Chr. erfolgt sein. Nach Cassius Dio (42,45,2) eroberte Pharnakes während des Bürgerkrieges zwischen Caesar und Pompeius, der Anfang 49 v.Chr. begonnen hatte, Teile des früheren väterlichen Reiches, wobei er Asandros als Stellvertreter, ἐπίτροπος, am Bosporus zurückließ[26]. Andererseits heißt es bei Cassius Dio (42,47,1) aber auch, daß Pharnakes, als er vom Aufstand in seiner Heimat hörte, dorthin zurückkehren wollte, durch Caesars Vormarsch aber davon abgehalten wurde. Dieses Vorrücken Caesars erfolgte im Jahre 47 v.Chr. Die genaue Chronologie ist also unklar.

Wenn man annimmt, daß die Jahreszählung des Asandros 48/7 v.Chr. beginnt und er im vierten Jahr, also 45/4 v.Chr., den Königstitel annahm, muß er mindestens bis 20/19 v.Chr., was dem Jahr 29 entspräche, regiert haben[27]. Asandros könnte aber auch die Jahre ab dem Tode des Pharnakes II. gezählt haben[28]. Pharnakes kam wohl noch 47 v.Chr., aber schon im neuen bosporanischen Jahr, das im Herbst 47 v.Chr. begann, ums Leben[29]. Bei entsprechender Rechnung ab 47/6 v.Chr. wäre die letzte bekannte Prägung des Asandros im Jahre 19/8 v.Chr.

21 Chr.Giel, Kleine Beiträge 11 hat wegen der Diskrepanz zwischen Regierungsbeginn im Jahre 47 v.Chr. und dem von ihm angenommenen Beginn der Zeitrechnung des Asandros im Jahre 45/4 v.Chr. vermutet, daß Asandros die "Iulianische Ära" übernommen habe, um Caesar zu schmeicheln. Eine solche Ära ab 45/4 v.Chr. ist aber sonst nirgends belegt.

22 Fasti Amiternini, CIL I² p.244.

23 Vgl. Hoben 27 mit Anm.85.

24 So Brandis, RE III 1,1897,778 s.v. Bosporus.

25 Siehe S.54.

26 Cass.Dio 42,46,4.

27 So Brandis, RE III 1,1897,778.

28 W.H.Waddington, RN 1866,420 glaubte, daß der gesuchte Ausgangspunkt der Zeitrechnung die Heirat der Dynamis gewesen sei, die aber nicht genau datierbar ist.

29 App.Mithr.120 spricht ungenau von 15 Regierungsjahren des Pharnakes II., die, ab 63 v.Chr. gerechnet, zu den Jahren 49 oder 48 v. Chr. führen würden, je nach Zählweise.

erfolgt[30]. Hoben[31] zieht das Jahr 45/4 v.Chr. als erstes in der
Zeitrechnung des Asandros vor, weil dieser im Frühjahr 45 v.Chr.
durch Caesar anerkannt worden sei und damals den Archontentitel
angenommen habe. Hoben spricht sogar von der Verleihung des
Titels. Seine Argumentation für das Epochenjahr 45/4 v.Chr.
beruht aber im wesentlichen darauf, daß zu diesem Zeitpunkt der
galatische König Deiotaros bei Caesar um die Zuweisung der
Trokmertetrarchie nachsuchte[32]. Die Verbindung zwischen beiden
Ereignissen bleibt aber Spekulation. Zumindest müßte man aber,
wenn man vom Frühjahr 45 v.Chr. als Datum der Anerkennung
durch Caesar ausgeht, die Zeitrechnung mit 46/5 v.Chr. beginnen
lassen[33]. Auch die Jahre 50/49 oder 49/8 v.Chr. sind als Jahr 1
des Asandros nicht auszuschließen[34].

Auf den Vorderseiten der Statere, die in der Archontenzeit des
Asandros geprägt wurden (vgl.Taf.I 6), erscheinen real wirkende
Porträts, die sich deutlich von den idealisierten, göttlich
wirkenden Porträts seiner Königszeit abheben. Diese letzteren
werden als Darstellungen des Asandros selbst interpretiert[35],
während die Köpfe auf den Münzen der ersten Jahre unterschiedlich bezeichnet werden. Nach Hennig[36] ist auf den Stateren der
Jahre 1 und 2 Marcus Antonius dargestellt, auf denen der Jahre 3
bis 29 Asandros. Minns[37] will in den Porträts der ersten drei
Jahre Marcus Antonius erkennen. Nach Zograph ist in den beiden
ersten Jahren Octavianus, im dritten Jahr Marcus Antonius
dargestellt[38]. Entsprechend all diesen Interpretationen wäre es
ausgeschlossen, daß die ersten Münzen des Asandros schon unter
Caesar geprägt wurden. Man ging sogar noch weiter und schloß
nach diesen Identifizierungsversuchen der Porträts, daß Asandros

---

30   Den Ausgangspunkt der Zählung im Jahre 47 v.Chr. nehmen
z.B. an: W.H.Waddington, RN 1866,427ff.; Bowersock, Augustus
51 Anm.1; McGing, Mithridates 167. – R.Werner, in:
W.D.Barloewen (Hrsg.), Abriß der Geschichte antiker
Randkulturen, München 1961,149 gibt als Regierungszeit Asanders
48/7-19/8 v.Chr. an; Anokhin, Bospora 77ff. dagegen 50/49 bis
22/1 v.Chr.
31   Hoben 29f.
32   Cic.Deiot.38.
33   Auch nach v.Sallet, Beiträge 27ff. dauerte die Münzprägung
Asanders von 46/5 bis 18/7 v.Chr., nach Giel, Kleine Beiträge 11
von 45/4 bis 17/6 v.Chr.
34   Anokhin, Bospora 77ff. und 146ff. rechnet ab 50/49 v.Chr.
35   Vgl. Zograph 303; Roman Provincial Coinage I p.329.
36   R.Hennig, BMBL 29 Nr.78-79, 1908,90, der sich auf die
Auskunft Reglings beruft.
37   Minns 593 Anm.1. Vgl. Zograph 303.
38   Zograph 302f.; ebenso Gajdukevič 325. Vgl. auch Minns 592.
Auch in der Jameson Collection wird auf der Münze des Jahres 1
Augustus (mit Fragezeichen) gesehen.

es erst nach dem Tode Caesars gewagt habe, den Titel eines Archonten anzunehmen[39], daß also sein Jahr 1 frühestens in das Jahr 44 v.Chr. gehören könne[40] und die Anerkennung des Asandros als König in das Jahr 42 v.Chr.[41]. Die Anerkennung als Archon sei durch Octavianus[42] oder Marcus Antonius[43] erfolgt, je nach Interpretation der Porträts auf den Münzen. In der Auseinandersetzung zwischen Marcus Antonius und Octavianus sei es Asandros gelungen, den Königstitel zu erwerben[44]. Teilweise wollte man damit die Angabe bei Ps.-Lukian (Makrobioi 17) in Verbindung bringen, Augustus habe Asandros vom ἐϑνάρχης zum König gemacht, eine Aussage, die aber sicher nicht richtig ist[45].

Die Porträts auf den Vorderseiten der Statere des Archonten Asandros können genausogut Caesar[46] wie Marcus Antonius oder Octavianus oder irgendeinen anderen Römer oder Griechen darstellen. Ähnlichkeiten oder Unterschiede zu bekannten Darstellungen der römischen Staatsmänner wird man immer wieder darin sehen können, ohne daß dies aber zu beweisen wäre[47]. Es

39 Es gibt keinen Grund zur Annahme, daß Asandros im Jahre 47 v. Chr. noch nicht den Archontentitel geführt habe. Dies zeigte schon Brandis, RE III 1,1897,778. Am Titel Archon hat man sich in Rom sicher nicht gestört; es gibt auch keinen Hinweis darauf, daß Caesar nach dem Ende des Mithridates von Pergamon Asandros aus dem Bosporanischen Reich vertreiben wollte.

40 So A.Oreschnikow, Annuaire de la Société française de numismatique 12,1888,5-9 (nach K.Golenko, Chiron 5,1975,606 zu Nr.454). Ebenso R.Hennig, BMBL 1908,90; R.Werner, Historia 4,1955,427; Gajdukevič 325 und die SNG Copenhagen. Vgl. auch Minns 592.

41 Nach A.v.Sallet, Beiträge 27; Giel, Kleine Beiträge 11 und R.Hennig, BMBL 1908,90 nach der Schlacht bei Philippi. Hoben 30 verbindet die Annahme des Königstitels mit dem Sieg der Triumvirn über die Caesarmörder. In der SNG Copenhagen wird als Beginn der Königszeit Asanders 41 v.Chr. angegeben, was aber, wenn Asandros 17/6 v.Chr. bereits tot war, nicht möglich ist.

42 Vgl. Minns 592.

43 So Chr.Giel, Kleine Beiträge 11 und Rostovtzeff, Iranians 151.

44 Vgl. Minns 592f.; Maschkin 515; Gajdukevič 325; A.A.Barrett, TAPhA 107,1977,2.

45 Vgl. Wilcken, RE II 2,1896,1517; PIR I² 1197; Hoben 30 Anm.101; Bowersock, Augustus 51 Anm.1.

46 Nach Giel, Kleine Beiträge 10f. ist auf den Stateren der Jahre 1 und 2 Iulius Caesar, auf denen des Jahres 3 Marcus Antonius dargestellt.

47 Vgl. die Diskussion bei W.Wroth, BMC Pontus etc. p.XXXI n.6; V.Latyšev, in: IOSPE II p.XXXVII; U.Wilcken, RE II 2,1896,1517 s.v. Asandros 4; Minns 593 n.1; Zograph 303.

ist sogar wahrscheinlich, daß Asandros selbst dargestellt ist[48].
Octavianus jedenfalls kann noch nicht auf den Münzen des Jahres
1, die spätestens ins Jahr 44 v.Chr. datiert werden müssen,
dargestellt sein, da er damals noch nicht die politische Rolle
spielte, um ihn im fernen Bosporanischen Reich auf den Münzen
abzubilden.

Einen Hinweis auf den Beginn der Jahreszählung des Asandros
gibt aber die Münzprägung seiner Gattin Dynamis. Von ihr ist
schon lange ein Goldstater publiziert[49], der nach der unter
Pharnakes II. üblichen pontischen Ära datiert ist. Auf der Münze
steht die Jahreszahl 281, wodurch sie in das Jahr 17/6 v.Chr.
gehört, wie unten gezeigt werden wird[50]. Die Vorderseite weist
das Porträt der Königin Dynamis auf, die Rückseite Mondsichel und
Stern sowie die Legende ΒΑΣΙΛΙΣΣΗ[Σ] ΔΥΝΑΜΕΩΣ. Allgemein wird
aus der Titulatur und der fehlenden Erwähnung des Königs
geschlossen, daß Dynamis dieses Goldstück prägen ließ, als sie
Alleinherrscherin war, also nach dem Tode ihres Gemahls
Asandros[51]. Man darf deshalb aber nicht 29 Jahre zurückrechnen,
um den Beginn der Jahreszählung des Asandros zu ermitteln[52].
Denn seine letzten Münzen aus dem Jahre 29 können schon einige
Jahre vor seinem Tod geprägt sein. 1983 ist bei einer
archäologischen Expedition in Jalta ein neuer Goldstater der
Königin Dynamis gefunden worden, der die Jahreszahl ΖΟΖ =277
trägt, die dem Jahr 21/20 v.Chr. entspricht[53]. Auch auf dieser
Münze ist die Königin mit Diadem auf der Vorderseite abgebildet.
Auf der Rückseite findet sich neben Stern und Halbmond die
gleiche Legende wie auf der Münze des Jahres 281, die auf die
Alleinherrschaft der Königin Dynamis weist. Wenn diese Annahme
stimmt, muß die Zeitrechnung des Asandros spätestens im Jahre
49/8 v.Chr. begonnen haben, dann nämlich, wenn der Stater der
Dynamis mit der Jahreszahl 277 im gleichen Jahr wie die Münze des
Asandros mit der Jahreszahl 29 geprägt wurde. Entweder erhob
sich Asandros also vor Oktober 48 v.Chr. gegen Pharnakes und

48   So Roman Provincial Coinage I p.330 und schon Brandis, RE
III 1,1897,778 sowie A.v.Sallet, Beiträge 9.
49   Minns 592 Fig.347; Maschkin Taf.VIII 9; Zograph pl.XLIV
14; Anokhin, Bospora 148 Nr.254.
50   Siehe S.56f.
51   So u.a. v.Sallet, Beiträge 16; Giel, Kleine Beiträge 11;
U.Kahrstedt, Klio 10,1910,282f.; Macurdy 31; Zograph 306;
K.Golenko, Chiron 3,1973, 468; N.A.Frolova, SA 1979,1,139ff.
Dies wird durch die Inschriften bestätigt, in denen Dynamis allein
als Königin erscheint, z.B. CIRB 31.38.978.979.1046.
52   So wie es z.B. Giel, Kleine Beiträge 11 und R.Hennig, BMBL
29,78-79, 1908,85ff. getan haben; zuletzt auch in Roman Provincial
Coinage I p.330.
53   Freundlicher Hinweis von N.Frolova. Nun bei Anokhin,
Bospora 148 Nr.253.

rechnete 50/49 oder 49/8 v.Chr. als sein erstes Jahr, oder man
müßte annehmen, daß zumindest die neu gefundene Münze der
Dynamis noch zu Lebzeiten und während der Regierung des
Asandros geprägt wurde.

In diesem Zusammenhang ließe sich die Hypothese von einer
Intrige der Dynamis gegen ihren Gatten Asandros anführen, die
sich auf Ps.-Lukian, Makrobioi 17, stützt, wo berichtet wird, daß
sich Asandros umgebracht habe, als er seine Soldaten zu
Scribonius überlaufen sah. Daraus kam die Vermutung auf[54],
Dynamis habe mit Scribonius, den sie später heiratete[55], gegen
ihren Gatten Asandros intrigiert. Nach Cassius Dio (54,24,4) aber
hat Dynamis die Herrschaft von ihrem Gatten Asandros erhalten
und offensichtlich eine Zeitlang alleine regiert, bis Scribonius, der
sich als Enkel des Mithridates VI. ausgab[56], nach der Herrschaft
strebte.

So ist eher anzunehmen, daß Asandros tatsächlich schon 49/8
oder 50/49 v.Chr. eigene Münzen prägen ließ, nämlich die des
Jahres 1. Geht man von 50/49 v.Chr. als erstem Jahr aus[57],
würde die Annahme des Königstitels im Jahre 4 entweder mit der
Niederlage und dem Tod des Pharnakes II. zusammenfallen oder mit
der Niederlage des Mithridates von Pergamon. Beides geschah wohl
im lokalen Jahr 47/6 v.Chr. Dies wäre eine gute Erklärung für die
Annahme des Königstitels durch Asandros.

Dynamis, die Witwe des Asandros und für einige Jahre Königin
im Bosporanischen Reich[58], übernahm nach dem Ende des Asandros
wieder die alte Ära ihres Großvaters Mithridates VI. und ihres
Vaters Pharnakes II. auf den Goldstateren. Dies weist auf eine
politische Umorientierung hin[59]. Offensichtlich gab es die Tendenz
in dieser Zeit, sich wieder auf den großen pontischen König

---

54 U.Wilcken, RE II 2,1896,1517; Rostovtzeff, Iranians 151.
55 Cass.Dio 54,24,4.
56 Cass.Dio 54,24,4.
57 So auch Anokhin, Bospora 77ff.
58 Die genauen Daten der Alleinregierung der Dynamis kennen
wir nicht. Nach R.Werner, in: Abriß der Geschichte antiker
Randkulturen, München 1961,149 regierte sie von 19/8 bis 15
v.Chr. alleine. Das genaue Datum hängt aber von der Regierungszeit
Asanders ab. Ebenso ist das Todesdatum der Dynamis unbekannt.
Sie starb wohl bald nach der Eheschließung mit Polemon I. um
14/3 v.Chr.; siehe R.Werner, loc.cit. Die Vermutung, daß sie bis
7/8 n.Chr. lebte, beruht auf der Auflösung eines Monogrammes,
das auf den Münzen bis zu diesem Jahr vorkommt, ist aber zu
hypothetisch; vgl. dazu M.Rostovtzeff, JHS 39,1919,100ff.; Minns
594 Anm.1; Zograph 307ff.
59 Auch die Wiederaufnahme des mit den Achämeniden
verbundenen Wappens Halbmond mit Stern auf der Rückseite der
Dynamis-Statere zeigt dies, da sich dieses Wappen auch bei
Mithridates VI. findet; vgl. Zograph 306.

Mithridates und dessen Nachfolge zu berufen[60]. Für die
Herrschaftsansprüche über das Bosporanische Reich scheint es
wichtig gewesen zu sein, sich als leiblicher Nachkomme des
Mithridates VI. auszugeben oder einen seiner Nachkommen zu
ehelichen, wie es nacheinander Asandros, Scribonius und
Polemon I. taten. Alle drei heirateten seine Enkelin Dynamis[61].

Seit 15/4 v.Chr. regierte der pontische König Polemon I. in
Personalunion über Pontos und das Bosporanische Reich[62].
Polemon selbst hat im kleinasiatischen Teil seines Reiches keine
Münzen mit Jahresdaten prägen lassen, am kimmerischen Bosporus
hingegen sind wahrscheinlich eine Goldmünze und eventuell
mehrere Bronzen mit den Zahlzeichen von 1 bis 7 seiner
Regierungszeit zuzuweisen[63]. Die Zahlen können dann als
Regierungsjahre Polemons interpretiert werden. Obwohl fast das
gesamte ehemalige Reich des Mithridates VI. sein Herrschaftsgebiet
war, stand er bezüglich der Ära jedenfalls nicht in dessen
Tradition. Denn Datierungen nach der bosporanischen Ära sind aus
der Zeit seiner Herrschaft nicht bekannt.

Mit Polemons Tod 9/8 v.Chr., dem Jahr 289 der bosporanischen
Ära, setzen im Bosporanischen Reich wieder mit Jahreszahlen
datierte Münzen ein, die dann bis ins 4.Jh. weiterlaufen. Es
handelt sich bei diesen äradatierten Stücken mit einigen Ausnahmen
im 3. und 4.Jh. um Gold- und Elektronprägungen. Diese Münzen
zeigen sowohl den Kopf des römischen Kaisers als auch den des
bosporanischen Königs, dessen Name in der Regel angegeben
wird[64]. Diese Münzen sind nach der pontischen Ära datiert, die
schon unter Pharnakes II. auf den Münzen am kimmerischen
Bosporus zu finden war, ein Zeichen der Kontinuität, die unter
anderem damit propagiert werden sollte[65].

60   Vgl. Hoben 28f.; K.Golenko, Chiron 3,1973,468; Zograph
312; K.Nawotka, The Attitude towards Rome in the Political
Propaganda of the Bosporan Monarchs, Latomus 48,1989,328f.
61   Vgl. Cass.Dio 54,24,4ff.
62   Vgl. Strab. XI 2,11 p.495 und Cass.Dio 54,24,4ff. Dazu auch
W.H.Waddington, RN 11,1866,423; Minns 594f.; W.Hoffmann, RE
XXI 2,1952,1284 s.v.Polemon 2; Gajdukevič 328f.; Hoben 50ff.;
R.D.Sullivan, ANRW II 7,2,918ff.; A.A.Barrett, TAPhA 107,
1977,3; Roman Provincial Coinage I p.567.
63   Zur Diskussion über die Zuweisung von Münzen an Polemon
I. siehe unten S.58ff. - Polemons zweite Gemahlin Pythodoris
datierte ihre Münzen in Kleinasien mit Jahreszahlen, aber nach
einer anderen Zeitrechnung; siehe S.96ff.
64   Zu den Einzelheiten der Münzprägung vgl. Zograph 306ff.;
Anokhin, Bospora 82ff. und die unten (Anm.70) genannten
Publikationen von N.Frolova.
65   Vgl. Zograph 306.

Seit dem lokalen Jahr 289 sind die bosporanischen Herrscher auf den Goldmünzen nur durch Monogramme angegeben[66], ab dem lokalen Jahr 377 mit vollem Namen. Die Namen und Porträts der bosporanischen Könige helfen bei der Berechnung des Epochenjahres der Ära nicht viel weiter, da deren Regierungszeiten im wesentlichen aus den Äradatierungen erschlossen sind. Da aber zudem noch die Porträts der römischen Kaiser auf denselben Münzen dargestellt wurden, besitzen wir neben den Jahreszahlen der im Bosporanischen Reich verwendeten Ära, die der pontischen Königsära gleichzusetzen ist[67], ein zweites Datierungsmerkmal, nämlich die Regierungszeit der einzelnen Kaiser. Das Problem ist aber das Fehlen der Kaisernamen auf den Münzen und damit die Schwierigkeit der Identifizierung der Porträts[68]. Diese sind zum Teil sehr grob in den Stempel geschnitten, können sogar innerhalb eines Jahres variieren, so daß oftmals eine sichere Zuweisung an einen Kaiser nicht möglich ist[69], besonders auf den späteren Münzen, auf denen die Darstellungen immer mehr stilisiert und schematisiert wurden.

Die maßgeblichen Prägungen für die Berechnung der im Bosporanischen Reich verwendeten Ära sind von Frolova und Anokhin zusammengestellt worden[70]. Schon in der Forschung des 18.Jh.[71] ist man bezüglich der Ära von Münzen des Königs Sauromates I. ausgegangen, die ins Jahr 413 datiert sind und entweder den Kopf des Kaisers Traianus (auf drei Exemplaren bei Frolova; vgl.Taf.I 4) oder den des Kaisers Hadrianus (auf zwei Exemplaren bei Frolova) zeigen[72]. Hadrianus ist dabei deutlich

66 Zum Problem der Auflösung der Monogramme vgl. Giel, Kleine Beiträge 25ff.; M.Rostovtzeff, JHS 39,1919,100ff.; Zograph 307ff.; K.Golenko, Chiron 5,1975,632; Anokhin, Bospora 81ff.; Roman Provincial Coinage I p.299 und p.331ff.

67 Vgl. S.44.

68 Nur der Name des Kaisers Nero erscheint auf einer Goldmünze des Jahres 359, aber in Form eines Monogramms: Minns pl.VII 22; Anokhin, Bospora Taf.40,49; Roman Provincial Coinage I 1923.

69 Vgl. Minns 602; Perl 303 Anm.12. 305; A.A.Barrett, TAPhA 107, 1977,5 n.23; Roman Provincial Coinage I p.329.

70 N.A.Frolova, The Coinage of the Kingdom of Bosporus AD 69 - 238, Oxford 1979; N.A.Frolova, The Coinage of the Kingdom of Bosporus AD 242 - 341/2, Oxford 1983; Anokhin, Bospora 146f. Nr.216ff. Vgl. auch die Listen der Prägungen von 9/8 v.Chr. bis 37/8 n.Chr. bei N.A.Frolova, VDI 1979,1, 144ff. und der Prägungen von 45/6 bis 62/3 n.Chr. bei N.A.Frolova, Numism. Sbornik 2,1977,219ff. sowie weitere unten in Anm.99 genannte Aufsätze von Nina Frolova.

71 Vgl. dazu Perl 303 mit Anm.14; Rec.gén. 8; Minns 591.

72 Frolova I p.108 sowie pl.VI 8 und VI 9; Anokhin, Bospora 155 Nr.406.406a sowie 406b. Das Porträt Hadrians auch in BMC

durch seinen Bart gekennzeichnet (vgl.Taf.I 5). Das julianische Jahr 117 n.Chr., als im August Traianus starb und Hadrianus seine Nachfolge antrat, fällt also in das bosporanische Jahr 413. In den Inschriften des Bosporanischen Reiches erscheinen die zwölf Monate des makedonischen Kalenders[73]. In dieser Region wurde also wie in Pontos zumindest seit Mithridates VI. der makedonische Kalender verwendet[74]. Bei diesem liegt der Jahresanfang Ende September oder im Oktober, während der Kaiserzeit vielleicht wie in Teilen des benachbarten Kleinasien am 23.September, dem Geburtstag des Augustus[75]. Man kann also davon ausgehen, daß die bosporanisch-pontische Ära ab dem Herbst 297 v.Chr. zu berechnen ist, wenn man von August 117 n.Chr. 413 Jahre zurückrechnet[76]. Die Nachricht vom Herrschaftsantritt des Hadrianus am 11.August 117 n.Chr.[77] muß bis Ende September oder Anfang Oktober von Kleinasien an den kimmerischen Bosporus gelangt sein und dort noch im Jahre 413 die Prägungen mit dem Porträt Hadrians angeregt haben.

Es ist nicht leicht, das Epochenjahr 297/6 durch bosporanische Münzprägungen anderer Jahre zu bestätigen. Die Münzen des Rheskuporis II. aus dem Jahre 365, das 68/9 n.Chr. entsprechen würde, weisen nach den Beschreibungen Frolovas und Anokhins auf der Vorderseite das Porträt des Kaisers Vespasianus, auf der Rückseite das des Titus auf, nach anderer Auffassung jedoch die Köpfe des Vitellius und seines Vaters[78]. Vitellius wurde am 2.Januar 69 n.Chr. zum Imperator ausgerufen[79] und im Dezember desselben Jahres getötet[80]. Die Proklamation Vespasians fand im Juli 69 n.Chr. statt[81]. Interpretiert man die Porträts auf den Münzen des Jahres 365 als Vespasianus oder Vitellius, schiede das ebenfalls vorgeschlagene Jahr 298/7 v.Chr. als Epochenjahr aus, da das lokale Jahr 365 dann 67/8 n.Chr. entsprechen würde, als weder Vitellius noch Vespasianus die Herrschaft innehatten. Allerdings sind die Porträts des Jahres 365 nicht mit Sicherheit zu

Pontus etc. pl.XIII 3.

73   Vgl.   z.B.   IOSPE   II   26-28.33.39.42f.52f.312.351.427   und CIRB, Index p.846.

74   Vgl.   Ehrhardt, Milet   119.124; nach   R.Werner,   Historia 4,1955,419 schon seit dem Staatsstreich der Spartokiden.

75   Vgl. Minns 591 und Perl 300 Anm.7. 303. Nach P.Conole - R.D. Milns, Historia 32,1983,190 n.44 ab Oktober/November.

76   So Perl 302ff.

77   HA, v.Hadr. 4,7; CIL XIV 4235. Vgl. Kienast 128.

78   Frolova I p.93; Anokhin, Bospora 153 Nr.354. Siehe dagegen Mionnet Suppl.4, p.500 Nr.92; A.v.Sallet, ZN 4,1877,305. Vgl. Perl 303 mit Anm.18.

79   Tac.hist.1,56,3. Vgl. Kienast 106.

80   Tac.hist.3,69ff. Vgl. Kienast 106.

81   Tac.hist.2,79. Vgl. Kienast 108.

identifizieren[82]. Die Münze des Jahres 365, die bei Frolova I pl.I 2 abgebildet ist, trägt auf der Vorderseite sogar das gleiche Porträt, das auf Prägungen des Jahres 359 erscheint[83]. Man hat offensichtlich auch ältere Porträts weiterverwendet, wenn das des neuen Kaisers noch nicht vorlag oder wenn es nicht sicher war, wer in den Machtkämpfen siegen würde.

Könnte man den Kopf auf den Münzen des Jahres 393 sicher mit dem Nervas identifizieren, wie es meist getan wird[84], hätte man ein weiteres Indiz für den Beginn der Ära, da Nerva am 18.September 96 n.Chr., dem Todestag Domitians, seine Regierung begann[85]. Aber leider sind auch hier Zweifel an der Bestimmung des Porträts angebracht[86]. Die Identifizierung erfolgte in den meisten Fällen erst mit Hilfe der Äradatierung. Dies trifft in noch stärkerem Maße für die Münzen des 3.Jh.n.Chr. zu. So werden die Argumente von Perl[87], die auf den angeblichen Porträts der Kaiser Caracalla, Macrinus und Elagabal auf den Münzen der Jahre 513 und 514 beruhen, fraglich. Frolova hat demgemäß in ihrem Katalog der Münzen dieser Jahre nur noch unbestimmt von Kaiserbüsten gesprochen.

Wir bleiben also weiterhin auf die Münzen des Jahres 413, die teilweise Traianus, teilweise Hadrianus zeigen, zur Berechnung der Ära angewiesen. Kann es aber nicht sein, daß noch einige Monate nach dem Tode Trajans im August 117 n.Chr. Münzen mit seinem Bild weitergeprägt wurden, wie es ähnlich im Jahre 365 mit einem schon einige Jahre früher bezeugten Porträt geschehen ist[88]? Das Porträt Hadrians könnte erst einige Monate nach seinem Regierungsantritt im neuen Jahr, das im Herbst 117 n.Chr. begann, zum ersten Mal auf die Münzen des Bosporanischen Reiches gesetzt worden sein. Damit wäre es theoretisch möglich, daß die Ära ab 296/5 v.Chr. zu berechnen ist[89].

Hier können aber die Münzen der Jahre 458 und 493 weiterhelfen. Im Jahre 458 weisen zwei der 19 von Frolova[90]

---

82   Die Meinung wurde sogar vertreten, es handele sich um Galba und Rheskuporis; vgl. Perl 303 Anm.18.

83   Minns pl.VII 22.

84   Frolova I p.103, pl.IV 21. Vgl. auch Zograph pl.XLVII 7.

85   Vgl. CIL VI 472 und Suet.Dom.17,6. Siehe auch Kienast 120.

86   Vgl.Perl 304 Anm.19.

87   Perl 304.

88   Siehe S.54f.

89   Vgl. dazu Perl 304f., der diese Möglichkeit mit Hilfe von (allerdings unsicheren) Porträtzuweisungen zu widerlegen sucht. So ist z.B. die von Perl als Titus bezeichnete Büste des Jahres 378 bei Frolova I p.94f. und bei Anokhin, Bospora 153 Nr.361 die des Domitianus, und Perls Pertinax des Jahres 490 ist bei Frolova I p.173f. und bei Anokhin, Bospora 163 Nr.571 ein Septimius Severus.

90   Frolova I p.159f. Vgl. Anokhin, Bospora 161 Nr.537-537b.

zusammengetragenen Münzen des Königs Eupator nicht ein, sondern zwei Porträts auf der Rückseite auf (Nr.E-h und E-i). Auf den Prägungen der folgenden Jahre 459, 460, 461, 462 und 463 erscheinen auf den Rückseiten immer diese beiden Büsten zusammen[91], ein einzelnes Kaiserporträt erst wieder ab dem Jahre 464[92]. Als Kaiser Antoninus Pius am 7.März 161 n.Chr. gestorben war, bestimmte sein Nachfolger Marcus Aurelius sogleich Lucius Verus zu seinem Mitregenten[93]. Das Jahr 458, in dem zum ersten Mal die Porträts beider Herrscher auf den bosporanischen Münzen erscheint, entspricht, geht man vom Epochenjahr 297/6 v.Chr. aus, 161/2 n.Chr. Es dauerte offenbar einige Monate, bis die Nachricht vom Thronwechsel das Bosporanische Reich erreicht hatte und sich in der Münzprägung durch die Umstellung auf zwei Porträts zeigte. Ginge man von dem Epochenjahr 296/5 v.Chr. aus, müßte man mindestens eineinhalb Jahre Verzögerung annehmen.

Als Septimius Severus, wohl im Frühjahr 196 n.Chr., seinen Sohn Caracalla zum Caesar erhob[94], wirkte sich dies ebenfalls im folgenden Jahr auf den Goldmünzen des Bosporanischen Reiches aus. Denn auf den Prägungen des Königs Sauromates II. mit der Jahresangabe 493 erscheinen zum ersten Mal wieder zwei Büsten auf der Rückseite[95], das heißt im Jahre 196/7 n.Chr., wenn man vom Epochenjahr 297/6 v.Chr. ausgeht. Um also die bosporanischen Münzen ohne Schwierigkeiten datieren zu können, ist am Epochenjahr 297/6 v.Chr. festzuhalten.

Was man als Datierung auf den Münzen der bosporanischen Könige findet, ist die pontische Ära, die wiederum auf der bithynischen Königsära, die dasselbe Epochenjahr aufweist[96], beruht. Erstmals wahrscheinlich in einer Inschrift des Jahres 210 (=88/7 v.Chr.), also unter Mithridates VI., in Phanagoreia nördlich des Schwarzen Meeres bezeugt[97], folgen als nächste Zeugnisse dieser Ära die seltenen Goldmünzen, die Pharnakes II. in den Jahren 243-247 prägen ließ[98]. Ihre Prägezeit ist also 55/4-51/0 v.Chr. Die Prägungen der Dynamis mit den Jahreszahlen 277

91   Frolova I p.160ff.; Anokhin, Bospora 161 Nr.538-542.

92   Frolova I p.164f.; Anokhin, Bospora 161 Nr.543.

93   Vgl. Epit. Cass.Dio 71,1,1; IGR I 1509; A.Stein, PIR I² p.122; Kienast 137.143.

94   Zum Datum vgl. Mastino 28f.; Kienast 162.

95   Frolova I p.175 und pl.XXXII 7; Anokhin, Bospora 163 Nr.574c.

96   Siehe unten S.178ff.

97   Siehe oben S.44. Es ist nicht ganz sicher, daß die Inschrift tatsächlich nach der pontischen Königsära datiert ist. Es würde sich dann um ein ungewöhnlich frühes Zeugnis für die inschriftliche Verwendung dieser Ära handeln.

98   Das Fehlen von Goldprägungen des Pharnakes II. vor dem lokalen Jahr 243 versucht Anokhin, Bospora 76f. aus der materiellen Erschöpfung des Landes zu erklären, das Ende aus dem innerbosporanischen Streit mit Asandros.

und 281 sind dann die nächsten, in den Jahren 21/0 und 17/6 v.Chr. entstanden (vgl. den Katalog S.440). Die Reihe der nach der bosporanischen Ära datierten Goldmünzen mit Monogrammen beginnt mit der Jahreszahl 289, das heißt 9/8 v.Chr. Ab diesem Jahr lassen sich die Prägungen mit Jahresangaben weitgehend kontinuierlich verfolgen[99]. Außer kleineren Lücken von ein oder zwei Jahren fehlen datierte Prägungen in den Jahren 339–341, 360–364[100], 371–373, 435–438[101], 468–470, 536–538[102], 565–571[103], vielleicht 578–581[104] und 634–637. Die in den Katalogen aufgeführten Jahreszahlen sind allerdings nicht alle sicher nachweisbar. Manche Lesung ist wegen des schlechten Erhaltungszustandes der Münze oder der zu groben Arbeit des Stempelschneiders ungewiß. Viele Münzen sind zudem verschollen. Golenko[105] hat versucht, die letzten datierten Emissionen zu ermitteln, die unter König Rheskuporis VI. geprägt wurden. Nach seiner Meinung gehören die letzten Prägungen mit einer Jahresdatierung in die Jahre 627 (=330/1 n.Chr.) und 633 (=336/7

99 Vgl. die Liste unten S.441 und bei Minns 611. Für die gesamte Zeit liegen auch die Monographie von V.A.Anokhin, Monetnoe delo Bospora, Kiew 1986 und die zahlreichen Publikationen von N.A. Frolova vor, außer ihrer zweibändigen Monographie "The Coinage of the Kingdom of Bosporus" auch kleinere Artikel, so zu Rheskuporis III. in NE 13,1980,13ff., zu Rheskuporis V. in VDI 1982,1,91ff., für die Zeit von 9/8 v.Chr. bis 37/8 n.Chr. in VDI 1979,1,138ff., für die Zeit von 37/8 bis 41/2 n.Chr. in VDI 1977,3,166ff. und VDI 1986,4,54ff., für die Zeit von 45/6 bis 62/3 n.Chr. in Numism.Sbornik 2,1977,219ff. Von Asander bis zum Jahr 359 (=62/3 n.Chr.) sind die bosporanischen Münzen neuerdings auch in Roman Provincial Coinage I p.331ff. verzeichnet. Die darin aufgenommene Münze des Jahres 312 (Nr.1882) beruht wohl auf einem Versehen. Aus diesem Jahr ist keine Prägung nachzuweisen. Hingegen fehlen in Roman Provincial Coinage I p.331ff. die Jahre 314 und 337. - Bei den in unserer Liste (S.439ff.) mit Fragezeichen versehenen Münzen ist die Lesung der Jahreszahl nicht sicher.

100 Daß von 62/3 bis 68 n.Chr. weder Gold noch Kupfer geprägt wurden, stellte Frolova I p.14 fest. Zu den Ereignissen in dieser Zeit vgl. P.Conole - R.D.Milns, Historia 32,1983,189ff.

101 Vgl. zu dieser Lücke A.N.Zograph, NC 1938,100f.

102 Vgl. N.A.Frolova, VDI 1982,1,91ff. und N.A.Frolova, SA 1989,4, 196ff., die das Fehlen von Münzen in dieser Zeit mit kriegerischen Einfällen zu erklären versucht.

103 Vgl. zu dieser Lücke Zograph 337; Frolova II p.21; N.A.Frolova, SA 1989,4,196ff.

104 Vgl. Frolova II p.33.

105 K.V.Golenko, Zapiski Odesskogo Archeologičeskogo Obščestva 1960,1,334ff. mit Resumé in K.Golenko, Chiron 5,1975,616 Nr.505. Vgl. zum Ende der Prägungen auch Minns 609.

n.Chr.). Die Jahresdaten 628, 629, 631, 638 und 639 beruhen seiner Meinung nach auf falschen Lesungen[106]. Doch konnte Nina Frolova, die das Material aus den Sammlungen der ehemaligen Sowjetunion und aus den Schatzfunden zusammengestellt hat, nachweisen, daß bis 638 (=341/2 n.Chr.) oder gar 639 datierte Münzen im Bosporanischen Reich geprägt wurden[107].

Möglicherweise hat außer dem oben behandelten Asandros noch ein weiterer Herrscher am kimmerischen Bosporus seine eigene Zeitrechnung verwendet. Auf Bronzemünzen mit einem Monogramm, das aus den Buchstaben ΒΑΕ besteht, die meist als ΒΑΣΙΛΕΩΣ ΕΥΠΑΤΟΡΟΣ aufgelöst werden[108], erscheinen Zahlzeichen von Α bis Ζ (= 1-7)[109]. Das Monogramm wurde früher auf den pontischen König Mithridates VI. bezogen[110]. Stil und Werkstätten dieser Münzen weisen aber auf das 1.Jh.n.Chr.[111] oder an das Ende 1.Jh. v.Chr.[112]. Ähnliche Monogramme mit vergleichbaren Buchstabenkombinationen lassen sich dadurch, daß sie auf Edelmetallprägungen zusammen mit Jahreszahlen der üblichen Ära vorkommen, in die Zeit von 14/5 - 37/8 n.Chr. bzw. 45/6 - 60/1 n.Chr. datieren. Sie werden auf König Aspurgos bzw. auf König Kotys I. bezogen[113]. In der Reihe der Goldmünzen dieser Zeit findet man aber keine Lücke von sieben Jahren, in die sich der König, für den das fragliche Monogramm steht, und die Münzen mit den sieben Zahlzeichen einfügen ließen.

106 Nac.. Zograph 339 sind die Münzen der Jahre 631, 638 und 639 falsch gelesen. Zograph sah aber in der Ermitage ein Stück des Jahres 629. Bei Minns 611 wird als letzte Prägung die des Jahres 639, aber mit Fragezeichen, angegeben, bei Gajdukevič 481 die des Jahres 629, bei Anokhin, Bospora 174 Nr.777 die Münze des Jahres 633.

107 Frolova II p.79f.255f. und N.A.Frolova, Klio 73,1991,67. Vgl. aber Anokhin, Bospora p.132f.

108 Vgl. Zograph 309f.

109 Vgl. die Liste unten S. 440 und bei Reinach, Trois royaumes 203; Minns 602; Zograph 311; Anokhin, Bospora p.149. Ob auf einem bei Minns und Zograph angeführten Exemplar tatsächlich das Zahlzeichen I vorkommt und ob es in die gleiche Zahlenreihe gehört, ist unsicher; vgl. Zograph 313; Anokhin, Bospora 149 Nr.276.

110 Vgl. Giel, Kleine Beiträge 25ff.; BMC Pontus etc. p.XXXI.

111 So Th.Reinach, RN 1888,454 und Trois royaumes 204; M.J.Price, NC 1968,5 n.2.

112 So Zograph 310 und K.Golenko, Chiron 5,1975,603 zu Nr.440 und 604 zu Nr.445 (in die Zeit der Dynamis zwischen 19 und 8 v.Chr. datiert).

113 Roman Provincial Coinage I 1881-1904.1912-1930. Vgl. Minns 595f.; Anokhin, Bospora 84f.; N.A.Frolova, SA 1976,3,103ff.; N.A.Frolova, Numism.Sbornik 2,1977,219ff.; N.A.Frolova, VDI 1979,1, 139ff.

Man hat die angesprochenen Bronzemünzen mit den Zahlzeichen Mithridates VIII. (III.) zugeschrieben[114]. Von ihm sind zwei Goldprägungen aus den Jahren 39/40 und 41/2 n.Chr. bekannt sowie eine Inschrift. Alle diese Zeugnisse sind nach der am kimmerischen Bosporus üblichen Ära datiert[115]. Wenn auch Mithridates VIII. von der traditionellen Münzprägung abwich und als einziger Herrscher in dieser Zeit seinen vollen Namen und die Königstitulatur auf die Münzen setzen ließ[116], so ist die Annahme doch abwegig, er habe auf den Bronzemünzen eine andere Zeitrechnung benutzt als auf den Edelmetallprägungen[117], obwohl der Zeitraum von sieben Jahren auf seine Regierungszeit zutreffen könnte[118].

In der sowjetischen Forschung wurde auch die Meinung vertreten, daß sich das fragliche Monogramm zwar auf den pontischen König Mithridates VI. beziehe, die Münzen, auf denen es erscheint, aber erst unter seiner Enkelin Dynamis geprägt wurden[119]. Ist es aber denkbar, daß ein halbes Jahrhundert nach dem Tode des Mithridates VI. Münzen mit einem Monogramm geprägt wurden, in dem sein Beiname und Titel verborgen sind? Sollte man nicht lieber einen König mit dem Anfangsbuchstaben E im Namen annehmen[120], der, wie zuvor schon einmal Asandros, bewußt von der pontischen Ära, die im Bosporanischen Reich weiterverwendet wurde, abgewichen ist?

Im Münzhandel ist 1971 ein Goldstater bekannt geworden, der das gleiche Monogramm wie die fraglichen Bronzemünzen aufweist[121]. Auf der Vorderseite dieser Goldmünze ist eindeutig der Kopf des Augustus dargestellt, auf der Rückseite ein weiterer männlicher Kopf, möglicherweise der des Agrippa[122]. Die

114 Vgl. Minns 603 und M.J.Price, NC 1968,5 n.2. Dagegen aber Zograph 317.

115 CIRB 1123.

116 Vgl. Zograph 308; Roman Provincial Coinage I p.332.

117 Ebenso unwahrscheinlich ist die von P.O.Karyszkowski, VDI 1953,3,179ff. geäußerte Meinung, hinter dem Monogramm verberge sich die Gattin des Königs Kotys I. mit Namen Eun(ike?), da auch unter Kotys I. die bosporanische Ära weiterläuft. Vgl. dazu K.Golenko, Chiron 5,1975,612f. zu Nr.484.

118 Die erste datierte Münze des Nachfolgers Kotys I. stammt aus dem Jahre 45/6 n.Chr.; vgl. auch Minns 598f.

119 Vgl. Zograph 310f.; Anokhin, Bospora 82ff.; K.Golenko, Chiron 5,1975, 604f. zu Nr.445 und 608 zu Nr.462.

120 So Th.Reinach, RN 1888,454 und Trois royaumes 204.

121 Münzen und Medaillen AG Basel, Auktion 44,1971,11 = Auktiones Basel, Auktion 6,1976,176 = Roman Provincial Coinage I 1865.

122 So die Kommentare in den oben Anm.121 genannten Auktionskatalogen, in Roman Provincial Coinage I p.331 als Möglichkeit eingeschätzt.

Bronzemünzen mit dem gleichen Monogramm sind demnach in die Zeit des Augustus zu datieren. Unterhalb des Kopfes auf der Rückseite des Goldstaters ist das Zeichen Alpha zu lesen, das an der gleichen Stelle steht, an der auf den Münzen der bosporanischen Könige die Jahreszahl der bosporanischen Ära zu finden ist. Dies spricht dafür, darin die Jahreszahl 1 zu erkennen. Damit wird es wahrscheinlich, daß die Zahlen von 1 bis 7 auf den Bronzemünzen ebenfalls Jahreszahlen darstellen und nicht wie auf vielen anderen Bronzeprägungen im Bosporanischen Reich Wertzeichen[123] oder Emissionsnummern, obwohl es dann die einzigen datierten Bronzen in diesem Raum sind.

Als Zeitraum für einen Herrscher, der seine Münzen unter Augustus mit eigenen Regierungsjahren und nicht mit Jahren der bosporanischen Ära datierte, kommen nur die Jahre zwischen 17/6 und 9/8 v.Chr. in Frage, als keine Münzen mit bosporanischer Äradatierung ausgegeben wurden. Falls es sich nicht um einen sonst unbekannten Gegenkönig handelt, was wenig wahrscheinlich ist, wird man an König Polemon I. denken. Die Herrschaft Polemons I. über das Bosporanische Reich dauerte von 15/4 v.Chr. bis zum Jahre 9/8 v.Chr.[124]. Wenn die Rückseite des Goldstaters tatsächlich Agrippa dargestellt, ist dies ein weiteres Argument, die Münze Polemon I. zuzuweisen[125]. Nach Cassius Dio (54,24,4ff.) war Agrippa dafür verantwortlich, daß Polemon zur Vertreibung des Scribonius, des zweiten Gemahls der bosporanischen Königin Dynamis, a den kimmerischen Bosporus kam und die Herrschaft im Bosporanischen Reich übernahm. Polemon starb im Kampf gegen den aufständischen Aspurgos und seine Anhänger[126]. Er galt als Eindringling im Bosporanischen Reich und hat offensichtlich wie schon Asandros die Münzen nach seinen Regierungsjahren datiert. Demgegenüber hat sein Gegenspieler Aspurgos nach dem Tod des Polemon ab 9/8 v.Chr. wieder nach der bosporanischen Ära gerechnet. Die Auflösung des Monogramms mit den Buchstaben BAE ist aber wie in vielen anderen Fällen nicht ganz klar. Man wird vielleicht das Epsilon als Abkürzung des Beinamens Eusebes, den Polemon I. trug, interpretieren können. Auch ein Pi und ein Omikron für den Namen Polemon sind ohne weiteres aus dem Monogramm herauszulesen.

Die Jahresdatierung nach der pontischen Königsära hat sich nicht nur auf den Edelmetallprägungen des Bosporanischen Reiches gehalten, sondern ist schnell von den offiziellen Zeugnissen auch in die privaten Grabdenkmäler übergegangen. Jahresangaben dieser Ära finden sich, oft mit genauen Tagesdaten verbunden, in

---

123 So Minns 602f.633; Zograph 312ff.
124 Vgl. oben S.52 mit Anm.62.
125 So Roman Provincial Coinage p.331 und die Auktionskataloge (siehe Anm.121).
126 Strab.11,2,11 p.495 und 12,3,29 p.556.

zahlreichen offiziellen und privaten Inschriften aus dem Bosporanischen Reich, aus Pantikapaion, Gorgippia, Phanagoreia, Tanais, Stary Krym und anderen Orten der Region. Offensichtlich ist die Ära im gesamten Bosporanischen Reich bald in Gebrauch gekommen und hat sich bewährt. Die Jahresdaten in den Inschriften ergänzen die von Münzen bezeugten Jahresangaben und füllen manche Lücke in der chronologischen Folge der Zeugnisse. So sind die Jahre 312, 424, 437, 533 oder 633 der Ära nicht durch Münzen, sondern nur durch Inschriften bezeugt.

Zur Berechnung des Epochenjahres der Ära konnten die Inschriften nicht viel beitragen, da die darin genannten bosporanischen Könige nur durch die Münzen, die Jahresangaben derselben Ära aufweisen, datierbar sind. Zu selten werden römische Kaiser in den datierten Inschriften erwähnt (so in CIRB 47 vom Jahre 430 =133/4 n.Chr. Hadrianus oder in CIRB 52 vom Jahre 498 =201/2 n.Chr. Caracalla), als daß daraus auf das genaue Epochenjahr der Ära geschlossen werden könnte.

Conole und Milns[127] suchten aus einer Lücke in den datierten Münzprägungen der neronischen Zeit die Ereignisse im Bosporanischen Reich zu rekonstruieren. Münzen mit dem Monogramm des Königs Kotys I. wurden bis zum Jahre 357 (=60/1 n.Chr.) geprägt. Die nächsten datierten Münzen vom Jahre 359 (=62/3 n.Chr.) zeigen aber das Monogramm des Kaisers Nero. Danach findet man Münzen mit Jahresdatierungen erst wieder im Jahre 365 (=68/9 n.Chr.)[128]. Daraus hat man geschlossen[129], daß Nero in diesen Zwischenjahren das Bosporanische Reich in das Imperium Romanum eingegliedert oder unter römische Verwaltung gestellt habe. Eine Inschrift, die wohl in das Jahr 364 gehört, nennt den Sohn des Kotys I., Rheskuporis, als König[130]. Sie ist außerdem in den Monat Daisios datiert, den achten Monat des makedonischen Kalenders. Conole und Milns nahmen deswegen an[131], daß Rheskuporis sofort nach dem Tode Neros am 9.Juni 68 n.Chr. König wurde, da der Monat Daisios nach dem julianischen Kalender dem Mai/Juni entspreche. Der Monat Daisios ist aber wohl schon Ende Mai oder Anfang Juni zu Ende, keineswegs aber erst Ende Juni. So schnell kann die Nachricht vom Tode Neros am 9.Juni nicht an den kimmerischen Bosporus gelangt sein und zur Erhebung des Rheskuporis geführt haben[132]. Zudem ist die

127 P.Conole - R.D.Milns, Historia 32,1983,189ff.
128 Siehe die Liste S. 445.
129 Zograph 317ff. Vgl. schon A.v.Domaszewski, RhM 47,1892,208f. und K.Nawotka, Latomus 48,1989,331f.
130 CIRB 1126 = SEG 19,504.
131 P.Conole - R.D.Milns, Historia 32,1983,189ff.
132 Die Ermordung von Rheskupcris' Onkel Mithridates in Rom (Plut.Galba 13.15) fand sogar noch später statt, wahrscheinlich im Juli, so daß auch dieses Ereignis kein zeitlich passender Anlaß für die Erhebung des Rheskuporis sein konnte.

Jahreszahl in der Inschrift nicht ganz sicher, da die Zehnerziffer nicht erhalten ist. Es ist also Vorsicht bei solchen Schlußfolgerungen geboten[133].

Auch nach dem Ende der Münzprägung mit Jahresdatierungen wird in den Inschriften die bosporanische Ära weiter verwendet. Sicher datiert ist eine Grabinschrift des Jahres 642 (345/6 n.Chr.)[134]. In der Inschrift CIRB 744 findet sich eine Lücke vor den Zahlzeichen MX . Die Inschrift gehört in eines der lokalen Jahre zwischen 640-649, das heißt zwischen 343/4 und 352/3 n.Chr.

Eine Bauinschrift aus Kerč[135], die unter einem sonst unbekannten König Tiberius Iulius Diuptunes oder Doiptunes errichtet wurde, könnte ebenfalls nach der bosporanischen Ära datiert sein[136]. Wenn es sich um eine Datierung handelt, sind von der Jahreszahl nur noch die erste Ziffer Θ und Reste der Zehnerziffer, möglicherweise Omikron[137], Phi oder Koppa[138], zu erkennen. Die in der Inschrift vorkommende Schreibweise φιλο- κέσαρος, φιλορομέου und die aus Konstantinopel und dem byzantinischen Reich bekannten Titel ἔπαρχος und κόμης sowie die offensichtlich gleichzeitig mit der Inschrift angebrachten Kreuzeszeichen weisen frühestens ins 4.Jh. n.Chr.[139]. Bis in die dreißiger Jahre des 4.Jh. kennen wir eine vollständige Liste der bosporanischen Könige, unter denen kein Diuptunes oder Doiptunes erscheint. Während Latyšev die Inschrift ins 5.Jh. datierte, Gajdukevič, Kulakowsky und Vasiliev sogar an das 6.Jh.n.Chr. dachten, glaubte Minns, daß die Inschrift wegen ihrer Ähnlichkeit mit Inschriften der Könige des 3. und 4.Jh. sowie wegen des Namensbestandteils Tiberius Iulius, der sich bei einer Reihe von bosporanischen Königen des 3.Jh. findet[140], nicht allzuweit von dieser Zeit entfernt datiert werden dürfe. Er schloß dementsprechend auf die Lesung ἔτ(ους) ϑοχ' (=679, d.i.382/3 n.Chr.). Ebensogut ist dann auch das Jahr 699 (=402/3 n.Chr.) möglich[141]. Um eine sichere Datierung für den genannten König zu

---

133   Vgl. schon den Kommentar zu CIRB 1126.

134   CIRB 1091.

135   IOSPE II p.292 Nr.49[1] = Minns, Appendix 66 = CIRB 67.

136   So V.Latyšev, IOSPE II p.292 und Minns 609f.; dagegen CIRB 67, Kommentar zu Zeile 11.

137   So Minns 609f. und Appendix 66.

138   Vgl. CIRB 67, Kommentar zu Zeile 11.

139   Vgl. V.Latyšev, IOSPE II p.293; J.Kulakowsky, RQA 8,1894, 316ff., der das Jahr 819 (=522/3 n.Chr.) ergänzen will; Minns 609f.; Vasiliev, Goths 71; Gajdukevič 516ff.; K.Nawotka, Latomus 48,1989,334.

140   Vgl. z.B. Gajdukevič 459.517; D.Braund, Rome and the Friendly King, London 1984,41.

141   Vgl. CIRB 67, Kommentar zu Zeile 11. Zur Diskussion vgl. B.Nadel, Dialogues d'histoire ancienne 3,1977,96 mit Anm.62.

gewinnen, ist aber die Lesung des Inschriftenfragments zu unsicher.

Die bosporanische Ära überdauerte die Einfälle der Goten und Hunnen[142] und das Ende des bosporanischen Königreiches[143]. In christlichen Grabinschriften findet man Jahreszahlen der traditionellen Ära auch unter der Oberherrschaft der Goten und Hunnen. Ein für einen Diakon gesetztes Kreuz aus Kerč trägt die Jahreszahl 733, die 436/7 n.Chr. entspricht[144]. In einer Katakombe derselben Stadt ist eine der Wandinschriften ins Jahr 788, das ist 491/2 n.Chr., datiert[145]. Als letzte bekannte Datierung nach der bosporanischen Ära wird von Minns das Jahr 794 (=497/8 n.Chr.) angegeben[146]. Das von Kulakowsky in der oben behandelten Inschrift für König Doiptunes ergänzte Jahr 819 (=522/3 n.Chr.) ist zu unsicher, um es als letzten Beleg für die bosporanische Ära in Betracht zu ziehen[147]. Erst im 6.Jh., als die Krim zum byzantinischen Reich gehörte[148], datierte man nicht mehr nach der bosporanischen Ära, sondern nach Indiktionen[149]. Ab dem 8.Jh. finden sich dann Jahreszahlen der Weltära[150].

Im Bosporanischen Reich wurde die in Bithynien erstmals bezeugte Ära[151], die ab 297/6 v.Chr. zu rechnen ist, länger als irgendwo anders verwendet. Mithridates VI. war für ihre Einführung am Nordufer des Schwarzen Meeres verantwortlich[152]. Die Könige des Bosporanischen Reiches im 1. und 2.Jh. riefen immer wieder die Erinnerung an ihren großen Vorgänger wach, wie das Vorkommen der Königsnamen Mithridates und Eupator zeigt[153].

---

142 Vgl. dazu B.Latyšev, IOSPE II p.293f.; J.Kulakowsky, RQA 8, 1894,314ff.; Minns 609f.; Gajdukevič 464ff.472.480.492ff.498ff.; Vasiliev, Goths 3ff.; H.Wolfram, Geschichte der Goten, München 1979,10.48.88f.

143 Vgl. Vasiliev, Goths 21ff.; Gajdukevič 495f.

144 Latyšev, Sbornik Nr.86. Vgl. Minns 610; Gajdukevič 498.

145 J.Kulakowsky, RQA 8,1894,49ff. Vgl. Latyšev, Sbornik Nr.77 und Gajdukevič 511f.

146 Minns 591 mit Bezug auf die Inschrift bei V.Latyšev, Izvestija Imperatorskoj Archeologičeskoj Kommissii 10,1904,90 Nr.107.

147 J. Kulakowsky, RQA 8,1894,319. Siehe oben Anm.139.

148 Vgl. Gajdukevič 500.512ff.

149 Vgl. eine Inschrift aus Taman unter Kaiser Mauritius (?) von 590 n.Chr.: Latyšev, Sbornik Nr.99 = Minns, Appendix 70 (dazu Vasiliev, Goths 75f. und Gajdukevič 518 Anm.70) und eine Inschrift des Kaisers Iustinianus aus der gleichen Gegend: Latyšev, Sbornik Nr.98 (dazu Vasiliev, Goths 71).

150 Vgl. Latyšev, Sbornik Nr.93.

151 Siehe S. 178ff.

152 Vgl. Minns 590f. und oben S.44.

153 Vgl. Gajdukevič 339.

Diese traditionelle Rückbesinnung spiegelt sich auch in der Einführung und ständigen Wiederverwendung der mit Mithridates VI. verbundenen Ära wider, die sich, nachdem sie einmal eingebürgert war, bis ins 5. oder 6.Jh.n.Chr. hielt.

2. Die Ära von Chersonesos

Einige Münzserien der Stadt Chersonesos auf der taurischen Chersones sind mit Jahreszahlen[1] einer Ära datiert. Diese reichen von 70 oder 71[2] bis 158[3]. Um das Epochenjahr der vorliegenden Ära zu ermitteln, ist man aber auf die Inschriften angewiesen, die über eine weitaus längere Zeitspanne hinweg Jahreszahlen tragen, möglicherweise schon in den lokalen Jahren 63 oder 64 und bis zum Jahre 512[4]. Die späteste Inschrift bezieht sich auf die Wiederherstellung der Stadtmauern von Chersonesos[5] unter Kaiser Zenon, der 474/5 n.Chr. und wieder von 476 bis 491 n.Chr. regierte[6]. In der Datierung am Ende der Inschrift (Z.15) wird neben dem Jahr 512 von Chersonesos die elfte Indiktion genannt[7].

1 Die Legende ΕΤΟΥΣ auf den Münzen der Jahre 109, 120 und 131 beweist, daß es sich um Jahreszahlen handelt.

2 Die von A.Bertier de la Garde, Nadpis' vremeni Imperatora Zenona, Zapiski imperatorskago Odesskago Obščestva Istorii i Drevnostej (ZOOID) 16,1893,66 Anm.1 angeführte Münze des Jahres 70 ist nicht mehr nachweisbar; vgl. Anokhin, Chersonesus p.58. Problematisch ist auch die Jahreszahl 115, die Zograph 249 auf einem ihm zugänglichen Stück erkennen wollte.

3 Die Münzen zusammengestellt von Anokhin, Chersonesus Nr.215-222. 228-236.247-249; vgl. außerdem Zograph 249. - Die angebliche Münze mit der Jahreszahl 103 (vgl. A.Bertier de la Garde, ZOOID 16,1893,66 Anm.1; A.v.Sallet, ZN 1,1874,29f.; K.Golenko, Chiron 5,1975,530 zu Nr.88) beruht wohl auf der Falschlesung einer Münze des Jahres 106; vgl. Anokhin, Chersonesus p.60f. - Zur Prägung des Jahres 73 siehe Taf.I 7.

4 IOSPE I² 359.360.430.439; E.G.Surov, VDI 1960,3,154ff.; Solomonik I Nr.21.26; Latyšev, Sbornik Nr.7. - Die Grabinschrift IOSPE I² 543 wurde zwar in Chersonesos gefunden, aber von einer Frau aus Amastris errichtet. Sie ist nach der in Amastris üblichen Ära, nicht nach der von Chersonesos datiert, wie der Monatsname Loos zeigt. Es wäre auch die einzige datierte Grabinschrift aus Chersonesos.

5 Latyšev, Sbornik Nr.7 = Minns, Appendix 23. Die Frage der Herkunft der Inschrift, aus Chersonesos oder Thessaloniki, ist seit einer ausführlichen Untersuchung von Bertier de la Garde, ZOOID 16,1893,45ff. zugunsten von Chersonesos geklärt; vgl. Minns 521 n.3; Vasiliev, Goths 43; K.Golenko, Chiron 5,1975,579 zu Nr.310.

6 Vgl. A.Lippold, RE X A, 1972, 149ff. s.v. Zenon 17.

7 Die Lesung der Indiktionszahl als IA , nicht IΔ , wie in

Dies kann unter Kaiser Zenon nur das Jahr 487/8 n.Chr. sein[8]. Der Beginn des Indiktionsjahres fiel im Byzantinischen Reich zu dieser Zeit auf den 1.September[9]. Wir wissen nicht sicher, wann das lokale Jahr in Chersonesos begann und ob im Laufe der Jahrhunderte der Jahresanfang verlegt wurde. Die fünf überlieferten Monatsnamen[10] weisen auf den megarischen Kalender, der außer in Chersonesos auch in Byzantion in Gebrauch war[11]. Aber auch dort ist der Termin des Jahresbeginns nicht gesichert[12]. Rechnet man von 487/8 die 512 Jahre zurück, kommt man auf 25/4 v.Chr. als Epochenjahr der Ära von Chersonesos[13]. Dies kann aber nur ein Mittelwert sein, da der Jahresbeginn des lokalen Kalenders unbekannt ist[14]. Der Beginn des Epochenjahres könnte auch schon ab einem Datum im Jahre 26 v.Chr. oder erst ab einem Tag des iulianischen Jahres 23 v.Chr. zu berechnen sein.

Von welchem Ereignis geht nun die Ära mit dem ungefähren Epochenjahr 25/4 v.Chr. aus? Es gibt kaum Quellen zur Geschichte von Chersonesos in den letzten vorchristlichen Jahrzehnten. Eine Inschrift nennt einen C.Iulius Satyros, der im Jahre 46 v.Chr. als Gesandter von Chersonesos in Rom weilte[15]. Zwei Münzen mit der Legende ΧΕΡΣΟΝΗΣΟΥ ΕΛΕΥΘΕΡΑΣ in verschiedenen Abkürzungen werden von Anokhin mit dieser Gesandtschaft in Zusammenhang gebracht[16]. Er hat daraus geschlossen, daß C.Iulius Satyros nach

CIG 8621 zu finden, wird seit A.Bertier de la Garde, ZOOID 16,1893,60 diskutiert und ist jetzt gesichert; vgl. Minns 521 n.3; Vasiliev, Goths 44; K.Golenko, Chiron 5,1975,579f. zu Nr.310 und die Photographie bei Latyšev, Sbornik Taf.I.

8 Vgl. Kubitschek, Grundriß 107; Grumel 244.

9 Grumel 193ff.; A.Christophilopoulou, Byzantine History I, Amsterdam 1986,101.

10 Vgl. Hanell, Megarische Studien 190f.; Samuel 89 und jetzt der neue, sonst nur in Byzantion bezeugte Monatsname Latoios bei G.Surov, VDI 1960,3,154ff.

11 Vgl. Minns 546; Hanell, Megarische Studien 190ff.

12 Vgl. Samuel 88, der Vermutungen, Neujahr habe um die Herbstäquinoktien herum gelegen, als ungesichert zurückweist.

13 So z.B. Minns 521; Vasiliev, Goths 44; Zograph 244; Anokhin, Chersonesus p.54; Roman Provincial Coinage I p.335. Das angebliche Epochenjahr 36 v.Chr. (so CIG 8621; A.v.Sallet, ZN 1,1874,25) geht von der fälschlichen Annahme aus, die Indiktionszahl der Inschrift sei als 14 zu lesen.

14 Für den Beginn des Epochenjahres im April 25 v.Chr., wie P.O.Karyškovskij, Kratkie soobščenija Odesskogo Gosudarstvennogo Universiteta i Odesskogo Gosudarstvennogo Archeologičeskogo Muzeja 1960 (1961),107ff. behauptet, gibt es keinen sicheren Hinweis; vgl. K.Golenko, Chiron 5,1975,581 zu Nr.315.

15 IOSPE I² 691. Vgl. M.Rostovtzeff, JRS 7,1917,27ff.

16 Anokhin, Chersonesus Nr.200 und 201; vgl. ibid. p.55.

Rom reiste, um dort die Freiheit_ für seine Heimatstadt zu erwirken, und dies auch erreicht hat[17]. Doch sind die angeführten Münzen, die Chersonesos als frei bezeugen, nicht sicher in die caesarische Zeit zu datieren, und die Inschrift sagt nichts über den Grund der Gesandtschaft nach Rom aus.

Plinius (n.h.4,85) erwähnt die Freiheit, die die Römer der Stadt gewährten, gibt aber keine nähere Zeitangabe. Dagegen überliefert Strabon (7,4,3 p.309), daß Chersonesos von Mithridates VI. an bis zu seiner eigenen Zeit dem Bosporanischen Reich untertänig war. Daß diese Feststellung wohl nicht ganz korrekt ist, zeigen die erwähnten Münzen mit dem Hinweis auf die Eleutheria von Chersonesos, die in die zweite Hälfte des 1.Jh.v.Chr. gehören[18]. Auf späteren Münzen wird Chersonesos erst wieder im 2.Jh.n.Chr. als "frei" bezeichnet[19].

War also die in Chersonesos verwendete Ära eine "Freiheitsära", die ab der Erlangung der Eleutheria rechnete? Schon Rostovtzeff verwunderte sich darüber, daß nicht mit dem Erreichen der Freiheit unter Caesar eine neue Zeitrechnung eingeführt worden sei, und schloß daraus, Chersonesos habe dieses Privileg nicht lange genossen, sondern schon bald nach Caesars Tod verloren[20]. Als Beleg für die unruhigen Zeiten, die Chersonesos nach Caesars Tod erlebt habe, wird dabei die fragmentarisch erhaltene Inschrift IOSPE I² 355 herangezogen, in der von einem Tyrannen der Chersones die Rede ist, der von der in der Inschrift geehrten Person zweimal vertrieben worden war. Die geehrte Persönlichkeit hatte sich offensichtlich in Rom um die Freiheit der Stadt bemüht (Z.29ff.). Aber die Datierung dieser Inschrift ist unklar[21]. Sie kann genausogut in das 1.Jh.n.Chr. gehören.

Man könnte wegen des errechneten Epochenjahres vermuten, daß von Augustus der Stadt Chersonesos die Freiheit gewährt oder erneuert wurde[22], wie es für die Stadt Amisos bezeugt ist, die mit

---

17 Anokhin, Chersonesus p.69.

18 Vgl. Anokhin, Chersonesus p.55. Der Stil der Münzen und die Verwendung der Monogramme spricht für diese Datierung. Aber eine Präzisierung auf die caesarische Zeit ist entgegen Anokhin nicht sicher möglich.

19 Anokhin, Chersonesus Nr.251ff. Vgl. auch Zograph 244; Anokhin, Chersonesus p.74; Gajdukevič 350.

20 M.Rostovtzeff, JRS 7,1917,41ff. So auch Anokhin, Chersonesus p.69 und Bernhardt, Imperium 181.

21 In Z.29 wird ein μεγιστὸς Αὐτοκράτωρ genannt, ohne daß man ihn identifizieren könnte. R.J.A.Talbert, The Senate of the Imperial Rome, Princeton 1984, 423f. will die Inschrift in die Zeit des Claudius datieren.

22 Vgl. M.Rostovtzeff, JRS 7,1917,43; Gajdukevič 335; Bernhardt, Imperium 181; S.I.Saprykin, SA 1987,1,55 und V.M.Zubar, VDI 1987,2,118ff., der zudem von einer Militärallianz ausgeht, die gleichzeitig zwischen Chersonesos und dem Bosporanischen Reich geschlossen worden sein soll; siehe aber unten S.67.

diesem Privileg ebenfalls eine Ära begann[23]. Auch Mytilene auf Lesbos erneuerte im Jahre 25 v.Chr. sein Bündnis mit Rom, das unter Caesar geschlossen worden war[24]. Die Gewährung der Freiheit oder die Neuprivilegierung durch Augustus in der Zeit des Epochenjahrs der Ära ist möglich, aber ebensowenig zu beweisen wie die angebliche Freiheit, die C.Iulius Satyros für seine Heimatstadt in caesarischer Zeit erreicht haben soll. Falls Chersonesos um 25/4 v.Chr. für frei erklärt worden ist, hat diese "Freiheit" möglicherweise nicht lange gewährt oder wurde bald eingeschränkt. Denn neben Strabon weisen auch einige Inschriften auf eine gewisse Abhängigkeit der Stadt vom Bosporanischen Reich in augusteischer Zeit[25]. Im Kampf gegen feindliche Nachbarstämme unterstützten chersonesische Truppen Polemon I.[26]. Die bosporanische Königin Dynamis und der König Aspurgos werden zudem in Inschriften aus Chersonesos genannt[27]. In Zeile 4 der Inschrift für einen Gesandten der Dynamis (IOSPE I² 354) war von einer verpflichtenden Maßnahme gegenüber der Königin die Rede. Näheres läßt sich wegen der großen Lücken der Inschrift nicht entnehmen. Diese Verbindungen zum Bosporanischen Reich schließen aber nicht aus, daß Chersonesos weiterhin das Privileg der Eleutheria genoß, wie es für viele griechische Städte trotz römischer Oberherrschaft bezeugt ist[28].

Anokhin[29] wandte sich gegen die Annahme einer "Freiheitsära" in Chersonesos, weil auf den Münzen der Stadt zu dieser Zeit (nach der Datierung Anokhins) kein Hinweis auf die "Eleutheria" zu finden sei und weil die Ära auch dann weitergeführt wurde, als unter Antoninus Pius in den Münzlegenden wieder die Freiheit der Stadt betont worden sei. Wenn aber um 25/4 v.Chr. die Freiheit verliehen wurde, muß sich dies nicht unbedingt in der Münzprägung widerspiegeln[30]. Anokhin konnte in seinem Katalog der Münzen von Chersonesos nur neun Exemplare aus der Zeit von 44 v.Chr. bis zur Zeitenwende aufführen (Nr.202-210), die zudem nicht sicher datierbar sind. Die Chronologie der Prägungen von Chersonesos in dieser Zeit ist äußerst umstritten[31]. Was hindert deshalb, die beiden Münzen des 1.Jh.v.Chr. mit dem Freiheitstitel

23 Vgl. S. 106ff.

24 IG XII 2,35.

25 Vgl. M.Rostovtzeff, JRS 7,1917,43f.; Minns 521; Zograph 245; Gajdukevič 335. Dagegen aber Anokhin, Chersonesus p.71f.

26 IOSPE I² 419. Vgl. auch IOSPE I² 704.

27 IOSPE I² 354.573.

28 Vgl. dazu Bernhardt, Imperium, passim.

29 Anokhin, Chersonesus p.69.

30 Vgl. auch Zograph 245.

31 Vgl. Anokhin, Chersonesus p.55 und Zograph 242ff. - Golenko denkt im Unterschied zu Anokhin an eine niedrigere Datierung der Obole, zu deren Gruppe die beiden Münzen mit Eleutheria gehören; vgl. Anokhin, Chersonesus p.54f.

für Chersonesos, die Anokhin unter Caesar datiert (Anokhin Nr.200-201), in die Zeit des Augustus zu setzen[32]? Daß die Stadt sich dann auf den Münzen erst wieder im 2.Jh.n.Chr. ΕΛΕΥΘΕΡΑ nennt, muß nicht viel bedeuten. Auch Amisos führte erst unter Kaiser Traianus dieses Epitheton auf den Münzen[33], obwohl die Stadt schon unter Augustus für frei erklärt worden war.

Anokhin[34] griff zur Deutung der Ära von Chersonesos einen alten Vorschlag von Garnett[35] wieder auf, wonach sich in der Gykia-Legende in einer Schrift des Konstantinos Porphyrogennetos[36] eine kriegerische Auseinandersetzung zwischen Chersonesos und dem bosporanischen Königreich widerspiegele. In Kapitel 53 von De administrando imperio werden die Kriege behandelt, die die Chersonesier Ende des 3. und im 4.Jh.n.Chr. führen mußten. Hinzugefügt ist die Legende um Gykia, die ihre Heimatstadt vor ihrem Gatten, dem Sohn des bosporanischen Königs Asandros, rettete[37]. Garnett hatte wegen des Fehlens christlicher Züge und wegen der Namensgleichheit mit dem Nachfolger des Königs Pharnakes II. die in der Legende erwähnten Ereignisse in die Zeit um 47 v.Chr. datiert[38], Saprykin zwischen 45 und 41 v.Chr.[39]. Anokhin hingegen sieht einen Zusammenhang zwischen dem Epochenjahr der Ära von Chersonesos und der in der Legende berichteten Rettung der Stadt vor einem bosporanischen Angriff. Aber schon Minns[40] hatte angemerkt, daß die Legende um Gykia Statuen oder Denkmäler von Chersonesos[41] zu erklären versucht und märchenhafte Motive mit Traditionen über vergangene Kriege verbindet[42]. Auch wenn man einen konkreten Bezug auf historische Ereignisse der vorchristlichen Zeit herstellt[43], obwohl

32 Vgl. schon A.Bertier de la Garde, ZOOID 16,1893,67.
33 Vgl. S. 111f.
34 Anokhin, Chersonesus p.70f.
35 R.Garnett, The Story of Gykia, EHR 12,1897,100-105.
36 De administrando imperio 53,150-156.
37 Die Legende ausführlich behandelt bei Minns 528-530 und S.I.Saprykin, SA 1987,1,48-57; vgl. auch Frolova II p.42ff.
38 R.Garnett, EHR 12,1897,103f.
39 S.I.Saprykin, SA 1987,1,48ff.
40 Minns 526 n.5. 530.
41 Anokhin, Chersonesus p.71 denkt an die Darstellung der "jungfräulichen" Göttin auf den Münzen, die durch diese Legende erklärt werde. Bei Konstantinos Porphyrogennetos werden in der Legende ein Platz, der noch zu seiner Zeit nach dem Vater der Gykia hieß, sowie Statuen und ein Kultplatz der Gykia erwähnt.
42 So auch schon Th.Mommsen, Römische Geschichte V, Berlin ²1885, 291 Anm.1.
43 Wie es z.B. S.I.Saprykin, SA 1987,1,48ff. versucht, der annimmt, daß Konstantinos Porphyrogennetos hier auf einem lokalen Chronisten der augusteischen Zeit beruht. Saprykin meint, daß der Vater der Gykia namens Lamachos mit der in Inschriften der

die Stelle bei Konstantinos Porphyrogennetos sehr aus Legenden
über Heroentaten von Frauen, die für diesen Raum typisch sind[44],
schöpft, bleibt die Theorie Anokhins über die militärischen
Hintergründe des Epochenjahres der Ära äußerst fraglich. Das
kriegerische Ereignis selbst wird nach allem, was wir über die
Einführung von Ären wissen, nicht als Ausgangspunkt einer
derartigen Zeitrechnung gewählt worden sein, sondern nur die
Folge, die sich daraus entwickelt haben kann, etwa die Gewinnung
oder Bewahrung der Freiheit von direkter bosporanischer
Herrschaft. Es würde sich dann ebenfalls um eine "Freiheitsära"
handeln.

Eine weitere Hypothese über das Epochenjahr der Ära entstand
aus der Beobachtung, daß die Inschriften von Chersonesos mit
Jahresangaben regelmäßig die Formel βασιλευούσας Παρθέ-
νου aufweisen. Auch auf dem Goldstater des Jahres 109 findet
sich eine ähnliche Formulierung[45]. Daraus hat man geschlossen,
daß die Ära von Chersonesos mit der Proklamation der
"jungfräulichen" Stadtgöttin zur βασιλίσσα zusammenhänge[46].
Tatsächlich wird in den öffentlichen Inschriften, die, soweit sie
chronologisch einzuordnen sind, in der Zeit entstanden, als nach
der Ära datiert wurde, nicht mehr ein real existierender Beamter
mit dem Titel βασιλεύς als Bestandteil der Datierungsangabe
genannt, sondern die Göttin selbst übt jetzt dieses Amt aus[47].
Anokhin hat zu Recht einen Zusammenhang zwischen dem
Epochenjahr der Ära und der Einführung der Göttin als "Basilissa"
bezweifelt[48]. Um eine neue Zeitrechnung beginnen zu lassen,
bedurfte es eines bedeutenderen Anlasses als dieser Änderung in
der Urkundentitulatur, die möglicherweise nur formale Bedeutung
hat und mit dem Anwachsen des Kultes der "jungfräulichen" Göttin
in Zusammenhang steht. Die Münzen, die auf die Göttin Bezug
nehmen, sind wohl mit Festen zu ihren Ehren in Verbindung zu
bringen. Da man jetzt mit Jahreszahlen datierte, benötigte man
nicht mehr unbedingt einen eponymen Beamten, fand vielleicht
auch nicht mehr genügend Bewerber, die die finanziellen Lasten
dieses Amtes übernehmen konnten und wollten. Der Form nach
bewahrte man das alte Amt des "Basileus", in das man jetzt
ehrenhalber die Gottheit einsetzte.

---

caesarischen Zeit genannten Person (IOSPE I² 347, von dort in
IOSPE I² 691 ergänzt) identisch ist. Dagegen Minns 530;
R.J.H.Jenkins, Constantine Porphyrogenitus, De administrando
imperio, Vol.II: Commentary, London 1962,205f.

44 So R.J.H.Jenkins, op.cit. 206.

45 Anokhin, Chersonesus Nr.233. Vgl. auch Minns 549.

46 So z.B. Gajdukevič 335 Anm.4. Vgl. auch Minns 542;
Zograph 244f.; Anokhin, Chersonesus p.56 und 69; K.Golenko,
Chiron 5,1975, 530f. zu Nr.89.

47 Z.B. IOSPE I² 357-361.365.376.384.699; Solomonik II Nr.112.
Vgl. auch Zograph 244; R.Sherk, ZPE 88,1991,239f.

48 Anokhin, Chersonesus p.56 und 67. Vgl. auch Zograph 245.

Die Ära von Chersonesos kommt auf Münzen zum ersten Mal sicher im Jahr 71 vor, das heißt ca.46/7 n.Chr.[49]. Mit diesem Jahr beginnen die Goldprägungen der Stadt nach bosporanischem Muster[50]. Aber im Unterschied zum Bosporanischen Reich erscheint schon zwei Jahre danach die erste Jahreszahl auf Kupfermünzen[51]. Die Einführung der Goldmünzen und damit die Verwendung der Äradatierung auf Münzen von Chersonesos ab ca.46 n.Chr. wird im Zusammenhang gesehen[52] mit dem Herrschaftsantritt des bosporanischen Königs Kotys I. und den vorangehenden Kämpfen dieses von den Römern unterstützten Herrschers gegen seinen Bruder Mithridates VIII.[53]. Es ist möglich, daß die Unterstützung für Kotys und für die römischen Interventionstruppen der Stadt die Freiheit brachte, die bei Plinius (n.h. 4,85) angeführt wird[54]. Darauf könnte sich auch die schon erwähnte Inschrift IOSPE I² 355 beziehen[55], in der die Vertreibung von Tyrannen und das Bemühen des durch die Inschrift Geehrten um die Erlangung der Eleutheria in Rom genannt werden. So wäre es denkbar, daß die Aufnahme der Goldprägung eine Folge dieser neu errungenen Freiheit ist. Denn mit dem Jahre 78, das heißt ca.53/4 n.Chr., endet die erste Phase mit datierten Münzen, also mit dem Regierungsantritt Neros, der mit seiner rigorosen Außenpolitik auch die bosporanische Münzprägung nach dem Tode des Kotys I. beeinflußt hat. Im Bosporanischen Reich ist in dieser Zeit eine Lücke in der kontinuierlichen Prägung datierter Goldstatere feststellbar[56]. Nero könnte auch die Freiheit von Chersonesos eingeschränkt oder beendet haben[57].

Die nächste Folge datierter Münzen von Chersonesos reicht vom Jahr 104 bis zum Jahr 111, das heißt von ca.79/80 bis ca.86/7 n.Chr.[58]. Später wurden nur noch vereinzelt datierte Münzen

49 Die Münze des Jahres 70 ist nicht sicher nachweisbar; siehe oben Anm.2. - Die Inschrift mit der möglichen Jahresangabe 63 oder 64 (IOSPE I² 430) könnte schon auf den Gebrauch der Ära um 38/9 oder 39/40 n.Chr. deuten. Doch ist der Text sehr fragmentarisch. Nur die ausgeschriebene Ziffer für sechzig ist erhalten, ohne daß auf ihre Zugehörigkeit zu einer Jahreszahl hingewiesen wird.
50 Anokhin, Chersonesus Nr.215.
51 Anokhin, Chersonesus Nr.217.
52 Vgl. Minns 522; Anokhin, Chersonesus p.58 und p.72; Λ.Λ.Barrctt, TAPhA 107,1977,6.
53 Dazu P.Conole - R.D.Milns, Historia 32,1983,188f.
54 So Minns 522f. und Anokhin, Chersonesus p.72f.
55 Vgl. Anokhin, Chersonesus p.73; R.J.A.Talbert, The Senate of Imperial Rome, Princeton 1984,423f.
56 Siehe P.Conole - R.D.Milns, Historia 32,1983,189 und oben S.61.
57 Vgl. Minns 523; Zograph 245; Anokhin, Chersonesus p.59.
58 Anokhin, Chersonesus Nr.228ff.

geprägt, zuletzt im Jahre 131 (=ca.106/7 n.Chr.) und noch einmal im Jahre 158 (=ca.133/4 n.Chr.). Bald danach beginnen die undatierten Prägungen, auf denen in der Legende die Eleutheria der Stadt betont wird[59]. Neben den Münzen verwendeten die öffentlichen Inschriften der Stadt zu dieser Zeit offenbar die gleiche Ära[60].

Anokhin versuchte, die Lücke in der Münzprägung von Chersonesos zwischen den lokalen Jahren 131 und 158 mit dem Hinweis des Phlegon von Tralleis[61] zu erklären, unter König Kotys (II.) sei Chersonesos dem Bosporanischen Reich unterstellt gewesen[62]. Die Münzen, die Kotys II. im Bosporanischen Reich prägen ließ, sind in die Zeit von 123/4 bis 132/3 n.Chr. datiert[63], enden also etwa ein Jahr vor der Wiederaufnahme der (allerdings letzten) datierten Prägung in Chersonesos vom Jahr 158 (=ca.133/4 n.Chr.). Kotys II. mußte schwere Angriffe der Skythen abwehren. Seine Herrschaft über die noch unabhängigen Städte an der Nordküste des Schwarzen Meeres konnte nach römischer Auffassung wohl auch die Grenzen des Römischen Reiches schützen[64]. Die genauen rechtlichen Abhängigkeitsverhältnisse in dieser Region sind aber sehr wenig bekannt, so daß wir hier über Spekulationen nicht hinauskommen. Zudem sollten Lücken in einer lokalen Münzprägung wie der von Chersonesos nicht überbewertet werden, da sie aus verschiedenen Gründen entstanden sein können. Bei lokalen Münzprägungen ist nicht von einer fort-laufenden regelmäßigen Folge von Münzemissionen auszugehen. Da teils nur bei wirtschaftlichem Bedarf, teils zu lokalen Ereignissen oder nur bei politischen Veränderungen geprägt worden sein kann, sind jahrzehntelange Lücken nicht ungewöhnlich.

Nach dem Ende der datierten Münzprägung von Chersonesos wurde die Äradatierung in den Inschriften weiter verwendet. So führt eine allerdings sehr fragmentarische Inschrift[65] mehrere vergangene Ereignisse an, die mit Jahreszahlen derselben Ära datiert sind. Das letzte bekannte Zeugnis für die Ära von Chersonesos ist eine Inschrift aus dem Jahr 512 (487/8 n.Chr.), unter dem byzantinischen Kaiser Zenon[66]. Die Ära hat also die

59   Anokhin, Chersonesus Nr.251ff.

60   Vgl. die Liste S. 457f.

61   FGrHist 257, F 17.

62   So Anokhin, Chersonesus p.73f. Dies wird von Zograph 245f. fälschlich auf Kotys I. bezogen; vgl. aber F.Jacoby, FGrHist II B4,843 und Weber, Hadrianus 151.

63   Frolova I p.133ff.

64   Vgl. Weber, Hadrianus 152f. - Zograph 247 hält die datierten Goldprägungen für ein Zeichen der Loyalität gegenüber Rom und des Gegensatzes zum Bosporanischen Reich.

65   Solomonik I Nr.21.

66   Latyšev, Sbornik Nr.7. Die nächsten publizierten Inschriften aus Chersonesos mit Äradatierung gehören ins 10. und 11.Jh. und

schwierige Zeit der Völkerwanderung mit zahlreichen Einfällen von Stämmen überdauert, wenn auch aus der Zwischenzeit keine entsprechende Datierung bekannt ist. Doch ist diese Jahresrechnung offenbar nicht in den privaten Gebrauch eingegangen. Keine der Grabinschriften, die in Chersonesos gefunden wurden, ist nach der Ära datiert.

3. Die Ära von Tyras

Zwei Inschriften aus Tyras[1] weisen die Jahreszahlen 125 und 145 einer Ära auf. Bei der ersten Inschrift handelt es sich um einen Ehrenbeschluß der Stadt Tyras für einen Römer, bei der zweiten um einen Brief des römischen Statthalters in Moesia Inferior C.Ovinius Tertullus an die Stadt Tyras, dem zwei Briefe der Kaiser Septimius Severus und Caracalla beigefügt sind[2]. Beide Inschriften sind zweifach datiert, nach den römischen Consuln und nach der in Tyras gebräuchlichen Ära, ὡς δὲ Τυρανοὶ ἄγουσιν[3]. Die erste Inschrift gehört in den Consulat des Commodus und des Antistius Burrus, das heißt ins Jahr 181 n.Chr.[4], die zweite unter die Consuln Mucianus und Fabianus, das heißt ins Jahr 201 n.Chr.[5]. Rechnet man 125 bzw. 145 Jahre zurück, ergibt sich rechnerisch das Epochenjahr 57 n.Chr. Beide Inschriften sind bis auf den Tag genau datiert. Nebeneinander stehen die Tagesdaten des römischen Kalenders und des Kalenders von Tyras. Die erste Inschrift ist auf den 30. Artemision und den fünften Tag vor den Kalenden des Mai datiert[6], das ist nach dem iulianischen Kalender der 27.4.181 n.Chr., die zweite auf den achten Lenaion und den dreizehnten Tag vor den Kalenden des März[7], das ist der 17.2.201 n.Chr.

Um das genaue Epochenjahr der Ära von Tyras festlegen zu können, muß man den Termin des Jahresanfangs nach dem dort gültigen Kalender kennen. Die Monatsnamen, die aus Tyras bekannt sind, weisen auf den milesischen Kalender hin[8], der außer

verwenden die byzantinische Weltära; vgl. Latyšev, Sbornik Nr.69 und Nr.8.

1 IOSPE I² 2 = IGR I 1438; IOSPE I² 4 = IGR 598 = CIL III 781 = ILS 423.

2 Vgl. Minns 446; A.Stein, Die Legaten von Moesien, Budapest 1940,69.84.

3 IOSPE I² 2, Z.20.

4 A.Degrassi, I fasti consulari dell'Impero Romano, Rom 1952, 50.

5 A.Degrassi, op.cit. 52.

6 IOSPE I² 2, Z.18f. und Z.21f.

7 IOSPE I² 4, Z.42.

8 Vgl. Bilabel 67ff.; Bickerman, Chronologie 8; Samuel 114ff.; Ehrhardt, Milet 113ff.

in der Stadt Milet auch in ihren Kolonien angewandt wurde. Tyras war eine Kolonie Milets[9]. Der Kalender von Tyras zeigt aber in dieser späten Zeit eine gewisse Verwirrung[10], die offensichtlich durch die Angleichung des ursprünglich lunaren Kalenders an den iulianischen Sonnenkalender verursacht wurde[11]. Nach den Doppeldaten in den Inschriften muß im Jahre 181 n.Chr. der Monat Artemision am 28.März iulianischer Zeit begonnen haben, im Jahre 201 n.Chr. der Monat Lenaion am 10.Februar. Theoretisch sind dies 13 Schalttage, die in der Zwischenzeit eingefügt worden sein müssen. Der Vergleich der Jahresdaten in beiden Inschriften zeigt, daß zwischen beiden Monaten, dem Lenaion und dem Artemision, kein Jahreswechsel stattgefunden haben kann. Damit besitzen wir in der alten Streitfrage, ob der milesische Kalender das Jahr mit dem Artemision oder dem darauffolgenden Taureon beginnen ließ, einen weiteren Beleg für den Taureon als ersten Monat des Jahres[12]. Der Neujahrstag des Kalenders von Tyras, der ebenfalls der 1.Taureon gewesen sein muß[13], fiel also 181 n.Chr., zu Beginn des lokalen Jahres 126, auf den 28.April. Damit kann aber im 2. und 3.Jh.n.Chr. in Tyras das Jahr nicht an den Frühjahrs-äquinoktien bzw. dem darauffolgenden Neumond begonnen haben, wie es für Milet und seine Kolonien allgemein angenommen wird[14], da im Jahre 181 n.Chr. der erste Neumond nach den Frühjahrs-äquinoktien auf den 1.April fiel[15]. Damals hatte also der lokale Kalender von Tyras 27 Tage Rückstand auf den iulianischen Sonnenkalender[16]. 20 Jahre später, 201 n.Chr., begann das Jahr 146 von Tyras sogar erst im Mai. Wir können somit als Jahresbeginn in Tyras nur grob das Frühjahr angeben. Da unsere beiden datierten Inschriften aber von den Monatsangaben her noch nicht in das neue im Frühjahr beginnende Jahr gehören, ist somit das Epochenjahr der Ära rechnerisch die Zeit von Frühjahr 56 bis Frühjahr 57 n.Chr.[17].

9   Vgl. Ehrhardt, Milet 72. 349 Anm.550 mit Quellen und Literatur.
10   Bickerman, Chronologie 28. Die Besprechung des Kalenders von Tyras durch A.Mommsen, (Bursians) Jahresbericht über die Fortschritte der classischen Altertumswissenschaft 44,1885,419f. ist wegen der Inschrift IOSPE I² 2, die ihm noch unbekannt war, überholt.
11   Vgl. Bilabel 75f.; V.Latyšev, Ποντικά, St.Petersburg 1909, 37ff.; E.Diehl, RE VII A 2,1948,1859 s.v.Tyras 2.
12   Vgl. zur Diskussion Bilabel 69ff.; Samuel 114f.; J.Vino-gradov, Olbia (Xenia 1), Konstanz 1981,21; Ehrhardt, Milet 120ff.
13   Vgl. Bilabel 76ff.
14   A.Rehm, Milet I 3, Berlin 1914, 30ff.; Bilabel 75; E.Po-pescu, Dacia N.S. 4, 1960,283f.; Ehrhardt, Milet 120ff.
15   Vgl. Bickerman, Chronology Table II, p.138.
16   Vgl. Bilabel 76.
17   So z.B. auch P.Conole - R.D.Milns, Historia 32,1983,186.

Unter den wenigen erhaltenen Inschriften aus Tyras ist eine dritte bekannt geworden, die ebenfalls nach der Ära der Stadt datiert war. Denn am Ende dieser fragmentarischen, inzwischen verschollenen Inschrift[18] war noch der Monat und der Tag des Datums zu lesen: ἔτ]ει Ἀνθεστηριῶνος θι' (Z.9). Die Titulatur des Kaisers Hadrianus, der in der Inschrift geehrt wird, hilft bei der Präzisierung der Datierung weiter: ὕ]πατον ἀποδε(δε)ιγμένο[ν stand in Z.6. Hadrianus war 118 n.Chr. zum zweiten Mal und 119 n.Chr. zum dritten und letzten Mal Consul. Als designierter Consul und als Augustus (Z.4) kann er nur in der zweiten Jahreshälfte 117 n.Chr. (cos.designatus II) oder im Jahre 118 (cos.designatus III) bezeichnet worden sein. Eine Entscheidung ist durch die Monatsangabe Anthesterion am Ende der Inschrift möglich. Der Monat Anthesterion fällt in der feststehenden Reihenfolge der Monatsnamen des milesischen Kalenders genau zwischen die Monate Lenaion und Artemision. Dies sind die beiden Monate, die in den beiden anderen datierten Inschriften aus Tyras genannt sind. Da dort der Lenaion, wie gezeigt, etwa mit dem iulianischen Monat Februar zusammenfällt und der Artemision mit dem April, muß der Monat Anthesterion etwa im März gelegen haben[19]. Damit kommt für unsere Inschrift zu Ehren Hadrians nur das Jahr 118 n.Chr. in Frage, als der Kaiser cos. designatus III war. Die Jahreszahl ist somit in ἐν τῷ βξ' ἔτ]ει zu ergänzen. In der Datierung muß das Jahr 62 gestanden haben, nicht das Jahr 61, wie angenommen wurde[20]. Diese Inschrift ist somit der bislang früheste Beleg für die in Tyras geltende Ära. Die Ehreninschrift paßt in die Zeit, als Hadrianus in Moesia weilte und gegen die Sarmaten kämpfte[21].

Auf welches Ereignis sich die Ära von Tyras bezieht, ist aus den Quellen nicht ersichtlich, obwohl mehrere Hypothesen darüber vorgebracht wurden. Wir wissen, daß um 48 v.Chr. die Geten die westliche Schwarzmeerküste eroberten und Städte wie Olbia zerstörten[22]. Minns vermutete, daß Tyras damals ebenfalls zerstört wurde und daß die Ära dann von einem Wiederaufbau der Stadt ausgehen könnte[23]. Dagegen wurde aber mit Münzen aus Tyras argumentiert, die angeblich auf der Vorderseite das Porträt des Augustus zeigen[24]. Die Existenz einer solchen Prägung würde beweisen, daß Tyras um die Zeitenwende schon wieder bestand, weil es eigene Münzen prägen konnte. Die Stempel der

18 SEG 33,619. Vgl. B.Nadel, RSA 12,1982,184f.

19 B.Nadel, RSA 12,1982,184f.

20 So fälschlich SEG 33,619 und B.Nadel, RSA 12,1982,184 n.

21 Vgl. Weber, Hadrianus 71ff.; B.Nadel, RSA 12,1982,184f.; H.Halfmann, Itinera principum, Stuttgart 1986,190.

22 Minns 447; E.Diehl, RE VII A 2,1948,1861; Zograph 176.

23 Vgl. Minns 447.

24 Minns pl.I 15, der selbst (p.447) an der Zuweisung zweifelt; Zograph 176.

entsprechenden Prägungen sind aber sehr grob gearbeitet, so daß das Porträt nicht ohne weiteres als das des Augustus identifiziert werden kann. Die Vorderseitenlegende, die ΚΑΙΣΑΡΟΣ ΣΕΒΑΣΤΟΥ lautet, könnte zwar auf einen der iulisch-claudischen Kaiser weisen. Die wenig präzise Darstellung erlaubt aber keine sichere Identifizierung[25]. Ob Tyras schon vor dem Epochenjahr 56/7 n.Chr. Münzen prägte, ist daher weiterhin unklar. Die schlecht erhaltenen römischen Sesterze und Asse des Claudius mit dem Gegenstempel TYP [26] können ebenfalls nicht beweisen, daß Tyras schon vor dem Epochenjahr seiner Ära wieder existierte. Denn sie können auch nach 56/7 n.Chr. gegengestempelt worden sein. Erst unter Kaiser Domitianus ist in Tyras eine Lokalprägung mit dem Kaiserporträt auf der Vorderseite sicher belegt[27].

Weiterhin wurde vorgeschlagen, daß die Ära ab der Eingliederung von Tyras in die römische Provinz Moesien berechnet wurde[28]. Es gibt viele Beispiele für neue Zeitrechnungen ab der Eingliederung in den römischen Provinzialverband[29]. Tyras lag aber offensichtlich noch in trajanischer Zeit außerhalb der Provinz Moesia[30]. Conole und Milns wollen mit dem Epochenjahr die Abwehr eines Angriffes der Sarmaten oder der benachbarten Karpoi bzw. Kostobokoi durch den Legaten Moesiens Flavius Sabinus verbinden oder die Beseitigung von Schäden aus früheren Angriffen auf Tyras[31]. Die dazu herangezogene Tacitus-Stelle (hist.3,75) ist aber wenig aussagekräftig und bringt lediglich einen Nachruf auf Flavius Sabinus, ohne konkret auf dessen militärische und politische Taten als Statthalter Moesiens einzugehen. Zwar fällt das

---

25   V.A.Anokhin, Monety antičnych gorodov severo - zapadnogo pričernomor'ja, Kiev 1989,98 und 118 Nr.483 weist die Münze Kaiser Vespasian zu; vgl. auch P.O.Karyškovskij - I.B.Klejman, Drevnij gorod Tira, Kiev 1985,93. Die Legende ohne konkrete Namensnennung des Herrschers ist aber für die julisch-claudische Zeit charakteristisch.

26   Vgl. E.Diehl, RE VII A 2,1948,1855; Zograph 176; V.A.Anokhin, op.cit. 98.117 Nr.479-480 mit Taf.XXVII 479.480.

27   Minns pl.I 16; E.Diehl, RE VII A 2,1948,1583; Zograph 177ff.; V.A.Anokhin, op.cit. 118 Nr.484ff.

28   So Th.Mommsen, CIL III 1, p.148; W.Schur, Die Orient-politik des Kaisers Nero, Leipzig 1923,87; C.Patsch, Beiträge zur Völkerkunde von Südosteuropa V 1, SAWW 214,1, Wien - Leipzig 1932,166. Vgl. auch E.Diehl, RE VII A 2,1948,1862; Pippidi 125 mit Anm.95 und 128ff.; Zograph 176; Bernhardt, Imperium 210f.

29   Vgl. z.B. die Ären in Pontos und Paphlagonien, unten S.130ff. und S.170ff.

30   Zograph 176f.; Pippidi 129; P.Conole - R.D.Milns, Historia 32,1983,186. Vgl. auch M.Rostovtzeff, Gnomon 10,1934,10; B.Nadel, RSA 12,1982,211; Sartre 254.

31   P.Conole - R.D.Milns, Historia 32,1983,186.

Epochenjahr von Tyras wohl in die Zeit dieser Statthalterschaft[32].
Sein Eingreifen jenseits der Donau ist aber nicht ausdrücklich
bezeugt, wenn auch nicht auszuschließen. Erst unter dem Legaten
Tib.Plautius Silvanus Aelianus, der nach Flavius Sabinus Moesien
verwaltete, gehen römische Truppen nachweisbar gegen die
Stämme nördlich der Donau vor[33]. Plautius Silvanus kann aber
wegen der bei Tacitus (hist.3,75) erwähnten siebenjährigen
Statthalterschaft des Flavius Sabinus in Moesien schwerlich schon
im Jahre 56/7 n.Chr., dem Epochenjahr der Ära von Tyras, dieses
gleiche Amt in Moesien bekleidet haben, wie es neuerdings
Karyškovskij und Klejman wieder vertreten haben[34]. Ihr Versuch,
den Amtsantritt des Plautius Silvanus, der erst in den 60er Jahren
seinen Feldzug gegen Sarmaten und Skythen unternahm, schon in
das Jahr 56/7 n.Chr. zu datieren und damit das Epochenjahr von
Tyras zu erklären, ist zeitlich kaum möglich[35]. Zudem wird man
eine Ära nicht mit dem Amtsantritt eines beliebigen Legaten
begonnen haben.
    Auch die eventuelle Einrichtung einer römischen Garnison in der
Zeit des Epochenjahres war wohl nicht bedeutend genug, um dies
als Beginn eines neuen Zeitalters zu betrachten und damit eine Ära
zu beginnen[36]. Eine Garnison der Römer in Tyras ist auch erst
unter Kaiser Traianus nachzuweisen[37]. Hypothetisch ist ebenso die
Erklärung von Diehl[38], der auf die Bestätigung alter
Zollprivilegien in der Inschrift IOSPE I² 4 vom Jahre 201 n.Chr.
weist und ıraus schließen will, daß die Ära auf die "Verleihung
von Atelie-Privilegien" im Jahre 56/7 n.Chr. zurückgeht. In der

---

    32   Vgl. A.R.Birley, The Fasti of Roman Britain, Oxford
1981,225; P.Conole - R.D.Milns, Historia 32,1983,183 mit Anm.3;
B.E.Thomasson, Laterculi Praesidum I, Göteborg 1984,123;
R.Syme, Roman Papers III, Oxford 1984,1005.1009; Id., Roman
Papers IV, Oxford 1988,118.
    33   CIL XIV 3608 = ILS 986. Vgl. dazu Pippidi 106ff.;   P.Conole
- R.D.Milns, Historia 32,1983,183ff.
    34   P.O.Karyškovskij - I.B.Klejman, Drevnij gorod Tira, Kiev
1985,92. Ebenso z.B. Pippidi 106ff., bes.114f. und in: D.M.Pippidi
- D.Berciu, Geţi şi Greci (Din Istoria Dobrogei I), Bukarest
1965,309.
    35   Vgl. U.Vogel-Weidemann, Die Statthalter von Africa und Asia
in den Jahren 14 - 68 n.Chr., Bonn 1982,407 mit Anm.1455 und
Anm.1456; R.Syme, Roman Papers III, Oxford 1984,1005.1009; Id.,
Roman Papers VII, Oxford 1991,529.
    36   So außer Gajdukevič 339f.
    37   Vgl. M.Rostovtzeff, Gnomon 10,1934,10; E.Diehl, RE VII A
2,1948, 1862; Pippidi 129f.; Zograph 177; B.Nadel, RSA
12,1982,211. - P.O.Karyškovskij und I.B.Klejman, Drevnij gorod
Tira, Kiev 1985,92 zählen hingegen Tyras zu Moesien.
    38   E.Diehl, RE VII A 2,1948,1861f. Vgl. auch Pippidi 129
Anm.115; Bernhardt, Imperium 210.

genannten Inschrift wird zwar auf alte Privilegien angespielt, aber speziell aus der Zeit des Antoninus Pius[39].

Es gibt also viele Erklärungsversuche für das Epochenjahr der Ära von Tyras. Aber alle sind nicht befriedigend. Die Quellenlage erlaubt keine Sicherheit, welches Ereignis zu dem Epochenjahr der Ära von Tyras führte. Am ehesten kommt eine Statusänderung von Tyras in Frage, die mit dem Vordringen des römischen Einfluß- bereiches in Zusammenhang steht[40]. Alle datierten Inschriften beziehen sich im übrigen auf Römer.

4. Die angebliche Ära von Olbia

Auf Kupfermünzen des 1.Jh.n.Chr. aus Olbia sind Zahlzeichen von 6 bis 9 und das Zeichen für 21 zu lesen[1]. Während Karyš- kovskij diese Zahlen als Regierungsjahre des skythischen Königs Pharzoios, der in Olbia Münzen prägen ließ, interpretierte[2] und ab 48/9 n.Chr. berechnen wollte, glaubte Anokhin[3], daß es sich um Jahreszahlen einer Ära von Olbia handele. Diese Ära sei ab 46/7 n.Chr. zu rechnen. Das Epochenjahr stehe im Zusammenhang mit der Teilnahme Olbias am römisch-bosporanischen Krieg des Jahres 45 n.Chr.[4]. Gegen beide Hypothesen[5] sprechen aber die Kupfer- münzen des gleichen Typs[6] und die Edelmetallprägungen des Pharzoios[7], die alle keine Jahreszahlen aufweisen. In Olbia wurde das Jahr wohl nie nach einer Ära benannt, sondern nach Priestern und Archonten, wie die Inschriften zeigen[8]. In den Zahlen auf den Münzen wird man vermutlich Emissionsnummern zu sehen haben.

39 Vgl. A.Stein, Die Legaten von Moesien, Budapest 1940,69; R.J. De Laet, Portorium. Etude sur l'organisation douanière chez les Romains, Brügge 1949,210; Zograph 178f.
40 So auch P.O.Karyškovskij - I.B.Klejman, Drevnij gorod Tira, Kiev 1985,92.
1 Vgl. B.Pick, Die antiken Münzen von Dacien und Moesien, Berlin 1898,Taf.XI 6; Zograph 216 und pl.XXXIV 9; Anokhin, Bospora 60; V.A.Anokhin, Monety antičnych gorodov severo- zapadnogo pričernomor'ja, Kiev 1989,112 Taf.XXI 347-352.357.
2 Vgl. K.Golenko, Chiron 5,1975,562 zu Nr.221.
3 V.A.Anokhin, Ešče o monetace Ateja, NS 4,1971,87-91 (vgl. K.Golenko, Chiron 5,1975,564 zu Nr.231); Anokhin, Bospora 59ff.
4 Vgl. dazu Gajdukevič 342.
5 Dagegen auch K.Golenko, Chiron 5,1975,562 zu Nr.221 und 564 zu Nr.231 sowie Zograph 217.
6 Z.B. B.Pick, op.cit. Taf.XI 5; Zograph pl.XXXIV 7-8; Anokhin, Monety 346.
7 B.Pick, op.cit. Taf.XII 6-7; Minns pl.III 26; Anokhin, Monety 344.
8 Vgl. Minns 472; Inscriptiones Olbiae (1917-1965), Leningrad 1968, passim; IOSPE I² 20ff.

IV. PONTOS

1. Die Jahreszählungen in den pontischen Königreichen

a. Äradatierungen vor Mithridates VI.

Aus der Zeit vor König Mithridates VI., der im Jahre 96/5 v.Chr. eine regelmäßige Jahreszählung auf den pontischen Goldstateren und Silbertetradrachmen einführte, sind uns nur drei Äradatierungen im Königreich Pontos überliefert. In einer Inschrift der Stadt Chersonesos auf der Krim, die ein Abkommen zwischen dem pontischen König Pharnakes I. und Chersonesos enthält[1], wird folgende Datierung für den von Pharnakes auf den Vertrag geschworenen Eid gegeben: ἐν τῷ ἑβδόμωι καὶ πεντηκοστῶι καὶ ἑκατοστῶι ἔτει, μηνὸς Δαισίου, καθὼς βασιλεὺς Φαρνάκης ἄγει (Z.29-32). Es handelt sich also um das Jahr 157 der unter Pharnakes I. üblichen Jahreszählung.

Eine Ehreninschrift der Phratrie der paphlagonischen Stadt Abonuteichos für den Strategen Alkimos[2] ist nach dem König Mithridates und dem Jahr 161 einer Ära datiert: βασιλεύοντος Μιϑραδάτου εὐεργέτου ἔτους α̅ξ̅ρ̅ μηνὸς Δίου (Z.1-3).

Eine weitere Jahreszahl stand möglicherweise auf einer Tetradrachme des pontischen Königs Mithridates V. Euergetes, die verschollen ist und lange als falsch galt[3]. Erst eine neu bekannt gewordene Tetradrachme des Mithridates V. in Athen[4], allerdings ohne Jahreszahl, bewies, daß dieser König tatsächlich Münzen prägen ließ. Durch einen Vergleich der von Vaillant beschriebenen Münze mit der Jahreszahl ΓΟΡ (=173) mit dem neuen Athener Stück führte L.Robert diese Prägung wieder in die Forschung ein[5]. Ob aber tatsächlich eine Münze mit der Jahreszahl 173 existierte, kann nicht mit Sicherheit bewiesen werden.

Nach welcher Ära sind die drei Jahreszahlen 157, 161 und 173 zu zählen? Liegt eine gemeinsame Ära vor? Ist es die gleiche, die unter Mithridates VI. so häufig zu finden ist? Diese Fragen sind unterschiedlich in der Forschung beantwortet worden. In allen drei

---

1 IOSPE I² 402. Vgl. SEG 30,962. Die frühere Literatur bei Perl 306 Anm.33.

2 Th.Reinach, NC 5,1905,113ff. Weitere Literatur bei Perl 301 Anm.10.

3 Zuerst von Vaillant im Jahre 1728 beschrieben: vgl. Mionnet Suppl.4 p.465; Rec.gén. p.13 n.2; A.v.Sallet, ZN 4,1879,234 und die bei Perl 302 Anm.11 angegebene Literatur.

4 M.Karamesini-Oikonomidou, in: Stele. Festschrift N.Kontoleon, Athen 1980,149-153.

5 L.Robert, JS 1978,153ff.; so auch McGing, Mithridates 40f. und RhM 129,1986,256f.

Zeugnissen liegen zwar Synchronismen durch die Nennung der Herrscher vor, des Pharnakes I. für das Jahr 157 und des Mithridates V. für die Jahre 161 und 173. Aber die Regierungsdaten beider Könige sind umstritten und nicht sicher einzugrenzen. Pharnakes wird von Polybios zum Jahre 171/70 v.Chr. erwähnt, eine Stelle, die fälschlich auf das Todesjahr des Königs bezogen wurde[6]. Pharnakes lebte aber sicher noch im Jahre 160/59 v.Chr., in das eine Weihinschrift für Pharnakes in Delos[7] mittels des darin genannten athenischen Archonten Tychandros datiert wird[8]. Pharnakes' Nachfolger Mithridates IV. wird im Winter 155/4 v.Chr. auf Seiten des Attalos II. im Kampf gegen Prusias II. von Bithynien erwähnt[9]. Pharnakes I. kann also noch im Sommer 155 v.Chr. gelebt haben. Mithridates V. wird zum ersten Mal bezeugt, als er im dritten Punischen Krieg 149 v.Chr. den Römern Hilfstruppen schickte[10]. Er kann allerdings auch schon 154 v.Chr. an die Regierung gelangt sein. Ermordet wurde er wahrscheinlich 120 v.Chr.[11].

Da unter Mithridates VI. ab 96/5 v.Chr. regelmäßig Jahreszahlen auf den Münzen erscheinen, die nach einer Ära ab 297/6 v.Chr. zu berechnen sind[12], wäre es naheliegend, auch die Daten der Zeit vor Mithridates VI. mit dieser Ära zu verbinden. Danach würde das Jahr 157 in der Inschrift von Chersonesos 141/40 v.Chr. entsprechen, das Jahr 161 der Inschrift von Abonuteichos 137/6 v.Chr. und das Jahr 173 auf der verschollenen Münze gleich 125/4 v.Chr. sein. Die beiden letzten Jahresangaben fallen zwar passend in die Regierungszeit des Mithridates V. Das Jahr 157 würde aber nicht mehr in der Zeit des Pharnakes I. liegen, sondern schon unter Mithridates V. So hat man für das Jahr 157 ein anderes Ereignis in der pontischen Geschichte gesucht, um das Epochenjahr für eine passende Ära zu erhalten. Meist hat man eine sonst unbezeugte pontische Ära ab dem Regierungsantritt des Mithridates II. von Kios angenommen[13]. Der

---

6   Polyb.27,17. Vgl. Perl 301 Anm.10; Walbank, Commentary III 318; St.M.Burstein, AJAH 5,1980,7 mit Anm.41.

7   IG XI 4,1056 = OGIS 771 = IDelos 1497bis = F.Durrbach, Choix d'inscriptions de Délos, Paris 1921-22,73.

8   Vgl. Perl 301 Anm.10; Walbank, Commentary III 318; Samuel 219; B.D.Merritt, Historia 26,1977,183; St.M.Burstein, AJAH 5,1980,7 mit n.44; McGing, Mithridates 32 und RhM 129,1986,255. - Für 170/69 noch E.Manni, Historia 24,1975,31.

9   Polyb.33,12,1. Vgl. Chr.Habicht, Hermes 84,1956,107; Walbank, Commentary III 555.

10   App.Mithr.10,30.

11   McGing, Mithridates 43.

12   Vgl. S.86ff. Das Datum ist von Perl 300ff. überzeugend nachgewiesen worden.

13   Vgl. Perl 306 und Anm.33 mit der älteren Literatur; außerdem E.Olshausen, RE Suppl.15,1978,403.409; Wilson 464; Walbank, Commentary III 20; Sherwin-White, Foreign Policy 43

Beginn der Herrschaft des Mithridates in Kios wird von Diodor unter den Archonten Phrynichos, das heißt ins Jahr 337/6 v.Chr., datiert[14].

In den beiden Inschriften aus Chersonesos und aus Abonuteichos werden die makedonischen Monatsnamen Daisios und Dios genannt, was zu dem Schluß führt, daß in Pontos der makedonische Kalender galt. Nach diesem Kalender begann das Jahr am ersten Tag des Monats Dios und war ab den Herbstäquinoktien oder dem darauffolgenden Neumond zu berechnen, das heißt ab Ende September oder ab Oktober[15]. Ginge man für die Inschrift aus Chersonesos von dem Epochenjahr 337/6 v.Chr. aus, wäre diese etwa in den Mai 180 v.Chr. zu datieren, da der Daisios der achte Monat des makedonischen Kalenders war. Diese Datierung des Vertrages zwischen Pharnakes und der taurischen Chersones ist aber auszuschließen, weil im Vertrag die Freundschaft mit den Römern angesprochen wird[16], gerade aber im Jahre 180 v.Chr. die römische Unterstützung für Eumenes II. in seinem Kampf gegen Pharnakes am stärksten war[17]. Man hat versucht, das Epochenjahr auf 336/5 v.Chr. herabzusetzen, um so den Vertrag in das Friedensjahr 179 v.Chr. datieren zu können[18]. Dies widerspricht aber der Angabe Diodors über den Beginn der Herrschaft des Mithridates in Kios. Da der Jahresanfang des athenischen Kalenders im Sommer liegt[19], überlappen sich das athenische Jahr 337/6, als Phrynichos Archon war, und das pontische Jahr 336/5 v.Chr. nicht[20]. Beide Daten lassen sich nicht auf einen gemeinsamen Nenner bringen.

Es wäre sonderbar, wenn die Herrschaftsübernahme eines Vorfahren der pontischen Könige in einer relativ unbedeutenden Stadt als epochemachendes Ereignis aufgefaßt worden wäre. Dieses Ereignis ist auch später nicht als so bedeutend empfunden worden. Die pontische Geschichte sah vielmehr in der Flucht des späteren

Anm.90; H.H.Schmitt, in: Kleines Wörterbuch des Hellenismus, Wiesbaden 1988,728.

14   Diod.16,90,2. Vgl. B.D.Merritt, Historia 26,1977,168.

15   Vgl. Perl 300 mit weiterer Literatur. Zum Kalender im pontischen Reich siehe Reinach, Mithridates 259f.

16   IOSPE I² 402, Z.3 und Z.26.

17   Polyb.24,14f.; Diod.29,22f. Vgl. Hansen, Attalids 103; St.M.Burstein, AJAH 5,1980,3 und 5.

18   Den ersten gründlichen Versuch zur Datierung der Inschrift unternahm R.Leper (=R.Loeper), Chersonesskie. nadpisi, Izvestija Imperatorskoj Archeologičeskoj Komissii 45,1912,23-39. Siehe Perl 306 Anm.33 mit weiterer Literatur; E.Olshausen, RE Suppl.15, 1978,403.409. Vgl.auch St.M.Burstein, AJAH 5,1980,6; J.G. Vinogradov, in: Acta Centri Historiae. Terra antiqua Balcanica II, Sofia 1987,64; S.J.Saprykin, VDI 1979,3,43ff.

19   Vgl. Bickerman, Chronologie 18.

20   Vgl. B.C.McGing, RhM 129,1986,252. Walbank, Commentary III 20 versuchte in das Jahr 179 v.Chr. zu kommen, indem er die pontische Ära spät im attischen Jahr 337/6 beginnen ließ.

Königs Mithridates I. Ktistes vor Antigonos nach Paphlagonien im Jahre 302 v.Chr. und in der anschließenden Reichsgründung[21] das epochale Ereignis für das pontische Königreich. Wohl 281 v.Chr. nahm derselbe Mithridates dann den Königstitel an[22]. Aber auch diese beiden Daten können nicht der Ausgangspunkt der gesuchten Ära sein, da dann das Jahr 157 in die Regierungszeit des Mithridates V. und nicht des Pharnakes I. fiele. Die Ära, die ab dem Beginn der unabhängigen pontischen Königszeit 281/0 v.Chr. gerechnet wurde und bei dem byzantinischen Chronographen Synkellos zu finden ist[23], ist eine rein gelehrte Berechnung, die in der Chronographie entstanden ist und nur literarisch belegt ist.

Schon Rostovtzeff hatte für die Inschrift aus Abonuteichos die seleukidische Ära ab 312/1 v.Chr. in Erwägung gezogen[24], wollte sie aber für die Inschrift aus Chersonesos nicht gelten lassen, weil er Pharnakes im Jahre 155 v.Chr. nicht mehr am Leben wähnte. Da sich aber das angebliche Todesjahr 170 v.Chr. als falscher Schluß aus Polybios (27,17) herausgestellt hat[25], entfallen die Bedenken Rostovtzeffs. Burstein und McGing[26] haben die Inschrift aus Chersonesos nach der seleukidischen Ära in den Mai 155 v. Chr. datiert. Dagegen wandte sich vor allem Vinogradov, ohne aber die Verwendung der Jahreszahl zu erklären[27]. Da die seleukidische Ära, die älteste der dynastischen Ären, während der hellenistischen Zeit die am weitesten verbreitete war, lag für einen König der pontischen Dynastie ihre Übernahme nahe, zumal sie wegen der dynastischen Verbindungen mit dem Seleukidenhaus[28]

21　Diod.20,111,4; App.Mithr.9; Plut.Demetr.4,4; Strab.12,3,41 p.562. Vgl.St.M.Burstein, AJAH 5,1980,6; McGing, Mithridates 15 und RhM 129,1986,249ff. zur Schwierigkeit der Identifizierung des Mithridates I. Ktistes mit Mithridates III. von Kios.

22　Zur Diskussion darüber und zur Behauptung des Synkellos (p.523,5 Dind.), das pontische Königreich habe 218 Jahre unter zehn Königen bestanden, vgl. Magie II 1087 n.35; Perl 326–339; Heinen, Untersuchungen 40; E.Olshausen, RE Suppl.15,1978,403f. 409; Will, Histoire politique I[2] 139; H.Heinen, CAH VII 1[2],1984,426; McGing, Mithridates 19 und RhM 129,1986,250 Anm.8.

23　Vgl. Perl 326ff.

24　M.Rostovtzeff, CAH IX,1932,217f. Vgl. auch Magie II 1087 n.35; Perl 301 Anm.10.

25　Siehe oben S.79.

26　St.M.Burstein, AJAH 5,1980,4ff.; McGing, Mithridates 30 mit n.83 und RhM 129,1986,251ff. Vgl. auch R.Sherk, ZPE 88,1991, 239; N.Ehrhardt, Acta Centri Historiae. Terra antiqua Balcanica II, Sofia 1987,107.

27　J.Vinogradov, Bull.épigr.1990,559 (REG 103,1990,548f.). Vgl. auch S.J.Saprykin, VDI 1990,2,207.

28　Schon Mithridates II. hatte eine Schwester des Seleukos II. geheiratet (Euseb.chron. p.118 Karst) und seine Tochter Laodike dem Antiochos III. zur Frau gegeben (Polyb.5,43,1ff.). Pharnakes I. heiratete die seleukidische Prinzessin Nysa (OGIS 771). Vgl. dazu Seibert, Dynastische Verbindungen 58ff.69.118f.; St.M.

und wegen der zahlreichen gemeinsamen Interessen[29] in Pontos bekannt und für das pontische Königreich am zweckmäßigsten sein mußte. Nicht ein historisches Ereignis in der eigenen Geschichte führte also zur Verwendung der ersten Ära in Pontos, sondern die in der Praxis am besten verwendbare Zeitrechnung.

Es stellt sich die Frage, wann in Pontos die unter Mithridates VI. verbreitete Ära ab 297/6 v.Chr. eingeführt wurde und ob die Jahreszahlen 161 und 173, die in die Zeit des Mithridates V. Euergetes gehören, ab 312/1 v.Chr.[30] oder ab 297/6 v.Chr.[31] zu berechnen sind. Der Monat Dios des Jahres 161 in der Inschrift aus Abonuteichos entspricht nach der seleukidischen Ära etwa dem Oktober 152 v.Chr., nach der unter Mithridates VI. üblichen Ära dem Oktober 137 v.Chr.[32]. Das Jahr 173 auf der Münze des Mithridates V. würde nach der seleukidischen Ära mit 140/39 v.Chr. gleichzusetzen sein, nach der später einsetzenden Ära mit 125/4 v.Chr. Alle diese Daten passen in die Regierungszeit des Mithridates V., der 149 v.Chr. zum ersten Mal bezeugt ist, was aber nicht ausschließt, daß er nicht schon 152 v.Chr. regierte[33].

Für die spätere Datierung könnten die Feststellung Roberts sprechen[34], daß auf der Rückseite der Münze des Mithridates V. mit der Jahreszahl 173 die Statue des delischen Apollon dargestellt[35] und daß gerade 129/8 v.Chr. eine Statue für Mithridates in Delos geweiht worden war, und die Notwendigkeit, wegen der Inschrift des Jahres 161[36] die Regierungszeit des Mithridates IV. dann auf die wenigen Jahre 155-152 v.Chr. zu beschränken[37].

Aus den Quellen erfahren wir nicht, wer in Pontos die seleukidische Ära durch die unter Mithridates VI. gebräuchliche ersetzte und warum dies geschah. In der pontischen Geschichte läßt sich kein wichtiges Ereignis feststellen, das zu einer eigenen

Burstein, AJAH 5,1980,7; McGing, Mithridates 21ff.32.38 und RhM 129,1986,253.257.

29 Vgl. Sherwin-White, Foreign Policy 42; McGing, Mithridates 33; H.Heinen, CAH VII 1²,1984,426.

30 Vgl. oben Anm.24. Die seleukidische Ära bevorzugte McGing, Mithridates 36.41 und RhM 129,1986,259.

31 So Meyer, Grenzen 117; L.Robert, Hellenica IX,1950,69f.; Perl 300.329 und Anm.10 mit weiterer Literatur; L.Robert, JS 1978,153ff.; J.G.Vinogradov-M.Wörrle, Chiron 22,1992,161 Anm.9.

32 E.Olshausen, RE Suppl.15,1978,403 schließt sogar eine Zählung ab der Annahme des Königstitels im Jahre 281/80 v.Chr. entsprechend Synkellos p.523,5 (siehe oben Anm.22) nicht aus, was zur Gleichsetzung des Jahres 161 mit 121/20 v.Chr. führen würde. Dagegen könnte aber, wenn sie tatsächlich existiert, die Münze mit der Jahreszahl 173 sprechen.

33 Vgl. B.C.McGing, RhM 129,1986,256.

34 OGIS 366. Vgl. L.Robert, JS 1978,160-163.

35 Vgl. dagegen F.de Callatay, BCEN 28,2,1991,29ff.

36 Siehe oben S.78 mit Anm.2.

37 Vgl.J.Vinogradov, Bull.épigr.1990,559 (REG 103,1990,548f.).

pontischen Ära ab 297/6 v.Chr. hätte führen können[38]. Ist es also die in Bithynien schon seit 149/8 v.Chr. regelmäßig verwendete Ära, die ab 96/5 v.Chr. auf den pontischen Königsmünzen erscheint?

Schon lange ist nachgewiesen, daß die bithynische Königsära ab etwa dem Jahre 297 v.Chr., als Zipoites den Königstitel annahm, zu berechnen ist[39]. Umstritten war nur das genaue Anfangsdatum, ob die Ära ab Herbst 298 oder ab Herbst 297 v.Chr. oder vielleicht sogar ab 296 gezählt wurde. Perl ist es zu verdanken, daß mit großer Sicherheit 297/6 v.Chr. als Epochenjahr der bithynischen Königsära anzusehen ist[40]. Diese Berechnung des Ausgangsjahres ist mehrfach bestärkt und durch weitere Argumente unterstützt worden[41]. Wenn nun die bithynische und die pontische Ära mit dem gleichen Epochenjahr beginnen, in Pontos kein passendes Ereignis für den Beginn einer Ära zu finden ist und die Ära in Pontos erst lange nach deren erstem Vorkommen in Bithynien verwendet wurde, ist davon auszugehen, daß die bithynische Ära irgendwann in das Nachbarland Pontos übernommen worden ist[42].

Reinach hat vermutet, daß die Ära aus wirtschaftlichen Gründen in Pontos eingeführt wurde, weil Bithynien höher entwickelt war[43]. Auch L.Robert sah in der Annahme der bithynischen Ära - seiner Meinung nach durch Mithridates V. - ein wirtschaftspolitisches Element und verwies auf den reichen Handel zwischen Pontos und der Ägäis durch den Bosporus und damit durch den Einflußbereich des Königreiches Bithynien[44]. Perl ist der Ansicht[45], daß die "wirtschaftspolitische Maßnahme der einheitlichen Ära" den Wirtschafts- und Handelsverkehr fördern sollte. Tatsächlich wurden datierte (aber auch undatierte) Münzen des Mithridates VI. in Bithynien gefunden[46] und liefen offenbar zusammen mit den

---

38   Wilson 646 dachte daran, daß damals die Position des Mithridates I. in Amaseia konsolidiert worden sei. Warum er gerade Amaseia in den Vordergrund stellen will, obwohl es in den Quellen keine Rolle spielt, geht aus seinen Ausführungen nicht hervor.

39   Vgl. Perl 299ff. mit der älteren Literatur.

40   Siehe auch unten S.178ff.

41   Z.B. durch Ph.Pollak, ANSMusN 16,1970,45ff.

42   So u.a. Reinach, Trois royaumes 131ff.; W.Wroth, BMC Pontus etc. p.XXIV; W.H.Bennett, Historia 10,1961,460f.; Perl 305f.; Ph.Pollak, ANSMusN 16, 1970,51f.; F.S.Kleiner, ANSMusN 19,1974,8.

43   Reinach, Trois royaumes 132f.; ebenso W.H.Bennett, Historia 10,1961,461; Ph.Pollak, ANSMusN 16,1970,51f.; E.Olshausen, RE Suppl.15,1978,403. - Reinach, Mithridates 259f. spricht aber auch von politischen Rücksichten.

44   L.Robert, JS 1978,156.

45   Perl 329f.

46   Vgl. Ph.Pollak, ANSMusN 16,1970,45ff.

Prägungen der bithynischen Könige um[47]. Möglicherweise wurde sogar in der Zeit der Herrschaft des Mithridates VI. über Bithynien (88-84 v.Chr.) die bithynische Münzprägung eingeschränkt[48]; die pontischen Münzen konnten neben den städtischen Prägungen als Ersatz dienen.

Aber hätte es deswegen unbedingt einer einheitlichen Jahreszählung bedurft? Warum behielt Mithridates nicht die Seleukidenära bei? Datierungen auf Münzen dienen primär der inneren Überwachung und Kennzeichnung der Münzprägung und sind kein Merkmal für den Wert und die Gültigkeit einer Prägung im Ausland. Im Unterschied zu den bithynischen Königsmünzen weisen die pontischen zum großen Teil auch Monatsangaben auf. Die Änderung einer Ära war häufig aber auch eine politische Maßnahme mit propagandistischem Wert. Daß dies auch für Mithridates VI. gilt, zeigt die Einführung der sogenannten Befreiungsära nach seiner Eroberung Pergamons und Westkleinasiens[49].

Teilweise hat man die Übernahme der bithynischen Ära durch den pontischen König wegen der Feindschaft zwischen beiden Königreichen für ausgeschlossen gehalten[50]. Es ist sicher wahrscheinlicher, daß eine fremde Ära übernommen wird, wenn man freundschaftlich zusammmenarbeitet und gute Beziehungen bestehen[51]. Zwischen Bithynien und Pontos gab es aber lange Zeit große Interessengegensätze und Rivalitäten. Mithridates IV. unterstützte die Attaliden im Krieg gegen Prusias II.[52]. Auch unter Mithridates V. hören wir von Gegensätzen zwischen beiden Reichen[53]. Konkrete Zusammenarbeit ist erst unter Mithridates VI. bekannt[54]. McGing nimmt daher an[55], daß die Ära etwa 108/7 v.Chr., als Mithridates und Nikomedes III. in einem gemeinsamen Unternehmen in Paphlagonien einfielen[56], übernommen wurde, ohne

47 Siehe z.B. M.Thompson, The New Style Silver Coinage of Athens, New York 1961,506; F.S.Kleiner, ANSMusN 19,1974,3ff.; IGCH Nr.973. Nr.1356. Nr.1463.

48 Reinach, Trois royaumes 132; W.H.Bennett, Historia 10, 1961,469f.; Ph.Pollak, ANSMusN 16,1970,52 mit Anm.18. - Die von Bennett, loc.cit. angeführten Zahlen der für jedes einzelne Jahr erhaltenen Münzen sind zu klein, um zu einwandfreien statistischen Aussagen zu gelangen; vgl. Perl 319. Repräsentativer sind die Zahlen bei Fr.de Callatay, RBN 132,1986, 19f.

49 Siehe unten S.90ff.

50 So R.Leper (oben Anm.18) nach Perl 329 Anm.134.

51 Vgl. B.C.McGing, RhM 129,1986,257.

52 Polyb.33,12,1.

53 Vgl. die Rede des C.Sempronius Gracchus XII bei E.Malcovati (Ed.), Oratorum Romanorum Fragmenta Liberae Rei Publicae, Turin 1965², p.187f. Dazu Sherwin-White, Foreign Policy 94f.

54 Iust.37.4,3ff. 38,1,1ff.

55 B.C.McGing, RhM 129,1986,258.

56 Vgl. dazu McGing, Mithridates 66ff.; Sullivan 31.38.

daß er aber zu erklären vermag, warum sie erst 96/5 v.Chr. auf den Münzen erscheint. Ohne sich auf ein sicheres Jahr für die Einführung der Ära festlegen zu können, bleibt festzustellen, daß die Übernahme der Ära sehr gut mit den politischen Plänen des Mithridates VI. übereinstimmte, nämlich eine politische und wirtschaftliche Einheit rings um das Schwarze Meer zu schaffen[57]. Möglicherweise stammt auch der erste inschriftliche Beleg für die Ära aus Phanagoreia an der nördlichen Schwarzmeerküste[58].

Andererseits kann die Ära eines benachbarten Reiches auch deswegen übernommen worden sein, um Ansprüche auf die Herrschaft über dieses Gebiet zu propagieren[59]. Gerade 96/5 v.Chr., als die ersten pontischen Münzen mit Jahreszahlen der neuen Ära datiert wurden, gab es Spannungen zwischen Pontos und Bithynien um Kappadokien[60]. In diese Zeit gehört wohl auch die Allianz zwischen Mithridates VI. und Tigranes von Armenien[61], ein Zeichen der Umorientierung in der Bündnispolitik des pontischen Königs. In die neunziger Jahre fällt ein von Mithridates initiierter Anschlag auf Nikomedes IV. und der Einfall des Thronprätendenten Sokrates Chrestos nach Bithynien mit Unterstützung des pontischen Königs[62]. Dies alles zeigt das Interesse, das Mithridates VI. an Bithynien in dieser Zeit hegte. Die Rivalität zwischen pontischem und bithynischem Reich dürfte sich auch auf die Wirtschaftspolitik und damit auf die Münzprägung erstreckt haben[63].

Trotz all dieser Möglichkeiten der Erklärung bleiben viele Fragen. Versuchte Mithridates VI. absichtlich den Beginn seines Königreiches zurückzudatieren und etwa auf einen mit Bithynien gemeinsamen Ursprung zurückzuführen? Sollte für Pontos das gleiche Alter wie für Bithynien gelten? Oder waren es nur wirtschaftliche und handelspolitische Gründe, die praktischerweise zur Übernahme der schon lange bekannten bithynischen Ära führten? Die Einführung der neuen Ära in Pontos paßt jedenfalls besser zur expansiven Macht- und Wirtschaftspolitik des Mithridates VI. als zu Mithridates V. Es kann aber nicht als gesichert gelten, daß die

---

57 Vgl. B.C.McGing, RhM 129,1986,258f. - Perl 329f., der entsprechende Pläne auch Mithridates V. zuschreibt, gesteht aber zu (S.302 Anm.10), daß diese Ziele bei Mithridates VI. noch offenkundiger sind. - Zur wirtschaftlich - politischen Einheit in Pontos vgl. Rostovtzeff, Hellenistic World II 832; D.B.Shelov, Le royaume pontique de Mithridate Eupator, JS 1982,243ff.; Sullivan 36ff.

58 Siehe oben S.44.

59 Vgl. Ph.Pollak, ANSMusN 16,1970,52: "His (sc. Mithridates VI.) motive may have been an attempt to undermine or rival Bithynia, or it may have been merely a matter of convenience." Außerdem B.C.McGing, RhM 129,1986,259.

60 Vgl. McGing, Mithridates 76f. und RhM 129,1986,259; Sullivan 39.

61 Vgl. McGing, Mithridates 78 und D.G.Glew, Athenaeum 65,1977,390.

62 App.Mithr.57. Vgl. McGing, Mithridates 79.

63 Siehe S.83f. zum Umlauf pontischer Münzen in Bithynien.

Jahreszahlen unter Mithridates V. noch nach der alten seleukidischen Ära zu berechnen sind[64].

b. Die Ären unter Mithridates VI.

Die meisten Münzen, die König Mithridates VI. von Pontos
prägen ließ, tragen Jahreszahlen einer Ära, größtenteils sogar
Monatszahlen[1]. Die datierten Tetradrachmen beginnen mit dem
achten Monat des Jahres 202[2] und reichen bis zum Jahre 231.
Außerdem weisen einige Goldstatere und Drachmen für den gleichen
Zeitraum entsprechende Datierungen auf[3]. Es fehlen im bisher
publizierten Material lediglich die Jahre 217, 229, 230 und
möglicherweise das Jahr 220.

Wir kennen nicht das genaue Datum der Regierungsübernahme
durch Mithridates VI. Er muß aber zwischen 120 v.Chr., als sein
Vater ermordet wurde, und 116/5 v.Chr. die Macht übernommen
haben[4]. Appian (Mithr.112) spricht von 57 Regierungsjahren des
Mithridates VI., wobei es unklar ist, ob Appian exklusiv oder
inklusiv zählt. Da der Tod dieses Königs ins Jahr 63 v.Chr. zu
legen ist, ergibt sich aus Appians Angaben als erstes Regierungsjahr des Mithridates VI. 120 oder 119 v.Chr.[6]. Möglicherweise hat
Appian aber die Jahre ab dem Tode des Mithridates V. gezählt,
ohne die Zeit der Regentschaft der Königswitwe Laodike zu
berücksichtigen. Die Münzen des Mithridates VI. lassen, weil sie

---

64 Für Mithridates VI. auch W.H.Bennett, Historia 10,1961,461;
Ph. Pollak, ANSMusN 16,1970,51f.; F.S.Kleiner, ANSMusN 19,
1974,8; McGing, Mithridates 41. 97 n.47 und RhM 129,1986,257ff.
Für die schon frühere Übernahme J.Vinogradov, REG 103,1990,
548f. und J.G. Vinogradov - M.Wörrle, Chiron 22,1992,161 Anm.9.

1 Rec.gén. p.13ff. Nr.9ff.; außerdem SNG Aulock 9 und 6680;
SNG Fitzwilliam 4055 und die Nachträge zum Rec.gén. von
M.J.Price, NC 1968,12 und F.S.Kleiner, ANSMusN 19,1974,24. Die
jüngsten Addenda bei Callatay, Mithridate 55ff. Callatay lehnt die
Existenz einer Prägung des Jahres 220 ab, geht aber nicht auf die
von F.S.Kleiner, loc.cit. erwähnte Münze dieses Jahres aus dem
Giresun Hoard ein. - Die Prägungen der Jahre 220?, 228 und 231
weisen keine Monatsdaten auf; in den Jahren 207, 209 und 223 ist
ein 13.Monat als Schaltmonat bezeugt; siehe die Tabelle S.462.

2 Aus dem gleichen Jahr stammen die Drachmen ohne Monats
datierung: Rec.gén. p.14 Nr.10; SNG Aulock 6684.

3 Statere: Rec.gén.9a.9b.9d; SNG Cop.233. - Drachmen: Rec.
gén.10; SNG Aulock 6680.6684.

4 Vgl. McGing, Mithridates 43.

5 Vgl. Perl 326f. mit Anm.120 (dort auch die Quellen);
außerdem E.Olshausen, ANRW I 1,1972,814; Will, Histoire politique
II[2] 503; P. Greenhalgh, Pompey. The Roman Alexander, London
1980,146ff.

6 Vgl. H.Bernhardt, Chronologie der Mithridatischen Kriege,
Diss. Marburg 1896,7.

nur in 30 seiner 57 Regierungsjahre datiert sind, eine genaue
Berechnung des Ausgangspunkts der Ära, nach der die Münzen
datiert sind, nicht zu. Äradatierungen in Inschriften sind in
dieser Zeit aus Pontos selbst nicht bekannt.

Um das Epochenjahr der auf den pontischen Münzen angewandten Ära berechnen zu können, ist man darauf angewiesen, die
Äradatierungen im Bosporanischen Reich zu Rate zu ziehen.
Mithridates VI. war im Kampf gegen die vorrückenden Skythen als
Nachfolger der Spartokidendynastie Herrscher über das Reich am
kimmerischen Bosporus geworden[7]. Sein Sohn Pharnakes II. wurde
während eines Aufstand des mithridatischen Heeres im Bosporanischen Reich zum König ausgerufen. Dies geschah im Jahre 63
v.Chr. im Zusammenhang mit dem Tode des Mithridates[8]. Pompeius
überließ damals Pharnakes als Freund und Bundesgenossen der
Römer die Herrschaft über das Reich an der Nordküste des
Schwarzen Meeres[9].

In der Münzprägung der bosporanischen Herrscher sind seit
Pharnakes II., dem Sohn Mithridates' VI., mit wenigen Ausnahmen
die Goldmünzen durch Jahresangaben datiert. Die Jahreszahlen
unter Pharnakes II. laufen von 243 bis 247, während die letzte
Prägung seines Vaters Mithridates in Pontos noch die Jahreszahl
231 trug. Die Annahme liegt nahe, daß durch die Personalunion
des Königs von Pontos und des Herrschers des Bosporanischen
Reiches die auf den Königsmünzen in Pontos gebräuchliche Ära auf
die Münzen des kimmerischen Bosporus übertragen wurde[10]. Daß
dies schon unter Mithridates VI. geschah, wird durch die neue
Inschrift aus Phanagoreia wahrscheinlich, die sowohl in das Jahr
210 als auch in die Regierungszeit Mithridates' VI. datiert ist[11],
obwohl die unter diesem Herrscher im Bosporanischen Reich
geprägten Münzen noch keine Jahreszahlen aufweisen.

Ab der Zeitenwende, möglicherweise auch schon einige Jahre
zuvor, tragen die Statere des Bosporanischen Reiches neben den
Jahreszahlen auch Porträts von römischen Kaisern oder von
Familienmitgliedern des Kaiserhauses. Diese Synchronismen führten
schon im 18.Jh. zur Ermittlung des Anfangsjahres der
"bosporanischen" Ära[12]. Denn Münzen des bosporanischen Jahres
413 zeigen sowohl das Porträt des Kaisers Traianus als auch das
des Hadrianus[13]. Perl hat überzeugend dargelegt[14], daß die Ära

7   Vgl. Gajdukevič 313ff.; McGing, Mithridates 43ff.132ff.
8   App.Mithr.110f.
9   App.Mithr.113. Vgl. Gajdukevič 322f.; Hoben 8ff.; McGing,
Mithridates 165ff.
10 So Minns 590f.; F.Diehl, RE XIX 2,1938,1852; Gajdukevič
323; Perl 302f.; M.J.Price, NC 1968,1; L.Robert, JS 1978,161 und
schon J.Eckhel, Doctrina numorum veterum II, Wien 1794,381f.
11 J.G.Vinogradov - M.Wörrle, Chiron 22,1992,159ff.
12 J.Eckhel, Doctrina numorum veterum II, Wien 1794,381f.
13 Vgl. Frolova I 108.
14 Perl 303ff. Vgl. auch M.J.Price, NC 1968,1 n.2; Ph.Pollak,
ANSMusN 16,1970,51. Siehe auch oben S.53ff.

ab 297/6 v.Chr. zu berechnen ist. Somit erhalten wir für die datierte Edelmetallprägung des Mithridates VI. mit den Jahreszahlen 202 bis 231 eine Prägezeit von 96/5 bis 67/6 v.Chr.

Die Berechtigung dieser Umrechnung, die auf der Annahme beruht, daß bosporanische und pontische Ära identisch sind, wird durch den Einblick in eine Tabelle der datierten Prägungen des Mithridates VI. gestützt, in der die einzelnen belegten Jahres- und Monatszahlen aufgeführt sind[15]. Daraus ist zu erkennen, daß der Ausstoß von Münzen im Einführungsjahr 95 v.Chr. von etwa Mai bis November und in der Zeit von Herbst 93 bis Ende 84 v.Chr.[16] sowie von Anfang 75 bis Ende 72 v.Chr. besonders groß gewesen sein muß, während in den übrigen Jahren nur in einzelnen Monaten oder überhaupt keine Edelmetallprägungen ausgegeben wurden. Callatay[17] konnte feststellen, daß zwei Drittel aller datierten Münzen in den Jahren 93/2, 90/89, 89/8, 86/5, 76/5 und 75/4 v.Chr. geprägt wurden.

Die verstärkte Münzprägung in der Zeit bis 84 v.Chr. ist sicherlich mit der expansiven Politik des Mithridates in Zusammenhang zu bringen. Der von Callatay ermittelte hohe Münzausstoß in den Jahren 90/89, 89/8 und 86/5 v.Chr. ist konkret mit dem sogenannten ersten Mithridatischen Krieg zu verbinden[18]. Zwischen 84 und 75 v.Chr. wurde dagegen sehr viel weniger geprägt[19]. Die erneut erhöhte Münzprägung ab Anfang 75 v.Chr. gehört in den Rahmen des letzten Mithridatischen Krieges, der zwar erst im Frühjahr 73 v.Chr. begonnen haben dürfte, aber schon ab 76 oder 75 v.Chr. vorbereitet wurde[20]. Das Ende dieser Prägeperiode fällt mit dem Einfall des Lucullus in Pontos während des Winters 72/1 v.Chr. und mit der Flucht des Mithridates nach Armenien im Frühjahr 71 zusammen[21]. Diese Ereignisse sind nicht nur anhand der Münzprägung, sondern auch durch die literarische Überlieferung zu datieren, wenn auch das genaue Jahr nicht immer unumstritten ist.

15   Siehe die Tabellen S. 462, bei F.S.Kleiner, ANSMusN 19,1974,25 = M.Crawford, Coinage and Money under the Roman Republic, London 1985,202 und Callatay, Mithridate 63ff., wo aber in Taf.IV die kurz zuvor (S.62,2) angeführte Münze aus dem Jahr 208 mit der Monatszahl E fehlt. Neu ist der dritte Monat des Jahres 226: Numismatik Lanz München, Auktion 58,1991,173.

16   Vgl. M.J.Price, NC 1968,4; Sherwin-White, Foreign Policy 126; McGing, Mithridates 86 (dazu J.W.Rich, JRS 77,1987,244f.).

17   Callatay, Mithridate 56 mit Taf.II und IV; vgl. M.J.Price, NC 1968,5; Fr.de Callatay, RBN 132,1986,29.

18   Callatay, Mithridate 57f.

19   Vgl. F.S.Kleiner, ANSMusN 19,1974,7; M.J.Price, NC 1968,5; Callatay, Mithridate 56.58.

20   Vgl. D.G.Glew, Chiron 11,1981,126ff.; B.C.McGing, Phoenix 38,1984,18; McGing, Mithridates 138ff.; Callatay, Mithridate 57ff.

21   Vgl. McGing, Mithridates 151; Callatay, Mithridate 57; Sullivan 152.

Entsprechend lassen sich auch die letzten datierten Münzen des Mithridates VI. mit historischen Ereignissen verbinden, wie Perl gezeigt hat[22]. Ein gleichartiges Monogramm verbindet die Prägungen vom 9.Monat des Jahres 226 (Mitte 71 v.Chr.) mit denen vom 10. und 11.Monat des Jahres 227 (Mitte 70 v.Chr.) und weist sie einer gemeinsamen Prägestätte zu[23], entweder Sinope, das nach Ausweis seiner späteren Befreiungsära erst 70 v.Chr. von Lucullus eingenommen wurde, oder Amaseia, das als letzte bedeutende Stadt des pontischen Reiches noch Widerstand leistete[24]. Ende 70 v.Chr. war Pontos völlig in römischer Hand[25]. Die singuläre Prägung des Jahres 70/69 v.Chr. ohne Monatsangabe[26] erfolgte entweder noch im Herbst 70 v.Chr. in Pontos[27] oder schon in Armenien, wo Mithridates Zuflucht gefunden hatte[28]. Der König war im Frühjahr oder Sommer 71 v.Chr. aus seinem Reich geflohen[29]. Nach den antiken Berichten wurde er erst lange nach seiner Flucht von König Tigranes in Ehren empfangen[30]. Memnon nennt eine Zeitspanne von einem Jahr und acht Monaten zwischen Flucht und ehrenvoller Aufnahme[31]. Das heißt, die Unterstützung durch Tigranes begann frühestens Ende 70 oder Anfang 69 v.Chr. Erst ab diesem Zeitpunkt ist eine Münzprägung des Mithridates in Armenien vorstellbar[32]. In diese Zeit gehört die Prägung mit der Jahreszahl 228 (=70/69 v.Chr.).

Die spätesten Münzen des Mithridates VI. stammen aus dem Jahre 67/6 v.Chr., tragen aber keine Monatszahlen. Ende 68 war Mithridates wieder nach Pontos zurückgekehrt. Nach seinem Sieg über Triarius im Frühjahr 67 v.Chr. herrschte er noch einmal über einen Teil seines Reiches[33]. Anfang 66 v.Chr. erhielt Pompeius sein großes Kommando über den Osten und vertrieb noch im gleichen Jahre Mithridates[34]. Die abschließenden Prägungen des Königs passen also in den Zeitraum seines letzten Aufenthaltes in Pontos[35].

In die Prägezeit der königlichen Edelmetallmünzen mit Jahresdaten gehört auch die einzige Bronzeprägung innerhalb des

22 Perl 321f.
23 Rec.gén. I 1² p.20.
24 Memnon, FGrHist 434 F 37,9.
25 Vgl. Sherwin-White, Foreign Policy 173; McGing, Mithridates 152; M.Errington, Chiron 17,1987,99.
26 Ein Exemplar (aus Wien) ist publiziert: Rec.gén. I 1² p.20.
27 Nach Magie 1215 n.43 in Amaseia.
28 So Perl 322, weil das in Pontos übliche Monogramm fehlt.
29 Vgl. Magie 336; B.C.McGing, Phoenix 38,1984,12ff.; McGing, Mithridates 153.
30 App.Mithr.85; Plut.Luc.22,1.
31 Memnon, FGrHist 434 F 38,1.
32 Vgl. auch Perl 322.
33 Vgl. McGing, Mithridates 162f.; Sullivan 153.
34 Vgl. McGing, Mithridates 163f.
35 Vgl. Perl 321f.; Sullivan 153.

Königreiches Pontos, die eine Jahreszahl trägt[36]. Es sind Münzen aus Sinope, der besonders geehrten Metropole und Geburtsstadt des Mithridates VI.[37]. Diese Münzen weisen die Datierung ΓΚΣ =223 auf[38], was nach der damals in Pontos üblichen Ära dem Jahr 75/4 v.Chr. entspricht[39]. Nach der Eroberung Sinopes durch die Römer im Jahre 70 v.Chr., das später das Epochenjahr einer neuen städtischen Ära wurde[40], ist der Gebrauch der unter Mithridates VI. üblichen Zeitrechnung, die doch allzusehr mit dem großen Gegner der Römer verbunden war, nicht mehr zu erwarten. Die danach für frei erklärte Stadt Sinope[41] hätte diese Zählung sicherlich auch aus politischen Gründen nicht weitergeführt. Die Münzen Sinopes aus dem Jahre 75/4 v.Chr. stehen wohl mit der hohen Münzproduktion am Vorabend des dritten Mithridatischen Krieges in Verbindung[42].

Auf einigen Goldstateren und Tetradrachmen des Mithridates VI. finden sich an der Stelle der sonst üblichen Jahresangaben der pontischen Ära rechts im Feld Zahlen von A bis Δ [43]. Es handelt sich um die Jahreszahlen 1 bis 4 einer neuen Zählung. Auf einigen Münzen des Jahres 1 erscheinen zudem im Abschnitt, in dem bei den üblichen pontischen Prägungen die Monatszahlen stehen, die Zahlzeichen A, B, Γ, Δ, ϛ und Z, die diese Münzen in die Monate 1 – 4 und 6 – 7 des ersten Jahres datieren[44]. Die Münzen mit dieser neuen Zeitrechnung zeigen auf der Vorderseite das Porträt des Mithridates VI., auf der Rückseite normalerweise einen äsenden Hirsch im Efeukranz[45]. Diese gleiche Rückseiten-

---

36 Die angebliche pontische Ära auf Münzen von Kamos (oder Kamai) ist auszuscheiden; vgl. oben S.39. Wir wissen weder genau, welche Ära dort verwendet wurde (eventuell die seleukidische), noch wo die Münzen geprägt wurden.

37 Vgl. Strab. 12,3,11 p.545.

38 Rec.gén.61; F.Imhoof-Blumer, NZ 45,1912,182 Nr.77 pl.II 27; Reinach, Trois royaumes 201.

39 Vgl. Perl 321 Anm.89.

40 Siehe S.157ff.

41 Vgl. Wilson 182.

42 Vgl. M.J.Price, NC 1968,5; B.C.McGing, Phoenix 38,1984,18; McGing, Mithridates 140.

43 Rec.gén. p.14 Nr.9c. p.17 Nr.15a. p.18 Nr.16; SNG Aulock 6676; SNG Berry 892f.; SNG Manchester 1146; Jameson Coll.2155; F.S.Kleiner, ANSMusN 19,1974,5 Nr.19-22; A.B.Brett, Museum of Fine Arts Boston. Catalogue of Greek Coins, Boston 1955, Nr.1358; W.Schwabacher, NC 1939,164 Fig.1; H.A.Troxell, The Coinage of the Lycian League, New York 1982, pl.12 H. Vgl. Reinach, Trois royaumes 193ff.; Reinach, Mithridates 477f.

44 Rec.gén. p.18 Nr.16 und für den Monat A: W.Schwabacher, NC 1939,164 Fig.1, für die Monate ϛ und Z: F.S.Kleiner,ANSMusN 19,1974, 5 Nr.19 und Nr.20.

45 Mit dem Pegasos auf der Rückseite sind bisher nur zwei Exemplare des Jahres 2 und ein Exemplar des Jahres 3 bekannt: Rec.gén. p.17 Nr.15a und M.J.Price, NC 1968,12.

darstellung ersetzt auf den in üblicher Weise datierten Tetradrachmen des Mithridates zum ersten Mal im Jahre 87/6 v.Chr. den bisher gebräuchlichen Pegasos[46], kommt aber auf den Goldstateren und den Drachmen schon 93/2 bzw. 96/5 v.Chr. vor[47]. Die Anordnung der Jahreszahl auf den neu datierten Prägungen, nämlich rechts vom Hirsch im Feld, ist erstmals 89/8 v.Chr. auf den Münzen mit der üblichen pontischen Äradatierung bezeugt[48]. Neben diesen Veränderungen auf der Rückseite wandelte sich auch das Porträt auf der Vorderseite vom realistischen zum idealisierten Bildnis[49]. Dieser Wandel auf der Vorderseite vollzog sich in der Goldprägung wohl schon zwischen 93/2 und 89/8 v.Chr.[50], spätestens aber bis 86/5 v.Chr. Denn auf den Tetradrachmen mit pontischer Äradatierung kommen in den Jahren 211 und 212, das ist 87/6 und 86/5 v.Chr., beide Porträtformen nebeneinander vor[51]. Sowohl bei den Vorderseiten als auch bei den Rückseiten läßt sich also ein Einschnitt in ungefähr der gleichen Zeit feststellen[52].

Die Münzen mit den Jahresdaten 1 - 4 haben den Stil- und Typenwandel bis auf wenige Ausnahmen[53] schon vollzogen. Diese neu datierten Prägungen gehören also in den Zeitraum dieses Übergangs. Schon Reinach hat gesehen[54], daß auf einigen Goldmünzen mit der neuen Datierung das gleiche Monogramm vorkommt[55], das die Kistophoren Pergamons anstelle eines Ethnikon tragen[56]. Die Münzen mit diesem Monogramm sind offenbar in Pergamon geprägt worden[57]. Dies kann aber nur in dem Zeitraum geschehen sein, als Pergamon im Besitze Mithridates' VI. war.

Die Datierung des Ausbruchs des ersten Mithridatischen Krieges, in dessen Verlauf Pergamon in die Hände des pontischen Königs fiel, beruht vor allem auf dem Livius-Epitomator (74ff.) und auf der Reihenfolge der Ereignisse, wie sie Appian (Mithr. 15ff.) schildert. Trotz vieler Streitfragen um die genaue Chronologie steht fest, daß Pergamon spätestens im Sommer 88 v.Chr., vielleicht aber schon Ende 89 v.Chr. von Mithridates

46   Vgl. M.J.Price, NC 1968,12. - Siehe zum Vergleich Taf.I 8 und Taf.I 9.
47   Rec.gén. p.13 Nr.9a. p.14 Nr.10.
48   Rec.gén. p.14 Nr.9b.
49   Vgl. M.J.Price, NC 1968,3.
50   Vgl. M.J.Price, NC 1968,3; dagegen die Bedenken von McGing, Mithridates 98 n.54.
51   Vgl. M.J.Price, NC 1968,4 Fig.1.
52   Vgl. M.J.Price, NC 1968,4 Fig.1.
53   Vgl. Anm.45.
54   Reinach, Trois royaumes 194f.
55   Rec.gén. p.14 Nr.9c; SNG Berry 892f.; Jameson Coll.2155; SNG Aulock 6676 (=Taf.I 12).
56   Kleiner - Noe 22ff.
57   Ebenso eine undatierte Goldprägung des Mithridates; vgl. M.J. Price, NC 1968,2 und 12.

besetzt wurde[58]. Im Laufe des Jahres 85 v.Chr., spätestens im Sommer, mußte der König die Stadt aufgeben[59]. Die Münzen mit den Jahreszahlen 1 -- 4 passen also zur Dauer der Herrschaft des Mithridates über Pergamon.

Reinach hat als erster die Meinung vertreten, daß die ganze Gruppe der neu datierten Münzen in der Münzstätte Pergamon geprägt wurde und daß sich die Ära auf die Wiederherstellung des Königreiches Pergamon beziehe[60]. Allgemein wird seither diese Ära ab dem Einfall des pontischen Königs in die römische Provinz Asia gerechnet und als sogenannte "pergamenische Ära"[61] oder als "pergamenische Befreiungsära"[62] bezeichnet. Zwar residierte Mithridates VI. zeitweise in Pergamon, beispielsweise zu dem Zeitpunkt, als Sulla Anfang 87 v.Chr. von Rom aus gegen den pontischen König aufbrach[63]. Es ist aber fraglich, ob die Münzen des Jahres 1, die in den ersten Monat dieses Jahres datiert sind, schon in Pergamon geprägt sein können. Nimmt man die Gültigkeit des pontischen Kalenders an, müssen diese Münzen spätestens im Oktober/November 89 v.Chr. geprägt sein. Dies gilt auch, wenn man den makedonischen Kalender verwendete, der in der Provinz Asia verbreitet war[64]. Zu einem so frühen Zeitpunkt kann Pergamon wohl noch nicht in der Gewalt des Mithridates gewesen sein. Das Monogramm, das auf Pergamon hinweist, erscheint auch nur auf Goldmünzen der Jahre 2, 3 und 4, das heißt in den

58   A.N.Sherwin-White, Foreign Policy 121ff. und in: Miscellanea di studi classici in onore di Eugenio Manni VI, Rom 1980,1981ff., bes.1995 sowie in JRS 67,1977,74 n.86 plädiert für Ende 89 v.Chr. E.Badian, in: Assimilation et résistence à la culture gréco-romaine dans le monde ancien. Travaux du VIe Congrès international d'Etudes classiques (Madrid Sept.1974), Bukarest - Paris 1976,501ff., bes.507 und 521 = AJAH 1, 1976,105ff. datiert die Eroberung der Provinz Asia in das Frühjahr 88 v.Chr. Vgl.dazu auch McGing, Mithridates 109 n.96 und Chr.Marek, in: Alte Geschichte und Wissenschaftsgeschichte. Festschrift Karl Christ, Darmstadt 1988,289ff.

59   Plut.Luc.3; App.Mithr.52. Vgl. Th.Reinach, RN 1888,450 und Trois royaumes 199; Sherwin-White, Foreign Policy 141; McGing, Mithridates 130f.

60   Th.Reinach, RN 1888,445f. und Trois royaumes 193ff.; Reinach, Mithridates 143f.477f. Vgl. auch W.Wroth, BMC Pontus etc. p.XXVI; G.Kleiner, JDAI 68,1953,89.

61   Z.B. M.J.Price, NC 1968,1; F.S.Kleiner, ANSMusN 19, 1974,6; McGing, Mithridates 112.

62   So Reinach, Mithridates 478; G.Kleiner, MDAI(I) 6,1953,3 und JDAI 68,1953,80f.89.

63   Plut.Sulla 11,3. Vgl. Reinach, Mithridates 143; Bernhardt, Polis 38.

64   Vgl. Samuel 182. - Auch in Pergamon selbst dürfte der Jahresanfang um die Herbstäquinoktien gelegen haben; vgl. J.P.Adams, Historia 29,1980,310 n.26.

Jahren 88/7, 87/6 und 86/5 v.Chr.[65]. Die Münzen des Jahres 1, die zum Teil Monatsdaten wie die pontischen Tetradrachmen tragen, aber auch andere neu datierte Prägungen ohne das Pergamon-Monogramm müssen also nicht in der ehemaligen Hauptstadt der Attaliden geprägt sein. Sie stammen wohl aus verschiedenen Prägestätten.

Schwabacher[66] hat zwei Serien der Mithridates-Prägungen mit der neuen Äradatierung unterscheiden wollen, die des Jahres 1 mit Monatsdaten und die der Jahre 1 - 4 ohne Monatszahlen. Er wollte die Einführung der neuen Ära mit dem Griechenland-Feldzug des Mithridates verbinden und hielt es für möglich, daß seine erste Serie in Athen geprägt wurde[67], weil einige Stücke davon in den Piraeus- und Dipylon-Hortfunden in Athen enthalten waren[68]. Die zweite Serie sei irgendwo im Osten, vielleicht in Pergamon, geprägt worden. Als Ausgangspunkt der Ära nahm Schwabacher dementsprechend das Jahr 88/7 v.Chr. an. Dies ist aber chronologisch nicht möglich, da im Sommer 88 v.Chr., wenn man nach dem athenischen Jahresanfang rechnet, oder im Oktober des gleichen Jahres, falls man den in Pontos und Asia üblichen Jahresanfang im Herbst zugrunde legt, Athen sich zwar politisch schon Mithridates zugewandt hatte, aber noch nicht von seinen Truppen besetzt war[69]. Zudem müßten dann die Prägungen des vierten Jahres auf 85/4 v.Chr. verlegt werden, als die Macht des pontischen Königs über Pergamon schon vorbei war. Inzwischen wurden auch in Pontos, im Giresun-Fund[70], vier der neuen Mithridates-Prägungen gefunden, zwei des Jahres 1 mit den Monatszahlen 6 und 7 sowie je eine der Jahre 3 und 4. Man kann wohl annehmen, daß die ersten der Prägungen mit der neuen Jahreszählung Monatsdaten wie auf den üblichen pontischen Tetradrachmen trugen und daß im Laufe des Jahres die gleiche Werkstätte (oder mehrere Werkstätten) diese Praxis aufgab und nur noch nach Jahren datierte[71]. Auch unter den regelmäßigen Prägungen mit pontischer Äradatierung finden sich einige ohne Monatszahlen[72].

65 Rec.gén. p.14 Nr.9c und oben Anm.55. Vgl. Ph.Kinns, Asia Minor, in: The Coinage of the Roman World in the Late Republic, Oxford 1987,109.

66 W.Schwabacher, NC 1939,166. Vgl. auch M.Thompson, The New Style Silver Coinage of Athens, New York 1961,504 n.1.

67 Von M.Thompson, op.cit. 504 n.1 bezweifelt.

68 IGCH Nr.337 und Nr.339. Vgl. W.Schwabacher, NC 1939,136; M.Thompson, op.cit. 503f. mit n.1. 508. - Diese Schatzfunde sind wohl bei der Belagerung Athens durch Sulla vergraben worden; vgl. W.Schwabacher, NC 1939,162; M.Thompson, op.cit. 509; F.S.Kleiner, ANSMusN 19,1974,18.

69 Vgl. Sherwin-White, Foreign Policy 132.137; Chr.Habicht, Chiron 6, 1976,127ff.

70 Der Giresun-Fund, IGCH Nr.1383, publiziert von F.S. Kleiner, ANSMusN 19,1974,3ff.

71 So M.Thompson, op.cit.504 n.1.

72 Siehe S.86 mit Anm.1 und 2.

Die Tetradrachmen der Jahre 1 - 4 passen vom Gewicht, Stil und von der Darstellung her zu den pontischen Königsmünzen, die ab 87/6 v.Chr. mit pontischer Äradatierung geprägt wurden. Auch ihre Verbindung zu den früheren Tetradrachmen des Mithridates VI. ist deutlich. Auf Stücken des Jahres 209 (=89/8 v.Chr.) findet sich das gleiche Monogramm wie auf Prägungen der neuen Jahre 2 und 3[73]. Wenn sich die Monogramme auf manchen der neu datierten Münzen tatsächlich, wie vermutet wurde, auf die Feldherren des pontischen Königs beziehen[74], könnte man die Münzen der Jahre 1 bis 4, das heißt von 89/8 bis 86/5 v.Chr., mit noch größerer Berechtigung als Kriegsprägungen auffassen[75]. Offensichtlich sind viele dieser Münzen von den Soldaten des pontischen Königs mit nach Griechenland genommen worden, was aber auch für Münzen mit der üblichen pontischen Äradatierung gilt[76]. Price glaubt[77], daß es zwei Werkstätten waren, die die Münzen mit der neuen Äradatierung prägten. Sie können aber in noch weit mehr Münzstätten hergestellt worden sein, wie die variierenden Monogramme zeigen.

Die Bezeichnung der neuen Ära als "pergamenisch" ist sicher nicht korrekt. Pergamon kannte nie die Datierung nach einer Ära. In ihrer Einführung durch Mithridates VI. könnte man hingegen eine Gegenmaßnahme gegen die sogenannte "Provinzialära" von Asia sehen, deren Daten auf den Kistophoren von Ephesos erscheinen[78]. Wie die sogenannte "Kistophorenära" wurde auch die neue Zeitrechnung des Mithridates VI. nur auf Münzen, nicht in Inschriften verwendet[79]. Doch war die Ära auf den Kistophoren eine lokale Jahresrechnung von Ephesos[80].

Daß der Hirsch als Rückseitenmotiv auf den Münzen des Mithridates von diesem Zeitpunkt an den eher orientalischen Pegasos[81] verdrängte, könnte politische Gründe haben, da der Hirsch mit dem Artemiskult in Ephesos eng verbunden war[82],

73   Vgl. M.J.Price, NC 1968,2 n.4.

74   Zu den Monogrammen vgl. M.J.Price, NC 1968,2; F.S. Kleiner, ANSMusN 19,1974,6.

75   Vgl. W.Schwabacher, NC 1939,166; M.Thompson, op.cit. 504 n.1; F.S.Kleiner, ANSMusN 19,1974,6.

76   Vgl. den Abruzzi-Hoard: M.Thompson, op.cit. 504ff.

77   M.J.Price, NC 1968,4 Fig.1. Vgl. auch Kinns, Asia Minor 109.

78   Zu den datierten Kistophoren von Ephesos siehe unten S.204ff. - Daß der Kranz auf der Rückseite der Mithridates-Münzen die Kistophoren-Prägung als Vorbild hatte (vgl. McGing, Mithridates 97), ist wenig wahrscheinlich. - Kinns, Asia Minor 109 spricht von einer neuen Ära Asias.

79   So fehlt eine Äradatierung z.B. in den Briefen des Mithridates vom Jahre 88 v.Chr., die in Nysa gefunden wurden; vgl. Welles Nr.73 und Nr.74 sowie Syll.³ 741.

80   K.J.Rigsby, Phoenix 33,1979,39ff. Siehe S. 206f.

81   Vgl. McGing, Mithridates 98.

82   So M.J.Price, NC 1968,3f.; Sherwin-White, Foreign Policy

allerdings vereinzelt auch schon auf vorhergehenden pontischen Prägungen erscheint[83]. Die neue Ära aber trägt deutlich politisch-propagandistische Züge und ist Zeichen der neuen Herrschaft über Asia[84]. Mit Mithridates VI. sollte ein neues Zeitalter in der Geschichte von Asia beginnen. Dabei könnte Mithridates an das Wiedererstehen des pergamenischen Reiches der Attaliden gedacht haben[85]. Seine Propaganda kündigte die Befreiung der griechischen Städte von den Römern an[86]. Unter dem Druck von Abfallsbestrebungen der Städte Asias wurde diese Propaganda noch verstärkt[87]. In welcher Form Asia nach den Plänen des Mithridates weiterregiert werden sollte, geht nicht ausdrücklich aus den Quellen hervor. Die neue Ära dokumentiert aber eine Sonderstellung von Asia und sollte wohl zeigen, daß eine volle Eingliederung in das pontische Reich nicht geplant war.

Die auf den Münzen angegebenen Jahre sind sicherlich, wie in Asia, aber auch in Pontos üblich, von Herbst zu Herbst zu berechnen, beginnend mit dem Jahre 89 v.Chr.[88], nicht ab Frühjahr[89] oder Sommer 88 v.Chr.[90]. Als Mithridates VI. im Laufe des Jahres 85 v.Chr. Asia vollständig aufgeben mußte, endeten die Prägungen mit der neuen Äradatierung. Später ließ man in der römischen Provinz Asia mit dem darauf folgenden Jahr eine neue Zeitrechnung beginnen, die sullanische Ära[91].

126; McGing, Mithridates 98. Vgl. auch Reinach, Trois royaumes 195; G.Kleiner, JDAI 68,1953,89f.; A.B.Brett, Museum of Fine Arts Boston. Catalogue of Greek Coins, Boston 1955,181; E.Krüger, in: Festschrift H.A.Cahn, Basel 1985,78.

83 Vgl. die Drachmen des Jahres 96/5 v.Chr.: Rec.gén. 10 oder die Goldstatere des Jahres 93/2 v.Chr.: Rec.gén.9a.

84 Vgl. Reinach, Trois royaumes 195; McGing, Mithridates 98.

85 So Reinach, Trois royaumes 195 und Mithridates 143f. Neuerdings hat wieder K.J.Rigsby, TAPhA 118,1988,140 angenommen, daß Mithridates die Attaliden nachahmte, als er in Pergamon residierte.

86 App.Mithr.48; Cic.Flacc.60. Vgl. Will, Histoire politique II² 478; McGing, Mithridates 86.99.104ff.116.

87 Vgl. Bernhardt, Polis 60.

88 So schon Th.Reinach, RN 1888,445 und Reinach, Mithridates 478. Vgl. auch McGing, Mithridates 98; Kinns, Asia Minor 109.

89 So M.J.Price, NC 1968,1 n.3.

90 Im Rec.gén. p.8 wird alternativ von Oktober 89 v.Chr. in Pergamon und von Juli 88 v.Chr. in Athen gesprochen. Ab 88/7 v.Chr. rechnen A.B.Brett, Museum of Fine Arts Boston. Catalogue of Greek Coins, Boston 1955,180 und F.S.Kleiner, ANSMusN 19,1974,6.

91 Siehe unten S.220.

c. Die Zeitrechnung der Pythodoris

Nach dem Tode des Mithridates VI. teilte Pompeius das pontische Kernland auf und unterstellte es teilweise befreundeten Dynasten[1]. Zeitweise gehörten Teile auch zum galatischen Königreich, bis Marcus Antonius einen Sohn des Pharnakes II. und Enkel des Mithridates VI. namens Dareios zum Herrscher über Pontos erhob[2]. Er ersetzte ihn aber bald, im Jahre 37 v.Chr., durch Polemon, Sohn des Zenon aus Laodikeia in Phrygien[3]. Als Polemon um das Jahr 8 v.Chr.[4] im Kampf um die Sicherung des Bosporanischen Reiches, das ihm 14 v.Chr. von Agrippa übertragen worden war[5], fiel, folgte ihm seine zweite Gemahlin Pythodoris[6] in der Herrschaft über Pontos[7]. Sie hatte schon zu Lebzeiten ihres Gatten die Mitregentschaft in Pontos innegehabt[8]. Das Bosporanische Reich hingegen ging danach unter der Führung der Dynamis, Polemons erster Gattin, seine eigenen Wege[9].

Während die in Pontos geprägten Münzen Polemons I.[10] keine Jahreszahlen aufweisen, tragen die Drachmen der Pythodoris auf der Rückseite neben dem Namen und Titel ΒΑΣΙΛΙΣΣΑ ΠΥΘΟΔΩΡΙΣ die Jahresangaben ΕΤΟΥΣ Ξ (Jahr 60) oder ΕΤΟΥΣ ΞΓ (Jahr 63). Auf der Vorderseite der Münzen des Jahres 60 ist entweder der Kopf des Augustus[11] oder der des Tiberius[12] dargestellt, auf einer selteneren Prägung auch der Kopf einer Frau[13], wahrscheinlich Livias[14]. Auf der Vorderseite der Münzen des

1   Vgl. Jones, Cities 157ff.; Buchheim 48ff.; E.Olshausen, ANRW II 7,2,1980,905ff.
2   Dazu Buchheim 50ff.; Hoben 34ff.; Bowersock, Augustus 51; E.Olshausen, ANRW II 7,2,1980,909f.; Sullivan 160f.
3   Zu Polemon I. vgl. W.Hoffmann, RE XXI 2,1952,1281ff. s.v. Polemon 2; Buchheim 51ff.; Hoben 39ff.; Bowersock, Augustus 51.53; G.W. Staffieri, NAC 3,1974,86; A.A.Barrett, TAPhA 107,1977,2ff.; A.A. Barrett, Historia 27,1978,438; R.D.Sullivan, ANRW II 7,2,1980,915ff.; E.Olshausen, ANRW II 7,2,1980, 910f.; G.Petzl, IvSmyrna II 1, p.109f.; Sullivan 161ff.; Sartre 16.
4   Zur Datierung siehe S.52 und S.60.
5   Cass.Dio 54,24,4ff.
6   Zu Pythodoris vgl. Macurdy 33ff.; R.Hanslik - H.H.Schmitt, RE XXIV, 1963, 581ff. s.v. Pythodoris 1; Buchheim 53; Hoben 51ff.; Bowersock, Augustus 53f.; A.A.Barrett, Historia 27,1978,438f.; R.D.Sullivan, ANRW II 7,2,1980,920ff.; H.R.Baldus, Chiron 13,1973, 537ff.; G.Petzl, IvSmyrna II 1, p.110; Sartre 61.259; Roman Provincial Coinage I p.567.
7   Strab.11,2,18 p.499.
8   Strab.12,3,29 p.556.
9   Siehe S.51f.
10   Rec.gén. p.21 Nr.17-18.
11   Rec.gén. p.21f. Nr.19; SNG Aulock 6685 (=Taf.I 10).
12   Rec.gén. p.22 Nr.20.20a.
13   Rec.gén. p.22 Nr.21; Inv.Waddington 133.
14   So U.Kahrstedt, Klio 19,1910,300 mit Anm.1 und H.R.

Jahres 63 erscheint ebenfalls Augustus[15]. Die Identifikation der Porträts mit Augustus und Tiberius ist aber nicht unumstritten. So hat Bosch vorgeschlagen[16], daß statt Augustus und Tiberius auf den Vorderseiten Tiberius und Germanicus dargestellt seien. Gegen diese Auffassung sprechen aber die Rückseitentypen mit dem Capricorn, der als sein Sternzeichen eng mit Augustus verbunden ist. Alle diese Münzen wurden entweder unter Augustus selbst geprägt und zeigen ihn sowie die Mitglieder seiner Familie. Oder sie entstanden unter Tiberius, in dessen Regierungszeit gerade in Kleinasien zahlreiche Prägungen mit dem Bildnis des verstorbenen Augustus und der Livia ausgegeben wurden[17].

Wir kennen nicht die genauen Lebensdaten der Pythodoris. Ihr Tod muß in die Zeit zwischen 19 und 38 n.Chr. fallen[18]. Man hat vermutet[19], daß sie 33/4 oder 34/5 n.Chr. gestorben sei, weil ab diesem Zeitpunkt das pontische Komana seine Ära beginnt, als dieses Gebiet nämlich in das römische Reich eingegliedert wurde[20]. Ob aber die Neuordnung mit dem Tode der Pythodoris zusammenhängt, ist nicht nachweisbar.

Daß Pythodoris 63 Jahre lang regierte, ist auszuschließen, so daß es keine Regierungsjahre sein können, die auf den Münzen angezeigt werden[21]. Daß auf den Münzen die Lebensjahre der Königin angegeben sind, wie ebenfalls vermutet wurde[22], ist unwahrscheinlich. Dies paßt nicht zur griechischen Datierungspraxis[23] und wäre einmalig. Nach welcher Ära sind nun aber die Münzen der Pythodoris datiert?

Bevor man die Prägungen des Jahres 63 mit dem Porträt des Augustus kannte, hatte man vom Jahre 13/4 n.Chr. 60 Jahre

Baldus, Chiron 13,1973,542. Unwahrscheinlich ist die Vermutung Oreschnikows, es handele sich um Antonia, die Frau des älteren Drusus: vgl. K.Golenko, Chiron 3,1973,488 zu Nr.64.

15 Rec.gén.p.22 Nr.19a; Auktionskatalog Schulten Köln, Oktober 1981, Nr.102 (=Taf.I 11).

16 Cl.Bosch, Numismatik 2,1933,45.

17 Dazu vor allem Grant, FITA 328ff.

18 Vgl. R.Hanslik – H.H.Schmitt, RE XXIV, 1963, 581–586; H.R.Baldus, Chiron 13,1983,537f.

19 Magie II 1368 n.50 und n.52. Vgl. H.R.Baldus, Chiron 13,1983,542; Sartre 37 mit n.7.259.

20 Siehe S. 124ff.

21 So aber R.D.Sullivan, NC 1979,11 n.20 ohne nähere Angaben.

22 H.R.Baldus, Chiron 13,1983,541f.

23 Die auf römischen Prägungen des Caesar und Marcus Antonius zu findenden angeblichen Lebensjahre (M.H.Crawford, Roman Republican Coinage, Cambridge 1974, Nr.452, 1ff. und Nr.489, 5f.) sind, falls die Auflösung der Abkürzungen zutreffend ist, einmalige und auf Gallien beschränkte Sonderfälle für die dortigen Feldherren und dürfen nicht auf den griechischen Bereich übertragen werden.

zurückgerechnet, weil man annahm, daß die Münzen des Jahres 60 mit dem Augustusporträt kurz vor dessen Tod und die mit dem Porträt des Tiberius kurz danach, aber alle im gleichen Jahr geprägt sein müßten. So kam man auf das Epochenjahr 47/6 v.Chr. und verband es mit dem Sieg Caesars über Pharnakes II. bei Zela[24]. Andere gingen von dem Sieg Oktavians bei Aktium im Jahre 31 v.Chr. aus und vermuteten die aktische Ära[25]. Nach der caesarischen Ära wären die Münzen der Pythodoris 13/4 und 16/7 n.Chr. geprägt, nach der aktischen 28/9 und 31/2 n.Chr.[26].

Gegen die Anwendung der aktischen Ära spricht, daß ein Truppenkontingent Polemons I., des Gatten der Pythodoris, in Aktium auf Seiten der Verlierer kämpfte[27]. Außerdem symbolisierte Aktium, wenn Pythodoris tatsächlich eine Enkelin des Marcus Antonius war[28], das Ende ihres Großvaters, des Mannes, dem das Zenonidenreich seine Existenz verdankte. Was die Schlacht bei Zela betrifft, so war diese für die Entwicklung des Zenonidenreiches kein so entscheidendes Ereignis, um damit eine neue Ära zu beginnen. Damals erfolgte keine umfassende Neuordnung von Pontos[29]. Daß die Ära ab diesem Zeitpunkt zu berechnen sei, ist daher wenig wahrscheinlich. Die Neuordnung, die zur Entstehung des neuen Reiches führte, geschah unter Marcus Antonius, der im

24   So v.Sallet, Beiträge 70f.; W.H.Waddington, RN 1866,424; ebenso noch im Rec.gén.p.9 n.1 und bei U.Kahrstedt, Klio 10, 1910,300. Vgl. auch K.Golenko, Chiron 3,1973,487 zu Nr.63. - Th.Reinach, NC 1902,1f. hat aber schon gezeigt, daß die Schlacht bei Zela nach dem republikanischen römischen Kalender im August 47 v.Chr. stattfand, das entspricht nach dem iulianischen Kalender dem Mai (vgl. Groeben, RE X 1,1918,239). Sie gehört somit in das pontische Jahr, das mit 48/7 v.Chr. gleichzusetzen ist. Reinach sprach daraufhin von der "cäsarischen Ära", für die er aber nur Gabala in Syrien als Parallele anführen konnte. In "Histoire par les monnaies" 144 gab Reinach diese These auf, ohne ein anderes Epochenjahr vorzuschlagen. - Nach Sullivan 160f. und 389 n.53 begann die Ära nicht mit der Schlacht bei Zela, sondern später im Jahre 47 v.Chr.

25   Vgl. Giel, Kleine Beiträge 12ff.17f.31; Minns 595; K.Golenko, Chiron 3,1973,487 zu Nr.63 und 488 zu Nr.64.

26   Giel, Kleine Beiträge 18, der wohl von 31/30 v.Chr. ausgegangen ist, nennt als Prägejahre der Münzen 29/30 bzw. 32/3 n.Chr. - H.H.Schmitt, RE XXIX,1963,585 datiert fälschlich die letzte Prägung der Pythodoris nach der aktischen Ära ins Jahr 33/4 n.Chr.

27   Vgl. R.D.Sullivan, ANRW II 7,2,1980,918.

28   Vgl. Macurdy 33ff.; Buchheim 53; R.Hanslik, RE XXIX, 1963,581; Hoben 51.53; E.Olshausen, ANRW II 7,2,1980,920f.; H.R.Baldus, Chiron 13,1983,537. Zweifelnd u.a. A.A.Barrett, Historia 27,1978,441 und Braund 48 n.16. Zur Problematik siehe auch G.Petzl, IvSmyrna II 1,p.110.

29   Vgl. Th.Reinach, NC 1902,2; Reinach, L'histoire par les monnaies 144; Hoben 36; E.Olshausen, ANRW II 7,2,1980,908f.

Jahre 37 v.Chr. Polemon I. zum König von Pontos ernannte[30]. Die Begründung des Zenonidenreiches und der neuen Dynastie dürfte der passende Ausgangspunkt einer neuen Ära sein[31], ein weitaus wichtigerer Einschnitt in der Geschichte dieses Landes als alle anderen Möglichkeiten, die diskutiert worden sind. Wenn man ab 37/6 v.Chr. (oder auch 38/7 v.Chr.) rechnet, ergeben sich als Prägejahre der Münzen der Pythodoris 23/4 n.Chr. (oder 22/3 n.Chr.) bzw. 26/7 n.Chr. (oder 25/6 n.Chr.)[32].

d. Die Jahreszählung Polemons II. und der Antonia Tryphaina

Die Tochter der pontischen Königin Pythodoris, Antonia Tryphaina[1], wurde die Gemahlin des thrakischen Königs Kotys VIII.[2]. Als Kotys 18 oder 19 n.Chr. von seinem Onkel Rheskuporis III. ermordet wurde[3], betrieb Antonia Tryphaina in Rom die Anklage gegen den Mörder ihres Gemahls. Sie erreichte, daß ihre Kinder zu Nachfolgern ihres Vaters bestimmt wurden. Wegen ihrer Unmündigkeit sollte das thrakische Erbe zunächst vom römischen

30 Dies geschah noch vor dem Partherkrieg, den Marcus Antonius im Jahre 36 v.Chr. unter Beteiligung König Polemons I. führte; vgl. dazu Cass.Dio 49,25,4; Plut.Ant.38; W.Hoffmann, RE XXI 2,1952,1282; Buchheim 51f.; Hoben 38.42; E.Olshausen, ANRW II 7,2,1980,910; R.D. Sullivan, ANRW II 7,2,1980,916. – Das von Cl.Bosch, Numismatik 2,1933,45 für die Einsetzung Polemons vorgeschlagene Jahr 41 v.Chr. ist sicher zu früh und beruht auf seiner Interpretation des Tiberiusporträts als das des Germanicus.
31 Das Argument von H.R.Baldus, Chiron 13,1983,541, daß Pythodoris in dem Epochenjahr 37 v.Chr. noch nicht geboren war, kann nicht dagegen sprechen. Eine Ära in der griechischen Welt geht nicht von der Geburt eines Herrschers aus, sondern von politischen Ereignissen für einen Staat und berücksichtigt nicht die Lebensdaten eines Herrschers. Auch das Fehlen von Jahresangaben auf den Münzen Polemons I. kann kein Zeugnis gegen die Rechnung ab Polemons Regierungsbeginn sein. Die Verwendung von Jahreszahlen geschah sehr uneinheitlich, wie auch bei dem gleich zu behandelnden Polemon II. zu sehen ist, unter dem sowohl datierte als auch undatierte Münzen geprägt wurden.
32 Durch einen Rechenfehler setzte H.H.Schmitt, RE XXIV, 1963,585, vom Jahre 36 v.Chr. ausgehend, das lokale Jahr 63 mit 28/9 n.Chr. gleich.
1 Zu Antonia Tryphaina vgl. A.Joubin, REG 6,1893,14ff.; F.W. Hasluck, JHS 22,1902,126ff.; Macurdy 41ff.; A.Stein, PIR I² A Nr. 900; R.D.Sullivan, ANRW II 7,1,1979,200ff.; R.D.Sullivan, ANRW II 7,2,1980,922f.; Roman Provincial Coinage I p.567f.
2 Strab.12,3,29 p.556. Vgl. R.D.Sullivan, ANRW II 7,1, 1979,200 mit n.56. 203.
3 Tac.ann.2,65f.; Vell.Pat.2,129; Strab.12,3,29 p.556. Vgl. Magie I 513; R.D.Sullivan, ANRW II 7,1,1979,200f.

Prätor Trebellenus Rufus verwaltet werden[4]. Antonia lebte nach dem Tode ihres Gatten zumindest zeitweise in Kyzikos. Dort ist sie in zahlreichen Inschriften unter anderem als Priesterin in den Kulten für Livia und Drusilla erwähnt[5].

Die Söhne der Antonia Tryphaina wurden mit Caligula zusammen in Rom erzogen[6]. Im Jahre 38 n.Chr. wies Caligula dem ältesten von ihnen mit Namen Rhoimetalkes das thrakische Reich seines Vaters zu, den mittleren, Polemon[7], setzte er in das Königreich seines Großvaters Polemon I. ein, den jüngsten, Kotys, in Armenia Minor[8]. Die Zuteilung "der ihnen seit ihren Vätern und Vorfahren zustehenden Königreiche"[9] wird in einer Inschrift aus Kyzikos gerühmt, die auch die Anwesenheit der beiden älteren Brüder Rhoimetalkes und Polemon in Kyzikos erwähnt[10]. Beide wirkten damals an den von ihrer Mutter Antonia veranstalteten Spielen zu Ehren der Göttin Aphrodite Drusilla mit[11]. Die Inschrift ist etwa in den Mai[12] des Jahres 38 n.Chr., vielleicht aber auch in den gleichen Monat des Jahres 39 n.Chr. zu datieren[13], keinesfalls aber schon in den Mai 37 n.Chr., wie im Anschluß an Mommsen,

---

4   Tac.ann. 2,67. 3,38.

5   IGR IV 144 = SEG IV 707; IGR IV 145 = Syll.[3] 798 = Freis, HIRK 45; IGR IV 146 = Syll.[3] 799 mit Kommentar bei A.Joubin, REG 6,1893,8ff.; IGR IV 147; IGR IV 148. Vgl. F.W.Hasluck, JHS 22,1902,130ff.; Macurdy 42ff.; Magie I 513; R.D.Sullivan, ANRW II 7,2,1980,922.927.

6   Syll.[3] 798 = IGR IV 145, Z.6. Vgl. Th.Mommsen, Gesammelte Schriften VIII 1, Berlin 1913,305; Magie I 513; A.A.Barrett, Historia 27,1978,437; R.D.Sullivan, NC 1979,10; H.R.Baldus, Chiron 13,1983,537f.

7   Bei Cass.Dio 59,12,2 fälschlich als Sohn Polemons I. bezeichnet. Zu Polemon II. vgl. Th.Mommsen, Gesammelte Schriften VIII 1, Berlin 1913, 307ff.; W.Hoffmann, RE XXI 2,1952,1285ff. s.v. Polemon 3. Zur Frage, ob er mit dem kilikischen Dynasten M.Antonius Polemo identisch ist, vgl. G.M.Staffieri, NAC 3,1974, 89f.; R.D.Sullivan, NC 1979,6ff.; G.M.Staffieri, NAC 16,1987, 231; Sartre 42 n.4; Roman Provincial Coinage I p.568.

8   Cass.Dio 59,12,2. Vgl. A.A.Barrett, TAPhA 107,1977,7f.

9   Übersetzung von Helmut Freis, HIRK 45.

10   IGR IV 145 = Syll.[3] 798, Z.6ff.

11   Syll.[3] 798 = IGR IV 145, Z.11ff. Vgl. A.Wilhelm, in: Anatolian Studies pres. to W.M.Ramsay, Manchester 1923,421; R.D.Sullivan, ANRW II 7,1,1979,210. - Daß Klientelkönige im Kaiserkult eine maßgebende Rolle spielten, hat D.Braund, Rome and the Friendly King, London 1984,113f. gezeigt.

12   Der Monat Thargelion entspricht im milesischen und kyzikenischen Kalender etwa Mai/Juni; siehe oben S.72f.

13   Für 38 n.Chr.: Magie II 1365 n.42. Th.Reinach, L'histoire par les monnaies 147 und NC 1902,7 n.5 wollte die Inschrift wegen der "vergöttlichten" Drusilla ins Jahr 39 n.Chr. datieren. Die göttliche Verehrung Drusillas war aber im Osten auch vor deren Tod möglich.

Dittenberger und Lafaye häufig angenommen wurde[14]. Dies wird vor allem aus dem Wortlaut bei der Erwähnung der drei Könige klar, die offenbar gerade von Caligula in ihre Herrschaftsbereiche eingesetzt worden waren, aber auch aus der Anführung der Agone für die vergöttlichte Drusilla[15] und aus dem in der Inschrift angeführten eponymen Amt des Caligula in Kyzikos[16].

Auf pontischen Drachmen und Didrachmen König Polemons II. finden sich Jahreszahlen von 12 bis 25[17]. Es liegt nahe, sie als Regierungsjahre anzusehen[18] und ab dem Jahre 38 n.Chr. zu berechnen. Es stellt sich aber die Frage, ob 37/8 oder 38/9 n.Chr. als erstes Regierungsjahr galt. Auf den Rückseiten der

14 Vgl. Syll.³ 798 n.6; E.Joubin, REG 6,1893,12.14.

15 Es ist zwar nicht auszuschließen, daß Drusilla noch zu Lebzeiten (sie starb am 10.Juni 38 n.Chr.: Fasti Ostienses 10,29; vgl. Kienast 87) in Kyzikos göttliche Ehren erhielt. Aber Agone für die vergöttlichte Schwester schon ein oder zwei Monate nach dem Regierungsantritt Caligulas sind zeitlich kaum möglich. Die Vorbereitungszeit für einen Kult der Nea Aphrodite Drusilla wäre zu kurz gewesen.

16 Es ist nicht sicher, wann damals das Jahr in Kyzikos begann, nach den Frühjahrsäquinoktien wie in hellenistischer Zeit oder am 23.September entsprechend dem unter Augustus eingeführten Kalender der Provinz Asia (so Magie II 1365 n.42; vgl. aber Samuel 182 und Ehrhardt, Milet 125). Im letzteren Fall ist es kaum möglich, daß Caligula im Mai/Juni 37 n.Chr. das Hipparchenamt in Kyzikos innehatte, da er es schon im September 36 n.Chr. hätte übernehmen müssen. Aber auch wenn der Jahresanfang Ende März oder Anfang April lag (der erste Neumond nach den Frühjahrsäquinoktien fiel im Jahre 37 n.Chr. auf den 4.April), ist es nicht sehr wahrscheinlich, daß Caligula so kurz nach seinem Regierungsantritt am 18.März 37 n.Chr. schon eponymer Beamter wurde. Entsprechende Ehrenbeschlüsse bedurften erst der kaiserlichen Zustimmung (vgl. F.Millar, The Emperor in the Roman World, Ithaca 1977,419). Auszuschließen ist, daß Caligula noch zu Lebzeiten des Tiberius zum eponymen Beamten von Kyzikos gewählt wurde.

17 Rec.gén. p.24ff. Nr.29-37; Giel, Kleine Beiträge Taf.II 25f.; Inv.Wadd.134f.; F.Imhoof-Blumer, ZN 20,1895,267; Hunter Coll. p.228 Nr.1f.; McClean Coll.7390; SNG Cop.237f.; SNG Aulock 11-14. 6687-6689. 6690 (=Taf.I 13). 6691 (=Taf.I 14); SNG Fitzwilliam 4056f.; SNG Tübingen 2074-2076.; SNG Aarhus 702; Mabbott Coll. 988f.; Slg. Niggeler 580f.; Münzen und Medaillen AG Liste 362,1974,6. Liste 381,1976,1. Liste 418,1980,190; Auktionskatalog Schulten Köln, Juni 1982,Nr.176; usw. - Die Jahreszahlen 3, 7, 8 und 11, die bei v.Sallet, Beiträge 71f. angeführt sind, lassen sich nicht nachweisen und beruhen wohl auf Falschlesungen. Fälschlich führt G.M.Staffieri, NAC 16,1987,231 nur die Jahre 12-23 an. Eine Liste der nachweisbaren Jahre auch bei Cl. Bosch, Numismatik 2,1933,45und in Roman Provincial Coinage I p.569.

18 So schon v.Sallet, Beiträge 74.

meisten Münzen Polemons II. erscheint das Porträt des gerade regierenden römischen Kaisers, das aber sehr grob ausgeführt ist. Dennoch ist eine Unterscheidung zwischen der Darstellung des Claudius und des Nero möglich[19]. Im Jahre 17 findet man sowohl das Porträt des Claudius[20] als auch das jüngere des Nero mit Lorbeerkranz auf den Münzen[21]. Der Regierungswechsel zwischen Claudius und Nero erfolgte am 13.Oktober 54 n.Chr.[22]. Rechnet man von dort aus 17 Jahre zurück, kommt man auf 38/9 n.Chr. als Ausgangsjahr. Nimmt man dagegen 37/8 n.Chr. als erstes Regierungsjahr Polemons an, müßte Nero schon vor Oktober 54 n. Chr. als Kaiser mit Lorbeerkranz auf die Münzen gesetzt worden sein, was auszuschließen ist. Wahrscheinlicher ist, daß man noch einige Wochen oder Monate nach dem Tode des Claudius dessen Porträt auf die Münzen setzte, da die Nachricht vom Tode des Claudius wegen der Entfernung zwischen Rom und Pontos einige Wochen benötigt haben dürfte[23] und dann erst noch ein Stempel mit dem Bild des neuen Kaisers angefertigt werden mußte.

Die auf der Interpretation der Porträts beruhende Bestimmung des Epochenjahres wird durch eine von Giel publizierte Münze des Jahres 13 bestätigt[24]. Auf der Rückseite dieser Münze erscheinen nebeneinander ein belorbeerter Kopf und ein barhäuptiger Kopf, offensichtlich Claudius und Nero darstellend. Dieses Doppelporträt erlaubt unabhängig von der Identifizierung der übrigen Porträt- darstellungen die Bestimmung des terminus post quem für das Jahr 13 Polemons. Eine solche Prägung war frühestens 50/1 n.Chr. möglich, da der im Jahre 50 n.Chr. adoptierte Nero erst 51 n.Chr. die toga virilis erhielt und damit als Nachfolger des Claudius

19   Zu den Rückseitenporträts vgl. auch H.R.Baldus, Chiron 13, 1983,538f. und unten Taf.I 13 und I 14.

20   Rec.gén. p.25 Nr.30.

21   Rec.gén. p.26 Nr.35 mit pl.III 20; Giel, Kleine Beiträge Taf.II 26. So auch F.Imhoof-Blumer, ZN 20,1895,268f.; Magie II 1369 n.53; A.A.Barrett, TAPhA 107,1977,8 und Historia 27,1987, 437 n.3; Roman Provincial Coinage I 3820.3829.

22   Tac.ann.12,69,1; Cass.Dio 60,34,3.

23   Man wird also kaum wie F.Imhoof-Blumer, ZN 20,1895,269 das Jahr 17 von Herbst 53 bis Herbst 54 n.Chr. datieren dürfen. - Über die Verbreitungsgeschwindigkeit von Nachrichten aus Rom während der Kaiserzeit vgl. Duncan-Jones, Structure 7ff. Die Regierungsübernahme Neros wurde erst 35 Tage später in Ägypten bekannt, nämlich am 17.November; vgl. Duncan-Jones, Structure 10 Table 2 und 28 Table 10, während am 28.November in einem Papyrus noch nach Claudius datiert wurde (vgl. Duncan-Jones, Structure 27 Table 9). Von einer mindestens ebenso langen Zeit wird man bei der Nachrichtenübermittlung nach Pontos ausgehen müssen. Siehe dazu auch Bloesch 15 mit Abb.2.

24   Giel, Kleine Beiträge Taf.II 25. Vgl. auch Rec.gén. p.25 Nr.31; Roman Provincial Coinage I 3821.

gelten konnte[25]. Erst ab diesem Zeitpunkt trägt Nero auch auf den
Reichsmünzen den Titel princeps iuventutis[26].

Die Jahresangaben auf den Münzen Polemons II. sind also ab
Herbst 38 n.Chr. zu rechnen, die datierten Drachmen und
Didrachmen wurden somit von 49/50 bis 62/3 n.Chr. geprägt[27].
Für jedes Jahr in diesem Zeitraum außer für das Jahr 22(=59/60 n.
Chr.) kennen wir datierte Münzen[28]. Das Ende der Münzprägung
Polemons II. im Jahre 62/3 n.Chr. liegt zwei Jahre vor der
Einziehung des Königreiches Pontos durch Nero[29]. Das Ende des
pontischen Königreiches ist durch die Ära der pontischen Städte
Trapezus, Neokaisareia, Zela, Sebasteia und Kerasos in das Jahr
64/5 n.Chr. zu datieren[30].

Zusammen mit Polemon II. übte zeitweise seine Mutter Antonia
Tryphaina die Herrschaft aus[31]. Dies zeigen die Münzen mit der
Legende ΒΑΣΙΛΕΥΣ ΠΟΛΕΜΩΝ auf der Vorderseite und ΒΑΣΙΛΙΣΣΑ
ΤΡΥΦΑΙΝΑ auf der Rückseite, die aber keine Jahreszahlen
aufweisen[32]. Einige wenige Münzen tragen auf der Vorderseite das
Porträt der Antonia Tryphaina sowie die Legende ΒΑΣΙΛΙΣΣΗΣ
ΤΡΥΦΑΙΝΗΣ und auf der Rückseite die Jahreszahlen ΕΤΟΥΣ
ΙΖ (=Jahr 17) bzw. ΕΤΟΥΣ ΙΗ (=Jahr 18) sowie das jugendliche
Porträt eines Königs mit Diadem[33]. Diese Jahreszahlen wurden seit
Reinach als Regierungsjahre der Antonia Tryphaina bezeichnet, die
ab dem Tod ihrer Mutter Pythodoris zu berechnen seien[34]. Reinach
nahm an, daß diese Münzen der Tryphaina mit den Jahresangaben
17 und 18 nach dem Regierungsantritt ihres Sohnes, für den sie

25 Tac.ann.12,41,1. Vgl. Kienast 96.
26 RIC I² p.125 Nr.75ff. p.126 Nr.82f. p.129 Nr.107f. Vgl.
A.S.Robertson, Roman Imperial Coins in the Hunter Coin Cabinet
I, Oxford 1962,p.LXXIII.
27 Nach G.M.Staffieri, NAC 16,1987,231 hingegen ab 48/9
n.Chr.
28 Das Jahr 24 = 61/2 n.Chr. ist nicht sicher bezeugt: vgl.
Rec.gén. p.26 Nr.35; Roman Provincial Coinage I 3835.
29 Suet. Nero 18; Tac.hist.3,47. Vgl. W.Hoffmann, RE XXI 2,
1952,1286f.; A.A.Barrett, Historia 27,1978,444.
30 Siehe S.130ff.
31 So W.Hoffmann, RE XXI 2,1952,1286; H.R.Baldus, Chiron
13,1983,538. Zu Unrecht in Frage gestellt von R.D.Sullivan, ANRW
II 7,2,1980,923.
32 Rec.gén. p.23f. Nr.24-28. - Die Vorderseiten- und die
Rückseitenlegenden erscheinen abwechselnd und unsystematisch im
Nominativ oder Genetiv. Man kann also nicht wie R.D.Sullivan,
ANRW II 7,2,1980,923 n.44 aus dem Genetiv des Namens der
Tryphaina schließen, ihre Erwähnung sei nur Filiation.
33 Rec.gén. p.22f. Nr.22-23; Roman Provincial Coinage I 3808f.
34 Reinach, Histoire par les monnaies 145ff. und NC 1902,5.
Vgl. auch Rec.gén. p.9; H.H.Schmitt, RE XXIV,1963,585; H.R.
Baldus, Chiron 13,1983,539f.; Sartre 37 n.7; Roman Provincial Coi-
nage I p.567f.

die Regentschaft geführt habe, geprägt sein müssen[35], also 38/9 und 39/40 n.Chr.[36]. Er schloß weiter daraus, daß Antonia Tryphaina mit dem Jahre 22/3 n.Chr. ihre Regierungszeit zu zählen begann, als sie nach dem Tode ihrer Mutter auf den pontischen Königsthron nachgerückt sei[37].

Vor 38/9 n.Chr. aber kann Tryphaina nicht im Königreich Pontos regiert haben[38]. In den Inschriften aus Kyzikos, das in der Provinz Asia lag, nicht in Pontos, wird sie mehrmals erwähnt. Aus einer der Inschriften geht hervor, daß sie sich dort niedergelassen hatte[39]. Sie wird zwar als Tochter des Königs Polemon und der Königin Pythodoris bezeichnet[40] oder (in der Inschrift vom Mai 38 oder 39 n.Chr.) als Tochter und Mutter von Königen[41], nicht aber als βασιλίσσα, wie in den späteren Inschriften IGR IV 147 und 148. Man hätte den Königstitel in den Ehrungen Tryphainas sicher nicht ausgelassen, wenn er von ihr in dieser Zeit geführt worden wäre. Als Zeugnisse für Tryphainas Herrschaft über Pontos besitzen wir außer den beiden Inschriften IGR IV 147 und 148 nur die Münzen, die alle unter Polemon II. geprägt wurden. Denn der Kopf mit Diadem auf der Rückseite kann niemand anderen darstellen als ihren Sohn Polemon[42]. Dessen Porträt ist zwar auf den Münzen sehr unterschiedlich und keineswegs einheitlich abgebildet[43]. Aber dennoch genügt ein Vergleich des männlichen Kopfes auf der Tryphaina-Münze des Jahres 18 mit einigen wegen der Legende gesicherten Polemon-Porträts[44], um diese Identifizierung zu bestätigen. So ist anzunehmen, daß Antonia Tryphaina als Mitregentin Polemons II. Münzen prägen ließ, die aber in jedem Fall auch das Porträt ihres Sohnes zeigen[45]. Es ist äußerst unwahrscheinlich, daß die Jahresangaben auf den Münzen mit der Darstellung der Antonia

35   Nicht vor dem Regierungsantritt, wie Reinach fälschlich von H.H.Schmitt, RE XXIV,1963,585 und H.D. Sullivan, NC 1979,10 n.19 sowie ANRW II 7,2,1980,927 interpretiert wird.
36   Ebenso R.D.Sullivan, ANRW II 7,2,1980,923.
37   Zustimmend Macurdy 37. - Zweifelnd Magie II 1368 n.50.
38   So auch Jones, Cities 170; H.H.Schmitt, RE XXIV,1963,585. Vgl. dagegen E.Olshausen, ANRW II 7,2,1980,911 und R.D.Sullivan, ANRW II 7,2,1980,927 sowie NC 1979,10 n.19.
39   Syll.³ 798 = IGR IV 145, Z.13ff. Vgl. auch A.Joubin, REG 6,1893,15; Macurdy 43.
40   IGR IV 144 = SEG IV 707, Z.3 und Z.15.
41   Syll.³ 798 = IGR IV 145, Z.13.
42   So auch BMC Pontus etc. p.47 Nr.11; Macurdy 44; U. Kahrstedt, Klio 10,1910,302; H.R.Baldus, Chiron 13,1983,539.
43   Vgl. Rec.gén. p.25 n.2; F.Imhoof-Blumer, ZN 12,1895,268.
44   Vgl. BMC Pontus etc. pl. X 6 mit ibid. pl.X 7 oder SNG Aulock 6689.
45   D.R.Sullivan, NC 1979,11 n.20 spricht unter Hinweis auf eine noch unpublizierte Untersuchung D.Walkers von Stempel-kopplungen zwischen Münzen Polemons II. und der Antonia Tryphaina, ohne dies aber zu präzisieren.

Tryphaina als Regierungsjahre der Regentin von einem Zeitpunkt aus gerechnet wurden, als ihr Sohn noch nicht König von Pontos war und daß sie formal den Regierungsbeginn mit dem Tode ihrer Mutter zu zählen begann[46]. Dann hätte sie, um die Kontinuität zu betonen, auch die Ära ihrer Mutter fortsetzen können.

Die Jahreszählung auf den Münzen Tryphainas entspricht also der Jahreszählung auf den Münzen Polemons II. Die Prägungen der Jahre 17 und 18 wurden somit 54/5 und 55/6 n.Chr. ausgegeben. Antonia Tryphaina erscheint gleichzeitig auch auf der Rückseite einer Prägung Polemons, die ins Jahr 17 gehört[47]. Nach der Feststellung Imhoof-Blumers[48] stellt das weibliche Porträt, das auf der Rückseite der Münzen Polemons in den Jahren 12 bis 17 erscheint, ebenfalls Antonia Tryphaina dar[49]. Von Reinach war diese Darstellung noch als Agrippina interpretiert worden[50]. Vergleicht man das Porträt Polemons II. auf der Tryphaina-Münze des Jahres 17 und auf der Polemon-Prägung des gleichen Jahres[51], so lassen sich stilistische Ähnlichkeiten in der Ausführung feststellen, während hingegen die Darstellung Polemons auf der Tryphaina-Prägung des Jahres 18 eher den Porträts dieses Königs auf seinen Münzen der Jahre 19 und 20 nahekommt[52]. Neben den Münzen mit Kaiserporträt wurden im zweiten Zenonidenreich also auch Münzen hergestellt, die sowohl Polemon II. auf der Vorderseite als auch Antonia Tryphaina auf der Rückseite zeigen oder umgekehrt Antonia Tryphaina auf der Vorderseite und Polemon II. auf der Rückseite. Bei allen Rückseitentypen wurde nur das Porträt, nicht der Name des Dargestellten auf die Münzen gesetzt. Man darf also nicht aus den Münzen, die Tryphaina auf der Vorderseite darstellen, schließen[53], daß sie wegen des fehlenden Königsnamens auf der Rückseite zu einer Zeit geprägt wurden, als Polemon noch nicht regierte, und daß daher Antonia die Regentschaft für ihren Sohn ausgeübt habe. Man kann wohl annehmen, daß Antonia Tryphaina, die als Tochter der Pythodoris Herrschaftsansprüche anmelden konnte[54], als Mitregentin im zweiten Königreich der Zenoniden eingesetzt war, eine Stellung, die auch ihre Mutter Pythodoris während der Regierungszeit Polemons I. innegehabt hatte.

46   So H.R.Baldus, Chiron 13,1983,538ff.

47   SNG Aulock 6689; Roman Provincial Coinage I 3827.

48   F.Imhoof-Blumer, ZN 20,1895,268f.

49   Rec.gén.p.25f. Nr.33f. Vgl. F.Imhoof-Blumer, ZN 20, 1895,267ff.; Roman Provincial Coinage I 3822-3827.

50   Th.Reinach, Histoire par les monnaies 146 und NC 1902,5. Vgl. aber die Zweifel in Rec.gén. p.25 n.2.

51   Rec.gén. p.22 Nr.22 mit pl.III 11 und Rec.gén. p.26 Nr.35 mit pl.III 20.

52   Vgl. BMC 10 mit pl.X 6 und McClean Coll.7390 mit pl.251,11 sowie Rec.gén. pl.Suppl.C 14.

53   So aber Macurdy 44.

54   Diese Ansprüche gehen auch, auf Polemon II. bezogen, aus dem Text der Inschrift Syll.³ 798 = IGR IV 145, Z.6f. hervor.

2. Die Ära von Amisos

In der Stadt Amisos in Pontos sind Jahresangaben so häufig überliefert, daß das Epochenjahr der Ära, zu der die Jahreszahlen gehören, nicht schwierig zu ermitteln ist. Einen ersten Anhaltspunkt liefern die Münzen der Herennia Etruscilla mit der Jahreszahl 282[1] und die ihres Sohnes Herennius Etruscus aus dem Jahr 281[2]. Beide Prägungen gehören in die Regierungszeit des Traianus Decius, also zwischen September 249[3] und spätestens Juni 251 n.Chr.[4]. Dies ergibt den Zeitraum von September 33 bis Juni 31 v.Chr. für den Beginn des Epochenjahres. Wenn man allerdings davon ausgeht, daß Prägungen der Etruscilla noch unter Trebonianus Gallus bis zum Tode des Hostilianus erfolgt sein können[5], müßte man den möglichen Beginn bis Ende August 31 v.Chr. ausdehnen.

Herennius Etruscus wurde im Frühjahr 250 n.Chr. zum Caesar ernannt[6]. Die alexandrinischen Münzen zeigen ihn erst im zweiten Jahr des Decius, während Etruscilla schon im ersten Jahr dargestellt wird[7]. Das heißt, die Münzen des Herennius Etruscus wurden in Alexandreia erst nach dem 29.August 250 n.Chr. geprägt. In den Dokumenten aus Ägypten findet sich die erste Datierung nach Herennius am 16.September 250 n.Chr.[8]. Das bedeutet, daß die Münze des Herennius aus Amisos nicht vor Sommer 250 n.Chr. geprägt wurde, da die Nachricht von der Übertragung des Caesartitels in Pontos nicht viel früher als in Ägypten eingetroffen sein kann[9]. Der terminus post quem für den Beginn des Epochenjahres von Amisos ist also Sommer 32 v.Chr.

1 Rec.gén.146 = BMC 99. Die Jahreszahl lautet richtig 282, nicht 283, wie vielfach angenommen wurde; siehe M.J.Price, NC 1973,75 und unten S.114 Anm.56(12).

2 SNG Cop.198.

3 Vgl. Bosch, Bithynien 57f.; J.Schwartz, ZPE 24,1977,173; PIR V² M Nr.520; Kienast 202f.

4 PIR V² M Nr.520; G.W.Clarke, ZPE 37,1980,114ff. (gegen März 251 n.Chr. bei J.Schwartz, ZPE 24,1977,173); Kienast 203f. Vgl. auch D.W.Rathbone, ZPE 62,1986,112-114; J.Lafaurie, BSAF 1965,139ff., der die Regierungszeit des Traianus Decius zwischen 29.August 249 und 15.August 251 datieren will. Dagegen spricht aber, daß Traianus Decius schon im Juni 251 in einer Inschrift als divinisiert erscheint; vgl.PIR V² M Nr.520.

5 So H.Mattingly, NC 1946,38 und RIC V 3 p.153; A.S. Robertson, Roman Imperial Coins in the Hunter Coin Cabinet III, London 1977, p.CIII-CIV. Vgl. Kienast 204.

6 Bosch, Bithynien 58; RIC IV 3 p.109; PIR IV² H Nr.106; A.S.Robertson, loc.cit. III p.XCIX. Vgl. D.W.Rathbone, ZPE 62, 1986,113.

7 Vogt I 199.

8 Vgl. D.W.Rathbone, ZPE 62,1986,113.

9 Siehe oben S.102 mit Anm.23.

Vor allem aber die Münzen des Aemilianus, die sicher mit der Jahreszahl 284 datiert sind, führen zum Epochenjahr der Ära von Amisos[10]. Aemilianus regierte von Juli/August bis September oder Oktober 253 n.Chr.[11]. Das Jahr 1 von Amisos muß danach zwischen Juli/August 32 v.Chr. und Oktober oder November 31 v.Chr. begonnen haben[12], wenn man die Dauer der Nachrichtenübermittlung nach Pontos berücksichtigt[13]. Das erste Datum ergäbe sich dann, wenn das amisenische Jahr 284 gerade im Juli 253 n. Chr. zu Ende gegangen wäre, das zweite, wenn das Jahr 284 im Oktober 253 n.Chr. begonnen hätte.

Bestätigt wird die Berechnung durch die Silbermünzen des Jahres 169 aus Amisos, die die Porträts sowohl des Hadrianus und der Sabina als auch des Aelius Caesar und des Antoninus Caesar zeigen[14]. Aelius Caesar starb am 1.Januar 138 n.Chr.[15]. Daraus läßt sich als terminus ante quem für den Beginn des Epochenjahres Januar 31 v.Chr. errechnen[16]. Der spätere Kaiser Antoninus Pius war vom 25.Februar bis 10.Juli 138 n.Chr. Caesar[17]. Mit Hilfe der Münzen des Jahres 169 von Amisos ergeben sich für den Beginn des Epochenjahres die Zeitgrenzen Februar/ März 32 v. Chr., falls im Februar/März 138 n.Chr. gerade das Jahr 169 von Amisos zu Ende ging, und Juli 31 v.Chr., falls das amisenische Jahr 169 im Juli 138 n.Chr. begann. Dieses letzte Datum scheidet

10 Rec.gén.147-148d; SNG Cop.199.
11 So A.Stein, PIR I² A Nr.330; J.Lafaurie, BSAF 1965,145. 153; D.Armstrong, ZPE 67,1987,217; Peachin 36f.; Kienast 210; Bloesch 20-22 mit Abb.4. Nach J.Schwartz, ZPE 24,1977,172f. war der dies imperii der 1.8. oder der 2.7.253 n.Chr.; vgl. D.W. Rathbone, ZPE 62,1986,115-117. Die Auffassung, die H.Mattingly, The Reign of Aemilianus, JRS 25,1935,55ff. und NC 1946,37.46 (vgl.auch RIC IV 3, p.190f. und A.S.Robertson, Roman Imperial Coins in the Hunter Coin Cabinet III, London 1977, p.CX) vertreten hat, daß nämlich Aemilianus bereits 252 n.Chr. seine Regierung angetreten habe, ist von der Forschung nicht angenommen (vgl. W.Kuhoff, Herrschertum und Reichskrise, Bochum 1979,76 Anm.9 mit weiterer Literatur) und von M.J.Price, NC 1973,75ff. widerlegt worden. Die Münzen des Aemilianus aus Alexandreia sind nach seinem zweiten Jahr, nicht nach dem ersten datiert (vgl. Vogt I 201 und Bosch, Bithynien 59). Daraus ist zu schließen, daß seine Regierung kurz vor Ende des ägyptischen Jahres am 28.August begann. In den literarischen Quellen werden 3 oder 4 Monate als seine Regierungszeit genannt; vgl. PIR I² A Nr.330; H.Mattingly, JRS 25,1935,55 n.2.
12 Vgl. auch Cl.Bosch, Numismatik 2,1933,35.
13 Vgl. allgemein dazu Bloesch 13ff.
14 Vgl. Nordbø S.169f. Nr.211ff.
15 Vgl. PIR II² C Nr.605; W.Hüttl, Antoninus Pius I, Prag 1936,43; Kienast 131f.
16 So auch Cl.Bosch, Numismatik 2,1933,35.
17 PIR I² A Nr.1513; W.Hüttl, op.cit. I 45.50; Kienast 134.

aber wegen der Münze des Aelius Caesar aus, die spätestens im
Januar 138 n.Chr. geprägt sein kann.

Einen weiteren Hinweis auf das Epochenjahr können die Münzen
des Balbinus mit der Jahreszahl 269 liefern, die 238 n.Chr.ge-
prägt worden sein müssen[18]. Die Regierung des Balbinus fällt in
den Zeitraum zwischen Februar und August 238 n.Chr.[19]. Doch ist
eine genauere Datierung der Regierungszeit der beiden
Senatskaiser Balbinus und Pupienus, etwa vom 22.April bis 29.Juli
238 n.Chr., wie vorgeschlagen wurde[20], nicht sicher genug, um
darauf eine präzisere Berechnung des Epochenjahres aufzubauen.
Nach den Münzen des Balbinus läßt sich der Beginn des
Epochenjahres deshalb nur auf den Zeitraum zwischen Frühjahr 32
und September 31 v.Chr. festlegen.

Berücksichtigt man alle numismatischen Zeugnisse, so muß das
Jahr 1 von Amisos rechnerisch zwischen Juli 32 und Januar 31
v.Chr. begonnen haben. Juli 32 ergibt sich aus der Prägung des
Aemilianus, Januar 31 aus der Münze des Aelius Caesar. Die
anderen Prägungen mit Kaiserporträt und Jahreszahl bestätigen
diesen Zeitraum, wenn sie ihn auch nicht weiter einschränken
können[21]. Es bietet sich, von Herbst zu Herbst laufend[22], das

18 Rec.gén.131-132. Vgl. Imh.-Bl., Gr.Mz. 557; Kaestner 42.

19 Vgl. die Diskussion bei R.A.G.Carson, The Coinage and
Chronology of A.D.238, in: Centennial Publication of the ANS,
New York 1958,181-199; K.Dietz, Senatus contra principem,
München 1980,345-347; J.R.Rea, ZPE 9,1972,1-19; X.Loriot, in:
Mélanges d'histoire ancienne offerts à William Seston, Paris 1974,
272-312; X.Loriot, ANRW II 2,1975,721f.; J.Schwartz, ZPE 24,
1977,167 mit Anm.9; Peachin 28f.; Kienast 192f.; Bloesch 15ff. mit
Abb.3. Die erste Datierung in Ägypten nach Balbinus und
Pupienus stammt vom Juli 238 n.Chr.: D.W.Rathbone, ZPE 62,1986,
110.

20 Vgl. Bloesch 17.

21 Die Prägung des Claudius aus dem Jahr 85 setzt den
terminus ante quem des Epochenjahres auf Oktober 31 v.Chr., die
des Caracalla aus dem Jahr 248 auf April 31 v.Chr. Die Prägung
des Vespasianus aus dem Jahr 101 ergibt den terminus post quem
Juli 33 v.Chr., die des Traianus aus dem Jahr 129 Januar 32
v.Chr., die des Geta Caesar aus dem Jahr 241 Ende 33 v.Chr.
und die des Severus Alexander aus dem Jahr 253 März 32 v.Chr.
Die Münzen des Macrinus und Diadumenianus aus dem Jahr 249
grenzen den Zeitraum für den Beginn des Epochenjahres auf April
33 bis Juni 31 v.Chr. ein, die des Maximinus Thrax mit den
Jahreszahlen 266 und 268 auf März 32 bis Mai/Juli 30 v.Chr.

22 Cl.Bosch, Numismatik 2,1933,35 nimmt an, daß das Jahr am
Geburtstag des Augustus am 23.September begann. Für das Jahr
32 v.Chr. zumindest kann dies aber wohl noch nicht zutreffen. Wie
in anderen pontischen Städten wird auch in Amisos der
makedonische Kalender mit seinem Jahresanfang am ersten Neumond
nach den Herbstäquinoktien angewandt worden sein.

Epochenjahr 32/1 v.Chr. an und wird allen Münzen mit Jahresdaten gerecht[23].

Durch die genaue Datierung der Münzen aus Amisos ergeben sich einige historische Konsequenzen. Für Sabina wurden noch im Herbst 137 n.Chr. Münzen in Amisos geprägt, auf denen sie nicht als "Thea" bezeichnet wird. Das kann wohl nur bedeuten, daß Sabina zumindest im Sommer 137 n.Chr. noch gelebt hat, während vielfach ihr Tod ins Jahr 136 n.Chr. datiert wurde, weil die alexandrinischen Münzen für sie 135/6 n.Chr. aufhören[24]. Auch die Heirat der Tranquillina und des Gordianus III. ist durch die Münzen aus Amisos mit der Jahreszahl 272 (=240/1 n.Chr.) genauer zu datieren. Die Heirat muß spätestens im Herbst 241 n.Chr. in Amisos bekannt gewesen sein, fand also wohl noch vor dem September 241 n.Chr. statt[25]. Gleich zu Beginn ihrer Regierung wurden sowohl Vespasianus[26] als auch Traianus in Amisos "Theos" genannt, wie auf den Münzen der Jahre 101 (=69/70 n.Chr.) bzw. 129 (=97/8 n.Chr.) zu lesen ist[27]. Dies waren wohl Prägungen zu Ehren der gerade neu ernannten Kaiser. Ein Jahr später wird Traianus auf den Münzen dann schon nicht mehr als "Gott" bezeichnet.

Die Inschriften aus Amisos mit Jahresangaben können bei der Berechnung des Epochenjahres der Ära nicht weiterhelfen. Wenn Synchronismen darin zu finden sind, wurden die Inschriften falsch gelesen oder weisen Fehler auf. So ist in die Studia Pontica eine verschollene Inschrift aufgenommen worden, die nach der dortigen

---

23 Das Epochenjahr 32/1 v.Chr. z.B. bei Kaestner 41f.; F.Imhoof-Blumer, ZN 20,1895,257; Head, HN 497; Imh.-Bl., Gr.Mz. 557ff.; Ramsay, Historical Geography 194.441; W. Kubitschek, RE I 1,1893,644; Rec.gén. p.53; Studia Pontica III p.2; Cl.Bosch, Numismatik 2,1933,35; Robert, Carie 213; Magie II 1291 n.44; Bernhardt, Imperium 180 Anm. 433; E.Olshausen, EA 9,1987,88; Nordbø 176; Roman Provincial Coinage I p.359. - Zuvor war man teilweise noch vom Epochenjahr 33/2 v.Chr. für Amisos ausgegangen; vgl. z.B. W.H.Waddington, RN 1866,424 und auch noch bei Jones, Cities 427 n.40.

24 Vgl. Imh.-Bl., Gr.Mz.559; Nordbø 176.

25 In der Historia Augusta (Gord.23,5) wird die Hochzeit in den zweiten Consulat des Gordianus und den des Pompeianus (=241 n. Chr.) datiert. Vgl. Ramsay, Historical Geography 441; Bosch, Bithynien 56; PIR III[2] F Nr.587; X.Loriot, ANRW II 2,1975,738; Kienast 194f. Siehe auch unten S.133f.

26 Daß es sich bei dem Porträt auf der Vorderseite von Rec. gén.74-74d und SNG Cop.176f. nicht um Galba (so BMC p.21 Nr.84 und Ramsay, Historical Geography 441) handelt, sondern um Vespasianus (so Rec.gén. p.78 und SNG Cop.176f.), wird durch den Vergleich der Porträts (vgl. F.Imhoof-Blumer, ZN 20,1897,257 und Imh.-Bl., Gr.Mz. 772) sowie durch die Parallele zur Prägung für Traianus als "Theos", die ebenfalls im ersten Regierungsjahr erfolgte (vgl. Nordbø 178 n.28), deutlich.

27 Rec.gén.74-77; SNG Cop.176f. - Die Münzen Trajans Rec.gén. 77a-b (Jahre 130 und 138) wurden im Jahr 145 neu datiert.

Lesung auf den 3.Januar des lokalen Jahres 594 von Amisos und in die 10.Indiktion datiert ist[28]. Das Jahr 594 entspricht 562/3 n.Chr. Die Inschrift müßte also im Januar 563 n.Chr. aufgestellt worden sein, nicht 562, wie Kubitschek falsch ausgerechnet hat[29]. Hingegen fällt die 10.Indiktion in das Jahr 561/2 n.Chr. Vermutlich ist die Inschrift, die von Dimitsas publiziert wurde[30], falsch gelesen worden[31].

Auch die zweite christliche Inschrift mit Doppeldatierung birgt Probleme, da die Lesung der Datierungsangabe nicht sicher ist: [ἰνδ.]ιε'(?)/ ἔτους φ.ε' μη(νὶ) σε/πτεμβρίῳ ε' ἡμέρᾳ Κυριακῇ hat Grégoire nach einer Kopie gelesen[32]. Sicher scheint das Tagesdatum zu sein, nämlich der 5.September und ein Sonntag. Klar ist auch die Hunderterziffer der Jahreszahl, nämlich φ (=500). Unter den amisenischen Jahren 500–599 gibt es 15 Jahre, in denen der 5.September ein Sonntag war. Aber keines dieser Jahre fällt mit der 15.Indiktion zusammen[33]. Von diesen 15 Jahren hat nur eines ein ε (=5) als Einerziffer[34], nämlich das

28   Studia Pontica III Nr.12. - F.Cumont, MEFR 15,1895,293 Nr.409 hatte zunächst die Datierungsangabe in ἔτου ,ϛφþδ' aufgelöst und als byzantinisches Jahr 6594 mit 1086 n.Chr. gleichgesetzt. Aber schon von W.Kubitschek, RE I 1,1893,644 und dann in den Studia Pontica III p.22 war die Zahl 594 als Jahresangabe erkannt worden, da das Stigma hier nicht ein Zahlzeichen ist, sondern zum vorangehenden Wort gehört. In das 11.Jh. paßt die Inschrift auch nicht, und die Indiktionszahl für 1086 n.Chr. wäre 9, nicht 10.

29   W.Kubitschek, RE I 1,1893,644. Von dort falsch in Studia Pontica III p.22 übernommen.

30   MDAI(A) 14,1889,210.

31   Dimitsas ließ in seiner Abschrift vor und nach dem Iota, das für die Zahl 10 steht, eine Lücke; vielleicht stand hier ein Alpha.

32   Studia Pontica III Nr.14a.

33   Man muß davon ausgehen, daß das Jahresende in Amisos entsprechend dem lokalen Kalender nach dem 5.September lag, die Indiktion aber am 1.September begann (vgl. A.Christophilopoulou, Byzantine History I, Amsterdam 1986,101). Aber auch wenn man den Jahresanfang in Amisos nach dem byzantinischen Kalender für den 1.September ansetzen würde, käme keine bessere Lösung zustande.

34   H.Grégoire, Studia Pontica III Nr.14a dachte auch daran, statt eines runden Epsilon den Buchstaben Omikron zu lesen. Aber in den 570er Jahren von Amisos fällt kein Sonntag auf den 5.September. Wenn man dagegen die Einerziffer Θ (=9) statt des runden Epsilon lesen möchte, ergäbe das amisenische Jahr ΦΞΘ (=569) nach iulianischem Kalender 537/8 n.Chr., ein Jahr, in dem der 5.September auf einen Sonntag fiel, das heißt 538 n.Chr. Die Indiktionszahl wäre aber 1 und nicht 15.

amisenische Jahr ϕλε' (=535), das dem iulianischen Jahr 503/4 n.Chr. entspricht[35]. Mit diesem Jahr fällt aber die 12., nicht die 15.Indiktion zusammen. Man müßte statt ιε' ιβ' lesen. Eine entsprechende fehlerhafte Lesung war sicherlich möglich.

Die beiden christlichen Inschriften aus dem 6.(?) Jahrhundert sind die spätesten Zeugnisse für die Ära von Amisos. Auf den Münzen enden die Jahreszahlen mit 289 (=257/8 n.Chr.)[36]. Während die "pseudo-autonomen" Münzen noch 254/5 und 257/8 n. Chr. Jahreszahlen aufweisen, sind die Prägungen mit Valerianus I., Gallienus, Salonina und Saloninus aus Amisos nicht datiert. Das heißt, daß diese Münzen mit Kaiserporträts nach 257/8 n.Chr., als die letzte datierte Münze geprägt wurde, entstanden sind. Dafür spricht auch die Prägung für Saloninus, der 258 n.Chr. zum Caesar wurde und 260 n.Chr. starb, sowie das Fehlen von Prägungen für Valerianus II.[37]. Warum die Verwendung von Jahreszahlen damals plötzlich aufhörte, läßt sich vorerst nicht erklären.

Von der nicht unbeträchtlichen Zahl amisenischer Inschriften des 1.-3. Jh.n.Chr., die uns bekannt sind, weisen lediglich fünf die Jahreszahlen der Ära auf. Die ersten mit Jahreszahlen stammen aus der Zeit Hadrians[38], während die Münzen schon unter Augustus nach der Ära datiert sind. Die nach Ausweis der Münzen offizielle Äradatierung wurde dann häufig in privaten Inschriften verwendet, aber auch in offiziellen Dokumenten, wie ihre Anwendung in der Liste der amisenischen Theopropoi in Klaros zeigt[39]. Diese Inschrift aus Klaros ist nach der 63.Prytanie des Apollon von Klaros und nach dem Jahr 163 der "Freiheit" von Amisos datiert[40].

In der in Klaros aufgestellten Inschrift der Amisener wird die Art der Ära definiert, während dies in Amisos selbst offensichtlich nicht nötig war, da dort die Zeitrechnung zur Genüge bekannt war. Das Erringen der Freiheit, der "Eleutheria", war das wichtige Ereignis in der Geschichte der Stadt, mit dem man eine neue Zeitrechnung begann, die Jahreszählung nach einer Freiheitsära[41]. Gleichzeitig war dieses Freiheitsprivileg ein wichtiger Punkt der städtischen Propaganda, den man nach außen hin verkünden wollte. Auf den Münzen nannte sich die Stadt ebenfalls ΕΛΕΥΘΕΡΑ,

---

35   Die Rechnung von H.Grégoire, Studia Pontica III Nr.14a, geht trotz der korrekten Angabe des Epochenjahres in Studia Pontica III p.2 von 33/2 v.Chr. aus und kommt so zu falschen Jahresangaben.

36   Rec.gén.66.

37   Zur Datierung vgl. Kienast 218.

38   EA 9,1987,87 Nr.5. 89 Nr.7.

39   OGIS 530 = IGR IV 1586.

40   Vgl. dazu Robert, Carie II 212f. Dieser Synchronismus kann bei der Berechnung des Epochenjahres der Ära nicht weiterhelfen, da umgekehrt gerade die Prytanien des Apollon von Klaros mit Hilfe der Ären datiert werden.

41   Vgl. Robert, Carie II 212f.

regelmäßig allerdings erst seit Traianus[42]. Nach dem errechneten
Epochenjahr muß das Erringen der Freiheit in dem Jahr
stattgefunden haben, das von Herbst 32 bis Herbst 31 v.Chr.
reichte. In dieses Jahr fiel mit der Schlacht von Aktium am
2.September 31 v.Chr. ein auch für die griechische Welt
entscheidendes Ereignis.

Amisos war schon von Caesar für frei erklärt worden[43], dann
aber von Marcus Antonius in die Hände von "Königen", das heißt
Klientelfürsten, gegeben worden[44]. Strabon[45] nennt ausdrücklich
den Tyrannen Straton, der Amisos beherrscht hatte, bis Oktavian
die Stadt nach der Schlacht bei Aktium von ihm befreite. Diese
Beseitigung des Straton und die darauf folgende Freiheitserklärung
für Amisos war das entscheidende Ereignis[46], das einige Jahre
später[47] dazu führte, von 32/1 v.Chr. aus, dem lokalen Jahr, in
dem die Schlacht von Aktium stattgefunden hatte, die Jahre zu
zählen.

Man wird aber diese Ära nicht mit der aktischen Ära, wie sie in
der Provinz Asia zu finden ist, gleichsetzen dürfen[48]. Diese wurde
in Asia ab dem Jahr 31/30 v.Chr. gezählt und ging von dem Sieg
Oktavians aus, wie es gelegentlich in den Erläuterungen zu den
Jahresangaben heißt[49], und nicht von einem lokalen Freiheits-

---

42   Vgl. auch Wilson 196. - Ob die Münze Rec.gén.68 tatsächlich
unter Augustus geprägt wurde (Cl.Bosch, Numismatik 2,1933,35
meint im Jahre 27 v.Chr. bei der Verleihung des Namens
Augustus), ist m.E. fraglich. Es wäre die einzige Prägung vor
Traianus, auf der Amisos den Titel "Eleuthera" führte.
43   Strab.12,3,14 p.547; Cass.Dio 42,48,4. Vgl. Bernhardt,
Imperium 158.
44   Vgl. z.B. M.Rostovtzeff, JRS 7,1917,42; Magie I 435. II 1284
n.24; Buchheim 49f.; A.N.Sherwin-White, The Letters of Pliny,
Oxford 1966,687; H.Berve, Die Tyrannis bei den Griechen I,
München 1967,437f.; Wilson 195f.; Hoben 37.42.49; Bowersock,
Augustus 44; Jones, Cities 426 n.39; Bernhardt, Imperium 168f.
mit Anm.373; M.R.Cimma, Reges socii et amici populi Romani,
Mailand 1976,277.
45   Strab.12,3,14 p.547.
46   So z.B. auch Kaestner 42; Imh.-Bl., Gr.Mz. 562; G.Hirsch-
feld, RE I 2,1894,1839 s.v.Amisos; Studia Pontica III p.2; Magie I
444; Wilson 502; Bernhardt, Imperium 180 Anm.433.
47   In der Zeit nach Aktium und vor der Einführung der neuen
Zeitrechnung in Amisos wurden vielleicht die undatierten Münzen
Rec.gén.47-48a geprägt. Ihre Rückseite könnte auf das Foedus
zwischen Rom und Amisos anspielen; so Rec.gén. p.73 n.1 und
Wilson 195. Imh.-Bl., Gr.Mz. 569 legte diese Münzen dagegen in die
Zeit nach dem Ende des ersten Mithridatischen Krieges.
48   Als aktische Ära bezeichnet von Imh.-Bl., Gr.Mz. 557;
G.Hirschfeld, RE I 2,1894,1840; Wilson 196. - Ramsay, Historical
Geography 194 und 441 glaubte, daß die Amisener aus Dankbarkeit
für die Befreiung von Straton die aktische Ära annahmen.
49   Siehe unten S.225ff.

privileg. Für Amisos war hingegen die Erlangung der Eleutheria, die von Oktavian wohl als Privileg erteilt worden war[50] und immer wieder auf Münzen und in Inschriften herausgestellt wurde, der für die Stadtgeschichte wichtige Punkt, auf den man die eigene Zeitrechnung zurückführte[51]. Deswegen wurde auch Augustus in einer vom Demos der Amisener und den dort lebenden Römern in Pergamon aufgestellten Inschrift als Soter und Ktistes geehrt[52]. Augustus wird als Neugründer der Stadt aufgefaßt – dies bedeutet hier "Ktistes" –, weil die Existenz von Amisos nach griechischem Denken mit dem neuen Status noch einmal begann. Von diesem Neubeginn der civitas libera et foederata, wie Amisos bei Plinius heißt[53], zählte man dann auch die Jahre[54].

Wenn diese Ära, wie es scheint, erst einige Jahre nach dem Epochendatum eingeführt wurde, muß man nicht unbedingt annehmen, Amisos habe zwischen 2.September 31 v.Chr. und dem lokalen Jahresende, das wenige Wochen später lag, den neuen Status erhalten[55]. Es ist nicht auszuschließen, daß diese Privilegierung nachträglich erst mit dem Jahr des Sieges bei Aktium gleichgesetzt wurde[56].

---

50 Vgl. dazu A.N.Sherwin-White, The Letters of Pliny, Oxford 1966,687f.; Bernhardt, Imperium 180.

51 Nur so ist ἔτους ρξγ' τῆς ἐλευθερίας in OGIS 530 zu erklären. Es heißt dort eben nicht wie in vielen Beispielen aus Asia ἔτους ... τῆς Καίσαρος νίκης. Vgl. auch Rec.gén. p. 53 n.4.

52 IGR IV 314.

53 Plin.ep.10,92. Siehe auch Plin.n.h.6,7: Amisum liberum. Vgl. dazu A.N.Sherwin-White, The Letters of Pliny 687ff.; Bernhardt, Imperium 231 Anm.667. In OGIS 530 = IGR IV 1586, Z.2 ist dieser Rechtsstatus mit Ἀμισοῦ ἐλευθέρας καὶ αὐτονό-μου καὶ ὁμοσπόνδου Ῥωμαίοις ausgedrückt.

54 Zur Frage, ob Amisos schon unter Augustus föderiert war, Magie II 1450 n.3; Jones, Greek City 131.324 n.67; A.N.Sherwin-White, The Letters of Pliny 687f.; Bernhardt, Imperium 181 Anm.433.

55 So z.B. Magie I 473 und E.Olshausen, EA 9,1987,88. Dagegen legen Ramsay, Historical Geography 441; Jones, Cities 167 und Bowersock, Augustus 44 die Befreiung ins Jahr 30 v.Chr.

56 Im Falle von Amisos, in dem das Epochenjahr der Ära eindeutig zu berechnen ist, zeigt sich die Problematik der Entzifferung der Jahreszahlen auf Münzen und in Inschriften sowie ihrer Umrechnung besonders deutlich. Ungemein viele Fehler sind in fast allen Publikationen gemacht worden und natürlich auch für die hier vorliegende nicht auszuschließen (unvollständig sind zum Beispiel die Listen der Münzen bei Imh.-Bl.,Gr.Mz.558 und Cl. Bosch, Numismatik 2,1933,35f.). Im einzelnen ist zu verbessern: 1. In Rec.gén. p.88 Nr.115ff. wurde fälschlich die Jahreszahl als 246 statt 245 aufgelöst, aber richtig mit dem Jahr 213/4 n.Chr. gleichgesetzt. - 2. Bei Imh.-Bl., Gr.Mz. 558. 572f. und Rec.gén.109a sowie im Anschluß daran in SNG Blackburn 946 lautet

die Jahreszahl nicht ΡΠΘ =189 (=157/8 n.Chr.), sondern, wie auf
der in SNG Blackburn abgebildeten Münze klar zu lesen
ist, ΡΞΘ =169 (=137/8 n.Chr.); vgl. Taf.II 5. So auch Nordbø 170
Nr.245. Auf der Vorderseite ist Antoninus Pius als Caesar, nicht
als Augustus dargestellt. - 3. Rec.gén.130 ist nicht mit ΣΞΗ =268,
sondern mit ΣΞϛ =266 datiert; so schon Cl.Bosch, Numismatik
2,1933,36. Das Rec.gén. pl.X 14 abgebildete Stück, von dem mir
ein Gipsabguß vorliegt, bestätigt diese Lesung. - 4. Auf der in
SNG Cop.194 abgebildeten Münze lautet die Jahreszahl ΣΝΓ =253. -
5. Bei der Münze SNG Cop.195 muß die Jahreszahl statt ΣΘ
ΣΟ[B] =272 lauten. - 6. Auf der Münze Rec.gén.110 heißt die
Jahreszahl wohl ΡΠΓ =183; so Cl.Bosch, Numismatik 2,1933,36. Auf
der Abbildung sind noch Reste der Zahl im Abschnitt zu erkennen.
Das Jahr 183 wird durch die Münzen des Antoninus Pius aus dem
gleichen Jahr bestätigt: Rec.gén.109; SNG Aulock 6745. - 7. Bei
Rec.gén.13d lautet die Jahreszahl wohl ΣΞΖ =267; so Cl.Bosch,
Numismatik 2,1933,36. Dies wird durch SNG Aulock 6749
bestätigt. - 8. SNG Cop.183 und 184 sind nicht mit ΡΞΕ =165
datiert, sondern die Zahl ist als ΡΞϛ =166 zu lesen; so auch
Nordbø S.168. - 9. SNG Cop.185 ist nicht mit ΡΞΓ =163, sondern
mit ΡΞϛ =166 datiert; so auch Nordbø S.168. - 10. Bei Nordbø
S.168, 4.Serie muß die Jahreszahl statt ΡΞΣ ΡΞϛ lauten. - 11.Bei
Nordbø fehlen in der Liste der datierten Münzen des Hadrianus aus
Amisos SNG Aulock 78-80 und 6742-6744; ebenso SNG Aulock 6737,
falls sie nicht mit seiner Nr.1 aus London identisch ist. - 12. Das
von Cl.Bosch, Numismatik 2,1933, 36 angeführte Jahr 283 für
Münzen des Traianus Decius und der Herennia Etruscilla kann
nicht richtig sein, da es dem iulianischen Jahr 251/2 entsprechen
würde, Decius aber schon im Sommer 251 n.Chr. fiel. Auf der
Abbildung der Münze der Herennia (Rec.gén. 146 pl.XI 3) ist
deutlich ΣΠΒ =282 zu lesen (so auch die Überprüfung der Münze
durch M.J.Price, NC 1973,75). Bei dem Stück des Traianus Decius
ist die Jahreszahl nicht lesbar, Rec.gén. pl.XI 2. H.Mattingly,
JRS 25,1935,56 hat diesen Fehler in der Liste Boschs übernommen
und u.a. darauf seine Theorie über die Regierungszeit des
Aemilianus gestützt. Die von A.G.Malloy, The Coinage of Amisus,
South Salem 1970, Nr.223 angegebene Jahreszahl ΣΠΗ =288 (=256/7
n.Chr.) für die Münze der Herennia kann nicht richtig sein. - 13.
Die angebliche Münze des Claudius Rec.gén.72a, die von Cl.Bosch,
Numismatik 2,1933,35 als Prägung des Augustus mit der
Jahreszahl ΕΤΟΥΣ ΚΑ (Jahr 21) interpretiert wurde, gehört
wahrscheinlich nicht nach Amisos; vgl. Roman Provincial Coinage I
p.359, wo die Münze versehentlich als Rec.gén.73a aufgeführt
ist. - 14. Bei der Münze Rec.gén.70a mit Augustus auf der
Vorderseite und der Jahreszahl 41 (=9/10 n.Chr.) soll auf der
Rückseite Agrippa dargestellt sein. Man kann aber kaum erklären,
warum Agrippa so lange nach seinem Tode gerade in Amisos auf
die Münzen gesetzt wurde, da sonst in dieser Zeit Münzen mit
seinem Bild fehlen. Eher kommt Tiberius für die Rückseite in
Frage; vgl. Roman Provincial Coinage I 2149. - 15. A.Johnston,
ANSMusN 30,1985,112 Nr.68 legt die Prägung des Caracalla aus
dem Jahr 248 ins iulianische Jahr 215 n.Chr. Tatsächlich gehört

sie aber ins Jahr 216/7 n.Chr. - 16. E.Olshausen, EA 9,1987,81ff.
stellt zwar S.88 zu Nr.5 richtig fest, daß die Ära von Amisos im
Oktober 32 v.Chr. einsetzt, rechnet aber bei den drei von ihm
publizierten Inschriften mit Jahreszahlen falsch um. Bei Nr.5
entspricht das Jahr 165 nicht dem Zeitraum Oktober 132 bis
September 133 n.Chr., sondern dem Jahr 133/4. Nr.6 aus dem
Jahr 224 muß auf 192/3, nicht 191/2 datiert werden, Nr.7 aus dem
Jahr 162 auf 130/1, nicht 129/30 n.Chr. - 17. Auf der Abbildung
der Inschrift Nr.7 bei E.Olshausen, EA 9,1987, Taf.10 (=unsere
Taf.X 2) ist eher die Jahreszahl PΞϚ =166 als PΞB =162 zu lesen.-
18. Die bei Imh.-Bl., Gr.Mz. 558 mit Fragezeichen angeführte
Münze des Commodus aus dem Jahre 219 ist nicht nachweisbar und
wohl verlesen. - 19. Das Datum der Inschrift Studia Pontica III 12
ist falsch umgerechnet; siehe S.109f. -20. Auch die Inschrift Studia
Pontica III 14a ist falsch datiert; siehe S.110f.

3. Die Ära von Amaseia und Sebastopolis-Herakleopolis

Auf den Münzen der Stadt **Amaseia** in Pontos finden sich
vielleicht schon ab Kaiser Caligula[1], sicher aber ab Vespasianus
Jahreszahlen einer Ära[2]. Diese Ära wurde auch bei der Datierung
zahlreicher Inschriften angewandt. Da es sich bei den datierten
Inschriften aber meist um private Grabinschriften handelt, die in
der Regel nur durch die Jahreszahlen chronologisch einzuordnen
sind, helfen diese bei der Bestimmung des Epochenjahres der Ära
kaum weiter. Wir sind also wiederum im wesentlichen auf die
Münzen angewiesen, um das Epochenjahr der Ära von Amaseia zu
errechnen.

Unter Kaiser Vespasianus wurden Münzen mit den Jahreszahlen
71 und 81 ausgegeben[3]. Vespasians dies imperii war der 1.Juli 69,
sein Todestag der 23.Juni 79 n.Chr.[4]. Wenn man die Dauer der
Nachrichtenübermittlung nach Pontus außer acht läßt, ergibt sich
aus den Regierungsdaten Vespasians und den beiden Jahreszahlen

1   Ob die Münzen Rec.gén.6; SNG Fitzwilliam 4031; Roman
Provincial Coinage I 3571 auf der Rückseite eine Jahresdatierung
tragen, wie vermutet wurde, ist unsicher, da die Legende nur
schwer zu lesen ist. Auch das Porträt auf der Vorderseite der
Münzen, die einen der iulisch-claudischen Kaiser darstellen, ist
nicht sicher das des Caligula; vgl. Roman Provincial Coinage I
p.548f.
2   Da jeweils ETOYΣ, ET oder E hinzugefügt ist, handelt es
sich mit Sicherheit um Jahreszahlen. Vgl. jetzt die Liste von
D.H.French, in: Erol Atalay Memorial, Izmir 1992,70, aus der die
Jahreszahlen 169 und 230 zu streichen sind. Hingegen fehlen dort
die Jahre 185 und 210 sowie eventuell das Jahr 112.
3   SNG Aulock 17 und Rec.gén.6a.
4   Vgl. PIR III² F Nr.398; Kienast 108f.

71 und 81 auf den Münzen mit seinem Bildnis ein theoretischer Ausgangspunkt der Ära zwischen 1.Juli 3 v.Chr. und 24.Juni 1 v. Chr., da der Beginn des Jahres 71 von Amaseia frühestens auf den 1.Juli 68 n.Chr. fiel und das Ende des lokalen Jahres 81 spätestens auf den 23.Juni 80 n.Chr.

Nimmt man an, daß der makedonische Kalender, der im Norden Kleinasiens die Regel war, mit seinem Jahresanfang nach den Herbstäquinoktien auch in Amaseia galt[5], dürfte das Epochenjahr entweder von Herbst 3 bis Herbst 2 v.Chr. oder von Herbst 2 bis Herbst 1 v.Chr. gereicht haben. Da die Nachricht vom Tode Vespasians am 23.Juni 79 n.Chr. sicherlich bis Ende September Amaseia erreicht haben wird[6], sind die Münzen Vespasians mit der Jahreszahl 81 aller Wahrscheinlichkeit nach in dem von Herbst 78 bis Herbst 79 n.Chr. laufenden lokalen Jahr 81 geprägt worden. Damit scheidet 2/1 v.Chr. als Epochenjahr zugunsten des Jahres 3/2 v.Chr. aus[7]. Eine ungefähre Bestätigung dieses Jahres liefern die Münzen des Marcus Aurelius und des Lucius Verus aus dem lokalen Jahr 164[8]. Da beide Herrscher Anfang 161 n.Chr. die Regierung übernahmen[9], ergibt sich daraus als terminus post quem für das Epochenjahr der Ära 4/3 v.Chr.[10].

5   So auch Th.Reinach, L'histoire par les monnaies 148 und NC 1902,7f. sowie H.Dessau, ZN 25,1905,339 n.3.

6   Am 22.August 79 n.Chr. wurde in Ägypten erstmals nach Titus datiert; vgl. Duncan-Jones, Structure 28 Table 10.

7   Das Epochenjahr 3/2 v.Chr. auch bei H.Dessau, ZN 25,1905, 339 n.3, in den Studia Pontica III p.110, bei Cl.Bosch, Numismatik 2,1933,35.46; Magie II 1329 n.49; G.E.Bean, Belleten 17,1953,168; H.Halfmann, Chiron 16,1986,37 Anm.11; Weimert 45 und 172 Anm.279; D.H.French, in: Erol Atalay Memorial 65ff. - F.Imhoof-Blumer, Gr.Mz.31-33 nannte ungenau 2 v.Chr. als Epochenjahr; ihm schlossen sich u.a. an: W.Kubitschek, RE I 1,1893,645; O.Hirschfeld, RE I 2,1894,1743 s.v.Amaseia; G.MacDonald, JAN 2,1899,18; Jones, Cities 168f.; Kraft, System 71.197f., der durchgehend die Münzen von Amaseia um ein Jahr zu spät datiert; R.K.Sherk, ANRW II 7,2,1980,961; Rémy, Evolution 27 n.22. - J.und L.Robert, Carie 213 legten sich nicht fest und sind dementsprechend ungenau mit ihren Datierungen.

8   Rec.gén.18.20; SNG Aulock 24.26 bzw. Rec.gén.24f.28; SNG Aulock 23.25. - Auch die Münze Rec.gén.21 = BMC 3 gehört ins Jahr 165, nicht ins Jahr 169, wie fälschlich z.B. bei Cl.Bosch, Numismatik 2,1933,35 zu lesen ist; vgl. die Abbildung BMC pl.I 14. - Bei Cl.Bosch, loc.cit. muß die Jahreszahl auf der genannten Prägung Rec.gén.64 von 209 in 206 verbessert werden.

9   Vgl. PIR II² C Nr.606; Kienast 137.143.

10   Vgl. auch Cl.Bosch, Numismatik 2,1933,34. F.Imhoof-Blumer, Gr.Mz. 32 errechnete hierbei fälschlich den terminus post quem 3/2 v.Chr., weil er vermutlich den Jahresanfang im Herbst nicht berücksichtigte.

Gegen das Epochenjahr 3/2 v.Chr. scheinen die Münzen mit der Jahreszahl 208 zu sprechen, die Geta einmal ΚΑΙΣΑΡ (Taf.II 2)[11], ihn dann aber im gleichen Jahr auch ΣΕΒΑΣΤΟΣ nennen[12]. Da die Nachricht von der Verleihung des Titels Augustus an Geta frühestens Ende 209 n.Chr., vielleicht auch erst Ende 210 n.Chr., im Osten bekannt wurde[13], wäre eigentlich anzunehmen, daß die genannten Münzen mit der Jahreszahl 208 frühestens im Jahre 209/10 n.Chr. oder 210/11 n.Chr. geprägt wurden. Dies ergäbe, rechnet man etwa von 209/10 n.Chr. 208 Jahre zurück, das Epochenjahr 2/3 n.Chr.[14].

Von vornherein ist es nicht auszuschließen, daß sich die Ära von Amaseia in severischer Zeit änderte, wie es nachweislich in Sinope geschehen ist[15]. Wenn man dann aber die Münzen des Severus Alexander mit der Jahreszahl 234 nach einer Ära ab 2/3 n.Chr. umrechnen würde[16], käme man für diese Prägungen ins Jahr 235/6 n.Chr. Severus war aber schon im März 235 n.Chr. getötet worden[17], also lange vor dem Jahresbeginn im Herbst. Das Epochenjahr 2/3 n.Chr. ist also auszuschließen. Schon Dessau[18] hatte festgestellt, daß Geta auf den Münzen von Amaseia weder ΑΥΤΟΚΡΑΤΩΡ genannt wird noch einen Lorbeerkranz trägt[19], und mehrere Belegstellen angeführt, nach denen Geta schon vor 209 n.Chr. im Osten als Augustus bezeichnet wurde. Die Münzen des Jahres 208 von Amaseia müssen vor 209/10 n.Chr. geprägt sein, wie das Fehlen des Lorbeerkranzes in der Darstellung Getas zeigt. Die bewußte Gleichstellung mit Caracalla ab 209 oder 210 n.Chr. konnte man Geta ab diesem Zeitpunkt auch in Amaseia nicht vorenthalten, und der Lorbeerkranz hätte daher nicht fehlen dürfen.

Im inschriftlichen Material über Amaseia finden sich zwei Gesandtenlisten aus Klaros, die sowohl nach der Ära von Amaseia

11 Rec.gén.92-95a; SNG Tübingen 2042.
12 Rec.gén.97-100; R.Münsterberg, NZ 54,1921,128.
13 Vgl. Kienast 166, der der bisher üblichen Datierung in den Herbst 209 n.Chr. folgt. Dagegen aber neuerdings A.R.Birley, The African Emperor. Septimius Severus, London 1988,186f. und 218, der jetzt, G. Di Vita-Evrard folgend, die Erhebung Getas zum Augustus ein Jahr später datiert.
14 Th.Reinach, L'histoire par les monnaies 147f. und NC 1902, 7ff. berechnete die Ära nur mit Hilfe der Geta-Prägungen und kam somit fälschlich zu einem Epochenjahr 1/2 n.Chr.
15 Siehe S.157ff.
16 Rec.gén.107-111; SNG Cop.118; SNG Aulock 42f.6711f.
17 Vgl. PIR I² A Nr.1610.
18 H.Dessau, ZN 25,1905,340f. Ihm schlossen sich an W.Ruge, RE XVIII 4,1949,2531 s.v. Paphlagonia und Cl.Bosch, Numismatik 2,1933,35 Anm.10.
19 Auf den Münzen von Sinope hingegen, auf denen Geta den Augustustitel führt, wird er auch als Imperator bezeichnet und trägt den Lorbeerkranz; vgl. Rec.gén.136ff.

als auch nach der 64. bzw. 86.Prytanie Apollons datiert sind[20]. Da
die Inschriften aus Klaros aber noch nicht vollständig publiziert
und ausgewertet sind[21], ist eine genaue Chronologie der eponymen
Prytanen von Klaros noch nicht möglich[22]. Die Synchronismen in
den beiden Inschriften können das Epochenjahr der Ära bestätigen, wenn auch nicht präzisieren.

Strabon beschreibt die Ausdehnung des Territoriums seiner
Heimatstadt Amaseia[23], das im Westen bis zum Halys reichte, im
Süden an die Zelitis grenzte und an das Gebiet der galatischen
Trokmer, im Norden an die Phazimonitis und an die Phanaroeia, im
Osten an das Territorium von Komana[24]. Zum Gebiet von Amaseia
gehörten die Gazakene, die bei Strabon Chiliokomon genannte
Ebene, die Diakopene, die Pimolisene[25], die von Strabon als
Babanomon und Ximene bezeichneten Regionen und das Gebiet um
das spätere Euchaita sowie um das heutige Çorum[26]. Überall in
diesem ausgedehnten Territorium wurden Inschriften, meist
Grabinschriften, mit Jahreszahlen gefunden, die wohl nach der Ära
von Amaseia zu berechnen sind[27]. Es ist aber nicht in allen Fällen
gesichert, daß es sich tatsächlich um Datierungen nach der Ära
von Amaseia handelt, besonders bei Inschriften aus den Grenzgebieten zu anderen Territorien, so etwa bei denen aus Çayköy[28].
Die Grabinschrift aus "Viran" bei Çorum[29] mit der Jahreszahl 254

20   Vgl. Robert, Carie 213 und S.Şahin, EA 9,1987,63 Nr.8 =
SEG 37,1987,964.

21   Vgl. jetzt L.Robert, Opera Minora Selecta VI, Amsterdam
1989,541ff. und S.Şahin, EA 9,1987,62ff.

22   Die 63.Prytanie Apollons in Klaros läßt sich durch eine
Inschrift der Amisener aus Klaros ins Jahr 131/2 n.Chr. datieren,
das den terminus post quem für die 64.Prytanie Apollons und das
lokale Jahr 141 von Amaseia darstellt. Die 93.Prytanie Apollons
gehört nach einer Inschrift, die die Bürger von Herakleia Salbake
in Klaros aufstellten, ins Jahr 177/8 n.Chr. Daraus ergibt sich als
terminus ante quem für die 86.Prytanie Apollons und das lokale
Jahr 166 von Amaseia 170/1 n.Chr.; siehe S.111 und S. 344f.

23   Strab.XII 3,38 p.560. XII 3,39 p.561.

24   Vgl. Studia Pontica III p.148f.; Jones, Cities 158f.; Wilson
205ff.; Weimert 44ff.

25   Nach Wilson 208 nur östlich des Halys; dagegen Weimert 183
Anm.378.

26   Zu den einzelnen Landschaften vgl. Strab.XII 3,39 p.561;
E.Olshausen, RE Suppl.15,1978,439; Weimert 45ff. - Zu Euchaita
vgl. Wilson 376f.; Weimert 40 und 185 Anm.400.

27   Vgl. Studia Pontica III p.148ff.160ff.182ff.184f.189ff. und
D.H.French, in: Erol Atalay Memorial 65ff. - D.H.French, op.cit.
66 zählt 68 datierte Inschriften aus Amaseia, bei denen es sich bis
auf zwei Ausnahmen immer um Grabinschriften handelt.

28   Studia Pontica III 253c und G.de Jerphanion, MUB 7,1914-21,
20 Nr.29; von D.H.French ebenfalls zum Territorium von Amaseia
gerechnet.

29   Studia Pontica III 207.

wurde von Kalinka nach der Ära von Tavion ins Jahr 229 n.Chr.
datiert[30]. Für ihre Zugehörigkeit zum Territorium von Amaseia und
damit für die Datierung nach der in dieser Stadt gebräuchlichen
Ära spricht aber, daß Meilensteine noch südwestlich von Çorum die
Entfernungen ab Amaseia angeben[31].

Die Ära, die in **Sebastopolis-Herakleopolis** angewandt wurde, ist
nur durch wenige Münzen und Inschriften aus dieser Stadt
bezeugt. Kaiserzeitliche Münzen wurden nur in den Jahren 109 für
Traianus, 208 für Septimius Severus, Iulia Domna, Caracalla sowie
Geta Caesar[32] und im lokalen Jahr 266 für Gallienus geprägt. Auf
Münzen des Traianus vom Jahr 109 ist der Statthalter der Provinz
Cappadocia-Galatia P.Calvisius Ruso Iulius Frontinus genannt[33].
Seine Amtszeit erstreckte sich unter anderem über das Jahr 104/5
n.Chr., wie eine datierte Münze aus Kybistra[34] und eine Inschrift
mit der Titulatur des Traianus, die aber emendiert werden muß
und wohl ins Jahr 105 n.Chr. gehört, zeigen[35]. Die Münzen aus
Sebastopolis dienen meist als Beleg für die Amtszeit dieses
Statthalters, so daß man nicht umgekehrt aus seiner Erwähnung
auf den Münzen das Epochenjahr der Ära von Sebastopolis
berechnen sollte.

Anders als im Falle Amaseias können aber für Sebastopolis die
Inschriften bei der Berechnung der Ära weiterhelfen. Eine
Ehreninschrift für Kaiser Marcus Aurelius[36], die in der Titulatur
seinen dritten Consulat nennt, ist zugleich in das Jahr 163 der
städtischen Zeitrechnung datiert. Consul zum dritten Mal war
Marcus Aurelius im Jahre 161 n.Chr., und den Namen Antoninus,
der in der Inschrift vorkommt, führte er erst nach dem Tode
seines Vorgängers Antoninus Pius[37]. Das ergibt als erstes
mögliches Epochenjahr der Ära 3/2 v.Chr. Der terminus ante quem
wird durch die Erwähnung der tribunicia potestas geliefert, bei
der aber die Einerziffer nicht erhalten ist, sondern lediglich das
Iota der Zehnerziffer. Wegen der Consulatsangabe kommen die 15.

30 Kalinka, JOEAI 1,1898,36.
31 D.French, Roman Roads and Milestones of Asia Minor,
Fasc.2, Oxford 1988, z.B. Nr.333.350. Vgl. auch D.H.French, EA
8,1986,80f.
32 Fälschlich datiert Cl.Bosch, Numismatik 2,1933,46 diese
Stücke ins Jahr 207 n.Chr.
33 Rec.gén.1; Stumpf Nr.579.
34 SNG Aulock 6535 = Stumpf Nr.578.
35 Vgl. P.R.Franke, Chiron 9,1979,379f.; W.Eck, Chiron 12,
1982,340 Anm.242; B.E.Thomasson, Laterculi Praesidum I,
Göteborg 1984,268 Nr.17; Stumpf 282ff. Siehe R.K.Sherk, ANRW II
7,2,1980,1018f.
36 T.B.Mitford, ZPE 87,1991,198 Nr.10; B.Le Guen-Pollet, EA
13,1989,62 Nr.7. In IGR III 114 wurde die Jahreszahl falsch
als ρξϛ' =166 gelesen.
37 Vgl. PIR I² A Nr.697; Kienast 137ff.

bis 19.tribunicia potestas des Marcus Aurelius in Frage[38], das heißt die Jahre bis 165 n.Chr. Das letztmögliche Epochenjahr der Ära von Sebastopolis ist demnach das Jahr, das von Herbst 1 v.Chr. bis zum Herbst 1 n.Chr. reichte.

Das Jahr 3/2 v.Chr. als frühestmögliches Epochenjahr ergibt sich ebenfalls durch die Ehreninschrift für Kaiser Traianus[39], die ins Jahr 100 datiert ist, während die beiden anderen Inschriften aus den Jahren 106 und 108, die Traianus als Germanicus und Dacicus bezeichnen[40], den Zeitraum für das Epochenjahr der Ära nicht näher einschränken können[41].

Eine Ehreninschrift für Kaiser Hadrianus und seinen Adoptivsohn Aelius Caesar[42] ist in die 21.tribunicia potestas des Hadrianus und zugleich ins Jahr 139 der städtischen Zeitrechnung datiert. Die 21.tribunicia potestas fiel in den Zeitraum zwischen dem 10.Dezember 136 und dem 9.Dezember 137 n.Chr. Dazu paßt die Erwähnung des Aelius Caesar und seiner tribunicia potestas[43]. Denn erst Mitte 136 n.Chr. wurde er von Hadrianus adoptiert und führte ab diesem Zeitpunkt und während des Jahres 137 n.Chr. den Namen Aelius Caesar[44]. Das Jahr 139 von Sebastopolis mußte also spätestens im Dezember 136 n.Chr. angebrochen und spätestens im Dezember 138 n.Chr. beendet sein. Bei einem Jahresanfang im Herbst, wie es in dieser Region üblich war[45], kommt als Epochenjahr der Ära von Sebastopolis-Herakleopolis vor allem das Jahr 3/2 v.Chr. in Frage. Im Dezember 136 n.Chr., als

---

38   Anderson hatte IΓ =13 gelesen; vgl. T.B.Mitford, ZPE 87,1991,199. Aber dies kann nicht zutreffend sein. Die letzte Ziffer, die heute nicht mehr zu lesen ist, läßt sich am leichtesten als E =5 oder ϛ =6 interpretieren. T.B.Mitford, ZPE 87,1991,198 verbessert richtig zu IE =15.

39   T.B.Mitford, ZPE 87,1991,190 Nr.5. Vgl. B.Le Guen-Pollet, EA 13,1989,62f.

40   T.B.Mitford, ZPE 87,1991,199 Nr.11 und 191 Nr.6.

41   Auch die Zeitspanne für Iulia Domna in der Inschrift des Jahres 202 aus Sebastopolis (T.B.Mitford, ZPE 87,1991,234 Nr.44 = G.de Jerphanion - P.L.Jalabert, MUB 3,1,1908,453 Nr.16 = B.Le Guen-Pollet, EA 13,1989,64 Nr.9) ist zu groß, um durch diesen Synchronismus die Ära näher bestimmen zu können.

42   T.B.Mitford, ZPE 87,1991,194 Nr.8 und IGR III 111 = ILS 8801 = M.Smallwood, Documents Illustrating the Principates of Nerva, Trajan and Hadrian, Cambridge 1966,204 sowie B.Le Guen-Pollet, EA 13,1989,60 Nr.5 und B.Rémy, in: Pontica I. Recherches sur l'histoire du Pont dans l'Antiquité, Saint-Etienne - Istanbul 1991,98ff. Vgl. Reinach, L'histoire par les monnaies 149; B.Rémy, REA 87,1985,223 Nr.10.

43   Der in der Inschrift genannte Statthalter L.Flavius Arrianus hat zu lange amtiert, um daraus genauere chronologische Schlüsse ziehen zu können; vgl. W.Eck, Chiron 13,1983,169-179.

44   Vgl. PIR II² C Nr.605; Kienast 131.

45   Siehe S.165f. Nur T.B.Mitford, ZPE 87,1991,196 läßt es offen, ob der Jahresanfang im Herbst lag.

Hadrianus seine 21.tribunicia potestas zu zählen begann, wäre das
lokale Jahr 139 längst vorüber gewesen, hätte die Ära 4/3 v.Chr.
begonnen. Theoretisch nur ist das Epochenjahr 2/1 v.Chr.
möglich[46]. In diesem Falle entspräche das lokale Jahr 139 von
Sebastopolis 137/8 n.Chr., die Inschrift müßte also zwischen Ende
September oder Oktober und Dezember 137 n.Chr. aufgestellt
worden sein.

Die Ehrung für Hadrianus und Aelius Caesar wurde aber
offensichtlich mit der Absicht gestiftet, Hadrians Nachfolgeregelung
zu feiern[47]. Auch die oben behandelte Inschrift für Marcus
Aurelius war gleich nach seinem Herrschaftsantritt im Jahre 160/1
n.Chr. aufgestellt worden, ebenso die Ehrung für Kaiser Traianus
aus dem Jahr 100 noch im Jahr 97/8 n.Chr., als der Herrscher
gerade die Regierung übernommen hatte. Die Nachricht von der
Adoption des Aelius Caesar durch Hadrian traf spätestens Anfang
137 n.Chr. in Sebastopolis ein. Man wird bald danach die Ehrung
verfaßt haben. Das lokale Jahr 139 dürfte deshalb von Herbst 136
bis Herbst 137 n.Chr. gereicht haben. Das Epochenjahr der Ära
von Sebastopolis war demnach 3/2 v.Chr.[48].

Eine Weihung für Antoninus Pius durch die Stadt Sebastopolis
ist in der letzten Zeile der Inschrift ebenfalls nach der lokalen Ära
datiert[49]. Doch ist die Jahreszahl unterschiedlich gelesen
worden[50]. Zuletzt schlug Mitford die Jahreszahl 156 vor, die mit
dem Jahr 153/4 n.Chr. gleichzusetzen ist. Die Inschrift ist
außerdem unter dem Statthalter M.Sedatius Severianus aufgestellt
worden. Dieser Mann ist im Sommer 153 n.Chr. als Suffektkonsul
bezeugt[51]. Seine Amtszeit in der Provinz Cappadocia, zu der
Sebastopolis damals gehörte, kann somit frühestens im Jahr 153/4
n.Chr. begonnen haben. Seine Statthalterschaft ist aber auch für

---

46   Vgl. H.Dessau, ZN 25,1906,339 Anm.5. – Kraft, System 197
Taf.99 Nr.39 geht offenbar wie bei Amaseia von 2/1 v.Chr. als
Epochenjahr aus.

47   So J.G.C.Anderson, NC   1904,101; T.B.Mitford, ZPE 87,
1991,195; B.Rémy, in: Pontica I,100.

48   So auch Th.Reinach, L'histoire par les monnaies 149 und RN
1902,184;   Rec.gén.   p.141;   J.G.C.Anderson,   NC   1904,101;
H.Dessau, ZN 25,1906,339; G.de Jerphanion – P.L.Jalabert, MUB
3,1,1908,453; Cl.Bosch, Numismatik 2,1933,45; Jones, Cities 168f.;
Magie II 1329 n.49; R.K.Sherk, ANRW II 7,2,1980,1018; B.Rémy,
REA 87,1985,220 Anm.8 und in: Pontica I,100; B.Le Guen-Pollet,
EA 13,1989,53; T.B.Mitford, ZPE 87,1991,183.195f. – Das Jahr 2
v.Chr. wird als Epochenjahr genannt von W.M.Ramsay, REG
6,1893,252 und Imhoof-Blumer, Gr.Mz.56.

49   T.B.Mitford, ZPE 87,1991,196 Nr.9. Vgl. IGR III 113; B.Le
Guen-Pollet, EA 13,1989,61 Nr.6.

50   Vgl. T.B.Mitford, ZPE 87,1991,197.

51   Vgl. A.Degrassi, I fasti consolari dell'Impero Romano, Rom
1952,43;   B.E.Thomasson,   Laterculi   Praesidum   I,   Göteborg
1984,270.

die Zeit des Marcus Aurelius und Lucius Verus in Zela bezeugt[52].
Rémy hat deshalb diesen M.Sedatius Severianus als Statthalter von
Cappadocia für die Zeit von 157/8 oder 158/9 n.Chr. bis 161/2
n.Chr. aufgeführt[53], während ihn Thomasson unter dem Jahr 161
n.Chr. aufgenommen hat[54]. Stimmt Mitfords Lesung der Jahreszahl
in der Inschrift aus Sebastopolis, müßte Severianus acht Jahre
lang dieses Amt in Cappadocia bekleidet haben[55], eine
ungewöhnlich lange Zeit. Die Photographie des Steines[56] läßt keine
sichere Bestätigung der Lesung Mitfords zu. Ein Xi in der
Jahreszahl ist aber offensichtlich auszuschließen und damit eine
Datierung der Inschrift nach 156/7 n.Chr. Das heißt, M.Sedatius
Severianus hat seine Statthalterschaft in Cappadocia früher
angetreten, als man bisher glaubte.

Wenn nun die Ära von Sebastopolis von dem gleichen Jahr
ausgeht wie die von Amaseia, heißt dies, daß es sich wohl um die
gleiche Ära handelt[57]. Welches war das historische Ereignis, von
dem aus sowohl Amaseia als auch Sebastopolis ihre Jahre
rechneten?

Zur Zeit, als Strabon schrieb, gehörte seine Heimatstadt
Amaseia schon zur römischen Provinz Galatia, nachdem sie zuvor,
wie es bei dem Geographen heißt, "Königen" (βασιλεῦσι) gegeben worden sei[58]. Wer diese Könige waren, ist unklar[59]. Ob die
zuvor[60] genannten Könige Polemon[61] und Lykomedes[62] dazu zu
zählen sind oder Deiotarus[63] oder Darius[64] oder irgendein lokaler
Dynast[65] wie der Galater Ateporix[66], der von Marcus Antonius zum

52   Studia Pontica III 271.
53   B.Rémy, Les fastes sénatoriaux des provinces romaines
d'Anatolie au Haut-Empire, Paris 1988, Nr.172. Vgl. auch B.Le
Guen-Pollet, EA 13,1989,61f.
54   B.E.Thomasson, Laterculi Praesidum I, Göteborg 1984,270.
55   Vgl. T.B.Mitford, ZPE 87,1991,197.
56   ZPE 87,1991, Taf.IX 9.
57   So auch J.G.C.Anderson, in: Anatolian Studies W.M.Ramsay,
Manchester 1923,8 und T.B.Mitford, ZPE 87,1991,193. - Die
angebliche Münze des Caracalla mit der Jahreszahl 210, die in
Pharnakeia geprägt sein soll (so Imh.-Bl., Kl.Mz. p.510), ist
entweder gefälscht oder falsch gelesen; vgl. Rec.gén.p.139 n.2
und Weimert 209 Anm.687. Die Ära könnte zwar die von Amaseia
und Sebastopolis sein; aber Pharnakeia kommt als Ethnikon im
kaiserzeitlichen Pontos nicht vor.
58   Strab.XII 3,39 p.561.
59   Vgl. Buchheim 49f. und 109 Anm.109.
60   Strab.XII 3,38 p.560.
61   So Magie I 435. II 1285 n.24; Hoben 42f.; Sartre 17 mit n.9.
Dagegen Jones, Cities 426f. n.39.
62   So Rec.gén. p.31 und Studia Pontica III p.109.
63   So Weimert 172 Anm.279. Vgl. Buchheim 49.
64   So Hoben 37. Vgl. Olshausen - Biller 16.
65   So Jones, Cities 426f. n.39; dagegen Magie II 1284 n.24.
66   Strab.XII 3,37 p.560.

Fürsten der Karanitis bestimmt worden war[67], ist umstritten. Die Übergabe Amaseias an die "Könige" bezieht sich wohl am ehesten auf die Maßnahmen des Marcus Antonius, der eine Reihe von Klientelfürsten in Kleinasien eingesetzt hatte[68]. Sebastopolis lag im Zentrum der ehemaligen Besitzungen des Ateporix in der Karanitis[69]. Nach dem Tode dieses Dynasten wurden seine Gebiete der Provinz Galatia angegliedert[70]. In diesem Zusammenhang dürften auch Amaseia und seine Chora zum römischen Provinzialverband gekommen sein, unabhängig von den Herrschaftsverhältnissen in Amaseia bis dahin[71]. Ob gerade zu diesem Zeitpunkt ein selbständiger Dynast in Amaseia gestorben war, wie Jones meinte[72], oder nach dem Tode des Ateporix eine politische Reform der ganzen Region erfolgte, bleibt ungewiß.

Die gleiche Ära in Amaseia und Sebastopolis[73] weist auf das gemeinsame politische Schicksal der Region, die unter Kaiser Traianus und bei dem Geographen Ptolemaios als Pontus Galaticus bezeichnet wird[74]. Lediglich die Priesterstaaten Komana und Zela

67 Vgl. R.K.Sherk, ANRW II 7,2,1980,961 Anm.23.

68 Zur Politik des Marcus Antonius vgl. Buchheim 49ff.; Hoben 36ff.; R.K.Sherk, ANRW II 7,2,1980,957f.

69 Unklar ist, ob die Entstehung des Namens Sebastopolis mit dem Epochenjahr 3/2 v.Chr. zusammenfällt, ob Sebastopolis vielleicht damals durch einen Synoikismos als Stadt entstanden ist, und ob Sebastopolis die Stelle des alten Karana einnahm; vgl. J.G.C.Anderson, Studia Pontica I, Brüssel 1903,34 und in: Anatolian Studies W.M.Ramsay, Manchester 1923,8; W.Ruge, RE II A 1,1921,956; Jones, Cities 168; Wilson 218ff.505f.; Weimert 66ff.; Olshausen - Biller 61.139; B.Rémy, in: Pontica I,101. - Zweifelnd vor allem Magie II 1285 n.25; B.Le Guen-Pollet, EA 13,1989,56 und T.B.Mitford, ZPE 87,1991,183 Anm.7.

70 Strab.XII 3,37 p.560. Vgl. W.M.Ramsay, REG 6,1893,252; Reinach, L'histoire par les monnaies 149; J.G.C.Anderson, Studia Pontica I, Brüssel 1903,34; Rec.gén. p.141; Jones, Cities 168; Rémy, Evolution 27. Ob dies gleich nach dem Tode des Ateporix geschah, ist allerdings nicht bezeugt; vgl. Magie II 1285 n.25; B.Le Guen-Pollet, EA 13,1989,56; T.B.Mitford, ZPE 87,1991,183 Anm.7.

71 So Studia Pontica III p.110 und p.74; Cl. Bosch, Numismatik 2,1933,35; Magie I 466; K.Wellesley, RhM 96,1953,311; Wilson 505; Rémy, Evolution 27 und REA 87,1985,220; H.Halfmann, Chiron 16, 1986,37 Anm.11; Weimert 45; Sartre 28.

72 Jones, Cities 168f.

73 Die Vermutung von Jones, Cities 168f.; R.K.Sherk, ANRW II 7,2,1980,961 und B.Rémy, Evolution 27 n.72 sowie REA 87,1985,220 n.8, daß Sebastopolis eine Ära ab 3 v.Chr. und Amaseia eine Ära ab 2 v.Chr. hatte, ist äußerst unwahrscheinlich. Sherk und Rémy verweisen bei ihren Aussagen auf Magie, der aber für beide Städte von der gleichen Ära ausgeht.

74 CIL III 6818 = ILS 1017; Ptol.5,6,9. Vgl. R.K.Sherk, ANRW II 7,2,1980,961; Weimert 45.172 Anm.280.

blieben zunächst weiterhin selbständig, wie sich aus den dort geltenden Ären ergibt[75]. Schon bei der Eingliederung Inner- paphlagoniens in den römischen Provinzialverband im Jahre 6/5 v.Chr. hatte man in den Städten dieser Region eine neue Zeitrechnung begonnen[76]. In entsprechender Weise war auch der Anschluß des Pontus Galaticus an das römische Imperium drei Jahre später das maßgebende Ereignis, das zur Einführung einer neuen Zeitrechnung führte[77]. Daß das Epochenjahr zum Teil mit dem wichtigen 13.Consulat des Augustus im Jahre 2 v.Chr. zusammenfiel, ist aber kein Grund, die Ära mit diesem Amtsjahr des Princeps in Verbindung zu bringen, wie es Dessau getan hat[78].

In Amaseia wurde die Ära möglicherweise schon ab Kaiser Caligula, mit Sicherheit aber ab Vespasianus angewandt. In Sebastopolis-Herakleopolis ist es gerade das lokale Jahr 100, aus dem die erste Inschrift mit Äradatierung bezeugt ist. Ob dies nur der Zufall der Überlieferung ist oder ein Zusammenhang mit einer Jahrhundertfeier besteht, läßt sich nicht mehr mit Sicherheit feststellen. Wahrscheinlich ist die Inschrift aber zum Regie- rungsantritt des Traianus aufgestellt worden, der zufällig in das Jahr 100 von Sebastopolis fiel. Daß die Münzprägung von Sebasto- polis gerade in dieser Zeit unter Traianus einsetzte, zeigt, daß die Stadt gerade erst damals an Bedeutung gewonnen hatte[79], was zur Rückbesinnung auf die eigene Vergangenheit und damit zur Einführung (oder verstärkten Verwendung) der Ära geführt haben könnte.

Das letzte sichere Zeugnis für die Ära stammt aus Amaseia und gehört ins Jahr 379 (=376/7 n.Chr.)[80]. Ob diese Jahresrechnung auch noch im 5.Jh. angewandt wurde, bleibt wegen der unsicheren Lesung der Jahreszahl in der Inschrift von Elvançelebi[81] ungewiß.

4. Die Ära von Komana

Jahreszahlen einer Ära findet man in Komana in Pontos auf einigen Münzen und in einer Inschrift, die aber wegen ihres fragmentarischen Zustandes zur Berechnung des Epochenjahres der Ära nicht beitragen kann. In dieser Inschrift aus dem lokalen Jahr 103 ehrt die Stadt Hierokaisareia-Komana einen Caesar, von dessen Namen aber nur die beiden letzten Buchstaben ...ov erhalten sind[1].

---

75 Siehe unten S.125ff. und S.136ff.
76 Siehe unten S.170ff.
77 So auch H.Halfmann, Chiron 16,1986,37 Anm.11.
78 H.Dessau, ZN 25,1906,342f. Vgl. W.Kubitschek, RE Suppl.3, 1918,30.
79 Vgl. T.B.Mitford, ZPE 87,1991,184.
80 Studia Pontica III 121 Nr.99.
81 Studia Pontica III 210 Nr.222.

 1 IGR III 105. - Zu spät wurde mir eine neue Inschrift des Jah- res 162 bekannt: B.Rémy - B.Özcan, EA 19,1992,122 Nr.3.

Von den Zahlen, die auf den Münzen Komanas erscheinen, sind nur die auf den Prägungen der Zeit des Septimius Severus mit Sicherheit Jahreszahlen einer Ära. Sowohl die Münzen des Septimius selbst und der Iulia Domna als auch die meisten Stücke, die Caracalla als Augustus zeigen, sowie eine noch unpublizierte Prägung des Geta tragen die Legende ET(ους) BOP[2]. Bei Münzen des Caligula mit der Legende ΕΤΟΥΣ Δ[3] ist dagegen nicht auszuschließen, daß hier das Regierungsjahr des Kaisers angegeben wird, obwohl zu dieser frühen Zeit in Kleinasien nur in Kaisareia in Kappadokien diese Form der Datierung zu finden ist[4]. Auf einer Münze des Nerva[5] handelt es sich bei den beiden Buchstaben ΓΞ sicher um eine Zahl, wie die beiden Striche über den Ziffern anzeigen.

Schwieriger ist die Entscheidung bei den Münzen ohne Kaiserporträt. Das Stigma auf einer dieser Prägungen[6] ist eindeutig und ergibt die Zahl 6, was im Vergleich mit den angeführten Caligula-Münzen auf eine Jahreszahl deutet[7]. Der Buchstabe Γ, der auf einer weiteren Prägung aus Komana erscheint und im Recueil général als Jahr 3 (allerdings mit Fragezeichen) aufgelöst wurde, scheint inzwischen gesichert zu sein[8], obwohl er an einer anderen Stelle der Münze steht als das Stigma, nämlich links oben neben der Keule, die auf der Rückseite dargestellt ist. Auf der Münze SNG Aulock 6733 steht links oben neben der Keule ein Gamma, rechts oben ein Iota. Man wird hier wohl beide Buchstaben zusammen sehen und als Zahl 13 interpretieren können[9]. Wenig wahrscheinlich ist die Auflösung des Gamma als Abkürzung des Namens Gaius für Caligula. Wegen der Münzen des Jahres 13 dürfte nun auch das monogrammartig geschriebene ΓΚ auf einer weiteren Prägung Komanas ohne Kaiserporträt als Jahreszahl 23 zu interpretieren sein und nicht wie im Recueil général als Abkürzung für Gaios Kaisar[10].

2   Rec.gén.12-13.15-18b; SNG Cop.210-212; SNG Aulock 126f. 6774.

3   Rec.gén.9-9b; Roman Provincial Coinage I 2158.

4   Vgl.z.B. Index Aulock 168f.

5   Rec.gén.10. Siehe Taf.II 4.

6   Rec.gén. pl.XII fig.1; Roman Provincial Coinage I 2159.

7   Nicht bei Cl.Bosch, Numismatik 2,1933,41, weil ohne Kaiserporträt.

8   Rec.gén.7. Vgl. Roman Provincial Coinage I 2157.

9   Nach Überprüfung des Gipsabgusses der Münze SNG Aulock 125 ist die angebliche Legende ΓΓ auf diesem Stück entsprechend SNG Aulock 6733 in ΓΙ zu verbessern.

10 Rec.gén.7 = Th.Prowe, Quelques monnaies grecques d'Asie Mineure, Moskovskoe Numizmatičeskoe Obščestvo: Numizmatičeskij Sbornik 2,1913, pl.II 6; als Jahreszahl auch von K. Golenko, Chiron 3,1973,491 zu Nr.85 und in Roman Provincial Coinage I 2161 interpretiert.

Die Jahreszahl 172 auf den Münzen der Severerzeit[11] ermöglicht durch die gemeinsame Regierungszeit von Septimius Severus und Caracalla, die in die Jahre von 198 bis 211 n. Chr. fällt, die Berechnung des Zeitraumes, in dem das Epochenjahr der Ära von Komana liegen muß, nämlich zwischen 27/8 und 39/40 n.Chr. Die Münzen des Caligula mit der Jahreszahl 4 führen auf einen Ausgangspunkt der Ära zwischen 33/4 und 37/8 n.Chr. Die Parallele zwischen beiden Ergebnissen zeigt, daß es sich auch bei den Zahlen auf den Münzen Caligulas um Jahreszahlen der gleichen Ära handelt. Dies trifft auch für die Münze des Nerva mit der Jahreszahl 63 zu. Wegen Nervas Regierungszeit von September 96 bis Januar 98 n.Chr. muß das Epochenjahr eines der Jahre zwischen 33/4 und 35/6 n.Chr. sein, falls auch in Komana das Jahr im Herbst begann, was zu erwarten ist[12].

Auf der Vorderseite der Münze Nervas steht unter dem Porträt des Kaisers in kleinen Buchstaben ΤΟ Λ [13], was im Recueil général in ΤΟ Α verbessert und als erstes Jahr des Nerva interpretiert wurde, ohne daß daraus eine Schlußfolgerung bezüglich der Ära gezogen wurde[14]. Nervas Regierungszeit begann am 18.September 96 n.Chr.[15]. Man könnte vermuten, daß die Münze des Nerva zwischen 18.September 96 und 17.September 97 geprägt wurde. Ob ΤΟ Α aber tatsächlich mit "Jahr 1" übersetzt werden kann, ist problematisch. L.Robert hat im Zusammenhang mit Münzen aus Laodikeia in Phrygien darauf hingewiesen, daß dort ΤΟ ΠΗ genaugenommen "zum 88.Mal" heißt[16]. Allerdings scheint es zumindest auf den Münzen gleichbedeutend mit ΕΤΟΥΣ ΠΗ verwendet worden zu sein[17]. In Kleinasien ist die Zählung nach

11   Nicht 162, wie fälschlich im Rec.gén. angegeben. Dort wird dann auch (ebenso wie in SNG Cop. 210-212) das falsche Prägejahr 195/6 n.Chr. errechnet. Vgl. auch Kraft, System 71.

12   Das Jahr 33/4 n.Chr. als Epochenjahr wird von Imh.-Bl., Gr.Mz. 559 und Cl.Bosch, Numismatik 2,1933,41 für möglich gehalten, ebenso von Magie II 1368 n.52. In diesem Falle müßte man aber annehmen, daß die Nachricht vom Regierungsantritt Nervas am 18.September 96 n.Chr. noch im alten Jahr zu einer Münzprägung für ihn in Komana geführt hat; siehe dazu auch S.127. Vgl.auch W.Kubitschek, RE I 1,1893,644.

13   Rec.gén. pl.XII fig.2 (Nr.10). Siehe Taf.II 4.

14   Dies hat Th.Reinach aber an anderer Stelle getan (REA 16, 1914,151f.).

15   PIR II² C Nr.1227; Kienast 120.

16   L.Robert, in: Laodicée du Lycos. Le nymphée, Quebec-Paris 1969, 263. Vgl. auch schon B.Pick, REA 16,1914,287 und Th. Reinach, REA 16,1914,151f., der annimmt, daß das Wort ἔτος ausgefallen ist.

17   Außer in Laodikeia findet man Zahlenangaben mit davorstehendem ΤΟ auch auf Münzen von Nikopolis in Armenien (z.B. Rec.gén.5-8), von Dionysopolis (v.Aulock, Phrygien II Nr.147ff.), auf Prägungen der Hyrgaleis (v.Aulock, Phrygien I Nr.341ff.) und in Aspendos, wo eine Zählung nach Spielen angenommen wird (vgl. Index Aulock 168). In Inschriften aus dem hier behandelten Gebiet

Regierungsjahren regelmäßig so erfolgt, daß das erste Jahr vom Regierungsbeginn des Herrschers bis zum darauffolgenden Neujahr gezählt wurde[18]. Diese Art der Zählung führt aber in unserem Fall zu Schwierigkeiten, da Nerva am 18.September 96 n.Chr. seine Regierung angetreten hatte und das Jahr 1 danach nur wenige Wochen, höchstens bis Anfang Oktober, gedauert haben könnte. Konnte in dieser kurzen Zeit die Nachricht von der Thronbesteigung schon bis ins ferne Komana gedrungen sein und dort zu einer Münzprägung geführt haben? Dies ist nicht sehr wahrscheinlich[19]. Ist die Zahl nach ΤΟ tatsächlich ein Alpha[20], so müßte man annehmen, daß in Komana das Jahr 1 vom dies imperii an über den Neujahrstag hinaus gezählt wurde[21]. Vielleicht stehen dahinter wirklich Schwierigkeiten der Griechen, mit dem römischen

kommt τό mit einer Zahl und ohne nähere Erläuterung, ob es sich auf Consulat, tribunicia potestas oder imperatorische Akklamation bezieht, meines Wissens noch zweimal vor. In einer Inschrift für Traianus aus Arneai in Lykien (TAM II 759 = IGR III 639) steht am Ende der Titulatur Trajans τὸ ἕκτον. Diese Zahl kann sich aber kaum, wie Kalinka glaubte (TAM II 759), auf die sechste tribunicia potestas beziehen, die vom 10.Dezember 101 bis 9.Dezember 102 n.Chr. reichte. Denn in der Inschrift trägt Traianus schon den Siegerbeinamen Dacicus, den er erst Ende 102 n.Chr. annahm und in Inschriften nicht vor dem Jahre 103 n.Chr. führte; vgl.A.Stein, RE IV 2,1901,1976 und Kienast 123. Ob der Ausdruck auf den sechsten Consulat Trajans anspielt, wie Cagnat glaubte (IGR III 639), oder auf die imperatorische Akklamation, ist unsicher, weil es ohne näheren Hinweis mißverständlich wäre. In Arneai könnte damit auch das Regierungsjahr bezeichnet worden sein, wenn auch die Form an die Bezeichnung der tribunicia potestas erinnert. Wie vielleicht in Nikopolis und in Kleinarmenien (siehe S. 148) könnte die Änderung in der Zählweise der tribunicia postestas, die unter Traianus erfolgte, zur Verwirrung geführt haben, so daß statt der tribunicia potestas das Regierungsjahr gezählt wurde; vgl. B.Pick, REA 16,1914,288f. In einer Inschrift aus der Region von Dorylaion im nördlichen Phrygien (SEG 32,1271) ist nach der Titulatur des Commodus τό δ' eingefügt. Damit könnte entweder tribunicia potestas oder Regierungsjahr ausgedrückt sein. Für letzteres spricht die Nähe zu Bithynien, wo die Zählung nach Regierungsjahren üblich war (vgl. z.B. M.Cremer - S.Şahin, EA 1,1983,142 zu Türsteinen aus Bithynien, die nach Kaiserjahren datiert sind und phrygische Steine aus Dorylaion nachahmen). Aber auch der Ausfall eines Teiles der Titulatur ist möglich.

18 Vgl. Bickerman, Chronologie 40 und zu Kappadokien: P.R. Franke, Chiron 9,1979,378 mit Anm.11. Siehe auch unten zu Nikopolis S. 146f.

19 In Ägypten ist Nerva in den Urkunden erstmals am 30.Januar 97 n.Chr. bezeugt; vgl. Duncan-Jones, Structure 28 Table 10.

20 Nach der Abbildung ist sowohl A als auch Λ möglich.

21 So z.B. Th.Reinach, REA 16,1914,152.

Zählsystem zurechtzukommen, wie es Pick für Nikopolis in Armenia Minor vermutet hatte[22]. Man darf die Zählweise nach Regierungsjahren für Kleinasien sicher nicht verallgemeinern. Örtliche Abweichungen vom üblichen System sind möglich. In diesem Fall aber, bei der Münzprägung von Komana, ist nicht auszuschließen, daß durch TO A die erste tribunicia postestas ausgedrückt werden sollte[23]. In jedem Falle ist das Epochenjahr aber 34/5 n.Chr.

Bestätigt wird die Rechnung der Ära ab dem Jahre 34/5 n.Chr. durch die Gleichzeitigkeit der Münzprägung in den benachbarten Städten Amaseia und Sebastopolis[24]. Für Septimius Severus und seine Familie wurde in beiden Städten im Jahre 205/6 n.Chr. geprägt. Bei einer Prägung in Komana im gleichen Jahr kommt man auf 34/5 n.Chr. als Epochenjahr. In Amaseia wurden allerdings auch im Jahre 206/7 n.Chr. Münzen ausgegeben, was bei einer gleichzeitigen Prägung in Komana einer Ära ab 35/6 n.Chr. entsprechen würde[25].

Der in der oben erwähnten Inschrift aus dem Jahre 103 geehrte Caesar muß Aelius Caesar sein[26]. Die Jahre 136/7 und 137/8 n. Chr., als er den Caesartitel führte[27], passen genau zur berechneten Ära ab 34/5 oder 35/6 n.Chr., nicht aber zu einer Ära ab 33/4 n.Chr., bei der die Inschrift schon 135/6 n.Chr. in Komana aufgestellt worden sein müßte. Am 19.Juni 136 n.Chr. aber war die Adoption des L.Ceionius Commodus noch nicht durchgeführt[28]. Sie geschah wohl erst gegen Ende des Jahres[29]. Die ersten Münzen für Aelius Caesar wurden in Rom im Jahre 137 n.Chr. geprägt[30]. Genau wie die besser datierte Inschrift für Hadrianus und Aelius Caesar aus Sebastopolis[31] dürfte diese ähnliche Inschrift aus Komana bald nach der Annahme des Caesartitels im Jahre 136/7 n. Chr. errichtet worden sein. Der neue Nachfolger sollte damit geehrt werden. Dies ist ein weiteres Argument für das Epochenjahr 34/5 n.Chr.[32]. Mehrere Punkte sprechen also für eine Ära ab 34/5 n.Chr.[33].

22 B.Pick, REA 16,1914,288f.

23 So von B.Pick, REA 16,1914,287ff. diskutiert.

24 Siehe S.468 und S.470.

25 Vgl. dazu Kraft, System 93; Ziegler, Prestige 138 Anm.22.

26 IGR III 105; B.Rémy, in: Pontica I. Recherches sur l'histoire du Pont dans l'Antiquité, Saint-Etienne - Istanbul 1991,104ff. Vgl. dazu Cl.Bosch, Numismatik 2,1933,41f.

27 PIR II² C Nr.605.

28 CIL VI 10242 = ILS 7861.

29 Vgl. PIR II² C Nr.605. - Nach Kienast 131 schon Mitte 136.

30 Vgl. H.Mattingly, BMCEmp III p.CLI.

31 IGR III 111.

32 Vgl. J.G.C. Anderson, Studia Pontica I, Brüssel 1903,94; Id., NC 1904,101f.; Rec.gén. p.107 n.1; B.Rémy, in: Pontica I, 104ff.

33 Für das Epochenjahr 34/5 n.Chr. z.B. J.G.C. Anderson, NC 1904,102; W.Ruge, RE XI 1,1921,1126 s.v.Komana 1 und B.Rémy, in: Pontica I,105.

In Komana, dem bedeutendsten Priesterstaat in Pontos[34], übte
zu Strabons Zeiten Dyteutos, Sohn des Adiatorix, die Herrschaft
aus[35]. Als die Nachbarstädte in dieser Region, Amaseia und
Sebastopolis, unter Augustus zur Provinz Galatia kamen[36], blieb
der Tempelstaat Komana offensichtlich in den Händen der
Priesterfamilien[37]. Bei Ptolemaios wird Komana dann unter den
Städten des Pontus Galaticus aufgezählt[38]. Es ist naheliegend, daß
die Ära von Komana wie bei den meisten Städten des pontisch-
paphlagonischen Raumes von der Eingliederung des Territoriums in
den römischen Provinzialverband ausgeht[39]. Ob damals Dyteutos
erst gestorben ist oder einer seiner Nachfolger, muß
offenbleiben[40], ebenso ein Zusammenhang mit der Armenienkrise im
Jahre 35 n. Chr., als der Partherkönig Artabanos II. (III.) nach
dem Tod des Artaxes von Armenien dort seinen ältesten Sohn
Arsakes zum König einsetzte und damit seine Ansprüche auf
Armenien erneuerte[41].

Magie nahm an, daß das Epochenjahr mit dem Tod der
pontischen Königin Pythodoris zusammenhänge[42]. Aber dieser
Zusammenhang ist rein hypothetisch[43]. Pythodoris müßte dann 63
Jahre regiert haben, was sehr unwahrscheinlich ist[44]. Zudem ist
die Verbindung Komanas mit dem Pontischen Reich in dieser Zeit
nicht nachzuweisen. Zwar hat Rémy[45] auf seinen Karten Komana

34   Vgl. W.Ruge, RE XI 1,1921,1126f.; Magie I 181.371. II 1072
n.13; Jones, Cities 157f.166 169; Wilson 228ff.; Weimert 39ff.;
L.Boffo, I re ellenistici e i centri religiosi dell'Asia Minore, Florenz
1985, 27ff.; E. Olshausen, Der König und die Priester, in:
Stuttgarter Kolloquium zur historischen Geographie des Altertums
1,1980,Bonn 1987,187ff.
35   Strab. 12,3,35 p.558f.
36   Siehe S.122ff.
37   Strab. 12,3,37 p.560; vgl. Sherk, Roman Galatia 961 mit
n.23; Sartre 17.
38   Ptol. 5,6,9.
39   So z.B. Rec.gén. p.106; W.Ruge, RE XI 1,1921,1126; Magie
I 513; Wilson 230; Sherk, Roman Galatia 961 n.23; Weimert 42;
B.Rémy, in: Pontica I,105.
40   Vgl. Jones, Cities 169; Wilson 230. 512.
41   Vgl. dazu K.-H.Ziegler, Die Beziehungen zwischen Rom und
dem Partherreich, Wiesbaden 1964,60; M.-L.Chaumont, ANRW II
9,1, Berlin - New York 1976,88; B.Levick, Tiberius the Politician,
London 1976,146; E.Dabrowa, La politique de l'état parthe à
l'égard de Rome, Krakau 1983,108ff.
42   Magie II 1368 n.50. Nach ihm auch R.Hanslik, RE XXIV 1,
1963,582 und Sullivan, Dynasts in Pontus 921. Vgl. dagegen Wilson
512.
43   H.H.Schmitt, RE XXIV 1,1963,585 s.v. Pythodoris wies
darauf hin, daß Komana wohl nie zum Pontischen Reich gehörte;
vgl. Wilson 512.
44   Siehe S.97.
45   Rémy, Evolution 36.38.

noch in den Jahren 43 n.Chr. und 55 n.Chr. unter den römischen Protektoraten eingezeichnet. Wenn aber der Priesterstaat zum Königreich des Polemon gehört hätte, wäre sicherlich wie bei den anderen darin gelegenen Städten die Ära ab 64/5 n. Chr. verwendet worden[46].

Den Namen Hierokaisareia nahm Komana erst später an[47]. Auf den Münzen, die unter Caligula und Nerva geprägt wurden, kommt er noch nicht vor. Nach Jones[48] wurde Komana erst zu dem Zeitpunkt, als die Zeitrechnung begann, im Sinne des antiken Staatsrechtes Polis[49]. Es war aber sicherlich eine allmähliche Entwicklung vom Vorort eines Tempelstaates zur Polis, die Komana erlebte[50]. Das Jahr der Eingliederung in den römischen Provinzialverband war nur das Ende dieser Entwicklung.

5. Die Ära des Pontus Polemoniacus

Die Jahreszahlen auf Münzen der pontischen Stadt **Kerasos** sind mit Hilfe der Prägungen des Jahres 74, die sowohl für Hadrianus als auch für Antoninus Pius Augustus[1] vorliegen, auf eine Ära zurückzuführen, deren Epochenjahr zwischen Juli 64 und Juli 65 n.Chr. begonnen haben muß[2]. Die Münzen mit der Jahreszahl 98, die Marcus Aurelius als Augustus darstellen[3], unterstützen diesen Ansatz des Epochenjahres. Denn sie müssen nach dem 7.3.161 n. Chr. geprägt sein[4]. Daraus ergibt sich rechnerisch März 63 n.Chr. als terminus post quem für den Beginn des Epochenjahres, falls nämlich das lokale Jahr 98 von März 160 bis März 161 n.Chr. reichte. Auch die Münze, die für Iulia Paula, die Gemahlin

---

46 Siehe unten Kapitel 5.

47 Vgl. Weimert 42 und 170 Anm.252.

48 Jones, Cities 169; Jones, Greek City 70.

49 E.Olshausen, in: Stuttgarter Kolloquium zur historischen Geographie des Altertums 1, Bonn 1987,188 hat gezeigt, daß Strabon, der den Begriff Polis für Komana gebraucht, nicht konsequent die termini technici des Staatsrechtes angewendet hat.

50 So Magie I 141f. - L.Boffo, I re ellenistici..., Florenz 1985, 28 geht dagegen von der Existenz einer Polis schon zur Zeit des Pompeius aus. - Sartre schreibt widersprüchlich einmal (S.297), Augustus habe den Tempelstaat Komana zur Stadt umgewandelt, ein anderes Mal (S.298), Komana sei unter Tiberius zur Polis geworden.

1 Rec.gén.1-3.

2 Die Daten ergeben sich dadurch, daß man vom Tode Hadrians am 10.7.138 n.Chr. ein Jahr zurückrechnet, da das lokale Jahr möglicherweise gerade beim Regierungswechsel zu Ende ging. Davon ist dann 74 Jahre zurückzugehen. Andererseits kann aber das Jahr 74 gerade auch in der Zeit des Regierungswechsels begonnen haben. Vgl. auch Imh.-Bl., Gr.Mz. 559.

3 Rec.gén.6-6a.

4 Vgl. PIR I² A Nr.697; Kienast 137.

Elagabals von Sommer 219 bis Ende 220 n.Chr.[5], im lokalen Jahr 156 geprägt wurde[6], bestätigt den Ansatz des Epochenjahres von Kerasos, ohne den Termin aber näher einzugrenzen[7].

In **Trapezus** läßt sich der terminus post quem für das Epochenjahr der Ära einmal durch die Münzen ermitteln, die Caracalla als Augustus bezeichnen und die Jahreszahl 135 tragen[8]. Sie können kaum vor dem Beginn des Jahres 198 n.Chr. geprägt sein, auch wenn – was umstritten ist – Caracalla schon im Herbst 197 n.Chr. zum Augustus erhoben worden sein sollte[9]. Daraus ergibt sich als frühester Beginn des Epochenjahres in Trapezus Anfang des Jahres 63 n.Chr. Die Münzen des Gordianus III. mit der Jahreszahl 175, die frühestens Mitte 238 n.Chr. geprägt sein können, legen den terminus post quem des Epochenjahres auf Mitte 63 n.Chr. fest[10]. Noch genauer wird der Zeitpunkt durch die Münzen für Iulia Paula mit der Jahreszahl 155 bestimmt, da die erste Gemahlin Elagabals offenbar erst im Sommer 219 n.Chr. die Ehe mit dem Kaiser einging[11]. Das Jahr 1 der Ära von Trapezus muß demnach nach dem Sommer 64 n.Chr. begonnen haben.

Probleme gibt es bei den Münzen des Jahres 181 aus Trapezus, die Philippus I. und Philippus II. zugeschrieben werden. Denn die Porträts beider Herrscher sind, wenn die Titulatur keine Entscheidung zuläßt, nur schwer zu unterscheiden, so daß es häufig zu Verwechslungen kam[12]. Philippus II. wurde erst Mitte des Jahres 247 n.Chr. zum Augustus erhoben[13]. Dennoch wurde er auf Münzen im Osten auch schon früher als ΣΕΒΑΣΤΟΣ be-

---

5 Vgl. PIR IV² I Nr.660; Bosch, Bithynien 51; Kienast 173.

6 Rec.gén.10.

7 Die Münzen des Elagabal Rec.gén.9 und 9a sind wohl ins Jahr 156, nicht 158 datiert; so Cl.Bosch, Numismatik 2,1933,41. Die Lesung PNH im Rec.gén.9 (siehe pl.XI 16) scheint nicht korrekt zu sein. Die letzte Ziffer ist eher ein Stigma als ein Eta. Dies trifft ebenfalls auf SNG Aulock 6771 zu. – Bei Rec.gén.7 muß wohl statt ET NP (=Jahr 150) die Zahl PNϚ (156) gelesen und das Vorderseitenporträt als das Elagabals statt Caracallas interpretiert werden; so Cl.Bosch, Numismatik 2,1933,41.

8 Rec.gén.18.21; Kölner Münzkabinett Auktion 43,1987,254.

9 Vgl. zum Datum Mastino 15; Kienast 162; A.R.Birley, The African Emperor. Septimius Severus, London 1988,130.

10 Die Münzen: Rec.gén.45-47; SNG Lewis 1287; Lindgren Coll.55. – Zum Beginn der Regierung Gordians vgl. J.Schwartz, ZPE 24,1977,167; X.Loriot, ANRW II 2,1975, 721f.; K.Dietz, Senatus contra principem, München 1980,345-347; D.W.Rathbone, ZPE 62,1986,110f.; Kienast 194f.; Peachin 29.

11 Die Münzen Rec.gén.32 und ein Exemplar im British Museum, London. Zum Datum der Eheschließung vgl. oben Anm.5.

12 Vgl. z.B. Kraft, System 24 zu Taf.6,41a-b oder 154 zu Taf.50,13.

13 Vgl. PIR IV² I Nr.462; Vogt I 195; Cl.Bosch, Numismatik 2, 1933,65; Bosch, Bithynien 57; Kraft, System 84; X.Loriot, ANRW II 2, 1975,792; Peachin 31; Kienast 199.

zeichnet[14] und vereinzelt sogar mit Strahlenkrone oder Lorbeerkranz dargestellt[15]. Ab dem Jahre 247 n.Chr. steht aber in der Titulatur des Philippus II. ΑΥΤΟΚΡΑΤΩΡ, ein wichtiges Datierungsmerkmal. Die im Recueil général unter Philippus I. aufgeführten Münzen Nr.54 und 54b sind wohl wegen des Porträts und der Titulatur Philippus II. zuzuweisen, ebenso wie Recueil général Nr.56-57a und zwei Stücke in Wien und im Münzhandel[16]. Bei der angeblichen Münze des Philippus II. mit dem Autokratortitel (Rec.gén.58) dürfte dagegen in dem schlecht geschnittenen Porträt Philippus I. zu sehen sein[17]. Wäre der auf der Münze dargestellte Kaiser tatsächlich Philippus II. als Autokrator und die Jahreszahl 181 ist richtig gelesen, ergäbe sich daraus als terminus post quem des Epochenjahres der Ära das Jahr 66 n.Chr. Dies würde aber völlig aus dem errechneten Zeitrahmen herausfallen. Hingegen müssen die Münzen mit der Jahreszahl 181, die sicher Otacilia zeigen[18], nach Februar/März 244 n.Chr. geprägt sein[19]. Sie ergeben als terminus post quem für den Beginn des Epochenjahres Anfang 63 n.Chr. In die gleiche Zeit führen die Münzen des Trebonianus Gallus und des Volusianus mit der Jahreszahl 188[20], nämlich auf Frühjahr oder gar Sommer 63 n.Chr.[21].

Zur Berechnung des terminus ante quem des Epochenjahres von Trapezus sind Münzen des Caracalla, Elagabal, der Orbiana und des Gordianus III. hilfreich. Eine Münze Caracallas mit der Jahreszahl 153, die sich in Wien befindet, muß vor Juni 217 n. Chr. geprägt sein[22]. Daher muß das Epochenjahr der auf den Münzen von Trapezus verwendeten Ära vor Juni 65 n.Chr. begonnen haben. Die Münzen des Elagabal mit der Jahreszahl 158[23]

---

14 Vgl. z.B. die alexandrinischen Münzen der Jahre 2 und 3 bei Vogt I 195 oder A.Geissen, Katalog Alexandrinischer Kaisermünzen, Band 3, Opladen 1982, Nr.2782ff.

15 Z.B. I.Touratsoglou, Die Münzprägung von Thessaloniki in der römischen Kaiserzeit, Berlin 1988,75; BMC Lydia p.126 Nr.25.

16 Münzzentrum Köln, Auktion 73,1992,956.

17 Nicht mehr zu überprüfen ist die bei M.J.Price, NC 1971,124 verzeichnete Münze des Philippus I. aus Trapezus. In Wien befinden sich ein Stück für Philippus I. und eines für Philippus II.

18 Rec.gén.55; SNG Aulock 141.6788f.

19 Vgl. PIR IV² I Nr.461; J.Schwartz, ZPE 24,1977,167f. mit Anm.11; X.Loriot, ANRW II 2,1975,774.789; D.W.Rathbone, ZPE 62, 1986,111f.; Kienast 197.199; Peachin 29f.

20 Rec.gén.60ff.; SNG Cop.219; SNG Aulock 112f.6766ff.

21 Zum Datum der Regierungsübernahme vgl. z.B. D.W. Rathbone, ZPE 62,1986,114f.; M.Peachin, ZPE 74,1988,223.

22 Cl.Bosch, Numismatik 2,1933,63. - Caracalla starb zwar schon am 8.April 217 n.Chr., in Ägypten wurde aber noch am 30.Juni nach seiner Regierung datiert; vgl. D.W.Rathbone, ZPE 62,1988,105f. - Bei einigen Caracalla-Münzen sind die Jahreszahlen nicht sicher zu lesen, so bei Rec.gén.22 in Wien (wahrscheinlich 139) und bei Rec.gén.20 (statt 143 könnte auch 153 möglich sein).

23 Rec.gén.30.31a.

ergeben April/Mai 65 n.Chr. als terminus ante quem des Epochenjahres[24]. Die Prägungen des Gordianus III. mit der Jahreszahl
180[25] führen in das Frühjahr 65 n.Chr., vor dem das Epochenjahr
begonnen haben muß[26]. Der errechnete Zeitraum zwischen Sommer
64 und Frühjahr 65 n. Chr. kann durch die beiden Prägungen aus
den lokalen Jahren 162 und 163 für Orbiana, die Gemahlin des
Severus Alexander, bestätigt werden[27]. Orbiana war nach Ausweis
der alexandrinischen Münzen in den Jahren 225-227 n.Chr. mit
Severus Alexander verheiratet[28]. In Alexandreia wurden Münzen mit
ihrem Bildnis nur in den alexandrinischen Jahren, die von August
225 bis August 226 und von August 226 bis August 227 n.Chr.
reichten, geprägt, in Rom wohl nur im Jahre ihrer Heirat Ende
225 n.Chr.[29]. Wie in Alexandreia hat man auch in Trapezus
während zweier Jahre für Orbiana geprägt. Setzt man die
Prägungen von Alexandreia und Trapezus zeitlich parallel, erhält
man für den Beginn des Epochenjahres von Trapezus den Zeitraum
von Ende August 64 bis Ende August 65 n.Chr.
    Aus all diesen unterschiedlichen Berechnungen ergibt sich, daß
das Epochenjahr von Trapezus zwischen August 64 und Frühjahr
65 n.Chr. begonnen haben muß. Dies entspricht ungefähr dem für
Kerasos festgestellten Zeitraum. Wenn wir auch hier in Pontos die
Gültigkeit des makedonischen Kalenders mit seinem Jahresanfang im
Herbst annehmen, läßt sich als Epochenjahr beider Städte 64/5 n.
Chr. vermuten, jeweils von Herbst zu Herbst gerechnet.
    Im Recueil général ist eine Münze der Tranquillina aus Trapezus
mit der Jahreszahl 175 angeführt, die von Bosch als "verdächtig"
bezeichnet wurde[30]. Ein Schatzfund aus der Gegend des modernen
Trabzon soll ebenfalls Münzen der Tranquillina mit der Jahreszahl
175 enthalten haben[31]. Abgebildet sind derartige Münzen des
Jahres 175 aber nirgendwo und weiter nicht nachweisbar. Das
lokale Jahr 175 entspricht nach der eben errechneten Ära 238/9 n.
Chr. Eine Münzprägung für Tranquillina schon zu diesem Zeitpunkt
ist aber kaum möglich. Tranquillina erscheint auf den Münzen von
Alexandreia in Ägypten erst im fünften Jahre Gordians, also nach

---

24 Vgl. D.W.Rathbone, ZPE 62,1986,107f.

25 Rec.gén.48f.; SNG Aulock 140.

26 Vgl. J.Schwartz, ZPE 24,1977,167; D.W.Rathbone, ZPE 62,
1986,111.

27 Rec.gén.40ff.; Münzen und Medaillen AG Liste 204,
Okt.1960,57.

28 Vgl. Vogt I 184; Bosch, Bithynien 53; K.Pink, NZ 68,1935,
18; R.L.Cleve, Severus Alexander and the Severan Women, Diss.
Los Angeles 1982,248ff.; R.A.G.Carson, BMCEmp VI, London 1962,
2.8f.47f.62f.

29 Vgl. R.A.G.Carson, BMC Emp VI 48.61ff.; nach K.Pink, NZ
68, 1935,18 erst 226 n.Chr. Siehe jetzt auch Kienast 179.

30 Rec.gén.53; Cl.Bosch, Numismatik 2,1933,63 Anm.27 und 65
Anm.33.

31 M.J.Price, NC 1971,124.

dem 29.August 241 n.Chr.[32], und in Amisos frühestens im Herbst 240 n.Chr.[33]. Ihre Vermählung mit Gordianus III. wird in den Quellen in das Jahr 241 n.Chr. gesetzt[34]. Da man wegen der Quellenlage diese Heirat kaum um zwei Jahr vorverlegen kann, sind die Münzen des angeblichen Jahres 175 entweder verlesen oder schon in der Antike fehlerhaft datiert worden. Man könnte statt 175 an die Jahreszahl 179 (242/3 n.Chr.) denken, da ein Theta in der letzten Ziffer leicht mit einem runden Epsilon verwechselt worden sein kann, zudem Münzen für Gordian III. und Tranquillina aus dem Jahr 179 bekannt sind.

Auch zwei Inschriften mit Jahreszahlen sind aus Trapezus publiziert. Sie weisen laut CIG 8637 und 8636 die Zahlen 480 und 483 auf und gehören in die Zeit des Kaisers Iustinianus. Damit dürften hier Jahre der gleichen Ära vorliegen, die auf den Münzen des 2. und 3.Jh.n.Chr. bezeugt ist. Das Jahr 480 entspricht nach der für die Münzen errechneten Ära 543/4 n.Chr., das Jahr 483 ist danach 546/7 n.Chr. gleichzusetzen. Die Inschrift des lokalen Jahres 483 trägt nach Angaben des Corpus (CIG 8636) als weiteren Datierungsanhaltspunkt die Indiktionszahl Gamma (=3). Eine dritte Indiktion fällt aber in der Regierungszeit des Iustinianus nur auf die Jahre 539/40 und 554/5 n.Chr. Diese Jahre fallen mit keinem der 480er Jahre der Ära ab 64/5 n.Chr. zusammen. Die Inschrift ist also entweder in der Jahreszahl oder in der Indiktion falsch gelesen worden, falls man nicht einen Fehler des Steinmetzen annehmen will[35]. Auch die zweite Inschrift mit der Jahreszahl 480 ist problematisch. Im Corpus (CIG 8637) wird die Indiktionszahl Epsilon (=5) ergänzt[36]. Falls die Jahreszahl 480 richtig gelesen wurde, müßte dort aber ein Zeta für die Indiktionszahl 7 gestanden haben. Zudem ist es unsicher, ob die Abschrift der Inschrift auf einem Original beruht oder ob man hier eine spätere Verfälschung annehmen muß[37].

32 Vogt I 193; Bosch, Bithynien 56; Cl.Bosch, Numismatik 2, 1933,65; K.J.J.Elks, NC 1972,310.
33 Vgl. oben S.109.
34 Von den Quellen ist vor allem Hist.Aug., v.Gord. 23,5-6 zu nennen.Dazu A. Stein, RE VII 1,1910,371 s.v.Furius 98; X.Loriot, ANRW II 2,1975,738 mit Anm.614 und 615. Vgl. auch Bosch, Bithynien 56; Cl.Bosch, Numismatik 2,1933,65; K.Pink, NZ 68, 1935, 25; PIR III² F Nr.587; X.Loriot, ANRW II 2,1975,733 Anm.586; A.S.Robertson, Roman Imperial Coins in the Hunter Coin Cabinet III, London 1977, p.LXXXVI; Kienast 194f. Siehe auch oben S.109.
35 Wenn man das letzte Zeichen der Inschrift als Kreuz statt als Gamma der Jahreszahl interpretiert (so ein Vorschlag im CIG), müßte dennoch die Indiktionszahl korrigiert werden.
36 In einer Abschrift der Inschrift durch Strzygowski in Wien (Schede Trapezus Nr.39) findet sich ebenfalls die angegebene Jahreszahl und die Indiktionszahl Epsilon.
37 A.Bryer - D.Winfield, The Byzantine Monuments and Topography of the Pontos, Washington 1985,182 und 220 halten die

In **Neokaisareia** sind es Münzen des Lucius Verus aus dem Jahre 98[38] und des Trebonianus Gallus sowie des Volusianus als Augustus aus dem Jahre 188[39], die den terminus post quem für das Epochenjahr der Ära liefern. Lucius Verus wurde beim Tode des Antoninus Pius am 7.März 161 n.Chr. zum Augustus ernannt[40]. Der terminus post quem ist also, falls das Jahr 98 in Neokaisareia im März geendet haben sollte, März 63 n.Chr. Volusianus wurde erst in der zweiten Jahreshälfte 251 n.Chr. in Ägypten anerkannt[41], obwohl der dies imperii seines Vaters Trebonianus Gallus vielleicht schon im März dieses Jahres lag[42]. Geht man von August 251 n.Chr. als frühestem Termin für eine Münzprägung des Volusianus Augustus auch im fernen Pontos aus, erhält man als terminus post quem für den Beginn des Epochenjahres von Neokaisareia den August 63 n.Chr.

Der terminus ante quem ist durch die Münzen des Severus Alexander aus dem Jahre 171 und der beiden Philippi aus dem Jahre 185 zu ermitteln[43]. Für Philippus I. und seinen Sohn wurden noch im siebten Regierungsjahr in Alexandreia Münzen geprägt, das heißt noch nach dem 29.August 249 n.Chr.[44]. Zwischen 18.September und 25.November wurde die Todesnachricht in Ägypten bekannt[45]. Da wir von einer ähnlich langen Nachrichtenübermittlung nach Pontos ausgehen können, bedeutet dies, daß der terminus ante quem für den Beginn des Epochenjahres von Neokaisareia, ausgehend von den Münzen mit der Jahreszahl 185, der Herbst 65 n.Chr. ist. Severus Alexander starb im Februar oder März 235 n.Chr.[46]. Im Mai wurde aber noch in Ägypten nach ihm datiert[47]. Den terminus ante quem des Epochenjahres von

---

Inschrift für eine Fälschung und abgekürzte Version von CIG 8636; dagegen aber D.Feissel, Bulletin épigraphique, REG 100, 1987,368 Nr.480.

38 Rec.gén.8-9; SNG Aulock 97.

39 Rec.gén.60-63c; SNG Aulock 112f.6766-6768; SNG Cop.219.

40 PIR II² C Nr.606; Kienast 143.

41 D.W.Rathbone, ZPE 62,1986,114f. Vgl. Kienast 208; Peachin 36.

42 Bosch, Bithynien 59; J.Schwartz, ZPE 24,1977,173. Vgl. auch H.Mattingly, NC 1946,39f. Siehe aber Kienast 207; Peachin 35.70f.

43 Rec.gén.43-49; SNG Aulock 105 sowie Rec.gén.59; Auktionskatalog Schulten April 1988,1042. - Die angebliche Münze des Valerianus aus dem Jahr 196 (Rec.gén.69 mit pl.XIV 7) stammt tatsächlich aus dem Jahr 192; so auch Cl.Bosch, Numismatik 2,1933,44. Die Lesung der letzten Ziffer ist nicht ς =6, sondern B =2.

44 Vogt I 195. II 147. Vgl. J.Schwartz, ZPE 24,1977,168 n.11.

45 D.W.Rathbone, ZPE 62,1986,112.

46 Vgl. X.Loriot, ANRW II 2,1975,670; J.Schwartz, ZPE 24, 1977,167.

47 D.W.Rathbone, ZPE 62,1986,108.

Neokaisareia erhält man, wenn man 171 Jahre zurückrechnet, was in den Mai 65 n.Chr. führt.

Somit muß das Epochenjahr von Neokaisareia zwischen August 63 und Mai 65 n.Chr. begonnen haben, entsprechend dem üblichen Kalender wohl entweder im Herbst 63 oder im Herbst 64 n.Chr. Daß aber das Jahr 63/4 n.Chr. als Epochenjahr ausscheidet, zeigt der einzige inschriftliche Beleg für die Ära von Neokaisareia, eine Liste der Theopropoi, die in Klaros von der Stadt Neokaisareia in ihrem lokalen Jahr 69 aufgestellt wurde[48]. Die Inschrift ist gleichzeitig auch nach dem Prytanen und Propheten von Klaros namens Claudius Rufus datiert. Ginge man von dem Epochenjahr 63/4 n.Chr. aus, würde das Jahr 69 von Neokaisareia auf 131/2 n. Chr. fallen. Aus genau diesem Jahr 131/2 n.Chr. kennen wir aber eine Inschrift der Amisener aus Klaros, die ins amisenische Jahr 163 (=131/2 n.Chr.) und in die 63.Prytanie des Apollon von Klaros datiert ist. Das heißt, dieses Jahr ist in der Zählung von Klaros schon besetzt und entspricht nicht dem Jahr des Prytanen Claudius Rufus[49]. Wenn man davon ausgeht, daß auch in Klaros wie in Pontos das Jahr im Herbst begann, wäre es schon ein großer Zufall, falls hier eine Überschneidung vorläge. Man wird als Epochenjahr von Neokaisareia also nicht 63/4 n.Chr. annehmen können, sondern ebenfalls wie in Trapezus und Kerasos 64/5 n. Chr.[50]. Dazu paßt die Erwähnung des Statthalters Q. Orfitasius Aufidius Umber auf den Münzen Neokaisareias, die die Jahreszahlen 37 und 38 tragen[51], was 100/101 und 101/2 n.Chr. entspricht[52]. Aufidius Umber läßt sich mit Hilfe einer Inschrift[53] und Münzen aus Kaisareia in Kappadokien[54] in die Zeit von 100/101 bis 102/3 n.Chr. datieren.

In der Stadt **Zela** wurden nur unter Traianus und in der Regierungszeit des Septimius Severus datierte Münzen geprägt. Aus Zela ist auch nur eine Inschrift mit Jahreszahl bekannt[55], die aber bei der Berechnung des Epochenjahres der Ära nicht

---

48   Th.Macridy, JOEAI 8,1905,165 Nr.2.

49   OGIS 530. Vgl.Ch.Picard, BCH 46,1922,191f. und oben S.111.

50   So auch W.Ruge, RE XVI 2,1935,2410 s.v.Neokaisareia 2. – Falsche Berechnung der Jahreszahlen bei Rec.gén. 60, 70 und 76a: das Jahr 188 ergibt 251/2 n.Chr. (falsch auch bei Weimert 28), das Jahr 192 255/6 n.Chr., und das Jahr 201 entspricht 264/5 n. Chr.

51   Jetzt gesammelt bei Stumpf 280f. Nr.572-574.

52   Vgl. P.R.Franke, Chiron 9,1979,377f.; W.Weiser, GNS 38, 1988,9f.; Stumpf 280ff.

53   St.Mitchell, AS 28,1978,93ff. = Ann.ép.1979,620. Vgl. auch C.P.Jones, Gnomon 45,1973,689; W.Eck, Chiron 12,1982,334 mit Anm.210.

54   P.R.Franke, Chiron 9,1979,378 M 3 und W.Weiser, GNS 38, 1988,10. Vgl. W.Eck, Chiron 12,1982,338 mit Anm.229; Stumpf 281 Nr.575-576.

55   Studia Pontica III 265.

weiterhilft. Daher können wir nur ungefähr den Zeitraum bestimmen, in dem das Epochenjahr der dort gültigen Ära liegen muß. Den terminus post quem setzen die Münzen des Caracalla und des Geta Caesar[56] mit der Jahreszahl 142 auf Januar 56 n.Chr. fest[57], da für Caracalla als Augustus wohl nicht vor Januar 198 n. Chr. Münzen geprägt worden sein können. Geta führte ab dem gleichen Zeitpunkt den Caesartitel[58]. Den terminus ante quem liefert die Prägung des Traianus aus dem Jahre 50[59]. Da Traianus im August 117 n.Chr. starb, muß das Epochenjahr vor September 68 n.Chr. begonnen haben. Die Prägung des Geta Caesar aus dem Jahre 142 führt ungefähr zu dem gleichen Zeitpunkt, wenn man die Übernahme des Augustustitels durch ihn in den Herbst des Jahres 209 n.Chr. datiert[60].

Man könnte den terminus ante quem auf Anfang 66 n.Chr. verlegen, wenn die zahlreichen Münzen des Septimius Severus und Caracallas aus Zela, die die Ziffern PMR (Taf.II 1) aufweisen, tatsächlich ins Jahr 146 gehören, wie dies im Recueil général angenommen wurde[61]. Die gleichen Ziffern erscheinen auf einer Reihe von Prägungen des Septimius Severus, Caracallas, der Iulia Domna und des Geta Caesar aus Neokaisareia. Auch diese Münzen werden im Recueil général und in zahlreichen Sammlungskatalogen ins Jahr 146 gelegt[62]. Der Unterschied zwischen B mit geschlossenem unteren Bogen und dem einem R ähnlichen Zeichen, das meist als Ziffer 6 interpretiert wurde[63], ist in der SNG Aulock nicht gemacht worden. Dort werden alle Prägungen mit PMB oder PMR als Münzen des Jahres 142 bezeichnet[64]. Schon Bosch sah offensichtlich in R eine Variante des Beta, ohne daß er dies näher ausführte[65], und auch Kraft tendierte zur Gleichsetzung mit Beta[66]. Einiges spricht dafür, daß dies zutreffend ist. Eine

56 Cl.Bosch, Numismatik 2,1933,63 schreibt fälschlich Traianus.
57 Rec.gén.7-11a; SNG Aulock 142; SNG Cop.229 sowie Rec. gén.20; Auktionskatalog Lanz München 26,1983,753.
58 Vgl. Kienast 166 und Mastino 15.
59 Rec.gén.2.3; Auktionskatalog Sternberg 11,1981,243.
60 Rec.gén.20; Auktionskatalog Lanz München 26,1983,753. - Cl.Bosch, Numismatik 2,1933,63 gibt mit Hinweis auf die Prägung Getas den April 68 n.Chr. als terminus ante quem an. Aber die Übernahme des Augustustitels durch Geta fiel frühestens in die zweite Jahreshälfte 209 n.Chr. Vgl. dazu oben S.117 mit Anm.13.
61 Rec.gén.17-19; Imh.-Bl., Gr.Mz. 578; W.Weiser, RSN 68, 1989,62f. Nr.23 und Nr.24.
62 Vgl. z.B. Rec.gén.14-18a.20.20a.21-25.27-35a; SNG Cop.216; SNG Fitzw.4044.
63 Nach Th.Reinach, Rec.gén. p.120 n.2 eine Form des Digamma.
64 Obwohl bei SNG Aulock 99f. 6759f. und 6790 (=Taf.II 1) deutlich der unterste Bogen fehlt.
65 Cl.Bosch, Numismatik 2,1933,44.66.
66 Kraft, System 93; ebenso W.Weiser, RSN 68,1989,62 mit Anm.53.

Prägung für Geta Caesar mit der Jahreszahl 146 wäre recht spät
entstanden, nämlich nach dem Herbst 209 n.Chr., während sonst
im Pontus Polemoniacus nur Münzen des Jahres 142 für Geta
bekannt sind. In dieser nordkleinasiatischen Region wurden
besonders in den Jahren 205/6 und 206/7 n.Chr. Münzen geprägt.
Danach trat eine Prägepause ein, die meist bis Elagabal oder
Severus Alexander reicht[67]. Für Neokaisareia würde gerade für
das Jahr 142 eine Münze mit dem Bilde Caracallas fehlen, während
für alle sonstigen Mitglieder der Familie in diesem Jahr geprägt
wurde.

Die zeitliche Parallele vieler Prägungen zeigt[68], daß wir es mit
einer gemeinsamen Ära aller vier Städte, Kerasos, Trapezus,
Neokaisareia und Zela, zu tun haben[69], die ab Herbst 64 n.Chr.
zu berechnen und durch die gemeinsame Geschichte zu erklären
ist. Auch die wenigen Münzen des Koinon von Pontos mit der
Jahreszahl 98[70], die in Neokaisareia, dem Vorort, geprägt
wurden[71], sind sicher nach der gleichen Ära datiert. Im gleichen
Jahr erfolgten nämlich auch lokale Prägungen der Städte
Neokaisareia und Kerasos.

Die Inschrift der Theopropoi aus Neokaisareia, die in Klaros
aufgestellt wurde[72], zeigt, ab welchem historischen Ereignis die
Ära gerechnet wurde. Wie Amisos[73] hat auch Neokaisareia, als man
eine Inschrift in der Fremde aufstellte, angegeben, welche Ära
darin verwendet wurde, welches die offizielle Zeitrechnung in der
Heimat war, die sonst ein Fremder nicht ohne weiteres verstanden
hätte. Τοῦ ϟθ' ἔ[τ]ο[υς τῆς] ἐπαρχείας heißt es am Ende
der Inschrift Neokaisareias in Klaros (Z.12f.). Ἐπαρχεία bezeich-

---

67   Siehe z.B. Amaseia, Sebastopolis, Komana. Vgl.Kraft, System
93; Ziegler, Prestige 138f. - In Zela hört damit die Münzprägung
auf. Falsch datiert Weimert 65 die letzte Münze Zelas in das Jahr
210/11 n.Chr. Wenn er schon für das Jahr 146 eintritt, dann muß
die Prägung aber 209/10 n.Chr. erfolgt sein.

68   Im Jahre 50 prägten Trapezus und Zela, im Jahre 98 Kerasos
und Neokaisareia, im Jahre 121 Kerasos und Neokaisareia, 131
Trapezus und Zela. Im Jahr 142 erfolgte die umfangreiche Prägung
von Neokaisareia und Zela. Im Jahr 156 prägten Kerasos und
Trapezus, 162 Kerasos, Neokaisareia und Trapezus und im Jahre
163 Trapezus und Neokaisareia. Vgl.auch Kraft, System 93.

69   Vgl. W.Kubitschek, RE I 1,1893,643.

70   Rec.gén. p.28f.; SNG Aulock 6692.

71   Dies zeigen die Aufschriften auf den Münzen Neokaisareias,
z.B. SNG Aulock 103: KOIN ΠΟ oder Rec.gén.8f.: MHTPO ΠON,
oder die Inschrift OGIS 529. Vgl. Rec.gén.p.28 und 117; W.Ruge,
RE XVI 2, 1935,2411; J.Deininger, Die Provinziallandtage der
römischen Kaiserzeit, München 1965,64-66; Weimert 27.

72   Th.Macridy, JOEAI 8,1905,165 Nr.2; vgl. Robert, Carie 213
n.2.

73   Vgl. oben S.111.

net die römische provincia[74]. Dies kann sich nur auf den Anschluß des ehemaligen pontischen Königreiches Polemons II. an die Provinz Galatia beziehen[75]. Zu diesem sogenannten Pontus Polemoniacus gehörten nach Ptolemaios[76] auch Neokaisareia und Zela. Kerasos und Trapezus dagegen werden bei ihm zum Pontus Cappadocicus gezählt, wohl deshalb, weil seit Vespasianus der Pontus Polemoniacus zu Cappadocia gehörte[77]. Die letzte Münzprägung Polemons II. ist in das 25.Regierungsjahr datiert, das heißt in das Jahr 62/3 n.Chr.[78]. Das bedeutet aber nicht, daß das Königreich schon im Jahre 63 n.Chr. an die Römer fiel, wie vielfach und häufig mit falscher Datierung der Städteära behauptet wurde[79]. Das Jahr 62/3 n.Chr. ist nur der terminus post quem für das Ende der Königsherrschaft Polemons II. Die Angliederung kann frühestens 64 n.Chr. erfolgt sein[80], nach Ausweis der Städteära Ende 64 n.Chr.[81], vielleicht sogar erst Anfang 65 n.Chr.

74 H.J.Mason, Greek Terms for Roman Institutions, Toronto 1974,135f.
75 Tac.hist.3,47,1; Suet.Nero 18; Aur.Vict.Caes.5,2; Eutrop. 7,14,5; HA, Aurel.21,11.
76 Ptol.5,6,10.
77 Ptol.5,6,11. Entsprechend wird Neokaisareia auch bei Plin. n.h.6,8 zu Kappadokien gezählt. Vgl. auch K.Abel, RE Suppl.14, 1974,985; Wilson 525f.; E.Olshausen, ANRW II 7,2,1980,912.
78 Rec.gén. p.26. Siehe oben S.103.
79 Vgl. z.B. W.H.Waddington, RN 1866,429.438; W.Wroth, BMC Pontus etc., London 1889, p.XXI; Imh.-Bl., Gr.Mz. 555.576.582; Brandis, RE III 1,1897,525 s.v.Bithynia; Brandis, RE VII 1, 1910,551 s.v.Galatia; E.Hohl, RE Suppl.3,1918,378 s.v.Domitius (Nero); W.Schur, Die Orientpolitik des Kaisers Nero, Leipzig 1923, 87; M.J.Price, NC 1971,125; R.D.Sullivan, NC 1979,16; B.Le Guen-Pollet, EA 13,1989,67; W.Weiser, RSN 68,1989,60f.62 mit Anm.54.
80 Für 64 n.Chr. z.B. W.Kubitschek, RE I 1,1893,643; W.Ruge, RE XI 1,1921,265 s.v.Kerasus 2; W.Ruge, RE VI A 2,1937,2217 s.v.Trapezus 2; T.R.S.Broughton, in: T.Frank (Ed.), An Economic Survey of Ancient Rome IV, Baltimore 1938, 596 mit n.23; Jones, Greek City 130; Jones, Cities 170; W.Hoffmann, RE XXI 2,1952, 1286f. s.v. Polemon 3; J.G.F. Hind, Historia 20,1971, 491 n.10. 493; Bernhardt, Imperium 211 mit Anm.577; K.Abel, RE Suppl.14,1974,985 s.v.Zela; K.R.Bradley, Suetonius' Life of Nero, Brüssel 1978,113f.; E.Olshausen, ANRW II 7,2,1980,910f. Nach Rémy, Evolution 43 geschah der Anschluß 63/4 n.Chr., obwohl er S.43 n.152 den Ärabeginn im Oktober 64 n. Chr. übernimmt; vgl. auch B.Rémy, REA 87,1985,220 mit n.9. Unsystematisch spricht auch Weimert 26f.63.91 einmal von 64 n. Chr., ein anderes Mal von 63 n.Chr.
81 So F.Imhoof-Blumer, ZN 20,1895,266; Studia Pontica III p.233; Rec.gén. p.28.100.116 (obwohl auf p.147 zu Trapezus und p.158 zu Zela noch die alte Auffassung von einer Ära ab 63 n. Chr. unverbessert übernommen ist, die Datierung der Münzen aber

Zwei Münzen des Lucius Verus und des Valerianus mit dem Ethnikon ΣΕΒΑΣΤΙΑΣ ΜΗΤΡΟΠΟΛΕΩΣ bzw. ΣΕΒΑΣΤΗΝΩΝ und den Datierungen E ΗΡΞ (Jahr 168) bzw. ΕΤ ΔΝΣ (Jahr 254)[82] werden im Recueil général der Stadt **Sebasteia** in Pontos zugewiesen, die mit dem von Pompeius gegründeten Megalopolis identisch ist[83]. Diese Identität wird durch eine 1976 vom British Museum erworbene Münze des Lucius Verus mit der Rückseitenlegende ΜΕΓΑΛΟΠΟΛΕ ΣΕΒΑΣΤΙΑΝ ΕΤ Η Ϸ (=98) bewiesen[84]. H.-D.Schultz hat drei weitere Münzen des Lucius Verus aus Megalopolis-Sebasteia mit der Jahreszahl 98 vorgelegt[85]. Diese Jahreszahl unter Lucius Verus paßt aber nicht zu den zuerst von Imhoof-Blumer publizierten Münzen aus Sebasteia mit den angeblichen Jahreszahlen 168 und 254[86], die auch in den Recueil général eingegangen sind. H.-D. Schultz hat gezeigt, daß die Prägung des Lucius Verus mit der angeblichen Jahreszahl 168, die sich heute im Berliner Münzkabinett befindet, bedingt durch eine Lochung, falsch gelesen wurde. Statt ΣΕΒΑΣΤΙΑΣ ΜΗΤΡΟΠΟΛΕΩΣ E ΗΡΞ ist in Angleichung an weitere Münzen des Lucius Verus, zwei in Berlin und zwei in London, ΜΕ[ΓΑ]ΛΟΠΟΛΕΩΣ ΣΕΒΑΣΤΙΑΣ und (bei dem von Imhoof-Blumer publizierten Stück spiegelverkehrt) ΕΤ Η Ϸ (=98) zu lesen (Taf.II 6)[87]. Die angebliche Prägung des Valerianus aus

korrigiert wurde); F.Cumont, in: Anatolian Studies W.M.Ramsay, Manchester 1923,112 mit n.1; Cl.Bosch, Numismatik 2,1933,41. 43.63; J.G.C.Anderson, CAH X,1934,774 mit n.1; Magie 561.1417f. n.62; Wilson 214.240.249.253.513; P.A.Gallivan, Historia 23, 1974,306; P.R.Franke, Chiron 9,1979,377; Sartre 44.259.

82 Rec.gén.1 = Imh.-Bl., Kl.Mz.5 Nr.1 und Rec.gén.2 = F. Imhoof-Blumer, ZN 20,1895,264.

83 So schon Ramsay, Historical Geography 326; F.Imhoof-Blumer, ZN 20,1895,264f.; H.Dessau, ZN 25,1906,342 Anm.3; J.G.C.Anderson, in: Anatolian Studies W.M.Ramsay, Manchester 1923,7. Dann Wilson 222f.; Olshausen - Biller 163; Weimert 72f.; Schultz, in: Kraay-Mørkholm Essays 260-262 mit älterer Literatur; W.Weiser, RSN 68,1989,60.

84 Die Münze ist beschrieben, aber nicht abgebildet von M.J.Price, in: British Museum. Department of Coins and Medals. New Acquisitions No.1 (1976-77), British Museum Occasional Paper No.25, London 1981,17 Nr.255. Jetzt abgebildet bei Schultz, in: Kraay-Mørkholm Essays pl. LVII 3. Übersehen wurde das Stück von W.Weiser, RSN 68,1989,58ff. Ein weiteres Exemplar nun im British Museum, London.

85 Schultz, in: Kraay-Mørkholm Essays 259ff. Auch W.Weiser, RSN 68,1989,60 Nr.21 publizierte eine entsprechende Münze aus einer deutschen Privatsammlung.

86 Imh.-Bl., Kl.Mz. 5 Nr.1 und F.Imhoof-Blumer, ZN 20, 1895,264f.

87 Schultz, in: Kraay-Mørkholm Essays 261; vgl. auch W.Weiser, RSN 68,1989,59.

Sebasteia wurde schon von Konrad Kraft als Münze aus Augusta in Kilikien erkannt, deren korrekte Lesung nach Schultz ΑΥΓΟΥΣΤΑΝΩΝ ΕΤ ΔΛΣ lautet[88].

Die Münzen Sebasteias für Lucius Verus aus dem Jahre 98 lassen den Beginn des Epochenjahres der hier verwendeten Ära auf den Zeitraum zwischen März 63 n.Chr. und Anfang 72 n.Chr. legen. Denn Lucius Verus regierte von 7.März 161 bis Anfang 169 n.Chr.[89]. Der Beginn der Ära kann durch eine weitere neu entdeckte Münze aus Megalopolis-Sebasteia weiter eingegrenzt werden. H.-D.Schultz fand unter den Incerti im Berliner Münzkabinett eine Prägung des Traianus, auf der er die Jahresangabe ΕΤ ΑΝ und als Reste der Rückseitenlegende ...ΟΥΗΡΟΥ ΣΕΒΑΣΤ lesen konnte[90]. Überzeugend schloß er daraus auf eine Prägung von Sebasteia-Megalopolis, der einzigen Stadt, deren Name mit den Buchstaben ΣΕΒΑΣΤ beginnt und deren Ära gleichzeitig zum Jahr 51 unter Traianus paßt. Der vor dem Ethnikon stehende Beamtenname ist nach dem Vorschlag von Schultz etwa zu [ΕΠΙ ΚΑΤΙΛ? ΣΕ]ΟΥΗΡΟΥ zu ergänzen[91]. Unter den Statthaltern der Provinz Cappadocia-Armenia erscheint zwischen 114 und 117 n.Chr. L.Catilius Severus Iulianus Claudius Reginus[92]. Pontus Polemoniacus gehörte damals zu dieser Provinz[93]. Da die Münzen der pontischen Städte keine lokalen Beamten nennen, sondern - und gerade unter Traianus - den römischen Statthalter[94], ist diese Identifikation naheliegend. Durch die Münze des Jahres 51, die den Statthalter Catilius Severus erwähnt, kommen wir für den Beginn des Epochenjahres der Ära auf den Zeitraum zwischen 63 und 67 n.Chr. Dies zeigt, daß es sich offenbar um die Ära des Pontus Polemoniacus ab 64/5 n. Chr. handelt[95]. Darauf deutet auch, daß im gleichen lokalen Jahr 98, in dem in Sebasteia Münzen ausgegeben wurden, auch Prägungen des Koinon von Pontos, von Neokaisareia und von Kerasos erschienen.

---

88 Kraft, System 100. Die Münze, die sich jetzt ebenfalls in Berlin befindet, nun mit korrekter Lesung bei Schultz, in: Kraay-Mørkholm Essays 261 mit pl.LVII A. - Ein Stück mit der gleichen Jahreszahl aus Augusta z.B. in SNG Levante 1255.

89 PIR II² C Nr.606; Kienast 143f.

90 Schultz, in: Kraay-Mørkholm Essays 263f. mit pl.LVII 1.

91 Ibid.263.

92 Vgl. PIR II² C Nr.558; W.Eck, Chiron 12,1982,357ff.; Rémy, Evolution 67.70f.; nach B.E.Thomasson, Laterculi Praesidum I, Göteborg 1984,268f. Nr.21 von 115-117 n.Chr.

93 Rémy, Evolution 71f.75; Schultz, in: Kraay-Mørkholm Essays 260.

94 Vgl. Aufidius Umber in Neokaisareia, oben S.136, und P. Calvisius Ruso in Sebastopolis, oben S.119.

95 So Schultz, in: Kraay-Mørkholm Essays 262 und W.Weiser, RSN 68,1989,60f., der aber fälschlich von 63/4 n.Chr. als Epochenjahr ausgeht und so auf das Prägejahr 160/1 n.Chr. kommt.

Damit werden auch alle die Schwierigkeiten gelöst, die sich in
den Versuchen ergaben, das angebliche Epochenjahr von Sebasteia,
das zwischen 2/1 v.Chr. und 1/2 n.Chr. gelegen haben soll[96], mit
der literarisch überlieferten Geschichte des pontischen Raumes in
Einklang zu bringen[97] und auf die Eingliederung der Stadt
Sebasteia in den römischen Provinzialverband zu beziehen.
Megalopolis, die Vorgängerstadt von Sebasteia, gehörte zu
Strabons Zeiten zum pontischen Reich der Pythodoris[98]. Bei Plinius
(n.h.6,8) wird Sebasteia zu Kappadokien gezählt[99] und bei
Ptolemaios (5,6,10) zu Pontus Polemoniacus. Um die Diskrepanz
zwischen der Mitteilung Strabons, Megalopolis gehöre zum Reich
der Pythodoris, und dem aus der Ära erschlossenen angeblichen
Anschluß der Stadt an den römischen Provinzialverband um die
Zeitenwende zu beseitigen, war man entweder zu der Annahme
gezwungen, die Stadt sei nur kurz im Besitz der Pythodoris
gewesen und ihr dann zwischen 2/1 v.Chr. und 1/2 n. Chr.
wieder entzogen worden[100]. Oder man vertrat die Auffassung, daß
Megalopolis-Sebasteia unter Augustus zeitweise zum römischen
Provinzialsystem gehörte und danach wieder zum Königreich Pontos
kam[101]. Beide Erklärungsversuche waren aber mit Schwierigkeiten
verbunden. Beim ersten stellte sich die Frage, warum die Stadt so
schnell wieder der Pythodoris weggenommen wurde und warum dies
bei Strabon nicht erwähnt ist[102], beim zweiten, warum Rom die

96   So z.B. Imh.-Bl., Kl.Mz. p.5; Rec.gén. p.140; W.Ruge, RE
II A 1,1921,953 s.v.Sebasteia. Cl.Bosch, Numismatik 2,1933,45
schloß sich zwar der Lesung der Münzen im Rec.gén. an, ließ aber
die Frage der Ära offen.

97   Th.Reinach versuchte eine Lösung dadurch zu erreichen,
daß er die Identität von Sebasteia und Megalopolis ablehnte:
Th.Reinach, NC 1902,9f.; Id., L'histoire par les monnaies 149f.;
Rec.gén. p.140.

98   Strab.12,3,37 p.559f. Vgl. Strab.12,3,31 p.556. Siehe auch
Wilson 223f.; Hoben 43; Schultz, in: Kraay-Mørkholm Essays 260. -
Strabon kennt noch nicht den Namen Sebasteia.

99   Dies dürfte durch die Existenz der Doppelprovinz Galatia -
Cappadocia zur Zeit, als Plinius schrieb, zu erklären sein.

100   So Magie 472.486.1285f.n.25; Wilson 223f.505f.; J.G.C.
Anderson, in: Anatolian Studies W.M.Ramsay, Manchester 1923,9f.
Die Tatsache, daß Sebasteia von Ptolemaios zum Pontus
Polemoniacus gerechnet wurde, versuchte Anderson dadurch zu
erklären, daß die Stadt wegen der alten Bindungen dazu gezählt
worden sei, als das pontische Reich aufgelöst wurde.

101   So Jones, Cities 134. Vgl. auch Rémy, Evolution 26, bei
dem die Stadt im Jahre 14 n.Chr. zum vereinigten Königreich
Kappadokien-Pontus gezählt wird.

102   J.G.C.Anderson, Some Questions Bearing on the Date and
Place of Composition of Strabo's Geography, in: Anatolian Studies
W.M.Ramsay, Manchester 1923,7-13 baute unter anderem darauf die
Theorie auf, daß Strabon schon um 3/2 v.Chr. seine Beschreibung

Stadt erst annektierte und dann wieder einem Klientelfürsten übergab.

Alle diese Probleme lösen sich durch die Feststellung, daß die Ära des Pontus Polemoniacus ab 64/5 n.Chr. auch in Sebasteia gültig war und angewandt wurde, so daß diese Stadt nun in die gemeinsame Geschichte des Pontus Polemoniacus miteinbezogen werden kann[103]. Sebasteia datierte seine Münzen wie Neokaisareia, Kerasos, Trapezus und Zela nach der Ära ab 64/5 n.Chr., die als Ausgangspunkt die Eingliederung des pontischen Königreiches Polemons II. in die römische Provinz Galatia nahm.

Bisher sind aus dem Gebiet des Pontus Polemoniacus nur vier Inschriften mit Jahreszahlen publiziert, die offensichtlich nach derselben Ära, die auf den Münzen vorkommt, zu berechnen sind[104]. Zwei Inschriften, von denen eine aber in ihrer Echtheit umstritten ist, gehören nach Trapezus und in iustinianische Zeit. Dies sind die spätesten Zeugnisse für die Ära des Pontus Polemoniacus. Das heißt aber nicht, daß es nicht noch weitere Inschriften gab, die diese Art der Jahresrechnung ebenfalls verwendeten[105]. Denn nur für Zela sind die Inschriften in den "Studia Pontica" publiziert. Die Veröffentlichung der Inschriften aus den anderen Städten ist zwar schon lange angekündigt, aber noch nicht systematisch erfolgt[106]. Doch ist schon eine ganze Reihe von Inschriften aus dem Pontus Polemoniacus bekannt[107], die nicht nach einer Ära datiert sind. Die Äradatierung ist also in den Inschriften (anders als bei den Münzen) nicht durchgängig angewandt worden. Die meisten der offiziellen Inschriften, die uns einigermaßen vollständig erhalten sind, das sind die aus Klaros und die aus Trapezus, verwenden die Ära[108], aber eben nicht alle[109]. Diese Unregelmäßigkeit in der Anwendung der Äradatierung ist für viele Bereiche Kleinasiens feststellbar, und hier stellt auch der pontische Raum keine Ausnahme dar.

von Pontos grundsätzlich abgeschlossen hatte und später nur noch einige Nachträge eingearbeitet habe; so auch Magie 1285f.n.25.

103   So Schultz, in: Kraay-Mørkholm Essays 262.

104   Th.Macridy, JOEAI 8,1905,165 Nr.2: Liste der Gesandten aus Neokaisareia nach Klaros, in Notion aufgestellt; Studia Pontica III 265: Grabinschrift aus Zela; CIG 8636 und 8637: zwei Bauinschriften der Zeit Iustinians aus Trapezus.

105   Vgl. beispielsweise zu einem Schmuckstein mit der Jahreszahl 135, der offensichtlich eine Münze aus Trapezus kopiert: Robert, Etudes anatoliennes 299f.

106   Vgl. auch Olshausen - Biller 79. 101.

107   Vgl. Olshausen - Biller 94f. 100f.

108   Th.Macridy, JOEAI 8,1905,105 Nr.2; CIG 8636f. - Die Meilensteine tragen dagegen wie üblich keine Äradatierungen.

109   So die Ehreninschrift aus Zela für den Legaten M.Sedatius Severianus: Studia Pontica III 271. Vgl. auch B.Rémy, REA 87, 1985,224 Nr.13.

6. Die Ära von Nikopolis und Armenia Minor

Auf den Münzen, die in Nikopolis in Armenia Minor für die Stadt selbst und das Koinon von Armenien[1] geprägt wurden, finden sich die Jahreszahlen einer Ära. Inschriften aus diesem Gebiet mit Äradatierung sind hingegen bisher nicht publiziert[2]. Die Münzen des Traianus mit der Jahreszahl 43 auf der Rückseite[3] führen, 117 n.Chr. als letztmögliches Prägejahr vorausgesetzt, zu dem terminus ante quem 75 n.Chr. für den Beginn des Epochenjahres der Ära[4]. Die Prägung des Marcus Aurelius aus dem Jahr 91[5] kann erst nach dem März 161 n.Chr. erfolgt sein[6]. Dies ergibt als terminus post quem für den Beginn des Epochenjahres März 70 n.Chr. Der Ausgangspunkt der Ära muß also zwischen 70 und 75 n.Chr. liegen[7].

Einen genaueren Zeitpunkt liefern die Münzen des Königs Aristobulos von Kleinarmenien, die nach seinen Regierungsjahren datiert sind. Bekannt sind Münzen der Jahre 8 und 17, möglicherweise auch des ersten Jahres[8]. Aristobulos war von Nero zum König eingesetzt worden[9]. Dies wird von Tacitus zum Jahre 54

1 Dazu B.Pick, REA 16,1914,283ff.; F.Cumont, in: Anatolian Studies to W.M.Ramsay, Manchester 1923,115ff.; J.Deininger, Die Provinziallandtage der römischen Kaiserzeit, München 1965,32 und 82 Anm.10.

2 Die beiden Buchstaben τλ am Ende der fragmentarischen Inschrift Le Bas - Wadd.1814f. sind wohl nicht die Ziffern einer Datierung. Man käme mit dem Jahr 330 schon ins 5.Jh.n.Chr., wenn es sich um die gleiche Ära wie bei den Münzen handelt, und dies ist für die Inschrift zu spät. - Die Inschrift Studia Pontica Nr.326, die möglicherweise eine Äradatierung aufweist und auf die im Rec.gén. p.135 verwiesen wird, ist m.W. bisher nicht publiziert.

3 Rec.gén.8; SNG Aulock 145f.

4 Th.Reinach, REA 16,1914,140, der die Münze des Jahres 43 noch nicht kannte, kam mittels der Inschrift CIL III 306 = ILS 8904 ebenfalls auf 75 n.Chr. als spätesten Termin für das Epochenjahr. Dieser Meilenstein zeigt, daß damals Armenia Minor schon zur Provinz Cappadocia gehörte. Der Stein ist aber nicht 75, sondern 76 n.Chr. aufgestellt worden; vgl. Rémy, Evolution 53.

5 SNG Aulock 6792.

6 Darauf weist auch die Legende AYTOKP ANTΩNEINOΣ ΣEB; vgl. PIR I² A Nr.697.

7 Die angebliche Prägung des Aelius Caesar, SNG Fitzwilliam 4047, kann, wenn die Jahreszahl 74 stimmt, nicht nach Nikopolis in Armenien gehören.

8 Rec.gén. p.135f. Nr.1-3; Th.Reinach, REA 16,1914,143f. - Bei Rec. gén.3 bezieht sich die Rückseite nicht auf Titus, sondern Vespasianus; vgl.Th.Reinach, REA 16,1914,285 unter Anm.8.

9 Tac.ann.13,7; Ios. ant.Iud.20,8,4 (158); Ios. bell.Iud.2,13,2 (252). Vgl. U.Wilcken, RE II 1,1895,910 s.v. Aristobulos 10; PIR I² A Nr.1052.

n.Chr. berichtet, von Flavius Josephus im Zusammenhang mit dem
ersten Regierungsjahr Neros[10]. Die Einsetzung Aristobuls durch
Nero geschah jedenfalls frühestens gegen Ende des Jahres 54 n.
Chr.[11]. Das erste Regierungsjahr Aristobuls dürfte somit, wenn
das Jahr im Herbst begann, 54/5 n.Chr. gewesen sein[12]. Die oben
festgestellte Ära, die die Jahreszählung Aristobuls durch eine
Neuerung in der Zeitrechnung ablöste, kann nicht unter dessen
Regierung eingeführt worden sein, sondern erst mit seiner
Absetzung begonnen haben. Da wir Münzen Aristobuls mit der
Jahreszahl 17 kennen, kann das Epochenjahr von Nikopolis nicht
vor 70/1 n.Chr. liegen. Der Rechenfehler, den in diesem
Zusammenhang Th.Reinach begangen hat[13], nämlich das
17.Regierungsjahr des Aristobulos mit 71/2 statt 70/1 n.Chr.
gleichzusetzen[14], führte dazu, daß seither einige Male das Jahr
72/3 n.Chr. als Epochenjahr und als Jahr der Eingliederung
Kleinarmeniens in das römische Provinzialsystem als gesichert
angesehen wurde[15]. Dabei ist es ebensogut möglich, daß diese
politische Veränderung im Jahre 71/2 oder sogar noch 70/1 n.Chr.
geschah[16].

Offensichtlich ist König Aristobulos von Kleinarmenien identisch
mit dem bei Flavius Josephus genannten Aristobulos von Chalkis[17].
Stimmt diese Identifizierung, war Aristobulos aber in der zweiten
Hälfte des Jahres 72 n.Chr. schon nicht mehr Herrscher über
Kleinarmenien. Denn bei Flavius Josephus wird er im vierten

10 Tac.ann.13,7; Ios. ant.Iud.20,8,4 (158).
11 Vgl. Tac.ann.13,6: Fine anni turbidis rumoribus prorupisse
rursum Parthos et rapi Armeniam adlatum est.
12 So auch Rec.gén. p.135; Cl.Bosch, Numismatik 2,1933,44 mit
Anm.24; Rémy, Evolution 53.
13 Th.Reinach, REA 16,1914,147.
14 Im Rec.gén.p.136 Nr.3 gleich verbessert. Der Fehler aber
wieder bei E.Dabrowa, L'Asie Mineure sous les Flaviens, Wroclaw
1980,13.
15 Vgl. z.B. B.Pick, REA 16,1914,283; Rec.gén. p.136f.;
F.Cumont, in: Anatolian Studies to W.M.Ramsay, Manchester 1923,
118; J.Deininger, Die Provinziallandtage der römischen Kaiserzeit,
München 1965,82 Anm.10; Index Aulock 167. Siehe auch B.Kreiler,
Die Statthalter Kleinasiens unter den Flaviern, Diss. München
1975,75.
16 Es ist nicht ausgeschlossen, daß sich das 17.Regierungsjahr
des Aristobulos und das erste Jahr der Ära überschnitten haben,
zumal erst später die neue Zeitrechnung angewandt worden ist.
17 So U.Wilcken, RE II 1,1895,910; Th.Reinach, REA
16,1914,141f.; Cl.Bosch, Numismatik 2,1933,44; PIR I² A Nr.1052;
E.Dabrowa, op.cit. (Anm.14) 13; Rémy, Evolution 53.55; Sartre
259. Dafür spricht auch, daß der König von Kleinarmenien ein
Sohn des Königs Herodes von Chalkis war; vgl. z.B. Ios. ant.Iud.
20,8,4 (158); Ios. bell.Iud.2,13,2 (252) und 2,11,6 (221).

Regierungsjahr Vespasians nur noch König von Chalkis und nicht
mehr von Kleinarmenien genannt[18]. Das heißt aber, daß das Jahr
72/3 oder eher noch 71/2 n.Chr. das letztmögliche Epochenjahr der
Ära von Nikopolis und Kleinarmenien war, wenn man davon
ausgeht, daß die Ära mit dem Ende des Königreiches und nach dem
Vorbild der übrigen pontischen und paphlagonischen Ären mit der
Eingliederung dieses Gebietes in das römische Provinzialsystem
begann[19]. Der Anschluß Kleinarmeniens an die römische Provinz ist
nur durch wenige epigraphische Quellen[20] und durch die Münzen
nachweisbar. Die literarischen Quellen gehen nicht darauf ein[21].
Die Eingliederung in das römische Provinzialsystem paßt aber zur
Politik Vespasians in dieser Zeit[22].

Noch einen Schritt weiter kommt man, wenn man die Vorderseiten der Münzen des Traianus aus Nikopolis und Armenia Minor
interpretiert. Die Prägungen des Jahres 42 weisen hinter der
Titulatur des Kaisers die Angabe TO ςI (zum 16.Mal) auf (Taf.
II 7)[23], die des Jahres 43 TO ZI (zum 17.Mal)[24]. Dies bezieht
sich, wie die Anordnung hinter der Titulatur Trajans zeigt,
offensichtlich auf den Kaiser und seine Regierungszeit. Entweder
sind es Regierungsjahre des Traianus[25] oder die Zahl der
tribunicia potestas[26]. Wird das Jahr 1 des Traianus, wie später
für Kappadokien nachweisbar[27], vom Regierungsbeginn bis zum

18 Ios. bell.Iud. 7,7,1 (219ff.). Vgl. dazu Th.Reinach, REA
16,1914,142; Cl.Bosch, Numismatik 2,1933,44; T.B.Mitford,
Cappadocia and Armenia Minor, ANRW II 7,2,1980,1180.
19 Vgl. Th.Reinach, REA 16,1914,139.148; F.Cumont, in:
Anatolian Studies Ramsay 118; Magie 574 und 1435 n.21; Wilson
514f.; T.B.Mitford, ANRW II 7,2,1980,1180f.; Rémy, Evolution 53;
Sartre 259.
20 Vgl. dazu Th.Reinach, REA 16,1914,139f.; F.Cumont, in:
Anatolian Studies Ramsay 115ff.; Magie 1435 n.21; R.K.Sherk,
ANRW II 7,2,1980,996f. mit n.114.
21 Vgl. aber die Diskussion um die bei Sueton, Vesp.8,4
erwähnte Stationierung von Legionen in Cappadocia und die
Einsetzung eines consularis, die manchmal mit dem Anschluß
Kleinarmeniens in Zusammenhang gebracht werden, zuletzt bei
Rémy, Evolution 51ff. mit weiterer Literatur.
22 Vgl. dazu Th.Reinach, REA 16,1914,147; Magie 572ff.; M.-L.
Chaumont, ANRW II 9,1,1976,125f.; T.B.Mitford, ANRW II 7,2,
1980,1180ff.; E.Dabrowa, Syria 58,1981,194ff.; E.Dabrowa, La
politique de l'état parthe à l'égard de Rome..., Krakau 1983,
161ff.; Rémy, Evolution 51ff.
23 Bei der Münze SNG Aulock 147 muß es TO ςI heißen.
24 Die Zahl 16: Rec.gén.5-7; SNG Aulock 147 (=Taf.II 7); SNG
Fitzwilliam 4046; Mabbott Coll.1038. - Die Zahl 17: Rec.gén.8; SNG
Aulock 145f.
25 Z.B. Rec.gén. p.136f.; Th.Reinach, REA 16,1914,151ff.;
Magie 1466 n.34; Rémy, Evolution 53.
26 So z.B. von B.Pick, REA 16,1914,287ff. diskutiert.
27 Vgl. P.R.Franke, Chiron 9,1979,378f. mit Anm.11.

Neujahr des lokalen Kalenders gezählt, würde unter der Annahme, daß auch in Armenia Minor das lokale Jahr im Herbst begann[28], das Jahr 16 des Traianus nach iulianischem Kalender auf 112/3 n.Chr. fallen, das Jahr 17 auf 113/4 n.Chr. Das Epochenjahr der auf der Rückseite der Münzen angegebenen Äradatierung wäre 71/2 n.Chr. Wurden jedoch die Jahre vom Beginn der Alleinherrschaft Trajans am 28.Januar 98 n. Chr. an durchgezählt, entspräche das Jahr 16 der Zeit von Januar 113 bis Januar 114 n. Chr.[29]. Das Epochenjahr könnte dann auch 72/3 n.Chr. sein. Die 16.tribunicia potestas Trajans dagegen reichte vom 10.Dezember 111 bis zum 9.Dezember 112 n.Chr., die 17.tribunicia potestas vom 10.Dezember 112 bis 9.Dezember 113 n.Chr.[30]. Das Epochenjahr könnte dann auch 70/1 n.Chr. sein.

Als Epochenjahre kommen also nur 70/1, 71/2 oder 72/3 n.Chr. in Frage, das erste Jahr, wenn sich die Zählung auf der Vorderseite der Münzen Trajans auf die tribunicia potestas bezieht, das zweite, wenn das Jahr 1 nach kappadokischem oder alexandrinischem Vorbild vom Regierungsantritt bis zum lokalen Jahresende gerechnet wurde, das dritte, wenn die Jahre vom dies imperii an als volle Jahre durchgezählt wurden. Dieser letzte Fall ist schon deswegen nicht sehr wahrscheinlich, weil dann die Zählung nicht mit der lokalen Jahresform einhergehen würde, wie es sonst in Kleinasien üblich war[31]. Hinzu kommt das Argument, daß die Stelle bei Flavius Josephus den Aristobulos in der zweiten Jahreshälfte 72 n. Chr. schon nicht mehr als König in Armenia Minor nennt.

Die Angabe der tribunicia potestas eines Kaisers findet sich auf griechischen Münzen in der Provinzialprägung, aber auch auf Prägungen der Koina[32], dies besonders unter Kaiser Traianus. Vor allem in der syrischen Provinzialprägung scheint der Kaiser besonderen Wert auf diese Angabe gelegt zu haben[33]. Aber immer wird die tribunicia potestas angezeigt durch den griechischen Ausdruck δημαρχικῆς ἐξουσίας in verschiedenen Abkürzungen und mit beigefügter Consulatsangabe[34]. Daß das Wörtchen τό, wenn es mit Zahlen allein steht, ebenfalls auf die tribunicia

28 So Th.Reinach, REA 16,1914,140.

29 So auch Rémy, Evolution 53, der aber anschließend daraus fälschlich 71/2 n.Chr. als Epochenjahr errechnet.

30 Vgl. R.Hanslik, RE Suppl.10,1965,1047; H.Mattingly, BMCEmp III p.LV-LVII.

31 Vgl. Bickerman, Chronologie 40; möglicherweise aber anders in Komana, siehe oben S.126ff.

32 Z.B. SNG Aulock 6358ff.: Kaisareia/Kappadokien; SNG Aulock 4267f.: Koinon von Lykien; W.Wruck, Die syrische Provinzialprägung von Augustus bis Trajan, Stuttgart 1931, Nr.139ff.: Syrien.

33 Vgl. W.Wruck, op.cit. 149.

34 Eine Ausnahme vielleicht SNG Aulock 271, eine Prägung des Koinon von Bithynien für Claudius.

potestas zu beziehen ist, kann, wie bei Komana gezeigt wurde[35], nicht ausgeschlossen werden, auch wenn es dann mißverständlich sein und auf Consulat und imperatorische Akklamation bezogen werden könnte. Tó mit einer Zahl bedeutet im eigentlichen Sinne "zum soundsovielten Mal". Aber ab und zu kann es vor allem auf Münzen statt des Wortes ΕΤΟΥΣ mit Jahreszahl verwendet werden[36]. ΕΤΟΥΣ war bei den Münzen von Nikopolis durch die Angabe der lokalen Jahreszahl auf der Rückseite der Münzen schon besetzt, so daß man sich vorstellen kann, daß deswegen auf der Vorderseite das Regierungsjahr mit TO eingeführt wurde. Auch die Verwirrung nach der Umstellung der römischen Zählweise der tribunicia potestas unter Traianus könnte eine Rolle gespielt haben, so daß die Zählung nach tribunicia potestas und die nach Regierungsjahren miteinander vermischt wurden[37].

Gerade in Cappadocia, zu dem Nikopolis und Kleinarmenien damals gehörten, war die Angabe des Regierungsjahres des Kaisers die übliche Datierungsform, so in Kaisareia, Kybistra oder Tyana[38]. In Kappadokien war diese Art der Zeitrechnung nach Regierungsjahren vom letzten kappadokischen König übernommen und dann fortgeführt worden. Da auch Aristobulos von Armenia Minor seine Regierungsjahre auf den Münzen verkündete, wäre die Fortführung dieser Tradition unter römischer Oberherrschaft nicht unerwartet. Man wird also auf der Vorderseite der Münzen Trajans die Rechnung nach Regierungsjahren der Zählung der tribunicia potestas vorziehen. Stimmt diese Überlegung, war das Epochenjahr 71/2 n.Chr.[39].

Für dieses Jahr spricht auch, ohne daß dies jedoch ein Beweis sein kann, die zeitliche Parallele mancher Prägungen. Vor allem zu Beginn der gemeinsamen Regierung von Marcus Aurelius und

35 Siehe oben S.126ff.
36 Siehe S.282 oder S.382f.
37 B.Pick, REA 16,1914,288f. glaubte, daß der Begriff ΔHMAPXI-ΚΗΣ ΕΞΟΥΣΙΑΣ weggelassen wurde und man dafür die Iterationsziffer mit dem Wort TO einführte. Weil man mit der neuen römischen Zählweise nicht zurechtgekommen sei, habe man dann die leichter verständliche Zählung nach Regierungsjahren angewandt.
38 Zu den Münzen vgl. Index Aulock 168ff., zu den Inschriften z.B. IGR III 121.125.128.
39 So auch Magie 1435 n.21, der aber die falsche Datierung der Münzen des Jahres 43 aus REA 16,1914,283f. übernahm (Magie 1435 n.21 und 1466 n.34); Wilson 515; T.B.Mitford, JRS 64,1974,166; T.B.Mitford, ANRW II 7,2,1980,1180; E.Dabrowa, Syria 58,1981, 194f. und La politique de l'état parthe à l'égard de Rome 164 sowie in L'Asie Mineure sous les Flaviens 13. - Cl.Bosch, Numismatik 2,1933,44 wollte sich nicht zwischen 71/2 oder 72/3 entscheiden, obwohl er zuvor von Ende 71 oder Anfang 72 n.Chr. gesprochen hatte. - Die uralte Auffassung von einem Epochenjahr 64 n.Chr. wieder bei R.P.Harper, in: The Princeton Encyclopedia of Classical Sites, Princeton 1976,626.

Lucius Verus hat man im nördlichen Kleinasien Münzen geprägt, die, soweit sie datierbar sind, ins Jahr 161/2 n.Chr. gehören[40]. B.Pick hat die von ihm publizierte Münze des Jahres 43 mit der Darstellung der gefangenen Armenia auf der Rückseite auf den Feldzug Trajans gegen Armenien bezogen[41]. Diese Münze widerspricht aber nicht, wie Pick glaubte, einem Epochenjahr 71/2 n. Chr., da der Feldzug schon Anfang 114 n.Chr. begann und Armenia Maior spätestens bis Herbst desselben Jahres annektiert war[42]. Die Münze kann demnach, wenn sie sich auf diesen Feldzug bezieht, im Jahre 114 n.Chr. noch vor dem Beginn des lokalen Jahres 44 geprägt worden sein[43]. Dies wäre jedenfalls ein weiteres Argument gegen eine Ära ab 70/1 n.Chr.[44].

Ob die Ära, die mit dem Zeitpunkt des Anschlusses an die römische Provinz ihre Zählung begann, außerhalb der Stadt Nikopolis in Kleinarmenien weiter verbreitet war, läßt sich mangels Zeugnissen nicht sagen. Rémy glaubt[45], ohne es belegen zu können, daß sich die Ära auf das ganze Gebiet des ehemaligen Königreiches erstreckte. Die Parallelen aus Pontus Polemoniacus und Innerpaphlagonien legen dies nahe[46]. Mit dem Anschluß des Königreiches Kleinarmenien war die Eingliederung des nördlichen Kleinasiens an das römische Provinzialsystem beendet. Neue Ären wurden danach bis in byzantinische Zeit nicht mehr eingeführt. Die Ären, die überall in Pontos, Paphlagonien und Kleinarmenien ab diesen historisch so wichtigen Zeitpunkten rechneten, blieben teilweise bis ins 6.Jh.n.Chr. bestehen. Die historischen Ereignisse, die nach der Übernahme der Herrschaft durch die Römer die Geschichte der Städte und Provinzen beeinflußten, wurden dann nicht mehr als so bedeutend empfunden, um damit eine neue Zeitrechnung einzuführen.

40 Außer in Nikopolis in Amaseia, Sinope, Kerasos, Neokaisareia und im Koinon von Pontos. - Gegen das Epochenjahr 70/1 n.Chr. kann man die zeitlich parallelen Prägungen des Jahres 113/4 n.Chr. anführen, die aber auch das Jahr 72/3 n.Chr. nicht ausschließen; so außer in Nikopolis in Amisos, Trapezus und Zela; vgl. auch Th.Reinach, REA 16,1914,149.
41 B.Pick, REA 16,1914,283ff.; ebenso F.Cumont, in: Anatolian Studies to W.M.Ramsay, Manchester 1923,118; Magie 1466 n.34; J.Deininger, Die Provinziallandtage der römischen Kaiserzeit, München 1965,82 Anm.110; M.-L.Chaumont, ANRW II 9,1,1976,139; Rémy, Evolution 71.
42 Vgl. T.B.Mitford, ANRW II 7,2,1980,1196ff.; Rémy, Evolution 71.
43 Die Anwesenheit Trajans beim Armenienfeldzug diente Th.Reinach, REA 16,1914,149 zur Erklärung der Prägungen des Jahres 113/4 n.Chr., ohne allerdings die Münzen mit der gefangenen Armenia auf der Rückseite zu kennen.
44 So auch B.Pick, REA 16,1914,287.
45 Rémy, Evolution 53.
46 Siehe S.130ff. und S.170ff.

V. PAPHLAGONIEN

1. Die Ären in Sinope

In der Stadt Sinope in Paphlagonien lassen sich mindestens drei verschiedene Ären auf den lokalen Münzen nachweisen. Als Hauptstadt des pontischen Reiches[1] prägte Sinope unter König Mithridates VI. Bronzemünzen, die ins Jahr 223 der pontischen Königsära gehören. Dies entspricht 75/4 v.Chr.[2]. Sinope ist die einzige Stadt, die nachweislich diese ansonsten nur auf den königlichen Prägungen verwendete Zeitrechnung benutzt hat[3].

Nachdem Sinope römische Kolonie geworden war[4], wurden dort Münzen mit lateinischer Legende geprägt. Auf den meisten Prägungen der Colonia Iulia Felix, wie die Stadt jetzt hieß, finden sich römische Zahlenangaben. ANNO oder eine Abkürzung dieses lateinischen Wortes in der Münzlegende zeigen, daß es sich um Jahreszahlen handelt. Sie reichen von VIII (=8) bis mindestens CCCXXXI (=331)[5], können aber nicht zu einer gemeinsamen Ära gehören. Beispielsweise kommt die Jahreszahl 207 auf Münzen des Marcus Aurelius vor[6], die Zahl 264 auf Münzen des Septimius Severus[7]. Diese 57 Jahre Unterschied in der lokalen Jahresrechnung passen nicht zu den tatsächlich 51 Jahren, die zwischen dem Regierungsantritt Marc Aurels und dem Tod des Septimius Severus liegen. In der Zwischenzeit muß also eine Änderung in der Zeitrechnung Sinopes eingetreten sein.

Die Berechnung des Epochenjahrs wird durch die Porträts und Titulaturen der Kaiser und Kaiserinnen, die auf den meisten kaiserzeitlichen Münzen Sinopes erscheinen, möglich. Wir kennen

1 Strab.12,3,11 p.545. Vgl. B.C.McGing, RhM 129,1986,250 n.10.
2 Siehe oben S.89f.
3 Vgl. Perl 321 Anm.89 mit weiterer Literatur.
4 Vgl. Strab.12,3,11 p.546; Plin.n.h.6,6; Plin.epist.10,91.
5 Eine Liste der datierten Prägungen mit Kaiserporträts bei Cl.Bosch, Numismatik 2,1933,61 und für die augusteische Zeit bei Grant, FITA 253 n.3; Verbesserungen für die julisch-claudische Zeit in Roman Provincial Coinage I p.356ff. - Die Lesung der Jahreszahl CCCXXXV (=335) auf einer Münze in Wien (W.Kubitschek, NZ 1908,72 pl.VIII 4; Cl.Bosch, Numismatik 2,1933,62; Rec.gén.165b - dort fälschlich CCCXXV -), ist unsicher. Nach Überprüfung des Stückes scheint auch die Zahl CCCXXXI (=331) möglich. - Die im Rec.gén.103 unter Sinope angeführte Münze mit der Jahreszahl CXXX (=130) gehört möglicherweise nach Parium; siehe unten S.381.
6 Rec.gén. 115ff.
7 Rec.gén. 122.

Münzen Nervas mit den Jahresangaben 141 und 142[8]. Rechnet man
von der Regierungszeit Nervas, die vom 18.September 96 n.Chr.
bis etwa 27. Januar 98 n.Chr. währte[9], zurück, kommt man auf
einen Ausgangspunkt für die Berechnung der hier angewandten
Ära, der in die Jahre 46, 45 oder höchstenfalls noch 44 v.Chr.
fällt[10], je nachdem, wann in Sinope das Jahr begann.

In Sinope galt ursprünglich wohl der milesische Kalender,
dessen Jahresanfang um die Frühjahrsäquinoktien lag[11]. Nicht
sicher ist, ob unter Mithridates VI. der makedonische Kalender,
dessen Jahr um die Herbstäquinoktien begann, eingeführt wurde
oder ob der alte milesische Kalender weiterbestand[12]. In der
römischen Kaiserzeit wurden viele lokale Kalender des Ostens vom
julianischen Kalendersystem beeinflußt oder abgelöst. Häufig blieb
aber der schon zuvor übliche Neujahrstag erhalten oder wurde auf
den 23.September, den Geburtstag des Augustus, verlegt, wie es
in der Provinz Asia oder in Bithynien geschah. Eine Einheitlichkeit
bei diesem Übernahmeverfahren in Kleinasien ist aber nicht
festzustellen[13]. Über das Kalendersystem Sinopes in der Kaiserzeit
sagen die Quellen nichts aus. Es ist auch nicht auszuschließen,
daß sich der Jahresbeginn in Sinope während der Prägezeit der
datierten Münzen geändert hat.

Nimmt man den Jahresanfang Ende September oder Anfang
Oktober an[14], könnte das Epochenjahr der auf den Münzen Nervas
verwendeten Ära 46/5 oder 45/4 v.Chr. sein. Falls Neujahr aber
im Frühjahr lag, käme nur 46/5 v.Chr. als Epochenjahr in Frage,
da anderenfalls das lokale Jahr 142 in Sinope einige Monate nach
Nervas Tod begonnen hätte. Bei einem Neujahrstag entsprechend
dem römischen Kalender am 1.Januar sind die Jahre 45 oder 44
v.Chr. als Epochenjahre möglich. Wegen der Münzen des Caligula
aus dem lokalen Jahr 82[15] kommt ein Zeitpunkt vor Frühjahr 46
v.Chr. als Beginn des lokalen Jahres 1 nicht in Frage, da die
Regierungszeit dieses Kaisers am 18.März 37 n.Chr. begann[16].
Hierdurch wird auch ein Epochenbeginn später als die Frühjahrs-
äquinoktien 46 v.Chr. ausgeschlossen, da die wenigen Tage
zwischen 18.März und Ende März/Anfang April für die umfangreiche Prägung kaum ausgereicht haben können und die Nachricht

---

8 Rec.gén.104.104a; SNG Aulock 236.

9 PIR II² C Nr.1227; Kienast 120.

10 Das Jahr 47 v.Chr., das man bei F.E.Adcock, CAH IX,
1932,708 findet, ist also auszuschließen.

11 Samuel 114; Ehrhardt, Milet 120ff.

12 Vgl. Ehrhardt, Milet 124.

13 Vgl. Samuel 171ff.

14 So z.B. G.MacDonald, JAN 2,1899,18 und H.Dessau, ZN 25,
1906,337 für Paphlagonien; Cl.Bosch, Numismatik 2,1933,61 für
Sinope.

15 Rec.gén.92; SNG Cop.315; SNG Aulock 233; Roman
Provincial Coinage I 2128.

16 PIR IV² I Nr.217; Kienast 85.

vom Regierungswechsel bis dahin noch nicht bis ins ferne Sinope
gedrungen sein kann.

Die Münzen des Domitianus Caesar mit der Jahreszahl 118 und
der Angabe seines zweiten Consulates müssen wohl 73 n.Chr.
geprägt sein[17], als Domitianus zum zweiten Mal Consul war, und
vor seiner Designation zum dritten Consulat im März 74 n.Chr.[18].
Damit scheidet ein Epochenjahr vor 46 v.Chr. aus. Das Jahr 46
v.Chr. als terminus post quem läßt sich auch durch die Prägung
des Claudius und der Messalina mit der Jahreszahl 86
nachweisen[19], da Claudius erst nach dem Tod des Caligula am
24.Januar 41 n.Chr. die Herrschaft übernahm[20].

Auf der anderen Seite liefern mehrere Münzprägungen einen
terminus ante quem für das Epochenjahr der im 1.Jh.n.Chr.
verwendeten Ära. Die letzte Prägung Neros trägt die Jahreszahl
113[21]. Nero starb am 9.Juni 68 n.Chr.[22]. Somit muß ein Datum
vor dem Sommer 45 v.Chr. als Ausgangspunkt der Ära angenommen werden[23]. Eine noch genauere Datierung ermöglichen Münzen
des Jahres 100, die sowohl für Claudius und Agrippina als auch
für Britannicus und Nero Caesar geprägt wurden[24]. Kaiser
Claudius starb am 13.Oktober 54 n.Chr.[25]. Entsprechend muß die
Ära ab einem Zeitpunkt vor dem 13.Oktober 46 v.Chr. zu
berechnen sein.

Damit beschränkt sich der Beginn des Epochenjahres theoretisch
auf den Zeitraum vom 18. September bis 13.Oktober 46 v.Chr. Das
erste Datum ergibt sich aus der Münze Nervas mit der Jahreszahl
141, das zweite aus der des Claudius und der Agrippina mit der
Jahreszahl 100. Dies könnte auf einen Jahresbeginn am
23.September deuten[26], wie er in Asia und Bithynien häufig
bezeugt ist. Man muß aber berücksichtigen, daß Nachrichten aus

17 Rec.gén.102.
18 Vgl. A.Degrassi, I fasti consolari dell'Impero Romano, Rom
1952,21; Kienast 116.
19 A.Banti - L.Simonetta, Corpus Nummorum Romanorum XVI,
Florenz 1978,14 Nr.13; Auktionskatalog Auctiones A.G. Basel
10,1979,170; Roman Provincial Coinage I 2130.
20 PIR II² C Nr.942; Kienast 90.
21 Rec.gén.100; Roman Provincial Coinage I 2141.
22 PIR III² D Nr.129; Kienast 97.
23 W.Kubitschek, NZ 1908,68 betont zu Recht, daß der Tod
Neros kaum bis zum Herbst in Sinope unbekannt geblieben sein
kann. Die Berechnung ab 45/4 v.Chr., wie sie in der SNG
Fitzwilliam erfolgt, scheidet also aus.
24 Rec.gén.95; M.Amandry, RN 1986,72-74; Roman Provincial
Coinage I 2134.2135. W.Kubitschek, NZ 1908,69 wollte die Münze
Rec.gén.95 außer acht lassen, während Cl.Bosch, Numismatik 2,
1933,61 sie als wichtigen Datierungshinweis angesehen hat; vgl.
auch M.J.Price, NC 1971,125 n.2. - Datierung und Lesung dieser
Prägungen sind jetzt gesichert.
25 PIR II² C Nr.942; Kienast 90.
26 So Cl.Bosch, Numismatik 2,1933,61.

Rom erst einige Wochen später in Sinope eintreffen konnten. So ist
es unmöglich, daß schon vier oder fünf Tage nach dem
Regierungsantritt Nervas am 18. oder 19.September 96 n.Chr. im
fernen Kleinasien Münzen mit der Jahreszahl 141 geprägt wurden.
Dies müßte aber der Fall sein, wenn die Ära ab 23.September
46 v.Chr. berechnet wurde[27]. Auch Anfang Oktober 96 n.Chr.
können diese Stücke kaum geprägt sein. Dazu ist die Entfernung
nach Sinope zu weit. Umgekehrt ist es eher wahrscheinlich, daß
man in Sinope die Nachricht vom Tode des Claudius am 13.Oktober
54 n.Chr. erst nach mehreren Wochen erfuhr und so noch zu
Beginn des Jahres 55 n.Chr. Münzen für ihn geprägt wurden[28].
Entweder wußte man Anfang 55 n.Chr. in Sinope noch nichts vom
Tode des Claudius, oder man hatte noch keinen Stempel mit dem
Bild des neuen Herrschers und wollte die für das Jahr 100
vorgesehene und vorbereitete Prägung dennoch durchführen[29]. So
wird man, wie schon Kubitschek festgestellt hat[30], am ehesten
einen Jahresbeginn entsprechend dem römischen Kalender am
1.Januar annehmen dürfen. Daß in einer römischen Kolonie auch
der römische Kalender angewendet wurde, ist sicher nicht
unerwartet. Das Epochenjahr der Ära von Sinope ist also das Jahr
45 v.Chr. Die Berechnung der lokalen Jahre von Sinope muß
demnach vom 1.Januar 45 v.Chr. ausgehen.

Das Epochenjahr 45 v.Chr. wird durch die Prägungen des
2.Jh.n. Chr. gestützt. Münzen des Aelius Caesar mit der
Jahresangabe 182[31] können nur in der zweiten Jahreshälfte 136
n.Chr. oder im Jahre 137 n.Chr. geprägt sein. Aelius war nach
dem 19.Juni 136 n.Chr. von Hadrianus adoptiert worden und starb

---

27 Die früheste nach Nerva datierte Urkunde in Ägypten stammt
vom 30.1.97 n.Chr., während dort noch am 26.12.96 n.Chr. eine
Datierung nach Domitian bezeugt ist; vgl. Duncan-Jones, Structure
27f. Table 9 und Table 10.

28 Noch am 28.11.54 n.Chr. wurde in Ägypten nach Claudius
datiert; vgl. Duncan-Jones, Structure 27 Table 9.

29 So W.Kubitschek, NZ 1908,70.

30 W.Kubitschek, NZ 1908,68ff. So auch Grant, FITA 12.253;
Index Aulock 166. Dagegen geht M.Grant in: Aspects of the
Principate of Tiberius, Numismatic Notes and Monographs 116, New
York 1950,18.24.59 offenbar von einer Ära ab 45/4 v.Chr. aus,
wenn er dort die Münze des Jahres 64 auf 19/20 n.Chr. datiert;
ebenso SNG Fitzwilliam 4083 und M.J.Price, NC 1971,125. - In
Roman Provincial Coinage I p.355 wird der 1.Oktober 46 v.Chr.
als Ausgangspunkt angegeben; dagegen sprechen die Münzen
Nervas aus dem Jahr 141. - M.Amandry, RN 1986,74 n.6 geht vom
1.Juli 46 v.Chr. als Gründungsdatum der Kolonie aus und will ab
diesem Zeitpunkt die Jahreszahlen der Ära berechnen. Abgesehen
davon, daß bei der Ärarechnung der Jahresanfang des lokalen
Kalenders zu berücksichtigen ist, lassen sich die Münzen für
Nerva mit der Jahreszahl 141 bei einem solch frühen
Ausgangspunkt nicht erklären.

31 Rec.gén.111; SNG Aulock 6872.

schon am 1.Januar 138 n.Chr.[32]. Das sinopische Jahr 182
entspricht, wenn man es ab 45 v.Chr. rechnet, genau 137 n.Chr.
Die letzte Prägung des Traianus, der im August 117 n.Chr. starb,
ist in Sinope mit der Jahreszahl 162 datiert[33]. Dies entspricht bei
einer Rechnung ab 45 v.Chr. dem Jahr 117 n.Chr. Ein späterer
Ausgangspunkt der im 2.Jh.n.Chr. verwendeten Ära ist demnach
nicht möglich.

Die gleiche Ära scheint auch im 3.Jh.n.Chr. weiter benutzt
worden zu sein, da Münzen sowohl des Septimius Severus als auch
des Caracalla oder des Geta Caesar die Jahreszahl 252 aufweisen[34].
Diese Prägungen sind bei einer Ära, die von 45 v.Chr. ausging,
ins Jahr 207 n.Chr. zu datieren. Die Münzen des Geta als
Augustus mit der Jahreszahl 255 (Taf. II 3)[35] führen zu einem
terminus post quem für den Ausgangspunkt der Ära. Geta wurde
frühestens im Herbst 209 n.Chr. zum Augustus erhoben,
möglicherweise aber auch erst im Jahre 210 n.Chr.[36]. Rechnet man
255 Jahre zurück, ergibt sich als frühestmögliches Epochenjahr 46
v.Chr.[37], eher aber 45 v.Chr., da die Nachricht von der
Ernennung des Geta zum Augustus, auch wenn dies schon 209 n.
Chr. geschah, erst mehrere Wochen später Sinope erreicht haben
kann. Rein rechnerisch kommt auch 44 oder 43 v.Chr. als
Epochenjahr in Frage. Geht man beispielsweise von 43 v.Chr. aus,
ergibt sich für die Prägung des Geta Caesar mit der Jahreszahl
252 das Prägejahr 209 n.Chr., für die des Geta Augustus mit der
Zahl 255 das Prägejahr 212 n.Chr., das Jahr, in dem Geta
ermordet wurde.

Die Annahme liegt nahe, daß die Ära, die im 1.Jh.n.Chr. und
im 2.Jh. bis zu Kaiser Marcus Aurelius in Sinope üblich war, auch
zu Beginn des 3.Jh.n.Chr. galt, daß also ab einem Epochenjahr
45 v.Chr. zu rechnen ist. Bei den Münzen aber, die in den ersten
Jahren nach Caracallas Tod geprägt wurden, kommt man mit einer
Ära ab 45 v.Chr. in arge Schwierigkeiten. Je eine Münze des
Macrinus und des Diadumenianus weisen die Jahreszahl 261 auf[38],
eine der Iulia Maesa und eine der Iulia Paula die Zahl 262[39]. Eine
weitere Münze des Diadumenianus[40] trägt sogar die Zahl 252, was
aber sicherlich auf einem Fehler des Stempelschneiders beruht.

---

32 PIR II² C Nr.605; Kienast 131.
33 Rec.gén.106.
34 Rec.gén.123.128ff.135a. Vgl. auch K.Regling, NZ 1909,16.
35 Rec.gén.136ff.; SNG Aulock 6874f. Vgl. K.Regling, NZ
1909,17.
36 Siehe oben S.117 Anm.19.
37 Es ist aber nicht auszuschließen, daß Geta schon vor 209 n.
Chr. in lokalen Prägungen des Ostens als Augustus bzw. Sebastos
bezeichnet wurde, wie es offensichtlich in Amaseia der Fall war
(siehe S.117). In einer römischen Kolonie, wie es Sinope war, ist
dies aber weniger zu erwarten.
38 Rec.gén.143.144.
39 Rec.gén.144b; SNG Aulock 6876.
40 Rec.gén.144a.

Macrinus und Diadumenianus kamen im Jahre 217 n.Chr. an die Macht[41]. Das sinopische Jahr 261 auf ihren Münzen entspräche aber, wenn man ab 45 v.Chr. rechnet, 216 n.Chr. Iulia Paula kann nur zwischen dem Spätsommer 219 n.Chr., als sie Elagabal heiratete, und dem Herbst 220 n.Chr., als der Kaiser sie verstieß, auf die Münzen gesetzt worden sein[42]. 262 Jahre führen in diesem Fall auf 43 oder 42 v.Chr. als Ausgangspunkt der Jahresrechnung. Somit wäre das Epochenjahr 43 v.Chr. sowohl für die Münzen des Geta als auch für die Prägungen des Macrinus und Diadumenianus und für die Münzen der Iulia Paula und der Iulia Maesa möglich. Nur das einzelne ins Jahr 252 datierte Stück des Diadumenianus müßte korrigiert werden. Eine Korrektur dieser Münze ist aber in allen Fällen nötig.

Kann man daraus schließen, daß zu Beginn des 3.Jh.n.Chr. eine um zwei Jahre nach unten verschobene Ära ab 43 v.Chr. in Sinope eingeführt worden ist[43]? Oder sind alle Münzen, die unter Macrinus und Elagabal geprägt wurden, von den lokalen Stempelschneidern falsch datiert worden[44]? Für die letztere Lösung sprechen einige nachweisbare Fehler der Stempelschneider, die für Sinope arbeiteten und offensichtlich der römischen Zahlzeichen nicht ausreichend mächtig waren. So ist wohl auf der Münze des Diadumenianus mit der Zahl CCLII (=252)[45] das Zeichen X vergessen worden. Mit der Datierung CCLXII (=262) käme man mit der Ära, die ab 45 v.Chr. zu rechnen ist, in das passende Jahr 217 n.Chr.[46], in das auch die beiden anderen Prägungen für Macrinus und Diadumenianus mit der Jahreszahl CCLXI (=261) gehören könnten, wenn man sie zu CCLXII (=262) verbessert[47]. Für die Münzen der Iulia Paula und der Iulia Maesa mit der Zahl CCLXII (=262)[48] würde sich eine Korrektur zu CCLXIV (=264) oder CCLXV (=265) anbieten[49]. Auch schon im 1. und 2.Jh.n.Chr. sind hin und wieder Fehler der für Sinope tätigen Stempelschneider

41 PIR V² O Nr.108; Kienast 169f.

42 Vgl. Lambertz, RE VIII A 1, 1955, 401 s.v.Varius 10; G.Thompson, Elagabalus: Priest-Emperor of Rome, PhD University of Kansas 1972,187f.; M.Thirion, Le monnayage d'Elagabale, Brüssel - Amsterdam 1968,14; Kienast 173.

43 W.Kubitschek, NZ 1908,71 vermutete eine Störung oder Veränderung des sinopischen Kalenders. Dies kann aber nicht eine Differenz von zwei Jahren ausmachen.

44 So Cl.Bosch, Numismatik 2,1933,62 Anm.26.

45 Rec.gén.144a.

46 So auch im Rec.gén.144a und bei Cl.Bosch, Numismatik 2, 1933,62.

47 So Cl.Bosch, Numismatik 2,1933,62.

48 SNG Aulock 6876; Rec.gén.144b.

49 Cl.Bosch, Numismatik 2,1933,62 schlägt für die Münze der Iulia Maesa die Jahreszahl 263 vor. Es handelt sich aber wohl um eine Parallelprägung zur Münze der Iulia Paula, für die nur in den Jahren 219 n.Chr. (=Jahr 264 von Sinope) oder 220 n.Chr. (=Jahr 265 von Sinope) Münzen ausgegeben worden sein können.

bezüglich der Jahreszahlen feststellbar[50], die sich im 3.Jh. n.Chr. vermehren[51]. Dies hängt wohl mit der Entwicklung zentraler Werkstätten zur Münzprägung in Kleinasien zusammen. Konrad Kraft konnte nachweisen[52], daß zum Beispiel unter Septimius Severus für Sinope die "Werkstätte Herakleia Pontu" arbeitete, die sonst nur Stempel mit griechischer Aufschrift herstellte. Die Jahreszahlen auf den Münzen Sinopes sind allerdings auch immer wieder falsch gelesen worden, da einige Stücke sehr schlecht erhalten sind[53]. Die Lesung der Zahlzeichen auf den Prägungen für Macrinus, Diadumenianus und Iulia Paula ist aber gesichert[54].

Wenn man ausschließen will, daß bei allen fünf bekannten Prägungen Sinopes, die zur Zeit des Macrinus und des Elagabal hergestellt wurden, Fehler in der Datierungsangabe begangen wurden, müßte man die darauf befindlichen Jahresangaben nach einer Ära ab 43 v.Chr. datieren. Alle Münzen für Macrinus und Diadumenianus wären dann aber erst im Jahre 218 n.Chr. und

---

50 Vgl. die Prägung des Antoninus Pius mit der Jahreszahl 172, die eigentlich 127 n.Chr. entspricht, im Auktionskatalog Cahn 71, Taf.29,772 (so nach Cl.Bosch, Numismatik 2,1933,61 Anm.25) oder die Münze mit der Angabe des zweiten Consulats des Domitianus Caesar und der Jahreszahl 122 (=77 n.Chr.) im Rec.gén.102a. Bei diesem letzten Stück ist entweder die Consulatszahl falsch (so Cl.Bosch, umismatik 2,1933,61), denn Domitianus war 77 n.Chr. Consul zum fünften Mal, oder die Jahresangabe (so Rec.gén. 102a).

51 Außer den schon angeführten Beispielen die Münze des Gordianus III. bei Imh.-Bl., Kl.Mz. p.8,10, auf der statt der Jahreszahl CCCIII (=233 n.Chr.) wohl CCCVIII (=238 n.Chr.) stehen müßte. Die Prägung für Philippus II. in der SNG Cop.318 mit der Jahresangabe CCCXII (=242 n.Chr.) gehört wohl ins Jahr CCCXIV (=244 n.Chr.).

52 Kraft, System 69.

53 Z.B. SNG Aulock 233 ist statt LXXX (=80) LXXXII (=82) zu lesen, SNG Aulock 6877 statt CC[XC]IV (=294) CC[CX]IV (=314), Rec.gén.154 statt CCV (=205) CCCV (=305). Rec.gén.165b muß wohl in das Jahr CCCXXXV (=335) oder CCCXXXI (=331) datiert sein, keinesfalls aber in das Jahr CCCXXV (=325); vgl. oben Anm.5. Auf der Münze mit Augustus sowie C. und L.Caesar aus Wien (Grant, FITA 253 n.3) stand wohl nicht das Jahr XXXII (=32) und nicht, wie im Rec.gén.87 angeführt, das Jahr XXXIX (=39), sondern das Jahr XXXVII (=37); so Roman Provincial Coinage I 2119,3. - Cl.Bosch, Numismatik 2,1933,61f. hat mehrmals neue Lesungen von Jahreszahlen auf Münzen Sinopes, die im Rec.gén. aufgeführt sind, vorgeschlagen, ohne daß aber hierin Sicherheit zu erreichen wäre, so für Rec.gén.111a das Jahr 188 (im Rec.gén. ohne Jahresangabe angeführt), für Rec.gén.127bis das Jahr 259 (statt 260), für Rec.gén.145f. das Jahr 294 (statt 293), für Rec.gén.163 das Jahr 329 (statt 324).

54 Vgl. W.Kubitschek, NZ 1908,71.

nicht gleich in ihrem ersten Regierungsjahr geprägt worden[55]. Es wäre zudem die dritte Änderung in der Datierung innerhalb von 25 Jahren, wie gleich noch zu zeigen sein wird. Dies alles läßt eine Ära ab 43 v.Chr. weniger wahrscheinlich erscheinen.

Daß die Münzen, die unter Septimius Severus und Caracalla nach der Jahrhundertwende geprägt wurden, ebenfalls nach einem Epochenjahr 43 v.Chr. zu berechnen sind, ist zwar nicht ausgeschlossen, aber doch wenig wahrscheinlich. Einiges spricht für die Gültigkeit der Ära ab 45 v.Chr. auch in den ersten Jahrzehnten des 3.Jh. n.Chr. Die umfangreiche Prägung des Jahres 255 für Geta Augustus[56] wurde eher 210 n.Chr., kurz nachdem er den Augustustitel erlangt hatte, als 212 n.Chr., seinem Todesjahr, ausgegeben. Münzen wurden immer wieder bewußt zu Beginn einer Regierungsperiode oder kurz nach der Annahme des Caesar- oder Augustustitels geprägt[57], so in Sinope für Caligula 37 n.Chr., für Claudius und Messalina 41 n.Chr., für Aelius Caesar 137 n.Chr., für Marcus Aurelius und Lucius Verus 162 n.Chr., für Septimius Severus 194 n.Chr., für Severus Alexander 223 oder 224 n.Chr., für Maximinus Thrax und Maximus 238 n.Chr., für Philippus I. und Philippus II. 244 n.Chr.[58]. Für Geta selbst wurden, als er den Caesar-Titel erhielt, noch im gleichen Jahr Münzen in Sinope ausgegeben[59].

Die Prägungen mit der Jahreszahl 264 für Septimius Severus[60] und die mit der Zahl 268 für Iulia Domna und Geta Caesar[61] können weder nach einer Ära ab 45 v.Chr. noch nach einer Ära ab 43 v.Chr. datiert werden[62]. Da Geta von 198 bis mindestens Ende 209 n.Chr. den Caesartitel führte, muß das Epochenjahr der hier angewandten Ära zwischen 70 und 59 v.Chr. anzusetzen sein.

---

55 Nach W.Metcalf, in: Greek Numismatics and Archaeology. Essays in honour of M.Thompson, Wetteren 1979,182 war Diadumenianus schon vor dem 28.August 217 n.Chr. zum Augustus erhoben worden, weil ihn eine alexandrinische Prägung aus dem Jahre 1 (des Macrinus) Sebastos nennt. Auf den Münzen Sinopes wird er aber als Caesar tituliert. Sie müßten dann also vor August 217 n.Chr. geprägt sein. Vgl. aber gegen Metcalf die Einwände von I.Touratsoglou, Die Münzstätte Thessaloniki in der römischen Kaiserzeit, Berlin 1988,56 mit Anm.107. Touratsoglou schließt sich der Datierung von H.v.Petrikovits, Klio 31,1938,103ff. an. Danach wurde Diadumenianus erst in den letzten Monaten der Regierung des Macrinus zum Augustus erhoben; so auch Kienast 171.

56 Rec.gén.136ff.; SNG Aulock 6874f.

57 Entweder noch im gleichen Jahr oder im darauffolgenden; der Hintergrund war wohl der Wunsch, dem neuen Herrscher die Ehre zu erweisen, und das Bestreben, Loyalität zu bekunden.

58 Siehe den Katalog S.475ff.

59 Rec.gén.122c.

60 Rec.gén.122.122a.

61 Rec.gén.122b.122c.

62 W.Kubitschek, NZ 1908,70f. wollte hier Fehler der griechischen Stempelschneider sehen. Dagegen K.Regling, NZ 1909,16.

Auch die Prägungen der Zeit von Severus Alexander bis Gallienus tragen höhere Jahreszahlen, als es bei einer Ära, die ab den 40er Jahren zählt, möglich ist. Eine Münze des Traianus Decius ist ins Jahr 319 datiert[63]. Münzen dieses Kaisers können von September 249 bis spätestens Juni 251 n.Chr. geprägt sein[64]. Der Ausgangspunkt der hier angewandten Ära liegt also zwischen 70 und 68 v.Chr. Die frühesten Prägungen für Gordianus III. in Sinope tragen die Jahreszahl 308[65]. Sie ergeben als erstes mögliches Epochenjahr 70 v.Chr., da Gordian im Frühjahr oder spätestens im Sommer 238 n.Chr. zum Augustus erhoben wurde[66]. Das gleiche Resultat erhält man durch die Münzen des Maximinus Thrax und des Maximus Caesar mit der Jahreszahl 305, die frühestens 235 n.Chr. geprägt sein können[67]. Die letzte Prägung des Gordianus III., der Anfang 244 n.Chr. starb, weist in Sinope die Jahreszahl 314 auf[68]. Im gleichen Jahr wurden dort auch Münzen für Philippus I. als Augustus und für Philippus II. als Caesar geprägt[69]. Das sinopische Jahr 314 muß demnach 244 n.Chr. entsprechen, als die Herrschaft von Gordianus zu Philippus I. wechselte. Epochenjahr dieser im 3.Jh.n.Chr. angewandten Ära ist also 70 v.Chr.[70]. Das Jahr wird auch im 3.Jh.n.Chr. in der Kolonie Sinope am 1.Januar begonnen haben[71], da der Rückschritt zu einem nicht-römischen Kalender auszuschließen sein dürfte.

Das Epochenjahr der in Sinope zuerst verwendeten Ära, die ab 45 v.Chr. zu berechnen ist, wird allgemein mit der Gründung der römischen Kolonie durch C.Iulius Caesar in Verbindung gebracht[72]. Als Kolonie wird Sinope bei Strabon und Plinius

63 Rec.gén.162.
64 PIR V² M Nr.520; H.Mattingly, NC 1946,38; J.Schwartz, ZPE 24,1977,173; D.W.Rathbone, ZPE 62,1986,112-114; Peachin 32; Kienast 202.
65 Rec.gén.155.156.
66 PIR I² A Nr.835. Vgl. J.Schwartz, ZPE 24,1977,167; D.W. Rathbone, ZPE 62,1986,110f.; Peachin 29; Kienast 194; M.Peachin, Athenaeum 67, 1989,594ff.
67 Rec.gén.150ff. - Die Vermutung von M.Alram, Die Münzprägung des Kaisers Maximinus I. Thrax, Wien 1989,28, daß erst 236 n.Chr. Münzen für Maximus Caesar geprägt wurden, trifft für Sinope nicht zu.
68 So eine von Cl.Bosch, Numismatik 2,1933,62 angeführte Wiener Münze, deren Lesung ich überprüfen konnte.
69 Rec.gén.160.160a.161ff.; SNG Cop.319f.; SNG Aulock 238f. 6877.
70 So Rec.gén. p.194; W.Kubitschek, NZ 1908,71ff.; Th. Reinach, RA 1916,339; Chr.Marek, EA 6,1985,145.
71 Hingegen will Ziegler, Prestige 104 das Jahr offensichtlich im Herbst beginnen lassen.
72 So z.B. Rec.gén. p.192; D.M.Robinson, Ancient Sinope, Baltimore 1906,255f.; W.Kubitschek, NZ 1908,68; Th.Reinach, RA 1916,339; W.Ruge, RE III A 1,1927,254 s.v.Sinope; Cl.Bosch, Numismatik 2,1933,61; Magie II 1215 n.42.1267 n.33; Grant, FITA

erwähnt[73]. Zudem weisen mehrere Inschriften darauf hin[74]. Das früheste Zeugnis für die Existenz einer Kolonie in Sinope sind aber die Münzen, die von Grant[75] für die caesarische und augusteische Zeit ausführlich behandelt wurden. Die ersten mit Jahreszahlen datierten Münzen Sinopes tragen die Zahl 8, stammen also von 38 v.Chr. Damals muß, wie die lateinische Legende zeigt, Sinope schon Kolonie gewesen sein.

Eine bisher nur in zwei oder drei Exemplaren bekannte Prägung weist nach Grants Interpretation auf die Gründung der Kolonie Sinope hin. Die Vorderseite zeigt die Legende COLON FEL SIN P SVLP und den Kopf der Tyche. Auf der Rückseite ist neben den Priesterzeichen Apex, Securis, Simpulum und Aspergillum gemäß Grants Interpretation Q F RVF PROCOS PONTIFE [---] DIC zu lesen[76]. Das Problem stellen die drei letzten Buchstaben dar, die Grant als DE]D(uxit) I(ussu) C(aesaris) auflöste[77]. Doch sind diese Buchstaben nur auf einem heute verschollenen und abgegriffenen Exemplar gelesen worden, so daß sie nicht mehr nachzuprüfen sind. Stimmen die Lesung und ihre Interpretation durch Grant, wurden die Münzen zur Zeit der Gründung der Kolonie geprägt. Die Gründung soll hiernach von dem Proconsul P.Sulpicius Q.f.Rufus ausgeführt worden sein[78]. Seine Amtszeit in der Provinz Pontus-Bithynia läßt sich nicht genau datieren[79]. Sinope wurde im Jahre 47 v.Chr. von den Römern aus dem Machtbereich des Pharnakes II. zurückerobert[80]. Die Kolonie kann also frühestens im Sommer 47 v.Chr. angelegt worden sein. 47/6 v.Chr. war aber C.Vibius Pansa Caetronianus Statthalter in der

12.251; H.Bögli, Studien zu den Koloniegründungen Caesars, Murten 1966,5; M.J.Price, NC 1971,125; Chr.Marek, EA 6,1985, 145.

73   Strab.12,3,11 p.546; Plin. n.h. 6,6.

74   Z.B. CIG 4164; L'Année épigraphique 1916,121; CIL III 238ff. 6977ff. 12219ff. 14402b. 14402c; D.M.Robinson, Ancient Sinope, Baltimore 1906,326ff. Nr.72ff.

75   Grant, FITA 251ff.

76   Grant, FITA 251f. mit pl.VIII 13; Rec.gén.75a; Roman Provincial Coinage I 2107. Vgl. Stumpf 75 Nr.139. G.V.Sumner, Phoenix 25,1971,249f. n.15 bezweifelte die Lesung.

77   Grant, FITA 12. 252. In Roman Provincial Coinage I p.355f. wird die Lesung und Ergänzung Grants als unsicher bezeichnet.

78   So außer Grant unter anderem Magie II 1267 n.33; Broughton II 310; H.Bögli, Studien zu den Koloniegründungen Caesars, Murten 1966,5; M.J.Price, NC 1971,125; P.A.Brunt, Italian Manpower, Oxford 1971,600; Lewis, Bithynia 136; Stumpf 76.

79   Zur Problematik der Liste der bithynisch-pontischen Statthalter zur Zeit der Republik siehe Lewis, Bithynia 120ff. Vgl. auch Roman Provincial Coinage p.337 und p.356.

80   App.Mithr.120. Vgl. D.M.Robinson, Ancient Sinope, Baltimore 1906, 255; W.Ruge, RE III A 1,1927,254; Magie I 412. 414; F.Vittinghoff, Römische Kolonisation und Bürgerrechtspolitik unter Caesar und Augustus, Wiesbaden 1952,88.

Provinz, wie datierte Münzen mit seinem Namen zeigen[81]. Vor ihm
hatten M.Coelius Vinicianus oder Cn.Domitius Calvinus die Provinz
verwaltet[82]. Die Gründung der colonia durch den Proconsul
P.Sulpicius Rufus kann also frühestens im Herbst 46 v.Chr.
erfolgt sein. Zuvor ist in der Statthalterliste der Provinz Pontus-
Bithynia kein Platz für ihn. Wenn die Auflösung der Legende auf
den Münzen in I(ussu) C(aesaris) stimmt, weist dieser Ausdruck[83]
auf die Zeit von 46-44 v.Chr. hin, da er mit einem Amt Caesars,
das die Befehlsgewalt bezüglich Koloniegründungen beinhaltete,
verbunden sein muß. Jehne[84] datiert ein entsprechendes Gesetz,
das Caesar diese Gewalt verlieh, in die Mitte des Jahres 46 v.Chr.
In den Jahren 45 und 44 v.Chr. verwalteten aber schon Q.Marcius
Crispus[85] und L.Tillius Cimber[86] Bithynien, so daß wir als
Amtszeit des Proconsuls P.Sulpicius Rufus einen Zeitraum
annehmen können, der zwischen Ende 46 v.Chr. und einem
unbestimmten Zeitpunkt des Jahres 45 v.Chr. liegen muß[87]. Diese
Feststellungen, die auf der Voraussetzung beruhen, daß die
Münzprägung des P.Sulpicius Rufus tatsächlich in die
Gründungszeit der Kolonie gehört, können die Annahme
unterstützen, daß die Jahreszahlen der ersten lokalen Ära von
Sinope ab der Gründung der Kolonie gezählt wurden.

Welche Ereignisse sind aber mit einem möglichen Epochenjahr
43 v.Chr. zu verbinden? Über Sinope in dieser Zeit sagen die
Quellen nichts. L.Tillius Cimber, der Statthalter in Pontus-
Bithynia zur Zeit der Ermordung Caesars, verschaffte den
Caesarmördern Brutus und Cassius Hilfe aus seiner Provinz[88].
Brutus beutete das Land aus[89], bis sein Legat Appuleius im Jahre
42 v.Chr. die Provinz an Marcus Antonius übergab[90]. Das

81 Siehe S.193. Vgl. Magie II 1270 n.40; Stumpf 71ff.; Roman
Provincial Coinage I p.337.
82 Vgl. Grant, FITA 12; Broughton II 288f.; G.V.Sumner,
Phoenix 25, 1971,251; Lewis, Bithynia 126.131.
83 Zum Ausdruck iussu Caesaris, der häufig im Zusammenhang
mit Landanweisungen und Koloniegründungen Caesars zu finden
ist, vgl. M.Jehne, Der Staat des Dictators Caesar, Köln-Wien 1987,
140.
84 M.Jehne, op.cit. 147ff.
85 App.b.c.3,77. Vgl. R.Syme, in: Anatolian Studies pres.to
W.H.Buckler, Manchester 1939,322; Magie II 1270 n.40; Grant,
FITA 12 n.16; Broughton II 309.329. III Suppl.138; G.V.Sumner,
Phoenix 25,1971,269; Lewis, Bithynia 138f.
86 Vgl. Broughton II 330. III Suppl. 205; Lewis, Bithynia
138ff.
87 So Magie II 1591; H.Bögli, Studien zu den Koloniegründungen Caesars, Murten 1966,5; G.V.Sumner, Phoenix 25,
1971,249f.; Broughton III Suppl. 201; Stumpf 76.
88 Cic.fam.12,13,3; App.b.c.3,6. Vgl. Magie I 419; Lewis,
Bithynia 138ff.
89 App.b.c.4,46. Vgl. Magie I 422; Lewis, Bithynia 141ff.
90 App.b.c.4,46. Vgl. Lewis, Bithynia 143.

mögliche Epochenjahr 43 v.Chr. fällt also in die Zeit, als Brutus die Macht über Pontus-Bithynia und damit über Sinope ausübte. Aus den Quellen erfahren wir nur, daß er Hilfsmittel für seine Feldzüge aus dem Land herauspreßte, nicht aber von einem positiven Ereignis, das später zu einer Ära, die mit diesem Zeitpunkt einsetzte, geführt haben könnte. Eventuelle Privilegien Roms für die Kolonie Sinope, auch wenn die Provinz im Machtbereich der Caesarmörder lag, sind aber nicht auszuschließen. Eine Ära mit dem Epochenjahr 43 v.Chr. bleibt weiterhin möglich, ist aber nicht zu beweisen.

Klar hingegen ist der Ausgangspunkt der Ära, die ab 70 v. Chr. zu berechnen ist. Im letzten Mithridatischen Krieg wurde Sinope, die Hauptstadt des Pontischen Reiches, von Lucullus erobert. Wie durch ein Wunder – Appian und Plutarch versuchen es mit Hilfe eines Traumes zu erklären, in dem der Gründerheros Autolykos von Sinope dem Lucullus erschienen sei – wurde die Stadt nicht zerstört, sondern von Lucullus für frei erklärt[91]. Dieses Ereignis fand im Jahre 70 v.Chr. statt[92]. Allgemein nimmt man an, daß die Ära, die ab 70 v.Chr. zu berechnen ist, von der Freiheitserklärung des Lucullus für Sinope ausging[93]. Damit begann aber auch die römische Oberherrschaft in dieser Region. Die Erinnerung daran dürfte den Ausschlag gegeben haben, daß Ende des 2.Jh.n.Chr. diese Ära in der Stadt eingeführt wurde.

Warum in Sinope die Ära mindestens zweimal geändert wurde, läßt sich nur schwer erklären. Im Status der Stadt trat wohl keine Änderung ein. Sinope blieb auch im 3.Jh.n.Chr. Kolonie mit denselben Namensbestandteilen. Die schon über zwei Jahrhunderte lang gebräuchliche Jahreszählung ab der Koloniegründung ließ sich aber offensichtlich nicht so leicht verdrängen. Nach der ersten Anwendung der lucullischen Ära in den Jahren 194 und 198 n.Chr. griff man bei der nächsten Serie von Münzen, wohl im Jahre 207 n.Chr., wieder auf die alte Ära zurück. Erst unter Severus Alexander entschied man sich endgültig für die lucullische Ära.

War es vielleicht eine veränderte Einstellung zu C.Iulius Caesar, die zu Beginn der severischen Zeit zur Ablösung der alten

91 Strab. 12, 3, 11 p.546; App.Mithr.83; Plut.Luc.23,2ff.; Memnon, FGrHist 434, F 37. Vgl. D.M.Robinson, Ancient Sinope, Baltimore 1906, 253f.; W.Ruge, RE III A 1,1927,253f.; Magie I 341f.414. II 1215 n.40; J.van Ooteghem, Lucius Licinius Lucullus, Brüssel 1959,109ff.; Bernhardt, Imperium 139f.; Bernhardt, Polis 67; McGing, Mithridates 152; Chr.Marek, EA 6,1985,145; A.Keaveney, Lucullus. A Life, London – New York 1992,94.

92 So Magie I 341; J.van Ooteghem, op.cit.109ff.; P.A.Brunt, Italian Manpower, Oxford 1971,453; Sherwin-White, Foreign Policy 173 mit n.50; McGing, Mithridates 152; A.Keaveney, op.cit.94. 230f.

93 So z.B. Rec.gén. p.194; D.M.Robinson, Ancient Sinope, Baltimore 1906,254; W.Kubitschek, NZ 1908,68; W.Ruge, RE III A 1,1927,254; Cl.Bosch, Numismatik 2,1933,61; Magie II 1215 n.42; Bernhardt, Polis 140 Anm.253; Chr.Marek, EA 6,1985,145.

Ära führte? Bei Cassius Dio (76,8,1) findet sich der Hinweis auf eine Rede des Septimius Severus vor dem römischen Senat, in der der Kaiser die Grausamkeit des Sulla, Marius und Augustus gerühmt, die Milde des Pompeius und Caesar aber getadelt habe. Passend dazu kommt auf den Münzen des Septimius Severus die Darstellung und Propagierung der clementia nicht mehr vor, im Gegensatz zur Münzprägung seines Gegners Albinus[94]. Ob diese mögliche Veränderung der Einstellung zu Caesar aber auf eine so entfernte Stadt wie Sinope ausgestrahlt haben kann und dort zur Änderung der Zeitrechnung führte, ist fraglich.

War es vielleicht die persönliche Entscheidung der für die Münzprägung zuständigen Beamten oder eine Änderung in der Einstellung der Stadt zu ihrer Geschichte, die zu diesem Wechsel in der Jahresrechnung führte? Es ließe sich auch an Rivalitäten städtischer Gruppierungen denken, die sich im Wechsel der Ära dokumentierten. Einerseits könnten die Kreise, die sich auf die caesarischen Kolonisten zurückführten, auf der Kolonieära beharrt haben, während andere Teile der Bewohner lieber auf die Zeit des Lucullus zurückverweisen wollten, als Sinope noch eine griechische Stadt war. Spielte dabei die allmähliche Gräzisierung der Bürger der römischen Kolonie eine Rolle? Leider kennen wir keine kaiserzeitlichen Inschriften aus Sinope mit lokaler Jahreszählung, die uns vielleicht weiterhelfen könnten. Daraus darf man allerdings auch nicht schließen, daß die Ärarechnung nur auf den Münzen der Stadt angewendet wurde. Denn es sind nur wenige kaiserzeitliche Inschriften aus Sinope bekannt. Die Quellen lassen uns hier im Stich, so daß vorläufig über Hypothesen nicht hinauszukommen ist.

2. Die Ära von Amastris

Auf Bronzemünzen der Stadt Amastris in Paphlagonien finden sich Jahreszahlen von 1 bis 43[1]. Alle datierten Münzen gehören in eine gemeinsame Gruppe von Prägungen. Sie sind allein schon durch den gleiche Vorderseitentyp gekennzeichnet, nämlich durch den Kopf der Tyche mit Mauerkrone (Taf.II 8). Diese Vorderseitendarstellung kommt auf den Münzen von Amastris nur noch einmal vor, auf einer nach dem Statthalter von Pontus-Bithynia C.Papirius Carbo datierten Prägung[2]. C.Papirius Carbo übte zwischen 60 und 58/7 v.Chr. dieses Amt aus, wie aus den Münzen von Apameia, Bithynion, Nikaia, Nikomedeia, Prusa am Olympos und Tios hervorgeht, die ebenfalls nach Carbo datiert sind[3]. Damit besitzen wir einen ersten Anhaltspunkt für den Zeitraum, in dem die Münzen von Amastris, die Jahreszahlen tragen, geprägt wurden.

94 RIC 14.
1 Rec.gén.19-21; Roman Provincial Coinage I p.355.
2 Rec.gén. p.169* Nr.22.
3 Vgl. Stumpf 54f.56f.

Über 30 öffentliche und private Inschriften aus Amastris und seiner Umgebung, darunter auch Grabinschriften, sind ebenfalls nach einer Ära datiert[4]. Die Jahreszahlen reichen von 121 bis 321[5]. Die Inschriften, die aus dem Umland von Amastris stammen, müssen nach derselben Ära datiert sein, da die Stadt bei ihrer Gründung durch Synoikismos mit einem großen Territorium ausgestattet wurde. Dies betrifft unter anderem die Inschrift vom Tempel des Zeus Bonitenus bei Meǧre[6], der innerhalb des Gebietes von Amastris lag[7]. Auch das ehemals sinopische Emporion Kytoros gehörte in römischer Zeit zu Amastris[8], so daß die Jahreszahl 179 in der Inschrift IGR III 1434 aus Kytoros ebenfalls nach der Ära von Amastris zu berechnen ist[9]. Die Ehreninschrift der Stadt Herakleia Pontu für eine Iulia Aquilina aus Amastris dürfte gleichfalls nach der Ära datiert sein, da die Inschrift in Amastris gefunden wurde[10]. Auch in der Grabinschrift, die in Chersonesos Taurike von einer Frau aus Amastris für ihrem Gatten am dritten Tag des Monats Loos des Jahres 179 errichtet wurde[11], dürfte die Ära von Amastris angewandt worden sein[12], da der Monatsname Loos nicht zum megarischen Kalender von Chersonesos gehört[13] und die dortigen Grabinschriften sonst keine Äradatierungen aufweisen.

Unter den Inschriften aus Amastris mit Jahreszahlen finden sich zwei, die durch die Nennung von Kaisern näher zu datieren sind. Eine zuerst von Marek publizierte Ehrung für den Kaiser Claudius[14] weist die Jahreszahl 121 auf[15], eine Inschrift für Septimius Severus, Caracalla und Iulia Domna[16] die Zahl 277. Aus

---

4 Über die Ausdehnung der Chora von Amastris vgl. Wilson 162ff.; Chr.Marek, MDAI(I) 39,1989,373ff.

5 In der Liste bei Chr.Marek, EA 6,1985,151f. fehlen die von ihm im Nachtrag (S.152ff.) aufgeführten Inschriften Nr.38 = SEG 35,1326 (aus dem Jahr 181) und Nr.39 = SEG 35,1328 (aus dem Jahr 232) sowie E.Kalinka, JOEAI 28,1933, Beiblatt 81 Nr.40 (aus dem Jahr 250) und IOSPE I² 543 (aus dem Jahr 179).

6 IGR III 90 = OGIS 531. Vgl. W.Ruge, RE XVIII 4,1949,2534.

7 So Wilson 165; Chr.Marek, EA 6,1985,148.

8 Strab.12,3,10 p.544.

9 Vgl. Robert, Études anatoliennes 163 mit n.1; Chr.Marek, EA 6,1985,146. - G.Jacopi, Esplorazioni e studi in Paflagonia e Cappadocia, Rom 1937,12f. hatte die Inschrift ins Jahr 172 n.Chr. datiert, ohne die Ära, von der er ausging, anzugeben.

10 CIG 4150b. Vgl. Robert, Études anatoliennes 259f.; Chr.Marek, EA 6,1985,151 Anm.

11 IOSPE I² 543.

12 So B.Latyschev, IOSPE I² p.460.

13 Siehe oben S.65.

14 Chr.Marek, EA 6,1985,133 Nr.1 = SEG 35,1311.

15 Als Fundort wird Arit/Bartin angegeben. Das Stadtgebiet von Amastris erstreckte sich nach Wilson 163ff. bis in diese Region.

16 E.Kalinka, JOEAI 28,1933, Beiblatt 66ff. Nr.14.

der Inschrift für Claudius ergibt sich als terminus ante quem für das Epochenjahr der Ära 67 v.Chr., als terminus post quem 81 oder 80 v.Chr. Die zweite Inschrift muß wohl in die Zeit zwischen 198 und 211 n.Chr. gelegt werden, da Caracalla als Augustus erwähnt wird und Septimius Severus noch lebte. Aus ihrer Datierung in das lokale Jahr 277 ergibt sich als rechnerischer Beginn der Ära ein Jahr zwischen 80 und 66 v.Chr. Beide Ergebnisse zeigen, daß sowohl bei der ersten bekannten Inschrift aus Amastris mit Äradatierung aus der Zeit des Claudius als auch bei der Inschrift aus severischer Zeit wahrscheinlich dieselbe Ära angewendet wurde.

Eine dritte Inschrift, die eine Ehrung des Antoninus Pius aus dem lokalen Jahr 217 enthält[17], ermöglicht eine weitere Präzisierung des terminus post quem, da Antoninus Pius Imperator zum zweiten Mal genannt wird. Dieser Titel ist erstmals für das Jahr 142 n.Chr. bezeugt[18], so daß man wohl davon ausgehen kann, daß die Inschrift nicht vor 142 n.Chr. entstanden ist. Die lokale Datierung ins Jahr 217 ergibt als terminus post quem für das Epochenjahr der Ära etwa 75 v.Chr.

Amastris gehörte bis zu seiner Eroberung durch die Römer im letzten Mithridatischen Krieg zum Königreich Pontos[19]. Appian schreibt diese Eroberung fälschlich dem römischen Feldherrn Lucullus zu. Nach Memnon war es aber der Legat C.Valerius Triarius, der Amastris im Auftrag des Proconsuls M.Aurelius Cotta ohne größere Kampfhandlungen gewann[20]. Dieses Ereignis ist ins Jahr 71 v.Chr. oder an den Anfang des Jahres 70 v.Chr. zu datieren[21]. Als Mithridates VI. 68 v.Chr. nach Pontos zurückkehrte[22], begannen die Kämpfe mit den Römern von neuem. Über Amastris in der Zeit zwischen 70 und 67 v.Chr. sagen die Quellen nichts aus. Erst bei der Neuordnung des ehemaligen pontischen Reiches durch Pompeius wird die Stadt wieder erwähnt[23]. Dies liegt aber schon jenseits des Zeitraumes, der für das Epochenjahr der Ära in Frage kommt. So müssen wir wohl entsprechend der lucullischen Ära von Sinope auch in Amastris das Epochenjahr mit dem Anschluß der Stadt an das römische Herrschaftssystem in

---

17 H.Kalkan, Eine Inschrift aus Amasra (Amastris). Statuenstiftung des Gaius zu Ehren des Antoninus Pius, EA 18,1991,97f.

18 Vgl. Kienast 135.

19 Memnon, FGrHist 434, F 35,7 und 36; App.Mithr.82.

20 Vgl. Magie I 341. II 1213 n.32; J.van Ooteghem, Lucius Licinius Lucullus, Brüssel 1959,106; Bernhardt, Polis 68; Chr.Marek, EA 6,1985,145; Id., MDAI(I) 39,1989,377; A.Keaveney, Lucullus. A Life, London – New York 1992,93.

21 So Broughton II 108.125; J.van Ooteghem, op.cit. 106; Bernhardt, Polis 68. Nach Chr.Marek, EA 6,1985,145 im Jahre 70 v.Chr.

22 Vgl. Magie I 346; Bernhardt, Polis 70; McGing, Mithridates 162.

23 Strab.12,3,1 p.541. Vgl. Magie I 369f. II 1232 n.35.

Verbindung bringen. Man wird dann ebenfalls von der "lucullischen" Ära sprechen dürfen, obwohl Amastris nicht von Lucullus
selbst gewonnen worden war. Die Stadt kam aber in den römischen
Machtbereich, als Lucullus den Oberbefehl in Kleinasien innehatte.
Möglicherweise hat Lucullus eine neue rechtliche Stellung der
Stadt, die aber nirgends näher definiert wird, in die Wege
geleitet, als er im Jahre 70 v.Chr. in dieser Region weilte und
auch für Sinope entsprechende Anordnungen traf.

Um das Epochenjahr genau angeben zu können, ist es wichtig,
den in Amastris gültigen Kalender zu kennen. Die Inschrift IGR III
1434 ist auf den Neumond des Monats Dios datiert[24]. Mendel hatte
daraus geschlossen[25], daß in Amastris der bithynische Kalender
galt, dessen kaiserzeitlicher Gebrauch durch die Hemerologien gut
bekannt ist[26]. Sein Jahresanfang fiel in der Kaiserzeit auf den
23.September. Entsprechend diesem Kalender hatte Mendel die
Inschrift auf den 21.Februar datiert[27]. Dios ist aber auch ein
Monatsname im makedonischen Kalender, und die in anderen
Inschriften für Amastris bezeugten Monatsnamen Loos[28],
Xandikos[29], Daisios[30], Dystros[31], Apellaios[32], Artemisios[33] und
Gorpiaios[34] gehören zum makedonischen, nicht zum bithynischen
Kalender. In einer Inschrift aus dem lokalen Jahr 225 (=154/5 n.
Chr.) wird ein Datum nach dem iulianischen Kalender neben die
lokale Datierung gestellt: πρὸ α' Καλ. Σεπτεμβρίων Λώου ζι'.
In diesem Jahr entsprach also der 17.Loos dem 31.August[35]. Dies
wiederum bedeutet, daß der Kalender von Amastris in der Mitte
des 2.Jh.n.Chr. weder dem iulianischen Kalender durch parallel
laufende Monate angeglichen war[36], noch den in Asia und
Bithynien verbreiteten Neujahrstag am 23.September übernommen
hatte. Der Monat Loos begann im amastrianischen Jahr 225 am
15.August. Und tatsächlich fiel im Jahre 155 n.Chr. der
astronomische Neumond im August auf den fünfzehnten[37]. Dies
könnte Zufall sein, da offensichtlich einige Lunisolarkalender durch
wiederholte Angleichungsversuche an den iulianischen Kalender in

24 Der Monatsname Dios auch in den Inschriften SEG 35,1326
und 1331.

25 G.Mendel, BCH 26,1902,288.

26 Vgl. Samuel 174ff.

27 Ebenso Robert, Etudes anatoliennes 263 n.1.

28 IOSPE I² 543; Chr.Marek, EA 6,1985,137 Nr.12 (=SEG 35,
1327) und Nr.13 (=SEG 35,1330).

29 G.Hirschfeld, SPAW 1888,879 Nr.35.

30 G.Hirschfeld, SPAW 1888,879; Chr.Marek, EA 6,1985,138
Nr.14 = SEG 35,1329.

31 Chr.Marek, EA 6,1985,154 Nr.39 = SEG 35,1328.

32 Chr.Marek, EA 6,1985,140 Nr.20.

33 E.Kalinka, JOEAI 28,1933, Beiblatt 78 Nr.32.

34 So Chr.Marek, EA 6,1985,151 ohne Angabe des Belegs.

35 Vgl. Chr.Marek, EA 6,1985,151.

36 Zu einigen Beispielen für solche Kalender vgl. Samuel 173f.

37 Vgl. Bickerman, Chronology 137.

Unordnung geraten waren[38]. Viele lokale Kalender behielten aber noch lange ihre Gültigkeit, ohne allzusehr vom römischen Kalender beeinflußt zu sein[39]. Die Datierung nach dem Neumond des Monats Dios in der Inschrift IGR III 1434 aus dem lokalen Jahre 179 weist darauf hin, daß in Amastris noch der alte Kalender mit seinen Berechnungen nach den Mondphasen galt. Es dürfte sich um den makedonischen Kalender mit seinem Jahresanfang um die Herbst-äquinoktien handeln, dem wohl zeitweilig Schalttage zur Angleichung an das iulianische Jahr hinzugefügt wurden. Die Jahreszahlen von Amastris sind also jeweils ab September/Oktober zu berechnen[40]. Entsprechend ist bei der Umrechnung der Jahre von Amastris ins iulianische System zu verfahren. Das Epochenjahr dürfte somit 71/70 v.Chr. sein, jeweils von Herbst zu Herbst gerechnet[41]. In dieses Jahr fällt sowohl die Übernahme von Amastris durch die Römer als auch die Anwesenheit des Lucullus, die wohl mit einer Neuordnung des Städtewesens in der Region zu verbinden ist.

In den meisten Publikationen zu Amastris wird die pompeianische Ära als dort gültige Jahresrechnung angenommen. Zwar war man im 19.Jh. noch von der lucullischen Ära ausgegangen[42]. Aber Hirschfeld hatte 1888 die Gültigkeit der pompeianischen Ära eingeführt[43], als er die Weihinschrift mit der Jahreszahl 229 ins Jahr 165 n.Chr. datierte, weil sie angeblich für Marcus Aurelius, Lucius Verus sowie deren Kinder und Haus aufgestellt worden sei. Daher sei die lucullische Ära, die die Inschrift ins Jahr 159 n. Chr. datieren würde, nicht möglich, wohl aber die pompeianische ab 64 v.Chr. Seither rechnete man regelmäßig die Jahreszahlen von Amastris nach der Ära ab 64 v.Chr. um[44]. Die für die Einführung der pompeianischen Ära maßgebliche Inschrift ist aber nur sehr fragmentarisch erhalten. Namen und Titulatur des Marcus Aurelius und Lucius Verus sind ergänzt. Erst Marek hat dank der neuen Inschrift für Kaiser Claudius aus dem Jahre 121 die lucullische Ära für Amastris nachweisen können[45]. Die von Hirschfeld falsch interpretierte Inschrift datierte er entsprechend

---

38 Vgl. z.B. in Tyras: Bickerman, Chronologie 28 und oben S.72f.

39 Vgl. Samuel 182.

40 So auch Robert, Asie Mineure 152.

41 Genaugenommen ist also die Datierung bei Chr.Marek, EA 6,1985,151 nicht ganz korrekt.

42 Vgl. z.B. CIG III Addenda p.1113. Zur Forschungsgeschichte über die Ära von Amastris siehe Chr.Marek, EA 6,1985, 144ff.

43 G.Hirschfeld, SPAW 1888,875 Nr.26.

44 So z.B. Ginzel 38f.; W.Kubitschek, RE I 1,1893,644; IOSPE I² 543; IGR III 84ff.; Rec.gén. p.172.176; G.Mendel, BCH 26, 1902,287f.; E.Kalinka, JOEAI 28,1933, Beiblatt 70ff.; Robert, Etudes anatoliennes 263 n.1; L.Robert, Hellenica VII, Paris 1949, 77 n.5; Robert, Asie Mineure 152.

45 Chr.Marek, EA 6,1985,144f.

in das Jahr 159 n.Chr. um. Er sah in den in der Lücke erwähnten Mitgliedern des Kaiserhauses Antoninus Pius, Marcus Aurelius Caesar und Faustina II.[46]. Rémy, der ebenfalls für die Existenz der lucullischen Ära in Amastris eintritt, hat hingegen zu Recht nur Namen und Titulatur des Marcus Aurelius als Augustus und der Faustina II. in der Inschrift ergänzt[47]. Zwar habe der unbekannte Dedikant der Inschrift im lokalen Jahr 229, das ist 158/9 n.Chr., ein lokales Amt ausgeübt, worauf sich die Jahreszahl beziehe, die Inschrift sei aber erst später unter der Regierung des Marcus Aurelius aufgestellt worden[48].

Durch die Annahme der lucullischen Ära werden auch in einer anderen Inschrift Datierungsschwierigkeiten gelöst, die schon Kalinka in der Erstpublikation aufgefallen waren[49]. Diese Inschrift des Jahres 277, die den Kaiser Septimius Severus mit seiner Titulatur erwähnt, gehört jetzt in das Jahr 206/7 n.Chr. und nicht erst in die Zeit nach seinem Tode, wie man es bei Gültigkeit der pompeianischen Ära annehmen müßte[50]. Die von Marek neu publizierte Inschrift für Kaiser Hadrianus, die Stiftung eines Altars für den Kaiser[51], wurde entsprechend der lucullischen Ära im Jahre 130/1 n.Chr. errichtet, dem Jahr, in dem Hadrianus durch Kleinasien reiste[52].

Es stellt sich die Frage, ob die erwähnten Münzen aus Amastris ebenfalls nach der lucullischen Ära datiert sind oder, wie man bisher immer angenommen hat[53], nach der pompeianischen Ära oder ob sie gar von einem dritten Zeitpunkt aus zu berechnen sind. Imhoof-Blumer[54] hat die datierten Münzen aus Amastris vom Stil und der Schriftform her der auf Mithridates VI. folgenden Zeit zugewiesen. Stil- und Schriftvergleich können aber nicht zu genauen Datierungen führen.

Die Kontinuität in der Münzprägung von Amastris wäre gegeben, wenn man die Anwendung der lucullischen Ära annimmt. Denn gleich schon im Jahre 1 wurden die ersten Münzen geprägt. Der vertragliche Übergang der Stadt Amastris offensichtlich ohne

---

46 Marek wies darauf hin, daß die in der Inschrift erwähnten Kinder, τῶν τέ]κνων αὐτῶν, nicht die des Marcus Aurelius und des Lucius Verus sein können, da letzterer keine Kinder hatte.

47 B.Rémy, EA 6,1985,47f. mit n.25; Rémy, Evolution 87ff.

48 So Rémy, Evolution 89, der wie G.Alföldy, Konsulat und Senatorenstand unter den Antoninen, Bonn 1977,238 und 277 an einen Zeitpunkt ab 162 n.Chr. denkt.

49 E.Kalinka, JOEAI 28,1933, Beiblatt 66ff. Nr.14.

50 Vgl. dazu Chr.Marek, EA 6,1985,147f.

51 Chr.Marek, EA 6,1985,134 Nr.2 = SEG 35,1317.

52 Vgl. Chr.Marek, EA 6,1985,150. Zu den Reisen Hadrians, die aber nicht über Amastris führten, siehe Halfmann, Itinera 205f.208.

53 Z.B. Imh.-Bl., Gr.Mz. 585; Rec.gén. p.172 und 176; F.Imhoof-Blumer, NZ 45,1912,192 Anm.1; Roman Provincial Coinage I p.355.

54 Imh.-Bl., Gr.Mz. 586.

Kampfhandlungen auf die Seite der Römer mag – anders als bei Sinope – die Fortsetzung der Münzprägung der Stadt ermöglicht haben, wenn auch mit einem anderen Typenschatz als unter pontischer Herrschaft. Aber daß es eine Lücke in der Münzprägung gab, ist nicht auszuschließen. Dann könnten die Zahlen auf den Münzen von Amastris auch von einem anderen Zeitpunkt aus berechnet worden sein. Die Anwendung der lucullischen Ära auch im ersten vorchristlichen Jahrhundert ist zwar am wahrscheinlichsten, Sicherheit ist aber nicht zu erreichen. Denn zwischen den letzten datierten Münzen und den ersten datierten Inschriften liegen fast 80 Jahre.

Das Enddatum der datierten Münzen wäre bei Annahme der lucullischen Ära 29/8 v.Chr., ein passender Zeitpunkt für den Übergang von autonomer Münzprägung zu den ganz anders gearteten kaiserzeitlichen Münzen. Auch dies spricht für die lucullische Ära. Bei der Anwendung der pompeianischen Ära käme man hingegen mit den letzten Münzen in das Jahr 22/1 v.Chr., das mitten in die Regierungszeit des Augustus fällt, als der Wandel in der Münzprägung des Ostens längst vollzogen war[55]. Die Neuordnung des Ostens geschah 27 v.Chr., verbunden mit der Rückgabe der Provinz Pontus-Bithynia an den Senat[56]. Damals könnte die eigenständige Münzprägung von Amastris aufgehört haben, die erst wieder unter Kaiser Traianus begann, dann aber ohne Äradatierung.

Es bleibt festzuhalten, daß die Einrichtung der Provinz Pontus-Bithynia durch Pompeius[57] als nicht so epochal empfunden wurde, um damit eine neue Zeitrechnung zu beginnen. Die Änderung der Herrschaftsverhältnisse durch Lucullus und der Übergang von der pontischen zur römischen Oberherrschaft im Jahre 70 v.Chr. waren im Bewußtsein vieler Griechen weitaus entscheidender und damit ausschlaggebend für die Zeitrechnung in den paphlagonischen Städten Amastris und Sinope. Dabei mag bei Amastris auch die gute Behandlung durch Lucullus[58] eine Rolle gespielt haben, so daß dort die Ära sofort eingeführt wurde, in Sinope hingegen erst in severischer Zeit. Ob für Sinope die Ära von Amastris als Vorbild diente, läßt sich aber nicht mehr entscheiden.

55 Um 28 v.Chr. begann z.B. die Kistophorenprägung mit dem Porträt des Octavianus: vgl. Magie I 442; C.H.V.Sutherland, RIC I² p.35. – Etwa zur gleichen Zeit setzte die Aes-Prägung nach römischem Nominalsystem in Pergamon und Ephesos ein: vgl. RIC I² p.37. – 28/7 v.Chr. wurde die letzte Statthalterprägung in Pontus-Bithynia ausgegeben (Rec.gén. p.202*,78) und erst unter Tiberius wiederaufgenommen: vgl. Stumpf 112ff. – Die lokale Bronzeprägung von Thessaloniki begann wohl ebenfalls 28/7 v. Chr.: vgl. I.Touratsoglou, Die Münzstätte von Thessaloniki in der römischen Kaiserzeit, Berlin – New York 1988,25.
56 Vgl. Rémy, Evolution 19.
57 Dazu zuletzt Rémy, Evolution 20.
58 Vgl. Chr.Marek, EA 6,1985,152; Id., MDAI(I) 39,1989,377.

3. Die Ären in Abonuteichos

Aus Abonuteichos sind drei Inschriften mit Jahresangaben publiziert. Die früheste davon enthält das Dekret einer Phratrie von Abonuteichos, das folgendermaßen datiert ist: βασιλεύοντος Μιθραδάτου Εὐεργέτου ἔτους αξρ' μηνὸς Δίου [1]. Diese Inschrift aus dem Jahr 161 gehört in das 2.Jh.v.Chr. und in die Regierungszeit des Königs Mithridates V. von Pontos. Man hatte die Jahreszahl zunächst nach der pontischen Königsära umgerechnet[2] und das Dekret ins Jahr 137/6 v.Chr. datiert. Es wurde aber oben schon gezeigt[3], daß hier die seleukidischen Ära anzunehmen ist und somit die Inschrift im Jahr 152/1 v.Chr. aufgestellt wurde, genaugenommen im Herbst 152 v.Chr., wenn man in Abonuteichos den makedonischen Kalender verwendete, worauf der Monatsname Dios weist[4].

Die einzige kaiserzeitliche Inschrift aus Abonuteichos, die eine gesicherte Jahreszahl aufweist, ehrt den Kaiser Septimius Severus im Jahr 274[5]. Daneben ist noch eine Ehreninschrift für Caracalla aus der Zeit seiner Alleinherrschaft bekannt[6], die ebenfalls eine Jahreszahl enthielt. Ihre Ziffern sind aber nicht mehr erhalten. Man nahm bisher an, daß in Abonuteichos die pompeianische Ära verwendet wurde, und datierte die Inschrift für Septimius Severus in das Jahr 210 n.Chr.[7]. Erst Marek[8] brachte wie für Amastris auch für Abonuteichos die lucullische Ära in die Diskussion. Entsprechend dieser Ära ab 71/0 v.Chr. gehört die Inschrift mit der Zahl 274 in das Jahr 203/4 n.Chr., wenn in Abonuteichos wie auch sonst in den griechischen Städten Paphlagoniens das Jahr im Herbst begann[9]. Abonuteichos liegt an der Küste des Schwarzen Meeres zwischen Amastris und Sinope. Aus diesen beiden Nachbarstädten ist die lucullische Ära bezeugt[10]. Diese dürfte dann auch für Abonuteichos gelten. Denn die Stadt kam ebenfalls unter Lucullus in den römischen Herrschaftsbereich.

---

1 Th.Reinach, NC 1905,113ff.
2 So z.B. Th.Reinach, NC 1905,113; Magie II 1087 n.35, der aber auch die seleukidische Ära nicht ausschließen wollte; Perl 301 mit Anm.10.
3 Siehe S.78.
4 Diese Datierung hielt schon M.Rostovtzeff, CAH IX,1932,217 für möglich. Dann wurde sie von McGing, Mithridates 76 n.110 vorgeschlagen.
5 IGR III 91.
6 IGR III 92.
7 So G.Hirschfeld, SPAW 1888,886 Nr.58; IGR III 91; Rec.gén. p.167; E.Kalinka, JOEAI 28,1933, Beiblatt 55f. Nr.1.
8 Chr.Marek, EA 6,1985,146.152.
9 Aus der Kaiserzeit sind keine Monatsnamen in Abonuteichos bekannt.
10 Siehe oben S.158 und S.164ff.

4. Die innerpaphlagonische Ära

Auf den kaiserzeitlichen Münzen der Stadt Neoklaudiopolis in Paphlagonien sind Jahreszahlen zu finden[1], die von 115 bis 206 reichen[2]. Der Ausgangspunkt dieser Jahreszählung muß zwischen 9/8 und 2/1 v.Chr. liegen[3]. Der terminus post quem 9/8 v.Chr. ergibt sich aus der Prägung Caracallas als Autokrator mit der Jahreszahl 206[4], da dieser Herrscher erst ab Herbst 197 oder Anfang 198 n.Chr. diesen Titel führte, der terminus ante quem 2/1 v.Chr. aus der Münze des Traianus mit der Jahreszahl 118[5], weil sie spätestens 117 n.Chr., dem Todesjahr dieses Kaisers, geprägt wurde.

Die Inschriften können den Zeitraum für das Epochenjahr der Ära, die in Neoklaudiopolis angewandt wurde, weiter einschränken. Eine Ehrung des Rates und Volkes der Stadt für den Caesar Carinus, den Sohn des Kaisers Carus, ist in das Jahr 288 datiert[6]. Diese Inschrift kann aber nur zwischen Herbst 282 und Spätsommer 283 n.Chr., der Regierungszeit des Carus, aufgestellt worden sein[7], eher wohl noch zwischen Herbst 282 und Frühjahr 283 n.Chr., als Carinus den Caesartitel führte und noch nicht gleichberechtigt mit seinem Vater als Augustus tituliert wurde[8]. Rechnet man von 282 bzw. 283 n.Chr. 288 Jahre zurück, ergibt sich als Epochenjahr der Ära 6/5 v.Chr.[9].

1 Daß ⌐э sich um Jahreszahlen handelt, wird durch den mehrfachen Zusatz ΕΤΟΥΣ deutlich; z.B. Rec.gén.1f.

2 Eine Liste bei Cl.Bosch, Numismatik 2,1933,44, in der fälschlich statt 205 (Rec.gén.11) die Zahl 206 erscheint. Die Münze mit der Jahreszahl 118 war Bosch noch unbekannt. Die Lesung der Zahl 115 in Rec.gén.1 ist unsicher.

3 Eine angeblich früher beginnende Ära von Neoklaudiopolis beruht entweder auf der falschen Interpretation einer Münze oder auf dem Fehler eines Stempelschneiders; vgl. G.MacDonald, JAN 2, 1899,19f.; W.Ruge, RE XVIII 4,1949,2529f. s.v.Paphlagonia.

4 Rec.gén.16.

5 SNG Aulock 6827.

6 IGR III 139.

7 Kienast 254; Peachin 48.98. – F.und E.Cumont, Studia Pontica II, Brüssel 1906,186 denken an das Jahr 283 n.Chr., als Carus auf dem Weg nach Osten durch Kleinasien zog. Vgl. auch W. Kubitschek, RE Suppl.3, 1918,30.

8 Zur Datierung vgl. W.Ruge, RE XVIII 4,1949,2529; E.A.Pond, The Inscriptional Evidence for the Illyrian Emperors, Diss. University of Minnesota 1970,145f.240; P.Bastien, Le monnayage de l'atelier de Lyon de la réouverture de l'atelier par Aurélien à la mort de Carin, Wetteren 1976, 24f.66f.; Kienast 257; Peachin 49.98f.

9 Das Epochenjahr 5/4 v.Chr., von Herbst zu Herbst gerechnet, kommt entgegen W.Ruge, RE XVIII 4,1949,2529 nicht in Frage, auch wenn die Inschrift in das Jahr 283 n.Chr. gehört. Oder das Jahr müßte im Frühjahr oder Frühsommer begonnen

Eine Inschrift der augusteischen Zeit aus Phazimon-Neapolis, dem späteren Neoklaudiopolis[10], zeigt, daß die Ära schon im Jahre 3 v.Chr. in Gebrauch war. Im berühmten Kaisereid der Paphlagonier auf Augustus, der in dieser Inschrift aufgezeichnet war[11], findet sich folgende Datierungsangabe: ἀπὸ Αὐτοκράτορος Καίσ[αρος] θεοῦ υἱοῦ Σεβαστοῦ ὑπατεύ[σαντος τὸ] δωδέκατον ἔτους τρίτου, π[ροτέραι] νωνῶν Μαρτίων. Die Datierung bezieht sich auf den Schwur, der in Gangra für alle Bewohner Paphlagoniens geleistet wurde und in den anderen Städten und Distrikten dieser Landschaft wiederholt werden sollte. Die Inschrift selbst war unter anderem in Phazimon-Neapolis aufgestellt worden. Offensichtlich galt die darin verwendete Ära für das gesamte betroffene Gebiet Paphlagoniens und nicht nur für Gangra. Denn die Zeitrechnung in dieser Inschrift ist die gleiche wie die in Phazimon-Neapolis, dem späteren Neoklaudiopolis. Der zwölfte Consulat des Augustus, ab dem in der Inschrift gerechnet wird, gehört in das Jahr 5 v.Chr. Der Eid wurde in Gangra also am 6.März 3 v.Chr. geleistet[12], im dritten Jahr der Ära.

Einige Münzen von Gangra sind offensichtlich nach der gleichen Ära datiert. Es sind die Prägungen unter Septimius Severus, Caracalla, Iulia Domna und Geta Caesar mit den Jahreszahlen 214 und 215[13]. Legt man die Ära ab 6/5 v.Chr. zugrunde, wurden sie 208/9 und 209/10 n.Chr. geprägt[14]. Die Münzen des Geta Caesar aus dem lokalen Jahr 215 bestätigen, daß das Epochenjahr der Ära dem Jahr 6/5 v.Chr. entspricht, wenn Geta Ende 209 n.Chr. zum Augustus ernannt wurde[15]. Denn es ist nicht anzunehmen, daß eine Stadt die Erwähnung des Augustustitels auf den Münzen Getas unterlassen hätte. Falls die Erhebung Getas zum Augustus erst Ende 210 n.Chr. geschehen wäre, wie neuerdings behauptet wird[16], wäre das Epochenjahr 5/4 v.Chr. Dieses Ausgangsjahr wäre aber nicht mit der oben erwähnten Inschrift für Carinus vereinbar.

haben. Auch ein Epochenjahr 7/6 v.Chr., ab dem offensichtlich G.Jacopi, Esplorazioni e studi in Paflagonia e Cappadocia I, Rom 1937,40f. rechnete, ist auszuschließen.

10 Zum Namen vgl. Weimert 79f.

11 OGIS 532 = IGR III 137 = ILS 8781 = Studia Pontica III 66 = Ehrenberg-Jones Nr.315. Eine deutsche Übersetzung bei Freis, HIRK Nr.7. Vgl. auch Herrmann, Kaisereid 14f.96ff.123f.

12 Vgl. hierzu Herrmann, Kaisereid 96ff. - Kritik an der Lesung der Datierung bei W.Kubitschek, RE Suppl.3,1918,29 n.

13 Rec.gén.5ff.25ff.41ff.58; SNG Cop.268; SNG Aulock 179.181 sowie Rec.gén.10ff.32ff.44.59ff.; SNG Aulock 180.6819.6822.6824.

14 Vgl. Cl.Bosch, Numismatik 2,1933,39.

15 Rec.gén.59ff.; SNG Aulock 6824. Vgl. dazu oben S.117 und Cl.Bosch, Numismatik 2,1933,39 sowie W.Ruge, RE XVIII 4,1949, 2531f. - Zu den Münzen siehe Taf.II 9.

16 A.R.Birley, The African Emperor. Septimius Severus, London 1988,186f.218.

Eine Weihinschrift aus Gangra weist in der Datierung die Angabe ἔτους ρ ϸη', μηνὸς Δείου auf[17]. Der Monatsname Dios läßt die Verwendung des makedonischen oder bithynischen Kalenders in Gangra annehmen. So ist zu vermuten, daß das Jahr im Kalender Paphlagoniens, entsprechend dem makedonischen und bithynischen Kalender und wie schon für Amastris festgestellt, im Herbst begann. Die Ära ist also wohl ab Herbst 6 v.Chr. zu rechnen[18]. Die Weihinschrift aus Gangra gehört ins Jahr 192/3 n.Chr., das von Herbst zu Herbst gerechnet wurde. Im Eid der Paphlagonier hingegen ist der Tag nach dem römischen Kalender angegeben: π[ροτέραι] νωνῶν Μαρτίων. Der Grund dürfte darin zu suchen sein, daß dieser Tag in Rom der Jahrestag der Wahl des Augustus zum pontifex maximus war. In Gangra hat man wohl bewußt dieses Datum für den Eid aller Paphlagonier und der dort lebenden Römer gewählt[19].

Aus Pompeiopolis in Paphlagonien kennen wir mehrere Inschriften mit Jahreszahlen. Eine aus dem lokalen Jahre 178 ehrt Cn.Claudius Severus, den Schwiegersohn des Kaisers Marcus Aurelius, und nennt ihn Consul zum zweiten Mal[20]. Er war cos.ord.II im Jahre 173 n.Chr.[21]. Rechnet man von 173 n.Chr. 178 Jahre zurück, ergibt sich wiederum das Epochenjahr 5 v. Chr.[22], obwohl es nicht auszuschließen ist, daß die Ehreninschrift für Cn.Claudius Severus später als während seines zweiten Consulates errichtet wurde. Doch deutet alles darauf hin, daß in Pompeiopol die gleiche Ära wie in Neoklaudiopolis und Gangra angewandt wurde.

Eine weitere Inschrift aus Pompeiopolis für den gleichen Cn.Claudius Severus erwähnt nur seinen ersten Consulat[23]. Ihre

---

17 I.Kaygusuz, ZPE 49,1982,177 Nr.1 = SEG 32,1260.

18 So mit Hinweis auf W.M.Ramsay, REG 6,1893,251f. schon J.G.C.Anderson, JHS 20,1900,152 und Studia Pontica III 94; H.Dessau, ZN 25,1905,336f. Vgl. W.Ruge, RE XVIII 4,1949,2528.

19 Vgl. H.Dessau, ZN 25,1905,338f. mit Anm.3; J.G.C. Anderson, Studia Pontica III p.80; Herrmann, Kaisereid 97f. usw. - Auch der Eid selbst war eine Mischung aus römischen und griechischen Elementen; vgl. Herrmann, Kaisereid 19.96.98.

20 CIG 4154; OGIS 546. Zur Lesung δίς ὕπατον vgl.G.Mendel, BCH 27,1903,324f. Nr.28.

21 Zu Cn.Claudius Severus vgl. PIR II² C Nr.1024; G.Alföldy, Konsulat und Senatorenstand unter den Antoninen, Bonn 1977,88. 108.182f.187; H.Halfmann, Die Senatoren aus dem östlichen Teil des Imperium Romanum bis zum Ende des 2.Jh.n.Chr., Göttingen 1979,180f.

22 So W.M.Ramsay, REG 6,1893,251; G.MacDonald, JAN 2,1899, 18. Vgl. auch Cl.Bosch, Numismatik 2,1933,44. Nicht möglich ist der Beginn der Ära im Jahre 7 v.Chr., wie zuletzt noch bei H.Halfmann - E.Schwertheim, EA 8,1986,131 zu lesen ist.

23 G.Jacopi, Dalla Paflagonia alla Commagene, Rom 1936,12; D.Krencker - M.Schede, Der Tempel in Ankara, Berlin - Leipzig 1936,58 mit Abb.46 und Anm.2; Année épigr.1939,26.

Datierung mit der Jahreszahl 174 paßt ebenfalls zu der errechneten Ära, da Severus wohl 167 n.Chr. zum ersten Mal den Consulat bekleidete[24] und die Inschrift bei einer Ära ab 6/5 v.Chr. ins Jahr 168/9 n.Chr. gehört. In der letzten bekannten Inschrift mit einer Jahreszahl aus Pompeiopolis, die in das lokale Jahr 261 datiert ist, wird Salonina, die Gattin des Kaisers Gallienus und Mutter des jüngeren Valerianus, geehrt[25]. Valerianus II. wird darin als Caesar und Augustus bezeichnet. Als Caesar ist Valerianus II., der schon 258 n.Chr. starb, ab Herbst 256 n.Chr. bezeugt. Der Titel Augustus wurde nur schmeichlerisch seinem Namen hinzugefügt[26]. Nimmt man die Anwendung der Ära ab 6/5 v.Chr. an, gehört die Inschrift ins Jahr 255/6 n.Chr., also genau in das Jahr, in dem Valerianus II. wohl den Caesartitel erhielt.

Offensichtlich galt in großen Teilen Paphlagoniens die gleiche Ära. Besonders häufig sind die Zeugnisse für diese Zeitrechnung aus der Stadt Neoklaudiopolis und ihrem Umland. Allein von dort kommen zwölf Inschriften mit Jahreszahlen, die späteste aus dem lokalen Jahr 441, das 435/6 n.Chr. entspricht[27]. Auch im westlichsten Teil Paphlagoniens, sogar im Grenzgebiet zu Bithynien wurde die Ära angewandt[28]. Eine Inschrift aus Sora mit der Jahreszahl 228 erwähnt einen Mann mit dem Namensbestandteil Aurelius[29]. Entsprechend der Ära ab 6/5 v.Chr. wurde die Inschrift 222/3 n.Chr. errichtet, also zehn Jahre nach der Constitutio Antoniniana. Der Aureliername paßt gut in diese Zeit.

Im Jahre 5 v.Chr. ist das Ereignis zu suchen, das für die Städte und Regionen im Inneren Paphlagoniens von so großer Bedeutung war, daß man darauf eine neue Jahreszählung begründete. Im Binnenland von Paphlagonien hatte seit der Neuordnung Kleinasiens durch Pompeius das Königreich Paphlagonien bestanden[30]. Wann der letzte König Deiotaros

---

24 Vgl. G.Alföldy, Konsulat und Senatorenstand unter den Antoninen, Bonn 1977,182f.

25 G.Jacopi, Dalla Paflagonia alla Commagene, Rom 1936,6f.; Année épigr.1939,25.

26 Vgl. PIR V² L Nr.184; Kienast 217f.; Peachin 38.

27 Studia Pontica III 68. Vgl. auch F.Cumont, REG 14,1901,33.

28 Vgl. die Inschriften aus Karzene: I.Kaygusuz, EA 4,1984,64 Nr.3. 66 Nr.8. 67 Nr.10. - Aus Çerkeş: E.Legrand, BCH 21,1897, 99 Nr.8 und Parartema 15,1884,74 Nr.56 mit allerdings unsicherer Lesung. - Aus Kimistene: I.Kaygusuz, EA 4,1984,70 Nr.8. 71 Nr.10. 72 Nr.14; SEG 33,1100.1109. - Aus der Region von Sora: G.Mendel, BCH 25,1901,28 Nr.168 und Nr.169. - Zur geographischen und politischen Zuordnung dieser Gebiete vgl. Wilson 156-160; Jones, Cities 166ff.

29 G.Mendel, BCH 25,1901,29 Nr.169.

30 Vgl. W.Ruge, RE XVIII 4,1949,2526f.; Magie I 372; Hoben 119f. und Anm.329; Sullivan 163ff. - Ob Pompeiopolis und die Phazimonitis dazugehörten, ist umstritten; vgl. z.B. K.Wellesley, RhM 96,1953,314ff. und Rémy, Evolution 27.

Philadelphos, der seine Residenz in Gangra hatte[31], starb, erfahren wir nicht aus den Quellen. Aber 3 v.Chr. muß er schon tot gewesen sein, da in diesem Jahr die Paphlagonier ihren Eid auf Augustus schworen, Paphlagonien also schon in den römischen Provinzialverband eingegliedert war[32]. Daß mit dieser Eingliederung die Einführung der neuen Ära verbunden war, ist schon lange vermutet worden[33]. Die gemeinsame Ära in einem so weiten Gebiet kann kaum aus einem lokalen Ereignis heraus entstanden sein, sondern muß mit einem allgemeinen politischen Wandel in der Region zusammenhängen[34]. Während die Küstenstädte Paphlagoniens, Amastris, Abonuteichos und später auch Sinope, mit ihrer Zeitrechnung vom Anschluß an das römische Reich zur Zeit des Lucullus ausgegangen waren – diese Städte lagen später auch in der Provinz Pontus-Bithynia –, bedeutete für das gesamte Binnenland, das danach zur Provinz Galatia gehörte[35], das Jahr 6/5 v.Chr. einen wichtigen Einschnitt, und dies kann nur mit dem Anschluß an die römische Provinz Galatia zusammenhängen[36].

Lediglich Dessau[37] sah die Übernahme des zwölften Consulates durch Augustus als ausschlaggebend für die Einführung einer neuen Ära an. Denn dies habe eine Form der Huldigung dargestellt. Zwar wird im "Eid der Paphlagonier" ab dem zwölften

---

31 Strab.12,3,41 p.562. – Zu Gangra und seinem Territorium vgl. Jones, Cities 168.

32 Vgl. W.Ruge, RE XVIII 4,1949,2529.

33 So W.M.Ramsay, REG 6,1893,251; G.MacDonald, JAN 2,1899, 17ff.; J.G.C.Anderson, JHS 20,1900,152f.; F.Cumont, REG 14, 1901,37f.42; J.G.C.Anderson, Studia Pontica I, Brüssel 1903,94f.; F.Cumont, Studia Pontica II, Brüssel 1906,134; Studia Pontica III p.73; J.G.C.Anderson, in: Anatolian Studies to W.M.Ramsay, Manchester 1923,5f.; Cl.Bosch, Numismatik 2,1933,39.44; W.Ruge, RE XVIII 4,1949,2532; Magie I 465. II 1283 n.20. 1328 n.47; K.Wellesley, RhM 96,1953,311.314; Buchheim 49; Hoben 120; R.K.Sherk, ANRW II 7,2,1980,960f.; I.Kaygusuz, ZPE 49, 1982,180 Anm.8; Rémy, Evolution 27; Sullivan 170. – Zuvor war seit J.Eckhel, Doctrina numorum veterum II, Wien 1793,388 das Jahr 7 v.Chr. als Epochenjahr der Ära angenommen worden; vgl. Imh.-Bl., Gr.Mz. p.584; G.MacDonald, JAN 2,1899,18.

34 Deswegen ist die Andeutung von Jones, Cities 167f., daß die Ära mit der Zuweisung des Stadtstatus an Pompeiopolis, Neapolis und Gangra zusammenhänge, nicht schlüssig.

35 Zur Ausdehnung dieses Gebietes vgl. Magie I 186ff.372. 434.465; Jones, Cities 166ff.; Rémy, Evolution 27.

36 Chr.Marek, EA 6,1985,145 Anm.1 spricht im Zusammenhang mit dem Epochenjahr der Ära von "Befreiung" aus der "Territorial-herrschaft von Dynasten". Aber nicht das negative Ereignis, wie es die Beseitigung eines Regimes war, galt im griechischen Denken als ausschlaggebend für die Einführung einer Ära, sondern die Neuordnung, die ein neues Zeitalter einleitete.

37 H.Dessau, ZN 25,1905,335ff. Vgl. auch Bickermann, Chrono-logie 47.

Consulat des Augustus gezählt. Aber daß dies der Anlaß für die Einführung einer neuen Ära gewesen sei, widerspricht allem, was sonst an Gründen für den Beginn einer Zeitrechnung bekannt ist[38]. Für die Bewohner Innerpaphlagoniens war die neue Herrschaft von Bedeutung, nicht das damalige Amt des Augustus. Die Eingliederung in das Imperium geschah eben gerade in dem Jahre, als Augustus zum zwölften Male Consul war. Die Inschrift mit dem "Eid der Paphlagonier" war weitgehend auf römische Art und Weise datiert, wie die Tagesangabe nach dem römischen Kalender zeigt. Entsprechend verfuhr man mit dem Ausgangspunkt der neuen, noch nicht fest eingeführten Jahreszählung[39]. Man bezeichnete das Epochenjahr nach römischer Art und Weise. Möglicherweise war aber auch die Annexion des paphlagonischen Königreiches bewußt während des zwölften Consulates des Princeps erfolgt[40]. Peter Herrmann[41] hat die Bedeutung des Jahres 5 v.Chr. im Hinblick auf die Nachfolgeregelungen des Augustus hervorgehoben. Aber zur Einführung einer Ära war dies allein kein hinreichender Grund.

Die Zeugnisse für die innerpaphlagonische Ära sind auf das 2. und 3.Jh.n.Chr. konzentriert. Nur der "Eid der Paphlagonier" stammt aus früherer Zeit. Eine Inschrift aus Neoklaudiopolis ist noch im 5.Jh.n.Chr. entsprechend datiert[42]. So kommen die ersten und letzten der Zeugnisse für die Ära - wie auch insgesamt die meisten Belege - aus Neoklaudiopolis, also aus der Phazimonitis östlich des Halys. Das bedeutet aber nicht, daß nicht auch die Gebiete westlich des Halys die Ära schon vor der zweiten Hälfte des 2.Jh.n.Chr. verwendet haben können. Die Datierung im "Eid der Paphlagonier" deutet darauf hin, daß diese Zeitrechnung schon 3 v.Chr. für das gesamte Gebiet im Inneren Paphlagoniens gelten sollte.

5. Eine angebliche Ära auf den Münzen des Königs Deiotaros Philadelphos von Paphlagonien

Gegen Ende des vergangenen Jahrhunderts wurde eine neu erworbene Drachme in Berlin bekannt, die auf der Vorderseite das Porträt des Königs Deiotaros Philadelphos von Paphlagonien mit der Legende ΒΑΣΙΛΕΩΣ Δ[ΗΙΟΤΑΡΟΥ ΦΙ]ΛΑΔΕΛΦΟΥ und auf dem Revers die Büste der Königin Adobogiona mit der Legende ΒΑΣΙΛΙΣΣΗΣ [ΑΔΟΒΟ]ΓΙΩΝΑΣ zeigt[1]. Ein zweites Exemplar dieses

---

38 So auch J.G.C.Anderson, Studia Pontica III p.73f.; W. Kubitschek, RE Suppl.3,1918,29f.; W.Ruge, RE XVIII 4,1949, 2528f.

39 Vgl. J.G.C.Anderson, Studia Pontica III p.73f.

40 So schon J.G.C.Anderson, Studia Pontica III p.74.

41 P.Herrmann, MDAI(A) 75,1960,79ff. Vgl. schon F.Cumont, Studia Pontica III p.78.

42 Studia Pontica III Nr.68.

1 Th.Reinach, RN 1891,379ff.; Id., L'histoire par les monnaies

Typs wurde von Hans v.Aulock in Iskilip bei Çorum entdeckt und ein drittes Exemplar 1988 in Paris erworben[2]. Diese beiden besser erhaltenen Exemplare bestätigten die Lesung der Vorderseite auf dem Berliner Stück und ergänzten die Rückseitenlegende zu ΒΑΣΙΛΙΣΣΗΣ ΠΡΟΥΣΙΑΔΟΣ ΑΔΟΒΟΓΙΩΝΑΣ [3] (siehe Taf.II 11).

Auf der Vorderseite dieser Münzen, die wahrscheinlich in der Hauptstadt Gangra geprägt wurden, sind hinter dem Kopf des Königs die Buchstaben ΖΚV zu lesen, an einer Stelle, an der auf seleukidischen Prägungen die Jahreszahl steht[4]. Reinach schloß daraus auf die Jahreszahl 427 einer Ära, die von einem Epochenjahr im 5.Jh.v.Chr. ausgehe, als die Region nach dem Tode des Xerxes möglicherweise unabhängig geworden sei[5]. Später brachte er auch eine lokale Ära der Stadt Gangra ins Gespräch[6]. Dann wieder hielt Reinach selbst ein solch frühes Epochenjahr und eine so lange Zählung über die Jahrhunderte hinweg für problematisch[7].

Die Deutung der Buchstaben ΖΚ als Zahl 27 und des V als umgekehrtes Lambda und abweichende Form des auf seleukidischen Münzen vorkommenden Jahreszeichens L schlug Kahrstedt vor[8]. Er setzte das angebliche Jahr 27 mit 36 v.Chr. gleich und nahm eine Ära an, die von dem Epochenjahr 62 v.Chr. ausgehe, in dem die Dynastie durch Pompeius im ehemaligen Königreich Pontos eingesetzt worden sei. Die Neuordnung des Mithridatischen Reiches erfolgte aber sicher schon 64 v.Chr.[9]. Da die Herrschaft des

151ff.271; H.Dressel, ZN 21,1898,226 mit Taf.VI 2; F.Stähelin, Geschichte der kleinasiatischen Galater, Leipzig [2]1907 (ND Osnabrück 1973),97 Anm.10; U.Kahrstedt, Klio 10,1910,284; Rec. gén. p.164* Nr.5; W.Hahland, Bildnis der Keltenfürstin Adobogiona, in: Beiträge zur älteren europäischen Kulturgeschichte. Festschrift für Rudolf Egger II, Klagenfurt 1953,155f. mit Abb.4.

2 SNG Aulock 151 = Auktionskatalog Sternberg 14,1984,103. Vgl. jetzt alle drei Stücke aufgeführt in Roman Provincial Coinage I 3508, aber mit der falschen Rückseitenlegende ΑΔΟΒΟΓΩΝΙΑΣ anstatt ΑΔΟΒΟΓΙΩΝΑΣ.

3 Über die Identifizierung der Adobogiona und ihr Verhältnis zu Deiotaros Philadelphos vgl. die Diskussion zuletzt bei W.Hahland, Festschrift Egger 137ff. und bei Hoben 118f., der aber die Untersuchung Hahlands nicht kannte.

4 Vgl. Th.Reinach, RN 1891,399f. und L'histoire par les monnaies 163f.

5 Th.Reinach, RN 1891,400.

6 Th.Reinach, L'histoire par les monnaies 164.

7 Th.Reinach, RN 1891,400f. Andere von Th.Reinach, RN 1891, 401 n.1 angedeutete Lesungsvarianten werden durch die neuen Exemplare hinfällig.

8 U.Kahrstedt, Klio 10,1910,284. So auch Roman Provincial Coinage I p.537.

9 Vgl. z.B. Reinach, L'histoire par les monnaies 153.160; W.Ruge, RE XVIII 4,1949,2525 s.v.Paphlagonia; Hoben 66.120.

Deiotaros Philadelphos erst 37/6 v.Chr. begann[10], ist die
Jahreszahl 27, wenn sie von 64 v.Chr. aus gezählt wurde, auf den
Münzen dieses Königs kaum möglich, da das Jahr 27 dann 38 v.
Chr. entsprechen würde[11]. Man könnte höchstenfalls von einem
Epochenjahr 64/3 v.Chr. ausgehen und käme damit für die Zahl 27
in das Jahr 38/7 v.Chr., wenn man den Jahresanfang im Herbst
annimmt. Bezüglich des Beginns der Regierungszeit des Deiotaros
Philadelphos und der darauffolgenden Münzprägung, für die eine
gewisse Vorbereitungszeit berücksichtigt werden muß, gerät man
dann allerdings in chronologische Schwierigkeiten.

Reinach griff die Interpretation der Buchstaben durch
Kahrstedt auf und meinte, ZK bezeichne das Jahr 27 der
Regierung des Deiotaros und sei mit dem Jahr 9 v.Chr. gleich-
zusetzen[12]. Wir kennen allerdings keinen weiteren Beleg für die
Zählung nach Regierungsjahren im Königreich Paphlagonien[13].
Auch die Interpretation des V als Jahrzeichen bereitet Schwie-
rigkeiten und verlangt eine Parallele. Die Bedeutung der drei
Buchstaben auf den Silbermünzen des Deiotaros Philadelphos muß
weiterhin offenbleiben[14].

10 Vgl. Th.Reinach, RN 1891,395; Id., L'histoire par les
monnaies 162; F.Stähelin, Geschichte der kleinasiatischen Galater
97f.; W.Ruge, RE XVIII 4,1949,2526; Hoben 119; Sullivan 170.

11 In Roman Provincial Coinage I p.537 wird eine pompeianische
Ära vermutet, die von 64 v.Chr. ausgeht, aber falsch das Jahr 27
in 37 v.Chr. umgerechnet.

12 Th.Reinach, RN 1891,401 n.1. Vgl. Rec.gén p.164* mit n.1.

13 Den monogrammartig geschriebenen Buchstaben A auf einer
Bronzemünze des Deiotaros Philadelphos und des Deiotaros
Philopator (Rec.gén. p.164* Nr.6 = Roman Provincial Coinage I
3509) wird man nicht als Jahreszahl interpretieren dürfen, wie es
Th.Reinach, L'histoire par les monnaies 165 (allerdings mit
Zweifeln) vorgeschlagen hat.

14 In der SNG Aulock 151 werden die Buchstaben VKZ mit
Fragezeichen angeführt, ohne diese zu interpretieren; W.Hahland,
Festschrift Egger 155 erwähnt sie zwar, erklärt sie aber nicht. Im
Auktionskatalog Sternberg 14,1984, Nr.103 wird noch einmal die
alte Interpretation als Regierungsjahr 27 aufgegriffen.

VI. BITHYNIEN

1. Die bithynische Königsära

Auf einem Goldstater[1] und auf zahlreichen Silbertetradrachmen, die im Namen der bithynischen Könige geprägt wurden, sind Jahreszahlen zu lesen, die von 149 bis 224 reichen[2] (Taf. II 10). Auf den Vorderseiten dieser datierten Münzen ist der Kopf des bithynischen Königs Nikomedes II. dargestellt, dessen Porträt aber auch unter seinen Nachfolgern auf den Münzen weitergeführt wurde[3]. Vom Porträt und der Titulatur her lassen sich daher die einzelnen Münzen nicht einem bestimmten der drei aufeinanderfolgenden Könige Nikomedes II., Nikomedes III. oder Nikomedes IV. zuweisen.

Die frühesten datierten Münzen können nicht vor der Regierungszeit des Nikomedes II. geprägt sein. Die Ereignisse um die Ermordung König Prusias' II. und die Thronbesteigung seines Sohnes Nikomedes II. sind gut bezeugt[4]. Nach den literarischen Quellen geschah dies im Jahre 149 v.Chr.[5]. Der terminus post quem für die Prägezeit der datierten Münzen ist also 149 v.Chr.

1 Publiziert ist nur ein Stater des Nikomedes II., dessen Jahreszahl nicht mehr vollständig zu lesen ist; Rec.gén. p.228 Nr.39. Er muß in einem der Jahre zwischen 160 und 169 geprägt sein. Für alle diese Jahre liegen auch Tetradrachmen vor.

2 Rec.gén. p.228ff. Nr.40. Vgl. auch die Liste bei Th.Reinach, RN 1887,344ff. = Reinach, Trois royaumes 125ff. Die dort angeführten Münzen mit den Jahreszahlen 155 und 220 sind nicht nachweisbar, wahrscheinlich verlesen. Kataloge oder Listen neuerdings für die Jahre 180 bis 203 bei D.G.Glew, ANSMusN 32, 1987,45ff., für die Jahre 206 bis 214 bei W.H.Bennett, Historia 10, 1961,470ff. und für die Jahre 200-224 bei Fr.de Callatay, RBN 132,1986,13ff.

3 So Rec.gén. p.216; Perl 299; Ph.Pollak, ANSMusN 16,1970,49. Nur Fr.de Callatay, RBN 132,1986,21f. wollte für die Zeit von 93/2 bis 89/8 v.Chr. das Porträt des Sokrates Chrestos, des Halbbruders von Nikomedes IV., auf den Tetradrachmen feststellen. Die gleichbleibende Titulatur des Königs in der Rückseitenlegende zeigt aber, daß immer Nikomedes II. als eine Art Neugründer der Dynastie dargestellt werden sollte, keiner der gerade regierenden Herrscher.

4 Diod.32,21; App.Mithr.7; Iust.34,4; Zonar.9,28,1; Liv.per. 50. Vgl. Will, Histoire politique II 384.

5 So auch F.Geyer, RE XVII 1,1936,495 s.v.Nikomedeia 4; Magie I 317 und II 1199 n.45; Chr.Habicht, RE XXIII 1,1957,1122 s.v. Prusias II.; Harris, Bithynia 863.

Der terminus ante quem ist das Ende des bithynischen König-
reiches und die Einrichtung der römischen Provinz Bithynia. Der
Tod des letzten bithynischen Königs Nikomedes IV. erfolgte nach
Eutrop[6] unter den römischen Consuln L.Licinius Lucullus und
M.Aurelius Cotta, das heißt 74 v.Chr. Die Genauigkeit dieses
Datums ist aber umstritten[7]. Die 76 Jahre, in denen Münzen mit
Jahreszahlen geprägt wurden, passen auf den ersten Blick genau
in den Zeitraum vom Regierungsantritt Nikomedes' II. bis zum Tode
Nikomedes' IV., das heißt in die Zeit zwischen 149 und 74 v.Chr.
Rechnet man vom Jahre 149 v.Chr. die 149 Jahre, die kleinste Zahl
auf den bithynischen Münzen, zurück, ergibt sich als Epochenjahr
der auf den bithynischen Königsmünzen verwendeten Ära 297 v.
Chr.

Dennoch bleibt eine Unsicherheit. Im bithynischen Kalender,
der uns aus römischer Zeit verhältnismäßig gut durch Hemerologien, Glossare und Monatslisten bekannt ist[8], muß auch in
hellenistischer Zeit wie im makedonischen Kalender das Jahr um die
Herbstäquinoktien begonnen haben. Somit stellt sich die Frage, ob
das Epochenjahr der auf den Münzen verwendeten Ära im Herbst
297 v.Chr. endete oder erst zu diesem Zeitpunkt begann, ob also
die Jahreszahlen der Ära ab 298/7 oder ab 297/6 v.Chr. zu
berechnen sind[9]. Entspricht beispielsweise das als erstes bezeugte
Jahr 149 der Ära dem Jahr 150/49 oder 149/8 v.Chr. und das
letzte Jahr 224 auf den bithynischen Münzen 75/4 oder 74/3 v.
Chr.?

Es wurde schon gezeigt, daß die im Bosporanischen Königreich
verwendete Ära als Epochenjahr 297/6 v.Chr. hat und damit die im
Königreich Pontos unter Mithridates VI. gebräuchliche Ära
fortsetzt[10]. Es ist naheliegend, die in Pontos im 1.Jh.v.Chr.
verwendete Ära mit derjenigen gleichzusetzen, die im Nachbarreich
Bithynien auf den Münzen erscheint[11]. Es wäre schon ein seltsamer
Zufall, wenn es sich um zwei voneinander unabhängige Ären
handelte, die sich lediglich um ein Jahr unterschieden. Die
Übernahme der bithynischen Königsära nach Pontos läßt sich gut
mit den politischen und wirtschaftlichen Plänen des Mithridates VI.
erklären[12]. In seinem Konkurrenzdenken hätte der pontische König

6 Eutrop.6,6,1.

7 Siehe unten S.180ff.

8 Vgl. W.Kubitschek, JOEAI 8,1905,110; W.Kubitschek, Die
Kalenderbücher von Florenz, Rom und Leyden (DAW 57,3), Wien
1915,97ff.; Bischoff, RE X 2,1919,1595 Nr.97; Perl 300.

9 Zur Diskussion in der älteren Literatur vgl. W.H.Bennett,
Historia 10,1961,460f. und Perl 318f. mit Anm.72.

10 Siehe oben S.53ff.

11 Vgl. dazu W.H.Bennett, Historia 10,1961,461; Ph.Pollak,
ANSMusN 16,1970,51f.; F.S.Kleiner, ANSMusN 19,1974,8. - Ein
Schatzfund aus Bithynien unterstützt diese Annahme durch die
darin enthaltenen bithynischen und pontischen Münzen derselben
Jahre; vgl. Ph.Pollak, ANSMusN 16,1970,52f.

12 Siehe S.83ff.

auch schwerlich eine Ära angewandt, die sein Reich um ein Jahr jünger als das benachbarte Bithynien erscheinen ließe.

Auch aus den Nachrichten zur bithynischen Geschichte ergeben sich gute Argumente dafür, daß beide Zeitrechnungen vom gleichen Epochenjahr 297/6 v.Chr. ausgingen. In der Livius-Epitome[13] wird die Thronbesteigung des Nikomedes II. zum Ende des Jahres 149 v.Chr. berichtet, wie Perl gezeigt hat[14]. Diodor hat dieses Ereignis ebenfalls in die zweite Jahreshälfte gelegt[15]. Wir kennen einige undatierte Statere und Tetradrachmen des Nikomedes II.[16], die offensichtlich zu einem Zeitpunkt geprägt wurden, als die Äradatierung noch nicht in die Münzprägung eingeführt war. Entspräche das Jahr 149 der bithynischen Ära 150/49 v.Chr., könnte man diese undatierten Münzen nur schwer in die Regierungszeit des Nikomedes II. einordnen. Dieser König dürfte also erst nach dem Jahreswechsel Anfang Oktober 149 v.Chr. oder wenige Wochen zuvor den Thron bestiegen haben, zunächst undatierte Münzen geprägt haben und während des Jahres, das von Herbst 149 v.Chr. bis zum Herbst 148 v.Chr. reichte, zur Äradatierung auf seinen Münzen übergegangen sein. Stimmt diese Annahme, ist das Epochenjahr der Ära 297/6 v.Chr.[17].

Versucht man die bithynische Königsära mit Hilfe der letzten datierten Münzen zu berechnen, gerät man in eine umfangreiche Forschungskontroverse über das Todesjahr des Nikomedes IV., über den Zeitpunkt der Einrichtung der Provinz Bithynia und des Beginns des dritten Mithridatischen Krieges[18]. In den Quellen wird ein eindeutiger Zusammenhang hergestellt zwischen dem Tod des letzten bithynischen Königs und der Vererbung seines Reiches an die Römer sowie dem Einfall des Mithridates VI. nach Bithynien[19].

Die Datierung des Todesjahres durch Eutropius[20] in den Consulat des L.Licinius Lucullus und des M. Aurelius Cotta, das

---

13 P.Oxyrh.IV 668 und in der Ausgabe der Periochae von O.Rossbach S.133.

14 Perl 322.

15 Vgl. Perl 322.

16 Rec.gén. p.228 Nr.39 und 40.

17 Für dieses Jahr in neuerer Zeit außer Perl und W.H. Bennett, Historia 10,1961,460ff. u.a. auch Ph.Pollak, ANSMusN 16,1970,51f.; Chr. Habicht, RE X A, 1972,451 s.v. Zipoites 1; F.S.Kleiner, ANSMusN 19,1974,8; Fr.de Callatay, RBN 132,1986, 12 n.86; D.G.Glew, ANSMusN 32,1987,24 n.3; Sullivan 344 n.17. - Dagegen das Jahr 298/7 v.Chr. noch immer bei B.Scardigli, Athenaeum 49,1971,264f.; Sherwin-White, Foreign Policy 162 n.14 und neuerdings wieder bei R.Merkelbach, ZPE 81,1990, 97-100 und Th.Corsten, IvPrusa p.8.

18 Vgl. z.B. Broughton II 106-108. III Suppl.121f.; Lewis, Bithynia 53ff.; R.Merkelbach, ZPE 81,1990,97-100; Keaveney 188ff.

19 Eutrop.6,6,1; App.Mithr.70f.: Liv.per.93. Vgl. auch Arrian, Bithyniaka, FGrHist 156, F 14; App.b.c.1,111; Sall.hist. 2, fr.71ff. 4,fr.69,9 Maurenbrecher.

20 Eutrop.6,6,1.

heißt ins Jahr 74 v.Chr., wird von einem Teil der Forschung abgelehnt[21], weil sie den Beginn des dritten Mithridatischen Krieges ins Frühjahr[22] 74 v.Chr. legen wollte und damit den Tod des letzten bithynischen Königs ins Jahr 75 v.Chr. verschieben mußte[23].

Merkelbach[24] hat versucht, das Zollgesetz der Provinz Asia, das in einer Inschrift aus Ephesos überliefert ist[25], als Beweis für den Tod des Nikomedes IV. im Jahre 75 v.Chr. anzuführen. In einem Vorspann zur Urfassung dieses Gesetzes, die die Herausgeber der Inschrift wegen der Erwähnung der beiden Consuln L.Octavius und C.Aurelius Cotta in das Jahr 75 v.Chr. datierten, werden publicani portorii Asiae erwähnt, die am Bosporus und damit nach Merkelbach im Königreich Bithynien tätig waren. Merkelbach schloß daraus, daß das Zollgesetz zu einem Zeitpunkt erlassen wurde, als man nach dem Tod des bithynischen Königs die Erbschaft Bithynien übernahm. Die Herausgeber der ephesischen Inschrift mit dem Zollgesetz haben dagegen 75 v.Chr. als Todesjahr des Nikomedes IV. abgelehnt[26] und ein mögliches Zollabkommen der Römer noch mit dem letzten bithynischen König im Jahre 75 v.Chr. angenommen[27], was die Anwesenheit der römischen publicani am Bosporus schon vor dem Erbfall erklären könnte. Neuerdings wurde darauf hingewiesen[28], daß in dem überlieferten Gesetz nur auf eine von den Consuln des Jahres 75 v.Chr. getätigte Verpachtung der Zölle der Provinz Asia als Muster hingewiesen wird und die Urfassung des ephesischen Zollgesetzes auch in den Jahren 74 und 73 v.Chr. entstanden sein kann. Offenbar wurde das in der ephesischen Inschrift erwähnte Gesetz im Zusammenhang mit dem Erwerb Bithyniens und der Einrichtung eines vereinigten Zollbezirkes für Asia und Bithynia erlassen[29]. Dabei wurden Bestimmungen übernommen, die von den Consuln des Jahres 75 v.Chr. für Asia eingeführt worden waren.

Das Zollgesetz kann demnach nicht als Argument gegen 74 v. Chr. als Todesjahr des Nikomedes IV. herangezogen werden, sondern unterstützt sogar diese Datierung, wenn man annimmt, daß Regelungen, die schon vor dem Erbfall für Asia erlassen

---

21 Z.B. A.M.Ward, AJAH 2,1977,26ff.; Fr.de Callatay, RBN 132,1986,27ff.; R.Merkelbach, ZPE 81,1990,97ff. Vgl. Perl 307 mit Anm.38 und Anm.41.

22 Daß der Einfall des Mithridates nach Bithynien im Frühjahr geschah, geht aus App.Mithr.70 hervor.

23 Das Todesjahr 75 v.Chr. nahmen zuletzt Fr.de Callatay, RBN 132,1986,28 und R.Merkelbach, ZPE 81,1990,97ff. an; vgl. auch die bei Perl 308 Anm.41 angegebene Literatur.

24 R.Merkelbach, ZPE 81,1990,97ff.

25 H.Engelmann - D.Knibbe, EA 14,1989, bes. S.42f. und 161.

26 H.Engelmann - D.Knibbe, EA 14,1989,161 Anm.1.

27 Schon Nikomedes III. hatte publicani ins Land gerufen: Diod.36,3,1f.

28 M.Heil, EA 17,1991,9ff.

29 So M.Heil, EA 17,1991,10ff.

wurden, in das neue Gesetz aufgenommen sind und daß laut Memnon[30] noch vor dem Ausbruch des dritten Mithridatischen Krieges publicani ihre Arbeit in Bithynien aufnahmen.

Vor allem Perl unternahm es, anhand der Quellen nachzuweisen, daß die Ereignisse um den Tod des Nikomedes IV. ins Jahr 74 v.Chr. gehören und der Beginn des letzten Mithridatischen Krieges ins Frühjahr 73 v.Chr. fällt[31]. Diese Chronologie wird durch die bithynischen Königsmünzen des Jahres 224 unterstützt, die nach unserer Rechnung im Jahr 74/3 v.Chr. geprägt wurden. Man hat aber auch versucht, mit angeblich postumen Prägungen des Nikomedes IV. oder mit Hilfe der Hypothese, die Münzprägung sei durch einen illegitimen Sohn des Nikomedes IV., der bei Sallust erwähnt wird[32], fortgesetzt worden, die Lücke zwischen dem angenommenen Todesjahr 75 v.Chr. und den letzten Münzen von 74/3 v.Chr. zu erklären[33].

De Callatay[34] wollte die Prägungen der Jahre 223 und 224 nicht Nikomedes IV., sondern seinem Sohn und angeblichen Nachfolger zuweisen. Er bemerkte stilistische Ähnlichkeiten und die gleichen Monogramme auf den Münzen des Jahres 223 (=75/4 v.Chr.) und der Jahre 207 bis 209 (=91/0 - 89/8 v.Chr.), einer Periode, die mit dem Auftreten eines Halbbruders des Königs Nikomedes IV. namens Sokrates Chrestos und seinen Thronansprüchen verbunden ist[35]. In beiden Zeiträumen habe eine inoffizielle Prägestätte gearbeitet. Mit solchen stilistischen Argumenten sollte man aber nicht andere Prägeherren postulieren. Durch sie lassen sich höchstenfalls unterschiedliche Stempelschneider oder verschiedene Werkstätten feststellen[36]. Darauf weisen aber auch schon die verschiedenen Monogramme, die die zuständigen Prägebeamten

30 FGrHist 434 F 27,5f.
31 Perl 306ff. Weitere Unterstützung für diese Datierung lieferten W.H.Bennett, Historia 10,1961,459ff.; D.G.Glew, Chiron 11,1981,128f.; McGing, Mithridates 138 n.25. 144; B.C.McGing, Phoenix 38,1984,12ff.; Sherwin-White, Foreign Policy 162ff. - Für das Jahr 74 v.Chr. auch Lewis, Bithynia 26ff.45ff.; Harris, Bithynia 866; Broughton III Suppl.122; Sullivan 344 n.17; M.Heil, EA 17,1991,10f.; Sartre 21.258.
32 Sall.hist.2, fr.71 Maurenbrecher. Vgl. Keaveney, Lucullus 189-191.
33 Vgl. Perl 307 Anm.307; A.M.Ward, AJAH 2,1977,32f.; Fr.de Callatay, RBN 132,1986,26ff.
34 Fr.de Callatay, RBN 132,1986,24ff.
35 Dazu Sherwin-White, Foreign Policy 111f. - Die Schlußfolgerungen, die Fr.de Callatay, RBN 132,1986,22ff. aus der Prägeintensität und aus stilistischen Merkmalen der Münzen für die bithynische Geschichte zwischen 96/5 und 89/8 v.Chr. ziehen will, gehen m.E. zu weit.
36 D.G.Glew, ANSMusN 32,1987,31ff. neigte mehr der Auffassung zu, daß unterschiedliche Beamte der gleichen Münzstätte nacheinander Münzen prägen ließen.

angeben[37], ohne daß man damit einen Wechsel des Prägeherren verbinden muß. Von der Regierung eines Sohnes des bithynischen Königs Nikomedes IV. ist nirgendwo die Rede, lediglich von der Diskussion um seine Legitimität. Angebliche Ansprüche auf den Thron wurden dabei abgelehnt[38]. Da dieser Sohn kein König wurde, kann er auch keine Münzen geprägt haben. Es wäre auch schwierig, die Regierungsperiode eines weiteren bithynischen Königs, die nach de Callatay in zwei bithynische Jahre fiel, chronologisch einzuordnen.

Eine Fortführung der bithynischen Ära, nachdem die römische Provinz eingerichtet worden war, ist nicht zu erwarten. Überall, wo römische Provinzen entstanden, hörten die hellenistischen Königsären auf. Das ererbte bithynische Königreich war nach dem Ableben des Nikomedes IV. dem römischen Statthalter des benachbarten Asia M.Iunius Iuncus zur Verwaltung übergeben worden[39]. Wann genau Bithynien in das römische Provinzialsystem übernommen wurde, ist den Quellen allerdings nicht zu entnehmen[40]. Um ein Vakuum zu verhindern, wird dies jedoch bald nach dem Tode des Königs geschehen sein. Die Eile, die man in Rom für angebracht hielt, wird dadurch deutlich, daß Bithynien dem Statthalter der benachbarten Provinz anvertraut wurde. Es war wohl nur eine provisorische und kurzfristige Aufgabe für Iuncus, die er aber schnell übernehmen konnte[41].

M.Cotta, dem Konsul des Jahres 74 v.Chr., wurde bald danach Bithynien zur Verwaltung übertragen[42]. Er wird noch vor Ende seines Amtsjahres in Rom dorthin abgereist sein. Diese Übernahme Bithyniens durch Cotta ist der eigentliche terminus ante quem für das Ende der datierten bithynischen Königsprägungen. Es ist aber nicht ganz auszuschließen, daß in bithynischen Städten noch unter römischer Verwaltung (postume) Königsmünzen geprägt wurden, um damit den Widerstand gegen Mithridates VI. aufzubauen[43]. Schon ein Jahrzehnt zuvor, von 88 bis 84 v.Chr., als Mithridates VI. Bithynien in Besitz genommen hatte, war trotz pontischer

---

37　Vgl. Th.Reinach, RN 1887,349; Reinach, Trois royaumes 130; Rec.gén.p.218.

38　Vgl. Magie II 1201 n.49 und 50; Perl 307 Anm.40. 312; Lewis, Bithynia 26ff.; W.H.Bennett, Historia 10,1961,462f.; D.G.Glew, Chiron 11,1981,128 mit Anm.74.

39　Vell.Pat.2,42,3; Gell.5,13,6. Vgl. Lewis, Bithynia 32ff.; A.M.Ward, AJAH 2,1977,26ff.; B.C.McGing, Phoenix 38,1984,16; Sherwin-White, Foreign Policy 162.

40　M.Iunius Iuncus war 75/4 v.Chr. als Proconsul in Asia; vgl. Broughton II 98 und III Suppl. 113; Sherwin-White, Foreign Policy 162 n.16.

41　Vgl. Lewis, Bithynia 33.

42　Plut.Luc.6,6.

43　So schon eine Hypothese von B.C.McGing, Phoenix 38,1984, 14f. Vgl. auch Keaveney, Lucullus 191.

Besetzung die bithynische Münzprägung, wenn auch in geringerem Umfange, weitergelaufen[44].

Aus der unterschiedlichen Anzahl bis heute erhaltener bithynischer Königsmünzen hat man immer wieder versucht, die historischen Ereignisse der Zeit zu datieren. Bennett[45] wollte aus der Verteilung von 71 ihm bekannten bithynischen Münzen über die Jahre 206 bis 214, das heißt in der Zeit von 92/1 bis 84/3 v.Chr., das Epochenjahr der Ära berechnen, weil Nikomedes IV. ab 88 v. Chr. keine Armee mehr besaß und bald danach auch sein Königreich verlassen mußte. Dies könnte sich im Umfang der Münzprägung niedergeschlagen haben. Bennett stellte einen rapiden Rückgang der Prägungen ab dem lokalen Jahr 211 fest, das er entsprechend mit 87/6 v.Chr. gleichsetzen wollte, weil dies das erste Jahr war, in dem Mithridates VI. Bithynien kontrollierte. Aber man kann mit derartig geringen Mengen – die acht Münzen des Jahres 214 (=84/3 v.Chr.) sind für Bennett ein Zeugnis für den Wiederaufschwung in der Prägetätigkeit, nachdem Nikomedes zurückgekehrt war – keine verläßlichen Ergebnisse erzielen, zumal wenn es um den Unterschied von einem Jahr geht. Erst wenn einmal das Gesamtcorpus der bithynischen Königsmünzen vorliegen wird[46], aus dem die Zahl der Stempel zu ermitteln ist, dürften verläßlichere Aussagen zur Prägeintensität erwartet werden. Immerhin bestätigt die Materialsammlung von Fr. de Callatay[47] die Tendenz, daß bis zum Jahre 208 (=90/89 v.Chr.) ein hoher Münzausstoß erfolgte und in den Jahren 211 bis 213 (=87/6-85/4 v.Chr.) sehr wenige bithynische Königsmünzen geprägt wurden[48].

Wie kann man die Prägelücke erklären, die zwischen den Münzen des Jahres 215 (=83/2 v.Chr.) und denen des Jahres 223 (=75/4 v. Chr.) klafft? In dieser Zeit regierte Nikomedes IV. unbehelligt in Bithynien. Ph. Pollak[49] schreibt diese Unterbrechung in der Münzprägung den wirtschaftlichen Notzeiten in Kleinasien zu. Die Wiederaufnahme der Prägung 75/4 v.Chr. hängt aber wohl mit der zunehmenden Bedrohung durch Mithridates VI. und der dadurch notwendigen Aufrüstung zusammen. Denn die Prägungen in den letzten beiden Jahren bithynischer Herrschaft, 75/4 und 74/3 v.

---

44 Vgl. Ph.Pollak, ANSMusN 16,1970,52; Fr.de Callatay, RBN 132,1986,25 n.103.

45 W.H.Bennett, Historia 10,1961,469f. Vgl. auch Ph.Pollak, ANSMusN 16,1970,52 n.18.

46 Ein solches ist von Harald Nilsson angekündigt.

47 Fr.de Callatay, RBN 132,1986,13ff., der immerhin statt der lediglich 71 Exemplare, die Bennett kannte, 93 Münzen für die Jahre 206 bis 214 zusammengestellt hat.

48 Dies wird durch die Anzahl nachgewiesener Stempel deutlich: im Jahr 206 12 Vorderseiten- und 16 Rückseitenstempel; für das Jahr 207 lauten die Zahlen 16 und 21; Jahr 208: 10 - 11; Jahr 209: 7 - 13; Jahr 210: 5 - 5; Jahr 211: 1 - 2; Jahr 212: 3 - 2; Jahr 213: 1 - 1; Jahr 214: 5 - 5.

49 Ph.Pollak, ANSMusN 16,1970,53.

Chr., waren umfangreicher, als Ph.Pollak annahm. Für das Jahr
223 hat Fr.de Callatay fünf Vorderseiten- und sieben Rückseitenstempel zusammengetragen[50]. Das sind mehr Stempel, als im Jahre
214 (=84/3 v.Chr.) verwendet wurden, als die Prägung nach der
Rückkehr des Königs aus dem Exil wiederaufgenommen worden war.
Für das letzte Jahr 224 sind immerhin noch zwei Vorderseiten- und
drei Rückseitenstempel bekannt.

Mit der Anzahl erhaltener Münzen und Stempel rechnet auch
Glew[51], wenn er in der Regierungszeit des Nikomedes III., die
seiner Meinung nach vom bithynischen Jahr 180 bis zum Jahr 203
reichte, das heißt von 118/7 bis 95/4 v.Chr., die kappadokische
Expedition des bithynischen Königs durch die unterschiedlich
intensive Münzprägung zu datieren versucht. Die Lücke in der
Reihe bithynischer Königsprägungen in den Jahren 194 und 195,
das heißt 104/3 und 103/2 v.Chr.[52], läßt sich auf diese Weise mit
der Niederlage in Kappadokien und der nachfolgenden Notlage in
Bithynien erklären[53]. Glew vermutet, daß zu dieser Zeit hohe
Entschädigungen an Ariarathes von Kappadokien und Mithridates
von Pontos gezahlt werden mußten. Im Jahre 196 (=102/1 v.Chr.)
wurde die Münzprägung in Bithynien wiederaufgenommen; nach
Glew waren die Schulden beglichen. Er selbst gesteht zu, daß dies
Hypothesen sind, die aber die Unterschiede in der Prägeintensität
erklären könnten.

Nachdem das Epochenjahr 297/6 v.Chr. für die auf den
bithynischen Königsmünzen verwendete Ära feststeht, stellt sich
die Frage, was der Ausgangspunkt für diese Zeitrechnung war.
Die Quellen überliefern uns keine historischen Ereignisse für das
Jahr 297/6 v.Chr., weder in der Geschichte Bithyniens noch in
der von Pontos[54]. Da die Ära zuerst in Bithynien angewendet
wurde[55], ist in diesem Land die bedeutende politische Veränderung
zu suchen, die später zur Jahresrechnung ab diesem Zeitpunkt
führte.

Das Jahr 297/6 v.Chr. fällt in die Regierungszeit des
bithynischen Fürsten Zipoites I.[56]. Nach Memnon[57] wurde Zipoites
76 Jahre alt und regierte 48 Jahre. Da er noch den Beginn der
Alleinherrschaft des Seleukiden Antiochos I. im Jahre 281 v. Chr.

---

50 Fr.de Callatay, RBN 132,1986,13ff.

51 D.G.Glew, ANSMusN 32,1987,23-55, besonders 29ff.

52 Die von Fr.de Callatay, RBN 132,1986,25 n.106 angeführten
Münzen des Jahres 194 sind Falschlesungen; vgl. D.G.Glew,
ANSMusN 32,1987,30f. n.22. Glew (S.34) hat auch gezeigt, daß es
statistisch unwahrscheinlich ist, daß noch Münzen der Jahre 194
und 195 auftauchen.

53 D.G.Glew, ANSMusN 32,1987,41ff.

54 Vgl. Perl 305 und 326ff.

55 Mitte des 2.Jh.v.Chr. wurde in Pontos offensichtlich noch
die Seleukidenära angewendet; siehe oben S.78ff.

56 Vgl. Chr.Habicht, RE X A,1972,448ff. s.v. Zipoites 1.

57 Memnon, FGrHist 434, F 12,5.

erlebte[58], kann er frühestens 329 v.Chr. an die Regierung gelangt
sein, spätestens aber 327 v.Chr., weil beim Feldzug, den
Antiochos kurz nach der Übernahme der Herrschaft gegen
Bithynien plante, schon Nikomedes I. als König in Bithynien
bezeugt ist[59]. Der Beginn der Regierung des Zipoites kann also
nicht das Epochenjahr der bithynischen Königsära sein. Bei der
Seleukiden- und der Arsakidenära wurde das Epochenjahr auf den
Regierungsbeginn des ersten Königs zurückdatiert. In Bithynien
aber fällt das Epochenjahr mitten in die Regierungszeit des
Zipoites, ebenso wie in Pontos mitten in die Regierungszeit des
ersten Mithridates[60].

Aus den Quellen erfahren wir von Kämpfen des Zipoites gegen
Lysimachos[61], die nach der Schlacht von Ipsos, also nach 301
v.Chr. begonnen haben müssen und sich bis zur Schlacht von
Kurupedion 281 v.Chr. hingezogen haben dürften. Der Bithynier
errang einige Siege[62]. Schon Droysen und Reinach hatten
vermutet[63], daß das Epochenjahr der Ära zeitlich mit der Annahme
des Königstitels durch Zipoites zusammenfällt, und die meisten sind
ihnen darin gefolgt[64]. Seit 306 v.Chr. nahmen die Diadochen nach
Siegen über ihre Rivalen den Königstitel an, und die Herrscher
der unabhängigen Reiche haben diese Vorbilder nachgeahmt[65]. Ein

58 Memnon, FGrHist 434, F 12,5.
59 Memnon, FGrHist 434, F 9,3. Zur Frage des Regierungsan-
tritts vgl. r.Geyer, RE XVII 1,1936,493 s.v.Nikomedes 3; Chr.
Habicht, RE X A,1972,449.
60 Vgl. Perl 323ff.
61 Memnon, FGrHist 434, F 6,3. Vgl. Chr.Habicht, RE X A,
1972,450f.
62 Vgl. Vitucci 16ff.; Chr.Habicht, RE X A,1972,452f.
63 J.G.Droysen, Geschichte des Hellenismus II 2², Gotha 1878,
274; Th.Reinach, RN 1887,352 = Reinach, Trois royaumes 133.
64 Z.B. Ed.Meyer, RE III 1,1897,516 s.v.Bithynia; Rec.gén.
p.211 und p.215; Magie II 1194 n.32; Vitucci 11f.; Perl 323;
Lewis, Bithynia 7; Chr.Habicht, RE X A,1972,451f.; Ph.Pollak,
ANSMusN 16,1970,51; O.Müller, Antigonos Monophthalmos und "Das
Jahr der Könige", Bonn 1973,126; F.S.Kleiner, ANSMusN 19,1974,
8; Cl.Préaux, Le monde hellénistique I, Paris 1978,138.184;
Harris, Bithynia 861; Leschhorn 268; F.W.Walbank, CAH VII 1²,
1984,63; H.Heinen, CAH VII 1²,1984,425; Will, Histoire politique I
137. Dagegen z.B. K.J.Beloch, Griechische Geschichte IV 1²,
Berlin - Leipzig 1925,234 Anm.1, der den bithynischen Königstitel
für älter hält. - Ginzel III 36 verbindet den Beginn der
bithynischen Königsära mit einer angeblichen "Unabhängigkeitser-
klärung Bithyniens"; ebenso Grumel 213 und W.Kubitschek, RE I
1,1893,635f.
65 Dazu O.Müller, op.cit. 78ff.122ff. - Beispiele bei Perl 323
Anm.101; Cl.Préaux, Le monde hellénistique I, Paris 1978,183f.;
Mehl 148ff. - Vgl. G.A.Lehmann, ZPE 72,1988,6f., der betont, daß
nicht jede Königserhebung eines Diadochen auf einem großen
militärischen Sieg beruhen muß.

Sieg über den König Lysimachos dürfte die Annahme des Königstitels durch den bithynischen Herrscher veranlaßt haben[66]. Ein
solcher Vorgang ist ein passendes Ereignis, um damit eine Ära
beginnen zu lassen, ein besserer Anlaß jedenfalls, als es die
Eroberung einer Stadt wäre, wie ebenfalls vermutet wurde[67]. Daß
sich Zipoites die makedonischen Könige in der Nachfolge
Alexanders zum Vorbild nahm, wird allein schon durch die
Gründung der Stadt Zipoition deutlich, die seinen Namen trug[68].
Auch als Stadtgründer folgte er dem Beispiel der Diadochen[69].
   Die Quellen zur Einführung des Königtums in Bithynien sind
verworren. Diodor (19,60,3) nennt Zipoites zum Jahr 315 v.Chr.
"Basileus", nimmt damit aber offensichtlich dessen späteren Titel
vorweg[70]. Memnon bezeichnet schon Zipoites' Vorgänger Bas als
"König", Zipoites selbst aber als "Eparchon"[71]. Vom "König"
Zipoites sprechen Plutarch und Stephanos von Byzanz[72]. Der
Chronograph Georgios Synkellos gibt in allerdings reichlich
verworrenen Mitteilungen[73] die Zahl der bithynischen Könige mit
acht an. Rechnet man vom letzten König Nikomedes IV. an zurück,
kommt man auf Zipoites als ersten bithynischen König[74]. Perl hat
gezeigt[75], daß Synkellos zwar den Beginn und das Ende der
bithynischen Königszeit herabdatiert hat, aber doch auf guter
Überlieferung beruht. Zweimal gibt der Chronograph den Zeitraum
von 213 Jahren für die bithynische Königszeit an[76]. Schon
Reinach[77] sah darin einen Fehler in der Vorlage des Synkellos. Die
Zahl σιγ' sei in die Ziffern σκγ' zu verbessern. Die so emendier-
ten Jahre passen genau in den Zeitraum von 297 v.Chr. bis 74 v.
Chr., da die Königslisten nur mit vollen Jahren rechnen[78]. Stimmt

---

66 Perl 323. Vgl. auch Magie I 311; Vitucci 12; Chr.Habicht,
RE X A,1972,452; Will, Histoire politique I 138.
67 K.J.Beloch, Griechische Geschichte IV 1², Berlin - Leipzig
1925,234 Anm.1 wollte die Ära mit der Eroberung von Astakos
beginnen lassen; dagegen Vitucci 16 n.3 und Chr.Habicht, RE X
A,1972,452.
68 Memnon, FGrHist 434, F 12,5; Steph.Byz. s.v. Ζιποίτιον.
69 Vgl. Leschhorn 269 mit Anm.1.
70 So schon Th.Reinach, RN 1887,226 = Reinach, Trois
royaumes 95; dann auch Magie II 1194 n.32; Perl 323 Anm.99;
Chr.Habicht, RE X A,1972,451.
71 Memnon, FGrHist 434, F 12,4 und F 6,3.
72 Plut. quaest.Gr.49 = mor.302E; Steph.Byz. s.v. Ζιποίτιον.
73 Synkellos p.593,7 und p.525,9.
74 Es folgten einander Zipoites, Nikomedes I., Ziaelas, Prusias
I., Prusias II., Nikomedes II., Nikomedes III. und Nikomedes IV.
75 Perl 323ff.
76 Siehe Anm.73.
77 Th.Reinach, RN 1887,352 = Reinach, Trois royaumes 133.
Ebenso Ed.Meyer, RE III 1,1897,522 und Perl 324 mit weiteren
Beispielen für entsprechende Fehler in den Zehnerziffern bei
Königsreihen (Anm.125).
78 Vgl. Perl 324.

diese Interpretation der Synkellos-Aussagen, besitzen wir einen weiteren Hinweis auf das Epochenjahr 297/6 v.Chr. und auf die Annahme des Königstitels durch Zipoites zu diesem Zeitpunkt. Die Königszählung, die sich bei Synkellos widerspiegelt, ist aber, wie die pontische Königsära beim selben Chronographen zeigt, unabhängig von der Jahreszählung auf den Münzen zu sehen. Es handelt sich dort um rein gelehrte Ären, die in der Chronographie entstanden sind und nur in der Literatur verwendet wurden.

Die ersten Münzen mit der bithynischen Äradatierung stammen, wie gezeigt wurde, aus dem Jahre 149/8 v.Chr., also vom Beginn der Regierungszeit des Nikomedes II. Ab diesem Zeitpunkt wurde die Ära regelmäßig für die Datierung der Edelmetallmünzen verwendet. Über die Gründe für die Einführung der Ära läßt sich nur spekulieren. Es war die dritte dynastische Ära nach der Seleukiden- und nach der Arsakidenära. Am weitesten verbreitet war auch in Kleinasien die Seleukidenära[79]. Daß Nikomedes II. die Seleukiden in der dynastischen Jahresrechnung nachahmen wollte, ist eine mögliche Erklärung[80]. Nur mit Hilfe des Attalidenkönigs Attalos II. und der Römer hatte er den Thron errungen[81]. Insofern ist es verständlich, wenn er für sein und seines Reiches Renommee eine eigene Zeitrechnung einführen wollte, mit der er seine Unabhängigkeit unterstreichen sowie das Alter und die Tradition des bithynischen Königtums hervorheben konnte. Denn an Alter übertraf das bithynische Königreich die benachbarten Reiche vor ergamon und Pontos[82].

Einerseits stellte sich Nikomedes II. mit der Ära bewußt in die Tradition des bithynischen Königtums, das er fortzuführen gedachte und dessen Kontinuität er propagieren wollte[83]. Sichtbarer Ausdruck dafür waren die fortlaufenden Zahlen der Ära. Andererseits zeigen die Neuerungen unter Nikomedes II., daß er seine Stellung unter den hellenistischen Königen zu stärken suchte. Er war der erste bithynische König, der wie die meisten hellenistischen Könige einen Beinamen aus dem Bereich der Götterwelt annahm und ihn auf den Münzen von Anfang an verkündete. Durch "Epiphanes" proklamierte er seine übermenschliche Natur[84] und dürfte damit, genau wie in der Zeitrechnung, die Seleukiden nachgeahmt haben. Das Vorbild war wohl der Seleukidenkönig Antiochos IV. Epiphanes. Als erster der Dynastie ließ Nikomedes bei allen Edelmetallprägungen auch sein Porträt auf der Vorderseite abbilden. Die Einführung der dynastischen Ära ist

79   Siehe oben S.22ff.
80   So Th.Reinach, RN 1887,350 = Reinach, Trois royaumes 131; Bickerman, Chronologie 45.
81   Vgl. F.Geyer, RE XVII 1,1936,494f. s.v. Nikomedes 4; Magie I 317f.; Vitucci 84ff.; Harris, Bithynia 863f.; Will, Histoire politique II 384.
82   Von daher läßt sich wohl verstehen, daß im Königreich Pontos die gleiche Ära eingeführt wurde.
83   Vgl. Vitucci 63.
84   Vgl. Vitucci 93f.

somit nur eine unter vielen Neuerungen, die das Prestige des bithynischen Königtums auch nach außen hin stärken sollten.

In den wenigen Inschriften, die uns in hellenistischer Zeit aus Bithynien bekannt sind, kann die bithynische Königsära nicht nachgewiesen werden. In einem fragmentarisch erhaltenen Dekret für einen königlichen Epistates aus Prusa am Olympos sind von der Datierungsangabe nur die Buchstaben ΑΙ ΔΕΚΑΤΟΥ Ε erhalten[85] (Taf.VI 1). Louis Robert hatte die Ergänzung Ἔτους ἑκατοστοῦ κ]αὶ δεκάτου vorgeschlagen[86] und die Berechnung nach der bithynischen Königsära in Erwägung gezogen, womit man auf das Jahr 188/7 v.Chr. käme. Diese Datierung der Inschrift ist aber mehrfach als zu früh abgelehnt worden, weil Prusa offenbar erst in der Zeit zwischen 188 und 183 v.Chr. gegründet wurde[87]. Zwar hält Habicht eine Gründung der Stadt im Jahre 188/7 v.Chr. für möglich[88]. Aber nach dem Inhalt der Inschrift muß die Stadt schon einige Zeit existiert haben, bevor das Dekret erlassen wurde. Es geht um Wohltaten eines Epistates für die Stadt, für die ihm durch den Volksbeschluß gedankt wird[89]. Dies alles wird wohl kaum im gleichen Jahr wie die Gründung erfolgt sein[90]. Vitucci hat daher die Ergänzung Ἔτους ἑπτακ]αιδεκάτου ἑ[κατοστοῦ... (= Jahr 117) bevorzugt, was nach der bithynischen Königsära dem Jahre 181/0 v.Chr. entspräche[91]. Verschiedene Gründe sprechen aber gegen die Verwendung der bithynischen Königsära in dieser Inschrift. Diese war nämlich eine aus politischen Gründen konstruierte Ära, die nur von den Königsmünzen und erst ab Mitte des 2.Jh.v.Chr. bezeugt ist. Auch wenn das völlige Fehlen dieser Jahresrechnung in den Inschriften durch die geringe Zahl

---

85 Robert, Etudes anatoliennes 228ff. mit Pl.IX 1. Dazu Rostovtzeff, Hellenistic World III 1481 n.75; Vitucci 61ff.; F.K.Dörner, RE XXIII 1,1957,1078f. s.v. Prusa ad Olympum; Perl 299 Anm.3 und der Kommentar von Th.Corsten, IvPrusa p.8f.

86 Robert, Etudes anatoliennes 231. Vgl. auch Th.Corsten, IvPrusa p.8.

87 Vgl. Robert, Etudes anatoliennes 231f. mit n.4; Vitucci 60ff.; F.K.Dörner, RE XXIII 1,1957,1077f.; Chr.Habicht, RE XXIII 1,1957,1103f. s.v. Prusias I.; Leschhorn 279ff. - Neuerdings wollte Th.Corsten, Tyche 4,1989,33f. Prusa schon als Gründung des 6.Jh.v.Chr. darstellen. Aber auch er geht von einer Neugründung im zweiten Jahrzehnt des 2.Jh.v.Chr. aus, die die Voraussetzung für das Dekret ist.

88 Chr.Habicht, RE XXIII 1,1957,1104; vgl. auch Wilson 76.

89 Zeile 4f. der Inschrift; vgl. Robert, Etudes anatoliennes 233f.; Vitucci 62.

90 Vitucci 62.

91 Vitucci 63, der auch (n.4) folgende Ergänzung für möglich hält: Ἔτους ἑβδόμου κ]αὶ δεκάτου ἑ[κατοστοῦ. Vgl. SEG 16,744 und Robert, Bull.épigr.1955,25. G.Klaffenbach glaubte, daß diese Ergänzung wegen des dann fehlenden Wörtchens καὶ zwischen Zehner- und Hunderterziffer weniger gut ist; vgl. Perl 299 Anm.3; Th.Corsten, IvPrusa p.9.

hellenistischer Inschriften aus Bithynien erklärt werden könnte[92],
so wäre doch zumindest ihre Verwendung auf den Münzen der
Könige Prusias I. und Prusias II. zu erwarten, wenn die Ära
schon länger eingeführt war.

Welche andere Zeitrechnung kommt dann aber für die Inschrift
aus Prusa in Frage[93]? In der ersten Hälfte des 2.Jh.v.Chr.
wurden die Inschriften in Kleinasien entweder nach den örtlichen
Eponymen, nach den Regierungsjahren der Könige[94] oder nach der
seleukidischen Ära[95] datiert. Nach Robert[96] scheint am Anfang der
Inschrift kein Platz für die Nennung eines Herrschers zu sein,
obwohl, nach der Photographie des Steines in den "Inschriften von
Prusa" (p.7) und nach dem bei Robert abgebildeten Abklatsch zu
urteilen, eine weitere Zeile über der Jahreszahl nicht
auszuschließen ist[97]. Rechnete man nach der Seleukidenära, müßte
man das Dekret wohl an die Wende vom 2. zum 1.Jh. v.Chr.
hinabrücken, da eine Jahreszahl zwischen 210 und 219 zu ergänzen
wäre[98]. Da offenbar in Pontos im 2.Jh.v.Chr. nach der
seleukidischen Ära datiert wurde[99], ist deren Verwendung in
Bithynien nicht unwahrscheinlich, auch wenn Robert die Inschrift
von den Schriftformen her an den Anfang des 2.Jh. v.Chr. setzen
wollte[100]. Rostovtzeff aber schloß eine spätere Zeit, nach der
Regierung des Prusias I., nicht aus[101].

Eine lokale städtische Ära, etwa ab Gründung der Stadt, wäre
ebenfalls eine Möglichkeit, die Jahreszahl zu erklären, obwohl
etwas Entsprechendes im 2.Jh.v.Chr. im nördlichen und westlichen
Kleinasien sonst nicht zu finden ist. Man müßte bei einer solchen
Annahme eine Zahl zwischen 13 und 19 ergänzen. Die später in den
bithynischen Städten verwendete Ära ab 282/1 v.Chr.[102], die in
unserer Inschrift zu den Jahren nach 173/2 v.Chr.[103] führen
würde, ist häufig deswegen abgelehnt worden[104], weil diese

---

92 Vgl. Robert, Etudes anatoliennes 231.

93 Daß es sich um eine Datierung handelt, wird durch die
Tagesangabe in der darauffolgenden Zeile klar.

94 So z.B. in den Inschriften des Attalidenreiches; siehe oben
S.14ff.

95 Siehe oben S.31ff.

96 Robert, Etudes anatoliennes 231 mit Pl.IX 1.

97 Ungeachtet dessen findet man bei der Seleukidenära
Datierungen, in denen der Name des regierenden Königs nicht
angeführt wird; vgl. z.B. TAM II 42.

98 Bei einer Jahreszahl zwischen 110 und 119 käme man an die
Wende vom 3. zum 2.Jh.v.Chr., als Prusa noch nicht existierte.

99 Siehe oben S.78ff.

100 Robert, Etudes anatoliennes 231 n.3.

101 Rostovtzeff, Hellenistic World III 1481 n.75.

102 Siehe dazu unten S.191ff.

103 Das 110.Jahr nach dieser Ära wäre nicht 172/1 v.Chr., wie
Robert und Vitucci fälschlich errechneten, sondern 173/2 v.Chr.

104 Robert, Etudes anatoliennes 232; Vitucci 61 und 62f.; Perl
299 Anm.3. - Dagegen befürwortet von Wilson 76.

Jahresrechnung erst Mitte des 1.Jh.v.Chr. auf Münzen mit den
Namen römischer Proconsuln zu finden ist. Da darunter aber auch
Prägungen aus Prusa am Olympos sind, ist die Anwendung dieser
Ära in einer Inschrift dieser Stadt nicht unwahrscheinlich.

Eine weitere Inschrift mit Jahreszahl ist aus Demirtaş bei Prusa
bekanntgeworden[105]. Darin ehren die Einwohner der Kome Eikote
den Paraphylax Apollophanes im Jahre 239. Wo diese Kome lag, ist
ungewiß, da die Inschrift auch verschleppt worden sein kann. Der
Herausgeber Corsten datierte die Stele aufgrund eines vergleichbaren Reliefs aus Ephesos und wegen der Buchstabenformen ins 1.
oder 2.Jh.n.Chr. Insofern dürften weder die bithynischen Ären,
die ab 297/6 bzw. ab 282/1 v.Chr. zählten, noch die seleukidische
Ära ab 312/1 v.Chr. für die Berechnung der Jahreszahl 239 in
Frage kommen, da bei deren Anwendung die Inschrift an den
Beginn oder in die Mitte des 1.Jh.v.Chr. gehörte. Die lucullische
Ära oder die pompeianische Ära, die ebenfalls von Corsten
vorgeschlagen wurden, sind in Bithynien nicht bezeugt und
dürften auszuscheiden sein. Möglich wäre eine lokale Ära ab der
Gründung der Stadt Prusa, die also zwischen 188 und 183 v.Chr.
ihren Ausgangspunkt hatte. Danach wäre die Inschrift aus
Demirtaş Mitte des 1.Jh.n.Chr. entstanden. Solange aber keine
weiteren sicheren Zeugnisse vorliegen, muß die Existenz einer
solchen Ära trotz der beiden Inschriften von Prusa und Demirtaş
fraglich bleiben. Es gibt keine Parallele für eine derartige Ära zu
dieser Zeit. Am ehesten wird man die Inschrift aus Demirtaş nach
der sullanischen Ära, die südlich und westlich des Fundortes in
Mysien verbreitet war[106], in das Jahr 154/5 n.Chr. datieren.
Demnach kennen wir weiterhin keine Inschrift, die sicher nach der
bithynischen Königsära datiert ist.

2. Die sogenannte proconsularische Ära von Bithynien

Auf Münzen der sechs bithynischen Städte Apameia, Bithynion,
Nikaia, Nikomedeia, Prusa am Olympos und Tios finden sich in
späthellenistischer Zeit Jahreszahlen einer Ära, die oft als
"proconsularische" bezeichnet wird[1], weil auf den Rückseiten
dieser Münzen in der Regel die römischen Proconsuln genannt
werden, deren Namen eine zweite Datierungsangabe darstellen. Der
Ausdruck "proconsularische Ära" ist mißverständlich, denn die Ära
steht nicht mit den römischen Statthaltern in Zusammenhang. Dies
sieht man beispielsweise daran, daß der Proconsul C.Papirius
Carbo nicht nur auf Münzen erscheint, die nach der "proconsularischen" Ära datiert sind, sondern in der gleichen Form auch auf
Prägungen von Amastris in Paphlagonien und von Amisos in

---

105 IvPrusa 23.
106 Siehe unten S. 231ff.
1 So z.B. Th.Reinach, RN 1887,368; W.Kubitschek, RE I 1,
1893,636; Head, HN 945.

Pontos, die keine Jahreszahlen tragen, genannt wird[2]. Zudem hat Apameia eine Prägung herausgegeben, die zwar nach derselben Ära, nicht aber nach einem Proconsul datiert ist[3]. Nur in vier verschiedenen Jahren sind Münzen geprägt worden, die Jahreszahlen dieser Ära aufweisen, und zwar in den Jahren 222, 223 und 224 unter C.Papirius Carbo sowie im Jahr 236 unter C.Vibius Pansa[4] (Taf.II 12).

Die Statthalterschaft des bei Cassius Dio (36,40,3f.) und Valerius Maximus (5,4,4) erwähnten C.Papirius Carbo läßt sich mit diesen literarischen Quellen nicht genau datieren[5]. Seinen Proconsulat in Bithynien hat man mit Hilfe der datierten Münzen auf 61 bis 58 oder 57 v.Chr. festgelegt[6]. Dagegen ist uns C.Vibius Pansa als Anhänger Caesars in den Bürgerkriegen besser bekannt[7]. Seine Statthalterschaft in Bithynien gehört in die Zeit nach Pharsalos und nach dem Feldzug gegen Pharnakes II.[8], dem die Neuordnung Kleinasiens folgte, also frühestens ins Jahr 47 v.Chr.[9]. Im November 48 v.Chr. befand sich Pansa in Rom[10]. Umstritten ist, ob er sich auch noch im April 47 v.Chr. in Rom

2 Vgl. Stumpf 56 Nr.94 und 95.

3 Rec.gén.31; SNG Cop.333.

4 Vgl. Stumpf 56ff. und 71f.; Roman Provincial Coinage I p.345 und Nr.2026. Auf den Münzen SNG Cop.548 und SNG Aarhus 707 ist nicht ΕΛΣ, sondern ϚΛΣ zu lesen. Trotz Th.Mommsen, ZN 11, 1884,158f. und W.Weiser, RSN 68,1989,51, der keinen Beleg gibt und zudem noch falsch umrechnet, ist die Jahreszahl 235 nicht nachweisbar; vgl. auch Th.Reinach, RN 1887,363. In Inschriften ist eine Datierung nach dieser Ära nicht nachzuweisen. Die von Th.Corsten, IvApameia S.55 vorgeschlagene Anwendung der Ära auf Grabstelen aus Triglia dürfte auszuschließen sein; siehe dazu oben S.40f.

5 Vgl. R.Fruin, AOrientHung 12,1934,31.

6 Vgl. F.Münzer, RE XVIII 3,1949,1021f. s.v. Papirius 35; Broughton II 181.185.191; Weiser, Nikaia 195-197; Stumpf 66ff.

7 Vgl. H.G.Gundel, RE VIII A 2,1958,1953ff. s.v. Vibius 16; Broughton II 290.299.310. III Suppl.220f.; G.V.Sumner, Phoenix 25,1971,255.

8 So Ramsay, Historical Geography 440; Th.Reinach, RN 1891, 374 n.1 = Reinach, L'histoire par les monnaies 182 n.1; W.Ruge, RE VI A 1,1936,859 s.v.Tieion; H.G.Gundel, RE VIII A 2,1958, 1953ff. mit Hinweis auf Bell.Alex.78. Die Schlacht bei Zela fand am 2.August 47 v.Chr. nach dem unberichteten Kalender statt, was nach dem iulianischen Kalender dem 21.Mai entspricht; vgl. Groebe, RE X 1,1918,239 s.v.Iulius 131.

9 Ein weiteres Argument dafür, daß die Münzen des Pansa nach 48 v.Chr. geprägt sein müssen, ist das Porträt Caesars auf Münzen aus Nikaia (siehe Taf.II 12): Rec.gén.11; SNG Aulock 535; Stumpf 71 Nr.133; vgl. Grant, FITA 413. Dies ist erst ab 48 v. Chr. vorstellbar; vgl. A.E.Raubitschek, JRS 44,1954,72; Stumpf 73f.

10 Cic. Att.11,6,3.

aufhielt[11] oder zur Begleitung Caesars im Osten gehörte[12]. Offensichtlich amtierte er aber noch nicht als Statthalter in Bithynien. Vor dem 25.September 47 v.Chr., wohl im August, traf er Cicero in Brundisium[13]. Ob er von dort aus in seine Provinz abreiste, wie vielfach angenommen wird[14], bleibt unsicher[15]. Im Oktober 46 v.Chr. beim Prozeß gegen Q.Ligarius weilte Pansa wieder in Rom[16] und übernahm im März 45 v.Chr. die Statthalterschaft in Gallia Cisalpina[17]. Im Jahre 44 v.Chr. hielt sich Pansa wieder in Italien auf und bekleidete 43 v.Chr. den Consulat. Im April des gleichen Jahres starb er[18].

Für das Amt des C.Vibius Pansa in Bithynien kommt somit nur das Jahr 47/6 v.Chr. in Frage[19]. Man denkt an die Zeit von September 47 bis September 46 v.Chr.[20]. Auch wenn man berücksichtigt, daß der voriulianische Kalender Roms fast drei Monate im Vergleich zum astronomischen Jahr und zum Ablauf der Jahreszeiten, nach denen sich im wesentlichen die griechischen Kalender richteten, vorging, kann das Eintreffen des neuen Statthalters in

11 So Broughton III Suppl.220; H.G.Gundel, RE VIII A 2,1958, 1957.
12 So Th.Reinach, RN 1891,374 n.1 = Reinach, L'histoire par les monnaies 182 n.1; M.Wistrand, Cicero Imperator, Göteborg 1979,193f.n.3.
13 Cic. p.Ligar.7; vgl. O.E.Schmidt, Der Briefwechsel des M.Tullius Cicero von seinem Proconsulat in Cilicien bis zu Caesars Ermordung, Leipzig 1893,230; M.Gelzer, RE VII A 1,1939,1007; M.Wistrand, Cicero Imperator 193f.199.
14 So z.B. Magie 1270 n.40; H.G.Gundel, RE VIII A 2,1958, 1957; Stumpf 73.
15 M.Wistrand, Cicero Imperator, Göteborg 1979,193f. n.3 glaubt, daß er aus Antiocheia von Caesar kam.
16 Cic. p.Ligar.1. Vgl. F.Münzer, RE XIII 1,1926,520f. s.v. Ligarius 4; Magie 1270 n.40; Broughton II 299; H.G.Gundel, RE VIII A 2,1958,1957f.; G.Walser, Historia 8,1959,90ff.
17 Vgl. Broughton II 310. III Suppl.221; H.G.Gundel, RE VIII A 2,1958,1958f.
18 Vgl. H.G.Gundel, RE VIII A 2,1958,1959ff.
19 So auch Ramsay, Historical Geography 440; Th.Reinach, RN 1891,374 n.1 = Reinach, L'histoire par les monnaies 182 n.1; Broughton II 290.299. III Suppl.221; Magie 1270 n.40; H.G. Gundel, RE VIII A 2,1958,1957; Lewis, Bithynia 130ff.; G.Walser, Historia 8,1959,92; G.V.Sumner, Phoenix 25,1971,255; B.F.Harris, ANRW II 7,2,1980,873; Weiser, Nikaia 195f.; M.Jehne, Der Staat des Dictators Caesar, Köln - Wien 1987,387; Stumpf 73; Roman Provincial Coinage I 2026. - Das Jahr 48/7 v.Chr. ohne nähere Begründung bei St.Weinstock, Divus Iulius, Oxford 1971,297; ebenso bei W.Weiser, RSN 68,1989,51 mit einigen Irrtümern; siehe oben Anm.4. Auch R.Fruin, AOrientHung 12,1934,31ff. hält 48/7 v.Chr. für möglich.
20 H.G.Gundel, RE VIII A 2,1958,1957; ebenso Weiser, Nikaia 195 und Stumpf 73.

Bithynien und die dortige Münzprägung mit seinem Namen nicht vor dem Herbst und dem neuen lokalen Jahr, das 47/6 v.Chr. entspricht, erfolgt sein[21]. Denn beim bithynischen Kalender lag wie beim makedonischen der Jahresanfang im Herbst. Dies wird durch den gut bekannten bithynischen Kalender der Kaiserzeit deutlich[22]. Rechnet man von 47/6 v.Chr. 236 Jahre zurück, kommt man auf 282/1 v.Chr. als Epochenjahr der Ära[23]. Die Münzen des Papirius Carbo sind also von 61/60 bis 59/8 v.Chr. geprägt worden[24]. Die so errechnete Amtszeit des Carbo paßt auch zur Statthalterschaft des Memmius, der offensichtlich 57 v.Chr. Carbo nachfolgte[25]. Denn Memmius war 58 v.Chr. Praetor gewesen[26] und ging wohl im Anschluß daran in die Provinz.

Wie ist diese Art der Jahresrechnung zu erklären, die von sechs Städten zur Datierung fast aller ihrer Münzen in der Zeit zwischen etwa 60 und 46 v.Chr. angewandt worden ist? Diese Städte lagen alle in Bithynien. Dagegen ist die Ära in den pontischen und paphlagonischen Städten, obwohl sie zur gleichen

21 Daß die Münzen Nikaias aus dem Jahr 236 mit dem Porträt Caesars auf der Vorderseite im Zusammenhang mit der Anwesenheit Caesars in Nikaia nach seinem Sieg bei Zela geprägt worden seien, wie W.Weiser, RSN 68,1989,51 behauptet, kann nicht richtig sein. Denn die Schlacht bei Zela fand nach dem griechischen Kalendersystem schon im Frühjahr 47 v.Chr. statt. Der unberichtigte römische Kalender, der damals etwa drei Monate nachging, darf hier nicht herangezogen werden.

22 Vgl. oben S.179 mit Anm.8 und Perl 300; R.Fruin, AOrientHung 12, 1934,32; ebenso schon Th.Mommsen, ZN 11, 1884,159.

23 So Ramsay, Historical Geography 440; Th.Mommsen, ZN 11, 1884,158ff.; Th.Reinach, RN 1891,374 n.1 = Reinach, L'histoire par les monnaies 182 n.1; Head, HN 945; W.Ruge, RE XVII 1,1936, 471 s.v. Nikomedeia; W.Ruge, RE XVII 1,1936,229 s.v.Nikaia 7; Rec.gén. p.213 n.3. 246.395.512.616; Robert, Etudes anatoliennes 232; Magie 1254 n.68; Vitucci 17f. n.4; E.Manni, Fasti ellenistici e romani, Palermo 1961,38; Perl 328 mit Anm.123; Stumpf 73; Roman Provincial Coinage I p.345. - 283/2 v.Chr. als Epochenjahr u.a. bei W.Kubitschek, RE I 1,1893,636 und anderen (angeführt bei Perl 328 Anm.123). Danach rechneten noch W.F.Jashemski, The Origins and History of the Proconsular and the Propraetorium Imperium to 27 B.C., Chicago 1950,151f. mit n.3 und Weiser, Nikaia 195f. (vgl. aber W.Weiser, RSN 68,1989,48) mit dem Epochenjahr 283/2 v.Chr.; offengelassen von Th.Corsten, IvApameia p.13 und IvPrusa p.8.

24 Siehe auch Stumpf 68f. Zwischen 62 und 59 v.Chr. hingegen bei W.Weiser, in: F.Becker-Bertau, Die Inschriften von Klaudiu Polis (IK 31), Bonn 1986,152.156 und anderen (siehe Stumpf 67).

25 So Magie 400; Broughton II 203; Lewis, Bithynia 123; nach Stumpf 68 vielleicht schon im gleichen Jahr 58 v.Chr.

26 Cic. epist.ad Quint.fr.1,2,16; Cic. in Vat.33.

römischen Provinz gehörten, nicht zu finden[27]. Zum ersten Mal erscheint diese Datierung im Jahre 61/60 v.Chr. in Nikaia. Die anderen Städte folgten erst zwei Jahre später nach. Ist darum der Ursprung der Ära in der Geschichte Nikaias zu suchen[28] und schlossen sich die anderen bithynischen Städte darin Nikaia an? Zumindest Prusa am Olympos und Nikomedeia haben 282/1 v.Chr., dem Epochenjahr der Ära, noch gar nicht bestanden[29]. Es kann also nicht jeweils eine lokale Ära sein, nach der diese beiden Städte ihre ersten Münzen im Jahre 59/8 datiert haben. Aber auch aus der Geschichte Nikaias kennen wir kein Ereignis, das ausdrücklich auf das Jahr 282/1 v.Chr. weist. Die Stadt Nikaia muß aber irgendwann in dieser Zeit aus dem Machtbereich ihres zweiten Gründers und Namengebers Lysimachos[30] in das Königreich Bithynien gekommen sein. Das gleiche gilt für Tios, das zwischen etwa 290 und 278/7 v.Chr. aus dem Herrschaftsbereich des Lysimachos bzw. aus dem Besitz von Herakleia Pontu an die bithynischen Könige überging[31]. Offensichtlich im Zusammenhang mit der Niederlage des Lysimachos gegen Seleukos I. bei Kurupedion[32] und mit dem Tod des Seleukos sieben Monate später kam Tios an den bithynischen König Zipoites I.[33]. Damals wird auch Nikaia in das bithynische Reich eingegliedert worden sein[34].

27 Vgl. W.Ruge, RE VI A 1,1936,859 s.v.Tieion.
28 In Rec.gén. p.213f. wird die Möglichkeit einer Lokalära Nikaias erwogen, die ab dem Tod des Lysimachos rechne; ebenso Wilson 12; dagegen R.Fruin, AOrientHung 12,1934,33. Auch in Roman Provincial Coinage I p.345 wird der Tod des Lysimachos als Ausgangspunkt der Ära angesehen. Doch kann schwerlich der Tod eines Herrschers, sondern höchstens die nachfolgende Neuordnung als Beginn eines neuen Zeitalters gewertet worden sein. – An anderer Stelle (RN 1887, 366ff.) hatte Th.Reinach eine Gründungsära von Nikaia vorgeschlagen. Die Gründung von Nikaia durch Lysimachos war aber wesentlich früher erfolgt; vgl. W.Ruge, RE XVII 1,1936, 228f.; Wilson 92.
29 Vgl. Leschhorn 269ff.279ff. Dies trifft wohl auch für Bithynion zu; vgl. Brandis, RE III 1,1897,517 s.v. Bithynia.
30 Vgl. Leschhorn 255.
31 Memnon, FGrHist 434, F 5,4ff.; Strab.12,3,10 p.544. Dazu W.Ruge, RE VI A 1,1936,858 s.v.Tieion.
32 Im Zusammenhang mit Kurupedion steht möglicherweise das Grabepigramm für den bithynischen Soldaten Menas: W.Peek, Griechische Versinschriften I, Berlin 1955, Nr.1965; vgl. K.J.Beloch, Griechische Geschichte IV 2², Berlin – Leipzig 1927,458f.; Chr.Habicht, RE X A,1972, 452; Heinen, Untersuchungen 28.36; Mehl 295f. Zuletzt hat man aber den Bezug auf Kurupedion bezweifelt.
33 Die Beteiligung des Zipoites an der Schlacht bei Kurupedion ist entgegen W.Weiser, RSN 68,1989,48 Anm.3, umstritten; vgl. Chr.Habicht, RE X A,1972,452f. s.v.Zipoites 1; Heinen, Untersuchungen 36; Mehl 294ff.
34 So W.Ruge, RE XVII 1,1936,229 und Jones, Cities 150.

Memnon erwähnt die Feindschaft zwischen Seleukos und Zipoites kurz nach der Schlacht bei Kurupedion[35]. Die Ermordung des Seleukos I. im Sommer 281 brachte dem bithynischen Königreich einen größeren Freiraum, vor allem als der darauffolgende Versuch der seleukidischen Feldherren, Bithynien militärisch zu bezwingen, scheiterte[36]. Ob in dieser Zeit die Münzen aus Tios mit der Legende ΕΛΕΥΘΕΡΙΑ geprägt wurden[37], ist gut möglich[38], da die Stadt wenig später – wenn auch nur für kurze Zeit – wieder unter die Herrschaft von Herakleia Pontu kam[39]. Die gemeinsame Zeitrechnung der sechs bithynischen Städte wird aber sicherlich nicht von einem Ereignis aus der Geschichte einer einzigen, dazu noch relativ unbedeutenden Stadt wie Tios ausgegangen sein. Es käme dann schon eher ein Ereignis in Nikaia in Frage. Eine lokale "Freiheitsära"[40] im eigentlichen Sinne des Wortes war diese Zeitrechnung sicherlich nicht. Denn Tios und Nikaia erhielten 281 v.Chr. nur neue Herren, wurden aber nicht wirklich frei. Es muß ein Ereignis aus der Geschichte der gesamten Region sein, das zum Ausgangspunkt der neuen Ära wurde. Dafür kommen, wie schon Mommsen gezeigt hat, nur die Ereignisse um die Niederlage des Lysimachos bei Kurupedion im Februar 281 v.Chr.[41] und der damit beginnende Machtzuwachs der bithynischen Könige in Frage[42].

Die Ära wurde möglicherweise schon im Jahr 110 (=173/2 v.Chr.) in der ausführlich behandelten Inschrift aus Prusa angewendet[43]. Warum sie aber gerade unter den Proconsuln C.Papirius Carbo und C.Vibius Pansa auf den Münzen erscheint, ist ungewiß. Ein Grund mag sein, daß man jetzt unter römischer Oberherrschaft nicht mehr mit der alten bithynischen Königsära datieren konnte. Aber daß man deshalb eine Ära einführte, die

---

35 Memnon, FGrHist 434, F 9,1-2.12,5. Vgl. Mehl 295.
36 Memnon, FGrHist 434, F 9,1f.12,5. Vgl. Vitucci 19f.; Chr.Habicht, RE X A,1972,454; M.Wörrle, Chiron 5,1975,67f.
37 Rec.gén.4.
38 So Rec.gén. p.615f.; Head, HN 518; E.Wüst, RE VI A 2, 1937,1412 s.v.Tios; Jones, Cities 150. Nach W.Ruge, RE VI A 1, 1936,858 s.v. Tieion nach 278/7, nach Meyer, Grenzen 109 um 290 v.Chr.
39 Memnon, FGrHist 434, F 9,4. Vgl. W.Ruge, RE VI A 1, 1936,858; Vitucci 22; Chr.Habicht, RE X A, 1972,453.
40 So Rec.gén. p.616. Vgl. Vitucci 17f. n.4.
41 Vgl. Heinen, Untersuchungen 20ff.; Mehl 298.
42 So Th.Mommsen, ZN 11,1884,160; Ramsay, Historical Geography 440; G.Corradi, Studi ellenistici, Turin 1929,80; Magie 1254 n.68; W.Weiser, RSN 68,1989,48. Vgl. auch Th.Reinach, RN 1891,374 n.1 = Reinach, L'histoire par les monnaies 182 n.1; W.Ruge, RE VI A 1,1936,860. – R.Fruin, AOrientHung 12,1934,36 wollte dagegen von einem angeblichen Abfall des bithynischen Königs von Lysimachos ausgehen.
43 Siehe oben S.40ff. und S.189ff. Man wird, wenn man die "proconsularische" Ära heranziehen will, in der Inschrift das Jahr 110 ergänzen, wie es Robert vorgeschlagen hat.

offensichtlich ab den Erfolgen in der bithynischen Expansion zählte, erstaunt. Man könnte sich vorstellen, daß die damals schon bestehenden Städte größeren Freiraum unter bithynischer als unter lysimacheischer Herrschaft erhalten hatten[44]. Perl möchte die Nachricht bei Memnon (FGrHist 434 F 5,7), gewisse Städte in Kleinasien seien kurz vor Kurupedion von Lysimachos abgefallen, mit der Ära in Verbindung bringen[45]. Aber die Identifizierung der bei Memnon genannten Städte mit Nikaia und Tios ist willkürlich[46]. Zudem könnte eine damals gewonnene Freiheit bei der zunehmenden Macht der bithynischen Könige nicht lange gewährt haben[47]. Konnte die Erinnerung an eine solch kurze Freiheitsperiode überhaupt noch so lange lebendig bleiben[48]? Möglicherweise deutet sich ein Geschichtsbewußtsein an, wenn die bithynischen Städte mit einem weit in der Vergangenheit zurückliegenden historischen Ereignis auf die eigene Rolle in der Geschichte des Landes hinwiesen, indem sie ihre Jahre ab diesem Zeitpunkt zählten.

Fruin hatte vorgeschlagen[49], einen Zusammenhang mit der pontischen Königszählung herzustellen, wie sie bei dem byzantinischen Chronographen Synkellos (p.523,5 Bonn.) zu finden ist. Diese pontische Jahreszählung begann aber, wie Perl gezeigt hat[50], mit dem Epochenjahr 281/0 v.Chr. und nicht mit 282/1 oder gar 283/2 v.Chr., wie Fruin glaubte. Auch dieses Epochenjahr steht im Zusammenhang mit den Unabhängigkeitsbestrebungen der lokalen Herrscher Kleinasiens nach der Niederlage des Lysimachos bei Kurupedion. Mithridates Ktistes von Pontos hatte wohl damals Seleukos I. besiegt und den Königstitel angenommen[51]. Diese pontische Königsrechnung ist aber sowohl zeitlich (das Epochenjahr liegt ein Jahr später) als auch geographisch (sie bezieht sich nur auf Pontos) von der Ära auf den bithynischen Münzen römischer Zeit zu trennen. Dort handelt es sich um eine "gelehrte Ära", die in der Chronographie entstanden ist und nur in der Literatur vorkommt, hier aber um eine praktisch angewandte Jahreszählung.

---

44 Vgl. Rec.gén. p.395.616; E.Manni, Fasti ellenistici e romani, Palermo 1961,38.

45 Perl 328 Anm.12.. Vgl. Heinen, Untersuchungen 36 Anm.114; Weiser, Nikaia 195.

46 Vgl. Heinen, Untersuchungen 24f. mit Anm.73; W.Orth, Königlicher Machtanspruch und städtische Freiheit, München 1977,40 mit Anm.5; Mehl 291ff.297.

47 Vgl. Brandis, RE III 1,1897,516f.; Meyer, Grenzen 109f.; Wilson 92; Will, Histoire politique I², 139. Siehe z.B. die Einflußnahme des Zipoites I. auf die Verhandlungen zwischen Herakleia und Seleukos I.: Memnon, FGrHist 434, F 6,3; vgl. Heinen, Untersuchungen 38; Mehl 309.

48 Vgl. Vitucci 17f. n.4.

49 R.Fruin, AOrientHung 12,1934,35.

50 Perl 326ff. Vgl. auch W.Hünerwadel, Forschungen zur Geschichte des Königs Lysimachos von Thrakien, Diss. Zürich 1900, 53 Anm.1.

51 Siehe oben S.81.

3. Die angebliche aktische Ära in Herakleia Pontu

Auf einer Münze der bithynischen Stadt Herakleia Pontu, die unter dem Proconsul P.Pasidienus Firmus geprägt wurde, stehen auf der Rückseite zwei Zeichen, die als Jahreszahlen gedeutet wurden (Taf.VII 3). Bisher ist erst ein Exemplar dieser Prägung bekannt, das sich im Fitzwilliam-Museum in Cambridge befindet. In der Publikation dieser Münze wurden die Zeichen als ΟΓ =73 gelesen und als Jahr 73 der aktischen Ära interpretiert[1]. Man hat entsprechend die Münze in das Jahr 42/3 n.Chr. datiert. Stumpf[2], der das Stück überprüft hat, las darauf Ο϶ =76[3].

Die Amtszeit des auf der Vorderseite der Münze erwähnten Proconsuls Pasidienus Firmus ist sonst nicht näher datierbar. Er muß aber unter Kaiser Claudius sein Amt in Bithynien ausgeübt haben, da er auf der Rückseite zahlreicher Münzen, die unter diesem Kaiser in Nikaia und Nikomedeia geprägt wurden[4], genannt ist. Nach Thomasson und Stumpf[5] sind fünf Proconsuln von Bithynien aus der Zeit des Claudius bekannt. Bei allen ist die Datierung ihrer Amtszeit in Bithynien sehr unsicher. So bleiben zahlreiche Möglichkeiten für die Amtsjahre des Pasidienus Firmus in Bithynien. Er muß wegen der Iterationsziffer Beta auf Prägungen aus Nikomedeia mindestens zwei Jahre sein Amt ausgeübt haben[6]. Stumpf nimmt, weil er die aktische Ära hier angewendet sieht, die Jahre 45/6 und 46/7 n.Chr. für seine Amtszeit an[7]. Die Verwendung der aktischen Ära in Herakleia konnte aber bisher nicht nachgewiesen werden.

Hoffmann hatte den Proconsulat in die Jahre 48/9 und 49/50 n.Chr. datiert[8], weil die Titulatur des Kaisers Claudius auf den Münzen im Unterschied zu den ersten Prägungen aus seiner Regierungszeit schon vereinfacht war und weil keine Münzen mit Messalina, Britannicus, Agrippina und Nero bekannt sind, die den

1   SNG Fitzwilliam 4107. Vgl. Roman Provincial Coinage I p.338 und p.352 Nr.2089, wo die Zeichen aber nicht als Äradatierung interpretiert werden.

2   Stumpf 155 Nr.234 und p.157.

3   Eine sichere Lesung ist nicht möglich, da der untere Teil der Buchstaben im Abschnitt nicht mehr auf dem Schrötling erscheint.

4   In Nikaia z.B. Rec.gén.25f.; BMC 11f. In Nikomedeia z.B. Rec.gén.18f.; SNG Aulock 738.7100. Die Münzen zusammengestellt bei Stumpf 155f. Nr.235 238.

5   B.E.Thomasson, Laterculi Praesidum I, Göteborg 1984,243f.; Stumpf 146ff.

6   Z.B. Rec.gén.18f.; SNG Cop.550; SNG Aulock 738.7100; Stumpf 156 Nr.237f. Vgl. Bosch, Bithynien 82; M.Hofmann, RE XVIII 4,1949,2059 s.v. P.Pasidienus Firmus; B.E.Thomasson, Laterculi Praesidum I, 244; Stumpf 156f.; Roman Provincial Coinage I p.338.

7   Stumpf 158.

8   M.Hoffmann, RE XVIII 4,1949,2059.

Namen des Pasidienus Firmus tragen[9]. Sicher kann man Münzen der Messalina nur bis zum Jahre 48 n.Chr. erwarten und solche der Agrippina und des Nero erst ab 50 n.Chr.[10]. Aber deren Porträts sind auf kleinasiatischen Prägungen so selten, daß ihr Fehlen kein Argument für eine Datierung in die Zeit zwischen 48 und 50 n.Chr. sein kann[11]. Prägungen mit dem Bild der Messalina wurden in Pontus und Bithynia nur unter dem Proconsul C.Cadius Rufus ausgegeben[12].

Rechnet man von der Regierungszeit des Claudius 76 Jahre zurück, gelangt man in die Zeit zwischen 35 und 22 v.Chr., bei 73 Jahren zwischen 32 und 19 v.Chr. In diesen Jahren muß der Ausgangspunkt liegen, wenn es sich bei den Buchstaben im Abschnitt der Münze um eine Äradatierung handelt. Strabon berichtet[13], daß Herakleia eine römische Kolonie erhielt und Marcus Antonius den Teil der Stadt und ihres Territoriums, der nicht den Römern gehörte, an Adiatorix, den Sohn des galatischen Tetrarchen Domnekleios, übergab. Kurz vor der Schlacht bei Aktium habe Adiatorix, angeblich mit Genehmigung des Antonius, die Römer in Herakleia hingeschlachtet[14]. Über das weitere Schicksal von Herakleia teilt Strabon nur mit, die Stadt habe zu seiner Zeit zur Provinz Pontus-Bithynia gehört. Adiatorix wurde zusammen mit seinem Sohn nach der Schlacht bei Aktium von Octavian hingerichtet[15]. In diesem Zusammenhang muß eine Neuorganisation von Herakleia erfolgt sein, die zu einer Ära geführt haben kann. Der Begriff "aktische Ära"[16] ist in diesem Zusammenhang wohl nicht angebracht, da eine solche "Siegesära" in Pontus-Bithynia nicht bezeugt ist.

Als Vergleich bietet sich aber Amisos an, wo eine als "Freiheitsära" apostrophierte Jahresrechnung ab 32/1 v.Chr. nachzuweisen ist[17]. Diese Stadt war ebenfalls von Marcus Antonius Klientelfürsten übergeben worden. Später nahm man in Amisos das Jahr des Sieges bei Aktium zum Ausgangspunkt der Ära, die zunächst nur auf den Münzen bezeugt ist. Dort sind aber die

9 Vgl. Bosch, Bithynien 80f. und 83.

10 Vgl. Bosch, Bithynien 24f.

11 Vgl. Stumpf 157. - W.Weiser, Katalog der bithynischen Münzen der Sammlung des Instituts für Altertumskunde der Universität zu Köln I: Nikaia, Opladen 1983,199 zu Nr.008 geht fälschlich von der Existenz einer Münze der Messalina unter P.Pasidienus Firmus aus.

12 Stumpf 159ff. Nr.240.252-255.

13 Strab.12,3,6 p.542f.

14 Vgl. auch Magie I 415.436. II 1268 n.35; Buchheim 49; Lewis, Bithynia 135f.149.155. - Grant, FITA 254f. schreibt dieser Kolonie eine Münzprägung zu.

15 Strab.12,3,6 p.543. Vgl. Magie I 444; G.W.Bowersock, Hermes 92,1964,256; Hoben 95 Anm.198; Lewis, Bithynia 155.

16 So SNG Fitzwilliam 4107.

17 Siehe oben S.106ff.

Zahlzeichen mit ΕΤΟΥΣ definiert. Im Unterschied zu Amisos hat sich Herakleia auch später nicht gerühmt, Eleutheria, Freiheit, zu besitzen. Bernhardt[18] hat aus Plinius (n.h.6,4), der Herakleia als oppidum bezeichnet, ohne die Freiheit zu erwähnen, geschlossen, daß die Stadt dieses Privileg zur Zeit des Plinius nicht besaß. Doch werden an der genannten Plinius-Stelle sinus und oppidum Heraclea lediglich in einer Aufzählung von Gewässern erwähnt, so daß aus dieser Passage nicht ohne weiteres ausgeschlossen werden kann, daß Herakleia unter Augustus dennoch das Privileg der Freiheit erhielt. Bernhardt wunderte sich[19]: "Eigentlich hätte auch Herakleia am Schwarzen Meer frei bleiben bzw. wieder frei werden müssen", versuchte dies aber damit zu erklären, daß die griechischen Einwohner der Stadt an der Ermordung der Römer durch Adiatorix beteiligt gewesen seien[20]. Dies steht allerdings nicht ausdrücklich in den Quellen, wie wir überhaupt von keiner Seite informiert werden, was mit Herakleia und seinen Bewohnern nach der Schlacht von Aktium geschehen ist. Es ist möglich, daß die damalige Neugründung und Neubesiedlung von Herakleia Pontu später als Epochenjahr gewertet wurde, als Beginn einer neuen Zeit in der Geschichte der Stadt. Dies könnte, muß aber nicht, mit dem Jahr der Schlacht von Aktium zusammenfallen[21]. Solange wir nur eine einzige Münze aus Herakleia Pontu mit einem möglichen Zahlzeichen kennen, kann man nicht mit Sicherheit davon ausgehen, daß tatsächlich eine Ära in dieser Stadt in Bithynien existierte.

---

18 Bernhardt, Imperium 182.
19 Bernhardt, Imperium 182.
20 Vgl. auch Lewis, Bithynia 135f. und Bernhardt, Polis 266.
21 In Chersonesos auf der Krim begann eine Ära um 25 v.Chr. wohl ab einer Neuprivilegierung durch Augustus; siehe S.64ff.

VII. DAS WESTLICHE KLEINASIEN

1. Die "karische Freiheitsära"

Bickermann hat in seiner "Chronologie" unter dem Stichwort "Freiheitsären" auf die Stephanephorenliste aus Amyzon in Karien verwiesen[1], die offensichtlich mit dem Jahr 167 v.Chr. einsetzte, als Rom Lykien und Karien von der rhodischen Herrschaft "befreite"[2]. Doch begann damals in Amyzon lediglich eine neue Liste der eponymen Beamten, nicht eine Ära, bei der die Jahre mit Zahlen bezeichnet wurden[3]. Äradatierungen gab es in Amyzon nur unter seleukidischer Herrschaft, nämlich in Inschriften, die mit Jahreszahlen nach der Seleukidenära datiert sind[4]. Man hat aber immer wieder bei einigen karischen Städten eine "Freiheitsära" diskutiert und in Betracht gezogen, so hinsichtlich der Zahlen in Inschriften von Iasos[5]. Dort handelt es sich aber wohl um Datierungen nach der sullanischen Ära[6].

In der Numismatik hat man Jahreszahlen einer karischen Ära, die ab dem Ende der rhodischen Herrschaft gezählt worden sei, auf Prägungen der Stadt Alabanda angenommen[7]. Bei Alexander-tetradrachmen, die der Münzstätte Alabanda zugewiesen werden, finden sich die Zahlzeichen von Alpha bis Stigma[8]. Diese Zahlzeichen, die nach Ausweis der Münzfunde und eines Gegenstempels in die Zeit zwischen ca.185 und ca.170 v.Chr. gehören[9], sind wohl keiner bestimmten Ära zuzuweisen, da an gleicher Stelle auf den Tetradrachmen auch Monogramme und Symbole vorkommen[10]. Man wird in ihnen Kontrollzeichen sehen müssen.

Eine zweite hellenistische Münzserie Alabandas, aus Tetra-drachmen lokalen Typs und attischen Standards bestehend, die nach Ausweis der Schatzfunde nicht allzulange vor 140 v.Chr.

---

1 Bickerman, Chronologie 46.

2 Robert, Amyzon 244 Nr.51 und 249. Vgl. auch M.Errington, Chiron 17,1987,102.

3 Vgl. Robert, Amyzon 249 n.7; R.K.Sherk, ZPE 88,1991,229.

4 Vgl. Robert, Amyzon 146 Nr.14. 151 Nr.15.

5 Vgl. W.Blümel, IvIasos II p.36.

6 Siehe unten S. 346ff.

7 Vgl. z.B. B.V.Head, BMC Caria, London 1897, p.XXVIII-XXIX; G.F.Hill, NC 1921,173f.; Magie II 993 n.31; H.Seyrig, Trésors du Levant anciens et nouveaux, Paris 1973,88; Boehringer 10f.; N.Waggoner, in: Kraay-Mørkholm Essays 285 n.16.

8 Vgl. Seyrig 69; Boehringer 10; Waggoner 285.

9 Vgl. Seyrig 88; Boehringer 10; Waggoner 285.

10 Vgl. Seyrig 88; Waggoner 285.

geprägt wurden[11], weist den Buchstaben Alpha bzw. Beta auf (Taf.III 1)[12]. Boehringer hat darin Prägungen der Jahre 1 und 2 nach der Freiheitserklärung Kariens 167/6 v.Chr. gesehen[13]. Doch ist es sehr fraglich, wenn nur zwei solcher Buchstaben auf den Münzen vorkommen, schon von einer Ära sprechen zu wollen[14].

Eine dritte Münzserie, Tridrachmen und Didrachmen leichteren Standards als die vorhergehenden und durch einen Kranz um die Rückseitendarstellung als sogenannte Stephanephoren gekennzeichnet, trägt Zahlbuchstaben zwischen A und ΛΓ, also von 1 bis 33 (Taf.III 2)[15]. Diese Zahlen können schon eher auf einer Ära beruhen, auch wenn es große Lücken in ihrer Reihe gibt, die aber der Unregelmäßigkeit der Prägung und dem Zufall ihrer Erhaltung zugeschrieben werden können. Auch hier hat man eine Ära ab der Befreiung Kariens vermutet[16].

In keinem bisher bekannten Schatzfund kommen die Münzen dieser letzten Serie vor, so daß sie zeitlich schwer einzuordnen sind. Doch könnten sie vom Gewicht her den Kistophoren des Pergamenischen Reiches angeschlossen sein[17]. Boehringer hat sie mit den Kistophoren von Ephesos in Verbindung gebracht und, wie schon Seyrig, eine Jahreszählung ab 133 v.Chr. vorgeschlagen[18]. Auch bei dieser Serie ist die Interpretation der Zahlzeichen als Jahreszahlen unsicher, zumal statt der Zahlen auch Symbole auf einigen Stücken vorkommen[19] und das als Zahlzeichen bezeichnete IE in retrograder Form sowohl auf Didrachmen der gleichen Serie[20] als auch auf posthumen Alexandertetradrachmen zu fin-

---

11 Vgl. Waggoner 285f. mit n.17. 289.

12 A: Seyrig 87 Nr.28-29; Boehringer 189 Nr.9 = SNG Aulock 8050; Waggoner pl.LXV 10. pl.LXVI 11-12; Numismatica Ars Classica Zürich, Auktionskatalog 2,1990,198. Siehe Taf.III 1. - B: Boehringer 189 Nr.10; Waggoner pl.LXVI 13; The Nelson Bunker Hunt Collection, Auktion New York 1990, Nr.512.

13 Boehringer 10.

14 Bezweifelt von Waggoner 286, die aber S.289 vermutete, daß diese Münzen aus Anlaß der Hilfeleistung Alabandas beim Aufstand Mylasas gegen die Rhodier im Jahre 167 v.Chr. (Polyb.30,5) geprägt wurden.

15 Eine Liste bei Waggoner 286 n.21 und bei Ph.Lederer, Beiträge zur antiken Münzkunde, Halle 1925,6f. (non vidi). Siehe unten S.487. Neu ist eine Münze mit der Jahreszahl 20 in Wien.

16 Z.B. E.Babelon, RN 1890,428. Vgl. Magie II 993 n.31; Boehringer 10f.; Waggoner 289. Ph.Lederer, SNR 30,1943,58 datierte diese Münzen sehr früh in die Zeit nach der Schlacht bei Magnesia am Sipylos.

17 Vgl. J.G.Milne, SNR 30,1943,57; Seyrig 88; Waggoner 286f. mit n.25.

18 Boehringer 11; Seyrig 88. So auch G.Le Rider und H.A. Troxell, The Coinage of the Lycian League, New York 1982,95 n.198.

19 Vgl. Waggoner 287.

20 Z.B. BMC 11.

den ist[21]. Nancy Waggoner schloß hier die Interpretation als
Kontrollzeichen oder Beamtenmonogramm nicht aus[22]. Wegen der
Parallelität dieses Zeichens wollte Waggoner[23] die Serie mit den
Zahlen von 1 bis 33 zeitlich näher an die Alexandertetradrachmen
heranrücken, die eindeutig vor 170 v.Chr. geprägt wurden. Sie
hat die Jahre zwischen 166 und 133 v.Chr. vorgeschlagen. Nach
Waggoners Meinung handelt es sich aber nicht um Jahreszahlen,
sondern um Emissionszeichen, die also nicht unbedingt jährlich
gewechselt haben müssen.

Ob es sich bei den Zeichen zwischen 1 und 33 auf der dritten
Serie hellenistischer Silbermünzen aus Alabanda tatsächlich um
Jahreszahlen handelt, ist nicht sicher festzustellen[24]. Doch könnte
die längere Reihe und die ununterbrochene Folge zwischen 8 und
15 darauf hinweisen, daß diese Zahlen zur Jahreszählung
verwendet wurden, auch wenn man sie nur aus technischen
Gründen auf die Münzen gesetzt haben sollte. 133 v.Chr. als
Ausgangspunkt einer Ära ist für Alabanda wenig wahrscheinlich.
Dort gab es ganz andere politische Voraussetzungen als in
Ephesos, das in diesem Jahr tatsächlich eine Ära begann[25]. Die
Einrichtung der Provinz Asia stellte im Unterschied zu Ephesos für
Alabanda kein epochales Ereignis dar, weil Karien davon nicht
betroffen war[26]. Der für die karischen Städte wichtige Einschnitt
war die Befreiung von der rhodischen Herrschaft 167 v.Chr.[27].
Falls es sich um Jahreszahlen einer Ära auf den Münzen Alabandas
handelt, wird man von diesem Ereignis ausgegangen sein. In die
Zeit bis zum Aristonikoskrieg würde die Zahlenreihe, die bis 33
reicht, wenn die Zahl jährlich geändert wurde, auch genau passen.
Allerdings hat Errington[28] wegen der Existenz eines Romakultes
schon vor 167 v.Chr. in Alabanda vermutet, daß die Stadt von
den Römern 188 v.Chr. gar nicht dem rhodischen Einflußbereich in
Karien angeschlossen worden war. Dennoch zeigt die Beteiligung
Alabandas am Feldzug Mylasas im Jahre 167 v.Chr. gegen den
rhodischen Festlandsbesitz[29], daß dieser gleiche Zeitpunkt auch
für Alabanda einen wichtigen Einschnitt darstellte[30], von dem eine

21 Waggoner pl.LXV 7.
22 Waggoner 287.
23 Waggoner 289.
24 Das Zeichen LΔ, McClean Coll.8440, das man als Jahr 4
interpretieren wollte (E.Babelon, RN 1890,428), war offensichtlich
das Zahlzeichen IΔ ; vgl. H.Seyrig, NC 1950,285f. n.2. Siehe auch
G.F.Hill, NC 1921,173f.
25 Siehe unten S.204ff.
26 Vgl. M.Errington, Chiron 17,1987,98f.
27 Vgl. Polyb.30,5 und die angeführte Inschrift aus Amyzon
(Anm.2).
28 M.Errington, Chiron 17,1987,101. So auch schon Seyrig 88
und von Magie II 994 n.32 diskutiert.
29 Polyb.30,5,15. Vgl. M.Errington, Chiron 17,1987,108.
30 Vgl. die Beobachtungen von M.Errington, Chiron 17,1987,
97ff. über die Neuordnung Kariens in der Zeit nach 167 v.Chr.

neue Münzprägung und eine neue Jahreszählung ausgegangen sein
kann. In die Inschriften ist eine solche Zählung aber nicht
eingegangen, was dafür spricht, daß wir eher eine technische
Maßnahme in der Münzprägung annehmen sollten. Eine karische
"Freiheitsära" im eigentlichen Sinne des Wortes gab es also
vermutlich nicht.

2. Die "Kistophorenära" von Ephesos

Auf den Rückseiten von Kistophoren, die in Ephesos geprägt
wurden, stehen Zahlzeichen von 1 bis 86[1]. Offensichtlich handelt
es sich dabei um Jahreszahlen einer Ära, die auch auf seltenen
Goldstateren von Ephesos angewendet wurde[2]. Die Kistophoren aus
den Jahren 13, 76 bis 81 und 86 tragen als weiteren Anhaltspunkt
für ihre Datierung die Namen römischer Statthalter der Provinz
Asia[3]. Durch diese Synchronismen ist das Epochenjahr der Ära,
die hier verwendet wurde, zu ermitteln.

Münzen der Jahre 79 bis 81 wurden zur Zeit des C.Claudius
Pulcher geprägt[4], der bei Cicero in der Rede Pro Scauro 33-35 als
Statthalter in Asia im Sommer 54 v.Chr. erwähnt wird[5] und dessen
Amt für das Jahr 53 v.Chr. verlängert wurde[6]. Die Zeit vom
Sommer 54 v.Chr. bis mindestens Frühjahr 53 v.Chr., dem
frühesten Zeitpunkt für die Abreise des Statthalters aus der
Provinz, muß also mit einem Abschnitt der lokalen Jahre 79-81
zusammenfallen. Da die Amtszeit eines Proconsuls normalerweise
damals nicht mehr als drei Jahre betrug, sind weitere als die drei
bezeugten Jahre, in denen C.Claudius Pulcher die Provinz
verwaltete, nicht zu erwarten[7]. Der terminus ante quem für den
Beginn des Epochenjahres ist Sommer 132 v.Chr., wenn man den
Extremfall annimmt, daß nämlich das Jahr 79 erst im Sommer 54
v.Chr. begann. Der terminus post quem ist Frühjahr 134 v.Chr.,
wenn das Jahr 81 im Frühjahr 53 v.Chr. geendet hätte. Man kann
wohl davon ausgehen, daß in Ephesos das Jahr entsprechend dem

---

1 Kleiner - Noe 53ff.; F.S.Kleiner, The Dated Cistophori of
Ephesus, ANSMusN 18,1972,17-32; Stumpf 6 Nr.1. 17ff. Nr.4-11.
24 Nr.24-25. 28f. Nr.34-36. 31f. Nr.43-47. 36 Nr.58-59 und die
Addenda S.303f.; F.S.Kleiner, ANSMusN 23,1978,98 Nr.28.
2 G.K.Jenkins, Hellenistic Gold Coins of Ephesos, in:
Festschrift Akurgal, Anadolu 21,1978/80, Ankara 1987,185. Vgl.
auch G.Le Rider, JS 1989,174.
3 Einen Sonderfall stellen die Kistophoren des Jahres 13 mit dem
Beamtennamen C.Atinius dar; dazu G.K.Jenkins, Anadolu 21,
1978/80,185; G.Stumpf, ZPE 61,1985,186ff.; Stumpf 6ff.
4 F.S.Kleiner, ANSMusN 23,1978,98 Nr.28; Stumpf 31ff. Nr.43-
47. 304 Addendum zu Nr.45.
5 Vgl. auch Broughton II 218; Stumpf 34.
6 Vgl. Broughton II 224.
7 Die Amtszeit könnte höchstenfalls schon im lokalen Jahr 78
begonnen oder noch ins lokale Jahr 82 gereicht haben.

makedonischen Kalender im Herbst begann[8]. Trifft dies zu, war
das Epochenjahr entweder 135/4 oder 134/3 oder 133/2 v.Chr.
 Diese drei möglichen Jahre sind nun durch die Kistophoren des
Jahres 86, die C.Fannius als Praetor nennen[9], weiter einzu-
schränken. Fannius wird bei Flavius Josephus[10] zusammen mit dem
Consul des Jahres 49 v.Chr. L.Cornelius Lentulus als Amtsträger
in Asia erwähnt[11]. Bei Caesar (b.c.1,6,5) wird zum Beginn des
Jahres 49 v.Chr. berichtet, daß in diesem Jahre privati in die
Provinzen geschickt wurden, in die beiden consularischen
Provinzen in Syrien und Gallien ehemalige Consuln, in die praeto-
rischen Provinzen ehemalige Praetoren. Offensichtlich war Fannius
einer davon[12]. Die Münzen des lokalen Jahres 86 sind also
entweder 50/49 oder 49/8 v.Chr. geprägt[13], wodurch sich als
Epochenjahr der Ära entweder 135/4 oder 134/3 v.Chr. errechnen
läßt. Die Kistophoren der Jahre 78 und 79 nennen C.Septimius als
Statthalter. Ginge man von 135/4 v.Chr. als Epochenjahr aus,
wäre der Kistophor mit der Jahreszahl 78 schon 58/7 v.Chr.
geprägt. Dies ist aber nicht möglich, da C.Septimius im Jahre 57
v.Chr. als Praetor in Rom weilte, wie aus Ciceros Rede Post
reditum in senatu 23 hervorgeht[14]. Somit bleibt als Epochenjahr
der auf den Kistophoren von Ephesos angewandten Ära nur 134/3
v.Chr.
 Datierte Kistophoren wurden demnach in Ephesos ab 134/3
v.Chr. bis 68/7 v.Chr. geprägt, mit ganz wenigen Ausnahmen[15]
jährlich. Die Lücke zwischen 68/7 v.Chr. und den Prägungen mit
den Namen der römischen Proconsuln ab 59/8 v.Chr. wird von
Broughton[16] mit dem römischen Bemühen in diesem Zeitraum in
Zusammenhang gebracht, die Knappheit an Edelmetall zu
bekämpfen, die Ressourcen für römische Zwecke zu binden und
nicht durch die Silberprägung in der Provinz zu verschwenden.
Die letzte Prägung mit einer Jahreszahl erfolgte im lokalen Jahr 86,

8 Vgl. Samuel 122f.; K.J.Rigsby, Phoenix 33,1979,41; J.P.
Adams, Historia 29,1980,313. Siehe auch unten S. 215.
 9 Stumpf 36 Nr.58-59.
 10 Ios. ant.Iud.14,230.
 11 Vgl. Stumpf 38f. mit Anm.79.
 12 Vgl. Stumpf 39f.
 13 Das Jahr 48/7 v.Chr. kommt nicht mehr in Frage, da Caesar
nach der Schlacht bei Pharsalos Cn.Domitius Calvinus in Asia
einsetzte; vgl. Broughton II 277.
 14 Vgl. auch Broughton II 201.
 15 Unbekannt sind Prägungen der Jahre 18 (=117/6 v.Chr.), 20
(=115/4 v.Chr.), 27 (=108/7 v.Chr.), 37 (=98/7 v.Chr.), 42-43
(=93/2-92/1 v.Chr.), 58-60 (=77/6 - 75/4 v.Chr.), 62 (=73/2 v.
Chr.). Es ist aber gut möglich, daß eines Tages auch Münzen
dieser Jahre bekannt werden; vgl. F.S.Kleiner, ANSMusN 18,
1972,28.
 16 T.R.S.Broughton, AJA 41,1937,248f. Vgl. auch St.Karwiese,
RE Suppl. 12,1970,327 und W.Szaivert, Litterae Numismaticae
Vindobonenses 2,1983,34.

das 49/8 v.Chr. entspricht. Nach der Schlacht bei Pharsalos im Jahre 48 v.Chr. begann die caesarische Ära, die in Ephesos und seinem Hinterland gut bezeugt ist[17]. Ab diesem Zeitpunkt ist die Anwendung der alten lokalen Ära in Ephesos auch nicht mehr zu erwarten[18].

Das Epochenjahr 134/3 v.Chr. war das Todesjahr des letzten Attalidenkönigs Attalos III., der im Frühjahr 133 v.Chr. starb[19]. Der Tod eines Königs allein kann aber kaum als Beginn einer neuen Ära angesehen worden sein, sondern nur die damit verbundenen politischen Veränderungen. Im Zusammenhang mit dem Testament, das Attalos III. zugunsten der Römer hinterlassen hatte, wird diskutiert, inwieweit Attalos den griechischen Städten, die innerhalb seines Reiches lagen, Autonomie und Freiheit zugestanden hatte[20]. Für Pergamon ist dies durch den berühmten Volksbeschluß der Pergamener vom Jahre 133 v.Chr. gesichert[21]. Für Ephesos aber wird diese neue Freiheit durch die neu einsetzende Ära sichtbar[22].

Hatte man früher von der "Kistophorenära der Provinz Asia" gesprochen[23], so wird dieser Ausdruck allein schon dadurch unzutreffend, daß die Anwendung der Ära inzwischen auch auf Goldmünzen aus Ephesos, nicht nur auf den Kistophoren nachgewiesen ist. Diese Goldstatere sind aber lokale Prägungen von Ephesos[24]. So kann auch nicht mehr argumentiert werden, daß die Jahreszahlen auf den Kistophoren, einer Währung, die ja im gesamten ehemaligen Königreich Pergamon umlief, daher auf einem Datierungssystem beruhen müßten, das für die ganze Provinz Asia galt[25]. Daß die Münzen des Jahres 1, also von 134/3 v.Chr.,

---

17   Siehe unten S. 221ff.
18   Vgl. K.J.Rigsby, Phoenix 33,1979,40.
19   Vgl. Magie II 781 n.94; Hansen, Attalids 149; Hopp 117.129 mit Anm.36; B.Schleußner, Chiron 6,1976,97 mit Anm.2; K.J. Rigsby, Phoenix 33,1979,41; J.P.Adams, Historia 29,1980,309 n.23; Will, Histoire politique II² 417; Chr.Habicht, CAH VIII²,1989,378.
20   Vgl. zur Diskussion V.Vavrinek, La révolte d'Aristonikos, Prag 1957,16ff.; Bernhardt, Imperium 103ff.; Hopp 127f.; W.Dahlheim, Gewalt und Herrschaft, Berlin - New York 1977,207ff.; K.J. Rigsby, Phoenix 33, 1979,44ff.; Bernhardt, Polis 285ff.; G. Le Rider, JS 1989,187f.
21   OGIS 338.
22   So K.J.Rigsby, Phoenix 33,1979,41ff.; J.P.Adams, Historia 29,1980,314; Will, Histoire politique II² 418; Chr.Habicht, CAH VIII²,1989,378; G.Le Rider, JS 1989,174 n.52.187f.
23   W.Kubitschek, RE I 1,1893,637; Ginzel III 36; Kubitschek, Grundriß 42ff. So auch noch F.S.Kleiner, ANSMusN 18,1972,23ff.; Hopp 140 Anm.87; Kleiner - Noe 54; W.Szaivert, Litterae Numismaticae Vindobonenses 2,1983,34.
24   G.K.Jenkins, Anadolu 21,1978/80,185. Vgl. auch Kinns, Asia Minor 109.
25   Vgl. die Feststellung von Kinns, Asia Minor 107f., daß die Kistophoren nach 133 v.Chr. de iure lokale Prägungen waren.

schon zu einem Zeitpunkt geprägt wurden, als die Provinz Asia
noch gar nicht existierte, dürfte inzwischen feststehen[26]. Das
senatus consultum, in dem sich die Römer offensichtlich bereit
erklärten, das Attalidenerbe anzunehmen, stammt erst aus den
letzten Monaten des Jahres 133 v.Chr.[27]. Selbst wenn schon in
diesem Jahre die Provinz Asia eingerichtet wurde[28], wäre im alten
ephesischen Jahr, das bis zum Herbst 133 v.Chr. reichte, keine
Zeit mehr geblieben, die Kistophoren mit der Jahreszahl 1 zu
prägen[29].

Wenn es sich um eine "Provinzialära" handeln würde, wäre ihre
Anwendung auch in anderen Städten der Provinz zu erwarten. Dies
ist zumindest für die ersten Jahre nicht nachweisbar[30]. Auf
anderen Kistophorenprägungen des 1.Jh.v.Chr. werden zwar die
Statthalter der Provinz Asia genannt, nicht aber Jahreszahlen
einer Provinzialära[31]. Verwunderlich wäre es auch, wenn eine Ära
der römischen Provinz unter der Besetzung des Mithridates VI.
fortgeführt worden wäre[32]. Die Kistophoren von Ephesos sind aber
auch in der Zeit, als Mithridates Asia beherrschte, kontinuierlich
und Jahr für Jahr mit den Zahlen der Ära ausgegeben worden[33].

Man wird also bezüglich der Datierungen auf den ephesischen
Kistophoren von einer lokalen Ära von Ephesos ausgehen müssen,
die ab 134/3 v.Chr. zu rechnen ist[34]. Da aber die römische
Herrschaft über das ehemalige Attalidenreich noch nicht sogleich
feststand, wird man das Epochenjahr lieber auf einen neu
gewonnenen Status der Stadt Ephesos beziehen. Entweder hatte
Ephesos durch den Tod und durch das Testament des letzten
Attaliden den privilegierten Status einer civitas libera, wie es dann

26 Vgl. K.J.Rigsby, Phoenix 33,1979,39ff.; J.P.Adams, Historia
29,1980,312f.
27 OGIS 435 = IGR IV 301 = R.K.Sherk, Roman Documents from
the East, Baltimore 1969, Nr.11. Vgl. W.Dahlheim, Gewalt und
Herrschaft, Berlin - New York 1977,208f. mit Anm.99; Hopp 138f.;
Th.Drew-Bear, Historia 21,1972,75ff.; K.J.Rigsby, Phoenix 33,
1979,41f.; Chr.Habicht, CAH VIII²,1989,377f.
28 So B.Schleußner, Chiron 6,1976,97ff.
29 So K.J.Rigsby, Phoenix 33,1979,40 mit n.4. Vgl. auch ibid.
41f.
30 Siehe unten S.208ff.
31 Vgl. K.J.Rigsby, Phoenix 33,1979,40; Stumpf 6ff.
32 Siehe dazu oben S.90ff.
33 Vgl. auch J.P.Adams, Historia 29,1980,312, der davon
ausgeht, daß eine "Provinzialära", wenn es sie gegeben hätte,
notwendigerweise von der sullanischen oder pompeianischen Ära
ersetzt worden wäre.
34 So K.J.Rigsby, Phoenix 33,1979,39ff.; J.P.Adams, Historia
29,1980,314; Bernhardt, Polis 289; Kinns, Asia Minor 107f.;
Chr.Habicht, CAH VIII²,1989,379 n.206; G.Le Rider, JS 1989,174
n.52.187.

unter römischer Herrschaft hieß, erhalten[35]. Oder Ephesos hatte
sich in den unsicheren Monaten nach dem Tode des letzten
Attalidenkönigs selbständig eine gewisse Unabhängigkeit verschafft
und dokumentierte sie durch die Einführung einer eigenen
Zeitrechnung[36]. Die Hoffnung, daß die Römer die privilegierte
Stellung der Stadt anerkennen werden, mag mitgespielt haben[37],
als die neue Zeitrechnung von Ephesos bei der Einrichtung der
römischen Provinz Asia beibehalten wurde.

3. Die "Kistophorenären" von Tralleis, Nysa, Smyrna
und Sardeis

Außer auf den in Ephesos geprägten Kistophoren finden sich
auch auf Kistophoren aus Tralleis (Taf.III 6), Nysa (Taf.III 7),
Smyrna (Taf.III 8) und Sardeis (Taf.III 9) Zeichen, die als
Jahreszahlen interpretiert werden. In Nysa ist dies dadurch
gesichert[1], daß auf Kupfermünzen, die in dieser Stadt im 2. oder
1.Jh.v.Chr geprägt wurden, ΕΤΟΥΣ zusammen mit Zahlzeichen
vorkommt[2]. Die Jahreszahlen auf den Münzen aus Nysa reichen von
2 bis 25. Auf Kistophoren von Tralleis kommen alle Zahlen von B
(=2) bis Θ (=9) vor. Daß es sich um Zahlzeichen handelt, wird
durch die Münze mit ϛ (=6) deutlich, da diese Form des Digamma
in jener Zeit nur eine Zahl angeben kann. Ob es sich hingegen bei
den Einzelbuchstaben auf Kistophoren von Sardeis um Zahlzeichen
handelt, ist nicht immer sicher. Die Buchstaben A und möglicherweise B, die auf Kistophoren von Sardeis zusammen mit
Monogrammen oben zwischen den Schlangenköpfen stehen[3], sind
wohl keine Jahreszahlen, ebensowenig der Buchstabe A an gleicher
Stelle auf Kistophoren von Tralleis[4]. Denn an derselben Stelle
stehen auf anderen Prägungen der gleichen Zeit sowohl in Sardeis
als auch in Tralleis Monogramme und Buchstabenkombinationen, die
nicht als Zahlen interpretiert werden können, sondern Beamte

35 Vgl. K.J.Rigsby, Phoenix 33,1979,42ff.; Bernhardt, Polis
289ff.; G.Le Rider, JS 1989,187f.

36 Auch die Fortführung der Kistophorenprägung nach dem
Ende der Attaliden dürfte eine lokale Entscheidung sein; vgl.
Kinns, Asia Minor 107f.

37 Vgl. J.P.Adams, Historia 29,1980,314. - Zu den Verdiensten,
die sich die Ephesier um die Römer bei der Abwehr des Aristonikos
erwarben, siehe z.B. Strab.14,1,38 p.646; Bernhardt, Imperium
105; F.S.Kleiner, ANSMusN 18,1972,29; K.J.Rigsby, Phoenix 33,
1979,46f.

1 So Regling, Nysa p.74.

2 Regling, Nysa 15.15a.16; Inv.Wadd. 2489f.; Imh.-Bl., Gr.Mz.
597f.; F.Imhoof-Blumer, Lydische Stadtmünzen, Genf 1897, 4.6.

3 Pinder p.564 Nr.129; SNG Cop.461.

4 Kleiner - Noe 74, Series 44.

bezeichnen[5]. Der Londoner Kistophor aus Sardeis, bei dem unten in der Windung der linken Schlange ein Zeichen zu sehen ist, das einem Stigma oder einer Form des Digamma ähnelt[6], könnte hingegen ins Jahr 6 gehören[7]. Die sonst auf Kistophoren aus Sardeis als Zahlen 15, 19, 20 und 22 interpretierten Buchstaben-kombinationen stehen links im Feld (siehe Taf.III 9). Auf den sehr seltenen Kistophoren von Smyrna kommen möglicherweise die Zahlen 1, 2 und 8 vor (Taf.III 8)[8]. Eine entsprechende Interpretation der Zeichen A, B und H kann aber nicht als gesichert gelten. Eindeutig und sicher handelt es sich nur bei den Zeichen auf den Kistophoren von Nysa um Jahresangaben.

Meist hat man die Zahlzeichen auf den Kistophoren der vier Städte Tralleis, Nysa, Smyrna und Sardeis als Jahreszahlen der sogenannten "Provinzialära von Asia" bezeichnet[9]. Aber allein schon die Existenz von lokalen Kupferprägungen in Nysa, die entsprechende Jahreszahlen tragen, spricht dagegen, hier eine allgemein für die Provinz Asia eingeführte Ära anzunehmen. Schon Imhoof-Blumer[10] schloß bei den Münzen von Nysa die Anwendung der sullanischen Ära nicht aus.

1932 hat Regling einen Kistophorenschatz aus Mihaliç in der Provinz Brussa publiziert[11], in dem außer einer Reihe undatierter Stücke zwanzig Kistophoren aus Ephesos mit Jahreszahlen von 51 (=84/3 v.Chr.) bis 56 (=79/8 v.Chr.) sowie neunzig Kistophoren aus Tralleis enthalten waren. Von den letzteren waren fünf-undsiebzig mit Zahlen von 2 bis 9 datiert. Regling hatte sogleich bemerkt, daß die ephesischen Münzen der Jahre 51 bis 56 und die Prägungen aus Tralleis mit den Zahlen 2 bis 9 nicht nach der-selben Ära datiert sein können[12]. Wäre bei den Tralleis-Stücken eine Ära ab 134/3 v.Chr. angewandt worden, wären sie also zwischen 133/2 und 126/5 v.Chr. geprägt, ließe sich ihr derart

5 Kleiner - Noe 74, Series 42.43.45; Kleiner - Noe 83, Series 16.17a.18.
6 BMC 7 = Kleiner - Noe 83, Series 17b.
7 So Kleiner - Noe 84. Dagegen aber K.J.Rigsby, Phoenix 33, 1979,39 n.3.
8 J.G.Milne, NC 1927,46.
9 Z.B. in der SNG Aulock; vgl. Index Aulock 165f. - Zu Tralleis: BMC Lydia p.CXXXVII und p.332f. - Zu Nysa: BMC Lydia p.LXXIX; W.Kubitschek, RE I 1,1893,638; F.Imhoof-Blumer, Lydische Stadtmünzen p.107 mit Anm.1; Regling, Nysa p.74; McClean Coll.8682; W.Szaivert, Litterae Numismaticae Vindobonenses 2,1983,34. - Zu Smyrna: J.G.Milne, NC 1927,39; W.Szaivert, Litterae Numismaticae Vindobonenses 2,1983,34. - Zu Sardeis: BMC Lydia p.XCVII und p.237f.; SNG Cop.461f.; Kleiner - Noe 84. Vgl. auch Chapot 383; W.Kubitschek, RE I 1,1893,637f.; Ginzel 383.
10 Imh.-Bl., Gr.Mz. p.718f.
11 K.Regling, FM N.F.3,1932,506-510 = IGCH 1358. Vgl. F.S. Kleiner, ANSMusN 19,1974,10f.
12 K.Regling, FM N.F.3,1932,507.

gehäuftes Vorkommen in einem Schatzfund, der nach Ausweis der letzten ephesischen Prägungen bald nach 79/8 v.Chr. unter die Erde kam, nicht erklären. Schatzfunde aus der Zeit nach dem ersten Mithridatischen Krieg enthalten auch sonst kaum Kistophoren aus vorsullanischer Zeit[13]. Hinzu kommt, daß sich in den Schatzfunden, die bald nach 133 v.Chr. vergraben wurden und in denen ephesische Kistophoren der ersten Jahre enthalten waren, zwar Tralleis-Stücke finden, aber kein einziges mit einer Jahreszahl[14]. Auch die vorsullanischen Funde IGCH 1458, 1456, 1460 und 1461, die durch die Kistophoren aus Ephesos in die Zeit zwischen 105/4 und 88 v.Chr. datiert sind, enthalten nur Tralleis-Münzen ohne Zahlenangaben[15]. Kistophoren aus Tralleis mit Jahresdaten fehlen also in allen bekannten Schatzfunden aus vorsullanischer Zeit.

Im Schatzfund von Mihaliç sind die Tralleis-Kistophoren ab dem Jahre 4 nach Reglings Beobachtung[16] so gut erhalten, daß sie zu den jüngsten Münzen im Fund gehören müssen. Stilistisch passen die datierten Tralleis-Münzen zu den Kistophoren aus Ephesos mit den Jahreszahlen 33-67, aber nicht zu den ephesischen Prägungen, die in den Jahren gleich nach 133 v.Chr. ausgegeben wurden[17]. Regling nahm daher an, daß die in Tralleis für die Kistophoren verwendete Ära die sullanische mit dem Epochenjahr 85/4 v.Chr. war[18]. Wenn man, was sehr wahrscheinlich ist, die Gültigkeit des makedonischen Kalenders in Asia mit seinem Jahresanfang im Herbst annimmt[19], wäre damit die letzte datierte Münze im Schatzfund, die des Jahres 9 von Tralleis, 77/6 v.Chr. geprägt, was gut zu der letzten ephesischen Münze aus dem Jahre 79/8 v.Chr. paßte.

Ist aber die Anwendung der sullanischen Ära in Tralleis gleich nach ihrem Epochenjahr 85/4 v.Chr.[20] vorstellbar? Tralleis hatte sich zu Beginn des ersten Mithridatischen Krieges dem pontischen König angeschlossen[21]. Im Herbst 86 v.Chr. revoltierte die Stadt zusammen mit anderen Gemeinden gegen Mithridates[22]. Es wird

---

13 Vgl. D.R.Walker, The Metrology of the Roman Silver Coinage I, Oxford 1976,36; Kinns, Asia Minor 110f.

14 IGCH 1327.1455.1328. Vgl. Kleiner - Noe 113ff.

15 Vgl. F.S.Kleiner, ANSMusN 23,1978,81ff.

16 K.Regling, FM N.F.3,1932,507.

17 So K.Regling, FM N.F.3,1932,507.

18 K.Regling, FM N.F.3,1932,507.509. Ebenso SNG Cop.662f.; SNG Lewis 1002; F.S.Kleiner, ANSMusN 18,1972,29 n.19; F.S. Kleiner, ANSMusN 23,1978,81; Kinns, Asia Minor 111.

19 Vgl. Samuel 181.

20 Zur Berechnung der sullanischen Ära siehe unten S.216ff.

21 Cic. Flacc. 57.59. Zur Interpretation der Stelle vgl. A.W.Lintott, Historia 25,1976,489f.; Bernhardt, Imperium 121f. Anm.176; A.Keaveney, Sulla. The Last Republican, London 1982, 229.233. Siehe auch McGing, Mithridates 110; Bernhardt, Polis 59.

22 App.Mithr.48; Oros.6,2,8. Vgl. K.Regling, ZN 35,1925,267;

überliefert, daß Tralleis während des Mithridatischen Krieges von "Tyrannen" beherrscht wurde[23]. Wahrscheinlich setzte die Revolte gegen Mithridates dieser Herrschaft ein Ende. Ein solches Ereignis im Jahre 86/5 v.Chr. wäre der passende Anlaß, eine neue Zeitrechnung einzuführen, wenn damit die Freiheit der Stadt von Mithridates und den (von ihm eingesetzten?) "Tyrannen" erreicht wurde. Aus Ciceros Rede pro Flacco (57 und 59) geht hervor, daß die Bürger von Tralleis im Jahre 59 v.Chr. behaupteten, Mithridates habe ihnen das Geld weggenommen, das die Städte Asias gesammelt und in Tralleis deponiert hatten, um damit den Statthalter Flaccus zu ehren. Cicero verteidigte den Sohn dieses Flaccus, weil er nur das Geld an sich genommen habe, das seinem Vater zustehe, und behauptete, die Trallianer hätten jahrelang dieses Geld gegen hohe Zinsen verliehen[24]. Sind die mit Zahlen versehenen Kistophoren aus diesem Geld geprägt und dann nach Emissionen durchnumeriert worden?

Eher wird man aber nach dem Beispiel der Nachbarstadt Nysa die Zählung nach einer Ära annehmen, die am Ende des Mithridatischen Krieges und mit der Neuordnung der Provinz Asia durch Sulla einsetzt. Die Quellen teilen nichts über Maßnahmen Sullas bezüglich Tralleis mit[25], als er Asia neu ordnete. Doch hatte er den Städten hohe Kontributionen und Steuern auferlegt[26]. Wurden vielleicht dafür die Münzen mit den Zahlen 2 bis 9 geprägt und nach Jahren durchnumeriert? In jedem Fall können wir dann von der sullanischen Ära sprechen, die ab 85/4 v.Chr. zählte und in den Inschriften der Provinz Asia die am weitesten verbreitete Jahreszählung war[27].

Unter den publizierten Inschriften von Tralleis findet man nur eine mit einer Jahreszahl datierte, die fragmentarische Ehreninschrift für einen Agoranomos[28], in der ἔτους ιζ' ohne nähere Erläuterung zu lesen ist. Die sonst zeitlich kaum einzuordnende Inschrift aus dem Jahr 17 würde nach der sullanischen Ära ins Jahr 69/8 v.Chr. gehören. Da es sich hierbei um den einzigen epigraphischen Beleg für eine Jahreszahl in Tralleis handelt[29] und um eine niedrige Zahl, liegt die Verbindung

---

W.Ruge, RE VI A 2,1937,2104 s.v.Tralleis 2; Magie I 225; McGing, Mithridates 128f.; Bernhardt, Polis 59.

23   Strab.14,1,42 p.649. Vgl. W.Ruge, RE VI A 2,1937,2104; McGing, Mithridates 127; Bernhardt, Polis 52.134.

24   Vgl. F.Münzer, RE VIII A 1,1955,26f. s.v.Valerius 178.

25   Vgl. Bernhardt, Imperium 121 Anm.176; A.Keaveney, Sulla. The Last Republican, London 1982,230; R.G.Lewis, ClQ 41,1991, 128.

26   App.Mithr.62; Plut.Sulla 25,3; Plut.Luc.4,1. Vgl. A. Keaveney, Sulla, London 1982,112. 127 n.5.

27   Siehe unten S. 420ff.

28   IvTralleis 32.

29   Die übliche Datierung in Tralleis war die nach eponymen Beamten. Lediglich in agonistischen Inschriften der Kaiserzeit findet sich eine lokale Olympiadenrechnung: IvTralleis Nr.125ff.

mit den Zahlen auf den Münzen nahe. Dies würde die Vermutung, daß die sullanische Ära in der ersten Hälfte des 1.Jh.v.Chr. in Tralleis verwendet wurde, unterstützen. Es ist aber nicht auszuschließen, daß die Inschrift überhaupt nicht aus Tralleis stammt, sondern von einem anderen Ort dorthin verschleppt wurde oder daß sie in das Regierungsjahr eines Kaisers datiert ist.

In Reglings Kistophorenfund aus Mihaliç waren auch zwei Kistophoren aus Nysa enthalten, die Jahreszahlen trugen[30]. Die Zahlen waren zwar nicht mehr zu lesen. Das Beamtenkürzel MO und das Beizeichen zeigen aber, daß die beiden Münzen zu den Prägungen der Jahre 2 bis 13 von Nysa gehören müssen[31]. Ihr Vorkommen in dem Schatzfund, der kurz nach 77/6 v.Chr. vergraben worden war, deutet darauf hin, daß auch in Nysa nicht eine Ära ab 134/3 v.Chr. in Gebrauch war, sondern möglicherweise die gleiche Ära wie in der Nachbarstadt Tralleis. Der stilistische Vergleich, den Regling durchführte[32], setzt die Stücke aus Nysa ebenfalls zeitlich in die Nähe der Gruppe jüngerer ephesischer Kistophoren.

Ein bedeutendes Ereignis in der lokalen Geschichte Nysas, von dem eine eigene Ära hätte ausgehen können, wird für die in Frage kommende Zeit nicht überliefert, wie überhaupt lokale Ären in der Provinz Asia sehr selten sind. Auch in Nysa könnten die Geldforderungen Sullas nach dem Sieg über Mithridates VI. die Münzprägung in Gang gesetzt haben. Über das Schicksal der Stadt während des ersten Mithridatischen Krieges erfahren wir nur, daß ein reicher Bürger namens Chairemon zu Beginn des Krieges den römischen Feldherrn Manilius Aquillius mit Getreidelieferungen unterstützte[33]. Daraus ist auf die Römerfreundlichkeit Nysas zumindest am Anfang des Krieges geschlossen worden[34]. Ob dies nach dem Ende des Krieges zur Nachsicht Sullas gegenüber Nysa geführt hat und man deswegen in dieser Stadt eine neue Zeitrechnung einführte, ist möglich, aber nicht zu belegen.

Bei der einzigen mit einer Jahreszahl datierten Inschrift aus Nysa, die publiziert ist, handelt es sich um eine Ehreninschrift, die, wenn man Kontoleons Lesung der stark zerstörten Inschrift glauben darf[35], ins Jahr 38 gehört. Diese Inschrift wäre 13 Jahre nach der letzten mit Jahreszahlen datierten Münze aus Nysa entstanden und entspräche, nimmt man die sullanische Ära an,

30 K.Regling, FM N.F.3,1932,509 Nr.132-133.

31 Vgl. K.Regling, FM N.F.3,1932,509.

32 K.Regling, FM N.F.3,1932,507.

33 Syll.³ 741 = R.K.Sherk, Roman Documents from the Greek East, Baltimore 1969, Nr.48. Vgl. Magie II 991 n.27. 1102 n.28; McGing, Mithridates 109; K.J.Rigsby, TAPhA 118,1988,152.

34 Vgl. Bernhardt, Polis 51. 55 mit Anm.275. - Siehe jetzt aber Chr.Marek, in: Alte Geschichte und Wissenschaftsgeschichte. Festschrift für Karl Christ zum 65.Geburtstag, Darmstadt 1988,291f.

35 A.E.Kontoleon, BCH 10,1886,520 Nr.17 und M.Pappakonstantinou, Αἱ Τράλλεις ἤτοι Συλλογὴ Τραλλιανῶν ἐπιγραφῶν, Athen 1895,Nr.74.

48/7 v.Chr. Damit hätten wir eine Parallele zu Tralleis. Wie dort wären gleich im zweiten Jahre der Neuordnung Sullas Münzen geprägt worden. Diese Prägungen wären einige Jahre, mit Jahreszahlen versehen, fortgesetzt worden. In Tralleis gehört der einzige inschriftliche Beleg für eine Datierung mit Jahreszahl ins Jahr 17, in Nysa ins Jahr 38. Überall enden danach die Zeugnisse einer derartigen Jahresdatierung. Offensichtlich setzte sich diese Form in beiden Städten nicht oder nur kurzzeitig gegenüber der Eponymendatierung durch. Entsprechendes ist im übrigen für Ilion festzustellen, wo ebenfalls nur ein einziger inschriftlicher Beleg für eine Ära, die sullanische, aus früher Zeit bekannt ist[36]. Daß man in Tralleis und Nysa eine Ära, die der sogenannten sullanischen entspricht, verwendete, ist also wahrscheinlich, wenn auch nicht sicher zu beweisen.

Von den Kistophoren aus Sardeis, die Zahlzeichen aufweisen, findet sich kein Exemplar in den bisher bekannten Schatzfunden. Während Regling die Anwendung der sullanischen Ära auch auf diesen Kistophoren nicht ausschließt[37], kann Kleiner das einzige bisher bekannte Stück mit dem Zahlzeichen ϛ[38] unter die Kistophoren der Periode von 135 bis 128 v.Chr. einreihen[39]. Kistophoren mit dem gleichen Beizeichen, mit einem stehenden Zeus mit Adler, waren nämlich in einem Schatzfund enthalten, der bald nach 128 v.Chr. vergraben wurde[40]. Damit wird es wahrscheinlich, daß Sardeis die gleiche Ära kannte, die in Ephesos schon länger eingeführt war[41]. Vielleicht hatte die Stadt ähnlich wie Ephesos nach dem Tode des letzten Attaliden Autonomie und Freiheit erhalten[42]. Sicheres läßt sich aber nicht sagen. Dagegen ist die Inschrift mit der Jahreszahl 6, die aus dem Territorium von Sardeis stammt[43], in die augusteische Zeit zu legen, kann also mit den Zahlen auf den Kistophoren nicht verbunden werden.

Wie die drei auf den Kistophoren von Smyrna bezeugten Zeichen A (=1), B (=2) und H (=8) zu interpretieren sind, ist unklar. Milne[44] hatte seine ursprüngliche Annahme, es seien Jahreszahlen der Ära ab 134/3 v.Chr., bald revidiert und einem

---

36 Siehe unten S.228ff.

37 K.Regling, FM N.F.3,1932,507. – Sardeis revoltierte wie Tralleis gegen Mithridates VI.; vgl. Oros.6,2,8.

38 Kleiner – Noe 83ff. Series 17b.

39 Kistophoren mit den Buchstaben A und B (SNG Cop.461; Pinder p.564 Nr.129), die wohl nicht als Jahreszahlen interpretiert werden dürfen, kommen in den Schatzfunden der ersten Jahre nach 133 v.Chr. nicht vor.

40 Kleiner – Noe 84 und 116ff.

41 Vgl. aber die Bedenken von K.J.Rigsby, Phoenix 33,1979,39 n.3.

42 Vgl. Magie I 156. II 1046 n.35.

43 L.Robert, BCH 106,1982,361ff. = Robert, Documents 361ff. Siehe unten S.301ff.

44 J.G.Milne, NC 1927,39.

Vorschlag von Regling[45], hierin Jahresdaten der sullanischen Ära
zu sehen, "aus epigraphischen Gründen" zugestimmt. Wenn es sich
tatsächlich um Jahreszahlen einer Ära handelt, sind sie aber weder
ab 134/3 v.Chr. noch ab 85/4 v.Chr. zu berechnen. In einem
Schatzfund, der nach Ausweis der darin enthaltenen ephesischen
Kistophoren bald nach 99/8 v.Chr. unter die Erde gekommen ist[46],
fand sich ein sehr gut erhaltener Kistophor aus Smyrna mit dem
Zeichen B. Dies weist, wenn der Fundzusammenhang korrekt ist,
auf eine Ära, die gegen Ende des 2.Jh.v.Chr. ihr Epochenjahr
hatte[47]. Aus dieser Zeit ist aber kein bedeutendes Ereignis in der
Geschichte Smyrnas bekannt, das man mit dem Beginn einer neuen
Zeitrechnung verbinden könnte[48]. Die Frage nach der Interpretation der drei Buchstaben auf den Kistophoren Smyrnas muß also
weiterhin offenbleiben. Vielleicht sind es nur Serienzeichen oder
sonstige Abkürzungen.

4. Die überregionalen Ären in der Provinz Asia

Hunderte von Inschriften in der Provinz Asia sind vor allem
während der Kaiserzeit mit Jahreszahlen datiert worden.
Überregionale Bedeutung haben die sullanische, cäsarische, auch
pharsalische genannt, und die aktische Ära. Ihre Ausgangsjahre
und ihre Einführung in die Zeitrechnung der Städte Asias sind
zunächst zu klären, bevor ihre geographische und zeitliche
Verbreitung untersucht werden kann. Eine "Provinzialära" ab der
Einrichtung der Provinz Asia, wie sie vor allem Ramsay vertreten
hat[1], gab es hingegen nicht, auch nicht in der Münzprägung[2].
Überhaupt sind Jahreszahlen auf Münzen, die in der Provinz Asia
geprägt wurden, selten.

Die weite Verbreitung unterschiedlicher Äradatierungen in den
Inschriften der Provinz Asia macht es notwendig, zunächst einmal
zu prüfen, zu welcher antiken Gemeinde das einzelne Zeugnis
gehörte. Dazu muß versucht werden, die Grenzen der einzelnen
Gemeinden und ihrer Territorien zu bestimmen. Erst dann läßt sich
die offizielle Jahresrechnung einer Stadt oder eines Stammes-
verbandes ermitteln. Insofern ist die geographische Gliederung der
Zeugnisse im nun folgenden Teil angebracht.

45   K.Regling, FM N.F.3,1932,507.
46   IGCH 1459 = F.S.Kleiner, ANSMusN 23,1978,87ff.
47   So auch Kinns, Asia Minor 108. Eine angeblich von Milne
gesehene Verbindung dieser Zeitrechnung mit Mithridates VI. ist
abzulehnen; vgl. C.J.Cadoux, Ancient Smyrna, Oxford 1938,156
n.4; Kinns, Asia Minor 116 n.25.
48   Zur Geschichte Smyrnas in dieser Zeit vgl. R.G.Lewis, Sulla
and Smyrna, CQ 41,1991,126ff.
1   Z.B. Ramsay, Cities 203. Aber auch noch in neueren Publikationen ist diese Ära diskutiert worden, wie von W.Blümel, IvIasos II
p.36.
2   Siehe oben S.206f.

Da die Jahreszahlen fast nie durch eine Ergänzung erläutert werden, ist es oft schwierig, die Art der verwendeten Ära festzustellen. Man ist auf Synchronismen angewiesen, die aber nicht immer leicht zu erkennen sind. Sehr hilfreich für die Bestimmung der Ära ist die Erwähnung eines Kaisers oder anderweitig bekannter Persönlichkeiten in den äradatierten Inschriften. In vielen Fällen ist man aber auf Schlußfolgerungen aus den Namen ansonsten unbekannter Personen angewiesen, um die Inschriften zeitlich einzuordnen. Die Bürgerrechtsverleihungen durch die römischen Kaiser, die sich in den Personennamen widerspiegeln, ermöglichen wichtige Erkenntnisse zur Datierung der genannten Personen und damit der Inschriften, in denen sie genannt sind[3]. Die "Constitutio Antoniniana" vom Jahre 212 n.Chr. ließ in großem Umfange die Aureliernamen in den Inschriften aufkommen[4]. Gerade dieses Phänomen in den Namen der ersten Hälfte des 3.Jh.n.Chr. und in geringerem Maße der zweiten Hälfte des 3.Jh. trägt zur Bestimmung der Ära in den Fällen bei, in denen genügend datierte Inschriften aus der gleichen Gemeinde vorliegen. Wenn man aber nur von den Schriftformen oder von den sprachlichen Erscheinungen her die Art der Ära klären will[5], ist eine Lösung sehr problematisch und unsicher. So wird man in einigen Fällen die Ära nur vermutungsweise angeben können.

Der Kalender in der Provinz Asia war in der Regel der offizielle asianische, der im Jahre 9 v.Chr. auf Provinzebene eingeführt worden ist und den Geburtstag des Augustus, den 23.September, als Jahresanfang nahm. Fast überall hat sich dieser Tag als Jahresanfang durchgesetzt[6]. Kleinere lokal bedingte Abweichungen des Neujahrstages sind allerdings möglich[7]. Doch wird man auch dort, wo noch die lokalen Monatsnamen des alten Kalenders beibehalten wurden, den Jahresanfang möglichst dem asianischen Kalender angeglichen und in die Nähe des 23.September gelegt haben. Vor 9 v.Chr. galt in großen Teilen der Provinz, wie die Monatsnamen zeigen, der makedonische Kalender mit seinem Jahresanfang nach den Herbstäquinoktien[8]. Im folgenden ist somit, falls nicht anders diskutiert, von einem Jahresanfang im Herbst auszugehen.

---

3 Dazu vor allem B.Holtheide, Römische Bürgerrechtspolitik und römische Neubürger in der Provinz Asia, Freiburg 1983.

4 Vgl. z.B. P.Herrmann, Überlegungen zur Datierung der "Constitutio Antoniniana", Chiron 2,1972,519ff.

5 So u.a. Buresch 20ff. Vgl. z.B. die Schriftbeobachtung Ramsays bezüglich der Inschriften von Apollonia Mordiaion, die teilweise um zwei Jahrhunderte differieren; dazu C.Foss, ZPE 25,1977,286 n.13 und unten S.275.

6 Vgl. vor allem U.Laffi, Le iscrizioni relative all'introduzione del nuovo calendario della provincia d'Asia, SCO 16,1967,5ff.; Samuel 174ff.181f und schon H.Dessau, Zum Kalender der Provinz Asien, Hermes 35,1900,332ff.; W.Kubitschek, Die Kalenderbücher von Florenz, Rom und Leyden (DAW 57,3), Wien 1915, bes. 90ff.

7 Vgl. z.B. U.Laffi, SCO 16,1967,79f. und zu Laodikeia S.383f.

8 Vgl. U.Laffi, SCO 16,1967,39ff.; Samuel 144.182.

a. Der Ausgangspunkt der "sullanischen" Ära

Der Begriff "sullanische Ära", der durch Franz in die Epigraphik eingeführt wurde[1], ist in der Antike nicht belegt. Alle bekannten Jahreszahlen, die nachweisbar nach der sullanischen Ära zu berechnen sind, werden in den antiken Dokumenten nicht näher erläutert und definiert[2], so daß ein konkreter Bezug dieser Jahresrechnung auf Sulla nur durch das Epochenjahr erschlossen worden ist.

Die für die Berechnung des Epochenjahres wichtigste Inschrift[3] stammt aus Inay (Ine), in der Antike mit Nais oder Naeis identisch[4]. Da diese Inschrift von den dort lebenden Römern und offenbar – obwohl die Inschrift an dieser Stelle abbricht – von den Griechen errichtet wurde, ist sie zweifach datiert: Αὐτοκράτο-ρι [[Δομιτιανῷ]] Καίσαρι Σεβαστῷ Γερμανικῷ τὸ δι', Λουκίῳ Μινουκίῳ Ῥουφῷ ὑπ(άτοις), ἔτους ροβ', μη(νὸς) Πανήμου. Das Jahr des Consulates des L.Minucius Rufus und der 14.Consulat des Kaisers Domitianus fallen ins Jahr 88 n.Chr.[5]. Der Monat Panemos ist der siebte des makedonischen Kalenders. Entsprechend dem Kalender der Provinz Asia ist dies die Zeit zwischen 24.Mai und 23.Juni[6]. Die Inschrift wurde also im Frühjahr 88 n.Chr. aufgestellt. Da der Jahresanfang im Herbst lag, entsprach also das lokale Jahr 172 der Zeit von Herbst 87 bis Herbst 88 n.Chr. Zurückgerechnet ergibt dies das Epochenjahr 85/4 v.Chr.

Die zweite Inschrift, die man zur Bestimmung der sullanischen Ära herangezogen hat, war die mit der Jahreszahl 153 aus Apollonia in Mysien, in der Domitianus Caesar geehrt wird[7]. Vespasianus war am 1.Juli 69 n.Chr. im ägyptischen Alexandreia zum Kaiser ausgerufen, aber erst im Dezember in Rom als Augustus bestätigt worden[8]. Daraus hatte Cichorius gefolgert, daß

---

1 J.Franz, Corpus Inscriptionum Graecarum III, Berlin 1853, p.1103f.

2 In der ersten so datierten Inschrift aus Ilion wird nur betont, daß es sich um die Zeitrechnung der Ilier handele; vgl. IvIlion 10.

3 W.M.Ramsay, JHS 4,1883,432 Nr.42; Ramsay, Cities 610 Nr. 511; IGR IV 713. Vgl. W.Kubitschek, AEM 13,1890,89f.; Kaestner 41; W.Kubitschek, RE I 1,1893,638; Chapot 384; Ginzel III 37; MAMA IX p.LVI n.2.

4 Siehe unten S. 261f.

5 Vgl. A.Degrassi, I fasti consulari dell'Impero Romano, Rom 1952,27; Kienast 116.

6 Vgl. Kaestner 41; Chapot 384; U.Laffi, SCO 16,1967,67.73f.

7 Le Bas - Waddington 1069; C.Cichorius, SPAW 1889,365; IGR IV 120; Ramsay, Social Basis 301; A.Abmeier, Asia Minor Studien 1,1990,14. Vgl. auch W.Kubitschek, AEM 13,1890,91f.; Kaestner 40; W.Kubitschek, RE I 1,1893,638. Als Zeugnis für die Ermittlung der sullanischen Ära wurde diese Inschrift abgelehnt von Chapot 384f. und Ramsay, Historical Geography 452.

8 Suet.Vesp.6,3; Tac.hist.2,79; Cass.Dio 65,1. Vgl. dazu Kienast 108.

Domitianus nicht vor Dezember 69 n.Chr. als Caesar anerkannt war und somit die Inschrift in Apollonia nicht vorher aufgestellt worden sein könne[9]. Die Ära sei demnach ab 84/3 v.Chr. zu rechnen. Doch schreibt Tacitus (hist.2,81,1f.), daß die Provinz Syria noch vor den Iden des Juli den Treueid auf Vespasianus leistete und bald alle Provinzen bis nach Asia und Achaia sowie bis Pontus und Armenien darin nachfolgten.

Buttrey hat nachzuweisen versucht, daß Vespasianus schon vor dem Dezember Augustus genannt wurde[10], und daraus gefolgert, daß auch Titus und Domitianus schon vor diesem Termin als Caesares bezeichnet worden sein können[11]. Seltsamerweise zieht er aber nicht die Inschrift aus Apollonia als Beweis heran, weil er offensichtlich den Artikel von Kubitschek, in dem die Datierung dieser Inschrift behandelt wird[12], nur bis zur Seite 89 gelesen hat, ihn auch so zitiert und daraus die falsche Schlußfolgerung gezogen hat, daß Kubitschek nämlich die Inschrift aus Apollonia auf 69/70 n.Chr. umdatiert habe, was aber unzutreffend ist. Doch zeigen Buttreys weitere Ausführungen richtig, daß Domitianus schon im Sommer 69 n.Chr. in Kleinasien als Caesar geehrt worden sein kann, so daß unsere Inschrift aus Apollonia kein Beleg gegen das Epochenjahr 85/4 v.Chr. darstellt[13]. Falls man einwenden sollte, daß das Jahr in Apollonia damals vielleicht nicht im Herbst begonnen habe, ergibt sich aus der Inschrift auf jeden Fall Juli 85 v.Chr. als terminus post quem des Epochenjahres. Die oben behandelte Inschrift aus Nais beweist aber klar, daß die Jahreszahlen der sullanischen Ära nicht ab Herbst 86 v.Chr. gerechnet wurden, sondern 85/4 v.Chr. das Epochenjahr war.

Eine Inschrift aus Aizanoi, die man häufig wegen der Zweifach-datierung mit Indiktions- und Jahreszahl zur Berechnung der sullanischen Ära herangezogen hat, ist auszuscheiden, da weder die Lesung noch die Art der dort verwendeten Ära gesichert ist[14]. Eine Inschrift aus Akmoneia[15] ist dagegen besser datiert: πρὸ τριῶν Νωνῶν Μαρτίων [[Αὐτοκράτορι Δομι]]τιανῷ Καίσαρι

---

9 C.Cichorius, SPAW 1889,365f. Vgl. W.Kubitschek, AEM 13, 1890,88f.; Kaestner 40.

10 T.V.Buttrey, Documentary Evidence for the Chronology of the Flavian Titulature, Meisenheim am Glan 1980,9ff.

11 T.V.Buttrey, op.cit. 21 und 32.

12 W.Kubitschek, AEM 13,1890,88-93.

13 Vgl. auch W.Kubitschek, AEM 13,1890,91f.; Weynand, RE VI 2,1909,2544 s.v. Flavius 77; A.Martin, La titulature épigraphique de Domitien, Frankfurt 1987,97f.; Kienast 115; A.Abmeier, Asia Minor Studien 1,1990,14f. mit Anm.81.

14 W.H.Waddington, in: Le Bas - Waddington zu Nr.980; W.Kubitschek, RE I 1,1893,638; Ginzel III 37. Siehe dazu unten S.237f.

15 IGR IV 661; F.Cumont, Catalogue des sculptures et inscriptions antiques (Monuments lapidaires) des Musées royaux du Cinquantenaire, Brüssel ²1913, Nr.133. Vgl. zur Lesung der Datierung U.Laffi, SCO 16,1967,80 mit n.155.

Σεβαστῷ Γερμανικῷ τῷ αι', [ἔτους ρξ]θ', μηνὸς Ξανδικοῦ
τρισκαι[δεκάτου . Bezieht man τῷ αι' auf den 11.Consulat
des Domitianus, wurde die Inschrift am 5.März des Jahres 85
n.Chr. errichtet. Die Jahreszahl muß dann 169 gelautet haben[16].
Man erhält damit wiederum das Epochenjahr 85/4 v.Chr.

Nur ungefähre Anhaltspunkte zum Ausgangsjahr der Ära liefern
weitere Inschriften, in denen römische Kaiser genannt sind. Im
phrygischen Sebaste sind es gleich drei, die solche Synchronismen
aufweisen. Eine aus dem Jahre 173 nennt Domitianus Germanicus[17].
Den Titel Germanicus führte Domitianus erst seit 83 n.Chr.[18]. Bei
einer Rechnung ab 85/4 v.Chr. kommt man mit der Inschrift in das
Jahr 88/9 n.Chr. Im Jahre 188 heißt in Sebaste Kaiser Traianus
Germanicus und Dacicus[19]. Den Titel Dacicus trug er seit Herbst
102 n.Chr.[20]. Dies ergibt als terminus post quem für das
Epochenjahr Herbst 87 v.Chr. Philippus Arabs und seine Familie
erhielten in Sebaste im Jahre 330 eine Inschrift[21]. Doch ist hier
Name und Titulatur des Herrschers teilweise eradiert, so daß die
Zuweisung an Philippus ohne Jahreszahl nicht sicher wäre.

In Traianopolis zeigt eine Ehreninschrift für den Kaiser
Hadrianus, die ins Jahr 204 datiert ist[22], wegen der langen
Regierungszeit dieses Herrschers nur an, daß das Epochenjahr der
Ära nach 88 v.Chr. begonnen haben muß. Näher kommt man dem
Epochenjahr mit einer Inschrift des Jahres 251 aus der gleichen
Stadt[23], die für Marcus Aurelius und Lucius Verus gesetzt wurde
und nach der schon Franz die sullanische Ära berechnet hat[24].
Marcus Au.elius heißt darin nämlich Armeniacus und Parthicus,
Lucius Verus sowohl Armeniacus als auch Medicus. Die Sieges-
beinamen Parthicus maximus bzw. Medicus nahmen diese Herrscher
erst Mitte 166 n.Chr. an[25]. Lucius Verus starb aber schon Anfang
169 n.Chr., so daß wir das Epochenjahr auf die Zeit zwischen 86/5
und 83/2 v.Chr. eingrenzen können. Mit den Inschriften des
Jahres 213 aus Karagöz in Mysien für Hadrianus[26], des Jahres 239
aus Maionia für Antoninus Pius[27], des Jahres 281 aus Diokleia für
Septimius Severus[28], des Jahres 315 aus Iulia Gordos mit der

---

16   Siehe unten S.264.
17   Ramsay, Cities 601 Nr.474; IGR IV 684.
18   Kienast 117.
19   A.R.R.Sheppard, AS 31,1981,19f. = SEG 31,1124 = Année
épigr.1983,923.
20   Kienast 123.
21   Ramsay, Cities 608 Nr.498; IGR IV 635.
22   Ramsay, Cities 611 Nr.515; IGR IV 623.
23   Ramsay, Cities 612 Nr.516; IGR IV 625.
24   J.Franz, CIG III,1853, p.1103f. Vgl. auch Kaestner 38ff.,
der gegen Franz zu zeigen versuchte, daß die Ära von 85 v.Chr.
und nicht von 84 v.Chr. ausgegangen sein muß.
25   Kienast 139.144.
26   IvHadrianoi 126.
27   TAM V 1,517.
28   Ramsay, Cities 660 Nr.615; IGR IV 664.

Erwähnung des Kaisers Severus Alexander[29] läßt sich ebenfalls das Epochenjahr in etwa berechnen. Diese Inschriften beweisen, daß es die gleiche Ära ist, die in diesen Regionen der Provinz Asia verbreitet war.

Die Gültigkeit des Epochenjahres 85/4 v.Chr. noch in der Spätantike, wird durch drei Inschriften bestätigt, die sowohl Jahreszahlen als auch Indiktionszahlen aufweisen. In einer Inschrift aus Apameia stehen die Jahreszahl 563 (=sull.478/9 n. Chr.) und die Indiktionszahl 2 nebeneinander[30], in Eumeneia die Jahreszahl 648 (=sull.563/4 n.Chr.) und die Indiktionszahl 12[31], in Bekilli in der mittleren Mäanderregion die Jahreszahl 544 (=sull. 459/60 n.Chr.) und die Indiktionszahl 13[32]. In allen diesen Fällen führt die Rechnung ab 85/4 v.Chr. auf ein Jahr mit entsprechender Indiktionszahl.

Von welchem Ereignis geht diese Ära ab 85/4 v.Chr aus? Im Laufe des Jahres 85 v.Chr. trafen sich Sulla und König Mithridates VI. in Dardanos in der Troas, um den Krieg zu beenden[33], der der erste Mithridatische genannt wird. In der Nähe des Treffpunktes lag Ilion, wo bezeichnenderweise die sogenannte sullanische Ära zum ersten Mal in einer Inschrift bezeugt ist[34]. Doch kam in Ilion eine Besonderheit hinzu, der Wiederaufbau der Stadt nach ihrer Zerstörung durch Fimbria, die zur Einführung einer Jahreszählung ab Sulla geführt haben kann[35].

Eine umfassende Rolle in der Geschichte der Provinz Asia spielten die weiteren Maßnahmen des römischen Feldherrn und Politikers Sulla. Die Literatur, die auf die sullanische Ära eingeht[36], verweist meist auf Cassiodor, der in seiner Chronik zum Jahre 84 v.Chr., das heißt unter den Consuln L.Cinna IV und Cn.Papirius Carbo II, schreibt[37]: His consulibus Asiam in XLIV regiones Sulla divisit. Aber auch bei Appian steht eine wichtige Passage, die die sullanische Ära erklären könnte[38]. Nach Appian verlieh Sulla den Iliern, Chiern, Lykern, Rhodiern, der Stadt Magnesia und einigen anderen die Freiheit und machte sie zu Freunden der Römern, entweder als Belohnung für ihre Zusammenarbeit während des Krieges oder als Ausgleich für ihre Leiden, die sie wegen ihrer Loyalität ihm gegenüber erdulden mußten.

29 TAM V 1,758.
30 MAMA VI 238. Siehe Taf.IV 8.
31 Drew-Bear, Phrygie 111 Nr.50 = SEG 28,1130.
32 MAMA IV 322.
33 App.Mithr.56ff.; Plut. Sulla 24. Vgl. Magie I 230f.; Keaveney, Sulla 103ff.; McGing, Mithridates 131.
34 IvIlion 10.
35 Siehe unten S. 228ff.
36 Le Bas - Waddington zu Nr.980; C.Cichorius, SPAW 1889, 366; Kaestner 39; Chapot 383f.; W.Kubitschek, RE I 1,1893,638; Ginzel III 37 mit Anm.2; A.Abmeier, Asia Minor Studien 1,1990,5 Anm.22.
37 Cassiodor, chron., in: Chronica Minora II p.132 Mommsen.
38 App.Mithr.61.

An dieser Stelle bei Appian werden zuerst die Ilier genannt. Bedeutet dies, daß die sullanische Ära von Ilion ausgegangen ist? Doch ist bei allen anderen von Appian genannten Staaten diese Jahresrechnung nicht nachzuweisen. Das heißt wohl, daß Ilion eher aus lokalen Gründen die Ära eingeführt hat. Möglicherweise wurde schon im Jahre 2, vom gleichen Ausgangspunkt aus gerechnet, in den beiden lydischen Nachbarstädten Tralleis und Nysa Münzen mit entsprechenden Daten versehen[39]. Doch kann dies dort zunächst nur eine aus der Praxis der Prägung kommende Numerierung gewesen sein, die aber bald, wie die Ergänzung mit ἔτους sowohl auf Münzen als auch in Inschriften zeigt, zur Jahresrechnung wurde. In den 60er Jahren des ersten 1.Jh.v.Chr. wurde auch in Inschriften in Phrygien und anderen Teilen Lydiens entsprechend datiert. So darf man wohl nicht einen gemeinsamen Beschluß der Städte Asias annehmen, von dem an die sullanische Ära eingeführt wurde. Wahrscheinlich haben sich diese Datierungen unabhängig voneinander entwickelt. Gemeinsam war den Gemeinden nur der Ausgangspunkt, das Ende der Herrschaft des pontischen Königs Mithridates VI. über Asia und die Neuordnung der Provinz durch Sulla[40], das heißt die erneute Übernahme der Herrschaft durch die Römer.

Das Jahr 85/4 v.Chr. als erstes der neuen Ära schließt genau an das vierte Jahr (=86/5 v.Chr.) an, das als letztes auf den in Asia geprägten Edelmetallmünzen des Mithridates VI. zu finden ist[41]. Diese Ära hatte mit der Eroberung der Provinz Asia durch den pontischen König eingesetzt. Es ist naheliegend, daß man nun nach der Beendigung der pontischen Herrschaft mit dem Wechsel zur römischen Verwaltung, aber auch mit der teilweise von den Römern verliehenen, größtenteils nur noch formalen Freiheit die Jahre (und die Münzemissionen) neu zu zählen begann. Deswegen läßt sich auch vermuten, daß die Zahlen auf den Münzen von Tralleis und Nysa von diesem gleichen Jahr ausgegangen sind. Wie die Ephesier nach dem Ende des Attalidenreiches und der Erringung ihrer Freiheit im Jahre 134/3 v.Chr. die attalidische Münzprägung fortsetzten, aber neu mit der Jahreszahl 1 begannen, so geschah es auch auf den Münzen von Tralleis und Nysa, als eine neue politische Periode begann.

Daß die Rechnung nach der sullanischen Ära von den Römern initiiert worden wäre, um mit der neuen Zeitrechnung ihre Vorherrschaft zu propagieren, ist nicht anzunehmen. Damals war den Römern diese Art der Jahresbezeichnung zu wenig vertraut. Nur in der römischen Chronographie hat man eine ähnliche Form der Jahreszählung, die Rechnung ab urbe condita, im 1.Jh.v.Chr. diskutiert[42]. Der Wechsel der Jahresrechnung aus politischen

---

39   Siehe oben S.208ff.
40   So u.a. W.Kubitschek, AEM 13,1890,88.92 und RE I 1,1893, 638; Kaestner 39; Chapot 383f.; Ginzel III 37; Keaveney, Sulla 114.
41   Siehe oben S.90ff.
42   Vgl. Samuel 249ff.

Gründen war aber der Ausdruck griechischer Vorstellungen. Die sogenannte sullanische Ära ist von griechischer Seite aus entstanden als Ausdruck des Gefühls, daß eine neue Zeit in der Geschichte Kleinasiens angebrochen war.

b. Die pharsalische Ära

Ein Beschluß der Stadt Ephesos über die Einsetzung einer Wache im Heiligtum der Artemis (Taf.VIII 2)[1] ist sowohl nach dem ephesischen Prytanen datiert als auch in das 10.Jahr des Sieges des C.Iulius Caesar: ἔτους δεκάτου τῆς Γαίου Ιουλίου Καίσαρος νίκης, ἐπὶ πρυτανέως Ἀράτου τοῦ Ἀράτου τοῦ Ἀρτέμονος, μηνὸς Μαιμακτῆρος ἐνάτῃ ἱσταμένου (Z.1-4). Daß es sich hier um die Jahreszahl einer Ära handelt, die ab dem Siege Caesars bei Pharsalos gezählt wurde, haben zuerst J. und L.Robert erkannt[2]. Caesars siegreiche Schlacht bei Zela im Jahre 47 v.Chr. hingegen hatte im Unterschied zu Pharsalos für den Westen Kleinasiens keine so große Bedeutung. Der Sieg Caesars bei Pharsalos im Jahre 48 v.Chr. wird in den Fasti auf den 9.August des alten republikanischen Kalenders datiert[3], was nach dem iulianischen Kalender einem Tag im Juni entspricht[4]. Pharsalos fiel also nach dem ephesischen Kalender[5] ins lokale Jahr 49/8 v.Chr., und dieses könnte als Jahr 1 der Ära gezählt worden sein. Nicht der Tag des Sieges bei Pharsalos war für die Ärarechnung ausschlaggebend, sondern entweder der vorangehende oder der folgende Neujahrstag war der erste Tag des Jahres 1. Denn in der Ärarechnung der Antike hat man immer den lokalen Kalender berücksichtigt. Geht man vom Epochenjahr 49/8 v.Chr. aus, entspräche das Jahr 10, in das die Inschrift aus Ephesos datiert ist, 40/39 v.Chr.

Doch führt ein Ehrendekret der Katoikie Akokome oder Nakokome[6] in Lydien, das Peter Herrmann publiziert hat[7], zu einem

1 H.Vetters, AAWW 108,1971,90f.; D.Knibbe, JOEAI 50,1972-75, Beibl.2 Nr.1; IvEphesos IV 1387; Année épigr.1975,797; SEG 26, 1241.

2 Robert, Bull.épigr.1972,388. Danach auch D.Knibbe, JOEAI 50,1972-75, Beibl.3f. und IvEphesos IV p.215. Irrtümlich spricht Robert, Bull.épigr.1982,352 von Caesars Sieg bei Philippi(!).

3 Fasti Amiternini: CIL I 1, p.244; Fasti Antiates: CIL I 1, p.248.

4 M.Gelzer, Caesar, Wiesbaden [6]1960,220 rechnete auf den 7.Juni um, Y.Béquignon, RE Suppl.12,1970,1072 s.v. Pharsalos auf den 28.Juni.

5 Vgl. Samuel 122f.; K.J.Rigsby, Phoenix 33,1979,41; J.P.Adams, Historia 29,1980,313.

6 Zum Namen vgl. L.Zgusta, Kleinasiatische Ortsnamen, Heidelberg 1984,53.

7 Herrmann, Neue Inschriften 8ff. Nr.6; TAM V 2,1229; SEG 19,710.

anderen Ergebnis. Diese Marmorstele aus dem Dorf Üçavlu, das auf dem Territorium des antiken Apollonis liegt[8], ist dreifach datiert (Taf.VIII 1): ἔτους εἰκοστοῦ καὶ πρώτου τῆς Καίσαρος τοῦ πρεσβυτέρου αὐτοκράτορος θεοῦ νείκης, τετάρτου δὲ τῆς Καίσαρος τ[οῦ] νεωτέρου αὐτοκράτορο[ς] θεοῦ υἱοῦ, στε-φανηφόρου δὲ καὶ ἱερέως τῆς Ῥώμης Ἀπολλωνίδου τοῦ Αἰσχρίωνος, μηνὸς Δαισίου δωδεκάτῃ (Z.1-7). Das 21.Jahr der pharsalischen Ära entspricht also dem 4.Jahr der aktischen Ära[9] und dem (lokalen) Jahr des Stephanephoren und Romapriesters Apollonides, Sohn des Aischrion. Da die aktische Ära in Asia, wie noch dargelegt wird, ab dem Herbst 31 v.Chr. zu rechnen ist[10] und in Apollonis, wie die Monatsnamen zeigen[11], der makedonische Kalender mit seinem Jahresanfang im Herbst galt, muß das Epochenjahr der pharsalischen Ära 48/7 v.Chr. sein[12] und nicht das lokale Jahr 49/8 v.Chr., in dem die Schlacht von Pharsalos eigentlich stattgefunden hatte. Die Gleichartigkeit der Ausdrucksweise zeigt, daß es sich in Apollonis und Ephesos um dieselbe Rechnung handelt. Da auch die aktische Ära in der Provinz Asia erst ab dem Neujahr, das auf den Sieg folgte, gezählt wurde, kann man davon ausgehen, daß überall in Asia, wo die pharsalische Ära eingeführt wurde, die Rechnung nicht mit dem laufenden Jahr, in dem die Schlacht bei Pharsalos stattgefunden hatte, begann, sondern mit dem darauffolgenden Jahr 48/7 v.Chr. Die Inschrift aus Ephesos, die ins 10.Jahr des Sieges datiert ist, gehört also in das Jahr 39/8 v.Chr.[13], wegen des genannten Monats Maimakter in den November oder Dezember 39 v.Chr., wenn im ephesischen Kalender damals schon das Jahr um die Herbstäquinoktien begann[14].

Wie kam es zu der Einführung dieser Ära? Man könnte vermuten, daß es einen gemeinsamen Beschluß der Städte Asias oder des Koinon gegeben habe[15], mit dem nächsten Neujahrstag eine neue Zeitrechnung zu beginnen, ähnlich wie im Jahre 9 v. Chr. beschlossen wurde, einen gemeinsamen Kalender mit dem Geburtstag des Augustus als Neujahrstag in der Provinz Asia

---

8 So Herrmann, Neue Inschriften 9f. aus topographischen Gründen und wegen der Eponymie des Stephanephorenamtes. Vgl. auch Robert, Villes 247 n.3; TAM V 2, p.421; L.Robert, BCH 106, 1982,367 = Robert, Documents 329; L.Robert, BCH 109,1985,474 n.34 = Robert, Documents 528 n.34.

9 Octavianus heißt hier noch nicht Augustus.

10 Siehe unten S.225ff.

11 Vgl. z.B. TAM V 2,1188ff.1229.

12 So auch C.Fayer, Il culto della dea Roma, Pescara 1976, 88ff.; TAM V 1, zu Nr.1229.

13 So auch Robert, Bull.épigr.1972,388 p.238.

14 Vgl. R.Merkelbach, ZPE 36,1979,157ff.

15 Vgl. die Feststellung Bernhardts, Polis 176f., daß viele Ehrungen und Feiern für die großen Staatsmänner der Republik panhellenischen oder universalen Charakter hatten.

einzuführen[16]. Wäre über die Ära erst einige Jahre später entschieden worden, hätte man wohl eher das eigentliche Jahr des Machtübergangs von Pompeius auf Caesar, das des Sieges bei Pharsalos, zum Epochenjahr bestimmt. Es gibt aber keinen Hinweis auf eine solche gemeinsame Aktion bezüglich der Jahresrechnung. Doch errichteten die Gemeinden der Provinz Asia noch im Jahre des Sieges von Pharsalos in Ephesos eine Statue für Caesar[17]. Ein entsprechender Beschluß, den Sieger auf diese Weise zu ehren, muß vorausgegangen sein. Es ist denkbar, daß in diesem Zusammenhang auch eine neue Jahresrechnung diskutiert wurde.

Die Einführung der neuen Ära war aber wohl eher eine lokale Maßnahme. Denn nur in einem eng begrenzten Raum in Ionien und Lydien ist die Jahresrechnung ab Caesars Sieg nachzuweisen. Dies mag damit zusammenhängen, daß die auf Caesar folgenden Jahre politisch zu unsicher waren, um eine solche Ehrung, die als Parteinahme für Caesar verstanden werden konnte, durchzuführen. Die Caesarmörder hielten sich bald in Kleinasien auf, und 17 Jahre später gewann die aktische Ära größere und aktuellere Bedeutung. Die Zeugnisse für die pharsalische Ära finden sich nur dort, wo offenbar nie die sullanische Jahresrechnung verwendet worden ist[18]. Dies zeigt zum einen, wie schwer eingeführte Jahresrechnungen zu verdrängen waren, zum anderen aber auch, daß die Ära ab dem Siege Caesars zunächst nicht die gewohnte Zeitrechnung ersetzen sollte, sondern als eine Ehrung gedacht war. Sowohl in der Inschrift aus Ephesos als auch in der aus Apollonis werden die traditionellen eponymen Beamten in der Datierung weiterhin aufgeführt. Dies hätte unterbleiben können, wenn die Ärarechnung die offizielle Jahreszählung gewesen wäre.

Die sogenannte pharsalische Ära stellte eine von mehreren Möglichkeiten dar, den neuen Führer der Römer zu ehren. Warum diese Ära gerade in Apollonis übernommen wurde, wissen wir nicht. In Ephesos ist der Anlaß eher zu vermuten. Man kann von der Anwesenheit Caesars in Ephesos wenige Wochen nach seinem Sieg ausgehen, wo er offenbar die Gesandten der asiatischen Städte empfing und ihre Huldigungen entgegennahm[19]. Die Quellen[20] sprechen zwar nicht ausdrücklich davon, daß sich Caesar in Ephesos aufhielt, als er die kleinasiatischen Gebiete des römischen Reiches neu ordnete[21], desweiteren Steuernachlässe

16 Vgl. U.Laffi, SCO 16,1967,5-98.

17 IvEphesos II 251. Vgl Magie II 1261 n.9; A.Raubitschek, JRS 44,1954,72ff.; M.Gelzer, Caesar, Wiesbaden [6]1960,225; D.Knibbe, RE Suppl.12,1970,262; D.Knibbe, ANRW II 7,2,1980,754f.

18 In Nysa wurde vielleicht genau im Jahre 48/7 v.Chr., dem Epochenjahr der pharsalischen Ära, eine Ehreninschrift nach der sullanischen Ära datiert; siehe oben S.212f.

19 D.Knibbe, RE Suppl.12,1970,261 und JOEAI 50,1972-75, Beibl.3f. sowie ANRW II 7,2,1980,754.

20 Caes.b.c.3,155; App.b.c.2,89; Cass.Dio 42,6; Plut.Caes.48.

21 Cass.Dio 42,6,3. - Plut.Caes.48 spricht von der Freiheit, die Caesar den Knidiern gewährt habe.

gewährte[22] und Maßnahmen traf, die ihn möglichst als Wohltäter
zeigen sollten[23], unter anderem dadurch, daß er Ioniern, Aiolern
und anderen Völkern, die Gesandte zu ihm geschickt hatten, ver-
zieh[24]. Doch zeigt der Vorfall, den Caesar selbst (b.c.3,105)
berichtet, daß er in der Umgebung von Ephesos geweilt haben
muß. T.Ampius habe nämlich versucht, die Gelder aus dem Tempel
der Artemis von Ephesos zu entwenden und sei durch die Ankunft
Caesars daran gehindert worden[25]. Daß damals Ephesos seine
Freiheit zurückerhielt[26], die die Stadt durch Sulla verloren hatte,
ist möglich, aber nicht gesichert. Damals jedenfalls wird die Ära
als Ehrung für Caesar eingeführt worden sein.

Die Kistophoren, die in Ephesos mit Jahreszahlen der lokalen
Ära ab 134/3 v.Chr. geprägt wurden[27], endeten mit dem Jahre
49/8 v.Chr. Rigsby dachte daher, daß die Ephesier die lokale Ära
von 134/3 v.Chr. durch die cäsarische ersetzten[28]. Doch ist die
pharsalische Ära nicht in die Münzprägung eingegangen, während
die alte lokale Jahreszählung nur auf die Münzen beschränkt war.
Das Ende der datierten Kistophorenprägung geschah aber sicher
aus der veränderten politischen Situation heraus, die im
griechischen Denken als neuer Abschnitt der eigenen Geschichte
gewertet werden konnte und daher als Beginn eines neuen
Zeitalters.

Rigsby[29] hat die caesarische Ära als rein lokale Zeitrechnung
bezeichnet, die von einzelnen Städten während des Durchzuges
Caesars im Jahre 48 v.Chr. eingerichtet wurde. Es war aber nicht
der Aufenthalt Caesars in Kleinasien, der als Ausgangspunkt der
neuen Zeitrechnung genommen wurde, sondern, wie aus der
Erläuterung der Jahreszahl in den beiden angeführten Inschriften
hervorgeht, der Sieg bei Pharsalos[30]. Insofern ist hier der Begriff
"pharsalische Ära" angebracht. Dieser Sieg bedeutete aber auch
den Wechsel der Herrschaft über Kleinasien. Es handelt sich bei
der pharsalischen Ära um eine Form der zahlreichen "caesarischen"
Ären, die von ganz unterschiedlichen Ereignissen und Jahren
ausgehen und vor allem im syrischen Raum zu finden sind. So
rechneten Antiocheia in Syrien ab 49/8 v.Chr., Laodikeia in Syrien

---

22   App.b.c.5,4; Cass.Dio 42,6,3; Plut.Caes.48.
23   Cass.Dio 42,6,3.
24   App.b.c.2,89.
25   Vgl. auch M.Gelzer, Caesar, Wiesbaden [6]1960,226; D.Knibbe,
RE Suppl.12,1970,261; D.Knibbe, ANRW II 7,2,1980,754; IvEphesos
II p.49.
26   So D.Knibbe, RE Suppl.12,1970,262 und ANRW II 7,2,1980,
754. Vgl. auch Bernhardt, Imperium 161 mit Anm.333.
27   Siehe oben S.204ff.
28   K.J.Rigsby, Phoenix 33,1979,40.
29   K.J.Rigsby, loc.cit.
30   So Herrmann, Neue Inschriften 9 Anm.2, Robert, Bull.épigr.
1972,388 und Bernhardt, Polis 177 gegen Magie II 1261 n.9 und
D.Knibbe, JOEAI 50,1972-75, Beibl.3f.

und Ptolemais ab 48/7 v.Chr. und Gabala ab 46/5 v.Chr.[31]. Aigeai in Kilikien begann eine caesarische Ära ab 47/6 v.Chr.[32]. Zum Teil waren es "Freiheitsären", zum Teil von sonstigen Verwaltungsmaßnahmen Caesars ausgehende Jahresrechnungen. Nur in Antiocheia in Syrien entsprach das Epochenjahr der dortigen Ära dem eigentlichen Jahr des Sieges Caesars bei Pharsalos[33].

c. Der Ausgangspunkt der aktischen Ära

Die aktische Ära wurde von Samuel als die am besten bekannte Siegesära bezeichnet[1]. Bickermann nannte sie das Modell für alle Siegesären[2]. Doch ist ihre Verwendung in Kleinasien in der Literatur kaum behandelt worden[3]. Kaestner in seiner Dissertation "De aeris quae ab imperio Caesaris Octaviani constituto initium duxerint" glaubte gar, daß sie nirgendwo in Kleinasien verwendet worden sei, außer auf der Insel Samos[4]. Die Ära von Amisos ab 32/1 v.Chr. hat er richtig als eigenständige lokale Freiheitsära der Stadt bezeichnet, die unabhängig von der sogenannten aktischen Ära zu sehen ist[5]. In den Standardwerken zur Chronologie verweist man in der Regel auf die Verwendung der aktischen Ära in Makedonien und Syrien[6], selten aber auf Kleinasien.

Der Ausgangspunkt der aktischen Ära in Makedonien und Thessalien war der Jahresbeginn des lokalen Jahres, das 32/1 v. Chr. entspricht, in das der Sieg bei Aktium am 2.September 31 v. v.Chr. fiel[7]. In Achaia hingegen wurde diese Ära wohl ab 31/0 v.

31 Vgl. W.Kubitschek, RE I 1,1893,650; Ginzel III 43f.; H.Seyrig, Syria 27,1950,5ff.; H.Seyrig, Syria 40,1963,31f.; Grumel 215; J.-P.Rey-Coquais, JRS 68,1978,45.47.

32 Vgl. z.B. H.Bloesch, ANSMusN 27,1982,54.

33 Malalas p.217 Dindorf. Vgl. H.Seyrig, Syria 27,1950,5ff.; G.Downey, A History of Antioch in Syria from Seleucus to the Arab Conquest, Princeton 1961,157f.; Bernhardt, Polis 177 Anm. 278.

1 Samuel 247.

2 Bickerman, Chronologie 47; Bickerman, Chronology 73.

3 Nur Chapot 385f., Buresch 20 und Magie I 440. II 1289f. n.37 sind kurz auf sie eingegangen sowie die Kommentatoren einzelner Inschriften.

4 Kaestner 34ff.

5 Kaestner 41f. Dagegen als aktische Ära bezeichnet von Bickerman, Chronology 89.

6 Nur Bickerman (oben Anm.2) führt die zweifach datierte Inschrift aus Apollonis, TAM V 2,1229, an.

7 Vgl. Kaestner 43ff.; W.Kubitschek, RE I 1,1893,609.648; M.N.Tod, ABSA 23,1918-19,206ff.; Kubitschek, Grundriß 74f.; S.Accame, Il dominio romano in Grecia dalla guerra acaica ad Augusto, Rom 1946,11ff.; Grumel 213; F.Papazoglou, BCH 87,1963, 517ff.; H.Kramolisch, Chiron 5,1975,343; Samuel 246 n.4. 247 mit

Chr. gezählt[8]. In den syrisch-phönikischen Städten richtete sich der rechnerische Beginn der Ära nach den jeweiligen Kalendern mit ihren unterschiedlichen Jahresanfängen. In Syrien entsprach das Epochenjahr in der Regel 31/0 v.Chr., so in Antiocheia[9], Laodikeia, Apameia, Seleukeia, Byblos und anderen Städten[10]. Datierungen nach der aktischen Ära gab es wohl auch in der Kyrenaika, während die kurzfristige Zählung der Jahre der "Herrschaft des Augustus", die man in Ägypten findet, von der Eroberung des Landes 30 v.Chr. ausging[11].

Um das genaue Epochenjahr der aktischen Ära zu bestimmen, ist es nicht nur notwendig, den Jahresanfang der jeweiligen Stadt oder Region zu kennen[12], sondern auch die Art der Zählung. Entweder wurde das laufende Jahr, in dem die Schlacht bei Aktium stattgefunden hatte, zum Jahr 1 der neuen Ära oder die Zählung begann mit dem darauffolgenden Neujahr[13].

Daß es die aktische Ära im westlichen Kleinasien gab, ist sicher. Die schon im Zusammenhang mit der pharsalischen Ära erwähnte Kome auf dem Gebiet der antiken Stadt Apollonis datierte ihre Inschrift (Taf.VIII 1) folgendermaßen[14]: ἔτους εἰκοστοῦ καὶ πρώτου τῆς Καίσαρος τοῦ πρεσβυτέρου αὐτοκράτορος θεοῦ νείκης, τετάρτου δὲ τῆς Καίσαρος τ[οῦ] νεωτέρου αὐτοκράτορο[ς], θεοῦ υἱοῦ. Die Titulatur des jüngeren Caesar ist die des Octavianus, bevor er 27 v.Chr. den Augustustitel annahm. Mit dem älteren Caesar muß dann C.Iulius Caesar gemeint sein. Die Inschrift kann also nicht später als im Frühjahr 27 v.Chr. aufgestellt worden sein, da man den Augustustitel kaum unerwähnt gelassen hätte. Das Epochenjahr der hier genannten Ära muß demnach vor dem Frühjahr 30 v.Chr. begonnen haben.

n.4; B.Helly, Gonnoi I: La cité et son histoire, Amsterdam 1973, 125ff.; Chr.Habicht, Gnomon 46,1974,488f.; F.Papazoglou, ANRW II 7,1,1979,327f.

8 Vgl. Kaestner 66ff.; W.Kubitschek, RE Suppl.3,1918,28f.; W.Kolbe, MDAI(A) 46,1921,115f.; S.Accame, op.cit.12f.; F.Papazoglou, ANRW II 7,1,1979,327 Anm.111.

9 In Antiocheia und in Apameia scheint diese Zählung aber nach dem Tode des Augustus nicht fortgeführt worden zu sein; vgl. G. Downey, A History of Antioch in Syria, Princeton 1961,166 mit n.19; H.Seyrig, Syria 27,1950,20.

10 Vgl. dazu Kaestner 6ff.; W.Kubitschek, RE I 1,1893,609; Ginzel 43ff.; H.Seyrig, Syria 27,1950,5ff.; Grumel 214; Samuel 247 mit n.3; J.-P. Rey-Coquais, JRS 68,1978,47.

11 Zur Kyrenaika: W.Kubitschek, RE Suppl.3,1918,27; J. u. G.Roux, REG 62,1949,288; J.Reynolds, JRS 49,1959,96; L.Robert, Hellenica XI-XII, Paris 1960,553ff.; Samuel 247 n.5. - Zu Ägypten: U.Wilcken, JRS 27,1937,138ff.; Bickerman, Chronologie 46 und Chronology 73; Sartre 412f. Vgl. auch Kaestner 77ff.; Grumel 217.

12 Vgl. Bickerman, Chronologie 61; Bickerman, Chronology² 89.

13 Vgl. M.N.Tod, ABSA 23,1918-19,212; Samuel 247.

14 TAM V 2,1229.

Zur Errechnung des genauen Epochenjahres der aktischen Ära in der Provinz Asia hilft eine Ehreninschrift aus Alaşehir (Philadelpheia) weiter[15], die sowohl auf die neunten Kalenden des Oktobers im dritten Consulat Caligulas datiert ist, was dem 23.September 40 n.Chr. entspricht, als auch auf den (ersten) Tag Sebaste des Monats Kaisarios im 71.Jahr des Sieges Caesars. Der 23.September ist der Neujahrstag des asianischen Kalenders. Somit ergibt sich als Epochenjahr der Ära, die ab dem Siege des jüngeren Caesar die Jahre zählte, 31/0 v.Chr., von Herbst zu Herbst gerechnet. Dies wird durch eine weitere Zweifachdatierung in Philadelpheia mit der Jahreszahl 545 und der Indiktionszahl 8 bestätigt[16]. Von 31/0 v.Chr. aus gerechnet, gelangt man mit 545 in das Jahr 514/5 n.Chr. unserer Zeitrechnung. Dies ist ein Jahr mit der Indiktionszahl 8.

Solche spätantiken Inschriften sind aber häufig fehlerhaft datiert, so daß es günstig ist, daß wir zur Bestätigung des Epochenjahres 31/0 v.Chr. weitere Inschriften mit einer zweifachen Datierung besitzen, aus dem lydischen Daldis und aus dem Gebiet der benachbarten Charakenoi. Eine Inschrift aus Daldis ist sowohl ins Jahr 67 als auch ins Jahr 121 datiert[17]. Nimmt man für die höhere Zahl ein Jahr der sullanischen Ära an, ergibt sich für die Abfassungszeit der Inschrift das Jahr 36/7 n.Chr. 67 Jahre zurückgerechnet führen auf 31/0 v.Chr., das Epochenjahr der aktischen Ära. Das gleiche Ergebnis erhält man durch die Datierung einer Inschrift der Charakenoi[18] mit den Jahreszahlen 12 und 66 (Taf.IX 1), die somit 20/19 v.Chr. entstanden ist.

Die aktische Ära wurde also in der Provinz Asia ab dem Jahre 31/0 v.Chr. gezählt, obwohl der Sieg Octavians über Marcus Antonius schon am 2.September 31 v.Chr. errungen worden war, also noch im alten Jahr 32/1 v.Chr., da man annehmen kann, daß das Jahr in Asia auch damals schon Ende September oder Anfang Oktober begann. Cassius Dio (51,1,2) schreibt zwar ausdrücklich, daß genau vom Tag des Sieges bei Aktium die Zählung der Regierungsjahre des Augustus als Alleinherrscher ausging[19]. Doch sollte diese Stelle nicht so wörtlich interpretiert werden, wie es Herrmann getan hat[20], als er schrieb, daß das Jahr der aktischen

---

15 Keil - Premerstein I 30 Nr.43; IGR IV 1615.
16 JHS 37,1917,95 Nr.8; Strobel 87.
17 TAM V 1,623.
18 TAM V 1,686.
19 Vgl. dazu M.Reinhold, From Republic to Principate. An Historical Commentary on Cassius Dio's Roman History Books 49-52, Atlanta 1988,117f.225f.; B.Manuwald, Cassius Dio und Augustus, Wiesbaden 1979,79, der glaubt, daß Cassius Dio diesen Einschnitt von der traditionellen Verbreitung des Epochendatums übernommen hat; M.Grant, Roman Anniversary Issues, Cambridge 1950,88.
20 P.Herrmann, MDAI(A) 75,1960,85 Anm.48.

Ära am 2.September begonnen habe und bis zum kommenden 1.September reichte. Der lokale Neujahrstag war auch für den Beginn des aktischen Jahres maßgebend[21] und konnte nicht übersprungen werden.

Für die Städte Kleinasiens mußte allein schon aus zeitlichen Gründen, bedenkt man die wenigen Wochen, die zwischen Aktium und dem lokalen Neujahr lagen, das Jahr 31/0 v.Chr. der wichtige Einschnitt mit dem Übergang der Herrschaft von Marcus Antonius zu Octavian sein. Aber die aktische Ära ist in Asia wohl noch nicht gleich im ersten Jahr nach dem Sieg entstanden. Die frühesten Zeugnisse stammen aus dem Jahr 4[22]. Vieles deutet darauf hin, daß die aktische Ära im Zusammenhang mit anderen Ehrenbeschlüssen für Augustus eingeführt wurde. Insofern war die Entscheidung offen, ob man von 32/1 oder 31/0 v.Chr. ausging. Man wählte die exklusive Zählweise, die rechnerisch mit dem auf Aktium folgenden Jahr einsetzte.

d. Die Verbreitung der sullanischen, pharsalischen und aktischen Ära

In den folgenden Abschnitten sind die einzelnen Städte, Gemeinden und Regionen der Provinz Asia auf die Verwendung der sullanischen, pharsalischen und aktischen Ära zu untersuchen. Die Reihenfolge ist geographisch und beginnt mit Ilion und Mysien im Norden. Es folgt Phrygien, von Norden nach Süden fortschreitend. Danach werden Ephesos mit dem Kaystrostal sowie die Gemeinden Lydiens von Nordwesten nach Südosten behandelt. Das Ende bildet Karien. Die südlichsten Teile Phrygiens und die Kibyratis sind in diesem Abschnitt nicht aufgenommen worden. Diese Region mit unsicherer Grenzziehung und teilweise eigener Ära verlangt ein Sonderkapitel, ebenso die Sonderform der Äradatierung in Samos.

Ilion

Eine Inschrift der Ilier aus Pınarbaşı in der Troas[1] enthält eine Abmachung der Mitglieder des Koinon der troischen Städte[2] über die Organisation des Festes für Athena Ilias. Die Inschrift ist sowohl nach dem Vorsitzenden der Agonotheten datiert[3], wie es bis

---

21 So auch Kaestner 35; M.Reinhold, From Republic to Principate, Atlanta 1988,226.

22 TAM V 2,1229; IGR IV 991.

1 IvIlion 10; F.Sokolowski, Lois sacrées de l'Asie Mineure, Paris 1955, Nr.10; E.Preuner, Hermes 61,1926,113ff.; Robert, Troade 16f.

2 Zum Koinon vgl. Robert, Troade 18ff.89ff.; P.Frisch, IvIlion p.XI-XV.

3 Vgl. Robert, Troade 89.

zu diesem Zeitpunkt in Inschriften des Koinon üblich war[4]. Sie
trägt aber auch die Jahreszahl 9: ἔτους ἐνάτου, μηνὸς Σελευ-
κείου ὡς Ἰλιεῖς ἄγουσιν (Z.2f.). Ausdrücklich wird betont,
daß es sich dabei um die ilische Form der Zeitrechnung handelt.
Bezieht sich der Ausdruck ὡς Ἰλιεῖς ἄγουσιν nun auf den
Monatsnamen Seleukeios oder auf die gesamte Datierung? In allen
anderen Fällen wurde in Ilion nach dem eponymen Priester
datiert[5]. Hier erscheint das einzige Mal eine Jahreszahl in einer
Inschrift. Da zwei verschiedene Rechnungsarten nebeneinander
stehen, wird sich die Erläuterung "wie die Ilier rechnen" wohl auf
das gesamte Datum beziehen. Auch in einem Sympolitievertrag
zwischen Ilion und den Skamandroi[6], der inschriftlich in Ilion
erhalten ist und sowohl nach dem Eponymen von Ilion als auch
nach dem der Skamandroi datiert ist, wurde ausdrücklich
angegeben, daß es sich in dem einen Fall um die Jahresrechnung
der auswärtigen Gemeinde handelt.

Um den Ausgangspunkt der Datierung mit der Jahreszahl 9 zu
ermitteln, ist man auf die in der Inschrift genannten Personen
angewiesen. Die Übereinkunft der Städte geschah in Anwesenheit
des römischen Quaestors Lucius Iulius Caesar, Sohn des Lucius.
Trotz des Monatsnamens Seleukeios gehört die Inschrift also in die
Zeit der römischen Herrschaft. Man hatte an eine Ära ab Gründung
der Provinz Asia gedacht[7], die in der Inschrift aus Pınarbaşı
angewendet worden sei. Aber eine solche Ära ist sonst in
Inschriften nicht nachweisbar. Da unsere Inschrift jedenfalls vor
dem Prinzipat gesetzt wurde, ließe sich an die sullanische oder
eine unbekannte lokale Ära denken. Von den bekannten Persönlichkeiten, die den Namen L.Iulius Caesar trugen, kommen zwei für
den in der Inschrift genannten Quaestor in Frage, der Consul des
Jahres 90 v.Chr.[8] und dessen Sohn, der den Consulat im Jahre 64
v.Chr. bekleidete[9]. Bei einer Identifizierung des Quaestors mit
dem Consul 90 v.Chr. würde man aber, wenn man die Ämterfolge
des römischen cursus honorum berücksichtigt, eine Ära ab etwa
133 oder 129 v.Chr. in Erwägung ziehen. Die Zeit zwischen der
Quaestur und dem Consulat 90 v.Chr. wäre dann jedoch unverhält-
nismäßig lange[10]. Nimmt man dagegen die Gültigkeit der sulla-

---

4   Z.B. IvIlion 5.7.

5   Z.B. IvIlion 32.59. Vgl. Robert, Troade 13f.; R.K.Sherk,
ZPE 88,1991,257f.

6   IvIlion 63.

7   Siehe F.Sokolowski, Lois sacrées de l'Asie Mineure, Paris
1955, p.33; P.Frisch, IvIlion p.37f.; Cl.Nicolet, Insula Sacra. La
loi Gabinia Calpurnia de Délos, Paris - Rom 1980,119.

8   Vgl. F.Münzer, RE X 1,1917,465ff. s.v. Iulius 142.

9   Vgl. F.Münzer, RE X 1,1917,468ff. s.v. Iulius 143; Cl.
Nicolet, op.cit. 115ff.-Dessen gleichnamiger Sohn, der Legat des
Jahres 49 v.Chr., ist für die Inschrift schon zu spät; vgl.
F.Münzer, RE X 1,1917,471f. s.v. Iulius 144; Broughton III
Suppl.110f.

10 Vgl. P.Frisch, IvIlion p.38; Cl.Nicolet, Insula Sacra, Paris -
Rom 1980,119.

nischen Ära an, fiele die Quaestur des Consuls von 64 v.Chr. auf
das Jahr 77 oder 76 v.Chr., was gut zum cursus honorum eines
solchen Mannes paßte[11]. Nicolet[12], der zeigen konnte, daß dieser
jüngere L.Iulius Caesar im Jahre 61 v.Chr. Censor war,
vermutete, daß eine nicht genau datierte Ehreninschrift der
Ilier[13], die man bisher auf den Consul des Jahres 90 v.Chr.
bezog, für dessen Sohn errichtet wurde. Die Verbindung mit dem
in unserer Inschrift vom Jahre 9 erwähnten Caesar würde, wenn
man die Gültigkeit der sullanischen Ära annimmt, passen.

Robert, der methodisch umgekehrt vorging, nämlich die
hellenistischen Münzen Ilions, die Beamtennamen aufweisen, mit
Hilfe gleicher Namen, die inschriftlich bezeugt sind, chronologisch
einzuordnen, hat mehrere in unserer Inschrift genannte Delegierte
mit den Namen auf den Münzen zu identifizieren versucht[14]. Der
Vorsitzende der Agonotheten war in dem Jahr, als die Inschrift
aufgestellt wurde, der Ilier Demetrios, Sohn des Hippodamos (Z. 2
und 4). Der auf einer Drachme[15] unvollständig erhaltene Name
eines Beamten ist wohl der des Vaters des in der Inschrift
genannten ilischen Gesandten. Die Münze wurde von Bellinger ans
Ende der attalidischen Zeit datiert, gehört aber, wenn diese
Identifizierung stimmt, eher in die Jahre kurz nach 133 v.Chr.[16].

Der zweite Delegierte der Ilier in der Inschrift heißt
Theokydes, Sohn des Hermias. Dies ist wohl der gleiche
Theokydes, der auf einer ilischen Münze erscheint, die Bellinger
in die Zeit zwischen 95 und 87 v.Chr. datiert hat[17]. Dessen Vater
Hermias erkannte Robert auf einer Drachme, die wiederum ans
Ende der Attalidenzeit gelegt wurde[18]. Die Übereinstimmung zweier
Namen auf Münzen der gleichen Prägeserie mit Vatersnamen in
unserer Inschrift, kann kaum Zufall sein. Zwei der Gesandten aus
Alexandreia in der Troas, die ebenfalls in unserer Inschrift aus
dem ilischen Jahr 9 aufgeführt werden, sind möglicherweise auch
auf Münzen von Alexandreia zu finden. Ein Philitas (Z.10) könnte
derselbe sein wie die auf einer Tetradrachme des Jahres 221
genannte Person. Diese Münze aus Alexandreia wurde oben ins

11 Das Jahr 77 v.Chr. für die Quaestur bei F.Münzer, RE X
1,1917,469; E.Preuner, Hermes 61,1926,115ff.; Magie I 239;
Broughton II 89. III Suppl.110; F.Sokolowski, Lois sacrées de
l'Asie Mineure, Paris 1955, p.33; Bellinger 10; Robert, Troade
15ff.67f.; Cl.Nicolet, Insula Sacra, Paris - Rom 1980,119; IvIlion
p.37f.
12 Cl.Nicolet, op.cit.119f.
13 IvIlion 71.
14 Robert, Troade 67ff. Vgl. P.Frisch, IvIlion p.37ff.;
Cl.Nicolet, op.cit.119.
15 Bellinger 26 Nr. T 58.
16 So Robert, Troade 67f.
17 Bellinger 33 Nr. T 93. Vgl. Robert, Troade 72.92.
18 Bellinger 26 Nr. T 57. Vgl. Robert, Troade 72.

Jahr 92/1 v.Chr. datiert[19]. Zoilos, der zweite in der Inschrift
genannte Gesandte (Z.10), ist vielleicht aber etwas zu jung, als
daß er mit dem Zoilos auf einer Tetradrachme des Jahres 200
(113/2 v.Chr.) identifiziert werden könnte[20]. Diese prosopographischen Untersuchungen Roberts können zwar nicht als
endgültige Beweisführung angesehen werden, unterstützen aber die
Annahme der sullanischen Ära in der Inschrift aus Ilion.

Stimmt diese Datierung der Inschrift aus Pınarbaşı, ist hier zum
ersten Mal die Anwendung der sullanischen Ära in einer Inschrift
bezeugt. Der Grund für ihre Einführung in Ilion läßt sich aus
literarischen Quellen erschließen[21]. Ilion war während des ersten
Mithridatischen Krieges vom römischen Feldherrn Fimbria erobert
und teilweise zerstört worden[22]. Es war eine der wenigen
kleinasiatischen Städte, denen Sulla seine Gunst erwiesen hat,
indem er für den Wiederaufbau und für die Wiederherstellung der
Freiheit sorgte[23], nachdem er seinen Gegenspieler Fimbria beseitigt
hatte[24]. So ist es nicht verwunderlich, daß die Stadt das Wirken
Sullas als Beginn einer neuen Phase ihrer Existenz betrachtete und
damit eine neue Zeitrechnung einführte, die sich aber, wie die
Inschriften zeigen, nicht lange gehalten hat. Ilion könnte einer der
Ausgangspunkte für die Verbreitung dieser Zeitrechnung in der
Provinz Asia gewesen sein.

Mysien

Während aus Kyzikos selbst, dem Zentrum des nördlichen
Mysien, kein Zeugnis für eine Äradatierung in römischer Zeit
vorliegt[1], weisen die Regionen südlich und östlich davon einige
Inschriften mit Jahreszahlen auf. Besonders die Grabinschriften,
die im mittleren Makestostal um Kepsut gefunden wurden, sind

19 Siehe oben S35ff. Nach Bellinger 99 Nr. A 159 gehört sie
dagegen ins Jahr 80 v.Chr.; übernommen von Robert, Troade 62.
Die Identifikation der beiden Personen auch bei P.Frisch, IvIlion
p.39.
20 Bellinger 98 Nr. A 149. Die Identität halten Robert, Troade
65 n.3 und P.Frisch, IvIlion p.39 für möglich.
21 Strab.13,1,27 p.594; App.Mithr.61; Oros.6,2,11.
22 Z.B. App. Mithr.53. Vgl. Magie I 228; Bernhardt, Polis 61.
23 App.Mithr.61; Strab.13,1,27 p.594; Oros.6,2,11. Vgl. dazu
Bellinger 10; Bernhardt, Imperium 127.
24 App.Mithr.59; Plut.Sulla 25,1. Vgl. Magie I 228; Keaveney,
Sulla 110.
1 Vgl. Hasluck, Cyzicus 254; Th.Corsten, MDAI(I) 37,1987,188
n.7, der sich gegen eine angebliche Jahreszahl auf einem Cippus
im British Museum (bei A.H.Smith, A Catalogue of Greek Sculpture
in the Department of British Museum, London 1904,224 Nr.2151)
wendet. – Ob die Stelen aus Triglia, die ebenfalls mit Jahreszahlen
datiert sind, zu Kyzikos gehörten, ist unsicher; siehe S.40f. Sie
gehören aber wohl noch in hellenistische Zeit.

nach einer Ära datiert[2]. Sie dürften alle zur antiken Stadt Hadrianotherai gehören. Einen sicheren Anhaltspunkt für die Art der dort verwendeten Ära geben diese Inschriften aber nicht. Nur einmal erscheint der Aureliername, und zwar in der spätesten Inschrift[3] aus dem lokalen Jahre 402. Nach der sullanischen Ära entspricht dies 317/8 n.Chr. Nach der aktischen oder der pharsalischen Ära wäre die Inschrift hingegen erst in der zweiten Hälfte des 4.Jh.n.Chr. errichtet worden. Die sullanische Ära ist hier wahrscheinlicher[4], besonders wenn man die Zeugnisse aus anderen mysischen Städten berücksichtigt.

Aus Apollonia am Rhyndakos[5] kennen wir vier Inschriften, die mit Jahreszahlen datiert sind[6]. In der oben ausführlich behandelten Inschrift des Jahres 153 wird Domitianus als Caesar geehrt[7]. Diese Ehrung muß gleich zu Beginn der Regierung Vespasians erfolgt sein. Denn das lokale Jahr 153 entspricht nach der sullanischen Ära – und nur die kommt hier in Frage – 68/9 n.Chr. Diese Ehreninschrift beweist die Gültigkeit der sullanischen Ära in Apollonia[8]. Ob die Inschrift, die in Demirtaş nördlich von Prusa am Olympos gefunden wurde und ins Jahr 239 datiert ist[9], ebenfalls aus diesem mysischen Raum stammt, ist gut möglich, aber nicht sicher nachweisbar. Hier könnte ebenfalls die sullanische Ära angewendet worden sein[10].

Südlich des Sees, an dem Apollonia lag, erstreckte sich das Territorium von Miletopolis[11], in dem einige Inschriften mit Jahreszahlen datiert wurden[12], ohne daß sie sichere Erkenntnisse über die Art der Ära zulassen. Doch ist auch hier die sullanische

---

2 IvKyzikos I 105.360.416.480.514.542.569.570.571.

3 IvKyzikos I 105.

4 So schon Hasluck, Cyzicus 254.

5 Zur geographischen Lage der Stadt vgl. Robert, Asie Mineure 99ff.; H.Engelmann - D.Knibbe, EA 14,1989,58.

6 Th.Wiegand, MDAI(A) 36,1911,294 Nr.4 = IGR IV 1676; Le Bas - Waddington 1069 = IGR IV 120 = Ramsay, Social Basis 301 Nr.299; Le Bas - Waddington 1088 = IvKyzikos I 572. Bei einer Grabinschrift aus der Nähe von Apollonia ist die Jahreszahl nicht mehr erhalten: A.Abmeier, Asia Minor Studien 1: Mysische Studien, Bonn 1990,1 Nr.1.

7 Le Bas - Waddington 1069; Ramsay, Social Basis 301; A.Abmeier, Asia Minor Studien 1,1990,14f. In IGR IV 120 ist die Zahl falsch umgerechnet. Zur Datierung der Inschrift siehe S.216f.

8 So u.a. auch Hasluck, Cyzicus 71.254; Ramsay, Social Basis 301; A.Abmeier, Asia Minor Studien 1,1990,5 mit Anm.22.

9 IvPrusa 23.

10 Siehe oben S.191.

11 Zur Lage der Stadt und zur Ausdehnung ihres Territoriums vgl. E.Schwertheim, IvKyzikos II p.89ff.; J.Teichmann, Asia Minor Studien 3,1991,148.

12 EA 5,1985,83 Nr.7 = SEG 35,1285 = Cremer 185f.; IvKyzikos I 484 = IvKyzikos II 109 = Cremer 182f.

Ära zu vermuten[13]. Eine Grabstele aus Derekadı Köy südlich von Miletopolis ist ins Jahr 38 datiert[14]. Da die Stele wegen der Haartracht der darauf dargestellten Frau in die zweite Hälfte des 2.Jh.n.Chr. gehört[15], kann hier nicht eine Jahreszählung der sullanischen Ära vorliegen. Möglicherweise ist die Stele von Süden aus der Region von Hadrianeia oder von Osten aus dem Gebiet von Hadrianoi an den Fundort verschleppt worden. Denn in diesen beiden Städten wurde in der zweiten Hälfte des 2.Jh.n.Chr. nach der hadrianischen Ära datiert[16], die am besten zur Stele paßt[17]. Wendet man diese Ära an, wurde sie in der Zeit zwischen 167 und 170 n.Chr. errichtet.

Für die Abrettene, die Region um die Stadt Hadrianeia[18], ist aber auch die sullanische Ära durch eine Weihinschrift aus Karagöz, die für Kaiser Hadrianus im Jahre 213 (=sull.128/9 n.Chr.) errichtet wurde[19], gesichert. Aus der Stadt Hadrianeia selbst ist keine nach der sullanischen Ära datierte Inschrift bekannt, dagegen aber aus der Region südöstlich von Dursunbey (=Hadrianeia), nämlich aus Karagöz und Kayabaşı im Tal des Simav Çay[20].

Auch die Olympene weist Inschriften auf, die Jahreszahlen wohl der sullanischen Ära tragen. Die in Orhaneli, der Stelle der antiken Stadt Hadrianoi, gefundene Grabinschrift mit der Jahreszahl 173 (= sull.88/9 n.Chr.)[21] entstand in einer Zeit, als diese von Hadrianus in der Olympene gegründete Stadt noch nicht existierte. Auch könnte eine Inschrift mit der Jahreszahl 282, die in der Region von Harmancık aufgenommen wurde[22], aus der benachbarten Olympene stammen[23], wenn nicht sogar zur Region von Tavşanlı gehören, wo ebenfalls nach der sullanischen Ära datierte Inschriften nachweisbar sind[24].

13 So E.Schwertheim, EA 5,1985,83.
14 IvKyzikos I 138 = IvKyzikos II 80 = Cremer 186f. In der letzten Zeile der Inschrift stand sicherlich eine Datierung ins Jahr 38, nicht, wie Schwertheim, IvKyzikos II p.139 glaubt, eine Altersangabe. Es wäre unlogisch, bei einem Familiengrab nur eine einzige Altersangabe aufzuführen. Zudem steht der Genetiv ἔτους regelmäßig bei Jahreszahlen. Als Jahresangabe auch von Cremer 104 und 187 aufgefaßt.
15 Vgl. Cremer 187.
16 Siehe unten S. 385ff.
17 So Cremer 104 und 187.
18 Zur Lage der Stadt und zur Ausdehnung ihres Territoriums vgl. IvHadrianoi p.141ff.
19 IvHadrianoi 126. Die Inschrift wurde möglicherweise noch vor der Gründung der Stadt durch Hadrianus errichtet.
20 Siehe den Katalog S.491.
21 IvHadrianoi 79 = IvKyzikos I 274.
22 Th.Wiegand, MDAI(A) 29,1904,333.
23 Vgl. E.Schwertheim, IvHadrianoi p.148.
24 Siehe unten S.238ff.

Die letzte nach der sullanischen Ära datierte Inschrift in Mysien wurde im Jahre 317/8 n.Chr. in der Region von Hadrianotherai aufgestellt[25]. Aus dem nordöstlichen Mysien liegt hingegen nach dem 2.Jh.n.Chr. kein Zeugnis für die sullanische Ära mehr vor. Wohl im 3.Jh.n.Chr. kam dieser Teil Mysiens zur Provinz Bithynia et Pontus[26]. Nach diesem Zeitpunkt ist die Verwendung der sullanischen Ära dort nicht mehr zu erwarten.

Aizanitis und oberes Rhyndakostal

Mehr als 50 Inschriften aus dem phrygischen Aizanoi, das beim heutigen Dorf Çavdarhisar zu lokalisieren ist[1], und aus dem oberen Rhyndakostal sind mit Jahreszahlen von 37 bis 518 datiert[2]. Zudem zeigt eine Grabstele, die in Kula in Lydien gefunden wurde[3], folgende Zeitangabe: ἔ]τους σεζ', μη(νὸς) Ὑπερβερταίου, [κα]θὼς ἄγουσιν Ἀζανεῖται. Daraus könnte man wohl schließen, daß Aizanoi eine offizielle Ära kannte, die von jener Zeitrechnung abwich, die dort, wo die Stele aufgestellt war, üblich war[4]. Die Formel κα]θὼς ἄγουσιν bezieht sich nicht auf den Kalender[5], sondern auf die Jahresrechnung, wie zahlreiche Beispiele zeigen[6]. Da die Inschriften aus Kula in der Regel nach der sullanischen Ära datiert sind[7], könnte man vermuten, daß die erwähnte Inschrift auf der Grabstele, die die angewendete Ära besonders betont, nach der aktischen Ära zu berechnen sei. Aber die Inschriftensteine, die in Kula aufgenommen wurden, sind großenteils sowohl aus der Umgebung als auch aus weiterer Entfernung dorthin gebracht worden[8], so daß der ursprüngliche Standort der Grabstele nicht sicher ist. Die Stele, die von Peter

25 IvKyzikos I 105.
26 Vgl. zuletzt A.Abmeier, Asia Minor Studien 1,1990,16.
1 Die Ausdehnung des Territoriums von Aizanoi wird diskutiert in MAMA IX p.XVIII ff. Vgl. auch Levick, Aspects 261; L.Robert, BCH 105, 1981,331ff., besonders n.34; Waelkens 46.
2 Bei der Stele MAMA IX 83, die wohl auch datiert war, ist nur die Hunderterziffer erhalten.
3 Keil - Premerstein I 88 Nr.191; IGR IV 1747.
4 So Keil - Premerstein I 88f. Für eine Doppeldatierung, wie W. Günther, MDAI(I) 25,1975,356 sie annimmt, ist aber kein Platz in der Inschrift.
5 So Lafaye, IGR IV 1747 n.2 und Keil - Premerstein I 89.
6 Z.B. IGR IV 297 = OGIS 437; Le Bas-Wadd.202; TAM V 1,29. So auch P.Herrmann, z.B. zu TAM V 1,683. Vgl. Kubitschek, Grundriß 76 Anm.2; L.Robert, Hellenica VI, Paris 1948,104 n.2. - Der Monat Hyperbertaios gehört zum üblichen makedonischen Kalender. Daher gab es keinen Grund, das Tagesdatum besonders hervorzuheben.
7 Vgl. TAM V 1,234ff. und unten S. 330 Anm.4.
8 Vgl. z.B. Buresch 185; Keil - Premerstein I 81; TAM V 1, p.80. Siehe unten S.330.

Herrmann nicht unter die Inschriften von Kula in die Tituli Asiae
Minoris (Band V,1) aufgenommen wurde, könnte auch aus einer
Gegend stammen, in der die aktische Ära üblich war. In diesem
Falle wäre es dann wahrscheinlicher, daß in Aizanoi die sullanische
Ära galt. Robert glaubte, daß die Grabstele aus Kadoi, das an der
Straße zwischen Aizanoi und Kula lag, stamme[9].

B.Levick und S.Mitchell[10] verwiesen hingegen auf die parallele
Formulierung ὡς δὲ Βαγηνοὶ ἄγουσιν in einer Inschrift (Taf.
IX 2) aus dem Dorf Hopuş[11], das zum Territorium der antiken
Stadt Bagis gehört, wo eindeutig die aktische Ära gelte. Hopuş
liegt im Grenzgebiet zu Kadoi, wo die sullanische Ära verwendet
wurde. Deshalb habe man die Art der angewandten Ära besonders
betonen müssen. Die Inschrift aus Kula, die die Zeitrechnung nach
Art der Aizaniten besonders betont, sei in ähnlicher Weise zu
interpretieren. Sie stamme aus dem Grenzgebiet zwischen Aizanoi
und der Nachbarstadt Kadoi. Die darin verwendete Ära sei die von
Aizanoi, also im Unterschied zur sullanischen von Kadoi die
aktische Ära.

Diese scharfsinnige Argumentation enthält aber mehrere
Unsicherheiten. In der Inschrift aus Hopuş ist möglicherweise eine
zweite Jahreszahl zu ergänzen[12], wodurch die Erläuterung einer
dieser Zahlen verständlich würde. Auf der Stele aus Kula ist
hingegen trotz nicht vollständig erhaltener Inschrift kein Raum für
eine weitere Jahresangabe. Es könnten also unterschiedliche
Gründe für die Betonung der Zählweise vorliegen. Ob Hopuş
tatsächlich zum Territorium von Bagis gehörte, ist nicht ganz
sicher[13]. Zudem muß der Beweis, daß in Bagis die aktische Ära
galt, in Kadoi aber die sullanische, erst noch geführt werden[14].

B.Levick und S.Mitchell gingen davon aus, daß die Inschriften,
die die Art der Ära besonders hervorheben, in Orten aufgestellt
waren, die am Rande, aber innerhalb des Territoriums der Stadt
lagen, deren Ära besonders betont wird. Ist es aber nicht
ebensogut möglich, daß die Inschriften im Territorium einer
Nachbarstadt aufgestellt waren[15], in der ansonsten eine andere
Ära üblich war? Wurde in der Stele aus Kula aus persönlichen
Gründen des Grabstifters, weil er vielleicht aus Aizanoi stammte,
die in dieser Stadt gebräuchliche Ära verwendet[16] und daher die

---

9   Siehe L.Robert, Hellenica VI, Paris 1948,104 n.2; so auch
Waelkens 49 Anm.66. - Dagegen MAMA IX p.LV.

10   MAMA IX p.LV.

11   TAM V 1,29.

12   So P.Herrmann, TAM V 1,29.

13   P.Herrmann, TAM V 1,p.2 zählt den Fundort zu Aktaş, wo
wohl eine Katoikie namens Lyendos lag; siehe unten S.325.

14   Siehe unten S.250ff. und S.323ff.

15   So auch schon L.Robert, Hellenica VI, Paris 1948,104 n.2.
Vgl. auch Th.Drew-Bear, Chiron 9,1979,287 Anm.55.

16   Vgl. z.B. die Grabinschrift des Visedius Bassus, MAMA IX
283.

hier verwendete Form der Jahresrechnung definiert? Da der ursprüngliche Standort der Stele aus Kula weiterhin nicht genau bestimmt werden kann, ist mit dieser jedenfalls ein sicherer Beweis für die Verwendung der aktischen Ära in Aizanoi nicht zu führen[17].

Die früheste mit einer Jahreszahl datierte Inschrift aus Aizanoi (Taf.VII 1), ein Ehrendekret für einen Bürger der Stadt[18], gehört ins Jahr 37. Nach der sullanischen Ära entspräche dies 49/8 v. Chr. Dieses frühe Datum wurde vom Herausgeber W.Günther wegen des Schriftcharakters der Inschrift, vor allem wegen der rechtwinkligen Formen des Sigma, bezweifelt und die Frage der Ära offengelassen[19]. Nach der aktischen Ära wäre die Inschrift 6/7 n.Chr. aufgestellt, was von der Schrift her besser passen würde[20]. Die sullanische Ära ist hier offensichtlich auszuschließen.

Die Herausgeber des neunten Bandes der Monumenta Asiae Minoris Antiqua stützten sich bei ihrer Annahme, daß in der Aizanitis die aktische Ära verwendet wurde, vor allem auf die stilistische Untersuchung der Grab- und Türsteine durch Waelkens[21]. Die Steine MAMA IX 246 (Taf.V 3), 247 und 270, die in die lokalen Jahre 159 bzw. 165 datiert sind, zeigen im Schmuck enge Parallelen zur Architektur spättrajanischer und früh-hadrianischer Bauten. Nach der aktischen Ära wären sie 128/9 bzw. 134/5 n. Chr. entstanden, nach der sullanischen Ära aber schon 74/5 bzw. 80/1 n.Chr., was sicher zu früh ist. Andere Steine sin wegen ihres architektonischen Schmuckes oder wegen der Porträts, die darauf dargestellt sind, in hadrianische und antoninische Zeit datierbar, wie Waelkens Untersuchung gezeigt hat[22]. Die Jahresangaben auf einigen dieser Türsteine[23] müssen daher nach der aktischen Ära datiert sein, weil die sullanische sie schon in flavische Zeit legen würde[24].

17 Für die aktische Ära in der Stele aus Kula offensichtlich auch schon L.Robert, Hellenica VI, Paris 1948,104 n.2, für die sullanische Keil - Premerstein I 88 Nr.191 und IGR IV 1747.

18 W.Günther, MDAI(I) 25,1975,351ff.

19 W.Günther, MDAI(I) 25,1975,356. Wegen der Inschrift Le Bas - Wadd.980 aus dem Jahre 580, die sicher sullanisch datiert ist, schließt Günther offensichtlich die Anwendung der aktischen Ära auch in der frühesten Zeit aus.

20 So auch MAMA IX, P 49 und p.LIV.

21 Waelkens 46ff. Vgl. auch MAMA IX p.L-LIV; Levick, Aspects 260.

22 So MAMA IX p.LI-LII. Vgl. Waelkens 46. Vor allem durch die Frisuren der dargestellten Personen und durch die Ranken-ornamente, aber auch durch einige Akrotere ließen sich die Türsteine datieren.

23 So z.B. MAMA IX 246 (=Taf.V 3). 254. 255. 256. 270. 285 (=Taf.V 2). 294; A.Körte, MDAI(A) 25, 1900,403 Nr.4.

24 Bei der Giebelinschrift MDAI(A) 25,1900,403 Nr.4 sah schon der Erstherausgeber Körte, daß aus orthographischen Gründen die aktische Ära der sullanischen vorzuziehen ist.

Ein Brief des Kaisers Nero an einen Menophilos aus Aizanoi[25] erwähnt dessen Söhne Menekles und Metrodoros. Damit ist sicherlich eine weitere undatierte Inschrift aus Aizanoi zu verbinden, die einen Metrodoros Menophilos, Sohn des Menandros, oder, je nach Interpretation der Zusammengehörigkeit der Namen, einen Metrodoros, Sohn des Menophilos, Sohn des Menandros, nennt[26]. Möglicherweise ist es der im Brief Neros erwähnte Sohn des Adressaten. Ein weiterer Stein aus Aizanoi weist drei Grabinschriften von Mitgliedern der Familie auf, zu der die eben genannten Personen gehört haben müssen[27]. Eine der Inschriften ist ins Jahr 94 datiert. Stimmt das von den Herausgebern der MAMA aufgestellte Stemma der Familie[28], dann muß diese letztgenannte Inschrift nach der aktischen Ära datiert sein und ins Jahr 63/4 n.Chr. gehören, während die sullanische Ära das Jahr 9/10 n.Chr. ergäbe und zu früh wäre.

Eine Inschrift aus dem Jahre 162 ist von einem Vater zur Erinnerung an seinen Sohn Bolanus errichtet worden[29]. Der Name ist abgeleitet von M.Vettius Bolanus, der zwischen 73 und 77 n. Chr. Proconsul in Asia war[30]. Die sullanische Ära würde die Inschrift für den Bolanus aus Aizanoi schon ins Jahr 77/8 n.Chr. legen. Das Monument, auf dem diese Inschrift stand, kann aber kaum für ein kleines Kind errichtet sein, und das müßte der erwähnte Bolanus aus Aizanoi noch gewesen sein, wenn er seinen Namen nach dem Proconsul erhalten hat. Da paßt weitaus besser die aktische Ära, die ins Jahr 131/2 n.Chr. führt. Es gibt also eine Reihe von Argumenten, die für den Gebrauch der aktischen Ära in der Aizanitis zumindest im 1.Jh. und in der ersten Hälfte des 2.Jh.n.Chr. sprechen.

Auf der anderen Seite steht eine byzantinische Bauinschrift aus der Aizanitis, die sowohl mit einer Jahreszahl als auch mit einer Indiktionszahl datiert war und häufig als Beleg für die Gültigkeit der sullanischen Ära in Aizanoi herangezogen wurde[31]. Während die Indiktionszahl immer als A (=1) gelesen wurde, wird die Jahreszahl ganz unterschiedlich angegeben. Le Bas las einst von dem Stein φ þ α' (=591), was auch im CIG 8624 übernommen wurde, während Waddington auf dem Abklatsch φ þ γ' (=593) erkennen wollte[32]. Sowohl Fontrier als auch Keil – Premerstein[33]

25 Le Bas-Wadd.855; OGIS 475; IGR IV 561; M.P.Charlesworth, Documents illustrating the Reigns of Claudius and Nero, Cambridge 1951,33 Nr.3: E.M.Smallwood, Documents illustrating the Principates of Gaius, Claudius and Nero, Cambridge 1967, Nr.390.

26 MAMA IX 38.

27 MAMA IX 84.

28 MAMA IX p.32f.

29 MAMA IX 255. Vgl. dazu auch Waelkens 48f.

30 Vgl. W.Eck, Chiron 12,1982,296; Stumpf 196.

31 Le Bas - Wadd.980; CIG 8624; A.Fontrier, BCH 7,1883,502 Nr.2. Vgl. MAMA IX p.LIV; Waelkens 49 Anm.66; Kaestner 39f.

32 Le Bas-Wadd.980, übernommen von Kubitschek, Grundriß 76.

33 A.Fontrier, BCH 7,1883,502 Nr.2; Keil - Premerstein I 89.

entzifferten dagegen die Zahl φιη' (=518)[34]. Die aktische Ära würde die Inschrift in die Jahre 487/8, 560/1 oder 562/3 n.Chr. datieren, je nach Lesung der Jahreszahl, die sullanische Ära in die Jahre 433/4, 506/7 oder 508/9 n.Chr.[35]. Keines dieser Jahre trägt aber die Indiktionszahl 1. Kongruenz könnte man nur für die Zeit zwischen 1.September 507 n.Chr., dem Beginn einer ersten Indiktion am byzantinischen Neujahrstag, und dem 22.September des gleichen Jahres 507 n.Chr., dem Ende des Jahres 591 nach sullanischer Ära, vermuten, wenn im Kalender von Aizanoi das neue Jahr damals noch am Geburtstag des Augustus begann[36]. Dies ist aber für das 6.Jh.n.Chr. unwahrscheinlich. Die ursprüngliche Lesung von Le Bas konnte auch später nicht mehr bestätigt werden. Stimmt hingegen die zuletzt erfolgte Lesung der Jahreszahl 518 durch Fontrier, Keil und von Premerstein[37], wird man die Indiktionszahl ändern und einen Fehler postulieren müssen. Am leichtesten fällt die Ergänzung eines Iota. Die dann entstehende Indiktionszahl 11 trifft für das Jahr 487/8 n.Chr. zu, das dem von Fontrier, Keil und von Premerstein gelesenen Jahr 518 nach aktischer Ära entspricht, wie übrigens auch für das Jahr 562/3 n.Chr., dem von Waddington gelesenen Jahr 593 nach aktischer Ära. Die aktische Ära ist demnach zur Datierung der Inschrift genausogut möglich wie die sullanische und sogar wahrscheinlicher. Die aktische Ära ist auch in dieser späten Zeit noch in Inschriften aus dem lydischen Philadelpheia angewandt worden[38]. Wegen der Lesungsprobleme sollte diese Inschrift aus der byzantinischen Aizanitis aber nicht als Beweis für eine der Ären herangezogen werden.

   Die Verwendung der sullanischen Ära in der Aizanitis haben die Bearbeiter des Bandes IX der MAMA anhand von Zeugnissen aus der Ebene von Tavşanlı, etwa 50 km nördlich von Aizanoi, nachweisen wollen[39]. So ist die Inschrift der Aurelia Alexandria,

---

34 So auch in MAMA IX, P 100 übernommen; ebenfalls bei W.Günther, MDAI(I) 25,1975,356 Anm.32.

35 Die in MAMA IX p.LIV aufgeführten Jahreszahlen 483/4, 561/2 und 563/4 n.Chr. bei der aktischen Ära und 428/9 n.Chr. bei der sullanischen Ära sind falsch berechnet. Auch die von Kubitschek, Grundriß 76 angenommene Kongruenz des Jahres 593 und der 1.Indiktion mit 509 n.Chr. ist nicht korrekt. Vgl. W.Kubitschek, AEM 13,1890,88 mit Anm.1.

36 So MAMA IX p.LIV, obwohl auf p.181, P 100 und auf p.LVIII das Jahr 518 für die Inschrift angegeben ist; ebenso Waelkens 49 Anm.66. - Die Monatsnamen in den Inschriften der Aizanitis sind die des makedonischen Kalenders; vgl. z.B. MAMA IX 87. 224. 226. 247. 251. 254. 255. 294 usw. Auch der Name Sebastos, wie er im asianischen Kalender des Jahres 9 v.Chr. zu erwarten ist, kommt vor: MAMA IX 293.

37 Siehe oben Anm.33.

38 Siehe unten S.342f.

39 MAMA IX p.LV-LVI.

die die Jahreszahl 341 trägt[40], eher nach der sullanischen Ära ins
Jahr 256/7 n.Chr. zu datieren als nach der aktischen ins Jahr
310/1 n.Chr. Die erste Datierung ist vorzuziehen, weil der
Aureliername im Verlauf der zweiten Hälfte des 3.Jh.n.Chr.
seltener wird[41]. In einer Inschrift des Jahres 301 oder, da die
Lesung der Jahreszahl nicht ganz sicher ist, des Jahres 330
erscheint ebenfalls der Aureliername[42]. Auch hier ist die
sullanische Ära vorzuziehen und die Jahreszahl in 216/7 oder 245/6
n.Chr. umzurechnen. Zwei metrische Grabinschriften und ein vom
Vokabular her ähnlicher Epitaph, die aus der gleichen Region um
Tavşanlı stammen und in die Jahre 312, 325 sowie 341 datiert
sind[43], werden vom sprachlichen Stil her in die erste Hälfte des
3.Jh.n.Chr. gesetzt, was der sullanischen Ära entspricht[44],
während die aktische Ära an die Wende vom 3. zum 4.Jh.n.Chr.
führen würde. Die Verwendung der sullanischen Ära in der Ebene
von Tavşanlı ist also kaum zu bestreiten.

Ob aber die Region um Tavşanlı tatsächlich zum Territorium von
Aizanoi gehörte, ist unsicher[45]. Die Herausgeber der MAMA argumentieren im wesentlichen mit drei Punkten, um die Zugehörigkeit
dieser Region zu Aizanoi nachzuweisen. Der Fund von mehreren
Steinen in Tavşanlı, die für Aizanoi charakteristisch sind, ist aber
durch die Verschleppung in moderner Zeit zu erklären, wie
teilweise sogar nachzuweisen ist[46]. Grabsteine aizanitischen Typs,
die im oberen Rhyndakostal gefunden wurden, können durch
Export in der Antike dorthin gelangt sein. Waelkens spricht auch
von lokalen Imitationen[47]. Dies muß aber nicht bedeuten, daß
Tavşanlı dann auch politisch zu Aizanoi gehörte. Palanga nennen
die Einheimischen heute einen Ort südlich von Tavşanlı. Waelkens
verband diesen Namen mit der Kome Palax, die in claudischer Zeit
in Inschriften aus Aizanoi erscheint[48]. Diese Identifikation ist
wohl möglich, aber nicht gesichert. In der Inschrift aus

---

40 MAMA IX 176.
41 Vgl. L.Robert, Nouvelles Inscriptions de Sardes I, Paris
1964,40; P.Herrmann, Chiron 2,1972,527 Anm.28; S.Mitchell, AS
27,1977,71 n.25; MAMA IX p.LVI.
42 L.Tuğrul, Istanbul Arkeoloji Müzeleri Yıllığı 11-12,1964,156
Nr.21 liest TA, die Herausgeber von MAMA IX, P 99 schlagen TΛ
vor; vgl. auch MAMA IX p.LVIII.
43 Le Bas - Wadd.1774 = A.Körte, MDAI(A) 15,1900,408 Nr.16 =
IGR IV 536; L.Tuğrul, Istanbul Arkeoloji Müzeleri Yıllığı 11-12,
1964,160 Nr.33 und 149 Nr.3.
44 Vgl. MAMA IX p.LVI und A.Körte, MDAI(A) 25,1900,408.
45 Vgl. dazu MAMA IX p.XIX-XX; Waelkens 46.48.83; TIB 7,
398.
46 MAMA IX p.XIX.
47 Waelkens 48. 83 mit Nr.205-207. Vgl. auch MAMA IX p.XIX.
48 Waelkens 83. Vgl. MAMA IX p.XIX. - Die Inschriften: MAMA
IX 16 und Le Bas - Wadd. 857.

Kuruçay, die L.Tuğrul publizierte[49], wird ein Buleute und Neokoros erwähnt. Der letztere Titel ist häufig in den Inschriften von Aizanoi zu finden[50]. Muß der Genannte aber deshalb Buleute von Aizanoi sein? Die Inschrift könnte außerdem wie viele andere aus der Aizanitis verschleppt worden sein.

Es gab sicher eine antike Siedlung in der Ebene von Tavşanlı[51], die aber nicht unbedingt von Aizanoi abhängig gewesen sein muß. Diese Möglichkeit schließen auch die Bearbeiter des Bandes IX der MAMA nicht aus[52]. Stimmt diese Vermutung, müßte man nicht postulieren, daß diese Region 50 km nördlich von Aizanoi im Laufe der Zeit die Ära der Stadt aufgab und die sullanische einführte. Es gibt keinen sicheren Hinweis auf die Verwendung der aktischen Ära in der Region von Tavşanlı[53]. Dort galt wohl von Anfang an die sullanische Ära, die im benachbarten Mysien, im Tal von Emet und im oberen Tembristal[54] üblich war. Tavşanlı liegt genausoweit wie von Aizanoi auch von Kotiaeion, von Emet im Südwesten und von Harmancık in Mysien entfernt, wo überall ebenfalls die sullanische Ära nachzuweisen ist[55].

Eine Weihung aus der Katoikie Alia an den Gott Men vom Jahre 275 wurde in Kırgıl nordwestlich der Aizanitis am Ostrand des Tales von Emet gefunden[56]. Die Herausgeber und Kommentatoren der Inschrift haben alle die sullanische Ära angenommen und sie ins Jahr 190/1 n.Chr. datiert. Doch ist auch hier nicht sicher, ob die Region zum Territorium von Aizanoi gehörte. Die Bearbeiter der MAMA schlossen auf die Zugehörigkeit zur Aizanitis wegen einer Grabinschrift aus Kırgıl[57], die von einem Mann errichtet worden war, der gleichzeitig Bürger von Ankyra und Aizanoi war. Dies muß aber nicht bedeuten, daß das Grab auf dem Territorium einer dieser beiden Städte lag. Wahrscheinlich gehörten Kırgıl und die Katoikie Alia zu der Stadt, die im Tal von Emet lag. In der Forschung wird diskutiert, ob es sich dabei um Tiberiopolis oder Ankyra handelte[58], letztere die Stadt, dessen Bürger der Grabstifter ebenfalls war. Die Grabsteine vom Aizanoi-Typ, die am

49 L.Tuğrul, Istanbul Arkeoloji Müzeleri Yıllığı 11-12,1964,156 Nr.21.

50 Z.B. MAMA IX 33 und 34. Vgl. auch MAMA IX p.XIX.

51 L.Tuğrul, Istanbul Arkeoloji Müzeleri Yıllığı 11-12, 1964,162f.; MAMA IX p.XIX; TIB 7,398.

52 MAMA IX p.XIX-XX.

53 Bei der frühesten Inschrift aus der Region von Tavşanlı mit der Jahreszahl 162 nahm Munro, JHS 17,1897,280 Nr.35 die sullanische Ära an.

54 Siehe unten S.245f. und S.246ff. sowie oben S.231ff.

55 MDAI(A) 29,1904,333.

56 Th.Reinach, REG 3,1890,51 Nr.1; Lane, Men I 58 Nr.88; Th.Drew-Bear, ANRW II 7,2,1980,939f.; M.Ricl, EA 18,1991,37 Nr.81.

57 IGR IV 631. Vgl. MAMA IX p.XIX.

58 Siehe unten S.245.

Ostrand des Tales von Emet gefunden wurden, können dorthin
exportiert oder verschleppt worden sein[59] und beweisen ebenfalls
nicht die Ausdehnung des Territoriums von Aizanoi bis zum
Ostrand des Tales von Emet.

Auch eine Weihung an Theos Sozon aus Hacıkebir nordöstlich
von Aizanoi ist kein sicherer Nachweis für die Verwendung der
sullanischen Ära in der eigentlichen Aizanitis, der Ebene von
Çavdarhisar. Diese Inschrift mit der Jahreszahl 338 wollten die
Bearbeiter des MAMA-Bandes eher nach der sullanischen Ära ins
Jahr 253/4 n.Chr. datieren als nach der aktischen ins Jahr 307/8
n.Chr., weil eine Weihung an eine heidnische Gottheit im
3.Jh.n.Chr. wahrscheinlicher sei[60]. Doch ist diese Gottheit gerade
auch im 4.Jh.n.Chr. häufig verehrt worden. Im oberen Lysistal ist
der Kult des Theos Sozon wahrscheinlich zu Beginn des
4.Jh.n.Chr. zu finden[61]. Zudem kann diese Weihung für eine
sonst in der Aizanitis nicht bezeugte Gottheit auch an den Fundort
verschleppt worden sein.

Wenn nun tatsächlich die sullanische Ära in Aizanoi verwendet
worden wäre, müßte der Übergang von der aktischen zur sullanischen
Ära zu irgendeinem Zeitpunkt feststellbar sein. Die späteste
Inschrift, die mit Sicherheit nach der aktischen Ära datiert ist,
stammt aus dem Jahre 172 (=141/2 n.Chr.)[62], die erste Inschrift,
die in der Ebene von Aizanoi gefunden wurde und bei der die
Rechnung nach sullanischer Ära bevorzugt wird[63], trägt die
Jahreszahl 338, die sullanisch dem Jahr 253/4 n.Chr. entspricht.
In den 112 Jahren, die dazwischen liegen, gibt es aber Überschneidungen. Setzt man die Inschrift aus dem Jahre 172 (akt.
=141/2 n.Chr.) als letzte nach der aktischen Ära datierte an,
müßten die der Jahre 190 (sull.=105/6 n.Chr.) und 201 (sull.
=116/7 n.Chr.)[64], wenn sie nach der sullanischen Ära datiert
wären, schon in der Zeit aufgestellt worden sein, als noch die
aktische Ära in Aizanoi galt. Nimmt man aber an, daß die Inschrift
vom Jahre 201 (akt.=170/1 n.Chr.) die letzte nach der aktischen
Ära datierte ist[65], müßte man die Weihung aus Yağmurlu vom Jahre
227 (sull.=142/3 n.Chr.)[66] und die Grabinschrift des Jahres 242

---

59 Vgl. Waelkens 45ff.82f. und MAMA IX p.XIX.

60 MAMA IX 57. Vgl. MAMA IX p.LV. Die Bearbeiter des
Bandes IX der MAMA geben aber auch das Jahr nach aktischer Ära
an (p.22), schließen also diese Ära nicht aus.

61 Siehe unten S.360f.

62 A.Körte, MDAI(A) 25,1900,403 Nr.4.

63 MAMA IX 57.

64 Le Bas - Wadd.831 und MAMA IX 51.

65 Für die aktische Ära spricht die Ähnlichkeit des Adlers auf
dem Stein des Jahres 201 mit Adlern auf Türsteinen der Zeit des
Antoninus Pius und der zweiten Hälfte des 2.Jh.; vgl. MAMA IX
51.

66 MAMA IX 50 mit pl.VII. Die Jahreszahl ΣΚΖ ist fälschlich als
226 statt 227 aufgelöst und entsprechend falsch umgerechnet
worden; MAMA IX p.LVII und Nr.50.

(sull.=157/8 n.Chr.) aus Çavdarhisar [67] erklären, die in der Periode, als die aktische Ära verwendet wurde, schon nach der sullanischen datiert wären. Yağmurlu liegt aber in der Ebene von Tavşanlı, deren Zugehörigkeit zu Aizanoi ungewiß ist[68] und wo wahrscheinlich schon von Anfang an die sullanische Ära üblich war. Die Inschrift des Jahres 242 auf einem Grabgiebel, der vom Stil her in die Zeit um 140 n.Chr. gehört, ist wohl erst später eingemeißelt worden, entweder gemäß der sullanischen Ära 157/8 n.Chr. oder entsprechend der aktischen Ära 211/2 n.Chr. Die Bearbeiter der MAMA (IX 283) glauben hier an die Gültigkeit der sullanischen Ära, weil der Stifter der Grabinschrift C.Visedius Bassus aus italischer Familie stamme und vielleicht aus einer Region in Phrygien zugewandert sei, wo die sullanische Ära galt. Der Auftraggeber eines Grabsteines entschied häufig über den Text der Inschrift und wohl auch über die Art der angewandten Ära[69]. So ist auch das Grab aus Yalnızsaray im oberen Tembristal wie dort üblich nach der sullanischen Ära datiert, obwohl die Ausführung vom Stifter in Aizanoi in Auftrag gegeben worden war[70]. Ist es aber denkbar, daß ein Grabherr in einer Stadt, in der die aktische Ära offiziell üblich war, sein Grab mit einer Jahreszahl sullanischer Ära versah, ohne daß dies präzisiert wurde? Die Verwirrung, die durch solche Überschneidungen, das heißt durch das Nebeneinander von zwei verschiedenen Ären zur gleichen Zeit, entstehen mußte, spricht gegen diese Annahme, die von den Bearbeitern des Bandes IX der MAMA diskutiert worden ist.

B.Levick und S.Mitchell[71] nahmen an, daß in Aizanoi ein Wechsel von der aktischen zur sullanischen Ära um die Mitte des 3.Jh.n.Chr. geschah. Wenn die ausführlich besprochene Inschrift aus Kula vom Jahre 267 (akt.=236/7 n.Chr.)[72] die letzte nach der Ära von Aktium datierte wäre, müßten die Inschriften aus den Jahren 278 (sull.=193/4 n.Chr.), 284 (sull.=199/200 n.Chr.) und 310 (sull.=225/6 n.Chr.)[73] bei Annahme der sullanischen Ära in die Zeit gehören, als noch die aktische Ära in Aizanoi verwendet wurde. Wenn aber die Weihung an Theos Sozon vom Jahre 338 (sull.=253/4 n.Chr.)[74] die erste Datierung nach der sullanischen Ära wäre, müßten die Inschriften mit den Jahreszahlen 310

67 MAMA IX 283.
68 Siehe oben S.239f.
69 Siehe z.B. das Zeugnis für die Ära von Amastris, das in Chersonesos Taurike gefunden wurde: IOSPE I² 543; dazu oben S.163.
70 MAMA IX 411 und p.LIII.
71 MAMA IX p.LV.
72 Keil - Premerstein I 88 Nr.191; IGR IV 1747.
73 Le Bas - Wadd.966. MAMA IX 162. MAMA IX 174. - Die beiden Inschriften des Jahres 283, MAMA IX 62 aus Iğde Köy und Le Bas - Wadd. 998 = CIG 3846z[89] aus Çay Köy gehören wohl nicht mehr zu Aizanoi, sondern zur Abbaitis; siehe unten S.246.
74 MAMA IX 57.

(akt.=279/80 n.Chr.) und 325 (akt.=294/5 n.Chr.)[75] nach der aktischen Ära datiert und in der Zeit aufgestellt worden sein, als schon die sullanische Ära in Aizanoi galt. Zur Vermeidung einer solchen Überschneidung hilft nur die Annahme, daß im Zeitraum des Übergangs beide Ären nebeneinander verwendet wurden[76] und daß die sullanische Ära zunächst in die Randgebiete der Aizanitis eindrang[77]. Dies würde die Betonung der angewendeten Ära in der Inschrift aus Kula erklären, wenn diese tatsächlich aus einem Dorf in der südwestlichen Aizanitis im Grenzgebiet zu Kadoi stammt[78]. Dort wäre dann im Jahre 236/7 n.Chr. im Gegensatz zu anderen Inschriften aus dem Randgebiet der Aizanitis noch die aktische Ära angewendet worden.

Sicherlich ist es denkbar, daß in einer zu Aizanoi gehörenden Katoikie Alia schon 190/1 n.Chr. nach der sullanischen Ära datiert worden ist[79], in Karaköy in der Ebene von Tavşanlı schon 225/6 n.Chr.[80], in Tavşanlı selbst vielleicht schon 199/200 n.Chr.[81] und in Kuruçay südlich davon 240/1 n.Chr.[82], auch wenn diese Orte alle zum Territorium von Aizanoi gehörten. Aber daß Aizanoi entweder zwischen 170/1 und 193/4 n.Chr. oder zwischen 236/7 und 253/4 n.Chr. von der aktischen zur sullanischen Ära überging, scheint sehr unwahrscheinlich. Es gibt keine Stadt in Kleinasien, bei der ein Wechsel von einer Ära zu einer anderen nachzuweisen ist, ohne daß konkrete politische Gründe vorlagen[83]. In dieser Zeit ist dies aber für die Einführung der sullanischen Ära nicht vorstellbar. Zwar war die sullanische Ära mehr verbreitet und offensichtlich auch populärer als die aktische. Doch zeigt das lydische Philadelpheia, daß die aktische Ära, wenn sie einmal über einen längeren Zeitraum verwendet worden ist, bis in die Spätantike weiterlief[84].

Bei keiner einzigen Inschrift, die in der Ebene von Aizanoi aufgenommen wurde, ist die sullanische Ära sicher nachzuweisen. Keine Inschrift aus der Ebene von Tavşanlı hingegen verlangt die aktische Ära, sondern alles deutet bei den dortigen Inschriften auf die sullanische Ära. So ist es wahrscheinlicher, daß die Ebene von Tavşanlı und die Ebene von Çavdarhisar zu verschiedenen Gemeinwesen gehörten, die unterschiedliche Zeitrechnungen kannten. Damit würde die wenig konkrete Aussage im Band IX der

---

75 MAMA IX 174. MAMA IX 175.
76 So MAMA IX p.LV.
77 So MAMA IX p.XIX-XX und Levick, Aspects 261.
78 So MAMA IX p.XIX und p.LV.
79 Th.Reinach, REG 3,1890,51 Nr.1; Lane, Men I 58 Nr.88; Th.Drew-Bear, ANRW II 7,2,1980,939f.
80 MAMA IX 174.
81 MAMA IX 162.
82 MAMA IX 175.
83 Auch nicht in Traianopolis, wie in MAMA IX p.LV angenommen wird. Siehe unten S.258ff.
84 Siehe unten S.342f.

MAMA überflüssig[85], daß die Region um Tavşanlı wegen ihrer weiten Entfernung von Aizanoi in mancher Hinsicht ihre Unabhängigkeit bewahrte und aufrechterhielt. Ob bei Tavşanlı eine eigenständige Gemeinde lag oder die Ebene zu einer anderen der nordphrygischen Städte gehörte, etwa zu Kotiaeion oder zu Tiberiopolis, ist vorerst aber nicht zu entscheiden[86].

Abbaitis
(Synaos, Ankyra, Tiberiopolis)

Aus der Region um den See von Simav, der in der antiken Landschaft Abbaitis liegt, sind mehrere Inschriften bekannt, die mit Jahreszahlen datiert sind. Eine Weihung des Jahres 162 an Helios Mithras aus Savcılar am Norufer des Sees[1] wurde allgemein nach der sullanischen Ära ins Jahr 77/8 n.Chr. datiert[2]. Dieses Zeugnis des Mithraskultes ließe sich aber auch mit der aktischen Ära, die ins Jahr 131/2 n.Chr. führt, gut unter die frühen Monumente des Mithraskultes einordnen[3]. Eine zweite Inschrift aus Savcılar mit der Jahreszahl 357 (sull.=272/3 n.Chr.)[4] gehört nach Ausweis der darin enthaltenen Aureliernamen in das 3.Jh.n.Chr. Die aktische oder pharsalische Ära ist hier unwahrscheinlich, weil dadurch die Inschrift schon ins 4.Jh.n.Chr. gesetzt werden müßte. Es läßt sich daraus schließen, daß in dieser Region die sullanische Ära üblich war. Eine dritte Inschrift aus Savcılar, die wohl die Jahreszahl 142 aufwies[5], ist demnach ins Jahr 57/8 n.Chr. zu datieren und die früheste aller Inschriften der Region.

85 MAMA IX p.XIX.
86 Eine offenbar nach der sullanischen Ära datierte Inschrift aus Harmancık könnte zu den Inschriften aus der Ebene von Tavşanlı gehören; siehe oben S.233.
1 Der Fundort wird von M.J.Vermaseren, Corpus Inscriptionum et Monumentorum Religionis Mithriacae I, Den Haag 1956,51 in Frage gestellt. C.M.Cox sah 1926 die Inschrift im Hof eines Hauses in Savcılar; vgl. F.Cumont, in: Anatolian Studies W.H.Buckler, Manchester 1939,69.
2 F.Cumont, in: Anatolian Studies W.H.Buckler, Manchester 1939,69; M.J.Vermaseren, Corpus Inscriptionum et Monumentorum Religionis Mithriacae I, Den Haag 1956,51 Nr.23. Vgl. R.Merkelbach, Mithras, Königstein 1984,146 Anm.1.
3 Vgl. F.Cumont, in: Anatolian Studies W.H.Buckler, Manchester 1939,69; R.Merkelbach, op.cit. 146ff.; M.Clauss, Mithras. Kult und Mysterien, München 1990,32f.
4 J.A.R.Munro, JHS 17,1897,287 Nr.55.
5 J.A.R.Munro, JHS 17,1897,286 Nr.53. Munro löste die Ziffern PMR als 142 auf. Ebensogut läßt sich aber darin die Zahl 146 lesen, wenn man die letzte Ziffer als eine Form des Digamma interpretiert. Eine entsprechende Verbesserung hatte Waddington auch bei der Inschrift des Jahres 256, Le Bas - Wadd.10121 = CIG 3847d, vorgeschlagen. Die Schreibweise der letzten Ziffer erinnert

Zu welcher antiken Polis die Inschriften aus Savcılar zu rechnen sind, ist nicht sicher[6]. Südöstlich des Sees von Simav lag die antike Stadt Synaos. Ob aber das nördliche Ufer zum Territorium von Synaos gehörte oder zu der antiken Stadt, die bei Kılıseköy am Westufer des Sees lag und möglicherweise mit Ankyra zu identifizieren ist[7], scheint ungewiß. Das bisherige Fehlen von Inschriften mit Jahreszahlen in der Gegend westlich des Sees[8] könnte darauf hindeuten, daß dort Äradatierungen nicht verwendet wurden, die Zeugnisse aus Savcılar darum zu Synaos gehörten. Denn ein Türstein aus Naşa, 7 km nördlich des antiken Synaos und auf halber Strecke nach Savcılar gelegen, ist durch eine Grabinschrift in das Jahr 158 datiert[9]. Daß der Fundort zu Synaos gehörte, ist aus geographischen Gründen wahrscheinlich.

Ein anderes Zeugnis für die Äradatierung stammt aus der antiken Stadt, die bei Hasanlar nordöstlich von Simav (Synaos) im Tal von Emet lag und möglicherweise mit Tiberiopolis zu identifizieren ist, vielleicht aber auch mit Ankyra[10]. Die Inschrift, die dort gefunden wurde, ist ins Jahr 256 datiert[11], liefert aber keinen chronologischen Anhaltspunkt für die Art der verwendeten Ära. Östlich des Tales von Emet wurde aber in Kırgıl eine Weihung aus der Katoikie Alia an den Gott Men gefunden, die ins Jahr 275

---

an die Datierungen auf den Münzen der pontischen Städte Zela und Neokaisareia, auf denen die Lesung als Beta vorzuziehen ist; siehe oben S.137f.

6 Vgl. auch Waelkens 35.

7 Nur Synaos ist sicher identifiziert. Zur Diskussion über die Lage der übrigen Städte der Abbaitis vgl. Chr.Habicht, JRS 65, 1975,72; v.Aulock, Phrygien II 37ff. Nach Drew-Bear (vgl. Th.Drew-Bear - W.Eck, Chiron 6,1976,291 mit Anm.7; Th.Drew-Bear, ANRW II 7,2,1980, 933 n.2; Drew-Bear, Phrygie 66 n.100; MAMA IX p.XIX; Waelkens 35) lag Ankyra westlich des Simav Göl. Chr.Habicht, JRS 65,1975,71f. schloß aber auch die Gemeinde der in der ephesischen Städteliste genannten Makedones bei Kılıseköy nicht aus. Siehe jetzt auch TIB 7,184f.404f.

8 Z.B. Le Bas - Waddington 1004ff. Vgl. die Liste bei v.Aulock, Phrygien II 41f. Leider sind die meisten der in den zwanziger Jahren unter der Leitung von Cox in dieser Region gefundenen Inschriften noch nicht publiziert. Sie sind für den Band X der Monumenta Asiae Minoris Antiqua angekündigt.

9 Th.Wiegand, MDAI(A) 29,1904,322 Nr.3; Waelkens Nr.5.

10 Vgl. Chr.Habicht, JRS 65,1975,72; v.Aulock, Phrygien II p.38f.; Waelkens 44. Wegen der Grabinschrift aus Kırgıl, die von einem Bürger von Ankyra und Aizanoi errichtet wurde (IGR IV 631), kommt auch Ankyra für diese Region in Frage; so L.Robert, Les gladiateurs dans l'Orient grec, Paris 1940,159. Siehe jetzt auch TIB 7,266f.

11 Le Bas - Waddington 1012. Nach Ph.Le Bas, RPh 1,1845,325 und CIG 3847d aus dem Jahr 253.

datiert war[12]. Alle Herausgeber haben hier aus stilistischen
Gründen die sullanische Ära angenommen, die das Jahr 190/1 n.
Chr. ergibt[13]. Die Bearbeiter des Bandes IX der Monumenta Asiae
Minoris Antiqua, der die Inschriften der Aizanitis enthält,
glaubten, daß dieser Fundort zu einem entlegenen Teil des
Territoriums von Aizanoi gehörte, weil eine Grabinschrift in Kırgıl
durch einen Bürger von Ankyra und Aizanoi errichtet worden war[14]
und Grabsteine aizanitischen Typs dort gefunden wurden. Solche
Steine sind aber auch häufig exportiert worden oder wurden später
verschleppt[15]. Der Grabstein des Mannes, der gleichzeitig Bürger
von Ankyra und Aizanoi war, muß also nicht unbedingt auf dem
Territorium von Aizanoi gestanden haben. Das Grab könnte sich
ebensogut auf dem Boden der Stadt Ankyra, die möglicherweise im
Tal von Emet lag, oder auf dem Territorium einer dritten Stadt
befunden haben. Aus geographischen Gründen gehörte die Region
um Kırgıl am Ostrand des Tales von Emet und die dort liegende
Katoikie Alia eher zu derjenigen Stadt, zu deren Territorium auch
das Tal gehörte, ob es sich nun um Ankyra oder Tiberiopolis
handelt.

Eine zweite Weihung an Men[16] stammt aus Iğde Köy am Ostrand
des Tales nordwestlich von Kırgıl in Richtung auf Emet zu. Auch
diese ins Jahr 283 datierte Inschrift, die zeitlich und geographisch
im Zusammenhang mit der Weihung aus der Katoikie Alia an den
gleichen Gott gesehen werden sollte, gehört wohl nicht zu Aizanoi,
sondern zu der Gemeinde im Tal von Emet und ist nach der
sullanischen Ära ins Jahr 198/9 n. Chr. zu legen. Ebenso dürfte
die Inschrift aus Çay Köy etwa 25 km westlich von Aizanoi, die
wahrscheinlich die Jahreszahl 283 trug[17], eher zu der Stadt gehört
haben, die im Tal von Emet lag, oder gar zu Synaos, und nicht zu
Aizanoi[18]. So dürfte auch dieses Zeugnis nach der sullanischen
Ära datiert sein, wie alle Jahreszahlen tragende Inschriften aus
der Abbaitis.

Das obere Tembristal und Kotiaeion

Im oberen Tembristal sind nur einige der dort gefundenen
Inschriften nach einer Ära datiert. Die Mehrzahl weist keine
Jahreszahl auf[1]. Die Ebene von Altıntaş ist vor allem von Strubbe

---

12 Th.Reinach, REG 3,1890,51 Nr.1; Lane, Men I 58 Nr.88;
Th.Drew-Bear, ANRW II 7,2,1980,939f.; M.Ricl, EA 18,1991,37
Nr.81.

13 Vgl. auch MAMA IX p.LVI.

14 IGR IV 631. Vgl. MAMA IX p.XIX und p.LVI.

15 Vgl. Waelkens 45ff.82f. und MAMA IX p.XIX.

16 MAMA IX 62.

17 Le Bas - Waddington 998; CIG 3846z[89].

18 In MAMA IX p.181, P 97 zu Aizanoi gerechnet.

1 Vgl. W.H.Buckler - W.M.Calder - C.W.M.Cox, JRS 17,1927,
49ff. und JRS 18,1928,21ff.; MAMA VI p.123ff.

untersucht worden[2]. Dort lagen die kleine Stadt Appia und die Demoi der Soenoi und Moiteanoi. Den nördlichen und nordwest-lichen Rand der Ebene bereiste Drew-Bear, der dabei zeigen konnte, daß zu Beginn des 4.Jh.n.Chr. das Dorf Ada Köy im äußersten Norden der Ebene zu Kotiaeion gehörte[3]. Südlich von Ada fand sich ein Grenzstein[4], der den Rand des kaiserlichen Domänenbesitzes in der Ebene anzeigte, zu dem auch die Demoi der Soenoi und Moiteanoi gehörten. Das Territorium von Kotiaeion reichte wohl nicht weit in die Ebene hinein. Ein Grabmonument mit der Jahreszahl 369 aus Çömlekci[5] dicht an der Grenze zur Aizanitis gehört vom Typ her zu den Steinen, wie sie aus Kotiaeion bekannt sind[6].

Die wenigen mit Jahreszahlen datierten Inschriften aus der Ebene von Altıntaş[7] kommen, soweit sie sicher einem Ort zuzuweisen sind[8], alle aus der Region nordwestlich von Altıntaş oder aus Altıntaş selbst, dem früheren Kurtköy[9]. 6 km östlich liegt Altıntaş Köy, wo sich spätestens im 4.Jh.n.Chr. die Stadt Soa befand[10]. Die datierten Inschriften wurden, wenn man der

2 J.Strubbe, A Group of Imperial Estates in Central Phrygia, AncSoc 6,1975,229ff. Vgl. auch J.G.C.Anderson, Paganism and Christianity in the Upper Tembris Valley, in: W.M.Ramsay, (Ed.), Studies in the History and Art of the Eastern Roman Empire, Aberdeen 1906,183ff.; Th.Drew-Bear, GRBS 17,1976,254ff.; E.Gibson, ZPE 28,1978,1f.; Gibson, Christians 5ff.; Waelkens 89; TIB 7,189f.319.385.400f. usw.

3 Th.Drew-Bear, in: La géographie administrative et politique d'Alexandre à Mahomet, Actes du Colloque de Strasbourg, Leiden - Straßburg 1981,93ff.; M.Christol - Th.Drew-Bear, in: Travaux et recherches en Turquie 1982, Löwen 1983,23ff. bes.24 n.3. - Zu Ada vgl. TIB 7,169.

4 Vgl. Ramsay, Historical Geography 177f.; J.Strubbe, AncSoc 6,1975,232.

5 E.Gibson, Türk Arkeoloji Dergisi 25,1980,66 Nr.70 = SEG 30,1495. - Vgl. zum Fundort TIB 7,226.

6 Vgl. MAMA IX p.XVIII mit n.35.

7 Die römischen und griechischen Zahlenangaben 77 und 118 in Steinbruchinschriften aus Alibey Köy sind offensichtlich keine Jahreszahlen, auch wenn auf einigen Blöcken Consuldatierungen vorkommen; vgl. Th.Drew-Bear - W.Eck, Chiron 6,1976,316 Nr.19, die vorschlagen, die Zahlen als Mengenangaben zu interpretieren.

8 Die Stele mit der Inschrift des Jahres 389, Gibson, Christians Nr.16 = SEG 28,1101, die sich heute im Museum Kütahya befindet, wird vom Stil her einer Werkstätte der Ebene von Altıntaş zugeschrieben (vgl. Th. Drew-Bear, in: La géographie administra-tive et politique d'Alexandre à Mahomet, Actes du Colloque de Strasbourg, Leiden - Straßburg 1981,139), ebenso ZPE 28,1978,12 Nr.1 (= SEG 28,1088) und 14 Nr.2 (= SEG 28,1089). Die genaue Herkunft dieser Zeugnisse ist aber nicht mehr zu ermitteln.

9 Vgl. TIB 7,319.

10 Vgl. TIB 7,385.

Lokalisierung Strubbes[11] glauben darf, im Gebiet der Soenoi gefunden. Es ist aber nicht auszuschließen, daß einige Steine im nördlichen Teil der Ebene im Gebiet von Kotiaeion standen[12]. Die Gleichartigkeit der Grabstelen aus Kotiaeion und aus der Ebene von Altıntaş weist auf eine gemeinsame Werkstätte hin[13]. Da die meisten und auch frühesten Inschriften mit Äradatierung in dieser Region aus dem Nordwesten der Ebene kommen, könnte man daran denken, diese Jahresrechnung dem Einfluß von Kotiaeion zuzuschreiben. Aus Kotiaeion selbst sind allerdings nur drei äradatierte Inschriften bekannt[14], die aber auch in dieses regionale Zentrum transportiert worden sein können.

Grabstelen des Kotiaeion-Typs, die Jahreszahlen tragen, sind in verschiedene Museen gelangt[15]. Eine Giebelstele, die Körte 1894 in Konstantinopel abzeichnete und die aus Kotiaeion stammen soll, könnte datiert gewesen sein. Aber die Lesung ἔτο(υ)ς γλυ' ist äußerst unsicher[16]. Die Jahreszahl 433 würde in eine sehr späte Zeit, nämlich frühestens in die Mitte des 4.Jh.n.Chr. führen. Ob die Stele mit der Jahreszahl 243, die Keil einst in Smyrna aufnahm[17], aus Kotiaeion bzw. dem oberen Tembristal stammt, ist möglich, aber nicht zu beweisen[18]. Eine Stele aus dem Jahr 324 scheint aus dieser kleinasiatischen Region aber ins Krannert Art Museum in Urbana-Champaign gelangt zu sein[19].

Die Ära, die im oberen Tembristal und in Kotiaeion verwendet wurde, war offensichtlich die sullanische, wie alle Herausgeber

11 J.Strubbe, AncSoc 6,1975,234.
12 Nach Waelkens 88f. bildete aber das niedrige Gebirge nördlich der Altıntaş-Ebene die Südgrenze des Territoriums von Kotiaeion.
13 Vgl. Waelkens 88ff.; M.Waelkens, Actes Constantza 109.113f. 117; Strobel 109f.; MAMA IX p.XVIII; T.Lochman, in: E.Berger (Ed.), Antike Kunstwerke aus der Sammlung Ludwig III, Mainz 1990,453ff.; T.Lochman, Bulletin du Musée Hongrois des Beaux-Arts 74,1991,11ff. bes.15f.
14 Le Bas - Wadd.802 mit der Ergänzung von Th.Drew-Bear, in: Arktouros. Hellenic Studies to B.W.M.Knox, Berlin - New York 1979,310f. = SEG 29,1406; Kontoleon, MDAI(A) 14,1889,90 Nr.9; Parartema 15,1884,71 Nr.36 (Jahr 246) = G.Perrot - E.Guillaume - J.Delbet, Exploration archéologique de la Galatie et de la Bithynie, d'une partie de la Mysie, de la Phrygie, de la Cappadoce et du Pont, Paris 1872,116 Nr.77 (Jahr 240).
15 Siehe T.Lochman, in: Antike Kunstwerke aus der Sammlung Ludwig III, bes. 495.
16 Wien, Kleinasien-Kommission, Schede Kotiaeion Nr.39.
17 Pfuhl - Möbius, Ostgriech. Grabreliefs 534 Nr.2222.
18 Vgl. T.Lochman, in: Antike Kunstwerke aus der Sammlung Ludwig III, 495 Anm.22; dort weitere Beispiele der gleichen Werkstätte.
19 T.Lochman, loc.cit.; A.B.Terry - R.G.Ousterhaut, Krannert Art Museum Bulletin 6,1980,14ff. (non vidi).

übereinstimmen[20]. Den entscheidenden Hinweis liefert wiederum das
Namensmaterial. Ab dem Jahre 317 (sull.=232/3 n.Chr.) kommt in
fast allen Inschriften der Aureliername vor. Daneben gibt es eine
Reihe stilistischer Merkmale, die zeigen, daß die sullanische Ära
für die Datierung der Grabmonumente dieser Region passend ist[21].
Ein Türstein, der aus Aizanoi in das obere Tembristal exportiert
und mit der Jahreszahl 260 versehen wurde, entspricht stilistisch
den Grabsteinen der Aizanitis, die nach der aktischen Ära in die
2.Hälfte des 2.Jh.n.Chr. zu datieren sind. Man hat den Türstein
also entsprechend der heimischen Zeitrechnung des Auftraggebers
nach der sullanischen Ära datiert, was die höhere Jahreszahl
erklärt[22]. Die sonstigen Türsteine in der Ebene von Altıntaş und
in Kotiaeion[23] sind aber im Gegensatz zu den zahlreichen der
Aizanitis nicht mit Jahreszahlen datiert. Dies zeigt, wie regional
unterschiedlich Jahresangaben bei den Monumenten verwendet
wurden.

Synnada, Prymnessos, Dokimeion

Die Äradatierung war offensichtlich im östlichen Teil der
Provinz Asia wenig verbreitet. Lediglich zwei Grenzsteine in
Synnada[1] könnten eventuell Jahreszahlen aufweisen, wobei einer
der Steine aber in hellenistische Zeit gehört und deshalb nach der
Seleukidenära datiert sein müßte[2]. Unsicher ist die Interpretation
der Buchstaben ττ̄ auf einem kaiserzeitlichen Grenzstein[3], da
eine Ergänzung mit ἔτους fehlt. Für die Bearbeiter des Bandes
IV der MAMA ist der Balken über beiden Buchstaben Beweis
genug, daß es sich um eine Datierung handelt, nämlich um das
Jahr 310, das 225/6 n.Chr. entspreche. Falls es sich um eine
Jahreszahl handeln sollte, wäre sie wohl nach der sullanischen Ära
zu berechnen. Südlich von Synnada in Tymandos bei Apollonia
wurde die Grabinschrift eines Mannes aus Synnada gefunden, die
nach der sullanischen Ära ins Jahr 335 (=250/1 n.Chr.) datiert
ist[4]. Doch war diese Ära in der Region um Apollonia üblich, so
daß die Inschrift nicht unbedingt einen Hinweis auf die

---

20 So schon G.Perrot - E.Guillaume - J.Delbet, op.cit.
(Anm.14),116; A.Körte, MDAI(A) 25,1900,409 Nr.18 und J.G.C.
Anderson, in: W.M.Ramsay (Ed.), Studies in the History and Art
of the Eastern Roman Empire, Aberdeen 1906,211 Nr.9.
21 Vgl. F.Naumann, in: Praestant Interna. Festschrift für
Ulrich Hausmann, Tübingen 1982,156f. Nr.K 3; MAMA IX 411.
22 MAMA IX 411 und p.LII.
23 Waelkens 93ff.
1 Zur Lokalisierung vgl. zuletzt Drew-Bear, Phrygie 8;
Waelkens 187; Robert, Asie Mineure 259; TIB 7,393ff.
2 MAMA IV 75. Siehe oben S.29f.
3 MAMA IV 71.
4 MAMA IV 248. Siehe unten S.275.

Verwendung der sullanischen Ära in der Heimatstadt des Verstorbenen gibt.

Der ins Jahr 363 datierte Türstein, der über Uşak nach Izmir gelangte und angeblich vorher in Afyon stand[5], könnte nach Waelkens aus Synnada, Prymnessos oder Dokimeion stammen[6]. Die Inschrift wurde von einer Familie aus Temenothyrai in Auftrag gegeben, die aber damit die Datierungsweise ihrer Heimatstadt verwendete[7]. Denn aus Prymnessos und Dokimeion ist keine Äradatierung bekannt. Sie dürfte wohl auch in Synnada nicht verwendet worden sein.

In einer Grabinschrift aus Surmene (Sülümenli) östlich von Afyon im Tal des Aka Çay[8] wollte Ramsay die Jahreszahl ἔτους ρ þ η' lesen und die Inschrift ins Jahr 113/4 n.Chr. datieren[9]. Die Lesung ist aber zu unsicher und wegen des sonstigen Fehlens von Äradatierungen in dieser Region eher unwahrscheinlich.

Kadoi

Im Territorium von Kadoi, das beim heutigen Gediz lag[1], sind nur drei mit Jahreszahlen datierte Inschriften gefunden und publiziert worden. Eine Stele mit der Jahreszahl 202 fand schon Buresch im 19.Jh. in Gediz[2]. Eine Grabinschrift aus dem Jahr 264 aus Çeltikçi südwestlich von Gediz wurde von Calder veröffentlicht[3]. Bei beiden Grabinschriften nahm man die sullanische Ära an und datierte sie entsprechend in die Jahre 117/8 bzw. 179/80 n.Chr. In einer dritten Inschrift[4] ist die

5 Le Bas - Waddington 727; CIG 3865 l; Ramsay, Cities 558 Nr.444; IGR IV 630; Th.Drew-Bear, Chiron 9,1979,292 Nr.1; Gibson, Christians Nr.36; Waelkens Nr.488.

6 Vgl. Waelkens, Actes Constantza 120.

7 Siehe unten unter Temenothyrai S.255.

8 Zur Lage vgl. J.Strubbe, AncSoc 6,1975,245ff.; Waelkens 187; TIB 7,391. Der Fundort liegt zwischen den antiken Städten Dokimeion, Iulia, Holmoi und Prymnessos. Ramsay, Social Basis 288ff. setzte dort Metropolis an; vgl. dagegen aber Robert, Asie Mineure 291ff.

9 Ramsay, Social Basis 290 Nr.287.

1 Zur Lage der antiken Stadt vgl. Buresch 155ff.; Robert, Villes 98.177f.; L.Robert, Hellenica VI, Paris 1948,104; Magie II 1001 n.36; Chr.Habicht, JRS 65,1975,73; TIB 7,285.

2 F.Noack, MDAI(A) 19,1894,327ff. mit Fig.6 = Museion Smyrna 3,1880,171 Nr.348. Vgl. auch Buresch 25; Keil - Premerstein I 87 zu Nr.188.

3 W.M.Calder, AS 5,1955,33 Nr.2 = SEG 15,795; G.Koch, Roman Funerary Monuments in the J.Paul Getty Museum 1, Malibu 1990,117 fig.3. 127 Nr.VII 4; T.Lochman, Bulletin du Musée Hongrois des Beaux-Arts 74,1991,18 Nr.3. Vgl. Robert, Bull. épigr.1956,292.

4 CIG 3850.

Hunderterziffer der Jahreszahl nicht erhalten. Am ehesten kommt aber das Jahr 258 in Frage, wenn auch 158 nicht auszuschließen ist.

Viele Steine sind offenbar aus Kadoi verschleppt oder schon in der Antike exportiert worden. Keil und von Premerstein fanden in Uşak eine Weihinschrift mit der Jahreszahl 172, die angeblich aus Gediz stammte[5]. Eine andere Stele soll über noch größere Entfernung von Gediz nach Kula transportiert worden sein[6]. Die Inschrift trägt die Jahreszahl 197. Da der Stein vom Schmuck her zu den Stelen, die in der Region von Kadoi gefunden wurden, paßt, spricht einiges für diese Herkunftsangabe. Auch diese Inschrift soll nach der sullanischen Ära datiert sein. Die geäußerten Bedenken, daß die Buchstabenformen bei dieser Stele, wie auch bei der in Gediz entdeckten aus dem Jahre 202, jünger sein könnten, als es die sullanische Ära zuläßt[7], hat man nicht weiter verfolgt, sondern hat dies als lokale Eigenart der Stelen von Kadoi angesehen[8].

Nach Kula war noch eine weitere Grabstele des Kadoi-Typs mit der Jahreszahl 260 gelangt, bevor sie ins Museum von Manisa weiterwanderte[9]. L.Robert[10], der die Inschrift auf dieser Stele nach der sullanischen Ära ins Jahr 175/6 n.Chr. datierte, wies auf die wichtige Straße zwischen Gediz und Kula hin, durch die sich der Transport von Steinen aus der Aizanitis und der Region von Kadoi nach Kula erklären läßt. So sei auch die schon oben ausführlich besprochene Inschrift des Jahres 267, die die Art der angewandten Ära als die von Aizanoi bezeichnet[11], auf diesem Wege aus der Region von Kadoi nach Kula gelangt[12]. Es wurde aber oben schon darauf hingewiesen, daß diese Inschrift möglicherweise aus dem Grenzgebiet der Aizanitis zu Kadoi stammt[13].

Daß einige bisher nicht sicher zuweisbare Grabstelen aus Kadoi kommen, fand Lochman bei einer Untersuchung von Stelen eines einheitlichen und gut vergleichbaren Typs heraus, der einer lokalen Werkstätte in Kadoi oder in seiner Umgebung zuzuweisen

---

5 Keil - Premerstein II 141 Nr.266. Von Kadoi könnte nach Keil - Premerstein I 41 Nr.83 auch eine Grabstele kommen, die sich in Alaşehir, dem früheren Philadelpheia, befand.

6 Keil - Premerstein I 87 Nr.188. Vgl. E.L.Hicks, CR 3,1889, 138 Nr.18.

7 So F.Noack, MDAI(A) 19,1894,329 und Keil - Premerstein I 87 zu Nr.188.

8 Keil - Premerstein I 87.

9 L.Robert, Hellenica VI, Paris 1948,103f.

10 L.Robert, Hellenica VI, Paris 1948,104 n.2.

11 Keil - Premerstein I 88 Nr.191 = IGR IV 1747. Siehe oben S.234ff.

12 L.Robert, Hellenica VI, Paris 1948,104 n.2.

13 Nach MAMA IX p.LV stammt der Stein vom Südwestrand der Aizanitis, nach L.Robert, Hellenica VI, Paris 1948,104 n.2 aus dem Territorium von Kadoi.

sei[14]. Andererseits wurden die gleichen Grabstelen von Koch mit
dem oberen Tembristal in Verbindung gebracht[15]. Für Kadoi
spricht aber der Fundort Çeltikçi der oben erwähnten Grabstele[16]
mit der Inschrift des Jahres 264. Bei einer weiteren Grabstele mit
der Jahreszahl 240 ist die Herkunft aus Gediz (Kadoi) wahrscheinlich[17]. Dadurch können die von Lochman zusammengestellten Stelen
aus verschiedenen Museen und Sammlungen mit großer Wahrscheinlichkeit der Region von Kadoi zugewiesen werden[18].
     Hermosabwärts liegt zwischen den antiken Städten Kadoi und
Bagis in Lydien das Dorf Hopuş, in dem eine Inschrift mit einem
ähnlichen Hinweis auf die Art der angewandten Ära gefunden
wurde, wie er in der oben behandelten Inschrift der Aizanitis zu
finden war. Es heißt in der Inschrift aus Hopuş[19]: ὡς δὲ Βαγη-
νοί ἄγουσ[ιν. Da in der südlich davon gelegenen Region um
Aktaş (Lyendos) und Bagis die aktische Ära nachweisbar ist[20],
kommt die Inschrift wahrscheinlich aus einer Region, in der
aktische und sullanische Ära aufeinandertrafen. Nach dem Fundort
zu urteilen, gehört sie in das Grenzgebiet zwischen Bagis und
Kadoi[21]. Kadoi lag also zwischen zwei Territorien, in denen die
aktische Ära nachweisbar ist und aus deren Grenzgebieten zwei
Inschriften stammen, die die Art der jeweils angewandten
Jahresrechnung, nämlich die von Aizanoi und die von Bagis,
besonders betonen. Dies deutet darauf hin, daß das
dazwischenliegende Gebiet von Kadoi eine andere Zeitrechnung
kannte, v\ der man sich abheben wollte. Stimmt diese Annahme,
kann diese Zeitrechnung von Kadoi nur die sullanische Ära sein.
     In zwei der datierten Inschriften, die in Kadoi gefunden wurden
oder die vom Stil her der Werkstätte "Kadoi" zugewiesen werden,
kommt der Aureliername vor. Es sind die spätesten der Inschriften
mit Jahreszahlen. Sie stammen aus den lokalen Jahren 335 und
345[22]. Nach der sullanischen Ära sind sie in die Jahre 250/1 und
260/1 n.Chr. zu datieren. Die aktische Ära dagegen würde schon
ins 4.Jh.n.Chr. führen, was, nach dem Namenmaterial zu
urteilen, unwahrscheinlich ist. Wenn die Inschriften von Kadoi, wie

14   Lochman 17ff. Vgl. auch C.Naour, ZPE 44,1981,26 n.62.
15   G.Koch, Roman Funerary Monuments in the J.Paul Getty
Museum 1, Malibu 1990,126f.; dagegen Lochman 18 Anm.12.
16   Siehe oben Anm.3.
17   Museion Smyrna 3,1880,166 Nr.336; Pfuhl – Möbius,
Ostgriechische Grabreliefs 522 Nr.2183; Lochman 19 Nr.8. Nach
der Schede Kadoi 46 in der Kleinasien-Komission Wien soll sie aus
Gediz stammen und von dort nach Kula gelangt sein.
18   Lochman 18ff. Nr.1.2.5.6.7.15.
19   TAM V 1,29.
20   Siehe unten S.323ff.
21   Vgl. Th.Drew-Bear, Chiron 9,1979,287f.n.55; MAMA IX
p.LV. Siehe unten S.326f.
22   Pfuhl – Möbius, Ostgriechische Grabreliefs 282 Nr.1138 und
550 Nr.2283.

zu vermuten ist, nach der sullanischen Ära datiert wurden, gehören alle Inschriften außer den beiden jüngsten mit dem Aureliernamen in die Zeit vor der Constitutio Antoniniana. Nähme man dagegen die Gültigkeit der aktischen Ära an, müßten die Inschriften mit den Jahreszahlen 250, 258, 260 und 264[23] aus den Jahren 219/20, 227/8, 229/30 und 233/4 n.Chr. stammen. Das ist aber gerade die Zeit, in der in den Inschriften Kleinasiens Aurelii am häufigsten zu finden sind.

Eine der Grabstelen, die vom Stil her Kadoi zugewiesen werden, zeigt die Verstorbene in der typischen Haartracht, wie sie von der Kaisergemahlin Faustina der Jüngeren bekannt ist[24]. Die Stele ist ins Jahr 239 datiert[25]. Nach der sullanischen Ära gehört die Inschrift also ins Jahr 154/5 n.Chr., genau in die Zeit, als die Frisur der Faustina II. Mode im Römischen Reich wurde[26]. Die aktische Ära wäre hier zu spät, da in diesem Falle die Stele schon ins 3.Jh.n.Chr. gehörte, als sich die Haarmode wieder geändert hatte. Man kann also davon ausgehen, daß in Kadoi die sullanische Ära üblich war[27]. Dieser Nachweis anhand des vorliegenden Materials[28] beruht allerdings auf der Voraussetzung, daß die von Lochman zusammengestellten Grabstelen tatsächlich aus Kadoi stammen.

Kompliziert wird der Fall dadurch, daß offenbar nicht alle Jahreszahlen auf den Grabstelen, die vom Stil und der Form her Kadoi zugewiesen werden, nach der sullanischen Ära gezählt sind. Lochman hat vier Stelen zusammengestellt, die bei Anwendung der sullanischen Ära im Vergleich zu den übrigen Stücken aus Kadoi zu früh wären[29]. Sie tragen die Jahreszahlen 190, 194 und zweimal 196. Nach der sullanischen Ära wären sie zwischen 105/6 und 111/2 n.Chr. zu datieren, während die übrigen Grabstelen dieses Typs erst Mitte des 2.Jh. einsetzen, darunter die oben erwähnte Stele des Jahres 239, die wegen der Haartracht der Verstorbenen in die Mitte des 2.Jh.n.Chr. gesetzt werden muß. Bei den vier Grabstelen aus den Jahren 190, 194 und 196 wäre die aktische Ära sehr

23   Pfuhl - Möbius, Ostgriechische Grabreliefs 282 Nr.1137; Lochman 18 Nr.7; L.Robert, Hellenica VI, Paris 1948,103 Nr.41; AS 5,1955,33 Nr.2 = SEG 15,795.

24   Lochman 19 Nr.6 mit Abb.6.

25   Robert, Bull.épigr.1980,493.

26   Vgl. Lochman 23 Anm.22.

27   Die sullanische Ära in Kadoi wird von den Bearbeitern der MAMA IX p.XVIII und p.LV als sicher angesehen, ebenso von E.L.Hicks, CR 3, 1889,138 Nr.18; Keil - Premerstein I 87 Nr.186. II 141 Nr.266; L.Robert, Hellenica VI, Paris 1955,103 Nr.41; Lochman 22.

28   Falls die vom verstorbenen Chr.Naour gefundenen Inschriften aus Kadoi (vgl. Chr.Naour, ZPE 44,1981,12 n.6) noch publiziert werden sollten, könnten sich bessere Ergebnisse zur Jahresrechnung in Kadoi ergeben.

29   Lochman 20 Nr.11-14.

passend. Bei Umrechnung nach der aktischen Ära wurden die Stelen in den Jahren 159/60, 163/4 und 165/6 n.Chr. aufgestellt[30].

Lochman denkt wegen kleiner stilistischer Unterschiede bei den vier fraglichen Grabstelen an eine Nebenwerkstätte von "Kadoi", die im Gebiet der südlich angrenzenden Gemeinde Bagis gearbeitet habe. Doch ist auch ein Export aus Kadoi in ein anderes Territorium, in dem die aktische Ära üblich war, nicht auszuschließen. Wie schon mehrfach festgestellt[31], entschied der Auftraggeber über die Art der Ära, mit der die Inschrift datiert werden sollte, gleichgültig, ob die Inschrift in der Werkstätte, in der die Stele hergestellt wurde, auf dem Stein angebracht wurde oder erst am Aufstellungsort. Bei einem Export in die Region von Bagis ist darum die aktische Ära, die dort üblich war[32], auf einer Grabstele zu erwarten. Da eine der vier Grabstelen von Naour zwischen Erdoğmuş und Yeniköy, also im Bereich des oberen Hermostals nördlich der zu Bagis gehörenden Katoikie Lyendos aufgenommen wurde, dürfte sie in einem Gebiet gestanden haben, das noch zum Geltungsbereich der aktischen Ära von Bagis gehörte. Zwei weitere der vier Grabstelen, nämlich diejenigen mit der Jahreszahl 196, wollte schon Varinlioğlu wegen der Buchstabenformen der Inschrift später als an den Beginn des 2.Jh.n. Chr. datieren[33]. Da sie im Museum von Uşak aufbewahrt werden, dürften auch sie aus der benachbarten Region von Bagis und Lyendos stammen. Ein großer Teil der dortigen Inschriften Ist nach Uşak gelangt[34].

Wenn sich demnach in der Region südlich von Kadoi um Bagis und Lyendos Grabstelen des Kadoi-Typs nachweisen lassen, die nach der aktischen Ära datiert sind, ist zu vermuten, daß die Grabstele aus Kula mit der Jahreszahl 197, die zeitlich genau in die oben behandelte Vierergruppe paßt, nicht aus Kadoi stammt, wie Keil - Premerstein meinten[35], sondern aus dem Kula näher liegenden Gebiet von Bagis. Damit wären die Bedenken, die Keil - Premerstein wegen der jünger erscheinenden Schrift bei der Datierung der Stele nach der sullanischen Ära hegten, berechtigt, und sie gehört nicht in das Jahr 112/3 n.Chr., sondern entsprechend der aktischen Ära in das Jahr 166/7 n.Chr. Ob allerdings die von Keil - Premerstein[36] in Uşak aufgenommene Inschrift des Jahres 172 ebenfalls aus dem Verbreitungsgebiet der aktischen Ära kommt und nicht aus Kadoi, ist weniger wahrscheinlich, weil hier der Herkunftsort als Gediz angegeben wurde.

---

30 Vgl. Lochman 22f.
31 Siehe z.B. oben S.242 und S.249.
32 Siehe unten S.323ff.
33 E.Varinlioğlu, EA 13,1989,20 Nr.5 und 30 Nr.16.
34 Siehe unten S. 255 und S.327.
35 Keil - Premerstein I 87.
36 Keil - Premerstein II 141 Nr.266.

Temenothyrai

Die Identifizierung der heutigen Stadt Uşak mit dem antiken
Temenothyrai ist seit der ausführlichen Untersuchung von Drew-
Bear gesichert[1]. In Uşak selbst wurde eine große Zahl von
Inschriften gefunden[2]. Viele befinden sich im dortigen Museum[3].
Seit langem hat man die Meinung vertreten, daß viele Steine aus
antiken Städten der näheren und ferneren Umgebung nach Uşak
verschleppt worden sind[4]. Dies trifft für die Mehrzahl der
Inschriftensteine, die in Uşak aufgenommen wurden, auch zu. Erst
Drew-Bear äußerte wieder die Auffassung, nachdem er Uşak mit
Temenothyrai identifiziert hatte, daß ein Teil der dort gefundenen
Steine Temenothyrai zuzuweisen sei[5]. Er hat aber nur eine
Inschrift mit Äradatierung unter die Zeugnisse für Temenothyrai
aufgenommen, eine christliche Grabinschrift des Jahres 363, die
1844 und 1895 in Uşak zu sehen war. Diese Grabinschrift war von
einer christlichen Familie aus Temenothyrai in Auftrag gegeben
worden[6]. Dies muß allerdings nicht bedeuten, daß der Grabstein in
Temenothyrai aufgestellt war. Gibson schlug Akmoneia als
Ursprungsort vor[7]. Waelkens hingegen glaubte[8], daß dieser
Türstein mit der datierten Inschrift aus Afyon nach Uşak, später
nach Izmir gelangt sei und aus dem östlichen Phrygien stamme,
etwa aus Dokimeion, Synnada oder Prymnessos.

Fast alle anderen mit Jahreszahlen datierten Inschriften, die in
Uşak im 19. oder zu Beginn des 20.Jh. zu sehen waren, sind mit
einiger Sicherheit anderen antiken Städten zuzuweisen. Eine
Inschrift, die ins Jahr 354 datiert ist[9], gehört nach Lydien, wie

1 Th.Drew-Bear, Chiron 9,1979,275ff.
2 Vgl. z.B. Le Bas - Waddington 713-729; S.Reinach, REG 3,
1890,56ff. Nr.10-15; E.Legrand - J.Chamonard, BCH 17,1893,
262ff. Nr.47-52; Keil - Premerstein II Nr.248ff. Dazu Th.Drew-
Bear, Chiron 9,1979,281ff.
3 Vgl. I.Diakonoff, BABesch 54,1979,168; F.T. van Straten,
in: H.S.Versnel (Ed.), Faith, Hope and Worship, Leiden 1981,138;
P.Herrmann - E.Varinlioğlu, EA 3,1984,2ff.; E.Varinlioğlu, EA
13,1989,17ff.40ff. und EA 15,1990,73ff.
4 Vgl. z.B. Buresch, Lydien 162; Keil - Premerstein II 133;
L.Robert, Hellenica 10, Paris 1955,252f.; L.Robert, JS 1975,156
n.7; Th.Drew-Bear, Chiron 9,1979,284 mit n.44. 302; Chr.Naour,
ZPE 44,1981,20 n.36; Waelkens 142f.
5 Th.Drew-Bear, Chiron 9,1979,292 n.87. 302.
6 Le Bas - Waddington 727; CIG 3865l; Ramsay, Cities 558
Nr.444; IGR IV 630; Th.Drew-Bear, Chiron 9,1979,292 Nr.1;
Gibson, Christians Nr.36; Waelkens Nr.488. Nach Gibsons Auffassung stammte nur der Steinmetz aus Temenothyrai; die korrekte
Lesung aber zuletzt bei Waelkens 197 mit Taf.75 Nr.488.
7 Gibson, Christians 109.
8 Waelkens, Actes Constantza 120; Waelkens 197. Vgl. auch
Strobel 113.
9 Th.Wiegand, MDAI(A) 30,1905,327; IGR IV 621.

Naour glaubte[10], in die Gegend von Aktaş, wo die Katoikie
Lyendos zu lokalisieren ist[11]. Inschriften aus den Jahren 198, 288
und 328[12] kamen nach Robert[13] aus Akmoneia, ebenso wie eine
Inschrift des Jahres 333[14]. Eine andere Inschrift, in das Jahr 172
datiert, soll angeblich aus Kadoi stammen[15]. Problematisch ist die
Inschrift, die der französische Offizier Callier zwischen 1830 und
1834 an einem Brunnen in Uşak entzifferte[16]. Nach seiner Lesung
trug sie die Jahreszahl 583, ἔτους φπγ'. Diese Datierung ist
aber viel zu spät für eine Weihung an Artemis, wie sie Callier in
der Inschrift zu erkennen glaubte. Reinach[17], der die Kopien
Calliers publizierte, verbesserte deshalb die Zahl in ρπγ' (=183).
Es stellt sich aber die Frage, ob die Inschrift nicht auf demselben
Brunnen stand, auf dem Le Bas wenige Jahre nach Callier ἔτους
σπγ' (=283) las[18]. Diese Jahreszahl gehörte zu einer Inschrift auf
einem Türstein, der nach Waelkens aus Akmoneia stammt[19]. So ist
vielleicht auch bei der von Callier abgeschriebenen Inschrift die
Jahreszahl 283 vorzuziehen, wenn es sich nicht gar um die gleiche
Inschrift handelt, die von Callier völlig verlesen wurde[20].
    Bei vielen der Inschriften, die ins Museum Uşak gelangt sind,
ist die Herkunft aus einer anderen Stadt oder Landschaft
festgestellt worden[21]. Dies dürfte für den größten Teil der dort
aufbewahrten Steine gelten. Was aus Temenothyrai selbst stammt,
konnte auch Varinlioğlu nicht ermitteln, der mit der Publikation
der Inschriften dieses Museums beschäftigt ist. Bei einigen hat er
eine andere als die sullanische Ära vorgeschlagen, weil sie von der
Schrift her später seien, als es eine Datierung nach der Ära ab

10 Chr.Naour, ZPE 44,1981,20 n.36.
11 Siehe unten S. 325ff.
12 E.Legrand - J.Chamonard, BCH 17,1893,266 Nr.51 = Ramsay,
Cities 656 Nr.590; Le Bas - Waddington 722 = CIG 3865k = IGR IV
629; E.Legrand - J.Chamonard, BCH 17,1893,263 Nr.48 = Ramsay,
Cities 653 Nr.564 = L.Robert, Hellenica 10,1955,253.
13 L.Robert, Hellenica 10,1955,252 mit n.11. 253 mit n.1. 255f.
14 MAMA VI 335a. Dies soll auch für die Inschrift Keil -
Premerstein II 140 Nr.264 gelten.
15 Keil - Premerstein II 141 Nr.266.
16 Vgl. S.Reinach, REG 3,1890,65 Nr.12.
17 S.Reinach, REG 3,1890,65 Nr.12.
18 Le Bas - Waddington 718; CIG 3865i.
19 Waelkens Nr.412.
20 Zu den Fehlern, die Callier machte, vgl. Th.Drew-Bear,
Chiron 9,1979,293 n.89.
21 Z.B. van Straten 138 Nr.47,4-5; P.Herrmann - E.Varin-
lioğlu, EA 3, 1984,1ff.; E.Varinlioğlu, EA 13,1989,17 Nr.1. 23
Nr.9. 36. 40ff. und EA 15,1990,73 Nr.22. 74 Nr.23. 90 Nr.41. 93
Nr.44. 95 Nr.46. 99 Nr.50. Vgl. zum Transport von Steinen nach
Uşak, der noch heutzutage festzustellen ist, Th.Drew-Bear,
Chiron 9,1979,284 n.44.

85/4 v.Chr. zulasse[22]. Somit können die im Museum Uşak aufbewahrten Inschriften für die Bestimmung der in Temenothyrai
geltenden Zeitrechnung nicht weiterhelfen.

Von den in früheren Jahren in Uşak gesehenen Inschriften mit
Äradatierung, die publiziert wurden, bleiben nur zwei übrig, die
nicht einer anderen Stadt zugewiesen werden konnten und
einigermaßen sicher gelesen wurden. Es ist dies einmal ein
Grabepigramm, das Keil – Premerstein aufnahmen[23]. Hinter dem
Epigramm stand die Jahreszahl 199. Die zweite Inschrift ist die von
Cousin 1905 publizierte Inschrift, die ins Jahr 91 datiert war[24].
Diese Inschrift sah schon Kubitschek 1893 in Uşak[25] und dann
wieder Keil und von Premerstein im Jahre 1908[26]. Man fragt sich
aber, ob nicht auch diese Inschriften – und, falls sie existiert
hat, die von Callier in Uşak aufgenommene – aus einer der
Nachbarstädte herbeigebracht worden sind und ob in Temenothyrai
überhaupt jemals Inschriften nach einer Ära datiert wurden.

Temenothyrai liegt im phrygisch-lydischen Grenzgebiet[27].
Östlich von Temenothyrai galt in Traianopolis die sullanische Ära,
westlich bei Aktaş ist die aktische Ära nachzuweisen[28]. So läßt
sich aus der geographischen Lage nicht auf die Art der Ära
schließen, falls diese Form der Jahresbezeichnung in Temenothyrai
verwendet wurde. Der Türstein des Jahres 363 spricht gegen die
aktische[29] und für die sullanische Ära[30]. Denn auf diesem wurde
die sullanische Zeitrechnung von einer Familie verwendet, die aus
Temenothyrai stammte, auch wenn der Stein aus einer anderen
Region gekommen sein könnte[31]. Mehrfach schon war festzustellen,
daß der Auftraggeber einer Inschrift über die Art der Datierung

22 E.Varinlioğlu, EA 13,1989,19 Nr.4. 20 Nr.5. 30 Nr.16. Siehe
oben S.254.
23 Keil – Premerstein II 136 Nr.252. Das eigentliche Epigramm
auch bei W.Peek, Griechische Vers-Inschriften I, Berlin 1955,
Nr.1272. Vgl. dazu auch Th.Drew-Bear, Chiron 9,1979,300, der
von der Herkunft des Steines aus Temenothyrai ausgeht.
24 G.Cousin, Kyros le Jeune en Asie Mineure, Paris 1905,432.
25 Kubitschek, Skizzenbuch VI (1893), S.15 in der Kleinasien-
Kommission Wien.
26 Keil – v.Premerstein, Skizzenbuch XI (1908), S.58 in der
Kleinasien-Kommission Wien.
27 Vgl. Th.Drew-Bear, Chiron 9,1979,275-279. Die Region
gehörte zum conventus von Sardeis; vgl. Chr.Habicht, JRS 65,
1975,77.
28 Siehe unten S.258ff. und S.323ff.
29 Für die aktische Ära traten ein Keil – Premerstein II 137 und
P.Herrmann, Chiron 2,1972,528 mit Anm.32, allerdings zu einer
Zeit, als man Temenothyrai noch bei Aktaş suchte.
30 Z.B. Gibson, Christians 108; Waelkens 198. Bevorzugt auch
von Th.Drew-Bear, Chiron 9,1979,292 n.86, aber mit dem Argument, daß auch die anderen Städte dieser Gegend die sullanische
Ära verwendeten.
31 Vgl. Waelkens, Actes Constantza 120; Waelkens Nr.488.

entschieden hat[32]. Da in der Region von Afyon die Äradatierung nicht verbreitet war, dürfte auch bei dieser Grabinschrift, falls sie, wie Waelkens glaubt, von dort stammt, der Grabherr für die Jahresrechnung verantwortlich sein. Dieser Türstein, der auf einem phrygischen Grab stand, war nach allgemeiner Einschätzung entsprechend der sullanischen Ära datiert. Die sullanische Ära ergibt das Jahr 278/9 n.Chr. Waelkens hat die Stengelranke, die das Türgesims schmückt, mit einer entsprechenden Verzierung verglichen, die auf einem Säulensarkophag der Werkstatt Dokimeion aus der Zeit um 255–260 n.Chr. vorkommt[33]. Auch der Türstein stammt offensichtlich aus dieser Werkstatt. Die aktische Ära wäre ebenso wie die pharsalische viel zu spät für unsere Inschrift des Jahres 363. Wenn überhaupt eine Ära in Temenothyrai verwendet worden ist, spricht das vorliegende Material für die sullanische.

Traianopolis

Von den Inschriften, die bei Le Bas – Waddington und in den IGR unter Traianopolis aufgeführt werden[1], bleiben nur drei mit Jahreszahlen datierte übrig, die tatsächlich aus dieser phrygischen Stadt kommen. Die Verwirrung[2] ist zum einen darauf zurückzuführen, daß Le Bas und Waddington Uşak mit Traianopolis identifizierten und die in Uşak aufgenommenen Inschriften unter Traianopolis einordneten[3]. Zum anderen hatte Franz, nachdem er zu der Inschrift CIG III 3865b als Fundort Tschorekköi (Çarıkköy, später mit Traianopolis identifiziert) angegeben hatte, die folgenden Nummern 3865c–3865q mit "ibidem" und "ibidem in vicinia" eingeleitet, ohne auf den genauen Fundort zu achten[4]. So ist ein Großteil der Traianopolis zugeschriebenen Inschriften tatsächlich in Uşak gefunden worden und muß anderen Städten zugewiesen werden[5].

---

32 Siehe z.B. in Amastris oben S.163, in Aizanoi oben S.242 oder in Kadoi oben S.254.

33 M.Waelkens, Dokimeion. Die Werkstatt der repräsentativen kleinasiatischen Sarkophage, Berlin 1982,120 zu Nr.58.

1 Le Bas – Waddington 713ff.1676f.; IGR IV 623ff. Vgl. auch v.Aulock, Phrygien II 22f.

2 Z.B. bei W.Ruge, RE VI A 2,1937,2086f.

3 Ebenso Ramsay, Cities 558. Vgl. dazu L.Robert, Hellenica XI-XII, Paris 1960,282.283 mit n.2; Th.Drew-Bear, Chiron 9,1979, 281.

4 Vgl. L.Robert, Hellenica XI-XII, Paris 1960,281 und 283 n.2; v.Aulock, Phrygien II 22. Nur CIG 3865b und CIG 3865c = IGR IV 623 und 625 wurden offensichtlich in Çarıkköy aufgenommen, da Buresch 169 sie dort in der Moschee verbaut sah.

5 Zu CIG 3865i = Le Bas – Waddington 718 und CIG 3865k = Le Bas – Waddington 722 = IGR IV 629 siehe unter Akmoneia, zu CIG 3865l = Le Bas – Waddington 727 = IGR IV 630 siehe unter Temenothyrai.

Die Inschriften, die Traianopolis erwähnen, sind in den Dörfern Çarıkköy, Ortaköy und Gâvurören gefunden worden[6], die alle östlich von Uşak jenseits des Çamlı Çay liegen. Dieser Fluß bildete offensichtlich die Grenze zwischen dem Territorium von Temenothyrai und dem Stamm der Grimenothyriten mit den Städten Traianopolis und Grimenothyrai[7]. Wahrscheinlich ist die Ruinenstätte bei Gâvurören mit der Stadt Grimenothyrai identisch, während Traianopolis bei Çarıkköy und Ortaköy lag[8].

Die erste datierte Inschrift der Traianopoliten aus dem Jahre 204 ehrt den Kaiser Hadrianus[9]. Damit ist hier die sullanische Ära gesichert. Diese trifft auch für die Inschrift des Jahres 251 zu, die für Marcus Aurelius und Lucius Verus gesetzt wurde[10]. Das Jahr 166/7 n.Chr., das sich nach der sullanischen Ära ergibt, paßt genau in die gemeinsame Regierungszeit beider Herrscher. Marcus Aurelius führt in der Inschrift die Siegesbeinamen Armeniacus und Parthicus, Lucius Verus die Namen Armeniacus und Medicus. Damit muß die Inschrift nach der Mitte des Jahres 166 n.Chr. gesetzt sein[11].

Ein Problem stellt die dritte ins Jahr 282 datierte Inschrift dar, eine Ehreninschrift für einen Kaiser, bei der der Name aber getilgt ist[12]. Von Namen und Titulatur war nur noch Αὐτοκράτ[ορα... Σεβασ]τὸν γῆς καὶ θαλά[σ]σης δεσπότην zu entziffern. Nach der sullanischen Ära würde die Inschrift in das Jahr 197/8 n.Chr. gehören, also in die Regierungszeit des Septimius Severus. Dieser Kaiser ist aber nie der damnatio memoriae verfallen, so daß sein Name allgemein getilgt worden wäre[13]. Buresch hatte deshalb den Kaiser Commodus für den Addressaten der Ehrung gehalten[14]. Dagegen wandte sich aber Körte, da Commodus zum Zeitpunkt der Aufstellung der Inschrift unter Septimius Severus konsekriert worden war[15], er demnach als Divus bzw. Theos bezeichnet worden sein müßte[16]. Körte schlug deshalb vor, daß in dieser Inschrift die aktische Ära verwendet worden ist, die ins Jahr

6   Buresch 168f. Vgl. L.Robert, Hellenica XI-XII, Paris 1960,282 n.6;   Th.Drew-Bear,   Chiron   9,1979,281   mit   n.27;   v.Aulock, Phrygien II 22; TIB 7,407.
7   So Th.Drew-Bear, Chiron 9,1979,281.
8   So W.Ruge,   RE   VI   A   2,1937,2087   s.v.   Traianopolis   2; v.Aulock, Phrygien II 21f.; Waelkens 144; TIB 7,407.
9   Ramsay, Cities 611 Nr.515; IGR IV 623. Vgl. auch Th.Drew-Bear, Chiron 9,1979,281.
10   Ramsay, Cities 612 Nr.516; IGR IV 625.
11   Vgl. Kienast 139 und 144.
12   A.Körte,   Inscriptiones   Bureschianae,   Wissenschaftliche Beilage der Universität Greifswald 1902,33 Nr.60; IGR IV 626.
13   So A.Körte, loc.cit. 33f.
14   Buresch 169.
15   Vgl. Kienast 148.
16   A.Körte,   loc.cit.   33f.   Vgl.   auch   W.Ruge,   RE   VI   A   2, 1937,2085f.

251/2 n.Chr. führt[17]. Dieses Jahr fällt in die Regierungszeit des Trebonianus Gallus, der tatsächlich nach seinem Tode der damnatio memoriae verfallen ist[18]. Gegen die Annahme der aktischen Ära und den Bezug der Inschrift auf Trebonianus Gallus hat sich Ruge gewandt[19]. Den Wechsel von der sullanischen Ära zur aktischen Ära am Ende des 2.Jh. bzw. im 3.Jh.n.Chr. hält er für unwahrscheinlich, ebenso die Errichtung einer Statue in Traianopolis für Trebonianus Gallus, der nie im Osten war.

Es wäre tatsächlich ein Sonderfall, wenn im 2.Jh.n.Chr. die sullanische, im 3.Jh.n.Chr. aber die aktische Ära in der gleichen Stadt verwendet worden wäre. Hinzu kommt, daß die Bezeichnung γῆς καὶ θαλάσσης δεσπότης für Septimius Severus mehrfach bezeugt ist[20], nicht aber für Trebonianus Gallus, für den Ehreninschriften im Osten selten sind[21]. Keiner der fünf in der Inschrift genannten Bürger trägt den Aureliernamen. Auch dies deutet auf die Zeit vor der Constitutio Antoniniana. So kommt eher die Zeit des Septimius Severus für die Aufstellung der Inschrift in Frage. Wenn die Abschrift der Inschrift durch Buresch stimmt[22], gehört sie eher nach der sullanischen Ära ins Jahr 197/8 n.Chr. als nach der aktischen Ära ins Jahr 251/2 n.Chr., und der Name des Septimius Severus ist "durch einen nicht mehr erkennbaren Grund"[23] getilgt worden.

Kabala und Blaundos

Im Grenzgebiet zwischen Lydien und Phrygien südlich und südwestlich von Uşak (=Temenothyrai) sind vier mit Jahreszahlen datierte Inschriften gefunden worden. Aus Elmacık, 15 km südlich von Uşak, kommt die Inschrift auf einem Altar, der von einem Metrophanes in der Καυαληνῶν κατοικία für den Kaiser Hadrianus errichtet wurde[1]. Die Inschrift ist ins Jahr 215 datiert. Dies muß nach der sullanischen Ära in 130/1 n.Chr. umgerechnet werden. Le Bas – Waddington wiesen die Inschrift Traianopolis

17 Diese Datierung übernommen z.B. in IGR IV 626, von Magie II 1289f. n.37 und R.Hanslik, RE VIII A 2,1958,1989 s.v. Vibius 58.

18 Vgl. Kienast 207.

19 W.Ruge, RE VI A 2,1937,2086.

20 Z.B. in Dokimeion: IGR IV 611, in Lykaonien: IGR III 239, in Balbura: IGR III 468, in Palmyra: IGR III 1533. Vgl. auch W.Ruge, RE VI A 2,1937,2086.

21 Z.B. IGR IV 1487 aus Hyrkaneis; SEG 11,122 aus Korinth.

22 Von A.Körte, Inscriptiones Bureschianae, Greifswald 1902,34 wird auch die Möglichkeit eines Fehlers in der Abschrift von Buresch in Betracht gezogen.

23 W.Ruge, RE VI A 2,1937,2086.

1 Le Bas – Waddington 1676; IGR IV 624. Vgl. dazu Buresch 166; Bürchner, RE X 2,1919,1394 s.v. Kabala; TIB 7,284.

zu[2], weil sie diese antike Stadt in Uşak lokalisieren wollten.
Buresch hingegen, der davon ausging, daß Uşak mit Temenothyrai
identisch ist, sah in der Katoikie Kavala eine Siedlung im
Territorium von Temenothyrai[3]. Kavala oder Kabala[4] war aber
schon in flavischer Zeit eine eigenständige Gemeinde, da sie in der
von Habicht publizierten Liste der Gemeinden Asias als Mitglied des
conventus von Sardeis genannt wird[5].

Weiter südwestlich an der antiken Straße von Philadelpheia nach
Akmoneia[6] wurde bei Inay (Ine) eine Inschrift gefunden, die für
die Berechnung der sullanischen Ära wichtig geworden ist. Unter
den Consuln Domitianus zum 14.Mal und L.Minucius Rufus
errichteten unter anderem die ἐν Νάει κατοικοῦντες Ῥωμαῖοι
diese nur fragmentarisch erhaltene Inschrift[7]. Da hinter den an
diesem Ort lebenden Römern wohl auch die dortigen Griechen
genannt waren, wurde die Inschrift außer in römischer Form nach
den Consuln auf lokale Art und Weise ins Jahr 172 datiert. Der
14.Consulat des Domitianus und der des Rufus sind mit dem Jahr
88 n.Chr. gleichzusetzen. Das heißt aber, daß die hier gültige Ära
ab 85/4 v.Chr. gerechnet worden sein muß.

Die Ortschaft Nais oder Naeis[8] lag in der Nähe von Blaundos,
das bei Sülümenli lokalisiert wurde[9], und gehörte wohl zu ihrem
Territorium[10]. Denn nordwestlich nicht weit von Inay, in Irgat bei
Kışlaköy, wo Buresch die in römischer Zeit bedeutungslos
gewordene Stadt Klannudda ansetzte[11], wurde eine weitere datierte
Inschrift gefunden, die offensichtlich zu Blaundos gehörte, aber
möglicherweise auch von dort verschleppt worden war[12]. Diese

---

2 Ebenso Lafaye, IGR IV 624.
3 Buresch 166f.
4 Vgl. L.Zgusta, Kleinasiatische Ortsnamen, Heidelberg 1984,
207, wo aber irrtümlich der Fundort der Inschrift mit südlich von
Philadelpheia angegeben ist.
5 Chr.Habicht, JRS 65,1975,76 Nr.26.
6 Vgl. TIB 7,151.
7 W.M.Ramsay, JHS 4,1883,432 Nr.42; Ramsay, Cities 610
Nr.511; IGR IV 713. Vgl. W.Kubitschek, AEM 13,1890,89f.;
Kaestner 41; Chapot 384; Buresch 122. 203 und oben S.216.
8 Zu Nais vgl. Ramsay, Cities 587f.; Buresch 203; Keil -
Premerstein II 145; J.Keil, RE XVI 2,1935,1587 s.v. Nais 5;
L.Zgusta, Kleinasiatische Ortsnamen, Heidelberg 1984,418. - Der
Ort ist in der Karte zu TAM V 1 von Herrmann und Rösinger nicht
bei Inay, sondern nördlich davon bei Kışlaköy eingezeichnet.
9 Vgl. Ramsay, Cities 591; Buresch 203f.; Keil - Premerstein II
144ff.; Magie II 1001 n.37; Chr.Habicht, JRS 65,1975,76 Nr.25;
Drew-Bear, Phrygie 56.
10 Ramsay, Cities 588 n.1 glaubte, daß sie entweder zu
Blaundos oder Klannudda zu rechnen sei.
11 Buresch 202f. Vgl. Keil - Premerstein III 50.
12 Buresch 119f. Nr.58 mit unvollständigem Text; Keil -
Premerstein III 51 Nr.59.

Grabinschrift aus dem Jahre 272 sieht bei Grabfrevel Strafzahlungen an die Stadt Blaundos vor. Die Jahreszahl ist entsprechend der Inschrift aus Inay nach der sullanischen Ära
umzurechnen, gehört also ins Jahr 187/8 n.Chr. Nach Keil - Premerstein sprechen für diese Datierung auch die Schriftformen[13]. In
Beyşehir, heute wohl Çizikdam[14], nördlich von Inay, entdeckten
Keil - Premerstein[15] eine weitere Inschrift mit Äradatierung, von
der aber nur die Hunderterziffer Rho erhalten war. Sie vermuteten
dort Mysotimolos oder Klannudda[16]. Da Mysotimolos aber wohl
zwischen Kogamostal und Blaundos zu suchen ist[17], dürfte auch
dieser Fundort zum Territorium von Blaundos gehören.

In Blaundos galt also mit großer Wahrscheinlichkeit die
sullanische Ära. Im Heiligtum des Apollon Lairbenos am mittleren
Mäander war die Inschrift einer Olympias, die gleichzeitig Bürgerin
von Blaundos und Motella war, ebenfalls nach der sullanischen Ära
datiert[18], nach der in beiden Städten üblichen Jahresrechnung.

Alia

Die Lage der phrygischen Stadt Alia bei Kozviran (Kozören)
östlich des Murat Dağı und ihre Unterscheidung von der gleichnamigen Katoikie bei Aizanoi wurden von Drew-Bear geklärt[1]. Aus
der Region, die zum Territorium von Alia gehörte, ist zumindest
eine Inschrift bekannt, die nach einer Ära datiert ist. Es handelt
sich um eine Grabstele mit der Jahreszahl 390, die von Drew-Bear
in Kozviran gefunden und publiziert wurde[2]. In der Inschrift wird
ein Buleute von Alia genannt. Drew-Bear rechnete die Jahreszahl
nach der sullanischen Ära um, mit der man ins Jahr 305/6 n.Chr.
kommt. Die aktische Ära, die in die zweite Hälfte des 4.Jh.n.Chr.
führen würde, wäre sicher zu spät für die Stele. Das Territorium
von Alia lag zwischen der Ebene von Banaz, die in diesem Teil zum
Gebiet von Akmoneia gehörte, und dem oberen Tembristal. In
beiden Räumen ist die sullanische Ära nachweisbar[3], die
wahrscheinlich auch in Alia verwendet wurde.

Wenn der Türstein im Museum Kütahya, der von Waelkens
publiziert wurde[4], tatsächlich aus dem Territorium von Alia

13 Keil - Premerstein III 51. Auch Buresch 120 zieht das
2.Jh.n.Chr. für die Inschrift vor.
14 Vgl. zu diesem Ort TIB 7,225.
15 Keil - Premerstein III 51 Nr.58.
16 Keil - Premerstein III 49f.
17 Vgl. Chr.Habicht, JRS 65,1975,76 Nr.24.
18 MAMA IV 275 B, I. Siehe unten S. 278.
1 Th.Drew-Bear, ANRW II 7,2,1980,932ff. Vgl. auch Waelkens
155; TIB 7,180f.; D.H.French, EA 17,1991,58ff.
2 Th.Drew-Bear, ANRW II 7,2,1980,945ff.
3 Siehe oben S.246ff. und unten S.263ff.
4 M.Waelkens, Actes Constanza 112 mit n.34 und pl.IV fig.1 =
SEG 29,1396 = Waelkens Nr.394.

stammt[5], unterstützt die Jahreszahl 308 auf diesem Stein die Annahme der sullanischen Ära in Alia. Das Jahr 223/4 n.Chr. paßt zum Architekturschmuck der Stele. Denn der stilistisch eng verbundene Türstein Nr.398 bei Waelkens zeigt eine Frau mit einer Frisur, wie sie die Damen im Kaiserhaus zur Zeit des Elagabal getragen haben[6]. Ein weiterer Türstein, der in Haşanköy wohl auf dem Territorium von Akmoneia gefunden wurde[7], kommt nach Waelkens[8] aus der Region von Dumlupınar, die zu Alia gehört haben dürfte. Wenn die Lesung als Jahreszahl 305 in der Inschrift korrekt ist, könnte auch hier die sullanische Ära angewendet worden sein. Hingegen sind die Weihungen an die Gottheit mit dem Beinamen Aliane, die in Kula gefunden wurden[9], wohl nicht mit der Stadt Alia zu verbinden[10].

Akmoneia

Die phrygische Stadt Akmoneia und ihr Territorium in der Ebene von Banaz[1] liefern mehrere Inschriften mit Äradatierung. Die Ruinen der Stadt wurden vielfach als Steinbruch ausgebeutet, so daß eine Reihe von Inschriftensteinen aus Akmoneia verschleppt sind. Ein Teil ist über die Stadt Uşak in Museen und in den Handel gelangt[2]. Einer der datierten Grabsteine, die im Territorium von Eumeneia gefunden wurden, hat Drew-Bear[3] mit überzeugenden Argumenten Akmoneia zugewiesen, viele weitere, die vom Schmuck her zu einer homogenen Gruppe gehören, aber an unterschiedlichen Plätzen entdeckt worden sind, hat Robert mit

5 Dafür spricht, daß der Typ des Türsteines dem in Kozviran gefundenen entspricht; vgl. Waelkens 156.
6 Waelkens 156 und 159 Nr.398.
7 MAMA VI 321; Waelkens Nr.401.
8 Waelkens 156.
9 TAM V 1,257 und 258.
10 Vgl. Th.Drew-Bear, ANRW II 7,2,1980,941. Die Inschriften werden unter Kula und der Katakekaumene behandelt; siehe unten S.330 mit Anm.4.
1 Zur Lage von Akmoneia vgl. MAMA VI p.XVII; L.Robert, Hellenica X, Paris 1955,252; L.Robert, JS 1975,153ff. mit n.1; Chr.Habicht, JRS 65,1975,85; Drew-Bear, Phrygie 12; Th.Drew-Bear, ANRW II 7,2,1980,933 n.3. 938 mit n.17. - Zum Territorium von Akmoneia vgl. L.Robert, JS 1975,174ff.; Th.Drew-Bear, GRBS 17,1976,247ff.; Th.Drew-Bear, ANRW II 7,2,1980,944 mit n.51; Waelkens 161f.; TIB 7,176f.
2 Vgl. W.H.Buckler - W.M.Calder, MAMA VI p.XVII; L.Robert, Hellenica X, Paris 1955,247ff.; L.Robert, JS 1975,156 mit n.7; Drew-Bear, Phrygie 87; Th.Drew-Bear, Chiron 9,1979,284 n.44; Waelkens 163.
3 Drew-Bear, Phrygie 85 Nr.20.

Akmoneia verbunden[4]. Ob der Türstein, der in Hasanköy gefunden wurde und möglicherweise ins Jahr 305 datiert war[5], zu Akmoneia gehörte, ist ungewiß. Nach Waelkens stammen Türsteine dieses Typs aus dem Gebiet von Dumlupınar und gehören entweder zu Siocharax, Aristion oder Alia[6]. Hingegen paßt der in Uşak gesehene Türstein mit der Jahreszahl 283[7], der nach Angaben der Einheimischen aus Akmoneia herbeigeschleppt worden ist, auch vom Typ her zu den Steinen aus Akmoneia.

Die erste mit einer Jahreszahl datierte Inschrift aus Akmoneia liefert den entscheidenden Hinweis auf die Art der dort geltenden Ära. Am Ende weist sie folgende Datierung auf[8]: πρὸ τριῶν Νωνῶν Μαρτίων [Αὐτοκράτορι Δομι] τιανῷ Καίσαρι Σεβαστῷ Γερμανικῷ τῷ αι', [ἔτους ρξ]θ', μηνὸς Ξανδικοῦ τρισκαι-[δεκάτου (Z.31ff.). Die Ergänzung der Jahreszahl 169 ist sicher, weil der elfte Consulat des Domitianus in das Jahr 85 n.Chr. fällt[9]. Wenn man allerdings τῷ αι' als tribunicia potestas XI verstehen würde, womit man in das Jahr 91/2 n.Chr. käme, ließe sich auch die pharsalische Ära annehmen und die Ergänzung der Jahreszahl zu 139. Doch ist es wahrscheinlicher, daß in einer solchen zweifachen Datierung nach römischer und nach lokaler Art und Weise der Consulat angegeben wurde. Zudem beweist das Namenmaterial in den Inschriften Akmoneias, daß dort die sullanische Ära üblich war. Ab dem Jahre 305 (sull.=220/1 n.Chr.) erscheint in fast allen Inschriften aus Akmoneia ein Aurelier[10]. Damit ist es klar, daß in der oben erwähnten Inschrift der elfte Consulat des Domitianus angegeben war.

4 L.Robert, Hellenica X, Paris 1955,247ff. Vgl. auch C. Vermeule, in: Mélanges Mansel I, Ankara 1974,124. - Die Inschrift Keil - Premerstein II 140 Nr.264, bei der nur die Hunderterziffer Tau erhalten ist, dürfte ebenfalls aus Akmoneia stammen.

5 MAMA VI 321; Waelkens Nr.401. Die Buchstaben τε könnten aber auch zur Formel χέρετε gehören und damit keine Jahreszahl angeben.

6 Waelkens 156.

7 Le Bas - Waddington 718; CIG 3865i; Waelkens Nr.412.

8 W.M.Ramsay, REA 3,1901,277f. mit falscher Datierung; V.Chapot, REA 4,1902,79ff. und W.M.Ramsay, ibid. 267ff.; IGR IV 661; F.Cumont, Catalogue des sculptures et inscriptions antiques (Monuments lapidaires) des Musées royaux du Cinquantenaire, Brüssel ²1913, Nr.133; SEG 13,542; SEG 15,803; M.McCrum - A.G.Woodhead, Select Documents of the Principates of the Flavian Emperors, Cambridge 1961, Nr.500. Eine vollständigere Lesung des Datums nach Überprüfung des Steines bei U.Laffi, SCO 16,1967,80 mit n.155.

9 Vgl. zur Datierung V.Chapot, REA 4,1902,82f.; W.M.Ramsay, REA 4,1902,269; Fr.Cumont, op.cit. 154; U.Laffi, SCO 16,1967,80.

10 Die von Gibson, Christians Nr.32 = SEG 28,1082 ins Jahr 381 (=296/7 n.Chr.) datierte Inschrift mit dem Namen Aurelia gehört nach der Korrektur von K.J.Rigsby, BASP 18,1981,93 ins Jahr 338 (=253/4 n.Chr.).

Durch das genaue Datum in dieser Inschrift des Jahres 169 läßt sich nachweisen, daß die sullanische Ära ab Herbst 85 v.Chr. zu berechnen ist. Der erwähnte Monat Xandikos ist der sechste Monat des makedonischen Kalenders. Sein 13.Tag entsprach dem 5.März des iulianischen Kalenders. Das heißt, der sechste Monat des lokalen Kalenders begann im Jahre 85 n.Chr. am 21.Februar. Rechnet man entsprechend 5 Monate zurück, wobei man die unterschiedliche Länge der Monate berücksichtigen muß, kommt man genau auf den 23.September als Neujahr des lokalen Jahres 169 (=84/5 n.Chr.). Dies ist der Geburtstag des Augustus und seit der Kalenderreform des Jahres 9 v.Chr. der Jahresanfang des offiziellen Kalenders von Asia.

Die höchste Jahreszahl in den bekannten Inschriften aus Akmoneia ist 574[11]. Dies entspricht 489/90 n.Chr. Diese späte Datierung nach der sullanischen Ära ist für Phrygien nicht ungewöhnlich, da sich gerade dort die sullanische Ära sehr lange gehalten hat[12].

Sebaste

Die phrygische Stadt Sebaste, die schon seit langem in Selçikler zwischen Eumeneia und Akmoneia lokalisiert wurde[1], besaß ein ausgedehntes Territorium[2], das sich nach Nordwesten bis jenseits des antiken Sindros nach Kırka und Kabaklar (Tabaklar) erstreckte. In Kabaklar wurde nämlich eine Inschrift der Katoikie Dioskome gefunden, die diese als zur Polis Sebaste gehörig bezeichnet[3]. Diese Inschrift ist dem Kaiser Philippus Arabs und seinem Hause gewidmet. Somit kann sie nur zwischen 244 und 249 n.Chr. entstanden sein. Die lokale Jahreszahl 330, mit der die Inschrift datiert ist, zeigt, daß in Dioskome die sullanische Ära galt. Das Jahr 330 ist danach in 245/6 n.Chr. umzurechnen. Entsprechend sind auch die beiden anderen Inschriften der Jahre 254 und 279 aus dem Gebiet von Dioskome, die in Kırka gefunden wurden[4], nach der sullanischen Ära in die Jahre 169/70 und 194/5 n.Chr. zu datieren.

---

11 MAMA VI 337.
12 Vgl. z.B. MAMA IV 322. VI 238; Ramsay, Cities 233 Nr.82; Le Bas - Waddington 980; Drew-Bear, Phrygie 111 Nr.50.
1 Vgl. Buresch 170f.; Ramsay, Cities 581ff.; W.Ruge, RE II A 2,1921,951 s.v. Sebaste 1; Chr.Habicht, JRS 65,1975,85f.; L.Robert, JS 1975,155; Waelkens 180; TIB 7,376f.
2 Vgl. dazu Ramsay, Cities 582ff.; TIB 7,234.
3 Ramsay, Cities 608 Nr.498; IGR IV 635. Bei Chr.Habicht, JRS 65, 1975,66 irrtümlich ins Jahr 345/6 statt ins Jahr 245/6 n.Chr. datiert. Vgl. jetzt die Korrektur zur Ergänzung Ramsays durch P.J.Sijpesteijn, ZPE 91,1992,99f.
4 Ramsay, Cities 609 Nr.506 = L.Robert, Hellenica III, Paris 1946,60 n.3 mit pl.III A = Lane, Men I 57 Nr.87; Ramsay, Cities 610 Nr.508.

Daß in der Polis Sebaste selbst schon im 1.Jh.n.Chr. die
sullanische Ära zur Datierung verwendet wurde, wird durch zwei
Inschriften deutlich, die jeweils ein Gebet für den Sieg eines
römischen Kaisers enthalten. Die erste ist ins Jahr 173 datiert[5]
und bezieht sich auf Kaiser Domitianus, der hier den Beinamen
Germanicus trägt. Diesen führte Domitianus seit 83 n.Chr.[6]. Das
lokale Jahr 173 entspricht nach der sullanischen Ära 88/9 n.Chr.
Im Jahre 89 n.Chr. feierte Domitianus die Niederwerfung des
Saturninusaufstandes und am Ende des Jahres den Triumph über
Daker und Germanen. Ein Gebet für den Sieg des Kaisers ist in
dieser Zeit verständlich. Die zweite Inschrift[7] wurde für den
Imperator Nerva Traianus Caesar Augustus Germanicus Dacicus im
lokalen Jahre 188 errichtet. Die Titulatur Trajans weist auf die
Zeit nach dem Herbst 102 n.Chr.[8]. Nach der sullanischen Ära
gehört die Inschrift ins Jahr 103/4 n.Chr., ein Jahr nach dem
ersten Triumph des Kaisers über die Daker[9].

Auch das Namenmaterial unterstützt die Annahme, daß in
Sebaste die sullanischen Ära üblich war. Ab dem Jahre 301 (=216/7
n.Chr.) weisen die Inschriften den Aureliernamen auf. Noch bis
Ende des 4.Jh.n.Chr. wurden Inschriften in Sebaste nach der
sullanischen Ära datiert[10]. Die Lesung der Jahreszahl 437 auf der
Inschrift CIG 3827c ist zwar unsicher. Sie lautet nach Franz und
nach Le Bas – Waddington[11] 437, nach Ramsay[12] 337. Doch ist das
lokale Jahr 435 nicht zu spät für die Verwendung der sullanischen
Ära in Sebaste. Zu dieser Zeit, im lokalen Jahr 435, ist auch eine
christliche Inschrift in einen Türstein eingehauen worden. Der
Stein, den Drew-Bear[13] in Menteş auf dem Territorium von
Eumeneia kopierte, stammt wahrscheinlich aus dem Gebiet von
Sebaste, wie Waelkens aus dem Typ ermittelt hat[14]. Diese Grabtür
ist zwar nach der Datierung Waelkens schon in severischer Zeit
entstanden. Die christliche Inschrift ist aber in zweiter
Verwendung des Steines wohl noch in Sebaste eingemeißelt worden.
Denn nach Drew-Bear gelangte der Stein erst in moderner Zeit in
das Gebiet des ehemaligen Eumeneia. Die Grabinschrift mit der
Jahreszahl 472 (=387/8 n.Chr.) scheint aber mit einiger Sicherheit

---

5   Ramsay, Cities 601 Nr.474; IGR IV 684.
6   Vgl. Kienast 117.
7   A.R.R.Sheppard, AS 31,1981,19f. = Année épigr.1983,923 =
SEG 31,1124.
8   Vgl. Kienast 123.
9   Vgl. Kienast 122.
10   Siehe die Inschriften Drew-Bear, Phrygie 110 Nr.49 = SEG
28,1129 = Waelkens Nr.455; Le Bas – Waddington 735 = CIG 3872c;
Le Bas – Waddington 737 = Ramsay, Cities 560 Nr.452 = JRS 16,
1926,92 Nr.224 = SEG 6,186.
11   CIG 3872c; Le Bas – Waddington 735.
12   Ramsay, Cities 560 Nr.448.
13   Drew-Bear, Phrygie 110 Nr.49.
14   Waelkens Nr.455. Schon Drew-Bear, Phrygie 110ff. hatte
festgestellt, daß der Stein nicht aus Eumeneia kommt, sondern aus
der Provinz Uşak stammen muß.

in Sebaste entstanden zu sein[15]. Somit haben wir in dieser Stadt Phrygiens über 300 Jahre hinweg Zeugnisse für die Verwendung der sullanischen Ära.

Diokleia

Diokleia, das bei Ahırhisar lokalisiert wurde[1] und zum Stammesgebiet der Moxeanoi gehörte, erhielt spät, wohl gegen Ende des 2.Jh.n.Chr., Stadtrechte[2]. Münzen von Diokleia wurden erst unter Elagabal geprägt[3]. Wie weit sich das Territorium der Stadt erstreckte, läßt sich wohl nicht ermitteln, solange die Lage der zweiten Stadt im Gebiet der Moxeanoi, Siocharax, nicht feststeht[4].

Die Türsteine mit den Jahreszahlen 278 und 280[5], die in Hocalar[6], etwa 10 km südlich von Ahırhisar gefunden wurden, sind wohl Diokleia zuzuordnen. Nach Waelkens Auffassung gehören sie vom Typ her zu dieser Stadt[7]. Eine Inschrift des Demos Diokleia der Moxeanoi ehrt im Jahre 281 Kaiser Septimius Severus, auf den hier irrtümlich die Siegertitel Sarmaticus, Germanicus und Britannicus des Commodus übertragen wurden[8]. Dieser Synchronismus beweist, daß in Diokleia die sullanische Ära üblich war. Das Jahr 281 entspricht 196/7 n.Chr. Die nächste datierte Inschrift vom Jahre 314 (=229/30 n.Chr.) weist dann schon den Aureliernamen auf[9], ebenso wie die letzte Inschrift aus dem Jahre 342 (=257/8 n. Chr.)[10].

15 Le Bas - Waddington 737; Ramsay, Cities 560 Nr.452; JRS 16,1926,92 Nr.224; SEG 6,186.

1 Zur Lage vgl. Ramsay, Cities 623 und 632; MAMA VI p.XVII-XVIII; W.Ruge, RE XX 1,1941,824; L.Robert, JS 1975,175 mit n.103; Th.Drew-Bear, ANRW II 7,2,1980,938; v.Aulock, Phrygien I 51f.; Waelkens 177; TIB 7,233f.

2 Vgl. Chr.Habicht, JRS 65,1975,86. - Waelkens stellte fest, daß noch im 2.Jh.n.Chr. die Grabstelen aus Akmoneia importiert wurden, bis sich Ende des 2.Jh.n.Chr. in Diokleia eine eigene Werkstätte entwickelte: Waelkens, Actes Constantza 106; Waelkens 155.

3 H.v.Aulock, Phrygien I 53.106f.

4 Vgl. dazu zuletzt Th.Drew-Bear, ANRW II 7,2,1980,937 mit n.12; v.Aulock, Phrygien I 90; Waelkens 155; TIB 7,383f.

5 MAMA VI 354 = Waelkens Nr.447; Waelkens Nr.448.

6 Ramsay, Cities 633 suchte dort Siocharax. Waelkens 177 hingegen nimmt hier die Südgrenze des Territoriums von Diokleia an, weil er Siocharax im Norden der Moxeanoi annimmt (S.155). Nach K.Belke und N.Mersich, TIB 7,275 und 308f. gehörte der Ort zum byzantinischen Bistum Kleroi.

7 Waelkens 177.

8 Ramsay, Cities 660 Nr.615; IGR IV 664.

9 Ramsay, Cities 662 Nr.621.

10 Ramsay, Cities 652 Nr.562; IGR IV 667.

Pentapolis
(Bruzos, Eukarpeia, Hierapolis, Otros, Stektorion)

Aus der Ebene von Sandıklı und ihren Randgebieten wurden sechs Inschriften mit Jahreszahlen bekannt. Die wohl früheste stammt aus Koçhisar[1], wo wahrscheinlich die antike Stadt Hierapolis lag[2]. Wenn die Lesung der Jahreszahl ἔτου[ς ἐν] ὀς καὶ ὀγδοη[κοστ]οῦ korrekt ist, gehört die Inschrift ins lokale Jahr 81. Nach der sullanischen Ära wäre dies 5/4 v.Chr.[3]. Wir hätten damit eines der frühesten Zeugnisse für die sullanische Zeitrechnung in Phrygien vor uns. Auch die Grabinschrift des Jahres 300 für einen Alexandros, Sohn des Antonius, die in Kelendres (Kılandıras) gefunden wurde[4] und die die berühmte Grabinschrift für den Bischof Aberkios aus Hierapolis nachahmt[5], könnte aus dem Gebiet von Hierapolis stammen, da diese Stadt als Vaterstadt genannt ist. Aber das muß nicht bedeuten, daß Kılandıras auf dem Gebiet des antiken Hierapolis liegt, da an gleicher Stelle eine weitere Inschrift entdeckt wurde, die offensichtlich der Stadt Otros zuzuweisen ist[6]. Das Jahr 300 in der Inschrift wird allgemein nach der sullanischen Ära in 215/6 n.Chr. umgerechnet, ohne daß dies aber zu beweisen wäre[7].

Aus Ürküt südlich von Kılandıras stammt die Grabinschrift mit der Jahreszahl 319, die ein gewisser Zotikos für zwei Frauen namens Domna errichtete[8]. Die Jahreszahl entspricht nach der

1 Ramsay, Cities 699 Nr.631.
2 Zur Lokalisierung vgl. W.Ruge, RE VIII 2,1913,1588 s.v. Hieropolis 1; W.Ruge, RE XVII 2,1942,1887 s.v. Otros; Chr. Habicht, JRS 65,1975,86; Waelkens 185; TIB 7,272f. Zum Namen der Stadt: L.Robert, in: A.Dupont-Sommer - L.Robert, La déesse de Hiérapolis Castabala (Cilicie), Paris 1964,17ff.
3 Ramsay, Cities 699 datierte die Inschrift aus unerfindlichen Gründen in das Jahr 34 v.Chr.
4 Ramsay, Cities 720 Nr.656; IGR IV 694. Vgl. L.Robert, La déesse de Hiérapolis Castabala, Paris 1964,20. - Zum Ortsnamen Kılandıras, Kelend(e)res oder heute Karadirek siehe TIB 7,215.
5 Vgl. dazu H.Strathmann - Th.Klauser, RAC I,1950,12ff. s.v. Aberkios; W.M.Calder, AS 5,1955,25 mit n.4. Zur Aberkios-Inschrift z.B. M.Guarducci, Epigrafia greca IV, Rom 1978,377ff.; M.Guarducci, AncSoc 2,1971,174ff. und 4,1973,271ff.; W.Wischmeyer, JbAC 23,1980, 22ff.; TIB 7,272f.
6 Vgl. Ramsay, Cities 703 Nr.639.
7 Wenn man von der Identität des Bischofs Aberkios mit dem bei Eusebius für 192/3 n.Chr. erwähnten Montanistengegner Avirkios Markellos ausgehen könnte, wäre dies ein terminus post quem für unsere Inschrift. Aber diese Identität wird größtenteils bestritten; vgl. dazu H.Strathmann - Th.Klauser, RAC I,1950,13.16; W.Wischmeyer, JbAC 23, 1980, 26. Ansonsten ging man stets von der Alexandros-Inschrift aus, um die Aberkios-Inschrift zu datieren, und nicht umgekehrt.
8 Ramsay, Cities 702 Nr.636.

sullanischen Ära 234/5 n.Chr. Wenn die beiden Frauen ihren Namen nach dem Vorbild der Iulia Domna erhalten haben, paßt die Datierung des Grabes nach der sullanischen Ära gut. Bei dem in der Nähe gelegenen Karasandıklı ist die antike Stadt Bruzos zu lokalisieren[9], so daß die Inschrift vielleicht Bruzos zuzuweisen ist[10].

Zu welcher antiken Stadt die Inschrift mit der Jahreszahl 342 gehörte[11], die ein wenig südlich von Sandıklı gefunden wurde, ist nicht sicher zu erkennen. Aus Sandıklı selbst kommt die Inschrift eines Beamten der Poleis (Plural!) in der Eukarpitischen Ebene, ohne daß man damit dort Eukarpeia lokalisieren könnte[12]. Der Fundort der datierten Inschrift könnte entweder auf dem Gebiet von Hierapolis oder von Stektorion[13] gelegen haben. Diese Grabinschrift des lokalen Jahres 342 wurde von einem Aurelius Bassus errichtet. Der Aureliername kommt hier zum ersten Mal in einer äradatierten Inschrift der Pentapolis vor. Die sullanische Ära, die die Inschrift in das Jahr 257/8 n.Chr. legt, ist sicherlich passender als die aktische oder pharsalische Ära.

Im Süden der Ebene wurde bei Kusura die Inschrift zweier Söhne namens M.Ulpius Nectarius und M.Ulpius Sabinus für ihren Vater gefunden[14]. Sie ist ins Jahr 205 datiert. Der Name Ulpius bei beiden Söhnen weist darauf hin, daß die Familie das römische Bürgerrecht durch Kaiser Traianus oder über dessen Vater, der 79/8 n.Chr. Statthalter der Provinz war, erhalten hatte[15]. Auch hier ist die sullanische Ära, die die Inschrift in das Jahr 120/1 n.Chr. setzt, ein besseres Datum als die aktische oder die pharsalische Ära, die 174/5 bzw. 157/8 n.Chr. ergeben würden. Diese Inschrift aus Kusura gehörte wohl zur antiken Stadt Stektorion[16], die am Südwestrand der Ebene lag[17].

Eine Inschrift aus Çevrepınar (früher Kilter oder Kirter), nordwestlich der Ebene von Sandıklı gelegen, ist in das Jahr 345 datiert[18]. Da mehrere Aurelii darin genannt werden, muß sie in die Zeit nach der Constitutio Antoniniana gehören. Als Datum ist das Jahr 260/1 n.Chr., das sich nach der sullanischen Ära ergibt, sicher wahrscheinlicher als die Wende vom 3. zum 4.Jh.n.Chr.,

---

9 Vgl. W.Ruge, RE XX 1,1941,821 s.v. Phrygia; W.Ruge, RE XVIII 2,1942,1887 s.v. Otros; Th.Drew-Bear, ANRW II 7,2,1980, 945; Waelkens 185; TIB 7,215.

10 So auch Ramsay, Cities 702.

11 Ramsay, Cities 705 Nr.643.

12 Vgl. Chr.Habicht, JRS 65,1975,83; TIB 7,250f.; Th.Drew-Bear, BCH 115,1991,374.

13 So Ramsay, Cities 705.

14 Ramsay, Cities 705 Nr.645; Waelkens Nr.465.

15 Vgl. Ramsay, Cities 706; Holtheide 89; Waelkens 186.

16 So auch Ramsay, Cities 705; Waelkens 186.

17 Vgl. W.Ruge, RE III A 2,1929,2306 s.v. Stektorion; W.Ruge, RE XVIII 2,1942,1887 s.v. Otros; Chr.Habicht, JRS 65,1975,87; L.Robert, JS 1975,162 n.42; Waelkens 185; TIB 7,389.

18 Ramsay, Cities 718 Nr.652.

wohin man mit der aktischen oder pharsalischen Ära käme. Die
Zuweisung dieser Inschrift aus Çevrepınar an eine antike Gemeinde
ist schwierig. Ramsay[19] hat die Inschrift unter den Moxeanoi
eingeordnet, weil sie angeblich aus Yanıkören[20] südwestlich von
Kilter (Çevrepınar) stamme. Nach Belke und Mersich[21] lagen dort
die Domänen Kleros Orines und Kleros Politikes. Diese Region
könnte noch zum Gebiet der Moxeanoi gehört haben. Wegen der
Nähe des Fundortes zur Sandıklı Ovası ist aber ihre Zugehörigkeit
zu einer der dort gelegenen Städte vorzuziehen. Am nächsten liegt
noch die Ruinenstätte von Emirhisar[22], wo möglicherweise
Eukarpeia war[23]. Sicheres ist aber nicht zu ermitteln. Jedenfalls
zeigt das Namenmaterial in den datierten Inschriften der gesamten
Ebene und ihrer Randgebiete, daß dort die sullanische Ära galt.

Eumeneia und Siblia

Aus der Region um die antike Stadt Eumeneia, die beim
heutigen Işıklı lag[1], sind zahlreiche nach einer Ära datierte
Inschriften bekannt[2]. Da aber die Grenzen des Territoriums von
Eumeneia nicht sicher zu bestimmen sind, ist nicht jede dieser
Inschriften mit Bestimmtheit dieser Polis zuzuweisen. Einige Steine,
die in den Corpora unter Eumeneia aufgenommen wurden, stammen
nicht aus dieser Stadt und ihrem Territorium[3]. Einige andere

19   Ramsay, Cities 718.
20   Zu Yanıkören, wo vielleicht Lysias lag, siehe TIB 7,414f.
21   TIB 7,308f.
22   Vgl. W.Ruge, RE XVIII 2,1942,1887 s.v.Phrygia.
23   So Ramsay, Cities 691f.; Waelkens 185; TIB 7,250f. In Frage
käme auch Otros. Diese Stadt wird aber eher in Çorhisar angenommen; so Robert, Villes 97 (dagegen aber 158f. und L.Robert,
JS 1975,161 mit n.41); v.Aulock, Phrygien I 81; Waelkens 185;
dagegen Chr.Habicht, JRS 65,1975,87 mit Fig.3; Th.Drew-Bear,
ANRW II 7,2,1980,933 n.2; TIB 7,226f.353.
 1   Vgl. Drew-Bear, Phrygie 53ff.112ff.; TIB 7,251f.
 2   In der Inschrift JRS 16,1926,69 Nr.193 ist nur die Hunderterziffer Sigma zu lesen, bei dem Fragment Drew-Bear, Phrygie
104f.Nr.42 = SEG 28,1129 fehlt die gesamte Jahreszahl. In MAMA
IV 334 ist wegen der Buchstabenformen αν[ρ'] (=151) ergänzt
worden.
 3   Z.B. MAMA IV 339.353-357. Der Grabaltar mit Jahresdatierung
Ramsay, Cities 382 Nr.218 = IGR IV 730 = Drew-Bear, Phrygie 84
Nr.20 ist zwar auf dem Territorium von Eumeneia gefunden
worden, stammt aber nach Drew-Bear, Phrygie 85ff. wegen der
charakteristischen Dekoration des Steines und von der Onomastik
her aus Akmoneia. Ebenso ist der Türstein mit der Inschrift des
Jahres 435 wohl nicht Eumeneia zuzuweisen. Der Stein ist aus dem
Gebiet von Sebaste dorthin transportiert worden; so Drew-Bear,
Phrygie 110 Nr.49; Waelkens Nr.455. Man kann aber nicht sicher

Inschriften hingegen, die früher unter Siblia aufgeführt wurden, gehören nach Eumeneia[4].

Eumeneia lag im äußersten Norden der Ebene von Çivril, nördlich des Mäanders. Aus dem Südteil der Ebene, wo Ramsay die Stadt Peltai lokalisieren wollte[5], ist keine Inschrift mit Äradatierung bekannt. Daß der nordwestliche Teil der Ebene zu Eumeneia gehörte, zeigen Grabinschriften aus Yakasimak (Yakacik) südwestlich von Çivril, in denen Bürger Eumeneias genannt sind[6]. Südöstlich von Eumeneia ist die Grenzziehung schwieriger. Ramsay hat die Stadt Siblia beim Dorf Homa etwa 15 km südöstlich von Eumeneia lokalisieren wollen[7]. Die neuere Forschung ist sich einig, daß diese Lokalisierung zu Unrecht erfolgte und daß wir nicht wissen, wo genau Siblia lag[8]. So ist die Grabinschrift aus Homa, die wohl ins Jahr 570 datiert ist[9], wahrscheinlich zu den Inschriften von Eumeneia zu zählen. Grabinschriften aus Sundurlu[10] südlich des Mäanders, die von Bürgern Eumeneias errichtet wurden, zeigen, daß diese Region bis zur Kette des Bozdağ zu Eumeneia gehörte[11]. Eine der dortigen Inschriften ist nach der mehrfach in Eumeneia bezeugten Art und Weise mit Jahres-, Monats- und Tageszahl datiert[12], wobei die genaue Jahreszahl aber nicht mehr zu erkennen ist.

Etwas östlich von Sundurlu und ebenfalls südlich des Mäanders wurde im Dorf Beyköy eine datierte Inschrift gefunden[13], die von Drew-Bear ebenfalls unter Eumeneia eingeordnet wurde. Es ist aber nicht ausgeschlossen, daß sich das Territorium von Siblia bis hierher erstreckte. Das Archiv der Einwohner von Siblia wird in einer ebenfalls mit einer Jahreszahl datierten Inschrift erwähnt, die in der Bahnstation von Evciler zwischen dem Mäandertal und

sein, ob die christliche Inschrift, die wesentlich später eingemeißelt wurde, in Sebaste oder Eumeneia angebracht wurde.

4 So die Inschrift Ramsay, Cities 233 Nr.82.

5 Vgl. Ramsay, Cities 239ff. Dazu TIB 7,357.

6 Ramsay, Cities 383 Nr.219. 519 Nr.359. Dagegen hat sich Ramsay später (Social Basis 77) gegen die Ausdehnung des Territoriums von Eumeneia nach Westen über den Glaukos hinaus ausgesprochen.

7 Ramsay, Cities 220ff. Vgl. v.Aulock, Phrygien I 87ff.

8 W.Ruge, RE II A 2,1923,2071 s.v. Siblia; W.Ruge, RE XX 1, 1941,852f. s.v. Phrygia; Chr.Habicht, JRS 65,1975,85; Drew-Bear, Phrygie 54.64f.105; v.Aulock, Phrygien I 87ff.; TIB 7,382.

9 Legrand – Chamonard, BCH 17,1893,245 Nr.13; Ramsay, Cities 233 Nr.82. Es fehlt vor οφ' aber das sonst übliche ἔτους. Die Jahreszahl allein aber auch in der Inschrift MAMA IV 334.

10 Ramsay, Cities 232 Nr.80 und Drew-Bear, Phrygie 104f. Nr.42 = SEG 28,1129.

11 So Drew-Bear, Phrygie 105.

12 Drew-Bear, Phrygie 104 Nr.42 = SEG 28,1129.

13 Drew-Bear, Phrygie 109 Nr.48 = SEG 28,1144.

dem Acıgöl, dem See von Sanaos, verbaut war[14]. In Evciler selbst wurde eine ins Jahr 299 datierte Inschrift gefunden[15]. Es ist wahrscheinlich, daß beide Inschriften, vielleicht beim Bahnbau, aus Siblia dorthin verschleppt worden sind. Siblia wird wohl nicht allzuweit von Evciler entfernt gelegen sein[16], in der Region, in der der byzantinische Militärbezirk Lampe lokalisiert wird[17].

Daß die sullanische Ära in Eumeneia und wohl auch in Siblia die übliche Jahresrechnung war, wird einmal durch die zahlreichen Aurelier in fast allen Inschriften ab dem Jahre 304 (sull.=219/20 n.Chr.) bewiesen[18]. Auch die Inschrift aus Evciler vom Jahre 299 (sull.=214/5 n.Chr.) nennt eine Aurelia[19]. Zudem ist die letzte unserer Inschriften aus Eumeneia, die aus dem Jahre 648 (sull. =563/4 n.Chr.)[20], mit der Indiktionszahl 12 datiert. Am 1.September[21] 563 n.Chr. begann tatsächlich ein Jahr der 12.Indiktion. In Eumeneia wurde also noch Mitte des 6.Jh.n.Chr. die sullanische Ära verwendet. Es handelt sich hier um eines der spätesten Zeugnisse für diese Form der Jahresdatierung.

Apameia und Sanaos

Das Territorium von Apameia, dem heutigen Dinar, und seine Ausdehnung hat Ramsay ausführlich behandelt[1], aber sicherlich zu weit gefaßt, wenn er noch Takina am Yarışlı-Göl dazu zählte[2]. Dagegen könnte die Ebene von Dombay östlich von Apameia, wo der als Bey-Köy angegebene Fundort zweier datierter Inschriften zu suchen ist, aus geographischen Gründen zu Apameia gehört haben[3]. Nach Ramsay und Anderson[4] ist auch auch die Ebene um den Acıgöl, den See von Sanaos, zum Territorium von Apameia zu

---

14 J.G.C.Anderson, JHS 18,1898,93 Nr.32. Nur die ausge-schriebene Ziffer 10 ist von der Jahreszahl erhalten. Zur Lage des Ortes vgl. TIB 7,253.

15 J.G.C.Anderson, JHS 18,1898,94 Nr.33.

16 So J.G.C.Anderson, JHS 18,1898,93; v.Aulock, Phrygien I 88; TIB 7,253.382.

17 Ramsay, Cities 227f.347; TIB 7,321f.

18 Die Inschrift MAMA IV 338 A = Ramsay, Cities 388 Nr.235, auf der die Jahreszahl [IΔ zu lesen ist, wurde offenbar niemals vollendet und ist fehlerhaft. Wegen des Aureliernamens ist das Jahr wohl in TIΔ =314 (sull.=229/30 n.Chr.) zu verbessern.

19 JHS 18,1898,94 Nr.33.

20 Drew-Bear, Phrygie 111 Nr.50 = SEG 28,1130.

21 Zum Beginn des Indiktionsjahres vgl. Grumel 199; F.Halkin, AB 90,1972,36.

1 Ramsay, Cities 396ff.447ff. Zur Grenze zwischen den Terri-torien von Apameia und Eumeneia vgl. Drew-Bear, Phrygie 104-106.

2 Ramsay, Cities 296. Siehe unten S.287.

3 Vgl.Ramsay, Cities 448f.

4 Ramsay, Cities 230; J.G.C.Anderson, JHS 18,1898,92f.

rechnen. Dagegen wandten sich aber Robert und Drew-Bear[5], die diese Region zum Territorium der Stadt Sanaos zählten. Bei Sarıkavak am Nordrand des Acıgöl ist schon lange Sanaos lokalisiert worden[6]. Dementsprechend dürfte die ins Jahr 263 datierte Inschrift, die südlich von Başmakçı oberhalb des Südostrandes des Sees im Yan Dağ gefunden wurde[7], eher zum Territorium von Sanaos als zu Apameia gehört haben. Nördlich von Sanaos fand man vor einigen Jahren in Çiftlik eine ins Jahr 185 datierte Weihung an den bisher unbekannten Demos der Σεριουαδέων[8]. Ob dies eine selbständige Gemeinde war oder ob dieser Demos zu Sanaos oder gar zu Siblia gehörte, wenn Siblia nordöstlich des Fundortes beim heutigen Evciler lag, wissen wir nicht.

Während Apameia gegen Ende der Attalidenherrschaft Kistophorenmünzen prägte, die nach Regierungsjahren der Könige datiert waren[9], benutzte man in den Inschriften römischer Zeit verschiedene Datierungsformen. Zeitlich nebeneinander kommen Datierungen nach lokalen Beamten[10] und Jahreszahlen einer Ära vor. Daß es sich dabei um die sullanische Ära handelt, läßt sich durch eine Ehreninschrift für Kaiser Vespasianus zeigen[11]. Zwar fehlt darin die Einerziffer der Jahreszahl. Aber die Hunderter- und Zehnerziffer datieren die Inschrift in die 150er Jahre der Ära: ἔτους ρ' καὶ ν' κα[ὶ.]. Es kommen nur die Jahreszahlen 153 bis 159 in Frage, die die Inschrift nach der sullanischen Ära zwischen 68/9 und 74/5 n.Chr. datieren. Der Jahresanfang fiel in Apameia auf den 23.September, da Inschriftenfragmente zeigen, daß man dort den asianischen Kalendererlaß vom Jahre 9 v.Chr. aufstellte[12], in dem der Geburtstag des Augustus zum Neujahrstag bestimmt wurde.

---

5 L.Robert, Anatolia 4,1959,7f. mit n.24 = Opera Minora Selecta III, Amsterdam 1969,1429f. mit n.24; Drew-Bear, Phrygie 27.

6 Vgl. auch v.Aulock, Phrygien I 86; Waelkens 274f.; TIB 7, 371.

7 J.G.C.Anderson, JHS 18,1898,92 Nr.30. Der genaue Fundort der Grabinschrift liegt nach Anderson drei Stunden südlich von Başmakçı auf dem Weg nach Burdur oben im Yan Dağ, wo Drew-Bear eine kleine Siedlungslage fand; vgl. TIB 7,207. Die Namen Eukles und Tata in der Inschrift sind mehrfach in der Region des Sees von Burdur bezeugt (vgl. Ramsay, Cities 333), aber wohl so verbreitet, daß man daraus nicht auf die Zugehörigkeit der Inschrift schließen kann.

8 K.Bering - D.Salzmann, ZPE 14,1974,259f. Vgl. Robert, Bulletin épigraphique 1976,670; L.Zgusta, Kleinasiatische Ortsnamen, Heidelberg 1984,557.

9 Siehe oben S.16.

10 Z.B. MAMA VI 178.183.

11 MAMA VI 177. Vgl dazu auch Chr.Habicht, JRS 75,1975,82.

12 MAMA VI 174f.; U.Laffi, SCO 16,1967,10ff.; Drew-Bear, Phrygie 25f. Nr.14. Dazu schon Th.Mommsen, MDAI(A) 16,1891, 235ff.

Die späteste datierte Inschrift aus Apameia weist sowohl die Jahreszahl 563 als auch die Indiktionszahl 2 auf (Taf.IV 8)[13]. Rechnet man ab dem Epochenjahr 85/4 v.Chr. zurück, kommt man auf das lokale Jahr, das im September 478 n.Chr. begann, nicht auf das Jahr 477/8 n.Chr., wie fälschlich in den MAMA angegeben wird. Das Jahr 478/9 n.Chr. trägt die Indiktionszahl 2, so daß die sullanische Ära bestätigt wird. Auf diese Ära deuten auch die Namen in den Inschriften. Ab dem Jahre 305 (=220/1 n.Chr.) kommt der Aureliername vor. Der Name Domna im Jahre 324 (=239/40 n.Chr.)[14] ist ein typischer Modename dieser Zeit, den häufig die Frauen getragen haben, die in der Regierungszeit des Septimius Severus und des Caracalla geboren wurden. Eine Inschrift des Jahres 332 (=247/8 n.Chr.)[15] nennt einen Aelius Tryphon als Asiarch zum dritten Mal. Es dürfte derselbe Mann sein, der unter Severus Alexander auf Münzen Apameias mit dem Titel Asiarch erscheint[16].

Weder bei der erwähnten Inschrift aus der Region südlich von Başmakçı noch bei der aus Çiftlik läßt sich die sullanische Ära nachweisen. Da aber in der gesamten Region, wenn Äradatierungen vorkommen, die Jahre nach der sullanischen Ära gezählt wurden, dürfte dies auch für die Gegend um den Acıgöl gelten. Gerade in den Städten, die zum conventus von Apameia gehörten, galt die sullanische Ära, wie Ramsay richtig festgestellt hat[17], während sich Zeugnisse für die aktische oder gar die pharsalische Ära im südlichen Phrygien nirgendwo finden.

Apollonia Mordiaion

Apollonia Mordiaion, in byzantinischer Zeit Sozopolis genannt, lag beim heutigen Uluborlu[1]. Sein Territorium grenzte im Westen an das von Apameia und reichte im Osten offensichtlich bis in die Nähe des Sees von Eğridir. Das antike Tymandos, das erst spät Stadtrechte erhielt, lag wahrscheinlich innerhalb des Territoriums von Apollonia[2]. Die insgesamt sieben Inschriften mit Äradatierung

---

13 MAMA VI 238. Nach der Photographie in MAMA pl.42 (siehe Taf.IV 8) könnte man höchstens noch eine Form des Stigma oder Digamma annehmen. Aber die Indiktionszahl 6 würde zu keiner Ära passen.

14 IGR IV 799.

15 MAMA VI 222; IGR IV 795; Ramsay, Cities 471 Nr.312.

16 SNG Aulock 3506f. Ob es der gleiche Tryphon ist, der unter Gallienus ohne Gentilnomen und Titel auf Münzen genannt wird, wie Ramsay, Cities 468 und 471 glaubte, ist unsicher. Vgl. Münsterberg, Beamtennamen 159.

17 Vgl. Ramsay, Cities 203.

1 Vgl. MAMA IV p.XIII-XIV; v.Aulock, Pisidien II 20; Waelkens 269; TIB 7,387f.

2 So C.Foss, ZPE 25,1977,287 n.14; TIB 7,408f. Vgl. Waelkens 269f.

aus dieser Region hat Foss zusammengestellt[3]. Die früheste, eine
Grabinschrift, enthält gleich zwei Jahresangaben[4]. Der Besitzer
hatte das Grab im Jahre 142 wiederhergestellt und 143 die
Grabinschrift darauf gesetzt. Nach welcher Ära die Inschriften von
Apollonia datiert sind, ist lange unsicher geblieben, weil man nicht
wußte, ob die Stadt zur Provinz Galatia oder zu Asia gehörte[5].
Zunächst hatte man die sullanische Ära angenommen[6]. Ramsay
sprach als erster von einer "Freiheitsära" ab 190 v.Chr.[7], ging
dann von einer Ära ab der Einrichtung der Provinz Galatia im
Jahre 25 v.Chr. aus[8], danach wieder von einer Ära der Befreiung
im Jahre 189 v.Chr.[9]. Die galatische Ära ab 25 v.Chr. nahmen
auch die Bearbeiter der MAMA an[10]. Foss hat zuletzt aber die
sullanische Ära in Apollonia nachweisen können[11].

In der Inschrift des Jahres 301 erscheinen mehrere Aurelii[12].
Allein dies deutet schon auf die sullanische Ära, nach der die
Inschrift in das Jahr 216/7 n.Chr. gehört. Unter den aufgeführten
Personen ist ein Aurelius Appas, Sohn des Diogenes. Dieser ist
offensichtlich identisch mit dem Appas, Sohn des Diogenes, der im
Jahre 284 in einer Inschrift aus Tymandos genannt wird, als er
aber noch nicht den Aureliernamen führte[13]. Rechnet man die
beiden Inschriften nach der sullanischen Ära um, fällt genau in
den Zeitraum, der zwischen den beiden Inschriften liegt, die
Constitutio Antoniniana, durch die Appas offenbar den Namen
Aurelius annahm[14]. Mit der sullanischen Ära datierte Robert auch

3 C.Foss, ZPE 25,1977,285ff. Unter Nr.4 hat Foss auf eine
Stele bei Sterrett, Wolfe Expedition Nr.595 verwiesen, auf der
angeblich die Jahreszahl 275 stehe. Tatsächlich findet man aber bei
Sterrett ἔτους οοʹ = Jahr 270.
4 W.M.Ramsay, JRS 12,1922,182; Syll.³ 1232. Vgl. auch B.Keil,
Hermes 43,1908,557f.
5 Rémy, Evolution, Karten 2ff. legte die Stadt immer genau auf
die Grenze.
6 W.H.Waddington, zu Le Bas - Waddington 1192; Dittenberger
zu Syll.³1232. Vgl. B.Keil, Hermes 43,1908,557. - Franz, CIG 3973
dachte an eine caesarische Ära.
7 Vgl. JRS 2,1912,85 n.3 und J.G.C.Anderson, JHS 18,1898,99.
8 W.M.Ramsay, Studies in the History and Art of the Eastern
Provinces of the Roman Empire, London 1906,234; W.M.Ramsay,
JOEAI 8,1905, Beibl.120.
9 W.M.Ramsay, JRS 12,1922,182f. Vgl. auch C.Foss, ZPE 25,
1977,286 n.13.
10 Vgl. MAMA IV zu Nr.140.
11 C.Foss, ZPE 25,1977,286f.
12 Le Bas - Waddington 1192; CIG 3973; MAMA IV 189; ZPE 25,
1977,286 Nr.3. Vgl. dazu Robert, Asie Mineure 224f.
13 MAMA IV 189; C.Foss, ZPE 25,1977,286 Nr.3.
14 So auch Robert, Bull.épigr.1978,39. Die Bedenken in SEG
27,899 sind m.E. unbegründet. Die dort herangezogene Inschrift
MAMA IV 248 vom Jahre 335 ist am Anfang zerstört, so daß auch
hier ein Aureliername gestanden haben kann.

die Inschrift des Jahres 301 (=216/7 n.Chr.), weil er diese Zeit
für die Schriftform als passend erachtete[15].
        Die Bauinschrift einer Erzengelkirche mit der Jahreszahl 670,
für die in den MAMA die Berechnung nach der galatischen oder
aktischen Ära angenommen wurde, gehört nach dem obigen
Ergebnis dann nicht ins 7.Jh.n.Chr., sondern ins Jahr 585/6 n.
Chr.[16]. Dies ist überhaupt die letzte bekannte Inschrift, die nach
der sullanischen Ära datiert ist. Das Ende des 6.Jh.n.Chr. ist
sicher auch einer Datierung in die Mitte des 7.Jh.n.Chr.
vorzuziehen, weil im 7.Jh. wegen der Einfälle der Perser und
Araber kaum eine größere Bautätigkeit in dieser Region erfolgt
sein kann[17]. Die nächste Inschrift mit einer Jahreszahl aus
Apollonia-Sozopolis stammt dann schon aus dem Jahre 1069/70
n.Chr. und war nach der byzantinischen Weltschöpfungsära
datiert[18].
        Zur Bestimmung der Provinzgrenzen in römischer Zeit ist es
wichtig, die sullanische Ära in Apollonia nachweisen zu können.
Denn da diese Ära außerhalb des Gebietes, das zur Provinz Asia
gehörte, nirgendwo zu finden ist, wird durch ihr Vorkommen in
Apollonia deutlich, daß diese Stadt in Asia lag und die Provinz an
dieser südöstlichen Ecke bis fast an den See von Eğridir reichte[19].
Die Bergkette des Barla Dağı südlich von Apollonia und Tymandos
bildete wohl die Grenze zu Pisidien. Am Südabhang dieser Berge
nahm Sterrett in Gönen, wo das pisidische Konana lag, eine
Siegerinschrift mit der Jahreszahl 346 auf[20], die offenbar nach der
sullanischen Ära datiert war und ins Jahr 261/2 n.Chr. gehört.
Denn das zweimalige Vorkommen des Aureliernamens in der
Inschrift deutet auf das 3.Jh.n.Chr.[21], nicht in das 4.Jh., in das
man mit der in Pisidien zu erwartenden galatischen Ära käme[22].
Die Inschrift dürfte wohl aus der Region von Apollonia und
Tymandos dorthin verschleppt worden sein[23]. Der mehrmals in der
Inschrift genannte Name Theodoros ist, auch wenn er sehr
verbreitet war, in dieser Zeit gerade in Tymandos bezeugt[24].

15 Robert, Asie Mineure 225 mit n.34.
16 MAMA IV 225; ZPE 25,1977,285.288. Vgl. auch TIB 7,388.
17 So C.Foss, ZPE 25,1977,288. Vgl. auch ibid.282.
18 MAMA IV 149.
19 Vgl. dagegen noch S.Mitchell, JRS 66,1976,113 Anm.7.
20 Sterrett, Wolfe Expedition Nr.472. Vgl. auch W.Weber, in:
H.Rott, Kleinasiatische Denkmäler aus Pisidien, Pamphylien,
Kappadokien und Lykien, Leipzig 1908,357 Nr.38.
21 Von W.Weber, loc.cit. wurde die Datierung nach der
sullanischen Ära bezweifelt, weil die Inschrift außerhalb der
Provinz Asia gefunden wurde.
22 Siehe unten S.408.
23 M.Collignon, BCH 3,1879,340 Nr.15 kannte die Herkunft der
Inschrift nicht und gab eine unvollständige Lesung nach einer
Kopie in der Sylloge hellénique d'Isbarta. Ein Photo des von
G.Rohde hergestellten Abklatsches der Inschrift in der Kleinasien-
Kommission Wien, Schede Konana Nr.23.
24 MAMA IV 262.

Das mittlere Mäandertal
(Motella, Dionysopolis, Hyrgaleis)

Auf dem rechten und linken Ufer des mittleren Mäanders zwischen der Ebene von Çivril und der Lykosmündung wurde eine Reihe von Inschriften mit Jahreszahlen gefunden. In dieser Region lagen die antiken Städte Motella, Dionysopolis und die Gemeinde der Hyrgaleis[1]. Nur Motella ist sicher bei Medele auf dem rechten Mäanderufer in der südlichen Banaz Ovası zu lokalisieren[2]. Dort wurde eine Inschrift für den Demos der Motellener gefunden[3].

Südlich von Medele lag über dem linken Ufer des Mäanders in der Nähe des Dorfes Bahadınlar das religiöse Zentrum der Region, das Heiligtum des Apollon Lairbenos[4]. Aus dem Heiligtum selbst sind mehrere mit Jahreszahlen datierte Inschriften bekannt[5]. Weitere wurden südlich des Verehrungsstätte für Apollon Lairbenos in Sazak, Zeive und Çal auf derselben Mäanderseite gefunden[6], wohin sie zum Teil vom Heiligtum verschleppt worden waren. War man früher davon ausgegangen, daß das Zentrum des Apollon Lairbenos zum Territorium der Stadt Dionysopolis gehörte, die man in Ortaköy[7] oder Sazak[8] lokalisieren wollte, hat Louis Robert gezeigt[9], daß Dionysopolis nicht beim Heiligtum, sondern auf der rechten Seite des Mäanders gelegen haben muß. Denn im Unterschied etwa zu den Münzen von Hierapolis erscheint Apollon Lairbenos nicht auf den Prägungen von Dionysopolis[10].

1 Ob auch Pepuza, das religiöse Zentrum der Montanisten, in dieser Region zu suchen ist, bleibt ungewiß; vgl. dazu Ramsay, Cities 573ff.; W.M.Calder, Byzantion 6,1931,421ff.; MAMA IV p.XVI; W.Ruge, RE XIX 1,1937,562f. s.v.Pepuza 1; Ramsay, Social Basis 71.81; Robert, Villes 134f.; Gibson, Christians 119; Strobel 10ff., bes.29ff. und 65ff.

2 So Ramsay, Cities 141; W.Ruge, RE XVI 1,1933,381 s.v. Motella; Robert, Villes 138; Strobel 216f.

3 MAMA IV 309 und IGR IV 751 (bei L.Robert, JS 1983,48 falsch datiert). Auch in der Inschrift aus Medele bei Ramsay, Cities 155 Nr.60 sind Motellener erwähnt.

4 Dazu Ramsay, Cities 130ff.; Oppermann, RE Suppl.5,1931, 521ff. s.v. Lairbenos; MAMA IV p.XV; Robert, Villes 127ff.356ff.; Strobel 36ff.208ff.; K.M.Miller, Numen 32,1985,46ff.

5 MAMA IV 275 A. 275 B,I. 275 B,II. 276 B. 277 A. 277 B. Zu den Inschriften vgl. auch Oppermann, RE Suppl.5,1931,521ff. und K.M.Miller, Numen 32,1985,46ff.

6 MAMA IV 272. 278. 302; Ramsay, Cities 147 Nr.38. 154 Nr.59.

7 So z.B. Ramsay, Cities 127.

8 So z.B. MAMA IV p.XIV.

9 Robert, Villes 127ff.356f. Ebenso W.Ruge, RE XX 1,1941,824; Ramsay, Social Basis 81; Magie II 1020 n.66; v.Aulock, Phrygien II 13ff.

10 Robert, Villes 138f.; v.Aulock, Phrygien II 14. Vgl. auch Strobel 46f.; K.M.Miller, Numen 32,1985,54.

Wichtig ist aber, wie Robert gesehen hat[11], daß unter den Inschriften des Heiligtums nur eine von einem Dionysopoliten stammt[12], hingegen neun von Bürgern aus Motella[13], fünf von Hierapoliten[14], eine von einem Bürger aus Atyochorion[15], das vielleicht bei Zeive lag und zu den Hyrgaleis gehörte[16], eine von einem Tripoliten[17] und eine von einer Frau, die gleichzeitig Bürgerin von Blaundos und Motella war[18]. Eine Inschrift aus Bahadınlar[19] wurde von einem Mann aus Blaundos gesetzt, eine in Sazak von einem weiteren Motellener[20]. Wäre Dionysopolis in dieser Region links des Mäanders zu suchen, würde man weitere Nennungen von Dionysopoliten erwarten. Die häufige Erwähnung von Motellenern und Hierapoliten in Inschriften aus dem Heiligtum des Apollon Lairbenos läßt darauf schließen, daß sich dieses auf dem Gebiet einer der beiden Städte befand. Motella lag genau gegenüber diesem kultischen Zentrum auf dem rechten Mäanderufer, was die Erwähnung zahlreicher Motellener in den Urkunden erklären könnte. Die Weihung eines Hierapoliten an Theos Helios Apollon Lairmenos (=Lairbenos) sowie an die Bule und den Demos der Motellener[21] deutet sogar darauf hin, daß das Heiligtum zu der Zeit, als diese Inschrift dort aufgestellt wurde, wohl im 2.Jh.n.Chr., zu Motella gehörte[22]. Robert schließt aber eine spätere Zugehörigkeit der Region links des Mäanders zu Hierapolis nicht aus[23].

Die Grabinschrift eines Bürgers von Dionysopolis wurde in Üçkuyu auf der rechten Mäanderseite im Norden der Çal Ova gefunden[24]. Dies veranlaßte schon Ramsay zu dem Vorschlag, Dionysopolis dort im Norden der Ebene zu suchen[25]. Allerdings

11 Robert, Villes 137f. Vgl. auch Oppermann, RE Suppl.5,1931, 534.
12 MAMA IV 277 A,I.
13 MAMA IV 275 A. 275 B,II. 276 B. 277 A,II. 278 B,II. 283. 284. 287; Ramsay, Cities 155 Nr.59.
14 MAMA IV 276 A,III. 276 A,I. 276 C; Ramsay, Cities 148 Nr.39. 149 Nr.41.
15 Robert, Villes 129f.
16 Vgl. Robert, Villes 131.357ff.; Strobel 38; K.M.Miller, Numen 32, 1985, 52f.
17 MAMA IV 269 mit der Verbesserung von Robert, Villes 137f.
18 MAMA IV 275 B,I.
19 MAMA IV 281.
20 Ramsay, Cities 147 Nr.38.
21 MAMA IV 276 A,I.
22 So Robert, Villes 141f.; K.M.Miller, Numen 32,1985,52.
23 Robert, Villes 140ff. Ebenso Th.Drew-Bear, GRBS 17,1976, 262 und K.M.Miller, Numen 32,1985,52. Nach Oppermann, RE Suppl.5,1931,534 gehörte das Heiligtum seit der Gründung von Hierapolis zu dieser Stadt. Zur Ausdehnung des Territoriums von Hierapolis nach Norden vgl. L.Robert, JS 1983,45ff.
24 Ramsay, Cities 147 Nr.36.
25 Ramsay, Cities 128. Vgl. Robert, Villes 133f.

kann ein Bürger von Dionysopolis auch außerhalb seiner Heimat begraben worden sein[26]. Lag Dionysopolis im nördlichen Teil der Çal Ova[27]? Robert zog antike Stätten bei Bekilli, Üçkuyu oder Kavaklar zur Identifizierung mit Dionysopolis in Betracht, ohne sich aber festlegen zu können[28]. Habicht dachte an die Region von Üçkuyu[29], Strobel wollte Dionysopolis gar weit im Süden in der Nähe von Çal lokalisieren[30].

Die Ehreninschrift für Q.Plautius Venustus aus Bekilli[31], die von den Hierapoliten, Dionysopoliten, Blaundern und dem Koinon der Hyrgaleis errichtet wurde, zeigt, daß diese Gemeinden Nachbarn waren. Das Territorium von Dionysopolis grenzte wahrscheinlich an das Gebiet der Hyrgaleis an[32]. Wo und wie diese Grenze verlief, ist aber ungewiß. Die Hyrgaleis jedenfalls siedelten am Ufer des Mäanders in der Çal Ova[33]. Wieweit sich aber das Territorium ihres Gemeinwesens über die Ebene erstreckte, die in der Antike die hyrgaletische genannt wurde[34], ist ebenfalls unsicher. Da im Norden der Çal Ova eines der inschriftlichen Zeugnisse für Dionysopolis gefunden wurde, wird man die Inschriften mit Äradatierung aus Üçkuyu[35], Dumanlı[36], Sırıklı[37] und Kırbasan[38] eher in das Territorium der Stadt Dionysopolis legen. Einiges spricht dafür, die Inschriften aus Bekilli im Nordwesten der Ebene aber den Hyrgaleis zuzuweisen[39]. Aus Şapcılar im Osten der Ebene stammt eine unpublizierte Inschrift,

---

26 Vgl. Ramsay, Cities 128.

27 Ramsay hingegen sah in Social Basis 82f. die gesamte Ebene als Territorium von Dionysopolis an.

28 Robert, Villes 140. Vgl. auch W.Ruge, RE XX 1,1941,824; Ramsay, Social Basis 81; Magie II 1020 n.66; Th.Drew-Bear, GRBS 17,1976,262; v.Aulock, Phrygien II 15. Zur Topographie dieser Region ausführlich Strobel 128ff., dessen Vergleiche der Ortsnamen aber abzulehnen sind; vgl. Robert, Bull.épigr.1983,412.

29 Chr.Habicht, JRS 65,1975,82. Ebenso TIB 7,234.

30 Strobel 40.42.84f.125.207f.

31 MAMA IV 315.

32 So Ramsay, Social Basis 81f.; Chr.Habicht, JRS 65,1975,82; Strobel 41f.; K.M.Miller, Numen 32,1985,54.

33 Zu den Hyrgaleis vgl. Ramsay, Cities 126f.; Robert, Villes 69 mit n.2. 132.; Chr.Habicht, JRS 65,1975,82f.; Strobel 39ff.; v.Aulock, Phrygien I 60f. Nur Ramsay, Social Basis 71ff. wollte sie außerhalb der Ebene lokalisieren.

34 Plin. n.h. 5,113; MAMA IV 315. Vgl. Robert, Villes 69 n.2.

35 Ramsay, Social Basis 81 Nr.54; Gibson, Christians Nr.42 = SEG 28,1202 = Strobel 118.

36 MAMA IV 356.357. Vgl. auch Strobel 74ff.; TIB 7,242.

37 MAMA IV 354.355. Vgl. auch Strobel 67ff.; TIB 7,384.

38 MAMA IV 339.353. Vgl. auch Strobel 66; TIB 7,294.

39 MAMA IV 314.316.322. Vgl. auch Strobel 71ff. und 86, der die Gebiete östlich und nördlich von Bekilli den Hyrgaleis zuweisen will. Ramsay, Cities 128 nahm in Bekilli zunächst eine Siedlung der Hyrgaleis an. Später suchte er (Social Basis 80f.) wie auch Robert

die nach den römischen Consuln in das Jahr 129 n.Chr. datiert ist
und unter anderem die Kopie einer Petition eines Bürgers der
Hyrgaleis an Kaiser Hadrianus enthält[40]. Auch aus der Gegend von
Kavaklar, schon jenseits der Hügelkette, die die Ebene im Osten
begrenzt, kommen Inschriften, die auf die Hyrgaleis weisen[41], da
der dort genannte Stratege Apollodotos, Sohn des Diodoros,
offensichtlich mit dem Beamten identisch ist, der zur gleichen Zeit,
unter Antoninus Pius, die ersten Münzen der Hyrgaleis prägen
ließ[42]. Ob sich das Territorium der Hyrgaleis dann tatsächlich bis
in die große Mäanderebene erstreckte[43] oder die Steine nur
verschleppt worden sind, ist unklar. Jedenfalls gehörte der Osten
der Çal Ova offensichtlich zu den Hyrgaleis. Nur weisen die
Inschriften von dort keine Äradatierung auf. Falls sich das Gebiet
der Hyrgaleis auch auf das linke Mäanderufer erstreckte, könnten
aber die datierten Inschriften aus Çal oder Zeive[44] aus dem
Territorium der Hyrgaleis stammen.

Keine der Inschriften mit Äradatierung ist mit Sicherheit den
Dionysopoliten oder den Hyrgaleis zuzuordnen[45]. Alle Inschriften,
die deren Namen nennen, sind nicht mit Jahreszahlen datiert; bei
den übrigen ist die Zugehörigkeit ungewiß. Die mit Jahreszahlen
datierten Inschriften aus Bekilli, Üçkuyu, Dumanlı, Sırıklı und
Kırbasan gehören entweder nach Dionysopolis oder zu den
Hyrgaleis oder sind unter beiden zu verteilen, falls man nicht gar
in der späteren Kaiserzeit Pepuza dort lokalisieren will[46]. Die

(Villes 132f.135) bei Bekilli Dionysopolis. Nach Strobel 84.86 war
Bekilli das Zentrum der Hyrgaleis. Th.Drew-Bear, GRBS 17,1976,
261 n.55 sah dort zwei Ehreninschriften der Hyrgaleis. Diese
können aber auch, wie eine Freilassungsurkunde, die vom
Heiligtum des Apollon Lairbenos stammen muß, von anderswo
verschleppt worden sein. - Vgl. jetzt TIB 7,210.

40   Vgl. C.P.Jones, AJPh 108,1987,703 und Phoenix 37,1983,74;
Chr.Habicht, JRS 65,1975,82.

41   Ramsay, Social Basis 71ff. Vgl. auch v.Aulock, Phrygien I
61f. Die Inschriften: Ramsay, Cities 246 Nr.86 = IGR IV 769 =
Ramsay, Social Basis 71 Nr.49; CIG 3902u = Paris, BCH 8,1884,248
= Ramsay, Cities 399 Nr.266 = Ramsay, Social Basis 72 Nr.50. Ob
in der Inschrift Ramsay, Social Basis 76 Nr.51a tatsächlich ein
"Hyrgaleus" genannt wird, ist unsicher. - Nach TIB 7,294f. lag
dort möglicherweise Dionysopolis.

42   Die Münzen bei v.Aulock, Phrygien I Nr.329f.358-361.

43   So Ramsay, Social Basis 78. Zuvor hatte Ramsay (Cities 246)
Kavaklar unter Lounda eingeordnet; so auch IGR IV 769. In MAMA
IV 327 wird der Fundort zu Peltai gerechnet.

44   MAMA IV 272; Ramsay, Cities 147 Nr.38. - Robert, Villes
131 hält Zeive für das antike Atyochorion.

45   Die von O.Fiebiger, JOEAI 23,1926, Beibl.312 Dionysopolis
zugeschriebene Stele stammt aus Isparta (Saparta); vgl. dazu
unten S. 408 mit Anm.88.

46   Zu Pepuza vgl. oben Anm.1.

Inschriften von Zeive und Çal dagegen kommen entweder aus dem
Gebiet der Hyrgaleis oder aus dem Territorium von Motella.

Sicher ist, daß in Motella die Jahresdatierung mit den Zahlen
einer Ära verbreitet war. Dies wird nicht nur durch die datierten
Inschriften aus Medele deutlich. Fast alle Weihungen an Apollon
Lairbenos, in denen ein Motellener oder eine Motellenerin genannt
sind, tragen Jahreszahlen[47]. Dagegen ist keine der Weihungen von
Bürgern anderer Städte nach einer Ära datiert[48]. Es wird
deutlich, daß, gleichgültig ob das Heiligtum des Apollon Lairbenos
auf dem Territorium von Hierapolis oder von Motella lag, der
Stifter der dort aufgestellten Inschrift über die Art der Datierung
entschied. Es waren offensichtlich nur Bürger von Motella, die die
in ihrer Heimatstadt übliche Ära in den Inschriften des Heiligtums
verwendeten[49].

Daß die sullanische Ära und nicht die aktische oder
pharsalische in Motella angewandt wurde, wird zum einen durch die
Namen deutlich. Ab dem Jahre 310 (sull.=225/6 n.Chr.) erscheinen
Aurelier in den Inschriften[50]. Zum anderen sind in einer Inschrift
aus Medele vom Jahre 221 Theoi Sebastoi erwähnt[51]. Nach der
sullanischen Ära gehört die Inschrift ins Jahr 135/6 n.Chr. Sie
bezieht sich dann auf Hadrianus und Aelius Caesar[52]. Falls man
die Jahreszahl nach der aktischen oder pharsalischen Ära
berechnet, wäre ein solcher Bezug auf zwei Herrscher in den
Jahren 189/90 oder 173/4 n.Chr. nicht möglich. Auch die
Inschriften aus der Çal Ova und dem nördlich davon gelegenen
Bergland auf der rechten Mäanderseite, ob man sie nun den
Hyrgaleis oder den Dionysopoliten zuweist, sind nach der
sullanischen Ära datiert. Zum ersten Mal erscheint dort der Name
Aurelius in einer Grabinschrift aus Kırbasan vom Jahre 323
(sull.=238/9 n.Chr.)[53]. Danach weisen alle Inschriften den
Aureliernamen auf[54], mit Ausnahme der letzten datierten, die aber
schon ins 5.Jh.n.Chr. gehört. In diesem Inschriftenfragment aus
Bekilli vom Jahre 544 ist zudem eine Indiktionszahl zu erkennen,
von der mit Sicherheit die Zehnerziffer Iota zu lesen ist[55]. Die
zweite Ziffer lautet nach den Bearbeitern der MAMA entweder

---

47 MAMA IV 275 A. 275 B,I. 275 B,II. 276 B. 277 A,II. 278,II;
Ramsay, Cities 147 Nr.38. 155 Nr.59.
48 Ob die Inschrift MAMA IV 276 C eines Hierapoliten eine
Jahreszahl aufweist, ist ungewiß. - Die Inschrift MAMA IV 275 B,I
stammt von einer Frau, die sowohl Bürgerin von Blaundos als auch
von Motella war.
49 In Hierapolis selbst wurde keine Ära verwendet.
50 MAMA IV 275 B,II. 278,II; Ramsay, Cities 155 Nr.60.
51 MAMA IV 309.
52 So auch Ramsay, Cities 155; IGR IV 751.
53 MAMA IV 339.
54 SEG 28,1202 = Gibson, Christians Nr.42 = Strobel 118; MAMA
IV 353.354.355.356.357.
55 MAMA IV 322.

Gamma oder Epsilon[56]. Das Jahr 544 entspricht nach der sullanischen Ära 459/60 n.Chr., ein Jahr mit der Indiktionszahl 13, die damit in der Inschrift bestätigt wird. Die aktische Ära hingegen würde auf 513/4 n.Chr. führen, als die Indiktionszahl 7 lautete, die pharsalische auf 496/7 n.Chr mit der Indiktionszahl 5.

Datierungen nach der sullanischen Ära sind, ebenso wie solche nach der aktischen Ära, auf Münzen fast nicht zu finden[57]. Gerade aber auf Bronzeprägungen der Hyrgaleis der Zeit des Severus Alexander[58] findet sich die Aufschrift $\overset{\circ}{T}$ Tς, die als TO (ἔτος) Tς' (=Jahr 306) aufzulösen ist[59]. Geht man von den Regierungsdaten des Severus Alexander 306 Jahre zurück, muß der Ausgangspunkt dieser Jahresrechnung zwischen 85/4 und 72/1 v.Chr. liegen. Das erste Jahr ist das Epochenjahr der sullanischen Ära. Daß hier eine Datierung nach dieser Ära vorliegt, wurde allgemein angenommen[60]. Diese umfangreiche Münzprägung der Hyrgaleis erfolgte also im Laufe des Jahres 221/2 n.Chr. In dieses Jahr fällt der Regierungsantritt des Severus Alexander. Das Phänomen, daß eine Stadt gerade zu Beginn der Herrschaft eines neuen Kaisers Münzen prägte, ist in Kleinasien häufig zu beobachten[61] und dürfte auch in diesem Falle vorliegen.

Eine weitere Jahreszahl entsprechend dieser Ära stand auf einer sogenannten pseudo-autonomen Münze der Hyrgaleis, einem Unikum in Paris[62]. Babelon[63] las offensichtlich ET K (=Jahr 20), Imhoof-

---

56   Nach der Photogragraphie MAMA IV pl.65 ist die Lesung der Zahl nicht sicher.

57   Die Jahreszahlen von 2 bis 25 auf Prägungen von Tralleis und Nysa sind nicht sicher als sullanisch nachweisbar und können auch auf einer lokalen Ära beruhen; siehe oben S.208ff. Die von Imhoof-Blumer, Gr.Mz. 719 und NZ 16,1884,290 zunächst vorgeschlagene sullanische Ära auf den Münzen der phrygischen Epikteteis, hat er später selbst abgelehnt, da die Buchstaben auf einigen der Münzen keine Zahlzeichen sein können; vgl. F.Imhoof-Blumer, in: Festschrift für Otto Benndorf, Wien 1898,203f.

58   Zusammengestellt bei v.Aulock, Phrygien I Nr.341-356.372-384.

59   So Imh.-Bl., Gr.Mz.741f.

60   So z.B. W.Kubitschek, RE I 1,1893,638; Imh.-Bl., Kl.Mz. p.222; Ramsay, Cities 129; Head, HN 677; Kubitschek, Grundriß 76; Index Aulock 166; v.Aulock, Phrygien I 63. - Cl.Bosch, Numismatik 2,1933,40 dachte hingegen an eine Festära.

61   Vgl. z.B. Ramsay, Social Basis 74; Ziegler, Prestige 136f.

62   Inv.Wadd.6200 = Kraft, System Taf.10,73c = v.Aulock, Phrygien I Nr.357. Vgl. Imh.-Bl., Kl.Mz. p.246. - Auf der "pseudo-autonomen" Münze der Hyrgaleis in Cambridge, SNG Fitzwilliam 4978, ist die Jahreszahl nicht TΞE, sondern wie bei fast allen Münzen der Hyrgaleis in dieser Zeit T(o) Tς zu lesen; so schon Imh.-Bl., Kl.Mz. 246,2 und auch v.Aulock, Phrygien I Nr.352.

63   Inv.Wadd.6200.

Blumer[64] wollte zu TO Tς (=Jahr 306) verbessern. Kraft[65] zog die Lesung EΛK vor, löste diese Zahlen aber fälschlich als Jahr 335 auf. Nach Überprüfung des Stückes fand v.Aulock[66] zu Babelons Lesung zurück, interpretierte die Buchstaben ETK aber als Jahr 325. Nach der Photographie des Gipsabgusses der Münze ist diese Lesung möglich, aber nicht sicher. Es stellt sich dann aber die Frage nach der Auflösung der drei Buchstaben. Interpretiert werden könnten sie als ῎ET (ouς) K (=Jahr 20), als ῎E(touς) TK (=Jahr 320) oder als ETK (=325). Für die letztere Version spricht die Feststellung, daß auf allen anderen Münzen der Hyrgaleis die Jahreszahl mit TO in Form eines Monogrammes eingeleitet wird, nicht mit ETOYΣ oder irgendeiner Abkürzung davon. Kraft hat festgestellt[67], daß die Vorderseite unseres Unikums aus dem gleichen Stempel geprägt wurde wie Münzen aus Smyrna und Temnos. Auf der entsprechenden Prägung aus Temnos erscheint auf der Rückseite der Beamtenname Stratoneikianos, der in dieser Stadt auf Münzen mit den Porträts von Severus Alexander, Gordianus III., der Tranquillina und des Philippus I. nachgewiesen ist[68], mit dem Zusatz T(o).B (= zum zweiten Mal) wie auf der stempelgleichen Münze allerdings erst ab Gordianus III. Diese Beobachtung spricht ebenfalls für die Datierung der "pseudo-autonomen" Münze der Hyrgaleis ins Jahr 325, was nach der sullanischen Ära dem Jahr 240/1 n.Chr. entspräche und in die Regierungszeit Gordians fallen würde. Ungewöhnlich, wenn auch nicht einmalig[69], wäre aber die Anordnung der Zahlzeichen, zuerst Einer-, dann Hunderter-, zuletzt Zehnerziffer. Die Interpretation als Jahr 320 (=235/6 n. Chr.) scheint daher ebenfalls möglich zu sein.

Nicht auszuschließen nach der Photographie bei v.Aulock[70] ist auch die Lesung ῎E(touς) Tς (=Jahr 306). Dann wäre das Pariser Stück eine weitere Prägung des gleichen Jahres 221/2 n.Chr., in dem alle die anderen datierten Münzen der Hyrgaleis entstanden. Man müßte nicht eine vereinzelte Prägung zwanzig

---

64 Imh.-Bl., Gr.Mz.741; Imh.-Bl., Kl.Mz. p.246; F.Imhoof-Blumer, RSN 23,1923,321 Nr.369.

65 Kraft, System 28 und 119, Taf.10,73b. Ebenso D.Klose, Die Münzprägung von Smyrna in der römischen Kaiserzeit, Berlin 1987, 83.

66 v.Aulock, Phrygien I 357; ebenso Cl.Bosch, Numismatik 2, 1933,40 mit Anm.18.

67 Kraft, System 28.119, Taf.10,73.

68 Severus Alexander: BMC 34. - Gordianus III.: Inv.Wadd. 1353; SNG Cop.278. - Tranquillina: Inv.Wadd.1354. - Philippus I.: SNG Cop.280; Kraft, System Taf.6,38d. Vgl. dazu R.Münsterberg, Die Beamtennamen auf den griechischen Münzen, Wien 1914,79; Kraft, System 28; D.Klose, loc.cit. (Anm.65).

69 Vgl. z.B. Studia Pontica III 185 Nr.184. Weitere Beispiele bei W.Kubitschek, RE I 1,1893,614.

70 v.Aulock, Phrygien I Taf.11,357.

Jahre nach dem Ende der Münzprägung der Hyrgaleis annehmen.
Der Beamte Stratoneikianos auf der "pseudo-autonomen" Münze aus
Temnos wäre dann ein anderer als der, der unter Gordianus III.
und Philippus Arabs seinen Namen auf die temnischen Münzen
setzte, oder der Stempel wurde zwanzig Jahre nach der Prägung
für die Hyrgaleis noch einmal für die Münzprägung der Temnier
verwendet. Die genaue Datierung dieser singulären Münze bleibt
weiterhin problematisch.
    Für die Beantwortung der Frage, warum die Hyrgaleis erst
unter Severus Alexander ihre Münzen nach der sullanischen Ära
datierten, sind die Münzen der Nachbarstadt Dionysopolis
heranzuziehen. Dort finden sich Jahreszahlen lediglich auf
Prägungen, die unter Kaiser Elagabal entstanden. Die Zahlen sind
ebenfalls mit TO eingeleitet. Die Datierung TO O (=Jahr 70) erscheint auf Münzen des Elagabal, seiner Großmutter Iulia Maesa,
seiner Gattin Annia Faustina und seines Adoptivsohnes Severus
Alexander Caesar[71] sowie auf einigen "pseudo-autonomen"
Prägungen[72]. Von Ende 221 bis März 222 n.Chr. führte Severus
Alexander den Caesartitel, bevor er als Nachfolger Elagabals zum
Augustus wurde[73]. Die Ehe Elagabals mit Annia Faustina währte
nur von etwa Juli 221 n.Chr. bis zum Ende desselben Jahres[74].
Das bedeutet, die Münzen aus Dionysopolis mit der Zahl 70 müssen
im Herbst 221 oder im Winter 221/2 n.Chr. geprägt sein, wenn man
die Dauer der Nachrichtenübermittlung nach Phrygien und ihrer
Umsetzung ר die Münzprägung berücksichtigt. Das Epochenjahr
der in Dionysopolis auf Münzen dieses Jahres angewandten Ära ist
demnach 152/3 n.Chr., wenn, wie in der Provinz Asia üblich, das
Jahr im Herbst begann[75]. Auf welchem Ereignis diese Zeitrechnung
basiert, läßt sich nicht mehr feststellen. Imhoof-Blumer[76] schlug
vor, daß in diesem Jahr Spiele oder ein Kult eingerichtet wurden
oder daß die Stadt nach einem Erdbeben mit Hilfe des Kaisers
wiederaufgebaut worden war. Nach Aelius Aristides wurde während
des Proconsulates des L.Antonius Balbus Kleinasien von
zahlreichen Erdbeben erschüttert[77]. Aber diese Statthalterschaft

71   v.Aulock, Phrygien II Nr.147-169.
72   v.Aulock, Phrygien II Nr.88-90.
73   Vgl. Kienast 177.
74   Vgl. Kienast 174.
75   So auch Imh.-Bl., Kl.Mz. 222; W.M.Ramsay, JOEAI 27,1932,
Beibl. 250f.; Ramsay, Social Basis 81f.; v.Aulock, Phrygien II
13.16.
76   Imh.-Bl., Kl.Mz. p.222; übernommen von v.Aulock,
Phrygien II 13. Der Versuch von Strobel 52, das Epochenjahr mit
den Anfängen des Montanismus zu verbinden, ist nicht
überzeugend.
77   Ael.Arist.or.49,38 Keil. Vgl. W.M.Ramsay, JOEAI 27,1932,
Beibl. 248ff.; W.Hüttl, Antoninus Pius, Band II, Prag 1933,48.

fällt schon in die Zeit zwischen 146 und 148 n.Chr.[78], nicht in das Jahr 151 n.Chr., wie Ramsay behauptet hat[79]. Der Wiederaufbau einer durch ein Erdbeben zerstörten Stadt wäre ein guter Ausgangspunkt für eine Ära. Aber beweisen läßt sich diese Hypothese, die von Ramsay als sicher bezeichnet wurde, für Dionysopolis nicht.

Die gesamte ungewöhnlich große Münzprägung von Dionysopolis unter Kaiser Elagabal ist gleichzeitig erfolgt. Darauf weisen nicht nur die Jahreszahlen, sondern auch die Feststellung, daß eine Münze des Severus Alexander Caesar mit dem gleichen Stempel geprägt wurde, der auch für Münzen der Annia Faustina verwendet wurde[80]. Alle diese Münzen müssen zu einem bestimmten Ereignis geprägt worden sein, vermutlich zu einem Fest, das aus Anlaß der 70-Jahr-Feier des Ereignisses stattfand, ab dem die Ära gerechnet wurde. Deswegen wohl wurde die Zahl 70 eigens auf die Münzen gesetzt.

Ramsay vermutete[81], daß im gleichen Jahr die 400-Jahr-Feier der Stadtgründung von Dionysopolis begangen wurde. Dionysopolis war vom Attalidenkönig Eumenes II. und seinem Bruder Attalos gegründet worden[82]. Rechnet man von 221/2 n. Chr. 400 Jahre zurück, kommt man in die Jahre 179 oder 178 v.Chr. 179 v.Chr. hatten die Attaliden Frieden mit dem pontischen König Pharnakes geschlossen. Damals begann eine fünfjährige Friedensperiode für das Attalidenreich[83], ein passender Zeitpunkt für eine Stadtgründung. Zu beweisen ist dieses Gründungsdatum aber nicht. Wenn tatsächlich die Zeitrechnung von Dionysopolis im Jahre 221/2 n.Chr. von dem Wiederaufbau der Stadt nach einem Erdbeben unter Antoninus Pius ausgeht, könnte dies als Neugründung aufgefaßt und mit der Gründungsfeier der Stadt verbunden worden sein[84], eine Vorstellung, wie sie in der griechischen Welt nicht unüblich war[85]. Aber hätte dann die Münzprägung nicht deutlicher darauf angespielt? Die Verbindung der Münzprägung des Jahres 70 mit einem Fest aus Anlaß der 400-Jahr-Feier und einer 70-Jahr-Feier der Neugründung von Dionysopolis bleibt Spekulation.

Die Münzen mit der Jahreszahl 70 wurden für Dionysopolis im gleichen Jahr 221/2 n.Chr. geprägt, als auch die Münzen der Hyrgaleis mit der Jahreszahl 306 entstanden. Die Münzen von Dionysopolis sind allerdings wenige Monate früher ausgegeben worden. Denn die Dionysopoliten bildeten Severus Alexander noch

78 Vgl. W.Eck, RE Suppl.14,1974,50 s.v.Antonius 36; B. Thomasson, Laterculi Praesidum I, Göteborg 1984,227 Nr.128.

79 W.M.Ramsay, JOEAI 27,1932,Beibl.248ff. und Social Basis 82.

80 v.Aulock, Phrygien II Nr.166.167.169.

81 W.M.Ramsay, JOEAI 27,1932,Beibl.250ff. und Social Basis 82.

82 Steph.Byz. s.v. Διονύσου πόλις. Vgl. Hansen, Attalids 177; Leschhorn 251.

83 Vgl. Hansen, Attalids 105.

84 So Ramsay, Social Basis 82.

85 Vgl. z.B. Leschhorn 217.269ff.

als Caesar ab, das heißt im Herbst 221 n.Chr. oder in den ersten Wochen des Jahres 222 n.Chr. Auf den Münzen der Hyrgaleis hingegen ist Severus Alexander schon als Augustus dargestellt, also nach dem März 222 n.Chr. Damals gingen die Hyrgaleis zum ersten Mal dazu über, Jahreszahlen auf ihre Münzen zu setzen, die zuvor undatiert oder nur nach den lokalen Beamten datiert waren. Auch die Prägungen der Hyrgaleis mit der Jahreszahl 306 entstanden wie die von Dionysopolis offensichtlich alle zum gleichen Zeitpunkt[86]. Bei den meisten der ins Jahr 306 datierten "pseudo-autonomen" Münzen sind die gleichen Stempel festzustellen, die die Münzen des Severus Alexander prägten[87]. Die Annahme liegt nahe, daß die Hyrgaleis hinter den Nachbarn aus Dionysopolis nicht zurückbleiben wollten und diesen bewußt darin nachfolgten, ihre Münzen mit Jahreszahlen zu versehen. Sie verwendeten aber Zahlen, die der bei ihnen üblichen sullanischen Ära entsprachen. Diese Ära bot den Vorteil, daß sie in der Region schon seit langem angewendet worden war und zudem ein höheres Alter als die 70 Jahre von Dionysopolis suggerierten. Für das Renommee einer griechischen Stadt war dies in bestimmten Perioden der Kaiserzeit von erheblicher Bedeutung. Ob und welche Rivalitäten hinter dieser auffallenden Folge von unterschiedlich datierten umfangreichen Prägungen in zwei benachbarten Gemeinwesen standen, läßt sich nicht mehr ermitteln[88]. Für die Dionysopoliten war dies zugleich die letzte Münzprägung in ihrer Geschichte, möglicherweise auch für die Hyrgaleis, falls das Pariser Unikum in das gleiche Jahr gehört, während benachbarte Städte wie Eumeneia, Apameia, Peltai, Sala, Blaundos oder Hierapolis weiterhin lokale Münzen prägten.

Durch die Münzprägung ist demnach die Verwendung der sullanischen Ära bei den Hyrgaleis in der ersten Hälfte des 3.Jh. n.Chr. nachweisbar. Für Dionysopolis hingegen liegt kein einziges gesichertes Zeugnis mit sullanischer Jahresrechnung vor. Auch die Weihung eines Dionysopoliten an Apollon Lairbenos[89] ist im Gegensatz zu den Inschriften von Motellenern für die gleiche Gottheit nicht mit einer Jahreszahl datiert. Bedeutet dies, daß die Inschriften mit Äradatierung, die in der Çal Ova, der hyrgaletischen Ebene, gefunden wurden, alle den Hyrgaleis zuzuweisen sind und nicht Dionysopolis? Dies würde die Lokalisierung von Dionysopolis noch unsicherer machen. Möglicherweise verwendete aber Dionysopolis die Datierung mit der Zahl 70 einmalig, zuvor

86   v.Aulock, Phrygien I Nr.341-356.372-384.

87   Z.B. v.Aulock, Phrygien I Nr.341-344 stempelgleich Nr.372-375. Nr.347-348 stempelgleich Nr.376-377. Nr.350-351 stempelgleich Nr.379-384.

88   Die Vermutung von W.M.Ramsay, JOEAI 27,1932, Beibl. 250ff., es habe sich um die gemeinsame 400-Jahr-Feier des Koinon der Hyrgaleis und der Polis Dionysopolis gehandelt, ist reine Spekulation. Die unterschiedliche Datierung der Prägungen spricht schon dagegen.

89   MAMA IV 277 A,I.

und danach aber wie die meisten Städte der Region die sullanische
Ära, so daß die Inschriften des 2. und 5.Jh.n.Chr. aus Bekilli
sowie die des 3.Jh. aus Kırbasan, Üçkuyu, Sırıklı und Dumanlı
auch aus dem Territorium von Dionysopolis kommen könnten. Eine
Entscheidung ist nach dem derzeitigen Kenntnisstand nicht
möglich.

Takina und Keretapa

Aus der Region der Seen von Salda und Yarışlı im Süden
Phrygiens sind mehrere nach einer Ära datierte Inschriften
bekannt. Eine mit der Jahreszahl 219 stammt aus Yarışlı[1], das mit
dem antiken Takina zu identifizieren ist[2]. In dem südlich davon
gelegenen Ort Çeltek (Çeltik) zwischen Yarışlı-Göl und Salda-Göl
wurde eine Inschrift mit der Jahreszahl 274 aufgenommen, die von
Ramsay zu den Inschriften von Keretapa gezählt wurde[3]. Geht man
noch weiter nach Süden, gelangt man in das Bergland, in dem der
antike Fluß Lysis entspringt. Dort wurde in Gebren (Çaltepe) eine
ins Jahr 204 datierte Inschrift gefunden[4]. Ramsay, der diesen Ort
mit den in der Ebene des oberen Lysis siedelnden Ormeleis
verbinden wollte, bezeichnete die Inschrift vom Stil her als
sullanisch. Ruge[5] hat bezweifelt, daß die antike Stätte bei Gebren,
aus der die Inschrift wohl stammt, noch zur Ebene der Ormeleis
gehörte, da sie zu weit entfernt und im Bergland liegt. Zu welcher
antiken Gemeinde die Inschrift, eine Weihung an Apollon, zu
rechnen ist, ist unsicher. Aber sie dürfte eher zu den Inschriften
der nördlich davon gelegenen Gebiete gehören als zur Lysisebene
im Süden, in der die kibyratische Ära vorherrschte[6].

Das antike Keretapa wollte Ramsay am See von Salda
lokalisieren[7]. Bei dem dort gelegenen Dorf Kayadibi wurde eine
Inschrift mit einer Äradatierung gefunden[8], eine weitere etwas
östlich davon in Karaatlı[9]. Robert hat aber die Lage der Stadt
Keretapa am See von Salda in Frage gestellt und Keretapa-
Diokaisareia weiter westlich am Nordostrand der Ebene von

1 Ramsay, Cities 330 Nr.139.
2 Ramsay, Cities 295ff.; G.E.Bean, AS 9,1959,89ff.; G.E.Bean,
in: The Princeton Encyclopedia of Classical Sites, Princeton 1976,
875; S.Şahin - D.H.French, EA 10,1987,133; TIB 7,397. Vgl. die
Erwähnung der Takineis in der Inschrift aus Yarışlı, Ramsay,
Cities 329 Nr.138 = IGR IV 881.
3 Ramsay, Cities 328 Nr.135, von Ramsay nach der sullanischen
Ära datiert, aber fälschlich ins Jahr 199/200 n.Chr. umgerechnet.
4 Ramsay, Cities 307 Nr.111.
5 W.Ruge, RE XVIII 1,1939,1105.
6 Siehe unten S.359ff.
7 Ramsay, Cities 275ff. Vgl. TIB 7,295.
8 JHS 8,1887,264 Nr.56; Robert, Villes 336.
9 Ramsay, Cities 328 Nr.134.

Karahüyük mit dem Dorf Kaysar zu identifizieren versucht[10]. Er schloß aber nicht aus, daß es zwei Städte gab, Diokaisareia in Kaysar und Keretapa bei Kayadibi gelegen[11]. Dadurch wird die Polis, zu der die drei datierten Inschriften aus Çeltek, Karaatlı und Kayadibi gehörten, unsicher. Wenn Keretapa nicht am See von Salda lag, könnten die Inschriften aus dem Territorium von Takina stammen oder zu einer noch unbekannten Stadt gehören, die am Salda-See lag.

Die Ära dürfte hier überall die sullanische sein. Darauf weisen die Aureliernamen in der Inschrift des Jahres 339 (sull.=254/5 n.Chr.) aus Kayadibi[12]. Die pharsalische, aktische oder gar die kibyratische Ära[13] führen in eine für die Inschriften zu späte Zeit, nämlich schon ans Ende des 3. und ins 4.Jh.n.Chr. Zur sullanischen Ära paßt ebenfalls der Name Aelia für eine Verstorbene in der Inschrift des Jahres 274 (sull.=189/90 n.Chr.).

Die Inschrift des Jahres 315 aus Güney[14], die zwischen dem See von Salda und der Ebene von Karahüyük aufgenommen wurde, könnte zu Keretapa gehören, aber auch zu der im Norden der Ebene gelegenen antiken Stadt, die Robert für Diokaisareia hielt. Es handelt sich dabei um eine Grabinschrift auf einem Sarkophagdeckel, wie sie in der Kibyratis ab der Mitte des 2.Jh.n.Chr. bis zum dritten Viertel des 3.Jh.n.Chr. häufig vorkommt[15]. Dies deutet auf die sullanische Ära, die bei der Datierung dieser Inschrift aus Güney angewandt wurde. Sie entstand also im Jahr 230/1 n.Chr. Die kibyratische Ära hingegen würde eine für diese Grabform zu späte Zeit im 4.Jh.n.Chr. ergeben. Eine Parallele ist die erwähnte Inschrift des Jahres 339 aus Kayadibi, die ebenfalls auf einem Sarkophagdeckel angebracht war und entsprechend der sullanischen Ära ins Jahr 254/5 n.Chr. zu datieren ist.

Im Nordteil der Ebene von Karahüyük, wo Robert Diokaisareia vermutete, wurde nur eine mit einer Jahreszahl datierte Inschrift gefunden, nämlich in Karahüyük, wo man versucht hat, Themisonion oder Eriza zu lokalisieren[16]. Dieses Dekret zu Ehren eines Gymnasiarchen ist ins Jahr 19 datiert[17] und sicher sehr früh, wahrscheinlich sogar früher als das Jahr 67/6 v.Chr., das man bei

---

10 Robert, Villes 105ff.318ff. Vgl. auch W.Ruge, RE XX 1, 1941,835 s.v. Phrygia; L.Robert, CRAI 1978,278 = Opera Minora Selecta V, Amsterdam 1989,734.

11 Robert, Villes 337f. Nach G.E.Bean, AS 9,1959,91 n.49 könnte dort die Stadt Sala gelegen haben; vgl. dagegen aber Robert, Villes 337 n.3 und Chr.Habicht, JRS 65,1975,77.

12 Siehe oben Anm.8.

13 Nach Ramsay, Cities 330 und 324 können die Inschriften der Jahre 219 und 274 nicht nach der kibyratischen Ära datiert sein, da diese zu spät wäre.

14 BCH 24,1900,59.

15 Siehe unten S.370f.

16 Siehe unten S.367.

17 G.Cousin - Ch.Diehl, BCH 13,1889,334 Nr.4 = Ch.Michel, Recueil d'inscriptions grecques, Paris 1898, Nr.544.

einer Umrechnung nach der sullanischen Ära erhält. Man könnte an
die Attalidenzeit denken und an die Zählung nach Regierungsjahren
eines pergamenischen Königs, etwa Eumenes II. oder Attalos II.,
wenn nicht an eine unbekannte lokale Ära, die ab dem Anschluß an
das pergamenische Königreich gerechnet wurde[18].

Ephesos und das Kaystrostal

Im Jahre 49/8 v.Chr. wurden in **Ephesos** die letzten Kistophoren geprägt, die Zahlen der lokalen Ära tragen, die ab 134/3
v.Chr. zu berechnen sind[1]. Aus dem römischen Ephesos ist nur
eine Inschrift bekannt, die mit einer Jahreszahl datiert wurde[2]. Es
handelt sich dabei um den schon ausführlich behandelten Beschluß,
im Heiligtum der Artemis eine Wache einzurichten[3]. Im Jahre 39/8
v.Chr. wurde diese Inschrift nach der Ära des Sieges Caesars bei
Pharsalos und nach dem Prytanen Aratos datiert (Taf.VII 1). In
der Regel waren die ephesischen Inschriften wie auch viele Münzen
der Stadt nach einem lokalen Jahresbeamten datiert, vor allem nach
dem schon vor der Attalidenzeit eponymen Prytanen[4]. Erst wieder
in der byzantinischen Zeit verwendete man in Ephesos eine Ära,
die damals übliche Jahreszählung "seit der Schöpfung der Welt"[5].
    In der Stadt Ephesos selbst hörte die Verwendung der pharsa-
lischen Ära zur Jahresbezeichnung offensichtlich bald auf[6]. Schon
die Nennung des Prytanen in der Datierungsformel der Inschrift
des Jahres 10 zeigt, daß sich die pharsalische Ära in Ephesos
nicht durchgesetzt hat, sondern noch immer die traditionelle
Datierung nach dem eponymen Beamten notwendig war. Die pharsalische Ära verbreitete sich aber von Ephesos aus im Kaystrostal[7].

18   Siehe unten S. 368f.
1   Siehe oben S. 204ff.
2   Eine Sonderform der Datierung, die Zählung nach der
Penteteris ab der Gründung der Spiele Ephesia, was in die
mythische Vergangenheit zurückführt, kommt nur in agonistischen
Inschriften vor: z.B. IvEphesos IV 1105A.1106.1121.1130;
IvEphesos V 1604.1605.1608. Vgl. dazu L.Robert, Documents 170f.;
IvEphesos IV p.74. – In Siegerinschriften findet sich die Zählung
nach den ephesischen Olympien; z.B. IvEphesos IV 1119.1121A.
3   IvEphesos IV 1387. Siehe oben S.221.
4   Vgl. D.Knibbe, RE Suppl.12,1970,271f.; K.J.Rigsby, Phoenix
33,1979,43 n.10; R.Sherk, ZPE 88,1991,249-251.
5   Z.B. IvEphesos III 1363. VI 2312B. VII 1,3118. VII 2,
4302.4307. Zu dieser sakralen Weltschöpfungsära vgl. z.B.
Bickerman, Chronologie 47; C.Foss, ZPE 31,1978,241ff.
6   In der Agonothetenliste IvEphesos Ia Nr.9, die bis 18/7 v.
Chr. reicht, ist die Ära nicht angewendet worden, wohl auch nicht
in dem allerdings fragmentarischen Volksbeschluß IvEphesos VI
2018 aus der Zeit zwischen 4 und 14 n.Chr.
7   Die caesarische Ära im Kaystrostal schon bei Ramsay, Cities
202; Keil - Premerstein III 65.87f.; Magie II 1261 n.9.

Dort lagen nämlich Katoikien, die zum Territorium von Ephesos gehörten. Da die Erläuterung der Art der Ära in einer Jahresangabe, wenn die Form der Zählung lange ausgeübt worden war und sich eingebürgert hatte, auch in offiziellen Inschriften nicht mehr nötig war, sind wir auf Synchronismen angewiesen, um Jahresangaben nach der pharsalischen Ära zu ermitteln.

Diese Ära ist für die ephesische Katoikie **Apateira**[8] durch eine in Tire im Kaystrostal gefundene Stiftungsinschrift für ein Bad nachzuweisen[9], da die Inschrift zwei Kaisern gewidmet ist und die Jahreszahl 259 trägt. Der Name des zuerst genannten Herrschers lautet M.Aurelius Antoninus, der zweite Name ist eradiert. Nach der sullanischen Ära entspräche die Jahreszahl 259 dem Jahr 174/5 n.Chr., als Marcus Aurelius alleine regierte, nach der aktischen Ära 228/9 n.Chr., als Severus Alexander Kaiser war. Die pharsalische Ära ab 48/7 v.Chr. führt aber genau ans Ende der gemeinsamen Regierung von Caracalla und Geta, nämlich in das Jahr 211/2 n.Chr. Bekanntlich ist Geta der damnatio memoriae verfallen, was die Beseitigung seines Namens erklärt. Die Datierung der Inschrift in die Zeit Caracallas und Getas wird unterstützt durch die Erwähnung des T.Flavius Lucius Hierax in Zeile 13f. Dieser, ein Sohn des Rhetors und Asiarchen T.Flavius Menander[10], erscheint auf Münzen von Hypaipa, die unter Caracalla geprägt wurden[11]. In Ephesos übte Hierax das Amt des Prytanen aus[12], was die Zugehörigkeit der Katoikie zu Ephesos zeigt. In derselben Inschrift werden zudem die lokalen Logisten, die Gemeindevorsteher, des Jahres 254 (=206/7 n.Chr.) genannt (Z.4ff.). Die pharsalische Ära war also hier eine offizielle Form der Datierung geworden.

Eine Jahreszahl stand auch in einer der Inschriften über den Kauf der Logisteia von Apateira[13]. Die Zahl lautete wahrscheinlich 160 (=112/3 n.Chr.), obwohl auch noch eine Einerziffer auf dem Stein gestanden haben könnte, weil der Marmorblock an dieser Stelle abgebrochen ist. Andere Verkaufsinschriften der Logisteia

---

8   Die genaue Lage der Katoikie ist unklar. Nach dem Fundort der Inschriften zu urteilen, ist sie in der Gegend von Tire im Kaystrostal zu suchen; vgl. Keil - Premerstein III 86f.; IvEphesos VII 1, p.182; R.Meriç - R.Merkelbach - S.Şahin, ZPE 33,1979, 191f. - Die Zugehörigkeit zu Ephesos ergibt sich nicht nur durch die Verbindung der meisten in den Inschriften genannten Personen mit Ephesos (vgl. Keil - Premerstein III 88), sondern auch durch die teilweise Datierung nach Prytanen und mit ephesischen Monatsnamen (vgl. IvEphesos VII 2,3246f.). Siehe auch J.P.Jones, JRS 73,1983,116 mit n.6. 119.

9   Keil - Premerstein III 86 Nr.116; IGR IV 1662; IvEphesos VII 1,3249.

10   Vgl. PIR III² p.158 Nr.308; IvEphesos II Nr.435.

11   Z.B. SNG Aulock 2969.

12   IvEphesos II 435.436.

13   IvEphesos VII 1,3249A.

sind hingegen nach dem ephesischen Prytanen datiert[14]. Die
Herkunft des Käufers hat vielleicht über die Form der Datierung
entschieden. In der erwähnten mit einer Jahreszahl datierten
Inschrift war es ein Mann aus Hypaipa. Dort wurde, wie noch zu
zeigen sein wird, die pharsalische Ära häufig verwendet[15]. Bei der
Inschrift IvEphesos VII 1,3247, die nach dem Prytanen datiert ist,
war hingegen ein Ephesier der Käufer. In dieser Inschrift wurde
also in der ephesischen Form nach dem eponymen Beamten datiert
und entsprechend auch der ephesische Kalender angewendet, wie
der Monatsname Neokaisareon in dieser Inschrift zeigt.

Oberhalb von Apateira lag auf der rechten Seite des Kaystros
die antike Stadt **Hypaipa**. Das Territorium von Hypaipa[16]
erstreckte sich über den Kaystros hinweg nach Süden bis zur
Messogis. Dies wird anhand der Fragmente von Katasterlisten
deutlich, in denen unter anderem die Kome Dideiphyta oder
Titeiphyta als zu Hypaipa gehörig bezeichnet wird[17]. Die
Inschriften dieser Kome oder Katoikie wurden in Kireli östlich von
Tire und in Gökçen (Fata) nahe bei Kireli gefunden und später
häufig nach Tire verschleppt[18]. Mehrere der Inschriften sind mit
Jahreszahlen datiert. In einer in das Jahr 261 datierten Urkunde
über den Kauf der Komarchie durch einen M.Aurelius Menander
aus Hypaipa[19] wird der Kaiser M.Aurelius Antoninus genannt. So
lautet aber sowohl der Name von Marcus Aurelius als auch von
Caracalla und Elagabal. Nach der sullanischen Ära wäre die
Inschrift 176/7 n.Chr. entstanden, nach der pharsalischen Ära
213/4 n.Chr. und nach der aktischen Ära 230/1 n.Chr. Letztere
scheidet wegen des Kaisernamens aus, weil die Inschrift dann
schon in die Zeit des Severus Alexander fallen würde. Der Name
M.Aurelius des Käufers deutet darauf hin, daß er sein
Bürgerrecht entweder der Constitutio Antoniniana oder den
Bürgerrechtsverleihungen des Marcus Aurelius[20] verdankte. Aus
diesem Zeugnis allein ist demnach keine Entscheidung zwischen
sullanischer und pharsalischer Ära zu fällen. Doch hilft eine
Inschrift des Jahres 273 aus Dideiphyta weiter[21], die den Kauf der
Komarchie durch einen Aurelius Metrodoros aus Hypaipa anzeigt.
Alle drei darin genannten Männer, die offensichtlich nicht
miteinander verwandt sind, führen den Aureliernamen. Dies weist

---

14 IvEphesos VII 1,3246.3247.
15 Auch der T.Flavius Hierax in der oben behandelten
Stiftungsinschrift war, wie gezeigt wurde, mit Hypaipa verbunden.
16 Vgl. Strab.13,4,7 p.627c und Vibius Sequester, De
fluminibus 41 (zitiert in IvEphesos VII 2, p.341).
17 IvEphesos VII 2,3805.3806. Vgl. dazu Keil - Premerstein III
69.
18 IvEphesos VII 2,3852.3855.3857. Vgl. dazu Keil-Premerstein
III 66.
19 IvEphesos VII 2,3855.
20 Vgl. Holtheide 109.
21 IvEphesos VII 2,3858.

deutlich auf die Zeit nach 212/3 n.Chr. hin. Nach der sullanischen
Ära wäre die Inschrift aber schon im Jahre 188/9 n.Chr. aufgestellt worden. Es ist also die pharsalische Ära, die in der Katoikie
Dideiphyta verwendet worden ist. Der in der Inschrift des Jahres
261 genannte Kaiser ist Caracalla[22], das Jahr 261 entspricht 213/4
n.Chr. Eine weitere Inschrift mit Äradatierung, die Kaufurkunde
der Komarchie durch einen Aurelius Marcus aus Ephesos vom Jahre
320, gehört somit ins Jahr 272/3 n.Chr.[23], die Inschrift des
Jahres 273 über den Kauf durch Aurelius Metrodoros aus Hypaipa
in das Jahr 225/6 n.Chr.[24]. Eine Weihung an Theos Hypsistos mit
der Jahreszahl 220 (=172/3 n.Chr.), die aus Gökçen gekommen sein
soll und unter die Inschriften aus Tire aufgenommen worden ist[25],
dürfte ebenfalls aus der Katoikie Dideiphyta stammen, wie viele der
in Tire aufgenommenen Inschriften offenbar aus diesem zu Hypaipa
gehörenden Gebiet verschleppt worden sind[26].

Wenn in einer Kome der Stadt Hypaipa die pharsalische Ära
nachzuweisen ist, wird diese auch für die übrigen mit Jahreszahlen
versehenen Inschriften gelten, die auf dem Territorium Hypaipas
gefunden wurden. Dies trifft für fünf in Ödemiş entdeckte
Grabinschriften zu, die in den Jahren zwischen 206 und 268
aufgestellt worden waren[27]. Ob die Bauinschrift einer Brunnen-
anlage und der dazugehörigen Wasserleitung, die aus Karaköy im
Gebirge nördlich des Kaystrostales stammen soll[28], ebenfalls auf
dem Territorium von Hypaipa stand, ist unsicher. In dieser
Inschrift der sonst unbekannten Τεμψιανων ist aus unerfindlichen
Gründen die Jahreszahl ausgemeißelt worden.

Östlich an das Territorium von Hypaipa schloß sich im
Kaystrostal das Gebiet der Stadt **Dioshieron** an[29]. Am Südrand des
Kaystrosebene wurde im Dorf Konaklı (Adigüme) eine Grabinschrift
gefunden, die ins Jahr 262 datiert ist und bei Grabfrevel

---

22 So auch L.Robert, Documents de l'Asie Mineure méridionale,
Genf - Paris 1966,75 n.2.

23 IvEphesos VII 2,3856.

24 IvEphesos VII 2,3858.

25 IGR IV 1658; IvEphesos VII 1,3303.

26 Z.B. IvEphesos VII 2,3852. Eine in der Zeitschrift
"Harmonia" vom November 1899 publizierte Inschrift findet sich
auch im Skizzenbuch (S.18) von E.Jordanidis aus dem Jahr 1898 in
der Kleinasien-Kommission der Österreichischen Akademie der
Wissenschaften in Wien. Sie stammte nach Jordanidis aus
"Perschefli bei Tire" und war nach seiner Lesung ins Jahr 216
datiert. Der Fundort dürfte mit dem modernen Dorf Peşrefli auf
dem Gebiet der antiken Katoikie Dideiphyta identisch sein.

27 IvEphesos VII 2,3831, deren Jahreszahl nach Keil -
Premerstein III 74 Nr.97 eher 290 als 206 lautete. IvEphesos VII
2,3827. IvEphesos VII 2,3833. IvEphesos VII 2,3832. IvEphesos VII
2,3837.

28 J.Keil - F.Gschnitzer, AAWW 93,1956,223 Nr.3. Vgl. auch
Herrmann, Neue Inschriften 16 Nr.14 mit Taf.III 7.

29 Zur Lokalisierung vgl. Keil - Premerstein III 62f.

Strafzahlungen an Dioshieron androht[30]. Sie stand also auf dem Gebiet dieser Stadt. Schon Keil-Premerstein[31] schlossen aus dem Aureliernamen, den alle darin genannten Personen tragen, daß die Inschrift später als die Constitutio Antoniniana aufgestellt worden war und nicht nach der sullanischen Ära datiert sein kann. So gilt diese Inschrift als Beweis für die Gültigkeit der pharsalischen Ära in Dioshieron[32]. Aber auch nach der aktischen Ära käme man in die Zeit nach 212/3 n.Chr., nämlich in das Jahr 231/2 n.Chr. Da diese Ära aber im Kaystrostal nicht nachgewiesen werden kann, zudem in der Nachbarstadt Hypaipa die pharsalische Ära bezeugt ist, wird dies auch für Dioshieron gelten. Das Jahr 214/5 n.Chr., also kurz nach dem Erlaß der Constitutio Antoniniana, würde für eine Inschrift, in der viele Personen den Aureliernamen führen, gut passen.

Die von Şahin in Kaymakci südöstlich von Ödemiş aufgenommene Inschrift, die ins Jahr 281 oder 284 datiert war[33], wurde in den "Inschriften von Ephesos" unter Dioshieron aufgenommen. Da aber die Grenzziehung zwischen Dioshieron und den im oberen Kaystrostal gelegenen Gemeinden der **Kilbianoi** nicht sicher ist[34], könnte sie auch zu den Kilbianern gehören. Allerdings sind alle mit Jahreszahlen versehene Inschriften, die den Kilbianoi zuzuweisen sind, viel weiter flußaufwärts bei Beydağ (Balyanbolu) und in der Ebene um Kiraz (Keles) gefunden worden. Aus Kiraz selbst, dem antiken Koloe[35], stammt die Grabinschrift der Familie des Onesimos aus dem Jahr 261[36], ebenso wie die Grabinschrift des Aurelius Herodianus vom Jahre 340[37]. Der Aurelianame führt hier beim Versuch, die Ära zu bestimmen, nicht weiter, da man mit allen drei überregionalen Ären in die Zeit nach Caracalla kommt[38].

---

30 IvEphesos VII 2,3751.

31 Keil - Premerstein III 63. Übernommen von L.Robert, AC 32, 1963,5 n.5 = Opera Minora Selecta VI, Amsterdam 1989,57 n.5.

32 Der Bezug des Aureliernamens auf alle drei Brüder ist allerdings nicht sicher; vgl. L.Robert, AC 32,1963,5 n.6 = Opera Minora Selecta VI 57 n.6 und n.7.

33 IvEphesos VII 2,3758 = SEG 31,994.

34 Vgl. Keil - Premerstein III 56ff. Nicht korrekt ist die Behauptung von D.Knibbe, RE Suppl.12,1970,270, daß unter Augustus das kilbianische Gebiet zum ephesischen Territorium gehörte; vgl. L.Robert, Etudes Déliennes, BCH Suppl.I, Athen - Paris 1973,476f.; Robert, Bull.épigr. 1982,311. Im Gebiet der Kilbianoi gab es aber wohl exterritorialen Besitz der Ephesier; vgl. IvEphesos VII 2,3706.

35 Vgl. Keil - Premerstein III 57.

36 Keil - Premerstein III 61 Nr.75; IvEphesos VII 2,3709.

37 Fontrier, REA 4,1902,264 Nr.14; IGR IV 1613; IvEphesos VII 2,3711.

38 In IGR IV 1613 wurde für die Grabinschrift des Aurelius Herodianus die sullanische Ära angenommen, in IvEphesos VII 2,3711 die Datierung offengelassen, für das Grab des Onesimos (IvEphesos VII 2,3709) aber die caesarische Ära angewendet.

Die aktische Ära, die ins Jahr 309/10 n.Chr. führt, wäre aber
sehr spät. Eine Inschrift aus Palaiopolis[39], beim heutigen Beydağ
gelegen[40], enthielt eine Ehrung für einen römischen Senator,
dessen Name aber nicht mehr erhalten ist. Für die Aufstellung
dieser Inschrift, die ins Jahr 259 datiert ist[41], sorgte ein Mann,
der den Aureliernamen trägt. Dies könnte auf die Zeit nach 212/3
n.Chr. deuten. Dann wäre aber nur die aktische Ära möglich, die
ins Jahr 228/9 n.Chr. führt[42]. Doch ist die Verleihung des
römischen Bürgerrechts im Kaystrostal auch schon unter Kaiser
Marcus Aurelius nachgewiesen worden[43], so daß dort auch der
Aureliername schon im 2.Jh.n.Chr. vorkommen kann. Die
Herausgeber und Kommentatoren der Inschrift haben fast alle die
caesarische Ära angenommen[44], die die Inschrift in das Jahr 211/2
n.Chr. setzen würde. Gegen Ende dieses Jahres könnte die
Constitutio Antoniniana auch schon erlassen worden sein. Aber
ihre Auswirkungen auf die Personennamen werden sich wohl kaum
schon so schnell gezeigt haben[45]. Mit dieser Inschrift ist jedenfalls
die Frage nach der bei den Kilbianoi verwendeten Ära nicht sicher
zu lösen, wenn auch die sullanische Ära als zu früh ausscheiden
kann.
    Die übrigen mit Jahreszahlen datierte Inschriften der oberen
Kilbianoi, aus Suludere (Yagaz) am Nordrand der Ebene von
Kiraz[46] und aus Elbi sowie Ören im Bergland östlich der Ebene[47],
geben ebenfalls keine sicheren Anhaltspunkte über die Art der
Jahreszählung. Bei der Inschrift aus Ören vom Jahre 237 schloß
Buresch[48] aus den Schriftformen auf die sullanische Ära, für die
des Jahres 259 aus Palaiopolis auf die aktische Ära[49]. Solche
Schlußfolgerungen sind sehr problematisch. Sie zeigen aber, daß
Buresch, der die pharsalische Ära nicht kannte, gerade im oberen
Kaystrostal sehr unsicher mit seiner Methode geworden war. Keil -
Premerstein haben bei den Kilbianoi die caesarische Ära angenom-

    39   IvEphesos VII 2,3707. Vgl. Keil - Premerstein III 60 Nr.73;
W.Eck - R.Merkelbach, ZPE 33,1979,148.
    40   Vgl. Buresch 179; Keil - Premerstein III 57.
    41   Die Lesung der Zeilen 14 und 15 der Inschrift ist nicht ganz
klar, aber die Zahl 259 scheint sicher.
    42   So Buresch 25f.
    43   Vgl. Holtheide 109.
    44   Keil - Premerstein III 60; IvEphesos VII 2, p.319; W.Eck -
R.Merkelbach, ZPE 33,1979,148.
    45   Vgl. P.Herrmann, Chiron 2,1972,530 Anm.37, der den Stein
wegen seiner Zerstörungen nicht heranziehen wollte, um den
genauen Zeitpunkt der Constitutio Antoniniana zu berechnen.
    46   A.E.Kontoleon, REG 12,1899,383 Nr.5; IvEphesos VII 2,3713.
Vgl. Keil - Premerstein III 58.
    47   Keil - Premerstein III 61 Nr.72 = IvEphesos VII 2,3716 und
Buresch 125 Nr.63 = IvEphesos VII 2,3720.
    48   Buresch 125.
    49   K.Buresch, MDAI(A) 19,1894,124f. Anm.2; Buresch 25f.

men, "zu welcher die Schriftformen und der Inhalt aller in
Betracht kommenden Texte aufs beste passen"[50]. Die Herausgeber
und Bearbeiter der "Inschriften von Ephesos" haben die
Inschriften der Kilbianoi entweder nach der caesarischen Ära
datiert[51] oder die Jahreszahlen nicht umgerechnet[52].

Die niedrigste Jahreszahl im gesamten Kaystrostal weist eine
Grabinschrift aus Gevele auf, die bei Grabschändung Strafzahlungen für die oberen Kilbianoi androht[53]. Wenn die Lesung
von Kontoleon stimmt, steht darin ohne nähere Erläuterung über
die Art der Ära 6 als Jahreszahl[54]. Ein solche frühe Jahreszahl,
ohne sie näher zu definieren, deutet darauf hin, daß in dieser
Region eine schon bekannte Ära existierte und im Gegensatz zu
den öffentlichen Inschriften aus Apollonis und Ephesos die Art der
Jahresbezeichnung nicht erläutert werden mußte. Da im mittleren
Kaystrostal die pharsalische Ära galt, wäre es verwunderlich,
wenn im oberen Teil zu einem solch frühen Zeitpunkt, als die
pharsalische Ära noch in der Erinnerung sein mußte, die aktische
Ära angewendet worden wäre, ohne daß dies näher gekennzeichnet
wurde. Es handelt sich allerdings in diesem Fall um eine private
Inschrift, bei der auf Formalien vielleicht nicht geachtet worden
ist.

Schon aus geographischen Gründen ist es wahrscheinlich, daß
die pharsalische Ära bis in das obere Kaystrostal vorgedrungen ist
und dort die gleiche Jahresrechnung verwendet wurde, die im
mittleren Teil des Tales bis ins 3.Jh.n.Chr. bezeugt ist[55]. Da im
oberen Kaystrosgebiet exterritorialer Besitz der Stadt Ephesos
lag[56], ist es auch nicht verwunderlich, daß in der dortigen
Nachbarschaft schon früh die pharsalische Ära verwendet wurde,
zu einem Zeitpunkt, als sie auch in Ephesos selbst zu finden war.
Das Eindringen der aktischen Ära hingegen über das schwer
zugängliche Gebirge im Osten vom Kogamostal oder von Norden aus
Sardeis und Daldis ist eher unwahrscheinlich, wenn auch nicht
auszuschließen.

Nordwestlydien
(Apollonis, Thyateira, Hyrkaneis, Attaleia)

Aus dem nordwestlichen Lydien mit den Städten Attaleia,
Thyateira, Apollonis, Kamai, Hermokapeleia, Hierokaisareia,
Hyrkaneis und Magnesia am Sipylos, deren Inschriften im Band V 2
der Tituli Asiae Minoris zusammengestellt sind, wurden insgesamt

50   Keil - Premerstein III 58; vgl. auch ibid.88.
51   So IvEphesos VII 2,3707.3709.3716.
52   So IvEphesos VII 2,3711.3713.3720.3726.
53   A.E.Kontoleon, MDAI(A) 14,1889,99 Nr.34; IvEphesos VII 2,
3726.
54   Buresch 25 meinte, das Datum sei nicht bestimmbar.
55   So auch Keil - Premerstein III 65.
56   Vgl. IvEphesos VII 2,3706.

nur neun Inschriften publiziert, die mit Jahreszahlen datiert waren. Die Äradatierung spielte offenbar an der Westküste Kleinasiens, in Ionien, der Aiolis, aber auch in Nordwestlydien, kaum eine Rolle. Gerade in den westlichsten Teilen Nordwestlydiens mit den Städten Magnesia und Hermokapeleia fehlen jegliche Inschriften mit Äradatierung.

Aus der Region von **Apollonis** stammt das berühmte, aber vereinzelte Zeugnis, das sowohl nach der pharsalischen als auch nach der aktischen Ära datiert ist (Taf.VIII 1)[1]. Die oben schon behandelte Inschrift stammt aus Üçavlu an der Nordgrenze des Territoriums von Apollonis. Nicht nur geographische Gründe sprechen für die Zugehörigkeit zu Apollonis[2], sondern auch die dritte Form der Datierung, die sich in der Inschrift findet, die Nennung des eponymen Stephanephoren. In Apollonis war dieses Amt eponym[3]. Der genannte Stephanephore stammte wohl, wie sein Patronymikon zeigt, aus einer berühmten Familie von Apollonis[4]. Dieses Ehrendekret der Katoikie Akokome oder Nakokome ist folgendermaßen datiert: ἔτους εἰκοστοῦ καὶ πρώτου τῆς Καίσαρος τοῦ πρεσβυτέρου Αὐτοκράτορος θεοῦ νείκης, τετάρτου δὲ τῆς Καίσαρος τ[οῦ] νεωτέρου Αὐτοκράτορο[ς,] θεοῦ υἱοῦ, στεφανηφόρου δὲ καὶ ἱερέως τῆς Ῥώμης Ἀπολλωνίδου τοῦ Αἰσχρίωνος, μηνὸς Δαισίου δωδεκάτῃ. Das ?1.Jahr des Sieges des älteren Caesar bezieht sich auf die Schlacht von Pharsalos im Jahre 48 v.Chr. und entspricht, dem Datierungsformular der Inschrift entsprechend, dem 4.Jahr des Sieges des jüngeren Caesar. Dies kann nur der Sieg des Octavianus bei Aktium sein. Die ab Aktium zählende Ära ist, wie oben gezeigt wurde[5], ab 31/0 v.Chr. zu rechnen, die pharsalische Ära demgemäß ab 48/7 v.Chr.

Das Dekret wurde also 28/7 v.Chr. aufgestellt, unter dem Stephanephoren und Romapriester Apollonides, Sohn des Aischrion, letzteres die übliche Datierungsweise in Apollonis. Die dreifache Angabe des Jahres weist darauf hin, daß die beiden ersten Jahreszahlen wohl nicht allein der Datierung wegen gegeben wurden. Zu diesem Zweck hätte die sonst übliche Eponymendatierung ausgereicht. Offensichtlich waren die Zahlenangaben der beiden Ären eher als schmeichlerische Huldigung an den neuen römischen Herrscher gedacht, der gerade erst den Griechen der Provinz Asia den Kult seiner Person zusammen mit der Göttin Roma gestattet hatte, den Römern in Asia aber nur die Verehrung seines Adoptivvaters Caesar und der Göttin Roma[6]. Zum ersten und

---

1 Herrmann, Neue Inschriften 8 Nr.6; SEG 19,710; TAM V 2, 1229.

2 Vgl. Robert, Villes 247 n.3; Herrmann, Neue Inschriften 9f.; TAM V 2, p.421.

3 Vgl. z.B. TAM V 2,1204-1206.1208.

4 Vgl. den Kommentar zu TAM V 2,1229 und die Inschriften TAM V 2,1195 und 1206.

5 Siehe S.225ff.

6 Cass.Dio 51,20,6ff.; Tac.ann.4,37.

einzigen Mal in Apollonis ist in dieser Inschrift auch ein Romapriester bezeugt[7]. Der hier genannte Stephanephore bekleidete gleichzeitig auch diese Priesterwürde. Der Zusammenhang zwischen Romakult und der Ehrung Caesars und Octavians durch das Hervorheben ihrer Siege als epochalen Ereignissen ist deutlich. Schon Cicero[8] hatte die Apollonidenser als amantissimos populi Romani, fidelissimos socios bezeichnet. Ihre traditionell enge Verbindung zu den Römern äußerte sich hier in derartigen Ehrungen der neuen römischen Herrscher.

Mit Jahreszahlen entsprechend den königlichen Regierungsjahren war in Apollonis schon unter den Attaliden datiert worden[9]. In der Zeit danach ist in Apollonis außer unserer Inschrift keine weitere mit einer Jahreszahl bezeugt. Bei den beiden Ären im Gebiet von Apollonis handelt es sich offenbar nur um kurzfristige Erscheinungen. Peter Herrmann[10] hat zu Recht betont, daß die Ausführlichkeit des Textes zeigt, "daß es hier noch nicht um routinemäßige Jahreszählung geht, sondern daß der Eindruck der historischen Ereignisse noch sehr unmittelbar dahinter steht". Die Äradatierung in dieser Form und der Romakult könnten gleichzeitig eingeführt worden sein. Dafür bietet sich die Zeit an, als vom Koinon von Asia mit Genehmigung des Princeps die oben erwähnten Kulte eingeführt wurden. Doch könnte die pharsalische Ära nach dem Beispiel von Ephesos auch schon früher zu Ehren Caesars verwendet worden sein. Die Datierung nach dem Siege Caesars wird als erste im Formular der Inschrift genannt, was als Hinweis auf ihre vorherige Existenz gewertet werden kann. Eine solche Ära ab Caesars Sieg bei Pharsalos wird auch schwerlich erst nach den jüngeren Ereignissen um Marcus Antonius und Octavianus eingeführt worden sein, auch wenn Octavianus die Verehrung seines Adoptivvaters förderte. So wird man wohl davon ausgehen müssen, daß es die pharsalische Ära wie in Ephesos auch in Apollonis schon in den 40er und 30er Jahren gab und wohl noch in weiteren Städten dieses Raumes, aus denen uns aber kein entsprechendes Zeugnis erhalten blieb.

Die offizielle Datierungsweise der Stadt **Thyateira**[11] war in der römischen Kaiserzeit die nach dem römischen Proconsul[12]. Eine Jahreszahl findet sich zwar in einem Dokument der Seleukidenzeit[13]. Danach hört aber auch hier die Datierung mit Jahreszahlen auf, bis sich in byzantinischer Zeit die Weltschöpfungsära und die

---

7 Vgl. C.Fayer, Il culto della dea Roma, Pescara 1976,88f.; R.Mellor, ΘΕΑ ΡΩΜΗ. The Worship of the Goddess Roma in the Greek World, Göttingen 1975,72.

8 Cic.Flacc.71.

9 Vgl. TAM V 2,1188-1190.

10 Herrmann, Neue Inschriften 9. Vgl. auch L.Robert, BCH 109,1985,474 n.34 = Robert, Documents 528 n.34.

11 Zur Lage der Stadt vgl. TAM V 2, p.307f.

12 Z.B. TAM V 2,860.912f.926.1051.1081.1084.1106.1142.1144. 1149-1151.

13 Vgl. TAM V 2,881.

Bezeichnung des Jahres mit Indiktionszahlen durchsetzte[14]. Nur ganz wenige private Inschriften, die in Thyateira und seiner Umgebung[15] gefunden wurden, weisen Äradatierungen auf. Die Grabstele des Jahres 319, die angeblich aus Thyateira kommt[16], stammt in Wirklichkeit aus Akmoneia, wie Robert zeigen konnte[17]. Ob am Anfang des Inschriftenfragments TAM V 2,1172, wie vermutet wurde, eine Jahreszahl stand, ist fraglich. Auch bei der Inschrift TAM V 2,1062 stand am Schluß zwar das Tages- und Monatsdatum, aber keine Jahreszahl. Zwei der vier noch verbleibenden Inschriften mit Jahreszahlen kommen aus dem Grenzgebiet zu der Gemeinde, die im Bergland zwischen Thyateira und Iulia Gordos lag[18], deren Name und Status noch unbekannt sind, wo aber der Großteil der Inschriften nach der sullanischen Ära datiert war[19]. Die Grenzziehung ist zumindest bei Hacıosmanlar sehr unsicher, so daß die dort gefundene Inschrift auch aus dem östlich anschließenden Demos stammen kann oder von dort verschleppt wurde. Da es sich um eine private Grabinschrift handelt, kann die Verwendung einer Ära auch von der Nähe der Region, in der diese Form der Datierung vorherrschte, beeinflußt worden sein. Denn private Auftraggeber mußten sich wohl nicht unbedingt an die übliche Datierungsform der Polis halten, auf deren Territorium sie die Inschrift aufstellten[20]. Dies mag auch der Grund sein, warum eine in Akhisar (-Thyateira) gefundene Grabinschrift für einen Antoninus mit der Jahreszahl 322 datiert ist[21]. Vater und Bruder des Antoninus tragen den ungewöhnlichen Namen Λουκιπερος, der möglicherweise aus einem keltischen oder römischen Namen abgeleitet ist[22]. Diese Familie könnte die Äradatierung aus einer anderen Region Kleinasiens nach Thyateira mitgebracht haben. So bleibt nur noch das Grabepigramm, das ins Jahr 318 datiert ist[23], als Zeugnis für die Äradatierung in Thyateira, und auch dieses Zeugnis weist eine Verbindung nach außerhalb auf, zu zwei Inschriften nämlich, die vom Marmara Gölü und aus Kula stammen sollen[24]. Daß man es in Thyateira nicht

14   Z.B. TAM V 2,1158.1162.

15   Zum Territorium von Thyateira vgl. TAM V 2, p.308.

16   Th.Wiegand, MDAI(A) 36,1911,293; K.A.Neugebauer, Antiken in deutschem Privatbesitz, Berlin 1938,20 Nr.47; C.Vermeule, Mélanges Mansel I, Ankara 1974,124; Pfuhl - Möbius, Ostgriech. Grabreliefs Nr.2289.

17   L.Robert, Hellenica 10,1955,247f.

18   TAM V 2,1059 aus der Gegend von Hacıosmanlar, TAM V 2, 1128 aus der Region von Görenez (Doğankaya), bei der versehentlich die Jahreszahl als 321 statt 323 aufgelöst wurde.

19   Siehe unten S.314ff.

20   Siehe z.B. oben S.163.

21   TAM V 2,1061.

22   Vgl. den Kommentar zu TAM V 2,1061. Der Verstorbene und seine Mutter tragen römische Namen.

23   TAM V 2,1094.

24   TAM V 1,630.631. Siehe dazu unten S.304f.

gewohnt war, mit einfachen Zahlziffern umzugehen, könnte sich
darin zeigen, daß in der Inschrift aus Görenez (Doğankaya) vom
Jahr 323 die Zahlen voll ausgeschrieben waren[25], was im 2. und
3.Jh.n.Chr. äußerst selten war[26].

Wenn also in Thyateira in seltenen Fällen nach einer Ära datiert
wurde, waren offensichtlich äußere Einflüsse dafür verantwortlich[27]. Wegen ihrer weiten Verbreitung war deshalb die in diesen
Zeugnissen verwendete Ära mit größerer Wahrscheinlichkeit die
sullanische als irgendeine andere Ära. Das Auffinden von zwei der
so datierten Inschriften an der Ostgrenze des Territoriums von
Thyateira, in Hacıosmanlar und bei Görenez, läßt darauf schließen,
daß dort wie in den östlich anschließenden Fundstätten äradatierter
Inschriften die sullanische Ära verwendet wurde. In der Inschrift
des Jahres 322 aus Akhisar heißt die Mutter des verstorbenen
Antoninus Faustina[28]. Faustina war im 2.Jh.n.Chr. ein Modename
geworden. Gerade in dieser Zeit ist der Name häufig bezeugt[29].
Nach der sullanischen Ära würde die Inschrift in das Jahr 237/8
n.Chr. gehören, nach der pharsalischen ins Jahr 274/5 n.Chr.
und nach der aktischen schon ans Ende des 3.Jh., ins Jahr 291/2
n.Chr. Hier paßt sicherlich besser die sullanische Ära, wenn man
das Alter der Mutter des Verstorbenen berücksichtigt. Für die
vierte Inschrift aus dem Jahre 318[30] wird man ebenfalls die
sullanische Ära bevorzugen[31]. Die Form der Jahreszahl τηι'= 318
mit der Einerziffer zwischen Hunderter- und Zehnerziffer erinnert
an die beiden Grabstelen aus Hasankıranı bei Daldis und aus Kula,
die in die Jahre 315 und 316 datiert sind, deren ursprünglicher
Aufstellungsort unsicher ist, die aber mit einiger Sicherheit nach
der sullanischen Ära datiert waren, sowie an eine vierte Stele im
Museum Manisa mit der Jahreszahl 316[32]. Diese Besonderheit in
vier Inschriften, die innerhalb von vier Jahren entstanden,
dürfte auf die gleiche Werkstätte hindeuten, die Robert schon für
die beiden Inschriften der Jahre 315 und 316 erschlossen hat[33].
Man wird somit in allen auf dem Gebiet von Thyateira gefundenen

25 TAM V 2,321.
26 In Iulia Gordos wurde 230/1 n.Chr. einmal die Hunderterziffer voll ausgeschrieben (TAM V 1,738), in Apameia 220/1 n.Chr.
die gesamte Zahl (MAMA VI 213), einmal auch im 2.Jh.n.Chr. in
Philadelpheia eine Jahreszahl der aktischen Ära (EA 15,1990,67
Nr.30).
27 Die nach einer Ära datierte Grabinschrift eines Thyateireners
für seine Frau, die in Kula gesehen wurde (TAM V 1,280), dürfte
aber nach der in der Katakekaumene üblichen Form datiert sein.
28 TAM V 2,1061.
29 Vgl. in Iulia Gordos TAM V 1,765 und 731, in Saittai TAM V
1,117.
30 TAM V 2,1094.
31 So auch Keil - Premerstein II 47 Nr.90 und TAM V 2,1094.
32 TAM V 1,630.631; Malay Nr.349.
33 Siehe unten S.304f.

Inschriften, die mit Jahreszahlen datiert sind, die sullanische Ära annehmen können.

Die einzige nach einer Ära datierte Inschrift aus der Region westlich des Sees von Marmara kommt aus dem Dorf Büyükbelen, das von den Bearbeitern der Tituli Asiae Minoris zum Territorium von **Hyrkaneis** gerechnet wurde[34], weil dort eine Ehreninschrift für einen Bürger der Hyrkaneis gefunden worden ist[35]. Woher diese Inschrift aber genau stammt, ist nicht ganz sicher. Die Region um Gölmarmara mit mehreren Zeugnissen für die sullanische Ära ist nicht weit[36]. Die Inschrift aus Büyükbelen ist ins Jahr 310 datiert. Peter Herrmann hat auf die fast wörtlich gleiche Wendung in Zeile 8 dieses Textes aus Büyükbelen und in Zeile 5 der Inschrift des Jahres 318 aus Thyateira[37] verwiesen. Ob ein Zusammenhang zwischen diesen beiden für die Region seltenen Zeugnissen mit Äradatierung besteht, ist aber nicht sicher. Doch dürften sie in die gleiche Zeit gehören; das heißt, die sullanische Ära galt auch für die Inschrift aus Büyükbelen.

Nördlich des Territoriums von Thyateira lag die Stadt **Attaleia**[38]. Offiziell wurden dort die Urkunden nach eponymen Beamten[39] und wie in Thyateira zur Kaiserzeit auch nach dem römischen Proconsul[40] datiert. An der äußersten Nordostecke des Territoriums von Attaleia, wie es in den Tituli Asiae Minoris definiert wurde[41], sind in Sarılar im oberen Lykostal Grab-inschriften gefunden worden, die offensichtlich nach der sullanische Ära datiert sind[42]. Ein Grabaltar[43] trug auf der Vorderseite eine mit der Jahreszahl 312 versehene Inschrift für den verstorbenen Demetrios, auf der Nebenseite eine Grabinschrift des Jahres 338 für seine Mutter Sokrateia. Eine Grabinschrift des Jahres 333 auf einem anderen Stein galt einer Neikomedeia[44], die wohl mit der zuvor genannten Familie verwandt war[45]. Auf der Grabstele der Neikomedeia waren Gegenstände des täglichen Gebrauchs dargestellt, wie sie häufig auf Grabsteinen aus Phrygien vorkommen, in Lydien aber auf das nordöstliche Bergland beschränkt waren[46]. Es scheint sich hier um eine Familie gehandelt zu haben, die sowohl bezüglich der Grabsteine als auch hinsichtlich der Ära die Formen verwendete, die im Bergland östlich des Fundortes üblich waren. Entweder war die Familie aus

---

34   TAM V 2,1326.
35   TAM V 2,1324.
36   Siehe unten S.312f.
37   TAM V 2,1094.
38   Vgl. dazu TAM V 2, p.296f.
39   Vgl. TAM V 2,828.
40   Vgl. TAM V 2,841.
41   TAM V 2,840A.840B.843.
42   So Keil - Premerstein II 64f.67; TAM V 2, p.297.
43   TAM V 2,840 A und B.
44   TAM V 2,843.
45   Vgl. Keil - Premerstein II 65.
46   Vgl. Keil - Premerstein I 73. II 65.

einer der östlich gelegenen Gemeinden gekommen[47], oder der
Aufstellungsort der Inschriften gehörte noch zu den im Bergland
zwischen Thyateira und Iulia Gordos gelegenen Gemeinden. Nur
wenige Kilometer südöstlich in Kömürcü wurden elf nach der
sullanischen Ära datierte Inschriften gefunden[48].

Es fällt auf, daß alle nach der sullanischen Ära datierten
Inschriften aus Nordwestlydien in den 28 Jahren zwischen 225/6
und 253/4 n.Chr. aufgestellt wurden, mit Ausnahme der einen aus
Hacıosmanlar, die aber nicht unbedingt aus Thyateira stammen
muß. Die Ära wurde also erst spät und nur vereinzelt in diesem
Teil Lydiens verwendet.

Die Region um den See von Marmara und das nördlich angrenzende Bergland
(Sardeis, Daldis, Charakipolis, Maibozanoi Iulieis?)

Die Grenzziehung zwischen den einzelnen Territorien in der
Umgebung des Sees von Gygaia oder Koloe, der heute nach der
nördlich davon gelegenen Stadt Marmara benannt wurde[1], ist
unklar. Insofern soll diese Region insgesamt behandelt werden.
Bezüglich der Zeitrechnung bestehen einige Probleme für dieses
Gebiet, da dort in römischer Zeit offensichtlich mehrere Formen
der Jahresangaben aufeinandertreffen, von Nordwesten her die
Datierung nach Proconsuln[2], wie sie vor allem in Thyateira, in
Hierokaisareia, aber auch in Sardeis zu finden ist[3], von Norden
und Osten die Jahreszählung nach der sullanischen Ära und von
Südosten aus Richtung Philadelpheia und dem Kogamostal die
Jahresdatierung nach der aktischen Ära. Hinzu kommt, daß viele
Inschriften in diese Region verschleppt worden sind, deren genaue
Herkunft nicht mehr zu bestimmen ist, so daß sichere Ergebnisse
für die einzelnen antiken Städte, die dort lokalisiert wurden, kaum
möglich sind.

Das Territorium des südlich des Marmara Gölü gelegenen **Sardeis**
umfaßte zumindest das Südufer und einen Teil des Ostufers des
Sees[4]. Denn östlich des Sees wurde beim Dorf Kemerdamları eine
Inschrift gefunden (Taf.VI 2), mit der der Kultverein des Apollon
Pleurenos einen Beamten von Sardeis ehrt, der für die Kontrolle

---

47 Vgl. Keil – Premerstein II 65.67.

48 TAM V 1,814-824.

1 Vgl. zum See L.Robert, BCH 108,1982,334ff. = Robert,
Documents 296ff.

2 So TAM V 1,620.637.653.670.

3 Vgl. z.B. TAM V 2,912.926.943.1051.1084.1144.1149.1150.
1252.

4 Vgl. auch P.Herrmann, Chiron 19,1989,147f., wo in einer
sardischen Inschrift des Jahres 44 v.Chr. ein Heiligtum am See
von Koloe genannt wird.

der sakralen Einkünfte zuständig war[5]. Somit war diese Inschrift, die ohne nähere Erläuterung mit der Jahreszahl 6 und unter den Archiereus Hermogenes datiert ist, wahrscheinlich auf dem Territorium von Sardeis aufgestellt[6]. Der See und die umliegende Ebene gehörten nach Robert[7] einem Heiligtum der Artemis und der Nymphen, das zu Sardeis zu rechnen sei.

Nach welcher Ära ist nun die Jahreszahl 6 in der Inschrift aus Kemerdamları zu berechnen? Die Schriftformen weisen nach Robert in das 2. oder 1.Jh.v.Chr. Eine schon länger bekannte Namen-liste aus Sardeis[8] scheint eine Parallele zu der Inschrift aus Kemerdamları darzustellen und von gleicher Herkunft zu sein[9]. Jene Inschrift wird aber von der Schrift her ans Ende des 2. oder in das frühe 1.Jh.v.Chr. datiert[10]. Man könnte daher daran denken, die Inschrift aus dem Jahre 6 mit der Zahl 6 zu verbinden, die auf einer Kistophorenmünze von Sardeis[11] zu finden und vielleicht ab 134/3 v.Chr. zu zählen ist[12]. Dagegen spricht aber die zweite Datierung der Inschrift aus Kemerdamları nach dem Archiereus. Obwohl Robert auch die Möglichkeit der sullanischen und pharsalischen Ära diskutiert hat, kommt man wohl nicht umhin, die Inschrift aus Kemerdamları in die augusteische Zeit zu legen. Vor der Einrichtung des Kaiserkultes ist der Titel Archiereus, der den Oberpriester des Kaiserkultes des Koinon bezeichnet, in Sardeis nicht zu erwarten[13]. Dort wird der Roma-priester, der bis zum Ende des 1.Jh.v.Chr. eponymer Beamter in Sardeis war, nur als ἱερεύς bezeichnet[14]. Es bleibt wohl nur die aktische Ära übrig, die die Inschrift aus Kemerdamları in das Jahr 26/5 v.Chr. datiert[15]. Diese Datierung in die zweite Hälfte des 1.Jh. v.Chr. wird möglicherweise durch das neue Zeugnis mit der Privilegierung des Heiligtums für Apollon (Pleurenos?) im Jahre 44

---

5 L.Robert, BCH 106,1982,361ff. = Robert, Documents 323ff. = SEG 32,1237.

6 So L.Robert, BCH 106,1982,365 = Robert, Documents 327; G.M.A.Hanfmann, Sardis from Prehistoric to Roman Times, Cambridge/Mass. 1983,132; P.Herrmann, Chiron 9,1989,148.

7 L.Robert, BCH 106,1982,366 = Robert, Documents 328 zu Strabon 13,4,5 p.626. Vgl. auch P.Herrmann, Chiron 19,1989,147.

8 W.H.Buckler - D.M.Robinson, Sardis VII 1, Leiden 1932, Nr.5.

9 So L.Robert, BCH 106,1982,367 = Robert, Documents 328.

10 So W.H.Buckler - D.M.Robinson, Sardis VII 1, p.13; L.Robert, BCH 106,1982,367 = Robert, Documents 329.

11 Kleiner - Noe 83 Nr.21.

12 Siehe oben S.208f.

13 Vgl. zur Titulatur in Sardeis: Brandis, RE II 1,1895,479; Sardis VII 1, p.26 und Nr.13.44-48.

14 Sardis VII 1, Nr.27.91-93.112-118. Vgl. J. und L.Robert, Hellenica IX, Paris 1950,9f.

15 So L.Robert, BCH 106,1982,367 = Robert, Documents 329. Vgl. auch P.Herrmann, Chiron 19,1989,148.

v.Chr. bestätigt[16]. Zeitlich dürfte dies den terminus post quem
für die Inschrift aus Kemerdamları darstellen. Argumentiert man
allein hiermit, wäre allerdings auch die pharsalische Ära in unserer
Inschrift des Jahres 6 nicht auszuschließen, was wegen ihrer
Seltenheit aber weniger wahrscheinlich ist.

Aus Sardeis selbst sind nur zwei Inschriften publiziert, die
Jahreszahlen aufweisen[17]. Das Fragment einer Stele, die von den
Herausgebern als Votivstele an die Göttin Iaso interpretiert
wurde[18], trägt die Jahreszahl 257 (Taf.IV 7). Der Stein war von
Bauernjungen zu den Ausgräbern von Sardeis gebracht worden.
Seine genaue Herkunft ist unbekannt. Buckler und Robinson haben
ihn ohne nähere Begründung nach der sullanischen Ära ins Jahr
172/3 n.Chr. datiert. Nach der neuen von Robert publizierten
Inschrift würde man aber zunächst einmal die aktische Ära für
Sardeis erwarten. Nimmt man deren Gültigkeit an, gehört die Stele
in das Jahr 226/7 n.Chr., was ebenfalls möglich wäre.

Im kaiserzeitlichen Sardeis war wie in Thyateira die Datierung
nach dem römischen Proconsul[19], aber auch nach einem lokalen
Beamten[20] die übliche Form der Jahresbezeichnung. Die Stadt
verwendete zumindest in der nachaugusteischen Zeit wohl keine
offizielle Ärarechnung. Doch ist es möglich, daß in Sardeis die
aktische Ära für kurze Zeit zu Beginn dieser neuen Zeitrechnung
aus politischen Gründen in Gebrauch war, wie es ähnlich bei der
pharsalischen Ära in Ephesos nachzuweisen ist[21]. Dies schließt
nicht aus, daß später in privaten Inschriften auf dem Gebiet der
Stadt auch Jahreszahlen einer anderen Ära zur Datierung
verwendet wurden, vor allem wenn diese Art der Zeitrechnung von
außerhalb mitgebracht worden war. Dabei ist auch das Eindringen
der weitaus stärker verbreiteten sullanischen Ära möglich. Dies
könnte für eine Stele zutreffen, die 1961 im Hof eines Hauses des
Dorfes Sart (Sardeis) entdeckt wurde[22]. Sie ist in das Jahr 245
datiert. Darauf stand eine Beichtinschrift, wie sie in Lydien und
im angrenzenden Teil Phrygiens in den Heiligtümern der
einheimischen Gottheiten aufgestellt waren[23]. Da der obere Teil der
Stele fehlt, konnte ihr Aufstellungsort nicht ermittelt werden.
Doch ist die benachbarte Katakekaumene ein für solche Stelen
typisches Gebiet[24], so daß der Stein wohl von dort nach Sart

16 Vgl. P.Herrmann, Chiron 19,1989,148.
17 Die Zeichen im Ziegelstempel Sardis VII 1 Nr.225 beinhalten
sicher keine Jahreszahl.
18 Sardis VII 1, Nr.97.
19 Vgl. z.B. Sardis VII 1, Nr.18.52.139.153.
20 Vgl. Sardis VII 1, Nr.56.130a sowie L.Robert, Hellenica IX,
Paris 1950,8f. – Datierungen nach dem Romapriester: vgl. OGIS
437 = IGR IV 297, Z.95ff.
21 Siehe oben S.221 und S.289.
22 Robert, Sardes 23ff. Nr.2.
23 Vgl. z.B. Robert, Sardes 23ff.; H.Malay, EA 12,1988,147ff.;
G.Petzl, EA 12,1988,155ff.
24 Vgl. Robert, Sardes 24; H.Malay, EA 12,1988,147.

gekommen ist[25]. Dann ist sie richtig von Robert nach der sullanischen Ära ins Jahr 160/1 n.Chr. datiert worden. Malay fand neuerdings im Museum Manisa eine Grabinschrift mit der Jahreszahl 227, die aus Sardeis stammen soll[26]. Auch hier dürfte der ursprüngliche Aufstellungsort nicht sicher sein, so daß über die Art der darin verwendeten Ära vorerst keine Entscheidung zu treffen ist. Die im Dörfchen Tepeköy bei Monawak (Yeşilkavak) zwischen Alaşehir (Philadelpheia) und Sahlili gefundene Inschrift mit einer Jahreszahl gehört wohl schon ins Territorium von Philadelpheia[27].

Die Grenze zwischen den Territorien von Sardeis und **Daldis**, dessen Ruinen nordöstlich des Sees von Marmara zwischen Kemer und Nardı liegen[28], ist nicht sicher festzulegen. Nach der Entdeckung der (sardischen) Inschrift in Kemerdamları könnte auch die Grabinschrift, die im Dorf Poyrazdamları wenig östlich von Kemerdamları gefunden wurde und unter Daldis in die Tituli Asiae Minoris aufgenommen wurde[29], auf dem ehemaligen Territorium von Sardeis gestanden haben. Bei dieser in das Jahr 323 datierten Inschrift wird man die sullanische Ära bevorzugen[30], die ins Jahr 238/9 n.Chr. führt, weil der Name Aurelius Menandros besser in die Zeit kurz nach der Constitutio Antoniniana paßt als in das Jahr 292/3 n.Chr., das sich bei Umrechnung nach der aktischen Ära ergäbe.

Das Problem, welche Ära angewendet wurde, vergrößert sich bei den Zeugnissen, die nördlich des Marmara Gölü gefunden wurden. Aus Hasankıranı bei Yeniköy stammt ein Meilenstein, der die Stadt Daldis nennt[31]. Dies deutet darauf hin, daß dieses Gebiet zum Territorium von Daldis gehörte. Doch gelangten offensichtlich auch Steine aus der Region um die Stadt Gölmarmara und aus einer Ruinenstätte beim nahen Yeniköy dorthin[32]. Aus dem Dorf Hasankıranı kommt auch eine Grabstele eines Aurelius Apollonides, die ins Jahr 315 datiert ist[33]. Robert hat gezeigt, daß eine im Museum von Manisa aufbewahrte Grabstele des Jahres 316, die aus Kula dorthin gebracht worden ist, aus der gleichen

---

25 Auch die Beichtinschrift H.Malay, EA 12,1988,151 Nr.5 gelangte offensichtlich aus dem Gebiet von Silandos nach Kemerdamları (siehe H.Malay, EA 12,1988,147), in den gleichen Ort, in dem die sardische Inschrift des Jahres 6 gefunden wurde.

26 Malay Nr.266.

27 Buresch 11 Nr.8. Siehe unten S. 337.

28 Vgl. dazu Buresch 192; Keil - Premerstein I 64f.; Robert, La Carie 351 n.6; Chr.Habicht, JRS 65,1975,74; TAM V 1, p.201; H.W.Pleket, Talanta 10-11,1978-79,75.

29 TAM V 1,632.

30 So auch W.H.Buckler, JHS 37,1917,104f. Nr.15 und J.Keil, TAM V 1,632.

31 Keil - Premerstein I 67 Nr.143; TAM V 1,618.

32 Vgl. H.W.Pleket, Talanta 10-11,1978-79,75.86f.; L.Robert, BCH 106,1982,371 = Robert, Documents 333.

33 TAM V 1,630.

Werkstätte stammt[34]. Dies wird durch die ungewöhnliche Stellung
der Ziffern in den Jahreszahlen deutlich. Bei beiden Stelen steht
die Einerziffer zwischen Hunderter- und Zehnerziffer. Wo die
Steine einst standen, wissen wir nicht[35]. Insofern ist die
Ermittlung der Ära schwierig. Buresch[36] hielt die aktische Ära für
zu spät. Der Name Aurelius Apollonides in der Inschrift TAM V 1,
630 paßt auch besser in das Jahr 230/1 n.Chr, das sich durch
Rechnung nach der sullanischen Ära ergibt, als in das Jahr 284/5
n.Chr. nach aktischer Ära. Doch sicher kann man nicht sein.

Dies trifft auch für die Datierung einer Grabinschrift des
Jahres 198 zu, die aus Hasankıranı in das Museum von Manisa
gelangte[37]. Peter Herrmann hat sie nach der aktischen Ära ins
Jahr 167/8 n.Chr. datiert. Aber auch 103/4 n.Chr. ist bei
Anwendung der sullanischen Ära möglich. Die Entscheidung für
eine der beiden Ären hängt von zwei Fragen ab, ob nämlich die
Inschrift des Jahres 315 mit dem Aureliernamen[38] auch in der
Antike in der Region von Hasankıranı stand und ob dieser Ort
noch auf dem Territorium des antiken Daldis liegt, wie Keil –
Premerstein[39] und die Bearbeiter der TAM annahmen. Die
Verbauung des Meilensteines der Daldianer in Hasankıranı könnte
auf die Zugehörigkeit zu Daldis deuten. Dann wird man aber lieber
die Grabstele des Jahres 315 einem anderen Ort zuweisen, da in
dieser nicht wie in den übrigen Inschriften von Daldis die aktische
Ära angewendet wurde. Die Herkunftsangabe der parallelen Stele
aus dem Jahr 316 im Museum Manisa deutet auf die Katakekaumene.

In den Tituli Asiae Minoris wurden unter der Überschrift Daldis
die Inschriften aus Kemer[40] nach der aktischen Ära datiert, die
aus Hasankıranı einmal nach aktischer Ära umgerechnet[41], ein
anderes Mal beide Ären zur Auswahl gestellt[42]. Dies zeigt, wie
problematisch die Datierungsfrage hier ist. Doch ist es schwer
vorstellbar, daß im Territorium einer Stadt zwei zeitlich so eng
aufeinanderfolgende Ärenrechnungen nebeneinander verwendet
wurden, ohne daß dies näher gekennzeichnet wurde. Was spricht
für die aktische, was für die sullanische Ära in Daldis? Bei der
Grabinschrift des Jahres 188 aus Kemer[43] würde man wegen der
zahlreichen darin genannten Flavier, die aber offensichtlich alle

34   L.Robert, Hellenica VI, Paris 1948,100ff. Nr.39 und Nr.40.
Vgl. TAM V 1,631.

35   Inschriften mit gleicher Ziffernfolge und aus derselben Zeit
wurden in Thyateira und wohl in Silandos gefunden; siehe oben
S.299 und unten S. 518.

36   Buresch 21.

37   TAM V 1,629.

38   TAM V 1,630.

39   Keil – Premerstein I 64.

40   TAM V 1,624.626-629.

41   TAM V 1,625.

42   TAM V 1,630 vom Jahr 315; ebenso bei Tam V 1,631 und bei
den Inschriften aus Gölmarmara TAM V 1,649.672.

43   TAM V 1,624.

der gleichen Familie angehören, die sullanische Ära vorziehen, die in das Jahr 103/4 n.Chr. führt, also in die Zeit kurz nach der Herrschaft der flavischen Kaiser. Die Flaviernamen in den datierbaren Inschriften von Iulia Gordos oder der Katakekaumene sind alle im zweiten Jahrzehnt des 2.Jh.n.Chr. bezeugt[44]. Doch liegt bei Daldis insofern ein Sonderfall vor, als die Stadt von Vespasianus besonders begünstigt wurde, den Namen Flaviopolis oder Flavia Caesarea annahm[45] und dort gerade unter den Flaviern, kaum aber in späterer Zeit das römische Bürgerrecht verliehen wurde[46]. So ist auch auf Münzen des 3.Jh.n.Chr. in Daldis der Flaviername bei einem lokalen Beamten bezeugt[47]. Dies zeigt, daß der Name in Daldis lange weitergeführt wurde, so daß mit dem Namenmaterial die Inschrift des Jahres 188 zeitlich nicht einzuordnen ist.

Nach dem für andere Regionen praktizierten Vorgehen, aus dem ersten Erscheinen des Aureliernamens die Ära zu erschließen, würde man für die Inschriften, die unter Daldis in die TAM aufgenommen wurden, die sullanische Ära bevorzugen, da die beiden Inschriften der Jahre 315 (sull.=230/1 n.Chr.) und 323 (sull.=238/9 n.Chr.) aus Hasankıranı und Poyrazdamları, also alle aus der südlich von Daldis gelegenen Region, einen Aurelius nennen[48]. Wie aber oben ausgeführt wurde, ist die Zugehörigkeit gerade dieser Inschriften zu Daldis nicht gesichert. Andererseits fällt das Fehlen des Aureliernamens in allen anderen Inschriften, die Daldis zugewiesen werden, auf. Auch in den Jahren nach der Constitutio Antoniniana, ob man die Jahreszahlen nun nach der sullanischen oder nach der aktischen Ära umrechnet, fehlen die Aurelii[49].

Daß Daldis aber die aktische Ära verwendete, wurde aus einer Grabinschrift in Kemer erschlossen[50], die wie viele der dortigen Steine aus der Ruinenstätte bei Nardı, wo Daldis angenommen wird, verschleppt worden ist[51]. Diese Grabinschrift ist doppelt datiert: ἔτ]ους ξζ΄, τοῦ δὲ αὐτοῦ ρκα΄ μη(νὸς) Δείου ι΄. Der Unterschied von 54 Jahren zwischen dem Jahr 67 und dem Jahr 121 paßt nur auf die aktische und sullanische Ära. Die

---

44   TAM V 1,713: 110/1 n.Chr.; TAM V 1,714: 118/9 n.Chr.; TAM V 1,257: 113/4 n.Chr.

45   Vgl. Chr.Habicht, JRS 65,1975,74; TAM V 1, p.201.

46   Vgl. Holtheide 79.

47   Vgl. TAM V 1, p.202.

48   TAM V 1,630.632.

49   Bei den Inschriften der Jahre 300 und 322 (Malay Nr.527 und Nr.355) würde man bei Anwendung der sullanischen Ära gerne den Aureliernamen sehen, in den Inschriften der Jahre 251 und 279 (Malay Nr.340 und TAM V 1,629) bei Anwendung der aktischen Ära ebenfalls möglicherweise Aurelii erwarten.

50   Buresch 50f. Nr.29; TAM V 1,623.

51   Vgl. Keil - Premerstein I 94; H.W.Pleket, Talanta 10-11, 1978-79,75ff. Nr.1; C.Foss, AS 37,1987,93f.

Inschrift ist also im Jahre 36/7 n.Chr. aufgestellt worden. Eine zweite doppelt datierte Inschrift aus Daldis hat Malay im Museum Manisa auf dem Deckel einer Graburne gefunden[52]: ἔτους μ' καὶ α', τοῦ δὲ αὐτοῦ ἔτους ϟ' καὶ ε', μηνὸς β' δ' ἀπ. In zweiter Verwendung war eine einfache Datierung ins Jahr 150 hinzugefügt worden. Die Jahre 41 der aktischen Ära und 95 der sullanischen Ära entsprechen 10/11 n.Chr. Ob die Wiederbenutzung des Grabes 109 oder 55 Jahre später erfolgte, ist ohne weiteres nicht zu entscheiden und hängt davon ab, ob man nach diesen Doppeldatierungen die aktische oder die sullanische Ära weiterverwendete.

Eine dritte Inschrift, die Malay auf einem Deckel einer anderen Graburne im Museum Manisa fand und die aus Daldis kommen soll, enthielt möglicherweise ebenfalls eine Doppeldatierung, von der aber nur noch der Anfang zu lesen war[53]. Malay teilte die Datierung folgendermaßen mit: Ἔτους ρ [-- τοῦ δὲ αὐτοῦ? -- μη]/νὸς Ὑπε[ρβερεταίου ---]. Stimmt die Vermutung, daß hier eine Doppeldatierung stand, was schon vom Raum her wahrscheinlich ist, besitzen wir einen wichtigen Anhaltspunkt dafür, daß in Daldis nach den Doppeldatierungen die aktische Ära üblich wurde. Denn die zweifache Datierung muß dann noch mindestens nach dem Jahre 69/70 n.Chr. gültig gewesen sein. Dieses Jahr ergibt sich aus der Ziffer 100 in der fragmentarischen Inschrift, die wie bei den übrigen doppelt datierten Inschriften nach der aktischen Ära umzurechnen ist. Wenn man aber die nachträglich hinzugefügte Zahl 150 in der oben erwähnten Grabinschrift aus dem Museum Manisa (Malay Nr.465) nach der sullanischen Ära umrechnet, kommt man in das Jahr 65/6 n.Chr. Man wird zu diesem Zeitpunkt in Daldis aber nicht eine einfache Jahresangabe, sondern eine Doppeldatierung erwarten, die bei allen Inschriften von Daldis im 1.Jh.n.Chr. zu finden ist. Offensichtlich ist die Zahl 150 nach der aktischen Ära zu berechnen, die ins Jahr 119/20 n.Chr. führt.

Nach einer Periode mit Doppeldatierungen mit der sullanischen und der aktischen Ära ist dann nur noch die aktische Jahresrechnung üblich gewesen. Da zudem bei den doppelt datierten Inschriften die Jahreszahl der aktischen Ära zuerst aufgeführt wird, während die als zweite genannte Datierung nach sullanischer Ära die in Asia weiter verbreitete war, läßt sich allein schon aus der Formel schließen, daß in Daldis offiziell die aktische Ära galt, aber auch die sullanische Ära als in der Nachbarschaft verbreitete Jahresrechnung bekannt war.

Kann man nun annehmen, wie es die Bearbeiter des neunten Bandes der Monumenta Asiae Minoris Antiqua für die Aizanitis vermutet haben[54], daß sich zwischen 36/7 n.Chr. und dem 3.Jh.n.Chr., als die beiden Inschriften aus Hasankıranı und

---

52 Malay Nr.465.
53 Malay Nr.467.
54 Siehe oben S.242ff.

Poyrazdamları mit dem Aureliernamen entstanden, die Zeitrechnung
in Daldis insofern geändert hat, daß die aktische Ära durch die
populärere sullanische ersetzt wurde? Kaestner, der aber noch
keinen sicheren Beleg für die aktische Ära in der Provinz Asia
kannte[55], wollte für Makedonien die Regel aufstellen, daß alle
Jahreszahlen der aktischen Ära gegenüber der makedonischen Ära
durch einen besonderen Zusatz gekennzeichnet waren[56], um
Verwechslungen zu verhindern. Dies würde, auf Asia angewandt,
die für Daldis unzutreffende Schlußfolgerung ergeben, daß alle
Jahreszahlen, die später als die zweifach datierten sind, weil sie
nicht näher erläutert wurden, nach der sullanischen Ära zu
berechnen wären. In der Provinz Asia wurde zwar gelegentlich
eine Zeitrechnung, besonders wenn sie neu eingeführt war,
ausdrücklich definiert. Dies ist für die pharsalische und aktische
Ära belegt. Aber es geschah nur selten und keineswegs regelmäßig[57], wie die Zeugnisse aus dem lydischen Philadelpheia
zeigen[58]. Da man kaum annehmen wird, daß am gleichen Ort und
zur gleichen Zeit zwei unterschiedliche Ären, die zeitlich so nahe
beieinander liegen, verwendet wurden, ohne daß dies näher
gekennzeichnet ist, lohnt sich die Überprüfung, ob bei den
Inschriften, die sicher aus Daldis stammen, ein Bruch in der Reihe
der Jahresdatierungen festzustellen ist, der auf einen Übergang
von der einen zur anderen Ära deutet.

Bei den Inschriften aus Kemer und Umgebung käme es in allen
Fällen zu Überschneidungen. Nimmt man etwa an, die Inschrift aus
der Zeit um 170 n.Chr.[59], die sowohl nach einer Ära - die
Jahreszahl ist leider nicht erhalten - als auch nach dem Proconsul
datiert ist, sei ein Zeichen des Übergangs und der Unsicherheit in
der Datierungsform, berechnet dann die früheren Inschriften aus
dem Jahre 150 (akt.=119/20 n.Chr.), 188 (akt.=157/8 n.Chr.) und
198 (akt.=167/8 n.Chr.) noch nach der aktischen Jahreszählung,
die des Jahres 220 aber schon nach der sullanischen Ära, wäre
diese Inschrift mit der Jahreszahl 220 dann aber schon 135/6
n.Chr. aufgestellt, also vor den aktisch datierten Inschriften der
lokalen Jahre 188 und 198. Buresch hat die Inschriften der Jahre
188 (akt.=157/8 n.Chr.), 220 (akt.=189/90 n.Chr.) und 232 (akt.
=201/2 n.Chr.)[60] wegen des Schriftcharakters und der Ortho-
graphie nach der aktischen Ära datiert, und Keil - Premerstein
schlossen sich dieser Auffassung an, sahen sich mit den neu
gefundenen Inschriften sogar noch darin bestärkt[61]. Würde man
aber dann die nächsten datierten Inschriften aus den Jahren 251

---

55   Kaestner 41.
56   Kaestner 64f.
57   Vgl. schon Buresch 51 Anm.
58   Siehe unten S. 338ff.
59   TAM V 1,637.
60   TAM V 1,624.626.628.
61   Buresch 22; Keil - Premerstein I 65. Ebenso auch H.W.
Pleket, Talanta 10-11,1978-79,76f. zu Nr.2.

bzw. 279[62] nach der sullanischen Ära datieren, käme man auf 166/7 bzw. 194/5 n.Chr., als am gleichen Ort die aktische Ära verwendet wurde. Dies ist sicher wegen der dann zu erwartenden Verwirrung auszuschließen, zumal wenn man bedenkt, daß diese Denkmäler für die Nachwelt gesetzt wurden.

Denkbar wäre nur eine Änderung der Jahreszählung im Laufe des 1.Jh.n.Chr., als Daldis den Namen Flavia Caesarea bzw. Flaviopolis annahm und die ersten Münzen prägte[63]. Zu dieser Zeit wird auch erstmals eine Polis bezeugt. Möglicherweise wurde mit dieser Konstituierung die Jahresrechnung geändert oder zum ersten Mal offiziell eine einheitliche Ära bestimmt. Offensichtlich hatte man sich bis in die flavische Zeit im Bergland nördlich des Marmara Gölü noch nicht auf eine Jahreszählung festgelegt. Denn die Inschriften, die in dieser Zeit dort datiert wurden, weisen immer zwei Jahreszahlen auf, die sowohl nach der sullanischen als auch nach der aktischen Ära zu berechnen sind.

Außer den erwähnten Inschriften aus Daldis betrifft dies zwei Zeugnisse, die unter dem Namen der Stadt **Charakipolis** in die TAM aufgenommen wurden[64]. Doch die Stadt Charakipolis wurde erst spät, vielleicht erst im 2.Jh.n.Chr., gegründet. Der Name erscheint allein in einer Inschrift des 2.Jh.n.Chr. aus Karayakup[65], nicht aber in der ephesischen Städteliste aus flavischer Zeit. Dort werden hingegen unter den Gemeinden des conventus von Sardeis die Charakenoi erwähnt[66]. Daraus hat man geschlossen, daß sie unter den flavischen Kaisern in einem eigenständigen Demos lebten und erst in nachflavischer Zeit in der Form einer Polis organisiert wurden. Die Stadt Charakipolis wird mit dem Fundort byzantinischer Baureste bei Karayakup identifiziert[67].

Unter den sieben nach einer Ära datierten Inschriften aus dem Dorf Karayakup und dem benachbarten Çağlayan[68] weisen die beiden frühesten die zweifache Datierungsform auf. Auf dem Fragment einer Marmorstele aus Çağlayan[69] liest man: ἔτους ιβʹ, τοῦ δὲ αὐτοῦ ϛεʹ, μη(νὸς) βʹ κʹ. Das Jahr 12 der aktischen Ära und das Jahr 66 der sullanischen ergeben nach unserer Zeitrechnung 20/19 v.Chr., nicht 19/8 v.Chr., wie in den Tituli Asiae Minoris errechnet wurde. Vom gleichen Ort stammt die Ehreninschrift des Demos für eine Frau namens Tatia[70], die

---

62 Malay Nr.340 und Nr.526; TAM V 1,629.
63 Vgl. L.Robert, Hellenica II, Paris 1946,78 mit n.3; L.Robert, Monnaies grecques, Paris - Genf 1967,78; Chr.Habicht, JRS 65,1975,74; TAM V 1, p.200f.; P.Debord, REA 87,1985,352.
64 TAM V 1,678.686.
65 TAM V 1,683.
66 Chr.Habicht, JRS 65,1975,74.
67 Vgl. Chr.Habicht, JRS 65,1975,74; TAM V 1, p.220; P.Debord, REA 87,1985,352; C.Foss, AS 37,1987,92f.
68 TAM V 1, p.220ff.
69 TAM V 1,686. Siehe unten Taf.IX 1.
70 TAM V 1,678.

folgendermaßen datiert ist: $\overline{\varepsilon}$το]υς β' καὶ [κ'], τοῦ δὲ αὐτο[ῦ ς']καὶ ο', μην[ὸ]ς β' ιβ'. Da von der ersten Zahl die Einerziffer, von der zweiten die Zehnerziffer auf dem Stein zu lesen war, ergibt sich entsprechend der zuvor genannten zehn Jahre älteren Inschrift die Ergänzung zu den Jahren 22 der aktischen Ära und 76 der sullanischen Ära. Dies entspricht nicht, wie in den TAM angegeben, 9/8 v.Chr., sondern dem Jahr 10/9 v.Chr. Da es sich dabei um eine offizielle Ehreninschrift handelt, wird damit angezeigt, daß die dort gelegene Gemeinde wie im Falle von Daldis die aktische Ära eingeführt hatte, aber auch die sullanische Ära kannte. Dies mag mit der geographischen Lage zusammenhängen[71]. Denn die Nachbarn im Norden und Osten, nämlich Iulia Gordos, die im Bergland zwischen Iulia Gordos und Thyateira gelegenen Gemeinden, Saittai und die Gemeinden der Katakekaumene, verwendeten die sullanische Ära[72], im südlich gelegenen Sardeis und im südöstlich gelegenen Kogamostal findet sich hingegen schon früh die aktische Ära.

Die zweifach datierten Inschriften, die sich in der Datierung so ähnlich sind[73], könnten darauf hinweisen, daß sie alle aus derselben Gemeinde stammen. Sind sie den Charakenoi zuzuordnen, aus denen sich erst später die städtischen Gemeinwesen Daldis und Charakipolis entwickelten? In der ephesischen Liste aus flavischer Zeit werden zwischen den Flaviokaisareis Daldianoi (hier als Doppelname gebraucht) und den Charakenoi die sonst unbekannten Flaviokaisareis (ohne den Zusatz Daldianoi) aufgeführt[74]. Wie das Bergland nördlich des Marmara Gölü bis zur zweiten Hälfte des 1.Jh.n.Chr. politisch organisiert war, wissen wir aber nicht. Doch war dort in iulisch-claudischer Zeit offensichtlich die aktische Ära verbreitet, wie allein schon ihre Erstnennung in den Datierungs-angaben zeigt. Ähnlich sind auch im Gebiet der im östlichen Lydien siedelnden Mokkadenoi erst spät Städte entstanden, und auch dort ist die aktische Ära in Bagis nachweisbar[75].

Fünf nur mit einer einzigen Jahreszahl datierte Inschriften aus der Region, in der Charakipolis lokalisiert wird, alles private Grabinschriften, wurden von Herrmann nach der aktischen Ära, wenn auch mit Fragezeichen, berechnet[76]. Dies beruht auf der naheliegenden Vermutung, die in den früheren Inschriften mit

71   So P.Herrmann, TAM V 1, p.220. Vgl. auch Keil – Premer-stein I 65.

72   Die sullanische Ära findet sich im 1.Jh.v.Chr. im Gebiet von Saittai, in Maionia und in Eğrit, nur wenig östlich von Karayakup im Gebiet des späteren Iulia Gordos: TAM V 1,156.514.775.

73   Daß die beiden Inschriften aus Çağlayan mit Monatszahlen und nicht mit Monatsnamen wie die Inschrift aus Kemer datiert sind, besagt wenig, da man beide Formen nebeneinander verwenden konnte. In Çağlayan erscheinen später auch die Monatsnamen.

74   Chr.Habicht, JRS 65,1975,74.

75   Siehe unten S. 323ff.

76   TAM V 1,680-684.

Doppeldatierung zuerst genannte Jahreszahl, die zur aktischen Ära gehört, zeige die offizielle Datierungsweise in diesem Gebiet an[77]. Es ist zwar nicht von vornherein auszuschließen, daß sich eine dort neu entstandene Stadt für eine andere Ära entschied als die zuvor in der Region verwendete. Doch hat sich normalerweise eine eingeführte Zeitrechnung kontinuierlich gehalten. In dieser Region sind zunächst einmal zwei unterschiedliche Ären nebeneinander verwendet worden, so daß man nicht sicher sein kann, ob nicht die sullanische Ära die populäre und verbreitete war, während man die aktische nur zeitweise in augusteischer und tiberianischer Zeit verwendete und dann aufgab. Sonstige Hinweise auf die Datierung geben die Inschriften nicht, ebensowenig wie diejenigen, die aus der Region um Daldis stammen. Buresch hat dort aus den Buchstabenformen und den sprachlichen Erscheinungen auf die aktische Ära geschlossen[78]. Andere Epigraphiker wie Keil, Pleket oder Herrmann haben diese Datierungen anerkannt. Endgültig beweisen lassen sie sich aber vorerst nicht.

In der schon angesprochenen Grabstele, die die Stadt Charakipolis erwähnt[79], hat Herrmann folgendermaßen ergänzt: ἔτους ρ ϸ ζ', μηνὸς Γορπιαίου . , [καθὼς] / Χαρακιπολῖται [ἄγουσιν?---]. Nach dem Vorbild der schon mehrfach erwähnten Inschrift aus Kula, die auf die Zeitrechung der Aizaniten verweist[80], ist diese Interpretation gut möglich. Ebenso könnte auch noch eine zweite Jahreszahl hinter ἄγουσιν gestanden haben, wie es Herrmann in einer Inschrift aus dem Gebiet von Bagis vorgeschlagen hat[81]. Stimmt eine der beiden Ergänzungen[82], zeigt dies, daß Charakipolis eine offizielle Ära verwendete, die sich von einer anderen dort bekannten Ära unterschied und in ein Übergangsgebiet zwischen zwei unterschiedlichen Jahresrechnungen gehört. Eine eindeutige Antwort auf die Frage, ob sich die Charakipoliten dann von der sullanischen oder von der aktischen Ära unterscheiden wollten, gibt es nicht. Bei Datierungen nach der sullanischen Ära findet man aber nirgendwo eine Erläuterung der Jahreszahl außer im frühesten Zeugnis für diese Ära, im Jahre 9 in Ilion[83]. Die sullanische Ära war wohl so verbreitet und bekannt, daß sie selten näher bezeichnet werden mußte. In Grenzgebieten zwischen Regionen, die unterschiedliche Ären verwendeten, scheint es immer

---

77 Bei der Neueinführung der aktischen Ära in Apollonis, TAM V 2,1229, war die neue Datierung erst an zweiter Stelle hinter der Jahreszahl der pharsalischen Ära genannt.

78 Buresch 22.

79 TAM V 1,683.

80 Siehe oben S.234.

81 TAM V 1,29.

82 Die Nennung der Charakipoliten am Anfang der Inschrift kann sich nicht auf den Monatsnamen beziehen, da dieser zum verbreiteten makedonischen Kalender gehört.

83 IvIlion 10.

die aktische Ära zu sein, die als offizielle Zeitrechnung gekennzeichnet wurde. Diese Feststellung kann aber kein Beweis sein, sondern nur die Vermutung unterstützen, daß sowohl in Daldis als auch in Charakipolis die Inschriften nach der aktischen Ära zu berechnen sind.

Bedeutet dies auch, daß in den Randgebieten der Territorien dieser Städte die aktische Ära verwendet wurde? Im etwa 8 km südwestlich von Daldis gelegenen Hasankıranı können die Inschriften aus den Jahren 198 und 315 auch nach der sullanischen Ära datiert sein[84]. Vor allem für die letztgenannte Inschrift dürfte dies wahrscheinlich sein, bedenkt man die Verwendung des Aureliernamens. Ebenso war wohl auch die Inschrift des Jahres 323 aus Poyrazdamları westlich des Sees von Marmara sullanisch datiert[85]. Somit wäre es nicht auszuschließen, daß die sullanische Ära, wie es schon für die Aizanitis diskutiert worden ist[86], in die Randgebiete des Territoriums von Daldis eingedrungen ist. Es ist aber wahrscheinlicher, daß die drei Inschriften der Jahre 315, 316 und 323 gar nicht aus dem Gebiet von Daldis stammen. Stimmt diese Annahme, können auch die Inschriften der Jahre 198 und 226[87] nach der aktischen Ära datiert sein, so daß man für das gesamte Territorium von Daldis, falls es sich bis zu den Fundorten dieser Inschriften erstreckte, die Gültigkeit der aktischen Ära annehmen kann.

Es bleibt noch die Frage zu klären, wie die westlich von Daldis gefundenen Inschriften datiert sind. Peter Herrmann hat die Funde aus der Region um die heutige Stadt Gölmarmara in einem eigenen Abschnitt der TAM, aber unter Daldis zusammengestellt[88]. Eine Entscheidung über die Gültigkeit der sullanischen oder aktischen Ära wagte er nicht[89]. Während Keil – Premerstein[90] die in der Ebene von Gölmarmara gelegene antike Stätte nicht benennen wollten, außer daß sie dort die byzantinische Domäne Sosandra annahmen[91], wurde in den TAM[92] auf die Zugehörigkeit dieser Region zu Daldis geschlossen, weil in Gölmarmara die Ehreninschrift einer nicht benannten Polis für einen berühmten Arzt,

84   TAM V 1,625.630.
85   TAM V 1,632. Peter Herrmann wollte sich gerade bei den beiden letztgenannten Inschriften bezüglich der Datierung nicht festlegen.
86   Siehe oben S.243.
87   TAM V 1,625; H.W.Pleket, Talanta 10-11,1978-79,83 Nr.9 = SEG 29,1209.
88   TAM V 1,645ff.
89   TAM V 1,649.654.672. Auf den Stelen TAM V 1,655 und 673 ist nur die Hunderterziffer Sigma zu lesen. Auch bei TAM V 1,669 ist wohl eine Jahreszahl zu ergänzen.
90   Keil – Premerstein I 61.
91   Vgl. auch TAM V 1, p.201 und Nr.646f.; L.Robert, BCH 106,1982,371 = Robert, Documents 333.
92   TAM V 1, p.201 und p.212 zu Nr.650.

Philosophen und Beamten namens Menekrates[93] gefunden wurde
und dieser identisch mit dem gleichnamigen Strategen auf Münzen
von Daldis sein könne. Daß in der Ebene um Gölmarmara eine
bedeutende antike Siedlung lag, ist vielfach betont worden[94]. Doch
daß diese so günstig gelegene Stätte in der Ebene von dem im
Bergland etwa 20 km östlich lokalisierten Daldis abhängig war, ist
wenig wahrscheinlich. Robert[95] hat bei Gölmarmara die in der
ephesischen Städteliste genannten "Iulieis, die früher **Maibozanoi**
hießen"[96], gesucht. Dies würde auch zu ihrer Nennung innerhalb
der Städteliste zwischen Daldis und Iulia Gordos passen. Der Name
Maibozanoi, der persisch klingt, und die Weihinschrift für Artemis
Persike, die in Gölmarmara gefunden wurde[97], unterstützen
zusammen mit anderen Argumenten Roberts diese Vermutung[98],
obwohl Peter Herrmann Bedenken angemeldet hat[99].

Buresch hat die in Mermere (Gölmarmara) gefundene
Weihinschrift mit der Jahreszahl 256 nach der sullanischen Ära
datiert[100]. Aus den Inschriften der Jahre 207 und 259 läßt sich
die Ära nicht ermitteln[101]. Die von Pleket in Gölmarmara aufgenommene Grabstele des Jahres 226, die er nach der aktischen Ära
ins Jahr 195/6 n.Chr. datiert hat[102], soll aus der Umgebung von
Taşkuyucak, etwa 7 km westlich von Daldis, verschleppt worden
sein, könnte damit auch aus dem Territorium von Daldis stammen.
Aus Taşkuyucak sollen auch zwei Grabinschriften mit den
Jahreszahlen 181 und 251 in das Museum von Manisa gelangt
sein[103]. Auch sie könnten aus dem Territorium von Daldis stammen
und damit nach der aktischen Ära datiert sein.

Wenn der schon unter Daldis mehrfach erwähnte Fundort
Hasankıranı nicht zu Daldis gehörte, wird er mit der in der Ebene
von Gölmarmara gelegenen Gemeinde zu verbinden sein. Da wohl
eine der in Hasankıranı gefundenen Inschriften, die des Jahres
315, eine Jahreszahl der sullanischen Ära aufwies, könnte diese
dann auch für die Inschriften aus Gölmarmara gelten. Dort war

93 Vgl. dazu auch J.Benedum, ZPE 29,1978,115ff. und den
Kommentar zu TAM V 1,650.
94 Vgl. die Zeugnisse bei L.Robert, BCH 106,1982,368 und
371ff.=Id.,Documents 330 und 333ff. sowie H.Pleket, Talanta 10-11,
1978-79,75.
95 L.Robert, BCH 106,1982,367ff. = Robert, Documents 329ff.
96 Chr.Habicht, JRS 65,1975,73f.
97 TAM V 2,1245.
98 Vgl. L.Robert, BCH 106,1982,371f. = Robert, Documents
333f. und L.Robert, BCH 107,1983,508f. = Robert, Documents
352f. P.Debord, REA 87,1985,353 schloß sich Robert an.
99 Vgl. den Kommentar zu TAM V 2,1245 und L.Robert, BCH
107,1983,308 = Robert, Documents 352.
100 Buresch 21, der aber die Jahreszahl als 260 las; TAM V
1,649.
101 TAM V 1,672.654.
102 H.W.Pleket, Talanta 10-11,1978-79,83 Nr.9.
103 Malay Nr.522 und Nr.526.

zumindest in der zweiten Hälfte des 2.Jh.n.Chr. wie im benachbarten Thyateira die Nennung des römischen Proconsuls die offizielle Datierungsweise[104]. Daß daneben in privaten Inschriften auch die Äradatierung Anwendung fand, entspricht den Zeugnissen aus Thyateira. Wie dort war dies wohl auch in der Ebene von Gölmarmara die weitaus stärker verbreitete sullanische Ära, nicht die aktische Ära, die nur dort in privaten Inschriften zu erwarten ist, wo sie auch offiziell verwendet wurde.

Die Argumentation über die Art der Ären, die um den Marmara Gölü und das nördlich davon gelegene Gebiet verwendet wurden, muß in vielen Punkten hypothetisch bleiben. Mit dem vorliegenden Material konnte keine Sicherheit erreicht werden, so daß einige der hier vorgeschlagenen Datierungen mit Fragezeichen zu versehen sind.

Das Bergland zwischen Thyateira und Iulia Gordos

Die Inschriften aus dem Bergland zwischen Thyateira, Attaleia und Iulia Gordos wurden in Band V 1 der Tituli Asiae Minoris[1] in einem eigenen Abschnitt zusammengestellt, weil die genaue Zugehörigkeit der dort gelegenen Fundorte von Inschriften unklar ist. Zumindest ein Teil dieser Region dürfte zu der im 1.Jh.n.Chr. bezeugten Gemeinde der Loreni[2] gehört haben[3]. Zwei in Gördes (Iulia Gordos) gefundene Grabsteine wurden gemeinsam von Iulia Gordos und den Lorenern gesetzt[4], eine dritte Grabinschrift aus dem Ort Hacıosmanlar, der möglicherweise schon auf dem Territorium des antiken Thyateira liegt, gemeinsam von den Lorenern und der Stadt Thyateira[5]. Während Buresch das antike Lora noch im Norden von Iulia Gordos bei Oğuldurak (Olduk) oder Evciler suchte[6] und Robert die Lorener im Tal des Gördes Çay zwischen Temnos-Gebirge und Daldis vermutete[7], dachte Petzl nach der Entdeckung der Inschrift in Hacıosmanlar an das wenig südlich davon gelegene Akçaalan[8]. Dieser Ort scheidet aber wohl wegen

---

104 TAM V 1,670. Vgl. auch TAM V 1,653. Zu Thyateira siehe oben S.297ff.

1 TAM V 1, p.256ff.

2 Zu den Loreni vgl. P.Herrmann, TAM V 1, p.255 mit den Zeugnissen; Robert, Villes 58; Chr.Habicht, JRS 65,1975,73 Nr.6; G.Petzl, ZPE 23, 1976, 245ff.; Robert, Bull. épigr. 1977,450; P.Debord, REA 87,1985,353.

3 So P.Herrmann, TAM V 1, p.225. p.255f. TAM V 2, p.308. Vgl. auch G.Petzl, ZPE 23,1976,246f.

4 TAM V 1,702.703.

5 TAM V 2,1095.

6 Buresch 140.184f. Vgl. auch Robert, Villes 58 n.7.

7 L.Robert, Anatolia 3,1958,132f. mit n.117 = Id., Opera Minora Selecta I, Amsterdam 1969,431 mit n.117. Vgl. G.Petzl, ZPE 23, 1976,246 Anm.7.

8 G.Petzl, ZPE 23,1976,246f.

der dort gefundenen Inschrift der Thyateirener aus[9]. Hacıosmanlar selbst, wo eine Komenverwaltung inschriftlich erwähnt ist[10], wurde von Peter Herrmann zu Thyateira gezählt[11]. Keil hatte vermutet, daß die von Münzen bekannte Stadt Tomaris in der hier behandelten Region zu suchen sei[12]. Robert hat die Ruinen auf dem innerhalb dieses Gebietes gelegenen Şahin Kaya mit der byzantinischen Festung Plateia Petra identifiziert[13].

Nach dem jetzigen Kenntnisstand kann man daher die Inschriften, die in den Dörfern Kavakalan, Yayakırıldık, Gökçeler, Hamit, Yeğenoba, Dağdereköy und Kömürcü gefunden wurden, keiner bestimmten Gemeinde zuordnen, während das am Ostrand dieses Berglandes gelegene Kayacık zu Iulia Gordos gehörte. Die dort gefundenen oder aufbewahrten Inschriften TAM V 1,772 und 773 mit Äradatierung gehören demnach unter Iulia Gordos. Bei Hacıosmanlar am Westrand des Berglandes wurde außer der gemeinsamen Grabinschrift der Lorener und Thyateirener eine ins Jahr 208 datierte Inschrift gefunden[14]. Da in Thyateira nur ganz wenige Inschriften mit Jahreszahlen datiert sind[15], im östlich anschließenden Bergland aber etwa drei Viertel aller Inschriften Jahreszahlen aufweisen, stellt sich die Frage, ob die Inschrift aus Hacıosmanlar nicht eher aus der im Osten angrenzenden Gemeinde stammt. Entweder gehörte Hacıosmanlar noch zu diesem Territorium im Osten, das vielleicht mit dem der Loreni identisch war, oder die Inschrift ist dorthin vom Osten her verschleppt worden. Es wäre allerdings auch möglich, daß die so häufig im Bergland zu findende Äradatierung bis in die Randgebiete von Thyateira ausstrahlte und sich der Auftraggeber der Grabinschrift deshalb für diese bei den Nachbarn wohlbekannte Datierung entschied. Ähnliches könnte für die Grabinschrift des Jahres 318 gelten, die bei Görenez (Doğan kaya) am Nordwestrand des Berglandes gefunden wurde[16]. Auch hier mag die Nähe zum Verbreitungsgebiet der im Bergland verwendeten Ära den Ausschlag gegeben haben, die Inschrift entsprechend mit einer Jahreszahl zu versehen[17].

Daß die Inschriften in diesem Bergland nach der im benachbarten Iulia Gordos nachgewiesenen sullanischen Ära datiert sind, wurde vielfach vermutet[18]. Dies wird durch das erstmalige

---

9 TAM V 2,1062. Vgl.auch G.Petzl, ZPE 26,1976,248-250; P.Herrmann, TAM V 2, p.394 zu Nr.1095.

10 TAM V 2,868.

11 Siehe aber Robert, Bull.épigr.1977,450.

12 Vgl. Keil - Premerstein II 66f.; Robert, Villes 27 n.7; TAM V 1, p.257; TAM V 2, p.308.

13 Robert, Villes 318; L.Robert, Anatolia 3,1958,133 n.117 = Id., Opera Minora Selecta I, Amsterdam 1969,432 n.117. Vgl. G.Petzl, ZPE 23,1976,246 Anm.7; TAM V 1, p.256.

14 TAM V 2,1059.

15 Siehe oben S.297ff,

16 TAM V 2,1128.

17 Siehe auch oben S.298f.

18 Keil - Premerstein II 67; G.Petzl, EA 15,1990,52.

Auftreten eines Aurelius in der Grabinschrift des Jahres 300 (sull.=215/6 n.Chr.) gestützt[19]. In einer weiteren Inschrift der 320er Jahre, bei der die Einerziffer der Jahreszahl nicht erhalten ist[20], sind ein Aurelius und seine Gattin mit dem Namen Aurelia überliefert. Die sullanische Ära dürfte somit hier weitgehend sicher sein.

Iulia Gordos

Die Feststellung von Körte[1], daß nirgendwo so viele datierte Grabinschriften wie in Iulia Gordos zu finden seien, stimmt in Anbetracht der Masse von Grabstelen, die wir inzwischen aus dem Gebiet von Saittai kennen, zwar nicht mehr. Dennoch ist die Zahl von Inschriften aus Iulia Gordos, die mit Jahreszahlen datiert sind, groß[2]. Dies zeigt die Popularität der dort verwendeten Datierung nach einer Ära.

Das Territorium von Iulia Gordos, das beim heutigen Gördes lag[3], erstreckte sich im Norden bis zum Temnos-Gebirge[4], wie eine Bauinschrift aus Kıhra (Çiçekli) etwa 10 km nördlich von Gördes zeigt. Sie wurde von einer Aurelia Aelia Phoibe den "Theoi Patrioi", dem Kaiser Severus Alexander und seinem Haus sowie der Ὑσσῆνων κατοικία gewidmet[5]. Die Zugehörigkeit dieser Katoikie Hγssa zur Polis Iulia Gordos wird durch die Angabe in Zeile 13ff. ɜr Inschrift deutlich, wonach eine Kopie der Urkunde

19 TAM V 1,800.
20 TAM V 1,795.
1 A.Körte, Inscriptiones Bureschianae, Wissenschaftliche Beilage zum Vorlesungsverzeichnis der Universität Greifswald, Ostern 1902, Greifswald 1902,16.
2 Die Grabinschrift mit der Jahreszahl 345 (Le Bas - Wadd. 1535) wurde nur deshalb in den IGR IV 1298 unter Iulia Gordos aufgeführt, weil sie nach Le Bas - Waddington aus der Umgebung von Iulia Gordos nach Smyrna gekommen sein soll. Der Monat Kaisarios ist aber in Iulia Gordos unbekannt, obwohl dort alle 12 Monate des makedonischen Kalenders bezeugt sind. Die Inschrift wurde auch nicht in die TAM V 1 und V 2 aufgenommen. - Ob die von L.Robert, Hellenica VI, Paris 1948,117ff. Nr.48 ausführlich besprochene Grabinschrift des Jahres 347 für einen Serapas, der sich sechs Monate in der Gefangenschaft der Goten aufgehalten hatte, aus Iulia Gordos stammt, ist ungewiß. Robert dachte an die Region von Daldis und Iulia Gordos. Daldis scheidet wegen der dort geltenden aktischen Ära aus. Diese Inschrift ist ebenfalls nicht in die Bände V 1 und V 2 der TAM aufgenommen worden.
3 Vgl. P.Herrmann, AAWW 107,1970,92ff.; TAM V 1, p.225; Chr.Habicht, JRS 65,1975,73 Nr.7.
4 So L.Robert, Anatolia 3,1958,132 =Id., Opera Minora Selecta I, Amsterdam 1969,431. Vgl. TAM V 1, p.225.
5 TAM V 1,758; P.Herrmann, AAWW 107,1970,100ff. Nr.3. Vgl. auch Chr.Habicht, JRS 65,1975,73.

im Archiv von Iulia Gordos hinterlegt werden solle. Dadurch wird
klar, daß die Fundorte datierter Inschriften nördlich von Gördes
und südlich des Temnos, das heißt in Kıhra (Çiçekli), Dutluca
(Tutluca), Beğel, Malaz, Oğuldurak (Olduk) und wohl auch
Evciler[6], auf dem Territorium von Iulia Gordos lagen. Dies trifft
auch für Kayacık westlich von Gördeş am Fuße des Kaya Tepe zu,
weil dort ein Dekret gefunden wurde[7], das eine Parallele zu einem
in Gördes zutage gekommenen Dekret[8] darstellt. Dann wird auch
eine Inschrift, die aus Yakaköy südlich von Kayacık in das Museum
Manisa gelangt ist, aus dem Territorium von Iulia Gordos
stammen[9]. Wahrscheinlich gehörte auch Eğrit (Kurubaşı) südlich
von Gördes zum Territorium der Gordener, weil es noch diesseits
des Kum Çay liegt.

Der Nachweis der sullanischen Ära in Iulia Gordos[10] ist durch
die erwähnte Bauinschrift aus der Katoikie Hyssa möglich, die
sowohl unter den sonst unbekannten Proconsul Amicus als auch ins
Jahr 315 datiert ist[11]. Das Jahr 315 entspricht nach der
sullanischen Ära 230/1 n.Chr. Dies paßt zu der Erwähnung des
Kaisers Severus Alexander und seiner Familie in dieser Inschrift.
Eine Grabinschrift des Jahres 195 nennt eine Claudia Bassa, die
mit einem Sklaven des Kaisers Traianus verbunden war[12]. Diese
Inschrift gehört in die Zeit des Traianus, ist also nach der
sullanischen Ära datiert, die ins Jahr 110/1 n.Chr. führt. Auch
das Namenmaterial in den Inschriften bestätigt die sullanische
Ära. Ab dem Jahre 310 (=225/6 n.Chr.) weisen die meisten
Inschriften mehrfach den Aureliernamen auf[13]. In den Jahren 265
(=180/1 n.Chr.) und 271 (=186/7 n.Chr.) ist der Frauenname
Faustina bezeugt[14]. Dieser war Mitte des 2.Jh.n.Chr. zum
Modenamen geworden und erscheint gerade in dieser Zeit mehrfach
in Lydien[15].

6 Buresch 140 wollte dort Lora lokalisieren.
7 TAM V 1,688. Vgl. TAM V 1,p.225.
8 TAM V 1,687.
9 Malay Nr.360.
10 So schon A.Körte, Inscriptiones Bureschianae, Greifswald
1902,16; Keil - Premerstein I 74; ebenfalls P.Herrmann, AAWW 107,
1970,101; TAM V 1, p.225; G.Petzl, EA 15,1990,56.
11 TAM V 1,758, Z.12f.; vgl. P.Herrmann, AAWW 107,1970,101.
12 TAM V 1,713. Vgl. auch Keil - Premerstein I 74 Nr.156.
13 In chronologischer Reihenfolge TAM V 1,737.738.758.739.741.
759.742.776.
14 TAM V 1,765.731.
15 Z.B. in Saittai im Jahre 195/5 n.Chr., TAM V 1,117; in
Thyateira heißt die Mutter eines im Jahre 237/8 n.Chr.
Verstorbenen Faustina, TAM V 2,385; in Hyrkaneis unter
Antoninus Pius ein Faustinus, TAM V 2,1308. - Dagegen eine
Faustina in einer Inschrift aus Kula im Jahre 255/6 n.Chr., TAM V
1,297, die dann aber auch den Namen Aurelia führt.

Die sullanische Ära wurde in Iulia Gordos sowohl in offiziellen Inschriften[16] als auch in privaten Grabinschriften angewendet. Die Zeugnisse beginnen schon Mitte des 1.Jh.v.Chr., enden aber an der Wende vom 2. zum 3.Jh.n.Chr. Dies ist typisch für die Region um den mittleren Hermos. Die mit Jahreszahlen datierten Inschriften von Saittai und der Katakekaumene[17] umfassen den gleichen Zeitraum.

Saittai

Saittai und sein Territorium ist das Gebiet Kleinasiens, in dem die größte Zahl von Inschriften mit Äradatierungen gefunden wurden. Mehr als 80, vor allem Grabsteine, sind mit Sicherheit Saittai zuzuweisen, mehr als 70, die sich vor allem in den Museen von Uşak, Izmir oder Manisa befinden, kommen mit großer Wahrscheinlichkeit aus dieser Region[1]. Denn zahlreiche charakteristische Merkmale der Stelen und der Inschriften auf ihnen weisen auf die Herkunft aus Saittai und seiner Umgebung[2].

Das Territorium von Saittai war verhältnismäßig groß[3] und umfaßte auch die Komen von Tamasis und Satala, wie jüngst Kolb zeigen konnte[4]. Ebenso gehörte wohl das Gebiet zwischen Ilke Çay, Selendi Çay und Hermos bis etwa zur Kome Tamasis im Osten einschließlich der Fundorte Köleköy, Kurşunlu, Kalburcu und Tahtacı zu Saittai[5], obwohl Naour diese Region aus topo-

16 So im Dekret TAM V 1,687 und in den offiziellen Grabinschriften TAM V 1,701.702.704.775.

17 Siehe unten S. 330ff.

1 Vgl. z.B. H.Malay - Y.Gül, ZPE 44,1981,81ff.; P.Herrmann - E.Varinlioğlu, EA 3, 1984, 1ff.; N.Tanyeri, EA 6, 1985, 79ff.; G.Çelgin - H.Malay, EA 7,1986,103-105; M.-L.Cremer - J.Nollé, Chiron 18,1988,199ff.; E.Varinlioğlu, EA 13,1989,17ff. und EA 15,1990,73ff.; Malay Nr.31.62.64.65.184.241.292.332.

2 Vgl. z.B. P.Herrmann - K.Z.Polatkan, Grab- und Votivstelen aus dem nordöstlichen Lydien im Museum von Manisa, AAWW 1961,120; P.Herrmann, Ergebnisse einer Reise in Nordostlydien, DAW 80, Wien 1962,14; I.Diakonoff, BABesch 54,1979,156ff.; Chr.Naour, Travaux et recherches en Turquie II p.37.42; M.-L. Cremer - J.Nollé, Chiron 18, 1988,199; E.Varinlioğlu, EA 15, 1990,73. - Von den Stelen der Katakekaumene allerdings lassen sich die Stelen Saittais oft kaum unterscheiden; siehe unten S.330.

3 Siehe dazu L.Robert, Anatolia 3,1958,134ff. = Id., Opera Minora Selecta I, Amsterdam 1969,433ff.; P.Herrmann, TAM V 1, p.29.

4 F.Kolb, EA 15,1990,107ff.

5 So L.Robert, Anatolia 3,1958,134ff. = Id., Opera Minora Selecta I, Amsterdam 1969,433ff.; P.Herrmann, TAM V 1, p.29.; P.Debord, REA 87,1985,353. Zur Grenzziehung gegenüber den Städten der Katakekaumene siehe unten S.331f.

graphischen Gründen zu Silandos zählte[6]. Die in dieser Region
aufgenommenen Inschriften werden hier mitbehandelt[7]. Im Westen
lag das Tal des Demirci Çay (Demrek Çay) mit den Fundorten von
Inschriften in und um Borlu, die zum Territorium von Saittai
gehörten[8]. Dort befand sich die Katoikie der Odenoi. Im Norden
reichte das Territorium offenbar bis zum Temnos-Gebirge (Simav
Dağları). Dort liegen die Fundorte Demirci und Küpüler.

Während Buresch[9] vor allem aus paläographischen Gründen die
Gültigkeit der aktischen Ära in Saittai annahm, beweisen die
Eigennamen in den zahlreichen Inschriften, daß es die sullanische
Ära war, die man in Saittai zur Datierung verwendete[10]. Die
wichtigen Argumente dafür hat P.Herrmann zusammengestellt[11].
Entscheidend dafür ist vor allem das Auftreten des Aureliernamens
ab dem lokalen Jahr 297. Neun der insgesamt 43 Inschriften, die in
unserer Liste von diesem Zeitpunkt an erfaßt sind[12], weisen einen
oder mehrere Aurelier auf. Rechnet man nach der sullanischen
Ära, werden somit ab 212/3 n.Chr. die mit der "Constitutio
Antoniniana" zu verbindenden Namen in Inschriften von Saittai
genannt. Ginge man von der Gültigkeit der aktischen Ära aus,
wäre dies erst ab 266/7 n.Chr. der Fall, als überall in Kleinasien
der Aureliername schon seltener wurde[13]. In keiner der über 100
Inschriften unserer Liste, die, nimmt man die aktische Ära an,
zwischen 212/3 und 266/7 n.Chr. entstanden wären, käme der
Name vor.

Die früheste Inschrift aus Saittai mit einem Aureliernamen ist
nach der sullanischen Ära genau auf den 3.März des Jahres 213 n.

6 C.Naour, ZPE 44,1981,41ff. Vgl. auch die Zweifel bezüglich
der Nordgrenze des Territoriums bei P.Debord, REA 87,1985,353f.

7 Ob das Heiligtum des Men Axiottenos, wie es P.Herrmann, in:
Studien zur Religion und Kultur Kleinasiens. Festschrift F.K.
Dörner I, Leiden 1978,422 Anm.27 für möglich hält, auf dem Territorium von Saittai lag, ist äußerst unsicher. Die Mehrzahl der
Inschriften, die diese Gottheit erwähnen, kommen aus der
Katakekaumene. Die Inschriften für Men Axiottenos, die keinem
bestimmten Fundort zugewiesen werden können, werden deshalb
unter den Zeugnissen für die Katakekaumene aufgeführt; siehe
unten S.332.

8 Vgl. L.Robert, Anatolia 3,1958,134-136 = Id., Opera Minora
Selecta I, Amsterdam 1969,433-435; TAM V 1, p.59.

9 Buresch 22f. Keil - Premerstein II 109 schlossen die aktische
Ära nicht aus, bevorzugten aber die sullanische Ära.

10 So auch L.Robert, Anatolia 3,1958,129 = Id., Opera Minora
Selecta I, Amsterdam 1969,428 n.106; P.Herrmann, TAM V 1, p.29;
R.MacMullen, ZPE 65,1986,237f.

11 P.Herrmann, Chiron 2,1972,526ff.; vgl. auch TAM V 1,
p.29.

12 Siehe unten S.516f.

13 Vgl. L.Robert, Nouvelles inscriptions de Sardes I, Paris
1964,40; MAMA IX p.LVI.

Chr. zu datieren[14]. In diesem Epitaph tragen der Gatte, beide
Söhne und die Enkelin der Verstorbenen alle diesen Namen, was
dafür spricht, daß die Inschrift kurz nach dem Erlaß der
"Constitutio Antoniniana" errichtet wurde[15]. Allerdings führen
auch in einer Grabinschrift des Jahres 339 (sull.=254/5 n.Chr.)
alle aufgeführten Personen den Aureliernamen[16]. Die Namen —
statistik kann aber als sicherer Nachweis dafür gewertet werden,
daß die sullanische Ära in Saittai zumindest im 3.Jh.n.Chr.
verwendet wurde. Dagegen kann der Versuch von Diakonoff, mit
Hilfe des Stils der Stelen die sullanische Ära zu beweisen, weniger
überzeugen[17].
    Ein Grabstein aus dem Jahre 254 ist einem Aelius Theon, der
mit 43 Jahren verstorben war, von seiner Frau Sossia Phila und
seinem Sohn P.Sossius Charikles errichtet worden[18]. Das Todesjahr
war nach der sullanischen Ära 169/70 n.Chr., das Geburtsjahr
126/7 n.Chr. Herrmann schloß aus dem Namensbefund, daß der
Sohn geboren wurde, als Theon noch kaiserlicher Sklave war und
daher der Sohn sein nomen gentile von der Mutter erhielt[19]. Unter
Antoninus Pius war Theon offenbar freigelassen worden und hatte
den Namen Aelius erhalten. Diese überzeugende Schlußfolgerung
ist nur bei Annahme der sullanischen Ära möglich und ein
Argument für ihre Gültigkeit schon im 2.Jh.n.Chr.
    Weitere Eigennamen stützen die Annahme, daß die Inschriften
von Saittai nach der sullanischen Ära datiert sind, ohne aber allein
für sich als Beweis dienen zu können[20]. Die Namengebung richtete
sich häufig nach dem Kaiser, so daß Modenamen entstanden. Ein
Antoninus, der im Alter von 40 Jahren verstorben war und dem im
Jahre 276 (sull.=191/2 n.Chr.) die Grabinschrift errichtet
wurde[21], ist eher 151/2 n.Chr. unter Antoninus Pius geboren als
unter Septimius Severus, in dessen Regierungszeit man bei
Annahme der aktischen Ära käme. Ein Severus dagegen erscheint
im Jahre 200/1 n.Chr., wenn man in der Inschrift nach der
sullanischen Ära rechnete[22]. Aus dem Namen Bassianus in einer
Inschrift des Jahres 301 (sull.=216/7 n.Chr.)[23] wollte Buresch[24]
auf die aktische Ära in Saittai schließen, weil Caracalla, Elagabal
und Severus Alexander diesen Namen führten und schon der Vater
des Stifters der Inschrift so hieß. Aber eine Inschrift aus dem

14   TAM V 1,122. Vgl. P.Herrmann, Chiron 2,1972,528f.
15   So P.Herrmann, Chiron 2,1972,529.
16   TAM V 1,168c.
17   Vgl. I.Diakonoff, BABesch 54,1979,139ff.
18   TAM V 1,109.
19   P.Herrmann, Chiron 2,1972,527f.
20   Auch der Name Sulla in TAM V 1,166a aus dem Jahre 103
(sull.=18/9 n.Chr.) kann nicht als Nachweis für die sullanische Ära
herangezogen werden.
21   TAM V 1,114.
22   Chiron 18,1988,200 Nr.1.
23   TAM V 1,167.
24   Buresch 29f.

Jahre 297 (sull.=212/3 n.Chr.)[25], in der ein Bassus und sein Sohn Bassianus genannt werden, zeigt, daß der Eigenname Bassianus wohl von Bassus abgeleitet ist. Der Name Bassus kommt auch sonst im 2.Jh.n.Chr. in Saittai vor[26].

Die sullanische Ära wurde schon verhältnismäßig früh in Saittai eingeführt. Die früheste datierte Inschrift[27] stammt aus dem Jahre 21 (sull.=65/4 v.Chr.). Gegen Ende des 3.Jh.n.Chr. hören dann die Zeugnisse mit Äradatierung im Gebiet von Saittai auf[28].

Silandos

Die Bestimmung der in Silandos verwendeten Ära ist wesentlich schwieriger als im Falle von Saittai. Zum einen ist die Ausdehnung des Territoriums dieser bei Selendi am Selendi Çay gelegenen antiken Stadt nicht sicher festzulegen[1]. Nach verbreiteter Meinung, die hier übernommen wurde, erstreckte sich das Territorium von Silandos bis zu den Ruinen von Thermai Theseos am rechten Ufer des Hermos[2]. Dafür spricht, daß Silandos einmal "Metropolis der Mokkadenoi" heißt[3] und Thermai Theseos als Kome der Mokkadenoi bezeichnet wird[4]. Dagegen hat Naour die Auffassung vertreten, daß das Gebiet um Şehitli, in dem Thermai Theseos liegt, zu Tabala gehören könnte[5].

Die zweite Schwierigkeit bei der Bestimmung der Ära ist die mit 29 Inschriften im Vergleich zu Saittai geringe Zahl von Zeugnissen auf dem Gebiet von Silandos. Die Eigennamen lassen eine chronologische Einordnung der Inschriften kaum zu. Es fehlt jeglicher Aureliername, so daß der Übergang in die Zeit nach der Constitutio Antoniniana nicht feststellbar ist. Buresch wollte in den beiden Inschriften TAM V 1,62 und 64 aus den Jahren 271 und 278 die sullanische Ära angewandt sehen[6]. Eine nähere Begründung

---

25 TAM V 1,122.

26 Vgl. TAM V 1,177.

27 TAM V 1,156.

28 Zur chronologischen Verteilung der Inschriften aus der Region um Saittai vgl. R.MacMullen, ZPE 65,1986,237f.

1 Vgl. dazu Keil – Premerstein II 121ff.; Herrmann, Nordostlydien 18; P.Herrmann, TAM V 1, p.18f.; P.Debord, REA 87,1985, 353.

2 So schon Keil – Premerstein II 122ff.; L.Robert, Anatolia 3,1958,134 n.121 = Id., Opera Minora Selecta I, Amsterdam 1969, 433 n.121; L.Robert, REA 62,1960,282 n.8 = Id., Opera Minora Selecta II, Amsterdam 1969,798 n.8; Herrmann, Nordostlydien 18; P.Herrmann, TAM V 1, p.19.

3 TAM V 1,47.

4 TAM V 1,71.

5 Chr.Naour, EA 5,1985,68.

6 Buresch 25 zu seinen Inschriften Nr.44 und 56.

gab er aber nicht[7]. Weiterhelfen kann die Inschrift aus Thermai
Theseos vom Jahre 225[8], die das κολλήγιον φαμιλίας eines C.
Iulius Quadratus erwähnt. Dieser Mann ist wohl mit dem Iulius
Quadratus identisch, für den sein Freigelassener Atticus eine Stele
errichtete, die in Kula gefunden wurde[9]. Die Jahreszahl auf der
Stele aus Kula ist wahrscheinlich als 230 zu lesen[10], und damit
wäre die Inschrift aus Thermai Theseos fünf Jahre früher als die
in Kula aufgestellt worden. Da in den Inschriften aus Kula die
sullanische Ära nachweisbar ist[11], muß diese, wenn man die
Identität der Personen anerkennt, ebenfalls in Thermai Theseos
gültig gewesen sein. Voraussetzung ist aber, daß die Stele aus
Kula auch irgendwo in der Katakekaumene gestanden hat und damit
im Verbreitungsgebiet der sullanischen Ära. Der genannte C.Iulius
Quadratus ist mit der berühmten pergamenischen Familie zu
verbinden, aus der ein Proconsul Asias um das Jahr 109 n.Chr.
namens C.Antius A.Iulius Quadratus[12] sowie der Feldherr Trajans
und Suffektconsul im Jahre 105 n.Chr. C.Iulius Quadratus
Bassus[13] stammten. Ob er mit einem dieser beiden[14] oder gar mit
dem Sohn des Bassus[15] oder etwa mit dem Vater des Proconsuls
Achaias im Jahre 135 n.Chr.[16] identisch ist, läßt sich nicht
nachweisen. Nach der sullanischen Ära gehört die Inschrift aus
Thermai Theseos in das Jahr 140/1 n.Chr., was gut zu den

7 Ganz im Gegenteil dazu wollte Buresch 25 dann aber aus den
Buchstabenformen der Inschrift des Jahres 271 eher auf das 3.Jh.
n.Chr. als auf das ausgehende 2.Jh. schließen, also die aktische
Ära bevorzugen.
8 TAM V 1,71. Dazu L.Robert, REA 62,1960,282 = Id., Opera
Minora Selecta II, Amsterdam 1969,798; P.Herrmann, TAM V 1,
p.26 und p.84.
9 TAM V 1,245.
10 Möglich ist bei der Inschrift aus Kula auch die Lesung der
Jahreszahl als 201 oder 204; so P.Herrmann, TAM V 1, p.84. Dies
würde aber ebenso zum Jahr 225 in der Inschrift aus Thermai
Theseos passen.
11 Siehe unten S. 330.
12 Vgl. PIR IV² p.257ff. Nr.507; W.Eck, Chiron 12,1982,348;
Stumpf 267ff.
13 Vgl. zu ihm A.v.Premerstein, C.Iulius Quadratus Bassus,
Klient des jüngeren Plinius und General Trajans (SBAW 1934,3),
München 1934; PIR IV² p.260f. Nr.508; W.Eck, RE Suppl.14,1974,
209ff. s.v.Iulius 425a.
14 Vgl. J.Devreker, Latomus 30,1971,1193f.; P.Herrmann –
K.Z.Polatkan, Das Testament des Epikrates und andere neue
Inschriften aus dem Museum von Manisa, Wien 1969,47ff.
15 Vgl. J.Devreker, Latomus 30,1971,1193; P.Herrmann, TAM V
1, p.84. Zur Familie siehe auch C.A.Behr, Aelius Aristides and
the Sacred Tales, Amsterdam 1968,84ff.
16 So A.v.Premerstein, op.cit.(Anm.11),48.

genannten Personen paßt. Persönlichkeiten dieses Namens sind
aber auch in späterer Zeit bezeugt[17].

Das Fehlen des Aureliernamens in den Inschriften, die später
als in das lokale Jahr 243 datiert sind, wäre, wenn man die
Gültigkeit der aktischen Ära annähme, erstaunlich. Sechzehn der
Inschriften wären nämlich nach dem Erlaß der Constitutio
Antoniniana entstanden, nennen aber bei keiner der genannten
Personen den Aureliernamen. Dasselbe gilt bei Annahme der
pharsalischen Ära für die elf Inschriften, die später als 260 datiert
sind. Dies ist, wenn auch ein "argumentum e silentio", ein
weiterer Hinweis darauf, daß in Silandos die sullanische Ära
verwendet worden sein dürfte[18]. Bei Annahme der sullanischen Ära
ist es leichter zu erklären, daß in den datierten Inschriften aus
Silandos jeglicher Aurelier fehlt, da die mit Jahreszahlen datierten
Inschriften bald nach 212 n.Chr. enden. Nur noch vier Inschriften
aus der Zeit nach der Constitutio Antoniniana wurden mit einer
Jahreszahl versehen[19].

Bagis und Lyendos

Um den Oberlauf des Hermos siedelte der Stamm der
Mokkadenoi. Nach den antiken Zeugnissen gehörten zur Mokkadene
die Städte Temenothyrai und Silandos sowie die Kome Thermai
Theseos[1]. Zwischen diesen Orten lag aber auch die Stadt Bagis. In
der ephesischen Städteliste aus flavischer Zeit wird sie nicht
genannt. Die Annahme von Habicht, daß Bagis wie auch Temenothyrai und Silandos durch die Nennung der Mokkadenoi in der
Liste abgedeckt seien, weil sie erst unter Domitianus zu Poleis
wurden, ist überzeugend[2].

17 Beispielsweise ist in Kotiaeion ein C.Iulius Quadratus auf
Münzen der Zeit Caracallas bezeugt: BMC Phrygia Nr.48ff.

18 Eine entsprechende Schlußfolgerung wagte P.Herrmann, TAM
V 1, p.19 gar aus den nur vier ihm damals bekannten Inschriften
der fraglichen Zeit; vgl. auch P.Herrmann, Chiron 2,1972,528
Anm.31.

19 EA 2,1983,126 Nr.14 und 123 Nr.11; Malay Nr.349. Auch die
Inschrift mit der Jahreszahl 320, die H.Malay, EA 12,1988,151 Nr.5
im Museum Manisa aufnahm, stammt wohl aus Silandos, wie ein
Hinweis bei Chr.Naour, Travaux et recherches en Turquie II 52
n.60 zeigt; vgl. H.Malay, EA 12, 1988,147.

1 IGR IV 618 = Th.Drew-Bear, Chiron 7,1979,295 Nr.6; TAM V
1,47; TAM V 1,71. Vgl. Magie II 1022 n.68; Chr.Habicht, JRS 65,
1975,72 und 77; TAM V 1, p.1; Th.Drew-Bear, Chiron 9,1979,
276f. mit n.10 und n.11; P.Debord, REA 87,1985,352.

2 Chr.Habicht, JRS 65,1975,66 und 77. So auch TAM V 1, p.1;
P.Debord, REA 87,1985,352. - Dagegen gehörte die Stadt Tabala
(siehe unten S.329) wohl nicht zur Mokkadene, weil sie in der
ephesischen Städteliste neben den Mokkadenoi eigens aufgeführt
war; vgl. Chr.Habicht, JRS 65, 1975,75 Nr.22.

Bagis ist bei Güre lokalisiert worden[3]. Von dort und aus dem auf der anderen (nördlichen) Seite des Hermos gelegenen Ort Mıdıklı kommen zwei in die Jahre 162 und 189 datierte Grabinschriften[4]. Das nördlich des Hermos gelegene Bergland mit dem Ort Karakuyu, in dem ein Inschriftenfragment mit der Jahreszahl 202 aufgenommen wurde[5], gehörte wohl zu Bagis[6]. Denn aus Hopuş (heute Abdulak), einem Nachbarort von Karakuyu nahe dem Hermos, stammt die Stele (Taf.IX 2) mit der für die Ärarechnung interessanten Datierung[7]: ἔτους ρλθ', μη(νὸς) Ἀρτε[μισίου.],/ ὡς δὲ Βαγηνοὶ ἄγουσ[ιν--]. Peter Herrmann[8] schloß aus diesen beiden Zeilen der Inschrift, daß hier ähnlich wie in mehreren Zeugnissen aus der Region von Daldis[9] eine Doppeldatierung vorgelegen habe, bei der eine Jahreszahl aber nicht mehr zu lesen sei. Zu welcher Ära die überlieferte Jahreszahl 139 gehört, ist nicht ohne weiteres festzustellen. Herrmann bezog die Erläuterung ὡς δὲ Βαγηνοὶ ἄγουσ[ιν... auf eine zweite in der Inschrift fehlende Zahl[10]. Wenn es sich also bei dem Jahr 139 um eine Datierung nach der sullanischen Ära handelte, rechnete Bagis nach der aktischen Ära. Wenn das Jahr 139 aber der aktischen Ära entspricht, war in Bagis die sullanische Ära ab 85/4 v.Chr. üblich. Ob aber tatsächlich in der Inschrift noch eine zweite Jahreszahl stand, ist unsicher. Der Zusatz zur Jahreszahl kann sich ebensogut auf die genannte Zahl 139 beziehen. In anderen Beispielen steht die Erläuterung der Jahreszahl mit ὡς ... ἄγουσιν hinter der dazugehörigen Jahreszahl und nicht davor[11]. Die Erläuterung kann sich auch kaum auf die Monatsangabe Artemisios beziehen[12], weil dies ein überall in diesem Raum üblicher Monatsname des makedonischen Kalenders ist.

Die in die Tituli Asiae Minoris unter Bagis aufgenommenen Inschriften[13] geben keinen sicheren Hinweis auf die Art der dort üblichen Ära. Die Grabstele aus Mıdıklı, die im Jahre 189 von einem Apollonides Bolanos, Sohn des Menandros, und seiner Frau für ihren gemeinsamen Sohn errichtet wurde[14], liefert möglicher-

---

3 So Keil - Premerstein II 125; Herrmann, Nordostlydien 34; Chr.Habicht, JRS 65,1975,77; TAM V 1, p.13.

4 TAM V 1,35.36. Bei einer weiteren Grabinschrift aus Güre ist die Jahreszahl nicht erhalten: TAM V 1,38. - Mıdıklı bei Güre ist von dem gleichnamigen Ort weiter westlich, der offenbar auf dem Territorium des antiken Silandos liegt, zu unterscheiden; vgl. C.Naour, ZPE 44,1981,42f.

5 TAM V 1,41.

6 So TAM V 1, p.13.

7 TAM V 1,29.

8 P.Herrmann, Chiron 2,1972,528 Anm.32.

9 Siehe oben S.306f. und S.309f.

10 TAM V 1,29 mit Kommentar.

11 IGR IV 1747; IvIlion 10. Vgl. auch TAM V 1,683.

12 So auch P.Herrmann, Chiron 2,1972,528 Anm.32.

13 TAM V 1,34ff.

14 TAM V 1,36.

weise einen chronologischen Anhaltspunkt. Der Name Bolanos ist
wohl abgeleitet von M.Vettius Bolanus[15], dem Proconsul Asias
zwischen 73 und 77 n.Chr.[16]. Nach der sullanischen Ära wäre die
Inschrift 104/5 n.Chr. aufgestellt, nach der aktischen Ära 158/9
n.Chr. Auf den ersten Blick würde man das frühere Datum
vorziehen, wenn nicht die Grabinschrift aus Aizanoi vom Jahre
131/2 n.Chr. wäre[17], die ein Mann namens Dadas seinem Sohn
Bolanos widmete. Leider ist bei beiden Inschriften das Alter des
Verstorbenen nicht angegeben. Doch wahrscheinlicher scheint das
Jahr 158/9 n.Chr. für einen schon älteren Mann, der zur gleichen
Generation gehört haben wird wie der im Jahre 131/2 n.Chr. in
Aizanoi verstorbene Sohn Bolanos, der entsprechend jünger
gewesen sein dürfte. Dieses Argument enthält aber allerlei
Unwägbarkeiten, da wir über die Verbreitung des seltenen Namens
Bolanos kaum informiert sind.

Etwa 12 km nordöstlich von Bagis liegt der türkische Ort Aktaş
mit den Resten einer antiken Siedlung[18]. Keil - Premerstein
vermuteten in der nahen Ruinenstätte die Stadt Temenothyrai[19].
Peter Herrmann fand dort aber eine Ehreninschrift der Katoikie
Lyendos, die wohl im 2.Jh.v.Chr. aufgestellt worden war[20]. Dies
ist zwar noch kein endgültiger Beweis, daß dort auch in der
Kaiserzeit eine Katoikie dieses Namens lag[21]. Aber nachdem nun
Temenothyrai mit Uşak identifiziert ist[22], spricht einiges dafür,
daß die antike Siedlung bei Aktaş in der Antike zum Territorium
von Bagis gehörte[23]. Keil - Premerstein haben festgestellt, daß die
Grabsteine, die in Aktaş und Güre (Bagis) gefunden wurden, eng
miteinander verwandt sind, zum Teil aus der gleichen Werkstatt
stammen[24]. Auch aus Beylerhan, das zwischen Aktaş und Güre
liegt, kommen derartige Grabstelen[25]. Zwar ist Uşak (Temeno-

15 So u.a. L.Robert, Etudes épigraphiques et philologiques,
Paris 1938,167f.; Robert, Noms indigènes 33.
16 Vgl. zu den Daten W.Eck, Chiron 12,1982,296.
17 MAMA IX 255; siehe dazu oben S.237.
18 Vgl. Buresch 201; Keil - Premerstein II 129; Herrmann,
Nordostlydien 34; TAM V 1, p.2; Th.Drew-Bear, Chiron 9,1979,
285f.; TIB 7,329.
19 Keil - Premerstein II 129.134f. So auch L.Robert, Hellenica
XI-XII, Paris 1960,282 mit n.3. Vgl. Th.Drew-Bear, Chiron 9,
1979,285f.
20 Herrmann, Nordostlydien 34 Nr.22; TAM V 1,1.
21 Vgl. Herrmann, Nordostlydien 34f. und TAM V 1, p.2.
22 Th.Drew-Bear, Chiron 9,1979,275ff.
23 So Th.Drew-Bear, Chiron 9,1979,287f. und MAMA IX p.LV.
Auch P.Herrmann, TAM V 1, p.2 hielt dies für möglich, trennte
aber noch die Inschriften von Aktaş und Umgebung von denen der
Stadt Bagis.
24 Keil - Premerstein II 125.132. Vgl. auch Th.Drew-Bear,
Chiron 9, 1979,287 mit n.54.
25 TAM V 1,24-26. Vgl. Keil - Premerstein II 132 und TIB
7,329.

thyrai) etwa gleichweit wie Güre (Bagis) von Aktaş entfernt. Aber
auch die geographische Situation spricht für die Zugehörigkeit
dieses Ortes in der Antike zu Bagis. Aktaş liegt im Hermosgebiet,
während sich Uşak am Ostrand der Ebene von Banaz erstreckt und
eher Phrygien zugewandt ist[26].

Aus Aktaş soll auch der Grabaltar mit der Jahreszahl 170
stammen, der im etwa 7 km nordwestlich gelegenen Hopuş aufgenommen wurde[27]. Ebendort wurde die schon mehrfach erwähnte
Inschrift mit der Jahreszahl 139 gefunden, die die Jahresrechnung
nach Art der Bagener betont[28]. Daß aber in Aktaş die aktische
Ära galt, ist seit langem nachgewiesen[29]. Eine Bauinschrift des
Jahres 168 wurde von einem P.Aelius Theogenes für seine Frau
und seine Kinder, die alle den Aeliernamen tragen, errichtet[30].
Diese Familie hat unter Kaiser Hadrian das römische Bürgerrecht
erhalten[31]. Die sullanische Ära, nach der Buresch[32] die Inschrift
datiert hat, würde diese Familie ins Jahr 83/4 n.Chr. datieren, die
aktische Ära hingegen passend ins Jahr 137/8 n.Chr. Auch die
pharsalische Ära, die aber niemand für diese Region in Betracht
gezogen hat, ist auszuschließen. Denn das Jahr 120/1 n.Chr. wäre
für hadrianische Bürgerrechtsverleihungen in Lydien zu früh.
Wenn somit in Aktaş die aktische Ära nachzuweisen ist und Aktaş
zu Bagis gehörte, ist diese Jahresrechnung mit großer Wahrscheinlichkeit auch für die Inschriften aus Güre, Mıdıklı, Beylerhan,
Karakuyu und Hopuş anzunehmen[33].

Hatte Herrmann, als er mit Keil – Premerstein die Stadt
Temenothyrai noch bei Aktaş vermutete, die oben behandelte
Inschrift des Jahres 139, die die Jahreszahl erläutert, als aus
einem Übergangsgebiet zwischen sullanischer und aktischer Ära
stammend bezeichnet und damit die aktische Ära für Bagis in Frage
gestellt[34], so kann nun durch die Zugehörigkeit von Hopuş zum
Territorium von Bagis dieselbe Inschrift die offizielle Gültigkeit der
aktischen Ära in Bagis bestätigen, wie Drew-Bear mit Recht betont
hat[35]. Diese Inschrift kommt offensichtlich aus dem Randgebiet des

26 Vgl. Keil – Premerstein II 134; Th.Drew-Bear, Chiron 9,
1979,285.288.

27 TAM V 1,30; Keil – Premerstein II 129.132.

28 TAM V 1,29. Siehe oben S.235 und S.252.

29 Keil – Premerstein II 129ff. Vgl. auch Herrmann, Nordostlydien 35 Anm.130; P.Herrmann, Chiron 2,1972,528 mit Anm.32;
TAM V 1, p.3; Th.Drew-Bear, Chiron 9,1979,287 n.55; MAMA IX
p.LVI n.14.

30 Herrmann, Nordostlydien 35 Anm.130 mit Abb.VIII 1; TAM V
1,2.

31 Vgl. Holtheide 91ff.

32 Buresch 201.

33 So schon Keil – Premerstein II 125.

34 P.Herrmann, Chiron 2,1972,528 mit Anm.32. Vgl. auch TAM
V 1, p.9 zu Nr.29 und p.13.

35 Th.Drew-Bear, Chiron 9,1979,287 n.55. So auch MAMA IX
p.LV.

Territoriums von Bagis, wo die sullanische Ära aus Kadoi und die aktische Ära aus Bagis aufeinandertreffen[36]. Dies könnte den Zusatz erklären, daß es sich um die Zeitrechnung der Stadt Bagis handelt. Doch könnte auch der zeitliche Faktor eine Rolle gespielt haben, als man die Formel zur Jahreszahl hinzufügte. Die Stadt Bagis war offensichtlich noch nicht lange gegründet, als man die Inschrift verfaßte. Nimmt man nämlich die aktische Ära an, wurde die Inschrift im Jahr 108/9 n.Chr. aufgestellt. Möglicherweise wurde auch deswegen der Zusatz ὡς δὲ Βαγηνοὶ ἄγουσ[ιν hinzugefügt. Nach der sullanischen Ära käme man mit der Inschrift hingegen in das Jahr 54/5 n.Chr., als nach Ausweis der ephesischen Städteliste[37] die Stadt Bagis noch gar nicht existierte. Auch die Münzprägung von Bagis begann erst unter Domitianus[38].

Unter dem Einfluß des benachbarten Kadoi dürften sich Mitte des 2.Jh.n.Chr. Grabstelen eines Typs, der denen von Kadoi sehr ähnlich ist, in der Region von Bagis und Lyendos verbreitet haben[39]. Eine der Stelen mit der Jahreszahl 194 wurde von Naour zwischen Erdoğmuş und Yeniköy hermosaufwärts gefunden. Das Territorium von Bagis scheint sich noch weiter nach Norden erstreckt zu haben, als man bisher dachte. Denn die Inschrift auf dieser Grabstele ist mit großer Wahrscheinlichkeit nach der aktischen Ära datiert[40], ebenso die Inschriften auf zwei weiteren Stelen, die beide die Jahreszahl 196 aufweisen. Varinlioğlu nahm sie im Museum von Uşak auf und hielt sie von den Buchstaben- formen her für jünger als nach der sullanischen Ära datiert[41]. Vermutlich stammen diese Grabstelen, ebenso wie eine des Jahres 190 in Budapest und die von Keil – Premerstein[42] in Kula aufgenommene mit der Jahreszahl 197, aus dem Territorium von Bagis, das von den durch die aktische Ära beeinflußten Gebieten dem Fund- und Aufbewahrungsort dreier dieser Stelen am nächsten liegt.

Die datierten Inschriften, die Bagis und der Katoikie Lyendos zugewiesen werden, reichen vom Jahre 91 bis zum Jahr 227, das heißt, nach der aktischen Ära von 60/1 bis 196/7 n.Chr. Daraus ergibt sich ein weiteres Problem. Wenn Bagis erst in flavischer Zeit als Stadt gegründet wurde, ist es dann vorstellbar, daß im Gebiet der Mokkadenoi teils die aktische Ära, teils die sullanische Ära, wie sie für Silandos angenommen wurde[43], verwendet worden ist? Oder haben sich die Bürger von Bagis erst nach ihrer Stadtgründung aus unbekannten Gründen für die aktische Ära

---

36 Vgl. Th.Drew-Bear, Chiron 9,1979,288 n.55; MAMA IX p.LV.
37 Chr.Habicht, JRS 65,1975,66.77.
38 Vgl. TAM V 1, p.13.
39 Siehe oben S.252ff.
40 Lochman 20ff.
41 E.Varinlioğlu, EA 13,1989,20 Nr.5 und 30 Nr.16.
42 Keil – Premerstein I 87 Nr.188; Lochman 14ff.
43 Siehe oben S.321ff.

entschieden? Wird dann dieser Übergang zur aktischen Ära in der Region um Aktaş durch die Erläuterung der Jahreszahl in der Inschrift des Jahres 139 aus Hopuş angedeutet, und sind deshalb die Inschriften der Jahre 91, 111 und 125 noch nach der sullanischen Ära datiert? Dagegen spricht aber, daß diese ersten Inschriften mit Jahreszahlen, die alle aus Aktaş stammen, rechnet man sie nach der sullanischen Ära um, sicherlich zu früh wären und eine große Lücke bis zu den nächsten datierten Inschriften entstünde. Denn die Bauinschrift des Jahres 168 aus Aktaş ist mit Sicherheit schon nach der aktischen Ära datiert.

Kam die erste datierte Inschrift des Jahres 91 (akt.=60/1 n.Chr.) überhaupt aus dem Gebiet von Bagis[44]? Sie war in Uşak verwendet worden und soll nach Angaben des Besitzers und des Händlers in Aktaş gefunden worden sein. Aus Aktaş und seiner Umgebung sind viele Steine nach Uşak gelangt[45], was sicherlich für die Herkunftsangabe spricht. Aber sicher können wir nicht sein, daß die einzige Inschrift, die mit Sicherheit vor der Gründung von Bagis entstand, auch aus dessen Gebiet kommt. Wir wissen nicht, wie der Stamm der Mokkadenoi vor den flavischen Städtegründungen organisiert war. Doch gab es wohl mehrere eigenständige Gemeinden in dieser Region. Bei Aktaş jedenfalls lag, wenn nicht alles täuscht, eine Katoikie oder Kome Lyendos, die möglicherweise in Eigenverantwortung die aktische Ära eingeführt hat[46]. Denn allein dort ist sie anfangs bezeugt. Daß die aktische Ära aus dem Kogamostal über die Kastolische Ebene nordöstlich in die Region von Bagis "ausstrahlte"[47], ist gut möglich. Aber man wird sich dann fragen müssen, warum diese Ära das näher gelegene Gebiet von Silandos und Tabala übersprungen hat, wo nichts auf die aktische Ära hinweist. Möglicherweise kam diese Ära aber auch von Aizanoi, wohin Verbindungen bestanden[48], über Lyendos nach Bagis. Irgendwann müssen sich die Bagener aus unbekannten Gründen entschieden haben, die aktische Ära als offizielle Jahresrechnung zu verwenden. Doch hier kommt man nach den bisher vorliegenden Quellen nicht weiter.

44 TAM V 1,8.
45 Vgl. Keil - Premerstein II 129.133; Th.Drew-Bear, Chiron 9, 1979,284 n.44.
46 Auch in der mysischen Olympene wurde schon vor der Gründung der Stadt Hadrianoi mit der sullanischen Ära datiert, die dann in der neuen Stadt weiterverwendet wurde; siehe oben S.233 und unten S.388.
47 So P.Herrmann, Chiron 2,1972,528.
48 Die Grabstele TAM V 1,13 aus dem Jahre 125 (=94/5 n.Chr.) hat ein Künstler aus Aizanoi unterschrieben.

Tabala

Die Stadt Tabala, bei Burgaz am Nordufer des Hermos gelegen[1], umfaßte mit ihrem Territorium eine kleine Ebene und das oberhalb gelegene Tal des Hermos um das Dorf Sirke bis zum Çatal Tepe[2]. Peter Herrmann nahm auch die nördlich von Sirke gefundenen Inschriften aus der Region um die Orte Adana und Boyalı unter die Funde von Tabala auf, ohne daß dies zu beweisen wäre. Aus geographischen Gründen gehörten wahrscheinlich die Orte Manaklar, Körez und Kalinharman südlich des Hermos zum Territorium von Tabala[3]. Die weiter flußabwärts gelegenen Thermai Theseos hingegen werden schon zu Silandos gerechnet.

Aus den elf in die Tituli Asiae Minoris aufgenommenen Inschriften aus Tabala, die mit Jahreszahlen[4] datiert sind, ist die Art der in diesem Gebiet üblichen Ära kaum zu entnehmen, zumal südwestlich von Tabala auch die aktische Ära zu finden ist. Peter Herrmann nahm in den TAM die sullanische Ära an[5], während er zuvor noch die aktische Ära bevorzugt hatte[6]. Nun hat jüngst Varinlioğlu eine Stele aus dem Museum Uşak publiziert[7], die, wie die Strafandrohung am Ende zeigt[8], aus Tabala stammen muß. Darin wird ein Aurelius Hermogenes aus Tabala genannt. Die Stele trägt die Jahreszahl 319. Die sullanische Ära ergibt das Jahr 234/5 n.Chr., die aktische 288/9 n.Chr. Hier ist sicher die sullanische Ära zu bevorzugen. Es wäre auch schwerer zu erklären, warum die übrigen sechs Inschriften, die, nähme man die aktische Ära an, nach 212/3 n.Chr. entstanden wären, keinen Aureliernamen zeigen und warum dann erst so spät ein Aurelius vorkäme. In Tabala galt also wohl die sullanische Ära.

Stimmt die Lesung ἔτο]υς κβ' , die Malay brieflich aus einem unpublizierten Fragment eines Ehrendekrets mitteilte, besäßen wir hier eine sehr frühe Inschrift, die nach der sullanischen Ära ins Jahr 64/3 v.Chr. gehört. Ein Jahr zuvor war aber schon in der Nachbarschaft, in Saittai, eine Inschrift entsprechend datiert worden[9].

---

1 Vgl. Herrmann, Nordostlydien 19f.; TAM V 1, p.64; H.Malay, EA 12,1988,47.

2 TAM V 1, p.64. Vgl. auch Herrmann, Nordostlydien 20f.

3 Vgl. TAM V 1, p.64.

4 In TAM V 1,200 ist die Jahreszahl nicht mehr erhalten, bei TAM V 1,198 waren nur noch Reste der Ziffern, vielleicht Delta und Xi, zu erkennen.

5 TAM V 1, p.64.

6 Herrmann, Nordostlydien 21. - Keil-Premerstein II 128 Nr.236 rechneten die Inschrift des Jahres 226 aus Sirke nach der aktischen Ära um, weil sie den Stein Bagis zuwiesen.

7 E.Varinlioğlu, EA 15,1990,95 Nr.46.

8 Vgl. dazu M.-L.Cremer - J.Nollé, Chiron 18,1988,202; L.Robert, BCH 107,1983,520.

9 Siehe oben S.321.

Katakekaumene
(Maionia, Kollyda, Nisyra)

Im folgenden Abschnitt werden die datierten Inschriften der Region in Lydien behandelt, die wegen ihres vulkanischen Charakters in der Antike als Katakekaumene bezeichnet wurde[1]. Ein Teil der Inschriften der Katakekaumene wurde in die Stadt Kula, die heute das Zentrum der Region ist, aber wohl nicht mit einer antiken Gemeinde identifiziert werden kann[2], verschleppt, so daß ihre genaue Herkunft meist nicht mehr zu ermitteln ist. Da aber auch Steine aus anderen Teilen Lydiens und aus Phrygien nach Kula gelangten[3], sind die Inschriften, die dort gesehen wurden, nicht immer mit Sicherheit der Katakekaumene zuzuweisen, falls nicht ihre Herkunft aus dem Text der Inschrift zu erschließen ist[4].

Eine große Zahl von Inschriften, die in verschiedene Museen aufgenommen sind, sollen ebenfalls aus der Katakekaumene stammen. Allerdings kann ein Teil dieser Inschriften, die der Katakekaumene zugewiesen werden, auch aus Saittai kommen, dessen Territorium bis in die Katakekaumene reichte. Eine exakte Unterscheidung zwischen den Grabstelen aus Saittai und aus der

1 Dazu Robert, Villes 287ff.; P.Herrmann, TAM V 1, p.79; Chr.Naour, ZPE 44,1981,11ff.
2 So z.ᵕ. P.Herrmann, TAM V 1, p.62 zu Nr.193 und p.80. Vgl. dagegen aber E.N.Lane, AS 25,1975,109f.; P.Debord, REA 87,1985,353.
3 Siehe z.B. oben unter Kadoi S.251. Die Inschriften TAM V 1, 261 und 230 kamen offensichtlich aus dem Gebiet von Philadelpheia nach Kula; siehe unten S.527. Die Stele mit der Jahreszahl 303, die Keil - Premerstein I 88 Nr.190 in Kula sahen, wurde erst gar nicht in die TAM V 1 aufgenommen, da sie vielleicht aus Phrygien kam.
4 Aus der Katakekaumene stammen z.B. die Inschriften TAM V 1,236, 317-322, 325-328, 330 für die Göttin Anaeitis, deren Heiligtum in der Nähe von Kollyda oder Ayazviran lag; vgl. I.Diakonoff, BABesch 45,1979, 140f.165; Chr.Naour, EA 2,1983,109 mit n.8. Das gleiche trifft für die Inschriften TAM 1,246 und 247 für den Theos Hosios und Dikaios zu, da sich solche Inschriften vielfach in der Katakekaumene fanden; vgl.Chr.Naour, EA 2,1983, 111. Eine weitere derartige Inschrift befindet sich im Museum Manisa; vgl. Malay Nr.161. - Auch der Men von Axiotta, TAM V 1, 1,252, hatte wohl in der Katakekaumene sein Heiligtum; vgl. unten S.332. - Die Weihung der Rhodia, Sklavin einer Flavia Menogenes, an Meter Aliane vom Jahre 198, TAM V 1,257, erinnert durch den Beinamen der Gottheit an die Stadt und die Katoikie Alia in Phrygien; vgl. Th.Drew-Bear, ANRW II 7,2, 1980, 257. Dennoch scheint diese Inschrift, ebenso wie TAM V 1,258, aus der Katakekaumene zu stammen, wo eine Inschrift die Herrin Flavia Menogenes ehrt; TAM V 1,274. - Aus der Katakekaumene wohl auch TAM V 1,231 (Katoikie Taza), nicht aus Kastolupedion.

Katakekaumene ist oft nicht möglich[5]. So ist bei manchen
Inschriften, die dieser Region zugewiesen werden, die genaue
Herkunft nicht mehr feststellbar[6]. Die Datierung der Inschriften
wird durch die Unsicherheit über ihren Aufstellungsort aber nicht
beeinträchtigt, da in beiden Gebieten, sowohl in Saittai als auch in
der Katakekaumene, dieselbe Ära vorliegt, wie sich zeigen wird.

Die bedeutendste antike Stadt in der Katakekaumene war
Maionia, die mit dem heutigen Menye zu identifizieren ist[7]. Zum
Territorium der Stadt rechnet Herrmann[8] die südlich gelegene
Ebene um Görnevit mit Asarcık[9], dem Fundort antiker Inschriften,
ebenso im Norden die Dörfer Kenger und Emre, aus denen datierte
Inschriften stammen, im Osten Sandal. Von dort kommt ein
undatiertes Inschriftenfragment mit dem Namen des Strategen
Menekrates[10], der wohl mit dem gleichnamigen Beamten auf Münzen
Maionias aus der Zeit Neros identisch ist[11]. Die verschiedenen
antiken Örtlichkeiten, die in den Inschriften TAM V 1,525, 526,
528, 543 und 589 erwähnt werden, sind alle nicht sicher zu
lokalisieren[12]. Auch die genaue Ausdehnung des Territoriums von
Maionia ist umstritten[13].

Eine zweite Stadt der Katakekaumene war **Kollyda**, die beim
heutigen Gölde zu lokalisieren ist[14]. Auch das Territorium von
Kollyda ist nicht sicher festzulegen. Peter Herrmann[15] hat das
Dorf Kavacık südlich von Gölde, in dem mehrere datierte
Inschriften gefunden wurden, dazu gezählt.

Die Fundorte uns interessierender Inschriften, die zwischen
Maionia und Kollyda beziehungsweise nördlich beider Städte liegen,
sind nur schwer einer der antiken Gemeinden zuzuordnen. Es

---

5 Vgl. Chr.Naour, ZPE 44,1981,14ff. - Selten geht aus den
privaten Inschriften der genaue Herkunftsort hervor: z.B. in der
Grabstele des Jahres 299 in Izmir, P.Herrmann, AAWW 122,1985,259
Nr.4 = SEG 35,1160, werden die gleichen Hinterbliebenen genannt
wie in zwei Grabinschriften aus Ayazviran, TAM V 1,473c.475a. In
der Inschrift des Jahres 296 im Museum Uşak, E.Varinlioğlu, EA
15,1990,90 Nr.41, wird ein Beamter der Stadt Maionia geehrt.

6 So z.B. EA 6,1985,66 Nr.9 und 10 = SEG 35,1270 und 1271;
MDAI(I) 25,1975,357 (vgl. Robert, Bull.épigr.1976,628 und
I.Diakonoff, BABesch 54, 1979,167f.).

7 Vgl. P.Herrmann, TAM V 1, p.165f.; Herrmann, Nordostlydien 4.

8 TAM V 1, p.166; ebenso Chr.Naour, EA 2,1983,107.

9 Zu Asarcık vgl. Chr.Naour, EA 2,1983,107ff.

10 TAM V 1,602.

11 Vgl. R.Münsterberg, Die Beamtennamen auf den griechischen
Münzen, 2.Nachdruck der Ausgaben Wien 1911-1927, Hildesheim
1985,140.

12 Vgl. P.Herrmann, TAM V 1, p.132 und Nordostlydien 22ff.

13 Siehe unten S.332.

14 P.Herrmann, TAM V 1, p.110f.; Chr.Naour, Travaux et
recherches en Turquie II 67.

15 TAM V 1, p.111.

wurde sogar diskutiert, ob sich das Territorium von Saittai bis zu
den Höhen südlich des Hermos erstreckte[16], so daß Fundorte wie
Hamidiye und Kavaklı zu Saittai gehören könnten. Naour hat aber
gezeigt[17], daß aus topographischen Gründen der Hermos die
Grenze zwischen Saittai und den Gemeinden der Katakekaumene
bilden mußte. Daß in der Nähe von Saraçlar die Katoikie **Nisyra**
lag, scheint sicher[18] und geht aus ihrer Erwähnung in der
Inschrift TAM V 1,426 sowie aus der Nennung des Apollon von
Nisyra in TAM V 1,427-429 hervor. Doch zu welcher Polis Nisyra
gehörte, ist nicht klar. Herrmann wies die Katoikie dem
Territorium von Kollyda zu, schloß aber nicht aus, daß sie ein
Teil von Maionia war. Zwischen den Orten Ayvatlar, Karaoba und
Ayazviran, letzterer Fundort der größten Zahl datierter Inschriften
in der Region, lag vermutlich die Katoikie Dora[19]. Bei Ayazviran
ist weiterhin das inschriftlich bezeugte antike Iaza anzusetzen[20]
und nördlich davon beim Fundort Palankaya der antike Ort
Koresa[21]. Die zahlreichen Weihungen für Men Axiottenos, die in
diesem Raum gefunden wurden[22], weisen auf die Nähe seines
Heiligtums[23] und der Katoikie Axiotta[24]. Während Peter Herrmann
die Gegend um Ayazviran offensichtlich lieber zu Kollyda rechnen
wollte[25], wies Naour diese Örtlichkeit aus topographischen Gründen
Maionia zu, weil Gölde (Kollyda) von Ayazviran durch einen
Bergkamm getrennt sei[26].

16   So L.Robert, Anatolia 3,1958,134ff. = Id., Opera Minora
Selecta I, Amsterdam 1969,433ff. Vgl. Herrmann, Nordostlydien 23;
TAM V 1, p.29; G.Petzl, ZPE 30,1978,249; Chr.Naour, ZPE 44,
1981,36f.
17   Chr.Naour, ZPE 44,1981,37f. und Travaux et recherches en
Turquie II 52.
18   Vgl. P.Herrmann, TAM V 1, p.132 und Nordostlydien 22.
Die Zeugnisse aus Saraçlar werden hier zu Nisyra gerechnet.
19   Vgl. TAM V 1, p.132 und 137; Herrmann, Nordostlydien 22;
G.Petzl, ZPE 30,1978,249; Chr.Naour, ZPE 44,1981,38 n.88.
20   Vgl. TAM V 1, p.132 und 139; G.Petzl, in: Studien zur
Religion und Kultur Kleinasiens. Festschrift für F.K.Dörner,
Leiden 1978,755; Chr.Naour, ZPE 44,1981,38 mit n.88; Chr.Naour,
Travaux et recherches en Turquie II 52f.; Chr.Naour, EA 2,1983,
107 und EA 5,1985,56. Siehe auch Robert, Bull.épigr.1978,436.
21   Vgl. TAM V 1, p.132 und p.144; Herrmann, Nordostlydien
24ff.; Chr.Naour, Travaux et recherches en Turquie II 61ff.
22   TAM V 1,452-456.
23   Zu den Vermutungen über die Lokalisierung des Heiligtums
vgl. P.Herrmann, in: Studien zur Religion und Kultur Kleinasiens.
Festschrift für F.K.Dörner, Leiden 1978,422 Anm.27; TAM V 1,
p.165 und p.171 zu Nr.525.
24   Die Katoikie Axiotta ist bezeugt in EA 13,1989,45 Nr.4 und
EA 15,1990,93 Nr.44.
25   Vgl. die Karte im Anhang zu TAM V 1.
26   Chr.Naour, ZPE 44,1981,37f. Vgl. auch schon G.Petzl, ZPE

Auf einer Terrasse über dem Hermos liegt der Ort Hamidiye, in dem ebenfalls zahlreiche Inschriften mit Jahreszahlen gefunden wurden. Die beiden antiken Katoikien Dima und Kerbia sind in einer dieser Inschriften genannt[27] und dürften sich in der Nähe befunden haben[28]. Naour legt auch diesen modernen Ort aus topographischen Gründen in das Territorium des antiken Maionia[29]. Herrmann hingegen zieht seine Zugehörigkeit zu Kollyda vor[30], schließt aber auch Saittai nicht aus. Die Inschrift TAM V 1,490 aus dem Jahre 244 erwähnt das gleiche Kollegium wie eine Inschrift des Jahres 246, die in Gölde (Kollyda) gefunden wurde[31]. Dies könnte dafür sprechen, daß Hamidiye und die in der Nähe gelegenen antiken Orte zum Territorium von Kollyda gehörten.

Der Fundort Kavaklı liegt dort, wo nach der Karte im Anhang des Bandes V 1 der Tituli Asiae Minoris die Territorien von Kollyda, Saittai und Silandos aneinanderstoßen. Die Zuordnung der in Kavaklı gefundenen Inschrift[32], von deren Jahreszahl nur die Hunderterziffer erhalten ist, ist noch ungewisser als bei den anderen Orten, obwohl Peter Herrmann Kavaklı offensichtlich zum Territorium von Kollyda rechnete, ebenso wie das südlich gelegene Ibrahimağa[33].

Die überwiegende Masse der kaiserzeitlichen Inschriften aus der Katakekaumene ist mit Jahreszahlen datiert[34], gleichgültig, ob es sich um offizielle Dekrete[35], Ehreninschriften[36], Weihinschriften öffentlicher und privater Art[37] oder um die ungemein zahlreichen

30,1978,249f., der aber auch die Zugehörigkeit zu Kollyda in Betracht zieht.

27 TAM V 1,488; vgl. auch Nr.489.

28 Vgl. Herrmann, Nordostlydien 22f.; G.Petzl, ZPE 30,1978, 249; Chr.Naour, EA 5,1985,56 n.74.

29 Chr.Naour, ZPE 44,1981,37f.

30 Herrmann, Nordostlydien 23f.

31 TAM V 1,351.

32 TAM V 1,499. Von dort wohl auch TAM V 1,231, wo eine Katoikie Taza erwähnt ist.

33 Dazu auch Herrmann, Nordostlydien 57.

34 Bei einigen Inschriften ist die Jahreszahl nicht mehr oder nur zum Teil erhalten, z.B. in Maionia: TAM V 1,544.580, in Kollyda: TAM V 1,363.366.382.387, in Kavaklı: TAM V 1,499.504, usw. - Bei der Grabstele, die Chr.Naour, Travaux et recherches en Turquie II 44 Nr.14 publizierte, las er die Jahreszahl σκι' und löste diese als 230 auf. Diese Interpretation kann nicht richtig sein, oder es liegt ein Fehler des Steinmetzen vor. Die Photographie des Steines läßt aber keine andere Lesung zu. G.Petzl wollte σνε' (=255) entziffern (EA 6,1985,73; vgl. SEG 34,1204), verwechselte aber wohl die Abbildung von Nr.14 und Nr.15 bei Naour.

35 Z.B. TAM V 1,515.

36 Z.B. TAM V 1,425.514.

37 Z.B. TAM V 1,426.427.439.

Grabinschriften[38] handelt. Für Maionia ist es die Bauinschrift des Jahres 239[39], durch die die sullanische Ära nachzuweisen ist[40]. Darin wird ein Bauwerk den Patrioi Theoi und dem regierenden Kaiser Antoninus geweiht[41]. Die sullanische Ära, die das Jahr 154/5 n.Chr. ergibt, führt in die Regierungszeit des Antoninus Pius. Die aktische Ära scheidet aus, weil im Jahre 208/9 n.Chr.[42] neben Caracalla auch der mitregierende Septimius Severus genannt worden sein müßte. Die pharsalische Ära ergäbe das Jahr 191/2 n.Chr., als kein Antoninus an der Regierung war.

Aber auch schon für das 1.Jh.v.Chr. ist die sullanische Ära in Maionia nachgewiesen worden. Am Anfang eines Ehrendekrets findet sich eine Jahreszahl, die wahrscheinlich 25 lautete[43]. Hier muß eine Datierung nach der sullanischen Ära vorliegen, wie Peter Herrmann festgestellt hat[44], da die Inschrift vom Formularstil und den Buchstabenformen her in das 1.Jh.v.Chr. gehört. In Sandal, das zum Territorium von Maionia gehörte, ist im Jahre 320 (sull.=235/6 n.Chr.) ein Aurelier bezeugt[45]. Das zeigt, daß auch in diesem Ort, wie auch immer er in der Antike geheißen haben mag, die sullanische Ära galt. In noch stärkerem Maße weist in Ayazviran das Namenmaterial darauf hin, daß die dortigen Inschriften nach der sullanischen Ära datiert sind. Ab dem Jahre 305 (sull.=232/3 n.Chr.) werden in einem großen Teil der Inschriften Aurelier genannt[46]. Dagegen erscheint in den in Kula gesehenen Inschriften der Aureliername nur selten, bezeichnenderweise aber zum ersten Mal im Jahre 317 (sull.=232/3 n.Chr.)[47].

In Kollyda wird erstmals ein Aurelier auf einer Stele genannt[48], von deren Jahresdatierung aber nur die beiden letzten Ziffern κζ (=27) erhalten sind. Die Ergänzung der Jahreszahl zu 227 scheidet

---

38   Z.B. TAM V 1,469ff.

39   TAM V 1,517. Vgl. auch Herrmann, Nordostlydien 10f.

40   So außer Herrmann, Nordostlydien und TAM V 1, p.166 auch schon Le Bas - Waddington p.214; außerdem C.Vermeule, in: Mélanges Mansel I, Ankara 1974,121f.; I.Diakonoff, BABesch 54, 1979,142 n.30. Keil - Premerstein II 79 vermuteten wegen des Schriftcharakters der Inschrift Nr.170 (=TAM V 1,546) die Verwendung der aktischen Ära, obwohl sie bei der Inschrift Keil - Premerstein I 83 Nr.180 (=TAM V 1,270) aus Kula wegen des Reliefs die sullanische Ära angenommen hatten.

41   Vgl. Herrmann, Nordostlydien 10 mit Anm.26.

42   Nicht 209/10 n.Chr., wie Herrmann, Nordostlydien 10 versehentlich schreibt.

43   TAM V 1,514. Die Zehnerziffer ist allerdings nicht sicher zu entziffern, so daß auch die Lesung als Jahr 55 möglich ist; vgl. Herrmann, Nordostlydien 8 Nr.3.

44   Vgl. Herrmann, Nordostlydien 8.

45   TAM V 1,592.

46   TAM V 1,456.474.449; EA 5,1985,56 Nr.14; TAM V 1,480. 481; SEG 34,1206.

47   SEG 32,1217; TAM V 1,297.

48   TAM V 1,338.

aus, weil damit weder mit der aktischen oder der pharsalischen
noch mit der sullanischen Ära die Zeit nach der Constitutio
Antoniniana erreicht wird. Die Inschrift muß in das Jahr 327
datiert gewesen sein, das nach der sullanischen Ära 242/3 n.Chr.
ergibt. Aktische und pharsalische Ära würden hingegen zu späte
Daten ergeben, nämlich 296/7 bzw. 279/80 n.Chr.[49]. Ein
Inschriftenfragment aus dem Gölde benachbarten Dorf Kavacık
trägt die Jahreszahl 332[50]. Die Inschrift enthielt ein Beschwer-
deschreiben über Willkürakte römischer Militäreinheiten, wie sie
mehrfach bezeugt sind[51]. Die sullanische Ära führt ins Jahr 247/8
n.Chr., als Philippus Arabs und sein Sohn regieren. Dies erklärt
nach Herrmanns einleuchtender Interpretation des Fragments die
Anrede im Plural ὑμῶν in den Zeilen 29 und 30. Hinzu kommt,
daß in Zeile 23 des Fragmentes mit θεοῦ Γο[ρδιανοῦ...
offensichtlich der deifizierte Kaiser Gordian gemeint ist, in Zeile
27f. mit Ἀλε]ξάνδρου vielleicht Kaiser Severus Alexander[52]. Auf
frühere Maßnahmen beider Kaiser zur Beseitigung der Mißstände
dürfte hier hingewiesen worden sein. Stimmt diese Vermutung, ist
dies ein weiterer Hinweis darauf, daß die sullanische Ära in
Kollyda verwendet wurde.

In Nisyra ist die Ära schon zu Beginn des 1.Jh.n.Chr. festzustellen. Eine Inschrift dieser Katoikie aus dem Jahre 96 ehrt
einen Centurio des Caesar Augustus[53]. Der genannte Herrscher
kann nur Augustus selbst sein. Die Inschrift gehört somit nach
der sullanischen Ära ins Jahr 11/2 n.Chr.

Somit ist in der gesamten Katakekaumene die sullanische Ära
nachzuweisen, wobei das erste Zeugnis dafür schon aus dem
1.Jh.v.Chr. stammt, wahrscheinlich aus dem lokalen Jahre 25
(=61/0 v.Chr.)[54]. Aber schon Ende des 3.Jh.n.Chr. hören die
datierten Inschriften in dieser Region auf. Die späteste stammt vom
Jahre 380 (=295/6 n.Chr.)[55]. Dies ist fast genau derselbe
Zeitraum, in dem auch im nördlich angrenzenden Gebiet von Saittai
Inschriften nach der sullanischen Ära datiert sind.

Philadelpheia und das obere Kogamostal

Philadelpheia in Lydien, das mit dem heutigen Alaşehir zu
identifizieren ist, und die Region des oberen Kogamos weisen mehr
als 50 äradatierte Inschriften auf. Das Territorium von
Philadelpheia muß verhältnismäßig groß gewesen sein, obwohl seine

49 Für die sullanische Ära auch Keil – Premerstein II 94;
P.Herrmann, Chiron 2,1972,528 Anm.31.
50 Herrmann, Nordostlydien 26 Nr.19; TAM V 1,419.
51 Herrmann, Nordostlydien 27f.
52 So Herrmann, Nordostlydien 28.
53 TAM V 1,425. Vgl. Keil – Premerstein II 98 Nr.192.
54 TAM V 1,514.
55 TAM V 1,511.

genaue Ausdehnung nicht ganz klar ist[1]. Zu dieser Stadt gehörte
eine Reihe von Komen und Katoikien, in denen ebenfalls datierte
Inschriften aufgestellt wurden, so beim ehemaligen "Mendechora"
("Mendechoria") nordwestlich von Alaşehir am Nordrand des
Kogamostales[2], bei Alkan westlich von Alaşehir[3], östlich bei
Cabertarar[4] sowie südwestlich von Alaşehir am Fuß des Tekke
Tepe in einem Sommerdorf, das nach Keil – Premerstein 1911 den
Namen Tachtadji Köy trug, wohl am Oberlauf des Dokuzpınar[5]. Auf
dem Territorium von Philadelpheia lagen auch das Heiligtum der
Meter Phileis bei Killik[6] und der Tempelbesitz des Apollon
Tumundes bei Badınca[7]. Ob der Fundort datierter Inschriften bei
Hajarly (Hayalil) am Rande des Hochplateau der Katakekaumene zu
Philadelpheia gehörte, ist nicht ganz sicher[8]. Denn Maionia lag
nicht weit entfernt, so daß die dort gefundenen Inschriften auch
aus der Katakekaumene stammen könnten[9]. Südöstlich der Stadt
Philadelpheia muß die Katoikie Adruta gelegen sein, wohl in der
Nähe von Keil – Premersteins Fundort Mahmud Aga Köy (in
Kieperts Kleinasienkarte Hirakli Effendi Han)[10]. Östlich von
Alaşehir und nördlich von Sarıgöl fanden Keil – Premerstein im
damaligen Dorf Tschitschekli Jeni Köy (Djedid Köy) die datierte
Inschrift einer Katoikie, deren Namen wohl Ka(la)mea lautete[11].
Dieser antike Ort ist wahrscheinlich identisch mit dem Fundort
einer datierten Inschrift beim heutigen Cabertarar[12]. Sicher zu
Philadelpheia gehörte die datierte Inschrift, die Keil – Premerstein
bei Deliler (Yeşilyurt) wenig östlich von Alaşehir aufnahmen[13].
   Als Westgrenze des Territoriums von Philadelpheia im Kogamostal
wird meist das Gebiet um das erwähnte "Mendechora" angesehen[14]
und die dortige antike Siedlung, die wohl den Namen Mylos oder
Mylai trug. Dieser Name ist in Inschriften, die einst in Mendechora

---

1 Vgl. dazu Keil – Premerstein III 15ff.; G.Pycha, Philadelphia
in Lydien, Diss. Wien 1947,14ff.; Chr.Habicht, JRS 65,1975,74f.
2 Vgl. Buresch 194; Keil – Premerstein III 29 mit n.1;
W.H.Buckler, JHS 37,1917,95.98f.; J.Keil, RE XVI 1,1933,1072;
H.Grégoire, Byzantion 2,1925,330ff.; Pycha 15ff.; H.Grégoire,
BAB 38,1952,167ff.; Strobel 87 mit Anm.72. – Zur Lage des
Fundortes: L.Robert, Hellenica IX, Paris 1950,29 n.1.
3 Keil – Premerstein III 15; G.Petzl, EA 15,1990,67.
4 G.Petzl, EA 15,1990,68ff.
5 Keil – Premerstein III 15.
6 Vgl. H.Malay, EA 6,1985,111ff.
7 R.Meriç-J.Nollé, EA 5,1985,19ff.
8 Vgl. dazu Keil – Premerstein III 16.31 zu Nr.35 und Nr.36.
32 zu Nr.38; Pycha 17.121f.
9 Die Inschriften wurden nicht in TAM V 1 aufgenommen.
10 Keil – Premerstein III 16f. Vgl. auch Magie II 1023 n.69.
11 Keil – Premerstein III 37 Nr.54. Vgl. Pycha 18; Magie II
1023 n.69.
12 G.Petzl, EA 15,1990,70 Nr.34.
13 Keil – Premerstein III 34 Nr.43. Vgl. auch Pycha 17.
14 Keil – Premerstein III 15; Pycha 14.

aufgenommen wurden, erwähnt[15]. Die Zugehörigkeit dieser Region
zu Philadelpheia wird durch die Identität eines in der Kome
geehrten Mannes mit einem Bürger Philadelpheias deutlich[16]. Es ist
aber gut möglich, daß das Territorium von Philadelpheia noch
weiter nach Westen reichte. Denn eine mit einer Jahreszahl
datierte, aber fragmentarische Inschrift wurde von Buresch in
Tepeköy bei Monawak (heute wohl Yeşilkavak) auf halbem Wege
zwischen Philadelpheia und Sardeis gefunden[17]. Da in Sardeis
kaum Inschriften mit Jahreszahlen datiert wurden, wird man dieses
Zeugnis für eine Äradatierung lieber Philadelpheia zuweisen.

Die kastolische Ebene (Kastolupedion, heute Burçak Ovası)
nordöstlich von Alaşehir im Gebiet des Söğüt Çay, wo in Bebekli
datierte Inschriften aufgenommen wurden[18], gehörte nach Ausweis
der Inschrift TAM V 1,222 zumindest zeitweise zu Philadelpheia[19].
In der Inschrift wird die Kome Kastollos der Philadelphier genannt.
Im 3.Jh.n.Chr. lag in dieser Ebene die Katoikie Tetrapyrgia, wohl
ebenfalls zu der Stadt im Kogamostal gehörend[20]. Hingegen ist die
Katoikie Taza, die Buresch dort lokalisieren wollte[21], in der
Katakekaumene zwischen Maionia und Kollyda zu suchen[22], so daß
die Inschrift des Jahres 295, die aus Taza stammt und über Kula
nach Smyrna gelangt ist[23], nach der in der Katakekaumene
üblichen sullanischen Ära datiert sein dürfte.

Die antiken territorialen Verhältnisse im oberen Teil des
Kogamostales um die Stadt Sarıgöl und östlich davon sind nur
schwer zu erkennen. Auch dort gab es in der Nähe von
Bahadırlar, 6 km östlich von Sarıgöl, eine Katoikie, deren
inschriftlich bezeugter Name aber nicht mehr vollständig zu lesen
war. Man hatte zunächst an das bei Herodot erwähnte Kallataba

15 Le Bas – Waddington 1669 = IGR IV 1635; JHS 37,1917,95
Nr.8 = SEG 4,644. Vgl. W.H.Buckler, JHS 37,1917,98; J.Keil, RE
XVI 1,1933,1972; Pycha 16; Magie II 1023 n.69; L.Robert,
Hellenica IX, Paris 1950,33.
16 Le Bas – Waddington 649 = IGR IV 163.
17 Buresch 11 Nr.8. – G.Petzl glaubt laut brieflicher Mitteilung
allerdings, daß Monawak zu weit westlich liegt, um noch zu
Philadelpheia zu gehören.
18 TAM V 1,224. Bei TAM V 1,226 ist die Jahreszahl nicht mehr
erhalten.
19 Vgl. Buresch 104.109; Keil – Premerstein II 115; Pycha
14.18f.; Magie II 982 n.17; L.Robert, Hellenica IX, Paris 1950,
29.34; P.Debord, REA 87,1985,349.
20 Vgl. Buresch 104; Keil – Premerstein II 115; Pycha 19;
Magie II 1023 n.69; TAM V 1,230 und p.72; J.Nollé, Nundinas
instituere et habere, Hildesheim 1982,78.
21 Buresch 97f. mit Anm. und 82 Anm.
22 Vgl. TAM V 1, p.72. p.78. p.132. p.159.
23 TAM V 1,231, dort trotz der Zweifel Herrmanns unter
Kastolupedion aufgenommen.

oder Kallatebos gedacht[24]. Buresch las Aba[25], Robert schlug Taboi
vor[26]. Keil – Premerstein hatten aber die Lesung ...ΑΒΟΙΣ
abgelehnt und die Buchstabenfolge ΛΒΟΙΣ bestätigt[27]. Habicht ließ
es offen, ob dort die in der ephesischen Städteliste genannte Stadt
Tabai oder Taba lag[28]. Auch eine der in der Liste zwischen Saittai
und Philadelpheia aufgeführten Städte, deren Namen nicht mehr
erhalten sind[29], kommt für das obere Kogamostal in Frage.
Genausogut ist es möglich, daß sich auch das Territorium von
Philadelpheia bis zur Quelle des Kogamos ausdehnte.

Die für Philadelpheia und das obere Kogamostal übliche und
offizielle Zeitrechnung war die aktische Ära[30]. Dies geht am
deutlichsten aus der in Alaşehir gefundenen Ehreninschrift[31] für
eine Familie hervor, die das römische Bürgerrecht von Marcus
Antonius erhalten hatte[32]. Die Stele war von einer ungenannten
Katoikie errichtet worden, die aber zu Philadelpheia gehört haben
muß, weil der Stein wegen seiner Größe nicht weit transportiert
worden sein kann[33]. Die Inschrift ist zweifach datiert: Γαίῳ
Καίσαρι Αὐγούστῳ Γερμανικῷ τὸ τρίτον ὑπάτωι, πρὸ ἐννέα
καλανδῶν Ὀκτωβρίων, ἔτους ο' καὶ α' τῆς Καίσαρος<ος>
νείκης, μηνὸς Καίσαρος Σεβαστῆ. Der dritte Consulat des
hier genannten Kaisers Caligula und der neunte vor den Kalenden
des Oktobers ergeben den 23.September 40 n.Chr. Dem
entsprechen der lokale Monat Kaisarios und der Neujahrstag
Sebaste des lokalen Jahres 71. Dies zeigt, daß der asianische

24 So G.Radet, BCH 15,1891,374; Ramsay, Cities 199f. Vgl.
Buresch 208f.

25 Buresch 208ff. 122ff.Nr.62; IGR IV 1653.

26 Robert, Carie 83 n.3. Vgl. auch Chr.Habicht, JRS 65,1975,
75f.

27 Keil – Premerstein III 17; J.G.C.Anderson, JHS 18,1898,87
Nr.24. Vgl. auch Pycha 18; Magie II 1023 n.69; L.Robert,
Hellenica IX, Paris 1950,30; Chr.Habicht, JRS 65,1975,76.

28 Chr.Habicht, JRS 65,1975,75f. Nr.23.

29 Chr.Habicht, JRS 65,1975,74 Nr.17 und Nr.18.

30 So u.a. Buresch 20; Ramsay, Cities 203 n.2; Keil –
Premerstein I 29f. III 18; Pycha 116ff.; L.Robert, Hellenica IX,
Paris 1950,30;. Herrmann, Nordostlydien 21 und Neue Inschriften 9
Anm.2; P.Herrmann, Chiron 2,1972,528; H.Malay, EA 6,1985,113;
G.Petzl, EA 15,1990,70. – Die sullanische Ära nahm noch
W.Kubitschek, RE I 1,1893,639 an.

31 Keil – Premerstein I 30 Nr.43; IGR IV 1615. Vgl. auch
L.Robert, Hellenica IX, Paris 1950,30; Chr.Habicht, JRS 65,
1975,74 zu Nr.17 und Nr.18.

32 Vgl. L.Robert, in: Laodicée du Lycos. Le nymphée, Québec
– Paris 1969,308f.; Chr.Habicht, JRS 65,1975,74 zu Nr.17 und 18.

33 So Keil – Premerstein I 29. Chr.Habicht, JRS 65,1975,74f.
zu Nr.17 und Nr.18 hält es für möglich, daß die Inschrift aus
einer der Gemeinden kam, deren Name in der Städteliste aus
Ephesos nicht erhalten ist.

Kalender mit dem Jahresbeginn am 23.September, dem Geburtstag des Augustus, in Philadelpheia gültig war. Die Ära, die hier angewendet wurde, hat als rechnerischen Ausgangspunkt den 23.September 31 v.Chr. Das Jahr wird in der Inschrift des Jahres 71 als das des Sieges des Caesar gekennzeichnet. Dies ist Octavians Sieg bei Aktium.

Die Art der Ära wurde in Philadelpheia in den ersten Jahren ihrer Anwendung häufig definiert, so in der frühesten Inschrift, die in Badınca 3 km südöstlich von Alaşehir gefunden wurde[34]. Es handelt sich dabei um die Ehreninschrift des Demos (von Philadelpheia) für einen lokalen Beamten, der Priester der Roma und des Augustus ἐν τῷ ε' ἔτει τῆς Αὐτ[οκράτορος Καί-]σαρος θεοῦ υἱοῦ Σεβασ[τοῦ νείκης] war, der also dieses Amt im Jahre 27/6 v.Chr. bekleidete. Schon 5 Jahre nach dem Epochenjahr wurde demnach in Philadelpheia die aktische Ära verwendet, bezeichnenderweise im Zusammenhang mit dem Amt des Priesters für Roma und Augustus.

Eine Stele, die einst in Mendechora nordwestlich von Alaşehir am Südrand der Katakekaumene aufgenommen wurde, wo offensichtlich eine Kome Philadelpheias lag[35], trägt zwei Ehreninschriften einer nicht mit Namen genannten Katoikie[36]. Die erste ist ins Jahr 20 datiert, ἔτους κ' τῆς Καίσαρος νίκης, die zweite ins Jahr 197, ἔτους ρ ϟζ' τῆς Καίσαρος νείκης. Die Inschriften stammen also entsprechend der aktischen Ära von 12/11 v.Chr. und 166/7 n.Chr. Der Zusatz zur Jahreszahl bei der späteren Inschrift erfolgte in Anlehnung an die Datierungsformel der früheren Inschrift[37]. Denn nach fast schon 200 Jahren, in denen die aktische Ära in Philadelpheia verwendet wurde, war eine solche Erklärung sicher nicht mehr notwendig. Dennoch erscheint in einer noch späteren Inschrift aus der bei Cabertarar gelegenen Kome erneut der Zusatz[38], ἔτο[υ]ς σ[ξα?] τ[ῆς] Καίσαρος νείκης. Ein örtlicher Beamter namens Hermokrates hat laut der Inschrift die Agora der Kome herrichten lassen, wahrscheinlich im Jahre 261 (=230/1 n.Chr.), obwohl Petzl auch ein anderes Jahr zwischen 211 und 299 nicht ausschließt[39]. Möglicherweise hat man wie bei der Inschrift aus Mendechora eine ältere Formulierung in der ursprünglichen Bauinschrift der Agora wiederholt.

Eine weitere Datierung mit der Erläuterung der Jahreszahl stammt aus der Katoikie bei Djedid Köy, wo eine Ehreninschrift der Katoiken ins Jahr 73 gehört[40]: ἔτους ογ' τῆς Καίσαρος [νεί-]κης. Im oberen Kogamostal sind es die Bewohner der bei

34 R.Meriç - J.Nollé, EA 5,1985,24 Nr.2.

35 Vgl. Buresch 194; Keil - Premerstein III 15f. und 25ff. zu Nr.28; L.Robert, Hellenica IX, Paris 1950,29.

36 L.Robert, Hellenica IX, Paris 1950,28ff.

37 Vgl. Ibid. 30.

38 G.Petzl, EA 15,1990,70 Nr.34.

39 G.Petzl, EA 15,1990,70 n.49.

40 Keil - Premerstein III 37 Nr.54. Vgl. L.Robert, Hellenica IX, Paris 1950,30.

Bahadırlar östlich von Sarıgöl gelegenen Gemeinde, deren Name so umstritten ist, die diese Ergänzung zur Jahreszahl hinzusetzten[41]: ἔτ]ους ... τῆς Καίσαρος [ν]ίϰ[ης μη(νὸς) Π]ανήμου δ'. Dies zeigt, daß auch im oberen Teil des Kogamostales die aktische Ära galt, und könnte darauf hinweisen, daß diese Region zu Philadelpheia gehörte.

Es sind alles offizielle Inschriften des Demos oder der Katoikien, die ausführlich die Art der Ära angeben. Offenbar hatte diese Zeitrechnung offiziellen Charakter und wurde als Ehrung des Princeps nach seinem Sieg bei Aktium eingeführt. Man darf nicht daraus schließen, daß alle anderen Jahresangaben, die nicht den Zusatz τῆς Καίσαρος νίϰης aufweisen, nach einer unterschiedlichen Ära umzurechnen seien. Dies zeigt eine Inschrift, die im lokalen Jahre 245 in Philadelpheia aufgestellt wurde. In ihr wird ein Brief des Kaisers Caracalla über die Frage der Neokorie von Philadelpheia veröffentlicht[42]. Der Kaiser führt darin die Titel Parthicus maximus, Britannicus maximus und Germanicus maximus. Dieser letzte Siegestitel, den Caracalla erst im Herbst 213 n.Chr. annahm[43], legt die Inschrift in die Zeit zwischen 213/4 und 216/7 n.Chr., seinem Todesjahr. Die lokale Jahresangabe 245, die am Ende der Inschrift hinzugefügt wurde, ergibt nach der aktischen Ära das Jahr 214/5 n.Chr.

Eine Inschrift, die in Kula aufgenommen wurde, aber aus der kastolischen Ebene stammt, enthält einen Brief des Proconsuls der Provinz Asia namens Flavius Maximillianus an den Asiarchen Domitius Rufus wegen der Einrichtung eines monatlichen Markttages im Dorf Tetrapyrgia[44]. Den Asiarchen Domitius Rufus kennen wir als eponymen Archonten von Münzen aus Sardeis, die unter Valerianus und Gallienus geprägt wurden[45], also zwischen 253 und 260 n.Chr.[46]. Da der in Zeile 2f. der Inschrift genannte Domitius Rufus zwar Asiarch, aber im Gegensatz zu seinem Vater noch nicht Archon heißt, hat Nollé[47] daraus geschlossen, daß die Inschrift vor dem Archontat des Domitius Rufus, das aus den Münzen von Sardeis bezeugt ist, verfaßt wurde. Das Datum der Aufnahme der Urkunde ins Archiv wird in Zeile 26f. angegeben. Von der Jahreszahl ist nur die letzte Ziffer Delta erhalten. Nollé konnte

---

41 Buresch 122 Nr.62; BCH 15,1891,374; J.G.C.Anderson, JHS 18,1898,87 Nr.24; IGR IV 1653. Vgl. Buresch 208ff.; Ramsay, Cities 199f.; Keil - Premerstein III 17; L.Robert, Hellenica IX, Paris 1950,30; Chr.Habicht, JRS 65,1975,76.

42 Buresch 16 Nr.13; Syll.³ 883; IGR IV 1619; J.H.Oliver, Greek Constitutions of Early Roman Emperors from Inscriptions and Papyri, Philadelphia 1989, Nr.263. Vgl. Halfmann, Itinera 229.

43 Vgl. Kienast 163.

44 TAM V 1,230. Ausführlich behandelt von J.Nollé, Nundinas instituere et habere, Hildesheim 1982,59ff.

45 Z.B. BMC 206-211; SNG Cop.543f.; SNG Aulock 3164f.8262. Vgl. Münsterberg, Beamtennamen 85.

46 So Nollé 68f. mit Anm.15-22.

47 Nollé 69f.

aber schlüssig die Jahreszahl ergänzen[48]. In Frage kommen die
lokalen Jahre 274 und 284 der aktischen Ära, die 243/4 bzw. 253/4
n.Chr. entsprechen, oder die Jahre 334 und 344 der sullanischen
Ära, also 249/50 und 259/60 n.Chr. Das letzgenannte Jahr scheidet
deswegen aus, weil Domitius Rufus vor 260/1 n.Chr. das Archontat
bekeidet haben muß. Denn die Münzen aus Sardeis, auf denen er
den entsprechenden Titel führt, können spätestens 260 n.Chr.
geprägt sein, da Kaiser Valerianus vor Mitte 260 n.Chr. in
Gefangenschaft geraten war[49]. Im Jahre 243/4 n.Chr. ist uns nicht
Flavius Maximillianus, sondern L.Egnatius Victor Lollianus als
Proconsul bezeugt und im Jahre 249/50 n.Chr. Iulius Proculus
Quintilianus in gleicher Funktion[50]. Somit bleibt nur das Jahr
253/4 n.Chr. zur Datierung der Inschrift, das Jahr 284 der
aktischen Ära[51]. Dieser Nachweis der aktischen Ära in
Tetrapyrgia[52] bestätigt die Vermutung, daß die gesamte kastolische
Ebene zum Territorium von Philadelpheia gehörte[53]. Das Archiv, in
das die Urkunde aus Tetrapyrgia aufgenommen wurde, war wohl
das von Philadelpheia[54]. Somit werden auch die beiden mit
Jahreszahlen datierten Inschriften aus Bebekli nach der aktischen
Ära datiert sein[55].

Daß auch in privaten Inschriften die aktische Jahreszählung
verwendet wurde, zeigt das Namenmaterial in den mit Jahreszahlen
datierten Inschriften. Ab dem lokalen Jahr 123 werden mehrmals
Flavier darin genannt[56]. Die Inschrift des Jahres 123 beispielsweise läßt sich nach der aktischen Ära in das Jahr 92/3 n.Chr.
legen[57]. In der Inschrift des Jahres 260, bei der aber die Lesung
der Zahl unsicher ist[58], und in den Inschriften der Jahre 269,
280, 340 und 343 sind Aurelii genannt[59]. Zumindest in den drei

---

48 Nollé 70ff.

49 Vgl. Nollé 71 mit Anm.26; Kienast 212.

50 B.E.Thomasson, Laterculi Praesidum I, Göteborg 1984,236.
Vgl. Nollé 71f.

51 So Nollé 72. Vgl. auch B.E.Thomasson, op.cit. 236.239.

52 Für die aktische Ära schon Keil - Premerstein II 119 Nr.225;
Herrmann, Nordostlydien 21. In den TAM V 1,224 war die Ära
offengelassen worden. Für die sullanische Ära: Buresch 106;
A.H.M.Jones - J.R.Martindale - J.Morris, The Prosopography of
the Later Roman Empire I, Cambridge 1971,575.

53 So Pycha 19; Magie II 1023 n.69; Nollé 78.

54 Vgl. Nollé 85.

55 TAM V 1,224. 226.

56 Keil - Premerstein I 42 Nr.85 und Museion Smyrna 5,1885,62
Nr.551 = BCH 7,1883,502 Nr.1 aus den Jahren 168 und 175.

57 Keil - Premerstein I 42 zu Nr.85.

58 Le Bas - Waddington 1669; CIG 3420; IGR IV 1653. Wegen
der Aurelier kann frühestens das Jahr 260 ergänzt werden. Das
Jahr 360 wäre zu spät. Vgl. aber die Zweifel bei Buresch 21.

59 Keil - Premerstein I 40 Nr.77; H.Malay, EA 6,1985,116 Nr.7
= SEG 35,1180; A.E.Kontoleon, REG 13,1900,499; Keil - Premerstein I 37 Nr.65.

frühesten dieser Inschriften ist die sullanische Ära auszuschließen, durch die des Jahres 260 auch die pharsalische. Schon Buresch hatte aus den Buchstaben- und Namensformen der Inschriften der lokalen Jahre 128, 168 bzw.170, 249 und 263 die aktische Ära erschlossen[60]. Die erste bekannte Privatinschrift, die mit einer Jahreszahl datiert ist, wurde im Jahre 100 (=akt.69/70 n.Chr.) auf einem Girlandensarkophag angebracht[61], eine Zeit, die nach Keil - Premerstein zu diesem Sarkophagtypus paßt[62]. Alle vorhergehenden äradatierten Inschriften sind offizieller Art. Offensichtlich brauchte es lange, bis die aktische Ära in Philadelpheia volkstümlich geworden war und von Privatpersonen angenommen wurde.

Aber nicht alle in Alaşehir und seiner Umgebung aufgenommenen Inschriften müssen nach der aktischen Ära umzurechnen sein. Eine Verschleppung aus einer Region, in der die sullanische Ära galt, ist gerade bei den Funden aus Alaşehir möglich. So wurde bei der Weihung an Theos Hypsistos aus dem Jahre 269 wegen der Schriftform die sullanische Ära nicht ausgeschlossen[63]. Stimmt diese Feststellung, dürfte der Stein aus der nördlich gelegenen Katakekaumene stammen. Aus dem lydisch-phrygischen Grenzraum kommt wohl die Stele mit der Jahreszahl 113[64], die dann eher nach der sullanischen Ära datiert war.

Wie populär die aktische Ära wurde, als sie einmal im Kogamostal eingeführt war, zeigen die zahlreichen privaten Zeugnisse[65] und die lange Verwendung dieser Zeitrechnung. 200 Jahre länger als irgendwoanders in Lydien hat sich in Philadelpheia die Äradatierung gehalten. Noch in den Jahren 516, 545 und 560 wurde damit im Kogamostal datiert[66]. Dies läßt sich durch die

60 Museion Smyrna 5,1885,62 Nr.551 = BCH 7,1883,502 Nr.1; Museion Smyrna 5,1885,64 Nr.556 = BCH 7,1883,504 Nr.7; MDAI(A) 6,1881,271 Nr.19; Museion Smyrna 1,1875,122 Nr.27; Museion Smyrna 1,1875,122 Nr.28 = Buresch 14 Nr.11.
61 Keil - Premerstein I 39 Nr.76.
62 Vgl. Keil - Premerstein I 39; Pycha 118.
63 Keil - Premerstein I 27 Nr.39. Vgl. auch Pycha 123.
64 Keil - Premerstein I 41 Nr.83. Vgl. auch Pycha 122f.
65 Zu den aufgelisteten Inschriften kommen noch eine Reihe von fragmentarischen hinzu, bei denen die Jahreszahl nicht oder nur unvollständig erhalten ist: so TAM V 1,226; Keil - Premerstein III 32 Nr.41; H.Malay, EA 6,1985,116 Nr.5. 119 Nr.24. In Keil - Premerstein I 41 Nr.81 wurde die Hunderterziffer Rho wegen des Schriftcharakters ergänzt. Vgl. auch Keil - Premerstein III 36 Nr.53; Museion Smyrna 1,1875,123 Nr.31.
66 Keil - Premerstein III 36 Nr.51; W.H.Buckler, JHS 37,1917, 95 Nr.8 = Strobel 87; W.H.Buckler, JHS 37,1917,99 Nr.9 = MDAI(A) 12,1887,259 Nr.27. - Die gelegentlich Philadelpheia zugewiesene Bauinschrift des 6.Jh.n.Chr. mit der Jahreszahl 518 (?) (A.Fontrier, BCH 7,1883,502 Nr.2 = Museion Smyrna 5,1885,63 Nr.553. Vgl. Pycha 117) gehört in die Aizanitis und ist nur nach Alaşehir verschleppt worden; vgl. Keil - Premerstein I 89 und oben S.238.

Inschrift des Jahres 545 aus der Nähe von Mendechora beweisen[67].
Denn darin findet sich die Indiktionszahl 8. Das Jahr 514/5
n.Chr., wenn man die aktische Ära anwendet, ist ein Jahr mit
dieser Indiktionszahl, während die sullanische Ära die Zahl 14, die
pharsalische die Zahl 6 verlangen würde. Die späteste Inschrift mit
Äradatierung vom Jahre 560 entstand 529/30 n.Chr. Kurz danach,
530/1, 545/6 oder 560/1 n.Chr., wurde dann unter Kaiser Iustinian
eine Grabinschrift nur noch mit der Indiktionszahl 9 datiert[68].

Ostkarien
(Herakleia Salbake, Sebastopolis)

Die Äradatierung war in Karien auf nur wenige Städte
beschränkt[1]. So findet sich unter den zahlreichen Inschriften aus
Aphrodisias keine einzige, die mit einer Jahreszahl datiert ist[2].
Auch aus Tabai[3] und Apollonia[4] fehlt jegliches Zeugnis für eine
Äradatierung in römischer Zeit. Dagegen verwendete die
Nachbarstadt Herakleia Salbake[5] Jahreszahlen sowohl in offiziellen
Dokumenten[6] als auch in privaten Inschriften. Diese unterschied-
liche Verbreitung von Inschriften mit Äradatierung zeigt, wie sehr
die Form der Jahresrechnung von lokalen Gepflogenheiten abhängig
war.
Die Art der Ära in den Inschriften von **Herakleia**[7] läßt sich
sicher ermitteln. Schon Sterrett zog die sullanische Ära in
Herakleia der Ära von Kibyra vor, als er 1888 die Inschrift mit
der Jahreszahl 309 publizierte, die einen Marcus Aurelius Attalus
nennt[8]. Eine fragmentarische Inschrift für den verstorbenen
T.Statilius Apollinarius[9] ist von Robert ausführlich diskutiert

67 W.H.Buckler, JHS 37,1917,95 Nr.8 = H.Grégoire, BAB 38,
1952,167ff. = Strobel 87. Vgl. auch H.Grégoire, Byzantion 2,1925,
330ff.
68 Keil - Premerstein I 43 Nr.89 mit falscher Umrechnung der
Indiktionszahl.
1 Zu Iasos siehe unten S.346ff. - In Stratonikeia findet sich die
hohe Jahreszahl 1505 am Ende eines Gedichtes, das eine Lernhilfe
für die Zahl der Monatstage beinhaltet: IvStratonikeia 1044. Hier
dürfte es sich um eine mythologische Ära handeln.
2 Vgl. auch L.Robert, Hellenica III, Paris 1946,13 n.1.
3 Robert, Carie 80ff.
4 Robert, Carie 231ff.
5 Zur Lage vgl. Robert, Carie 154ff.
6 Z.B. in den Listen der herakleotischen Gesandten nach
Klaros: Robert, Carie 204 Nr.133. 205 Nr.135. 381 Nr.194. 382
Nr.196 oder in den Archivierungsmitteilungen: Robert, Carie 188
Nr.92.
7 Teilweise sind die Jahreszahlen nicht mehr erhalten: Robert,
Carie 165 Nr.41.194 Nr.107.205 Nr.135.
8 Sterrett Nr.18; MAMA VI 139; Robert, Carie 188 Nr.92.
9 MAMA VI 97; Robert, Carie 163 Nr.40.

worden[10]. In Zeile 6f. sind die Verdienste des Apollinarius oder seiner Vorfahren entweder unter Kaiser Traianus oder unter Hadrianus erwähnt. Denn nur die Anfangsbuchstaben des Kaisernamens TPA... sind erhalten. Den in Z.13 der Inschrift als Procurator von Pamphylien und Zypern bezeichneten T.Statilius Apollinarius hat Pflaum in die Zeit zwischen Hadrianus und Marcus Aurelius datiert[11]. In Zeile 18 findet sich die Jahresangabe für die Aufstellung der Inschrift: εν [.']. Die Herausgeber ergänzten die Zahl zu εν[σ'] (=255)[12]. Stimmt diese Ergänzung, wäre hier die sullanische Ära vorauszusetzen, die ins Jahr 170/1 n.Chr. führt. Aktische oder pharsalische Ära würden einen allzu späten Termin schon im 3.Jh.n.Chr. ergeben. Diese beiden Ären wären aber bei einer Ergänzung mit Rho zu der Jahreszahl 155 denkbar. Die aktische Ära würde dann ins Jahr 124/5 n.Chr. führen. Unter Hadrianus aber gehörte Zypern, wie Pflaum gezeigt hat, noch zum gemeinsamen Amtsbereich des Procurators von Kilikien und Zypern[13]. Da die Inschrift die Procuratur von Pamphylien und Zypern erwähnt, muß sie wesentlich jünger sein.

Endgültige Sicherheit über die Ära in Herakleia Salbake bringen die Listen der herakleotischen Gesandtschaften im Heiligtum von Klaros, da diese teilweise sowohl nach der Ära von Herakleia als auch nach der Jahresbezeichnung von Klaros datiert sind[14]. So fiel die Liste des lokalen Jahres 270 in die 101.Prytanie des Apollon von Klaros[15] und die des Jahres 262 in die 93. Prytanie des gleichen Gottes[16]. Robert hat eine absolute Chronologie der Prytanen von Klaros für diese Zeit ermittelt[17], die sich aber im wesentlichen auf die Äradatierung von Herakleia stützt, weil er die sullanische Ära als gegeben ansah. Um einen Zirkelschluß zu vermeiden, muß nach Anhaltspunkten für die Datierung der 101. und 93.Prytanie Apollons gesucht werden.

Die 51. und 52.Prytanie Apollons fallen in die Zeit des Kaisers Traianus oder kurz danach, da in den so datierten Inschriften Herakleia den von Traianus abgeleiteten Namen Ulpia angenommen hatte[18], den die Stadt aber in der 60.Prytanie nicht mehr trägt[19]. Im Zusammenhang mit der Ära von Amisos wurde schon die Inschrift der Amisener in Klaros besprochen, die ins Jahr 163 von Amisos und in die 63.Prytanie Apollons datiert ist. Sie gehört nach

---

10   L.Robert, Hellenica III, Paris 1946,10ff.

11   H.G.Pflaum, Les carrières procuratoriennes équestres sous le Haut-Empire romain I, Paris 1960,298ff.Nr.24.

12   MAMA VI 97; L.Robert, Hellenica III 13; Robert, Carie 164.

13   H.G.Pflaum, op.cit.I 302f.

14   Vgl. dazu L.Robert, Opera Minora Selecta VI, Amsterdam 1989,21ff.

15   Robert, Carie 205 Nr.135.

16   Robert, Carie 382 Nr.195.

17   Robert, Carie 210ff.

18   Robert, Carie 203 Nr.132. 206 Nr.136.

19   Robert, Carie 206 Nr.137. Vgl. dazu L.Robert, Hellenica III, Paris 1946,9f.

der Ära von Amisos ins Jahr 131/2 n.Chr.[20]. Die 64. Prytanie
Apollons in Klaros fällt nach einer Inschrift der Stadt Amaseia mit
der Jahreszahl 141 in das Jahr 138/9 n.Chr.[21], die 86.Prytanie
nach einer weiteren Liste Amaseias aus dem Jahre 166, die
ebenfalls im Heiligtum von Klaros aufgestellt war, ins Jahr 163/4
n.Chr.[22]. Die gesuchten Prytanien Nr.93 und Nr.101 des Gottes
müssen also, berücksichtigt man die schnelle Folge, in der Apollon
im 2.Jh. dieses Amt ehrenhalber bekleidete, in die zweite Hälfte
des 2.Jh.n.Chr. gehören. Für die 93.Prytanie kommt als frühestes
Jahr 170/1 n.Chr., für die 101.Prytanie frühestens 178/9 n.Chr.
in Frage, wenn man die jährliche Übergabe des Amtes an den Gott
von Klaros annimmt. Daher muß die sullanische Ära in Herakleia
gültig gewesen sein, die das Jahr 262 und die 93.Prytanie des
Apollon von Klaros auf 177/8 n.Chr. datiert, das Jahr 270 und die
101.Prytanie auf 185/6 n.Chr.

Davon ausgehend konnte Robert noch eine weitere Jahreszahl in
der herakleotischen Liste aus Klaros ergänzen[23], da der darin
genannte Prophet Nikostratos in der 99.Prytanie Apollons bezeugt
ist. Da aber, wie aus den Jahreszahlen der eben behandelten Liste
hervorgeht, Apollon zwischen den lokalen Jahren 262 und 270, die
der 93. und 101. Prytanie entsprechen, jedes Jahr das Amt
übernehmen mußte, fällt die 99.Prytanie Apollons in das lokale
Jahr 268 von Herakleia, das nach der sullanischen Ära in 183/4
n.Chr. umzurechnen ist.

Aus **Sebastopolis** in Karien[24] ist nur eine Inschrift mit
Äradatierung bekannt. Es handelt sich um eine fragmentarische
Grabinschrift[25], in der von der Datierung nur ἔτους .] κϑ'
μη(νὸς) β' zu lesen ist. Da in der Inschrift ein Aurelius
genannt ist, wird man wohl [τ]κϑ' (=329) ergänzen müssen, womit
man nach der sullanischen Ära in das Jahr 244/5 n.Chr.
gelangt[26]. In diesem östlichen Teil Kariens ist nach dem Beispiel
Herakleias ebenfalls die sullanische Ära anzunehmen, während die
lokale kibyratische Ära nicht bis hierher gereicht hat[27]. Eine
einzelne Inschrift aus dem benachbarten Kidrama[28] war wohl

---

20   IGR IV 1586; OGIS 530. Siehe oben S.111.

21   S.Şahin, EA 9,1987,63 Nr.8. Siehe oben S.117f.

22   Vgl. Robert, Carie 213.

23   Robert, Carie 204 Nr.133.

24   Zur Lage vgl. Robert, Etudes anatoliennes 330ff.; Robert,
Carie 313ff.

25   Robert, Etudes anatoliennes 353 Nr.9; Robert, Carie 326
Nr.176.

26   W.M.Ramsay, CR 1889,327 hatte das Jahr 129 ergänzt und
die sullanische Ära angenommen, Sterrett Nr.26 die Jahreszahl 29
entweder nach sullanischer oder kibyratischer Ära. Robert, Etudes
anatoliennes 354 und Carie 326 zog wegen der Schriftformen das
Jahr 229 oder 329 vor.

27   Vgl. Robert, Etudes anatoliennes 354; Robert, Carie 326.

28   Robert, Carie 362 Nr.182. Zur Lage der Stadt vgl. Robert,
Carie 357ff.

ebenfalls entsprechend der sullanischen Ära datiert, die Jahreszahl
ist aber nicht mehr erhalten.

Über die Geschichte dieser karischen Städte ist zu wenig
bekannt, um auf ihr Verhalten während des ersten Mithridatischen
Krieges und auf die Gründe für die Verwendung der sullanischen
Ära schließen zu können. Sebastopolis existierte in sullanischer
Zeit noch nicht. Trotzdem verwendete die Stadt später die
sullanische Ära. Das benachbarte Tabai hatte gegen Mithridates
von Pontos heftigen Widerstand geleistet und wurde deswegen von
Sulla nach dem Kriege mit Privilegien belohnt[29]. Auch die übrigen
nordkarischen Städte scheinen beim Ausbruch des Mithridatischen
Krieges Rom unterstützt zu haben[30]. Die Städte, die mit Rom
zusammenarbeiteten, Alabanda, Stratonikeia, Tabai, Aphrodisias,
kannten aber alle nicht die Äradatierung. Wahrscheinlich erhielten
sie die Freiheit oder konnten sie bewahren, als Sulla nach dem
Krieg Kleinasien ordnete[31]. Möglicherweise wurde Karien damals
erst an die Provinz Asia angeschlossen[32]. Dies würde gut mit der
Geschichte des benachbarten Kibyra zusammenpassen, das im Jahre
84 v.Chr. zu Asia kam und deswegen ebenfalls eine "sullanische"
Ära einführte[33]. Dies könnte auch die karischen Städte, offenbar
gerade die, die von Sulla nicht die Freiheit erhalten hatten, dazu
veranlaßt haben, die sullanische Ära als Jahresrechnung
anzunehmen.

Iasos

In der karischen Stadt Iasos stehen am Beginn mehrerer
Ephebenlisten[1] Jahreszahlen, die von 80 bis 178 reichen. In den
sonstigen publizierten Inschriften aus Iasos, die nach der
Seleukidenherrschaft entstanden, sind nur noch viermal
Jahreszahlen aufgeführt, einmal in einer Siegerinschrift[2], die in
die gleiche Säule eingemeißelt war, auf der die Ephebenliste des
Jahres 80 stand. Die drei übrigen Zeugnisse erscheinen im
Zusammenhang mit Paidonomen der Stadt[3]. Jahreszahlen finden sich
in Iasos also nur auf Inschriften, die mit der Erziehung der

29 Vgl. Robert, Carie 97ff.
30 Vgl. Chr.Marek, Karien im ersten Mithridatischen Krieg, in:
Alte Geschichte und Wissenschaftsgeschichte. Festschrift Karl
Christ, Darmstadt 1988,285ff.
31 Vgl. Bernhardt, Imperium 127.130; Bernhardt, Polis 56.57
n.57.295.
32 Chr.Marek, in: Festschrift K.Christ, Darmstadt 1988,302ff.
33 Siehe unten S. 349ff.
1 IvIasos 269-277. In Nr.278 ist die Jahreszahl nicht mehr
erhalten. Bei den Listen Nr.279-283 fehlt der Anfang mit der
Datierung.
2 IvIasos 353.
3 IvIasos 100.102.103.

Jugend in Zusammenhang stehen, ohne daß aber ein Grund für diese Besonderheit zu erkennen wäre.

Über die Art der in diesen Inschriften von Iasos verwendeten Ära ist sich die Forschung nicht einig[4]. Th.Reinach[5] hatte die sullanische Ära vorgeschlagen. Ramsay[6] lehnte diese ab, weil sie sich nicht mit seiner Theorie, die sullanische Ära sei eine lydophrygische Zeitrechnung, vertrug. Er schlug stattdessen eine Ära ab 133 v.Chr. vor oder eine caesarische ab 48 v.Chr., bis er sich für die aktische Ära entschied, da in Iasos ein Altar der Σεβαστοῦ Καίσαρος Νίκης bezeugt sei[7]. Blümel dachte an drei Möglichkeiten[8], an die sullanische Ära, an eine Ära ab Einrichtung der Provinz Asia 129 v.Chr. oder eine Ära ab 167 v.Chr., als die Römer Karien von den Rhodiern befreiten. Für die letztere Möglichkeit entschied er sich schließlich, als er die Inschriften in seinem Corpus datierte[9]. Die große Bandbreite von Vorschlägen zeigt, wie schwierig die chronologische Einordnung gerade der Inschriften von Iasos ist.

Die Namen in den mit Jahreszahlen datierten Ephebenlisten weisen auf das 1.Jh.v.Chr. oder das 1.Jh.n.Chr. In der Inschrift mit der frühesten Datierung, nämlich in das lokale Jahr 80, ist lediglich ein römischer Name enthalten, M.Cervius Marci filius[10]. Das Fehlen des Cognomen ist charakteristisch für die republikanische Zeit[11]. Im Jahre 120 war ein C.Pompeius C.filius Collina Piso Gymnasiarch in Iasos[12]. In der Ephebenliste dieses Jahres erscheinen jetzt zahlreiche römische Namen, alle mit Cognomina. Die pharsalische und aktische Ära dürften damit als zu spät ausscheiden, da das Jahr 80, wenn man es nach diesen Ären umrechnet, in die Mitte des 1.Jh.n.Chr. fiele. Eine Ära ab der Einrichtung der Provinz Asia wäre einmalig und kommt für Karien, das damals wahrscheinlich nicht von der Gründung der Provinz betroffen war[13], nicht in Betracht. Eine Ära ab 167 v.Chr. ist bisher nirgendwo gesichert. Die Stephanephorenliste, die in Amyzon zu diesem Zeitpunkt einsetzt, enthält keine Äradatierung[14], sondern benennt die Jahre, wie übrigens auch in den offiziellen Dokumenten von Iasos[15], nach den Stephanephoren. Nähme man eine Ära ab 167 v.Chr. an, wäre auch der für Kleinasien so wichtigen Einschnitt des Mithridatischen Krieges in Iasos außer acht gelassen worden. Der in der Ephebenliste des

---

4   Vgl. W.Blümel, IvIasos II p.36.
5   Th.Reinach, REG 6,1893,180.
6   Ramsay, Cities 203 n.3.
7   Vgl. IvIasos II p.36.
8   IvIasos II p.36.
9   Ebenso R.K.Sherk, ZPE 88,1991,257.
10 IvIasos 269.
11 So auch W.Blümel, IvIasos II p.37.
12 IvIasos 271-273.
13 Vgl. M.Errington, Chiron 17,1987,98f.
14 Siehe oben S.201.
15 Vgl. z.B. IvIasos 23ff.

Jahres 80 genannte römische Bürger müßte dann genau an den Anfang des Krieges mit Mithridates datiert werden, als die Römer im übrigen Kleinasien ermordet wurden.

Will man nicht eine unbekannte lokale Ära annehmen, was nicht sehr wahrscheinlich ist, kommt für Iasos am ehesten die sullanische Ära in Frage, die auch im östlichen Karien bezeugt ist[16]. Die Rolle Kariens im ersten Mithridatischen Krieg hat Marek untersucht[17] und gezeigt, daß die nordkarischen Städte zu Beginn dieses Krieges die römischen Truppen unterstützten. Die Schlußfolgerung, daß Karien damals noch nicht zur Provinz Asia gehörte, ist plausibel. Auch Iasos wird erst unter Sulla an das römische Provinzialsystem angeschlossen worden sein und wie Kibyra und das östliche Karien von diesem Zeitpunkt aus seine Ära gerechnet haben.

5. Die Ären in Kibyra und im südlichen Phrygien

a. Die sullanische Ära in Kibyra

Unter den frühen kaiserzeitlichen Münzen der Stadt Kibyra sind einige mit Zahlen datierte. Ein Typ zeigt auf der Vorderseite Livia, die Gemahlin des Augustus, mit dem Titel ΣΕΒΑΣΤΗ und auf der Rückseite das Zeichen P (=100)[1]. Diese Münzen der Livia als Sebaste sind zeitlich nach 14 n.Chr. einzuordnen, weil die Gemahlin des Augustus erst nach dem Tode ihres Gatten den Augusta-Titel erhielt[2]. Auch durch das Porträt der Livia sind diese Münzen in die Regierungszeit des Tiberius zu datieren[3]. Sie müssen also zwischen 14 und 29 n.Chr., dem Todesjahr der Livia, geprägt sein, wahrscheinlich in den ersten Regierungsjahren des Tiberius[4]. Weitere Münzen mit dem gleichen Zahlzeichen P (=100) stellen daher auf der Vorderseite wohl den Kaiser Tiberius dar und nicht, wie meist angenommen wurde, Augustus[5].

Schon Imhoof-Blumer fand das Rho als Zahlzeichen für 100 noch auf einer weiteren Prägung, in deren Vorderseitenlegende er nur

16 Siehe oben S.343ff.
17 Chr.Marek, Karien im ersten Mithridatischen Krieg, in: Alte Geschichte und Wissenschaftsgeschichte. Festschrift Karl Christ, Darmstadt 1988, 285-308.
1 Inv.Wadd.5823; SNG Aulock 8398. Vgl. Roman Provincial Coinage I 2886.
2 Tac.ann.1,8,1; Cass.Dio 56,46,1. Vgl. Kienast 84.
3 Vgl. W.H.Gross, Iulia Augusta, Göttingen 1962,22ff.
4 Vgl. ibid.66.
5 Imh.-Bl., Kl.Mz. 256 Nr.24b (Augustus); Inv.Wadd.5820 und 5821 (Augustus); C.H.V.Sutherland - C.M.Kraay, Catalogue of Coins of the Roman Empire in the Ashmolean Museum I, Oxford 1975,1381 (Augustus); Roman Provincial Coinage I 2885 (Tiberius).

die Reste eines Namens erkennen konnte[6]. Auf einem zweiten Stück aus dem Münzhandel[7] ist deutlich der Name ΑΡΡΩΝΤΙΩC auf der Vorderseite zu lesen, auf der Rückseite das Zeichen Ρ (=100). Wer der genannte und auf der Vorderseite abgebildete Arruntius ist, läßt sich nicht ermitteln. Weiser verwies auf Tacitus, der in den Annalen (1,13,2) schreibt, daß Augustus den Consul des Jahres 6 n.Chr. L.Arruntius für fähig gehalten habe, das Amt des Princeps zu übernehmen. Da wir die Stellung des auf den Münzen abgebildeten Arruntius nicht kennen und zahlreiche Arruntii aus Kleinasien bekannt sind[8], kann aber aus der Nennung des Namens keine Schlußfolgerung bezüglich der chronologischen Einordnung der Münzen gezogen werden. Daß Arruntius Proconsul in Asia gewesen sei, wie vermutet wurde, ist nicht zu belegen[9].

Auf zwei Münzen mit dem Kaiserporträt und dem Titel ΣΕΒΑΣΤΟΣ auf der Vorderseite erscheint auf der Rückseite das Zahlzeichen ähnlich einem Koppa[10], dem Zahlzeichen für 90. Sutherland und Kraay[11] glaubten, daß es sich dabei tatsächlich um das Zeichen für 90 handele, Weiser hingegen hält es für ein retrogrades Rho[12], was von der Form des Zeichens her den Vorzug verdient. Dann ist der auf der Vorderseite dargestellte Kaiser eher Tiberius als Augustus. Die Rückseiten all dieser genannten Münzen zeigen, daß wir es mit einer gemeinsamen Prägung zu tun haben. Auf den Stücken des Kaisers, bei dem es sich wohl um Tiberius handelt, ist der stehende Zeus abgebildet, auf denen der Livia der thronende Zeus. Entsprechend den Münzen der Livia als auch des Arruntius wird es sich bei allen Zeichen auf den Münzen mit ΣΕΒΑΣΤΟΣ um die gleiche Zahl Ρ (=100) handeln. Man könnte an eine Festprägung aus Anlaß der Hundertjahrfeier des Ereignisses denken, ab dem man die Jahre zählte. Die Rückseite der Arruntius-Prägung zeigt einen Lorbeerkranz, der den Stadtnamen umgibt. Sollte Arruntius ein Fest aus Anlaß dieser Feier mit Agonen organisiert und finanziert haben? Doch das wäre Spekulation.

Geht man von der möglichen Prägezeit für die Münze der Livia aus, muß der Ausgangspunkt der Zählung zwischen 86 und 71 v.Chr. liegen. Strabon berichtet[13], daß Kibyra zusammen mit

6 Imh.-Bl., Kl.Mz.256 Nr.25.

7 Bankhaus Aufhäuser München, Katalog 4, Okt.1987,147; W.Weiser, Schweizer Münzblätter 38,1988,71. Vgl. auch Roman Provincial Coinage I 2887. - Siehe Taf.III 4.

8 Vgl. etwa A.Balland, Fouilles de Xanthos VII: Inscriptions d'époque impériale du Létôon, Paris 1981,165ff.

9 Vgl. Roman Provincial Coinage I p.474.

10 BMC 39; SNG Cop.280. Vgl. Roman Provincial Coinage I 2884.

11 Vgl. C.H.V.Sutherland - C.M.Kraay, op.cit.(Anm.5), zu Nr.1381.

12 W.Weiser, Schweizer Münzblätter 38,1988,72 Anm.3.

13 Strab.13,4,17 p.631.

Bubon, Balbura und Oinoanda die sogenannte Tetrapolis gebildet habe, bis Murena sie zur Zeit des Tyrannen Moagetes auflöste und Balbura sowie Bubon den Lykiern anschloß. L.Licinius Murena war, als Sulla 84 v.Chr. Kleinasien verließ, zur Erledigung der verbliebenen Aufgaben zurückgelassen worden[14]. In diesem Zusammenhang wird er Kibyra an die Provinz Asia angeschlossen haben[15]. Bis zum Jahre 81 v.Chr. hielt sich Murena in Kleinasien als Propraetor auf[16], war aber 83 und 82 v.Chr. mit Einfällen in Pontos beschäftigt[17]. So wird man den Anschluß Kibyras ins Jahr 84 v.Chr. legen können[18] und die Münzen, die unter Tiberius geprägt wurden, ab diesem Zeitpunkt zu berechnen haben, entweder ab 85/4 oder ab 84/3 v.Chr. Nach dem Vorbild vieler anderer Städte in Asia ist wohl von 85/4 v.Chr. und damit der sullanischen Ära auszugehen[19]. Die Münzen mit der Zahl 100 gehören damit nach heutiger Zeitrechnung in das Jahr 15/6 n.Chr.

Imhoof-Blumer hat eine Bronzemünze publiziert, auf deren Rückseite neben dem Ethnikon von Kibyra auch ET ΛΒ (=Jahr 32) zu lesen ist[20]. Inzwischen sind zwei weitere Stücke vom gleichen Typ publiziert worden[21], die auf der Vorderseite einen jugendlichen behelmten Kopf, der von Robert als Heros Kibyras interpretiert wurde[22], auf der Rückseite das Vorderteil eines Zebustieres zeigen. Vom Stil her gehören diese Münzen in das 1.Jh.v.Chr., spätestens in die frühe Prinzipatszeit. So wird man in der Jahreszahl 32 ebenfalls eine Datierung nach der sullanischen Ära zu sehen haben, womit diese Stücke im Jahr 54/3 v.Chr. geprägt wurden. Ein stilistisch ganz ähnlicher Münztyp[23], eine

14   Cic.Verr.II 1,89; App.Mithr.64.93.

15   Strab.13,4,17 p.631; Plin.n.h.5,105. So auch F.Münzer, RE XIII 1,1926,445. Vgl. auch P.M.Meyer, Klio 8,1908,438.

16   Cic.Mur.15. Vgl. Broughton II 177.

17   Vgl. Broughton II 64; F.Münzer, RE XIII 1,1926,445.

18   So auch Ramsay, Cities 265; W.Ruge, RE XI 1,1921,375 s.v. Kibyra 1; W.Ameling, EA 12,1988,19; M.Wörrle, Stadt und Fest im kaiserzeitlichen Kleinasien, München 1988,146.

19   So auch Chapot 386; W.Weiser, Schweizer Münzblätter 38, 1988,73. Zwischen einer Ära ab 134/3 v.Chr. und der sullanischen Ära wollten sich B.V.Head, BMC Phrygia, London 1906, p.XLVII und Imhoof-Blumer, Kl.Mz.253 nicht entscheiden.

20   Imh.-Bl., Kl.Mz.252 Nr.12 mit Taf.VIII 10. Nach der Photographie der Münze ist die Einerziffer Beta nicht sicher.

21   Bei SNG Aulock 3721 ist nach Überprüfung des Gipsabgusses des Stückes nur ET Λ sicher, ebenso nach der Photographie auf dem Stück H.C.Lindgren - F.L.Kovacs, Ancient Bronze Coins of Asia Minor and the Levant from the Lindgren Collection, San Mateo 1985,918.

22   Robert, Carie 135f.; L.Robert, Monnaies grecques, Genf - Paris 1967,34.63.

23   Imh.-Bl., Kl.Mz. 252 Nr.11 aus der Sammlung L.Walcher de Moltheim, Wien 1895, Nr.2795 und Imh.-Bl., Kl.Mz. 252 Nr.13 aus Berlin; SNG Aulock 8394(=Taf.III 3).

Bronze mit dem gleichen behelmten Kopf auf der Vorderseite, aber dem Vorderteil eines springenden Pferdes auf der Rückseite, weist die Buchstaben HK auf. Weiser[24] interpretierte sie als Jahr 28. In diese Gruppe gehören vielleicht auch Stücke mit IK oder AK [25]. Da die ersten beiden Buchstaben keine sinnvolle Zahl ergeben, stellt sich die generelle Frage, ob es sich bei solchen Buchstaben um Jahreszahlen oder um Abkürzungen eines Beamtennamens handelt.

Dies betrifft auch Bronzen mit dem Heroskopf auf der Vorderseite und dem Zebuvorderteil auf der Rückseite, die durch den Buchstaben N gekennzeichnet sind[26]. Auch hierbei hat Weiser an die Jahreszahl 50 gedacht. Dann hätten wir eine Prägung vor uns, die vielleicht zum fünfzigsten Jahr des Anschlusses Kibyras an Asia ausgegeben wurde. Doch ist hier Vorsicht angebracht, wenn man die große Menge vorkaiserzeitlicher Münzen aus Kibyra mit Buchstabenkombinationen sieht, die keinesfalls als Zahlen interpretiert werden können[27]. Die Silbermünzen von Kibyra sind offensichtlich generell mit Beamtennamen oder entsprechenden Abkürzungen gekennzeichnet worden. Für die sullanische Ära sind diese Stücke zu früh[28]. Vor Einführung der Ära in Kibyra wurde auch der Typ mit dem stoßenden Stier im Quadratum incusum geprägt[29].

Einige Bronzen, auf denen Weiser Datierungen mit Jahreszahlen erkennen will[30], gehören zu einer Münzgruppe, die auch mit Kürzeln von Namen gekennzeichnet ist[31]. Es ist denkbar, daß in Kibyra Münzen meist mit Beamtennamen, von Zeit zu Zeit aber mit Jahreszahlen datiert wurden. So ist im 1.Jh.v.Chr. nur die eine Prägung mit den Ziffern für 32 sicher mit einer Jahreszählung datiert, weil dies dort ausdrücklich als Jahresangabe gekennzeichnet ist[32]. Dieses Jahr 32 (=54/3 v.Chr.) fällt genau in die Zeit, als Kibyra nicht zur Provinz Asia gehörte. Denn zwischen 56 und 49 v.Chr. waren diese Gebiete in Phrygien Teil der Provinz Cilicia[33]. Ein direkter Zusammenhang läßt sich aber nicht beweisen.

24 W.Weiser, Schweizer Münzblätter 38,1988,72 mit Anm.5.

25 W.H.Waddington, RN 1851,164f. Nr.1; Inv.Wadd.5812.

26 Imh.-Bl., Kl.Mz. 252 Nr.14; SNG Cop.269.

27 Z.B. SNG Aulock 3703.3704.3709.3711; SNG Cop.264.266.267; BMC 10; Inv.Wadd.5814f. oder SNG Aulock 3712-3718; BMC Phrygia p.XLIVff.

28 Vgl. auch Imh.-Bl., Kl.Mz.253; B.V.Head, BMC Phrygia, London 1906, p.XLVff.

29 Inv.Wadd.5805; SNG Cop.270; SNG München 283.

30 W.Weiser, Schweizer Münzblätter 38,1988,72.

31 Inv.Wadd.5815; vgl.Imh.-Bl., Kl.Mz.253.

32 Imh.-Bl., Kl.Mz.252 Nr.12; SNG Aulock 3721; Lindgren Coll.918.

33 Vgl. zuletzt W.Ameling, EA 12,1988,21f.

b. Die kibyratische Ära in Kibyra

Im 3.Jh.n.Chr. sind wiederum einige Bronzemünzen Kibyras nach einer Ära datiert, die jetzt aber nicht die sullanische sein kann. Dies zeigt schon die erste Prägung des lokalen Jahres 176, die das Bild Caracallas trägt[1]. 17 Jahre später sind Münzen unter Macrinus und Diadumenianus mit der Zahl 193 geprägt worden[2]. Da beide zwischen April 217 und Juni 218 n.Chr. regierten[3], muß das Epochenjahr der Ära entweder 24/5 oder 25/6 n.Chr. sein. Eine Prägung für Maximinus Thrax und Maximus Caesar ist mit der Jahreszahl 212 datiert[4]. Münzen für Maximus Caesar können nur zwischen Anfang 236 und Frühjahr 238 n.Chr. geprägt sein[5]. Dadurch kommt als Ausgangspunkt der Ära ein Jahr zwischen 24/5 und 26/7 n.Chr. in Frage. Für Tranquillina wurde im lokalen Jahr 219 geprägt[6], das in den Zeitraum zwischen 241 n.Chr. und 244 n.Chr., als Gordianus III. Anfang des Jahres starb, fallen muß[7]. Nur zwischen Sommer 247 n.Chr. und Herbst 249 n.Chr. können Münzen für Philippus II. als Augustus mit der Jahreszahl 223 geprägt sein[8]. Dies weist auf den Zeitraum 24/5 – 26/7 n.Chr. für das Epochenjahr. Die Münzen des Traianus Decius und der Etruscilla vom Jahre 226[9] entstanden zwischen Herbst 249 und Sommer 251 n.Chr. Das Epochenjahr muß wie bei den oben erwähnten Münzen für Maximus Caesar entweder mit 24/5 oder mit 25/6 n.Chr. zusammenfallen. Jedes dieser beiden Jahre, jeweils von Herbst zu Herbst gerechnet[10], ist bei allen datierten Münzen Kibyras aus dem 3.Jh.n.Chr. als Ausgangsjahr der Jahreszählung möglich.

1 Inv.Wadd.5832; SNG Aulock 3737. Vgl. dazu L.Robert, Monnaies grecques, Genf – Paris 1967.66.
2 Imh.-Bl., Kl.Mz.255 Nr.22; BMC 53; SNG Aulock 3738.
3 Kienast 169ff.
4 BMC 72; Auktionskatalog Egger Wien 46,1914,1672; Mionnet IV 262 Nr.397; W.Weiser, EA 4,1984,110 Nr.6. Vgl. auch J.Eckhel, Doctrina numorum veterum III, Wien 1794,144.
5 Kienast 185; M.Alram, Die Münzprägung des Kaisers Maximinus I. Thrax (235/238), Wien 1989,27ff. Vgl. aber unsere Beobachtung zu Sinope, oben S.158 mit Anm.67.
6 BMC 82; Slg. Cos Weber 3498. Vgl. J.Eckhel, Doctrina numorum veterum III, Wien 1794,144.
7 Kienast 194f.
8 Inv.Wadd.5846; BMC 84; SNG Aulock 3753; W.Weiser, EA 4, 1984,112 Nr.11. Vgl. Kienast 199. Zu diesen Prägungen für Philippus II.: W.Weiser, SNR 64,1985,91ff.
9 BMC 85; Imh.-Bl., Münzkunde 157 Nr.6; SNG Aulock 3754. – BMC 88f.; Inv.Wadd.5848; Slg.Cos Weber 3500; SNG Cop.305; W.Weiser, EA 4,1984,114 Nr.13-15.
10 Die Monatsnamen des makedonischen Kalenders und die Tagesbezeichnung Sebaste für den ersten Tag des Monats Daisios (IGR IV 922) zeigen, daß in Kibyra der asianische Kalender galt.

Ab 25/6 n.Chr. berechnete Robert die Jahreszahlen dieser Ära[11], aber wohl nur deshalb, weil Waddington auf einer Münze Elagabals fälschlich Γ Ⱶ Ρ (=193) statt ϛ Ⱶ Ρ (=196) gelesen hat[12]. Zum Teil ging man ohne Berücksichtigung des Jahresanfangs im Herbst von 25 n.Chr.[13] oder von 24 n.Chr. aus[14], von 24 n.Chr. vor allem in britischen Werken, weil der British Museum Catalogue dies als Epochenjahr angibt. Kubitschek rechnete teils ab 24/5 n.Chr.[15], teils ab 25/6 n.Chr.[16]. Später wurde häufig eine Entscheidung zwischen 24/5 oder 25/6 n.Chr. offengelassen[17]. Sicher falsch ist das Ausgangsjahr 23 n.Chr.[18], das schon bei Eckhel steht[19]. Die Entscheidung für das Jahr 24/5 n.Chr. als Epochenjahr der sogenannten kibyratischen Ära kann durch eine Inschrift aus dem Grenzgebiet zu Pisidien gefällt werden, die sowohl nach der kibyratischen als auch nach der galatischen Ära datiert ist[20].

Von welchem Ereignis aus die kibyratische Ära zu berechnen ist, wird durch mehrere Inschriften aus Kibyra deutlich. Mit der ältesten bisher bekannten Inschrift, die eine Jahreszahl dieser Ära aufweist, wird in einer Ehreninschrift aus dem Theater von Kibyra der Beginn der Gymnasiarchie des Q.Veranius Philagrus[21] datiert: ἔτους ἐνάτου τεσσαρακοστοῦ τῆς κτίσεως [22]. Die

---

11 L.Robert, Monnaies grecques, Genf – Paris 1967,66. So auch W.Weiser, SNR 64,1985,101 zu Abb.9/10.

12 Le Bas – Waddington p.300. Vgl. Imh.-Bl., Kl.Mz. 253.

13 So z.B. Ramsay, Cities 203; Robert, Etudes anatoliennes 373.389; P.Jacobsthal – A.H.M.Jones, JRS 30,1940,28.

14 Z.B. B.V.Head, BMC Phrygia, London 1906, p.XLVII, der aber im Katalog von 25/6 n.Chr. aus die Jahreszahlen berechnete (p.140ff.); SNG Cop.305; J.Babelon, RN 1939,26; A.Johnston, ANSMusN 27,1982,136.

15 Kubitschek, Kalenderbücher 84 Anm.2 zu den Jahren 125 und 223. So auch Ramsay, Historical Geography 442f. nach einem Rechenfehler.

16 So Kubitschek, Kalenderbücher 84 Anm.2 zu der Inschrift des Jahres 159 und Id., RE I 1,1893,639.

17 Z.B. Imh.-Bl., Kl.Mz.253; Chapot 386; SNG München 298; Index Aulock 167.

18 So G.E.Bean, ABSA 51,1956,139 n.1; Bean, Lycia 10.

19 J.Eckhel, Doctrina numorum veterum III, Wien 1794,144.

20 Siehe dazu W.Leschhorn, Chiron 22,1992,327ff. und unten S.408ff.

21 Zu Q.Veranius Philagrus vgl. Robert, Etudes anatoliennes 375ff.; A.E.Gordon, RE VIII A 1,1955,962ff. s.v. Veranius 13; Holtheide 65; Sartre 154f.279.

22 Le Bas – Waddington 1213; CIG 4380a; Petersen – Luschan 186 Nr.242; IGR IV 915, Z.11f. Vgl. auch die Grabinschrift bei Petersen – Luschan 192 Nr.257, in der wohl ἔτει...τῆς κτ]ίσεως zu ergänzen ist.

gleiche Formulierung steht in einer Inschrift des Jahres
187[23]: ἔτους ζ' ὀγδοηκοστοῦ ἑκτοστοῦ τῆς κτίσεως. Daß
mit der Ktisis die Gründung der Stadt gemeint ist, wird in einer
anderen Ehreninschrift für Q.Veranius Philagrus ausgedrückt[24], in
der von Stiftern εἰς τὸν [κ]τισμὸν τῆς πολέως die Rede ist
(Z.5). Tacitus berichtet, daß Kibyra im Jahre 23 n.Chr. von
Tiberius Steuerfreiheit für drei Jahre erhalten habe, weil die Stadt
durch ein Erdbeben stark in Mitleidenschaft gezogen worden
war[25]. Die Ära von Kibyra steht mit dem Neuaufbau Kibyras nach
dieser Katastrophe und mit der offiziellen Neugründung im
Zusammenhang. Den Wiederaufbau der Stadt sah man in Kibyra
offensichtlich als epochemachendes Ereignis an, auf dem die neue
Jahresrechnung beruhte[26]. Babelon[27] hatte hingegen an die
Einrichtung eines Tempels für Tiberius und Livia gedacht.
Dagegen spricht aber die Verbindung des Ktisis-Begriffes mit der
Polis, wie es oben in der Inschrift deutlich wurde. Kibyra führte
auf Münzen ab Septimius Severus[28], in Inschriften aber schon
wesentlich früher[29] den Beinamen Kaisareia. Dieser neue Name ist
wohl mit der Neugründung der Stadt unter Tiberius zu
verbinden[30], eher als mit Kaiser Claudius, der "Ktistes" in Kibyra
genannt wurde[31]. Es ist bezeichnend, daß der Name Kaisareia in
etwa der gleichen Zeit auf den Münzen erscheint, als diese mit
Jahreszahlen der Ära versehen wurden.
    Die Inschriften Kibyras sind ab dem Jahre 49 nach der lokalen
Ära datiert. Der schon erwähnte Q.Veranius Philagrus, dessen
Gymnasiarchie im lokalen Jahr 49 (=72/3 n.Chr.) begann, muß das
römische Bürgerrecht unter Q.Veranius, Consul des Jahres 49
n.Chr. und Statthalter der Provinz Lycia-Pamphylia unter

    23 Le Bas - Waddington 1212; IGR IV 914. Vgl. den Kommentar
von Robert, Etudes anatoliennes 375ff.
    24 Heberdey - Kalinka 5 Nr.14. Vgl. auch Robert, Etudes
anatoliennes 373 n.6.
    25 Tac.ann.4,13,1. Vgl. W.Ruge, RE XI 1,1921,376 s.v.Kibyra.
    26 Vgl. auch W.Kubitschek, RE I 1,1893,639; P.Jacobsthal -
A.H.M.Jones, JRS 30,1940,28; W.Weiser, EA 4,1984,108. -
Waddington in Le Bas - Waddington p.300 spricht von den Feier-
lichkeiten bezüglich der Einweihung der Neubauten, von denen die
Ära ausgegangen sei.
    27 J.Babelon, RN 1939,26.
    28 Imh.-Bl., Kl.Mz.256.
    29 Z.B. IGR IV 900 von 136 oder 137 n.Chr. als sicher
datiertes früheres Zeugnis.
    30 So Imh.-Bl., Kl.Mz.256; Robert, Etudes anatoliennes
354.373f.; S.Şahin, EA 17,1991,125.
    31 IGR IV 90; S.Şahin, EA 17,1991,123ff2. Claudius hatte wohl
seinen Legaten Q.Veranius mit Bautätigkeiten in Kibyra beauftragt;
vgl. A.Balland, Fouilles de Xanthos VII: Inscriptions d'époque
impériale du Létoon, Paris 1981,26 n.101.

Claudius, erhalten haben[32]. Philagrus wird auch als Abgesandter
an den Kaiser Claudius erwähnt[33]. Damit scheiden sowohl
sullanische als auch aktische und pharsalische Ära für diese
Inschrift aus.

Hingegen ist der Consular Ti.Claudius Paulinus[34], der mehrmals
in kibyratischen Inschriften genannt ist, nur mit Hilfe der
Jahreszahlen chronologisch einzuordnen. Sein Sohn Ti.Claudius
Flavianus wurde im lokalen Jahre 159 (=182/3 n.Chr.) in Kibyra
geehrt[35]. In einer Ehreninschrift für Aelius Caesar, die also 136
oder 137 n.Chr. errichtet worden sein muß, wird als Archon
Kibyras ein M.Claudius Flavianus genannt[36], der ein Vorfahr des
Consulars Ti.Claudius Paulinus sein könnte[37]. Doch ist diese
Familie so weitverzweigt[38], daß man aus einem Stemma, das nur
hypothetisch erstellt werden kann, keine chronologischen Schlüsse
ziehen sollte.

Derselbe Consular Ti.Claudius Paulinus[39] ist in einer
Grabinschrift erwähnt, die sein Sklave Onesimos am Grabe seiner
Frau einmeißeln ließ. Die Datierung am Anfang dieser Grabinschrift
ist umstritten. Collignon[40] las 1878 nach einer Kopie, die Jordanis
Eustratiadis in der Sylloge Hellénique d'Isparta veröffent-
lichte, ΕΤΟΥΣ D͡K ΠΡ Μ(Η) ΠΑΝΗΜΟΥ und interpretierte dies als
ἔτους ρκ' πρ(ώτη) μη(νὸς) Πανήμου. Er wollte aus der
Ligatur D͡K die Jahreszahl ΡΚ =120 (=143/4 n.Chr.) entschlüsseln.
Kubitschek hat dies abgelehnt und darauf hingewiesen, daß es
problematisch ist, Zahlzeichen in einer Ligatur zu vermuten[41]. Er
schlug eine Verbesserung der Ligatur und die Deutung ἔτους
Κ(ι)β(υρατῶν) πρ' vor, das heißt eine Datierung ins Jahr 180,
was nach der kibyratischen Ära 203/4 n.Chr. entspricht, nicht
213/4 n.Chr., wie mehrfach falsch angegeben wurde[42]. Eine solche

32 So A.E.Gordon, Quintus Veranius Consul A.D.49, Berkeley -
Los Angeles 1952,241 n.16; A.E.Gordon, RE VIII A 1,1955,962;
Holtheide 65; Rémy, Evolution 35.
33 IGR IV 914. Vgl. A.E.Gordon, RE VIII A 1,1955,963.
34 Vgl. PIR II² C Nr.954; H.Halfmann, Die Senatoren aus dem
östlichen Teil des Imperium Romanum bis zum Ende des 2.Jh.
n.Chr., Göttingen 1979,193f.
35 Le Bas - Waddington 1216; CIG 4380b²; IGR IV 911.
36 Le Bas - Waddington 1215; IGR IV 900.
37 So Groag, PIR II² C Nr.954; H.Halfmann, op.cit.(Anm.34)
193 zu Nr.122. Holtheide 169 Anm.453 dachte an den Vater.
38 Vgl. H.Halfmann, op.cit.185.
39 Unglaubhaft ist die Vermutung Kubitscheks, Kalenderbücher
84 Anm.2, daß es sich um einen gleichnamigen Enkel des Consulars
handelt.
40 M.Collignon, BCH 2,1878,610. So auch in IGR IV 621.
41 Kubitschek, Kalenderbücher 84.
42 So schon fälschlich bei Kubitschek, Kalenderbücher 84, dann
bei Groag, PIR II² C Nr.954, bei G.Barbieri, L'albo senatorio da
Settimio Severo a Carino, Rom 1952,43 und bei H.Halfmann, op.cit.
(Anm.34) 193.

Ergänzung der Jahresangabe mit dem Genetiv des Ethnikons, das zudem noch vor der Jahreszahl stünde, wäre zumindest in Kleinasien einmalig und mindestens genauso mißverständlich wie Collignons Interpretation. Jahreszahlen in Ligatur kommen nur auf den hellenistischen Münzen Bithyniens vor[43]. In anderen Beispielen wurde eine der Ziffern einer Jahreszahl über die anderen gesetzt[44]. Beide Lesungen der Datierung sind unbefriedigend, wenn sie auch beide in der neueren Literatur übernommen wurden[45].

Doch ist die Inschrift schon 1882 bei Petersen und Luschan wieder aufgenommen worden[46]. Dieses Mal wurde die Datierung als ἔτους βπρ', μη(νὸς) Πανήμου (=Jahr 182) entziffert. Im Jahre 1902 wurde die Inschrift, wohl von Heberdey, erneut gelesen, wie die Schede "Kibyra Nr.147" in der Kleinasiatischen Kommission der Österreichischen Akademie der Wissenschaften in Wien zeigt. Auch darin wird die Jahreszahl als 182 angegeben, was 205/6 n.Chr. entspricht. Auf dem gleichen Stein glaubte Heberdey in einer zweiten Grabinschrift die Datierung ἔτου(ς) ζπρ' (=187) lesen zu können[47], was die Datierung der ersten Inschrift in die 180er Jahre der lokalen Zeitrechnung bestätigt. Ti.Claudius Paulinus wird also bald vor 182/3 n.Chr. den Consulat bekleidet haben und muß 205/6 n.Chr. noch gelebt haben, wie die Inschrift seines Sklaven zeigt.

Ein Standbild des Proconsuls Q.Aemilius Lepidus ist im Jahre 147 (=170/1 n.Chr.) neu im Theater von Kibyra aufgestellt worden[48]. Darauf wird M.Claudius Philokles Kasianos (oder Sohn des Kasianos) als Grammateus erwähnt (Z.6f.). Münzen aus der Zeit des Kaisers Marcus Aurelius sind offensichtlich nach demselben Claudius Philokles datiert[49]. Das sonstige Namenmaterial in den mit Jahreszahlen datierten Inschriften von Kibyra trägt nicht allzuviel zur chronologischen Einordnung bei. Im Jahre 175 (=198/9 n.Chr.) errichtete ein Markianos in der Ostnekropole von Kibyra ein Grab, im Jahre 217 (=240/1 n.Chr.) ein Aurelius Markianos in derselben Nekropole[50]. Hier zeigt sich die Einführung der Constitutio Antoniniana. Nicht nur in der Inschrift des lokalen Jahres 217, sondern auch im Jahre 230

---

43   Siehe unten S.484.

44   Vgl. Robert, Etudes anatoliennes 372 und Münzen Kibyras aus dem 3.Jh.n.Chr., z.B. BMC 82.

45   Bei Holtheide 169 Anm.453 findet sich wieder das Jahr 120 von Collignon, bei Groag, PIR II² C Nr.954 und auf ihm basierend bei Halfmann und Barbieri (siehe Anm.42) das Jahr 180 von Kubitschek.

46   Petersen - Luschan 192 Anm.3.

47   Kleinasiatische Kommission der Österreichischen Akademie der Wissenschaften Wien, Schede Kibyra Nr.147.

48   Petersen - Luschan 189 Nr.249; IGR IV 901.

49   Münsterberg, Beamtennamen 161. So auch Robert, Carie 75 n.10.

50   Heberdey, Skizzenbuch I, 1894, S.30 und S.12.

(=253/4 n.Chr.) und im Jahre 235 (=258/9 n.Chr.)[51] erscheint der Aureliername. Auch die Aurelii in einer weiteren Grabinschrift[52] gehören sicher in die Zeit nach 212/3 n.Chr. Die Jahreszahl hatte Collignon als IK[gelesen und als PKE (=125) gedeutet. Schon Kubitschek sah aber, daß diese durch zwei Eingriffe in den Text entstandene Interpretation der Ziffern nicht möglich ist, und verbesserte zu ΓΚΣ (=223)[53]. Die daraus zu errechnende Datierung in das Jahr 246/7 n.Chr. würde zu dem Aureliernamen passen. Bean hat aber die Lesung von Collignon bestätigt[54], einen Fehler auf der Stele angenommen und die erste Ziffer als Zahl 1 interpretiert. Die von ihm vorgeschlagene Jahreszahl 221 würde in das Jahr 244/5 n.Chr. führen. Offensichtlich geschah bei der Einmeißelung der Inschrift ein Fehler, so daß eine sichere Rekonstruktion der Zahl in der Datierung nicht mehr möglich ist.

Alle Inschriften aus Kibyra selbst, die Jahreszahlen tragen[55], sind offenbar nach der kibyratischen Ära ab 24/5 n.Chr. datiert. Schwieriger ist das Problem zu behandeln, in welchen Inschriften aus der näheren und weiteren Umgebung von Kibyra die Jahreszahlen nach dieser lokalen Ära umzurechnen sind. Ramsay[56] meinte, die Ära sei in einem weiten Umkreis um Kibyra herum angewendet worden. Auch Jacobsthal und Jones[57] gingen von ihrem Gebrauch außerhalb des Territoriums von Kibyra aus, während Robert[58] den Anwendungsbereich auf das eigentliche Territorium von Kibyra beschränkt sah. Doch ist dieses Gebiet äußerst schwierig abzugrenzen[59]. Der Bericht des Livius (38,14f.) über den Zug des Cn. Manlius Vulso durch die Kibyratis im Jahre 189 v.Chr. sagt wenig über die territorialen Zustände in der Kaiserzeit aus. Ramsay[60] rechnete das Gebiet von Çamköy am Südostrand der Ebene von Karahüyük[61] bis zum Söğüt Gölü im Osten zu Kibyra. Bean[62] wandte zunächst gegen die Ostgrenze ein, daß der Oberlauf des Çavdır Çay nicht mehr zu Kibyra gehöre, sondern die Stadt Sinda dort zu suchen sei. Später aber

51 Heberdey, Skizzenbuch I, 1894, S.35 und S.22.
52 M.Collignon, BCH 2,1878,609 Nr.27; G.E.Bean, ABSA 51, 1956,139 Nr.12 = SEG 17,706.
53 Kubitschek, Kalenderbücher 84 Anm.2.
54 G.E.Bean, ABSA 51,1956,139 Nr.12 = SEG 17,706.
55 In den Inschriften Heberdey - Kalinka 5 Nr.16 und IGR IV 923 war nur die Hunderterziffer Rho zu lesen.
56 Ramsay, Cities 203.
57 P.Jacobsthal - A.H.M.Jones, JRS 30,1940,28.
58 Robert, Carie 326.
59 Zur Ausdehnung nach Westen vgl. Chr.Naour, ZPE 22,1976, 111 mit n.5. 121.
60 Ramsay, Cities 267.
61 Dort wurde auch ein Meilenstein, der die Entfernung von Kibyra aus angab, gefunden: Ramsay, Cities 331 Nr.142; IGR IV 925.
62 G.E.Bean, ABSA 51,1956,149 und 150 mit n.2.

schränkte er diese Zweifel ein[63] und wies zumindest Bayırköy, mit
Einschränkung auch Dengere (Denkre oder Tenger), dem
Territorium von Kibyra zu. Da aus Dengere zwei mit Jahreszahlen
datierte Inschriften bekannt sind[64], in Balbura, das für Bean
ebenfalls zur Wahl stand[65], die Äradatierung aber nicht
angewendet worden ist, gehören die Inschriften aus Dengere zur
Kibyratis und nicht zum benachbarten lykischen Balbura.

Nördlich des Söğüt Gölü ist ein antiker Demos mit dem Namen
Lagbe durch seine Erwähnung in dort gefundenen Inschriften
lokalisiert worden[66]. Vermutlich gehörte auch dieser antike Ort zu
Kibyra[67], zumal sich die Vermutung einer eigenständigen
Münzprägung Lagbes als unzutreffend herausgestellt hat[68]. Eine in
der dortigen Nekropole gefundene Grabinschrift sieht bei
Grabschändung Strafzahlungen auch an die Stadt Kibyra vor[69].
Eine Inschrift auf einem Sarkophag aus derselben Nekropole ist ins
Jahr 215 datiert und nennt einen Aurelier als Grabherrn[70]. Dies
weist auf die Zeit nach der Constitutio Antoniniana. Damit kommt
nur die kibyratische Ära ab 24/5 n.Chr. in Frage, die die
Inschrift in das Jahr 238/9 n.Chr. legt[71]. Diese Region nördlich
des Sees von Söğüt gehörte also offensichtlich noch zu Kibyra,
ebenso wie die weit näher an der Stadt liegenden Fundorte
äradatierter Inschriften Çavdır, Kayacık, Alanbahçeleri und
Büyükalan nördlich des Çavdır Çay[72]. Dies wird schon durch die

63 Bean, Lycia 7.
64 G.E.Bean, ABSA 51,1956,148 Nr.41 = SEG 17,731; Bean,
Lycia 9 Nr.8.
65 Bean, Lycia 7.
66 Vgl. Ramsay, Cities 267f.272 Nr.191; Petersen - Luschan II
167 Nr.198; W.Ruge, RE XII 1,1924,455f. s.v. Lagbe; W.Ruge, RE
XX 1,1941,839 s.v. Phrygia; Jones, Cities 395 n.76; Robert, Villes
143; L.Robert, BCH 107,1983,596 = Robert, Documents 440;
v.Aulock, Pisidien I 35.
67 So auch L.Robert, BCH 107,1983,596 n.6 = Robert,
Documents 440 n.6. - Der Begriff "Demos" bedeutet in der Kaiserzeit keinesfalls, daß die so bezeichnete Gemeinde eigenständig war,
sondern kann auch abhängige Orte bezeichnen; vgl. zuletzt M.
Wörrle, Stadt und Fest im kaiserzeitlichen Kleinasien, München
1988,145ff.
68 Vgl. Robert, Villes 143f.; v.Aulock, Pisidien I 35.
69 Ramsay, Cities 272 Nr.192; IGR IV 927.
70 A.H.Smith - W.M.Ramsay, JHS 8,1887,253 Nr.34; Petersen -
Luschan 168 Nr.205; Ramsay, Cities 273 Nr.193. Einen Teil der
Inschrift fand später G.E.Bean, AS 9,1959,73 = SEG 19,743 bei
Burdur.
71 So schon A.H.Smith - W.M.Ramsay, JHS 8,1887,253.
72 G.E.Bean, ABSA 51,1956,145 Nr.1; L.Robert, Collection
Froehner I: Inscriptions grecques, Paris 1936,111 = Robert, Etudes
anatoliennes 364; G.E.Bean, ABSA 51,1956,147 Nr.38; G.Cousin,
BCH 24,1900,62. - In Kuçukalar zwischen Çamköy und Büyükalan
sah Heberdey 1902 einen Sarkophagdeckel, auf dem er ἔτ]ους ẒΟΥ

Jahreszahl 210 in der Inschrift aus Alanbahçeleri deutlich[73]. Da hierin der Aureliername vorkommt, sind alle vor der Zeitenwende einsetzenden Ären auszuschließen. Nach der kibyratischen Ära gehört die Inschrift ins Jahr 233/4 n.Chr. Auch in dem Zeugnis vom Jahre 211 aus Kayacık[74] sind mehrere Aurelii erwähnt. Die Jahreszahl muß also nach der kibyratischen Ära ab 24/5 n.Chr. berechnet werden.

In der Region von Oinoanda südlich der Kibyratis wurden zwei Silberplaketten mit Jahreszahlen einer Ära gefunden[75]. Sie waren von einem sonst unbekannten Μυανγελέων δῆμος geweiht worden und wiesen die Datierungen ἔτους ἑκατοστοῦ πεν(τηκοστοῦ) πέμπτου (=Jahr 155) beziehungsweise ρο'L ρι' auf. Das Jahreszeichen L der zweiten Plakette trennt die Zahlen 170 und 110. Die Zahl 170 war wahrscheinlich bei einer Reparatur hinzugefügt worden, das Jahr 110 ist das eigentliche Herstellungsdatum. Die dem Fundort nächstgelegene Region, in der Äradatierungen zu finden sind, ist die Kibyratis. Aber die kibyratische Ära ist nur eine von vielen möglichen Jahresrechnungen[76], die auf diesen Stücken angewendet worden sein kann. Wörrle hat zu Recht betont, daß die Herkunft der Plaketten völlig ungewiß ist[77]. Deshalb können die Jahreszahlen, die auf ihnen zu lesen sind, nach dem gegenwärtigen Kenntnisstand nicht nach einer bestimmten Ära umgerechnet werden.

c. Die Ären im oberen Lysistal

Die weite Ausdehnung des Territoriums von Kibyra nach Norden wird durch zwei Meilensteine aus severischer Zeit deutlich, die die Entfernung von Kibyra aus angeben. Einer stand in Çamköy[1] an der Straße, die in Richtung der Ebene von Karahüyük führte[2],

entzifferte (Kleinasiatische Kommission Wien, Skizzenbuch Pisidien IX, 1902, S.18). Doch erscheint die Interpretation der Buchstabenreste als Jahr 477 kaum wahrscheinlich, da man mit einer solchen Jahreszahl schon ins 6.Jh.n.Chr. käme, als eine solche Datierung in dieser Region nicht mehr zu erwarten ist.

73 G.E.Bean, ABSA 51,1956,147 Nr.38.
74 Robert, Etudes anatoliennes 364.
75 P.Jacobsthal - A.H.M.Jones, JRS 30,1940,16ff. Vgl. dazu auch L.Robert, BCH 107,1983,578 = Id., Documents 422; SEG 33, 1179.
76 So auch diskutiert von P.Jacobsthal - A.H.M.Jones, JRS 30,1940,28.
77 M.Wörrle, Stadt und Fest im kaiserzeitlichen Kleinasien, München 1988,48 Anm.18. Dagegen hat P. Weiß, Asia Minor Studien 3,1991,71 Anm.10 das Zeugnis wieder der Region nördlich von Oinoanda zugewiesen.
1 Ramsay, Cities 331 Nr.142; IGR IV 925.
2 Siehe dazu unten S.369.

der andere in Heçe (Hedje, Edje) am Rande der Ebene um den oberen Lysis südlich von Sazak zwischen Tefenni und Karamanlı[3]. Er gibt die Entfernung von Kibyra mit 20 Meilen an und zeigt, daß sich das Territorium von Kibyra zumindest bis an den Rand der Ebene erstreckte, die der Eren Çay (Gebren), der antike Lysis, durchfließt. Dort wurde bei Karamanlı, Hasanpaşa und Tefenni eine Reihe von Inschriften gefunden, die mit Jahreszahlen datiert waren[4].

In den Inschriften aus Tefenni und Karamanlı wird mehrfach der δῆμος Ὀρμηλέων genannt[5]. Dieser Demos gehörte wohl in der Zeit des Septimius Severus, als der erwähnte Meilenstein aufgestellt wurde, zu Kibyra[6]. Daß dort große Landgüter hochgestellter Römer lagen, ist durch zahlreiche Inschriften gesichert[7]. Nur im Zusammenhang mit diesen Gütern und ihren Besitzern erscheint der Demos der Ormeleis. Soweit erkennbar sind alle Weihungen an die römischen Besitzer mit Jahreszahlen datiert[8], aber auch private Weihungen[9], Grabinschriften[10] und eine Priesterliste[11] weisen Jahreszahlen auf. Es stellt sich die nicht immer sicher zu beantwortende Frage, ob die Jahre nach der kibyratischen Ära, die südlich des Lysis üblich war, oder nach der sullanischen Ära, die nördlich der Ebene verbreitet war, gezählt wurden.

Das Namenmaterial weist in der Mehrzahl der Fälle auf die kibyratische Ära[12], so bei einer Inschrift aus Hasanpaşa, in der Ramsay die Jahreszahl 230 entzifferte[13], und in der Priesterliste mit den beiden Jahresangaben 236 und 237 aus Tefenni[14]. Dagegen wurde die Weihung eines Aurelius Dionysius an Theos Sozon aus

3   Ramsay, Cities 331 Nr.141; IGR IV 924.
4   In einer Felsinschrift aus der Nähe des Dorfes "Yuva" zwischen Kibyra und Tefenni stand offensichtlich ebenfalls eine Jahreszahl, von der aber nur noch ein Buchstabe, vielleicht ein Delta, zu lesen war: M.Collignon, BCH 4,1880,291; L.Robert, Hellenica III, Paris 1946,71.
5   Vgl. dazu W.Ruge, RE XVIII 1,1939,1098ff.
6   So Ramsay, Cities 280.291.
7   Vgl. dazu Ramsay, Cities 280ff.; W.Ruge, RE XVIII 1,1939, 1100ff.; T.R.S.Broughton, Roman Asia Minor in: T.Frank (Ed.), An Economic Survey of Ancient Rome IV, Baltimore 1938,671ff.
8   Ramsay, Cities 291 und 312 Nr.129 = IGR IV 890; Ramsay, Cities 310 Nr.127 = IGR IV 889; Ramsay, Cities 289 und 310 Nr.126 = IGR IV 891; Ramsay, Cities 288 Nr.125 = IGR IV 893.
9   Z.B. Ramsay, Cities 305 Nr.103. 306 Nr.104 und Nr.105.
10   Z.B. Ramsay, Cities 308 Nr.117.
11   Sterrett 60; Ramsay, Cities 304 Nr.99; Lane, Men I 103.
12   So auch Ramsay, Cities 291.310; W.Ruge, RE XVIII 1,1939, 1102; Magie II 1573 n.40.
13   Ramsay, Historical Geography 175 = IGR IV 897. Heberdey, Skizzenbuch Pisidien I,1897, S.15 las hingegen die Jahreszahl 201.
14   Ramsay, Cities 304 Nr.99.

Tefenni von Ramsay nach der sullanischen Ära datiert[15]. Doch ist in dieser Inschrift die Jahreszahl entgegen Ruge[16] nicht sicher überliefert. Collignon[17] las T ZI und löste dies als τζ' μ[ηνὸς ...] auf, also als Jahr 307. Heberdey bestätigte 1897 diese Lesung in einem Eintrag in die Schede "Ormele Tefenni Nr.5" in der Kleinasiatischen Kommission der Österreichischen Akademie der Wissenschaften in Wien, bemerkte aber dazu, daß zwischen Tau und Zeta ursprünglich etwas auf dem Stein gestanden hatte und vermutete dort ein eradiertes Zeta. Sterrett[18] ergänzte die Datierung zu τ[κ?] ζ' (=327). Ramsay dagegen wollte das Jahr 397 (τ þζ') als wahrscheinliche Datierung erkennen, obwohl der mittlere Buchstabe verwischt war[19]. Bei Annahme der kibyratischen Ära entspricht das Jahr 397 nach unserer Zeitrechnung 420/1 n.Chr., nach der sullanischen Ära 312/3 n.Chr. Das 5.Jh. wäre für eine Weihung an Theos Sozon sicher zu spät. Stimmt man der Lesung von Ramsay zu, wird man daher die sullanische der kibyratischen Ära vorziehen. Doch verdient die Jahreszahl 307 den Vorzug, wenn man die Überprüfung des Steines durch Heberdey berücksichtigt. Offenbar ist dem Steinmetz bei der Einmeißelung der Jahreszahl ein Fehler unterlaufen. Ob die kibyratische oder die sullanische Ära hier angewendet werden sollte, ist genausowenig sicher zu entscheiden wie bei den Felsinschriften aus Tefenni mit den Jahreszahlen 172 und 176, für die Ramsay die sullanische Ära der kibyratischen vorzog[20].

Die Weihungen für die römischen Gutsherren und den Demos der Ormeleis bieten ein reiches Namenmaterial. Leider ist aber nur bei einer dieser Inschriften die Datierung vollständig erhalten. Das Jahr 182 erscheint in einer Weihung der Mysten des Zeus Sabazios für sich selbst, den Demos der Ormeleis, Annia Faustina und Tiberius Claudius[21]. In einer anderen Weihung aus Karamanlı[22], bei der aber die Jahreszahl nicht erhalten ist, wird eine Faustina Ummidia Cornificia[23] genannt. Der Name zeigt, daß es sich bei ihr

15 Ramsay, Cities 305 Nr.103.
16 W.Ruge, RE XVIII 1,1939,1102.
17 M.Collignon, BCH 2,1878,170 Nr.2.
18 Sterrett Nr.16.
19 Ramsay, Cities 306 mit n.2.
20 Ramsay, Cities 306 Nr.105 und Nr.104. Die Datierung der Inschrift Nr.104, die Ramsay als Jahr 176 las, ist nicht ganz sicher. Die erste Ziffer der Zahl ähnelt einem Sigma mit Mittelhaste. Daher nahm Sterrett 65 fälschlich das Jahr 272 an. A.H.Smith, JHS 8,1887,236 Nr.12 zog die Jahreszahl 175 vor. Doch scheint Ramsay richtig die erste Ziffer als das Zahlzeichen für 6 interpretiert zu haben.
21 Ramsay, Cities 290 und 310 Nr.127; IGR IV 889. Sterrett hatte fälschlich die Jahreszahl 302 gelesen; vgl. W.M.Ramsay, Classical Review 3,1889,326.
22 Ramsay, Cities 287 Nr.124; IGR IV 887.
23 Zu ihr PIR III F Nr.605; R.Hanslik, RE Suppl.9,1962,1833 s.v. Ummidius 9.

um eine Tochter des Ummidius Quadratus[24] und der Annia Cornificia Faustina[25], der Schwester des Kaisers Marcus Aurelius, handeln muß. Faustina Ummidia Cornificia war also eine Schwester des Consuls des Jahres 167 n.Chr. M.Ummidius Quadratus und eine Nichte Marc Aurels[26]. Wer war aber die Annia Faustina aus der Inschrift des Jahres 182? Der neben ihr genannte Tiberius Claudius war wohl ihr Gatte. Ramsay[27] hat ihn mit dem in einer weiteren Weihung aus Karamanlı genannten Severus identifiziert, der darin neben einer Faustina angesprochen wird[28]. Die Familie der Ummidii und die Claudii Severi waren verwandtschaftlich verbunden. M.Ummidius Quadratus, Consul des Jahres 167 n.Chr., hatte einen Sohn des Cn.Claudius Severus, des Consuls des Jahres 173 n.Chr. und Schwiegersohnes Marc Aurels, adoptiert[29]. Somit liegt die Vermutung nahe[30], daß um der Verbindung beider Familien willen eine weitere Ehe zustande kam, die zwischen der in der Inschrift des lokalen Jahres 182 genannten Annia Faustina und Ti.Claudius Severus Proculus, Consul des Jahres 200 n.Chr. und Sohn des oben erwähnten Cn.Claudius Severus[31], geschlossen wurde. Der in der Inschrift des Jahres 182 genannte Tiberius Claudius dürfte also im Jahre 200 n.Chr. den Consulat bekleidet haben. Die Inschrift muß demnach nach der kibyratischen Ära datiert sein und gehört in das Jahr 205/6 n.Chr.

Eine weitere Weihung aus Karamanlı[32] galt ὑπὲρ] σωτηρίας Ἀν-ίας Αὐρη[λ]ίας Παυστ<ί>νης τῆς κ[ρατ]ίστης. Schon dieses letzte Adjektiv zeigt, daß Annia Aurelia Faustina, wie der Name laute.. muß, eine hochgestellte Persönlichkeit war. Sie ist mit Annia Faustina, der Gattin des Kaisers Elagabal im Jahre 221 n.Chr., identifiziert worden und war wohl eine Tochter aus der Ehe zwischen der oben behandelten Annia Faustina und dem

---

24 Zu ihm PIR III F Nr.601; R.Hanslik, RE Suppl.9,1962,1831f. s.v. Ummidius 5; R.Syme, Historia 17,1968,98f. Nr.VII.

25 Zu ihr PIR I² A Nr.708.

26 So Ramsay, Cities 287; PIR III F Nr.605; T.R.S.Broughton, in: An Economic Survey of Ancient Rome IV, Baltimore 1938,671; R.Hanslik, RE Suppl.9, 1962, 1832 s.v. Ummidius 7; R.Syme, Historia 17,1968,103 mit n.140.104.

27 Ramsay, Cities 291f.

28 Sterrett Nr.41-42; Ramsay, Cities 291 und 312 Nr.129; IGR IV 890.

29 Vgl. R.Hanslik, RE Suppl.9,1962,1832 s.v. Ummidius 7; R.Syme, Historia 17,1968,102f. - Zu Cn.Claudius Severus PIR II² C Nr.1024.

30 So auch E.Groag, PIR II² C Nr.1028; W.Ruge, RE XVIII 1, 1939,1101; Magie II 1326 n.44. 1573 n.40; R.Syme, Historia 17, 1968,102f.

31 Zu ihm PIR II² C Nr.1028.

32 Sterrett Nr.43; Ramsay, Cities 289 und 310 Nr.126; IGR IV 891.

genannten Ti.Claudius Severus Proculus[33]. Bei Cassius Dio[34] wird die Gemahlin Elagabals als Nachkömmling von Marcus Aurelius und Claudius Severus bezeichnet. In diesen Zusammenhang paßt es, daß in einer weiteren Weihung aus Tefenni im Gebiet der Ormeleis eine Pomponia Ummidia genannt wird[35]. Denn die Gemahlin Elagabals war in erster Ehe mit Pomponius Bassus verheiratet[36]. Bei Pomponia Ummidia handelt es sich offensichtlich um einen Nachkommen aus dieser Familie.

Die oben erwähnte Inschrift aus Karamanlı für Annia Aurelia Faustina[37] ist am Anfang stark beschädigt. Doch wollte Sterrett zu Beginn der zweiten Zeile die beiden Buchstaben TB erkennen und ergänzte sie zu ἔτους] τβ' (=Jahr 302). Alle späteren Herausgeber schlossen sich ihm darin an[38] und nahmen daher die Gültigkeit der sullanischen Ära an. Doch wurde bei der Abfassung der Inschrift eine Reihe von Fehlern begangen, so im Namen der Annia Aurelia Faustina oder im Titel "Pragmateutes", so daß ein Fehler auch in der Datierung nicht auszuschließen ist. Eine Ergänzung der Datierung etwa zu ἔ]τ(ους) β..' wäre ebenfalls denkbar.

Mit Pomponia Ummidia zusammen wird in der Inschrift aus Tefenni[39] ihr Gemahl Flavius Antiochianus erwähnt, der als Consul des Jahres 270 n.Chr. bekannt ist[40]. Die Inschrift war für deren Kinder zu einer Zeit aufgestellt worden, als die Mutter Pomponia Ummidia schon verstorben war, wie ihre Bezeichnung als ἀείμνηστος zeigt. Von der Jahreszahl, mit der die Inschrift datiert war, war nur die Ziffer Delta vollständig zu lesen. Ramsay[41] vermutete, daß es sich um die Jahreszahl δξτ'(=364) handelte, und Heberdey konnte dies nach einer Revision des Abklatsches bestätigen, wie seine Bemerkungen in der Wiener Schede zu dieser Inschrift zeigen. Damit ist die sullanische Ära

33 So Ramsay, Cities 290f.; A.Stein, PIR I² A Nr.710. Vgl. auch R.Syme, Historia 17,1968,104; Kienast 174.
34 Cass.Dio 75 (80), 5,4.
35 Sterrett Nr.59; Ramsay, Cities 288 Nr.125; IGR IV 893.
36 Vgl. A.Stein, PIR I² p.128 zu A Nr.710; R.Syme, Historia 17,1968,104.
37 Sterrett Nr.43; Ramsay, Cities 289 und 310 Nr.126; IGR IV 891.
38 Zunächst war von M.Collignon, BCH 2,1878, 253ff. TIB gelesen worden; vgl. Sterrett p.50 n.1. Doch W.M.Ramsay, hat die Lesung als Jahr 302 bestätigt: Classical Review 3,1889,326 und Cities 310 Nr.126. Siehe auch W.Ruge, RE XVIII 1,1939,1102.
39 Siehe oben Anm.35.
40 So auch Ramsay, Cities 288f.; E.Groag, PIR III² F Nr.203; Magie II 1573 n.40; R.Syme, Historia 17,1968,104; A.H.M.Jones - J.R.Martindale - J.Morris, Prosopography of the Later Roman Empire I, Cambridge 1971,70.
41 Ramsay, Cities 288 mit n.4.

hier anzunehmen und die Inschrift ins Jahr 279/80 n.Chr. zu datieren.

Es wird dadurch wahrscheinlich, daß die Inschrift aus Karamanlı für Annia Aurelia Faustina, bei der man die Jahreszahl 302 gelesen hat, ebenfalls nach der sullanischen Ära datiert war, das heißt ins Jahr 217/8 n.Chr. gehört. Unter den zahlreichen Namen in der am Ende dieser Inschrift folgenden Liste erscheint anders als in der oben behandelten Inschrift mit dem Namen der Pomponia Ummidia, die in die zweite Hälfte des 3.Jh.n.Chr. gehören muß, kein Aurelius. Aber der προάγων, der die Inschrift errichten ließ, heißt Aurelius Kraterus, Sohn des Claudius. Dies deutet auf die Zeit kurz nach dem Erlaß der Constitutio Antoniniana hin. Ein sicherer Beweis kann dies aber nicht sein. Denn der Name Aurelius bei einem führenden Mann in der Verwaltung des Gutes der Annia Aurelia Faustina muß nicht mit Caracallas Bürgerrechtserlaß zusammenhängen[42].

Durch den Namenvergleich in den oft langen Listen der Unterzeichner konnte Ramsay[43] teilweise eine relative Chronologie für die Inschriften aus dem Demos der Ormeleis herstellen. Dies hilft zwar zur Ermittlung der jeweiligen Art der Ära nicht weiter. Doch scheint die Weihung, in der Faustina und Severus genannt werden[44], bald nach der Inschrift mit der Jahreszahl 182[45] gesetzt zu sein. Denn hierin wird einmal die gleiche Person genannt wie in der späteren Inschrift, einmal ein Bruder und in drei Fällen der Vater von der späteren Inschrift erwähnten Personen[46]. Da die Jahreszahl 182 nach der kibyratischen Ära 205/6 n.Chr. entspricht, hat Ramsay die etwas spätere Inschrift auf etwa 215 n.Chr. datiert. Als weiterer Anhaltspunkt für ihre chronologische Einordnung fehlen darin völlig die Aurelier. Sterrett[47] hatte von der Jahreszahl nur noch ἔτους θ..' lesen können. Galt hier die kibyratische Ära, ließe sich an die Ergänzung ἔτους θ[πρ'](=189) denken. Die Inschrift wäre dann 212/3 n.Chr. aufgestellt worden. Nach der sullanischen Ära könnte aber auch die Jahreszahl zu θ[ϸο'](=399) ergänzt werden, was 214/5 n.Chr. entspricht.

In der Ebene des oberen Lysis, wo die Ormeleis siedelten, wurde also neben der kibyratischen Ära offenbar auch die sullanische Ära verwendet. Mit ihr läßt sich die Inschrift für Annia Aurelia Faustina, bei der die Jahreszahl 302 gelesen wurde, am besten datieren. Ist es aber möglich, daß beide Ären nebeneinander vorkommen? Daß die Region um Tefenni und Karamanlı zu Kibyra gehörte, wird durch die Anwendung der kibyratischen Ära deutlich. Zweimal werden auch in den

---

42 So auch W.Ruge, RE XVIII 1,1939,1102.

43 Ramsay, Cities 310ff. Vgl. auch W.Ruge, RE XVIII 1,1939, 1103.

44 Sterrett Nr.41; Ramsay, Cities 291 und 312 Nr.129; IGR IV 890.

45 Ramsay, Cities 310 Nr.127; IGR IV 889.

46 Vgl. die Liste bei Ramsay, Cities 312.

47 Sterrett p.46.

Inschriften, die aus dem großen Landgut in dieser Gegend stammen, Kibyraten ausdrücklich erwähnt[48], einmal aber auch ein Buleute aus Olbasa und ein Mann aus Baganda[49]. Man hat vermutet, daß die Güter im oberen Lysistal einst den Dynasten von Kibyra gehörten und erst 84 v.Chr. mit Kibyra in die Provinz Asia eingegliedert wurden[50]. Die Landgüter im oberen Lysistal waren offensichtlich von beträchtlicher Größe und erstreckten sich über die Territorien mehrerer Gemeinden[51]. Von daher könnten hier verschiedene Zeitrechnungen aufeinandertreffen. Broughton hat gezeigt, daß es sich nicht um kaiserliche Domänen[52], sondern um Privatbesitz hochgestellter Römer handelte[53]. Die Besitzer könnten über die Art der Ära entschieden haben. Offenbar hat Annia Aurelia Faustina die sullanische Ära auf ihrem Grundbesitz, der im Gebiet des Demos der Ormeleis lag, eingeführt und ihre Nachkommen setzten in der zweiten Hälfte des 3.Jh.n.Chr. diese Jahresrechnung fort. Doch ist gleichzeitig die Priesterliste aus Tefenni[54] in der zweiten Hälfte des 3.Jh.n.Chr. eindeutig nach der kibyratischen Ära datiert. Von politischen Veränderungen in dieser Region, die zu einer Änderung der Ära geführt haben könnten, hören wir nichts, obwohl Ramsay, allerdings von falschen Voraussetzungen ausgehend, eine Änderung der Zugehörigkeit aus verwaltungstechnischen Gründen vermutet hatte[55].

Wahrscheinlich entschieden die Auftraggeber der Inschriften über die Art der Datierung. Die sicher kibyratisch datierte Weihung für Annia Faustina und für Tiberius Claudius[56], der wahrscheinlich mit der schon behandelten consularischen Claudier-familie in Kibyra verwandt war, wurde unter anderem von zwei sich ausdrücklich als Kibyraten bezeichnenden Männern unterschrieben. Bei dieser Inschrift ist die Verbindung mit Kibyra ganz deutlich. Von Norden her kann aber auch die sullanische Ära als überregionale Jahresrechnung vorgedrungen sein. Allein schon das Personal auf den Gütern, das, wie die vereinzelten Herkunfts-angaben in den Inschriften zeigen, aus unterschiedlichen Gemeinden stammte, kann die weit verbreitete und überregional

48 Sterrett Nr.46, Z.26 und 29.
49 Sterrett Nr.59; Ramsay, Cities 288 Nr.125; IGR IV 893, Z.16 und Z.14.
50 Ramsay, Cities 286; Jones, Cities 75f. Vgl. Magie II 1326 n.44.
51 Siehe T.R.S.Broughton, in: An Economic Survey of Ancient Rome IV, Baltimore 1938,672.
52 So vor allem Ramsay, Cities 283. Übernommen von W.Ruge, RE XVIII 1,1939,1100f.
53 So T.R.S.Broughton, in: An Economic Survey of Ancient Rome IV, Baltimore 1938,671ff. Vgl auch Magie I 715. II 1325f. n.44.
54 Sterrett Nr.60; Ramsay, Cities 304 Nr.99.
55 Ramsay, Cities 319f. für das 1.Jh.n.Chr., der dort aber fälschlich die kyllanische Ebene annahm.
56 Siehe oben Anm.21.

anwendbare sullanische Ära mitgebracht haben. Da sich sullanische
und kibyratische Ära um 110 Jahre unterschieden, war eine
Verwechslung kaum zu erwarten.

Daß noch eine dritte Ära von Osten her im oberen Lysistal
verwendet wurde, zeigt ein Zeugnis aus dem Ort Akören (Ak-
Euren). Die Inschrift auf einem Altar hat Ramsay aufgenommen.
Sie war der Gottheit und dem Demos der Makropedeitai gewidmet[57].
Die Datierung lautet: ἔτους βρ' ρν'. Diese Lesung, die von
Bean bestätigt worden ist, ergibt, wenn es sich tatsächlich um
zwei Jahreszahlen nebeneinander handelt, die Jahre 102 und 150.
Der Steinmetz hinterließ seinen Namen auf dem Stein: Σέλευκος
Κιβυρ[άτης] ἐποίει. Daß es sich um einen Handwerker aus
Kibyra handelte, muß aber nicht bedeuten, daß die Inschrift auch
auf dem Boden von Kibyra stand. Ramsay nahm aber an, daß eine
der Zahlen nach der kibyratischen Ära berechnet wurde, die dem
Künstler aus Kibyra, der das Denkmal unterzeichnet hat,
zuzuschreiben sei. Die andere Datierung gehöre zu einer Ära, die
ab der Gründung der Provinz Lycia – Pamphylia unter Kaiser
Vespasianus gezählt worden sei. So datierte er die Inschrift
zunächst ins Jahr 174/5 n.Chr., später ins Jahr 175/6 n.Chr.[58].
Doch hat es offensichtlich eine derartige Ära der Provinz Lycia –
Pamphylia nicht gegeben. Der Unterschied von 48 Jahren zwischen
beiden Jahreszahlen paßt in keinem Fall zu den Intervallen
zwischen den Epochenjahren der sullanischen, aktischen,
caesarischen und kibyratischen Ära.

Während Ramsay die größere Zahl als die der kibyratischen Ära
ansah, spricht die Stellung der Einerziffer vor der Hunderterziffer
bei der ersten Zahl eher dafür, daß es sich bei der Jahreszahl 102
um die kibyratische Form der Jahresangabe handelt, da dies in
Kibyra die übliche Stellung der Ziffern zueinander war. Stimmt
diese Annahme, gehört die Inschrift ins Jahr 125/6 n.Chr. oder,
wenn man von 25/6 n.Chr. als möglichem Epochenjahr Kibyras
ausgeht, ins Jahr 126/7 n.Chr. Rechnet man dann die 150 Jahre
der zweiten Jahreszahl zurück, ergibt sich als Ausgangspunkt der
zweiten Zählung 25/4 oder 24/3 v.Chr. Das erste ist genau das
Jahr, das als Epochenjahr der Ära der Provinz Galatia zu ermitteln
ist[59].

Zu der Provinz Galatia gehörte die Landschaft Pisidien auch
unter Kaiser Hadrianus, als die Inschrift entstand. Am Ostrand
des Lysistales, ein wenig südlich des Fundortes der Inschrift lag

---

57 Ramsay, Cities 308 Nr.120-1; Ramsay, Social Basis 17 Nr.6;
G.E.Bean, AS 9,1959,103 Nr.64; Lane, Men I Nr.126. Vgl. auch
Magie II 1317 n.25; W.Leschhorn, Chiron 22,1992,327ff. und zu
den Makropedeitai Robert, Bull.épigr.1959,439.

58 Ramsay, Cities 306 (174/5 n.Chr.); Ramsay, Social Basis 17
(175/6 n.Chr.).

59 Siehe W.Leschhorn, Die Anfänge der Provinz Galatia, Chiron
22,1992,315ff. und unten S.398ff.

die römische Kolonie Olbasa in Pisidien[60]. Eine große Ruinenstätte 15 km nordöstlich von Akören versuchte Bean mit dem pisidischen Kormasa und Palaiopolis zu identifizieren[61], während Ramsay Palaiopolis in Akören selbst, dem Fundort unserer Inschrift, vermutet hat. Der Altar mit der zweifach datierten Inschrift stand also im Grenzgebiet zu Pisidien. Dadurch läßt sich die Verwendung zweier verschiedener Zeitrechnungen verstehen, der kibyratischen Ära, die auch in der Ebene des oberen Lysis verbreitet war, und der galatischen Ära im östlich anschließenden Pisidien. Durch die genau zueinander passenden Jahresangaben nach kibyratischer und galatischer Ära wird die Interpretation der merkwürdigen Buchstabenfolge als Zweifachdatierung glaubhaft. Damit ist aber auch 24/5 n.Chr. als Epochenjahr der Ära von Kibyra nachzuweisen, wenn man davon ausgeht, daß die galatische Ära ab 25/4 v.Chr. gezählt wurde.

d. Die Ären in der Ebene von Karahüyük

Aus der Ebene von Karahüyük (Acıpayam Ovası) nördlich der Kibyratis sind uns eine Reihe von Inschriften mit Äradatierungen bekannt[1], von denen nur eine aus Karahüyük stammt, alle anderen aus dem Südteil der Ebene, besonders aus der Region von Dodurga. In dieser Ebene werden die Städte Themisonion und Eriza, vielleicht auch Diokaisareia vermutet, ohne daß man sie sicher mit einer der vielen Ruinenstätten der Region identifizieren könnte[2]. Bei Karahüyük[3] könnte Eriza gelegen haben, weil in einer Inschrift von dort dieser antike Name bezeugt ist[4]. Bei Dodurga[5] im Südosten hat man Themisonion vermutet, ohne daß dies

60 Vgl. W.Ruge, RE XVII 2,1937,2398; v.Aulock, Pisidien I 39f.
61 G.E.Bean, AS 9,1959,91ff. Vgl. v.Aulock, Pisidien I 40.
1 L.Robert, Hellenica VII, Paris 1949,8ff.: Ramsay, Cities 269 Nr.91. 270 Nr.92B; G.Cousin - C.Diehl, BCH 13,1889,342 Nr.8. 334 Nr.4; G.Cousin, BCH 24,1900,55; CIG 4380v und zwei unpublizierte Inschriften, die in der Kleinasiatischen Kommission in Wien verzeichnet sind (Reichel, Skizzenbuch III,1893,S.11f.), z.T.von Heberdey wiedergesehen wurden (Schede Jamurtasch Nr.1). - In einer Inschrift aus der Nähe von Gölcük im Indostal südwestlich der Ebene von Karahüyük stand möglicherweise ebenfalls eine Jahreszahl. Die Lesung ist aber unsicher; vgl. Robert, Etudes anatoliennes 372.
2 Vgl. dazu W.Ruge, RE V A 2,1934,1640f. s.v.Themisonion; Robert, Etudes anatoliennes 362ff.; Robert, Villes 112 mit n.4. 116 mit n.6. 123ff.; L.Robert, CRAI 1978,278 = Id., Opera Minora Selecta V, Amsterdam 1989,734; v.Aulock, Phrygien I 53ff.; TIB 7,235.291f.403.
3 Vgl. TIB 7,291f.
4 V.Bérard, BCH 15,1891,556 Nr.38.
5 Vgl. TIB 7,235; Robert, Villes 212 n.6.

nachzuweisen wäre[6]. Für Themisonion kommt aber auch die
Ruinenstätte von Dereköy in Frage[7]. In den mit Jahreszahlen
datierten Inschriften der gesamten Region wird kein Ortsname
überliefert, so daß die Zuweisung dieser Inschriften zu einer der
bekannten antiken Städte unsicher ist.

Die früheste der mit Jahreszahlen datierten Inschriften aus der
Ebene von Karahüyük und ihren Rändern wurde in Dodurga
gefunden und ist ins Jahr 119 der Seleukidenära (=194/3 v.Chr.)
datiert[8]. Sicher sehr früh ist das Dekret zu Ehren des
Gymnasiarchen Chares, Sohn des Attalos, das in Karahüyük
aufgenommen wurde und die Jahreszahl 19 nicht mit Zahlzeichen,
sondern in ausgeschriebener Form aufweist[9]. Dies wird nicht nur
durch die ausgeschriebene Zahl deutlich, sondern auch durch die
Namen wie Chares, Sohn des Attalos, und Chrysippos, Sohn des
Antiochos[10]. Die kibyratische Ära kommt dafür nicht in Frage[11].
Die von den Herausgebern vermutete Ära ab 133 v.Chr.[12] ist
durch Inschriften nicht bezeugt und daher äußerst unwahrscheinlich. Die Rechnung nach der aktischen oder caesarischen Ära
ist im südlichen Phrygien ebenfalls nicht zu finden.

Nicht auszuschließen ist die sullanische Ära, die die Inschrift
ins Jahr 67/6 v.Chr. datieren würde[13], zumal diese Jahresrechnung auf den Münzen Kibyras[14] und in der östlich sich
anschließenden Region um den See von Salda zu finden ist[15]. Dies
wäre zwar ein äußerst früher Beleg für die sullanische Ära in
dieser entfernten Region Phrygiens. Aber auch in Lydien findet
man schon früh sullanische Äradatierungen[16] und einige Jahre
später auch auf Münzen von Kibyra. Von den in der Inschrift
erwähnten Namen her ließe sich auch an die Attalidenherrschaft als
Entstehungszeitraum der Inschrift denken[17]. Auch wenn hier der
Name eines Königs im Datierungsformular fehlt, könnte man das

---

6 Vgl. Ramsay, Cities 252ff.; Robert, Villes 112 mit n.4;
v.Aulock, Phrygien I 53ff.

7 Vgl. TIB 7,233.403.

8 L.Robert, Hellenica VII, Paris 1949,8ff. Siehe oben S.29f.

9 G.Cousin - Ch.Diehl, BCH 13,1889,334 Nr.4 = Ch.Michel,
Recueil d'inscriptions grecques III, Paris 1898, Nr.544.

10 Ramsay, Cities 260.

11 Dies hat auch schon Th.Mommsen, MDAI(A) 24,1899,286 mit
Anm.2 erschlossen, weil in der Inschrift nichts auf die römische
Herrschaft hinweise.

12 Diese Ära auch bei Ramsay, Cities 260f. mit n.3, bei
v.Aulock, Phrygien I 55 und noch bei R.K.Sherk, ZPE 88,1991,
251, der aber fälschlich das Jahr 19 mit 133 v.Chr. gleichsetzt.

13 So Th.Mommsen - U.v.Wilamowitz-Moellendorff, MDAI(A) 24,
1899,286.

14 Siehe oben S.350f.

15 Siehe oben S.287f.

16 Siehe z.B. oben S.321.

17 Ramsay, Cities 260 n.3 schließt dies zu Unrecht aus. Daß das
Gebiet zum Attalidenreich gehörte, zeigt OGIS 238; vgl. Magie 762.

19.Regierungsjahr eines Attalidenherrschers vermuten[18], entweder
des Eumenes II. oder des Attalos II. Aber auch die Verwendung
einer lokalen Ära ist möglich, die vielleicht seit dem Anschluß der
Region an das Attalidenreich von Pergamon gezählt wurde, da
neuerdings eine ähnliche Jahresrechnung für Ariassos in Pisidien
festzustellen ist[19].

Alle kaiserzeitlichen Inschriften mit Jahreszahlen wurden im
Südteil der Ebene gefunden, in Yamurtaş (Yumrutaş) und bei
Bedırbey in der Region um die Ruinenstätte Dereköy, in Dodurga
und dem südlich davon gelegenen Ort Kumafşarı. In der Abschrift
einer fragmentarischen Inschrift auf einem Sarkophagstück, die
Schönborn bei Dodurga herstellte[20], erscheint das
Wort ΚΙΒΥΡΑΤΑΣ und die Jahreszahl 178. Daß die Jahreszahl
deswegen nach der kibyratischen Ära umzurechnen ist, wie es
schon Franz, der Bearbeiter des Corpus Inscriptionum Graecarum,
annahm, ist wahrscheinlich. Das Fragment kann aus der Kibyratis
dorthin verschleppt oder von einem Kibyraten nach der in seiner
Heimat üblichen Form datiert worden sein[21]. Es wäre aber auch
möglich, daß Dodurga und die südlichen Teile der Ebene noch zu
Kibyra gehörten[22]. Nur wenige Kilometer südlich von Dodurga liegt
Çamköy, das nach Ausweis eines Meilensteines[23] in severischer Zeit
zu Kibyra gehörte.

An derselben Stelle bei Dodurga und offensichtlich zum gleichen
Sarkophag gehörend, fand Schönborn ein weiteres Fragment mit
einer Inschrift, die nach der Umzeichnung die Jahreszahl ΕΤΟΥΣ
ΤΚⲄ aufwies[24]. Die Zahl wurde von Franz zu <γ>ϰ<σ'> (=223)
aufgelöst. Auch dieses Inschriftenfragment wollte er nach der
kibyratischen Ära datieren. Da hierin die Anfangsbuchstaben eines
Aureliers zu lesen waren, gehört die Inschrift wohl ins
3.Jh.n.Chr., nach 212/3 n.Chr. Mit der kibyratischen Ära kommt
man bei Übernahme der Lesung von Franz ins Jahr 246/7 n.Chr.
War das Fragment aber nach der sullanischen Ära datiert, müßte
man am Anfang der Zahl ein Tau und kein Gamma lesen, so daß
man eines der 320er Jahre ergänzen könnte, etwa ΤΚΒ (=322)
oder ΤΚΘ (=329). Dies führt in die gleiche Zeit, nämlich das zweite
Viertel des 3.Jh.n.Chr.

18   Zu dieser Jahresrechnung siehe oben S.14ff.
19   Siehe unten S.390ff.
20   CIG 4380v, A.
21   In dieser Inschrift, die Kibyra oder einen Kibyraten
erwähnt, stehen, wie es auch sonst in Kibyra häufig zu finden ist,
die Ziffern der Jahreszahl in umgekehrter Reihenfolge, Einer-vor
Zehner- und Hunderterziffer.
22   Th.Mommsen, MDAI(A) 24,1899,286 mit Anm.2 rechnete
offenbar die ganze Ebene zur Kibyratis, Ramsay, Cities 267 den
Südostrand um Çamköy.
23   Ramsay, Cities 331 Nr.142; IGR IV 925. Siehe auch oben
S.357.
24   CIG 4380v, B.

Wo genau die Inschriftenfragmente, die Schönborn aufnahm und die im CIG zusammen unter der Nummer 4380v publiziert sind, gefunden wurden, ist genau wie ihre Lesung unsicher. Die Angabe im CIG "haud procul a loco Durdurkar" ist ungenau, wie bei ähnlichen Ausdrücken aus anderen Regionen schon festzustellen war[25]. Die Inschriftenfragmente sind offenbar verschollen, und nur der Umzeichnung im CIG und ihrer Interpretation durch Franz verdanken wir die Kenntnis von ihnen, so daß es nicht klar ist, ob die Abschrift Schönborns oder die Lesung von Franz korrekt ist.

Drei publizierte Inschriften aus Dodurga[26] mit den Jahreszahlen 220, 239 und 260 wollte Ramsay nach einer Ära ab 134 oder 133 v.Chr. datieren, hielt aber auch die Anwendung der sullanischen Ära für möglich[27]. Die Ära ab 134/3 v.Chr. scheidet wohl, wie schon oben erwähnt, aus[28], so daß hier die sullanische Ära zu vermuten, aber nicht zu beweisen ist, wenn man nicht mit dem Fehlen des Aureliernamens argumentieren will. Unsicher ist auch die Datierung einer sehr fragmentarischen Inschrift, die in Kumafşarı zwischen Dodurga und Çamköy gefunden wurde[29]. Der Fundort gehört noch zur Ebene von Karahüyük und zur näheren Region von Dodurga[30]. Cousin las von der Jahreszahl nur ἔτους ..σ', während Heberdey nach seinem Skizzenbuch die Zehnerziffer Iota und den oberen Teil der Einerziffer, am ehesten Beta oder Theta, entzifferte[31]. Es kommt eines der lokalen Jahre 211 bis 219 in Frage, vielleicht 212 oder 219.

Zwei weitere, noch unpublizierte Inschriften mit Jahreszahlen nahm Reichel 1893 in Yamurtaş, das wohl mit dem heutigen Yumrutaş identisch ist, und bei Bedırbey auf[32]. Beide Fundorte liegen ebenfalls im Südteil der Ebene von Karahüyük nicht weit von der antiken Ruinenstätte Dereköy. Diese Grabinschriften befanden sich auf Sarkophagdeckeln und waren in die lokalen Jahre 254 und 247 datiert. Nach der sullanischen Ära entspräche dies 169/70 bzw. 162/3 n.Chr., nach der kibyratischen Ära 277/8 und 270/1 n.Chr. In Kibyra selbst und in seinen Nekropolen sind 14 Inschriften mit Jahresangaben auf Sarkophagdeckeln bezeugt, alle zwischen den lokalen Jahren 171 (kibyrat.=194/5 n.Chr.) und 253 (kibyrat.=268/9 n.Chr.) hergestellt. Nur einmal ist eine solche Sarkophaginschrift schon im Jahre 141 (kibyrat.=164/5 n.Chr.) zu

---

25 Siehe z.B. oben S.258.
26 G.Cousin - C.Diehl, BCH 13,1889 341 Nr.7 und 342 Nr.8; V.Bérard, BCH 16,1892,417 Nr.39b; Ramsay, Cities 269f. Nr.91f. Letztere Inschrift auch in Heberdeys Skizzenbuch Pisidien I,1897, S.7.
27 So auch P.Jacobsthal - A.H.M.Jones, JRS 30,1940,28.
28 Aus historischen Gründen auch von Th.Mommsen - U.v.Wila-mowitz-Moellendorff, MDAI(A) 24,1899,286 Anm.2 abgelehnt.
29 G.Cousin, BCH 24,1900,55.
30 Vgl. Robert, Villes 212 n.2.
31 Heberdey, Skizzenbuch Pisidien IX,1902,S.8.
32 Reichel, Skizzenbuch III,1893,S.12 und S.11.

finden[33]. Weiter nördlich in Güney und Kayadibi sind in den Jahren 230/1 n.Chr. und 254/5 n.Chr. ebenfalls Inschriften auf Sarkophagdeckeln angebracht worden, die dort aber nach der sullanischen Ära datiert sind[34]. Diese Parallelen in der Grabform und in der Anbringung der Grabinschrift sprechen dafür, die Inschriften aus Yamurtaş und Bedırbey ins 3.Jh.n.Chr. zu datieren und damit für die kibyratische Ära.

Offenbar verwendete man im Südteil der Ebene von Karahüyük überall die Ära von Kibyra. Stimmt diese Vermutung, ist auch die Annahme nicht notwendig, daß die Sarkophagfragmente CIG 4380v, die Schönborn in Dodurga aufnahm, aus der Kibyratis dorthin verschleppt worden seien. Offenbar gehörte auch dieser Fundort zum Territorium von Kibyra, wie die Namensreste und die Jahreszahl 178 (kibyrat.=201/2 n.Chr.) auf einem der Fragmente[35] zeigen. Denn das 1.Jh.n.Chr. wäre, wenn man die Anwendung der sullanischen Ära vermutete, für diese Sarkophaginschrift viel zu früh.

6. Die Ären von Samos

Samos weist wohl die vielfältigsten Jahresdatierungen im kleinasiatischen Raum und auf den Kleinasien vorgelagerten Inseln auf. Vor allem die Listen der jährlich wechselnden Tempelpfleger (Neopoiai) liefern ganz unterschiedliche Jahresangaben für das jeweilige Amtsjahr[1]. Außer Datierungen nach eponymen Beamten[2] erscheinen in Listen aus augusteischer Zeit auch Jahreszahlen. Auf einem Säulenschaft trugen sich nacheinander und zum Teil in Kursivschrift die Tempelpfleger des Heraheiligtums ein, indem sie zuvor das Jahr angaben, in dem sie Amt ausübten[3].

Die Liste beginnt mit den Jahren 4 und 7. Die nächste Eintragung aus dem Jahre 13 zeigt, wie die beiden vorangehenden Jahreszahlen zu verstehen sind: ἔτους ιγ' τῆς Καίσαρος νίκης. Es handelt sich also um eine Zählung ab dem Siege Caesars. Der nächste Tempelpfleger, der seinen Namen auf der Säule hinterließ, ein Lucius Publii (filius), hat seine Eintragung aber mit L δ' τῆς κολωνίας begonnen[4]. Das erste Zeichen sieht auf der Photographie des Steines[5] wie ein lateinisches L aus und dürfte

---

33 Siehe den Katalog unten S.530f.

34 Siehe oben S.288.

35 CIG 4380v, A.

1 Vgl. dazu vor allem E.Buschor, Samische Tempelpfleger, MDAI(A) 68,1953,11-24.

2 Vgl. dazu Transier 60f.

3 E.Buschor, MDAI(A) 68,1953,16ff.

4 E.Buschor, MDAI(A) 68,1953,18 und Taf.V d mit der besseren Lesung im Unterschied zu M.Schede, MDAI(A) 44,1919,40. Die Inschrift auch in IGR IV 991.

5 MDAI(A) 68,1953, Taf.V d. Siehe unten Taf.X 1.

das Jahreszeichen sein, wie es häufig in Ägypten und in Vorderasien zu finden ist. Es folgt eine Eintragung aus dem Jahr 18 τῆς Καίσαρος νίκης (Taf.X 3). Die nächste Datierung zeigt, daß mit dem Caesar nicht C.Iulius Caesar, sondern Augustus gemeint ist, daß es sich also nicht um die caesarische Ära, sondern um die aktische Ära handelt, mit der hier die Jahre gezählt wurden[6]: ἔτους κϑ' τῆς τοῦ Σεβαστοῦ νίκης. Dieselbe Erläuterung der Jahreszahl fand sich auf einer Inschrift aus Tigani auf der Insel Samos[7]: ἔτους λζ' τῆς τοῦ Σεβαστοῦ Καίσαρος νίκης καὶ δημιουργοῦ Γ.Ἰουλίου Ἰσοκράτους.

Das Epochenjahr läßt sich durch eine zweifache Datierung eines Inschriftenfragmentes, vielleicht Teil eines Kaiserbriefes, näher eingrenzen[8]. Die Jahresangabe in samischer Form konnte von Herrmann rekonstruiert werden: [ἔτους ι]β' τῆς Αὐτ[οκράτορος Σεβαστ]οῦ νίκης, ἐ[πὶ.... Es folgt der Name des eponymen Demiurgen und der Monatsname. Die dann folgende Datierung auf römische Art und Weise nennt den Consul des Jahres 19 v.Chr. C.Sentius Saturninus. Die Zehnerziffer der samischen Jahreszahl muß daher ein Iota gewesen sein, wenn man den Sieg des Augustus auf Aktium bezieht. Die Jahreszahl lautete also 12. Dieses lokale Jahr 12 von Samos entspricht wegen der Erwähnung des römischen Consuls, der dieses Amt im iulianischen Jahr 19 v.Chr. bekleidete, entweder 20/19 v.Chr. oder 19/8 v.Chr., wenn man von einem Jahresanfang im Herbst ausgeht. Dies führt zum Epochenjahr 31/0 oder 30/29 v.Chr.

Vom Monatsnamen ist in der Inschrift des Jahres 12 nur der Anfangsbuchstabe Epsilon erhalten. Der samische Kalender[9] enthält aber keinen Monat, der mit diesem Buchstaben beginnt, wenn man nicht einen Embolimos, einen Schaltmonat, annehmen will. Herrmann wollte nach den Buchstabenspuren den Monatsnamen Hekatombios erkennen, der im Hemerologion von Florenz im Kalender von Asia genannt ist[10]. Doch ist der dort unter Asia eingetragene Kalender, wie Robert gezeigt hat[11], der von Smyrna. Die Frage nach dem genauen Monat, in den die Inschrift datiert war, muß also offenbleiben. Durch dieses Dokument kann aber dennoch als Ausgangsjahr der Ära 31/0 v.Chr. angenommen werden. Das Jahr 32/1 v.Chr. ist, wie gezeigt wurde, auszuschließen. Der erwähnte C.Sentius Saturninus hat bis August oder September des Jahres 19 v.Chr. den Consulat allein bekleidet[12]. In der Inschrift ist kein

6 E.Buschor, MDAI(A) 68,1953,18.
7 P.Herrmann, MDAI(A) 75,1960,83.
8 P.Herrmann, MDAI(A) 75,1960,84f.Nr.4.
9 Vgl. Samuel 120f.
10 Kubitschek, Kalenderbücher 14.
11 L.Robert, REA 38,1936,23ff. = Id., Opera Minora Selecta II, Amsterdam 1969,786ff. Vgl.auch Samuel 175.
12 Cass.Dio 54,10,1f. Vgl. E.Groag, RE II A 2,1923,1513; P.Herrmann, MDAI(A) 75,1960,85 mit Anm.49; R.K.Sherk, Roman Documents from the Greek East, Baltimore 1969,322.

Platz für die Nennung eines zweiten Consuls[13]. Damit ist sie wohl vor Beginn des neuen Jahres von Samos aufgestellt worden, also in dem Jahr, das von Herbst 20 bis Herbst 19 v.Chr. reichte. Das heißt, das Epochenjahr muß wie bei der aktischen Ära auf dem kleinasiatischen Festland 31/0 v.Chr. sein. Da Augustus nach der Datierungsangabe im Nominativ genannt ist, könnte das fragmentarische Schriftstück in Zusammenhang mit dem Aufenthalt des Princeps auf Samos im Winter 20/19 v.Chr. stehen[14].

Die letzten Eintragungen aus der augusteischen Zeit, die in den Neopoiai-Listen erfolgten, sind mit den Jahreszahlen 41, 42 und 43 datiert[15], ohne daß diese Jahre jetzt näher definiert werden. Dies entspricht bei Umrechnung nach der aktischen Ära 10/1, 11/2 und 13/4 n.Chr. Einer der Neopoiai, der sich im Jahre 41 eingetragen hatte, schrieb seinen Namen mit der Jahresdatierung 41 auch auf ein weiteres Bauglied[16].

Wie ist nun aber die Datierung (ἔτους)δ' τῆς κολωνίας (Taf. X 1), unter der sich Lucius, Sohn des Publius, eingetragen hat, zu verstehen[17]? In einem schon lange bekannten Fragment findet sich folgende Eintragung[18]: ἔτους . τῆς κολωνίας Γάιος Σκρειβώ-νιος Ἀνδρονίκου υἱὸς Ἡρακλείδης νεωποίης. Leider ist an der Stelle, an der man die Jahreszahl erwartet, eine Lücke. Man hat daraus geschlossen, daß diese Eintragung im ersten Jahr der Kolonie erfolgte[19]. Doch kann ebensogut eine Zahl in der Lücke gestanden haben[20]. Scribonius rühmt sich in der Fortsetzung der Inschrift, daß in seiner Amtszeit die von Marcus Antonius geraubten Statuen des Herakles und der Athena, ein Teil einer von Myron geschaffenen Dreiergruppe, Samos zurückgegeben wurden[21]. Außer diesen beiden Inschriften besitzen wir keinen Hinweis auf eine "Kolonie" auf Samos. Mommsen[22] nahm an, daß es sich nicht um eine römische Kolonie handelte, sondern verwies auf die Bezeichnung der pisidischen Apollonier als Ἀπολλωνιατῶν Λυκίων Θρᾳκῶν κολωνῶν [23]. Aber in Samos steht der Begriff colonia ohne Zusatz und immer nur im Zusammenhang mit

---

13 Vgl. P.Herrmann, MDAI(A) 75,1960,85; R.K.Sherk, loc.cit.

14 Vgl. P.Herrmann, MDAI(A) 75,1960,86. Der Aufenthalt bezeugt bei Cass.Dio 54,9,7.

15 E.Buschor, MDAI(A) 68,1953,19.

16 E.Buschor, MDAI(A) 68,1953,20 mit Taf.V, I,139.

17 Vgl. dazu P.Herrmann, MDAI(A) 75,1960,88ff.

18 W.Vischer, RhM 22,1867,325; IGR IV 992; E.Buschor, MDAI(A) 68,1953,59.

19 So M.Schede, MDAI(A) 44,1919,40f.; E.Buschor, MDAI(A) 68,1953,17. Vgl. aber P.Herrmann, MDAI(A) 75,1960,89 Anm.68; Transier 173 Anm.165.

20 Vgl. P.Herrmann, MDAI(A) 75,1960,89 Anm.68.

21 Strab.14,1,14 p.637. Vgl. E.Buschor, MDAI(A) 68,1953,58f.

22 Th.Mommsen, Res gestae Divi Augusti, Berlin ²1883,96 n.1.

23 IGR III 314.317.318.324.

Römern[24]. Kaestner und Gardthausen[25] glaubten, daß Samos unter Augustus Titularkolonie geworden sei und entsprechende Privilegien erhalten habe. Titularkolonien gab es aber im Osten des römischen Reiches erst wesentlich später[26]. Magie[27] wollte die "Ära der Kolonie" mit einer Freiheitsverleihung an Samos beim Aufenthalt des Augustus auf der Insel im Winter 20/19 v.Chr. verbinden[28]. Aber eine solche Privilegierung erklärt noch nicht den Begriff "Kolonie".

Buschor[29], der festgestellt hatte, daß in den Eintragungen unter der Kolonieära nur Römer genannt sind, schloß daraus, daß eine kleine Gruppe von Römern, die damals nach Samos entsandt worden sei, ihre Tätigkeit als Beamte von Samos inoffiziell ab ihrer Entsendung datiert hätte. Peter Herrmann hat aber darauf hingewiesen, daß C.Scribonius Herakleides, Sohn des Andronikos, der in einer Eintragung des Inschriftenfragmentes als Neopoies erscheint, kein römischer Kolonist, sondern Mitglied einer bedeutenden samischen Familie war[30], die das römische Bürgerrecht erhalten hatte. J. und L.Robert[31] sahen in den beiden Zeugnissen einen Hinweis auf eine in Samos lebende Gruppe von Römern, wie sie etwa in Attaleia in Pamphylien, aber auch in anderen griechischen Städten neben der griechischen Bevölkerung nachzuweisen ist[32].

Herrmann hat die Möglichkeit diskutiert, ob ein lateinisches Inschriftenfragment, das auf der Stele mit dem oben ausführlich behandelten griechischen Text des lokalen Jahres 12 stand[33] und militärische Ausdrücke, aber auch den Begriff civitas enthielt, mit einer Veteranenkolonie auf Samos in Verbindung gebracht werden könnte. Herrmann schränkte aber sofort seine Vermutung durch

---

24   Nach Robert, Bull.épigr.1958,467 p.321 handelt es sich auch in Apollonia um Römer.
25   Kaestner 36f.; V.Gardthausen, Augustus und seine Zeit II 1, Leipzig 1891,479. Übernommen von M.Schede, MDAI(A) 44,1919, 41.
26   Vgl. F.Vittinghoff, Römische Kolonisation und Bürgerrechtspolitik unter Caesar und Augustus (AAWM 1951,14), Mainz - Wiesbaden 1952, 27ff.
27   Magie I 473. II 1336 n.18. Vgl. auch Kaestner 36f.
28   Cass.Dio 54,9,7; Eus.chron. p.142 Schöne und p.166 Helm. Dazu P.Herrmann, MDAI(A) 75,1960,88; Bernhardt, Imperium 201; Transier 44.
29   E.Buschor, MDAI(A) 68,1953,17f.
30   P.Herrmann, MDAI(A) 75,1960,89 Anm.66. 154. - Bernhardt, Imperium 204 Anm.551 hat infolgedessen von der Beteiligung römischer Bürger samischer Herkunft an der Kolonie gesprochen.
31   Robert, Bull.épigr.1958,391.
32   Vgl. Robert, Bull.épigr.1948,229 p.200; T.R.S.Broughton, TAPhA 66,1935,18ff.
33   P.Herrmann, MDAI(A) 75,1960,84ff.Nr.4. Ihm schloß sich R.K.Sherk, Roman Documents from the Greek East, Baltimore 1969, 322 an. Vgl. auch G.Dunst, Helikon 4,1964,280.

die Feststellung ein[34], daß wir nichts von einer Veteranen-
ansiedlung auf Samos wissen, aber auch aus augusteischer Zeit
keine größere Zahl römischer Bürger kennen, aus der man auf
umfangreichere Bürgerrechtsverleihungen schließen könnte[35].
Dagegen hat Dunst auf acht lateinische Grabinschriften und auf die
Verehrung römischer Gottheiten in Samos verwiesen, die auf eine
die lateinische Sprache verwendende Gemeinde auf der Insel
deuteten[36]. Er schloß daraus, daß tatsächlich römische Kolonisten
in Zusammenhang mit dem Aufenthalt des Augustus im Winter 20/19
v.Chr. auf Samos angesiedelt worden seien.

Bernhardt vermutete wegen des gleichzeitigen Gebrauchs von
aktischer und Kolonieära "ein Nebeneinander von Kolonie und
Freistadt"[37]. Transier[38] sprach wiederum von der Deduktion einer
Kolonie mit Veteranen unter Augustus und vom Rang einer colonia,
den Samos von 19/8 bis 14 v.Chr. innegehabt habe. Eine solch
kurzzeitige Rangänderung einer griechischen Stadt in dieser
frühen Zeit wäre aber einzigartig und ist aus den Quellen nicht
beweisbar. Zumindest müßte erklärt werden, warum Samos so
schnell wieder den Koloniestatus verlor[39]. Ob tatsächlich
Kolonisten in Samos angesiedelt wurden oder sich nur eine Gruppe
dort lebender Römer als colonia bezeichnete, ist nach den
vorliegenden Quellen nicht sicher zu entscheiden. Der aus Samos
stammende römische Bürger und der einzige Hinweis auf die colonia
in zwei Graffiti und nicht in offiziellen Dokumenten sprechen für
die zweite Möglichkeit.

Von welchem Jahr gingen Lucius Publii filius und C.Scribonius
Herakleides aus, als sie ihre Eintragungen in die Neopoiai-Listen
mit Jahren der Kolonie datierten? Die flüchtige Einkritzelung des
Lucius ist von den Schriftformen her zeitlich nicht einzuordnen[40].
Auch die Reihenfolge auf dem Säulenschaft kann entgegen
Transier[41] nicht sicher darüber entscheiden. Buschor spricht
davon, daß die Eintragung des Lucius im Jahr 4 der Kolonie
zeitlich zwischen der des Demokrates im Jahre 13 der aktischen
Ära und der des Zenon im Jahre 18 nicht auszuschließen ist[42].
Dies hieße, daß die Eintragung zwischen 19/8 und 14/3 v.Chr.
erfolgt sein könnte. Daß die Datierung mit der Kolonieära

---

34 P.Herrmann, MDAI(A) 75,1960,88ff.

35 Vgl. zu Bürgerrechtsverleihungen in Samos unter Augustus
P.Herrmann, MDAI(A) 75,1960,89 Anm.70; Transier 44f.101f.;
Holtheide 42f.

36 G.Dunst, Helikon 4,1964,284ff. Vgl. Robert, Bull.épigr.
1966,340.

37 Bernhardt, Imperium 203f. Anm.551.

38 Transier 44f.101f.

39 Vgl. die Bedenken bei Bernhardt, Imperium 203f. Anm.551
über die Verleihung von Kolonierechten an Samos.

40 Vgl. E.Buschor, MDAI(A) 68,1953,18 mit Taf.V d.

41 Transier 193f. Anm.63.

42 E.Buschor, MDAI(A) 68,1953,18. Vgl. auch P.Herrmann,
MDAI(A) 75,1960,88.

tatsächlich in diesen Zeitraum gehört, wird aber durch eine andere Erscheinung deutlich. Nachdem die Jahreszahl in den Jahren 4 und 7 (der aktischen Ära) nicht erläutert war, wird die Datierung ab dem Jahre 13 (=19/8 v.Chr.) mit τῆς Καίσαρος νίκης näher definiert, um sie offenbar von der Kolonieära, die jetzt ebenfalls möglich war, abzuheben.

Transier hat beobachtet, daß die vier Jahre, die die "Kolonie" laut der Jahreszählung zumindest existiert haben muß, in die Lücke zwischen den Neopoiai der Jahre 13 (akt.=19/8 v.Chr.) und 18 (akt.=14/3 v.Chr.) genau hineinpassen, und vermutete, daß deswegen die Kolonieära ab 19/8 v.Chr. gezählt worden sei[43]. Offenbar haben aber alle Neopoiai mit römischem Bürgerrecht mit der Kolonieära datiert, die Griechen mit der aktischen Ära. Es sind wohl zwei Jahreszählungen, die nebeneinander liefen. Die zu einer colonia zusammengeschlossenen Römer verwendeten ihre eigene Zählweise unabhängig von der Fortführung der aktischen Ära durch die Griechen. Dies erinnert an die Trennung von Griechen und Römern im Herrscherkult, wonach Roma und Augustus nur durch die Griechen, Roma und Caesar aber durch die Römer verehrt werden durften[44]. Doch wäre es zu weitgehend, wenn man auch in der Zeitrechnung von einer bewußten von oben verordneten Trennung ausgehen würde, daß etwa den Römern verboten worden sei, die aktische Ära zu verwenden. Es handelt sich bei den erwähnten Jahreszahlen eher um Eintragungen inoffizieller Art auf Bauteilen des Heraion von Samos.

Die Rückgabe der Myrongruppe unter dem Neopoies C.Scribonius Herakleides in einem Jahr der "Kolonie" läßt sich als eine Art Gastgeschenk des Augustus während eines seiner Aufenthalte auf Samos interpretieren. Die Jahre 31/0 und 30/29 v.Chr., als er dort weilte, kommen deswegen nicht in Frage, weil Scribonius mit Sicherheit nicht die erste Eintragung auf dem Säulenschaft vollzogen haben kann. So ist an die Aufenthalte des Augustus in den Wintern 21/0 oder 20/19 v.Chr.[45] zu denken. Gerade im zweiten Winter werden Maßnahmen des Augustus zugunsten von Samos erwähnt, wie aus der oben behandelten Inschrift aus dem Jahre 12 (akt.=20/19 v.Chr.) mit der Nennung des Princeps hervorgeht. In diesem Jahr könnten die Statuen zurückgegeben worden sein. Wenn tatsächlich in der Koloniedatierung des Scribonius, in dessen Amtszeit die Rückgabe erfolgte, keine Zahl eingetragen war und er damit ins erste Jahr der "Kolonie" gehört, wäre das Jahr 20/19 v.Chr. ein passender Ausgangspunkt für die "Ära der Kolonie". Stimmt diese Vermutung, erfolgte die Eintragung des Lucius vom Jahre 4 der "Kolonie" 17/6 v.Chr. und nicht 16/5 v.Chr., wie Buschor berechnet hat[46].

Nach der Eintragung in die Liste der Neopoiai, die im Jahre 44 der aktischen Ära erfolgte, also 13/4 n.Chr., ist die Anwendung

43   So Transier 101.194 Anm.63.
44   Cass.Dio 51,20,6ff.; Tac.ann.4,37.
45   Cass.Dio 54,7,4 und 54,9,7.
46   E.Buschor, MDAI(A) 68,1953,18.

der Ära ab dem Siege bei Aktium nicht mehr bezeugt und auch nicht mehr zu erwarten. Die Eintragung mit der Jahreszahl 49 auf derselben Säule ist sicher nicht nach der aktischen Ära, die ins Jahr 18/9 n.Chr. führen würde, zu berechnen. Dies lehnte auch Buschor wegen der groben, zum Teil kursiven Lettern ab, die wesentlich jünger erscheinen[47]. Nach dem Tode des Augustus wurde in Samos eine neue Ära eingeführt, die ab seiner Apotheose die Jahre zählte. Mehrfach wurden Jahreszahlen mit einer entsprechenden Erläuterung versehen. So heißt es in einer Liste der Neopoiai: τῆς τοῦ] Σεβαστ[οῦ ἀπ]οϑ[εώσεως, wobei aber in diesem Fall die Jahreszahl nicht mehr erhalten ist[48]. Ein Neopoies datierte seine Inschrift ins Jahr 71 der Apotheose[49]: ἔτους οα' τῆς ἀποϑεώσεως. Wesentlich früher ist das Inschriftenfragment aus dem Jahre 12, das so ergänzt wurde[50]: ἔτους] ιβ' τῆς [Σεβαστοῦ] Καίσαρος [ἀποϑεώσεως].

Zum Teil sind Jahreszahlen nach der Ära der Apotheose mit anderen Formen der Datierung ergänzt. Eine von Herrmann angezeigte Weihung[51] gehört in das Jahr 12 der Apotheose und in die Regierungszeit des Tiberius: ἔτους ιβ' τῆς τοῦ Σεβαστοῦ Ὀλυμπίου ἀποϑεώσεως, ἡγεμονίας δὲ τοῦ παιδὸς αὐτοῦ Τιβερίου Καίσαρος Σεβαστοῦ. Die Datierung nach dem Regierungsjahr des Kaisers und der Ära findet sich auch in einer fragmentarischen Inschrift[52], bei der Herrmann trotz der Reinigung des Steines nur noch ἔτου]ς ι' τῆς τοῦ Αὐτ[οκράτο-ρος in der Zeile 1, [τ]ῆς ἡγεμονίας in Zeile 2 und ἀποϑεώ-σε[ως mit vorangehendem Καί]σαρος in Zeile 3 lesen konnte[53]. Herrmann dachte an das Jahr 10 des Tiberius oder des Claudius.

Daß auch noch im 2.Jh.n.Chr. die Apotheoseära verwendet wurde, zeigt eine Neopoies-Eintragung, die zweifach datiert ist[54]: ἔτους ια' καὶ ϥδ'. Der Abstand von 83 Jahren zwischen den beiden Zahlen 11 und 94 paßt zu keiner der bekannten Ären. So wird man nach der oben angeführten Parallele im Jahr 11 das Regierungsjahr eines Kaisers zu sehen haben. Weder mit der aktischen noch mit der pharsalischen oder mit der sullanischen Ära gelangt man in die Nähe des elften Regierungsjahres eines Kaisers. Herrmann hat aber die Kongruenz des Jahres 94 der Apotheoseära und des Jahres 11 des Traianus gesehen[55]. Letzteres setzte er mit der Zeit von Januar 108 bis Januar 109 n.Chr. gleich, da er vom

47 E.Buschor, MDAI(A) 68,1953,20.
48 MDAI(A) 68,1953,21 mit Taf.VIII 1; MDAI(A) 44,1919,39 Nr.31 A.
49 MDAI(A) 68,1953,21 mit Taf.VII 2.
50 MDAI(A) 68,1953,20 mit Taf.VII 1.
51 P.Herrmann, MDAI(A) 75, 1960, 171 Anm.336. Vgl. auch ibid.102.
52 MDAI(A) 44,1919,41 Nr.31C = IGR IV 1726.
53 P.Herrmann, MDAI(A) 75,1960,171 Anm.336.
54 P.Herrmann, MDAI(A) 75,1960,171 Nr.81.
55 P.Herrmann, MDAI(A) 75,1960,171.

dies imperii Trajans am 28.Januar 98 n.Chr.[56] ausging. Da aber in Kleinasien üblicherweise die Regierungsjahre mit dem lokalen Kalender in Übereinstimmung gebracht wurden, ist es wahrscheinlicher, daß das elfte Jahr Trajans von September 107 bis September 108 reichte. Diese Zählweise hatte den Vorteil, daß sie Überschneidungen mit anderen Jahresrechnungen verhinderte. Geht man dann entsprechend von 107/8 n.Chr. als Jahr 94 der Apotheoseära aus, war das Epochenjahr dieser Ära 14/5 n.Chr. Augustus war zwar schon am 17.September 14 n.Chr. konsekriert worden[57], das heißt im lokalen samischen Jahr, das 13/4 n.Chr. entspricht. Aber die Nachricht davon konnte, wenn damals schon in Samos das Jahr am 23.September begann, die Stadt nicht mehr im alten Jahr erreicht haben[58]. Aber auch ohnedies wird man, ähnlich wie bei der aktischen Ära, die exklusive Zählweise gewählt haben, das heißt, ab dem auf das Ereignis folgenden neuen Jahr die Zählung begonnen haben.

Die Zeugnisse für die Apotheoseära gehen auch nach der Regierung des Traianus weiter, wenn auch einige Datierungen unsicher überliefert sind. So las Buschor auf einer Marmorplatte mit zwei Eintragungen von Neopoiai die Jahreszahlen 104 und 160[59], während Herrmann[60] dort das Jahr 14 eines Kaisers und eine Jahreszahl erkennen wollte, die zwischen 161 und 169 liegt. Ein kleines Quaderstück enthält vielleicht das späteste Zeugnis für die Apotheoseära, wenn die Lesung Buschors, der eine 170er Zahl erkannte, stimmt[61]. Gegen Ende des 2.Jh.n.Chr. wurde dann aber von den ..εopoiai wie auch sonst schon auf Samos nach den eponymen Beamten datiert[62].

Nicht nur die Neopoiai des Heraion datierten nach der Ära der Apotheose des Augustus. Eine offizielle Ehreninschrift für Antoninus Pius wurde in einem der Jahre zwischen 140 und 147 aufgestellt[63]. Zwei Grabinschriften aus den Jahren 149 (=162/3 n.Chr.) und 151 (=164/5 n.Chr.) zeigen[64], daß diese Form der Jahreszählung nicht nur im kultischen und offiziellen Bereich angewandt worden ist, sondern auch bei privaten Denkmälern. Eine Ephebenliste aus römischer Zeit von der Insel Ikaria ist ins Jahr

---

56 Vgl. Kienast 122.
57 Vgl. Kienast 65.
58 Nach   W.H.Buckler,   RPh   1935,182ff.   wirkte   sich   die Apotheose des Augustus erst im November im Koinon von Asia aus.
59 E.Buschor, MDAI(A) 68,1953,21f. und Taf.VII 3 mit einer besseren Lesung im Unterschied zu G.Klaffenbach, MDAI(A) 51, 1926,33 Nr.3.
60 P.Herrmann, MDAI(A) 75,1960,171f. mit Anm.338 und 339.
61 E.Buschor, MDAI(A) 68,1953,22 mit Taf.VIII 2.
62 Vgl. MDAI(A) 68,1953,23 mit Taf.VIII 4.
63 E.Fabricius, MDAI(A) 9,1884,257 Nr.3b = IGR IV 966. Die Einerziffer ist nicht mehr erhalten.
64 E.Fabricius, MDAI(A) 9,1884,263 Nr.4 h. 262 Nr.4 g.

68 datiert[65]. Da Ikaria zu Samos gehörte[66], ist vielleicht auch
diese Jahreszahl nach der Apotheoseära zu berechnen.

Wie ist der Wechsel in der Jahresrechnung von Samos zu
erklären? Zu Lebzeiten des Augustus war die aktische Ära eine
offizielle Datierung in Samos, obwohl die übliche Bezeichnung des
Jahres nach dem eponymen Demiurgen weiterging. Nicht nur in
Graffiti, wie noch Schede glaubte[67], sind Jahreszahlen der
aktischen Ära zu finden, sondern auch in offiziellen Dokumenten[68].
Wann die aktische Ära eingeführt worden ist, geht aus keiner
Quelle hervor. Das erste Zeugnis aus Samos stammt vom Jahre 4
(=28/7 v.Chr.)[69]. Schede vermutete, daß die Zählung nach dieser
Ära beim ersten Aufenthalt des Augustus auf Samos gleich nach
der Schlacht bei Aktium als Dank für seine Wohltaten begonnen
wurde[70]. Schon Kaestner und Chapot betonten die Schmeichelei
gegenüber Augustus, auf der diese Zeitrechnung beruhe[71],
während Transier[72] in der aktischen Ära einen Loyalitätsbeweis für
den Princeps sah.

Daß nach dem Tode des Augustus die Ära in die sonst
einzigartige Apotheoseära umgewandelt wurde, dürfte ein Hinweis
sein, daß in Samos die aktische Ära ganz konkret auf Augustus
bezogen war und vielleicht sogar mit seinem Kult in Zusammenhang
stand. Die Bezeichnung des Princeps als Theos ist mehrfach in
Samos bezeugt, möglicherweise schon zu seinen Lebzeiten[73]. Sicher
ist, daß er mit Roma zusammen in Samos kultisch verehrt worden
ist[74]. Spätestens 6 v.Chr. gab es dort einen Tempel des
Kaiserkultes[75]. Im Jahre 29 v.Chr. hatten die Städte in Asia und
Bithynia Octavianus um die Erlaubnis gebeten, ihn kultisch
verehren zu dürfen[76]. Der Princeps verfügte die erwähnte
Trennung im Kultbereich zwischen Griechen und Römern. Ein Jahr
später ist in Samos wie auch im lydischen Apollonis erstmals die

65   Museion Smyrna 1,1875,139 Nr.63.

66   Strab.10,5,10 p.488. 14,1,19 p.639. Vgl. Bürchner, RE IX
1,1914,985 s.v.Ikaros 1; Robert, Bull.épigr.1966,341; E.Meyer,
Der Kleine Pauly II,1967,1360.

67   M.Schede, MDAI(A) 44,1919,40.

68   Vgl. P.Herrmann, MDAI(A) 75,1960,85 Nr.4.

69   MDAI(A) 68,1953,17 mit Taf.IV a.

70   M.Schede, MDAI(A) 44,1919,41.

71   Chapot 385; Kaestner 35.

72   Transier 194 Anm.63.

73   Z.B. MDAI(A) 75,1960,101 Nr.9; IGR IV 958.975. Vgl.
P.Herrmann, MDAI(A) 75,1960,102; Transier 128.

74   Die Zeugnisse gesammelt bei R.Mellor, ΘΕΑ ΡΩΜΗ. The
Worship of the Goddess Roma in the Greek World, Göttingen
1975,215f.

75   Vgl. P.Herrmann, MDAI(A) 75,1960,83; Transier 127f.;
S.R.F.Price, Rituals and Power, Cambridge 1984,250.

76   Cass.Dio 51,20,6ff.; Tac.ann.4,37. Vgl. R.Mellor, op.cit.
79f.

aktische Ära bezeugt[77]. So könnte diese Jahreszählung, die ab dem Sieg des Octavianus bei Aktium gerechnet wurde, im Zusammenhang mit dem Beschluß des Koinon von Asia über den Kult für Roma und Augustus eingeführt worden sein als eine weitere Ehrung für den Princeps. Daß in den Neopoiai-Listen die Römer zunächst nicht nach der aktischen Ära datierten, sollte aber nicht mit den Anweisungen erklärt werden, die Octavianus damals für eine Trennung von Griechen und Römern im Kult traf.

Als Samos beim Tode des Augustus die aktische Ära aufgab, geschah dies deshalb, weil man in der Apotheose des Augustus einen Neuanfang sah, der gewürdigt werden mußte[78]. Die irdischen Taten, der Sieg bei Aktium, konnten nicht mehr die Bedeutung haben wie noch zu Beginn der Herrschaft Octavians über den Osten. Mit der Umstellung des bisher üblichen Herrscherkultes auf den Kult des zu den Göttern aufgestiegenen Augustus veränderte man auch die Zeitrechnung. Dabei sollte der neue Herrscher Tiberius nicht übergangen werden. Zwei Jahre, nachdem dieser dem Heraion auf Samos das Asylrecht erneuerte[79], sind die ersten Datierungen nach der neuen Ära bezeugt. Gleich in der ersten bekannten Inschrift mit einer Datierung nach der Apotheoseära aus dem Jahr 12 (=25/6 n.Chr.)[80] wurde eigens der Nachfolger des Augustus in die Datierungsformel eingefügt. Dabei wurde sowohl seine Herrschaft als auch seine Gottessohnschaft betont. Der neue Ausgangspunkt der Jahresrechnung war zugleich der Regierungsbeginn des Tiberius. Aber man hat dies in Samos mit der Hervorhebung der Apotheose des Augustus verdeckt, die zugleich aber auch die Anerkennung des Tiberius beinhaltete, wenn man auf seine Abstammung verwies[81]. So konnte man die Ehrung des vergöttlichten Augustus mit der Huldigung für den neuen Herrscher Tiberius verbinden, mit dem wiederum eine neue Epoche für Samos begann.

7. Die Ära der Kolonie Parium?

Eine Münze mit dem Porträt des Antoninus Pius (Taf.III 5), die sich in Cambridge befindet, wird der Kolonie Parium in Mysien zugewiesen[1]. Sie zeigt auf der Rückseite die lateinische Jahreszahl CLXXXII (=182). Bei der Rückseitendarstellung, die in der SNG Fitzwilliam als "primitive cult statue" beschrieben wird, handelt es sich um eine in den Kolonieprägungen verbreitete Herme. Die

---

77 TAM V 2,1229; MDAI(A) 68,1953,17 mit Taf.IV a.
78 Vgl. die Interpretation einer pergamenischen Inschrift bezüglich der Umformung des Herrscherkultes nach der Apotheose des Augustus bei W.H.Buckler, RPh 1935,182ff.
79 Vgl. P.Herrmann, MDAI(A) 75,1960,90ff.Nr.5; Transier 45.
80 MDAI(A) 75,1960,171 Anm.336.
81 Die Abstammung vom vergöttlichten Augustus hat Tiberius immer wieder betont; vgl. H.Chantraine, GWU 39,1988,72.
1 SNG Fitzwilliam 4204.

Bearbeiter des Sylloge-Bandes, in dem die Münze publiziert ist, lasen in der Rückseitenlegende CGIP (Colonia Gemella Iulia Parium), was der für Parium übliche Name bis zu Kaiser Traianus war. Unter Hadrianus nahm die Kolonie aber den Beinamen Hadriana an. Die Legende auf den Münzen lautete dann auch unter Antoninus Pius CGIHP (Colonia Gemella Iulia Hadriana Parium)[2]. Dies würde man auch für die unter Antoninus Pius geprägte Münze mit der Zahl 182 erwarten. Man könnte an eine Prägung von Sinope denken, auf der die Legende CIFS gestanden haben müßte. Eine sichere Lesung des Ethnikon auf der fraglichen Münze ist wegen der schlechten Erhaltung des Stückes nicht möglich. Bei einer Prägung von Sinope wäre allerdings die Jahreszahl 183 oder eine andere höhere Zahl zu erwarten[3].

Grant[4] erwähnte eine Münze in Paris, auf der er ANN CXXX (=Jahr 130) las und die Legende CIF in CGIP verbesserte, sie also Parium zuwies. Es handelt sich wohl um das im Cabinet des Médailles liegende Stück, das im Recueil général unter Sinope als Nr.103 aufgenommen wurde[5]. Sie zeigt auf der Vorderseite eine Herme, auf der Rückseite die Szene der Koloniegründung mit den Ochsen, die den Pflug ziehen. Es ist eine der sogenannten "pseudo-autonomen" Prägungen ohne Kaiserporträt, die für Sinope aber in dieser Zeit äußerst selten sind. Auf der Photographie der Münze (Taf.III 11) ist sicher die Jahreszahl ANN CXXX zu lesen, während die Buchstaben des abgekürzten Kolonienamens nicht deutlich zu entziffern sind, weil sie nicht vollständig auf dem Schrötling geprägt wurden. Bis ein besser erhaltenes Stück dieses Typs bekannt wird, muß die Frage des Prägeortes offenbleiben[6].

Mit Vorbehalt wegen der unsicheren Zuweisung ist nach dem Ausgangspunkt einer möglichen Ära von Parium zu fragen. Das Jahr 182 unter Kaiser Antoninus Pius führt in den Zeitraum zwischen 45/4 und 22/1 v.Chr., in dem das Ausgangsjahr der Zählung liegen muß. Es bietet sich nach dem Beispiel Sinopes das Gründungsjahr der Kolonie Parium als Epochenjahr an. In welchem Jahr Parium als Kolonie angelegt wurde, ist aber nicht zu ermitteln. In der Forschung ist der Zeitpunkt der Koloniegründung sehr umstritten[7]. Entweder wurde die Kolonie unter Caesar[8] oder unter Augustus[9] deduziert. In einer Art Kompromiß wurde auch

2 Vgl. E.Olshausen, RE Suppl.12,1970,985 s.v.Parion.

3 Siehe unten S.477f.

4 M.Grant, Aspects of the Principate of Tiberius, NNM 116, New York 1950,19; Grant, FITA 253 n.2.

5 Rec.gén. pl.XXVII 15.

6 Cl.Bosch, Numismatik 2,1933,61 hat diese Münze nicht in seine Liste der datierten sinopischen Prägungen aufgenommen.

7 Vgl. zur Diskussion P.Frisch, Die Inschriften von Parion (IK 25), Bonn 1983,73ff.

8 So Grant, FITA 248f.; Bernhardt, Imperium 164; Sartre 123. - Die Bearbeiter der SNG Fitzwilliam gehen von einer Gründungsära ab 42 v.Chr. aus, ohne dies zu belegen.

9 So Jones, Cities 86.

behauptet, Kolonisten seien zwar unter Caesar dort angesiedelt, unter Augustus aber bedeutend vermehrt worden[10] oder Caesar habe die Kolonie geplant, Augustus aber erst den Plan ausgeführt[11]. In dieser Frage können auch die erwähnten Münzen mit den Jahreszahlen nicht weiterhelfen, zumal ihre Zuweisung nach Parium nicht gesichert ist.

8. Die hadrianische Ära in Laodikeia am Lykos

Aus der Stadt Laodikeia am Lykos ist nur eine Inschrift publiziert, die mit einer Jahreszahl datiert ist[1]. Sie stammt aus dem lokalen Jahr 127 und nennt zwei Aurelii. Das heißt, sie gehört wohl in die Zeit nach 212/3 n.Chr.[2]. Die Jahreszahl 127 kann nicht nach einer der überregionalen Ären Kleinasiens berechnet werden.

Auf zahlreichen Münzen, die unter Kaiser Caracalla in Laodikeia geprägt wurden, findet man die Datierung TO ΠΗ (=88)[3]. Diese Zahl kommt auf Exemplaren mit dem Porträt Caracallas (Taf. III 12) und der Iulia Domna vor, nicht aber auf denen mit der Darstellung Getas[4] oder auf den seltenen Stücken des Septimius Severus[5]. Die datierten Münzen gehören demnach in die Zeit der Alleinherrschaft Caracallas zwischen Ende 211 und Mitte 217 n.Chr. Das Ausgangsjahr der Zählung muß also eines der Jahre zwischen 124/5 und 129/30 n.Chr. sein.

Ein Teil der Münzen, die unter den Regierungen Caracallas und Elagabals in Laodikeia ausgegeben wurden, ist später mit einer neuen Jahreszahl gegengestempelt worden, entweder mit ΡΗ (=108) als Monogramm (Taf. III 12)[6] oder mit TO ΡΚΑ (=121) ebenfalls in der Form eines Monogrammes[7]. Da zwischen Elagabal und Philippus Arabs in Laodikeia keine neuen Münzen geprägt wurden, hat man

10   So G.W.Bowersock, Augustus and the Greek World, Oxford 1965,63f. und F.Vittinghoff, Römische Kolonisation und Bürger-rechtspolitik unter Caesar und Augustus (AAWM 1951,14), Wiesbaden 1952,130 mit Anm.7 und 8. Vgl. auch Sartre 268.

11   Levick 5f.

1   L.Robert, in: Laodicée du Lycos. Le nymphée, Québec – Paris 1969,261 Nr.3. – Die Grabinschrift mit der Jahreszahl 239 im Museum Uşak kommt vermutlich nicht aus Laodikeia, sondern aus einer der benachbarten Regionen, in der die sullanische Ära verbreitet war: E.Gibson, in: Studies S.Dow, Durham 1984,121ff. = SEG 34,1301.

2   So L.Robert, in: Laodicée du Lycos 263.

3   Z.B. SNG Aulock 3852-3854.3856.3858.3860-3862.3872f.3878. 8418f.; SNG Cop.584-586.591-593; SNG München 391-396.406.408.

4   Z.B. BMC 237; SNG Cop.594; SNG München 397.

5   Z.B. SNG Aulock 3850.

6   C.J.Howgego, Greek Imperial Countermarks, London 1985, Nr.631.

7   Howgego, op.cit. Nr.638.

durch die Gegenstempel alte Münzen für gültig erklärt[8]. Zweifel, die Robert[9] an der Interpretation als Jahreszahlen geäußert hat, sind unbegründet. Denn es gibt Parallelen dazu. So hat die Stadt Amisos städtische Münzen aus den lokalen Jahren 130 (=98/9 n.Chr.) und 138 (=106/7 n.Chr.) 15 bzw. 8 Jahre nach deren Prägung mit der Jahreszahl 145 (=113/4 n.Chr.) gegengestempelt und damit offiziell für neu erklärt[10]. Daß TO gleichbedeutend für ΕΤΟΣ verwendet wurde, ist schon mehrmals festgestellt worden[11]. Die von Robert publizierte Inschrift, die nur sechs Jahre nach dem Gegenstempel des Jahres 121 aufgestellt wurde, unterstützt die Interpretation der Zahlen auf den Münzen als Jahresdatierungen[12] und nicht als Iterationsziffern, die sich auf die periodische Wiederkehr eines Festes beziehen[13].

Schon Imhoof-Blumer[14] hat die Zahlen auf den Münzen Laodikeias mit einem Besuch des Kaisers Hadrianus in der Stadt in Verbindung gebracht[15]. Ein Brief, den der Kaiser aus Laodikeia nach Astypalaia sandte, ist durch die 13.tribunicia potestas in das Jahr 129 n.Chr. datiert[16]. Ein Teil des Tagesdatums ist zu lesen. Da die Anwesenheit Hadrians am 23.Juli dieses Jahres in Apameia feststeht, hielt sich der Kaiser vermutlich am 27.Juni 129 n.Chr. in Laodikeia auf[17].

Der Kalender von Laodikeia weist eine Besonderheit auf. Der Jahresanfang lag offenbar nicht wie sonst in der Provinz Asia im Herbst, sondern Mitte August. Dies zeigt eine Inschrift[18] mit einem zweifachen Tagesdatum, die nach dem römischen Kalender auf den Tag vor den Kalenden des November und nach dem lokalen Kalender auf den 18.Tag des dritten Monats datiert ist. Die

8 Vgl. Howgego, op.cit. p.14.

9 L.Robert, in: Laodicée du Lycos 263, der eine Verbindung der Jahresrechnung mit Wohltaten Domitians für möglich hielt.

10 Rec.gén.77a-b. Vgl. Howgego, op.cit. Nr.635.

11 Vgl. zu Nikopolis oben S.146ff. und zu den Hyrgaleis und Dionysopolis oben S.282ff.

12 Als Jahreszahl interpretiert schon von L.Weber, in: Charites. Festschrift Friedrich Leo, Berlin 1911,471.477f.

13 So B.V.Head, BMC Phrygia, London 1906,p.LXXX.

14 Imh.-Bl., Gr.Mz. p.217f. sowie Imh.-Bl., Kl.Mz. p.222 und 272, dort aber auf einen Besuch im Jahre 123/4 n.Chr. bezogen.

15 Ebenso Ramsay, Cities 47f.; Chapot 386. Die Vermutungen von T.T.Duke, The Festival Chronology of Laodicea ad Lycum, in: Studies presented to D.M.Robinson, Saint Louis 1953,856f., die ihn dazu führten, die Ära mit dem Jahre 124 n.Chr. beginnen zu lassen, sind hypothetisch und unbegründet; so auch L.Robert, in: Laodicée du Lycos 263 n.2. Vgl. auch L.Robert, op.cit.252f.

16 IG XII 3,177; IGR IV 1033; J.H.Oliver, Greek Constitutions, Philadelphia 1989, Nr.68.

17 So Halfmann, Itinera 204. Vgl. auch C.P.Jones, AJPh 108, 1987,703.

18 MAMA VI 18; L.Robert, in: Laodicée du Lycos 323.

Vermutung, daß mit dem Besuch des Kaisers Hadrianus der Neujahrstag auf seinen Ankunftstag in Laodikeia verlegt worden sei[19], ist aber wohl nicht mehr zu halten, seit feststeht, daß sich der Kaiser im Juni in der Stadt aufhielt. Man wird davon ausgehen müssen, daß es sich hier um eine lokale Variante des asianischen Kalenders handelt[20]. Doch ändert dies nichts daran, daß von dem Epochenjahr 128/9 v.Chr. auszugehen ist.

Der Besuch eines Kaisers war für eine Stadt ein wichtiges Ereignis, dessen man auch durch Feste oder eigene Münzprägungen gedachte[21]. Sueton (Aug.59) berichtet, daß italische Städte den Jahresbeginn auf den Tag verlegten, an dem Augustus zum ersten Mal die Stadt betreten hatte. Als einen so bedeutenden Einschnitt, daß man damit eine neue Zeitrechnung beginnen müsse, hat man den Kaiserbesuch in den griechischen Städten aber offensichtlich erst unter Hadrianus empfunden[22]. In Griechenland führten Athen, Tegea, Troizene und Epidauros eine Ära ab dem Besuch Hadrians ein[23]. In Gaza sind die Münzen Hadrians nach seinem Besuch datiert[24]. Mit einem solchen Aufenthalt des Kaisers in der Stadt waren gerade unter Hadrianus Wohltaten verbunden, wie etwa die Stiftung von Bauten und die Erteilung von Privilegien[25]. Man hat diese Wohltaten oft geradezu als Zeichen einer Neugründung aufgefaßt, wie der damals häufig für Hadrianus verwendete Titel "Ktistes" zeigt. Eine unter verschiedenen Möglichkeiten, dem Kaiser den Dank abzustatten, war die Einführung einer neuen Zeitrechnung. Man interpretierte damit den Besuch als Wende in der Geschichte der Stadt.

Geht man von dem Epochenjahr 128/9 n.Chr. aus[26], wurden die Münzen des Jahres 88 im Jahre 215/6 n.Chr. geprägt, nicht 217 n.Chr., wie Magie ausgerechnet hatte[27]. Der erste Gegenstempel

19   So W.H.Buckler und W.M.Calder, MAMA VI p.10.
20   So U.Laffi, SCO 16,1967,79f.
21   Vgl. Halfmann, Itinera 112ff. Zu Münzen aus Perinthos, die den zweiten Besuch des Septimius Severus in der Stadt feierten: E.Schönert-Geiß, Die Münzprägung von Perinthos, Berlin 1965, Nr.461.463f. und S.41.
22   Vgl. dazu W.Kubitschek, RE I 1,1893,651 und RE Suppl.3,1918,28f.; Halfmann, Itinera 112.
23   Die Zeugnisse zusammengestellt bei S.Follet, Athènes au IIe et IIIe siècle, Paris 1976,110ff.
24   SNG ANS 913ff.; M.Rosenberger, City-Coins of Palestine II, Jerusalem 1975, Nr.53ff. Vgl. G.F.Hill, BMC Palestine, London 1914, p.LXXIII und A.Kindler, Numismatic documentation of Hadrian's visit to Gaza, Museum Ha'aretz Bulletin 17/18,1975,61-67 (in Hebräisch, non vidi).
25   Vgl. Halfmann, Itinera 124ff.
26   So Weber, Hadrianus 223; W.H.Buckler - W.M.Calder, MAMA VI p.XI.
27   Magie II 1481 n.35; falsch schon bei Weber, Hadrianus 224 Anm.796. Magie hat die Verbindung der Ära mit einem Besuch Hadrians abgelehnt, weil er durch seine fälschliche Umrechnung

mit der Zahl 108 wurde dann genau zu Beginn der Regierung des Maximinus Thrax im Jahre 235/6 n.Chr. angebracht, die Gegenstempel mit der Jahreszahl 121 im Jahr 248/9 n.Chr. unter Kaiser Philippus Arabs, unter dem nach längerer Unterbrechung wieder Münzen in Laodikeia geprägt wurden.

Warum ist aber im Unterschied zu Griechenland oder Palästina die Ära nicht aus der Zeit Hadrians selbst oder kurz danach belegt, sondern erst im 3.Jh. n.Chr.? Dies mag, was die Inschriften betrifft, ein Zufall der Überlieferung sein. Aber für die zahlreichen Münzprägungen, die in der Zwischenzeit ausgegeben wurden, trifft dies nicht zu. Der erste Nachweis der Ära findet sich auf den Münzen, die 215/6 n.Chr. geprägt wurden. Caracalla ist 214 und 215 n.Chr. durch Kleinasien gereist[28]. Es ist nicht ausgeschlossen, daß er Laodikeia besucht hat und daß damit das plötzliche Einsetzen der Äradatierung zusammenhängt[29]. Doch auch ohne seine Anwesenheit in Laodikeia voraussetzen zu müssen, hat Laodikeia Wohltaten von Caracalla erfahren. Gerade in der Zeit seines Aufenthaltes in Kleinasien gewährte der Kaiser den Städten zahlreiche Privilegien und Titel, sorgte für Getreidespenden und stiftete Bauten[30]. Laodikeia erhielt damals die Neokorie[31] und feierte Spiele namens Antonineia zu Ehren Caracallas[32]. Solche Begünstigungen hatte Laodikeia zuletzt von Hadrianus erfahren. Es ist zu vermuten, daß man sich gerade damals wieder dessen erinnerte und deswegen die Ära verwendete, die von der "Neugründung" der Stadt unter Hadrianus ausging.

9. Die hadrianische Ära in Hadrianeia und Hadrianoi

Aus den mysischen Landschaften Olympene und Abrettene, in denen Kaiser Hadrianus die Städte Hadrianoi und Hadrianeia[1] gründete, sind Inschriften bekannt, die nach der sullanischen Ära datiert sind. Sie stammen aus den Jahren 173 (=88/9 n.Chr.), 213

---

der Zahl 88 das Jahr 217 n.Chr ermittelte und zu einem Zeitpunkt gelangte, als Caracalla schon tot war.

28 Vgl. Halfmann, Itinera 224.227ff.

29 So L.Weber, in: Charites. Festschrift F.Leo, Berlin 1911, 477f.; W.H.Buckler - W.M.Calder, MAMA VI p.XI.

30 Vgl. Magie I 684f. II 1551ff.; L.Robert, RPh 1967,56f. = Id., Opera Minora Selecta V, Amsterdam 1989,396f.; L.Robert, in: Laodicée du Lycos 294; R.Ziegler, JNG 27,1977,38ff.; Halfmann, Itinera 125.138ff.227ff.

31 So B.Pick, JOEAI 7,1904,39 Anm.69; L.Weber, in: Charites. Festschrift F.Leo, Berlin 1911,471.477; Magie II 1552 n.42; J.des Gagniers, in: Laodicée du Lycos 5; L.Robert, in: Laodicée du Lycos 284; L.Robert, RPh 1967,57 = Id., Opera Minora Selecta V, Amsterdam 1989,397; Halfmann 229.

32 Vgl. L.Robert, in: Laodicée du Lycos 285.293f.

1 Zur Lage und zum Territorium von Hadrianeia vgl. E. Schwertheim, IvHadrianoi p.141ff.; L.Robert, BCH 102,1978,442 =

(=128/9 n.Chr.), 245 (=160/1 n.Chr.), 282 (=197/8 n.Chr.) und 350 (=265/6 n.Chr.)[2]. Daß es sich um Datierungen nach der sullanischen Ära handelt, wird durch die Erwähnung des Kaisers Hadrianus in der Inschrift des Jahres 213 gesichert.

Eine 1982 bei Sağırlar südlich von Hadrianeia gefundene Inschrift, die "für den Sieg der Kaiser" errichtet wurde[3], zeigt die Jahreszahl 70. Die Nennung mehrerer Augusti verhindert ihre Datierung nach der sullanischen Ära, da man damit ins Jahr 16/5 v.Chr. käme. Für die zwei Augusti, die einen gemeinsamen Sieg errangen, kommen als erste Marcus Aurelius und Lucius Verus in Frage. Die Ära muß also von einem wesentlich späteren Punkt ausgehen als alle überregionalen Ären, die in der Provinz Asia verbreitet waren. In einer Grabinschrift aus Sağırlar[4] stand wohl die Jahreszahl 19. Sie dürfte nach derselben Ära datiert sein, die für die Inschrift des Jahres 70 ebenfalls aus der Nähe von Sağırlar verwendet wurde, wenn es sich nicht bei der Zahl 19 um das Regierungsjahr eines Kaisers handelt[5].

Aus Hadrianeias Nachbarstadt Hadrianoi, die, wie der Name zeigt, ebenfalls eine Gründung des Hadrianus sein muß[6], stammt eine Grabinschrift für P.Aelius Euxeinus und Eurykleia, die ins Jahr 79 datiert ist[7]. Auch diese Jahreszahl kann nicht mit einer der üblichen Ären der Provinz berechnet werden[8], da der Name Aelius erst ab Hadrianus zu erwarten ist[9]. Diese Inschrift hatte schon Waddington zu der Vermutung veranlaßt, daß hier eine Ära verwendet worden ist, bei der die Jahre ab der Gründung der Stadt durch Hadrianus gezählt wurden[10].

Die Gründung der mysischen Städte, die Hadrians Namen tragen, sind zeitlich nicht genau festzulegen. Weber hatte sie in das Jahr 123 n.Chr. datiert, also in die Zeit der ersten Reise Hadrians in Kleinasien[11]. Nach Halfmann, der aber nicht auf Hadrianeia und Hadrianoi eingeht, reiste Hadrianus 124 n.Chr.

Id., Documents 138. - Zu Hadrianoi E.Schwertheim, IvHadrianoi p.133ff.

2 IvHadrianoi 79.126.131; Th.Wiegand, MDAI(A) 29,1904,333; IvHadrianoi 190. Siehe oben S.233.

3 E.Schwertheim, EA 6,1985,38; IvHadrianoi 129. Vgl. auch S.Follet, REG 100,1987,301f. Nr.185.

4 IvHadrianoi 172.

5 Vgl. E.Schwertheim, IvHadrianoi p.110.

6 Dazu E.Schwertheim, IvHadrianoi p.156ff.; L.Robert, BCH 102,1978,442 = Id., Documents 138.

7 Le Bas - Waddington 1054; IvKyzikos I 12; IvHadrianoi 56; E.Schwertheim, EA 6,1985,37.

8 So aber noch E.Schwertheim, IvKyzikos I 12, der dann seine Meinung in EA 6,1985,37 Anm.6 revidierte.

9 Vgl. Holtheide 93ff.

10 W.H.Waddington zu Le Bas - Waddington 1054. So auch Weber, Hadrianus 130. Vgl. W.Kubitschek, RE I 1,1893,645.

11 Weber, Hadrianus 130f. Ebenso Magie I 616f.; L.Robert, BCH 102,1978,441 = Id., Documents 137.

durch Mysien[12]. Gegen eine solche frühe Datierung der Gründung von Hadrianeia und Hadrianoi sprechen mehrere Argumente. Die Inschrift mit der Jahreszahl 213 (=128/9 n.Chr.) aus der Region von Hadrianeia[13] nimmt trotz ihrer Weihung für Hadrianus keinen Bezug auf seine Rolle als Stadtgründer[14]. Schwertheim sah in den beiden Inschriften mit den Jahreszahlen 70 und 79 den Beweis, daß die Städte Hadrianeia und Hadrianoi erst bei der zweiten Reise Hadrians durch Kleinasien gegründet wurden[15]. Denn das frühestmögliche Datum für die Inschrift des Jahres 70, in der der Sieg der Augusti gefeiert wird, ist 198 n.Chr., als Caracalla neben Septimius Severus den Augustustitel führte. Bezöge man die Inschrift dagegen auf Marcus Aurelius und Lucius Verus, müßte man eine Ära annehmen, die in den 90er Jahren des 1.Jh.n.Chr. ihr Epochenjahr hätte, als es weder Hadrianoi noch Hadrianeia gab.

Der zweite Krieg des Septimius Severus und des Caracalla gegen die Parther war ein passender Anlaß, den beiden Augusti in Hadrianeia eine Inschrift "wegen ihres Sieges" zu errichten[16]. In Memphis feierte man diesen Sieg über die Parther in einer Inschrift des Jahres 199/200 n.Chr.[17], in Rom im Jahre 200 n.Chr.[18]. Rechnet man von 199/200 oder 200/201 n.Chr. 70 Jahre zurück, kommt man zu einem Epochenjahr, das entweder 130/1 oder 131/2 n.Chr. entspricht. Es fällt gleichzeitig in den Zeitraum, in dem Hadrianus von Alexandreia aus – der genaue Reiseweg ist umstritten – nach Griechenland reiste, um den Winter 131/2 n.Chr. in Athen zu verbringen[19]. Daß der Kaiser damals Mysien besuchte, ist nicht auszuschließen[20]. Nach einer Vermutung Symes reiste Hadrianus möglicherweise sogar erst im Jahre 133 n.Chr. durch Kleinasien[21]. Die Stadtgründungen müssen aber nicht unbedingt in Anwesenheit des Kaisers erfolgt sein[22], so daß auch ein späteres Gründungsjahr möglich ist.

Schwertheim schlug vor, daß die Inschrift, die den Sieg der Augusti rühmt, beim Zug des Septimius Severus und Caracalla

---

12 Halfmann, Itinera 191. R.K.Sherk, ZPE 88,1991,253 vermutete 124 n.Chr. als Gründungsjahr von Hadrianeia.

13 IvHadrianoi 126.

14 So auch E.Schwertheim, EA 6,1985,41.

15 E.Schwertheim, EA 6,1985,37ff. und IvHadrianoi p.156ff.

16 So E.Schwertheim, EA 6,1985,39.

17 IGR I 1113.

18 ILS 2186.

19 Dazu Halfmann, Itinera 194.208f.; E.Schwertheim, EA 6,1985, 39ff. und IvHadrianoi p.156f.; R.Syme, ZPE 73,1988,164ff.

20 So E.Schwertheim, EA 6,1985,40 und S.Follet, REG 100, 1987,302 Nr.185.

21 R.Syme, ZPE 73,1988,165ff.

22 So in Abschwächung seiner früheren Argumentation E. Schwertheim, IvHadrianoi p.157, aber auch schon W.Kubitschek, RE Suppl.3,1918,28.

durch Kleinasien im Jahre 202 n.Chr. errichtet wurde[23]. Dann wäre das Epochenjahr 132/3 n.Chr., nicht 131/2, wie Schwertheim irrtümlich berechnet hat[24]. Spätestens 134 oder 135 n.Chr. war die Gründung von Hadrianoi beendet, wie die Inschrift für Hadrianus als Ktistes nahelegt[25]. Enger als auf den Zeitraum zwischen 130/1 und 134/5 n.Chr. kann man nach dem bisher vorliegenden Material das Epochenjahr nicht begrenzen. Wegen des aktuellen Bezuges der Ehreninschrift für Septimius Severus und Caracalla bietet sich aber besonders eines der Jahre zwischen 130/1 und 132/3 n.Chr. als Ausgangspunkt der Ära an.

Die angeführten Inschriften mit niedrigen Jahreszahlen, die offenbar nach der hadrianischen Ära datiert sind, stammen aus Hadrianoi oder aus der Umgebung von Hadrianeia. Eine Grabstele, die in Derekadı Köy südlich von Miletopolis gefunden wurde[26], ist ins Jahr 38 datiert[27]. M.Cremer weist die Stele wegen der Frisur der darauf dargestellten Frau in die Zeit der Faustina Minor und der Lucilla[28], das heißt in die zweite Hälfte des 2.Jh.n.Chr. Die Ära dürfte dann ebenfalls eine hadrianische sein, wohl die gleiche, die in Hadrianoi und Hadrianeia verwendet wurde[29]. Wahrscheinlich gelangte die Stele entweder aus Hadrianoi über den Rhyndakos an den Fundort oder aus der Region von Hadrianeia über den Balat Çay. Denn die datierten Inschriften aus der Umgebung des Fundortes tragen Jahreszahlen der sullanischen Ära[30].

Die hadrianische Ära war offenbar auf die von Hadrianus gegründeten Städte beschränkt. Die übrigen Gemeinden der Olympene und Abrettene[31] verwendeten weiterhin wie schon vor der Gründung der Städte die sullanische Ära[32]. Zumindest in einem Fall[33] ist sogar die Zählung nach kaiserlichen

---

23 E.Schwertheim, EA 6,1985,39. In IvHadrianoi p.46 datierte er hingegen den Zug durch Kleinasien ins Jahr 201 n.Chr. Vgl. auch Halfmann, Itinera 218.222.

24 IvHadrianoi p.46.p.88.p.157. Nicht korrekt auch die Umrechnung der Jahre 70 und 79 in IvHadrianoi 129 und 56.

25 IvHadrianoi 41.

26 IvKyzikos I 138 = IvKyzikos II 80 = Cremer 186f.

27 Siehe oben S.233 mit Anm.14.

28 Cremer 187.

29 So auch Cremer 104 Anm.494 und 187.

30 Aus Çamlıka EA 5,1985,83 Nr.7 und aus Devecikonağı IvKyzikos I 484 = IvKyzikos II 109.

31 Zur politischen Situation in der Region siehe Plin.n.h.V 123.142. Vgl. auch Magie II 1501 n.24; E.Schwertheim, IvHadranoi p.138f. p.141f. p.155f.

32 Vgl. IvHadrianoi 131 und 190; Th.Wiegand, MDAI(A) 29, 1904,333.

33 IvHadrianoi 135. Bei Le Bas - Waddington 1044 und in IGR IV 239 ist die Inschrift ins Jahr 9 des Caracalla datiert, in IvHadrianoi 135 ins Jahr 9 des Marcus Aurelius. R.K.Sherk führte die Inschrift in seinem Register der eponymen Beamten einmal

Regierungsjahren bezeugt. Aus der Zeit des Hadrianus selbst besitzen wir aber kein Zeugnis für die Verwendung der hadrianischen Ära in Mysien, wissen auch nicht, wann sie eingeführt wurde[34].

unter "Blaudos" an und datierte sie ins Jahr 9 des Caracalla (=206 n.Chr.), dann nannte er sie noch einmal, ohne die Dublette zu bemerken, unter Hadrianeia und legte sie ins Jahr 9 des Marcus Aurelius (=170 n.Chr.), ZPE 88,1991,235 und 253. Der Name Marcus Aurelius Antoninus in der Inschrift weist eher auf den Kaiser Marcus Aurelius.

34 E.Schwertheim, EA 6,1985,42 ging davon aus, daß die Ära schon unter Hadrianus existierte und nach seinem Tode fortgeführt wurde.

VIII. PISIDIEN UND GALATIEN

1. Die Ära von Ariassos

In der Stadt Ariassos in Pisidien[1] nahm V.Bérard Ende des 19.Jh. eine Inschrift auf, die ins Jahr 427 datiert war[2]. Mitchell revidierte die Lesung und konnte dabei die Jahreszahl 427 bestätigen[3]. Die Inschrift stand auf einer Basis, die für den Gymnasiarchen Diotimos, Sohn des Samos, errichtet war. Sie gehört ins 3.Jh.n.Chr., wie die Aureliernamen zeigen. Diotimos, Sohn des Samos, ist in einer weiteren Inschrift, die aber keine Jahreszahl aufweist, als Kaiserpriester bezeugt[4]. Darin stiftete er als großzügiger Wohltäter Öl für das Gymnasium und finanzierte diese Stiftung aus den Erträgen von Ländereien, die er der Stadt überließ. Außerdem finanzierte derselbe Diotimos auch die Errichtung von Kaiserstatuen, die am römischen Torbogen von Ariassos aufgestellt wurden[5]. Für die Datierung des Diotimos und damit der Inschrift des Jahres 427 ist von Bedeutung, daß darunter eine Statue des Severus Alexander zu finden ist. Diotimos wirkte offenbar unter dem Kaiser Severus Alexander als Wohltäter von Ariassos[6].

Mitchell fand in Ariassos zwei weitere Inschriften, die mit Jahreszahlen datiert waren[7]. Eine davon, eine Ehreninschrift für einen Sieger bei Agonen, ist ins Jahr 453 datiert[8] und weist außer

---

1 Zu Ariassos siehe neuerdings die Beiträge in den Anatolian Studies, z.B. S.Cormack, AS 39,1989,31ff.; S.Mitchell - E.Owens - M.Waelkens, AS 39,1989,63ff.; S.Mitchell, AS 41,1991,159ff. sowie A.Schulz, Ariassos - eine hellenistisch-römische Stadt in Pisidien, in: Forschungen in Pisidien (Asia Minor Studien Band 6), Bonn 1992,29ff.

2 V.Bérard, BCH 16,1892,429 Nr.59. Vgl. auch Robert, Etudes anatoliennes 381.

3 S.Mitchell, AS 39,1989,65 mit pl.XII a. Vgl. auch S.Mitchell, AS 41,1991,162.

4 V.Bérard, BCH 16,1892,427 Nr.58; IGR III 422; Robert, Etudes anatoliennes 378ff. Vgl. auch A.Wilhelm, Griechische Inschriften rechtlichen Inhalts, Athen 1951,103f.; SEG 13,546; S.Mitchell, AS 39,1989,63 und AS 41,1991,162.

5 Vgl. S.Mitchell, AS 41,1991,162 und A.Schulz, loc.cit. (Anm.1) 30 und 38f.

6 So S.Mitchell, AS 41,1991,162 und A.Schulz, loc.cit.38f.

7 Vgl. S.Mitchell, AS 39,1989,65 und AS 41,1991,162. Stephen Mitchell stellte mir freundlicherweise Kopien seiner Skizzen von beiden noch unveröffentlichten Inschriften zur Verfügung.

8 Vgl. S.Mitchell, AS 39,1989,65.

einem Aureliernamen keinen Synchronismus auf. Die zweite
Inschrift aus dem Jahr 402, die im Bereich der Thermen gefunden
wurde[9], stand auf der Basis einer Reiterstatue für den Kaiser
Caracalla. Diese Ehreninschrift wurde zur Zeit der Alleinherrschaft
Caracallas errichtet, also zwischen Ende 211 und Frühjahr 217
n.Chr.[10]. Das Jahr 402 von Ariassos muß also mit einem der Jahre
zwischen 211/2 und 216/7 n.Chr. zusammenfallen, wenn man davon
ausgeht, daß auch dort das lokale Jahr im Herbst begann. Das
Epochenjahr der Ära lag also zwischen 191/0 und 186/5 v.Chr.
  Die Quellen über die Geschichte von Ariassos sind äußerst
dürftig. Die Stadt wird erstmals von Artemidoros von Ephesos wohl
in der Zeit um 100 v.Chr. erwähnt[11]. Das Epochenjahr der Ära
fällt in eine Periode wichtiger politischer Veränderungen in Pisidien.
Im Frieden von Apameia 189/8 v.Chr. kam Pisidien zum Attaliden-
reich, obwohl danach die Könige von Pergamon große Teile des
Berglandes nur theoretisch beherrschten[12]. Schon vor dem
Friedensschluß durchzog im Frühjahr 189 v.Chr. der römische
Feldherr Cn.Manlius Vulso das westliche Pisidien, als er einen
Feldzug gegen die Galater durchführte, und kam dabei auch nach
Isinda, der Nachbarstadt von Ariassos[13]. Das Epochenjahr der Ära
von Ariassos dürfte im Zusammenhang mit diesen Ereignissen
stehen.
  Daß man mit dem Herrschaftswechsel nach der Niederlage des
Seleukiden Antiochos III. die Jahre in Ariassos zu zählen begann,
ist denkbar. Schon Ramsay schlug eine Ära ab dem Frieden von
Apameia und der Herrschaftsübernahme durch die Attaliden vor[14].
Eine solche Jahresrechnung ist sonst unbekannt, wenn man nicht,
was aber sehr unsicher ist, die Inschrift des Jahres 19 aus
Karahüyük nach einer entsprechenden Ära berechnen will[15]. Da
gerade unter den Attaliden die Äradatierung als Jahresrechnung
nicht gebräuchlich war, wird man eher an eine lokale Ära denken,
die ab dem Ende der Seleukidenherrschaft und dem Beginn der
neuen attalidischen Schutzherrschaft die Jahre zählte[16]. Vielleicht
wurde Ariassos damals gegründet und erinnerte deswegen über 400
Jahre später noch an diesen für eine Stadt wichtigen Zeitpunkt
durch die Verwendung einer Ära. Mitchell hat aus dem Fehlen von
frühen archäologischen Resten an der Stätte von Ariassos
geschlossen, daß die Stadt 189 v.Chr. entstanden sei[17]. Aber dies

---

9 Vgl. S.Mitchell, AS 39,1989,65 und A.Schulz, loc.cit.
(Anm.1) 30.
10 So S.Mitchell, AS 39,1989,65.
11 Strab.12,7,2 p.570. Vgl. Mitchell, Pisidien 5f.
12 Vgl. Meyer, Grenzen 154; Will, Histoire politique II 226.
13 Vgl. Magie 279 und 1256ff.n.4; Will, Histoire politique II
220; v.Aulock, Pisidien I 14; Mitchell, Pisidien 5.
14 W.M.Ramsay, REG 6,1893,255.
15 Siehe oben S.368f.
16 Vgl. Mitchell, Pisidien 25.
17 Mitchell, Pisidien 16f. Im gleichen Aufsatz (S.25) hat Mitchell
diese Behauptung dann aber wieder eingeschränkt und zu Recht

kann aus der Verwendung einer Ära allein nicht bewiesen werden. Eine Reihe von Städten, die nach Ausweitung des Attalidenreiches gegründet wurden, entstanden erst einige Jahre nach dem Sieg über den Seleukidenkönig, und dies könnte auch für Ariassos gelten. Aber auch der Wechsel der Herrschaft oder die Erlangung einer gewissen politischen Freiheit nach dem Ende der seleukidischen Macht hätte ausgereicht, um darin einen Neuanfang zu sehen und damit eine neue Zeitrechnung zu beginnen[18]. Ob genau das Jahr 189 v.Chr., als der Feldzug des Cn.Manlius Vulso Pisidien erreichte, der wichtige Einschnitt für Ariassos war, wie Mitchell vermutete[19], oder erst das folgende Jahr mit dem Frieden von Apameia und der offiziellen Übernahme dieser Gebiete durch die Attaliden, muß vorerst offenbleiben. Auch eines der drei folgenden Jahre kommt theoretisch als Epochenjahr in Frage, falls Ariassos damals gegründet wurde. Das Jahr 189/8 v.Chr., in dem der wichtige politische Einschnitt geschah, ist aber als Ausgangspunkt der Ära von Ariassos vorzuziehen.

2. Die Zahlzeichen auf den Münzen pisidischer Städte (Termessos, Isinda, Ariassos, Kremna)

Späthellenistische Bronzemünzen der Stadt Termessos (Maior)[1] tragen Zahlzeichen, die von 1 bis 32 reichen (Taf.IV 3). Daß es sich um Jahreszahlen handelt, wird zwar in keinem Fall ausdrücklich angezeigt. Aber die lange Reihe von Zahlen ohne größere Lücken deutet darauf hin, daß die Prägungen jährlich gekennzeichnet wurden. Aus den inschriftlichen Dokumenten der Stadt sind keine Jahreszahlen bekannt geworden.

Einen Anhaltspunkt für die Datierung der mit Jahreszahlen versehenen Münzen von Termessos erlaubt der sogenannte Ariassos-Hoard, ein Schatzfund von 207 Bronzemünzen, der in der Gegend von Burdur gefunden wurde und größtenteils aus Münzen der pisidischen Stadt Ariassos bestand[2]. Darin befanden sich aber auch 20 Münzen von Termessos, die verschiedene Zahlen bis hin zur 32 aufwiesen, sowie eine Münze des galatischen Königs Amyntas, die in dessen Regierungszeit zwischen 39 und 25 v.Chr. geprägt worden sein muß. Man wird demnach einen Zeitraum von 32 Jahren

---

mit einem Fragezeichen versehen. Vgl. auch M.Waelkens, in: Forschungen in Pisidien, Bonn 1992,46.

18 Vgl. A.Schulz, loc.cit. (Anm.1) 30.

19 Vgl. Mitchell, Pisidien 16 und 25.

1 Siehe die Liste unten S.537f. Münzen mit den Jahreszahlen 6 und 17 sind bisher nicht bekannt geworden. Vgl. zu diesen Prägungen Imh.-Bl., Gr.Mz. 700ff. (176ff.); v.Aulock, Pisidien II 46f.

2 N.Olçay, Istanbul Arkeoloji Müzeleri Yıllığı 15-16,1969,289-304; IGCH 1420; Coin Hoards I, London 1975,Nr.109; v.Aulock, Pisidien I 27f.

innerhalb des 1.Jh.v.Chr. suchen, in den die termessische Münzserie mit den 32 Zahlen gehört.

Über die Geschichte von Termessos im 1.Jh.v.Chr. informiert vor allem die sogenannte lex Antonia de Termessibus[3]. Seit Friedländer hat man vermutet[4], daß dieses inschriftlich erhaltene Gesetz, das das Verhältnis zwischen Termessos und Rom regelte und die Autonomie der Stadt garantierte, der Ausgangspunkt der Jahreszählung war. Als Epochenjahr von Termessos wurde 71 v.Chr. vorgeschlagen[5], weil in der lex Antonia diejenigen Termessier angesprochen werden, die mit dem Stichtag 1.April 72 v.Chr. das Bürgerrecht innehatten. Doch haben Syme und Ferrary gezeigt[6], daß die lex Antonia erst im Jahre 68 v.Chr. erlassen wurde und daß dieses Gesetz im ersten Kapitel eine Bestätigung der 72 v.Chr. verliehenen Privilegien enthielt. Entsprechend müsse man die Jahre auf den Münzen ab 72 v.Chr. zählen[7], als die Termessier liberei amicei socieique populi Romani (col.I, Z.7) wurden.

Allerdings wird in der Inschrift auch auf Besitzrechte innerhalb des Territoriums von Termessos im Jahre 91 v.Chr. eingegangen[8], so daß die Ära auch von Veränderungen im Jahre 91 v.Chr. ausgehen könnte. Damals war offenbar ein Vertrag zwischen Rom und Termessos geschlossen worden[9]. Termessos scheint während des ersten Mithridatischen Krieges einen Teil seiner Besitzungen verloren zu haben. Denn in der lex Antonia wird von ager publicus gesprochen, den die Römer einrichteten[10]. Offensichtlich hatte Sulla bei der Neuordnung Kleinasiens Termessos gewisse Privilegien entzogen[11]. Die Münzserie mit den Zahlen kann kaum unbeeindruckt von diesen Ereignissen über diese Zeit hinaus weitergelaufen sein. So bietet es sich eher an, die spätere Wiederherstellung der Freiheit, der Privilegien und des

---

3 CIL I^2 58 = ILS 38. Dazu zuletzt J.-L.Ferrary, La Lex Antonia de Termessibus, Athenaeum N.S.63,1985,419ff.

4 J.Friedländer, ZN 12,1885,7; Imh.-Bl., Gr.Mz.177; BMC Lycia etc., p.LXXXIX-XC; W.Kubitschek, RE I 1,1893,646; Magie II 1177 n.34; v.Aulock, Pisidien II 46.

5 Vgl. zuletzt P.Weiß, in: Forschungen in Pisidien (Asia Minor Studien Band 6), Bonn 1992,155 Anm.37; Mitchell, Pisidien 5; Roman Provincial Coinage I p.538.

6 R.Syme, Roman Papers II, Oxford 1979,561-563; J.-L. Ferrary, Athenaeum 1985,439ff.

7 So J.-L.Ferrary, Athenaeum 1985,447.

8 CIL I^2 589, Col.I, Z.14.

9 Vgl. Magie II 1176f.; M.Rostovtzeff, The Social and Economic History of the Hellenistic World II, Oxford 1953,947f.; Bernhardt, Imperium 107 Anm.104. 141 Anm.260; A.N.Sherwin-White, JRS 66, 1976,12f.; J.-L. Ferrary, Athenaeum 1985,443.

10 Vgl. A.N.Sherwin-White, JRS 66,1976,12f.; J.-L.Ferrary, Athenaeum 1985,444ff.

11 So A.N.Sherwin-White, JRS 66,1976,12ff.; Sherwin-White, Foreign Policy 244; J.-L.Ferrary, Athenaeum 1985,444ff.

Territoriums von Termessos[12] als Ausgangspunkt der Münzserie zu sehen. Wie stolz die Termessier auf ihre Freiheit waren, zeigt die häufige Münzlegende ΤΕΡΜΗΣΣΕΩΝ ΑΥΤΟΝΟΜΩΝ oder ΕΛΕΥΘΕΡΩΝ in der Kaiserzeit sowie das Fehlen jeglichen Kaiserporträts auf den Münzen der Stadt[13].

Geht man von 72 v.Chr. als Epochenjahr aus[14], wurden die letzten datierten Münzen, die mit der Jahreszahl 32, etwa 41 v.Chr. geprägt. Man hat das Ende dieser Münzserie mit der Eingliederung der Stadt in den Herrschaftsbereich des Königs Polemon[15] oder des Königs Amyntas[16] verbinden wollen. Im Jahre 39 v.Chr. hatte Marcus Antonius mehrere Könige in Kleinasien eingesetzt, unter anderem Polemon in Teilen Kilikiens und Amyntas in Pisidien[17]. Zwar besaß Polemon, wie Strabon berichtet[18], auch Ikonion in Pisidien[19], aber von einer Herrschaft über ganz Pisidien ist im Unterschied zu dem späteren Herrschaftsbereich des Amyntas nirgendwo die Rede. Daß Termessos zum Reich des Polemon gehörte, ist daher nicht zu erwarten. Auch wenn man 72/1 v.Chr. als Epochenjahr annimmt, ist die Schlußfolgerung, das Ende der datierten Münzen sei mit der Besitznahme von Termessos durch Amyntas zu verbinden[20], kaum möglich. Denn die letzten Münzen wären im Jahre 41/0 v.Chr. geprägt worden. Die Übernahme von Termessos durch Amyntas geschah aber frühestens 39/8 v.Chr., da ihm erst im Spätsommer 39 v.Chr. die Herrschaft übertragen worden war[21]. Danach mußte er Pisidien erst einmal erobern[22]. Bei einer Verbindung der letzten datierten Prägung von Termessos mit dem Feldzug des Amyntas in Pisidien müßte das Fehlen von datierten Münzen in den Jahren 40/39 und wohl auch 39/8 v.Chr. erklärt werden. Die Prägungen mit den Jahreszahlen von 1 bis 32 passen gut in den Zeitraum zwischen der Bestätigung der Autonomie von Termessos, die mit weiteren Privilegien verbunden war, und der Eingliederung Pisidiens in das Reich des Amyntas. Aber das genaue Epochenjahr ist nicht sicher

12   J.-L.Ferrary, Athenaeum 1985,447ff.455f.
13   v.Aulock, Pisidien II 47.
14   Der genaue Ausgangspunkt könnte entweder 73/2 oder 72/1 v.Chr. sein. Denn der Kalender von Termessos war wahrscheinlich wie im benachbarten Lykien der makedonische; vgl. L.Robert, Documents de l'Asie Mineure méridionale, Genf - Paris 1966,54.
15   So v.Aulock, Pisidien II 46.
16   So Magie II 1177 n.34; Bernhardt, Imperium 168; J.-L. Ferrary, Athenaeum 1985,447 mit n.103; P.Weiß, in: Forschungen in Pisidien, Bonn 1992, 155 Anm.37.
17   App.b.c.5,75. Vgl. dazu Buchheim 51.58; Hoben 40f.122f.
18   Strab.12,6,1 p.568.
19   Vgl. Hoben 40.
20   So Magie II 1283 n.17; J.-L.Ferrary, Athenaeum 1985,447 n.103.
21   Vgl. Buchheim 51.
22   Vgl. dazu Magie II 1283 n.17; Hoben 123f.

nachzuweisen, ebensowenig ein Zusammenhang zwischen dem Ende der datierten Münzen und dem Beginn der Herrschaft des Amyntas.

Die Buchstaben ΛP auf einer vom Stil her späteren Prägung aus Termessos hat man als Jahreszahl 130 interpretieren wollen[23]. Nach der auf den späthellenistischen Bronzen verwendeten Ära würde die Münze in das Jahr 58/9 n.Chr. gehören. Imhoof-Blumer hat daher an eine Wiederaufnahme der Prägungen in neronischer Zeit gedacht. Doch müssen diese Datierung der Münze ebenso wie die Interpretation der Buchstaben als Zahlzeichen unsicher bleiben. Ob der Buchstabe Gamma auf der Bronzeprägung SNG Aulock 5338 das Jahr 3 der lokalen Ära von Termessos angibt[24] oder das dritte Regierungsjahr des Königs Amyntas bezeichnet[25] oder überhaupt nicht als Jahreszahl gedacht war, kann vorerst nicht geklärt werden.

In der Nachbarstadt Isinda findet sich ein ähnliches Phänomen wie in Termessos. Späthellenistische Münzen tragen Zahlzeichen (Taf.IV 4), die als Jahre einer Ära interpretiert werden[26]. Alle Zahlen von 1 bis 23 sind vertreten. Außer ihrer stilistischen Einordnung in die späthellenistische Zeit ist der einzige Anhaltspunkt für die Datierung der Münzen mit diesen Zahlen wiederum der Ariassos-Hoard, in dem aber nur eine einzige Münze Isindas enthalten war[27], die die Zahl Alpha (=1) aufweist. Daraus folgerte v.Aulock[28], daß die Serie aus Isinda später zu datieren sei als die Termessos-Prägungen, die bis zum Jahre 32 im Schatzfund enthalten waren. Da wir aber nicht wissen, unter welchen Umständen der Schatzfund zusammengekommen ist, mag Vorsicht geboten sein. Denn es könnte Zufall sein, daß gerade eine Münze Isindas mit der Zahl 1 in den Fund geraten ist. Aus dem Fehlen von Münzen Isindas mit höheren Zahlen darf man nicht schließen, daß der Schatz vor deren Prägung unter die Erde kam. Hans v.Aulock ging in seinen Schlußfolgerungen zu weit, wenn er die Serie aus Isinda mit den Zahlen von 1-23 in die Zeit des Augustus datierte[29]. Dies ist theoretisch zwar möglich, aber mit dem Ariassos-Hoard nicht zu beweisen.

Da im benachbarten Termessos die Münzen mit Jahreszahlen versehen wurden, ist es denkbar, daß Isinda dies nachgeahmt hat. Wir kennen nicht die Geschichte Isindas im 1.Jh.v.Chr. So gibt es keinen Anhaltspunkt für ein mögliches Epochenjahr. Der Freiheit konnte sich Isinda im Unterschied zu Termessos nicht rühmen. Als

23 Imh.-Bl., Gr.Mz. 703 (179) Nr.546a; Roman Provincial Coinage I 3514.

24 So Index Aulock p.166.

25 Vgl. Roman Provincial Coinage I p.538.

26 So schon Imh.-Bl., Gr.Mz.696 (172). Eine Liste bei v.Aulock, Pisidien I Nr.516ff. und Roman Provincial Coinage I 3512.3513.

27 Bei v.Aulock, Pisidien I Nr.519.

28 v.Aulock, Pisidien I 30.

29 So v.Aulock, Pisidien I 30.

Ersatz diente der Hinweis auf die ionische Abstammung der Bürger, wie sich aus den Legenden auf kaiserzeitlichen Münzen ergibt[30].

Hans v.Aulock[31] hat von zwei verschiedenen Ären in Isinda gesprochen. Denn eine zeitlich spätere, ebenfalls späthellenistische Serie von Münzen, die sich durch das niedrigere Gewicht von der späteren Serie abhebt[32], ist mit Zahlen von 1 bis 4 gekennzeichnet. Es wurde schon darauf hingewiesen[33], daß kaiserzeitliche Münzen Isindas mit Regierungsjahren datiert wurden. Da sich die Formen der Jahresdatierung traditionell lange fortsetzten[34], ist die Vermutung erlaubt, daß es sich auch bei den Zahlen auf den späthellenistischen Münzen um die Angabe von Regierungsjahren handelt. Die Zahlenreihe von 1 bis 4 wurde als Regierungsjahre des Königs Polemon interpretiert[35]. Doch hat dieser Herrscher wohl nicht über diesen Teil Pisidiens regiert, sondern wenige Jahre später der galatische König Amyntas. So könnte man die Regierungsjahre 1 bis 4 auf diesen König beziehen, wenn sich feststellen läßt, daß man unter seiner Herrschaft diese Form der Jahreszählung verwendet hat.

Auf der einzigen bekannten Silbermünze eines Vorgängers des Amyntas, des Königs Brogitaros[36], findet sich das Zeichen Stigma[37], das in dieser Zeit nur noch als Zahlzeichen für 6 verwendet wurde. Dies dürfte so zu interpretieren sein, daß die Münze im sechsten Regierungsjahr des Brogitaros, von etwa 58 v.Chr. au gerechnet, geprägt wurde[38]. Auf Silbertetradrachmen, die König Amyntas in der pamphylischen Stadt Side prägen ließ, stehen die Buchstaben IB[39], die teilweise auch nachträglich eingraviert wurden[40]. Dies bezieht sich wohl auf das 12.Regierungsjahr des Amyntas. Das heißt, die Münzen sind wahrscheinlich in seinem letzten Lebensjahr 26/5 v.Chr. geprägt

30 v.Aulock, Pisidien I Nr.868ff.

31 v.Aulock, Pisidien I 30. Vgl. auch Roman Provincial Coinage I p.538.

32 v.Aulock, Pisidien I Nr.497-515; Roman Provincial Coinage I 3510.3511.

33 Siehe oben S.19.

34 v.Aulock, Pisidien I Nr.775ff. Vgl. die Liste bei v.Aulock, Pisidien I 31.

35 v.Aulock, Pisidien I 30.70; Roman Provincial Coinage I p.538.

36 Zu Brogitaros vgl. Th.Reinach, RN 1891,383ff. = Id., Histoire par les monnaies 155; Hoben 73ff.

37 Mionnet 4, p.405 Nr.12; BMC Galatia etc., London 1899, p.XVII; Th.Reinach, loc.cit. Vgl. auch S.Atlan, Belleten 39, 1975,606f.

38 So Magie II 1236 n.40; Hoben 77 Anm.116.

39 Z.B. BMC 2-4; SNG Aulock 6105; Dewing Coll.2535; Roman Provincial Coinage I 3501.

40 Vgl. S.Atlan, Belleten 39,1975,606.

worden[41]. Zwar sind auch diese Zahlzeichen nicht sicher als
Jahreszahlen zu beweisen. Doch mit den weiteren Zeugnissen aus
den pisidischen Städten verdichtet sich die Vermutung, daß unter
dem galatischen König Amyntas Münzen nach dessen Regierungsjahren datiert wurden oder nach einer lokalen Ära, deren
Jahreszahlen von der Herrschaftsübernahme des Amyntas
ausgingen.

Die lange Reihe der Zahlen von 1 bis 23 auf den Münzen Isindas
kommt aber für die Zeit des Amyntas nicht in Frage. Hier ließe
sich an Regierungsjahre des Augustus denken. Doch kam Isinda
erst nach dem Tode des Amyntas 25 v.Chr. zum Imperium
Romanum. Es ist gut möglich, daß mit diesem Herrschaftswechsel
eine neue Münzserie in Isinda begann, die mit Jahreszahlen datiert
worden ist. Dann hätten wir eine Form der galatischen Provinzära
vor uns[42].

Die zwei Prägungen der Stadt Ariassos hingegen, die auf der
Vorderseite eine männliche (Taf.IV 6) bzw. weibliche Büste zeigen
und nach dem Ethnikon den Buchstaben Beta[43], können nur mit
großem Vorbehalt als Zeugnisse einer Jahreszählung in Ariassos
angesprochen werden. Es ist nicht einmal sicher, daß die Büsten
Augustus und Livia darstellen[44]. Die vorgeschlagene Interpretation
als Jahr 2 der Provinz Galatia ist zu spekulativ.

In der weiter nördlich gelegenen Stadt Kremna sind die Einzel-
buchstaben auf den umfangreichen Prägungen späthellenistischer
Zeit (Taf.IV 5) mit Sicherheit Zahlzeichen[45]. Denn von Beta bis
Zeta sind alle Zahlen vertreten. Es handelt sich um griechische
Münzen, die vor der Gründung der Kolonie Cremna geprägt sein
müssen, das heißt, wenn man der Datierung der Kolonie durch
Barbara Levick folgt, vor 25 v.Chr.[46]. Wir erfahren aus
Strabon[47], daß Amyntas neben anderen Städten Kremna erobert
hat, offensichtlich schon zu Beginn seiner Herrschaft, nachdem ihn
Marcus Antonius 39 v.Chr. zum König erhoben hatte[48]. Hoben

41 So S.Atlan, Belleten 39,1975,606f.; Hoben 136 mit Anm.391;
Roman Provincial Coinage I p.536. - Zu den Regierungsdaten siehe
Buchheim 58f.; Hoben 125.

42 Vgl. v.Aulock, Pisidien I 30. Zur Provinzära von Galatien
siehe unten S.398ff.

43 v.Aulock, Pisidien I Nr.374-380; Roman Provincial Coinage I
3515.3516.

44 So aber v.Aulock, Pisidien I 28f. Vorbehalte auch in Roman
Provincial Coinage I p.538.

45 v.Aulock, Pisidien II Nr.933ff.; Roman Provincial Coinage I
3518-3522.

46 Levick 36f.

47 Strab.12,6,4 p.569.

48 Dazu Levick 28.37; Hoben 123f. - v.Aulock, Pisidien II 39
wollte die Zählung mit dem Jahr 32/1 v.Chr. beginnen lassen, weil
er dann seine Münzserie, die bis zum Jahre 7 reicht, mit dem
Todesjahr des Amyntas abschließen konnte; ebenso im Anschluß an

datiert die Eroberung ins Jahr 38/7 v.Chr.[49]. Es ist gut möglich, daß mit diesem Jahr die Zählung auf den Münzen begann. Man darf aber wohl nicht eine "Ära ab der Eroberung der Stadt" annehmen, sondern höchstenfalls eine mit dem Herrschaftswechsel beginnende Zählung. Möglicherweise handelt es sich hier aber auch um die Zählung der Regierungsjahre des Amyntas, zumal Münzen des Jahres 1 fehlen. Da der galatische König in seinem ersten Regierungsjahr die Eroberung der pisidischen Festungen wohl noch nicht beendet haben konnte, wäre dies eine Erklärung dafür, daß die datierten Münzen von Kremna erst mit dem Jahre 2 einsetzen.

3. Die Ära der Provinz Galatia

Cassius Dio[1] schreibt zum Jahre 25 v.Chr., daß Augustus nach dem Tode des galatischen Königs Amyntas dessen Königreich nicht den Söhnen des Verstorbenen übergeben habe, sondern zum "untertänigen" Gebiet machte. Galatien habe zusammen mit Lykaonien einen römischen Statthalter erhalten, während die ehemals Amyntas zugewiesenen Teile Pamphyliens wieder der Eigenverwaltung zurückgegeben worden seien. Diese letzte Aussage Pamphylien betreffend wurde vielfach und umstritten diskutiert[2]. Doch scheint es inzwischen sicher, daß diese Angabe des Cassius Dio nicht korrekt ist und Pamphylien in iulisch-claudischer Zeit zur Provinz Galatia gehörte[3]. Aus dem Königreich des Amyntas war also die Provinz Galatia geworden, deren Ausdehnung bei Cassius Dio mit Galatien und Lykaonien angegeben ist[4]. Zum Königreich des Amyntas hatten aber auch Pisidien, Isaurien und Teile Kilikiens gehört[5]. Zumindest Pisidien kam ebenfalls zur neuen Provinz Galatia, wenn auch die genaue Ausdehnung nicht ganz geklärt ist.

Galatien selbst hatte sich in hellenistischer Zeit aus den drei Stammesverbänden der Tolistobogier, Tektosagen und Trokmer zusammengesetzt, aus deren Stammeszentren in römischer Zeit die Städte Pessinus, Ankyra und Tavion entstanden. Diese städtischen Zentren scheinen das nördliche Galatien unter sich aufgeteilt zu

---

v.Aulock: Roman Provincial Coinage I p.539 und S.Mitchell, in: D.H.French – C.S.Lightfoot (Eds.), The Eastern Frontier of the Roman Empire I, Oxford 1989,325 n.1. An anderer Stelle (Pisidien 17) spricht Mitchell ungenau von "um 30 v.Chr." als Ausgangsjahr.

49 Hoben 124.

1 Cass.Dio 53,26,3. Siehe auch Eutropius 7,10,2.

2 Vgl. zuletzt den Überblick über die Forschung bei W.Leschhorn, Chiron 22,1992,316 mit Anm.3 und 4.

3 Vgl. S.Mitchell, Chiron 16,1986,21.23ff.; W.Leschhorn, Chiron 22,1992,316f.

4 Cass.Dio 53,26,3. Vgl. auch Strab.12,6,1 p.568.

5 Strab.12,6,3 p.569. 12,6,4f. p.569. 14,5,6 p.671; Cass.Dio 49,32,3.

haben[6]. Im nordwestlichen Teil der Provinz war zudem die Kolonie Germa gegründet worden[7]. Südlich von Ankyra am Nordende des Tuz Gölü entstand die wenig bekannte Stadt Kinna[8]. Geht man noch etwas weiter nach Süden, gelangt man dann bei Vetissos schon in lykaonisches Gebiet.

In diesen Teilen der Provinz Galatia wurde eine Reihe von Inschriften mit Jahreszahlen einer Ära datiert, die man gewöhnlich als galatische Ära bezeichnet. Die inschriftlichen Zeugnisse aus dem nördlichen Galatien hat Mitchell[9] zusammengestellt, mit Ausnahme der Inschriften aus Pessinus, die im ersten Band der Ausgrabungsberichte von Pessinus aufgelistet wurden[10], und der Inschriften von Ankyra, die E.Bosch ausführlich kommentiert hat[11]. Die Grenzziehung zwischen den einzelnen Territorien in Galatien ist sehr schwierig, wenn nicht gar unmöglich[12]. Doch scheint der größte Teil der datierten Inschriften aus dem Territorium von Ankyra zu stammen, während Äradatierungen in Pessinus und Tavion, wenn überhaupt, äußerst selten zu finden sind.

Eine in Sivrihisar an der Westgrenze der Provinz Galatia aufgenommene Inschrift[13], die ins Jahr 34 datiert ist, ist wohl von Pessinus dorthin verschleppt worden[14], ebenso wie eine zweite Grabinschrift aus Sivrihisar[15], bei der nur noch das Gamma der Jahreszahl zu lesen war. In der näheren Umgebung der Kolonie Germa wurden zwei griechische Grabinschriften entdeckt, die nach

6 Vgl. S.Mitchell, Regional Epigraphic Catalogues of Asia Minor II (RECAM II): The Ankara District. The Inscriptions of North Galatia, Oxford 1982,p.14 (künftig als RECAM II zitiert); TIB 4, 52.

7 Zu Germa und seiner Lage vgl. H.v.Aulock, MDAI(I) 18,1968, 223ff.; M.Waelkens, Byzantion 49,1979,450ff.; Waelkens 280; K.Belke, in: Byzantios. Festschrift H.Hunger, Wien 1984,1ff.; TIB 4,168f.: J.Devreker, EA 19,1992,24.29.

8 Vgl. TIB 4,189f.

9 S.Mitchell, op.cit. (Anm.6).

10 J.Devreker - M.Waelkens, Les fouilles de la Rijksuniversiteit te Gent à Pessinonte 1967-1973, Bd.I, Brügge 1984.

11 E.Bosch, Quellen zur Geschichte der Stadt Ankara im Altertum, Ankara 1967.

12 Vgl. z.B. S.Mitchell, RECAM II p.21 bezüglich der Siedlungen zwischen Iuliopolis und Germa und zur Südgrenze des Territoriums von Ankyra.

13 A.v.Domaszewski, AEM 7,1883,182 Nr.47.

14 Vgl. Waelkens 293; J.Strubbe, in: Fouilles à Pessinonte I, Brügge 1984,216f.; TIB 4, 214. 227. Zur Ausdehnung des Territoriums vgl. J.Strubbe, Talanta 10-11, 1978-79,129 mit n.66; Waelkens 282f.; J.Strubbe, Fouilles à Pessinonte I, 216f.; S.Mitchell, RECAM II p.20f.

15 A.D.Mordtmann, SBAW 1860,196 Nr.17. Vgl. J.Strubbe, Fouilles à Pessinonte I, 234 Nr.9.

einer Ära datiert waren[16]. Aus der Region zwischen den Flüssen
Tembris und Sangarios nördlich von Germa sind drei mit
Jahreszahlen versehene Inschriften bekannt[17]. Dieses Gebiet liegt
nahe beim bithynischen Iuliopolis, gehörte aber offenbar noch zu
Galatien[18]. Dies zeigen nicht nur die keltischen Namen in den
Inschriften, sondern gerade auch die Äradatierungen. Denn im
angrenzenden Bithynien war diese Art der Jahresrechnung in der
Kaiserzeit unbekannt, so daß die genannten Inschriften mit den
Jahreszahlen einer Ära der römischen Provinz Galatia zuzuweisen
sind.

   Im Gebiet zwischen Tembris und Sangarios lagen große
Landgüter bedeutender Familien, unter anderem der berühmten
Plancii aus Perge[19]. Für M.Plancius Varus wurde in Germa eine
Inschrift aufgestellt[20]. Mehrere Plancii, Freigelassene der
senatorischen Familie, sind in Inschriften dieses nordwestlichsten
Teils der Provinz Galatia genannt[21]. Eine der Inschriften für eine
Plankia, Frau des Asklepios, ist ins Jahr 84 datiert[22]. Diese
Jahreszahl kann nicht nach der sullanischen Ära umgerechnet
werden, da man damit noch ins 1.Jh.v.Chr. käme. Freigelassene
der Plancii sind aber nicht vor Mitte des 1.Jh.n.Chr. zu erwarten.

   Südlich von Ankyra ist eine genaue Grenzziehung zwischen den
einzelnen Territorien kaum möglich. Aus diesem Gebiet kommen drei
datierte Inschriften[23]. Auch dort lagen große Güter römischer
Familien[24], eines mit dem Namen Appuleia Concordia[25], ein anderes
im galatisch-lykaonischen Grenzgebiet in der Nähe von Vetissos[26],
den Sergii Paulli gehörend[27]. Die Weihung eines Lukios Sergios
Korinthos an den Gott Men aus dem Jahre 114, die in Büyük-
beşkavak gefunden wurde[28], stammt von einem Freigelassenen

---

   16   J.Strubbe, Mnemosyne 1981,122f. = SEG 31,1076 = RECAM II
120; RECAM II 113. Vgl. auch S.Mitchell, JRS 64,1974,31.
   17   RECAM II 40.49.75.
   18   So RECAM II p.21.
   19   Vgl. J.G.C.Anderson, JRS 27,1937,18ff.; S.Mitchell, JRS
64,1974,27ff.; S.Mitchell, ANRW II 7,2,1980,1074ff.
   20   S.Mitchell, JRS 64,1974,27ff.
   21   Vgl. die Zeugnisse bei S.Mitchell, JRS 64,1974,31ff.
   22   RECAM II 40. Vgl. auch S.Mitchell, JRS 64,1974,31.
   23   RECAM II 325.257; MAMA VII 486.
   24   Vgl. S.Mitchell, ANRW II 7,2,1980,1070ff. mit der Karte
Fig.2.
   25   RECAM II 324. Vgl. dazu S.Mitchell, ANRW II 7,2,1980,1077;
Sartre 278.
   26   Dazu E.Kirsten, RE VIII A 2,1958,2437ff.; Waelkens 230.240;
TIB 4,242.
   27   Vgl. dazu W.M.Ramsay, JRS 16,1926,202ff.; W.M.Calder,
Klio 24,1931,59ff.; MAMA VII p.XXV-XXVI; S.Mitchell, ANRW II 7,
2,1980,1073f; Sartre 277.
   28   MAMA VII 486; Lane, Men I 73 Nr.111. Die Einerziffer Delta
ist nicht ganz sicher.

dieser Sergii Paulli[29]. Das angebliche Jahr 550 in einer christlichen Inschrift aus Gözlü in Lykaonien[30], für das die Bearbeiter der MAMA die aktische Ära vermuteten, hat Grégoire als Falschlesung für das Jahr 8 der Regierung des byzantinischen Kaisers Heraklios erwiesen[31]. Möglicherweise kommt aber eine Grabinschrift, die in Smyrna aufbewahrt wurde und in das Jahr 213 datiert ist (Taf.VII 2)[32], aus Lykaonien. Denn der Stein soll aus Ikonion stammen. Pfuhl – Möbius wunderten sich, daß die Namen der darin genannten Brüder Flavius Flavianus und Flavius Marcellus auf die Zeit nach 330 n.Chr. deuten, die Relieffiguren und die Schriftformen aber früher zu sein scheinen. Doch sind diese Namen auch für das 2.Jh. n.Chr. möglich, so daß die Inschrift nach der galatischen Ära ans Ende des 2.Jh.n.Chr. gehören könnte.

Was ist aus den erwähnten Zeugnissen für eine Äradatierung und aus weiteren Inschriften, die in Galatien und wahrscheinlich auch in Lykaonien mit Jahreszahlen datiert wurden[33], hinsichtlich des Ausgangspunktes der darin verwendeten Ära zu entnehmen? Schon die frühesten Jahreszahlen zeigen, daß es sich nicht um die sullanische Ära handeln kann. Denn ein Marcus im Jahre 34 in der Region von Pessinus und Germa[34] sowie eine Plancia im Jahre 84 im nordwestlichen Galatien auf den Gütern der Plancii[35] sind vor dem 1.Jh.n.Chr. nicht denkbar, zumal diese Gebiete erst unter Augustus in das römische Provinzialsystem eingegliedert wurden. Auch ein Freigelassener der Sergii Paulli, der in einer Inschrift des Jahres 114 genannt wird[36], ist vor der Mitte des 1.Jh.n.Chr. kaum möglich.

Die Einführung des Aureliennamens ab dem Jahre 243 in Inschriften aus der Region von Ankyra[37] zeigt, daß die Ära nicht vor 31/30 v.Chr. ihr Epochenjahr haben kann. Leider fehlen uns gerade aus der Zeit vor dem lokalen Jahr 243 Zeugnisse mit einer Äradatierung, um das Epochenjahr näher eingrenzen zu können. Aber die aktische, caesarische oder sullanische Ära sind durch die erwähnten Inschriften auszuschließen.

Zur genaueren Bestimmung der Ära in diesen inschriftlichen Zeugnissen hat man Münzen, die Pessinus und Tavion zugewiesen werden, herangezogen. Drei Münztypen, die unter Tiberius in Pessinus geprägt wurden, tragen Jahreszahlen[38]. Die Stücke sind

---

29 Vgl. dazu MAMA VII p.XXVI; S.Mitchell, ANRW II 7,2, 1980,1073.

30 MAMA I 323b. Zum Fundort vgl. TIB 4,171f.

31 H.Grégoire, Byzantion 4,1927-28,460f.

32 A.E.Kontoleon, REG 12,1899,390; Pfuhl – Möbius, Ostgriech. Grabreliefs Nr.351.

33 Siehe den Katalog unten S.539ff.

34 A.v.Domaszewski, AEM 7,1883,183 Nr.48.

35 RECAM II 40. Vgl. auch S.Mitchell, JRS 64,1974,31.

36 MAMA VII 486.

37 RECAM II 201.204.205.206.

38 J.Devreker, Les monnaies de Pessinonte, in: Les fouilles de la Rijksuniversiteit te Gent à Pessinonte I, Brügge 1984, 190f. Nr.

wohl zu Recht mit der Münzstätte Pessinus verbunden worden[39],
weil auf der Rückseite Kybele, die Hauptgottheit von Pessinus, mit
der Legende MHTHP ΘΕΩN dargestellt ist. MHTPOΣ ΘΕΩN ΠΕΣ-
ΣΙΝΕΑΣ lautet die Legende auf einer Reihe autonomer Prägungen
von Pessinus im 1.Jh.v.Chr.[40]. Außerdem sind Exemplare dieses
Typs bei den Ausgrabungen in Pessinus gefunden worden[41]. Auf
zwei der unter Tiberius geprägten Münztypen stehen die beiden
Buchstaben ΓM sowie die Beamtenangabe ΕΠΙ ΠΡΕΙΣΚΟΥ (Taf.III
10). Aus dem dritten Münztyp wird deutlich, daß es sich bei den
beiden einzelnen Buchstaben um Jahreszahlen handelt. Dort ist
nämlich ΕΤΕΙ N (=Jahr 50) zu lesen[42]. Die beiden Jahre 43 und 50
der für die Münzen verwendeten Ära fallen also in die Zeit des
Tiberius. Doch ist die Caesarenzeit des Tiberius für die beiden
Prägungen des Jahres 43 nicht auszuschließen, da der Herrscher
darauf barhäuptig dargestellt ist und in der Legende nicht den
Augustustitel trägt. Durch die Münzen des Jahres 50, die
jedenfalls vor dem Ende des Tiberius geprägt sein müssen, ergibt
sich als terminus ante quem des Epochenjahres 14/3 v.Chr.

Der Name Priscus auf den Münzen des Jahres 43 ist der des
Statthalters der Provinz Galatia, da auf weiteren Prägungen
ebenfalls Statthalter von Galatia genannt werden[43]. Die Erwähnung
des Priscus trägt zur Datierung wenig bei, da dieser Mann fast
unbekannt ist[44]. Erst neuerdings hat man ihn mit dem Q.Cornelius
Priscus identifiziert, der in einer Inschrift aus dem Letoon von
Xanthos als legatus pro praetore des Tiberius bezeichnet wird[45].
Die Bezeugung seiner Amtszeit unter Tiberius zeigt aber, daß der

1-3; Roman Provincial Coinage I 3552-3554. Die Münzen zuerst
behandelt von M.Grant, The Official Coinage of Tiberius in
Galatia, NC 1950,43ff. Vgl. dazu auch M.Grant, Roman
Anniversary Issues, Cambridge 1950,35f. mit n.7 sowie 65 mit n.4
und n.5; Stumpf 125ff.; Roman Provincial Coinage I p.543ff.

39 So J.Devreker, Fouilles à Pessinonte I, 190 n.1 und schon
Imh.-Bl., Gr.Mz. p.753 (229); ebenso Roman Provincial Coinage I
p.544.

40 J.Devreker, Fouilles à Pessinonte I, 173ff. Nr.1-10. Vgl.
auch Roman Provincial Coinage I 3556.

41 J.Devreker, Fouilles à Pessinonte I, 200 Nr.78 und 79. Vgl.
auch S.Mitchell, Chiron 16,1986,20 mit Anm.18; Roman Provincial
Coinage I p.544.

42 Münzen dieses Typs auch bei Imh.-Bl.,Gr.Mz.759(236); Slg.
Cos Weber 3974; M.Grant, NC 1950, pl.II 7; SNG Aulock 5020 (dort
fälschlich unter Etenna); Roman Provincial Coinage I 3554.

43 Vgl. dazu J.Devreker, Fouilles à Pessinonte I, 191 Nr.4ff.;
Stumpf 125ff.166ff.; Roman Provincial Coinage I p.543ff.

44 Vgl. W.Eck, RE Suppl.15,1978,443; Sherk, Roman Galatia
971.

45 A.Balland, Fouilles de Xanthos VII: Inscriptions d'époque
impériale du Létoon, Paris 1981,121 Nr.47 = Année épigr.1981,827.
So H.Halfmann, Chiron 16,1986,36 Anm.6.

terminus post quem des Epochenjahres unserer Ära 29/8 v.Chr.
ist, ein ähnliches Ergebnis, wie es sich aus den Inschriften ergab.
Daß es sich um die gleiche Ära auf den in Pessinus geprägten
Münzen und in den Inschriften Nordgalatiens handelt, wird nicht
nur durch die inschriftlichen Zeugnisse deutlich, die in der Nähe
von Pessinus gefunden wurden. Daß in der gleichen Region zwei
Äradatierungen bestanden, die sich im Epochenjahr kaum
unterscheiden können, ist wenig wahrscheinlich. Auch die
besprochenen Münzen mit Jahreszahlen galten offenbar für ganz
Galatia, wie das Fehlen eines Ethnikon und die Nennung des
Provinzstatthalters zeigen[46].

Einen weiteren Statthalter Galatiens, T.Helvius Basila, kennen
wir sowohl von den unter Tiberius geprägten Münzen[47] als auch
von der am Roma und Augustus-Tempel in Ankyra angebrachten
Priesterliste[48]. Dort sind die jährlich wechselnden Priester unter
dem amtierenden Statthalter eingetragen. Dadurch erhalten wir
wichtige Erkenntnisse für die relative Chronologie der Statthalter,
da sowohl die Reihenfolge als auch die Länge einiger Amtszeiten
sichtbar werden. Vor Helvius Basila sind als Statthalter Silvanus,
Fronto und Metilius genannt. Unter diesen wurden 13 Priester in
die Liste eingetragen[49]. Nach diesen 13 Jahren amtierte also der in
der erhaltenen Liste als letzter genannte Helvius Basila. Da aber
nach einer in Attaleia neu gefundenen Inschrift und ihrer
überzeugenden Interpretation durch Mitchell[50] Helvius Basila unter
zwei Kaisern amtiert haben muß, nach Ausweis der Tempelinschrift
in Ankyra seine Amtszeit in Galatien nicht unter Augustus fallen
kann[51], kommt nur das Ende der Regierung des Tiberius für die
Statthalterschaft Basilas in Frage. Damit scheiden aber auch für
den auf der Münze des Jahres 43 genannten Priscus die letzten 13

46 So mit J.Devreker, loc.cit. und entgegen Roman Provincial
Coinage I p.543. Die Datierung der Münzen mit Jahreszahlen kann
nicht als Beweis für eine städtische Prägung gelten, wenn es sich
wie hier um eine Ära der Provinz Galatia handelt. Auf den
Münzen, die den Namen von Pessinus tragen, findet sich keine
Jahreszahl.
47 J.Devreker, Fouilles à Pessinonte I, 191 Nr.4-9; Stumpf
128ff. Nr.191-196; Roman Provincial Coinage I 3546-3551. Zur
Diskussion über die Datierung vgl. Roman Provincial Coinage I
p.544ff
48 D.Krencker - M.Schede, Der Tempel in Ankara, Berlin -
Leipzig 1936,52ff.; OGIS 533; Ehrenberg - Jones 109.
49 Vgl. dazu H.Hänlein, AA 1981,511ff.; K.Fittschen, AA 1985,
308ff.; H.Halfmann, Chiron 16,1986,35ff.; S.Mitchell, Chiron 16,
1986,17ff.
50 S.Mitchell, Chiron 16,1986,23ff.
51 Der elfte Priester vor dem Statthalter Basila setzte eine
Statue für Iulia Augusta, Z.33f. Dies kann frühestens 14 n.Chr.
geschehen sein. Denn Iulia Augusta hieß Livia erst nach dem Tode
des Augustus.

Jahre der Regierung des Tiberius aus. Der terminus ante quem für das Epochenjahr der Ära verschiebt sich auf 19/8 v.Chr.

Man kann mit dem terminus ante quem noch ein oder zwei Jahre zurückgehen, wenn die Beobachtung Mitchells[52] richtig ist, daß in der Priesterliste nach dem zweiten unter Basila eingetragenen Priester ein halber Block nicht beschrieben war und danach die Erwähnung verschiedener Maßnahmen, unter anderem der Weihung eines Altars, mit dem Herrscherwechsel von Tiberius zu Caligula zu verbinden ist. Basila hätte dann sein Amt schon 35 oder Anfang 36 n.Chr. angetreten[53].

Man hat also den Ausgangspunkt der Ära zwischen 29/8 und 19/8 v.Chr. zu suchen. Die Frage des genauen Epochenjahres ist insofern von Wichtigkeit, als davon der Zeitpunkt der Einrichtung des Tempels in Ankyra mit dem berühmten Tatenbericht des Augustus und die Statthalterliste der Provinz Galatia mit vielen historischen und prosopographischen Schlußfolgerungen abhängen[54]. Aus dem in Frage kommenden Zeitraum ist uns ein wichtiges Ereignis aus Galatien bekannt, das nach allem, was über die Einführung von Ären im nordkleinasiatischen Raum zu erkennen war, als Ausgangspunkt auch der galatischen Ära gelten konnte, nämlich die Eingliederung dieses Raumes in das römische Provinzialsystem. Cassius Dio (53,26,3) berichtet den Tod des Amyntas und die Gründung der Provinz Galatia zum Jahre 25 v. Chr. Schon lange hat man daher angenommen, daß es sich bei der Jahresrechnung in den Inschriften Galatiens um eine Provinzära handelt, die ab 25 v.Chr. zu berechnen sei. Dagegen erhoben sich aber Einwände[55], die sich vor allem auf lokale Münzen der Stadt Tavion, der östlichsten der Städte Galatiens, stützten.

Unter den lokalen Münzen von Tavion, die in der Regierungszeit des Septimius Severus mit der Jahreszahl 218 datiert wurden[56], befinden sich auch Prägungen für Caracalla, der noch nicht den Augustus-Titel führt, und für Geta als Caesar[57]. Diese Münzen sind offensichtlich alle in dem lokalen Jahr geprägt worden, in dem Caracalla zum Augustus und Geta zum Caesar erhoben wurden. Das heißt, das lokale Jahr 218 entspricht in Tavion 197/8 n.Chr.[58]. Daraus ergibt sich das Epochenjahr 21/0 v.Chr.

52 S.Mitchell, Chiron 16,1986,23.
53 Vgl. jetzt W.Leschhorn, Chiron 22,1992,334ff.
54 Vgl. H.Hänlein, Zur Datierung des Augustustempels in Ankara, AA 1981,511ff.; K.Fittschen, Zur Datierung des Augustus-Roma-Tempels in Ankara, AA 1985,309ff.; H.Hänlein-Schäfer, Veneratio. Eine Studie zu den Tempeln des ersten römischen Kaisers, Rom 1985,189f.; S.Mitchell, Chiron 16,1986, 17ff.; W.Leschhorn, Chiron 22,1992,334ff.
55 Vgl. den Überblick über die Forschungsdiskussion in W.Leschhorn, Chiron 22,1992,317ff.
56 Vgl. dazu unten S.410ff.
57 Caracalla: BMC 23; Inv.Wadd. 6699; SNG Aulock 6247.6248. Siehe Taf.IV 1. - Geta: Inv.Wadd.6708. Siehe Taf.IV 2.
58 Vgl. W.Leschhorn, Chiron 22,1992,324ff.

Aus dem Widerspruch zwischen dem bei Cassius Dio bezeugten Gründungsjahr 25 v.Chr. für die Provinz Galatia und dem aus den Münzen von Tavion errechneten späteren Epochenjahr entwickelte sich in der Forschung eine Diskussion um das genaue Datum der Einrichtung der Provinz, die bis heute anhält. Clemens Bosch vermutete, daß die Ära von Tavion nicht mit der Besitzergreifung Galatiens durch die Römer, sondern mit einem Besuch des Augustus im Jahre 20 v.Chr. zusammenhänge[59]. Tatsächlich hat sich Augustus 20 v.Chr. in Kleinasien aufgehalten[60], obwohl ein Besuch in Galatien nicht ausdrücklich bezeugt ist. Ramsay hingegen nahm an[61], daß die Provinzära erst mit dem Jahre 20 v.Chr. begonnen habe. M.Lollius, Consul des Jahres 21 v.Chr. und erster Statthalter in Galatia[62], habe sein Amt in Galatien erst nach seinem Consulat, also im Jahre 20 v.Chr., angetreten, und ab diesem Zeitpunkt seien die Jahreszahlen zu berechnen. Doch hat Lollius sicher vor seinem Consulat Galatien als Propraetor, wie es bei Eutropius heißt, verwaltet[63]. Die sonstigen Daten, die wir über den cursus honorum des Lollius besitzen, sprechen eindeutig dafür, daß er bald nach 25 v.Chr. in Galatien tätig war[64].

Ramsay hatte 25 v.Chr. als Gründungsjahr der Provinz Galatia unter anderem mit dem Argument abgelehnt, daß nicht alle Ereignisse, die Cassius Dio in annalistischer Weise zum Jahre 25 v.Chr. berichtet, innerhalb eines Jahres geschehen sein können[65]. Cassius Dio nimmt aber, auch wenn er Ereignisse zusammenfaßt, die Dinge nicht vorweg, sondern rekapituliert sie im nachhinein[66]. Insofern ist es unwahrscheinlich, daß die Gründung der Provinz, die Cassius Dio (53,26,3) zum Jahre 25 v.Chr. berichtet, erst viel später erfolgt ist[67].

---

59 Cl.Bosch, Numismatik 2,1933,62.

60 Cass.Dio 54,7,4-6. Vgl. Magie I 469ff.; Halfmann, Itinera 158.160.

61 W.M.Ramsay, A History of Province Galatia, in: Anatolian Studies presented to W.H.Buckler, Manchester 1939,201-204; Ramsay, Social Basis 92f. So auch Grant, FITA 250 mit n.16; M.Grant, NC 1950, 43ff.; M.Grant, Roman Anniversary Issues, Cambridge 1950,35f.65 n.5.

62 Eutrop. 7,10,2.

63 Vgl. R.Syme, Observations on the Province of Cilicia, in: Anatolian Studies W.H.Buckler, Manchester 1939,331 (=Id., Roman Papers I, Oxford 1979,146); E.Bosch, AnAr 1,1955,70f.; Sherk, Roman Galatia 963; B.Rémy, Les fastes sénatoriaux des provinces romaines d'Anatolie au Haut-Empire, Paris 1988,99.105; Id., REA 92,1990,86.

64 Vgl. dazu W.Leschhorn, Chiron 22,1992,321f.

65 W.M.Ramsay, in: Anatolian Studies W.H.Buckler 201.

66 Vgl.R.Syme, JRS 23,1933,17 Anm.23; Id., Roman Papers II, Oxford 1979,841; Levick 193.

67 Vgl. W.Leschhorn, Chiron 22,1992,322f.

E.Bosch hat die These von Cl.Bosch über die Ära von Tavion fortentwickelt[68]. Weil er es für ausgeschlossen hielt, daß die drei eng verbundenen galatischen Städte Tavion, Ankyra und Pessinus verschiedene Zeitrechnungssysteme kannten, aber auch sah, daß Lollius schon vor 21 v.Chr. Statthalter in der Provinz Galatia gewesen sein muß, nahm er einen Besuch des Augustus im Jahre 20 v.Chr. in Ankyra an, ab dem ganz Galatien eine neue Jahreszählung begonnen habe. An anderer Stelle[69] versuchte er diese These zu präzisieren, indem er auf eine bei Malalas[70] überlieferte Legende verwies, nach der Augustus in Ankyra eine Jungfrau geopfert habe. Der Princeps habe 20 v.Chr. Ankyra besucht und damals den Städten Ankyra, Tavion und Pessinus die Autonomie verliehen. Magie, Levick und Sherk haben die Jahreszahlen auf den Münzen Tavions wiederum auf eine lokale, von der Provinzialära zu trennende Zeitrechnung bezogen, die nach Meinung Levicks auf irgendeiner kleinen Wohltat des Augustus beruhe und zur Schmeichelei für den Princeps eingeführt worden sei[71].

Mitchell, der sich zunächst nicht festlegen wollte[72], hat sich schließlich dafür entschieden, daß man eine gemeinsame Ära der drei zentralen galatischen Städte annehmen müsse, die ab 23.September 22 oder ab 23.September 21 v.Chr. zu berechnen sei[73]. Gleichzeitig sprach sich auch Halfmann für eine gemeinsame Ära der Provinz Galatia aus[74], mit deren Epochenjahr man jetzt bis 23 v.Chr. gehen könne, da Caracalla schon im Sommer 195 n.Chr. als Caesar bezeugt sei und damit seine Münzen mit der Jahreszahl 218 schon früher als bisher angenommen in Tavion geprägt worden sein könnten. Halfmann versuchte ausführlich das zeitliche Intervall zwischen dem Tod des Amyntas und dem von ihm angenommenen Epochenjahr 23 v.Chr. zu erklären. Augustus befand sich zum Zeitpunkt, als Amyntas starb, im Kantabrerkrieg in Spanien, so daß die Regelungen zur Übernahme des Königreiches sicher längere Zeit benötigten, wenn man die damalige Reisezeiten berücksichtigt. Sicher kann Lollius kaum vor 24 v.Chr. in Galatien eingetroffen sein. Genau in dieses Jahr wird im übrigen die Provinzgründung durch Lollius bei Eusebius gesetzt[75]. Daß Galatien als Provinz aber erst im Jahre 23 v.Chr. und im Zusammenhang mit der Orientreise

---

68   E.Bosch, AnAr 1,1955,68ff. und Bosch, Ankara 172f.
69   Bosch, Ankara 26.
70   Malalas p.221 Dindorf.
71   Magie II 1306 n.5; Levick 193f.; Sherk, Roman Galatia 958f. n.14. So auch W.F.Shaffer, The Administration of the Roman Province of Galatia from 25 B.C. to A.D.72, Diss.Princeton 1945, 37f.; H.Hänlein, AA 1981,512 mit Anm.18 und Rémy, Evolution 23f.; Id., REA 92,1990,86 Anm.3.
72   S.Mitchell, RECAM II p.29f.
73   S.Mitchell, Chiron 16,1986,20f.
74   H.Halfmann, Chiron 16,1986,36ff.
75   Euseb. chron. p.164 Helm.

des Agrippa gegründet worden sei[76], ist nicht überzeugend. Die politische Lage im Osten mußte die Römer zu einer schnellen Entscheidung veranlassen[77], die sicher nicht zwei Jahre auf sich warten ließ. Die Einrichtung einer Provinz wie Galatia war zwar nicht die Angelegenheit eines Jahres, sondern erstreckte sich über einen längeren Zeitraum[78]. Doch ist dies für das Problem des Epochenjahres unwesentlich. Denn nicht das Ende der Einrichtung einer Verwaltung war das ausschlaggebende Moment, von dem aus man eine Ära beginnen ließ. Das einschneidende Ereignis war der Übergang der Herrschaft auf die Römer. Wenn man nicht die zeitliche Einordnung bei Cassius Dio völlig in Frage stellen will, geschah die Übernahme des ehemaligen Königreichs des Amyntas im Jahre 25 v.Chr. oder spätestens 24 v.Chr.[79], das heißt spätestens in dem lokalen Jahr, das von Herbst 25 bis Herbst 24 v.Chr. reichte, da ·man auch beim Kalender in Galatien von einem Jahresbeginn im Herbst ausgehen kann[80].

Drei Zeugnisse hat man in der Diskussion vor allem der letzten beiden Jahrzehnte übersehen, die die Frage der Ärarechnung in Galatien klären können. Das erste ist die schon erwähnte Münze Getas aus Tavion mit der Jahreszahl 218, die beweist, daß die dortige Ära nicht vor 21/0 v.Chr. einsetzt, daß es sich also in Tavion um eine Jahresrechnung handelt, die von den Ereignissen um den Tod des Amyntas und um die Gründung der Provinz zeitlich zu trennen ist[81]. Das zweite ist eine christliche Inschrift aus Ankyra, deren Datierung falsch gelesen worden war, bei der aber Henri Grégoire[82] ἐνδικτιῶνι γ' μηνὶ Δεκαιβρίου κα' φ þ δ' erkennen konnte. Das Jahr 594 der in dieser ankyranischen Inschrift verwendeten Ära entspricht also der 3.Indiktion. Ein Jahr mit der Indiktionszahl 3 begann am 1.September 569 n.Chr.[83]. Dies führt, wenn man 594 Jahre zurückrechnet, genau auf das Epochenjahr 25/4 v.Chr., das nach Cassius Dio zu erwarten war[84].

---

76   So H.Halfmann, Chiron 16,1986,38.

77   Vgl. Levick 193f.; Rémy, Evolution 23f.; W.Leschhorn, Chiron 22,1992,323.

78   Vgl. R.K.Sherk, The Legates of Galatia from Augustus to Diocletian, Baltimore 1951,14.

79   Vgl. W.Leschhorn, Chiron 22,1992,323.

80   Vgl. S.Mitchell, Chiron 16,1986,21. Die Monatsnamen weisen auf den makedonischen Kalender: RECAM 195.242.

81   Siehe dazu unten S.410ff.

82   H.Grégoire, Inscriptions historiques byzantines V: L'ère d'Ancyre et Artémidore ambassadeur et cubiculaire, Byzantion 4, 1927-28,453-461. Die Inschrift mit falscher Lesung der Jahreszahl erstmals publiziert von A.Kirchhoff, Annali dell'Instituto di Corrispondenza archeologica 1861,182 Nr.16.

83   Vgl. Kubitschek, Grundriß 107.

84   Vgl. W.Leschhorn, Chiron 22,1992,326f.

Das dritte Zeugnis ist die schon behandelte doppelt datierte Inschrift aus dem oberen Lysistal[85], die gleich noch zu besprechen sein wird. Die Äradatierung, die in den Inschriften Nordgalatiens häufig zu finden ist, wurde offenbar vereinzelt auch in den zur Provinz Galatia gehörenden Regionen von Lykaonien[86] und in Pisidien verwendet. Aus Isparta, früher mit Baris in Pisidien identifiziert, heute aber als byzantinisches Saparta gesichert[87], sollen zwei Inschriften stammen, die Jahreszahlen aufweisen. Eine des Jahres 101 soll aus Isparta nach Smyrna gekommen sein, von wo sie nach Dresden gelangte[88]. Eine zweite Inschrift, die Sterrett in Isparta selbst aufnahm und mit der Jahreszahl 450 datierte[89], ist aber falsch ergänzt worden. Darin ist nicht, wie fälschlich angenommen, die Jahreszahl υν' (=450) zu lesen, sondern bei den beiden angeblichen Zahlzeichen handelt es sich um Buchstaben der christlichen Formel Θ(εο)ῦ συνερ(γίᾳ), die sich auch in einer Inschrift aus Seleukeia Sidera findet, bei der Sterrett[90] ebenfalls fälschlich die Jahreszahl 450 erkennen wollte[91]. Einen Grabaltar mit einer Datierung in die 140er Jahre einer Ära nahm Hall in Seydişehir auf[92]. Er soll aus dem nicht weit entfernt gelegenen Amblada in Pisidien gekommen sein. In der fragmentarischen Inschrift wird ein Mann aus Panemoteichos als Grabherr genannt, einer Stadt, die im südlichen Pisidien gesucht wird[93]. Für diese Region und diese Inschriften bietet sich eine Berechnung nach der galatischen Ära an[94].

85 Siehe oben S.366f.
86 Siehe oben S.400f.
87 TIB 6,373.
88 Le Bas - Waddington 1522. Vgl. auch O.Fiebiger, JOEAI 23, 1926, Beiblatt 309-314, der vermutete, die Stele stamme aus Dionysopolis in Phrygien, weil dort sowohl die auf der Stele genannte Leto als auch Äradatierungen zu finden seien. Dies ist aber zu Recht von L.Robert, Hellenica 10,1955,116 n.3 abgelehnt worden. Eine Ära ist in Dionysopolis nur auf Münzen bezeugt; vgl. oben S.284ff.
89 Sterrett Nr.89.
90 Sterrett, Wolfe Expedition Nr.465.
91 Vgl. W.Weber, in: H.Rott, Kleinasiatische Denkmäler aus Pisidien, Pamphylien, Kappadokien und Lykien, Leipzig 1908,351 Nr.12 und 354 Nr.18: H.Grégoire, RIB 51,1908,277ff.; F.Halkin, AB 71,1953,331 mit Anm.3.
92 A.S.Hall, AS 18,1968,83 Nr.41. Vgl. Robert, Bull.épigr. 1969,576.
93 Vgl. v.Aulock, Phrygien I 41f.
94 Die von Sterrett, Wolfe Expedition Nr.472 im pisidischen Konana aufgenommene Inschrift mit der Jahreszahl 346, deren Herkunft für M.Collignon, BCH 3,1879,340 Nr.15 noch unsicher war, scheint aus dem nördlich an Konana angrenzenden Gebiet von Apollonia zu stammen und nach der sullanischen Ära datiert zu sein; siehe oben S.276.

So ist es nicht verwunderlich, wenn eine Inschrift im oberen Lysistal aus dem Grenzgebiet zwischen den Provinzen Asia und Galatia auch eine Jahreszahl nach der galatischen Ära aufweist. Diese Altarinschrift, die auf dem Gebiet des sonst unbekannten Demos der Makropedeitai stand, trug folgende Datierung[95]: ΕΤΟΥΣ ΒΡΡΝ. Die Lesung konnte von Bean bestätigt werden[96]. Ramsay hatte die Buchstaben in ἔτους βρ', ρν' aufgelöst und darin zwei Jahreszahlen zweier verschiedener Ären gesehen, das Jahr 150 der kibyratischen und das Jahr 102 einer Ära, die ab der Schaffung der Provinz Lycia-Pamphylia unter Vespasianus gerechnet worden sei. Doch ist die Existenz einer solchen lykischen Ära sehr zweifelhaft[97].

Die Anwendung der kibyratischen Ära in der Inschrift ist deswegen wahrscheinlich, weil sie im Grenzgebiet zu Kibyra aufgestellt war und der Steinmetz, der seinen Namen auf dem Denkmal hinterließ, ein Kibyrate war. Ramsay sah in der größeren Zahl 150 die Datierung nach der kibyratischen Ära. Doch spricht die Stellung der Ziffern bei der kleineren Zahl 102 dafür, darin die kibyratische Jahreszahl zu sehen. In der großen Mehrzahl der Fälle steht in der Kibyratis die Einerziffer am Anfang der Zahl, während es sich in den meisten anderen Regionen umgekehrt verhält. Das Jahr 102 der kibyratischen Ära, die entweder von 24/5 oder 25/6 n.Chr. ausgeht[98], entspricht 125/6 oder 126/7 n.Chr. Rechnet man 150 Jahre zurück, ergibt sich als Epochenjahr der für die zweite Zahl angewandten Ära entweder 25/4 oder 24/3 v.Chr. Das erste ist das für die christliche Inschrift aus Ankyra errechnete Ausgangsjahr der galatischen Ära. Man wird also davon ausgehen können, daß die Ära der Provinz Galatia auch in Pisidien verwendet wurde und wie in Ankyra gleichermaßen 25/4 v.Chr. als Epochenjahr hat. Die Übernahme Galatiens durch die Römer war der Ausgangspunkt dieser Zeitrechnung, die offensichtlich in vielen Teilen der Provinz, wenn auch in unterschiedlichem Ausmaß, verwendet wurde. Man wird entsprechend auch die Zeugnisse aus dem Gebiet der Tolistobogier um Pessinus nach der Ära mit dem Epochenjahr 25/4 v.Chr. zu berechnen haben[99].

Am häufigsten anzutreffen ist die Ära der Provinz Galatia in der Region von Ankyra und im Nordwestteil der Provinz, wo die Zeugnisse mit Äradatierung die Grenze zu Bithynien anzeigen. Ebenso kann an der Westgrenze zu Asia durch die im Vergleich zur

---

95 Ramsay, Cities 308 Nr.120-1; Ramsay, Social Basis 17 Nr.6; Lane, Men I Nr.126. Vgl. Magie II 1317 n.25; Robert, Bull.épigr. 1959,439; W.Leschhorn, Chiron 22,1992,327f.

96 G.E.Bean, AS 9,1959,103 Nr.64.

97 Vgl. P.Jacobsthal – A.H.M.Jones, JRS 30,1940,28 und unten S.414f.

98 Siehe oben S.352ff.

99 Zu den Konsequenzen für die Chronologie der Frühzeit der Provinz Galatia vgl. W.Leschhorn, Chiron 22,1992,334ff.

sullanischen Ära 60 Jahre jüngere galatische Jahresrechnung in manchen Fällen die Trennungslinie zwischen beiden Provinzen deutlich werden, wie Mitchell an einem Beispiel aufgezeigt hat[100]. Ist es Zufall, daß sich dort die Zeugnisse häufen, wo die römischen Großgrundbesitzer ihre Güter hatten? Äradatierungen und Großgrundbesitz trafen auch im oberen Lysistal zusammen[101]. Diese Verbindung hängt wohl auch mit den materiellen Möglichkeiten zusammen, sich einen Grabstein mit entsprechend ausführlicher Inschrift leisten zu können, und mit der stärkeren Hellenisierung dieser Regionen. Es waren vermutlich die auf den Gütern beschäftigten Griechen, die aus städtischen Zentren stammten und für die Verbreitung der Ärarechnung unter der einheimischen Bevölkerung auf dem Land sorgten, indem sie diese Zeitrechnung für sich selbst verwendeten. Daß die Ära bis ans Ende des 6.Jh.n.Chr. in Galatien angewandt wurde[102], zeigt, wie verbreitet und populär diese Zeitrechnung geworden war, und stellt eine Parallele zur Verwendung der sullanischen Ära in Phrygien dar[103].

4. Die Ära von Tavion

In Tavion[1], dem Zentrum des nordöstlichen Galatien, tragen Münzen des Antoninus Pius die Datierung ET ΘΞP (=Jahr 169)[2]. Andere Prägungen, die in der Regierungszeit des Septimius Severus er..standen, sind mit der Jahreszahl ΣHI (=218) datiert. Die Zahl 218 steht auf Münzen des Septimius Severus[3], der Iulia Domna[4] und des Caracalla, der in der Legende den Caesartitel führt, aber noch nicht Autokrator und Sebastos heißt (Taf.IV 1)[5].

Unbeachtet in der Diskussion über die Ära von Tavion[6] blieb die Existenz von Münzen Getas mit derselben Jahreszahl 218.

---

100 S.Mitchell, JRS 64,1974,31.

101 Siehe oben S.360.

102 Vgl. RECAM II 197; H.Grégoire, Byzantion 4,1927-28,453ff. Die von Ramsay, Social Basis 100 Nr.83 in einer Inschrift gelesene Jahreszahl 615 hat sich nicht bestätigt. Nach S.Mitchell, RECAM II 424 ist eine Indiktionsdatierung anzunehmen.

103 Siehe unten S.423.

1 Zur Lage von Tavion vgl. TIB 4,229f.

2 Imh.-Bl., Kl.Mz.497 Nr.1; Inventaire Waddington 6695; Weber Coll. 7780.

3 BMC 9; SNG Aulock 6240.

4 BMC 14; Imh.-Bl., Kl.Mz.497 Nr.2; Inventaire Waddington 6699; SNG Aulock 6244f.

5 BMC 23; Inventaire Waddington 6705; SNG Aulock 6247f. Vgl. auch Kraft, System 70f. Vgl. W.Leschhorn, Chiron 22,1992,319 mit Abb.1.

6 Vgl. W.Leschhorn, Chiron 22,1992,324ff. und oben S.404ff.

Clemens Bosch[7] führte in seiner Liste der mit Jahreszahlen datierten Kaisermünzen ein Stück mit ΣΗΙ (=218) und der Vorderseitenlegende ΠΟ ΣΕ ΓΕΤΑΣ ΚΟΝ(?)ΚΑΙΣΑΡ an und berief sich dabei auf Imhoof-Blumers "Kleinasiatische Münzen"[8]. In der Beschreibung der Münze bei Imhoof-Blumer fehlt aber die Jahreszahl. Die in den Corpora abgebildeten Münzen Getas aus Tavion weisen alle keine Zahlen auf[9]. Doch ein im Inventaire Waddington von Babelon beschriebenes Stück, das im Cabinet des Médailles in Paris liegt, ist eindeutig ins Jahr 218 datiert (Taf.IV 2); ein weiteres Exemplar fand sich in Ankara[10]. Die Vorderseite aller Geta-Stücke, gleichgültig ob sie datiert sind oder nicht, zeigt in der Titulatur Getas den ungewöhnlichen Begriff ΚΟΝΚΕΣΑΡ oder in abgekürzter Form ΚΟΚΕΣ [11].

Schon Clemens Bosch folgerte aus der Bezeichnung "Caesar", die in der ungewöhnlichen Titulatur für Geta enthalten ist, daß die Münzen mit der Jahreszahl 218 in das Jahr gehören müssen, als Caracalla noch nicht Augustus war, Geta aber schon den Caesartitel führte[12]. Dies trifft auf das Jahr 197/8 n.Chr. zu, als nach dem Fall von Ktesiphon Caracalla zum Augustus proklamiert und Geta zum Caesar ernannt wurde[13]. Die Anwesenheit des Kaisers und seines ältesten Sohnes aus Anlaß des Partherkrieges im Osten mag diese Prägungen in Tavion hervorgerufen haben. Wenn, wie in der Severus Vita der Historia Augusta (16,3-4) geschildert, Caracalla und Geta gleichzeitig die neuen Titel erhielten, muß man entweder annehmen, daß die Münzen Caracallas als Caesar früher im Jahr und die des Geta erst nach dem Fall von Ktesiphon und dem Eintreffen der Informationen in Tavion geprägt wurden. Oder die Produktion der Münzen erfolgte sehr schnell aus Anlaß des Sieges über die Parther, so daß man über die neuen Titulaturen noch nicht sicher Bescheid wußte. Dies könnte die einmalige Form der Titulatur Getas erklären. Da die Münzen mit

7 Cl.Bosch, Numismatik 2,1933,62. Übernommen von E.Bosch, Anadolu Araştirmalari 1 (=Jahrbuch für kleinasiatische Forschung 3),1955,69.

8 Imh.-Bl., Kl.Mz. 498 Nr.5.

9 SNG Aulock 6253f.; Mabbott Coll.2292; Auktionskatalog Waddell New York 1,1982,541.

10 Inventaire Waddington 6708. Vgl. auch Magie II 1306 n.5 und W.Leschhorn, Chiron 22,1992,324ff. mit Abb.2. Ein weiteres Stück zeigte mir M.Arslan im Museum für anatolische Zivilisationen (Anadolu Medeniyetleri Müzesi) in Ankara.

11 Vgl. zur Problematik des Begriffes W.Leschhorn, Chiron 22, 1992,324f. mit Anm.70.

12 Cl.Bosch, Numismatik 2,1933,62. Ebenso E.Bosch, AnAr 1, 1955,69.

13 Zur Datierung vgl. Z.Rubin, Dio, Herodian, and Severus' Second Parthian War, Chiron 5, 1975, 418ff., bes.431-437; A.R.Birley, The African Emperor. Septimius Severus, London 1988,130.249 Anm.4; Kienast 162.166.

der Jahreszahl 218 offenbar 197/8 n.Chr. geprägt wurden, muß
das Epochenjahr der Ära, nach der die Münzen von Tavion datiert
sind, demnach 21/0 v.Chr. entsprechen[14].
   Inschriften mit Jahreszahlen einer Ära sind bisher aus Tavion
selbst nicht publiziert[15]. Zwei Inschriften, deren genauer Fundort
aber unsicher ist, stammen vielleicht aus dem Territorium von
Tavion. Besset hat 1901 unter anderem eine Inschrift aus Sungurlu
publiziert[16]. Er fügte zwei weitere Inschriften hinzu, die mit
Jahreszahlen datiert waren, deren genaue Herkunft er aber nicht
angab. Sie weisen die Zahlen 162 und – wegen unsicherer Lesung
mit Fragezeichen – 115 auf[17]. Sungurlu liegt an der Grenze
Galatiens, aber wohl noch auf dem Territorium des antiken
Tavion[18]. Die Ebene südlich von Çorum gehörte wegen eines dort
gefundenen Meilensteines zu Tavion[19], was dann wohl auch für die
Region um die moderne Stadt Sungurlu zutreffen wird. Doch ob die
von Besset angeführten Inschriften tatsächlich von dort stammen,
ist äußerst ungewiß, so daß diese, auch wenn sie nähere
Datierungshinweise geben könnten, kaum als Zeugnisse für die Ära
auszuwerten sind.
   Welches Ereignis ist nun mit dem Epochenjahr 21/0 v.Chr. zu
verbinden? Cl.Bosch vermutete einen Besuch des Augustus in der
Stadt, als er sich 20 v.Chr. in Kleinasien aufhielt[20]. Der Besuch
des Kaisers konnte erst seit Hadrianus als Beginn eines neuen
Zeitalters gewertet werden und zu einer neuen Zeitrechnung
führen[21]. 't Tavion, wie E.Bosch angenommen hat[22], damals von
Augustus seine Autonomie erhalten? Dies könnte ein Anlaß gewesen
sein, eine neue Zeitrechnung zu beginnen. Doch wies Tavion im
Unterschied zu vielen anderen Städten auf dieses Privileg
nirgendwo hin. Eine kleine Wohltat des Augustus, die B.Levick mit
dem Epochenjahr verbinden wollte[23], kann in dieser Zeit ebenfalls

---

14 Vgl. W.Leschhorn, Chiron 22,1992,324-326. Die Ära kann
keinesfalls, wie A.Johnston, ANSMusN 27,1982,146 glaubte, ab dem
Jahr 25 v.Chr. gerechnet werden. Auch die von H.Halfmann,
Chiron 16,1986,36-38 diskutierten Jahre 23/2 und 22/1 v.Chr.
kommen nicht in Frage, da man die Münzen dann schon vor die
Erhebung Getas zum Caesar datieren müßte.
15 D.H.French, in: Erol Atalay Memorial, Izmir 1991,65 weist
auf wenige äradatierte Inschriften aus der Region von Tavion hin,
ohne aber dafür Belege zu geben. – Die von Kalinka, JOEAI 1,
1898,36 Tavion zugewiesene Inschrift mit der Jahreszahl 254 gehört
tatsächlich in das Territorium von Amaseia und ist nach der
dortigen Ära datiert; siehe oben S.118f.
16 A.Besset, BCH 25,1901,334ff.
17 A.Besset, BCH 25,1901,335 Nr.30 und 336 Nr.31.
18 Vgl. TIB 4,228.
19 Vgl. Wilson 209.
20 Cl.Bosch, Numismatik 2,1933,62.
21 Siehe oben S.384.
22 Bosch, Ankara 26.
23 Levick 193. So auch A.Bernecker, in: Studien zur Alten

nicht zur Einführung einer Ära geführt haben. Dagegen war die
Gründung einer Polis ein Ereignis, das auch in späterer Zeit als so
bedeutend empfunden wurde, daß man ab diesem Zeitpunkt gerne
die Jahre zählte, und dies vermutete Mitchell auch für Tavion[24].
Doch wissen wir ebensowenig darüber Bescheid, ob und wann das
Stammeszentrum der Trokmer zur Polis Tavion wurde, wie über
irgendwelche Privilegien, die dieses Zentrum unter Augustus
erhalten haben kann. In der Priesterliste vom Tempel in Ankyra
aus tiberianischer Zeit wird Tavion im Unterschied zu Ankyra und
Pessinus nicht als Polis aufgeführt. Aber die später bezeugten
Beinamen Sebaste für Tavion und Sebastenoi für die Trokmer[25]
deuten darauf hin, daß unter Augustus eine wichtige politische
Veränderung im Gebiet der Trokmer und in ihrem Vorort Tavion
erfolgte[26].
    Vermutlich hängt die auf den Münzen von Tavion bezeugte Ära,
die ab 21/20 v.Chr. zu zählen ist, mit dem Aufenthalt des
Augustus in Kleinasien im Jahre 20 v.Chr. zusammen. Man muß
deswegen aber nicht einen Besuch des Princeps in Tavion
postulieren. In das Jahr 20 v.Chr. gehören Maßnahmen des
Augustus, die auch das ehemalige Königreich des Amyntas
betreffen. König Archelaos von Kappadokien erhielt damals die
kilikischen Teile des galatischen Königreiches[27]. Damals erst wurde
die Verteilung des ehemaligen galatischen Königreiches und die
Organisation der Provinz Galatia abgeschlossen[28]. Wenn man die
Geschichte der Provinz Galatia weiterverfolgt, stellt man fest, daß
dann 6/5 v.Chr. das Königreich Paphlagonien eingegliedert wurde,
3/2 v.Chr. der sogenannte Pontus Galaticus und 64/5 n.Chr.
Pontus Polemoniacus[29]. Überall in diesen Gebieten begannen die
Städte mit dem Anschluß an die römische Provinz ihre Ära.
Gangra-Germanikopolis, Kaisareia-Hadrianopolis, Neoklaudiopolis
und Pompeiopolis zählten ihre Jahre ab 6/5 v.Chr., Amaseia und
Sebastopolis-Herakleopolis ab 3/2 v.Chr., Neokaisareia, Zela,
Trapezus, Sebasteia und Kerasos ab dem Jahre 64/5 n.Chr.[30]. Ein
entsprechender Hintergrund läßt sich auch für die Ära von Tavion
vermuten. Wahrscheinlich ist das Gebiet der Trokmer mit seinem
Zentrum Tavion einige Jahre später als die übrigen Teile Galatiens
in die neue Provinz Galatia eingegliedert worden. Strabon[31] teilt
lediglich mit, daß zu seiner Zeit alle Stämme in der Provinz Galatia

Geschichte. Festschrift S.Lauffer I, Rom 1986,44 Anm.60.
    24 S.Mitchell, Tavium, in: The Princeton Encyclopedia of
Classical Sites, Princeton 1976,887.
    25 W.M.Calder, JRS 2,1912,84 Nr.3. – BMC 3-7.10.15f.20.24;
SNG Aulock 6238f.6242.6246.6252; usw.
    26 Vgl. dazu W.Leschhorn, Chiron 22,1992,330ff.
    27 Strab.14,5,6 p.671. Zur Datierung: Cass.Dio 54,9,2. Vgl.
Rémy, Evolution 28.
    28 Vgl. W.Leschhorn, Chiron 22,1992,331f.
    29 Vgl. Rémy, Evolution 27.43.
    30 Siehe oben S.170ff. S.115ff. S.130ff.
    31 Strab.12,5,1ff. p.566f.

vereinigt waren. Doch wie und wann dies genau geschah, läßt sich daraus nicht entnehmen. Wenn unsere Vermutung stimmt, weist das Epochenjahr der Ära von Tavion darauf hin, daß das Gebiet der Trokmer erst im Jahr 21/0 v.Chr. in das römische Provinzialsystem integriert wurde[32].

Anhang: Eine Äradatierung in Antiphellos/Lykien

Eine einzige Inschrift aus Antiphellos im südlichen Lykien weist die Datierung nach einer Ära auf[1]. Für die Jahreszahl 121 in dieser Inschrift schlug Franz im CIG die Umrechnung nach der sullanischen Ära vor, die ins Jahr 36/7 n.Chr. führt, während bei Le Bas – Waddington die Art der Ära offengelassen wurde. Als chronologischer Anhaltspunkt findet sich in der Inschrift der Name eines Claudius Gadates. Der Claudiername weist in die Zeit nach der Einrichtung der Provinz Lycia durch den Kaiser Claudius. Deswegen wäre auch eine Datierung nach der sullanischen Ära zu früh. Die meisten der zahlreichen Claudii, die man in Lykien findet, erhielten das römische Bürgerrecht über Kaiser Claudius, einige auch über Nero[2], so daß die Inschrift des Jahres 121 frühestens in die zweite Hälfte des 1.Jh.n.Chr. gehören kann. Nach dem Beispiel der galatischen Ära wird man am ehesten an eine Ära ab der Gründung der Provinz Lycia durch Kaiser Claudius um 43 n.Chr. denken können[3]. Damit käme man mit der Inschrift etwa ins Jahr 163 n.Chr.

Auszuschließen ist aber auch nicht, daß es sich um eine Ära ab der Erweiterung der Provinz zu Lycia-Pamphylia handelt. Die Existenz einer solchen Ära wurde von Ramsay vorgeschlagen[4]. Vereinigt wurden Lykien und Pamphylien unter Kaiser Vespasianus, wahrscheinlich 73 oder 74 n.Chr.[5]. Das Jahr 121 einer derartigen Ära würde in die Zeit um 293/4 n.Chr. führen. Da es sich hier um das einzige Zeugnis für eine Äradatierung in diesem Raum handelt, läßt sich die Art der Jahresrechnung nicht mehr sicher ermitteln. Die Silberplaketten, die in der Region von Oinoanda gefunden wurden und mit den Jahreszahlen 110 und 170 datiert waren, können wegen ihrer ungewissen Herkunft nicht als Zeugnisse einer Ära in Lykien herangezogen werden[6]. Nur in Telmessos im Grenzgebiet zwischen Lykien und Karien wurde Mitte des 2.Jh.n.Chr. aus traditionellen Gründen und als Sonderfall

---

32 Vgl. W.Leschhorn, Chiron 22,1992,332.
1   CIG 4300e; Le Bas – Waddington 1274.
2   Vgl. S.Jameson, RE Suppl.13,1973,286 s.v.Lykia.
3   Zur Datierung vgl. Rémy, Evolution 34f.
4   Vgl. Ramsay, Cities 308f.
5   Vgl. W.Eck, ZPE 6,1970,71ff.; K.Strobel, ZPE 61,1985,173ff. Rémy, Evolution 62f. schlug dagegen schon den Beginn der Regierung Vespasians vor.
6   Siehe dazu oben S.359.

einmal die seleukidische Ära angewandt[7]. Ansonsten kommen keine Äradatierungen in Lykien vor. Dies gilt im übrigen auch für den anderen Teil der Doppelprovinz, für Pamphylien, wo lediglich auf postumen Alexandertetradrachmen der mittelhellenistischen Zeit Jahreszahlen einer Ära zu finden sind[8]. In den Inschriften Pamphyliens scheint hingegen keine Ära verwendet worden zu sein[9].

7 Siehe oben S.42.

8 Vgl. z.B. O.Mørkholm, The Era of the Pamphylian Alexanders, ANSMusN 23,1978,69ff.

9 Ob die Zeichen über zwei Epigrammen aus Side tatsächlich, wie P.Weiß, Ein agonistisches Bema und die isopythischen Spiele von Side, Chiron 11,1981,322ff. glaubte, Jahreszahlen zweier Ären sind, ist sehr zweifelhaft. Man würde, zumal keine der übrigen Inschriften Pamphyliens nach einer Ära datiert sind, eine Erklärung mit ET oder ΕΤΟΥΣ erwarten.

IX. POLITISCH-HISTORISCHE ASPEKTE DER ÄRA

Wegen der Zerstreutheit und der Natur des Materials ist eine kompakte Schlußzusammenfassung über die antike Ära innerhalb des hier behandelten geographischen Raumes unmöglich. Denn die Ausgangspunkte der einzelnen Ären und, soweit feststellbar, die Gründe für die Einführung einer Ära sind sehr unterschiedlich. Insofern soll im folgenden abschließenden Teil ein Überblick über die wichtigsten Gruppen von Ären versucht werden, wobei die politisch-historischen Aspekte und Ergebnisse im Vordergrund stehen. Schon die von der chronologischen Forschung des 19.Jh. vorgenommene Einteilung der Ären beruht vielfach auf ihren politisch-historischen Hintergründen. Dies zeigen Begriffe wie "Provinzialära", "Siegesära" oder "sullanische Ära". Die Anwendung einer Ära erfolgte in vielen Fällen nicht allein aus praktischen Gründen, um damit eine verläßliche Zeitrechnung zu gewährleisten. Wie historische Ereignisse und Daten oft zu politischen Zwecken eingesetzt wurden[1], so hat man auch manche Ära, die auf das Alter und die berühmte Vergangenheit einer Stadt oder eines Volkes hinweisen konnte, aus politischen Gründen eingeführt. Eine Ära setzt gewissermaßen Geschichtsbewußtsein voraus, ohne das man eine oft Jahrhunderte zurückführende Zeitrechnung kaum eingerichtet und beibehalten hätte. Leider ist das Quellenmaterial über die Ära als Zeugnis des politisch-historischen Denkens wenig auskunftsfreudig, so daß in manchen Bereichen nur allgemeine Erwägungen oft hypothetischer Art möglich sind.

1. Die Ären in den hellenistischen Königreichen

Der hellenistische Herrscher bestimmte über die Form der Zeitrechnung in den offiziellen Dokumenten seines Reiches, vor allem auf den Edelmetallmünzen, die im Auftrag des Herrschers ausgegeben wurden, aber auch in offiziellen Schriftstücken. Das bedeutete aber nicht, daß die Untertanen diese Jahresrechnung übernehmen mußten. Die griechischen Städte, auch wenn sie innerhalb eines der Königreiche mit offizieller Äradatierung lagen, beharrten in der Regel auf ihrer traditionellen Datierung nach dem eponymen Beamten. Meist datierten die Städte nur diejenigen Briefe

---

1 Vgl. etwa die Vorschriften in der rhetorischen Theorie der Kaiserzeit, man solle im Städtelob auf die Vergangenheit, das Alter, den Gründer, die Leistungen einer Stadt eingehen; so z.B. bei Quintilianus III 7,26f. oder in den Vorschriften des Rhetors Menander, Rhetores Graeci, Vol.III p.359ff. Spengel.

und Dokumente, die vom König kamen oder an den König gerichtet waren, entsprechend den Formen der hellenistischen Reichsverwaltung, wenn sie derartige Urkunden in den Städten öffentlich in Form von Inschriften aufstellten.

Die Seleukiden hatten als erste die Äradatierung eingeführt. Die Seleukidenära verbreitete sich weiter als jede andere dieser Jahreszählungen. Sogar im pontischen Königreich wurde sie zeitweise angewandt. Denn die durch die Geschichte einer Dynastie bestimmte Jahreszählung, wie es die seleukidische Ära war, wurde in der ersten Hälfte des 2.Jh.v.Chr. noch nicht als politisches Mittel empfunden, um damit Herrschaftsansprüche zu erheben oder die Anerkennung auszudrücken. Der praktische Nutzen überwog und führte dazu, daß die seleukidische Ära auch in privaten Inschriften und außerhalb des Seleukidenreiches zu finden ist, nach dem Ende der Seleukidenherrschaft in Kleinasien, aber auch im Nahen Osten teilweise weiter angewandt wurde.

In Kleinasien waren es zunächst die bithynischen Könige, die die Ära als politisches Mittel einsetzten. Sie zählten seit der Mitte des 2.Jh.v.Chr. in der Münzprägung die Jahre von der Annahme des Königstitels durch Zipoites I. an, das heißt vom Jahre 297/6 v.Chr. aus, obwohl dieses Ereignis schon fast 150 Jahre zurücklag, als Nikomedes II. erstmals diese Zeitrechnung auf den Münzen anwandte. Er konnte damit die Unabhängigkeit seiner Herrschaft gegenüber anderen Reichen, vor allem gegenüber dem mächtigen Attalidenreich von Pergamon, unterstreichen und die Kontinuität und das Alter seiner Dynastie hervorheben, worin er die Nachbarn in Pergamon bei weitem überflügelte. Dort im Attalidenreich, aber auch bei den Ptolemäern, bei den kappadokischen und später bei den galatischen Königen benutzte man demgegenüber die Zählung nach den Regierungsjahren des einzelnen Herrschers als Zeitrechnung.

Daß der pontische König Mithridates VI. die bithynische Ära für seine Gold- und Silbermünzen übernahm, kann wohl nur mit seinen Plänen zusammenhängen, um das Schwarze Meer eine politische und wirtschaftliche Einheit zu schaffen. So findet sich die gleiche Ära dann auch an der Nordküste des Schwarzen Meeres, im Bosporanischen Reich. Daß diese sogenannte pontische Königsära zunächst nur von den Münzen bezeugt ist, weist darauf hin, daß wirtschafts- und geldpolitische Gründe bei ihrer Einführung im Vordergrund standen. Mithridates verstand es aber auch die politisch-propagandistischen Möglichkeiten einer Jahreszählung anzuwenden. Als er 89/8 v.Chr. das westliche Kleinasien erobert hatte, begann er mit einer neuen Ära auf den dort geprägten Münzen ein neues Zeitalter anzukündigen, eine von mehreren Propagandamaßnahmen des Königs, um die Unterstützung der griechischen Städte Kleinasiens zu erlangen.

Die Nachfolger des Mithridates VI. in den pontisch-bosporanischen Reichen verwendeten die Möglichkeiten der Zeitrechnung unterschiedlich. Im Bosporanischen Reich auf der Krim zählte man die Jahre der pontischen Königsära weiter, um damit die Kontinuität des Reiches, das von Mithridates VI. neu errichtet

worden war, zu unterstreichen, aber nur solange, wie es zum
politischen Programm paßte. Als der Usurpator Asandros mit der
pontischen Tradition am kimmerischen Bosporus brach, sich auch
in seiner Titulatur wieder nach den vergangenen Spartokiden
richtete, findet sich eine neue Jahresrechnung auf den Münzen des
Asandros, nämlich die Zählung seiner Regierungsjahre. Nach
Asandros' Ende griff die Enkelin des Mithridates VI., Dynamis,
sogleich wieder auf die alte Jahreszählung der pontischen Dynastie
zurück. In den mit Hilfe der Römer errichteten Zenonidenreichen
in Kleinasien hingegen setzte man verständlicherweise die Ära des
großen Romgegners Mithridates VI. nicht fort, sondern begann
eigene Zählungen. Hier dokumentiert sich eine größere
Abhängigkeit dieser Klientelfürstentümer von Rom.

Die "dynastischen Ären" in den hellenistischen Königreichen,
die von politischer Bedeutung waren, konnten wegen ihres
offiziellen Charakters selten zur volkstümlichen Datierungsform
werden und endeten in der Regel mit dem Untergang des jeweiligen
Reiches. Den neuen Herren, den Römern, war die Fortführung der
dynastischen Zählweise sicher auch unerwünscht. Nur die
seleukidische Ära spielte in Kleinasien eine größere Rolle, als man
bisher annahm, da sie sowohl in Pontos, im Reich von Pergamon
und sogar noch in der römischen Kaiserzeit zu finden ist, wenn
auch nur vereinzelt. Zu einer weit verbreiteten Zeitrechnung
wurde im Laufe der Jahrhunderte die pontisch-bosporanische Ära
an der nördlichen Schwarzmeerküste. Der langen Kontinuität des
dortigen Königtums verdankt sie ihre Verwendung in privaten
Inschriften und ihr Fortleben bis ans Ende des 5.Jh.n.Chr.

Wenn die bithynischen Städte Mitte des 1.Jh.v.Chr. ihre
Münzen mit Jahreszahlen datierten, die ab der Befreiung
Bithyniens von den Herrschaftsansprüchen des Lysimachos im
Jahre 282/1 v.Chr. gezählt wurden, dann wird hier wohl nicht dem
vergangenen bithynischen Königtum nachgetrauert, sondern an das
Alter und die historische Vergangenheit der Städte dieser Region
erinnert. Die Römer, denen offiziell das Königreich Bithynien als
Erbe zugefallen war, sahen darin kein Zeichen von Illoyalität,
zumal auch die römischen Proconsuln auf dieselben Münzen gesetzt
wurden.

2. Die "Provinzialären"

Das Erbe der hellenistischen Königreiche in Kleinasien traten
die Römer an, die ab 133 v.Chr. in einzelnen Schritten die
Provinzialverwaltung aufbauten. Die Einrichtung einer römischen
Provinz war ein langwieriger Vorgang, der nicht auf ein
bestimmtes Jahr festzulegen ist. Insofern sind die Begriffe
"Provinzialära"[1] oder "provinzielle Ära"[2] nicht ganz korrekt. Als

1 So z.B. Perl 328; W.Baranowski, Klio 70,1988,452; Herrli 143.
2 So Bickerman, Chronologie 46.

Asia als erste Provinz in Kleinasien entstand, wurde dort nicht auf Provinzebene eine neue Jahreszählung begonnen. Auch in Bithynien existierte keine Ära, bei der die Jahre ab der Übertragung dieses ererbten Königreiches an die Römer gezählt wurden. Sogar die immer wieder in der Literatur anzutreffende pompeianische Ära, deren Epochenjahr angeblich die Einrichtung der Provinz Pontus-Bithynia durch Pompeius war, ist nicht nachzuweisen.

Die Römer waren nicht sonderlich an Ären, einer für sie ungewohnten Form der Jahresrechnung, interessiert, so daß keinerlei Initiative von römischer Seite bezüglich der Einführung einer Ära anzunehmen ist. Entsprechende römische Einflußnahme ist in den Quellen nirgendwo festzustellen. In allen lateinischen Inschriften Kleinasiens, auch auf den Meilensteinen des römischen Straßensystems, fehlen Äradatierungen. Die griechischen Städte entschieden selbständig über die Einrichtung einer Ära. Für sie war es die praktische, oft mit militärischen Mitteln erfolgte Eingliederung in den römischen Herrschaftsbereich, die als Beginn einer neuen Zeit angesehen wurde. Vor allem im Norden Kleinasiens, vereinzelt auch im Süden, sind daraus Ären entstanden, allerdings nicht in den zentralen Teilen der Provinz Asia. Die paphlagonischen Städte Amastris, Abonuteichos und Sinope zählten ihre Jahre zeitweise ab 71/0 v.Chr., weil Lucullus sie damals aus der Gewalt des Mithridates VI. befreit und dem römischen Machtbereich angeschlossen hatte. Daß Sinope damit auch die Freiheit erreicht hatte, spielte für die dortige Entscheidung am Ende des 2.Jh.n.Chr., die lucullische Ära einzuführen, keine Rolle mehr.

Ären, deren Epochenjahr mit der Angliederung an das römische Provinzialsystem zusammenfällt, entstanden meist nur dort, wo eine Region an eine schon länger bestehende Provinz angeschlossen wurde. In Asia begannen Kibyra und einige karische Städte die Zählung ihrer Jahre mit dem Jahr 85/4 v.Chr., als Sulla sie der Provinz angegliedert hatte. Nachdem 6/5 v.Chr. der paphlagonische König Deiotaros gestorben war und das Innere Paphlagoniens zur römischen Provinz Galatia kam, entschied man sofort, wohl auf der Ebene des paphlagonischen Koinon, eine Ära ab diesem Zeitpunkt einzuführen. Die pontischen Städte folgten diesem Beispiel, als sie nacheinander derselben römischen Provinz angeschlossen wurden, 3/2 v.Chr. Amaseia und Sebastopolis, 34/5 n.Chr. Komana, 64/5 n.Chr. die Städte des sogenannten Pontus Polemoniacus, nämlich Neokaisareia, Zela, Trapezus, Kerasos und Sebasteia, schließlich 71/2 n.Chr. Kleinarmenien mit Nikopolis.

Nur in Galatien entstand eine Ära, die einer "Provinzära" im eigentlichen Sinne des Wortes nahekommt. Dort war nach dem Tode des Königs Amyntas sein Reich in die Provinz Galatia umgewandelt worden. Eine einheitliche Jahreszählung entstand in großen Teilen des ursprünglichen Königreiches. Nur hier fiel das Epochenjahr der Ära mit der eigentlichen Gründung der Provinz zusammen, das heißt mit der Übernahme der provincia durch den römischen Propraetor Lollius. Die im Nordwesten gelegenen Teile um die

Stadt Tavion, in der eine Ära ab 21/0 v.Chr. zu finden ist, waren offensichtlich erst einige Jahre nach der Gründung der Provinz angegliedert worden. Dort begann wohl wie in den anderen Städten und Regionen, die erst zu einem späteren Zeitpunkt angeschlossen wurden, eine von der Provinzgründung unabhängige Jahreszählung mit dem Jahr der Eingliederung in die Provinz.

Aus diesen Beispielen wird deutlich, daß es keine Einheitlichkeit bezüglich der Jahreszählung innerhalb einer Provinz gab. Die einzelnen Städte, teilweise auch die im Koinon zusammengeschlossene Gemeinschaft der Städte, entschieden über die Jahresrechnung. Dies erklärt auch, daß in denjenigen Teilen Kleinasiens, in denen die alten griechischen Städte lagen, kaum Äradatierungen anzutreffen sind. Man zog es dort vor, die traditionelle Art der Jahresbenennung fortzusetzen.

3. Die sullanische Ära

Am weitesten in Kleinasien verbreitet war die sullanische Ära, die in ihrer Vielfalt und bei der Masse der Zeugnisse schwer zu überblicken ist. Manchmal hat man sie als "Provinzialära" bezeichnet[1]. Bickerman ordnete sie unter die Ären ein, die nach den Jahren der römischen Herrschaft zählten[2]. Doch die meisten Regionen, in denen die sullanische Ära zu finden ist, gehörten schon bald nach 133 v.Chr. zur römischen Provinz Asia und nicht erst 85/4 v.Chr., dem Epochenjahr dieser Zeitrechnung. Sulla und seine Stellvertreter hatten die Provinz Asia, die im ersten Mithridatischen Krieg den Römern völlig entglitten war, zwar neu organisiert, aber nicht begründet. Um die sullanische Ära zu erklären, muß die regionale Verteilung der Zeugnisse berücksichtigt werden.

Ramsay hatte noch zu Ende des 19.Jh. die Behauptung aufgestellt[3], daß die sullanische Ära auf Lydien und Phrygien beschränkt sei und daß dort keine andere Jahreszählung vorkomme, während hingegen in den Küstentälern andere Ären zu finden seien. Diese schon von Chapot und Kubitschek kritisierte These[4] hat sich in ihrer Ausschließlichkeit nicht bewahrheitet. Zwar ist die sullanische Ära innerhalb Phrygiens in einem Streifen von Akmoneia über Sebaste, Eumeneia bis Apameia und innerhalb Lydiens um Iulia Gordos, Saittai und in den Gemeinden der Katakekaumene am häufigsten verwendet worden. Doch war sie über einen viel größeren Raum verbreitet, aber nur innerhalb der Provinz Asia. Im Norden bildeten Apollonia am Rhyndakos und Miletopolis in Mysien, die Abbaitis und das obere Tembristal die Grenze ihres Anwendungsbereiches, im Süden Ostkarien und die

---

1   Vgl. Chapot 383.
2   Bickerman, Chronologie 46.
3   Ramsay, Historical Geography 452; Ramsay, Cities 201ff.
4   Chapot 388; W.Kubitschek, RE I 1,1893,638.

Kibyratis. Der Nordosten der Provinz kannte die sullanische Ära zwar nicht, aber im Südosten kommt sie bis Apollonia in Pisidien vor. Der Nachweis ihrer Existenz in Apollonia zeigt, daß die Provinz Asia weiter nach Südosten reichte, als man bisher annahm[5].

Die Beobachtung Ramsays, daß an der Westküste Kleinasiens die sullanische Ära nicht bekannt war, ist im großen und ganzen richtig, mit zwei Ausnahmen, Ilion und wohl Iasos in Karien. Aus Ionien und der Aiolis[6] ist hingegen kein einziger sicherer Beleg bekannt. Zwar enthalten die Museen von Izmir oder Bergama eine Reihe äradatierter Inschriften, die zum Teil nicht publiziert sind. Aber ihr Aufbewahrungsort gibt wenig Aufschluß über ihre Herkunft. Sie dürften aus Lydien oder Phrygien stammen. Auch wenn Petzl Stelen mit Jahreszahlen aus den Museen von Izmir in sein Corpus der "Inschriften von Smyrna" aufgenommen hat[7], waren sie ursprünglich nicht in Smyrna entstanden.

Ramsay hat vermutet[8], daß Sulla und seine Beamten im Hinterland mehr geändert hätten als in den Küstentälern. Doch seine Feststellung, daß man nur in denjenigen Regionen die sullanische Ära verwendet habe, die erst durch Sulla in die römische Provinz eingegliedert wurden oder verwaltungsmäßige Veränderungen erfuhren, läßt sich mit vielen Zeugnissen widerlegen[9]. Gerade im östlichen Lydien mit vielen erst spät, zum Teil in der Kaiserzeit entstandenen Polisstrukturen war die sullanische Ära am stärksten verbreitet. Doch enthält auch diese Aussage Ramsays einen Teil Wahrheit. Die sullanische Ära in der Kibyratis und in Karien, möglicherweise auch in Teilen Mysiens[10], ist mit dem Anschluß dieser Gebiete an die Provinz Asia zur Zeit Sullas in Verbindung zu bringen. In den dortigen Städten war das ausschlaggebende Moment, eine neue Jahresrechnung einzuführen, die Anbindung an den römischen Herrschaftsbereich. Insofern

5 Vgl. zuletzt D.H.French, EA 17,1991,65 Map 2.
6 Eine Weihung an Apollon Azyros mit der Jahreszahl 300, bei der J.Nollé, EA 10,1988,102-104 (=SEG 37,1737) als Herkunftsort das Territorium östlich von Aigai in der Aiolis vorschlägt, ist ein zu unsicheres Zeugnis.
7 Z.B. IvSmyrna I 432, wohl aus Phrygien; IvSmyrna I 541, wohl aus Lydien, vgl. auch R.A.Moysey, ZPE 72,1988,90f. Petzl selbst (IvSmyrna I p.308) bezeichnet die Äradatierung als für Smyrna "untypisch". - Die Jahreszahl 5 oder 9 auf einem Gewicht aus Smyrna, IvSmyrna II 798A, könnte wie bei einem ähnlichen Stück aus Kyzikos (Auktionskatalog Münzzentrum Köln 68,1990,200) ein Regierungsjahr sein.
8 Ramsay, Cities 202f.
9 Zur Ausdehnung der Provinz vor Sulla vgl. Sherwin-White, Foreign Policy 88ff.
10 Zur These von der Eingliederung Apollonias in die Provinz Asia vgl. A.Abmeier, Asia Minor Studien 1,1990,12 Anm.65. Siehe auch Sherwin-White, Foreign Policy 88 n.34.

lagen hier die gleichen Gründe für die Einführung der Ära vor wie in vielen Städten im Norden der Provinz Galatia.

In anderen Fällen, in denen schon früh die sullanische Ära nachzuweisen ist, können lokale Gründe zur Entscheidung geführt haben, eine Zählung der Jahre mit 85/4 v.Chr. zu beginnen. In Ilion basiert die Ära wohl auf der Wiederherstellung der Stadt nach den Zerstörungen durch Fimbria. In Tralleis und Nysa können praktische Gründe, die Wiederaufnahme der Münzprägung, zu der dortigen Zählung ab Sulla geführt haben. Für diese frühe Zeit der Ära fehlen Hinweise und Quellen, um ein genaues Bild entwerfen zu können. Doch wird es deutlich, daß die sullanische Ära an mehreren Orten der Provinz Asia gleichzeitig, doch wohl aus unterschiedlichen Gründen entstanden ist. Die Jahreszählung ging aber immer von den für die Griechen Asias so einschneidenden politischen Veränderungen nach dem ersten Mithridatischen Krieg aus. Dabei ist ein Zusammenhang zwischen dem Verhalten der Städte während des Krieges sowie der daraus folgenden Belohnung oder Bestrafung durch Sulla einerseits und der Verwendung oder Nichtanwendung der sullanischen Ära andererseits nicht zu erkennen.

Die sullanische Ära scheint sich schnell verbreitet zu haben, wenn die wenigen erhaltenen Zeugnisse aus dieser Zeit nicht täuschen. Im Jahre 21 ist im östlichen Lydien in der Gegend von Saittai eine Inschrift sullanisch datiert, im Jahre 22 vielleicht in Tabala, im Jahre 25 (oder 55?) in der Katakekaumene und im Jahre 40 in Iulia Gordos in Lydien. Dabei handelt es sich bei allen Inschriften, die vor der Zeitenwende gesetzt wurden und sullanisch datiert sind, um offizielle Urkunden. Das heißt, die Ära wurde erst von den Städten verwendet, bevor die Bevölkerung sie allmählich angenommen hat. Die sullanische Ära wurde dann auch in vielen Regionen im privaten Bereich angewendet, wie die zahllosen Grabinschriften aus dem östlichen Lydien und dem westlichen Phrygien zeigen.

Auf Münzen hingegen ist diese Ära fast nur in ihren ersten Jahren zu finden, in Kibyra, Tralleis und Nysa. Nur einmal spielt sie in der kaiserzeitlichen Münzprägung eine kurzfristige Rolle, bei den Hyrgaleis im mittleren Mäandertal in severischer Zeit. Doch dort sollte ihre Anwendung die Antwort auf die Nachbarstadt Dionysopolis sein, die ihre Münzen plötzlich mit einer eigenen lokalen Ära datiert hatte.

Gibt es eine Erklärung für die ungleichmäßige geographische Verteilung der Inschriften, die nach der sullanischen Ära datiert sind? Sullas Strafmaßnahmen und Steuerforderungen trafen die Küstenstädte genauso wie das Hinterland und können nicht das völlige Fehlen der Ära in Ionien und der Aiolis erklären. In Ionien und an der Küste lagen aber die alten griechischen Städte mit ihrer langen Geschichte, in denen die Eponymendatierung seit Jahrhunderten üblich war. Eine einmal eingeführte Datierungsform wurde nicht so schnell geändert. So setzte sich in Ephesos die pharsalische Ära nicht gegen die Eponymendatierung durch, auch wenn sie aus politischen Gründen kurzzeitig angewandt wurde.

Wenn man die römische Oberherrschaft in der Jahreszählung zum Ausdruck bringen wollte, konnte man dies auch durch die Datierung nach dem Roma- oder Kaiserkultpriester wie in Sardeis oder nach dem römischen Proconsul wie im nordwestlichen Lydien tun. Entsprechend setzten sich auch nur dort, wo die sullanische Ära nicht verbreitet war, die pharsalische und die aktische Ära durch, in den Tälern im Hinterland, aber nicht in den städtischen Zentren der Küste. In keinem Fall ist die sullanische Ära dort nachzuweisen, wo später die aktische oder pharsalische Ära galt[11].

Im lydisch-phrygischen Bergland, in dem erst spät Städte entstanden, fand die sullanische Ära viel stärkeren Anklang als in den städtischen Zentren der Küstenregion mit ihren eingespielten Zeitrechnungssystemen. Wenn die Städte Philadelpheia, Bagis, Daldis und Aizanoi die aktische Ära einführten, waren lokale Entscheidungen, die meist nicht mehr nachzuvollziehen sind, dafür verantwortlich. Die Behauptung, daß in spät entstandenen Städten wie Aizanoi die aktische Ära als Jahresrechnung angenommen wurde, in älteren aber wie Kadoi die sullanische[12], läßt sich nicht aufrechterhalten. Die jungen Städte Maionia oder Traianopolis mit ihrer sullanischen Ära und das ältere Philadelpheia mit der aktischen Ära sind nur drei von zahlreichen Gegenbeispielen.

Die sullanische Ära hat sich ungemein lange als Zeitrechnung gehalten. Dies wurde dadurch erleichtert, daß die römische Herrschaft über Asia seit Sulla gesichert war und das Auswechseln der führenden Männer Roms im griechischen Denken offensichtlich nicht einen so großen Einschnitt darstellte, daß man darin überall den Beginn einer neuen Periode gesehen hätte. Denn Herrschafts- und Staatsform blieben gleich. Nicht nur bis ins 5.Jh.n.Chr., wie Ramsay noch meinte[13], wurde die sullanische Ära weiterverwendet, sondern bis in die zweite Hälfte des 6.Jh. Es liegen Zeugnisse der Jahre 648 (=563/4 n.Chr.) und 670 (=585/6 n.Chr.) vor[14]. Die Ära war wahrscheinlich schon im Laufe eines Jahrhunderts zur reinen Zeitrechnung geworden, ohne daß der normale Bürger darin noch einen Bezug zu den Ereignissen der sullanischen Zeit gesehen hätte. Denn in keiner der fast 2000 Inschriften ist die Jahreszahl erklärt oder die Art der Ära definiert worden.

4. Die "Siegesären"

Wie die dynastischen und die "Provinzialären" werden auch die von Bickerman[1] als "Siegesären" bezeichneten Jahreszählungen der sogenannten pharsalischen und der aktischen Ära jeweils von einer Herrschaftsübernahme an gerechnet und sind den Datierungen nach Regierungsjahren ähnlich. Doch ist bei pharsalischer und aktischer

11 So entgegen Pycha 116.
12 MAMA IX p.XVIII.
13 W.M.Ramsay, JHS 4,1883,434.
14 Drew-Bear, Phrygie 111 Nr.50; ZPE 25,1977,285.
1 Bickerman, Chronologie 46.

Ära der politische Hintergrund viel stärker ausgeprägt. Ihre
Epochenjahre sind zwar mit dem Wechsel der Herrschaft über den
Osten des Römischen Reiches verbunden, einmal von Pompeius zu
Caesar, zum anderen von Marcus Antonius zu Octavianus, und
diese Änderungen stellten die gedankliche Grundlage dar, als man
sich zu diesen Ären entschloß. Sie wurden aber zunächst als
Ehrung für den jeweiligen Sieger eingeführt. Es ist sicher kein
Zufall, daß diese Ären gerade dort zuerst bezeugt sind, wo sich
die Sieger nach dem Erfolg hinbegeben hatten, Caesar nach
Ephesos und Octavianus nach Samos.

Daß diese Ären zunächst nicht als neue Form der Zeitrechnung
gedacht waren, zeigt sowohl die immer wieder verwendete Formel
"Jahr des Sieges des Caesar" als auch die zusätzlich Datierung
nach dem lokalen eponymen Beamten in den Zeugnissen aus
Ephesos und Apollonis. Gerade in der dreifach datierten Inschrift
aus Apollonis[2] wird deutlich, daß die Huldigung im Vordergrund
stand, als man diese Ären einführte. In diesem bemerkenswerten
Zeugnis wird der neue und siegreiche Caesar Octavianus neben
den älteren Sieger C.Iulius Caesar gestellt. Dazu kommt im dritten
Teil der Datierungsformel noch ein weiteres mit der Anerkennung
der römischen Herrschaft verbundenes Element zum Ausdruck. Der
eponyme Stephanephor, der nach dem lokalen Usus dem Jahr den
Namen gab, bekleidete zugleich die Priesterschaft der Göttin
Roma. Caesar, Augustus und Roma wurden gerade in der Zeit, als
die Inschrift in Apollonis entstand, im provinzialen Kaiserkult
miteinander verbunden.

Die Inschriften belegen die pharsalische Ära nur in einem eng
begrenzten Raum, in Ephesos und im benachbarten Kaystrostal
sowie in Apollonis in Nordwestlydien. Es waren wohl lokale
Entscheidungen, die dazu führten, als Form der Ehrung und
Huldigung für den Sieger eine Jahreszählung mit dem Sieg bei
Pharsalos zu beginnen. Doch könnte die Gemeinschaft der Städte
der Provinz Asia an solchen Entscheidungen beteiligt gewesen sein,
da kurz nach Pharsalos die Gemeinden in Ephesos eine gemeinsame
Ehreninschrift für Caesar errichteten.

Nur im Kaystrostal wurde die pharsalische Ära tatsächlich zur
angewandten Zeitrechnung, die in öffentlichen und privaten
Inschriften bis zum Ende des 3.Jh.n.Chr. zu finden ist. Die
eingeschränkte Verbreitung der caesarischen Ära dürfte durch die
schon 20 Jahre nach Pharsalos einsetzende aktische Ära zu
erklären sein, die nicht so schnell wie die pharsalische Ära durch
die politischen Ereignisse überholt wurde. Der aktischen Ära stand
weitaus mehr Zeit zur Verfügung, daß sie sich als Jahresrechnung
etablieren konnte. Der aktuellere Bezug jener Ära mit dem
Epochenjahr 31/0 v.Chr. dürfte fast überall die Zählung nach der
pharsalischen Ära ab 48/7 v.Chr. zurückgedrängt haben. So
gewann die aktische Ära als Zeitrechnung in den Inschriften der
Provinz Asia größere Bedeutung als die pharsalische. Auf Münzen
jedoch kommen beide "Siegesären" nicht vor.

2 TAM V 2,1229.

Während Kaestner[3] noch die Existenz der aktischen Ära in der Provinz Asia außer in Samos abgestritten hatte, läßt sich nun eine umfangreiche Verbreitung dieser Jahresrechnung nachweisen. In Samos, in Apollonis, in Philadelpheia mit seinem großen Territorium im Kogamostal und in der kastolischen Ebene wird die Ära ausdrücklich als Jahreszählung ab dem Siege Octavians gekennzeichnet. In der Region nördlich des Sees von Marmara, wo man Daldis und die Charakenoi lokalisiert hat, ist die Ära ab 31/30 v.Chr. mit Hilfe von Zweifachdatierungen gesichert. In Sardeis, in Bagis mit der Katoikie Lyendos sowie in Aizanoi ist die aktische Ära nur mit Hilfe der Personennamen oder durch die Architektur der Inschriftenträger zu erschließen. Zwar ist daraus das genaue Epochenjahr nicht sicher zu ermitteln. Doch spricht die Nähe zu Philadelpheia dafür, daß man in dem Zeugnis aus Sardeis und bei den Inschriften aus Bagis die gleiche Ära mit dem Ausgangsjahr 31/0 v.Chr. verwendete wie in Philadelpheia. Möglicherweise hat sich die Ära auch von Philadelpheia aus dorthin verbreitet. Im Falle von Aizanoi ist es aber schon weniger sicher, ob es sich tatsächlich um die aktische Ära oder eine lokale Ära handelt, nachdem Traianopolis als zweite phyrygische Stadt, in der man die aktische Ära erkennen wollte, ausscheidet. Denn im pontischen Amisos wurde in dieser Zeit eine lokale Ära begonnen, die im Unterschied zur aktischen als "Freiheitsära" bezeichnet wird und deren Epochenjahr ein Jahr früher als bei der aktischen Ära liegt. Wenn man allerdings die Anfänge der aktischen Ära in Asia und die politischen Hintergründe berücksichtigt, wird man für Aizanoi, wie gleich noch zu zeigen sein wird, dieselbe Jahresrechnung ab 31/0 v.Chr. annehmen können, die aus anderen Städten der Provinz Asia bezeugt ist.

Die ersten Belege für die aktische Ära kommen aus Samos und Apollonis. Beide Inschriften entstanden im Jahre 4. Es folgt Philadelpheia mit einer Inschrift des Jahres 5 und Sardeis mit einem Zeugnis des Jahres 6. Die Ära ist hier offensichtlich überall fast gleichzeitig eingeführt worden. Beruht sie also auf einem gemeinsamen Beschluß der Städte Asias? Mit Ausnahme der Region von Daldis und der Charakenoi, in der die zweifachen Datierungen nach sullanischer und aktischer Ära zeigen, daß sich dort die Verbreitungsgebiete beider Ären schnitten, ist überall, wo in augusteischer Zeit die aktische Ära verwendet wurde, der Kaiserkult oder der Kult der Roma, der seit 29 v.Chr. mit dem Kult Caesars bzw. Octavians verbunden wurde, nachweisbar. In Apollonis ist die Inschrift von 28/7 v.Chr. außer mit Jahreszahlen der pharsalischen und aktischen Ära auch nach einem Romapriester datiert[4]. Eponymer Beamter war der Romapriester auch in Sardeis, und die dortige Inschrift nennt außer der Jahreszahl 6 in der Datierung einen Archiereus, der in dieser Zeit nur der Oberpriester des Kaiserkultes sein kann[5]. In Philadelpheia ist das

3   Kaestner 34ff.
4   TAM V 2,1229.
5   L.Robert, BCH 106,1982,361ff. = Robert, Documents 323ff.

erste Zeugnis für die Ära eine Ehreninschrift des Jahres 5 für den
Priester der Roma und des Augustus[6]. In Samos erscheint die
aktische Ära zuerst nur im kultischen Bereich, in den Listen der
Tempelpfleger (Neopoiai) des Heraion, aber auch in einem
Schreiben des Augustus an die Samier. Die Neopoiai, die das
römische Bürgerrecht besaßen, weigerten sich offensichtlich
zunächst, ihre Namen in den Tempelpflegerlisten mit der aktischen
Ära zu datieren, und verwendeten ihrerseits die merkwürdige
Kolonieära[7]. Es ist bezeugt, daß Augustus den Römern in der
Provinz nur den Kult seines Vaters Caesar in Gemeinschaft mit der
Göttin Roma erlaubte, nicht aber seine eigene Verehrung.
Möglicherweise ist dies der Grund dafür, daß die römischen
Neopoiai nicht die aktische Ära verwendeten. In Samos hat man
nach dem Tode des Princeps die aktische Rechnung durch eine Ära
ab der Apotheose des Augustus ersetzt, die deutlich kultischen
Charakter hat. Für die Vorgängerära ist eine ähnliche Verbindung
mit dem Kult zu vermuten. Fast überall ist in der augusteischen
Zeit ein Zusammenhang zwischen aktischer Ära und Kaiserkult
festzustellen.

Im Jahre 29 v.Chr. baten die Städte der Provinzen Asia und
Bithynia in Rom um die Erlaubnis, für Octavianus einen Tempel
errichten zu dürfen[8]. Der Herrscher gewährte seine kultische
Verehrung mit den schon mehrfach erwähnten Einschränkungen,
nämlich zusammen mit Roma und nur für die Griechen der Provinz.
Ein Jahr oder eineinhalb Jahre später ist die aktische Ära in Samos
und Apollo...s bezeugt, gleich danach in Philadelpheia und Sardeis.
Es liegt nahe, die Einführung der aktischen Ära mit den kultischen
Ehrenbeschlüssen des Koinon von Asia für Octavianus zu
verbinden. Danach entstanden sowohl auf Provinzebene als auch,
wie das Beispiel von Philadelpheia zeigt, lokal Kulte für Roma und
Augustus. Die Einheitlichkeit der aktischen Jahresrechnung in der
Provinz Asia könnte darauf deuten, daß das Koinon bei der
Einführung der Ära beteiligt war, daß man zumindest darüber
diskutiert hat, als über weitere Ehrungen für Octavianus beraten
wurde. Auch in Paphlagonien wurde die innerpaphlagonische Ära
zum ersten Mal im Zusammenhang mit dem dortigen Koinon
verwendet, als man den Eid auf Augustus schwor[9]. Der Provinzial-
landtag kann also durchaus eine Rolle gespielt haben bei der
Verbreitung der Ära, in der die Griechen eine Form der Ehrung
für Octavianus sahen. Doch lassen die Quellen hier weitergehende
Aussagen nicht zu.

Es ist ebensogut möglich, daß einzelne Städte die aktische Ära
unabhängig voneinander einführten. Denn in Apollonis konnte man
die pharsalische Ära als Vorbild nehmen und hat das, wie die
erwähnte Inschrift zeigt, auch getan. Robert sprach in diesem

6   R.Meriç - J.Nollé, EA 5,1985,24 Nr.2.
7   Siehe oben S.373ff.
8   Cass.Dio 51,20,6ff.; Tac.ann.4,37.
9   Siehe oben S.171ff.

Zusammenhang von "kollektiver Psychologie", die in den ersten
Jahren des Augustus die Menschen veranlaßt habe, den Wohltätern
der verflossenen Periode noch Dank abzustatten, obwohl man schon
in der neuen Epoche der Pax Augusta lebte[10]. In Samos bot sich
durch den zweimaligen Winteraufenthalt des Princeps eine
Gelegenheit, ihn entsprechend zu ehren. Magie vertrat deshalb die
Auffassung[11], daß die Ära schon 31/0 v.Chr. während des
Aufenthaltes Octavians auf Samos eingeführt wurde. Doch deutet
der Zusammenhang mit dem Kaiserkult darauf hin, daß die
Beratungen des Koinon über die Ehrungen des neuen Herrschers
ein ebenso geeigneter Zeitpunkt waren, die aktische Ära zu
beschließen.

Auf dieser Ebene bietet sich auch eine Erklärung für die
aktische Ära in Aizanoi an, der einzigen Stadt in Phrygien, in der
sich diese Zeitrechnung nachweisen läßt. Der erste Beleg für die
Ära in Aizanoi ist ein Beschluß der Ratsmitglieder der Stadt aus
dem Jahre 37 (=6/7 n.Chr.)[12]. Wie sehr sich Aizanoi bemühte, das
Wohlwollen des Kaiserhauses zu erringen, wird durch eine
Gesandtschaft deutlich, die die Aizaniten im Jahre 4 n.Chr. zu
Tiberius schickten, um ihm zur Adoption durch Augustus und zum
Caesarnamen zu gratulieren[13]. Gerade ein Aizanite war es, der
Archiereus Apollonios, Sohn des Menophilos, der in der
Versammlung des Koinon von Asia im Jahre 9 v.Chr. den Antrag
stellte, Augustus mit der Kalenderreform zu ehren[14]. Von daher
ließe es sich leicht erklären, wenn diese aizanitische Persönlichkeit
außer dem neuen Kalender mit dem Jahresanfang am Geburtstag
des Augustus auch die aktische Ära in Aizanoi eingeführt hätte.
Doch geben dazu die Quellen keine Auskunft. In Aizanoi blieb die
Ära jedenfalls keine reine Ehrung und Huldigung, sondern wurde
schnell populär. Dies hängt damit zusammen, daß Aizanoi erst spät
gegründet wurde und daher nicht die traditionelle Jahresdatierung
besaß, wie sie die älteren Städte aufwiesen.

Daß die aktische Ära im Vergleich zur sullanischen
verhältnismäßig wenig verbreitet wurde, nur in der Aizanitis und
im Raum um Philadelpheia mit den benachbarten Gebieten nördlich
des Sees von Marmara und um Bagis weiterhin zu finden ist,
hängt sicherlich wiederum damit zusammen, daß die griechischen
Städte nicht gerne von ihrer bewährten Jahresrechnung abgingen.
Es ist aber nicht auszuschließen, daß die Ära in augusteischer Zeit
noch häufiger zu finden war und, wie in Apollonis oder Sardeis,
nur kurzfristig und vereinzelt verwendet wurde. Wir kennen wenig
inschriftliche Zeugnisse mit Äradatierung, die zu Lebzeiten des

---

10 L.Robert, BCH 109,1985,474 n.34 = Robert, Documents 528
n.34.

11 Magie I 440.

12 W.Günther, MDAI(I) 25,1975,351ff.

13 ILS 9463; IGR IV 1693; Ehrenberg – Jones Nr.319; E.Korne-
mann, Klio 9,1909,422ff.

14 Ehrenberg – Jones Nr.98, Z.31 und Z.78f.; U.Laffi, SCO
16,1967,21 VI Z.31 und 23 VII Z.78f.

Augustus entstanden und uns erhalten blieben. Wenn die aktische Ära sich einmal in einer Stadt durchgesetzt hatte und zur "bürgerlichen" Zeitrechnung geworden war, dann hat man sie zur Datierung der Inschriften genauso lange wie die sullanische Ära angewandt. In Philadelpheia stammt das letzte Zeugnis mit aktischer Äradatierung aus dem Jahre 560, das entspricht 529/30 n.Chr. Auch in Aizanoi wurde wahrscheinlich noch im 5.Jh. danach datiert.

5. Die städtischen Ären

Das Ausgangsjahr jeder lokalen Ära fällt mit einem Ereignis zusammen, das in den Augen der Bürger oder der maßgebenden Gruppe von Beamten und Ratsmitgliedern einer Stadt als so bedeutend empfunden wurde, daß darin der Beginn eines neuen Abschnitts in der Geschichte der Stadt gesehen wurde. Die Einführung oder Veränderung einer Ära ist daher das Ergebnis der Einschätzung historischer Ereignisse und ein Zeichen ihrer politischen Verwendung. Die Entscheidung, das Epochenjahr einer eigenen städtischen Ära festzulegen, konnte von Opportunität und politischer Rücksichtnahme unbeeinflußt nur in Zeiten relativer politischer Freiheit gefällt werden. Da die Äradatierung eine relativ späte Erscheinung ist, sind Zeugnisse für Ären, die außerhalb der hellenistischen oder römischen Oberherrschaft eingerichtet wurden, in Kleinasien selten.

Die in der Literatur zu findende "karische Freiheitsära" existierte nicht, auch wenn auf Münzen der Stadt Alabanda vielleicht ab der Befreiung Kariens von rhodischer Herrschaft gezählt wurde. Generell ist Vorsicht geboten, wenn auf Münzen durchlaufende Nummern von der Zahl 1 an zu finden sind, die nicht ausdrücklich als Jahre gekennzeichnet werden. Denn hierbei kann es sich auch um Emissionszählungen handeln. Dies trifft aber nicht für Ephesos zu, wo eine Jahreszählung auf Edelmetallprägungen vorkommt, die vom Ende des Attalidenreiches an bis zum Beginn der pharsalischen Ära ohne Rücksichtnahme auf politische Veränderungen fortlief. Diese Ära begann zu einer Zeit, als man in Ephesos glaubte, die Freiheit erreicht zu haben. Doch schickten sich kurz danach die Römer an, das ehemalige Attalidenreich in eine römische Provinz umzuwandeln.

Künftig beruhte dann jede als "Freiheitsära" apostrophierte Zeitrechnung nicht auf tatsächlicher außenpolitischer Freiheit, sondern auf den Privilegierungen, die eine Stadt von römischer Seite erfahren hatte[1] und die bis zu einem gewissen Grade als Zeichen der Freiheit empfunden wurden[2]. Wenn Amisos im Heiligtum

---

1 Insofern läßt sich hier nicht wie Bickerman, Chronologie 42 von einer Form der Zählung nach Jahren der Herrschaft sprechen.
2 Zum Freiheitsbegriff in dieser Zeit vgl. z.B. Bernhardt, Imperium 134ff.

des Apollon von Klaros eine Inschrift im Jahre 163 der "Freiheit" aufstellte, zeigt dies, wie stolz man auf das von Augustus nach der Schlacht von Aktium verliehene Privileg war, mit dem man im Wettstreit der griechischen Städte glänzen konnte. Hier wird deutlich, daß in der Kaiserzeit nicht nur die aufgeblähte städtische Titulatur, wie sie in den Inschriften und auf den Münzen häufig zu finden ist, dem Ruhm der Stadt förderlich sein konnte. Auch die Jahresrechnung konnte ein solches Mittel städtischer "Propaganda" sein. Gerade in der Zeit Hadrians, als die amisenische Inschrift verfaßt wurde, war dies notwendig, um die Zugehörigkeit zur panhellenischen Gemeinschaft zu beweisen[3].

Die Erneuerung der Freiheitsprivilegien reichte wohl schon aus, um eine Ära zu beginnen, wie im Falle von Termessos oder bei Chersonesos Taurike vermutet wurde. Für die meisten Städte, die eine lokale Ära einführten, waren es jedoch politisch und existentiell wichtigere Ereignisse, die als Wendepunkt in der Geschichte der Stadt und Beginn einer neuen Epoche angesehen wurden. Hadrianoi und Hadrianeia in Mysien waren von Grund auf neu geschaffen worden. Dies sind aber schon die beiden einzigen sicheren Beispiele für eine Gründungsära. Diese verdrängte nur zeitweise die in Mysien verbreitete sullanische Ära. Für die Städte im nördlichen Kleinasien war es die Eingliederung in den römischen Provinzialverband, die als Beginn einer Neuexistenz gewertet wurde, nicht das negative Ereignis der Beendigung der dynastischen Herrschaft[4]. Sinope und vielleicht Parium zählten die Jahre ab der Koloniegründung, von dem Augenblick an, als nicht nur der Rechtsstatus, sondern auch die Zusammensetzung der Einwohnerschaft durch die Ansiedlung von Kolonisten einen radikalen Einschnitt und Wandel erfuhren.

Der Gründungsbegriff hatte sich schon in der hellenistischen Zeit gewandelt[5], so daß die Wiederherstellung einer geschädigten Stadt als eine Neugründung aufgefaßt werden konnte. Wahrscheinlich sah Ilion den Wiederaufbau nach den Zerstörungen durch Fimbria im Mithridatischen Krieg als Beginn seiner Neuexistenz an. Wenige Jahre später datierte man eine Urkunde nach einer Ära, deren Epochenjahr mit dem Zeitpunkt des Neuaufbaus zusammenfiel. Kibyra und vielleicht auch Dionysopolis erlebten Zerstörungen durch ein Erdbeben und wählten den Wiederaufbau als Ausgangspunkt einer Ära. In Laodikeia wertete man sogar den Besuch Hadrians in der Stadt als Neugründung und Beginn einer neuen Epoche, weil damit, wie unter Hadrianus üblich, auch Baustiftungen und die Erteilung von Privilegien verbunden waren.

Bickerman[6] zählte Ären, die mit dem Besuch eines Kaisers begannen, zu den "Erinnerungsären, in denen man das Jahr nach einem besonders markant in der Erinnerung gebliebenen Ereignis

3   Vgl. z.B. Sartre 194f.
4   So aber Chr.Marek, EA 6,1985,145 Anm.1.
5   Vgl. Leschhorn 4f.
6   Bickerman, Chronologie 47.

zu zählen begann". Doch trifft dies im gewissen Sinne für alle Ären lokaler Art zu. Denn das oft Jahrzehnte oder gar Jahrhunderte zurückliegende Ereignis mußte allein schon durch die Anwendung der Ära immer wieder in Erinnerung gerufen werden. Dies hat man wohl besonders im 2. und 3.Jh.n.Chr., als ein verstärktes Geschichtsbewußtsein in den Städten des Ostens entstand, bewußt ausgenutzt. Um hier Genaueres feststellen zu können, wäre es aber notwendig, das Einführungsdatum einer Ära zu kennen oder die Zeit, in der die Ära eine hervorragende Rolle im Leben einer Stadt spielte. Daraus ließe sich entweder auf den aktuellen Bezug der Ära schließen oder auf eine historische Rückschau. Doch verhindert hier die Quellenlage in den meisten Fällen nähere Erkenntnisse.

Das genaue Epochenjahr einer Ära zu bestimmen ist in der Regel möglich, der exakte Beginn ihrer Verwendung und die dahinter stehenden Gründe aber sind kaum zu eruieren. Allzusehr spielt hier der Zufall eine Rolle. So konnte man lange an der Existenz einer Ära in Laodikeia am Lykos zweifeln, da die Zahlen auf wenigen Münzen auch anders zu interpretieren waren, bis 1969 eine Inschrift publiziert wurde, die zeigte, daß dort tatsächlich die Ära auch im öffentlichen Leben angewandt worden ist[7]. Meist nur durch die Münzen konnte das Entstehungsjahr einer Ära ermittelt werden, da die Wahrscheinlichkeit der Erhaltung bei diesen in großer Menge hergestellten Zeugen der Antike viel größer ist als bei den Einzelstücken der Inschriften. Inschriftliche Zeugnisse gleich aus den ersten Jahren der Ära können aber auf die Anwendung dieser Zeitrechnung bald nach dem Epochenjahr deuten.

Überblickt man nach dieser Methode das Material, so ist kein einheitliches Bild vom Einführungsdatum der Ären zu gewinnen. Die Ären, deren Jahre ab dem Anschluß an die römische Provinzialverwaltung gezählt wurden, scheinen größtenteils bald nach dem Epochenjahr eingeführt worden zu sein, so in Komana oder Amastris. Dagegen ist die Ära in Nikopolis und in Sinope erst spät und nur auf den Münzen zu finden. Für Sinope ist dies insofern verständlich, als die ungewöhnliche lateinische Jahreszählung, die die Stempelschneider zu vielen Fehlern veranlaßte, kaum in den Alltag eindrang, weil einerseits die Griechen nicht mit den römischen Zahlen umzugehen wußten, andererseits den in der Kolonie lebenden Römern die Datierung nach einer Ära nicht genügend vertraut war. Im Inneren Paphlagoniens erscheint die dortige Ära schon drei Jahre nach der Angliederung an die römische Provinz im Eid der Paphlagonier auf den Kaiser, dann aber erst wieder auf Münzen in trajanischer Zeit, zu einem Zeitpunkt, als in Kleinarmenien die Ära erstmals auf den Münzen verwendet wurde. Diese Beobachtung mit der Umorganisation der Provinz Galatia durch Kaiser Traianus in Verbindung zu bringen, wäre aber zu spekulativ. Die Häufigkeit von Äradatierungen auf Münzen der severischen Zeit mag mit einem

---

7 Siehe oben S.382.

damals neu aufgekommenen historischen Denken zusammenhängen, kann aber auch genausogut der größeren Zahl von Prägungen in dieser Zeit zuzuschreiben sein.

Es sind nur Einzelfälle, die Aussagen über die Gründe für die Einführung einer Ära zulassen. Als Caracalla Laodikeia die Neokorie verlieh, erinnerte man sich dort der vergangenen hadrianischen Neugründung und des damaligen Besuches Hadrians durch Prägungen mit den Jahreszahlen der hadrianischen Ära. Ob diese Jahreszählung damals erst eingeführt worden ist, läßt sich nicht sicher beweisen. Auf den Münzen jedenfalls wird die Ära erstmals unter Caracalla angewandt. Im Falle von Sebastopolis in Pontos könnte die dortige Ära aus Anlaß einer Jahrhundertfeier eingeführt worden sein. Denn aus dem Jahr 100 stammt die erste Inschrift mit einer Äradatierung[8]. Die Hyrgaleis im Mäandertal setzten Jahreszahlen der sullanischen Ära auf ihre Münzen, obwohl diese Ära in der Kaiserzeit sonst nirgendwo in der Münzprägung verwendet wurde. Bei den Hyrgaleis erfolgte die Datierung der Münzen genau zu dem Zeitpunkt, als die Nachbarstadt Dionysopolis eine Prägung mit der Jahreszahl 70 versah, die zu einer 70-Jahr Feier, vielleicht 70 Jahre nach dem Wiederaufbau der durch ein Erdbeben in Mitleidenschaft gezogenen Stadt und nach einem entsprechenden Gründungsfest, ausgegeben wurde. Die Hyrgaleis wollten offensichtlich nicht zurückstehen und verwendeten die wesentlich höhere Jahreszahl der sullanischen Ära. Welche Ideen und Vorstellungen und welche Ereignisse dahinter verborgen sind, läßt sich nicht mehr ermitteln. Ebensowenig wissen wir über die Hintergründe Bescheid, warum man in Sinope in severischer Zeit die Ära wechselte. Hier sind uns die Vorgänge in den Griechenstädten Kleinasiens zu wenig bekannt. Bedenkt man aber die Rolle der lokalen Münzen als Informationsträger, die den Ruhm und die Größe einer Stadt auch nach außen hin verkündeten, so läßt sich vermuten, daß die Äradatierungen in solchen Einzelfällen nicht als reine Zeitrechnung gedacht waren, sondern auf politischen Überlegungen und Maßnahmen beruhte, mit denen an ein historisches Ereignis oder das Alter der Stadt erinnert werden sollte. Die vereinzelt in Inschriften zu findenden mythologischen Ären[9] spielten dieselbe Rolle. Wenn Münzen statt mit einem Beamtennamen mit Jahreszahlen datiert wurden, können dafür aber auch einfache tagespolitische Gründe verantwortlich sein, etwa das Fehlen eines lokalen Beamten, der die Kosten der Münzprägung auf sich nahm und dafür seinen Namen auf den Münzen verewigte.

Wahrscheinlich war es in manchen Fällen die freie Entscheidung des dafür zuständigen Beamten, Jahreszahlen auf Münzen oder in offiziellen Inschriften zu verwenden, ebenso wie es bei den privaten Inschriften dem einzelnen überlassen blieb, ob er sie nach einer Ära datierte. So war die Verbreitung der Äradatierungen oft ganz unterschiedlich. In Laodikeia am Lykos findet sich nur auf

8 Siehe oben S.124.
9 Siehe oben S.11 mit Anm.19.

einer der Inschriften eine Jahreszahl. Im oberen Hermostal um Saittai waren fast die Hälfte aller Inschriften nach einer Ära datiert[10], in Amaseia in Pontos 68 von 375 Inschriften[11]. Wo Äradatierungen vorkommen, wurden sie in der Regel sowohl in den offiziellen als auch in den privaten Zeugnissen verwendet. In privaten Inschriften hatte die Äradatierung eher den Charakter einer Zeitrechnung. Auf Münzen und in den nach einer lokalen Ära datierten offiziellen Inschriften konnten Jahreszahlen einer Ära auch politische Bedeutung haben. Doch ist diese Trennung selten scharf gewesen. Wenn, wie auf den Münzen der bithynischen Städte im 1.Jh.v.Chr.[12], Datierungen nach einer lokalen Ära und nach dem römischen Proconsul nebeneinander stehen, dann weist dies auf die Doppeldeutigkeit der Zeitrechnung. Man erkannte sowohl die römische Herrschaft an, berief sich aber auf die eigene vorrömische Vergangenheit. Hier steht nicht so sehr der Aspekt der reinen Zeitrechnung im Vordergrund, sondern die politische Aussage.

10 Vgl. R.MacMullen, ZPE 65,1986,237.
11 Vgl. D.H.French, in: Erol Atalay Memorial, Izmir 1992,65.
12 Siehe oben S.191ff.

Nachwort: Probleme und Möglichkeiten

Die Problematik der Äradatierung wird auch weiterhin den Epigraphiker und Numismatiker beschäftigen müssen. Bei so zahlreichen Zeugnissen unterschiedlichster Art wird man nicht umhin kommen, auch zukünftig bei jedem einzelnen Denkmal, das eine Datierung mit einer Jahreszahl aufweist, einen Synchronismus zu suchen und dann die Art der Ära zu bestimmen. Nicht in allen Fällen wird man dabei erfolgreich sein können, weil Datierungen, die in der Antike allgemein verständlich waren, heute erst verstanden werden müssen. So konnte auch in der vorliegenden Untersuchung nicht jedes Zeugnis, das mit einer Jahreszahl datiert war, sicher einer bestimmten Zeit oder einem bestimmten Ort zugewiesen werden. In einigen Fällen waren nur Vorschläge möglich. Es wurde aber versucht, möglichst alle Faktoren, die auf die chronologische Einordnung hinweisen, zu berücksichtigen und nebeneinander zu stellen. Mit der sich ständig vermehrenden Zahl von Inschriften wird man wohl eines Tages zu noch genaueren, teilweise vielleicht auch zu anderen Ergebnissen kommen können. Probleme stellen sich weiterhin in der Numismatik. Um die Zahlzeichen auf antiken Münzen richtig definieren zu können, sind langwierige Untersuchungen denkbar und nötig. Münzen müssen nicht in allen Fällen jahrweise gekennzeichnet sein, auch wenn sie fortlaufende Zahlen aufweisen. Hier hat man zu oft eine Ära als sicher angenommen, die in Wirklichkeit gar nicht als solche nachzuweisen ist.

Möglichkeiten, mit Hilfe einer sorgfältigen Untersuchung der Datierungsformen in den epigraphischen und numismatischen Zeugnissen zu neuen Erkenntnissen zu gelangen, gibt es genügend. Für die historische Geographie ist die Feststellung wichtig, daß zwei verschiedene Ären in der gleichen Gemeinde äußerst selten sind. Wenn dieses Phänomen vorkommt, wird es entweder im Datierungsformular der Inschrift angezeigt, oder der große Abstand zwischen den Epochenjahren schließt eine Verwechslung aus. So kann die sullanische Ära auf die Grenze der Provinz Asia im Osten hinweisen, da sie, wie am Beispiel des pisidischen Apollonia gezeigt wurde, die Zugehörigkeit ihres Verbreitungsgebietes zur Provinz beweist, oder wie im Nordosten Asia von der Provinz Galatia mit einer eigenen unterschiedlichen Ära trennt. Gerade die galatische Ära weist auf die Ausdehnung dieser Provinz hin, sowohl nach Südwesten bis an den Rand der Kibyratis als auch nach Nordwesten zu Bithynien hin. Doch müssen bei derartigen Untersuchungen die Zeugnisse mit Äradatierung in genügender Anzahl und ausreichend sicher datiert vorliegen.

Die Möglichkeiten der Feindatierung von Ereignissen und der Dokumentation der Ausbreitungsgeschwindigkeit von Nachrichten wurden am Beispiel des Bosporanischen Reiches gezeigt, in dem schon wenige Wochen nach dem Tode des Kaisers Traianus Münzen

mit dem Bildnis seines Nachfolgers geprägt wurden. Bemerkenswert
ist auch, daß in einer Inschrift aus Apollonia in Mysien Domitianus
schon einige Monate früher, als man bisher dachte, den Caesartitel
führte.

Die Römer haben kaum in die Datierungsformen Kleinasiens
eingegriffen. Darauf weist allein schon die Vielfalt der Ären und
die Uneinheitlichkeit in ihrer Anwendung. Das völlige Fehlen von
Äradatierungen in den lateinischen Inschriften Kleinasiens, aber
auch auf den Meilensteinen zeigt, daß die Ära kein Gegenstand
römischer Interessen war. Erst das byzantinische Reich erreichte
die Vereinheitlichung im Datierungswesen mit der sakralen
Weltschöpfungsära und der Indiktionsrechnung, dies aber
verhältnismäßig spät. Denn die Äradatierung lebte in Kleinasien
und an der Nordküste des Schwarzen Meeres bis ins 6.Jh.n.Chr.
fort.

KATALOG

I. Vorbemerkungen

Der folgende Katalog enthält alle Zeugnisse für Äradatierungen, die zugänglich waren. Die Reihenfolge der Listen ist geographisch bestimmt und richtet sich auch in der Numerierung nach den Kapiteln im Textteil (siehe das Inhaltsverzeichnis oben S.VIIf.).

Innerhalb der einzelnen Listen sind die Zeugnisse in chronologischer Reihenfolge angeordnet. Die Art der verwendeten Ära und das Epochenjahr stehen am Anfang. Aufgeführt werden dann für jedes Zeugnis in der Regel: 1. die genaue Datierungsformel, wenn möglich mit Monats- und Tagesangabe, 2. Synchronismen wie Herrscher, Magistrate, Personennamen, Architektur- und Schmuckformen nur wenn sie zeitlich einzuordnen und für die Berechnung der Ära von Bedeutung sind, 3. Herkunfts- und/oder Aufbewahrungsort von Inschriften, soweit sie nicht mit der in der in der Überschrift genannten antiken Gemeinde identisch sind, Prägeort und/oder Prägeherr von Münzen, 4. Publikationen und wichtige Literatur, bei unpublizierten Zeugnissen Informationsquellen oder Aufbewahrungsorte, 5. die Umrechnungen nach christlicher Zeitrechnung.

Aus Gründen der Platzersparnis sind die einzelnen Listen je nach dem Material unterschiedlich aufgebaut. Die Zeugnisse der sullanischen, aktischen und pharsalischen Ära aus der Provinz Asia werden nur in abgekürzter Form gegeben (siehe dazu unten S. 490). Wie im Textteil werden die Aufschriften auf Münzen in großen Lettern gegeben, die Datierungen aus Inschriften in Kleinbuchstaben. Auf Abbildungen in den beigefügten Tafeln wird jeweils verwiesen.

II. Seleukidenära (ab 312/1 v.Chr.)

1. Kleinasien unter den Seleukiden

1. Βασιλευόντων Ἀντιόχου
   καὶ Σελεύκου τοῦ Ἀντι-
   όχου ἑβδόμου καὶ τρια-
   κοστοῦ ἔτους, μηνὸς
   Ὑπερβερεταίου　　　　　=37　Thyateira　Keil-Premerstein II
   　　　　　　　　　　　　　　　　　　　　　　Nr.19 = TAM V 2,
   　　　　　　　　　　　　　　　　　　　　　　881　　　　　　　276.

2. Βασιλευ[ό]ντων Ἀντ[ι-
   όχου καὶ Σελεύκου]
   τετά[ρτου] καὶ τεσσ[α-
   ρακοστοῦ ἔτους], μηνὸς
   [Δύσ?]τ[ρ]ου　　　　　　=44　Tabai　　Robert, Etudes ana-
   　　　　　　　　　　　　　　　　　　　　　toliennes 321 Nr.1 =
   　　　　　　　　　　　　　　　　　　　　　Robert, Carie Nr.3　269.

3. [Β]ασιλευόντων Ἀντι-
   όχου καὶ τοῦ υἱοῦ Ἀν-
   τ[ιό]χου ἔτους τετάρ-
   του καὶ τεσσαρακοστ[οῦ],
   [μ]ηνὸς Λώιου　　　　　=44　Stratonikeia　IvStratonikeia 1030
   　　　　　　　　　　　　　　(Karien)　　= SEG 30,1278　269

4. ἐν τῶι τετάρτωι καὶ
   τεσσαρακοστῶι ἔτει　　=44　Pergamon　IvPergamon 13 =
   　　　　　　　　　　　　　　　　　　　　OGIS 266　　　　269

5. Βασιλευόντων Ἀντιόχου
   καὶ [Σ]ελεύκου πέμπτου
   καὶ τεσσαρακοστοῦ ἔτους,
   μηνὸς Περιτίου　　　　=45　Neonteichos　Chiron 5,1975,59ff.
   　　　　　　　　　　　　　　und Kiddiu-
   　　　　　　　　　　　　　　kome (Phryg.)　　　　　268

6. Jahre 59 und 60 in Brief　　Didyma　IvDidyma 492
   des Antiochos II. bezüg-
   lich Ländereien bei Zeleia
   und Kyzikos (aufgestellt
   in Didyma)
   Z.25f.: σὺν ταῖς τοῦ
   [ἐ]νάτου καὶ πεντη-
   κοστοῦ ἔτους προσ-
   όδοις　　　　　　　　=59　　　　　　　　　　　　　25.

   Z.37f.: ἐν τῶι Αὐδναίωι
   μηνὶ τῶι ἐν τῶι ἐξη-
   κοστῶι ἔτει　　　　　=60　　　　　　　　　　　　　25.

7. ἔτους ξ', μηνὸς Λώου α' =60　Telmessos　TAM II 42　　　25.

8. Βασιλεύοντος Σ[ελεύ-　　　　Apollonia　MAMA VI 154=Robert,
   κου] ἔτους ἐνάτου καὶ　　　Salbake　Carie Nr.165
   ἐ[ξηκοστοῦ], μηνὸς
   Πανήμου　　　　　　　=69　　　　　　　　　　　　　24

9. θρ', Ξανδικοῦ ε'　　　　　Sardeis　Gauthier, Inscr.
   (Zeuxis)　　　　　　　=99　　　　Sardes Nr.1　　21

10. θρ', ἔτους Πανήμου ι'　　Sardeis　Gauthier, Inscr.
    (Antiochos III., Laodike) =99　　Sardes Nr.2　　21

?11. ρα'ς (=ἔτους?)(Taf.IV 9) =101 Synnada　MAMA IV 75　　21

12. γρ' (Ἀρτεμισίου κ',　Pamukçu/　EA 10,1987,7ff. =
　　Ἀρτεμισίου γ', Δύσ-　Mysien　SEG 37,1010
　　τρου κγ') (Antiochos III.,
　　Zeuxis)　=103　　　210/9
13. θρ', Δα(ι)σίου ιε'　=109 Amyzon　Robert,Amyzon Nr.9 204/3
14. Βασιλευόντων Ἀντιόχου　Amyzon　Robert,Amyzon
　　Μεγάλου καὶ Ἀντιόχ[ου]　Nr.14
　　τοῦ υἱοῦ ἔτους ἑν[δ]ε-
　　κάτου καὶ ἑκατο[σ]τοῦ,
　　μηνὸς Δίου (Zeuxis)　=111　　　202/1
15. [Βασιλε]υόντων Ἀντι-　Amyzon　Robert,Amyzon
　　όχου Μεγάλου κ[αὶ Ἀν-　Nr.15
　　τιόχου τοῦ υἱοῦ ἔτους
　　δω]δεκάτου καὶ ἑκατοσ-
　　τοῦ, μηνὸς Ἀπελλαίο[υ]
　　(Zeuxis)　　　201/0
16. Βασιλευόντων Ἀντιόχου　Euromos　EA 8,1986,1ff. =
　　καὶ Ἀντιόχου τοῦ υἱοῦ　SEG 36,973
　　ει' καὶ ρ', Γορπιαίου
　　(Zeuxis)　=115　　　198/7
17. Βασιλευόντων Ἀντιόχου　Xanthos　Robert,Amyzon Nr.
　　καὶ Ἀντιό[χου] τοῦ　15B = SEG 33,1184
　　υἱοῦ (ἔτους) ςιρ', μη-
　　νὸς Ὑπερβερεταίου　=116　　　197/6
18. θιρ', Ἀρτεμισίου ιθ'　Dodurga/　L.Robert, Hellenica
　　(Antiochos III.)　=119 Phrygien　VII,1949,8ff.　194/3
19. Βασιλεύοντος Ἀντιόχου　Kardakes bei Clara Rhodos 9,
　　ἔτους ιθρ', μηνὸς　Telmessos　1938,190
　　Ὑπερβερεταί[ου]　=119　　　194/3

2. Kleinasien außerhalb des Seleukidenreiches

1. ΡΛΖ　=137 Alexandreia　Bellinger A 133　176/5
2. ΡΛΗ　=138 Alexandreia　Bellinger A 134　175/4
3. ΡΜΑ　=141 Alexandreia　Bellinger A 135 =
　　　　　SNG Fitzwilliam 4253 172/1
4. ΡΝΓ　=153 Alexandreia　Bellinger A 136　160/59
5. ἐν τῶ ἑβδόμωι καὶ πεν-　Chersonesos IOSPE I² 402
　　τηκοστῶι καὶ ἑκατοστωι　Taurike (Zeit-
　　ἔτει, μηνὸς Δαισίου,　rechnung des
　　καθὼς βασιλεὺς Φαρνά-　Pontischen
　　κης ἄγει (Pharnakes I.) =157 Reiches)　　156/5
?6. Βασιλεύοντος Μιθραδά-　Abonuteichos NC 1905,113ff.
　　τοῦ εὐεργέτου ἔτους
　　αξρ', μηνὸς Δίου
　　(Mithridates V.)　=161　　　152/1
7. ΡΞς　=166 Alexandreia　Bellinger A 137　147/6
?8. ΓΟΡ (Mithridates V.)　=173 Pontos　JS 1978,153ff.　140/39

?9.	ἐν τῶι τετάρτωι καὶ ἑβδομηκοστῶι καὶ ἑκατοστῶι ἔτει	Triglia bei Apameia/ =174 Bithynien	IvApameia 33	139/8
?10.	[ἔ]τους ζορ'	=177 Triglia	IvApameia 34	136/5
?11.	ἐν τῶι η' καὶ ο' καὶ ρ' [ἔ]τει	Triglia =178	IvApameia 35	135/4
12.	ΡΠΓ	=183 Alexandreia	Bellinger A 148	130/2
13.	ΡΠΕ (Taf.I 2)	=185 Alexandreia	SNG Aulock 7548	128/7
14.	Σ	=200 Alexandreia	Bellinger A 149	113/2
15.	Σς	=206 Alexandreia	Bellinger A 150	107/6
16.	ΣΗ	=208 Alexandreia	Bellinger A 151	105/4
17.	ΣΘ	=209 Alexandreia	Bellinger A 152-153	104/3
18.	ΣΙ	=210 Alexandreia	Bellinger A 154	103/2
19.	ΣΙΓ	=213 Alexandreia	Bellinger A 155	100/9
20.	ΣΙς	=216 Alexandreia	Bellinger A 156-157; SNG Lewis 862	97/6
21.	ΣΚ	=220 Alexandreia	Bellinger A 158; SNG Lockett 2731	93/2
22.	ΣΚΑ	=221 Alexandreia	Bellinger A 159-160	92/1
23.	ΣΚΒ	=222 Alexandreia	Bellinger A 161	91/6
24.	ΣΚΓ	=223 Alexandreia	Bellinger A 162-163	90/8
25.	ΣΚΗ	=228 Alexandreia	Bellinger A 164	85/4
26.	ΣΛ	-230 Alexandreia	Bellinger A 165	83/2
27.	ΣΛΒ	=232 Alexandreia	Bellinger A 166	81/0
28.	ΣΛΓ	=233 Alexandreia	Bellinger A 167	80/1
29.	ΣΛΕ	=235 Alexandreia	Bellinger A 168	78/1
30.	ΣΛς	=236 Alexandreia	Bellinger A 169-170	77/6
?31.	ΗΝΣ (Taf.I 3)	=258 Kamoener	Imh.-Bl., Münzkunde 285 Nr.26; ZN 10,1883, Nr.50; SNG Aulock 119-121	55/4
32.	ἔτους υξ' (Archiereus Q.Veranius Tlepolemos)	Telmessos =460	TAM II 41c	148/9
?33.	ἔτους φ', μηνὸς Ὑπερβερεταίου δωδεκάτη (Taf.V 1)	Museum =500 Manisa	Robert, Noms indigènes 313	188/9

III 1. Das Bosporanische Reich

a. Pontisch-bosporanische Königsära ab 297/6 v.Chr.

?1.	ἔτους ισ'	=210 Mithridates VI.	Chiron 22,1992,159ff.	88/7
2.	ΓΜΣ	=243 Pharnakes II.	Coll.de Luynes 2396 = NC 1972,34,1; Anokhin 216	55/4
3.	ΔΜΣ	=244 Pharnakes II.	Jameson Coll.2146 = NC 1972, 34,2; Anokhin 217	54/3
4.	ΕΜΣ	=245 Pharnakes II.	NC 1972,34ff.,3-6; Anokhin 218	53/2
5.	ϚΜΣ	=246 Pharnakes II.	NC 1972,36f., 7-10 mit Fig.3; Anokhin 219	52/1
5A.	ΖΜΣ	=247 Pharnakes II.	NC 1972,37,11-13; Anokhin 220	51/0

b. Regierungsjahre des Asandros ab 50/49 oder 49/8 v.Chr.

1.	ET A	=1	(als Archon)	Jameson Coll.2541; Anokhin 221a; Roman Provincial Coinage I 1842	50/49 o. 49/8
2.	ET B	=2	(als Archon)	RN 1866,418; Anokhin 222; Roman Provincial Coinage I 1843	49/8 o. 48/7
3.	ET Γ	=3	(als Archon)	RN 1866,418; Anokhin 223; Roman Provincial Coinage I 1844	48/7 o. 47/6
?4a.	ET Δ (Taf.I 6)	=4	(als Archon)	British Museum: A Guide to the Principal Coins of the Greeks, London 1959, pl.51,4; Anokhin 221 (dort als ET A gelesen)	47/6 o. 46/5
b.	Δ	=4	(als Basileus)	RN 1866,418; Mionnet Suppl.4, p. 473 Nr.37; Anokhin 228; Roman Provincial Coinage I 1847	47/6 o. 46/5
5.	Ϛ	=6		Mionnet Suppl.4, p.473 Nr.38; Anokhin 229; Roman Provincial Coinage I 1848	45/4 o. 44/3
6.	Ζ	=7		Mionnet 2, p.363 Nr.25; Anokhin 230; Roman Provincial Coinage I 1849	44/3 o.43/2
7.	Θ	=9		Coll.Nanteuil 684; Anokhin 231; Roman Provincial Coinage I 1850	42/1 o.41/0
8.	I	=10		Jameson Coll.2147; Anokhin 232; Roman Provincial Coinage I 1851	41/0 o.40/39
?9.	AI	=11		Museum Tbilisi (Hinweis N.Frolova)	40/39 o.39/8
?10.	BI	=12		Museum Tbilisi (Hinweis N.Frolova); vgl. v.Sallet, Beiträge 25	39/8 o.38/7
11.	IΓ	=13		Ermitage (Hinweis N.Frolova); Anokhin 233	38/7 o.37/6

12.	IΔ	=14		Mionnet 2, p.363 Nr.26; Anokhin 234; Roman Provincial Coinage I 1852	37/6 o. 36/5
13.	IϚ	=16		Mionnet 2, p.363 Nr.27; Ch.Giel, ZRAO 1896,217 Nr.60; Anokhin 235; Roman Provincial Coinage I 1853	35/4 o. 34/3
14.	ZI	=17		Mionnet Suppl.4, p.473 Nr.39; Anokhin 236; Roman Provincial Coinage I 1854	34/3 o. 33/2
15.	HI	=18		Anokhin 237; Roman Provincial Coinage I 1855	33/2 o. 32/1
16.	IΘ	=19		Privatslg. in Pachamov (Hinweis N.Frolova)	32/1 o. 31/0
17.	K	=20		BMC p.48 Nr.4; Anokhin 238; Roman Provincial Coinage I 1856	31/0 o. 30/29
18.	AK	=21		Zograph pl.44,6; Anokhin 239; Roman Provincial Coinage I 1857	30/29 o. 29/8
19.	BK	=22		Anokhin 240; Roman Provincial Coinage I 1858	29/8 o. 28/7
20.	ΓK	=23		Dewing Coll.2105; Anokhin 241; Roman Provincial Coinage I 1859	28/7 o. 27/6
21.	EK	=25		Mionnet Suppl.4, p.473 Nr.40; Anokhin 242; Roman Provincial Coinage I 1860	26/5 o. 25/4
22.	ZK	=27		Ermitage: vgl. v.Sallet, Beiträge 25; Anokhin 243; Roman Provincial Coinage I 1861; Weber Coll.4791 (wohl Fälschung)	24/3 o. 23/2
23.	HK	=28		BMC p.48 Nr.2; Anokhin 244; Roman Provincial Coinage I 1862	23/2 o. 22/1
24.	ΘK	=29		BMC p.48 Nr.3; Anokhin 245; Roman Provincial Coinage I 1863	22/1 o. 21/0

c. Pontisch-bosporanische Königsära ab 297/6 v.Chr.

| 6. | ZOΣ | =277 Dynamis | Anokhin 253 | 21/0 |
| 7. | AΠΣ | =281 Dynamis | CAH IV, Vol. of Plates, p.208, fig.j; Anokhin 254; Roman Provincial Coinage I 1864 | 17/6 |

d. Regierungsjahre Polemons I. ab 15/4 v.Chr.?

1a.	A	=1	Augustus	Roman Provincial Coinage I 1865	15/4
b.	A	=1		SNG Cop.18; Anokhin 283	15/4
2.	B	=2		P.Naster, Collection Lucien de Hirsch Nr.1404; Anokhin 287	14/3
3.	Γ	=3		Zograph pl.45,6; Anokhin 281	13/2
4.	Δ	=4		SNG Cop.20; Anokhin 280	12/1
5.	E	=5		Zograph pl.45,4; Anokhin 271.279	11/0
6.	Ϛ	=6		Zograph pl.45,3; Anokhin 278	10/9
7.	Z	=7		SNG Cop.21; Anokhin 277	9/8

e. Pontisch-bosporanische Königsära ab 297/6 v.Chr.

8.	ΘΠΣ	=289	Zograph pl.44,15; Anokhin 259; VDI 1979,1, 144; Roman Provincial Coinage I 1866	9/8
9.	ϷΣ	=290	Anokhin 260; VDI 1979,1, 144; Roman Provincial Coinage I 1867	8/7
10.	A ϷΣ	=291	Anokhin 261; VDI 1979,1, 144; Roman Provincial Coinage I 1868	7/6
11.	Γ ϷΣ	=293	Anokhin 262; VDI 1979,1, 144; Roman Provincial Coinage I 1869	5/4
12.	Δ ϷΣ	=294	Anokhin 263; VDI 1979,1, 145; Roman Provincial Coinage I 1870	4/3
13.	E ϷΣ	=295	Anokhin 264; VDI 1979,1, 145; Roman Provincial Coinage I 1871	3/2
14.	Ϛ ϷΣ	=296	Anokhin 265; VDI 1979,1, 145; Roman Provincial Coinage I 1872	2/1
15.	Θ ϷΣ	=299	Anokhin 266; VDI 1979,1, 145; Roman Provincial Coinage I 1873; BMC p. 49,1	2/3 n.
16.	T	=300	Anokhin 267; VDI 1979,1, 145; Roman Provincial Coinage I 1874	3/4
17.	BT	=302	Anokhin 268; VDI 1979,1, 145; Roman Provincial Coinage I 1875	5/6
18.	ΔT	=304	Anokhin 269.269a; VDI 1979,1,145; Roman Pro- vincial Coinage I 1876	7/8
19.	ET	=305	Minns pl.VII 1; Anokhin 284; VDI 1979,1,145; Roman Provincial Coinage I 1877	8/9
20.	ϚT	=306	Anokhin 285; VDI 1979,1, 145; Roman Provincial Coinage I 1878	9/10
21.	ZT	=307	BMC p.49 Nr.2; Anokhin 288; VDI 1979,1,145; Ro- man Provincial Coinage I 1879	10/1

22. ΙΤ	=310		Garrett Coll.II,1984,238; Anokhin 289.293; VDI 1979,1,145; Roman Provincial Coinage I 1880	13/4
23a. ΑΙΤ	=311		Anokhin 297; VDI 1979,1, 145; Roman Provincial Coinage I 1881	14/5
b. ἐν τῷ αιτ' ἔτει	=311	Grabinschrift v.Pantikapaion	IOSPE IV 231 = CIRB 335	14/5
24. βιτ' Δαισίου κ'	=312	Aspurgos Aus Gorgippia	SA 9,2,1965,197ff.	15/6
25a. ΓΙΤ	=313		SNG Cop.22; Anokhin 298; VDI 1979,1,145; Roman Provincial Coinage I 1883	16/7
b. ἔτους γιτ', μηνὸς Δαισίου ζ'	=313	Aspurgos	CIRB 985	16/7
26. ΔΙΤ	=314		Anokhin 299	17/8
27. ΕΙΤ	=315		Anokhin 300; VDI 1979,1, 146; Roman Provincial Coinage I 1884	18/9
28. ϛΙΤ	=316		Minns pl.VII 4; Anokhin 301; VDI 1979,1,146; Roman Provincial Coinage I 1885	19/20
29. ΖΙΤ	=317		Anokhin 302; VDI 1979,1, 146; Roman Provincial Coinage I 1886	20/1
30. ΗΙΤ	=318		Anokhin 303; VDI 1979,1, 146; Roman Provincial Coinage I 1887	21/2
31a. ΚΤ	=320		Gajdukevič Taf.IV 62; Anokhin 304; VDI 1979,1, 146; Roman Provincial Coinage I 1888	23/4
b. ἐν τῷ κτ' ἔτει	=320	Aspurgos	CIRB 39	23/4
32. ΑΚΤ	=321		BMC p.50 Nr.1; Anokhin 305; VDI 1979,1,146; Roman Provincial Coinage I 1889	24/5
33. ΓΚΤ	=323		Garrett Coll.II,1984,239; Anokhin 306; VDI 1979,1, 146; Roman Provincial Coinage I 1890	26/7
34. ΔΚΤ	=324		Anokhin 307; VDI 1979,1, 146; Roman Provincial Coinage I 1891	27/8
35. ΕΚΤ	=325		BMC p.50 Nr.2; Anokhin 308; VDI 1979,1,146; Roman Provincial Coinage I 1892	28/9

36. ϚΚΤ	=326		Mionnet II p.369 Nr.56; Anokhin 309; VDI 1979,1, 146; Roman Provincial Coinage I 1893	29/30
37. ΖΚΤ	=327		Anokhin 310; VDI 1979,1, 146; Roman Provincial Coinage I 1894	30/1
38. ΗΚΤ	=328		Mionnet Suppl.4 p.491 Nr. 48; Anokhin 311; VDI 1979,1,146; Roman Provincial Coinage I 1895	31/2
39. ΘΚΤ	=329		BMC p.50 Nr.3; Anokhin 312; VDI 1979,1,146; Roman Provincial Coinage I 1896	32/3
40. ΛΤ	=330		Anokhin 313; VDI 1979,1, 146; Roman Provincial Coinage I 1897	33/4
41. ΑΛΤ	=331		Mionnet Suppl.4 p.491 Nr. 50; Anokhin 314; VDI 1979,1,146; BMC p.50 Nr.4; Roman Provincial Coinage I 1898	34/5
42. ΒΛΤ	=332		Mionnet II p.369 Nr.57; Anokhin 315; VDI 1979,1, 146; Roman Provincial Coinage I 1899	35/6
43. ΓΛΤ	=333		Anokhin 316; VDI 1979,1, 147; Roman Provincial Coinage I 1900	36/7
44a. ΔΛΤ	=334	Aspurgos	BMC p.50 Nr.5; Anokhin 317; VDI 1979,1,147; Roman Provincial Coinage I 1901	37/8
b. ΔΛΤ	=334	Gepaipyris	Anokhin 324; VDI 1977,3, 171; BMC p.50 Nr.5; Roman Provincial Coinage I 1906	37/8
45. ΕΛΤ	=335	Gepaipyris	Minns pl.VII 6; Anokhin 325; VDI 1977,3,171; Roman Provincial Coinage I 1906	38/9
46. ϚΛΤ	=336	Mithridates VIII.	Minns pl.VII 10; Anokhin VDI 1986,4,54; Roman Provincial Coinage I 1908	39/40
47. ΖΛΤ	=337	Mithridates VIII.	Anokhin 328; VDI 1986,4, 54	40/1
48a. ΗΛΤ	=338	Mithridates VIII.	Anokhin 329; VDI 1986,4, 54; Roman Provincial Coinage I 1909	41/2

48b. ἔτους ηλτ', μηνὸς Δείου	=338 Mithridates VIII.	IOSPE II 400 = CIRB 1123	41/2
49. BMT	=342 Kotys I.	BMC p.52 Nr.1; Anokhin 332; Numism.Sbornik 2, 1977,225; Roman Provin- cial Coinage I 1912	45/6
50. EMT	=345	VDI 1953,3,188 pl.I 2; Anokhin 333; Numism. Sbornik 2,1977,226; Roman Provincial Coinage I 1913	48/9
51. ϚMT	=346	VDI 1953,3,188 pl.I 3; Anokhin 334; Numism. Sbornik 2,1977,226; Roman Provincial Coinage I 1914	49/50
52. ΘMT	=349	BMC p.52 Nr.2; Anokhin 335; Numism.Sbornik 2, 1977,226; Roman Provincial Coinage I 1915	52/3
53. NT	=350	VDI 1953,3,188 pl.I 5; Anokhin 336; Numism. Sbornik 2,1977,227; Roman Provincial Coinage I 1916	53/4
54. BNT	=352	Zograph pl.46,8; Anokhin 337.337a; Numism.Sbornik 2,1977,227; Roman Provin- cial Coinage I 1917	55/6
55. ΓNT	=353	Garrett Coll.II,1984,240; Anokhin 338; Numism. Sbornik 2,1977,227; Roman Provincial Coinage I 1918	56/7
56a. ΔNT	=354	BMC p.52 Nr.3; Anokhin 339; Numism.Sbornik 2, 1977,228: Roman Provincial Coinage I 1919	57/8
b. ἔτους δντ', μηνὸς Δαεισί- ου ι'	=354 Kotys I.	IOSPE IV 204 = CIRB 69	57/8
57. ENT	=355	BMC p.52 Nr.4; Anokhin 340; Numism.Sbornik 2, 1977,228; Roman Provincial Coinage I 1920	58/9
58a. ϚNT	=356	Gajdukevič Taf.IV 68; Anokhin 341; Numism. Sbornik 2,1977,228; Roman Provincial Coinage I 1921	59/60
b. ἔτους Ϛντ'	=356	CIRB 1124	59/60
59. ZNT	=357	VDI 1953,3,188 pl.I 13; Anokhin 342; Numism. Sbornik 2,1977,229; Roman Provincial Coinage I 1922	60/1

60.	ΘΝΤ	=359	Nero	Minns pl.VII 22; Anokhin 343; Numism.Sbornik 2, 1977,229; Roman Provincial Coinage I 1923	62/3
?61.	ἔτους δ[ξ]τ', μηνὸς Δαεισίου	=364	Rheskuporis	CIRB 1126 = SEG 19,504	67/8
62.	ΕΞΤ	=365	(Vespasian?, Titus?)	Frolova I p.93; Anokhin 354	68/9
63.	ΗΞΤ	=368		Frolova I p.93; Anokhin 355	71/2
?64.	ΘΞΤ	=369		Frolova I p.93; Anokhin 356	72/3
65.	ΟΤ	=370		Frolova I p.94; Anokhin 357	73/4
66.	ΔΟΤ	=374		Frolova I p.94; Anokhin 358	77/8
?67.	ΕΟΤ	=375		Anokhin 359	78/9
?68a.	ϛΟΤ	=376		Perl 305 Anm.31	79/80
b.	ἔτους ϛοτ'	=376	Rheskuporis II.	CIRB 986	79/80
69a.	ΖΟΤ	=377		Frolova I p.94; Anokhin 360	80/1
b.	ἔτους ζοτ', μηνὸς Περει-[τί]ου ιβ'	=377	Freilassungs-urkunde aus Kerč (Rhes-kuporis II.)	IOSPE II 52 = CIRB 70	80/1
70.	ΗΟΤ	=378		Frolova I p.94; Anokhin 361	81/2
?71a.	ΘΟΤ	=379		Frolova I p.95; Anokhin 362	82/3
b.	ἐν τῶι θοτ' ἔτει καὶ μηνὶ Περειτίωι	=379	Rheskuporis II.	CIRB 76	82/3
72.	ΠΤ	=380		Frolova I p.95; Anokhin 363	83/4
73.	ΑΠΤ	=381		Frolova I p.95; Anokhin 364	84/5
74.	ΒΠΤ	=382		Frolova I p.95; Anokhin 365	85/6
75.	ΓΠΤ	=383		Frolova I p.95; Anokhin 366	86/7
76.	ΔΠΤ	=384		Frolova I p.96; Anokhin 367	87/8
77.	ϛΠΤ	=386		Frolova I p.96; Anokhin 368	89/90
78.	ΗΠΤ	=388		Frolova I p.96; Anokhin 369	91/2
79a.	Ϸ Τ	=390		Frolova I p.103; Anokhin 387	93/4
b.	ἐν τῷ ϸτ' ἔτει	=390		CIRB 42	93/4
80.	Γ Ϸ Τ	=393	(Nerva?)	Frolova I p.103; Anokhin 388	96/7
81a.	Δ Ϸ Τ	=394		Frolova I p.104; Anokhin 389	97/8
b.	ἐν τῷ δϸτ' ἔτει	=394	Aus Kerč (Sauromates I.)	IOSPE II 38 = CIRB 43	97/8
82.	Ε Ϸ Τ	=395		Frolova I p.104; Anokhin 390.390a	98/9
83.	ϛ Ϸ Τ	=396		Frolova I p.104; Anokhin 391	99/100
84.	Ζ Ϸ Τ	=397		Frolova I p.104; Anokhin 392	100/1
85.	Η Ϸ Τ	=398		Frolova I p.104; Anokhin 393	101/2
86.	Υ	=400		Frolova I p.105; Anokhin 394.394a; ANS	103/4

87a. AY	=401		Frolova I p.105; Anokhin	104/5
			395.395a; ANS	
b. ἔτους αυ'...=401			CIRB 1259	104/5
μηνὶ Ἀπελ-				
λαίου αι'				
88a. BY	=402		Frolova I p.105; Anokhin	105/6
			396.396a; ANS	
b. ἔτους βυ',	=402	Sauromates I.	CIRB 1021	105/6
μηνὸς Ἀπελ-				
λαίου α'				
c. ἐν τῷ βυ'	=402		CIRB 1045	105/6
ἔτει				
89a. ΓY	=403		Frolova I p.106; Anokhin 397	106/7
b. ἐν τῷ γυ'	=403	Grabinschrift	IOSPE II 254 = CIRB 697	106/7
ἔτει		aus Pantika-		
		paion		
90. ΔY	=404		Frolova I p.106; Anokhin 398	107/8
91. EY	=405		Frolova I p.106; Anokhin	108/9
			399.399a.399b	
92. ϚY	=406		Frolova I p.106; Anokhin	109/10
			400.400a	
93a. ZY	=407		Frolova I p.107; Anokhin 401	110/1
b. ἐν τῷ ζυ'	=407	private Weih-	Minns, Appendix 47 – CIRB	110/1
ἔτει καὶ μη-		inschrift aus	1115	
νὶ Δαεισίου		Anapa (Sau-		
		romates I.)		
94. HY	=408		Frolova I p.107; Anokhin	111/2
			402.402a.402b; ANS	
95. IY	=410		Frolova I p.107; Anokhin 403	113/4
96. AIY	=411		Frolova I p.107; Anokhin	114/5
			404.404a	
97. BIY	=412		Frolova I p.107; Anokhin 405	115/6
98a. ΓIY	=413	(Traianus)	Frolova I p.108; Anokhin	116/7
(Taf.I 4)			406.406a; ANS	
b. ΓIY	=413	(Hadrianus)	Frolova I p.108;Anokhin 406b	116/7
c. ἐν τῷ γιυ'	=413	Weihung an	IOSPE II 39 = CIRB 44	116/7
ἔτει καὶ μη-		Sauromates I.		
νὶ Λώῳ				
d. ἐν τῷ ἔτει	=413	Grabinschrift	IOSPE IV 425 = CIRB 1087	116/7
γιυ'		aus Phanago-		
		reia		
99. ΔIY	=414		Frolova I p.108; Anokhin	117/8
			407.407a; ANS	
100. EIY	=415		Frolova I p.108; Anokhin	118/9
			408.408a; ANS	
101. ϚIY	=416		Frolova I p.109; Anokhin	119/20
			409.409a; ANS	
102. ZIY	=417		Frolova I p.109; Anokhin	120/1
			410.410a; ANS	
103. HIY	=418		Frolova I p.110; Anokhin	121/2
(Taf.I 5)			411.411a.411b.411c; ANS	

?104. ΘΙΥ =419 Frolova I p.110; Anokhin 412 122/3
105a. ΚΥ =420 Sauromates I. Frolova I p.111; Anokhin 413 123/4
 b. ΚΥ =420 Kotys II. Frolova I p.133; Anokhin 471 123/4
 c. ἐν τῶι κυ' =420 IOSPE II 351 = CIRB 975 123/4
 ἔτει καὶ
 μηνὶ Αὐδυ-
 ναίωι ζ'
 d. ἐν τῷ κυ' =420 Kotys II. IOSPE II 27 = CIRB 33 123/4
 ἔτει καὶ
 μηνὶ Δαει-
 σίῳ κζ'
 e. ἐν τῶι κυ' =420 Aus Tanais IOSPE IV 449 = CIRB 1265 123/4
 ἔτει μηνὸς
 Περειτίου
106a. ΑΚΥ =421 Frolova I p.134; Anokhin 472 124/5
 b. ἐν τῷ ακυ' =421 Aus Pantika- IGR I 897 = CIRB 703a 124/5
 ἔτει paion
107. ΒΚΥ =422 Frolova I p.134; Anokhin 473 125/6
108. ΓΚΥ =423 Frolova I p.134; Anokhin 474 126/7
109. ἐν τῷ δκυ' =424 IOSPE II 312 = CIRB 61 127/8
 ἔτει καὶ
 μηνὶ Δύστρῳ
 α'
110. ΕΚΥ =425 Frolova I p.135; Anokhin 475 128/9
111a. ϚΚΥ =426 Frolova I p.135; Anokhin 129/30
 476.476a; ANS
 b. ἐν τῶι ϛκυ' =426 Grabinschrift IOSPE II 301 = CIRB 705 129/30
 Ξανδικῷ aus Pantika-
 paion
112a. ΖΚΥ =427 Frolova I p.135; Anokhin 130/1
 477.477a.477b; ANS
 b. ἐν τῶι ζκυ' =427 IOSPE II 359 = CIRB 982 130/1
 ἔτει, μηνὸς
 Ξανδικοῦ
 c. ἐν τῷ ζκυ' =427 CIRB 656 130/1
 ἔτει
113a. ΗΚΥ =428 Kotys II. Frolova I p.135; Anokhin 131/2
 478.478a.478b.478c; ANS
 b. ΗΚΥ =428 Rhoimetalkes Frolova I p.143; Anokhin 131/2
 502.502a
114a. ΘΚΥ =429 Kotys II. Frolova I p.136; Anokhin 479 132/3
 b. ΘΚΥ =429 Rhoimetalkes Frolova I p.144; Anokhin 132/3
 503.503a.503b; ANS
115a. ΛΥ =430 Rhoimetalkes Frolova I p.144; Anokhin 133/4
 504.504a.504b.504c
 b. ἔτους λυ' =430 Aus Kerč IOSPE II 33 = CIRB 47 133/4
 καὶ μηνὸς (Rhoimetalkes,
 Ἀπελλαίου Hadrianus)
 c. ἐν τῷ ἔτει =430 Grabinschrift IOSPE II 421 = CIRB 1315 133/4
 λυ' aus Tanais
 d. ἐν τῷ λυ' =430 CIRB 675 133/4
 ἔτῳ καὶ μη-
 νὶ Ἀρτεμι-
 σίῳ δ'

116.	AΛY	=431	Frolova I p.144; Anokhin 505.505a; ANS	134/5
117.	BΛY	=432	Frolova I p.145; Anokhin 506.506a.506b	135/6
118.	ΓΛY	=433	Frolova I p.145; Anokhin 507.507a.507b.507c; ANS	136/7
?119.	ΔΛY	=434	Minns 611	137/8
120.	ἐν τῷ ζλυʹ ἔτει	=437	CIRB 711	140/1
121.	ΘΛY	=439	Frolova I p.146; Anokhin 508	142/3
122a.	MY	=440	Frolova I p.146; Anokhin 509.509a.509b	143/4
b.	ἐν τῷ μυʹ ἔτει	=440	CIRB 710	143/4
123.	AMY	=441	Frolova I p.146; Anokhin 510	144/5
124a.	BMY	=442	Frolova I p.146; Anokhin 511.511a	145/6
b.	...βμυʹ...	=442	CIRB 1203	145/6
125.	ΔMY	=444	Frolova I p.147; Anokhin 512.512a	147/8
126.	EMY	=445	Frolova I p.147; Anokhin 513.513a; ANS	148/9
127.	ϛMY	=446	Frolova I p.147; Anokhin 514.514a.514b	149/50
128.	ZMY	=447	Frolova I p.147; Anokhin 515.515a	150/1
129a.	HMY	=448	Frolova I p.148; Anokhin 516.516a	151/2
b.	ημυʹ, μηνὶ Ἀπελλαίωι κʹ	=448 Weihinschrift aus Phanago- reia (Rhoime- talkes)	IOSPE II 353 = CIRB 976	151/2
130.	ΘMY	=449	Frolova I p.148; Anokhin 517	152/3
131.	NY	=450	Frolova I p.148; Anokhin 518.518a	153/4
132.	ANY	=451 Eupator	Frolova I p.156; Anokhin 530.530a.530b	154/5
133a.	BNY	=452	Frolova I p.156; Anokhin 531.531a; ANS	155/6
b.	βνυʹ ἔτει	=452 Aus Tanais (Eupator)	IOSPE II 438 = CIRB 1315	155/6
134.	ΓNY	=453	Frolova I p.157; Anokhin 532.532a.532b.532c	156/7
135.	ΔNY	=454	Frolova I p.157; Anokhin 533.533a; ANS	157/8
136.	ENY	=455	Frolova I p.158; Anokhin 534.534a.534b; ANS	158/9
137.	ϛNY	=456	Frolova I p.158; Anokhin 535.535a.535b.535c; ANS	159/60
138.	ZNY	=457	Frolova I p.159; Anokhin 536.536a.536b; ANS	160/1

9a. HNY	=458	(Antoninus Pius)	Frolova I p.159; Anokhin 537.537a; ANS	161/2
b. HNY	=458	(M.Aurelius, L.Verus)	Frolova I p.160; Anokhin 537b; ANS	161/2
0. ΘNY	=459	(M.Aurelius, L.Verus)	Frolova I p.160; Anokhin 538.538a.538b.538c; ANS	162/3
1a. ΞY	=460	(M.Aurelius, L.Verus)	Frolova I p.161; Anokhin 539.539a.539b.539c; ANS	163/4
b. ἐν τῷ ξυ' ἔτει, Δείου α'	=460	Aus Tanais (Eupator)	IOSPE IV 447 = CIRB 1241	163/4
2. AΞY	=461	(M.Aurelius, L.Verus)	Frolova I p.162; Anokhin 540.540a.540b.540c; ANS	164/5
3. BΞY	=462	(M.Aurelius, L.Verus)	Frolova I p.164; Anokhin 541	165/6
4. ΓΞY	=463	(M.Aurelius, L.Verus)	Frolova I p.164; Anokhin 542.542a.542b; ANS	166/7
5. ΔΞY	=464	(M.Aurelius)	Frolova I p.164; Anokhin 543.543a.543b; ANS	167/8
6a. EΞY	=465		Anokhin 544; ANS	168/9
b. [ἐν τῷ]εξυ' [ἔτει]	=465		CIRB 1144	168/9
7. ϛΞY	=466		Frolova I p.165; Anokhin 545.545a	169/70
8. ZΞY	=467		Frolova I p.165; Anokhin 546.546a.546b	170/1
9. AOY	=471	Sauromates II.	Frolova I p.167; Anokhin 554	174/5
0. BOY	=472		Frolova I p.168; Anokhin 555	175/6
. ΓOY	=473		Frolova I p.168; Anokhin 556	176/7
. ΔOY	=474		Frolova I p.168; Anokhin 557	177/8
. EOY	=475		Frolova I p.168; Anokhin 558	178/9
a. ϛOY	=476		Frolova I p.169; Anokhin 559	179/80
b. ἐν τῷ ϛου' ἔτει καὶ μηνὶ Πανή- μου α'	=476		CIRB 1000	179/80
. ZOY	=477		Frolova I p.169; Anokhin 560.560a.560b	180/1
. HOY	=478		Frolova I p.169; Anokhin 561	181/2
. ΠY	=480		Frolova I p.169; Anokhin 562	183/4
. AΠY	=481		Frolova I p.170; Anokhin 563	184/5
a. ΓΠY	=483		Frolova I p.170; Anokhin 564.564a	186/7
b. ἐν τῷ γ[π]υ' ἔτει, Λώου ει'	=483	Sauromates II.	CIRB 1119	186/7
. ΔΠY	=484		Frolova I p.171; Anokhin 565	187/8
a. EΠY	=485		Frolova I p.171; Anokhin 566.566a	188/9
b. ἐν τῷ επυ' καὶ μηνὸς Πανήμου	=485	Aus Tanais (Sauromates II.)	IOSPE II 427 = CIRB 1242	188/9

162. ϚΠΥ	=486		Frolova I p.171; Anokhin 567.567a	189/90
163. ΖΠΥ	=487		Frolova I p.172; Anokhin 568.568a.568b ; ANS	190/1
164. ΗΠΥ	=488		Frolova I p.172; Anokhin 569	191/2
165a. ΘΠΥ	=489		Frolova I p.173; Anokhin 570.570a.570b.570c	192/3
b. ἐν τῷ θπυ' ἔτει καὶ μηνὶ Γορ- πιαίωι δ'	=489	Aus Kerč	IOSPE II 309 = CIRB 50	192/3
c. ἐν τ[ῷ θ]πυ' Λώου α'	=489	Aus Kerč (Sauromates)	IOSPE II 428 = CIRB 1243	192/3
166a. Ϸ V	=490		Frolova I p.173; Anokhin 571.571a.571b	193/4
b. ἐν τῷ ϸυ', Δύστρου α'	=490	Weihung aus Tanais	IOSPE II 423 = CIRB 1237	193/4
167. ΑϷV	=491		Frolova I p.174; Anokhin 572.572a.572b.572c	194/5
168. ΒϷV	=492	(Septimius Severus)	Frolova I p.174; Anokhin 573.573a.573b.573c ; ANS	195/6
169. ΓϷV	=493	(Sept.Sev. oder Sept. Severus und Caracalla)	Frolova I p.175; Anokhin 574.574a.574b.574c	196/7
170. ΔϷV	=494	(Sept.Sev.)	Frolova I p.175; Anokhin 575.575a.575b.575c	197/8
171. ΕϷV	=495	(Sept.Sev. oder Sept. Sev. und Caracalla)	Frolova I p.176; Anokhin 576.576a.576b.576c.576d. 576e.576f.576g; ANS	198/9
172. ϚϷV	=496	(Sept.Sev. oder Sept. Sev. und Caracalla)	Frolova I p.178; Anokhin 577.577a.577b.577c; ANS	199/200
173. ΖϷV	=497	(Sept.Sev. oder Sept. Sev. und Caracalla)	Frolova I p.178; Anokhin 578.578a.578b	200/1
174a. ΗϷV	=498	(Sept.Sev. oder Sept. Sev. und Caracalla)	Frolova I p.178; Anokhin 579.579a.579b.579c.579d; ANS	201/2
b. ἐν τῷ η ϸυ'	=498	Aus Kerč (Sauromates II., Caracalla)	IOSPE II 34 = CIRB 52	201/2
175. Φ	=500		Frolova I p.179; Anokhin 580	203/4
176a. ΑΦ	=501		Frolova I p.179; Anokhin 581	204/5
b. ἐν τῷ αφ' ἔτει καὶ μηνὶ Ἀρτε- μισίῳ ε'	=501		CIRB 96	204/5

177.	ΒΦ	=502		Frolova I p.180; Anokhin 582	205/6
178.	ΓΦ	=503		Frolova I p.180; Anokhin 583.583a	206/7
179a.	ΕΦ	=505		Frolova I p.180; Anokhin 584	208/9
b.	ἐν τῷ εφ' ἔτει καὶ μηνὶ Γορπι- αίου α'	=505	Aus Pantika- paion	IOSPE II 310 = CIRB 902	208/9
c.	ἐν τῷ εφ'	=505		CIRB 1053	208/9
180a.	ϛΦ	=506		Frolova I p.181; Anokhin 585.585a	209/10
b.	ἐν τῷ ϛφ' ἔτει	=506	Aus Tanais	IOSPE II 444 = CIRB 1276	209/10
181a.	ΖΦ	=507		Frolova I p.181; Anokhin 586.586a	210/1
b.	ἐν τῷ ζφ' ἔτει καὶ μηνὶ Δύσ- τρου ζ'	=507		CIRB 97	210/1
182.	ΗΦ	=508		Frolova I p.197; Anokhin 628.628a.628b.628c ; ANS	211/2
183a.	ΘΦ	=509		Frolova I p.198; Anokhin 629.629a.629b ; ANS	212/3
? b.	ἐν τῷ θφ' [ἔτει?]	=509		CIRB 1228	212/3
184.	ΙΦ	=510		Frolova I p.199; Anokhin 630.630a.630b.630c ; ANS	213/4
185a.	ΑΙΦ	=511		Frolova I p.200; Anokhin 631.631a.631b.631c ; ANS	214/5
b.	ἐν τῶι αιφ'	=511	Aus Pantika- paion	IOSPE IV 270 = CIRB 733a	214/5
	ἔτει				
c.	αιφ' Λώῳ η'	=511		CIRB 98	214/5
186a.	ΒΙΦ	=512		Frolova I p.200; Anokhin 632.632a.632b.632c ; ANS	215/6
b.	ἐν τῶι βιφ' ἔτει καὶ μηνὶ Λώωι κ'	=512	Aus Kerč (Rheskuporis III.)	IOSPE II 41 = CIRB 53	215/6
? c.	ἐν τῶι βι[φ' ἔτει]	=512	Aus Tanais	IOSPE II 429	215/6
187.	ΓΙΦ	=513		Frolova I p.202; Anokhin 633.633a.633b.633c.633d	216/7
188.	ΔΙΦ	=514		Frolova I p.203; Anokhin 634.634a.634b.634c; ANS	217/8
189.	ΕΙΦ	=515		Frolova I p.204; Anokhin 635.635a.635b.635c; ANS	218/9
190.	ϛΙΦ	=516		Frolova I p.206; Anokhin 636.636a; ANS	219/20

191a. ΖΙΦ   =517   Frolova I p.208; Anokhin   220/1
                                            637.637a ; ANS

b. ἐν τῷ ζιφ' =517 Bauinschrift   IOSPE II 430 = CIRB 1245   220/1
                    aus Tanais
                    (Rheskuporis)

c. ζιφ', Ὑπερ-=517 Aus Kerč   IOSPE II 42 = CIRB 54   220/1
   βερεταίου κ'   (Rheskuporis)

d. ἐν τῷ ζιφ' =517   CIRB 99   220/1
   ἔτει καὶ
   μηνὶ Ὑπερ-
   βερεταίου β'

e. ἐν τῶι ζιφ' =517 Aus Tanais   CIRB 1278   220/1
   ἔτει καὶ
   μηνὶ Δείωι

192a. ΗΙΦ   =518   Frolova I p.209; Anokhin   221/2
                                            638.638a.638b; ANS

b. ἐν τῶι ηιφ'=518   CIRB 100   221/2
   ἔτει Δήου η'

193a. ΘΙΦ   =519   Frolova I p.210; Anokhin   222/3
                                            639.639a.639b; ANS

b. ἐν τῷ θιφ' =519 Aus Stary   CIRB 953 = IvPrusias T 3   222/3
   ἔτει καὶ   Krym(Rhes-
   μηνὶ Λώωι   kuporis III.)

194a. ΚΦ   =520   Frolova I p.211; Anokhin   223/4
                                            640.640a.640b; ANS

b. ἐν τῷ κφ'   =520 Aus Kerč   IOSPE II 43 = CIRB 55 =   223/4
   ἔτει καὶ   (Rheskupo-   IvPrusias T 2
   μηνὶ Δείωι   ris III.)
   α'

195. ΑΚΦ   =521   Frolova I p.212; Anokhin   224/5
                                            641.641a.641b; ANS

196a. ΒΚΦ   =522   Frolova I p.213; Anokhin   225/6
                                            642.642a.642b; ANS

b. ἐν τῷ βκφ' =522 Liste eines   IOSPE II 447f. = CIRB 1279f. 225/6
   ἔτει καὶ   Kollegiums
   μηνὶ Περει-   aus Tanais
   τίου κ'

? c. ἐν τῷ β[κφ' =522   IOSPE II 48 = CIRB 897   225/6
   ἔτει...]

197. ΓΚΦ   =523 (Rheskupo-   Frolova I p.213; Anokhin   226/7
                       ris III.)   643.643a

198a. ΔΚΦ   =524 (Kotys III.) Frolova I p.221; Anokhin   227/8
                                            654.654a ; ANS

b. ἔτους δκφ', =524   CIRB 147   227/8
   μηνὸς Ὑπερ-
   βερεταίου ϛι'

199a. ΕΚΦ   =525 (Rheskuporis) Frolova I p.214; Anokhin 644 228/9
b. ΕΚΦ   =525 (Kotys III.)   Frolova I p.222; Anokhin   228/9
                                            655.655a.655b

c. ἐν τῷ εκφ' =525 Aus Tanais   IOSPE II 452 = CIRB 1283   228/9
   ἔτει, Γορ-   (Kotys III.)
   πιαίου α'

d. ἐν τῷ εκφ' =525   IOSPE II 451 = CIRB 1282   228/9
   ἔτει καὶ
   μηνὶ Λώου α'

200a. ϚΚΦ	=526	(Kotys III.)	Frolova I p.223; Anokhin 656.656a	229/30
b. ϚΚΦ	=526	(Sauromates III.)	Frolova I p.228; Anokhin 665	229/30
201a. ΖΚΦ	=527	(Kotys III.)	Frolova I p.224; Anokhin 657.657a	230/1
b. ΖΚΦ	=527	(Sauromates III.)	Frolova I p.228; Anokhin 666. 666a.666b.666c.666d.666e	230/1
c. ἐν τῶι ζκφ' καὶ μηνὶ Δείῳ	=527	Aus Tanais (Kotys III.)	IOSPE II 453 = CIRB 1284	230/1
202a. ΗΚΦ	=528	(Kotys III.)	Frolova I p.224; Anokhin 658.658a.658b	231/2
b. ΗΚΦ	=528	(Sauromates III.)	Frolova I p.229; Anokhin 667.667a	231/2
203. ΘΚΦ	=529	(Kotys III.)	Frolova I p.224; Anokhin 659.659a	232/3
204a. ΛΦ	=530	(Kotys III.)	Frolova I p.225; Anokhin 660.660a	233/4
b. ΛΦ	=530	(Rheskuporis IV.)	Frolova I p.231; Anokhin 671.671a.671b	233/4
205a. ΑΛΦ	=531	(Rheskuporis	Frolova I p.231; Anokhin 672	234/5
b. ΑΛΦ	=531	(Ininthimeus)	Frolova I p.232; Anokhin 674.674a	234/5
c. ἐν τῷ αλφ' ἔτει καὶ μηνὶ Δείωι α'	=531		CIRB 942	234/5
206. ΒΛΦ	=532	(Ininthimeus)	Frolova I p.232; Anokhin 675	235/6
207a. ἐν τῷ γλφ', Γορπιαίῳ λ'	=533	Bauinschrift aus Tanais (Ininthimeus)	IOSPE II 434 = CIRB 1250	236/7
b. ἐν τῷ [γ]λ[φ' Πα]νήμου α'	=533	Aus Tanais (Ininthimeus)	IOSPE II 433 = CIRB 1249	236/7
208. ΔΛΦ	=534	(Ininthimeus)	Frolova I p.233; Anokhin 676	237/8
209. ΕΛΦ	=535	(Ininthimeus)	Frolova I p.233; Anokhin 677	238/9
210a. ΘΛΦ	=539	(Rheskuporis V.)	Frolova II p.129; Anokhin 690	242/3
b. Θλφ', Ξαν- θικοῦ	=539	Weihung aus Kerč	IOSPE II 28 = CIRB 35	242/3
210 A.ΜΦ	=540		Frolova II p.129;Anokhin 691	243/4
211a. ΑΜΦ	=541		Frolova II p.130; Anokhin 692.692a	244/5
b. ἐν τῷ αμφ' Πανήμου	=541		CIRB 1287	244/5
212. ΒΜΦ	=542		Frolova II p.131; Anokhin 693.693a	245/6
213. ΓΜΦ	=543		Frolova II p.132; Anokhin 694.694a	246/7

214a.	ΔΜΦ	=544		Frolova II p.133;Anokhin 695	247/8
b.	ἐν τῷ δμφ' Λώῳ	=544		CIRB 1101	247/8
215a.	ΕΜΦ	=545		Frolova II p.134; Anokhin 696.696a	248/9
? b.	[ἔτου]ς φμ[ε']	=545		IOSPE II 324 = CIRB 845	248/9
216a.	ϚΜΦ	=546		Frolova II p.137; Anokhin 697.697a	249/50
b.	ἐν τῷ Ϛμφ' ἔτει καὶ μηνὶ Γορπι- αίῳ ζ'	=546	private Eh- rung (Rhes- kuporis V.)	IOSPE II 46 = CIRB 58	249/50
217a.	ΖΜΦ	=547		Frolova II p.140; Anokhin 698.698a.698b	250/1
b.	ἐν τῷ ζμφ' ἔτει καὶ μηνὶ Γορ- πιαίῳ	=547	private Eh- rung aus Kerč (Rhes- kuporis V.)	IOSPE II 44 =CIRB 59	250/1
218.	ΗΜΦ	=548		Frolova II p.144; Anokhin 699.699a.699b.699c.699d.699e. 699f.699g.699h.699i	251/2
219.	ΘΜΦ	=549		Frolova II p.150; Anokhin 700.700a.700b.700c	252/3
220a.	ΝΦ	=550	(Rheskuporis V.)	Frolova II p.152; Anokhin 701.701a.701b	253/4
b.	ΝΦ	=550	(Pharsanzes)	Frolova II p.169; Anokhin 723.723a	253/4
221a.	ΑΝΦ	=551	(Rheskuporis)	Frolova II p.153;Anokhin 702	254/5
b.	ΑΝΦ	=551	(Pharsanzes)	Frolova II p.170;Anokhin 724	254/5
222.	ΒΝΦ	=552	(Rheskuporis)	Frolova II p.153;Anokhin 703	255/6
223.	ΓΝΦ	=553		Frolova II p.154;Anokhin 704	256/7
224.	ΔΝΦ	=554		Frolova II p.155;Anokhin 705	257/8
?225.	ϚΝΦ	=556	(Rheskuporis)	SNG Cop.86 (oder Jahr 546)	259/60
?226.	ΖΝΦ	=557	(Rheskuporis V.)	Vgl.Minns 611 und Zograph 336	260/1
227.	ΗΝΦ	=558	(Rheskuporis V., Valerian oder Valerian und Gallienus)	Frolova II p.155; Anokhin 706.706a	261/2
228.	ΘΝΦ	=559		Frolova II p.156;Anokhin 707	262/3
229.	ΞΦ	=560		Frolova II p.157; Anokhin 708.709.710.710a	263/4
230.	ΑΞΦ	=561		Frolova II p.159; Anokhin 711.712.712a.716	264/5
231.	ΒΞΦ	=562		Frolova II p.162; Anokhin 713.713a	265/6
232a.	ΓΞΦ	=563	(Rheskuporis V.)	Frolova II p.163; Anokhin 714	266/7
? b.	ΓΞΦ	=563	(Teiranes)	Frolova II p.173	266/7
233.	ΔΞΦ	=564	(Rheskuporis)	Frolova II p.165;Anokhin 715	267/8

234a.	BOΦ	=572	(Rheskuporis V.)	Frolova II p.166; Anokhin 717	275/6
b.	BOΦ	=572	(Sauromates IV.)	Frolova II p.171; Anokhin 725.725a.725b.725c	275/6
c.	BOΦ	=572	(Teiranes)	Frolova II p.173;Anokhin 726	275/6
235a.	ΓOΦ	=573	(Rheskuporis)	Frolova II p.166;Anokhin 718	276/7
b.	ΓOΦ	=573	(Teiranes)	Frolova II p.174;Anokhin 727	276/7
236.	ΔOΦ	=574	(Teiranes)	Frolova II p.175;Anokhin 728	277/8
237.	EOΦ	=575	(Teiranes)	Frolova II p.175;Anokhin 729	278/9
?238.	ϚOΦ	=576		Vgl.Minns 611; Zograph 338	279/80
239.	ZOΦ	=577	(Thotorses)	Zograph pl.50,19	280/1
240a.	BΠΦ	=582	(Thotorses)	Frolova II p.176;Anokhin 730	285/6
b.	βπφ' ἔτει καὶ μηνὶ Λώῳ	=582		CIRB 734	285/6
241.	ΓΠΦ	=583		Frolova II p.176; Anokhin 731.731a	286/7
242.	ΔΠΦ	=584		Frolova II p.177;Anokhin 733	287/8
243.	EΠΦ	=585		Frolova II p.178;Anokhin 734	288/9
244.	ϚΠΦ	=586		Frolova II p.179;Anokhin 735	289/90
245.	ZΠΦ	=587		Frolova II p.180;Anokhin 736	290/1
246.	HΠΦ	=588		Frolova II p.180;Anokhin 737	291/2
?247.	ΘΠΦ	=589		Vgl.Minns 611	292/3
248.	ϷΦ	=590		Frolova II p.181;Anokhin 738	293/4
249.	A ϷΦ	=591		Frolova II p.182; Anokhin 739.739a.739b	294/5
250.	B ϷΦ	=592		Frolova II p.184; Anokhin 740.740a	295/6
251.	Γ ϷΦ	=593		Frolova II p.186; Anokhin 741.741a.741b	296/7
252.	Δ ϷΦ	=594		Frolova II p.188; Anokhin 742.742a.742b.742c	297/8
253.	E ϷΦ	=595		Frolova II p.189; Anokhin 743.743a.743b	298/9
254.	Ϛ ϷΦ	=596		Frolova II p.192; Anokhin 744.744a.744b.744c	299/300
255.	Z ϷΦ	=597		Frolova II p.194; Anokhin 745.745a.745b	300/1
256.	H ϷΦ	=598		Frolova II p.195; Anokhin 746.746a.746b	301/2
257.	Θ ϷΦ	=599		Frolova II p.195; Anokhin 747.747a	302/3
258.	X	=600		Frolova II p.198;Anokhin 748	303/4
259a.	AX	=601		Frolova II p.198;Anokhin 749	304/5
b.	χα Ϛ (=ἔτους)	=601	christliche Inschrift	Vgl. Minns 610; Vasiliev. Goths 10	304/5
260.	BX	=602		Frolova II p.198;Anokhin 750	305/6
261a.	ΓX	=603		Frolova II p.199;Anokhin 751	306/7
b.	ἐν τῷ γχ'	=603	Aus Kerč (Thotorses)	Minns, Appendix 63	306/7
c.	ἐν τῷ γχ'	=603	Aus Pantika-paion (Diocle-tianus, Maxi-mianus)	IGR I 873 = CIRB 64. Vgl. B.Nadel, Dialogue d'histoire ancienne 3,1977,101ff.	306/7
d.	γχ', Ἀρτε-μεισίῳ κε'	=603		IOSPE II 363 = CIRB 1051	306/7

262. ΔX	=604		Frolova II p.199;Anokhin 752	307/8
263. EX	=605		Frolova II p.199;Anokhin 753	308/9
264a. ϚX	=606 (Thotorses)	Anokhin 754		309/10
b. ϚX	=606 (Rhadamsades)	Frolova II p.200;Anokhin 755		309/10
265. ZX	=607		Frolova II p.200;Anokhin 756	310/1
266. HX	=608		Frolova II p.201;Anokhin 757	311/2
267. ΘX	=609		Frolova II p.201;Anokhin 758	312/3
268. IX	=610		Frolova II p.202	313/4
269a. AIX	=611 (Rhadamsades)	Frolova II p.202;Anokhin 759		314/5
b. AIX	=611 (Rheskuporis VI.)	Frolova II p.209		314/5
270a. BIX	=612 (Rhadamsades)	Frolova II p.202;Anokhin 760		315/6
b. BIX	=612 (Rheskuporis)	Frolova II p.209		315/6
271a. ΓIX	=613 (Rhadamsades)	Frolova II p.203;Anokhin 761		316/7
b. ΓIX	=613 (Rheskuporis)	Frolova II p.210		316/7
272. ΔIX	=614 (Rhadamsades)	Frolova II p.204;Anokhin 762		317/8
273a. EIX	=615 (Rhadamsades)	Frolova II p.206;Anokhin 763		318/9
b. EIX	=615 (Rheskuporis)	Frolova II p.210;Anokhin 764		318/9
274a. ϚIX	=616 (Rhadamsades)	Frolova II p.207		319/20
b. ϚIX	=616 (Rheskuporis VI.)	Frolova II p.210; Anokhin 765.765a.765b.765c		319/20
275. ZIX	=617 (Rheskuporis)	Frolova II p.213;Anokhin766		320/1
276. HIX	=618 (Rheskuporis VI.)	Frolova II p.215; Anokhin 767.767a.767b.767c		321/2
277a. ΘIX	=619 (Rhadamsades)	Frolova II p.208		322/3
b. ΘIX	=619 (Rheskuporis VI.)	Frolova II p.219; Anokhin 768.768a.768b		322/3
278. KX	=620 (Rheskuporis VI.)	Frolova II p.223; Anokhin 769.769a		323/4
279. AKX	=621		Frolova II p.229; Anokhin 770.770a	324/5
280. BKX	=622		Frolova II p.234; Anokhin 771.771a.771b.771c.771d.771e. 771f.771g.771h	325/6
281. ΓKX	=623		Frolova II p.241; Anokhin 772.772a.772b.772c.772d.772e. 772f.772g.772h.772i.772j	326/7
282. ΔKX	=624		Frolova II p.248; Anokhin 773.773a.773b.773c	327/8
283. EKX	=625		Frolova II p.252; Anokhin 774.774a	328/9
?284. ϚKX	=626		Vgl.Minns 611; Zograph 339	329/30
285. ZKX	=627		Frolova II p.253;Anokhin 775	330/1
286. HKX	=628		Frolova II p.254	331/2
287. ΘKX	=629		Frolova II p.254	332/3
288. ΛX	=630		Frolova II p.254;Anokhin 776	333/4
?289. AΛX	=631		Vgl.Minns 611; Zograph 339	334/5
290. ἔτους βλχ' μηνὸς Λώου	=632 (Rheskuporis VI.)	CIRB 1112		335/6
291. ΓΛX	=633		Frolova II p.255;Anokhin 777	336/7

292.	ΗΛΧ	=638	Frolova II p.255	341/2
?293.	ΘΛΧ	=639	Frolova II p.256	342/3
294.	ἐν τ[ῷ.]μx' Δείου κε'	=640-649	CIRB 744	343/4- 352/3
295.	ἐν τῷ βμx' ἔτει καὶ μηνὸς Ὑπερ- βερεταίου βι'	=642	IOSPE II 367[1] = CIRB 1091	345/6
?296.	μηνὸς Γορ- πιαίου... ἔτ(ους) θο̣[x?] oder θϸ̣[x?]	=679 Aus Kerč oder (Doiptunes) 699	Minns, Appendix 66; Laty- šev, IOSPE II p.293 Nr.49[1]; CIRB 67	382/3 oder 402/3
297.	ἔτους γλψ' μηνὶ Δύσ- τρου	=733 Christliche Inschrift aus Kerč	Latyšev, Sbornik 86	436/7
298.	ἐν τῷ ηπψ' ἔτει	=788 Aus einer Katakombe in Kerč	Latyšev, Sbornik 77	491/2
299.	[ἔτο]υς δ ϸψ'	=794	V.V.Latyšev, Izvestija Imperatorskoj Archeologičes- koj Komissii 10,1904,90 Nr. 107	497/8

2. Chersonesos Taurike

Lokale Ära ab ca.25/4 v.Chr.

? 1.	[ἔτους] ἐξη- κοστοῦ καὶ τ...(τρίτου?, τετάρτου?)	=63? ο. 64?	IOSPE I² 430	ca.38/9 oder ca.39/40
? 2.	O	=70	Bertier de la Garde, ZOOID 16,1893,66 Anm.1. Vgl. Anokhin, Chersonesus p.58	ca.45/6
3.	AO	=71	Anokhin, Chersonesus 215; Roman Provincial Coinage I 1937	ca.46/7
4.	ΟΓ (Taf.I 7)	=73	Anokhin, Chersonesus 216f.; Roman Provincial Coinage I 1938.1939	ca.48/9
5.	ΟΔ	=74	Anokhin, Chersonesus 218; Roman Provincial Coinage I 1940	ca.49/50
6.	ΟΕ	=75	Anokhin, Chersonesus 219; Roman Provincial Coinage I 1941	ca.50/1
7.	Ος	=76	Anokhin, Chersonesus 220; Roman Provincial Coinage I 1942	ca.51/2
8.	ΟΖ	=77	Anokhin, Chersonesus 221; Roman Provincial Coinage I 1943	· ca.52/3
9.	ΗΟ	=78	Anokhin, Chersonesus 222; Roman Provincial Coinage I 1944	ca.53/4
10.	ΔΡ	=104	Anokhin, Chersonesus 228ff.	ca.79/80
11.	ΡΕ	=105	Anokhin, Chersonesus 231	ca.80/1

12. Pϛ	=106	Anokhin, Chersonesus 232	ca.81/2
13. ΕΤΟΥΣ ΡΘ	=109	Anokhin, Chersonesus 233f.	ca.84/5
14. ΡΙΑ	=111	Anokhin, Chersonesus 235	ca.86/7
?15. ΡΙΕ?	=115	Vgl. Zograph p.249	ca.90/1
16. ΕΤΟΥΣ ΡΚ	=120	Anokhin, Chersonesus 236	ca.95/6
17. ΡΚΗ	=128	Anokhin, Chersonesus 247	ca.103/4
18. ΕΤΟΥΣ ΡΛΑ	=131	Anokhin, Chersonesus 248	ca.106/7
?19. ἔτεος ρμ]δ'?	=144	IOSPE I² 360	ca.119/20
20. ἔτεος ρνδ', μανὸς Ἀρακλείου η'	=154	IOSPE I² 359 (vgl.IOSPE I² 361)	ca.129/30
21. ἔτεος ρνε', μηνὸς Λατοίου ι'	=155	VDI 1960,3,154-158	ca.130/1
22. ΡΝΗ	=158	Anokhin, Chersonesus 249	ca.133/4
23. ἐν] τῷ ρπθ' ἔτει	=189	Solomonik I Nr.21	ca.164/5
24. ἐν τῷ ρϸε' ἔτει	=195	Solomonik I Nr.21	ca.170/1
25. ἐν τῷ ρϸη' ἔτει	=198	Solomonik I Nr.21	ca.173/4
26. ἐν τῷ] σε' ἔτει	=205	Solomonik I Nr.26	ca.180/1
27. ἐν] τῷ σιδ' ἔτει	=214	Solomonik I Nr.21	ca.189/90
28. ἐν τῷ σο' ἔτει	=270	IOSPE I² 439	ca.245/6
29. ἔτους φιβ' ἐν ἰνδ(ικτιῶνι) ια'	=512	Latyšev, Sbornik 7	ca.487/8

3. Tyras

Lokale Ära ab 5ʊ/7 n.Chr.

1. ἐν βξ' ἔτ]ει Ἀνθεστηριῶνος θι'	=62	Hadrianus cos.design. III Augustus	SEG 33,619 (siehe S.74)	117/8
2. ὡς δὲ Τυρανοὶ ἄγουσιν ἔτους εκρ' ...μηνὸς Ἀρτεμει- σιῶνος λ'	=125	πρὸ ε' καλανδῶν Μαίων αὐτοκράτορι Κομόδῳ τὸ γ' καὶ Ἀντιστίῳ Βούρρῳ ὑπάτοις	IOSPE I² 2 = IGR I 1438	180/1
3. Ληνεῶνος η' ... ἐν τῷ εμφ' ἔτει	=145	πρὸ ιγ' καλανδῶν Μαρτίων ... ἐπὶ Μουκιανοῦ καὶ Φαβι- ανοῦ ὑπάτων	IOSPE I² 4 = IGR III 598 = CIL III 781	200/1

IV 1. Pontos

a. Seleukidische Ära ab 312/1 v.Chr.

1. ἐν τῷ ἑβδόμωι καὶ   =157 Pharnakes I., aus IOSPE I² 402   156/5
    πεντηκοστῶι καὶ ἑκα-   Chersonesos Tau-
    τοστῶι ἔτει, μηνὸς   rike
    Δαισίου
?2. ἔτους α̅ξ̅ρ̅, μηνὸς   =161 Mithridates V.,   NC 1905,113ff. 152/1
    Δίου   aus Abonuteichos
?3. ΓΟΡ   =173 Mithridates V.   JS 1978,161ff. 140/39

b. Pontische Königsära ab 297/6 v.Chr.

1. ΒΣ   (Mithridates VI.) =202 Rec.gén.10.13; SNG Aulock 6684   96/5
2. ΓΣ   =203 NC 1968,12   95/4
3. ΔΣ   =204 Rec.gén.13   94/3
4. ΕΣ   =205 Rec.gén.9a.14; SNG Aulock 6   93/2
5. ϚΣ   =206 Rec.gén.15; SNG Cop.235   92/1
6. ΖΣ   =207 Rec.gén.15   91/0
7. ΗΣ   (Taf.I 8)   =208 Rec.gén.15; SNG Aulock 6678   90/89
8. ΘΣ   =209 Rec.gén.9b.15; SNG Aulock 9   89/8

   ba.*Ära ab der Eroberung Asias 89/8 v.Chr.

        *1.Α (MithridatesVI.)=1   Rec.gén.16   89/8
9a. ΙΣ   =210 Rec.gén.15   88/7
  b. ἔτους ισ' (Mithridates =210 Chiron 22,1992,159ff.   88/7
     VI., aus Phanagoreia)
        *2.Β (Taf.I 12)   =2   Rec.gén.9c.15a; SNG Aulock   88/7
                                  6676
10. ΑΙΣ   =211 Rec.gén.16; SNG Lockett 2647   87/6
        *3.Γ   =3   Rec.gén.9c.16   87/6
11. ΒΙΣ   =212 Rec.gén.16; SNG Aulock 6679   86/5
        *4.Δ   =4   Rec.gén.9c.16; SNG Berry 893   86/5
12. ΓΙΣ   =213 Rec.gén.9d.16; SNG Aulock   85/4
                                  6677.6680
13. ΔΙΣ   =214 Rec.gén.16   84/3
14. ΕΙΣ   =215 Callatay, Mithridate 62 Nr.7   83/2
15. ϚΙΣ   =216 Rec.gén.16   82/1
16. ΗΙΣ   =218 Rec.gén.16   80/79
17. ΘΙΣ   =219 Rec.gén.16   79/8
?18. ΚΣ   =220 ANSMusN 19,1974,5 Nr.18   78/7
19. ΑΚΣ   =221 NC 1968,12   77/6
20. ΒΚΣ   =222 Rec.gén.16; SNG Aulock 8f.   76/5
                                  6681

21. ΓΚΣ (Taf.I 9)	=223	Rec.gén.16; SNG Aulock 10. 6682.6683	75/4
22. ΔΚΣ	=224	Rec.gén.16; SNG Delepierre 2476	74/3
23. ΕΚΣ	=225	Rec.gén.16	73/2
24. ϚΚΣ	=226	Rec.gén.16	72/1
25. ΖΚΣ	=227	Rec.gén.16	71/0
26. ΗΚΣ	=228	Rec.gén.16	70/69
27. ΑΛΣ	=231	Rec.gén.16	67/6

c. Ära des ersten Zenonidenreiches ab 37/6 oder 38/7 v.Chr.?

1a. ΕΤΟΥΣ Ξ =60 (Taf.I 10)	Pythodoris, Augustus?	Rec.gén.19; SNG Aul. 6685 (=Taf.I 10); Roman Provincial Coinage I 3803	23/4 o. 22/3
b. ΕΤΟΥΣ Ξ =60	Pythodoris, Tiberius?	Rec.gén.20.20a; Roman Provincial Coinage I 3804.3805.	23/4 o. 22/3
c. ΕΤΟΥΣ Ξ =60	Pythodoris, Livia?	Rec.gén.21; Roman Provincial Coinage I 3806	23/4 o. 22/3
2. ΕΤΟΥΣ ΞΓ =63 (Taf.I 11)	Pythodoris, Augustus?	Rec.gén.19a; Roman Provincial Coinage I 3807; Auktionskatalog Schulten Köln, Okt.1981, 102 (=Taf.I 11)	26/7 o. 25/6

d. Regierungsjahre Polemons II. ab 38/9 n.Chr.

1a. ΕΤΟΥΣ ΙΒ =12 (oder ΒΙ) (Taf.I 13)	Polemon II., Claudius	Rec.gén.29.30; SNG Aul.6690 (=Taf.I 13); Roman Provincial Coinage I 3813.3816	49/50
b. ΕΤΟΥΣ ΙΒ =12 (oder ΒΙ)	Polemon II., Tryphaina	Rec.gén.33; SNG Aul. 6687; SNG Cop.239; Roman Provincial Coinage I 3823	49/50
2a. ΕΤΟΥΣ ΙΓ =13	Polemon II., Claudius	Rec.gén.30; Roman Provincial Coinage I 3817	50/1
b. ΕΤΟΥΣ ΙΓ =13	Polemon II., Claudius und Nero Caesar	Rec.gén.31.32?; Roman Provincial Coinage I 3821	50/1
c. ΕΤΟΥΣ ΙΓ =13	Polemon II., Tryphaina	Rec.gén.33; Roman Provincial Coinage I 3822. 3824	50/1
3. ΕΤΟΥΣ ΙΔ =14 (oder ΔΙ)	Polemon II., Claudius	Rec.gén.33; SNG Aul. 11.6688; Roman Provincial Coinage I 3825	51/2

4a.ΕΤΟΥΣ ΙΕ =15	Polemon II., Claudius	Rec.gén.29.30; SNG Aul.12; Roman Provincial Coinage I 3814. 3818	52/3
b.ΕΤΟΥΣ ΙΕ =15	Polemon II., Tryphaina	Rec.gén.33; Roman Provincial Coinage I 3826	52/3
5. ΕΤΟΥΣ ϛΙ =16 (oder Ιϛ)	Polemon II., Claudius	Rec.gén.30; Roman Provincial Coinage I 3815.3819	53/4
6a.ΕΤΟΥΣ ΙΖ =17 (oder ΖΙ)	Polemon II., Claudius	Rec.gén.30; Roman Provincial Coinage I 3820	54/5
b.ΕΤΟΥΣ ΙΖ =17	Polemon II., Nero	Rec.gén.35; Roman Provincial Coinage I 3829	54/5
c.ΕΤΟΥΣ ΙΖ =17	Polemon II., Tryphaina	SNG Aul.6689; Roman Provincial Coinage I 3827	54/5
d.ΕΤΟΥΣ ΙΖ =17	Tryphaina, Polemon II.	Rec.gén.22.22a; Roman Provincial Coinage I 3808	54/5
7a.ΕΤΟΥΣ ΙΗ =18 (oder ΗΙ)	Polemon II., Nero	Rec.gén.35; SNG Fitzw. 4056; Roman Provincial Coinage I 3830	55/6
b.ΕΤΟΥΣ ΙΗ =18	Polemon II., Britannicus?	Rec.gén.36; Roman Provincial Coinage I 3837	55/6
c.ΕΤΟΥΣ ΙΗ =18	Tryphaina, Polemon II.	Rec.gén.23; Roman Provincial Coinage I 3809	55/6
8a.ΕΤΟΥΣ ΙΘ =19 (oder ΘΙ)	Polemon II., Nero	Rec.gén.35.35bis; SNG Aul.13; SNG Fitzw.4057; SNG Cop.241; SNG Tüb. 2074f.; SNG Manchester 1148; SNG Aarhus 702; Roman Provincial Coinage I 3828.3831	56/7
b.ΕΤΟΥΣ ΙΘ =19	Polemon II., Britannicus?	Rec.gén.36; Roman Provincial Coinage I 3838	56/7
9. ΕΤΟΥΣ Κ =20 (Taf.I 14)	Polemon II., Nero	Rec.gén.35; SNG Aul. 14.6691; SNG Cop.242; SNG Tüb.2076; Roman Provincial Coinage I 3832	57/8
10.ΕΤΟΥΣ ΚΑ =21	Polemon II., Nero	Rec.gén.35; Roman Provincial Coinage I 3833	58/9
11.ΕΤΟΥΣ ΚΓ =23	Polemon II., Nero	Rec.gén.35; Roman Provincial Coinage I 3834	60/1
?12.ΕΤΟΥΣ ΚΔ? =24	Polemon II., Nero	Rec.gén.35; Roman Provincial Coinage I 3835	61/2
13.ΕΤΟΥΣ ΚΕ =25	Polemon II., Nero	Rec.gén.35; Roman Provincial Coinage I 3836	62/3

Tabelle zu IV 1 b:

Monatsangaben auf den Münzen des Mithridates VI.

Jahr	A	B	Γ	Δ	E	ς	Z	H	Θ	I	IA	IB	IΓ		Datum
BΣ								H	Θ	I	IA			ohne Zahl	96/5
ΓΣ		B													95/4
ΔΣ												IB			94/3
EΣ	A		Γ			ς	Z	H						ohne Zahl	93/2
ςΣ	A		Γ		E	ς	Z	H							92/1
ZΣ													IΓ		91/0
HΣ		B			E		Z	H	Θ	I					90/89
ΘΣ	A				E					I	IA		IΓ	ohne Zahl	89/8
IΣ	A	B		Δ	E		Z		Θ	I					88/7
AIΣ							Z			I	IA				87/6
BIΣ	A		Γ	Δ	E		Z		Θ	I	IA	IB			86/5
ΓIΣ	A	B	Γ		E	ς				I	IA				85/4
ΔIΣ	A								Θ						84/3
EIΣ		B													83/2
ςIΣ											IA				82/1
–															–
HIΣ					E							IB			80/79
ΘIΣ	A								Θ	I	IA	IB			79/8
?KΣ														ohne Zahl	78/7
AKΣ	A														77/6
BKΣ					E	ς	Z	H	Θ	I	IA				76/5
ΓKΣ			Γ	Δ	E	ς			Θ	I	IA	IB	IΓ	ohne Zahl	75/4
ΔKΣ		B	Γ								IA				74/3
EKΣ	A	B		Δ				H		I					73/2
ςKΣ	A		Γ						Θ						72/1
ZKΣ										I	IA				71/0
HKΣ														ohne Zahl	70/69
–															–
–															–
AΛΣ														ohne Zahl	67/6

2. Amisos

Freiheitsära ab 32/1 v.Chr.

1.	ΕΤΟΥΣ ΚΗ	=28	Augustus	Rec.gén.69a; Roman Provincial Coinage I 2147	5/4 v.
2.	ΕΤΟΥΣ ΛΑ	=31	Augustus, C.u.L.Caesar	Rec.gén.70; Waddell, Auktion 1,1982,66; Roman Provincial Coinage I 2148	2/1 v.
?3.	ΕΤΟΥΣ ΑΜ	=41	Augustus, Tiberius?	Rec.gén.70a; Roman Provincial Coinage I 2149	9/10
4a.	ΕΤΟΥΣ Ξ	=60	Tiberius	Rec.gén.50a?.71; SNG Aul. 6736; Roman Provincial Coinage I 2150	28/9
b.	ΕΤΟΥΣ Ξ	=60		Rec.gén.49.50; SNG Aul.74; Roman Provincial Coinage I 2151.2152	28/9
?5.	ΕΤΟΥΣ Θ [Ξ?]	=69?		Rec.gén.50b (nach Roman Provincial Coinage I p.358 wahrscheinlich niedrigere Zahl, vielleicht Jahr 9)	37/8
6a.	ΕΤΟΥΣ ΕΠ	=85	Claudius	Rec.gén.72; Roman Provincial Coinage I 2153	53/4
b.	ΕΤΟΥΣ ΕΠ	=85	Agrippina	Rec.gén.73; SNG Aul.75; Roman Provincial Coinage I 2154	53/4
7.	ΕΤΟΥΣ ΑΡ	=101	Vespasianus	Rec.gén.74-74d; SNG Cop. 176f.	69/70
8.	ΕΤΟΥΣ ΡΚΘ	=129	Traianus	Rec.gén.75-77	97/8
9a.	ΕΤΟΥΣ ΡΛ	=130	Traianus	Rec.gén.77a; NZ 54,1921,129	98/9
b.	ΕΤΟΥΣ ΡΛ	=130		Rec.gén.51; SNG Cop.174	98/9
10a.	ΕΤΟΥΣ ΡΛΗ	=138	Traianus	Rec.gén.77b-77d; NZ 54,1921, 129	106/7
b.	ΕΤΟΥΣ ΡΛΗ	=138		Rec.gén.52	106/7
11.	ΕΤΟΥΣ ΜΡ	=140	Traianus	Rec.gén.77e	108/9
12a.	ΕΤΟΥΣ ΡΜΕ	=145	Traianus	Rec.gén.78-78b.77a-b (Ggst.)	113/4
b.	ΕΤΟΥΣ ΡΜΕ	=145		Rec.gén.53.53a.54.54a	113/4
?13.	ἔτους ρξβ' (oder ρξϛ')	=162 (=166)		EA 9,1987,89 Nr.7 = SEG 37, 1091 (Taf.X 2)	130/1
14a.	ΕΤΟΥΣ ΡΞΓ	=163	Hadrianus	Rec.gén.79-81; SNG Aul.78. 6737.6739; Nordbø 1-62	131/2
b.	ἔτους ρξγ' τῆς ἐλευθερίας	=163		OGIS 530 = IGR IV 1586	131/2
15.	ΕΤΟΥΣ ΡΞΔ	=164	Hadrianus	Rec.gén.82.83.83a; SNG Tüb. 2064; Nordbø 63-93	132/3
16a.	ΕΤΟΥΣ ΡΞΕ	=165	Hadrianus	Rec.gén.84-87; SNG Aul.79; Nordbø 94-122	133/4
b.	ΕΤΟΥΣ ΡΞΕ	=165	Antinoos	Rec.gén.108a; NZ 54,1921,128	133/4
c.	ΕΤΟΥΣ ΡΞΕ	=165		Rec.gén.54.54a; SNG Aul.77	133/4
d.	ἔτους ρξε'	=165		EA 9,1987,87 Nr.5 = SEG 37, 1089	133/4

17a. ΕΤΟΥΣ ΡΞϚ	=166	Hadrianus	Rec.gén.88-99; Nordbø 123-143	134/5
b. ΕΤΟΥΣ ΡΞϚ	=166	Sabina	Rec.gén.99-100a; Nordbø 144-160	134/5
? c. ἔτους ρξϚ'?	siehe Nr.13			
18a. ΕΤΟΥΣ ΡΞΖ	=167	Hadrianus	Rec.gén.91-93; SNG Tüb. 2065; Nordbø 165-171	135/6
b. ΕΤΟΥΣ ΡΞΖ	=167	Sabina	Rec.gén.101-104; Nordbø 161-164.172-176	135/6
19a. ΕΤΟΥΣ ΡΞΗ	=168	Hadrianus	Rec.gén.94-96; SNG Aul. 80.6742; Nordbø 177-197	136/7
b. ΕΤΟΥΣ ΡΞΗ	=168	Sabina	Rec.gén.105; SNG Aul. 6743; SNG Cop.187; Nord- bø 198-210	136/7
20a. ΕΤΟΥΣ ΡΞΘ	=169	Hadrianus	Rec.gén.97f.; Nordbø 211- 219	137/8
b. ΕΤΟΥΣ ΡΞΘ	=169	Aelius Caesar	Rec.gén.108; Nordbø 232- 242	137/8
c. ΕΤΟΥΣ ΡΞΘ	=169	Sabina	Rec.gén.106f.; SNG Aul. 6744; Nordbø 220-231	137/8
d. ΕΤΟΥΣ ΡΞΘ	=169	Antoninus Caesar	Rec.gén.109a; SNG Black- burn 946 (=Taf.II 5); Nordbø 243-251	137/8
21a. Ε ΡΠΓ	=183	Antoninus Pius	Rec.gén.109; SNG Aul. 6745	151/2
? b. ΡΠΓ?	=183	Marcus Aurelius Caesar	Rec.gén.110; Bosch, Nu- mismatik 2,1933,36	151/2
22. Ρ Ϥ	=190		Rec.gén.54b	158/9
23. Ρ ϤΒ	=192		Rec.gén.55f.; SNG Aul.76	160/1
24. Ρ ϤΕ	=195		Rec.gén.56a; NZ 54,1921, 129	163/4
25. ΕΤ ΣΙΔ	=214	Commodus	Rec.gén.111-111b	182/3
26. ΣΚΓ	=223		Rec.gén.57	191/2
27. ἔτους σκδ'	=224		EA 9,1987,88 Nr.6 = SEG 37,1090	192/3
28a. ΕΤ ΣΜΑ	=241	Sept.Severus	Rec.gén.112-112a; SNG Aul.81	209/10
b. ΕΤ ΣΜΑ	=241	Iulia Domna	Rec.gén.113	209/10
c. ΕΤ ΣΜΑ	=241	Caracalla	Rec.gén.114-114a; A.G. Malloy, Coinage of Amisus 160	209/10
d. ΕΤ ΣΜΑ	=241	Geta Caesar	Rec.gén.125; SNG Cop.193	209/10
e. τῷ σμα'ἔτει	=241		Studia Pontica III 2 = IGR III 97 = L.Robert, Les gladiateurs dans l'Orient grec, Paris 1940,130 Nr.78	209/10
29. ΕΤ ΣΜΕ	=245	Caracalla	Rec.gén.115-117b; SNG Cop.191f.	213/4
30a. ΕΤ ΣΜΗ	=248	Caracalla	Rec.gén.118-123; SNG Aul.82.6746	216/7
b. ΕΤ ΣΜΗ	=248	Iulia Domna	Rec.gén.113a-113b; SNG Aul.6747	216/7

31a.	ΕΤ ΣΜΘ	=249	Macrinus	Rec.gén.126–126a	217/8
b.	ΕΤΟ ΣΜΘ	=249	Diadumenianus	Rec.gén.127–127a; SNG Aul.83.6748	217/8
c.	ΕΤΟΥΣ ΣΜΘ	=249		Rec.gén.58	217/8
?32.	ΕΤ ΣΝΑ?	=251	Elagabal?	Rec.gén.127b	219/20
33a.	ΕΤ ΣΝΓ	=253	Iulia Maesa	Rec.gén.128; SNG Cop.194	221/2
b.	ΕΤ ΣΝΓ	=253	Sev.Alexander	Rec.gén.128a–129b; NZ 54, 1921,129f.	221/2
34.	ΕΤ ΣΞΑ	=261		Rec.gén.59	229/30
35.	ΕΤ [Σ]ΞΓ	=263		Rec.gén.59a	231/2
?36.	ΕΤ Σ[Ξ]Δ	=264		Rec.gén.59b	232/3
37a.	ΕΤ ΣΞϚ	=266	Maximinus	Rec.gén.130	234/5
b.	ΕΤ ΣΞϚ	=266		Rec.gén.60–61a; SNG Aul. 6735	234/5
38.	ΣΞΖ	=267	Maximus	Rec.gén.130d; SNG Aul. 6749	235/6
39a.	ΕΤ ΣΞΗ	=268	Maximinus	Rec.gén.130a–130b	236/7
b.	ΕΤ ΣΞΗ	=268		Rec.gén.61b	236/7
40.	ΕΤ ΣΞΘ	=269	Balbinus	Rec.gén.131–132	237/8
41a.	ΕΤΟΥΣ ΣΟΒ	=272	Gordianus III.	Rec.gén.133–134; SNG Cop. 195	240/1
b.	ΕΤΟΥΣ ΣΟΒ	=272	Tranquillina	Rec.gén.138–141; SNG Aul. 84f.; SNG Cop.196	240/1
42a.	ΣΟΖ	=277	Philippus I.	Rec.gén.143	245/6
b.	ΣΟΖ	=277	Otacilia	Rec.gén.143a	245/6
c.	ΕΤΟ ΣΟΖ	=277	Philippus II. Caesar	Rec.gén.144a–144c.144e; SNG Aul.86; SNG Cop.197	245/6
?43a.	[ΕΤ] ΣΠΑ (oder ΣΠΒ)	=281 o.282	Traianus Decius	Rec.gén.145b	249/50 o.250/1
b.	ΣΠΑ	=281	Etruscus	SNG Cop.198	249/50
44.	ΣΠΒ	=282	Etruscilla	Rec.gén.146 (=BMC 99)	250/1
45a.	ΕΤ ΣΠΔ	=284	Aemilianus	Rec.gén.147–148d; SNG Cop.199	252/3
b.	ΕΤΟΥΣ ΣΠΔ	=284		Rec.gén.61c.62–64	252/3
46.	ΕΤ ΣΠϚ	=286		Rec.gén.65	254/5
47.	ΣΠΘ	=289		Rec.gén.66	257/8
?48.	[ἰνδ.]ι[β?] ἔτους φ[λ?]ε′ μη(νὶ) σεπτενβρίῳ ε′ ἡμέρᾳ Κυριακῇ	=535		Studia Pontica III 14a	503/4
?49.	ἰνδικ(τιῶνος) ι[α?] μην(ὸς) Ἰανουα[ρίου] γ′? ἔτους φ þ δ′	=594	.	Studia Pontica III 12	562/3

3a. Amaseia

Lokale Ära ab 3/2 v.Chr.

? 1.	E? MA?	=41	Caligula?	Rec.gén.6; SNG Fitzwill. 38/9 4031; Roman Provincial Coinage I 3571
2.	ET AO	=71	Vespasianus	SNG Aul.17 68/9
3.	ET AΠ	=81	Vespasianus	Rec.gén.6a 78/9
4.	ETOYΣ E Þ	=95	Domitianus	Rec.gén.7.7a; SNG Aul. 92/3 6696
? 5.	ἔτους ρ'	=100	Aus Çitli	Parartema 15,1884,49 Nr. 97/8 14 = Studia Pontica III 248
6.	ἔτους ρα'	=101		Studia Pontica III 141 98/9
? 7.	BIP	=112	Traianus	Imh.-Bl., Gr.Mz.32 109/10
8.	ETOYΣ EIP	=115	Traianus	Rec.gén.8.8a.9; SNG 112/3 Aul.18f.6697
? 9.	ἔτους ρκγ'	=123	Aus Klaros	JOEAI 15,1912,53 Nr.23 120/1
10.	ἔτους ϛκρ'	=126	Aus Boğacık	Studia Pontica III 186 123/4
11.	ἔτους ρλδ'	=134	Aus Sarıbuğdaylı	Studia Pontica III 160 131/2
12.	ἔτους ρλϛ'	=136	Aus Gümüşhacı- köy	MUB 7,1914-21,16 Nr.23 133/4
13.	ETOYΣ PΛH	=138	Hadrianus	Rec.gén.10f.; SNG Aul. 135/6 20
?14.	ἔτους ρμ'	=140	Aus Çayköy	Studia Pontica III 253c 137/8 (laut D.H.French, in: Erol Atalay Memorial 68 und brieflicher Mitteilung Jahr 140; nach Studia Pontica folgt möglicher- weise noch Einerziffer)
15.	ἔτους ρμα'	=141	Aus Klaros (64.Prytanie Apollons)	EA 9,1987,63 Nr.8 = 138/9 SEG 37,964
16.	(Jahr 142)		Aus Karapürçek	unpubl.; vgl.French,in: 139/40 Erol Atalay Memorial 68
17.	(Jahr 145)		Aus Karapürçek	unpubl.; vgl.French,in: 142/3 Erol Atalay Memorial 68
18.	ἔτους ρμζ', μ(ηνὸς) η'δ'	=147	Aus Çorum	Studia Pontica III 189 144/5
19.	ἔτους ρμη'	=148	Aus Elvançelebi	Studia Pontica III 222 145/6
20a.	(Jahr 150)		Aus Gümüşhacı- köy	unpubl.; vgl.French,in: 147/8 Erol Atalay Memorial 68
b.	(Jahr 150)		Aus Yenişen	unpubl.; vgl.French,in: 147/8 Erol Atalay Memorial 68
21.	E PNE	=155	Antoninus Pius	Rec.gén.12.12a; Münzen 152/3 und Medaillen AG Basel, Liste 412,1979,242

22.	ET PNϚ	=156	Antoninus Pius	Rec.gén.13	153/4
23.	E(T) PNZ	=157	Antoninus Pius	Rec.gén.14-16; SNG Aul. 21 (dort verlesen). 6698	154/5
?24.	(ET) PNH	=158	Antoninus Pius	Rec.gén.16a	155/6
?25.	ἔτους ρξ.'	=160- 169	Aus Yakub	Studia Pontica III 164	157/8- 166/7
?26.	ἔτους γξ[ρ?']	=163	Aus Karasar	Studia Pontica III 183	160/1
27a.	ET PΞΔ	=164	Marcus Aurelius	Rec.gén.18.20f.; SNG Aul.24.26	161/2
b.	ET PΞΔ	=164	Lucius Verus	Rec.gén.24f.28; SNG Aul. 23.25	161/2
28a.	ET PΞE	=165	Marcus Aurelius	Rec.gén.18a.19.20; SNG Aul.22.6699.7000	162/3
b.	ET PΞE	=165	Faustina II.	Rec.gén.23; Lindgren Coll.10	162/3
c.	ET PΞE	=165	Lucius Verus	Rec.gén.26.26a.27.29	162/3
d.	ἔτους ρξε'	=165	Aus der Region von Merzifon	Studia Pontica III 167	162/3
e.	ἔτους ρξε'	=165	Aus Gümüşhacı- köy	Studia Pontica III 177	162/3
? f.	ἔτους ξε[ρ']	=165	Aus Büyük Dü- ğenci	Studia Pontica III 187	162/3
29a.	ἔ(τους) ρϚϚ'	=166	Aus Çayköy	MUB 7,1914-21,20 Nr.29	163/4
b.	(Jahr 166)		Aus Klaros (86.Prytanie Apollons)	unpubl.; vgl. Robert, Carie 213	163/4
30.	(Jahr 167)		Aus Oğulbağı	unpubl.; vgl.French, in: Erol Atalay Memorial 68	164/5
31.	[ἔ]τους ρξη'	=168	Aus Alıcık	Studia Pontica III 168	165/6
32.	ἔτους ρξθ'	=169		Studia Pontica III 113	166/7
33.	ἔτους ρο'	=170	Aus Köseeyüb	Studia Pontica III 238	167/8
34.	τῷ ροβ' ἔτει	=172		Belleten 17,1953,168 Nr.1 = SEG 13,530	169/70
35.	(Jahr 173)			unpubl.; vgl.French, in: Erol Atalay Memorial 68 (laut brieflicher Mitteilung von D.H.French weitere unpublizierte Inschriften des Jahres 173 aus Amasya)	170/1
36.	(Jahr 174)			unpubl.; vgl.French, in: Erol Atalay Memorial 68	171/2
37a.	ἔτους ροε'	=175		Studia Pontica III 121a	172/3
b.	ἔτους ροε'	=175	Aus Hamamözu	MUB 7,1914-21,18 Nr.26	172/3
c.	ἔτους ροε'	=175	Aus Konaklı	Studia Pontica III 185	172/3
38.	ἔτους ροζ'	=177	Aus Köprüalan	Studia Pontica III 208	174/5
39a.	ἔτους ροη'	=178		Studia Pontica III 120	175/6
b.	ἔτους ροη'	=178	Aus der Gaza- kene	Studia Pontica III 138a	175/6
40.	(Jahr 181)		Aus Eymir	unpubl.; vgl.French, in: Erol Atalay Memorial 68	178/9
41.	ET PΠE	=185	Commodus	Lindgren Coll.8	182/3

42.	(Jahr 186)	Aus Tanrivermiş	unpubl.; vgl.French,in: Erol Atalay Memorial 68	183/4
43.	ET PΠH	=188 Commodus	SNG Aul.6701	185/6
44.	ET PΠΘ ·	=189 Commodus	Rec.gén.31-35a; SNG Cop.107	186/7
45a.	ET P Ð	=190 Commodus	Rec.gén.36; SNG Aul.27	187/8
b.	(Jahr 190)	Aus Elvançelebi	unpubl.; vgl.French,in: Erol Atalay Memorial 68	187/8
46.	ET P Ð A	=191 Commodus	Rec.gén.37-39	188/9
47.	ἔτ(ους) ρ þ ϛ'	=196 Aus Osmançik	Studia Pontica III 182	193/4
48.	ἔτους ρ þ ζ'. μ(ηνὸς) Σε- β(αστοῦ)	=197 Aus Elvançelebi	SEG 35,1353	194/5
49.	(Jahr 199)	Aus Kınıkdeliler	unpubl.; vgl.French,in: Erol Atalay Memorial 68	196/7
50.	ἔτο[υς] σ'	=200 Aus Merzifon	Studia Pontica III 149	197/8
51.	(Jahr 202)	Aus Türkler	unpubl.; vgl.French,in: Erol Atalay Memorial 68 (laut brieflicher Mitteilung von D.H.French noch eine zweite Inschrift von 202)	199/200
52.	ἔτους σδ'	=204 Aus Sarıbuğdaylı	Studia Pontica III 161	201/2
53a.	ET Σϛ	=206 Caracalla	Rec.gén.64; Slg.Cos. Weber 2254	203/4
b.	(Jahr 206)	Aus Eymir	unpubl.; vgl.French,in: Erol Atalay Memorial 68	203/4
54.	(Jahr 207)	Aus Doğantepe	unpubl.; vgl.French,in: Erol Atalay Memorial 68	204/5
55a.	ET ΣH	=208 Septimius Severus	Rec.gén.40-42a.45-51.53-55; SNG Aul.28-30.6703; SNG Cop.108f.	205/6
b.	ET ΣH	=208 Iulia Domna	Rec.gén.60f.; SNG Cop. 111	205/6
c.	ET ΣH	=208 Caracalla	Rec.gén.64a.65.71f.74.76. 78-85.91; SNG Aul.32f. 6704-6707; SNG Cop.112f.	205/6
d.	ET ΣH (Taf.II 2)	=208 Geta Caesar	Rec.gén.92-95a; SNG Tübingen 2042	205/6
e.	ET ΣH	=208 Geta (Augustus)	Rec.gén.97-100; NZ 54, 1921,128	205/6
f.	(Jahr 208)	Aus Türkler	unpubl.; vgl.French,in: Erol Atalay Memorial 68	205/6
56a.	ET ΣΘ	=209 Septimius Severus	Rec.gén.43.56-59; SNG Cop.110	206/7
b.	ET ΣΘ	=209 Iulia Domna	SNG Aul.31; SNG Fitz-william 4034	206/7
c.	ET ΣΘ	=209 Caracalla	Rec.gén.66-70.73.75.77. 86-90; SNG Aul.34-40. 6708f.; SNG Cop.114-117	206/7
57a.	ET ΣI	=210 Caracalla	Imh.-Bl.,Gr.Mz.36,6	207/8
b.	ἔτους σι'	=210 Aus Elvançelebi	Studia Pontica III 212	207/8

58.	(Jahr 211)		Aus Geyikhoca	unpubl.; vgl.French,in:	208/9
				Erol Atalay Memorial 68	
59.	ἔτους σει'	=215		Studia Pontica III 123	212/3
60.	ἔτους σηι'	=218	Aus Merzifon	Studia Pontica III 147	215/6
61.	(Jahr 219)		Aus Tatar	unpubl.; vgl.French,in:	216/7
				Erol Atalay Memorial 68	
?62.	ἔτους κ'	=220-	Aus Çorum	Studia Pontica III 190 =	217/8-
	(wohl statt	229		IGR III 152	226/7
	σκ.')				
63.	ΕΤ ΣΚΗ	=228	Severus Alexander	Rec.gén.101-105; SNG	225/6
				Aul.41f.44.6710	
64.	ΕΤ ΣΚΘ	=229	Severus Alexander	Rec.gén.106.106a; Lind-	226/7
				gren Coll.18	
65.	(Jahr 233)		Aus Çayırözü	unpubl.; vgl.French,in:	230/1
				Erol Atalay Memorial 68	
66.	ΕΤ ΣΛΔ	=234	Severus Alexander	Rec.gén.107-111; SNG	231/2
				Aul.42f.6711f.; SNG Cop.	
				118	
?67.	(Jahr 237)			unpubl.; vgl.French,in:	234/5
				Erol Atalay Memorial 68	
68.	ἔτους σλη'	=238	Aus Yeniköy Yay-	Studia Pontica III 139	235/6
			lası		
69.	(Jahr 242)		Aus Çalıca	unpubl.; vgl.French,in:	239/40
				Erol Atalay Memorial 68	
70.	(Jahr 245)		Aus Kadıkırı	unpubl.; vgl.French,in:	242/3
				Erol Atalay Memorial 68	
71.	ἔτο[υ]ς σνδ'	=254	Aus "Viran"	Studia Pontica III 207	251/2
72.	(Jahr 260)		Aus Hamamözü	unpubl.; vgl.French,in:	257/8
				Erol Atalay Memorial 68	
73.	ἔτους ξασ'	=261	Aus Karasar	Studia Pontica III 184	258/9
?74.	ἔ(τους) τ'	=300		Studia Pontica III 127	
75.	ἔτους τοθ'	=379		Studia Pontica III 99	376/7
?76.	ἔτους εου'	=475	Aus Elvançelebi	Studia Pontica III 220	472/3
	(oder εοτ')	(=375)			(oder 372/3)

3b. Sebastopolis-Herakleopolis

Lokale Ära ab 3/2 v.Chr.

1.	ἔτους ρ'	=100	Traianus	ZPE 87,1991,190 Nr.5 =	97/8
				Rémy, Pontica I,115 fig.2	
2.	ἔτους ςρ'	=106	Traianus Germani-	ZPE 87,1991,199 Nr.11	103/4
			cus Dacicus		
3.	ἔτει ηρ'	=108	Traianus Germani-	ZPE 87,1991,191 Nr.6	105/6
			cus Dacicus		
4.	ΕΤΟΥΣ ΘΡ	=109	Traianus, P.Calvi-	Rec.gén.1f.; SNG Aul.	106/7
			sius Ruso	133	
5.	ἔτους θλρ'	=139	Hadrianus Cos III	ZPE 87,1991,194 Nr.8.	136/7
			trib.pot.XXI	Vgl.IGR III 111; ILS	
				8801; EA 13,1989,60 Nr.5;	
				Rémy, Pontica I 98ff.	

? 6. ἔτους ρνϛ'   =156 Antoninus Pius, M.   ZPE 87,1991,196 Nr.9   153/4
                            Sedatius Severianus
  7. ἔτους ρξγ'   =163 M.Aurelius Antoni-   ZPE 87,1991,198 Nr.10 = 160/1
                            nus Cos III   EA 13,1989,62 Nr.7. Vgl.
                                                 IGR III 114
  8. ἔτους βσ'   =202 Iulia Domna   ZPE 87,1991,233 Nr.44=   199/200
                                                 EA 13,1989,64 Nr.9 =
                                                 MUB 3,1,1908,453 Nr.16
 9a. ET ΗΣ   =208 Septimius Severus   Rec.gén.4-7; SNG Aul.   205/6
                                                 6776f.
  b. ET ΗΣ   =208 Iulia Domna   Rec.gén.8-12; Auktions- 205/6
                                                 katalog Schulten Köln
                                                 Okt.1987,711
  c. ET ΗΣ   =208 Caracalla   Rec.gén.13   205/6
  d. ET ΗΣ   =208 Geta Caesar   Rec.gén.16-21; Auktions- 205/6
                                                 katalog Schulten Köln
                                                 Okt.1989,723; ANS
 10. ET ϛΞΣ   =266 Gallienus   Rec.gén.22-25; SNG   263/4
                                                 Aul.134-137.6778

4. Komana

Lokale Ära ab 34/5 n.Chr.

  1. Γ   =3   Roman Provincial   36/7
                                                 Coinage I 2157
  2. ΕΤΟΥΣ Δ   =4   Caligula   Rec.gén.9-9b; Roman   37/8
                                                 Provincial Coinage I 2158
  3. ϛ   =6   Rec.gén.7; Roman Pro-   39/40
                                                 vincial Coinage I 2159
  4. ΓΙ   =13   Rec.gén.7; SNG Aul.   46/7
                                                 125.6773; Roman Pro-
                                                 vincial Coinage I 2160
 ?5. ΓΚ   =23   Rec.gén.7 = Prowe,   56/7
                                                 Num.Sbornik 1913,166;
                                                 Roman Provincial Coinage
                                                 I 2161
  6. Γ̄Ξ̄   =63   Nerva TO A   Rec.gén.10   96/7
     (Taf.II 4)
  7. ἔτους ργ'   =103 Aelius Caesar   Rémy, Pontica I,104ff.   136/7
                                                 Vgl. IGR III 105
 8a. ET BOP   =172 Septimius Severus   Rec.gén.12-15; SNG Aul. 205/6
                                                 126f.6774; SNG Cop.210
  b. ET BOP   =172 Iulia Domna   Rec.gén.16   205/6
  c. ET BOP   =172 Caracalla   Rec.gén.17-18b; SNG   205/6
                                                 Cop.211f.
  d. ET BOP   =172 Geta   Bosch, Numismatik 2,   205/6
                                                 1933,41: Berlin

Nachtrag:
  7A. ἔτους βξρ'   =162 Septimius Severus?   EA 19,1992,122 Nr.3   195/6

5. Pontus Polemoniacus
(Neokaisareia, Zela, Trapezus, Kerasos, Sebasteia, Koinon Pontu)

Ära des Pontus Polemoniacus ab 64/5 n.Chr.

1.	K̄Θ̄	=29		Neokaisareia	Rec.gén.6; British Museum, New Acquisitions 1,1981,16,242	92/3
2.	ΕΤΟΥΣ Λ̄Z̄	=37	Traianus, Aufidius Umber	Neokaisareia	Imh.-Bl., Kl.Mz. 499,1 = Rec.gén.7a; Franke, Chiron 9, 1979,377 M1; Weiser, GSN 38,1988,9	100/1
3.	ΕΤΟΥΣ ΛΗ	=38	Traianus, Aufidius Umber	Neokaisareia	Rec.gén.7b = Franke, Chiron 9,1979, 378 M2 = Weiser, GSN 38,1988,9	101/2
4.	ΕΤΟΥΣ N̄	=50	Traianus	Trapezus	Rec.gén.4-8; SNG Fitzwill.4049; SNG Tübingen 2072	113/4
5.	ΕΤΟΥΣ N	=50	Traianus	Zela	Rec.gén.2.3; Auktionskatalog Sternberg 11,1981,243	113/4
6.	ΕΤ ΑΝ	=51	Traianus, Catilius Severus	Sebasteia	Schultz Nr.1	114/5
7.	τοῦ ξ̄ϑ̄' ἔ[τ]ο[υς τῆς]ἐπαρχείας	=69		Neokaisareia (aus Klaros)	Macridy, JOEAI 8, 1905,165 Nr.2	132/3
8a.	ΕΤΟΥΣ ΟΔ	=74	Hadrianus	Kerasos	Rec.gén.1.2	137/8
b.	ΕΤΟΥΣ ΟΔ	=74	Antoninus Pius Aug.	Kerasos	Rec.gén.3; London	137/8
9.	ΕΤΟΥΣ ΟΗ	=78	Antoninus Pius	Kerasos	Rec.gén.3a	141/2
10.	ΕΤ ΑΠ	=81	Antoninus Pius	Trapezus	Bosch, Numismatik 2,1933,63	144/5
11.	ΕΤΟΥΣ ΒΠ	=82	Antoninus Pius	Kerasos	Rec.gén.4	145/6
12.	ΕΤΟΥΣ ΠΗ	=88	Antoninus Pius	Kerasos	Rec.gén.5	151/2
13.	ΕΤΟΥΣ ΘΠ	=89	Antoninus Pius	Kerasos	Rec.gén.5a	152/3
14a.	ΕΤ ϷΗ	=98	Marcus Aurelius	Koinon Pontu	Rec.gén.1-1a; SNG Aulock 6692	161/2
b.	ΕΤ ϷΗ	=98	L.Verus	Koinon Pontu	Rec.gén.2-2a	161/2
15.	ΕΤ ϷΗ	=98	Marcus Aurelius	Kerasos	Rec.gén.6-6a	161/2
16.	ΕΤ ϷΗ	=98	L.Verus	Neokaisareia	Rec.gén.8-9; SNG Aulock 97	161/2

17.	ET H Ϸ (Taf.II 6)	=98	L.Verus	Sebasteia	Schultz Nr.2-5; 161/2 Weiser, RSN 68, 1989,60 Nr.21; London
?18.	?	=105	Marcus Aurelius	Trapezus	Bosch, Numismatik 168/9 2,1933,63: Berlin
19.	ET KP	=120	Commodus	Trapezus	Rec.gén.12.13; 183/4 SNG Aulock 6784
20.	ET PKA	=121	Commodus	Kerasos	Rec.gén.7 = Imh.- 184/5 Bl., Kl.Mz.2 Nr.1
21.	ET AKP	=121	Commodus	Neokaisareia	Rec.gén.10a; SNG 184/5 Aulock 98.6758
22.	ET PKE	=125	Commodus	Trapezus	Rec.gén.14 188/9
23.	AΛP	=131	Sept.Severus	Trapezus	Rec.gén.16 194/5
24.	ἔτους αλρ'	=131		Zela	Studia Pontica III 194/5 265
25a.	EΛP	=135	Sept.Severus	Trapezus	Rec.gén.18: Wien 198/9
b.	ETOYΣ EΛP	=135	Caracalla	Trapezus	Rec.gén.21 = Imh.-198/9 Bl., Gr.Mz. pl.V 6; Kölner Münzkabi- nett Auktion 43, 1987,254
?26.	ΘΛP	=139	Caracalla	Trapezus	Rec.gén.22: Wien 202/3
27a.	ET PMA	=141	Sept.Severus	Neokaisareia	Rec.gén.11; Lind- 204/5 gren Coll.44
b.	ET PMA	=141	Caracalla	Neokaisareia	London; ANS 204/5
28a.	ET PMB	=142	Sept.Severus	Neokaisareia	Rec.gén.12.12a.13 205/6
b.	ET PMR	=142	Sept.Severus	Neokaisareia	Rec.gén.14-18a; 205/6 SNG Aulock 99f.; SNG Fitzwill.4044
c.	ET PMB	=142	Iulia Domna	Neokaisareia	Rec.gén.19.19a 205/6
d.	ET PMR	=142	Iulia Domna	Neokaisareia	Rec.gén.20.20a; 205/6 SNG Aulock 6759
e.	ET PMR	=142	Caracalla	Neokaisareia	Rec.gén.21; SNG 205/6 Aulock 6760
f.	ET PMB	=142	Geta Caesar	Neokaisareia	Rec.gén.26 205/6
g.	ET PMR	=142	Geta Caesar	Neokaisareia	Rec.gén.27-35a; 205/6 SNG Aulock 102f.; SNG Cop.216
29a.	ET PMB	=142	Sept.Severus	Zela	Rec.gén.4a-4b 205/6
b.	ET PMR (Taf.II 1)	=142	Sept.Severus	Zela	Rec.gén.4; SNG 205/6 Aulock 6790
c.	ET PMB	=142	Iulia Domna	Zela	Rec.gén.5 205/6
d.	ET PMR	=142	Iulia Domna	Zela	Waddell Liste 53, 205/6 1991,179
e.	ET PMB	=142	Caracalla	Zela	Rec.gén.7-11a; 205/6 SNG Aulock 142; SNG Cop.229
f.	ET PMR	=142	Caracalla	Zela	Rec.gén.17-19; 205/6 Weiser, RSN 68, 1989,62f., Nr.23f.

29g. ET PMB	=142	Geta Caesar	Zela	Rec.gén.20; Lanz München, Auktion 26,1983,753	205/6
?30. PMΓ (PNΓ?)	=143	Caracalla	Trapezus	Rec.gén.20	206/7
31a. ET PMΓ	=143	Sept.Severus	Zela	Rec.gén.4c	206/7
b. ET PMΓ	=143	Iulia Domna	Zela	Rec.gén.6.6a; Knopek Köln, Auktion 15,1979,347	206/7
c. ET PMΓ	=143	Caracalla	Zela	Rec.gén.12-16; SNG Aulock 143f.	206/7
32. PNΓ	=153	Caracalla	Trapezus	Bosch, Numismatik 2,1933,63: Wien	216/7
33a. ET PNE	=155	Elagabal	Trapezus	Rec.gén.26.27; Wadell Auktion 1,1982, 73; München	218/9
b. ET PNE	=155	Iulia Paula	Trapezus	Rec.gén.32; London	218/9
34. ET PNϚ	=156	Elagabal	Trapezus	Rec.gén.28.29	219/20
35a. ET PNϚ	=156	Elagabal	Kerasos	Rec.gén.7bis?.8-9a; SNG Aulock 6771	219/20
b. ET PNϚ	=156	Iulia Paula	Kerasos	Rec.gén.10	219/20
c. ET PNϚ	=156	Iulia Maesa	Kerasos	SNG Aulock 122	219/20
36. ET PNH	=158	Elagabal	Trapezus	Rec.gén.30.31a	221/2
37. ET PΞA	=161	Iulia Mamaea	Trapezus	Rec.gén.44b; SNG Cop.228	224/5
38. ET PΞB	=162	Severus Alexander	Kerasos	Rec.gén.11-13a	225/6
39. ET PΞB	=162	Severus Alexander	Neokaisareia	Rec.gén.38	225/6
40a. ET PΞB	=162	Severus Alexander	Trapezus	Rec.gén.33.34; SNG Aulock 139.6786	225/6
b. ET PΞB	=162	Orbiana	Trapezus	Rec.gén.40.40a	225/6
41a. ET PΞΓ	=163	Severus Alexander	Trapezus	Rec.gén.35-38	226/7
b. E PΞΓ	=163	Orbiana	Trapezus	Rec.gén.41.43 = Imh.-Bl., Gr.Mz.76; MuM AG Liste 204, 1960,57	226/7
c. E PΞΓ	=163	Iulia Mamaea	Trapezus	Rec.gén.44-44b	226/7
42. E PΞΓ	=163	Severus Alexander	Neokaisareia	Rec.gén.38a-40.42	226/7
?43. ET POA	=171	Severus Alexander	Kerasos	Rec.gén.14	234/5
44. ET POA	=171	Severus Alexander	Neokaisareia	Rec.gén.43-49; SNG Aulock 105	234/5
45a. ET POE	=175	Gordianus III.	Trapezus	Rec.gén.45-47; SNG Lewis 1287; Lindgren Coll.55	238/9
? b. ET POE (?) (statt POΘ?)	=175	Tranquillina	Trapezus	Rec.gén.53; Price, NC 1971,124	238/9

46a. ET ΡΟΗ	=178	Gordianus III.	Neokaisareia	Rec.gén.50-57b; SNG Aulock 106-111.6761-6765; SNG Cop.218	241/2
b. ET ΡΟΗ	=178	Tranquillina	Neokaisareia	Rec.gén.58-58b; Mabbott Coll.1034	241/2
?47a. ET ΡΟΘ	=179	Gordianus III.	Trapezus	Price, NC 1971,124	242/3
b. ET ΡΟΘ	=179	Tranquillina	Trapezus	Rec.gén.53a	242/3
48a. ET ΠΡ	=180	Gordianus III.	Trapezus	Rec.gén.48.49; SNG Aulock 140	243/4
b. ΠΡ	=180	Tranquillina	Trapezus	Rec.gén.53b	243/4
49a. ET ΑΠΡ	=181	Philippus I.	Trapezus	Rec.gén.58; Price, NC 1971,124,7?; Wien	244/5
b. ET ΑΠΡ	=181	Otacilia	Trapezus	Rec.gén.55; SNG Aulock 141.6788f.	244/5
c. ET ΑΠΡ	=181	Philippus II.	Trapezus	Rec.gén.54-54b.56-57a; Münzzentrum Köln, Auktion 73,1992, 956; Wien	244/5
50a. ET ΡΠΕ	=185	Philippus I.	Neokaisareia	Rec.gén.59	248/9
b. ET ΡΠΕ	=185	Philippus I., Philippus II.	Neokaisareia	Schulten Köln, Auktion April 1988,1042	248/9
51a. ΡΠΗ	=188	Trebonianus Gallus	Neokaisareia	Rec.gén.60-62a; SNG Aulock 112.6766	251/2
b. ΡΠΗ	=188	Trebonianus Gallus, Volusianus	Neokaisareia	Rec.gén.63-63b; SNG Aulock 113.6767f.	251/2
c. ΡΠΗ	=188	Volusianus	Neokaisareia	Rec.gén.63c; SNG Cop.219	251/2
52a. ET Ρ Ϥ Β	=192	Valerianus I.	Neokaisareia	Rec.gén.64-68c; SNG Aulock 114f.6769f.	255/6
b. ET Ρ Ϥ Β	=192	Gallienus	Neokaisareia	Rec.gén.70; SNG Aulock 117	255/6
?53. ET Ρ Ϥ Ϛ	=196	Valerianus I.	Neokaisareia	Rec.gén.69	259/60
54. ET Ρ Ϥ Η	=198	Gallienus	Neokaisareia	Rec.gén.70a	261/2
55. ET Ρ Ϥ Θ	=199	Gallienus	Neokaisareia	Rec.gén.71-74c; SNG Aulock 116; SNG Cop. 220	262/3
56. ET Σ	=200	Gallienus	Neokaisareia	Rec.gén.75-76	263/4
57. ET ΣΑ	=201	Gallienus	Neokaisareia	Rec.gén.76a.76b; SNG Aulock 118	264/5
58. ET ΣΒ	=202	Gallienus	Neokaisareia	Rec.gén.77	265/6
?59. αἴτους ὑπ	=480	Iustinianus	Trapezus	CIG 8637	543/4
?60. ἔτους ὑπγ	=483	Iustinianus	Trapezus	CIG 8636	546/7

6. Nikopolis und Koinon von Armenien

a. Königsjahre des Aristobulos

?1.	ET A?	=1	Aristobulos, Salome	Rec.gén.1	54/5
2.	ET H	=8	Aristobulos, Nero	Rec.gén.2	61/2
3.	ET IZ	=17	Aristobulos, Vespasianus	Rec.gén.3	70/1

b. Lokale Ära ab 71/2 n.Chr.

1.	ET ΛΔ	=34	Traianus	Rec.gén.4	104/5
2.	ETOYΣ MB (Taf.II 7)	=42	Traianus, TO ϛI	Rec.gén.5-7; SNG Aulock 147; SNG Fitzwill.4046; Mabbott Coll.1038; SNG Lewis 1286	112/3
3.	ETOYΣ MΓ	=43	Traianus, TO ZI	Rec.gén.8; SNG Aulock 145f.	113/4
?4.	ET Nϛ?	=56	Hadrianus	SNG Aulock 6791	126/7
5.	ET ÐA	=91	Marcus Aurelius	SNG Aulock 6792	161/2

V 1. Sinope
(Auf ANNO oder AN vor den Zahlzeichen wird verzichtet)

a. Pontische Königsära ab 297/6 v.Chr.

1.	ΓΚΣ	=223		Rec.gén.61	75/4 v.

b. Kolonieära ab 45 v.Chr.

1.	VIII	=8	Caesar?	Grant, FITA 253(1); Rec. gén.p.203* n.; Roman Provincial Coinage I 2109f.	38 v.
2.	XI	=11		Rec.gén.75; Grant, FITA 253(3) (dort Jahr 15); Roman Provincial Coinage I 2111; Lindgren Coll. A91A; Banti-Simonetta, CNR II 122,1 (dort Jahr 15)	35 v.
3.	XIX	=19		Rec.gén.76.76a; Grant, FITA 253(4); Roman Provincial Coinage I 2112	27 v.
?4.	XX	=20		Imh.-Bl., Kl.Mz.7,5; Grant, FITA 253(5); Roman Provincial Coinage I 2113	26 v.

5. XXII	=22	Augustus	Imh.-Bl., Kl.Mz. 7,6; Weber Coll.4833; Grant, FITA 253(7); Roman Provincial Coinage I 2114	24 v.
6. XXIII	=23	Augustus	Rec.gén.81.83f.; Grant, FITA 253(8); Roman Provincial Coinage I 2115f.	23 v.
?7. XXXI	=31	Augustus, C. und L.Caesar	Banti-Simonetta, CNR VIII 233,14	15 v.
?8. XXXV	=35	Augustus, C. und L.Caesar	Grant, FITA 253(10); Hunter Coll.14; Roman Provincial Coinage I 2117	11 v.
9. XXXVI	=36	Augustus, C. und L.Caesar	Rec.gén.85; Grant, FITA 253(11); Roman Provincial Coinage I 2118	10 v.
10. XXXVII	=37	Augustus, C. und L.Caesar	Rec.gén.86; Grant, FITA 253(12); Roman Provincial Coinage I 2119	9 v.
11. XXXIX	=39	Augustus, C. und L.Caesar	Rec.gén.87; Roman Provincial Coinage I 2120	7 v.
12. XLII	=42	Augustus, C. und L.Caesar	Rec.gén.88f.; Roman Provincial Coinage I 2121f.	4 v.
?13. L	=50	Augustus?, Tiberius?	Rec.gén.90; Roman Provincial Coinage I 2123	5 n.
14. LI	¯1	Augustus	Rec.gén.90a; SNG Aulock 232; Roman Provincial Coinage I 2124	6 n.
15. LIX	=59	Augustus	Rec.gén.90b; Roman Provincial Coinage I 2125	14 n.
?16. LXIII (oder LXIIII=64)	=63	Augustus, Livia	Roman Provincial Coinage I 2126	18 n.
17. LXIIII	=64	Drusus iunior	SNG Fitzwill.4083; Roman Provincial Coinage I 2127	19 n.
18. LXXXII	=82	Caligula, Agrippina I.	Rec.gén.92; SNG Cop. 315; SNG Aulock 233; Roman Provincial Coinage I 2128	37 n.
19. LXXXIII	=83	Caligula	Rec.gén.93; Roman Provincial Coinage I 2129	38 n.
20. LXXXVI	=86	Claudius, Messalina	Banti-Simonetta, CNR XVI 14,13; Auktionskatalog Auctiones AG, Basel 10,1979,170; Roman Provincial Coinage I 2130	41 n.
?21. LXXXVII	=87	Claudius	Roman Provincial Coinage I 2131	42 n.
22a.XCVI	=96		Rec.gén.94; SNG Cop. 316; Roman Provincial Coinage I 2133	51 n.
b.XCVI	=96	Nero, Britannicus	NC 1971,125,8; Roman Provincial Coinage I 2132	51 n.

23a. C	=100	Claudius, Agrippina II.	Rec.gén.95; Banti-Simonetta, CNR XVI 96,47; RN 1986,74; Roman Provincial Coinage I 2134	55 n.
b. C	=100	Nero, Britannicus	RN 1986,72ff.; Roman Provincial Coinage I 2135	55 n.
24a. CIII	=103	Nero	Rec.95a; SNG Aulock 234; Roman Provincial Coinage I 2136	58 n.
b. CIII	=103	Nero, Octavia	Rec.gén.96; SNG Aulock 235; Roman Provincial Coinage I 2137	58 n.
25a. CIIII	=104	Nero	Rec.gén.99; Roman Provincial Coinage I 2138	59 n.
b. CIIII	=104	Nero, Octavia	Rec.gén.97,97a; Roman Provincial Coinage I 2139	59 n.
26. CXIII	=113	Nero	Rec.gén.100; Roman Provincial Coinage I 2141	68 n.
27a. CXIIX	=118	Titus Caesar	Rec.gén.101; London	73 n.
b. CXIIX	=118	Domitianus Caesar Cos II	Rec.gén.102; ANS	73 n.
28a. CXX	=120	Titus Caesar	Bosch, Numismatik 2, 1933,61: Berlin	75 n.
b. CXX	=120	Domitianus Caesar	Schulten Köln, Auktion Oktober 1984,195; London	75 n.
c. CXX	=120		Rec.gén.100a	75 n.
29a. CXXII	=122	Vespasianus	Rec.gén.100b	77 n.
? b. CXXII	=122	Domitianus Caesar	Rec.gén.102a	77 n.
30. CXXXIIX	=138	Domitianus	Rec.gén.103a	93 n.
31. CXLI	=141	Nerva	Rec.gén.104.104a	96 n.
32. CXLII	=142	Nerva	Bosch, Numismatik 2, 1933,61: München; SNG Aulock 236	97 n.
33. CXLIX	=149	Traianus	Rec.gén.105	104 n.
34. CLIII	=153	Traianus	SNG Aulock 6871	108 n.
35. CLXII	=162	Traianus	Rec.gén.106	117 n.
36. CLXVIII	=168	Hadrianus	Rec.gén.107	123 n.
?37. CLXX	=170	Sabina	Rec.gén.109; Bosch, Numismatik 2,1933,61	125 n.
38. CLXXVIII	=178	Hadrianus	Rec.gén.108; London; Bosch, Numismatik 2, 1933,61 (dort Jahr 177)	133 n.
39a. CLXXXII	=182	Hadrianus	Waddell, Auktion 1, 1982,83	137 n.
b. CLXXXII	=182	Aelius Caesar	Rec.gén.111; SNG Aulock 6872	137 n.
40. CLXXXIII	=183	Antoninus Pius	Schulten Köln, Auktion Oktober 1985,372	138 n.
41. CLXXXV	=185	Antoninus Pius	Rec.gén.111c	140 n.

?42.   CLXXXVIII=188 Antoninus Pius   Bosch, Numismatik 2,   143 n.
                                          1933,62 (vgl.Rec.gén.
                                          111a)
43a. CCIIII   =204 Antoninus Pius   Rec.gén.112ff.   159 n.
  b. CCIIII   =204 M.Aurelius Caesar   Rec.gén.114   159 n.
  c. CCIIII   =204 Faustina II.   Rec.gén.118   159 n.
44a. CCVII   =207 Marcus Aurelius   Rec.gén.115f.   162 n.
  b. CCVII   =207 Marcus Aurelius,   Rec.gén.117; SNG Aulock 162 n.
                     Lucius Verus   237
  c. CCVII   =207 Faustina II.   Rec.gén.119ff.   162 n.

c. Lucullische Ära ab 70 v.Chr.

  1. CCLXIIII   =264 Septimius Severus   Rec.gén.122.122a   194 n.
 2a. CCLXVIII   =268 Iulia Domna   Rec.gén.122b   198 n.
  b. CCLXVIII   =268 Geta Caesar   Rec.gén.122c   198 n.

d. Kolonieära ab 45 v.Chr. oder unbekannte Ära ab 43 v.Chr.

 1a. CCLII   =252 Septimius Severus   Rec.gén.123   207 o.209 n.
  b. CCLII   =252 Caracalla   Rec.gén.128ff.   207 o.209 n.
  c. CCLII   =252 Geta Caesar   Rec.gén.135a   207 o.209 n.
 2a. CCLIII   =253 Caracalla   Rec.gén.132.132a   208 o.210 n.
  b. CCLIII   =253 Iulia Domna   Rec.gén.125f.   208 o.210 n.
 3a. CCLV   =255 Caracalla   Rec.gén.133   210 o.212 n.
  b. CCLV   =255 Geta Augustus   Rec.gén.136ff.;   210 o.212 n.
     (Taf.II 3)   SNG Aulock 6874f.
?4. CCLVII   =257 Caracalla   SNG Aulock 6873   212 o.214 n.
     oder CCLVIII=258   213 o.215 n.
 5a. CCLVIIII   =259 Caracalla   Rec.gén.133b; ANS   214 o.216 n.
  b. CCLIX   =259 Iulia Domna   Rec.gén.127   214 o.216 n.
?6. CCLX   =260 Iulia Domna   Rec.gén.127bis;   215 o.217 n.
                                           Bosch, Numismatik
                                           2,1933,62 (dort Jahr
                                           259)
?7a. CCLXI   =261 Macrinus   Rec.gén.143; Lon-   217 o.218 n.
     (oder Fehler in der Datierung)   don
? b. CCLXI (?) =261 Diadumenianus   Rec.gén.144   217 o.218 n.
?8. CCLII (für =261 Diadumenianus   Rec.gén.144a   217 o.218 n.
     CCLXI)
?9. CCLXII   =262 Iulia Maesa   Rec.gén.144b   219 o.220 n.
     (oder Fehler statt CCLXIV=264 bzw. CCLXV=265)
?10. CCLXII   =262 Iulia Paula   SNG Aulock 6876   219 o.220 n.
     (oder Fehler statt CCLXIV=264 bzw. CCLXV=265)

e. Lucullische Ära ab 70 v.Chr.

?3. CCXCIII   =293 Severus Alexander   Rec.gén.145f. (nach   223 n.
                                          Bosch Jahr 294)

4a.	CCXCIIII	=294	Severus Alexander	Rec.gén.147f.	224 n.
b.	CCXCIIII	=294	Iulia Mamaea	Rec.gén.149.149a; ANS	224 n.
5a.	CCCV	=305	Maximinus Thrax	Rec.gén.150ff.	235 n.
b.	CCCV	=305	Maximus Caesar	Rec.gén.154a.154b	235 n.
6.	CCCVIII	=308	Gordianus III.	Rec.gén.155f.	238 n.
7.	CCCIX	=309	Gordianus III.	Rec.gén.156a; ANS	239 n.
8.	CCCXI	=311	Gordianus III.	Rec.gén.156b.157	241 n.
9.	CCCXII	=312	Gordianus III.	Rec.gén.157a.158	242 n.
10a.	CCCXIV	=314	Gordianus III.	Bosch, Numismatik 2, 1933,62: Wien	244 n.
b.	CCCXIV	=314	Philippus I.	Rec.gén.160.160a; SNG Aulock 6877	244 n.
c.	CCCXIV	=314	Philippus II. als Caesar	Rec.gén.161ff.; SNG Cop.319f.; SNG Aulock 238f.	244 n.
? d.	CCCXII (für CCCXIV)	=314	Philippus II. als Caesar	SNG Cop.318	244 n.
11.	CCCXIX	=319	Traianus Decius	Rec.gén.162	249 n.
?12.	CCCXXIIII	=324	Valerianus I.	Rec.gén.163; Bosch, Numismatik 2,1933,62 (Jahr 329)	254 n.
13.	CCCXXV	=325	Gallienus	Rec.gén.165a	255 n.
14a.	CCCXXVIIII	=329	Valerianus I.	Rec.gén.164	259 n.
b.	CCCXXVIIII	=329	Gallienus	Rec.gén.166	259 n.
15.	CCCXXX	=330	Gallienus	Rec.gén.167ff.; SNG Aulock 240f.	260 n.
?16.	CCCXXXV (oder CCCXXXI=331)	=335	Gallienus	Wien: vgl. NZ 1908, 72, pl.VIII 4; Rec.gén.165b (dort fälschlich CCCXXV=325)	265 n.

2. Amastris

Lucullische Ära ab 71/0 v.Chr.

1.	A	=1	Rec.gén.19	71/0 v.
2.	B	=2	Rec.gén.19; SNG Cop.247	70/69 v.
3.	I	=10	Rec.gén.19	62/1 v.
4.	ΓI	=13	Rec.gén.19; Imh.-Bl., Gr.Mz.82	59/8 v.
?5.	K	=20	Rec.gén.19	52/1 v.
6.	ϚK	=26	Rec.gén.19	46/5 v.
7.	BΛ (Taf.II 8)	=32	Rec.gén.20; Roman Provincial Coinage I 2105a	40/39 v.
8.	ΓΛ	=33	Rec.gén.20; Imh.-Bl., Gr.Mz.83; Roman Provincial Coinage I 2105b	39/8 v.
9.	M	=40	Rec.gén.21; Roman Provincial Coinage I 2106a	32/1 v.
10.	ΓM	=43	Rec.gén.21; Imh.-Bl., Gr.Mz.84; Roman Provincial Coinage I 2106b	29/8 v.

11. ἐν τῶι ακρ' ἔτει   =121 EA 6,1985,133 Nr.1 = SEG 35,1311   50/1
    (Claudius)
12. ἔτους βλρ'   =132 JOEAI 28,1933,Beibl.70 Nr.17; Robert, 61/2
                            Hellenica VII 77. Vgl. IGR III 89
13. ἔτους ηξρ'   =168 CIG 4150b; Robert, Etudes anatoliennes 97/8
                            259f.
14a. [ἔ]τους θορ', μη- =179 IGR III 1434; Robert, Etudes anatoli- 108/9
     νὸς Δείο[υ] νεο-   iennes 163,1
     μηνίᾳ
   b. ἔτους ροθ', μη- =179 IOSPE I² 543 (aus Chersonesos Tauri- 108/9
     (νὸς) Λώου γ'   ke)
15a. ἔτου[ς] απρ', μη- =181 SPAW 1888,879 Nr.35   110/1
     νὸς Ξανδικο[ῦ
   b. ἔτους απρ', μη- =181 EA 6,1985,153 Nr.38 = SEG 35,1326   110/1
     νὸς Δίου
16. ἔτους γþρ', μη-   =193 SPAW 1888,879 Nr.35   122/3
    νὸς Δε[ίου?
17. ἐν τῷ ασ' ἔτει   =201 EA 6,1985,134 Nr.2 = SEG 35,1317   130/1
18. βσ'   =202 Ineditum aus Bartin; vgl. EA 6,1985, 131/2
                            151
19. δισ'   =214 Ineditum aus Azdaray; vgl. EA 6,   143/4
                            1985,151
20. ἐν τῷ ζισ' ἔτει   =217 EA 18,1991,97f.   146/7
    (Antoninus Pius
    Imperator II)
21. εκσ' πρὸ α' Καλ.   =225 EA 6,1985,137 Nr.12 = SEG 35,1327   154/5
    Σεπτεμβρίων Λώου
    ζι'
22. ἐν τῶι θκσ' ἔτει   =229 SPAW 1888,875 Nr.26; AEM 20,1897,   158/9
                            86; IGR III 84; EA 6,1985,146ff.; Rémy,
                            Evolution 87ff.; SEG 35,1318
23. ἔτους βλσ', μηνὸς =232 EA 6,1985,154 Nr.39 (falsch 152/3 n. 161/2
    Δύσ[τρου]   Chr.)=SEG 35,1328 (falsch 162/3 n.Chr.)
24. ἔτους σν'   =250 JOEAI 28,1933, Beibl.81f. Nr.40   179/80
25. ἔτους δνσ', μηνὸς =254 EA 6,1985,138 Nr.14 = SEG 35,1329   183/4
    Δαεισίου δ'
26. ἐν τῷ ξσ' ἔτει   =260 CIG 4151; OGIS 601. Vgl. IGR III 85   189/90
    (M.Ulpius Arabianus,
    leg.Aug.pr.pr.Syriae
    Palaestinae)
?27. [ἐν] τῷ εξ[σ' ἔτει =265 EA 6,1985,135 Nr.7 = SEG 35,1320   194/5
    (oder εξ[ρ' =165)   (oder 94/5)
28. ἐν τῷ γοσ' ἔτι,   =273 EA 6,1985,137 Nr.13 = SEG 35,1330   202/3
    Λώου ακ'
29. ...τῷ ζοσ' ἔτ[ει   =277 JOEAI 28,1933, Beibl.66 Nr.14; EA   206/7
    (Septimius Severus,   6,1985,147f. = SEG 35,1319
    Caracalla, Iulia Domna)
30. [ἐν] τῷ θοσ' ἔτει =279 IGR III 90; OGIS 531   208/9
?31. ἔτους ζπ[σ', μη-] =287 EA 6,1985,141 Nr.23 = SEG 35,1331   216/7
    νὸς Δείου .
    (oder ζπ[ρ' =187)   (oder 116/7)
    (oder ζπ' =87)   (oder 16/7)

32. ἔτους ιτ', Περειτίου =310 X.Hommaire de Hell, Voyage en   239/40
    ι' (Aurelius)   Turquie et en Perse IV, Paris
                               1860,341 pl.X 1
33. ἔτους ακτ', μηνὸς   =321 EA 6,1985,140 Nr.20; Robert,   250/1
    Ἀπελλαίου β'   Asie Mineure 151ff.

3. Abonuteichos

a. Seleukidenära ab 312/1 v.Chr.

   1. ἔτους αξρ', μηνὸς   =161 NC 1905,113ff.   152/1 v.
      Δίου (Mithridates V.)

b. Lucullische Ära ab 71/0 v.Chr.

   1. ἐν τῷ δοσ' ἔτει   =274 IGR III 91 = JOEAI 28,1933, Bei- 203/4 n.
      (Septimius Severus)   blatt 55 Nr.1 = Anz.Österr.Akad.
                               1949, Taf.I 1
   ?2. ...ἐν τῷ... ἔ]τει   =? IGR III 92 = JOEAI 28,1933, Bei-   ?
       (Caracalla)   blatt 56 Nr.2

4. Paphlagonien
(Gangra-Germanikopolis, Kaisareia-Hadrianopolis, Neoklaudiopolis,
               Pompeiopolis)

Innerpaphlagonische Ära ab 6/5 v.Chr.

1. ἀπὸ Αὐτοκράτορος Καίσ[αρος] θεοῦ υἱοῦ Σεβαστοῦ ὑπατεύ[σαντος τὸ] δωδέκατον ἔτους τρίτου, π[ροτέ- ραι] νωνῶν Μαρ- τίων	=3	Phazimon-Neapo- lis (=Neoklaudio- polis)	IGR III 137=OGIS 532=ILS 8781= Ehrenberg-Jones Nr.315("Eid der Paphlagonier" in Gangra)	4/3 v.
? 2. PIE (Traianus)	=115	Neoklaudiopolis	Rec.gén.1	109/10
3. PIZ (Traianus)	=117	Neoklaudiopolis	Rec.gén.2; ANS	111/2
4. PIH (Traianus)	=118	Neoklaudiopolis	SNG Aulock 6827	112/3
5. ἔτους ρλα'	=131	Neoklaudiopolis	Studia Pontica III 78	125/6
6. ἔτους ρλγ'	=133	Neoklaudiopolis	Studia Pontica III 70	127/8
7. PΞA (Antoninus Pius)	=161	Neoklaudiopolis	Rec.gén.3.5; SNG Aulock 190	155/6
? 8. PΞB (Antoninus Pius)	=162	Neoklaudiopolis	Rec.gén.4	156/7
9. ἔτους ρο'	=170	Zora (Sora?) bei Hadrianopolis	BCH 25,1901,28 Nr.168	164/5

10. ἔτους ρογ'	=173	Neoklaudiopolis	Studia Pontica 167/8 III 79
11. τοῦ ροδ' ἔτους (Cn.Claudius Severus Cos)	=174	Pompeiopolis	D.Krencker – M. 168/9 Schede, Der Tempel von Ankara, Berlin 1936,58 Abb.46; Jacopi, Dalla Paflagonia 12; Année épigr.1939, 26
12. ἔτ(ους) ροε'	=175	Incesu bei Neoklaudiopolis	Studia Pontica 169/70 III 89
13. τῷ ροη' ἔτει (Cn.Claudius Severus, Cos II)	=178	Pompeiopolis	CIG 4154; OGIS 172/3 546
14. ἔτει ρπδ'	=184	Pompeiopolis	BCH 27,1903, 178/9 330 Nr.40
15. Ρ Ϟ Α (Commodus)	=191	Neoklaudiopolis	Rec.gén.8-10 185/6
16. ἐν τῷ ρ ϙ β' ἔτει	=192	Neoklaudiopolis	Studia Pontica 186/7 III 81; CRAI 1922, 314
17. ἔτους ρ ϙη', μηνὸς Δείου	=198	Gangra-Germani-kopolis	ZPE 49,1982,177 192/3 Nr.1=SEG 32,1260 =Année épigr. 1989,675
18. ἔτους ρ ϙϑ'	=199	Kizilcaören bei Neoklaudiopolis	Studia Pontica 193/4 III 64
19a. ἔτει σ'	=200	Pompeiopolis	SPAW 1888,II 889 194/5
b. ἔτει σ'	=200	Varadoy bei Neoklaudiopolis	Studia Pontica 194/5 III 47
?20a. ἔτει σα'	=201	Çerkeş bei Hadrianopolis	Parartema 15, 195/6 1884,74 Nr.56
20b. ἔτους σα'	=201	Kimista? bei Hadrianopolis	SEG 33,1100 195/6
?21a. ΣΕ (oder Σϛ) (Septimius Severus)	=205	Neoklaudiopolis	Rec.gén.11 199/200
? b. ΣΕ (oder Σϛ) (Iulia Domna)	=205	Neoklaudiopolis	Lindgren Coll.85A 199/200
22a. Σϛ (Septimius Severus)	=206	Neoklaudiopolis	Rec.gén.12f.; 200/1 SNG Aulock 6828; SNG Cop.269
b. Σϛ (Iulia Domna)	=206	Neoklaudiopolis	Rec.gén.14f.; ZN 200/1 20,1895,272; Lindgren Coll. A 85 B
c. Σϛ (Caracalla)	=206	Neoklaudiopolis	Rec.gén.16; ANS 200/1
23. ἔτους σι'	=210	Kimista? bei Hadrianopolis	EA 4,1984,71 Nr. 204/5 10 = SEG 33,1106

24a. ΣΔΙ	(Septimius Severus)	=214	Gangra	Rec.gén.5ff.; SNG Aulock 179	208/9
b. ΣΔΙ	(Iulia Domna)	=214	Gangra	Rec.gén.25ff.; SNG Aulock 181	208/9
c. ΣΔΙ	(Caracalla)	=214	Gangra	Rec.gén.41ff.; SNG Cop.268	208/9
? d. ΣΔΙ	(Geta Caesar)	=214	Gangra	Rec.gén.58	208/9
25a. ΣΕΙ	(Septimius Severus)	=215	Gangra	Rec.gén.10ff.; SNG Aulock 180.6819	209/10
b. ΣΕΙ	(Iulia Domna)	=215	Gangra	Rec.gén.32ff.	209/10
c. ΣΕΙ	(Caracalla)	=215	Gangra	Rec.gén.44; SNG Aulock 6822	209/10
d. ΣΕΙ (Taf.II 9)	(Geta Caesar)	=215	Gangra	Rec.gén.59ff.; SNG Aulock 6824	209/10
26. ἔτει σκγ'		=223	Pompeiopolis	G.Jacopi, Esplorazioni e studi in Paflagonia e Cappadocia, Rom 1937, 40	217/8
27a. ἔτους εκσ'		=225	Kimista? bei Hadrianopolis	EA 4,1984,70 Nr.8 = SEG 33,1104	219/20
? b. ἔτει σκε'		=225	Pompeiopolis	BCH 27,1903,331 Nr.41 (nach Schede Wien σκϛ' =226)	219/20
28. ἔτους σκη'	(Aurelius)	=228	Zora (=Sora?) bei Hadrianopolis	BCH 25,1901,29 Nr.169	222/3
29. ἔτους γμσ'		=243	Karza bei Hadrianopolis	BCH 21,1897,96 Nr.10; EA 4,1984,67 Nr.10 = SEG 34,1280	237/8
30. ἔτους σμε'		=245	Çerkeş bei Hadrianopolis	BCH 21,1897,99 Nr.18	239/40
31. ἔτι σμζ'	(Aurelii)	=247	Pompeiopolis?	EA 8,1986,131 Nr.2 = SEG 36,1175	241/2
32. ἔτους σμη'		=248	Karza bei Hadrianopolis	EA 4,1984,64 Nr.5 = SEG 34,1273	242/3
33. ἔτει θμσ'	(Aurelia)	=249	Kimista? bei Hadrianopolis	SEG 33,1109	243/4
34a. ἔτος ηνσ'		=258	Kimista? bei Hadrianopolis	EA 4,1984,72 Nr.14 =SEG 33,1110	252/3
b. ἔτι σνη'	(Aurelii)	=258	Pompeiopolis	G.Jacopi, Esplorazioni e studi in Paflagonia e Cappadocia, Rom 1937, 40	252/3
35. ἔτους ονθ'	(Aurelii)	=259	Tahna bei Neoklaudiopolis	Studia Pontica III 50	253/4
36. ἔτους σξα' (Gallienus, Salonina, Valerianus II.)		=261	Pompeiopolis	Année épigr.1939,25	255/6

37a. ἔτους σξη'   =268 Karza bei   EA 4,1984,66 Nr.8   262/3
                              Hadrianopolis   = SEG 34,1278
   b. ἔτ[ου]ς σξη'   =268 Süleymanköy   Studia Pontica III   262/3
                              bei Neoklaudio-   45
                              polis
38. ἐν τῷ [σ]πη'   =288 Neoklaudiopolis   Studia Pontica III 67 282/3
    ἔτει (Carinus   = IGR III 139
          Caesar)
39. ἔτους υμα'   =441 Neoklaudiopolis   Studia Pontica III 68 435/6
    (Theodosius II.,
     Valentinianus II.)

VI. Bithynien

a. Bithynische Königsära ab 297/6 v.Chr.

1.	ΘMP (als Monogramm)	=149	Rec.gén.p.228 Nr.40	149/8
2.	NP (in Ligatur)	=150	Rec.gén.p.228 Nr.40	148/7
3.	ANP (in Ligatur)	=151	Rec.gén.p.228 Nr.40	147/6
4.	BNP (in Ligatur)	=152	Rec.gén.p.229 Nr.40	146/5
5.	PNϲ (als Monogramm)	=156	Rec.gén.p.229 Nr.40; SNG Aulock 261	142/1
6.	ZNP (in Ligatur)	=157	Rec.gén.p.229 Nr.40; SNG Aulock 6891	141/0
7.	HNP (in Ligatur)	=158	Rec.gén.p.229 Nr.40	140/39
8.	ΘNP (in Ligatur)	=159	Rec.gén.p.229 Nr.40	139/8
9.	ΞP	=160	Rec.gén.p.229 Nr.40	138/7
10.	AΞP	=161	Rec.gén.p.229 Nr.40	137/6
11.	BΞP	=162	Rec.gén.p.229 Nr.40	136/5
12.	ΓΞP	=163	Rec.gén.p.229 Nr.40	135/3
13.	ΔΞP	=164	Rec.gén.p.229 Nr.40	134/3
14.	EΞP	=165	Rec.gén.p.229 Nr.40	133/2
15.	ϲΞP	=166	Rec.gén.p.229 Nr.40; SNG Aulock 6892	132/1
16.	ZΞP	=167	Rec.gén.p.229 Nr.40; ANSMusN 19,1974,19 Nr.2	131/0
17.	HΞP	=168	Rec.gén.p.229 Nr.40	130/29
18.	ΘΞP	=169	Rec.gén.p.229 Nr.40	129/8
19.	OP	=170	Rec.gén.p.229 Nr.40; SNG Aulock 262	128/7
20.	AOP	=171	Rec.gén.p.229 Nr.40	127/6
21.	BOP	=172	Rec.gén.p.229 Nr.40; SNG Aulock 6894	126/5
22.	ΓOP	=173	Rec.gén.p.229 Nr.40	125/4
23.	ΔOP	=174	Rec.gén.p.229 Nr.40	124/3
24.	EOP	=175	Rec.gén.p.230 Nr.40	123/2
25.	ϲOP	=176	Rec.gén.p.230 Nr.40	122/1
26.	ZOP	=177	Rec.gén.p.230 Nr.40	121/0

27.	HOP	=178 Rec.gén.p.230 Nr.40; SNG Cop.647	120/19
28.	ΘOP	=179 Rec.gén.p.230 Nr.40	119/8
29.	ΠΡ	=180 Rec.gén.p.230 Nr.40; ANSMusN 32,1987,45f.	118/7
30.	AΠΡ	=181 Rec.gén.p.230 Nr.40; ANSMusN 32,1987,46; SNG Aulock 6895	117/6
31.	BΠΡ	=182 Rec.gén.p.230 Nr.40; ANSMusN 32,1987,46	116/5
32.	ΓΠΡ	=183 Rec.gén.p.230 Nr.40; Coll.Nanteuil 673; SNG Manchester 1168; ANSMusN 32,1987,46	115/4
33.	ΔΠΡ	=184 Rec.gén.p.230 Nr.40; Coll.Nanteuil 674; ANSMusN 32,1987,47	114/3
34.	ΕΠΡ (Taf.II 10)	=185 Rec.gén.p.230 Nr.40; SNG Aulock 6896; ANSMusN 32,1987,47	113/2
35.	ϚΠΡ	=186 Rec.gén.p.230 Nr.40; ANSMusN 32,1987,47f.	112/1
36.	ΖΠΡ	=187 Rec.gén.p.230 Nr.40; ANSMusN 32,1987,48	111/0
37.	ΗΠΡ	=188 Rec.gén.p.230 Nr.40; SNG Cop.649; SNG Manchester 1169; ANSMusN 32,1987,48	110/09
38.	ΘΠΡ	=189 Rec.gén.p.230 Nr.40; ANSMusN 32,1987,49	109/8
39.	ϷΡ	=190 Rec.gén.p.231 Nr.40; ANSMusN 32,1987,49	108/7
40.	A ϷΡ	=191 Rec.gén.p.231 Nr.40; ANSMusN 32,1987,49	107/6
41.	B ϷΡ	=192 Rec.gén.p.231 Nr.40; ANSMusN 32,1987,49f.	106/5
42.	Γ ϷΡ	=193 Rec.gén.p.231 Nr.40; ANSMusN 32,1987,50	105/4
43.	Ϛ ϷΡ	=196 Rec.gén.p.231 Nr.40; ANSMusN 32,1987,50	102/1
44.	Z ϷΡ	=197 Rec.gén.p.231 Nr.40; ANSMusN 32,1987,50f.	101/0
45.	H ϷΡ	=198 Rec.gén.p.231 Nr.40; ANSMusN 32,1987,51	100/99
46.	Θ ϷΡ	=199 Rec.gén.p.231 Nr.40; SNG Aulock 264; ANSMusN 32,1987,51	99/8
47.	Σ	=200 Rec.gén.p.231 Nr.40; ANSMusN 32,1987,51f.	98/7
48.	AΣ	=201 Rec.gén.p.231 Nr.40; SNG Aulock 6898; ANSMusN 32,1987,52	97/6
49.	BΣ	=202 Rec.gén.p.232 Nr.40; SNG Aulock 6899; ANSMusN 32,1987,52	96/5
50.	ΓΣ	=203 Rec.gén.p.232 Nr.40; SNG Aulock 6900; ANSMusN 32,1987,52	95/4
51.	ΔΣ	=204 Rec.gén.p.232 Nr.40; RBN 132,1986,14	94/3
52.	ΕΣ	=205 Rec.gén.p.232 Nr.40; SNG Aulock 265.6901	93/2
53.	ϚΣ	=206 Rec.gén.p.232 Nr.40; SNG Manchester 1170	92/1
54.	ΖΣ	=207 Rec.gén.p.232 Nr.40; SNG Aulock 266.6902	91/0
55.	ΗΣ	=208 Rec.gén.p.232 Nr.40; SNG Aulock 267.6903	90/89
56.	ΘΣ	=209 Rec.gén.p.232 Nr.40; SNG Aulock 6904.6905	89/8
57.	ΙΣ	=210 Rec.gén.p.232 Nr.40; SNG Aulock 6909	88/7
58.	AΙΣ	=211 Rec.gén.p.232 Nr.40; RBN 132,1986,18	87/6
59.	BΙΣ	=212 Rec.gén.p.232 Nr.40; ANSMusN 16,1970,49 Nr.32	86/5
60.	ΓΙΣ	=213 SNG Berry 922	85/4
61.	ΔΙΣ	=214 Rec.gén.p.232 Nr.40; ANSMusN 16,1970,49 Nr.33	84/3
62.	ΕΙΣ	=215 Rec.gén.p.232 Nr.40; SNG Aulock 268; SNG Manchester 1117	83/2
63.	ΓΚΣ	=223 Rec.gén.p.233 Nr.40; SNG Aulock 269	75/4
64.	ΔΚΣ	=224 Rec.gén.p.233 Nr.40; RBN 132,1986,19	74/3

b. "Proconsularische Ära ab 282/1 v.Chr.

?1. ἔτους ἑκατοστοῦ κ]αὶ   Prusa ad   Robert, Etudes anato-   173/2
   δεκάτου =110?   Olympum   liennes 228ff.
   (Taf.VI 1)

2. ΒΚΣ =222 C.Papirius Carbo Nikaia   Rec.gén.2.5; SNG Aulock 61/0
   531.533.7010; SNG Cop.
   465; Weiser, Nikaia 1-3;
   Stumpf 57f. Nr.100-104

3. ΓΚΣ =223 C.Papirius Carbo Nikaia   Weiser, Nikaia 4; Stumpf 60/59
   59 Nr.105

4. ΔΚΣ =224 C.Papirius Carbo Apameia   Rec.gén.28f.; Stumpf 56f. 59/8
   Nr.96-97; SNG Stockh.1936

5. ΔΚΣ =224 C.Papirius Carbo Bithynion   Rec.gén.1f.; Stumpf 57   59/8
   Nr.98f.

6. ΔΚΣ =224 C.Papirius Carbo Nikaia   Rec.gén.3f.6-8; SNG   59/8
   Aulock 532.534; SNG Cop.
   466f,; Stumpf 59ff. Nr.
   106-116; SNG Stockh.1949

7. ΔΚΣ =224 C.Papirius Carbo Nikomedeia   Rec.gén.1-6; SNG Aulock 59/8
   736.7099; SNG Cop.545-
   547; Stumpf 62ff. Nr.120
   -128; SNG Stockh.1960f.

8. ΔΚΣ =224 C.Papirius Carbo Prusa ad   Rec.gén.1; SNG Cop.   59/8
   Olympum   583f.; Stumpf 65 Nr.129

9. ΔΚΣ =224 C.Papirius Carbo Tios   Rec.gén.5; Stumpf 66   59/8
   Nr.130

10a. ϚΛΣ =236 C.Vibius Pansa   Apameia   Rec.gén.30; SNG Cop.   47/6
   332; Stumpf 71 Nr.132

  b. ϚΛΣ =236   Apameia   Rec.gén.31; SNG Cop.333 47/6

11. ϚΛΣ =236 Caesar, C.Vibius Nikaia   Rec.gén.11; SNG Aulock 47/6
   (Taf.II 12) Pansa   535; Stumpf 71 Nr.133;
   Roman Provincial Coinage
   I 2026

12. ϚΛΣ =236 C.Vibius Pansa   Nikomedeia   Rec.gén.8f.; SNG Cop.   47/6
   548; Stumpf 72 Nr.134-137

VII 1. Alabanda

Lokale Ära ab 167 v.Chr.?

1.	A	=1	Waggoner pl.LXVI 15; SNR 30,1943,56 Nr.53	ca.167
?2.	B	=2	Boehringer 189 Nr.10; Nelson Bunker Hunt Coll.512	ca.166
3.	H	=8	Waggoner pl.LXVI 16	ca.160
4.	Θ	=9	SNR 30,1943,56	ca.159
5.	I	=10	SNR 30,1943,56 = NC 1938,254 Nr.1	ca.158
6.	IA	=11	BMC 10	ca.157
7.	IB	=12	SNR 30,1943,56; SNG Aulock 2385 (Taf.III 2)	ca.156
8.	IΓ	=13	SNR 30,1943,56; ANS	ca.155
9.	IΔ	=14	SNG Lockett 2878; SNG Berry 1108; McClean Coll,8440; SNR 30,1943,56f.; Bank Leu, Auktion 38,1986,118	ca.154
10.	IE	=15	SNG Aulock 2387; NC 1921,173 Nr.23; RN 1890,428 Nr.3	ca.153
11.	IH	=18	Troxell, Coinage of the Lycian League pl.12 F; ANS	ca.150
12.	K	=20	Wien	ca.148
13.	KA	=21	RN 1890,427 Nr.2	ca.147
14.	ΛΓ	=33	Inv.Wadd.2091; Waggoner pl.XVI 20	ca.135

2. Ephesos

Lokale Freiheitsära ab 134/3 v.Chr.

1.	A	=1		Kleiner – Noe 53 Nr.57ff.	134/3
2.	B	=2		Kleiner – Noe 53 Nr.59ff.; Anadolu 21, 1978/80,185 (Goldprägung)	133/2
3.	Γ	=3		Kleiner – Noe 54 Nr.63ff.	132/1
4.	Δ	=4		Kleiner – Noe 55 Nr.76ff.	131/0
5.	E	=5		Kleiner – Noe 56 Nr.82ff.	130/29
6.	Ϛ	=6		Kleiner – Noe 57 Nr.100	129/8
7.	Z	=7		ANSMusN 18,1972,24 Nr.11	128/7
8.	H	=8		ANSMusN 18,1972,24 Nr.12	127/6
9.	Θ	=9		ANSMusN 18,1972,24 Nr.13f.; Anadolu 21, 1978/80,185 (Goldprägung)	126/5
10.	I	=10		ANSMusN 18,1972,25 Nr.15	125/4
11.	IA	=11		ANSMusN 18,1972,25 Nr.16	124/3
12.	IB	=12		ANSMusN 18,1972,25 Nr.17	123/2
13.	IΓ	=13	C.Atinius	ANSMusN 18,1972,27 Nr.18f.; Stumpf Nr.1	122/1
14.	IΔ	=14		ANSMusN 18,1972,25 Nr.20	121/0
15.	IE	=15		ANSMusN 18,1972,25 Nr.21	120/19
16.	IϚ	=16		ANSMusN 18,1972,25 Nr.22	119/8
17.	IZ	=17		ANSMusN 18,1972,25 Nr.23	118/7
18.	IΘ	=19		ANSMusN 18,1972,25 Nr.24	116/5
19.	AK (KA)	=21		ANSMusN 18,1972,25 Nr.25f.	114/3
20.	BK	=22		ANSMusN 18,1972,25 Nr.27	113/2
21.	ΓK	=23		ANSMusN 18,1972,25 Nr.28	112/1

22. ΔΚ	=24		ANSMusN 18,1972,25 Nr.29	111/0
23. ΕΚ	=25		ANSMusN 18,1972,25 Nr.30	110/09
24. ϚΚ	=26		ANSMusN 18,1972,25 Nr.31. 28 Nr.77	109/8
25. ΚΗ	=28		ANSMusN 18,1972,26 Nr.32	107/6
26. ΚΘ	=29		ANSMusN 18,1972,26 Nr.33	106/5
27. Λ	=30		ANSMusN 18,1972,26 Nr.34	105/4
28. ΑΛ	=31		ANSMusN 18,1972,26 Nr.35	104/3
29. ΛΒ	=32		ANSMusN 18,1972,26 Nr.36	103/2
30. ΛΓ	=33		ANSMusN 18,1972,26 Nr.37	102/1
31. ΛΔ	=34		ANSMusN 18,1972,26 Nr.38	101/0
32. ΛΕ	=35		ANSMusN 18,1972,26 Nr.39	100/99
33. ΛϚ	=36		ANSMusN 18,1972,26 Nr.40	99/8
34. ΛΗ	=38		ANSMusN 18,1972,26 Nr.41	97/6
35. ΛΘ	=39		ANSMusN 18,1972,26 Nr.42	96/5
36. Μ	=40		ANSMusN 18,1972,26 Nr.43	95/4
37. ΜΑ	=41		ANSMusN 18,1972,26 Nr.44	94/3
38. ΜΔ	=44		ANSMusN 18,1972,26 Nr.45	91/0
39. ΜΕ	=45		ANSMusN 18,1972,26 Nr.46	90/89
40. ΜϚ	=46		ANSMusN 18,1972,26 Nr.47	89/8
41. ΜΖ	=47		ANSMusN 18,1972,26 Nr.48	88/7
42. ΜΗ	=48		ANSMusN 18,1972,26 Nr.49	87/6
43. ΜΘ	=49		ANSMusN 18,1972,27 Nr.50	86/5
44. Ν	=50		ANSMusN 18,1972,27 Nr.51	85/4
45. ΝΑ	=51		ANSMusN 18,1972,27 Nr.52	84/3
46. ΝΒ	=52		ANSMusN 18,1972,27 Nr.53	83/2
47. ΝΓ	=53		ANSMusN 18,1972,27 Nr.54	82/1
48. ΝΔ	=54		ANSMusN 18,1972,27 Nr.55	81/0
49. ΝΕ	=55		ANSMusN 18,1972,27 Nr.56	80/79
50. ΝϚ	=56		ANSMusN 18,1972,27 Nr.57	79/8
51. ΝΖ	=57		ANSMusN 18,1972,27 Nr.58	78/7
52. ΞΑ	=61		ANSMusN 18,1972,27 Nr.59	74/3
53. ΞΓ	=63		ANSMusN 18,1972,27 Nr.60f.	72/1
54. ΞΔ	=64		ANSMusN 18,1972,27 Nr.62	71/0
55. ΞΕ	=65		ANSMusN 18,1972,27 Nr.63ff.	70/69
56. ΞϚ	=66		ANSMusN 18,1972,28 Nr.67ff.	69/8
57. ΞΖ	=67		ANSMusN 18,1972,28 Nr.71ff.	68/7
58. ΟϚ	=76	Ampius Balbus	Stumpf Nr.4-7	59/8
59a.ΟΖ	=77	Ampius Balbus	Stumpf Nr.8-11	58/7
b.ΟΖ	=77	C.Fabius	Stumpf Nr.23-24	58/7
60a.ΟΗ	=78	C.Fabius	Stumpf Nr.25; SNG Tübingen 2791	57/6
b.ΟΗ	=78	C.Septimius	Stumpf Nr.34	57/6
61a.ΟΘ	=79	C.Septimius	Stumpf Nr.35-36	56/5
b.ΟΘ	=79	C.Claudius Pulcher	ANSMusN 23,1978,98 Nr.28; Stumpf S.304	56/5
62. Π	=80	C.Claudius Pulcher	Stumpf Nr.43-45	55/4
63. ΠΑ	=81	C.Claudius Pulcher	Stumpf Nr.46-47	54/3
64. ΠϚ	=86	C.Fannius	Stumpf Nr.58-59	49/8

3a. Tralleis

Sullanische Ära ab 85/4 v.Chr.?

1.	B	=2	BMC 45; McClean Coll.8726f.; SNG Aulock 3263;	84/3
	(Taf.III 6)		K.Regling, FM N.F.3,1932,509 Nr.149-159	
2.	Γ	=3	BMC 46f.; SNG Cop.662; SNG Aulock 3264; K.	83/2
			Regling, FM N.F.3,1932,509 Nr.160-167	
3.	Δ	=4	Pinder p.565 Nr.157; SNG Lewis 1002; SNG Fitzwilliam	82/1
			4898; K.Regling. FM N.F.3,1932,509 Nr.168-179	
4.	E	=5	Pinder p.566 Nr.158; BMC 48; K.Regling, FM N.F.3,	81/0
			1932,509 Nr.180-188	
5.	ϛ	=6	Imh.-Bl., Monn.gr. p.390 Nr.43; K.Regling, FM	80/79
			3,1932,189-198	
6.	Z	=7	SNG Cop.663; K.Regling, FM N.F.3,1932,509 Nr.199	79/8
			-202	
7.	H	=8	Pinder p.566 Nr.160; K.Regling, FM N.F.3,1932,509	78/7
			Nr.203-205	
8.	Θ	=9	K.Regling, FM N.F.3,1932,509 Nr.206	77/6
?9.	ἔτους ιζ'	=17	IvTralleis 32	69/8

b. Nysa

Sullanische Ära ab 85/4 v.Chr.?

1.	B	=2	Inv.Wadd.6982; SNG Aulock 3039; Regling,	84/3
	(Taf.III 7)		Nysa 1.9	
?2.	Δ	=4	SNG Aulock 3040	82/1
?3.	ETOYΣ E	=5	Imh.-Bl.,Gr.Mz.597; Inv.Wadd.2489; Regling,	81/0
			Nysa 15	
4.	ϛ	=6	Regling, Nysa 2	80/79
?5.	Z	=7	Sternberg, Zürich, Liste Juli 1987,28	79/8
6a.	Θ	=9	Inv.Wadd.6983; Regling, Nysa 3	77/6
b.	ETOYΣ Θ	=9	Imh.-Bl.,Gr.Mz. 598; Regling, Nysa 16	77/6
7.	IB	=12	Imh.-Bl., Lyd.Stadtmz. p.106 Nr.1.2; Inv.	74/3
			Wadd.6984; Regling, Nysa 4.10	
8.	IΓ	=13	Regling, Nysa 5	73/2
9.	IE	=15	Pinder p.561 Nr.66; SNG Aulock 3041; Regling,	71/0
			Nysa 6	
10.	Iϛ	=16	SNG Aulock 3042	70/69
11.	KΓ	=23	Pinder p.561 Nr.67; Imh.-Bl., Lyd.Stadtmz.	63/2
			p.107; BMC 1f.; McClean Coll.8682; Regling,	
			Nysa 7	
12.	KΔ	=24	Regling, Nysa 8	62/1
13.	ETOYΣ EK	=25	Inv.Wadd.2490; Regling, Nysa 15a	61/0
?14.	ἔτους λη'	=38	BCH 10,1886,520 Nr.17 = Pappakonstantinou,	48/7
			Tralleis Nr.74	

c. Smyrna

Jahreszahlen einer unbekannten Ära? (ab Ende des 2.Jh.v.Chr.?)

1. A   =Jahr 1?   BMC 1 = NC 1927,46 Nr.186; SNG Aulock 2160
   (Taf.III 8)
2. B   =Jahr 2?   BMC 2; NC 1927,46 Nr.187f.; ANSMusN 23,1978,90
                     Nr.232
3. H   =Jahr 8?   Imh.-Bl., Monn.gr. p.296 Nr.129; NC 1927,46
                     Nr.189

d. Sardeis

Lokale Ära ab 134/3 v.Chr.?

1. ϛ	=6	Kleiner - Noe 83 Nr.21	129/8
2. IE	=15	SNG Cop.462	120/19
3. IΘ	=19	Berlin: vgl. K.Regling, FM N.F.3,1932,507	116/5
4. K	=20	BMC 8; SNG Aulock 3124	115/4
(Taf.III 9)			
5. KB	=22	BMC 9	113/2

4. Asia

Wegen der Häufigkeit der nach der sullanischen, pharsalischen oder aktischen Ära datierten Inschriften in der Provinz Asia konnte und mußte in den folgenden Listen nicht jede Inschrift ausführlich aufgeführt werden. Die genaue griechische Schreibweise der Jahreszahlen wird nur dann angegeben, wenn Besonderheiten vorliegen. Aufgelistet sind immer die aufgelösten Jahreszahlen und ihre Umrechnung nach dem iulianischen Kalender sowie die Belege. Wo sie vorliegen, werden Synchronismen wie die Erwähnung eines Kaisers oder das Vorkommen des Aureliennamens angegeben. Sind die Abgrenzung der einzelnen Territorien und die Zuordnung der Inschriften zu einer bestimmten Gemeinde unsicher, werden die genauen Fundorte oder Aufbewahrungsorte der Steine angegeben, ebenso in den Fällen, in denen es sich von der Sache her anbot, mehrere Gemeinden in einem gemeinsamen Abschnitt zu behandeln. Die Folge der einzelnen Listen mit Jahresdatierungen entspricht der geographischen Reihenfolge im Text (S.228ff.).

Ilion

Sullanische Ära ab 85/4 v.Chr.

9 (ἔτους ἐνάτου, μηνὸς Σελευκείου ὡς Ἰλιεῖς ἄγουσιν) L.Iulius Caesar	IvIlion 10	Inschrift des Koinon aus Pınarbaşı	77/6

Mysien

Sullanische Ära ab 85/4 v.Chr.

125		Apollonia	IGR IV 1676 = MDAI(A) 36,1911, 294 Nr.4	40/1
153	Domitianus Caesar	Apollonia	Le Bas – Wadd.1069; IGR IV 120; Ramsay, Social Basis 301 Nr.249; A.Abmeier, Asia Minor Studien 1, 1990,14	68/9
173		Orhaneli (Olympene)	IvHadrianoi 79; IvKyzikos I 274	88/9
213	Hadrianus	Karagöz (Abrettene)	IvHadrianoi 126	128/9
223		Hadrianotherai	IvKyzikos I 416	138/9
231		Hadrianotherai	IvKyzikos I 360	146/7
233		Çamlıka (zu Miletopolis)	EA 5,1985,83 Nr.7 = SEG 35,1285	148/9
233		Devecikonağı (zu Miletopolis?)	IvKyzikos I 484; IvKyzikos II 109	148/9
?239		Inschrift aus Demirtaş bei Prusa	IvPrusa 23	154/5
245		Kayabaşı (Abrettene)	IvHadrianoi 131	160/1
253		Apollonia	Le Bas – Wadd.1088; IvKyzikos I 572	168/9
?256		Ömerköy (zu Hadrianotherai)	IvKyzikos I 571	171/2
259		Recep (zu Hadrianotherai)	IvKyzikos I 542; Epigraphica 21, 1959,22 Nr.3 (dort Jahr 59); SEG 19,726 (Jahr 59)	174/5
282		Region von Harmancık (zur Olympene)	MDAI(A) 29,1904,333	197/8
322		Kepsut (zu Hadranotherai)	IvKyzikos I 569	237/8
322		Kepsut (zu Hadrianotherai)	Le Bas – Wadd.1767; IvKyzikos I 514	237/8
325		Kepsut (zu Hadrianotherai)	Le Bas – Wadd.1770; IvKyzikos I 570	240/1
350		Karagöz (Abrettene)	IvHadrianoi 190	265/6
393		Beyköy (zu Hadrianotherai)	IvKyzikos I 480	308/9
402	(Aurelius)	Beyköy (zu Hadrianotherai)	IvKyzikos I 105	317/8

Nachtrag:

214	Region von Balıkesir (Hadrianotherai)	C.Tanrıver, in: Erol Atalay Memorial, Izmir 1992,192f. Nr.3	129/30

Aizanoi

Aktische Ära ab 31/0 v.Chr.

37	Çavdarhisar (Taf.VII 1)	MDAI(I) 25,1975,351ff.	Der Schrift nach eher aktische Ära	6/7 n.
94	Çavdarhisar	MAMA IX 84	Familie in neronischer Zeit bezeugt	63/4
147	Çavdarhisar	MAMA IX 224		116/7
155	Yenicearmutcuk	MAMA IX 87		124/5
158	Çavdarhisar	MAMA IX 226		127/8
159	Çavdarhisar (Taf.V 3)	MAMA IX 246; Waelkens Nr.42	Grabschmuck trajanisch-hadrianisch	128/9
159	Çavdarhisar	MAMA IX 247; Waelkens Nr.43	Grabschmuck trajanisch-hadrianisch	128/9
160	Çavdarhisar	MAMA IX 262		129/30
161	Çavdarhisar	MAMA IX 232		130/1
161	Çavdarhisar	MAMA IX 251		130/1
161	Çavdarhisar	MAMA IX 250		130/1
161	Yağdigin	MAMA IX 227		130/1
162	Çavdarhisar	Le Bas- Wadd.904; CIG 3846z[53]	Nach Le Bas - Wadd. sullanische Ära	131/2
?162	Çavdarhisar	Le Bas- Wadd.945; CIG 3846z[26]	Einer- und Zehnerziffern nicht sicher	131/2
162	Çavdarhisar	MAMA IX 233		131/2
162	Çavdarhisar	MAMA IX 293		131/2
162	Çavdarhisar	MAMA IX 254	Grabschmuck hadrianisch	131/2
162	Çavdarhisar	MAMA IX 255	Bolanus; Grabschmuck hadrianisch	131/2
?162	Tavşanlı?	JHS 17,1897,280 Nr.35; Waelkens Nr.211	Aizanitischer Türstein vielleicht verschleppt, andernfalls sullanische Ära = 77/8 n.Chr. (so Munro)	131/2
163	Çavdarhisar	MAMA IX 294	Grabschmuck hadrianisch	132/3
163	Çavdarhisar	MAMA IX 234		132/3
164	Çavdarhisar	MAMA IX 264; Waelkens Nr.67		133/4
164	Hacı Mahmut	MAMA IX 295		133/4
165	Çavdarhisar	MAMA IX 279		134/5
165	Çavdarhisar	MAMA IX 270; Waelkens Nr.52	Grabschmuck trajanisch-hadrianisch	134/5
?165	Sopu Köy	MAMA IX 256	Oder Jahr 166; Grabschmuck hadrianisch	134/5
168	Çavdarhisar	MDAI(A) 25,1900,404 Nr.5		137/8
171	Çavdarhisar (Taf.V 2)	MAMA IX 285	Grabschmuck hadrianisch	140/1

172	Çavdarhisar	MDAI(A) 25,1900,403 Nr.4	Grabschmuck hadrianisch; nach Körte wegen der Orthographie aktische Ära	141/2
?190	Hacıkebir	Le Bas-Wadd.831; CIG 3852 und p.1085	Hunderterziffer unlesbar	159/60
201	Virancık	MAMA IX 51	Schmuck der Zeit des Antoninus Pius	170/1
242	Çavdarhisar	MAMA IX 283	C.Visedius Bassus; Giebel um 140 n.Chr., Inschrift aber später	211/2
267	Kula	Keil-Premerstein I*88 Nr.191; IGR IV 1747	κα]θῶς ἄγουσιν Ἀζανεῖται	236/7
?268	Ağarı	Le Bas-Wadd.988; CIG 3842e	Hunderterziffer nicht lesbar	237/8
278	Çavdarhisar	Le Bas-Wadd.966; CIG 3846z⁶¹		247/8
?338	Hacıkebir?	MAMA IX 57	Weihung an Theos Sozon; möglicherweise nicht aus der Aizanitis, dann sullanische Ära (=253/4)	307/8
?518	Yağdigin	Le Bas-Wadd.980; CIG 8624; BCH 7,1883,502 Nr.2; Keil-Premerstein I 89	1. oder 11.Indiktion; Lesung der Jahreszahl unsicher: 518 (Fontrier, Keil – Premerstein), 591 (Le Bas), 593 (Waddington)	487/8

Oberes Rhyndakostal

Sullanische Ära ab 85/4 v.Chr.

?162	Tavşanlı	JHS 17,1897,280 Nr.35; Waelkens Nr.67	Aizanitischer Türstein, möglicherweise verschleppt, dann aktische Ära	77/8
227	Yağmurlu	MAMA IX 50 (fälschlich Jahr 226)		142/3
263	Tepecik	MAMA IX 65		178/9
284	Tepecik	MAMA IX 162		
?301	Kuruçay	Istanbul Arkeoloji Müzeleri Yıllığı 11-12,1964,156 Nr.21	Aurelius; nach MAMA IX, P 99 Jahr 330	216/7
310	Karaköy	MAMA IX 174		225/6
312	Moymul	Le Bas-Wadd.1774; MDAI(A) 15,1900,408 Nr.16; IGR IV 536	Sprache der 1.Hälfte des 3.Jh.	227/8
325	Kuruçay	MAMA IX 175		240/1
325	Tepecik	Istanbul Arkeoloji Müzeleri Yıllığı 11-12,1964,160 Nr.33	Sprache der 1.Hälfte des 3.Jh.	240/1

340 Tepecik	MAMA IX 109		255/6
341 Tavşanlı	Istanbul Arkeoloji Müzeleri Yıllığı 11-12,1964,149 Nr.3	Sprache der 1.Hälfte des 3.Jh.	256/7
341 Tepecik	MAMA IX 176	Aurelia	256/7

Abbaitis
(Synaos, Ankyra, Tiberiopolis)

Sullanische Ära ab 85/4 v.Chr.

?142 (oder 146?)	Savcılar	JHS 17,1897,286 Nr.53	57/8
158	Naşa (zu Synaos)	MDAI(A) 29,1904,322 Nr.3; Waelkens Nr.5	73/4
162 (Weihung an Helios Mithras)	Savcılar	F.Cumont, in: Anatolian Studies W.H. Buckler, Manchester 1939,69; M.J. Vermaseren, Corpus Inscriptionum et Monumentorum Religionis Mithriacae I, Den Haag 1956,51 Nr.23	77/8
?256 (oder 252)	Hasanlar	Le Bas - Wadd.1012 I; CIG 3847d (Jahr 253); Körte, Inscriptiones Bure-schianae 24 Nr.41 (Jahr 252)	171/2
275 (Weihung an Men)	Kırgıl (Katoikie Alia)	REG 3,1890,51 Nr.1; Lane, Men I 58 Nr.88; Th.Drew-Bear, ANRW II 7,2, 1980,939f.	190/1
283 (Weihung an Men)	Iğde Köy	MAMA IX 62	198/9
?283 (Einerziffer nicht sicher)	Çay Köy	Le Bas - Wadd.998; CIG 3846z[89]	198/9
357 (Aurelii)	Savcılar	JHS 17,1897,287 Nr.55	272/3

Oberes Tembristal und Kotiaeion

Sullanische Ära ab 85/4 v.Chr.

197	Kotiaeion	MDAI(A) 14,1889,90 Nr.9	112/3
?243	Museum Smyrna	Pfuhl - Möbius, Ostgriech.Grabreliefs 534 Nr.2222	158/9
246	Kotiaeion	Parartema 15,1884,71 Nr.36	161/2
260	Yalnızsaray	MAMA IX 411	175/6
276	Kotiaeion	Le Bas - Wadd. 802	191/2
293	Girei Çalköy	MDAI(A) 25,1900,409 Nr.18	208/9
317 (Aurelia)	Ebene von Altıntaş	ZPE 28,1978,12 Nr.1 = SEG 28, 1088	232/3
321	Kusura-Esenköy	SEG 32,1286	236/7
?324	Urbana - Champaign, Krannert Art Museum	Krannert Art Museum Bulletin 6, 1980,14ff.; T.Lochman, in: Antike Kunstwerke aus der Sammlung Ludwig III, 495 Anm.22	239/40

324 (Aurelia)	Ebene von Altıntaş	ZPE 28,1978,14 Nr.2 = SEG 28, 1089	239/40
?333 ([τ]λγ') (Aurelia)	Altıntaş (Soa)	IGR IV 609; Gibson, Christians Nr.22	248/9
338 (Aurelius)	Aslanapa	J.G.C.Anderson, in: W.M.Ramsay (Ed.), Studies in the History and Art of the Eastern Roman Empire, Aberdeen 1906,211 Nr.9	253/4
369 (Aurelius)	Çömlekci	Türk Arkeoloji Dergisi 25,1980,66 Nr.7 = SEG 30,1495	284/5
389 (Aurelius)	Museum Kütahya	Gibson, Christians Nr.16 = SEG 28,1101	304/5
?433	Museum Istanbul	Wien, Kleinasien-Kommission, Schede Kotiaeion Nr.39 (von Körte 1894 kopiert)	348/9

Kadoi

Sullanische Ära ab 85/4 v.Chr.?

?172	Uşak	Keil – Premerstein II 141 Nr.266	87/8
202	Gediz	MDAI(A) 19,1894,327ff. mit Fig. 6 = Museion Smyrna 3,1880,171 Nr.348	117/8
?239 (Haarmode Faustinas II.)	Kunsthandel München	Robert, Bull.épigr.1980,493	154/5
?240	Kula	Museion Smyrna 3,1880,166 Nr. 336; Pfuhl – Möbius, Ostgriech. Grabreliefs 522 Nr.2183	155/6
?242	Museum Izmir	Lochman 18 Nr.1 mit n.13	157/8
?250	Mainz, Röm.- Germ.Zentral- museum	Pfuhl – Möbius, Ostgriech.Grab- reliefs 282 Nr.1137	165/6
?258	Kunsthandel London	Lochman 18 Nr.7	173/4
?258 ([ἔ]τους [σ?]νη')	Gediz	CIG 3850	173/4
?260	Kula	L.Robert, Hellenica VI, Paris 1948,103 Nr.41	175/6
264	Çeltikçi	AS 5,1955,33 Nr.2 = SEG 15,795	179/80
?335 (Aurelius)	Mainz, Röm.- Germ.Zentral- museum	Pfuhl – Möbius, Ostgriech.Grab- reliefs 282 Nr.1138	250/1
?345 (Aurelius)	Berlin, Perga- mon-Museum	Pfuhl – Möbius, Ostgriech.Grab- reliefs 550 Nr.2283	260/1

Temenothyrai

Sullanische Ära ab 85/4 v.Chr.?

? 91 Uşak	G.Cousin, Kyros le Jeune en Asie Mineure, Paris 1905,432	6/7
?183 Uşak	S.Reinach, REG 3,1890,65 Nr.12	98/9
199 Uşak	Keil - Premerstein II 136 Nr.252	114/5
?363 Aus Afyon? (Temenothyriten)	Le Bas - Wadd.727; CIG 3865l; Ramsay, Cities 558 Nr.444; IGR IV 630; Gibson, Christians Nr.36; Th.Drew-Bear, Chiron 9,1979,292 Nr.1; Waelkens Nr.488	278/9

Traianopolis

Sullanische Ära ab 85/4 v.Chr.

204	Hadrianus	Çarıkköy	Ramsay, Cities 611 Nr.515; IGR IV 623	119/20
251	Marcus Aurelius Armeniacus Parthicus, Lucius Verus Armeniacus Medicus	Çarıkköy	Ramsay, Cities 612 Nr.516; IGR IV 625	166/7
282	Septimius Severus?	Ortaköy	A.Körte, Inscriptiones Bureschianae, Greifswald 1902,33 Nr.50; IGR IV 626	197/8

Kabala und Blaundos

Sullanische Ära ab 85/4 v.Chr.

172	Domitianus Cos XIV, L.Minucius Rufus Cos	Nais (zu Blaundos)	Ramsay, Cities 610, Nr.511; IGR IV 713	87/8
215	Hadrianus	Kabala	Le Bas - Wadd.1676; IGR IV 624	130/1
272		Blaundos	Keil - Premerstein III 51 Nr.59	187/8

Alia

Sullanische Ära ab 85/4 v.Chr.

?305	Dumlupınar? (in Hasanköy gefunden)	MAMA VI 321; Waelkens Nr.401	220/1
?308	Museum Kütahya	Waelkens Nr.394 = SEG 29,1316	223/4
390	Kozviran	Drew-Bear, ANRW II 7,2,1980,945ff.	305/6

Akmoneia

Sullanische Ära ab 85/4 v.Chr.

169 πρὸ τριῶν Νωνῶν Μαρτίων [Αὐτο- κράτορι Δομι-] τιανῷ Καίσαρι Σεβαστῷ Γερμα- νικῷ τῷ αι', [ἔτους ρξ]θ', μηνὸς Ξανδικοῦ τρισκαι[δεκάτου	Banaz	SCO 16,1967,80; vgl. IGR IV 661; F.Cumont, Catalogue des sculptures et inscriptions an- tiques des Musées royaux du Cinquantenaire, Brüssel ²1913, Nr.133	84/5
199		Ramsay, Cities 656 Nr.590	114/5
264		Ramsay, Cities 656 Nr.589	179/80
?271-279		MAMA VI 276; Waelkens Nr. 416	186/7- 194/5
283	Uşak	Le Bas - Wadd.718; CIG 3865i; Waelkens Nr.412	198/9
288	Uşak	Le Bas - Wadd.722; IGR IV 629; vgl. L.Robert, Hellenica X, Paris 1955,256	203/4
303	Banaz	MAMA VI 318	218/9
304	Islam Köy	Ramsay, Cities 655 Nr.575	219/20
305 (Aurelia)		Ramsay, Cities 657 Nr.598; L.Robert, Hellenica X,254 n.1	220/1
?305	Hasanköy	MAMA VI 321; Waelkens Nr. 401	220/1
306 (Aurelius)	Uşak (Smyrna)	L.Robert, Hellenica X,251f. = SEG 15,806	221/2
308	Islam Köy	Ramsay, Cities 614 Nr.523; Waelkens, Actes Constantza 112 = SEG 29,1396	223/4
310	Hatipler	MAMA VI 274	225/6
317 (Aurelii)	Susuz	MAMA VI 292	232/3
319 (Aurelii)	(Berlin)	L.Robert, Hellenica X, 247f. (fälschlich 224 n.Chr.)	234/5
320 (Aurelii)	Yamanlar (Eumeneia)	Drew-Bear, Phrygie Nr.20 = SEG 28,1081	235/6
322	Hasanköy	Ramsay, Cities 615 Nr.528; BCH 18,1893,272 Nr.62	237/8
326 (Aurelii)	Gümle	MAMA VI 319	241/2
328	Uşak	Ramsay, Cities 653 Nr.564; L.Robert, Hellenica X, 253 mit n.2 (fälschlich 233 n.Chr.)	243/4
333 (Aurelii)		MAMA VI 335a; SEG 15,807; L.Robert, Hellenica X,249f.	248/9
334 (Aurelii)	Yenice (Banaz)	Ramsay, Cities 657 Nr.603 (die Jahreszahl verbessert in REA 4,1902,84 und 269); By- zantion 8,1933,56; EA 17,1991, 41f.	249/50

338	(Aurelia)	Kızılcasöğüt	Gibson, Christians Nr.32 = SEG 28,1082 (die Jahreszahl verbessert in BASP 18,1981, 93f.)	253/4
339	(Aurelii)	Banaz	MAMA VI 325 (fälschlich 255/6 n.Chr.)	254/5
340	(Aurelii)	Islamköy	Ramsay, Cities 614 Nr.522	255/6
344			Ramsay, Cities 656 Nr.593	259/60
355		(Paris)	Pfuhl-Möbius, Ostgriech. Grabreliefs Nr.2293	270/1
398		Oturak	Ramsay, Cities 566 Nr.467; F.Cumont, Catalogue des sculptures et inscriptions antiques des Musées royaux du Cinquantenaire, Brüssel ²1913,Nr.136; Byzantion 8, 1933,49ff.	313/4
574			MAMA VI 337	489/90

Sebaste

Sullanische Ära ab 85/4 v.Chr.

173	Domitianus Germanicus		Ramsay, Cities 601 Nr.474; IGR IV 684	88/9
183			Ramsay, Cities 602 Nr.475	98/9
188	Traianus Germanicus Dacicus		AS 31,1981,19f.= AE 1983,923 = SEG 31,1124	103/4
203			JRS 16,1926,94 Nr.228 = SEG 6,190	118/9
211			Le Bas – Wadd.733; CIG 3871d; Ramsay, Cities 608 Nr.499	126/7
230			Ramsay, Cities 604 Nr.479; SEG 6,182	145/6
254		Kırka	Ramsay, Cities 609 Nr.506; Robert, Hellenica III, Paris 1946, 60 n.3 mit pl.III A; Lane, Men I 57 Nr.87	169/70
258			CIG 3872; Ramsay, Cities 607 Nr. 496; Waelkens Nr.451	173/4
279		Kırka	Ramsay, Cities 610 Nr.508	194/5
289			Ramsay, Cities 603 Nr.476; IGR IV 687	204/5
294			Ramsay, Cities 605 Nr.488	209/10
297		Payamalan-damı	Ramsay, Cities 609 Nr.502	212/3
301	Aurelii	Hacim	N.Firatli, Türk Arkeoloji Dergisi 19,II,1972,110ff.fig.64 = Robert, Bull.épigr.1973,465	216/7
329			Ramsay, Cities 603 Nr.477; IGR IV 688	244/5

330	Philippus I.	Kabaklar (Katoikie Dios- kome)	Ramsay, Cities 608 Nr.498; IGR IV 635. Vgl. ZPE 91,1992,99f.	245/6
340	Aurelius		Ramsay, Cities 560 Nr.449	255/6
?435		Fundort: Menteş (zu Eumeneia)	Drew-Bear, Phrygie 110 Nr.49 = SEG 28,1129; Waelkens Nr.455	
?437			Le Bas - Wadd.735; CIG 3872c; Ramsay, Cities 560 Nr.448 (dort Jahr 337)	352/3
472	Aurelius		Le Bas - Wadd.737; Ramsay, Cities 560 Nr.452; JRS 16,1926, 92 Nr.224; SEG 6,186	387/8

Diokleia

Sullanische Ära ab 85/4 v.Chr.

278		Hocalar	MAMA VI 354; Waelkens Nr.447	193/4
278			MAMA VI 355; Waelkens Nr.444	193/4
280		Hocalar	Waelkens Nr.448	195/6
281	Septimius Severus		Ramsay, Cities 660 Nr.615; IGR IV 664	196/7
314	Aurelia		Ramsay, Cities 662 Nr.621	229/30
326			Ramsay, Cities 661 Nr.620; IGR IV 665 (vgl. SEG 28,1111); Waelkens Nr.446	241/2
342	Aurelius		Ramsay, Cities 652 Nr.562; IGR IV 667	257/8

Pentapolis

Sullanische Ära ab 85/4 v.Chr.

?81		Koçhisar (zu Hiera- polis)	Ramsay, Cities 699 Nr.631	5/4 v.
205	Ulpii	Kusura (zu Stekto- rion)	Ramsay, Cities 705 Nr.645; Waelkens Nr.465	120/1
300		Kılandıras (zu Hierapolis?)	Ramsay, Cities 720 Nr.656; IGR IV 694	215/6
319	Domnae	Ürküt (zu Bruzos?)	Ramsay, Cities 702 Nr.636	234/5
342	Aurelius	Region von Sandıklı (zu Hierapolis oder Stektorion)	Ramsay, Cities 705 Nr.643	257/8
345	Aurelii	Çevrepınar (Kilter) (zu Eukarpeia oder zu den Moxeanoi?)	Ramsay, Cities 718 Nr.652	260/1

Eumeneia und Siblia

Sullanische Ära ab 85/4 v.Chr.

?151 (αν[ρ'?])	Eumeneia	MAMA IV 334	66/7
?210 (ἔτο[υς διακοσιοστοῦ? κὲ] δεκάτου, μη(νὸς) ε'ϛ')	Evciler (Siblia?)	JHS 18,1898,93 Nr.32	125/6
229	Eumeneia	Drew-Bear, Phrygie 93 Nr.28	144/5
248	Eumeneia	Ramsay, Cities 383 Nr.219	163/4
258	Eumeneia	MAMA IV 333; vgl. Robert, Villes 329 n.4	173/4
289	Eumeneia	Ramsay, Cities 388 Nr.234; JRS 16,1926,56 Nr.174	204/5
299 (Aurelia)	Evciler (Siblia?)	JHS 18,1898,94 Nr.33	214/5
304 (Aurelius)	Eumeneia	Ramsay, Cities 383 Nr.223; JRS 16,1926,85 Nr.210; SEG 6,228	219/20
311 (Aurelii)	Eumeneia	Ramsay, Cities 391 Nr.256; JRS 16,1926,72 Nr.197; SEG 6,198	226/7
?314 (Aurelii) (T statt Γ zu verbessern)	Eumeneia	Ramsay, Cities 388 Nr.235; MAMA IV 338 A	229/30
331 (Aurelii)	Eumeneia	AS 5,1955,38; SEG 15,811	246/7
333 (Aurelii)	Eumeneia	Ramsay, Cities 528 Nr.372; JRS 16,1926,69 Nr.192; SEG 6,219	248/9
342	Beyköy (zu Eumeneia?)	Drew-Bear, Phrygie 109 Nr.48; SEG 28,1144	257/8
345 (Aurelius)	Eumeneia	Ramsay, Cities 530 Nr.375	260/1
348	Eumeneia	Ramsay, Cities 523 Nr.365	263/4
570	Homa (zu Eumeneia?)	Ramsay, Cities 233 Nr.82	485/6
648 (ἰνδ.ιβ')	Eumeneia	Drew-Bear, Phrygie 111 Nr.50 SEG 28,1130	563/4

Apameia und Sanaos

Sullanische Ära ab 85/4 v.Chr.

130 (ἐν τῷ λ' καὶ ρ'ἔτ(ει))	Apameia	Ramsay, Cities 459 Nr.290(dort fälschlich 54/5 n.Chr.); IGR IV 792	45/6
?153- 159 (ἔτους ρ' καὶ ν' κα[ὶ?.]) Vespasianus	Apameia	MAMA VI 177 (fälschlich 65/6 - 69 n.Chr.)	68/9- 74/5
185	Çiftlik (Seriuada, zu Sanaos?)	ZPE 14,1974,259f.	100/1
240	Apameia	MDAI(A) 21, 1896,373	155/6

255		Apameia	MAMA VI 214	170/1
263		Başmakçı	JHS 18,1898,92 Nr.30	178/9
		(zu Sanaos)		
278		Apameia	Ramsay, Cities 473 Nr.323	193/4
283		Apameia	MAMA VI 214	198/9
305	(ἔτι τρεακο-	Apameia	MAMA VI 213	220/1
	σιοστῷ πέμπτῳ)			
	(Aurelii)			
314		Apameia	Ramsay, Cities 473 Nr.324	229/30
318	(Aurelia)	Apameia	MAMA VI 215	233/4
322	(Aurelii)	Apameia	MAMA VI 216	237/8
324	(Aurelius,	Beyköy	IGR IV 799	239/40
	Domna)	(zu Apameia)		
324	(Aurelii)	Apameia	Ramsay, Cities 472 Nr.313	239/40
327	(Aurelius?)	Apameia	MAMA VI 219	242/3
328	(Aurelii)	Apameia	Ramsay, Cities 472 Nr.314	243/4
332	Aelius Tryphon,	Apameia	IGR IV 795; MAMA VI 222	247/8
	Asiarch			
334	(Aelia)	Apameia	MAMA VI 226	249/50
338	(Aelii)	Apameia	Ramsay, Cities 533 Nr.385	253/4
?341	([τ]μα')	Beyköy	Ramsay, Cities 479 Nr.350	256/7
	(Aurelii)	(zu Apameia)		
343	(Aurelius)	Apameia	MDAI(A) 21,1896,373; Ramsay,	258/9
			Cities 534 Nr.388	
563	(ἰνδ.β',	Apameia	MAMA VI 238 (fälschlich	478/9
	αἴτους φγξ')		477/8 n.Chr.)	
	(Taf.IV 8)			

Apollonia Mordiaion

Sullanische Ära ab 85/4 v.Chr.

142	ἐν τῷ β' καὶ μ' καὶ ρ' ἔτει		JRS 12,1922,182; Syll.[3] 1232, Z.2f.; Sterrett,Wolfe Expedition Nr.539; JHS 18, 1898,98 Nr.40	57/8
143	ἐν τῷ γ' καὶ μ' καὶ ρ' ἔτει		Ibid. Z.19f.	58/9
247			Le Bas – Wadd.1192; CIG 3973; MAMA IV 140	162/3
270		Tymandos	Sterrett, Wolfe Expedition Nr.595; ZPE 25,1977,287 Nr.4 (dort mit Hinweis auf Sterrett fälschlich 275)	185/6
284	Appas, Sohn des Diogenes	Tymandos	MAMA IV 240; ZPE 25, 1977,287 Nr.5	199/200
301	Aurelius Appas, Sohn des Diogenes (Aurelii)		MAMA IV 189; ZPE 25, 1977,286 Nr.3	216/7
335	(Synnadeus)	Tymandos	MAMA IV 248	250/1

?346 (Aurelii)   Verschleppt   Sterrett, Wolfe Expedition   261/2
                             nach Konana?   Nr.472
670 ἔτους ἑξακοσιοσ-   MAMA IV 225; ZPE 25,   585/6
     τοῦ ἑβδομικοστοῦ   1977,285

Das mittlere Mäandertal
(Motella, Dionysopolis, Hyrgaleis)

a. Sullanische Ära ab 85/4 v.Chr.

203		Çal	MAMA IV 272 (fälschlich 116/7 n.Chr.); Ramsay, Cities 155 Nr.59 (dort Jahr 210 = 125/6 n.Chr.)	118/9
209	(Motellener)	Bahadınlar	MAMA IV 276 B	124/5
220	(Motellener)	Bekilli	MAMA IV 316	135/6
221	Theoi Sebastoi	Motella	MAMA IV 309; IGR IV 751	136/7
224		Bekilli	MAMA IV 314	139/40
236		Motella	Ramsay, Cities 157 Nr.66bis	151/2
259	(Motellener)	Bahadınlar	MAMA IV 275 A	174/5
262	(Motellenerin)	Bahadınlar	MAMA IV 275 B,I	177/8
?274	(ἔτους σ]οδ')	Üçkuyu	Ramsay, Social Basis 81 Nr.54	189/90
274		"Jogha Ali" (=Çoğaşli?) (zu Motella)	MAMA IV 310	189/90
?287	(ἔτους σπ]ζ')	Bahadınlar	Ramsay, Cities 148 Nr.40	202/3
289		Bahadınlar	MAMA IV 277 B	204/5
293	(Motellener)	Bahadınlar	MAMA IV 277 A; IGR IV 758	208/9

b. *Lokale Ära von Dionysopolis ab 152/3 n.Chr.

*TO O =70	"ps.-autonome" Mz.	v.Aulock, Phrygien II 88ff.	221/2
*TO O =70	Elagabal	v.Aulock, Phrygien II 147ff.	221/2
*TO O =70	Iulia Maesa	v.Aulock, Phrygien II 156ff.	221/2
*TO O =70	Annia Faustina	v.Aulock, Phrygien II 165ff.	221/2
*TO O =70	Severus Alexander Caesar	v.Aulock, Phrygien II 169	221/2

306 Münzen mit TO Tς'	Hyrgaleis	v.Aulock, Phrygien I 341ff.	221/2
306 Münzen des Severus Alexander als Augustus mit TO Tς'	Hyrgaleis	v.Aulock, Phrygien I 372ff.	221/2
310 (Motellener,Aurelius)	Bahadınlar	MAMA IV 275 B,II	225/6
311 (Motellener,Aurelius)	Sazak	MAMA IV 278, II (fälschlich 225/6 n.Chr.)	226/7
315	Zeive	MAMA IV 302	230/1
316	Sazak	Ramsay, Cities 147 Nr.38	231/2
?320 Münze mit ETK (=Jahr 320 oder 325?)	Hyrgaleis	v.Aulock, Phrygien I 357	235/6 (oder 240/1)
321 (Aurelii)	Motella	Ramsay, Cities 155 Nr.60	236/7
323 (Aurelia)	Kırbasan	MAMA IV 339	238/9

325		Sazak	MAMA IV 278 (fälschlich 239/40 n.Chr.)	240/1
327	(Aurelius)	Üçkuyu	Gibson, Christians Nr.42; SEG 28, 1202; Strobel 118	242/3
338	(Aurelius)	Kırbasan	MAMA IV 353	253/4
338	(Aurelia)	Sırıklı	MAMA IV 354; Ramsay, Cities 558 Nr.445 (dort Jahr 335)	253/4
340	(Aurelius)	Sırıklı	MAMA IV 355	255/6
343	(Aurelii)	Dumanlı	MAMA IV 356	258/9
358	(Aurelius)	Dumanlı	MAMA IV 357	273/4
544	ἰνδ(ικτιώ-νος) ιγ'	Bekilli	MAMA IV 322	459/60

Takina und Keretapa

Sullanische Ära ab 85/4 v.Chr.

?204	(ἔτους δὶς ἑκα-τόστου καὶ τε-τάρτου)	Gebren (Çal-tepe)	Ramsay, Cities 307 Nr.111; JHS 8,1887,263 Nr.51	119/20
219		Yarışlı (=Ta-kina)	Ramsay, Cities 330 Nr.139	134/5
274	(Aelia)	Çeltek	Ramsay, Cities 328 Nr.135 (dort fälschlich 199/200 n.Chr.)	189/90
287		Karaatlı	Ramsay, Cities 328 Nr.134	202/3
315		Güney	BCH 24,1900,59	230/1
339	(Aurelii)	Kayadibi	JHS 8,1887,264 Nr.56; Robert, Villes 336	254/5

Ephesos und das Kaystrostal

Pharsalische Ära ab 48/7 v.Chr.

? 6	ἔτους ς'	Kilbianoi	IvEphesos VII 2,3726	43/2 v.
10	ἔτους δεκάτου τῆς Γαίου Ἰουλίου Καί-σαρος νίκης	Ephesos	IvEphesos IV 1387 (Taf.VIII 2)	39/8 v.
160	(Hypaipener)	Apateira	IvEphesos VII 1,3249A	112/3
?206	(oder 290?)	Hypaipa	IvEphesos VII 2,3831	158/9
210		Hypaipa	IvEphesos VII 2,3827	162/3
213		Kilbianoi (Katoikie Oumutera?)	IvEphesos VII 2,3713	165/6
216		Dideiphyta	Skizzenbuch E.Jordani-dis 1896, S.18; "Harmo-nia" Nov.1899	168/9
220		Dideiphyta	IvEphesos VII 1,3303	172/3
233		Hypaipa	IvEphesos VII 2,3833	185/6

237		Kilbianoi	IvEphesos VII 2,3720	189/90
247		Hypaipa	IvEphesos VII 2,3832	199/200
254		Apateira	IvEphesos VII 1,3249	206/7
259	Caracalla, Geta	Apateira	IvEphesos VII 1,3249	211/2
259	(Aurelius)	Palaiopolis	IvEphesos VII 2,3707	211/2
261	Caracalla (Hypaipener)	Dideiphyta	IvEphesos VII 2,3855	213/4
261		Koloe	IvEphesos VII 2,3709	213/4
262	(Aurelii)	Dioshieron	IvEphesos VII 2,3751	214/5
268		Hypaipa	IvEphesos VII 2,3837	220/1
270		Kilbianoi	IvEphesos VII 2,3716	222/3
273	(Aurelii, Hypaipener)	Dideiphyta	IvEphesos VII 2,3858	225/6
?281	(oder 284)	Dioshieron? (Museum Tire)	IvEphesos VII 2,3758 = SEG 31,994	233/4
320	(Aurelius)	Dideiphyta	IvEphesos VII 2,3856	272/3
340	(Aurelius)	Koloe	IvEphesos VII 2,3711	292/3

Nordwestlydien
(Apollonis, Thyateira, Hyrkaneis, Attaleia)

Pharsalische Ära ab 48/7 v.Chr. und aktische Ära ab 31/0 v.Chr.

21 pharsal. und 4 akt.	ἔτους εἰκοστοῦ καὶ πρώτου τῆς Καίσαρος τοῦ πρεσβυτέρου Αὐτοκράτορος θεοῦ νείκης, τετάρτου δὲ τῆς Καίσαρος τ[οῦ] νεωτέρου Αὐτοκράτορο[ς] θεοῦ υἱοῦ	(N)Akokome (zu Apollonis)	TAM V 2,1229 (Taf.VIII 1)	28/7 v.

Sullanische Ära ab 85/4 v.Chr.

208		Hacıosmanlar (zu Thyateira?)	TAM V 2,1059	123/4
310		Büyükbelen (zu Hyrkaneis)	TAM V 2,1326	225/6
312		Sarılar (zu Attaleia?)	TAM V 2,840A	227/8
318	ἔτους τηι'	Akhisar (aus Thyateira?)	TAM V 2,1094	233/4
322	(Lukkiperos, Faustina)	Akhisar (Thyateira)	TAM V 2,1061	237/8
323	ἔτους τρ[ιακ]οσιαστοῦ εἰκοστοῦ [τρ]ίτου	Görenez (zu Thyateira)	TAM V 2,1128	238/9
333		Sarılar (zu Attaleia?)	TAM V 2,843	248/9
338		Sarılar (zu Attaleia)	TAM V 2,840B	253/4

Die Region um den See von Marmara und das nördlich angrenzende Bergland
(Sardeis, Daldis, Charakipolis, Maibozanoi Iulieis?)

Sullanische Ära ab 85/4 v.Chr. und aktische Ära ab 31/0 v.Chr.
(Die Reihenfolge der Inschriften richtet sich nach der wahrscheinlichen chronologischen Folge. Die fettgedruckten Jahre sind vorzuziehen.)

				akt.	sull.
6	(ἔτους ϛ' ἐπ' ἀρχιε- ρέως Ἑρμο- γένου)	Kemerdamları (Sardeis)	BCH 106,1982,361ff. (Taf.VI 2)	**26/5** v.	80/79 v.
12 und 66	(ἔτους ιβ', τοῦ δὲ αὐτοῦ ϛξ')	Çağlayan (Charakenoi)	TAM V 1,686 (fälschlich 19/8 v.) (Taf.IX 1)	**20/19** v.	**20/19** v.
22 und 76	([ἔτ]- ους β' καὶ [κ'] , τοῦ δὲ αὐτο[ῦ ϛ'] καὶ ο')	Çağlayan (Charakenoi)	TAM V 1,678 (fälschlich 9/8 v.)	**10/9** v.	**10/9** v.
41 und 95	(ἔτους μ' καὶ α', τοῦ δὲ αὐτοῦ ἔτους þ' καὶ ε')	Daldis (Muse- um Manisa)	Malay Nr.465	**10/11** n.	**10/11** n.
67 und 121	([ἔτ]- ους ξζ', τοῦ δὲ αὐτοῦ ρκα')	Kemer (Daldis)	TAM V 1,623	**36/7** n.	**36/7** n.
150		Daldis (Muse- um Manisa)	Malay Nr.465 (in zwei- ter Verwendung)	**119/20**	65/6
207		Gölmarmara (Maibozanoi Iulieis?)	TAM V 1,672	176/7	**122/3**
160		Karayakup (Charakipolis)	TAM V 1,680	**129/30**	75/6
227		Sardeis?	Malay Nr.266	196/7	**142/3**
177		Karayakup (Charakipolis)	TAM V 1,681	**146/7**	92/3
181		Taşkuyucak (zu Daldis?) (Museum Ma- nisa)	Malay Nr.522	**150/1**	96/7
188 (Flavii)		Kemer (Daldis)	TAM V 1,624	**157/8**	103/4
?245		Sardeis (aus der Katakekau- mene?)	Robert, Sardes 23 Nr.2	214/5	**160/1**
192		Çağlayan (Charakipolis)	TAM V 1,682	**161/2**	107/8

197 (ἔτους ρ ϟζ' μηνὸς Γορ- πιαίου [. καθὼς]/Χαρα- κιπολῖται [ἄγουσιν?--)	Karayakup (Charakipolis)	TAM V 1,683	**166/7**	112/3
198	Hasankıranı (Daldis?)	TAM V 1,625	**167/8**	113/4
256	Gölmarmara (Maibozanoi Iulieis?)	TAM V 1,649	225/6	**171/2**
?257	Sardeis (Her- kunft unklar)	Sardis VII 1,97 (Taf.IV 7)	226/7	**172/3**
259	Gölmarmara (Maibozanoi Iulieis?)	TAM V 1,654	228/9	**174/5**
220	Kemer (Daldis)	TAM V 1,626	**189/90**	135/6
221	Kemer (Daldis)	TAM V 1,627	**190/1**	136/7
?226	Gölmarmara, angeblich aus Taşkuyucak (zu Daldis oder Mai- bozanoi Iulieis?)	Talanta 10-12,1978-79, 83 Nr.9 = SEG 29,1209	**195/6**	141/2
232	Kemer (Daldis)	TAM V 1,628	**201/2**	147/8
251	Daldis (Museum Manisa)	Malay Nr.340	**220/1**	166/7
251	Taşkuyucak (zu Daldis?) (Museum Manisa)	Malay Nr.526	**220/1**	166/7
?315 (ἔτους τει') (Aurelius)	Hasankıranı (Herkunft un- klar)	TAM V 1,628	284/5	**230/1**
?316 (ἔτους τζι')	Museum Manisa (aus Kula, doch gleiche Werkstatt wie Inschrift zu- vor)	TAM V 1,631	285/6	**231/2**
?323 (Aurelius)	Poyrazdamları (Herkunft un- klar, Sardeis?, Katakekaumene?)	TAM V 1,632	292/3	**238/9**
279	Kemer (Daldis)	TAM V 1,629	**248/9**	194/5
280	Cağlayan (Charakipolis)	TAM V 1,684	**249/50**	195/6
293	Nardı (Daldis)	Talanta 10-11,1978-79, 76 Nr.2 = SEG 29,1161	**262/3**	208/9
296	Daldis	unpubl.; Hinweis H. Malay	**265/6**	211/2
300	Daldis (Museum Manisa)	Malay Nr.527	**269/70**	215/6
322	Daldis (Museum Manisa)	Malay Nr.355	**291/2**	237/8

Das Bergland zwischen Thyateira und Iulia Gordos

Sullanische Ära ab 85/4 v.Chr.

148	Yeğenoba	TAM V 1,802	63/4
183	Yeğenoba	TAM V 1,807 (fälschlich 97/8 n.Chr.)	98/9
203	Dağdereköy	TAM V 1,811	118/9
205	Yayakırıldık	TAM V 1,782	120/1
?208	Hacıosmanlar (zu Thyateira?)	TAM V 2,1059	123/4
214 (ἔτους σ' καὶ δι')	Hamit	TAM V 1,796	129/30
214	Dağdereköy	TAM V 1,811	129/30
216	Yeğenoba	TAM V 1,803	131/2
217	Dağdereköy	TAM V 1,812	132/3
226	Kömürcü	TAM V 1,814	141/2
234	Kömürcü	TAM V 1,815	149/50
241	Kömürcü	TAM V 1,816	156/7
250	Kömürcü	TAM V 1,817	165/6
261	Gökçeler	TAM V 1,794	176/7
263	Yayakırıldık	TAM V 1,783	178/9
263	Hamit	TAM V 1,797	178/9
266	Kömürcü	TAM V 1,818	181/2
267	Kavakalan	TAM V 1,778	182/3
270	Kömürcü	TAM V 1,819	185/6
274	Kömürcü	TAM V 1,820	189/90
278	Hamit	TAM V 1,798	193/4
283	Kömürcü	TAM V 1,821	198/9
283	Kömürcü	TAM V 1,822	198/9
283	Yayakırıldık	TAM V 1,788	198/9
286	Yayakırıldık	TAM V 1,784	201/2
287	Hamit	TAM V 1,799	202/3
291	Yayakırıldık	TAM V 1,785	206/7
300 (Aurelius)	Hamit	TAM V 1,800	215/6
308	Yayakırıldık	EA 15,1990,52 Nr.5	223/4
?318	Görenez (zu Thyateira)	TAM V 2,1128	233/4
?321–329 (ἔτους τη [.') (Aurelii)	Gökçeler	TAM V 1,795	236/7–244/5
326	Kömürcü	TAM V 1,823	241/2
401	Kömürcü	TAM V 1,824	316/7

Iulia Gordos

Sullanische Ära ab 85/4 v.Chr.

40	Eğrit	TAM V 1,775	46/5 v.
97 (ἔτους ϥ' καὶ ζ')		TAM V 1,701	12/3 n.

121	(ἔ]τους ρ' καὶ κα')	Inschrift von	TAM V 1,702	36/7
		Iulia Gordos		
		und Lora		
132			TAM V 1,706	47/8
142		Inschrift der	TAM V 1,705	57/8
		Saittener		
144			EA 15,1990,56 Nr.12	59/60
154			EA 15,1990,57 nr.13	69/70
155	(ἔτους ρ' καὶ ν'		TAM V 1,707	70/1
	καὶ ε')			
160	(ἔτους ρ' καὶ ξ')		TAM V 1,704	75/6
160	(ἔτους ρ' καὶ ξ')		TAM V 1,687	75/6
163		Malaz	TAM V 1,768	78/9
168			TAM V 1,708	83/4
193			TAM V 1,709	108/9
193			TAM V 1,710	108/9
193			TAM V 1,711	108/9
194			TAM V 1,712	109/10
195	Traianus		TAM V 1,713	110/1
203			TAM V 1,714	118/9
203			TAM V 1,715	118/9
207			TAM V 1,716	122/3
207			TAM V 1,717	122/3
213			TAM V 1,718	128/9
215			TAM V 1,719	130/1
217			TAM V 1,720	132/3
222		Evciler	TAM V 1,771	137/8
227			EA 15,1990,58 Nr.14	142/3
			(fälschlich Jahr 237)	
231			TAM V 1,721	146/7
231			TAM V 1.722	146/7
231			TAM V 1,723	146/7
234			TAM V 1,724	149/50
235		Oğuldurak	TAM V 1,769	150/1
238			TAM V 1,725	153/4
239		Dutluca	TAM V 1,763	154/5
242			TAM V 1,726	157/8
244			TAM V 1,727	159/60
247			TAM V 1,728	162/3
256		Dutluca	TAM V 1,764	171/2
262			TAM V 1,729	177/8
265	(Name Faustina)	Dutluca	TAM V 1,765	180/1
268			TAM V 1,730 (bei J.u.L.	183/4
			Robert, Hellenica VI 93	
			Nr.36 fälschlich 288)	
271	(Name Faustina)		TAM V 1,731	186/7
272			TAM V 1,732	187/8
273			TAM V 1,733	188/9
280			TAM V 1,734	195/6
286		Beğel	TAM V 1,766	201/2

?291 (oder 232?)	Beğel	TAM V 1,767 (fälschlich 216/7 n.Chr.)	206/7
294		TAM V 1,735	209/10
303		TAM V 1,736	218/9
310 (Aurelii)		TAM V 1,737	225/6
315 (ἔτους τριακοσιαστοῦ ει') (Aurelii)		TAM V 1,738	230/1
315 Severus Alexander (Aurelii)	Kıhra (Katoikie Hyssa)	TAM V 1,758	230/1
324 (Aurelii)		TAM V 1,739	239/40
325		TAM V 1,740	240/1
326	Yakaköy (Museum Manisa)	Malay Nr.360	241/2
329 (Aurelii)	Kıhra	TAM V 1,759	244/5
346 (Aurelii)		TAM V 1,742	261/2
360	Kayacık	TAM V 1,772	275/6
?380 (oder 303)	Kayacık	TAM V 1,773	295/6
390 (Aurelii)	(Museum Manisa)	TAM V 1,776	305/6

Saittai

Sullanische Ära ab 85/4 v.Chr.

21	Tamasis	TAM V 1,156	65/4 v.
71 (ἔτους β' καὶ ο')	Karahallı (Katoikie der Odenoi) (Museum Manisa)	Malay Nr.31	15/4 v.
93 (ἔτους γ' καὶ þ')	Ariandos	TAM V 1,152	8/9 n.
103 (Sulla)	Encekler	TAM V 1,166a	18/9
?112 (ἔτους γ' καὶ ρ')	(Museum Bergama)	ZPE 47,1982,113 Nr.1 = SEG 32,1222 (fälschlich 111 = 26/7 n.Chr.)	27/8
126 (ἔτους ρ' καὶ κ' καὶ σ')	Saittai	TAM V 1,94	41/2
132	Kalburcu	ZPE 44,1981,44 Nr.25 = SEG 31,1048	47/8
141	Saittai	EA 5,1985,41 Nr.4 = SEG 35,1241	56/7
146	Borlu	EA 5,1985,51 Nr.10 = SEG 35,1247	61/2
154	Saittai	TAM V 1,141	69/70
158	Saittai	TAM V 1,95	73/4
?159	Tokmaklı (Museum Manisa)	EA 15,1990,58 Nr.15	74/5
159	Gündoğdu bei Borlu (Museum Manisa)	Malay Nr.241	74/5
160	Çalırbaşı	EA 5,1985,53 Nr.12 = SEG 35,1249	75/6

162	Saittai	TAM V 1,95	77/8
163	Saittai	TAM V 1,96	78/9
?164	(Museum Bergama)	ZPE 47,1982,113 Nr.2 = SEG 32,1223	79/80
165	Saittai	TAM V 1,95	80/1
?167	(Museum Izmir)	ZPE 44,1981,82 Nr.1 = SEG 31,1020	82/3
168	Saittai	TAM V 1,77	83/4
168	Saittai	TAM V 1,97	83/4
169	Topuzdamları (Mons Toma)	ZPE 44,1981,18 Nr.1 = SEG 31,1003	84/5
172	Saittai	EA 5,1985,41 Nr.3 = SEG 35,1240	87/8
173	Gündoğdu bei Borlu (Museum Manisa)	Malay Nr.241	88/9
174	Saittai	TAM V 1,98	89/90
174	Karyağdı	EA 15,1990,60 Nr.17	89/90
175	Karyağdı	EA 15,1990,61 Nr.18	90/1
176	Börtlüce (Mons Toma)	Travaux et recherches en Turquie II 24 Nr.1 = SEG 34,1221	91/2
178	Saittai	ZPE 36,1979,181 Nr.35 = SEG 29,1178	93/4
178	Kalburcu	TAM V 1,172	93/4
?179	(Museum Izmir)	ZPE 44,1981,82 Nr.2 = SEG 31,1021	94/5
179	Saittai	EA 5,1985,50 Nr.9 = SEG 35,1246	94/5
180	Saittai	TAM V 1,99	95/6
180	Borlu	TAM V 1,187	95/6
181	Saittai	Travaux et recherches en Turquie II 32 Nr.4 = SEG 34,1224	96/7
181	Küpüler (Museum Manisa)	Malay Nr.65	96/7
183	Encekler	TAM V 1,167a	98/9
183	Kalburcu	TAM V 1,173	98/9
?185	Koloe (zu Saittai?)	TAM V 1,193	100/1
188	Encekler	EA 2,1983,131 Nr.17 = SEG 33,1016	103/4
191	Saittai	TAM V 1,100	106/7
192	Saittai	ZPE 44,1981,35 Nr.16 = SEG 31,1005	107/8
193	Saittai	TAM V 1,101	108/9
193	Saittai	ZPE 36,1979,182 Nr.36 = SEG 29,1179	108/9
193	Tarsi	TAM V 1,160	108/9
194	Saittai	ZPE 36,1979,183 Nr.37 = SEG 29,1180	109/10

194	Encekler	TAM V 1,167b	109/10
?194	(Museum Uşak)	EA 13,1989,25 Nr.10	109/10
195	Saittai	EA 5,1985,44 Nr.6 = SEG 35,1243	110/1
196	Saittai	TAM V 1,102	111/2
?196	(Museum Bergama)	ZPE 47,1982,114 Nr.3 = SEG 32,1224	111/2
197	Saittai	ZPE 36,1979,184 Nr.38 = SEG 29,1181	112/3
198	Kalburcu	TAM V 1,174	113/4
?200	(Museum Izmir)	ZPE 44,1981,83 Nr.3 = SEG 31,1022	115/6
200	Saittai	EA 5,1985,47 Nr.7 = SEG 35,1244	115/6
?203	(Herkunft un- klar)	ZPE 61,1985,199 = SEG 35,1269	118/9
?204	(Museum Bergama)	ZPE 47,1982,114 Nr.4 = SEG 32,1225	119/20
205	Saittai	TAM V 1,103	120/1
?205	(Museum Izmir)	ZPE 44,1981,83 Nr.4 = SEG 31,1023	120/1
207	Ariandos	TAM V 1,148	122/3
208	Küpüler (Museum Manisa)	Malay Nr.62	123/4
211	Encekler	ZPE 44,1981,31 Nr.10 = SEG 31,1006 (fälschlich Jahr 301 = 216/7 n.Chr.)	126/7
212	Tarsi	TAM V 1,161	127/8
213	Kalburcu	TAM V 1,171	128/9
213	Karaelmacık bei Borlu	unpubl.; Hinweis H.Malay	128/9
?215	(Museum Izmir)	ZPE 44,1981,83 Nr.5 = SEG 31,1024	130/1
215	Tamasis	EA 15,1990,99 Nr.50	130/1
?217	Örüceler (Museum Manisa)	EA 15,1990,65 Nr.26	132/3
218	Saittai	EA 5,1985,42 Nr.5 = SEG 35,1242	133/4
221	Encekler	ZPE 44,1981,29 Nr.7 = SEG 31,1007	136/7
?221	(Museum Bergama)	ZPE 47,1982,115 Nr.5 = SEG 32,1226	136/7
222	Encekler	TAM V 1,167c	137/8
223	Saittai	ZPE 36,1979,184 Nr.39 = SEG 29,1182	138/9
?223	(Herkunft un- klar)	Chiron 8,1988,207 Nr.4	138/9
?225	(Museum Izmir)	ZPE 44,1981,84 Nr.6 = SEG 31,1025	140/1
226	Saittai	TAM V 1,104	141/2

228	Saittai	TAM V 1,105	143/4
228	Demirci	EA 15,1990,64 Nr.23	143/4
	(Museum Manisa)		
229	Tahtacı	TAM V 1,178	144/5
230	Saittai	TAM V 1,85	145/6
230	Tamasis	TAM V 1,157	145/6
232	Saittai	ZPE 36,1979,165 Nr.25 = SEG 29,1183	147/8
?233	(Museum Manisa)	EA 6,1985,57 Nr.2 = SEG 35,1233	148/9
235	Tokmaklı	ZPE 44,1981,24 Nr.3 = SEG 31,1008 (fälschlich Jahr 231 = 146/7 n.Chr.)	150/1
236	Encekler	Travaux et recherches en Turquie II 45 Nr.10 = SEG 34,1210	151/2
?236	(Museum Bergama)	ZPE 47,1982,115 Nr.7 = SEG 32,1227	151/2
237	Saittai	TAM V 1,87 (fälschlich Jahr 236)	152/3
237	Saittai	TAM V 1,79	152/3
237	Saittai	ZPE 36,1979,166 Nr.26 = SEG 29,1184	152/3
238	Saittai	TAM V 1,80	153/4
239	Saittai	TAM V 1,106	154/5
239	Saittai	TAM V 1,86	154/5
?239	(Museum Bergama)	ZPE 47,1982,115 Nr.6 = SEG 32,1228	154/5
241	Saittai	TAM V 1,107	156/7
241	Saittai	EA 2,1983,132 Nr.18 = SEG 33,1017	156/7
241	Saittai	ZPE 36,1979,167 Nr.27 = SEG 29,1185	156/7
241	Satala	TAM V 1,604	156/7
242	Saittai	TAM V 1,108	157/8
243	Encekler	Travaux et recherches en Turquie II 37 Nr.6 = SEG 34,1226	158/9
244	Kalburcu (Museum Bergama)	EA 6,1985,60 Nr.4 = SEG 35,1164	159/60
?247	(Museum Izmir)	ZPE 44,1981,84 Nr.7 = SEG 31,1026	162/3
249	Tarsi	TAM V 1,159	164/5
250	Saittai	ZPE 36,1979,167 Nr.28 = SEG 29,1186	165/6
250	Saittai	ZPE 36,1979,185 Nr.40 = SEG 29,1187	165/6
250	Ariandos	TAM V 1,151	165/6
250	Encekler	ZPE 44,1981,29 Nr.8 = SEG 35,1248	165/6
250	Durasan	EA 5,1985,52 Nr.11 = SEG 35,1248	165/6

251	Halokome	TAM V 1,146	166/7
251	Kalburcu	TAM V 1,175	166/7
251	Encekler	Travaux et recherches en Turquie II 35 Nr.5 = SEG 34,1225	166/7
?251	(Museum Izmir)	ZPE 44,1981,85 Nr.8 = SEG 31,1027	166/7
251	Encekler	ZPE 44,1981,32 Nr.12 = SEG 31,1010	166/7
252	Saittai	TAM V 1,91	167/8
252	Saittai	TAM V 1,87a	167/8
252	Saittai	EA 2,1983,134 Nr.19 = SEG 33,1018	167/8
?252	(Museum Izmir)	ZPE 44,1981,85 Nr.9 = SEG 31,1028	167/8
?252	(Museum Izmir)	ZPE 44,1981,86 Nr.10 = SEG 31,1029	167/8
253	Saittai	TAM V 1,92	168/9
254 (Aelius)	Saittai	TAM V 1,109	169/70
254	Saittai	TAM V 1,110	169/70
254	Saittai	TAM V 1,111	169/70
254	Demirci	TAM V 1,155	169/70
254	Tarsi	TAM V 1,162	169/70
254	Borlu	TAM V 1,188	169/70
255	Tarsi	TAM V 1,163	170/1
255	Kurşunlu	TAM V 1,170	170/1
255	Demirci (Museum Manisa)	EA 15,1990,64 Nr.22	170/1
?255	(Museum Izmir)	EA 6,1985,79 Nr.1 = SEG SEG 35,1234	170/1
255	Saittai	ZPE 36,1979,171 Nr.29 = SEG 31,1188	170/1
256	Kalburcu	TAM V 1,176	171/2
256	Borlu	TAM V 1,186	171/2
?256	(Museum Izmir)	EA 6,1985,80 Nr.2 = SEG 35,1235	171/2
257	Saittai	TAM V 1,112	172/3
257	Mons Toma	TAM V 1,179	172/3
258	Saittai	TAM V 1,112a	173/4
258	Saittai	TAM V 1,81	173/4
258	Küpüler (Museum Manisa)	Malay Nr.64	173/4
259	Saittai	TAM V 1,113	174/5
259	Encekler	TAM V 1,167d	174/5
259	Saittai	ZPE 44,1981,36 Nr.17 = SEG 31,1011	174/5
260	Saittai	TAM V 1,134 (fälschlich 185/6 n.Chr.)	175/6
260	Karyağdi	EA 5,1985,48 Nr.8 = SEG 35,1245	175/6

?260	(Museum Bergama)	ZPE 47,1982,116 Nr.8 = SEG 32,1229	175/6
?260	(Museum Bergama)	ZPE 47,1982,116 Nr.9 = SEG 1230 (fälschlich Jahr 270 = 185/6 n.Chr.)	175/6
262	Kalburcu	TAM V 1,177	177/8
?262	(Museum Bergama)	EA 12,1988,149 Nr.2	177/8
263	Ariandos	TAM V 1,153	178/9
264	Börtlüce	Travaux et recherches en Turquie II 28 Nr.2 = SEG 34,1222	179/80
265	Saittai	ZPE 36,1979,186 Nr.41 = SEG 29,1189	180/1
?265	(Museum Izmir)	ZPE 44,1981,86 Nr.11 = SEG 31,1030	180/1
267	Saittai	ZPE 36,1979,188 Nr.47 = SEG 29,1190	182/3
267	Tarsi	EA 5,1985,68 Nr.20 = SEG 35,1260	182/3
267	Kalburcu	ZPE 44,1981,42 Nr.22 = SEG 31,1050	182/3
267	Karahallı (Museum Manisa)	Malay Nr.184	182/3
268	Saittai	TAM V 1,82	183/4
268	Saittai	ZPE 36,1979,172 Nr.30 = SEG 29,1191	183/4
268	Saittai	ZPE 36,1979,186 Nr.42 = SEG 29,1192	183/4
269	Ariandos	TAM V 1,149	184/5
269	Saittai	ZPE 36,1979,187 Nr.43 = SEG 29,1193	184/5
270	Saittai	ZPE 36,1979,187 Nr.44 = SEG 29,1194	185/6
?270	(Museum Bergama)	ZPE 47,1982,116 Nr.9 = SEG 32,1231 = Ann.épigr. 1989,688.	185/6
273	Encekler	Travaux et recherches en Turquie II 42 Nr.9 = SEG 34,1229	188/9
273	Encekler	ZPE 44,1981,32 Nr.13 = SEG 31,1012	188/9
?273	(Herkunft unklar)	Chiron 18,1988,203 Nr.2 = Ann.épigr.1989,691	188/9
274	Encekler	TAM V 1,168	189/90
?274	(Museum Izmir)	EA 6,1985,80 Nr.3 = SEG 35,1236	189/90
?274	(Museum Izmir)	ZPE 44,1981,86 Nr.12 = SEG 31,1031	189/90
275	Encekler	Travaux et recherches en Turquie II 49 Nr.12 = SEG 34,1232	190/1

?275	(Museum Izmir)	ZPE 49,1982,195 Nr.3 = SEG 31,1043	190/1
?275	(Museum Izmir)	ZPE 44,1981,87 Nr.13 = SEG 31,1032	190/1
?275	(Museum Izmir)	ZPE 44,1981,87 Nr.14 = SEG 31,1033	190/1
276 (Antoninus)	Saittai	TAM V 1,114	191/2
276	Saittai	TAM V 1,115	191/2
276	Encekler	ZPE 44,1981,25 Nr.4 = SEG 31,1013	191/2
276	Mons Toma	TAM V 1,179a	191/2
?276	(Museum Izmir)	ZPE 44,1981,87 Nr.15 = SEG 31,1034	191/2
?276	(Museum Bergama)	ZPE 47,1982,117 Nr.10 = SEG 32,1231	191/2
?276	(Museum Bergama)	ZPE 47,1982,117 Nr.11 = SEG 32,1232	191/2
277	Saittai	TAM V 1,116	192/3
?277	(Museum Bergama)	ZPE 47,1982,118 Nr.12 = SEG 32,1233	192/3
?277	(Museum Bergama)	ZPE 47,1982,118 Nr.13 = SEG 32,1234 = Ann.épigr. 1989,689	192/3
278	Encekler	ZPE 44,1981,31 Nr.11 = SEG 31,1016 (fälschlich Jahr 378 = 293/4 n.Chr.)	193/4
?278	(Museum Izmir)	ZPE 44,1981,88 Nr.16 = SEG 31,1035	193/4
279	Saittai	TAM V 1,117	194/5
279	Saittai	TAM V 1,118	194/5
279	Saittai	TAM V 1,119	194/5
279	Saittai	TAM V 1,88	194/5
279	Mons Toma	TAM V 1,179b	194/5
279	Saittai	ZPE 36,1979,172 Nr.31 = SEG 29,1195	194/5
279	Encekler (Museum Manisa)	Malay Nr.292	194/5
281	Encekler	Travaux et recherches en Turquie II 39 Nr.7 = SEG 34,1227	196/7
282	Saittai	EA 2,1983,135 Nr.20 = SEG 33,1019	197/8
283	Saittai	TAM V 1,90	198/9
?283	(Museum Uşak)	EA 15,1990,73 Nr.22	198/9
?283	(Museum Uşak)	EA 3,1984,13 Nr.8 = SEG 34,1217	198/9
?283	(Museum Uşak)	EA 5,1984,4 Nr.2 = SEG 34,1211	198/9
284	Encekler	TAM V 1,168a	199/200
?284	(Museum Uşak)	EA 3,1984,8 Nr.4 = SEG 34,1213	199/200

?285 (Severus)	(Herkunft unklar)	Chiron 18,1988,200 Nr.1 = Ann.épigr.1989,690	200/1
286	Saittai	TAM V 1,120	201/2
286	Encekler	ZPE 44,1981,28 Nr.6 = SEG 31,1015	201/2
?287	(Museum Izmir)	ZPE 44,1981,88 Nr.17 = SEG 31,1036	202/3
288	Saittai	TAM V 1,121	203/4
288	Saittai	ZPE 36,1979,187 Nr.45 = SEG 29,1196	203/4
289	Saittai	EA 2,1983,135 Nr.21 = SEG 33,1020	204/5
289	Ariandos	TAM V 1,150	204/5
290	Saittai	TAM V 1,83	205/6
294	Saittai (Museum Manisa)	Malay Nr.332	209/10
294	Saittai	TAM V 1,135	209/10
294	Saittai	ZPE 36,1979,188 Nr.46 = SEG 29,1197	209/10
?294	(Museum Uşak)	EA 3,1984,13 Nr.9 = SEG 34,1218	209/10
?295	(Museum Izmir)	ZPE 44,1981,88 Nr.18 =	210/11
296	Saittai	TAM V 1,84	211/2
297 (Aurelii, Bassianus)	Saittai	TAM V 1,122	212/3
298	Tamasis	TAM V 1,158	213/4
?298	(Museum Uşak)	EA 3,1984,11 Nr.6 = SEG 34,1215	213/4
299	Encekler	ZPE 44,1981,30 Nr.9 = SEG 31,1015	214/5
?299	(Herkunft unklar)	Chiron 18,1988,206 Nr.3 = Ann.épigr.1989,692	214/5
299	Tarsi	TAM V 1,164	214/5
301 (Bassianus)	Encekler	TAM V 1,167	216/7
303	Saittai	Travaux et recherches en Turquie II 31 Nr.3 = SEG 34,1223	218/9
304 (Aurelius)	Saittai	EA 2,1983,136 Nr.22 = SEG 33,1021	219/20
306	Saittai	TAM V 1,123	221/2
308	Saittai	ZPE 36,1979,176 Nr.32 = SEG 29,1198	223/4
308	Iudda bei Satala	TAM V 1,616	223/4
?308	(Museum Izmir)	ZPE 44,1981,89 Nr.19 = SEG 31,1038	223/4
309	Saittai	TAM V 1,89	224/5
310 (Aurelius)	Saittai	TAM V 1,93	225/6
310	Saittai	TAM V 1,124	225/6
310	Topuzdamları	SEG 35,1268	225/6
311 (Aurelii)	Saittai	TAM V 1,125	226/7
312	Borlu	TAM V 1,189	227/8

313	Saittai	TAM V 1,136	228/9
318	Saittai	TAM V 1,126	233/4
?322	(Museum Uşak)	EA 3,1984,10 Nr.5 = SEG 34,1214 (fälschlich 247/8 n.)	237/8
323	Saittai	EA 2,1983,137 Nr.23 = SEG 33,1022	238/9
323	Encekler	Travaux et recherches en Turquie II 41 Nr.8 = SEG 34,1228	238/9
?324	(Museum Izmir)	ZPE 44,1981,89 Nr.20 = SEG 31,1039	239/40
326 (Aurelius)	Saittai	TAM V 1,127	241/2
?326	(Museum Izmir)	ZPE 44,1981,90 Nr.21 = SEG 31,1040	241/2
327	Saittai	TAM V 1,128	242/3
328	Encekler	Travaux et recherches en Turquie II 43 n.42	243/4
332	Encekler	EA 5,1985,55 Nr.13 = SEG 35,1250	247/8
333	Saittai	EA 2,1983,138 Nr.24 = SEG 33,1023	248/9
334	Saittai	TAM V 1,129	249/50
?334	(Museum Izmir)	ZPE 44,1981,90 Nr.22 = SEG 31,1041	249/50
335	Encekler	TAM V 1,168b	250/1
336 (Aurelius)	Saittai	TAM V 1,130	251/2
?337	(Herkunft unklar)	BCH 107,1983,520 = SEG 33,1012	252/3
339 (Aurelii)	Encekler	TAM V 1,168c	254/5
?348	(Herkunft unklar)	BCH 107,1983,516 = SEG 33,1013 (fälschlich Jahr 347)	263/4
?353	(Museum Izmir)	EA 6,1985,80 Nr.4 = SEG 35,1237	268/9
354 (Aurelius)	Iudda bei Satala	TAM V 1,608	269/70
375	Encekler	Travaux et recherches en Turquie II 51 Nr.13 = SEG 34,1233	290/1
?380	(Museum Uşak)	EA 3,1984,11 Nr.7 = SEG 34,1216	295/6

Silandos

Sullanische Ära ab 85/4 v.Chr.

148	Silandos	TAM V 1,56	63/4
159	Silandos	EA 5,1985,63 Nr.17 = SEG 35,1257	74/6
177	Altınlar	TAM V 1,57	92/3
182	Altınlar	TAM V 1,58	97/8
185	Silandos	TAM V 1,59	100/1

206	Silandos	Travaux et recherches en Turquie II 73 Nr.23 = SEG 34,1234	121/2
207	Papuşçu	EA 2,1983,119 Nr.8 = SEG 33,1029	122/3
209	Silandos	TAM V 1,50	124/5
221	Silandos	TAM V 1,60	136/7
225	Thermai Theseos	TAM V 1,71 (C.Iulius Quadratus)	140/1
229	Papuşçu	EA 2,1983,121 Nr.9 = SEG 33,1030	144/5
234	Silandos	TAM V 1,49	149/50
242	Thermai Theseos	TAM V 1,72	157/8
244	Silandos	EA 2,1983,122 Nr.10 = SEG 33,1031	159/60
246	Silandos	EA 5,1985,65 Nr.18 = SEG 35,1258	161/2
247	Mıdıklı	ZPE 44,1981,43 Nr.24 = SEG 31,1049	162/3
251	Thermai Theseos	EA 5,1985,70 Nr.23 = SEG 35,1263	166/7
261	Silandos	EA 5,1985,65 Nr.18 = SEG 35,1258	176/7
271	Tepeeynihan	TAM V 1,61	186/7
271	Silandos	TAM V 1,62	186/7
275	Pırnar Tepe	EA 2,1983,125 Nr.12 = SEG 33,1009	190/1
?276	(Museum Uşak)	EA 15,1990,90 Nr.40 (Silandeus)	191/2
277	Avlaşa	TAM V 1,63	192/3
278	Silandos	TAM V 1,64	193/4
280	Silandos	EA 5,1985,67 Nr.19 = SEG 35,1259	195/6
303	Pırnar Tepe	EA 2,1983,126 Nr.14 = SEG 33,1011	218/9
305	Silandos	EA 2,1983,123 Nr.11 = SEG 33,1032	220/1
316	(Museum Manisa)	Malay Nr.349 (ἔτους τςι')	231/2
320	(Museum Manisa)	EA 12,1988,151 Nr.5	235/6

Bagis und Lyendos

Aktische Ära ab 31/30 v.Chr.

91		Aktaş (Uşak)	TAM V 1,8	60/1
111		Aktaş	TAM V 1,12	80/1
125	(von einem Aiza-niten hergestellt)	Aktaş (Museum Uşak)	TAM V 1,13	94/5
139	(ἔτους ρλθ', μη(νὸς) Ἀρτε-[μισίου.], ὡς δὲ Βαγηνοὶ ἄγουσ[ιν--])	Hopuş	TAM V 1,29 (Taf.IX 2)	108/9
162		Güre (Bagis)	TAM V 1,35	131/2
168	(Aelii)	Aktaş	TAM V 1,2	137/8
169		Aktaş	TAM V 1,22	138/9
170		Hopuş (Aktaş)	TAM V 1,30	139/40
171		Aktaş	TAM V 1,14	140/1
173		Aktaş	TAM V 1,15	142/3
189	(Bolanus)	Mıdıklı (Museum Uşak)	TAM V 1,36	158/9
?190		(Museum Budapest)	Lochman 14ff.	159/60
?194		Zwischen Erdoğmuş und Yeniköy	Lochman 20 Nr.12 mit n.14 (von Naour gesehen)	163/4

?196	(Museum Uşak)	EA 13,1989,20 Nr.5	165/6
?196	(Museum Uşak)	EA 13,1989,30 Nr.16	165/6
?197	Kula	Keil – Premerstein I 87 Nr.188	166/7
202	Karakuyu	TAM V 1,41	171/2
222	Beylerhan (Museum Uşak)	TAM V 1,24	191/2
227 (μη(νὸς) Αὐδ- ναίου Σε(βασ- τῆ))	Beylerhan (Museum Uşak)	TAM V 1,25	196/7

Tabala

Sullanische Ära ab 85/4 v.Chr.

?22 (ἔτ]ους κβ')	Tabala	unpubl.; Hinweis H.Malay	64/3 v.
102 (ἔτους β' καὶ ρ')	Kalinharman	TAM V 1,212	17/8 n.
225	Burgaz	TAM V 1,194	140/1
225	Manaklar	TAM V 1,210 (fälschlich 141/2 n.Chr.)	140/1
226	Sirke	TAM V 1,216	141/2
245	Dereköy (Museum Manisa)	Malay Nr.525	160/1
250	Çatal Tepe	TAM V 1,220	165/6
268	Adana	TAM V 1,218	183/4
272	Boyalı	TAM V 1,219	187/8
296	Körez	TAM V 1,206	211/2
297	Adana	TAM V 1,218	212/3
319 (Aurelius)	(Museum Uşak)	EA 15,1990,95 Nr.46	234/5
333	Körez	TAM V 1,207	248/9
346	Kalinharman	TAM V 1,213	261/2

Katakekaumene

Sullanische Ära ab 85/4 v.Chr.

25 oder 55 (ἔτους ε' καὶ κ' oder ρ')	Maionia	TAM V 1,514	61/0 v. oder 31/0 v.
93 (ἔτους ϟ' καὶ γ')	Maionia	TAM V 1,546	8/9 n.
96 (ἔτου]ς ϛ ϟ') Augustus	Nisyra	TAM V 1,425	11/2
105 (ἔτους ε'καὶ ρ')	Nisyra (Kula)	TAM.V 1,427	20/1
108 (ἔτου]ς η' καὶ ρ')	Ayvatlar (Katoikie Dora)	TAM V 1,439	23/4
111 (ἔτους ρ' καὶ ια')	Emre	TAM V 1,591	26/7
113	Ayazviran (Museum Manisa)	TAM V 1,451	28/9
113	Emre	TAM V 1,587	28/9
118 (ἔτους ηι' καὶ ρ')	Kollyda	TAM V 1,360	33/4

120 (ἔτους ρ' καὶ κ')	Kollyda	TAM V 1,360	35/6
?120	Kula	TAM V 1,241	35/6
121-129(ἔτο]υς ρ' καὶ κ' καὶ [.])	Ayazviran (Katoikie Dima)	TAM V 1,489	36/7 - 44/5
128 (ἔτους ρ' καὶ κη')	Maionia	TAM V 1,547	43/4
129	Kollyda	TAM V 1,376	44/5
130 (ἔτους ρ' καὶ λ')	Nisyra	TAM V 1,436	45/6
132	Ayazviran	TAM V 1,469	47/8
?146	Kula (Museum Manisa)	TAM V 1,275	61/2
151	Görnevit	TAM V 1,577	66/7
151	Ayazviran	TAM V 1,469a	66/7
?155? (ἔτους ρ]νε')	Kula	TAM V 1,276	70/1
156	Maionia (Museum Manisa)	TAM V 1,548	71/2
?161? (ἔτους ρ]ξα')	Kula (Museum Manisa)	TAM V 1,298	76/7
161	Ayazviran	TAM V 1,470	76/7
?164	Museum Uşak (Katoikie Axiotta)	EA 15,1990,93 Nr.44	79/80
166	Kavaklı	TAM V 1,501	81/2
166	Maionia	TAM V 1,549	81/2
168	Kenger (Museum Manisa)	TAM V 1,578	83/4
168	Ayazviran	ZPE 44,1981,39 Nr.19 = SEG 31,988	83/4
174 (ἔτους ἑκατοστοῦ καὶ ἐβδομηκοστὸς καὶ δ')	Hamidiye	TAM V 1,491	89/90
176	Görnevit	TAM V 1,574	91/2
179	Kavaklı	Travaux et recherches en Turquie II 70 Nr. 21 = SEG 34,1200	94/5
181	Ayazviran	TAM V 1,470a	96/7
181?	Kollyda	TAM V 1,353	96/7
186	Yabacı	ZPE 44,1981,21 Nr.2 = SEG 31,1004	101/2
189	Hamidiye	EA 6,1985,72 (SEG 34,1207)	104/5
?191	Kula	TAM V 1,270	106/7
195	Ayazviran	ZPE 44,1981,39 Nr.18 =SEG 31,989	110/1
196	Palankaya bei Ayazviran	Travaux et recherches en Turquie II 64 Nr.18 = SEG 34, 1208	111/2
?198 (Flavia)	Kula (aus Katakekaumene oder Alia)	TAM V 1,257 (SEG 19,717: akt.=167/8 n.)	113/4
199	Kollyda	TAM V 1,361	114/5
199	Kula (Smyrna)	TAM V 1,317	114/5
200	Kollyda	TAM V 1,365	15/6

?202	Katakekaumene (Museum Izmir)	AAWW 122,1985,259 Nr.3 = SEG 35,1159	117/8
203	Ayazviran	TAM V 1,471	118/9
203	Ayazviran (Kome Koresa)	TAM V 1,460	118/9
203	Ayvatlar	TAM V 1,440	118/9
203?	Nisyra	TAM V 1,437	118/9
203	Sandal	TAM V 1,596	118/9
?203	Katakekaumene (München)	ZPE 61,1985,199 = SEG 35,1269	118/9
?204	Kula	TAM V 1,278	119/20
?204	(Museum Manisa)	Malay Nr.167	119/20
205	Nisyra (Museum Manisa)	TAM V 1,431	120/1
207	Kollyda	TAM V 1,342	122/3
?209	Kula (Museum Berlin)	TAM V 1,279	124/5
209? (oder 309)	Hamidiye	TAM V 1,492	124/5 oder 224/5
211	Karaoba	TAM V 1,445	126/7
212	Kollyda	TAM V 1,377	127/8
?216	Katakekaumene (Sahlili)	EA 6,1985,66 Nr.9 = SEG 35,1270	131/2
217	Yabacı (Museum Uşak)	EA 13,1989,44 Nr.3	132/3
221-229? (ἔτους σκι'?)	Ayazviran	Travaux et recherches en Turquie II 44 Nr.14 = SEG 34,1204	136/7 -144/5
222	Kavaklı	EA 5,1985,60 Nr.15 = SEG 35,1161	137/8
?227	Kula (Izmir)	TAM V 1,255	142/3
?227	Kula (vielleicht aus Thyateira)	TAM V 1,280	142/3
228	Ayazviran	TAM V 1,461	143/4
229	Ayazviran	TAM V 1,472	144/5
?229	Kula (Museum Leiden)	TAM V 1,281	144/5
?230? (ἔτους σλ'?) (Iulius Quadratus)	Kula (Museum Manisa)	TAM V 1,245	145/6
230	Kollyda	TAM V 1,364	145/6
231	Maionia	TAM V 1,567	146/7
?231	Katakekaumene (Museum Manisa)	EA 12,1988,149 Nr.1	146/7
?232	Katakekaumene	Van Straten 138 Nr.47,5	147/8
?233	Katakekaumene? (Sahlili)	EA 6,1985,66 Nr.10 = SEG 35,1271	148/9
?233	Kula (Museum Manisa)	TAM V 1,254	148/9

235? (ἔτους σελ')	Kula (Museum Manisa; aus dem Heiligtum der Anaeitis)	TAM V 1,236	150/1
235	Kavaklı	Travaux et recherches en Turquie II 71 Nr.22 = SEG 34,1201	150/1
236	Kollyda	TAM V 1,378	151/2
?236	Katakekaumene?	SEG 37,1735	151/2
238	Sandal	TAM V 1,599	153/4
239 Antoninus Pius	Maionia (Museum Manisa)	TAM V 1,517	154/5
240	Kollyda	TAM V 1,362	155/6
241	Kula (Smyrna)	TAM V 1,318	156/7
244	Hamidiye (Museum Manisa)	TAM V 1,490	159/60
245	Katoikie Axiotta (Museum Uşak)	EA 13,1989,45 Nr.4	160/1
?246	Katakekaumene (Museum Istanbul)	ZPE 49,1982,191 Nr.1 = SEG 32,1213	161/2
?246	Katakekaumene (Museum Izmit, aus der Kome Archelaou)	MDAI(I) 25,1975,357	161/2
246	Kollyda	TAM V 1,351	161/2
247	Kula (Museum Izmir)	TAM V 1,326	162/3
?249	Kula	TAM V 1,282	164/5
250	Nisyra	unpubl.; Hinweis H.Malay	165/6
251	Nisyra	unpubl.; Hinweis H.Malay	166/7
?251	Katakekaumene?	SEG 37,1000	166/7
252 (Aelius)	Sandal	TAM V 1,601	167/8
?252	Katakekaumene (Museum Istanbul)	ZPE 49,1982,191 Nr.2 = SEG 32,1214	167/8
?252	Kula	TAM V 1,283	167/8
253	Kollyda (Smyrna)	TAM V 1,379	168/9
254	Ayazviran	TAM V 1,473	169/70
254	Kollyda (Museum Leiden)	TAM V 1,325	169/70
255	Ayazviran	Travaux et recherches en Turquie II 56 Nr.15 = SEG 34,1205	170/1
256	Maionia (Kula)	TAM V 1,536	171/2
256	Maionia (Kula)	TAM V 1,537	171/2
257	Maionia	TAM V 1,527	172/3
257	Kollyda (Smyrna)	TAM V 1,337	172/3
?258	Kula	TAM V 1,284	173/4
258	Ayazviran	TAM V 1,461b	173/4
?260	Katakekaumene (Museum Uşak)	EA 13,1989,40 Nr.1 (vgl. BABesch 54,1979,168)	175/6

261	Maionia	TAM V 1,540	176/7
262	Ayazviran	TAM V 1,473a	177/8
262	Ayazviran	TAM V 1,454	177/8
262	Katakekaumene (Museum Bergama)	EA 12,1985,149 Nr.2	177/8
264	Sandal	TAM V 1,600	179/80
?267	Katakekaumene (Museum Istanbul)	ZPE 49,1982,192 Nr.3 = SEG 32,1215=Ann.ép.1989,685	182/3
268	Nisyra (Kula)	TAM V 1,433	183/4
269	Maionia (Museum Manisa)	TAM V 1,524	184/5
?271	Kula	TAM V 1,285	186/7
?276	Katakekaumene (Museum Izmir)	AAWW 122,1985,251 Nr.1 = SEG 35,1157	191/2
276	Ayazviran	TAM V 1,463	191/2
278	Ayazviran	TAM V 1,473b	193/4
279	Nisyra (Museum Manisa)	TAM V 1,434	194/5
?279	Katakekaumene (Museum Uşak)	Van Straten 138 Nr.47,3	194/5
280	Kollyda	TAM V 1,380	195/6
281	Kula (Museum Boston)	TAM V 1,319	196/7
282	Asarcık	EA 2,1983,108 Nr.1 = SEG 33,1007	197/8
284	Kollyda	TAM V 1,327	199/200
284	Katakekaumene (Smyrna)	TAM V 1,328	199/200
285	Hamidiye (Museum Manisa)	TAM V 1,493	200/1
?285	Katakekaumene (Museum Istanbul)	ZPE 49,1983,192 Nr.4 = SEG 32,1226	200/1
285	Kollyda	TAM V 1,381	200/1
285	Ayazviran	EA 2,1983,112 Nr.4 = SEG 33,1001	200/1
?287	Katakekaumene (Smyrna)	Van Straten 138 Nr.47,2 = SEG 31,999	202/3
?287	Kula	TAM V 1,286	202/3
?290	Kula (Smyrna)	TAM V 1,287	205/6
290	Kollyda	TAM V 1,368	205/6
291	Ayazviran	EA 2,1983,110 Nr.2 = SEG 33,1002	206/7
?291	Katakekaumene (Museum Uşak)	Van Straten 138 Nr.47,4	206/7
?292	Kula	TAM V 1,288	207/8
294	Ayazviran	EA 2,1983,111 Nr.3 = SEG 33,1003	209/10
?294	Kula	TAM V 1,242	209/10
295	Ayazviran	TAM V 1,473c	210/1
?295	Kula (Yale University)	TAM V 1,289	210/1
?295	Kula (Smyrna, angeblich aus Kastolupedion; Katoikie Taza)	TAM V 1,231; vgl. TAM V 1,p.72.78.132.159	210/1

296	Katakekaumene (Smyrna)	TAM V 1,320	211/2
296	Maionia (Museum Uşak)	EA 15,1990,90 Nr.41	211/2
?297	Kula	TAM V 1,290	212/3
299	Maionia (Kula)	TAM V 1,550	214/5
?299	Kula	TAM V 1,271	214/5
299	Nisyra (Kula)	TAM V 1,432	214/5
299	Ayazviran (Museum Izmir)	AAWW 122,1985,259 Nr.4 = SEG 35,1160	214/5
300	Kula (Museum Leiden)	TAM V 1,321	215/6
?301	Kula (Yale University)	TAM V 1,289	216/7
302	Ayazviran	ZPE 44,1981,41 Nr.21 = SEG 31,990	217/8
?303	Kula (vielleicht aus Phrygien)	Keil – Premerstein I 88 Nr.190	218/9
304	Kollyda	TAM V 1,383	219/20
305 (Aurelius)	Ayazviran	TAM V 1,456	220/1
?305	Kula	TAM V 1,291	220/1
307	Ibrahimağa	TAM V 1,510	222/3
308 (Aurelius)	Ayazviran (Museum Manisa)	TAM V 1,474	223/4
308 (Aurelius)	Ayazviran	TAM V 1,449	223/4
309	Maionia (Museum Uşak)	EA 13,1989,23 Nr.9	224/5
309	Hamidiye	EA 2,1983,113 Nr.5 = SEG 33,1005	224/5
?309	Kula (Yale University)	TAM V 1,293	224/5
?309	Kula (Museum Manisa)	TAM V 1,292	224/5
313	Kollyda (Sardis)	TAM V 1,348	228/9
313	Nisyra	TAM V 1,426	228/9
313	Kavaklı	TAM V 1,500	228/9
?317 (Aurelius)	Kula	ZPE 49,1982,192 Nr.5 = SEG 32,1217	232/3
317	Ayazviran (Museum Manisa)	TAM V 1,475	232/3
319	Ayazviran	ZPE 44,1981,40 Nr.20 = SEG 31,991	234/5
319	Ayazviran	TAM V 1,475a	234/5
320 (Aurelius)	Sandal (Kula)	TAM V 1,592	235/6
320	Ayazviran	TAM V 1,453	235/6
320	Ayazviran	TAM V 1,475b	235/6
321	Kollyda (Museum Leiden)	TAM V 1,322	236/7
323	Region von Kollyda	EA 13,1989,47 Nr.5	238/9
325	Maionia (Museum Manisa)	TAM V 1,532	240/1
325	Ayazviran	TAM V 1,476	240/1
325	Ayazviran	TAM V 1,477	240/1
?325	Kula (Museum Manisa)	TAM V 1,294	240/1
327 (Aurelii)	Ayazviran	EA 5,1985,56 Nr.14 = SEG 35,1167	242/3

327	Hamidiye	TAM V 1,496	242/3
?327	(Museum Manisa)	Malay Nr.181	242/3
327?(Aurelius) (ἔτο[υς] [τ]κζ')	Kollyda	TAM V 1,338	242/3
?329	Kula (Museum Wien)	TAM V 1,295	244/5
329	Kula (Museum Leiden)	TAM V 1,329	244/5
331	Kollyda	TAM V 1,384	246/7
332 Gordianos Theos, Sev. Alexander (?)	Kavacık	TAM V 1,419	247/8
332	Maionia (Kula)	TAM V 1,551	247/8
?333	Kula	TAM V 1,306	248/9
334	Ayazviran (Museum Manisa)	TAM V 1,478	249/50
335	Sandal (Kula)	TAM V 1,593	250/1
335	Maionia	TAM V 1,532 (fälschlich Jahr 325)	250/1
335	Hamidiye (Museum Manisa)	TAM V 1,495	250/1
335	Ayazviran	TAM V 1,479	250/1
335	Hamidiye (Museum Manisa)	TAM V 1,494	250/1
338 (Aurelius)	Ayazviran (Museum Manisa)	TAM V 1,480	253/4
339	Sandal (Museum Manisa)	TAM V 1,597	254/5
?339	Kula (Museum Manisa)	TAM V 1,296	254/5
?340 (Aurelii)	Kula (Museum Manisa)	TAM V 1,297	255/6
341	Kula (Museum Manisa)	TAM V 1,246	256/7
342	Kula (Museum Manisa)	TAM V 1,247	257/8
344	Kollyda	TAM V 1,385	259/60
345 (Aurelii)	Ayazviran	TAM V 1,481	260/1
?347	Katakekaumene (Museum Istanbul)	ZPE 49,1982,193 Nr.6 = SEG 32,1218	262/3
354? (ἔτους τνδ')	Kula	TAM V 1,252	269/70
?355	Kula (Museum Manisa)	EA 6,1985,59 Nr.3 = SEG 35,1165	270/1
356	Kula (Smyrna)	TAM V 1,330	271/2
359	Kollyda	TAM V 1,386	274/5
360	Ayazviran	TAM V 1,482	275/6
365 (Aurelius)	Ayazviran	Travaux et recherches en Turquie II 57 Nr.16 = SEG 34,1206	280/1
380	Ibrahimağa	TAM V 1,511	295/6

Philadelpheia und oberes Kogamostal

Aktische Ära ab 31/0 v.Chr.

5	ἐν τῷ ε' ἔτει τῆς Αὐτ[οκράτορος Καί-] σαρος θεοῦ υἱοῦ Σεβασ[τοῦ νείκης]	Badınca	EA 5,1985,24 Nr.2 = SEG 35,1169	27/6 v.
7		"Mahmud Aga Köy" (Katoi- kie Adruta)	Keil-Premerstein III 35 Nr.46	25/4 v.
20	ἔτους κ'τῆς Καίσα- ρος νίκης	"Mendechora"	Robert, Hellenica IX 28	12/1 v.
38		Hajarly (Hayalil)	Keil-Premerstein III 32 Nr.38	7/8 n.
71	Γαίῳ Καίσαρι Αὐ- γούστῳ Γερμανικῷ τὸ τρίτον ὑπάτωι πρὸ ἐννέα καλανδῶν Ὀκτοβρίων, ἔτους ο' καὶ α' τῆς Καί- σαρος νείκης, μη- νὸς Καίσαρος Σε- βαστῆ		Keil - Premerstein I 30 Nr.43; IGR IV 1615	40/1
73	ἔτους ογ' τῆς Καί- σαρος [νεί]κης	"Djedid Köy"	Keil-Premerstein III 37 Nr.54	42/3
77		Hajarly (Hayalil)	Keil-Premerstein III 31 Nr.35	46/7
100			Keil-Premerstein I 39 Nr.76	69/70
?101(oder 91)		(Museum Manisa)	Malay Nr.238	70/1
109		Hajarly (Hayalil)	Keil-Premerstein III 32 Nr. 40	78/9
115			Le Bas - Wadd. 661	84/5
116			Keil-Premerstein III 22 Nr.20	85/6
123 (Flavii)			Keil-Premerstein I 42 Nr.85	92/3
128			Museion Smyrna 1,1875,122 Nr.27	97/8
132			Museion Smyrna 1,1875,122 Nr.28; Buresch 14 Nr.11	101/2
148		Top Tepe	AAWW 93,1956,231 Nr.11 = SEG 17,530	117/8
?170	ἔτους ρ]ο'		Keil-Premerstein I 41 Nr.81	139/40
170	ἔτους ἑκατο<σ>τοῦ ο'	Alkan	EA 15,1990,67 Nr.30	139/40
178 (Flavii)			Museion Smyrna 5,1885,62 Nr.451 = BCH 7,1883,502,1	147/8
180 (Flavii)			Museion Smyrna 5,1885,62 Nr.451 = BCH 7,1883,502,1	149/50
193		"Tachtadji Köy"	Keil - Premerstein III 24 Nr.27	162/3

197 ἔτους ρ þζ' τῆς Καίσαρος νείκης	"Mendechora"	Robert, Hellenica IX 28	166/7
204	(Museum Manisa)	Malay Nr.167	173/4
206		Keil-Premerstein I 40 Nr. 78 (fälschlich 173/4 n.Chr.)	175/6
?210	Heiligtum der Meter Phileis (aus Kula)	TAM V 1,261; EA 6,1985, 125 Nr.1 = SEG 35,1163	179/80
216	Deliler (Yeşilyurt)	Keil-Premerstein III 34 Nr. Nr.43	185/6
?229	(Museum Leiden)	Pfuhl-Möbius, Ostgriech. Grabreliefs Nr.186	198/9
?235 ἔτους ελ[σ'?]	Tepeköy bei Monawak (Yeşilkavak)	Buresch 11 Nr.8	204/5
245 Caracalla Parthicus maximus Britannicus maximus Germanicus maximus		Buresch 16 Nr.13; IGR IV 1619; Syll.³ 883	214/5
248	Killik	EA 6,1985,116 Nr.6 = SEG 35,1179	217/8
249		MDAI(A) 6,1881,271 Nr.19	218/9
250	Cabar Fakılı bei Killik	unpubl.; Hinweis H.Malay	219/20
?260 (Aurelii) τοῦ [σ]ξ' ἔτους	"Mendechora"?	Le Bas-Wadd.1669; CIG 3420; IGR IV 1635	229/30
?260-269 ἔτους σξ[.]		JHS 37,1917,93 Nr.6; IGR IV 1760	229/30 -238/9
?261 ἔτο[υ]ς σ[ξα?] τ[ῆς] Καίσαρος νείκης	Cabertarar	EA 15,1990,70 Nr.34	230/1
263		BCH 7,1883,504 Nr.7 = Museion Smyrna 5,1885,64 Nr.456	232/3
269 (Aurelius)		Keil-Premerstein I 40 Nr. 77	238/9
?269 (Flavia)	vielleicht nach Alaşehir verschleppt	Keil-Premerstein I 27 Nr. 39; IGR IV 1614 (oder sull. =184/5)	238/9
274	Bebekli (Kastolupedion)	Keil-Premerstein II 119 Nr.225; TAM V 1,224	243/4
280	Killik	EA 6,1985,116 Nr.7 = SEG 35,1180	249/50
284 ἔτους [σπ]δ'	Kula (aus Tetrapyrgia)	TAM V 1,230; Nollé 59ff.; SEG 32,1220	253/4
288		Museion Smyrna 5,1885,69 Nr.469	257/8
327	(Museum Manisa)	Malay Nr.181	296/7
?330-339 ἔτους τλ[.']	Killik	EA 6,1985,118 Nr.18 = SEG 35,1191	299/300 -308/9

340	(Aurelii)		REG 13,1900,499	309/10
343	(Aurelius)		Keil-Premerstein I 37 Nr.65	312/3
373			Museion Smyrna 5,1885,67	342/3
			Nr.466; IGR IV 1647	
516		Sarıgöl	Keil-Premerstein III 36	485/6
			Nr.51	
545	ἰνδ(ικτιῶνι) η'	"Mendechora"	JHS 37,1917,95 Nr.8;	514/5
			Strobel 87	
560			JHS 37,1917,99 Nr.9	529/30

Herakleia Salbake

Sullanische Ära ab 85/4 v.Chr.

158		Robert,Carie 169 Nr.56	73/4
209		MAMA VI 105 (fälschlich 125/6 n.	124/5
		Chr.); Robert, Carie 190 Nr.94	
245	(aus Klaros)	Robert, Carie 381 Nr.194	160/1
255	ἔτους εν[σ'], Titus	MAMA VI 97; Robert, Carie 163 Nr.	170/1
	Statilius Apollinarius	40; L.Robert, Hellenica III 10ff.	
255		MAMA VI 146; Robert, Carie 198	170/1
		Nr.119	
256		Robert, Carie 189 Nr.93	171/2
262	93.Prytanie Apollons	Robert, Carie 382 Nr.196	177/8
	(aus Klaros)		
268	(aus Klaros)	Robert, Carie 204 Nr.133	183/4
270	101.Prytanie Apollons	Robert, Carie 205 Nr.135	185/6
	(aus Klaros)		
307		MAMA VI 140; Robert, Carie 196	222/3
		Nr.112	
309	(Aurelius)	MAMA VI 139; Robert, Carie 188	224/5
		Nr.92	

Sebastopolis

Sullanische Ära ab 85/4 v.Chr.

| ?329 | [ἔτους τ]κϑ' (Aurelius) | Robert, Etudes anatoliennes 353 | 244/5 |
| | | Nr.9; Robert, Carie 326 Nr.176 | |

Iasos

Sullanische Ära ab 85/4 v.Chr.?

80	M.Cervius	IvIasos 269	6/5 v.
81	ἔτους π[α']	IvIasos 353	5/4 v.
89		IvIasos 270	4/5 n.
120	C.Pompeius Piso, Aul.Clodius	IvIasos 271	35/6 n.
	Bathyllus, Q.Samiarius Naso,usw.		

120	C.Pompeius Piso, Aul.Clodius Bathyllus, Q.Samiarius Naso, usw.	Ivlasos 272	35/6 n.
120	wie zuvor	Ivlasos 273	35/6 n.
140	L.Tampius Celer, usw.	Ivlasos 274	55/6 n.
168		Ivlasos 275	83/4 n.
170		Ivlasos 102	85/6 n.
171		Ivlasos 276	86/7 n.
178	M.Vedius Paulinus, Manius Lorentius Capito, L.Veturius Bassus,usw.	Ivlasos 277	93/4 n.
180	M.Mussius Helix	Ivlasos 103	95/6 n.
182		Ivlasos 100	97/8 n.

5a-b. Kibyra

a. Sullanische Ära ab 85/4 v.Chr.

?1.	AK	=21		Inv.Wadd.5812	65/4 v.
?2.	HK	=28	(Taf. III 3)	Imh.-Bl., Kl.Mz.252 Nr.11 und Nr.13; SNG Aulock 8394	58/7 v.
3.	ETO ΛḂ	=32		Imh.-Bl., Kl.Mz.252 Nr.12; SNG Aulock 3721; Lindgren Coll.918	54/3 v.
?4.	N	=50		Imh.-Bl., Kl.Mz.252 Nr.14; SNG Cop.269	36/5 v.
5a.	P	=100	Tiberius?	Inv.Wadd.5820f.; Cat. Ashmolean Mus.I 1381; Imh.-Bl., Kl.Mz.256 Nr. 14b; Roman Provincial Coinage I 2885	15/6 n.
? b.	P (retrograd) oder Đ = 90	=100	Tiberius oder Augustus?	BMC 39; SNG Cop.280: Roman Provincial Coinage I 2884	15/6 n. o. 5/6 n.
c.	P	=100	Livia ?	SNG Aulock 8398; Inv. Wadd.3823; Roman Provincial Coinage I 2886	15/6 n.
d.	P	=100	Arruntius (Taf.III 4)	Imh.-Bl., Kl.Mz.256 Nr. 25; Schweizer Münzblätter 38,1988,71; Roman Provincial Coinage I 2887	15/6 n.

b. Kibyratische Ära ab 24/5 n.Chr.

1.	ἔτους ἐνά- του τεσσα- ρακοστοῦ τῆς κτίσεως	=49	Q.Veranius Philagrus	Le Bas - Wadd.1213; CIG 4380a; Petersen - Luschan Nr.242; IGR IV 915	72/3
?2.	ἔτους γν'	=53	Aus Büyükalan	BCH 24,1900,62	76/7
?3.	τῷ νζ' [ἔ]τει	=57		unpubl.; Kubitschek, Skizzenbuch VI,1893,S.11	80/1

?4.	ἔτους ογ' (oder ος' =76)	=73	Aus Çavdir (Lucii)	ABSA 51,1956,145 Nr.31 (fälschlich Jahr 83) = SEG 17,721	96/7
?5.	ἔτους ζιρ'	=117	Aus Dengere	Bean, Lycia 9 Nr.8	140/1
6.	ἔτους εκρ'	=125		Heberdey, Skizzenbuch I, 1894,S.10 (Theater Kibyra)	148/9
?7.	ἔτους [.]λρ'	=131 -139		Heberdey, Skizzenbuch I, 1894,S.32 (Ostnekropole)	154/5- 162/3
8.	ἔτους γλρ'	=133		Heberdey-Kalinka 7 Nr.19	156/7
9.	ἔτους μρ'	=140		Heberdey, Skizzenbuch Pisidien IX,1902,S.55 (Agora Kibyra)	163/4
10.	ἔτους αμρ'	=141		Heberdey-Kalinka 5 Nr.15	164/5
11a.	ἔτους ζμρ', μηνὸς Γορπιαίου εἰκάδι	=147		Petersen-Luschan Nr.249; IGR IV 901	170/1
b.	ἔτους ζμρ', μηνὸς Γορπιαίου εἰκάδι	=147		Petersen-Luschan Nr.250	170/1
12.	ἐν τῷ [ἐνά-]τῳ πεντη- κοστῷ ἑκα- τοστῷ ἔτει	=159	Ti.Claudius Fla- vianus, Sohn des Ti.Claudius Paulinus	Le Bas – Wadd.1216; CIG 4380b²; IGR IV 911	182/3
?13.	ἔτους αξρ'	=161	Aus Dengere	ABSA 51,1956,148 Nr.41 = SEG 17,731	184/5
14a.	ἔτους αορ'	=171		Kleinas.Komm.Wien, Schede Kibyra Nr.63 (1894 von He- berdey in der Ostnekropole kopiert)	194/5
? b.	ἔτους αορ' (oder δορ' =174)	=171	Aus Yusufça	Heberdey, Skizzenbuch I, 1894,S.2	194/5
15.	ἔτους γορ'	=173		Kleinas.Komm.Wien, Schede Kibyra Nr.60 (1894 von He- berdey in der Ostnekropole kopiert)	196/7
16.	ἔτους εορ'	=175	(Marcianus)	Reichel, Skizzenbuch III, 1893,S.13; Heberdey, Skiz- zenbuch I,1894,S.30	198/9
17.	ET ϛOP	=176	Caracalla	Inv.Wadd.5832; SNG Aulock 3737	199/200
18a.	ἔτους βπρ'	=182	Aus Lagbe	BCH 24,1900,329	205/6
? b.	ἔτους βπρ'	=182	Ti.Claudius Pau- linus	Petersen-Luschan 192 Anm. 3; Kleinas.Komm.Wien, Schede Kibyra Nr.147; BCH 2,1878,610 Nr.29 = IGR IV 921 (Jahr 120); Kubitschek, Kalenderbücher 84 (Jahr 180)	205/6

19. ἔτους δπρ' =184 Aus Kayaçık   Robert, Collection Froehner 207/8
                                        Paris 1936,111
20. ἔτους επρ' =185 (Claudiana Fau-   Kubitschek, Skizzenbuch   208/9
                     stina)   VI,1893,S.1 (Nekropole)
21a. ἔτους ζ'   =187   Heberdey-Kalinka 5 Nr.14   210/1
    ὀγδοηκοστοῦ
    ἐκτοστοῦ
    τῆς κτίσε(ως)
21b. ἔτους ζπρ' =187   Kleinas.Komm.Wien, Schede   210/1
                                        Kibyra Nr.147
?22. ἔτους θπρ' =189   Kleinas.Komm.Wien, Schede   212/3
                                        Nr.35 (1894 von Heberdey
                                        in der Ostnekropole kopiert)
23. Γ Ϸ Ρ   =193 Macrinus, Dia- Imh.-Bl., Kl.Mz.255 Nr.22; 216/7
                        dumenianus   BMC 53; SNG Aulock 3738
24a. ἔτους δ ϸρ' =194   Petersen-Luschan Nr.254;   217/8
                                        ABSA 51,1956,139 Nr.9 =
                                        SEG 17,701
  b. ἔτους δ ϸ ρ' =194   Heberdey, Skizzenbuch I,   217/8
                                        1894,S.46 und Abklatsch
                                        In der Kleinas.Komm.Wien
                                        (Stadion Kibyra)
25a. ἔτους ε ϸ‹ρ›'=195   Robert, Etudes anatoliennes 218/9
                                        389
  b. ἔτους ε ϸ ρ' =195   Kleinas.Komm.Wien, Schede   218/9
                                        Kibyra Nr.58 (1894 von
                                        Heberdey in der Ostnekro-
                                        pole kopiert)
26a. ς Ϸ Ρ   =196 Elagabal   Inv.Wadd.5837; BMC 61;   219/20
                                        SNG Aulock 3742; SNG
                                        München 295
  b. ς Ϸ Ρ   =196 Iulia Maesa   SNG Aulock 3743   219/20
? c. ἔτους ς ϸ ρ' =196   Heberdey, Skizzenbuch I,   219/20
                                        1894,S.23 (Ostnekropole)
27a. ΑΣ   =201 Sev.Alexander   Imh.-Bl., Kl.Mz.255 Nr.23. 224/5
                                        258 Nr.33; Imh.-Bl., Münz-
                                        kunde 157 Nr.5; Inv.Wadd.
                                        5839; SNG Aulock 3746
  b. ΑΣ   =201 Iulia Mamaea   BMC 70; SNG München 298 224/5
28. ἔτους ησ' =208   Heberdey, Skizzenbuch I,   231/2
                                        1894,S.36 (Ostnekropole)
29. ἔτους ισ' =210 Aus Alanbahçe-   ABSA 51,1956,147 Nr.38 =   233/4
                    leri (Aurelii)   SEG 17,728
30. ἔτους σια', =211 Aus Kayaçık   Robert, Etudes anatoliennes 234/5
    μη(νὸς) γ'   (Aurelii)   364
31. ΕΤΟΥΣ ΒΙΣ   =212 Maximinus Thrax, BMC 72; Mionnet IV 262 Nr. 235/6
                    Maximus   397; Auktionskatalog Egger
                                        Wien 46,1914,1672; EA 4,
                                        1984,110 Nr.6

32a. ἔτους εισ'	=215	Aus Lagbe (Aur.)	JHS 8,1887,253 Nr.34; Petersen-Luschan Nr.205; Ramsay, Cities 273 Nr.193	238/9
? b. ἔτους ε̣ι̣σ'	=215		Heberdey, Skizzenbuch I, 1894,S.16 (Ostnekropole)	238/9
33a. ΖΙΣ	=217	Gordianus III.	Imh.-Bl., Kl.Mz.259 Nr.34; BMC 74f.; SNG Aulock 3748 -3750; SNG München 299; EA 4,1984,111 Nr.7	240/1
b. ἔτους ζισ'	=217	(Aurelius Marcianus)	Heberdey, Skizzenbuch I, 1894,S.12 (Ostnekropole)	240/1
34. ΘΙΣ	=219	Tranquillina	BMC 82; Slg.Cos Weber 3498	242/3
?35. ἔτους ΙΚΣ? (oder 223?)	=221	(Aurelii)	BCH 2,1878,609 Nr.27(Jahr 125); ABSA 51,1956,139 Nr.12 = SEG 17,706 (Jahr 221); Kubitschek, Kalenderbücher 84 Anm.2 (Jahr 223)	244/5
36. ΓΚΣ	=223	Philippus II. als Augustus	Inv.Wadd.5846; BMC 84; SNG Aulock 3753; EA 4, 1984,112 Nr.11 = SNR 64, 1985,101 Abb.9/10	246/7
37a. ET ϚΚΣ	=226	Traianus Decius	BMC 85; Imh.-Bl., Münzkunde 157 Nr.6; SNG Aulock 3754	249/50
b. ET ϚΚΣ	=226	Etruscilla	BMC 88f.; Inv.Wadd.5848; SNG Cop.305; SNG Lewis 1614; Slg.Cos Weber 3500; EA 4,1984,114 Nr.13-15	249/50
38. ἔτους λσ'	=230	(Aurelius)	Heberdey, Skizzenbuch I, 1894,S.31 (Stadion Kibyra)	253/4
39. ἔτους αλσ', μηνὸς Δαι- [σ]ίου Σε- βαστῇ	=231		Heberdey-Kalinka 5 Nr.13; IGR IV 922	254/5
40. ἔτους γλσ'	=233		Heberdey, Skizzenbuch I, 1894,S.43 (Stadion Kibyra)	256/7
41. ἔτους δλσ'	=234		Heberdey, Skizzenbuch I, 1894,S.31 (Ostnekropole)	257/8
42. ἔτους ελσ'	=235	(Aurelius)	Heberdey, Skizzenbuch I, 1894,S.22 (Ostnekropole)	258/9
?43. ἔτους γνσ'	=253		Heberdey, Skizzenbuch I, 1894,S.18 (Ostnekropole)	276/7
44. ἔτους β ϸσ'	=292		Heberdey, Skizzenbuch I, 1894,S.44 (Stadion Kibyra)	315/6

c. Oberes Lysistal

Kibyratische Ära ab 24/5 n.Chr. oder sullanische Ära ab 85/4 v.Chr.

					sull.	kibyr.
1.	ἔτους βρ', ρν' (=Jahr 150 galatischer Ära)	=102	Akören (Makropedeitai) (Kibyrate)	Ramsay, Cities 308 Nr. 120; Ramsay, Social Basis 17 Nr.6; AS 9,1959, 103 Nr.64; Lane, Men I Nr.126		125/6
2.	ἔτους βορ'	=172	Tefenni	JHS 8,1887,237 Nr.17; Sterrett 68; Ramsay, Cities 306 Nr.105; Robert, Hellenica III 69f.		195/6
3.	ἔτους ροε'	=175	Heçe	CIG 4367, C		198/9
4.	ἔτους ϛορ'	=176	Tefenni	Sterrett 65 (Jahr 272); JHS 8,1887,236 Nr.16 (Jahr 175); Ramsay, Cities 306 Nr.104 (Jahr 176)		199/200
5.	ἔτους ρπβ' (Annia Faustina, Tib.Claudius)	=182	Karamanli (Ormeleis)	Ramsay, Cities 310 Nr. 127; IGR IV 889		205/6
?6.	ἔτους ϑ[πρ'?] oder ϑ [þσ'?] (Severus, Faustina)	=189 =299	Karamanli (Ormeleis)	Sterrett 41; Ramsay, Cities 312 Nr.129; IGR IV 890	214/5?	212/3?
7.	ἔτους τβ' (Annia Aurelia Faustina, Aurelius)	=302	Karamanli (Ormeleis)	Sterrett 43; Ramsay, Cities 310 Nr.126; IGR IV 891	217/8	
8.	ἔτους ϛþρ'	=196	Hasanpaşa	Ramsay, Cities 308 Nr. 117		219/20
?9.	ἔτους λσ' oder ασ' =201 (so Heberdey) (Aurelii)	=230	Hasanpaşa	Ramsay, Historical Geography 175; IGR IV 897		253/4
10.	ἔτους ϛλσ' (Aurelius)	=236	Tefenni	Sterrett 60; Ramsay, Cities 304 Nr.99; Lane I 103		259/60
11.	ἔτους ζλσ' (Aurelius)	=237	Tefenni	wie zuvor		260/1
?12.	ἔτους δξτ (Pomponia Ummidia, Fl. Antiochianus, Aurelii)	=364	Tefenni (Ormeleis)	Sterrett 59; Ramsay, Cities 288 Nr.215; IGR IV 893	279/80	
?13.	ἔτους τ[?]ζ' =307? (Theos Sozon)		Tefenni	Sterrett 64 (327); BCH 2,1878,170,2 (307); Ramsay, Cities 305 Nr.103(397)	222/3?	330/1?

d. Ebene von Karahüyük

a. Sullanische Ära ab 85/4 v.Chr. oder lokale Ära ab 189/8 v.Chr.?

1. ἔτους ἐν[νε]α- =19 Karahüyük BCH 13,1889,334 Nr.4;   67/6 v.
   καιδεκά[του]   Michel, Recueil 544   oder ca.171/2 v.

b. Kibyratische Ära ab 24/5 n.Chr.

1.	ἔτους ηορ'	=178 Dodurga (Kiby-ratas)	CIG 4380v, A	201/2
?2.	ἔτους [.] ισ'	=211 Kumafşarı −219	BCH 24,1900,55 mit der Lesung der Datierung von Heberdey, Skizzenbuch Pisidien IX,1902,S.8	234/5 −242/3
3.	ἔτους σκ'	=220 Dodurga	BCH 13,1889,341 Nr.7; Ramsay, Cities 269 Nr.91	243/4
?4.	ἔτους <γ>κ<σ'>	=223? Dodurga	CIG 4380v, B	246/7
5.	ἔτους σλϑ'	=239 Dodurga	BCH 13,1889,342 Nr.8	262/3
6.	ἔτους σμδ'	=244 Yamurtaş	Reichel, Skizzenbuch III, 1893,S.12	267/8
7.	ἔτους σμζ'	=247 Bedırbey	Reichel, Skizzenbuch III, 1893,S.11	270/1
8.	ἔτους ξσ'	=260 Dodurga	BCH 16,1892,417 Nr.39b	283/4

6. Samos

a. Aktische Ära ab 31/30 v.Chr.

1.	ἔτους δ'	=4	MDAI(A) 68,1953,17,Taf. IV a; IGR IV 991	28/7 v.
2.	ἔτους ζ'	=7	MDAI(A) 68,1953,17,Taf. IV b; IGR IV 991	25/4 v.
3.	[ἔτους ι]β' τῆς Αὐ[τοκράτορος Σεβαστ]οῦ νίκης	=12 Cos C.Sentius Saturninus	MDAI(A) 75,1960,85 Nr.4; Sherk 62	20/19 v.
4.	ἔτους ιγ' τῆς Καίσαρος νίκης	=13	MDAI(A) 68,1953,17,Taf. IV c	19/8 v.

b. Ära der "Kolonie" ab 20/19 v.Chr.?

? 1.	ἔτους τῆς κο-λωνίας	=1? C.Scribonius Herakleides	RhM 22,1867,325; IGR IV 992; MDAI(A) 68,1953,59	20/19?v
2.	L(=ἔτους) δ' τῆς κολωνίας	=4 Lucius Publii (Taf.X 1)	MDAI(A) 68,1953,18, Taf. V d; IGR IV 991	17/6 v.

c. Aktische Ära ab 31/0 v.Chr.

5.	ἔτους ιη' τῆς Καίσαρος νίκης	=18 (Taf.X 3)	MDAI(A) 68,1953,18,Taf. V e; IGR IV 991	14/3 v.

6. ἔτους κϑ' τῆς   =29   MDAI(A) 68,1953,18,Taf.   3/2 v.
    τοῦ Σεβαστοῦ   V f; IGR IV 991
    Καίσαρος νίκης
7. ἔτους λζ' τῆς   =37   MDAI(A) 75,1960,83   6/7 n.
    τοῦ Σεβαστοῦ
    Καίσαρος νίκης
8a. ἔτους μα'   =41   MDAI(A) 68,1953,20,Taf.   10/1 n.
                                  V,I 139; IGR IV 991
 b. ἔτους μα'   =41   MDAI(A) 68,1953,19,I,Taf. 10/1 n.
                                  V h; IGR IV 991
9. ἔτους μ' καὶ β'   =42   MDAI(A) 68,1953,19,II,Taf. 11/2 n.
                                  VI i; IGR IV 991
10. ἔτους μδ'   =44   MDAI(A) 68,1953,19,III,   13/4 n.
                                  Taf.VI k; IGR IV 991

d. Ära der Apotheose des Augustus ab 14/5 n.Chr.

1a. ἔτους ιβ' τῆς   =12 Tiberius MDAI(A) 75,1960,171 Anm. 25/6
    τοῦ Σεβαστοῦ   336
    Ὀλυμπίου ἀπο-
    ϑεώσεως, ἡγε-
    μονίας δὲ τοῦ
    παιδὸς αὐτοῦ
    Τιβερίου Καί-
    σαρος Σεβαστοῦ
1b. ἔτους] ιβ' τῆς   =12   MDAI(A) 68,1953,20, Taf. 25/6
    [Σεβαστοῦ] Καί-   VII 1
    σαρος [ἀποϑεώ-
    σεως]
2. ἔτους μϑ'   =49   MDAI(A) 68,1953,20   62/3
?3. ἔτους ξη'   =68 Aus Ikaria Museion Smyrna 1,1875,139 81/2
4. ἔτους οα' τῆς   =71   MDAI(A) 68,1953,21,Taf.   84/5
    ἀποϑεώσεως   VII 2; MDAI(A) 44,1919,39
                                   Nr.31A
5. ἔτους ια' καὶ   =94 Jahr 11 des MDAI(A) 75,1960,171 Nr.81 107/8
    þ δ'   Traianus
?6. ἔτους ρδ' oder   =104   MDAI(A) 68,1953,21, Taf.   117/8
    ιδ' (dann Kaiser-   VII 3. Vgl. MDAI(A) 75,
    jahr)   1960,172f.
?7. ἐν τῷ ρμ[. ἔτει] =140 Antoninus MDAI(A) 9,1884,257 Nr.3b; 153/4-
                     -147 Pius   IGR IV 966   160/1
8. ἔτους [ρ]μϑ'   =149   MDAI(A) 9,1884,263 Nr.4h   162/3
9. ἔτους ρνα'   =151   MDAI(A) 9,1884,262 Nr.4g   164/5
10. ἔτους ρξβ'   =162   MDAI(A) 44,1919,40 Nr.31B 175/6
?11. ἔτους ρξϑ?   =169?   MDAI(A) 68,1953,22, Taf.   182/3
                                   VII 3. Vgl. MDAI(A) 75,
                                   1960,172 mit Anm.339
?12. ἔτο]υς ρο[.]   =170   MDAI(A) 68, 1953,22, Taf. 183/4-
                     -179   VIII 2   192/3

7. Parium

Ära der Kolonie?

?1. ANN CXXX   =130 (Taf.III 11)   Rec.gén.p.206* Nr.103; Grant,
    (oder aus Sinope)   FITA 253 n.2
?2. CLXXXII   =182 Antoninus Pius SNG Fitzwilliam 4204
    (oder aus Sinope) (Taf.III 5)

8. Laodikeia am Lykos

Ära ab dem Besuch des Hadrianus 128/9 n.Chr.

1a.	ΤῸ ΠΗ (Taf.III 12)	=88	Caracalla	SNG Aulock 3856.3858.3860– 215/6 3862.3872f.3878.8418f.; SNG Cop.591-593; SNG München 394-396.406.408.
b.	ΤῸ ΠΗ	=88	Iulia Domna	SNG Aulock 3852-3854; SNG 215/6 Cop.584-586; SNG München 391-393; SNG Lewis II 1608
2.	PH (als Monogramm) (Taf.III 12)	=108	Gegenstempel auf Münzen des Caracalla, der Iulia Domna, des Elagabal, des Sev.Alexander Caesar, der Iulia Maesa	Howgego Nr.631 235/6
3.	TO PKA (als Monogramm)	=121	Gegenstempel auf Münzen des Caracalla, der Iulia Domna, des Elagabal und des Sev. Alexander Caesar	Howgego Nr.638 248/9
4.	τοῦ ρκζ' ἔτους	=127	(Aurelii)	Robert, in: Laodicée du 254/5 Lycos 261 Nr.3

9. Hadrianeia und Hadrianoi

Gründungsära ab 130/1, 131/2 oder 132/3 n.Chr.

?1.	ἔτος ιθ'	=19	Aus Sağırlar (zu Hadrianeia)	IvHadrianoi 172	148/9 -150/1
?2.	ἔτους λη'	=38	Aus Derekadı Köy (bei Mileto- polis)	IvKyzikos I 138 = IvKyzi- kos II 80 = Cremer 186f.	167/8 -169/70
3.	ἔτ(ει) ο' (Septimius Se- verus)	=70	Aus Sağırlar (zu Hadrianeia)	IvHadrianoi 129	199/200 -201/2

4. ἔτους οθ'   =79 Hadrianoi   IvHadrianoi 56   208/9
   (Aelius)   -210/1

VIII 1. Ariassos

Lokale Ära ab 189/8 v.Chr.?

1. ἔτει υβ'   =402 Caracalla   unpubl.; vgl. S.Mitchell, AS   213/4
                                          39,1989,65
2. ἔτει υϰζ'   =427 Diotimos   BCH 16,1892,429 Nr.59; AS   238/9
                         Samou   39,1989,65 mit pl.XIIa
3. ἔτει υνγ'   =453 (Aur.)   unpubl.; vgl. S.Mitchell, AS   264/5
                                          39,1989,65

2a. Termessos

Lokale Freiheitsära ab ca.72/1 v.Chr.?

1. A   =1   BMC 3f.; SNG Cop.291; SNG Aulock 5330; Weber   72/1
                Coll.7457.7465; Imh.-Bl.,Gr.Mz.514
2. B   =2   BMC 5; SNG Cop.292; Weber Coll.7458; Imh.-   71/0
                Bl.,Gr.Mz.515
3. Γ   =3   BMC 17; SNG Cop.293; Imh.-Bl., Gr.Mz.516f.;   70/6
                SNG Aulock 5338?
4. Δ   =4   Weber Coll.7459; Hunter Coll.1   69/8
5. E   =5   Imh.-Bl., Gr.Mz.518f.; München unpubl.   68/7
6. Z   =7   SNG Cop.294; Imh.-Bl., Gr.Mz.520f.   66/5
7. H   =8   SNG Cop.295; SNG Aulock 5331; Imh.-Bl.,Gr.Mz.   65/4
                522f.
8. Θ   =9   BMC 6; SNG Cop.295; SNG Aulock 5332; Imh.-Bl., 64/3
                Gr.Mz.524
9. I   =10   Imh.-Bl., Gr.Mz.525   63/2
10. IA   =11   SNG Cop.306; Imh.-Bl., Gr.Mz.527   62/1
11. IB   =12   BMC 7; Imh.-Bl., Gr.Mz.528   61/0
12. IΓ   =13   BMC 8f.; SNG Aulock 5335?; Imh.-Bl.,Gr.Mz.529   60/59
13. IΔ   =14   SNG Cop.297.307; Imh.-Bl., Gr.Mz.529   59/8
14. IE   =15   SNG Cop.298; SNG Aulock 8634; Imh.-Bl.,Gr.Mz.   58/7
    (Taf.IV 3) 531f.
15. ϚI   =16   SNG Cop.299; Hunter Coll.2   57/6
16. IH   =18   Imh.-Bl.; Gr.Mz.533   55/4
17. IΘ   =19   BMC 10; SNG Aulock 5333; SNG Lewis 1039;   54/3
                Imh.-Bl., Gr.Mz.534
18. K   =20   Imh.-Bl., Gr.Mz.535. Vgl.v.Aulock, Pisidien I 28 53/2
19. KA   =21   BMC 11; Imh.-Bl., Gr.Mz.536   52/1
20. KB   =22   SNG Aulock 5336   51/0
21. KΓ   =23   Imh.-Bl.,Gr.Mz.537   50/49
22. KΔ   =24   BMC 12f.; SNG Aulock 5334; McClean Coll.9033;   49/8
                Imh.-Bl., Gr.Mz.538
23. KE   =25   BMC 15.18; SNG Aulock 8636; SNG Fitzwill.5201; 48/7
                Imh.-Bl., Gr.Mz.539

24.	Kϛ	=26	BMC 16.19f.; SNG Cop.308; Imh.-Bl.,Gr.Mz.540	47/6
25.	KZ	=27	SNG Cop.309?; Imh.-Bl., Kl.Mz.410 Nr.4	46/5
26.	KH	=28	SNG Cop.300; Weber Coll.7460; Imh.-Bl.,Gr.Mz. 542	45/4
27.	KΘ	=29	BMC 21.26?; SNG Cop.301; SNG Fitzwill.5202; Weber Coll.7461f.; Imh.-Bl., Gr.Mz.543.543a	44/3
28.	Λ	=30	SNG Aulock 5337; Imh.-Bl., Gr.Mz.513	43/2
29.	ΛA	=31	BMC 22; Weber Coll.7463	42/1
30.	ΛB	=32	BMC 23; SNG Cop.302.310f.; Imh.-Bl.,Gr.Mz. 545f.	41/0
?31.	ΛP	=130	Imh.-Bl., Gr.Mz.546a; Roman Provincial Coinage I 3514	58/9 n

b. Isinda

a. Regierungsjahre des Amyntas oder lokale Ära (ab 38/7 v.Chr.?)

1.	A	=1	v.Aulock, Pisidien I 497–500; Roman Provincial Coinage I 3510.3511	38/7?
2.	B	=2	v.Aulock, Pisidien I 501; Roman Provincial Coinage I 3510	37/6?
3.	Γ	=3	v.Aulock, Pisidien I 502–510; Roman Provincial Coinage I 3510	36/5?
4.	Δ	=4	v.Aulock, Pisidien I 511–515; Roman Provincial Coinage I 3510.3511	35/4?

b. Ära der Provinz Galatia ab 25/4 v.Chr.? oder lokale Ära?

1.	A	=1	v.Aulock, Pisidien I 516–550	25/4?
2.	B	=2	v.Aulock, Pisidien I 551–558	24/3?
3.	Γ	=3	v.Aulock, Pisidien I 559–579	23/2?
4.	Δ	=4	v.Aulock, Pisidien I 580–590	22/1?
5.	E	=5	v.Aulock, Pisidien I 591–596	21/0?
6.	ϛ	=6	v.Aulock, Pisidien I 597–603	20/19?
7.	Z	=7	v.Aulock, Pisidien I 604–606	19/8?
8.	H	=8	v.Aulock, Pisidien I 607–608	18/7?
9.	Θ	=9	v.Aulock, Pisidien I 609–615	17/6?
10.	I	=10	v.Aulock, Pisidien I 616–626	16/5?
11.	IA	=11	v.Aulock, Pisidien I 627–631	15/4?
12.	IB	=12	v.Aulock, Pisidien I 632–638	14/3?
13.	ΓI	=13	v.Aulock, Pisidien I 639.640	13/2?
14.	ΔI	=14	v.Aulock, Pisidien I 641.642	12/1?
15.	IE	=15	v.Aulock, Pisidien I 643–648	11/0?
16.	ϛI	=16	v.Aulock, Pisidien I 649–653	10/9?
17.	ZI (Taf.IV 4)	=17	v.Aulock, Pisidien I 654–660	9/8?
18.	HI	=18	v.Aulock, Pisidien I 661–668	8/7?
19.	ΘI	=19	v.Aulock, Pisidien I 669–672	7/6?
20.	K	=20	v.Aulock, Pisidien I 673–675	6/5?

21. ΚΑ   =21   v.Aulock, Pisidien I 676-680   5/4?
22. ΚΒ   =22   v.Aulock, Pisidien I 681-683   4/3?
23. ΚΓ   =23   v.Aulock, Pisidien I 684-688   3/2?

c. Kremna

Regierungsjahre des Amyntas ab 39/8 oder lokale Ära ab 38/7 v.Chr.?

1. Β   =2   v.Aulock, Pisidien II 933-941; Roman Provincial   38/7
                Coinage I 3521   o.37/6?
2. Γ   =3   v.Aulock, Pisidien II 942-956; Roman Provincial   37/6
   (Taf.IV 5)   Coinage I 3518.3520.3521   o.36/5?
3. Δ   =4   v.Aulock, Pisidien II 957-961; Roman Provincial   36/5
                Coinage I 3519.3521.3522   o.35/4?
4. Ε   =5   v.Aulock, Pisidien II 962-981; Roman Provincial   35/4
                Coinage I 3519-3521   o.34/3?
5. Ϛ   =6   v.Aulock, Pisidien II 982-1008; Roman Provincial   34/3
                Coinage I 3518.3519   o.33/2?
6. Ζ   =7   v.Aulock, Pisidien II 1009-1047; Roman Provin-   33/2
                cial Coinage I 3519.3520   o.32/1?

3. Galatia

Provinzära ab 25/4 v.Chr.

1. ἔτους δλ'   =34 (Marcus)   Sivrihisar   AEM 7,1883,182 Nr.   9/10
                               (aus Pessi-   47
                               nus?)
2. ΓΜ   =43 Tiberius,   Pessinus   Fouilles à Pessinonte 18/9
   (Taf.III 10)   Priscus   I 190 Nr.1-2; NC 1950,
                                               43 Nr.1-2; Stumpf 125
                                               Nr.189f.; Roman Pro-
                                               vincial Coinage I 3552.
                                               3553
3. ΕΤΕΙ Ν   =50 Tiberius   Pessinus   Fouilles à Pessinonte 25/6
                                               I 191 Nr.3; NC 1950,
                                               44 Nr.3; Imh.-Bl.,
                                               Gr.Mz.759; Slg.Cos
                                               Weber 3974; SNG Au-
                                               lock 5020 (dort unter
                                               Etenna); Roman Pro-
                                               vincial Coinage I 3554
4. ἔτους δπ'   =84 (Plankia)   Gökçeayva   RECAM II 40   59/60
                               (zu Germa?)
?5. ἔτο]υς ρα', =101   Isparta (Sa-   Le Bas - Wadd.1522;   76/7
    μη(νὸς) Δαι-   parta) (in   JOEAI 23,1926,309ff.
    σίου α'   Smyrna, da-
                               nach in
                               Dresden)

6. ἔτους αιρ' =111 Nasreddin RECAM II 113 86/7
Hoca (zu
Germa)

7. ἔτους ριδ' =114 (L.Sergius Büyükbeş- MAMA VII 486; Lane I 89/90
Corinthus) kavak (bei Nr.111
Vetissos)

?8. ἔτους ρμ[.?] =140- Seydişehir AS 18,1968,83 Nr.41 115/6-
149 (aus Ambla- 124/5
da oder Pa-
nemoteichos)

9. ἔτους θμρ' =149 Tutlu (zu RECAM II 120; Mne- 124/5
Germa) mosyne 1981,122 Nr.
13; SEG 31,1076

10. ἔτους βρ' (Jahr 102 Akören (Ak- Ramsay, Cities 308 125/6
ρν' =150 der kibyra- Euren) Nr.120; Ramsay, So-
tischen Ära) (Makrope- cial Basis 17 Nr.6;
deitai) AS 9,1959,103 Nr.64;
Lane I Nr.126

11. ἔτει ανρ', =151 (Aquillina) Buğduz RECAM II 195 126/7
μηνὸς <Γ> ωρ- (zu Anky-
πιαίω ra)

?12. ἔτους δν [ρ']=154 (Statia) Çukulca RECAM II 239A (irr- 129/30
(zu Anky- tümlich auf 154 n.Chr.
ra) datiert); Ramsay,
Social Basis 51 Nr.32

13. ἔ<τ> ι ρνς =156 Ankyra MUB 13,1928,275 Nr. 131/2
41; Bosch, Ankyra
Nr.133; SEG 6,47

14. ἔτους εξρ' =165 Inler (zu RECAM II 257 140/1
Ankara)

15. ἔτει ρπ' =180 Kalecik (zu RECAM II 209 (fälsch- 155/6
Ankara) lich Jahr 190); CIG
4099

?16. ἔτει βπρ' =182 Kızılcaha- RECAM II 191 157/8
(oder βιρ' mam? (zu
=112) Ankyra)

17. ἔτους δπρ' =184 Tol (zu RECAM II 239 159/60
Ankyra)

18. ἔτους α þ ρ' =191 Ikizafer RECAM II 75 166/7
(zu Germa?)

19. ἔτους ςσ' =206 Ankyra Bosch, Ankara Nr. 181/2
188

?20. ἔτους σγι' =213 (Flavii) Ikonion? REG 12,1899,390(Jahr 188/9
μη (νὸς) (in Smyrna) 280); Pfuhl-Möbius,
Λώου βι' Ostgriech.Grabreliefs
(Taf.VII 2) Nr.351

21. ἔ(του)ς =214 Ankyra Bosch, Ankara Nr. 189/90
δισ' 211

22. ἔτει βμσ' =242 Kalecik RECAM II 209A 217/8
(zu Ankyra)

23a. ἔτει γμσ' =243 (Aurelius)   Hasayaz   RECAM II 201   218/9
                                 (zu Ankyra)
  b. ἔτει γμσ' =243 (Aurelius)   Karahüyük RECAM II 206   218/9
                                 (zu Ankyra)
24. ἔτει βνσ' =252 (Aurelius)   Karahüyük RECAM II 204   227/8
                                 (zu Ankyra)
25a. ἔτους βοσ' =272   Aşagı Du- RECAM II 49   247/8
                                 daş? (zu
                                 Germa?)
  b. ἔτους δευ- =272   Yurtbeyci RECAM II 325   247/8
     τέρου ἑβδο-   (zu Ankyra?)
     μηκοντοστοῦ
     διακοσιον-
     τοστοῦ
26. ἔτους ϛοσ' =276 (Aurelius) Karahüyük RECAM II 205 (fälsch- 251/2
                                 (zu Ankyra) lich Jahr 277)
27. ἔτει εου' =485   Akyurt (zu RECAM II 197   460/1
                                 Ankyra)
28. ἔτους φθ' =509   Ankyra   Byzantion 4,1927-28, 484/5
                                            456
29. ἐνδικτιῶνι =594 3.Indiktion Ankyra   Byzantion 4,1927-28, 569/70
     γ' μηνὶ δε-   453ff.
     καιβρίου
     κα' φ þ δ'

4. Tavion

Lokale Ära ab 21/0 v.Chr.

?1. ἔτ(ει) ρει'(?) =115 Aus Sungurlu? BCH 25,1901,336 Nr.31   94/5
?2. ἔτ(ει) ρξβ'   =162 Aus Sungurlu? BCH 25,1901,335 Nr.30   141/2
 3. ET ΘΞP   =169 Antoninus Pius Imh.-Bl., Kl.Mz.497,1; 148/9
     (oder PΞΘ)   Weber Coll.7780; Inv.
                                        Wadd.6695
4a. E ΣΗΙ   =218 Sept.Severus   BMC 9; SNG Aulock 6240 197/8
 b. ET ΣΗΙ   =218 Iulia Domna   BMC 14; Inv.Wadd.6699; 197/8
                                        Imh.-Bl., Kl.Mz.497,2;
                                        SNG Aulock 6244.6245
 c. ET ΣΗΙ   =218 Caracalla Caesar BMC 23; Inv.Wadd.6705; 197/8
     (Taf.IV 1)   SNG Aulock 6247.6248
 d. ET ΣΗΙ   =218 Geta Caesar   Inv.Wadd.6708   197/8
     (Taf.IV 2)

Anhang: Antiphellos/Lykien

Lokale Ära ab der Gründung der Provinz Lycia?

 1. ἔτει ρκα'   =121 Antiphellos   CIG 4300e; Le Bas –
                                        Waddington 1274

Literatur- und Abkürzungsverzeichnis

(Die Zeitschriften und Reihen sind nach den in der Année Philologique gebräuchlichen Siglen abgekürzt; vgl. P.Rosumek, Index des Périodiques dépouillés dans la Collection de Bibliographie classique et Index de leurs sigles, Suppl. à L'Année Philologique Tome LI, Paris 1982)

Abmeier, A., Zur Geschichte von Apollonia am Rhyndakos, in: Asia Minor Studien 1: Mysische Studien, Bonn 1990,1-16

Adams, J.P., Aristonikos and the Cistophoroi, Historia 29,1980, 302-314

Allen = Allen, R.E., The Attalid Kingdom. A Constitutional History, Oxford 1983

Anderson, J.G.C., Some Questions bearing on the date and place of composition of Strabo's Geography, in: Anatolian Studies presented to W.M.Ramsay, Manchester 1923,1-13

Anokhin, Bospora = Anokhin, V.A., Monetnoe delo Bospora, Kiew 1986

Anokhin, Chersonesus = Anokhin, V.A., The Coinage of Chersonesus, IV Century B.C. - XII Century A.D. (BAR International Series 69), Oxford 1980

Anokhin, Monety antičnych gorodov = Anokhin, V.A., Monety antičnych gorodov severo-zapadnogo pričernomor'ja, Kiew 1989

ANRW = Aufstieg und Niedergang der Römischen Welt

v.Aulock, Phrygien I = Aulock, H.v., Münzen und Städte Phrygiens I (Istanbuler Mitteilungen Beiheft 25), Tübingen 1980

v.Aulock, Phrygien II = Aulock, H.v., Münzen und Städte Phrygiens II (Istanbuler Mitteilungen Beiheft 27), Tübingen 1987

v.Aulock, Pisidien I = Aulock, H.v., Münzen und Städte Pisidiens I (Istanbuler Mitteilungen Beiheft 19), Tübingen 1977

v.Aulock, Pisidien II = Aulock, H.v., Münzen und Städte Pisidiens II (Istanbuler Mitteilungen Beiheft 22), Tübingen 1979

Bagnall = Bagnall, R.S., The Administration of the Ptolemaic Possessions outside Egypt, Leiden 1976

Baldus, H.R., Die Daten von Münzprägung und Tod der Königin Pythodoris von Pontus, Chiron 13,1983,537-543

Barrett, A.A., Gaius' Policy in the Bosporus, TAPhA 107,1977,1-9

Barrett, A.A., Polemo II of Pontus and M.Antonius Polemo, Historia 27,1978,437-448

Bean, Lycia = Bean, G.E., Journeys in Northern Lycia 1965-1967, Wien 1971

Bellinger = Bellinger, A.R., Troy. The Coins, Princeton 1961

Bennett, W.H., The Death of Sertorius and Coin, Historia 10, 1961,459-472

Bernhardt, Imperium = Bernhardt, R., Imperium und Eleutheria. Die römische Politik gegenüber den freien Städten des griechischen Ostens, Diss.Hamburg 1971

Bernhardt, Polis = Bernhardt, R., Polis und römische Herrschaft in der späten Republik (149-31 v.Chr.), Berlin - New York 1985

Bert'e-Delagard (=Bertier de la Garde), A., Nadpis' vremeni Imperatora Zenona, v- svjazi s- otryvkami iz- istorii Chersonesa (=Eine Inschrift aus der Zeit des Kaisers Zenon im Zusammenhang mit Ausschnitten aus der Geschichte von Chersonesos), Zapiski imperatorskago Odesskago Obščestva Istorii i Drevnostej (ZOOID) 16,1893,45-88

Bickerman, Chronologie = Bickerman, E., Chronologie, Leipzig [2]1963

Bickerman, Chronology = Bickerman, E.J., Chronology of the Ancient World, London 1968

Bikerman, Institutions = Bikerman, E., Institutions des Séleucides, Paris 1938

Bilabel = Bilabel, F., Die ionische Kolonisation (Philologus Suppl. 14,1), Leipzig 1920

Bloesch = Bloesch, H., Erinnerungen an Aigeai, Winterthur 1989

BMC = Catalogue of Greek Coins in the British Museum, 29 Bde, London 1873ff.

BMCEmp = Coins of the Roman Empire in the British Museum, 6 Bde, London 1923ff.

Boehringer = Boehringer, Chr., Zur Chronologie mittelhellenistischer Münzserien 220-160 v.Chr., Berlin 1972

Bohm = Bohm, C., Imitatio Alexandri im Hellenismus, München 1989

Bosch, Bithynien = Bosch, Cl., Die kleinasiatischen Münzen der römischen Kaiserzeit, Teil 2,1: Bithynien, Stuttgart 1935

Bosch, Cl., Kaiserdaten auf kleinasiatischen Münzen, Numismatik. Internationale Monatsschrift 2,1933,33-46.61-66

Bosch, Ankara = Bosch, E., Quellen zur Geschichte der Stadt Ankara im Altertum (Türk Tarih Kurumu Yayınlarından VII 46), Ankara 1967

Bosch, E., Ankara II: Die Aera, Anadolu Araştırmaları 1 (=Jahrbuch für kleinasiatische Forschung 3),1955,68-74

Bowersock, Augustus = Bowersock, G.W., Augustus and the Greek World, Oxford 1965

Broughton = Broughton, T.R.S., The Magistrates of the Roman Republic II, New York 1952. III. Supplement, Atlanta 1986

Buchheim = Buchheim, H., Die Orientpolitik des Triumvirn M.Antonius. (AHAW 1960,3), Heidelberg 1960

Buresch = Buresch, K., Aus Lydien. Epigraphisch-geographische Reisefrüchte, Leipzig 1898 (ND Hildesheim 1977)

Burstein, St.M., The Aftermath of the Peace of Apamea, AJAH 5,1980,1-12

Buschor, E., Samische Tempelpfleger, MDAI(A) 68,1953,11-24

Callatay, Mithridate = Callataÿ, Fr.de, La politique monétaire de Mithridate VI Eupator, roi du Pont, in: Rythmes de la production monétaire, de l'antiquité à nos jours. Actes du colloque international à Paris 1986, Louvain-La-Neuve 1987,55-66

Callataÿ, Fr.de, Les derniers rois de Bithynie: problèmes de chronologie, RBN 132,1986,5-30

Chapot = Chapot, V., La province romaine proconsulaire d'Asie depuis ses origines jusqu'à la fin du Haut-Empire, Paris 1904

CIRB = Corpus Inscriptionum regni Bosporani, Moskau - Leningrad 1965

Conole, P. - Milns, R.D., Neronian Frontier Policy in the Balkans: The Career of Ti.Plautius Silvanus, Historia 32,1983,183-200

Cremer = Cremer, M., Hellenistisch-römische Grabstelen im nordwestlichen Kleinasien I: Mysien (Asia Minor Studien 4), Bonn 1991

Cumont, F., L'annexion du Pont Polémoniaque et de la Petite Arménie, in: Anatolian Studies presented to W.M.Ramsay, Manchester 1923,109-119

Dessau, H., Die Entstehung der Aeren von Gangra und Amasia, ZN 25,1905,335-343

Drew-Bear, Phrygie = Drew-Bear, Th., Nouvelles Inscriptions de Phrygie (Studia Amstelodamensia XVI), Zutphen 1978

Drew-Bear, Th., The City of Temenouthyrai in Phrygia, Chiron 9, 1979,275-302

Duncan-Jones, Structure = Duncan-Jones, R., Structure and Scale in the Roman Economy, Cambridge 1990

EA = Epigraphica Anatolica

Ehrenberg - Jones = Ehrenberg, V. - Jones, A.H.M., Documents Illustrating the Reigns of Augustus and Tiberius, Oxford ²1955

Ehrhardt, Milet = Ehrhardt, N., Milet und seine Kolonien, Frankfurt 1983

Foss, C., The Era of Apollonia in Pisidia, ZPE 25,1977,285-288

Franke, P.R., Zur Chronologie der Statthalter von Cappadocia-Galatia 91-107 n.Chr., Chiron 9,1979,377-382

Freis, HIRK = Freis, H., Historische Inschriften zur römischen Kaiserzeit, Darmstadt 1984

French, D.H., Dated Inscriptions at Amasia, in: Arkeoloji Dergisi Özel Sayı ı Erol Atalay Memorial, edited by H.Malay, Izmir 1992, 65-70

Frolova I = Frolova, N.A., The Coinage of the Kingdom of Bosporus A.D.69-238 (BAR International Series 56), Oxford 1979

Frolova II = Frolova, N.A., The Coinage of the Kingdom of Bosporus A.D.242-341/2 (BAR International Series 166), Oxford 1983

Fruin, R., Zwei chronographische Probleme II: Die auf den Münzen der römischen Statthalter Bithyniens Carbo und Pansa vorkommende Ära, Acta orientalia 12,1934,29-36

Gajdukevič = Gajdukevič, V.F., Das Bosporanische Reich, Berlin - Amsterdam 1971

Garnett, R., The Story of Gykia, EHR 12,1897,100-105

Gauthier, Inscr.Sardes = Gauthier, Ph., Nouvelles Inscriptions de Sardes II, Genf 1989

Gibson, Christians = Gibson, E., The "Christians for Christians" Inscriptions of Phrygia (Harvard Theological Studies 32), Missoula 1978

Giel, Kleine Beiträge = Giel, Chr., Kleine Beiträge zur antiken Numismatik Südrußlands, Moskau 1886

Ginzel = Ginzel, F.K., Handbuch der mathematischen und technischen Chronologie. Das Zeitrechnungswesen der Völker, Bd.III, Leipzig 1914 (ND Leipzig 1958)

Glew, D.G., The Cappadocian Expedition of Nicomedes III Euergetes, King of Bithynia, ANSMusN 32,1987,23-55

Glew, D.G., Between the Wars: Mithridates Eupator and Rome, 85-73 B.C., Chiron 11,1981,109-130

Golenko, K.V. - Karyszkowski, P.J., The Gold Coinage of King Pharnaces of the Bosporus, NC 1972,25-38

Grant, FITA = Grant, M., From Imperium to Auctoritas. A Historical Study of Aes Coinage in the Roman Empire 49 B.C.-A.D.14, Cambridge 1946

Grumel = Grumel, V., Traité d'études byzantines I: La chronologie, Paris 1958

Habicht, Chr., New Evidence on the Province of Asia, JRS 65, 1975,64-91

Halfmann, Itinera = Halfmann, H., Itinera principum. Geschichte und Typologie der Kaiserreisen im Römischen Reich, Wiesbaden 1986

Halfmann, H., Zur Datierung und Deutung der Priesterliste am Augustus-Roma-Tempel in Ankara, Chiron 16,1986,35-42

Hanell, Megarische Studien = Hanell, K., Megarische Studien, Lund 1934

Hansen, Attalids = Hansen, E.V., The Attalids of Pergamon, Ithaca - London [2]1971

Harris, Bithynia = Harris, B.F., Bithynia. Roman Sovereignty and the Survival of Hellenism, ANRW II 7,2,1980,857-901

Hasluck, Cyzicus = Hasluck, F.W., Cyzicus, Cambridge 1910

Head, HN = Head, B.V., Historia Numorum, Oxford [2]1911

Heberdey - Kalinka = Heberdey, R. - Kalinka, E., Bericht über zwei Reisen im südwestlichen Kleinasien (DAW 45,1), Wien 1897

Heinen, Untersuchungen = Heinen H., Untersuchungen zur hellenistischen Geschichte des 3.Jahrhunderts v.Chr. Zur Geschichte der Zeit des Ptolemaios Keraunos und zum Chremonidischen Krieg (Historia Einzelschriften 20), Wiesbaden 1972

Herrli = Herrli, H., Zahlen, Ziffern, Zeitrechnungen. Ein numismatisches Handbuch, Köln 1989

Herrmann, Kaisereid = Herrmann, P., Der römische Kaisereid, Göttingen 1968

Herrmann, Neue Inschriften = Herrmann, P., Neue Inschriften zur historischen Landeskunde von Lydien und angrenzenden Gebieten (DAW 77,1), Wien 1959

Herrmann, Nordostlydien = Herrmann, P., Ergebnisse einer Reise in Nordostlydien (DAW 80), Wien 1962

Herrmann, P., Die Inschriften römischer Zeit aus dem Heraion von Samos, MDAI(A) 75,1960,68-183

Herrmann, P., Überlegungen zur Datierung der "Constitutio Antoniniana", Chiron 2,1972,519-530

Heuß, Stadt und Herrscher = Heuß, A., Stadt und Herrscher im Hellenismus in ihren staats- und völkerrechtlichen Beziehungen (Klio Beiheft 39), Leipzig 1937

Hoben = Hoben, W., Untersuchungen zur Stellung kleinasiatischer Dynasten in den Machtkämpfen der ausgehenden Römischen Republik, Diss.Mainz 1969

Holtheide = Holtheide, B., Römische Bürgerrechtspolitik und römische Neubürger in der Provinz Asia, Freiburg 1983

Hopp = Hopp, J., Untersuchungen zur Geschichte der letzten Attaliden (Vestigia 25), München 1977

Howgego = Howgego, C.J., Greek Imperial Countermarks, London 1985

Ideler = Ideler, L., Handbuch der mathematischen und technischen Chronologie, 2 Bde, Berlin 1825-26

IGCH = Thompson, M. - Mørkholm, O. - Kraay, C.M., Inventory of Greek Coin Hoards, New York 1973

Imh.-Bl., Gr.Mz. = Imhoof-Blumer, F., Griechische Münzen. Neue Beiträge und Untersuchungen (ABAW 18,3), München 1890 (ND Graz 1972)

Imh.-Bl., Kl.Mz. = Imhoof-Blumer, F., Kleinasiatische Münzen, Wien 1901-1902 (ND Hildesheim 1974)

Imh.-Bl., Monn.gr. = Imhoof-Blumer, F., Monnaies grecques, Paris-Leipzig 1883

Imh.-Bl., Münzkunde = Imhoof-Blumer, F., Zur griechischen und römischen Münzkunde, Genf 1908 (ND Hildesheim 1977)

Index Aulock = Franke, P.R. - Leschhorn, W. - Stylow, A.U., SNG Deutschland. Sammlung von Aulock. Index, Berlin 1981

Inv.Wadd. = E.Babelon, Inventaire sommaire de la Collection Waddington, Paris 1897

IOSPE = Inscriptiones antiquae orae septentrionales Ponti Euxini Graecae et Latinae, ed. B.Latyšev, 3 Bde, St.Petersburg 1885-1901 (ND Hildesheim 1965)

IvApameia = Corsten, Th., Die Inschriften von Apameia (Bithynien) und Pylai (IK 32), Bonn 1987

IvDidyma = A.Rehm, Die Inschriften von Didyma, Berlin 1958

IvEphesos = Die Inschriften von Ephesos, Bonn 1979ff.(IK 11-17)

IvHadrianoi = Die Inschriften von Hadrianoi und Hadrianeia, hrsg.v. E.Schwertheim (IK 33), Bonn 1987

IvIasos = Die Inschriften von Iasos, hrsg.v. W.Blümel (IK 28), 2 Bde, Bonn 1985

IvIlion = Die Inschriften von Ilion, hrsg.v. P.Frisch (IK 3), Bonn 1975

IvKalchedon = Die Inschriften von Kalchedon, hrsg.v. R.Merkelbach (IK 20), Bonn 1980

IvKios = Die Inschriften von Kios, hrsg.v.Th.Corsten (IK 29), Bonn 1985

IvKlaudiupolis = Die Inschriften von Klaudiu polis, hrsg.v. F.Becker-Bertau (IK 31), Bonn 1986

IvKyzikos = Die Inschriften von Kyzikos und Umgebung, hrsg.v. E.Schwertheim (IK 18 und 26), 2 Bde, Bonn 1980 und 1983

IvLabraunda = J.Crampa, Labraunda Vol.III: The Greek Inscriptions, 2 Bde, Lund 1969. Stockholm 1972

IvMylasa = Die Inschriften von Mylasa, hrsg.v.W.Blümel (IK 34-35), 2 Bde, Bonn 1987-1988

IvPergamon = Die Inschriften von Pergamon, hrsg.v. M.Fränkel, Bd.I, Berlin 1890. Bd.II, Berlin 1895

IvPrusa = Die Inschriften von Prusa ad Olympum I, hrsg.v. Th.Corsten (IK 39), Bonn 1991

IvPrusias = Die Inschriften von Prusias ad Hypium, hrsg.v. W.Ameling (IK 27), Bonn 1985

IvSmyrna = Die Inschriften von Smyrna, hrsg.v.G.Petzl (IK 23-24), 2 Bde, Bonn 1982 und 1987

IvStratonikeia = Die Inschriften von Stratonikeia, hrsg.v. M.Ç.Şahin, Bd.I und Bd.II 1 (IK 21-22), Bonn 1981-1982

IvTralleis = Die Inschriften von Tralleis und Nysa I, hrsg.v. F.B.Poljakov (IK 36,1), Bonn 1989

Jacobsthal, P. - Jones, A.H.M., A Silver Find from South-West Asia Minor, JRS 30,1940,16-31

Jones, Cities = Jones, A.H.M., The Cities of the Eastern Roman Provinces, Oxford ²1971

Jones, Greek City = Jones, A.H.M., The Greek City from Alexander to Justinian, Oxford 1940 (ND Oxford 1966)

Kaestner = Kaestner, O., De aeris quae ab imperio Caesaris Octaviani constituto initium duxerint, Diss.Leipzig 1890

Karyškovskij - Klejman, Tira = Karyškovskij, P.O. - Klejman, I.B., Drevnij gorod Tira. Istoriko-archeologičeskij očerk, Kiew 1985

Keaveney, Lucullus = Keaveney, A., Lucullus. A Life, London - New York 1992

Keaveney, Sulla = Keaveney, A., Sulla. The Last Republican, London 1982

Keil - Premerstein I = Keil, J. - Premerstein, A.v., Bericht über eine Reise in Lydien und der südlichen Aiolis, Wien 1908

Keil - Premerstein II = Keil, J. - Premerstein, A.v., Bericht über eine zweite Reise in Lydien, Wien 1911

Keil - Premerstein III = Keil, J. - Premerstein, A.v., Bericht über eine dritte Reise in Lydien und den angrenzenden Gebieten Ioniens, Wien 1914

Kienast = Kienast, D., Römische Kaisertabelle. Grundzüge einer römischen Kaiserchronologie, Darmstadt 1990

Kinns, Asia Minor = Kinns, Ph., Asia Minor, in: A.M.Burnett - M.H.Crawford (Eds.), The Coinage of the Roman World in the Late Republic. Proceedings of a colloquium held at the British Museum 1985 (BAR International Series 326), Oxford 1987,105-119

Kleiner, F.S., The Dated Cistophori of Ephesus, ANSMusN 18,1972,17-32
Kleiner, F.S., The Giresun Hoard, ANSMusN 19,1974,3-25
Kleiner - Noe = Kleiner, F.S. - Noe, S.P., The Early Cistophoric Coinage, New York 1977
Kraft, System = Kraft, K., Das System der kaiserzeitlichen Münzprägung in Kleinasien, Berlin 1972
Kubitschek, Grundriß = Kubitschek, W., Grundriß der antiken Zeitrechnung (Handbuch der Altertumswissenschaft I 7), München 1928
Kubitschek, W., Aera, RE I 1,1893,606-652
Kubitschek, Kalenderbücher = Kubitschek, W., Die Kalenderbücher von Florenz, Rom und Leyden (DAW 57,3), Wien 1915
Kubitschek, W., Die sullanische Ära im proconsularischen Asien, AEM 13,1890,88-93
Kubitschek, W., Die Zeitrechnung der Stadt Sinope, NZ 1908,66-72

Lafaurie, J., Chronologie impériale de 249 à 285, BSAF 1965,139-154
Laffi, U., Le iscrizioni relative all'introduzione nel 9 A.C. del nuovo calendario della provincia d'Asia, SCO 16,1967,5-98
Lane, Men = Lane, E.N., Corpus Monumentorum Religionis Dei Menis, 3 Bde, Leiden 1971-1976
Latyšev, Sbornik = Latyšev, V., Sbornik grečeskich nadpisej christianskich vremen iz južnoj Rossii, St.Petersburg 1896 (ND Leipzig 1974)
Le Bas - Wadd. = Le Bas, Ph. - Waddington, W.H., Inscriptions grecques et latines recueillies en Asie Mineure, 2 Bde, Paris 1870 (ND Hildesheim 1972)
Le Guen-Pollet, B., Sébastopolis du Pont (Sulusaray). Documents littéraires et inscriptions déjà publiées de la cité, EA 13,1989,51-86
Leschhorn = Leschhorn, W., "Gründer der Stadt". Studien zu einem politisch-religiösen Phänomen der griechischen Geschichte (Palingenesia XX), Stuttgart 1984
Leschhorn, W., Die Anfänge der Provinz Galatia, Chiron 22,1992, 315-336
Levick = Levick, B., Roman Colonies in Southern Asia Minor, Oxford 1967
Levick, Aspects = Levick, B., Aspects of Social Life at Aezani, in: Sociétés urbaines, sociétés rurales dans l'Asie Mineure et la Syrie. Actes du Colloque de Strasbourg 1985, Straßburg 1987,260-270
Lewis, Bithynia = Lewis, M., A History of Bithynia under Roman Rule, 74 B.C. - 14 A.D., PhD University of Minnesota 1973
Lindgren Coll. = Lindgren, H.C. - Kovacs, F.L., Ancient Bronze Coins of Asia Minor and the Levant from the Lindgren Collection, San Mateo 1985
Lochman = Lochman, T., Deux reliefs anatoliens au Musée des Beaux-Arts de Budapest, Bulletin du Musée Hongrois des Beaux-Arts 74,1991,11-24

Loriot, X., Les premières années de la grande crise du IIIe siècle: De l'avènement de Maximin le Thrace à la mort de Gordien III, ANRW II 2,1975,657-787

MacDonald, G., The Era of Neoclaudiopolis, JAN 2,1899,17-20

Macurdy = Macurdy, G.H., Vassal-Queens and Some Contemporary Women in the Roman Empire, Baltimore 1937

Magie = Magie, D., Roman Rule in Asia Minor to the End of the third Century after Christ, 2 Bde, Princeton 1950

Malay = Malay, H., Corpus der Inschriften im Museum Manisa (in Vorbereitung)

MAMA = Monumenta Asiae Minoris Antiqua, 9 Bde, London 1928-1988

Marek, Chr., Katalog der Inschriften im Museum von Amasra. Mit Anhang: Die Inschriften von Amastris und die angebliche Pompeianische Ära der Stadt, EA 6,1985,133-154

Maschkin = Maschkin, N.A., Zwischen Republik und Kaiserreich. Ursprung und sozialer Charakter des augusteischen Prinzipats, Leipzig 1954

Mastino = Mastino, A., Le titolature di Caracalla e Geta attraverso le iscrizioni, Bologna 1981

McGing, Mithridates = McGing, B.C., The Foreign Policy of Mithridates VI Eupator King of Pontus (Mnemosyne Suppl.89), Leiden 1986

McGing, B.C., The Kings of Pontus: Some Problems of Identity and Date, RhM 129,1986,248-259

McGing, B.C., The Date of the Outbreak of the Third Mithridatic War, Phoenix 38,1984,12-18

Mehl = Mehl, A., Seleukos Nikator und sein Reich I, Löwen 1986

Meyer, Grenzen = Meyer, Ernst, Die Grenzen der hellenistischen Staaten in Kleinasien, Zürich-Leipzig 1925

Minns = Minns, E.H., Scythians and Greeks. A Survey of Ancient History and Archaeology on the North Coast of the Euxine From the Danube to the Caucasus, Part 2, Cambridge 1913 (ND New York 1965)

Mionnet = Mionnet, T., Descriptions de médailles antiques grecques et romaines, 17 Bde, Paris 1806-1837

Mitchell, Pisidien = Mitchell, S., Hellenismus in Pisidien, in: Forschungen in Pisidien (Asia Minor Studien 6), Bonn 1992,1-27

Mitchell, S., Galatia under Tiberius, Chiron 16,1986,17-33

Mitford, T.B., Inscriptiones Ponticae - Sebastopolis, ZPE 87,1991, 181-243

Mommsen, Th., Die bithynischen Aeren, ZN 11,1884,158-160

Münsterberg, Beamtennamen = Münsterberg, R., Die Beamtennamen auf den griechischen Münzen (Nachdruck aus NZ 1911.1912.1914 und 1927), Hildesheim 1985

Museion Smyrna = Museion kai Bibliotheke tes Evangelikes Scholes en Smyrna

Nawotka, K., The Attitude towards Rome in the Political Propaganda of the Bosporan Monarchs, Latomus 48,1989,326-338

Nollé = Nollé, J., Nundinas instituere et habere. Epigraphische
    Zeugnisse zur Einrichtung und Gestaltung von ländlichen
    Märkten in Afrika und in der Provinz Asia, Hildesheim 1982
Nordbø = Nordbø, J.H., The Imperial Silver Coinage of Amisus
    131/2 - 137/8 A.D., in: Studies in Ancient History and
    Numismatics presented to Rudi Thomsen, Aarhus 1988,166-178

Olshausen - Biller = Olshausen, E. - Biller, J., Historisch-
    geographische Aspekte der Geschichte des Pontischen und
    Armenischen Reiches I: Untersuchungen zur historischen
    Geographie von Pontus unter den Mithradatiden, Wiesbaden 1984
Orth = Orth, W., Königlicher Machtanspruch und städtische
    Freiheit, München 1977
Otto, Beiträge = Otto, W., Beiträge zur Seleukidengeschichte des
    3.Jahrhunderts v.Chr. (ABAW 34,1), München 1928

Peachin = Peachin, M., Roman Imperial Titulature and Chronology,
    A.D. 235-284, Amsterdam 1990
Perl, G., Zur Chronologie der Königreiche Bithynia, Pontos und
    Bosporos, in: J.Harmatta (Ed.), Studien zur Geschichte und
    Philosophie des Altertums, Amsterdam 1968,299-330
Petersen - Luschan = Petersen, E. - Luschan, F.v., Reisen in
    Lykien, Milyas und Kibyratien I, Wien 1889
Pfuhl - Möbius, Ostgriech.Grabreliefs = Pfuhl, E. - Möbius, H.,
    Die ostgriechischen Grabreliefs, 2 Bde, Mainz 1977-1979
Pinder = Pinder, M., Über die Cistophoren und über die
    kaiserlichen Silbermedaillons der römischen Provinz Asia (APAW
    1855,14), Berlin 1856,533-635
Pippidi = Pippidi, D.M., Epigraphische Beiträge zur Geschichte
    Histrias in hellenistischer und römischer Zeit, Berlin 1962
Pollak, Ph., A Bithynian Hoard of the First Century B.C.,
    ANSMusN 16,1970,45-56
Price, M.J., Mithridates VI Eupator, Dionysus, and the Coinages
    of the Black Sea, NC 1968,1-12
Price, M.J., The Lost Year: A Greek Light on a Problem of Roman
    Chronology, NC 1973,75-86
Pycha = Pycha, G., Philadelphia in Lydien, Diss.Wien 1947

Ramsay, Cities = Ramsay, W.M., The Cities and Bishoprics of
    Phrygia, 2 Bde, Oxford 1895-1897 (ND New York 1975)
Ramsay, Historical Geography = Ramsay, W.M., The Historical
    Geography of Asia Minor, London 1890 (ND Amsterdam 1962)
Ramsay, Social Basis = Ramsay, W.M., The Social Basis of Roman
    Power in Asia Minor, Aberdeen 1941
Ramsay, W.M., Early History of Province Galatia, in: Anatolian
    Studies presented to W.H.Buckler, Manchester 1939,201-225
Rathbone, D.W., The Dates of the Recognition in Egypt of the
    Emperors from Caracalla to Diocletianus, ZPE 62,1986,101-131
RECAM II = Mitchell, S., Regional Epigraphic Catalogues of Asia
    Minor II: The Ankara District. The Inscriptions of North Galatia
    (BAR International Series 135), Oxford 1982

Rec.gén. = Waddington, W.H. - Babelon, E. - Reinach, Th.,
   Recueil général des monnaies grecques d'Asie Mineure I 1 - I 4,
   Paris 1908-1925 (Nachdruck Hildesheim 1976)
Regling, Priene = Regling, K., Die Münzen von Priene, Berlin 1927
Regling, Nysa = Regling, K., Überblick über die Münzen von
   Nysa, in: W.v.Diest, Nysa ad Maeandrum, Berlin 1913,70-103
Regling, K., Ein Kistophorenschatz aus der Provinz Brussa,
   Frankfurter Münzzeitung N.F.3,1932,506-510
Reinach, Trois royaumes = Reinach, Th., Trois royaumes de l'Asie
   Mineure. Cappadoce - Bithynie - Pont, Paris 1888
Reinach, Mithridates = Reinach, Th., Mithridates Eupator, König
   von Pontos, Leipzig 1895
Reinach, L'histoire par les monnaies = Reinach, Th., L'histoire par
   les monnaies. Essais de numismatique ancienne, Paris 1902
Reinach, Th., Some Pontic Eras, NC 1902,1-10.184
Rémy, Evolution = Rémy, B., L'évolution administrative de
   l'Anatolie aux trois premiers siècles de notre ère, Lyon 1986
Rémy, B., Deux inscriptions du Pont en l'honneur de L.Aelius
   Caesar, in: Pontica I. Recherches sur l'histoire du Pont dans
   l'Antiquité, Saint-Etienne - Istanbul 1991,97-115
Rigsby, K.J., The Era of the Province of Asia, Phoenix 33,
   1979,39-47
Robert, Amyzon = Robert, J. und L., Fouilles d'Amyzon en Carie
   I: Exploration, Histoire, Monnaies et Inscriptions, Paris 1983
Robert, Asie Mineure = Robert, L., A travers l'Asie Mineure.
   Poètes et prosateurs, monnaies grecques, voyageurs et
   géographie (Bibliothèque des Ecoles françaises d'Athènes et de
   Rome fasc. 239), Athen - Paris 1980
Robert, Bull.épigr. = Robert, J. und L., Bulletin épigraphique
   1935ff., Paris 1972ff.
Robert, Carie = Robert, J. und L., La Carie. Histoire et
   géographie historique II, Paris 1954
Robert, Documents = Robert, L., Documents d'Asie Mineure, Paris
   1987
Robert, L., Documents de l'Asie Mineure Méridionale, Genf - Paris
   1966
Robert, Etudes anatoliennes = Robert, L., Etudes anatoliennes.
   Recherches sur les inscriptions grecques de l'Asie Mineure, Paris
   1937
Robert, L., Monnaies et textes grecs II: Deux tétradrachmes de
   Mithridate V Euergète, roi du Pont, JS 1978,151-163
Robert, Noms indigènes = Robert, L., Noms indigènes dans L'Asie
   Mineure gréco-romaine I, Paris 1963
Robert, Sardes = Robert, L., Nouvelles Inscriptions de Sardes,
   Paris 1964
Robert, Troade = Robert, L., Monnaies antiques en Troade, Genf
   - Paris 1966
Robert, Villes = Robert, L., Villes d'Asie Mineure. Etudes de
   géographie ancienne, Paris ²1962
Roman Provincial Coinage I = Burnett, A., - Amandry, M. -
   Ripollès P., Roman Provincial Coinage Vol.I: From the death of
   Caesar to the death of Vitellius, London - Paris 1992

Rostovtzeff, M., Caesar and the South of Russia, JRS 7,1917,27-44
Rostovtzeff, Hellenistic World = Rostovtzeff, M., The Social and
    Economic History of the Hellenistic World, 3 Bde, Oxford 1953

v.Sallet, Beiträge = Sallet, A.v., Beiträge zur Geschichte und
    Numismatik der Könige des Cimmerischen Bosporus und des
    Pontus von der Schlacht bei Zela bis zur Abdankung Polemos
    II., Berlin 1866
Samuel = Samuel, A.E., Greek and Roman Chronology. Calendars
    and Years in Classical Antiquity (Handbuch der Altertumswissen-
    schaften I 7), München 1972
Saprykin, S.Ju., Asandr i Chersones, k dostovernosti legendy o
    Gikii (Asander and Chersonesus. On the Authenticity of the
    Legend about Gykia), SA 1987,1,48-57
Sartre = Sartre, M., L'Orient romain. Provinces et sociétés
    provinciales en Méditerranée orientale d'Auguste aux Sévères,
    Paris 1991
Schmitt, Antiochos = Schmitt, H.H., Untersuchungen zur
    Geschichte Antiochos' des Großen und seiner Zeit, Wiesbaden
    1964
Schultz, H.D., Megalopolis-Sebasteia, in: Kraay-Mørkholm Essays.
    Studies in memory of C.M.Kraay and O.Mørkholm, Louvain-La-
    Neuve 1989,259-266
Schwabacher, W., A find from the Piraeus, NC 1939,162-166
Schwartz, J., Chronologie du IIIe s.p.C., ZPE 24,1977,167-177
Schwertheim, E., Zu Hadrians Reisen und Stadtgründungen in
    Kleinasien. Eine neue Gründungsära, EA 6,1985,37-42
Seibert, Dynastische Verbindungen = Seibert, J., Historische
    Beiträge zu den dynastischen Verbindungen in hellenistischer
    Zeit (Historia Einzelschriften 10), Wiesbaden 1967
Seyrig = Seyrig, H., Trésors du Levant anciens et nouveaux,
    Paris 1973
Sherk, Roman Galatia = Sherk, R.K., Roman Galatia: The
    Governors from 25 B.C. to A.D. 114, ANRW II 7,2,1980,954-1052
Sherk, R.K., The Eponymous Officials of Greek Cities III: The
    Register. Thrace, Black Sea Area, Asia Minor, ZPE 88,1991,225-
    260
Sherwin-White, Foreign Policy = Sherwin-White, A.N., Roman
    Foreign Policy in the East 168 B.C. to A.D.1, London 1984
SNG = Sylloge Nummorum Graecorum
Solomonik = Solomonik, E.I., Novye epigrafičeskie pamjatniki
    Chersonesa I, Kiew 1964. II, Kiew 1973
Sterrett = Sterrett, J.R.S., An Epigraphical Journey in Asia Minor
    (Papers of the American School of Classical Studies at Athens
    2), Boston 1888
Sterrett, Wolfe Expedition = Sterrett, J.R.S., The Wolfe Expedition
    to Asia Minor (Papers of the American School of Classical Studies
    at Athens 3), Boston 1888
van Straten = Straten, F.T. van, Gifts for the Gods, in:
    H.S.Versnel (Ed.), Faith, Hope and Worship. Aspects of
    Religious Mentality in the Ancient World (Studies in Greek and
    Roman Religion, Vol.2), Leiden 1981,65-151

Strobel = Strobel, A., Das heilige Land der Montanisten, Berlin-New York 1980

Studia Pontica III = Anderson, J.G.C. - Cumont, F. - Grégoire, H., Recueil des Inscriptions grecques et latines du Pont et de l'Arménie (Studia Pontica III), Brüssel 1910

Stumpf = Stumpf, G., Numismatische Studien zur Chronologie der römischen Statthalter in Kleinasien (122 v. - 163 n.), Saarbrücken 1991

Sullivan = Sullivan, R.D., Near Eastern Royalty and Rome 100 - 30 B.C., Toronto 1990

Sullivan, Dynasts in Pontus = Sullivan, R.D., Dynasts in Pontus, ANRW II 7,2,1980,913-930

Sullivan, R.D., King Marcus Antonius Polemo, NC 1979,6-20

TIB 4 = Belke, K. - Restle, M., Tabula Imperii Byzantini 4: Galatien und Lykaonien (DAW 172), Wien 1984

TIB 7 = Belke, K. - Mersich, N., Tabula Imperii Byzantini 7: Phrygien und Pisidien (DAW 211), Wien 1990

Transier = Transier, W., Samiaka. Epigraphische Studien zur Geschichte von Samos in hellenistischer und römischer Zeit, Diss. Mannheim 1985

Travaux et recherches en Turquie II = Naour, Chr., Documents du Moyen Hermos, in: Travaux et recherches en Turquie II, Löwen - Paris 1984,20-78

Vitucci = Vitucci, G., Il regno di Bitinia, Rom 1953

Vogt = Vogt, J., Die alexandrinischen Münzen. Grundlegung einer alexandrinischen Kaisergeschichte, 2 Bde, Stuttgart 1924

Waddington, W.H., Sur la chronologie des rois du Pont et du Bosphore et des princes d'Olba, RN 1866,417-441

Waelkens = Waelkens, M., Die kleinasiatischen Türsteine. Typologische und epigraphische Untersuchungen der kleinasiatischen Grabreliefs mit Scheintür, Mainz 1986

Waelkens, Actes Constantza = Waelkens, M., Ateliers lapidaires en Phrygie, in: Actes du VII Congrès international d'épigraphie grecque et latine, Constantza 1977, Bukarest - Paris 1979,105-128

Waggoner = Waggoner, N., A New Wrinkle in the Hellenistic Coinage of Antioch/Alabanda, in: Kraay-Mørkholm Essays. Numismatic Studies in memory of C.M.Kraay and O.Mørkholm, Louvain-La-Neuve 1989,283-290

Walbank, Commentary = Walbank, F.W., A Historical Commentary on Polybius, 3 Bde, Oxford 1957-1979

Ward, A.M., Caesar and the Pirates II: The Elusive M.Iunius Iuncus and the Year 75/4, AJAH 2,1977,26-36

Weber, Hadrianus = Weber, W., Untersuchungen zur Geschichte des Kaisers Hadrianus, Leipzig 1907 (ND Hildesheim 1973)

Weimert = Weimert, H., Wirtschaft als landschaftsgebundenes Phänomen. Die antike Landschaft Pontos, Frankfurt 1984

Weiser, W., Römische Stadtmünzen aus Bithynia et Pontus.
  Addenda und Corrigenda zum Recueïl général, SNR 68,1989,47–73
Welles = Welles C.B., Royal Correspondence in the Hellenistic
  Period, New Haven 1934
Will, Histoire politique = Will, E., Histoire politique du monde
  hellénistique (323–30 av.J.-C.), 2 Bde, Nancy² 1979–1982
Wilson = Wilson, Dr.R., The Historical Geography of Bithynia,
  Paphlagonia and Pontus in the Greek and Roman Periods, Diss.
  Oxford 1960

Ziegler, Prestige = Ziegler, R., Städtisches Prestige und
  kaiserliche Politik. Studien zum Festwesen in Ostkilikien im 2.
  und 3.Jahrhundert n.Chr., Düsseldorf 1985
Zograph = Zograph, A.N., Ancient Coinage II: The Ancient Coins
  of the Northern Black Sea Littoral (BAR Supplementary Series
  33,II), Oxford 1977
ZOOID = Zapiski imperatorskago Odesskago Obščestva Istorii i
  Drevnostej

REGISTER

Die Ären
(chronologisch nach Epochen)

312/1 v.Chr., seleukidische Ära: Abonuteichos 35.78ff. 169.437.459.481 Alexandreia Troas 35ff.230f.437f. Amyzon 30f. 201.437 Apollonia Salbake 28f.436 Chersonesos Taurike 35.78ff.437.459 Didyma 26.436 Dodurga 32f.368.437 Eordoi? 29f. Euromos 31f.35.437 Kamoener? 39f.438 Kardakes 33.437 Kiddiukome 24.436 Kyzikos? 26.40.436 Manisa? 42.438 Neonteichos 24.436 Pamukçu 30.437 Pergamon 24f. 436 Prusa ad Olympum? 40f. 189ff. Pontos? 35.78ff. 437.459 Sardeis 30.436 Stratonikeia 23. 436 Synnada? 29f.249.436 Tabai 23.436 Telmessos 26ff.33.42. 414f. 436ff. Thyateira 22f.436 Triglia? 40ff.231.438 Xanthos 32.437 Zeleia? 26.436 allgemein 4.9f.22ff.188.417.436ff.

297/6 v.Chr., bithynische Königsära: allgemein 56.83ff. 178ff.196.417.484f.

297/6 v.Chr., pontisch-bosporanische Königsära: Anapa 446 Bosporanisches Reich 44f.50. 51ff.70f.87f.179.439ff. Gorgippia 61.442 Kerč 62f.445. 447.450ff.457 Pantikapaion 61. 442.446f.451.455 Phanagoreia 44.56. 61.85.446.448 Pontisches Reich 78f.82ff.86ff.179.417. 459f.462 Sinope 89f.150.475 Stary Krym 61.452 Tanais 61. 447ff. allgemein 3.44ff.417f. 439ff.459f.462

282/1 v.Chr., "proconsularische" Ära von Bithynien: Apameia 191ff.486 Bithynion 191ff.486 Nikaia 191ff.486 Nikomedeia 191ff.486 Prusa ad Olympum 190f.191ff.486 Tios 191ff.486 allgemein 162.190f.191ff.418. 432.486.

ca.189/8 v.Chr.?, lokale Ära: Ariassos 390ff.537 Karahüyük? (Eriza?) 288f.369f.534

ca.167 v.Chr.?, lokale Ära?: Alabanda 201ff.428.487

134/3 v.Chr., lokale Freiheitsära: Ephesos 94.204ff.220.224. 289.428.487f.

ca.134/3 v.Chr.?, lokale "Kistophorenära"?: Sardeis 208f.213. 490

Ende 2.Jh. v.Chr.?, lokale Ära?: Smyrna 213f.490

89/8 v.Chr., Ära der Eroberung Asias durch Mithridates VI.: Asia 90ff.220.417.459

85/4 v.Chr., sullanische Ära: Abbaitis 244ff.494 Abrettene 218.233.385f.491 Afyon? 250. 255.258.496 Akmoneia 217f.256. 258.263ff.267.298.497f. Alia 262ff.330.496.520 Alia (Katoikie)? 240.243.245f.494 Altıntaş 246ff.494f. Ankyra 240.245f. Apameia 219.272ff.500f. Apollonia am Rhyndakos 216f.232.434. 491 Apollonia Mordiaion 249f. 274ff.433.501f. Appia 247 Ariandos 509.511f.514.516

Sonstige Ären und Jahresdatierungen

Kalender und Monate

Geographisches Register

Abbildungsverzeichnis

Tafel I
Nr.1: Apameia, Kistophor aus dem Jahr 21 des Attalos II.: SNG Aulock 3454 (Rs.). - Siehe S.16.

Nr.2: Alexandreia/Troas, Tetradrachme des Jahres 185: SNG Aulock 7548. - Siehe S.35ff.

Nr.3: Kamos, Bronzemünze des Jahres 258: SNG Aulock 121. - Siehe S.39f.

Nr.4: Bosporanisches Reich, Goldmünze des Sauromates I. und Traianus, Jahr 413: Frolova I pl.VI 9 (Paris). - Siehe S.53.

Nr.5: Bosporanisches Reich, Goldmünze des Sauromates I. und Hadrianus, Jahr 418: Frolova I pl.VII 11. - Siehe S.54.

Nr.6: Bosporanisches Reich: Goldmünze des Asandros als Archon, Jahr 1 oder 4: British Museum: A Guide to the Principal Coins of the Greeks pl.51,4. - Siehe S.46.

Nr.7: Chersonesos, Goldstater des Jahres 73: Anokhin, Chersonesus pl.14,216 (Berlin). - Siehe S.64ff.

Nr.8: Mithridates VI. von Pontos, Tetradrachme des Jahres 208: SNG Aulock 6678. - Siehe S.91 mit Anm.46.

Nr.9: Mithridates VI. von Pontos, Tetradrachme des Jahres 223: SNG Aulock 6683. - Siehe S.91 mit Anm.46.

Nr.10: Pythodoris, Drachme des Jahres 60: SNG Aulock 6685. - Siehe S.96.

Nr.11: Pythodoris, Drachme des Jahres 63: Auktionskatalog Schulten Köln, Okt.1981,102. - Siehe S.97.

Nr.12: Mithridates VI. von Pontos, Goldmünze, geprägt in Asia im Jahre 2: SNG Aulock 6676. - Siehe S.90f.

Nr.13: Polemon II., Didrachme des Jahres 12 mit Claudius: SNG Aulock 6690. - Siehe S.101f.

Nr.14: Polemon II., Didrachme des Jahres 20 mit Nero: SNG Aulock 6691. - Siehe S.101f.

Tafel II
Nr.1: Zela, Bronzemünze des Jahres 142 mit Septimius Severus: SNG Aulock 6790. - Siehe S.137.

Nr.2: Amaseia, Bronzemünze des Jahres 208 mit Geta Caesar: Rec.gén.pl.VI 6. - Siehe S.117.

Nr.3: Sinope, Bronzemünze des Jahres 255 mit Geta Augustus: SNG Aulock 6874. - Siehe S.154.

Nr.4: Komana, Bronzemünze des Jahres 63 mit Nerva: Rec.gén.pl.12,2 (Paris). - Siehe S.125f.

Nr.5: Amisos, Silbermünze des Jahres 169 mit Antoninus Pius Caesar: SNG Blackburn 946. - Siehe S.107 und 114.

Nr.6: Sebaste, Bronzemünze des Jahres 98 mit Lucius Verus: H.D.Schultz, in: Kraay-Mørkholm Essays pl.57,5 (Berlin). - Siehe S.140ff.

Nr.7: Nikopolis, Bronzemünze des Jahres 42 mit Traianus: SNG Aulock 147. - Siehe S.146.

Nr.8: Amastris, Bronzemünze des Jahres 32: Rec.gén. pl.18,21 (Paris). - Siehe S.162.

Nr.9: Gangra-Germanikopolis, Bronzemünze des Jahres 215 mit Geta Caesar: SNG Aulock 6824. - Siehe S.171.

Nr.10: Königreich Bithynien, Tetradrachme des Jahres 185: SNG Aulock 6896. - Siehe S.178ff.

Nr.11: Deiotaros von Paphlagonien, Drachme mit Königin Adobogiona; SNG Aulock 151. - Siehe S.175ff.

Nr.12: Nikaia, Bronzemünze des Jahres 236 mit Caesar und C.Vibius Pansa: Stumpf Taf.4,20 (New York). - Siehe S.192.

Nr.13: Herakleia Pontu, Bronzemünze des Jahres 76 mit P.Pasidienus Firmus: Stumpf Taf.7,3 (Cambridge). - Siehe S.198ff.

Tafel III

Nr.1: Alabanda, Tetradrachme mit A: N.Waggoner, in: Kraay - Mørkholm Essays pl.66,12. - Siehe S.201f.

Nr.2: Alabanda, Tetradrachme des Jahres (?) 12: SNG Aulock 2385. - Siehe S.202.

Nr.3: Kibyra, Bronzemünze des Jahres 28: SNG Aulock 8394. - Siehe S.350f.

Nr.4: Kibyra, Bronzemünze des Jahres 100 mit Arruntius: W.Weiser, Schweizer Münzblätter 38,1988,71. - Siehe S.349.

Nr.5: Parium oder Sinope?, Bronzemünze des Jahres 182 mit Antoninus Pius: SNG Fitzwilliam 4204. - Siehe S.380ff.

Nr.6: Tralleis, Kistophor des Jahres 2: SNG Aulock 3263. - Siehe S.208ff.

Nr.7: Nysa, Kistophor des Jahres 2: SNG Aulock 3039. - Siehe S.208ff.

Nr.8: Smyrna, Kistophor des Jahres 1: SNG Aulock 2160. - Siehe S.208ff.

Nr.9: Sardeis, Kistophor des Jahres 20: SNG Aulock 3124. - Siehe S.208ff.

Nr.10: Pessinus, Bronzemünze des Jahres 43 mit Tiberius und Priscus: Stumpf Taf.6,6 (Paris). - Siehe S.402.

Nr.11: Parium oder Sinope, Bronzemünze des Jahres 130: Rec. gén.pl.27,15 (Paris). - Siehe S.380ff.

Nr.12: Laodikeia, Bronzemünze des Jahres 88 mit Caracalla und Gegenstempel des Jahres 108: SNG Aulock 3858. - Siehe S.382.

Tafel IV

Nr.1: Tavion, Bronzemünze des Jahres 218 mit Caracalla Caesar: Inv.Wadd.6705 (Paris). - Siehe S.410.

Nr.2: Tavion, Bronzemünze des Jahres 218 mit Geta Caesar: Inv.Wadd.6708 (Paris). - Siehe S.410ff.

Nr.3: Termessos, Bronzemünze des Jahres 15: SNG Aulock 8634. - Siehe S.392.

Nr.4: Isinda, Bronzemünze des Jahres 17: SNG Aulock 8593. - Siehe S.395.

Nr.5: Kremna, Bronzemünze des Jahres 3: SNG Aulock 5077. - Siehe S.397.

Nr.6: Ariassos, Bronzemünze mit B: v.Aulock, Pisidien I Taf.8, 374. - Siehe S.397.

Nr.7: Sardeis, Fragment einer Inschrift des Jahres 257: Sardis VII 1,97. - Siehe S.303.

Nr.8: Apameia, Inschrift des Jahres 563: MAMA VI pl.42,238. - Siehe S.274.

Nr.9: Synnada, Grenzstein der Eordoi: Skizze aus MAMA IV 24 fig.8.-Siehe S.29f.

Tafel V

Nr.1: Museum Manisa, Grabinschrift des Jahres 500: Robert, Noms indigènes pl.6,2. - Siehe S.42.

Nr.2: Aizanoi, Grabinschrift des Jahres 171: MAMA IX pl.29,285. - Siehe S.236.

Nr.3: Aizanoi, Grabinschrift des Jahres 159: MAMA IX pl.29,246. - Siehe S.236.

Tafel VI

Nr.1: Prusa ad Olympum, hellenistische Inschrift mit Datierung: Robert, Etudes anatoliennes pl.9,1. - Siehe S.189ff.

Nr.2: Sardeis, Ehreninschrift des Jahres 6: L.Robert, BCH 106, 1982,364 fig.20. - Siehe S.301ff.

Tafel VII

Nr.1: Aizanoi, Ehreninschrift des Jahres 37: W.Günther. MDAI(I) 25,1975, Taf.65. - Siehe S.236.

Nr.2: Ikonion?(in Smyrna aufbewahrt), Grabinschrift des Jahres 213; Pfuhl - Möbius, Ostgriech.Grabreliefs I Taf.57,351. - Siehe S.401.

Tafel VIII

Nr.1: Apollonis, Ehrendekret der Jahre 21 pharsalischer und 4 aktischer Ära: P.Herrmann, Neue Inschriften Taf.2,3. - Siehe S.222 und S.296.

Nr.2: Ephesos, Inschrift des Jahres 10: D.Knibbe, JOEAI 50, 1972-75, Beiblatt 2 Nr.1. - Siehe S.221.

Tafel IX

Nr.1: Charakipolis, Inschrift der Jahre 12 aktischer und 66 sullanischer Ära: TAM V 1, Taf.23,686. - Siehe S.309.

Nr.2: Hopuş bei Bagis, Inschrift des Jahres 139: TAM V 1, Taf.7,29. - Siehe S.324.

Tafel X

Nr.1: Samos, Eintrag in die Liste der Neopoiaï im Jahre 4 der Kolonie: E.Buschor, MDAI(A) 68,1953, Taf.V d. - Siehe S.373.

Nr.2: Amisos, Inschrift des Jahres 162 oder 166: E.Olshausen, EA 9,1987, Taf.10,7. - Siehe S.115.

Nr.3: Samos, Eintrag in die Liste der Neopoiai im Jahre 18 aktischer Ära: E.Buschor, MDAI(A) 68,1953, Taf.V e. - Siehe S.372.

TAFELN I-X

1

2

3

4

5

6

7

8

9

10

11

12

13

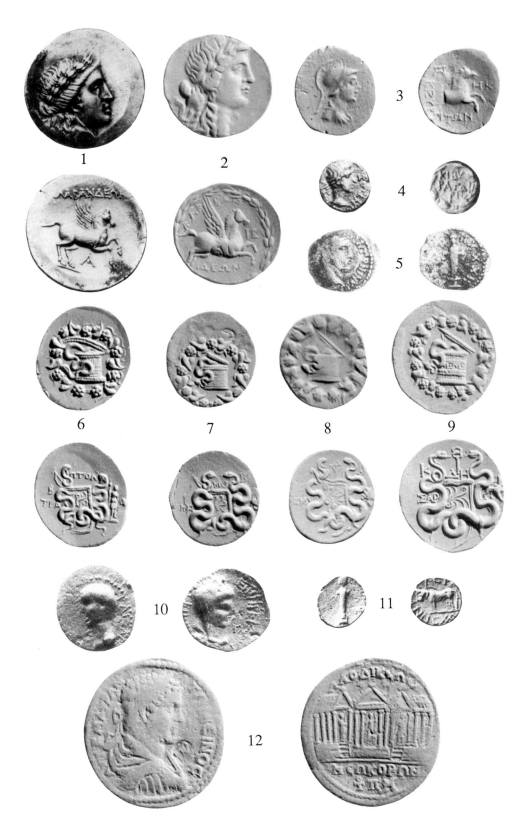

1

2

3

4

5

6

7

8

9

1

2

3

1

2

1

2

1

2

1

2

1

2

3

HISTORIA-EINZELSCHRIFTEN

Herausgegeben von **Heinz Heinen, François Paschoud, Kurt Raaflaub, Hildegard Temporini** und **Gerold Walser**

Beitrag zur philosophischen und politischen Interpretation von Ciceros Schrift De legibus. 1983. VIII, 260 S., kt. DM 84,– **3687 - 3**

43. **Karl-Heinz Schwarte: Der Ausbruch des Zweiten Punischen Krieges.** Rechtsfrage und Überlieferung. 1983. XV, 108 S., kt. DM 48,– **3655 - 5**

44. **Joseph Vogt: Sklaverei und Humanität.** Studien zur antiken Sklaverei und ihre Erforschung. Ergänzungsheft zur 2. erw. Aufl. (Historia-Einzelschriften, Heft 8). 1983. VII, 78 S., 4 Taf., kt. DM 52,– **3877 - 9**

45. **Robert J. Buck: Agriculture and Agricultural Practice in Roman Law.** 1983.. 59 S., kt. DM 34,– **4040 - 4**

46. **Gerold Walser: Summus Poeniunus.** Beiträge zur Geschichte des Großen St. Bernhard-Passes in römischer Zeit. 1984. 140 S. m. Katalog m. 43 Abb., 18 Taf., kt. DM 64,– **4183 - 4**

47. **Joseph Geiger: Cornelius Nepos and Ancient Political Biography.** 1985. 128 S., kt. DM 62,– **4414 - 0**

48. **Gerold Walser: Via per Alpes Graias.** Beiträge zur Geschichte des Kleinen St. Bernhard-Passes in römischer Zeit. 1986. 97 S. m. 58 Abb. auf 40 Taf., kt. DM 64,– **4541 - 4**

49. **Jack Martin Balcer: Herodotus & Bisitun.** Problems in ancient Persian historiography. 1987. 166 S. m. 7 Taf., kt. DM 48,– **4790 - 5**

50. **Herbert Benner: Die Politik des P. Clodius Pulcher.** Untersuchungen zur Denaturierung des Clientelwesens in der ausgehenden römischen Republik. 1987. 189 S., kt. DM 54, **4672 - 0**

51. **Giuseppe Zecchini: Il Carmen de bello Actiaco.** Storiografia e lotta politica in età augustea. 1987. 109 S., kt. DM 38,– **4887 - 1**

52. **John F. Drinkwater: The Gallic Empire.** Separatism and Continuity in the North-Western Provinces of the Roman Empire, A. D. 260 - 274. 1987. 276 S., kt. DM 58,– **4806 - 5**

53. **Gerold Walser,** Hrsg.: **Die Einsiedler Inschriftensammlung und der Pilgerführer durch Rom (Codex Einsidlensis 326).** Facsimile, Umschrift, Übersetzung und Kommentar. 1987. 230 S. u. 8 Taf., kt. DM 65,– **4912 - 6**

54. **Edwin S. Ramage: The Nature and Purpose of Augustus' "Res Gestae".** 1987. 168 S., kt. DM 48,– **4892 - 2**

55. **Peter Herz: Studien zur römischen Wirtschaftsgesetzgebung.** Die Lebensmittelversorgung. 1988. 403 S., kt. DM 114,– **4805 - 7**

56. **Waldemar Heckel: The Last Days and Testament of Alexander the Great.** A Prosopographic Study. 1988. XIV, 114 S., kt. DM 40,– **5092 - 2**

57. **Leonhard Alexander Burckhardt: Politische Strategien der Optimaten in der späten römischen Republik.** 1988. 296 S., kt. DM 66,– **5098 - 1**

58. **Binyamin Shimron: Politics and Belief in Herodotus.** 1989. IX, 126 S., kt. DM 40,– **5240 - 2**

59. **Lukas Thommen: Das Volkstribunat der späten Römischen Republik.** 1988. 287 S., kt. DM 66,– **5187 - 2**

60. **Heinz E. Herzig / Regula Frei-Stolba,** Hrsg.: **Labor omnibus unus.** Gerold Walser zum 70. Geburtstag dargebracht von Freunden, Kollegen und Schülern. 1989. XVI, 278 S., kt. DM 90,– **4393 - 4**

61. **Raban von Haehling: Zeitbezüge des T. Livius in der ersten Dekade seines Geschichtswerkes:** Nec vitia nostra nec remedia pati possumus. 1989. 248 S., kt. DM 54,– **5117-1**

62. **Martin Frey: Untersuchungen zur Religion und zur Religionspolitik des Kaisers Elagabal.** 1989. IV, 125 S., kt. DM 36,– **5370-0**

63. **Michael Weiskopf: The so-called „Great Satraps' Revolt",** 366-360 B.C. Concerning Local Instability in the Achaemenid far West. 1989. 112 S., kt. DM 34,– **5387-5**

64. **Thomas Grünewald: Constantinus Maximus Augustus.** Herrschaftspropaganda in der zeitgenössischen Überlieferung. 1990. 320 S., kt. DM 76,– **5568-1**

65. **Marinus A. Wes: Michael Rostovtzeff, Historian in Exile.** Russian Roots in an American Context. 1990. XXXI, 106 S., Frontispiz u. 13 Fot. auf 12 Taf. i. Anh., kt. DM 46,– **5664-5**

66. **Edward Dabrowa: Legio X Fretensis.** A Prosopographical Study of its Officers (I-III Centuries A.D.). 1993. 128 S., kt. DM 58,– **5809-5**

67. **Angelika Mette-Dittmann: Die Ehegesetze des Augustus.** Eine Untersuchung im Rahmen der Gesellschaftspolitik des Princeps. 1991. 220 S., kt. DM 68,– **5876-1**

68. **Ralf Urban: Der Königsfrieden von 387/86 v. Chr.** Vorgeschichte, Zustandekommen, Ergebnis und politische Umsetzung. 1991. 203 S., kt., DM 66,– **5924-5**

69. **Stefan Link: Landverteilung und sozialer Frieden im archaischen Griechenland.** 1991. 189 S., kt. DM 64,– **5954-7**

70. **Sigrid Mratschek-Halfmann: Divites et praepotentes.** Reichtum und soziale Stellung in der Literatur der Prinzipatszeit. 1993. IX, 461 S., kt., DM 126,– **5973-3**

71. **Shlomo Berger: Revolution and Society in Greek Sicily and Southern Italy.** 1992. 123 S., kt., DM 58,– **5959-8**

72. **Stefan Rebenich: Hieronymus und sein Kreis.** Prosographische und sozialgeschichtliche Untersuchungen. 1992. 328 S., kt., DM 98,– **6086-3**

73. **Klaus Tausend: Amphiktyonie und Symmachie.** Formen zwischenstaatlicher Beziehungen im archaischen Griechenland. 1992. VIII, 273 S., kt., DM 120,– **6137-1**

74. **William T. Loomis: The Spartan War Fund:** IG V 1, 1 and a New Fragment. 1992. 84 S., 17 Taf., kt., DM 58,– **6147-9**

75. **Karl Strobel: Das Imperium Romanum im ,3. Jahrhundert'.** Modell einer historischen Krise? 1993. 388 S., kt. DM 96,– **5662-9**

76. **Christopher Tuplin: The Failings of Empire:** A Reading of Xenophon. 1992. 264 S., kt. DM 84,– **5912-1**

77. **Charlotte Schubert: Die Macht des Volkes und die Ohnmacht des Denkens.** Studien zum Verhältnis von Mentalität und Wissenschaft im 5. Jahrhundert. 1992. 200 S., kt. DM 76,– **6228-9**

78. **Joseph Roisman: The general Demosthenes and his use of military surprise.** 1993. 84 S., kt. DM 46,– **6277-7**

Preisänderungen vorbehalten

FRANZ STEINER VERLAG STUTTGART